NOUVELLE-ANGLETERRE

3e éd

ÉDITIONS ULYSSE

Le plaisir... de mieux voyager

Directeur de collection
Claude Morneau

Directrice de production
Pascale Couture

Traducteur
Pierre Corbeil

Correcteur
Pierre Daveluy

Chef de projet
Claude Morneau
Adjoint
Christian Roy

Metteurs en page
Stéphanie Kitembo
Stéphane G. Marceau
Christian Roy

Cartographes
Patrick Thivierge
André Duchesne
Yanik Landreville

Infographe
Stéphanie Routhier

Illustratrice
Marie-Annick Viatour

Photographe
Page couverture
Anne Gardon
Réflexion

Directeur artistique
Patrick Farei (Atoll)

Édition originale : Hidden New England, Ulysses Press, 1996, CA. U.S.A.
Texte de Susan Farewell, Stacy Ritz, Patricia Mandell, Ryan Vollmer, Alberta Eiseman, B.J. Roche, Brenda Fine, Tim Carroll.

DISTRIBUTION

Canada : Distribution Ulysse, 4176, St-Denis, Montréal (Québec) H2W 2M5, ☎ (514) 843-9882, poste 2232, ☎ (800) 748-9171, fax : (514) 843-9448 www.ulysse.ca; guiduly@ulysse.ca

États-Unis : Distribooks, 8120 N. Ridgeway, Skokie, IL 60076-2911
☎ (847) 676-1596, fax : (847) 676-1195

Belgique-Luxembourg : Vander, 321, avenue des Volontaires, B-1150 Bruxelles, ☎ (02) 762 98 04, fax : (02) 762 06 62

France : Vilo, 25, rue Ginoux, 75737 Paris Cedex 15, ☎ 01 45 77 08 05, fax : 01 45 79 97 15

Espagne : Altaïr, Balmes 69, E-08007 Barcelona, ☎ (3) 323-3062, fax : (3) 451-2559

Italie : Centro cartografico Del Riccio, Via di Soffiano 164/A, 50143 Firenze,
☎ (055) 71 33 33, fax : (055) 71 63 50

Suisse : Diffusion Payot SA, p.a. OLF S.A., Case postale 1061, CH-1701 Fribourg, ☎ (26) 467 51 11, fax : (26) 467 54 66

Pour tout autre pays, contactez Distribution Ulysse (Montréal).

Données de catalogage avant publication voir p 9.

Bibliothèque nationale du Québec
Dépôt légal - Troisième trimestre 1999

ISBN 2-89464-099-4

«Le dimanche, il lui faut absolument partir dans sa Plymouth, emmenant avec lui le gros de sa famille qui veut bien le suivre. Il conduit sur toutes les routes de la Nouvelle-Angleterre, explore les montagnes blanches, les vieilles villes de la côte et de l'intérieur des terres...»

Jack Kerouac
The Town and the City

SOMMAIRE

LISTE DES CARTES

SYMBOLES DES CARTES

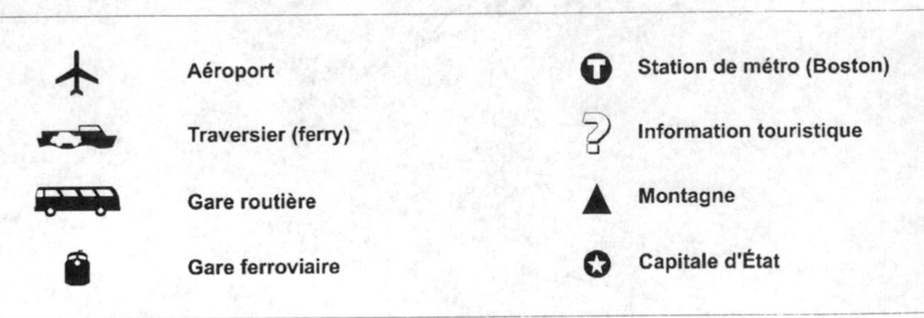

ÉCRIVEZ-NOUS

Tous les moyens possibles ont été pris pour que les renseignements contenus dans ce guide soient exacts au moment de mettre sous presse. Toutefois, des erreurs peuvent toujours se glisser, des omissions sont toujours possibles, des adresses peuvent disparaître, etc.; la responsabilité de l'éditeur ou des auteurs ne pourrait s'engager en cas de perte ou de dommage qui serait causé par une erreur ou une omission.

Nous apprécions au plus haut point vos commentaires, précisions et suggestions, qui permettent l'amélioration constante de nos publications. Il nous fera plaisir d'offrir un de nos guides aux auteurs des meilleures contributions. Écrivez-nous à l'adresse qui suit, et indiquez le titre qu'il vous plairait de recevoir (voir la liste à la fin du présent ouvrage).

Éditions Ulysse
4176, rue Saint-Denis
Montréal (Québec)
H2W 2M5
www.ulysse.ca
guiduly@ulysse.ca

Les éditions Ulysse reconnaissent l'aide financière du gouvernement du Canada par l'entremise du Programme d'Aide au Développement de l'Industrie de l'Édition (PADIÉ) pour ses activités d'édition.

Les éditions Ulysse tiennent également à remercier la SODEC pour son soutien financier.

Données de catalogage avant publication (Canada).

Vedette principale au titre :
Vollmer, Ryan
Nouvelle-Angleterre, 3e éd.
(Guide de voyage Ulysse)
Traduction de : New England
Comprend un index.

ISBN 2-89464-099-4

1. Nouvelle-Angleterre - Guides. I. Titre. II. Collection.

F2.3.V6414 1999 917.404'43 C99-940857-7

SYMBOLES

≡	Air conditionné
⊛	Baignoire à remous
⊖	Centre de conditionnement physique
	Coup de cœur Ulysse pour les qualités particulières d'un établissement
ℂ	Cuisinette
½p	Demi-pension (nuitée, dîner et petit déjeuner)
pc	Pension complète
pdj	Petit déjeuner inclus dans le prix de la chambre
≈	Piscine
ℝ	Réfrigérateur
ℜ	Restaurant
bc	Salle de bain commune
bp	Salle de bain privée (installations sanitaires complètes dans la chambre)
△	Sauna
⇄	Télécopieur
☎	Téléphone
tv	Téléviseur
tlj	Tous les jours
⊗	Ventilateur
♿	Établissement équipé pour recevoir les personnes à mobilité réduite

CLASSIFICATION DES ATTRAITS

★	Intéressant
★★	Vaut le détour
★★★	À ne pas manquer

CLASSIFICATION DE L'HÉBERGEMENT

Les tarifs mentionnés dans ce guide s'appliquent, sauf indication contraire, à une chambre standard pour deux personnes en haute saison.

$	moins de 50$
$$	de 50$ à 90$
$$$	de 90$ à 130$
$$$$	plus de 130$

CLASSIFICATION DES RESTAURANTS

Les tarifs mentionnés dans ce guide s'appliquent, sauf indication contraire, à un dîner pour une personne, excluant le service et les boissons.

$	moins de 8$
$$	de 8$ à 16$
$$$	de 16$ à 24$
$$$$	plus de 24$

Tous les prix mentionnés dans ce guide sont en dollars américains.

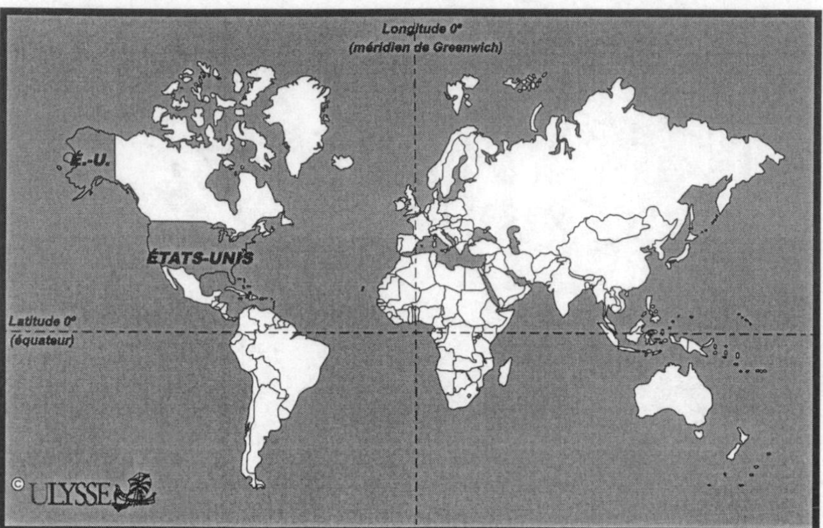

Situation géographique dans le monde

Le Massachusetts
Capitale : Boston Population : 6 016 420 hab. Monnaie : dollar américain Superficie : 21 400 km²

Le Vermont
Capitale : Montpelier Population : 562 758 hab. Monnaie : dollar américain Superficie : 24 677 km²

Le Rhode Island
Capitale : Providence Population : 1 003 464 hab. Monnaie : dollar américain Superficie : 3 144 km²

Le New Hamsphire
Capitale : Concord Population : 1 109 250 hab. Monnaie : dollar américain Superficie : 24 097 km²

Le Connecticut
Capitale : Hartford opulation : 3 300 000 hab. Monnaie : dollar américain Superficie : 12 950 km²

Le Maine
Capitale : Augusta Population : 1 227 930 hab. Monnaie : dollar américain Superficie : 86 000 km²

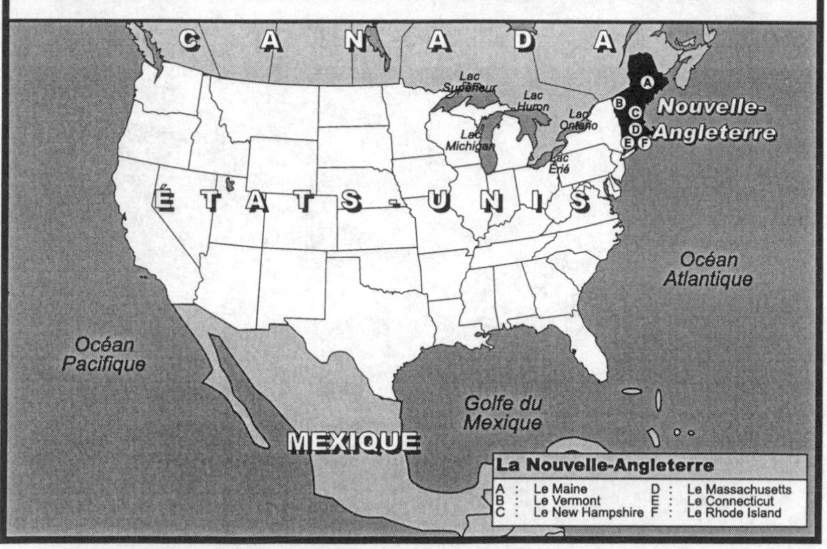

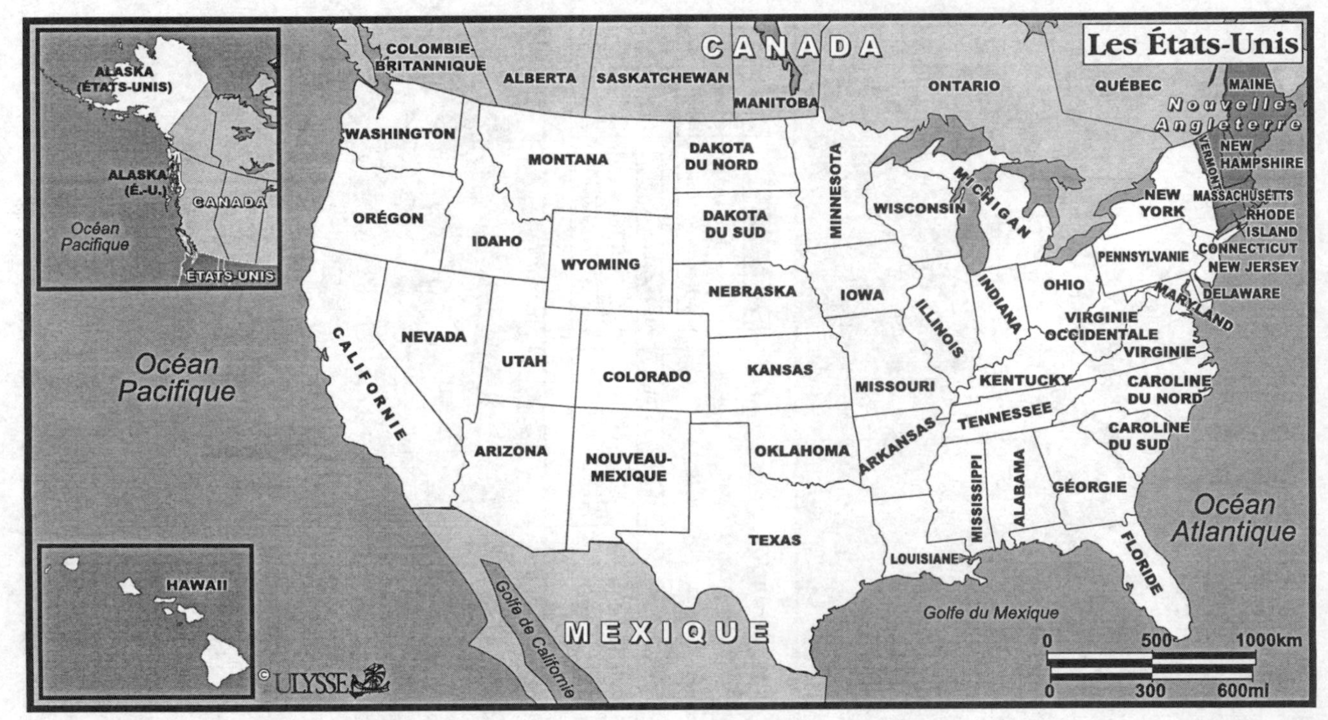
Les États-Unis
CANADA
ALASKA (ÉTATS-UNIS)
ALASKA (É.-U.)
CANADA
Océan Pacifique
ÉTATS-UNIS
COLOMBIE-BRITANNIQUE
ALBERTA
SASKATCHEWAN
MANITOBA
ONTARIO
QUÉBEC
MAINE
Nouvelle-Angleterre
WASHINGTON
MONTANA
DAKOTA DU NORD
MINNESOTA
WISCONSIN
MICHIGAN
VERMONT
NEW HAMPSHIRE
NEW YORK
MASSACHUSETTS
RHODE ISLAND
CONNECTICUT
NEW JERSEY
DELAWARE
ORÉGON
IDAHO
DAKOTA DU SUD
WYOMING
PENNSYLVANIE
NEBRASKA
IOWA
ILLINOIS
INDIANA
OHIO
MARYLAND
VIRGINIE OCCIDENTALE
VIRGINIE
NEVADA
UTAH
COLORADO
KANSAS
MISSOURI
KENTUCKY
CAROLINE DU NORD
Océan Pacifique
CALIFORNIE
TENNESSEE
CAROLINE DU SUD
ARIZONA
NOUVEAU-MEXIQUE
OKLAHOMA
ARKANSAS
MISSISSIPPI
ALABAMA
GÉORGIE
Océan Atlantique
TEXAS
LOUISIANE
FLORIDE
HAWAII
Golfe de Californie
MEXIQUE
Golfe du Mexique
0
500
1000km
0
300
600mi
© ULYSSE

PORTRAIT

Il n'est point d'image plus familière du paysage des États-Unis, que celle d'un village de carte postale de la Nouvelle-Angleterre, avec son église à clocher blanc sertie dans un écrin d'émeraude, entourée de maisons à clins blancs et auréolée de forêts embrasées des rouges et ors de l'automne. Il n'y a donc rien d'étonnant à ce qu'on vienne ici le cœur rempli d'espoir et d'attentes, impatient de retrouver cette métaphore de la vie locale. De tels spectacles, vestiges de siècles révolus, existent encore dans de petites localités disséminées à travers les six États de cette région.

Mais la Nouvelle-Angleterre n'en demeure pas moins étonnamment hétérogène, et riche d'innombrables facettes. Dans un État, vous trouverez de vieilles villes industrielles et textiles, des rivières et des lacs, de même que des forêts d'épinettes habitées par des élans d'Amérique et des ours noirs. Vous découvririez encore des kilomètres et des kilomètres de plages immaculées, bordées de dunes et de roseaux des marais, des métropoles prospères telles Boston et Providence, des chaînes montagneuses sillonnées de pistes de randonnée et de ski, des villages de pêcheurs vieux de plusieurs centaines d'années, des cimetières amérindiens et des villégiatures côtières aux ports émaillés de yachts élégants. Rébarbatives aux assauts du temps, les vieilles «boîtes à sel» en bois de la Nouvelle-Angleterre se sont rembrunies jusqu'à adopter les couleurs du sol même qui leur a donné naissance. Malgré toute cette diversité, aucun point de cette vaste région ne se trouve à plus d'une journée de route de tout autre.

Il est à toutes fins utiles impossible de trouver une autre partie des États-Unis qui soit aussi densément riche d'histoire. Vous aurez en effet du mal à faire deux pas sans fouler un champ de bataille colonial, sans croiser un site ou un monument historique, ou sans voir une maison du XVIIIe siècle. Vous verrez revivre sous vos yeux tout ce qu'on vous a appris à l'école sur la naissance des États-Unis, sans compter que, presque chaque année, une autre municipalité de la Nouvelle-Angleterre célèbre son 350e anniversaire.

Limitée au nord par le Canada, à l'est par l'océan Atlantique, au sud par le détroit de Long Island et à l'ouest par l'État de New York, la Nouvelle-Angleterre forme l'extrémité nord-est des États-Unis. Cinq des six États qui la composent longent l'océan, qui de toute façon n'est jamais bien loin dans l'esprit de quiconque. La pêche a d'ailleurs toujours été chère au cœur de tous ceux qui s'y sont établis, depuis les premiers Amérindiens et les Pères Pèlerins jusqu'aux pêcheurs de baleines du XIXe siècle et aux simples pêcheurs d'aujourd'hui, qu'ils soient de Gloucester, New Bedford ou Plymouth. Les habitants de la Nouvelle-Angleterre ont toujours été d'excellents navigateurs et constructeurs de bateaux, et l'un des plus grands plaisirs qu'on puisse s'offrir dans cette région consiste à se laisser griser par la mer à bord d'un grand voilier du Maine, d'un bateau d'excursion ou d'un petit bateau à voiles.

La proximité de l'océan a aussi pour effet de tempérer le climat en rendant les étés plus frais et les hivers moins rigoureux. Les saisons sont toutefois nettement marquées, et la nature offre chaque année une succession de quatre spectacles tout aussi variés que mémorables, au contraire des régions plus clémentes, mais aussi plus monotones, où le passage du temps n'accuse que peu de variations.

Les habitants de la Nouvelle-Angleterre adorent et révèrent leurs ponts couverts, les souvenirs de leur guerre d'Indépendance, leurs maisons néoclassiques et fédérales, ainsi que leur fameuse *chowder*, faite non pas avec du jus de tomate mais bien avec du lait, s'il-vous-plaît! Aussi, pour un véritable New Englander, il n'y a rien de tel que le premier cidre de l'automne, l'authentique sirop d'érable de la région ou le traditionnel *clambake* sur la plage. Mais pour leur rendre pleinement justice, nous devons reconnaître que nombre de Yankees de souche ont également développé un goût pour les fleurs, les arcades de verre et les restaurants gastronomiques du Quincy Market de Boston, sans oublier des événements comme les festivals de mongolfières.

Malgré tout, cette région n'a rien de bien rutilant ou flamboyant. La Nouvelle-Angleterre se contente d'être ce qu'elle est, et elle ne s'en excuse auprès de personne. Il ne s'agit pas d'une attraction touristique fabriquée de toutes pièces, mais d'un coin de pays authentique qui s'appuie sur la légitimité et l'intégrité de ses origines.

Ce guide a été conçu pour vous aider à explorer cette magnifique région. En plus de vous mener vers d'innombrables lieux touristiques, il vous entraînera également hors des sentiers battus, dans des endroits généralement connus des seuls gens du coin. Vous apprendrez à connaître l'histoire de la région, ainsi que sa faune et sa flore. Chaque chapitre vous suggérera par ailleurs où manger, vous loger et magasiner, quoi voir, et comment profiter de la nature et de la vie nocturne, selon un large éventail de goûts et de budgets.

Nous commencerons par le Vermont, avec ses Green Mountains et ses ponts couverts, puis le New Hampshire, terre de lacs cristallins, des White Mountains et du majestueux mont Washington. Nous vous faisons explorer ensuite le Maine, avec ses imposantes forêts de pins et sa côte déchiquetée. Vu sa grande diversité et la densité de sa population, le Massachusetts est présenté en quatre chapitres. Vient tout d'abord la quintessentielle Boston, avec ses sites qui datent de la guerre d'Indépendance et ses quartiers de Beacon Hill et de Back Bay. Puis nous nous déplaçons le long de la côte du Massachusetts, au Cape Cod, à Martha's Vineyard et à Nantucket, pour enfin explorer les régions de Plymouth et de New Bedford. Au terme de ce périple, vous découvrirez la Pioneer Valley et les Berkshires dans le centre et l'ouest de l'État.

Suit le Connecticut, avec ses régions rurales reculées et son joli littoral. Pour terminer, nous visiterons le minuscule Rhode Island, sa topographie et ses plages en grande partie inviolées, son élitiste Newport et son historique Providence.

Où que vous choisissiez de vous rendre, et quoi que vous choisissiez de voir ou de faire dans cette région, vous pouvez être assuré de trouver votre bonheur dans une variété aussi infinie. Des générations entières de voyageurs ont d'ailleurs apprécié les côtes et les montagnes ainsi que les forêts et les lacs de la Nouvelle-Angleterre, et ce, par tous les climats.

HISTOIRE

L'histoire géologique

La géologie forge pour ainsi dire le destin. C'est du moins le cas pour la Nouvelle-Angleterre, dont certains des symboles les plus notoires, depuis ses murets de pierres, ses villes manufacturières et ses rivières jusqu'à la Bunker Hill, le Walden Pond, le Cape Cod et les White Mountains, sont précisément le fruit d'événements géologiques.

La Nouvelle-Angleterre représente l'une des plus anciennes masses terrestres à avoir survécu aux forces de la nature. Durant la période cambrienne, il y a un demi-milliard d'années, elle était entièrement recouverte par une vaste mer intérieure. De plus, lorsque la croûte terrestre se cambra, des massifs montagneux firent leur apparition (les ancêtres des Berkshires et des Green Mountains). À la même époque, une masse de roc en fusion venue des profondeurs de la terre donna également naissance aux White Mountains.

Alors même que les montagnes étaient encore en formation, l'écoulement des eaux commença à éroder le sol, aplanissant tout sur son passage en entraînant des sédiments venus des hauts plateaux. La Nouvelle-Angleterre fut ainsi presque entièrement ramenée au niveau de la mer, telle une vaste plaine. Quelques montagnes subsistèrent toutefois, particulièrement au nord, moins touchées par le nivellement des terres.

La croûte terrestre fut à nouveau ébranlée quelque 200 ou 300 millions d'années plus tard, mais plus légèrement cette fois. La terre se souleva juste assez pour donner de l'altitude aux rivières lentes des plaines, ce qui eut pour effet d'augmenter leur débit, leur permettant ainsi de sculpter des vallées. Les habitants de la Nouvelle-Angleterre finirent par découvrir ces puissantes rivières au cours vif, et ils y construisirent des moulins à eau destinés à produire l'énergie nécessaire au fonctionnement de leurs premières usines, moulins qu'on peut d'ailleurs encore voir aujourd'hui.

Entre temps, la période glaciaire emprisonna toute la région sous une immense calotte de glace, il y a de cela environ un million d'années. En s'élargissant et en s'épaississant peu à peu pendant plusieurs milliers d'années, cette masse de glace finit par devenir si étendue et si lourde qu'elle s'affaissa sur elle-même en débordant vers l'extérieur, si bien qu'elle commença à se mouvoir. Pendant des milliers d'années, la calotte glaciaire prit de l'envergure, jusqu'à recouvrir l'ensemble de la Nouvelle-Angleterre.

En se déplaçant, la glace souleva et entraîna avec elle des rochers aussi gros que des maisons, de sorte qu'il n'est pas rare de voir des champs couverts de pierres de toute taille dans cette région. Avant de pouvoir cultiver la terre, les fermiers ont d'ailleurs dû débarrasser leurs champs des pierres innombrables qui les encombraient; ils en firent des murets qui aujourd'hui encore sillonnent le paysage.

La glace se déplaça du nord vers le sud, depuis le Canada jusqu'à Long Island, en rognant les collines et les saillies sur son passage. Une partie du sol emporté par les glaces se composait d'argile, qui adhère davantage à elle-même qu'à la glace; les dépôts ainsi formés constituèrent des collines de forme ovale et de faible élévation appelées «drumlins», dont plusieurs atteignent une trentaine de mètres et s'étendent sur plus de 1 km. Parmi les plus célèbres de la région, notons Bunker Hill et World's End, à Hingham, dans le Massachusetts.

Les glaciers affluèrent et refluèrent à quatre reprises, répétant leurs mouvements pendant plus d'un million d'années avant de quitter définitivement la Nouvelle-Angleterre, il y a de cela environ dix ou douze mille ans. La dernière de ces incursions a donné naissance au Cape Cod, à Martha's Vineyard, à Nantucket et à Block Island, ainsi qu'à la côte du Rhode Island. Une moraine frontale (crête de débris) se forma à partir des fragments rocheux relâchés par les glaces en mouvement; les îles et les côtes de cette région représentent ce qu'il en reste. La Watch Hill, dans le Rhode Island, est d'ailleurs considérée par les géologues comme «*un des plus beaux exemples de dépôt glaciaire*» de tout l'est des États-Unis.

De gigantesques blocs de glace créèrent en fondant des marmites de géant, c'est-à-dire des lacs profonds de forme arrondie, dont le Walden Pond est un excellent exemple.

L'histoire humaine

La Nouvelle-Angleterre représente l'album de famille des États-Unis, la mémoire d'une nation bâtie sur la souffrance, la persévérance, la foi et le rêve. C'est le récit fascinant d'aventures hautes en couleur, de la lutte pour la liberté, de l'inventivité, du despotisme et de la victoire sur l'adversité.

Les premières pages de ce récit nous racontent comment des voyageurs faisant route vers le Groenland furent détournés de leur cap par des vents violents qui les entraînèrent beaucoup plus au sud. Nous sommes en l'an 1 000, et d'après la légende nordique, c'est en un lieu pour le moins étrange, fort probablement sur la côte rocheuse du Maine, que débarque le Norvégien Leif Ericsson. Il y trouve des Amérindiens hospitaliers et une terre fertile où la vigne et le blé poussent à l'état sauvage. Après avoir baptisé sa découverte du nom de Vinland La Douce, il retourne en Norvège la tête pleine de récits fabuleux sur ce monde de merveilles.

Plus de 450 ans s'écoulent avant que des explorateurs européens ne reprennent la route de cette terre mystérieuse. Le navigateur italien

Giovanni Caboto, en mission pour le compte du roi Henri VII d'Angleterre, est à la recherche d'un passage vers l'Orient lorsqu'il explore les côtes du Maine et du Massachusetts en 1497. Il ne trouve aucun passage, mais réclame au nom de la couronne britannique une part importante du Nouveau Monde, soit toutes les terres situées au nord de la Floride et à l'est des montagnes Rocheuses.

L'explorateur italien Giovanni da Verrazzano arpente les mêmes rivages 27 ans plus tard, réclamant à son tour le territoire pour son propre employeur, la France, alors que, juste avant sa visite, le navigateur Miguel Corte Real avait fait la même chose au nom du Portugal!

En 1614, le marin hollandais Adrian Block organise une expédition de reconnaissance côtière au cours de laquelle il donne à une île de la baie de Narragansett le nom de Roodt Eyland, ou «Île Rouge», d'où le Rhode Island a selon toute vraisemblance tiré son nom. La même année, le capitaine anglais John Smith dresse une carte de la côte du Massachusetts, dont la beauté ne manque pas de le fasciner. Tout soldat de fortune qu'il soit, Smith rédige un rapport inspiré sur ce sol troublant dans lequel il fait l'éloge de «*ses dunes et ses falaises couronnées de jardins et de champs de maïs*».

Néanmoins, bien que ces aventuriers aient été séduits par ce pays nouveau, aucun d'eux ne posa le geste en apparence le plus sensé : coloniser l'endroit. Il va toutefois sans dire que cette terre aux confins du monde pour l'homme blanc était déjà peuplée par des tribus algonquines depuis au moins cinq siècles. Peuple paisible vivant dans des wigwams, ces Amérindiens étaient passés maîtres dans la culture du maïs, du tabac, de la citrouille et d'autres produits de la terre. Ils chassaient par ailleurs dans des forêts pleines d'orignaux, de cerfs, de dindons et d'oies sauvages, et pêchaient aussi bien en eau douce que dans l'océan, où foisonnaient bars, saumons, homards et palourdes; ce sont d'ailleurs les Amérindiens qui ont organisé, dans la région, les premiers *clambakes* (piqueniques où l'on fait griller des palourdes et d'autres fruits de mer sur des feuilles de maïs posées sur des roches brûlantes).

Les Algonquins n'étaient pas très nombreux. Regroupés en petites tribus comptant parfois aussi peu que 200 individus, ils étaient dispersés dans les forêts et le long du littoral. La tribu des Pennacooks vivait sur cette portion du territoire qui allait devenir le New Hampshire et le Massachusetts; les Abenakis chérissaient également le New Hampshire, mais aussi le Maine. Les Narragansetts habitaient pour leur part la région du Rhode Island. En tout et partout, les Amérindiens de la Nouvelle-Angleterre n'étaient pas plus de 25 000 lorsque arrivèrent les premiers colons européens en 1620.

Ce n'est ni l'aventure ni la fortune, mais plutôt un asile religieux, que recherchaient ces premiers véritables colons. Les puritains, rejetés par l'Angleterre anglicane en raison de leur stricte loyauté au protestantisme, avaient lu avec beaucoup d'intérêt le compte rendu flamboyant de John Smith sur le Nouveau Monde. S'agissait-il du paradis dont ils rêvaient? Ils devaient en avoir le cœur net.

Au printemps de 1620, les puritains concluent donc un marché avec la Plymouth Company en vue de financer l'établissement d'une colonie dans le Nouveau Monde. Vers la fin de l'été, 102 d'entre eux s'embarquent sur le *Mayflower* pour un difficile voyage de deux mois vers l'Amérique. Ils aperçoivent la terre ferme pour la première fois au Cape Cod, mais longent la côte pendant encore un mois avant de mettre pied au sol à Plymouth Rock. C'est ainsi que, le 21 décembre, la colonie de Plymouth voit le jour.

Ce premier hiver ébranle considérablement les colons, aux prises avec le scorbut, la pneumonie et d'autres maux qui déciment près de la moitié de leur groupe. L'arrivée du printemps leur apporte toutefois un grand soulagement et leur fournit l'occasion d'ensemencer la terre, mais non sans l'aide des Amérindiens, plutôt aimables envers leurs nouveaux voisins. C'est d'ailleurs pour célébrer le premier anniversaire de leur amitié que, l'automne venu, Pères Pèlerins et Amérindiens festoient ensemble pendant trois jours.

Lorsque la nouvelle du succès de la colonie parvient en Angleterre, d'autres puritains décident de s'embarquer pour le Nouveau Monde. Une grande vague d'émigration s'ensuit et, en 1630, 11 navires mouillent l'ancre à Salem, avec à leur bord environ 1 000 puritains. Attirés par un vaste port naturel et riche en vie marine, les colons piquent alors plus au sud et font de Boston leur principale colonie. Des comptoirs de traite de fourrures voient bientôt le jour dans le Maine, et les petits villages commencent à se multiplier dans le New Hampshire, le Connecticut et le Rhode Island.

En 1636, 12 000 immigrants de plus viennent grossir les rangs des colons.

Éprouvant le besoin de former de futurs dirigeants, certains ministres puritains fondent alors le Harvard College et instituent un tribunal commun pour administrer les colonies. Les affaires locales sont cependant sous la responsabilité des autorités de chaque agglomération et font l'objet d'assemblées périodiques, à l'origine des conseils municipaux que les États-Unis connaissent aujourd'hui.

Il est cependant ironique que ces puritains ayant fui l'Angleterre à la recherche de la liberté religieuse n'aient pas su tolérer les autres croyances. En 1651, un visiteur venu de la colonie du Rhode Island est en effet fouetté en public du fait de son appartenance à l'Église baptiste. De même, des quakers ayant cherché refuge au Nouveau Monde à la suite des persécutions des Anglais sont arrêtés dans le port de Boston avant même d'avoir pu poser un pied sur le sol. De plus, en 1659, deux hommes et une femme sont pendus dans le Massachusetts pour avoir embrassé le quakerisme.

Les dissidents religieux se réfugient alors au Rhode Island, que les puritains surnomment tantôt «*l'égout de la Nouvelle-Angleterre*» et tantôt le Rogue's Island (Terre des mécréants). Ce qui n'empêche guère la petite colonie de s'accrocher aux libertés religieuses et sociales, si bien qu'au milieu des années 1660 elle accueille les premiers juifs de la Nouvelle-Angleterre ainsi que plusieurs centaines de quakers et de huguenots français.

Le fanatisme puritain entraîne cependant la fin prématurée de plusieurs autres âmes infortunées de la Nouvelle-Angleterre, accusées de sorcellerie; car, dit-on, ces êtres possédés du démon rôdent partout en jetant de mauvais sorts aux innocents! Ces accusations donnent lieu à de véritables inquisitoires, d'abord à Charlestown en 1648, puis à Boston en 1655. Mais c'est à Salem, en 1692, que l'abominable chasse aux sorcières atteint son comble, alors que des centaines de personnes sont emprisonnées dans une «maison maudite»; 19 d'entre elles sont exécutées, dont Giles Corey, âgé de 80 ans, condamné à mort même après qu'il eut invoqué un non-lieu.

Les puritains donnèrent également des cauchemars aux Amérindiens. Résolus à «sauver» ces derniers de leurs croyances païennes, des missionnaires traduisirent la *Bible* en algonquin et entreprirent de convertir les indigènes au christianisme. C'est ainsi qu'avant la fin des années 1670 près du quart de la population amérindienne avait officiellement accepté la foi qu'on leur imposait. Mais cela n'était pas suffisant. Les puritains ne voulaient pas seulement de nouveaux chrétiens d'esprit; ils exigeaient que la race tout entière renonce à ses coutumes ancestrales, à son mode de vie même.

Au fur et à mesure que les colonies se développaient, les Amérindiens devenaient de plus en plus gênants pour les Blancs, ce qui ne manqua pas de provoquer de nombreuses escarmouches. Mais ce fut la guerre du «roi» Philippe, en 1675 et 1676, qui sonna réellement le glas pour les Amérindiens de la Nouvelle-Angleterre. Contraint par les colons de leur céder son territoire, le chef Metacomet (baptisé «roi» Philippe) livra plusieurs fois bataille aux envahisseurs. Il perdit cependant un combat décisif, la bataille de Great Swamp, près de Kingston, dans le Rhode Island, une bataille au cours de laquelle des colons du Massachusetts et du Connecticut brûlèrent ses wigwams et désorganisèrent ses troupes, mettant à mort des centaines de femmes et d'enfants.

Peu après, trahi par un de ses congénères, le «roi» Philippe fut capturé, puis écartelé et décapité. Sa tête fut suspendue à une potence et exposée à Plymouth pendant 20 ans en rappel de la victoire des Blancs. Quatre décennies à peine après que les Amérindiens les eurent accueillis à bras ouverts sur leur territoire, voilà que les puritains les décimaient!

La Nouvelle-Angleterre du XVIIIe siècle fut un lieu de croissance sociale, économique et politique. C'est alors que les énergies se concentrèrent sur l'océan et les rivières, avec l'essor de la construction navale dans des villes comme Portsmouth dans le New Hampshire, Groton dans le Connecticut, Kittery dans le Maine et, bien entendu, Boston. Tonneliers, potiers et ébénistes s'installèrent sur les quais pour y exercer leur métier, et le commerce aussi bien côtier qu'international connut une expansion remarquable.

On créa à cette époque des collèges et des universités qui figurent aujourd'hui parmi les mieux cotés du pays : Yale University, le New Hampshire's Dartmouth College et le Rhode Island College, devenu Brown University. L'afflux constant de non-puritains contribua à créer une plus grande diversité religieuse et culturelle, et la politique devint de plus en plus florissante au fur et à mesure que les colons réclamèrent une plus grande autonomie de leur mère patrie.

L'Angleterre, résolue à contenir les élans de ses fils rebelles, leur impose en 1764 le Revenue Act, grâce auquel elle entend prélever un droit sur la soie, le sucre et certains vins. Naturellement, les colons ne tardent pas à s'insurger contre ces taxes. Mais l'Angleterre demeure inflexible et, un an plus tard, elle récidive en frappant les colonies du Stamp Act, exigeant un droit de timbre sur tous les documents commerciaux et légaux, incluant les journaux et les permis. Outrés, les colons dénoncent cette nouvelle taxe et refusent désormais d'acheter quelque marchandise européenne que ce soit. «*Pas de taxe que nous n'ayons votée*», s'écrient-ils. Tous les agents préposés au prélèvement du droit de timbre doivent remettre leur démission et, avant même que la loi ne puisse entrer en vigueur, le premier novembre, le Parlement se voit dans l'obligation de l'abroger.

La mère patrie s'acharne cependant et insiste pour contrôler la politique et l'économie locales. Le Parlement vote donc plusieurs mois plus tard les Townshend Acts, qui taxent lourdement le papier, le verre et le thé. Les colons se révoltent une fois de plus, et l'Angleterre dépêche des troupes à Boston afin d'endiguer le soulèvement populaire.

En 1770, espérant débarrasser la ville des Tuniques Rouges (le nom que les colons donnaient à la milice britannique), les Bostoniens se rassemblent autour du poste de douane et se mettent à injurier la sentinelle de garde. Les renforts accourent sur les lieux et, après une série d'échauffourées, tirent sur la foule. C'est le massacre de Boston, à la suite duquel cinq colons gisent morts sur King Street, aujourd'hui devenue State Street.

L'Angleterre renonce alors à la plupart des taxes visées par les *Townshend Acts* et ne prélève plus de droit que sur le thé importé, qui est à l'époque la boisson la plus populaire au sein des colonies. Les habitants de la Nouvelle-Angleterre ripostent tout simplement en achetant du thé de contrebande. Puis, lorsqu'en 1773 le Tea Act vient inonder le marché de thé peu coûteux, tous les agents locaux en refusent la livraison à l'exception des cargaisons destinées au gouverneur Thomas Hutchinson de Boston.

Quand trois navires chargés de thé font leur entrée dans le port de Boston, les Comités de correspondance et les Fils de la liberté (activistes à l'avant-garde de la Révolution) bloquent aussitôt les quais. Comme le gouverneur Hutchinson refuse de renvoyer les bateaux en Angleterre avec leur cargaison, les protestataires décident de détourner son attention en l'invitant à prendre le thé. Pendant ce temps, déguisés en Amérindiens, 60 Fils de la liberté se glissent à bord des navires à la faveur de la nuit et, en ce 16 décembre 1773, jettent 342 caisses de thé à la mer. Leur geste est pour le moins provocant, et présage de funestes événements : la Révolution flotte dans l'air!

Le 19 avril 1775, une seule décharge de mousquet suffit à déclencher la première guerre digne de ce nom sur le sol américain. «*Le coup de feu qui fit le tour du monde*» fut tiré au cours de la bataille de Lexington et Concord, provoquée par les Tuniques Rouges dans le but d'écraser les ferments de la Révolution dans la région de Boston.

Prévenus de l'arrivée des Anglais par Paul Revere, 77 coloniaux se tapissent dans la pénombre matinale, prêts à accueillir les Tuniques Rouges. Les troupes britanniques réussissent néanmoins à tuer 8 rebelles et à en blesser 10 autres, à l'emplacement même de l'actuel Lexington Green. Poursuivant leur route vers Concord, ils détruisent ensuite une cache d'armes avant d'être évincés.

Les forces continentales se regroupent, et les Green Mountain Boys du Vermont, dirigés par Ethan Allen et Benedict Arnold, parviennent à s'emparer de Fort Ticonderoga, sur le lac Champlain, stoppant ainsi une invasion britannique venue du Canada. Mais c'est le 17 juin 1775 qu'a lieu le premier affrontement d'envergure : la bataille de Bunker Hill, sur la péninsule de Charlestown, près de Boston (bien que le nom de Bunker Hill ait été retenu, le combat s'est en fait déroulé sur la colline voisine, Breed's Hill). Après deux assauts des Britanniques, les Américains manquent de munitions et doivent battre en retraite. Cependant, bien que victorieuse techniquement, la couronne d'Angleterre a perdu 1 000 hommes au cours de cette confrontation, au moins deux fois plus que l'armée coloniale. Et, qui plus est, les insurgés, de simples volontaires, ont prouvé aux forces britanniques, beaucoup mieux entraînées qu'eux, qu'ils sont à même de leur résister!

Le 4 juillet 1776, le Congrès continental signe la *Déclaration d'Indépendance*. La guerre continuera à faire rage dans les États avoisinants pendant six ans encore, mais la Nouvelle-Angleterre est enfin libre.

Une dépression économique fait suite à la guerre. Le papier-monnaie se raréfie, il est difficile d'obtenir des prêts, et les ordres de saisie sont légion. Lorsque leur nouveau gouvernement d'État se met à percevoir des taxes trop élevées, la colère pousse les fermiers du Massachusetts à se révolter. Cette rébellion (Shays' Rebellion) se poursuit de 1786 à 1787 et, malgré son impuissance à abolir les taxes, elle aura au moins servi à démontrer que la démocratie demeure à l'époque un concept pour le moins incertain.

Son commerce maritime naissant annonce un XIXe siècle prospère pour la Nouvelle-Angleterre, même si les embargos très sévères entraînés par la guerre de 1812 viennent temporairement mettre un frein à son expansion. Avec l'avènement de la filature de coton de Pawtucket, dans le Rhode Island, les tisserands échappent à la contrainte d'exercer leur métier de façon artisanale; mais les journées de 12 heures qu'on leur impose en échange d'un salaire dérisoire provoquent bientôt la première grève ouvrière qu'ait connue la nation. C'était en 1800. La machine à égrener le coton d'Eli Whitney ne tarde pas à révolutionner également l'industrie lainière, et les fabriques de lainages se mettent à pousser comme des champignons partout en Nouvelle-Angleterre. De fait, vers les années 1830, la ville de Providence traite à elle seule 20% de toute la laine des États-Unis.

Des centaines d'autres inventions propulsent alors la Nouvelle-Angleterre au premier plan de l'ère industrielle. Le génie de Samuel Morse, un diplômé de Yale, donne naissance au télégraphe et au code qui porte désormais son nom; Elias Howe met au point la toute première machine à coudre; et Charles Goodyear réussit à industrialiser la production du caoutchouc, ce qui ne l'empêche pas toutefois de mourir endetté de 200 000$US. À Hartford, Samuel Colt fonde une usine de munitions, alors que Francis Pratt et Amos Whitney commencent à manufacturer des machines-outils à pièces interchangeables.

Avec la croissance de la Nouvelle-Angleterre et la progression du chemin de fer vers l'ouest, les colonisateurs avancent de plus en plus à l'intérieur des terres. Les régions sauvages du nord du Maine, du Vermont et du New Hampshire cèdent peu à peu du terrain aux pionniers venus y établir de petites fermes. Mais le sol impitoyable et le climat imprévisible de ces régions ont tôt fait d'anéantir tout espoir d'y pratiquer sérieusement l'agriculture, si bien que, dès 1860, aucune entreprise fermière d'envergure ne subsiste dans ces États.

La révolution industrielle suscite une vague d'émigration massive chez les Européens, et c'est par centaines qu'ils arrivent de l'Angleterre, de l'Écosse, de l'Italie et du Portugal. Victimes de la grande famine de 1845, causée par la maladie de la pomme de terre, des milliers d'Irlandais mettent le cap sur le Massachusetts en quête d'une nouvelle vie. Au bout du compte, en 1850, un habitant de la Nouvelle-Angleterre sur 10 a vu le jour outre-mer. Puis, à peine 10 ans plus tard, 61% des Bostoniens sont d'origine étrangère.

C'est à la même époque, durant la crise agricole qui frappe durement l'est du Canada, qu'on note une émigration massive de Canadiens français vers les États-Unis. Entre 1840 et 1850, 40 000 de ceux-ci quittent le Canada pour aller travailler dans les usines de la Nouvelle-Angleterre. En fait, on estime qu'environ trois quarts de million de Canadiens français auraient émigré entre 1840 et 1930.

Les nouveaux immigrants ne sont pas accueillis de bon gré par tous les habitants de la Nouvelle-Angleterre. C'est ainsi qu'au cours des années 1850 plusieurs monstres hideux viennent hanter la scène politique. Un parti manifestement raciste, le Know-Nothing Party, se dresse avec arrogance contre tous les immigrants, particulièrement les Irlandais; et, de concert avec des factions vertement anticatholiques du Maine, il incendie à cette époque de nombreuses églises. Sa puissance confirmée l'amène par ailleurs à prendre le pouvoir dans plusieurs États.

En ces temps troublés, la Nouvelle-Angleterre est également aux prises avec le mouvement abolitionniste. Harriet Beecher Stowe, du Connecticut, éveille les consciences au problème de l'esclavage en publiant, dès 1852, *La Case de l'Oncle Tom*. De plus, au Massachusetts, un fervent antagoniste de l'esclavage, William Lloyd Garrison, continue pendant 34 ans à faire paraître son journal, *Le Libérateur*, alors qu'on professe régulièrement des menaces contre lui et que des foules en colère n'hésitent pas à le traîner dans les rues.

Mais la Nouvelle-Angleterre est simultanément le théâtre d'une importante renaissance culturelle dont la scène centrale se trouve à Boston. Cette ville, qu'on a surnommée «l'Athènes de l'Amérique», assiste alors à la naissance d'institutions aussi prestigieuses que le Museum of Fine Arts, le Boston Symphony Orchestra et les Boston Pops.

De grands talents voient le jour dans toute la région. Artistes, penseurs et génies littéraires donnent à la Nouvelle-Angleterre un essor intellectuel dont la vitalité se fera sentir pendant plusieurs siècles. Avec des noms comme Nathaniel Hawthorne et Oliver Wendell Holmes, Henry David Thoreau et Julia Ward Howe, Ralph Waldo Emerson et Robert Frost, ils ont fait de la Nouvelle-Angleterre une véritable mecque de l'esprit.

Dès le tournant du siècle, le visage ethnique et politique de la Nouvelle-Angleterre n'est déjà plus le même. Longtemps le bastion du protestantisme yankee, voilà qu'elle est gouvernée par des catholiques romains. En 1900, la majorité de ses législateurs sont en effet d'appartenance catholique.

Une vague de corruption fait également son apparition, qui durera plusieurs décennies. Dans le Rhode Island, le Boss républicain Charles R. Brayton établit son pouvoir en troquant des votes contre «*des magistratures et d'autres postes politiques*», pour reprendre les accusations du journaliste Lincoln Steffens. Il va même jusqu'à soudoyer à sa cause des démocrates sans scrupules. Mais la dépravation atteint son comble sous James Michael Curley, quatre fois maire de Boston entre 1914 et 1950, et gouverneur de l'État de 1935 à 1937. Ce «Mussolini irlandais», comme on l'appelle, passe en effet maître dans la politique de quartier, distribuant emplois, faveurs et argent à tous ceux qui sont susceptibles d'assurer sa réélection.

La Grande Crise vient ensuite écraser la Nouvelle-Angleterre. Entre 1929 et 1950, alors que l'industrie manufacturière doit courber l'échine, plus de 149 000 ouvriers du textile perdent leur emploi. En outre, ceux qui ont la chance de conserver leur poste voient leur salaire coupé de moitié. C'est par centaines de milliers que les gens perdent alors leur maison.

La Nouvelle-Angleterre ne s'est jamais complètement remise de ces sombres années. Au cours des années soixante et au début des années soixante-dix, les importations massives des États-Unis portent d'ailleurs un coup fatal aux usines qui ont survécu à la Crise. Privée de ressources naturelles, qu'il s'agisse de pétrole ou de charbon, la région est tout spécialement touchée par la récession des années soixante-dix.

Mais aujourd'hui, la Nouvelle-Angleterre a vu renaître sur son sol l'industrie et la technologie. Les entreprises modernes ont prospéré et fabriquent désormais des produits aussi fabuleux que des missiles et des engins spatiaux, des moteurs d'avions à réaction, des ordinateurs et des équipements périphériques, ainsi que des instruments biomédicaux et photographiques. Le nouveau centre des affaires entoure Boston le long de la route 128 et s'étend sur un territoire qui englobe Hartford, le sud du New Hampshire, le Rhode Island et même la région de Burlington, dans le Vermont.

Le Massachusetts et le Connecticut peuvent se vanter d'être le siège d'une des plus grandes concentrations de capitaux de tous les États-Unis, alors que Boston à elle seule compte plus de 50 compagnies d'assurances et regroupe environ 35% de tous les portefeuilles de fonds mutuels américains. En outre, le grand Boston possède 21 quotidiens et hebdomadaires, 8 stations de télévision, 31 stations de radio ainsi que de nombreux musées et bibliothèques d'envergure nationale.

De nature progressiste, les habitants de la Nouvelle-Angleterre furent parmi les premiers à faire valoir les priorités environnementales sur le front national en votant des lois sévères sur le zonage et la pollution de l'air. Pas plus tard que dans les années soixante, le Vermont bannissait déjà de ses campagnes les bouteilles non récupérables et les panneaux publicitaires. Le Massachusetts vota en outre la toute première loi des États-Unis sur les sites marécageux.

L'éducation supérieure représente en soi une «industrie» de pointe dans le Massachusetts, qui abrite 121 collèges et universités, dont 47 à Boston seulement. Sa beauté saisissante et son riche passé historique font du tourisme la deuxième industrie en importance de la Nouvelle-Angleterre, tout juste derrière l'industrie manufacturière.

Au-delà des centres de techniques de pointe et des curiosités touristiques, on ne peut en effet échapper aux vestiges du passé haut en couleur de la Nouvelle-Angleterre, qu'il s'agisse des monuments commémorant la Révolution, des ponts couverts et des capitoles datant du XVIIIe siècle, ou des clochers sous lesquels s'assemblaient les premières congrégations américaines.

Il suffit de visiter la maison de Paul Revere, le monument de Bunker Hill et le cimetière Granary, dans la région de Boston, pour reconnaître le berceau de la nation. Car le passé de la Nouvelle-Angleterre, c'est le passé des États-Unis; et cette région continue tout aussi bien de jouer un rôle vital pour le présent que pour l'avenir du pays.

FLORE

Les teintes flamboyantes de rouge, d'orangé et de jaune qui soulignent glorieusement l'automne en Nouvelle-Angleterre résultent d'une métamorphose du feuillage touffu de ses arbres à bois dur, qui couvrent plus des trois quarts de la région. Les plus belles couleurs sont affichées par l'érable à sucre et l'érable rouge, le chêne commun et le chêne écarlate, le hêtre, le bouleau et le noyer blanc.

De vastes et imposantes forêts de pins couvrent en grande partie le nord de la région et sont responsables du profil sauvage et irrégulier qui caractérise cette portion du territoire. Outre les pins, on trouve également des épinettes, des sapins baumiers et des sapins-ciguës. Mais le sud de la Nouvelle-Angleterre a lui aussi ses conifères, le plus commun étant le pin blanc. Comptant parmi les plus grands arbres de l'est des États-Unis, il affectionne particulièrement le soleil et peut vivre au-delà de 400 ans!

Environ 2 000 espèces de plantes à fleurs et de fougères poussent sur le sol de la Nouvelle-Angleterre. Les fleurs sauvages émaillent en grand nombre le bord des routes ainsi que les parcs et les forêts. La reine incontestée en est la verge d'or à longue tige, qu'on retrouve pratiquement partout, comme c'est le cas pour la marguerite, la rudbeckie tardive (variété de marguerite à cœur noir et à pétales orangés), le lupin, l'aster pourprée et la carotte sauvage, avec sa large fleur en dentelle. Les sous-bois ombragés et humides favorisent d'autre part la croissance de plusieurs espèces d'orchidées, dont le sabot-de-Vénus est la plus commune mais aussi la plus impressionnante.

Parmi les plus beaux spectacles que les massifs de fleurs sauvages offrent à votre vue, vous devez retenir trois exemples dignes de mention : le rhododendron, le cornouiller et la kalmie à larges feuilles, qui est l'emblème floral du Connecticut, situé à l'extrémité sud de la Nouvelle-Angleterre. Avec ses feuilles lustrées d'un vert sombre et ses fleurs roses et blanches de forme hexagonale, cette variété de laurier peut atteindre jusqu'à 4 m de hauteur et former dans les forêts d'épais fourrés pour ainsi dire infranchissables.

Des rosiers sauvages au parfum délicat et aux fleurs fragiles (roses, blanches ou fuchsia) bordent l'océan à perte de vue, sans compter le pois des dunes, le pin des corbeaux, la gueule noire (variété de myrtilles), l'airelle rampante, la kalmie à feuilles étroites et la baie de laurier, dont les colons se servaient pour fabriquer des bougies.

Les terres marécageuses, vestiges des mouvements glaciaires, se retrouvent partout en Nouvelle-Angleterre. Chaque marais, marécage et fondrière entretient sa propre colonie de plantes, spécialement adaptées pour flotter sur l'eau ou en émerger. Deux d'entre elles, particulièrement caractéristiques, sont le tabac du diable, à l'aspect vert-pourpre et d'une odeur poignante rappelant celle de la mouffette, et le petit prêcheur, qui ressemble à un prédicateur en chaire.

Dans la boue noire et molle, et la terre riche en matières organiques qui entourent les marais, poussent plusieurs variétés de hautes herbes, de roseaux et de joncs, comme la quenouille. Par ailleurs, la salicaire pourprée recouvre maintenant de vastes étendues marécageuses ainsi que de nombreuses fondrières. Parmi les autres plantes communes aux environs des marécages, notons la lentille d'eau, qui est la plus petite plante à fleur connue; le glaïeul bleu des marais, qui est une variété locale d'iris; l'eupatoire pourprée et le lis jaune des étangs.

La sphaigne, ou mousse des marais, et les joncs montrent une préférence pour les sols marécageux, comme c'est d'ailleurs le cas pour les arbustes à feuilles persistantes, le laurier et le romarin palustres, ainsi que le thé du Labrador, apparemment utilisé comme substitut du thé conventionnel au temps de la colonie. Dans les dépressions sablonneuses des fondrières pousse également la canneberge, dont les baies jouent un rôle majeur dans l'économie du Massachusetts.

FAUNE

Aucun animal n'est plus présent en Nouvelle-Angleterre que l'écureuil gris, qui agite sa queue touffue en courant le long des câbles téléphoniques, en s'amusant à monter et à

Les couleurs d'automne : kaléidoscope de la nature

Tel un dernier coup de cœur avant un long sommeil, une féerie de couleurs absolument renversante s'empare de la nature lorsque survient l'automne en Nouvelle-Angleterre. Les forêts s'éclaboussent d'orange et de pourpre, les lacs semblent ceinturés de feu, et des montagnes entières se couvrent d'or.

Le spectacle débute autour de la mi-septembre, avec quelques touches d'or et de vermeil, comme si une bouffée de gêne s'emparait soudain des montagnes. Puis, les premières rougeurs se transforment peu à peu en un océan d'écarlate, d'orange et de pourpre, qui se fondent l'un dans l'autre comme de chatoyantes rivières d'aquarelle. Chaque jour apporte de nouvelles couleurs et de nouvelles perspectives.

La cause? Victimes des nuits froides et des jours plus courts de l'automne, les feuilles d'arbres doivent renoncer à leur robe verte pour revêtir de nouvelles parures, du cramoisi à l'ambre doré et au bronze, ou de l'acajou au violet.

Il va sans dire que chaque arbre a sa propre palette. Les érables flamboient de rouge. L'hickory à l'écorce poilue vire à l'ocre, comme de l'or martelé, tandis que le feuillage blond de l'hamamélis camoufle de petites fleurs jaunes. Le sumac, avec ses épines duveteuses comme des bois de cerf, s'amuse à pourprer ses feuilles en dents de scie. Puis celles du merisier d'été, minces et délicates, tournent du pourpre éclatant au jaune brillant.

L'aulne tacheté, quant à lui, cet hôte malin des marécages, ne change pas de couleur du tout, si bien que ses larges feuilles vertes contrastent merveilleusement avec tous ces rouges, ces jaunes et ces pourpres.

Plus vous êtes au nord, et plus le feu d'artifice commence tôt. Les régions septentrionales du Maine, du New Hampshire et du Vermont partent le bal, et la valse des couleurs se déplace progressivement vers le sud au fur et à mesure qu'avance l'automne. La fête se termine généralement vers la mi-octobre ou après les premières gelées.

Même si vous pouvez «voir les couleurs» à peu près n'importe où en Nouvelle-Angleterre, les meilleurs points d'observation se trouvent incontestablement dans les régions montagneuses. Réputée comme l'un des sites les plus propices du monde pour contempler les feuillages d'automne, la White Mountain National Forest, dans le New Hampshire, vous offre 309 000 ha de forêt ininterrompue qui explose chaque année de mille feux.

Sa voisine du Vermont, la Green Mountain National Forest, est un amalgame de forêts denses, de montagnes peu élevées et de cours d'eau rugissants qui, sur des kilomètres, agrémentent de façon spectaculaire la ronde des couleurs. Dans le Maine, prenez la direction des ***blueberry barrens***, tout près de Machias. Ces vastes landes, où les bleuets poussent en abondance, s'étendent à perte de vue et s'enflamment elles aussi de rouge en automne. La côte rocheuse du Maine, avec ses arbres écarlates disposés en spirale sur le fond bleu-vert de la mer, revêt pour sa part une tenue d'apparat à nulle autre comparable.

Dans le Connecticut, la beauté des feuillages d'automne repose sur la diversité de ses forêts, qui reproduisent toute la gamme des couleurs. Passez ainsi du pastel des chênes et des bouleaux de la côte au rouge éclatant des tupélos du Sud-Ouest. Puis, mettez le cap sur les jaunes et les vermillons des érables à sucre du Nord-Ouest.

Le minuscule Rhode Island s'enflamme également en automne, mais surtout dans les hautes terres. Formant un couloir au nord et un autre à l'ouest, leurs collines ondulées et densément boisées se couvrent d'ambre, et les quelque 300 lacs et réservoirs naturels qu'on y trouve se bordent d'arcs-en-ciel.

Pour un festin visuel tout à fait unique, n'hésitez pas à prendre la route de la South Coast du Massachusetts, où les fondrières à canneberges s'étendent du sud de Boston jusqu'à Bristol. Au cours du mois d'octobre, lorsque vient le temps de la récolte, les fermiers inondent les fondrières pour forcer les baies à remonter à la surface, créant ainsi de véritables mers d'un cramoisi éblouissant.

Si vous ne voulez pas seulement ramener des photos de votre voyage, réunissez un assortiment de vos feuilles et rameaux préférés. Alors qu'elles sont encore souples, compressez délicatement les feuilles entre des couches de carton, puis disposez le tout entre deux livres ou morceaux de bois lourds, autour desquels vous attacherez solidement une corde. Il ne vous reste plus qu'à conserver cet assemblage au chaud et au sec pendant 10 jours, en vous assurant que la corde est toujours bien serrée.

Quant aux rameaux, une fois que vous les aurez préservés, ils feront de magnifiques bouquets. Fendez-en tout simplement les tiges à leur base, et recouvrez-les d'une solution comptant deux parties d'eau pour une partie de glycérine. Conservez-les ensuite dans un endroit frais et amplement aéré jusqu'à ce que les feuilles changent légèrement de couleur. Retirez les rameaux de la solution, puis suspendez-les têtes en bas jusqu'à ce qu'ils soient secs.

Pour connaître à tout moment les conditions d'observation des feuillages d'automne (*fall foliage*), ayez recours aux services de renseignements spécialement mis à votre disposition par chacun des États : New Hampshire *(☎603-271-6870 ou 800-258-3608)*; Vermont *(☎802-828-3239)*; Maine *(☎800-533-9595)*; Connecticut *(☎860-258-4290)*; Rhode Island *(☎401-277-2601)*; Massachusetts *(☎617-727-3201)*. Certains États fournissent même des guides contenant des indications destinées à vous permettre d'identifier les feuilles ainsi que des suggestions sur la meilleure façon de réussir vos photographies.

Un conseil : la saison des couleurs étant de loin la plus convoitée par les visiteurs de la Nouvelle-Angleterre, vous avez tout avantage à prendre les dispositions nécessaires à votre voyage au moins six mois à l'avance.

descendre des arbres dans les parcs publics, ou en s'élançant à travers les jardins. Suit de très près le tamia, ou «suisse», au pelage coloré. Puis le lapin et la marmotte, également fort nombreux, quoiqu'ils fassent le malheur des jardiniers et des maîtres de maison.

L'orignal (élan d'Amérique) et l'ours noir, le seul ours ayant élu domicile en Nouvelle-Angleterre, sont sans conteste les plus gros mammifères terrestres de la région; ils affectionnent particulièrement les forêts sauvages du Nord. Bien qu'on ait peine à le croire, l'orignal, dont les charmes sont pour le moins douteux, appartient à la même famille que le cerf, et il vit au plus profond des régions boisées du nord du Maine, du New Hampshire et du Vermont. Un autre mammifère de taille, particulièrement apprécié par les chasseurs, est le cerf de Virginie, caractérisé par une queue blanche et touffue, de grandes oreilles et de longues pattes.

Le daim, originaire de l'Asie Mineure, fut implanté à Nantucket et à Martha's Vineyard; mais il se multiplia au point d'envahir ces îles, si bien qu'il fallut en réduire le nombre.

Parmi les mammifères de taille plus modeste, notons le castor, le renard, le raton-laveur, le porc-épic, la moufette et l'opossum. Il fait d'ailleurs bien pitié, le pauvre opossum : mal équipé pour faire face aux basses températures de la Nouvelle-Angleterre, les gelures ont souvent raison de sa queue dénudée et de ses oreilles aussi minces que du papier, dont elles emportent malheureusement des morceaux.

Au large des côtes rocheuses du nord de la Nouvelle-Angleterre, les phoques s'ébattent joyeusement, visitant fréquemment les îles et les rivages rocailleux pour y profiter du soleil. La côte abrite également des dauphins à bec pointu et plusieurs variétés de baleines, que des excursions en mer permettent de mieux admirer.

L'arrivée du printemps est bruyamment annoncée par des légions de grenouilles mesurant à peine 3 cm qui grimpent aux arbres pour s'adonner avec passion à leurs chants nocturnes.

à peine 3 cm qui grimpent aux arbres pour s'adonner avec passion à leurs chants nocturnes.

Parmi les autres batraciens de la région, on compte la salamandre mouchetée, la grenouille verte et le ouaouaron, une grenouille géante dont la taille peut atteindre jusqu'à 20 cm! Les reptiles sont représentés par diverses variétés de tortues (la chélydre serpentine, la chrysémyde peinte et la tortue de mer) ainsi que certains serpents (l'élapsoidéa, ou «serpent à jarretière» et le *black racer*, mais aussi deux espèces venimeuses : le serpent à sonnettes et le trigonocéphale, ou mocassin, que vous ne risquez guère de rencontrer tellement ils sont rares et reclus).

Directement dans l'axe atlantique de la ligne de vol des grands migrateurs, la Nouvelle-Angleterre constitue un observatoire d'oiseaux de premier choix, particulièrement au printemps. On y a dénombré plus de 400 espèces, même si la moitié d'entre elles ne font que passer au large des côtes, où elles se posent rarement. Mais il y a aussi celles que des vents violents font dévier de leur route. Quoi qu'il en soit, le plus commun de tous les oiseaux qui caractérisent la Nouvelle-Angleterre, et qu'on retrouve partout le long du littoral, n'est nul autre que le goéland.

Les oies sauvages du Canada et les cormorans, tout comme les orfraies, ont vu croître leur nombre ainsi que l'étendue de leur habitat depuis qu'on leur a aménagé des plates-formes de nidification à Martha's Vineyard. Le magnifique huard règne quant à lui sur les lacs du Nord. On trouve également plusieurs variétés de canards, aussi bien en eau douce qu'en eau salée.Les espèces en voie de disparition comprennent le gravelot siffleur, la sterne rose (hirondelle de mer), le faucon pèlerin, la bartramie à longue queue, le hibou brachyote et l'aigle à tête blanche, qui niche maintenant audessus du Quabbin Reservoir, dans le centre du Massachusetts.

Le clownesque macareux de l'Atlantique peut en outre être aperçu sur les îlots rocailleux du Maine, d'ailleurs le seul endroit aux États-Unis où il est encore possible de le contempler.

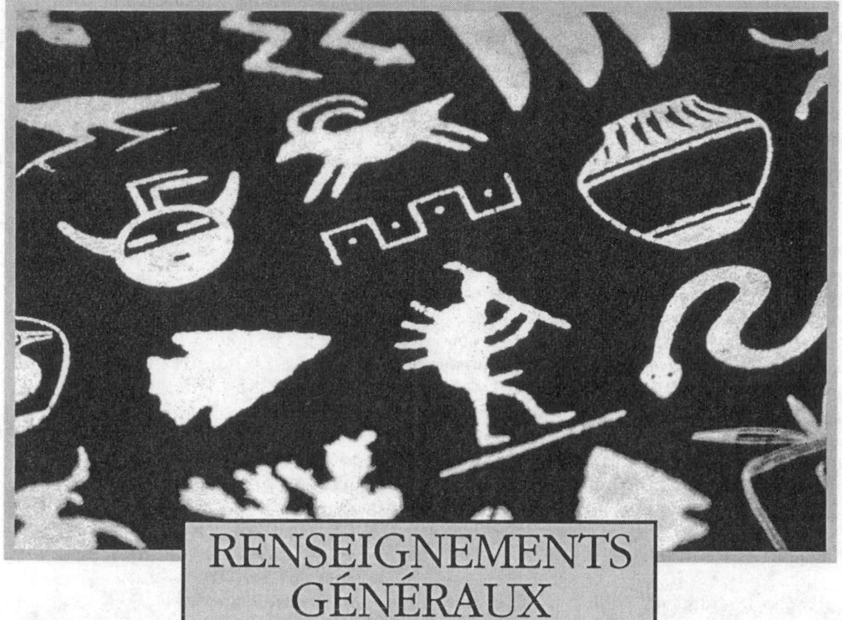

RENSEIGNEMENTS GÉNÉRAUX

Le présent chapitre a pour objectif d'aider les voyageurs à mieux planifier leur séjour en Nouvelle-Angleterre.

FORMALITÉS D'ENTRÉE

Pour entrer aux États-Unis, les Québécois et les Canadiens n'ont pas besoin de visa. Il en va de même pour la plupart des citoyens des pays de l'Europe de l'Ouest. En effet, seul un passeport valide suffit, et aucun visa n'est requis pour un séjour de moins de trois mois. Un billet de retour ainsi qu'une preuve de fonds suffisants pour couvrir le séjour peuvent être demandés. Après trois mois, tout voyageur sera tenu d'obtenir un visa (120$) à l'ambassade des États-Unis de son pays.

Précaution : les coûts des soins hospitaliers étant extrêmement élevé aux États-Unis, il est conseillé de se doter d'une bonne assurance-maladie. Pour plus de renseignements, voir la section «La santé» (p 29).

Douane

Les étrangers peuvent entrer aux États-Unis avec 200 cigarettes ou 100 cigares et des achats en franchise de douane (*duty-free*) d'une valeur de 400$. Vous n'êtes soumis à aucune limite en ce qui a trait au montant des devises avec lequel vous voyagez, mais vous devrez remplir un formulaire spécial si vous transportez l'équivalent de plus de 10 000$. Les médicaments d'ordonnance devraient être placés dans des contenants clairement identifiés en ce sens (il se peut que vous ayez à produire une ordonnance ou une déclaration écrite de votre médecin à l'intention des officiers de douane). La viande et ses dérivés, les denrées alimentaires de toute nature, les graines, les plantes, les fruits et les stupéfiants ne peuvent être introduits aux États-Unis.

Pour de plus amples renseignements, adressez-vous au :

United States Customs Service
1301 Constitution Avenue Northwest
Washington, DC 20229
☎(202) 566-8195.

L'ARRIVÉE AU PAYS

En avion

Du Québec

À partir de Montréal, Delta et Air Alliance proposent des vols réguliers vers Boston et

Hartford. Air Canada, pour sa part, dessert Boston plusieurs fois par jour.

De l'Europe

La compagnie TransWorld Airlines est la seule à desservir Paris et Boston directement. Elle propose plusieurs vols par semaine en haute saison. Les autres compagnies majeures desservent également Boston, mais avec une escale à New York. S'il vous est difficile de trouver une correspondance à partir de l'Europe, prenez un vol direct sur New York (aéroport LaGuardia), puis une navette aérienne vers Boston. Ces dernières partent à peu près toutes les heures, et vous n'avez pas besoin de réservation; un aller coûte environ 120$.

Aéroport

Le **Logan International Airport** de Boston est situé à proximité du centre-ville. Il s'agit d'un aéroport moderne qui est desservi par un grand nombre de compagnies aériennes. Pour vous rendre en ville, vous avez plusieurs choix : limousines, taxis et autobus vous emmèneront un peu partout dans la région métropolitaine. Vous pouvez également prendre le métro. Pour ce faire, vous devez prendre le **Massport Shuttle Bus** *(☎800-235-6426)*, qui vous conduira gratuitement à la station de métro la plus près, c'est-à-dire Airport. Un passage pour le métro coûte 0,85$.

En voiture

Beaucoup de Québécois choisissent l'automobile comme moyen de transport pour gagner la Nouvelle-Angleterre. L'itinéraire classique, et le plus rapide, consiste à emprunter l'autoroute 10 Sud, puis la route 35 Sud, qui devient la route 133, et á continuer sur celle-ci jusqu'à la frontière américaine du Vermont, où l'autoroute 89 Sud prend la relève.

AMBASSADES ET CONSULATS À L'ÉTRANGER

En Europe

France
Ambassade des États-Unis
2, avenue Gabriel
75382 Paris cedex 08
☎01.42.96.12.02 ou 01.42.61.80.75
⇌01.42.66.97.83

Consulat des États-Unis
22, cours du Maréchal Foch
33080 Bordeaux cedex
☎04.56.52.65.95
⇌04.56.51.60.42

Consulat des États-Unis
12, boulevard Paul-Peytral
13286 Marseille cedex
☎04.91.54.92.00
⇌04.91.55.09.47

Consulat des États-Unis
15, avenue d'Alsace
67082 Strasbourg cedex
☎02.88.35.31.04
⇌02.88.24.06.95

Belgique
Ambassade des États-Unis
27, boulevard du Régent
B-1000 Bruxelles
☎(2) 513-3830
⇌(2) 511-2725

Espagne
Ambassade des États-Unis
Serano 75
28001 Madrid
☎(1) 577-4000
⇌(1) 564-1652
Telex (1) 277-63

Suisse
Ambassade des États-Unis
93, Jubilaum strasse
3000 Berne
☎31-43-70-11

Italie
Ambassade des États-unis
Via Vittorio Vérito
11917-121 Roma
☎467-41
⇄610-450

Au Québec

Consulat des États-Unis
Place Félix-Martin
1155, rue Saint-Alexandre
Montréal H2Z 1Z2
☎(514) 398-9695

CONSULATS ÉTRANGERS EN NOUVELLE-ANGLETERRE

France
3 Commonwealth Avenue
Boston
MA 02116
☎(617) 266-1680
⇄(617) 437-1090

Belgique
300 Commercial Street
Bureau 29
Malden
MA 02148
☎(617) 397-8566
⇄ (617) 397-6752

Suisse
La Suisse n'est pas représentée en Nouvelle-Angleterre. Le consulat le plus près se trouve à New York :
665 5th Avenue
Rollex Building, 8th Floor
New York
NY 10022
☎(212) 758-2560
⇄(212) 207-8024

Italie
690 Park Avenue
New York
NY 10021
☎(212) 737-9100
⇄(212) 249-4945

Canada
3 Copeley Place
Bureau 400
Boston
MA 02116
☎(617) 262-3760
⇄(617) 262-3415

RENSEIGNEMENTS TOURISTIQUES

Vous pouvez vous procurer de l'information directement auprès des offices de tourisme de chacun des États de la Nouvelle-Angleterre.

Connecticut Department of
Economic Development
865 Brook Street
Rocky Hill, CT 06067-3405
☎(860) 258-4355 ou 800-282-6863

Greater Boston Convention and
Visitors Bureau
Prudential Center Tower, Bureau 400
Boston, MA 02199
☎(617) 536-4100

Maine Publicity Bureau
P.O. Box 2300
Hallowell, ME 04347
☎(207) 623-0363

Massachusetts Office of Travel & Tourism
100 Cambridge Street,
Government Center, 13th Floor
Boston, MA 02202
☎(617) 727-3201 ou 800-227-6277

New Hampshire Office of Travel & Tourism
172 Pembroke Road
Concord, NH 03302
☎(603) 271-2666

Rhode Island Tourism Division
7 Jackson Walkway
Providence, RI 02903
☎(401) 277-2601 ou 800-556-2484

Vermont Department of Travel
134 State Street
Montpelier, VT 05602
☎(802) 828-3237 ou 800-837-6668

En France

Il est possible d'obtenir des renseignements touristiques sur la Nouvelle-Angleterre chez :
Express Conseil
5 bis, rue du Louvre
75001 Paris
☎01.44.77.88.07

VOS DÉPLACEMENTS

En voiture

Le bon état général des routes et l'essence moins chère qu'en Europe font de la voiture un moyen de transport idéal pour visiter la Nouvelle-Angleterre en toute liberté. Vous trouverez facilement de très bonnes cartes routières dans les librairies de voyage ou, une fois sur place, dans les stations-service. En ce qui concerne la location de voitures, plusieurs entreprises exigent que leurs clients soient âgés d'au moins 25 ans et qu'ils soient en possession d'une carte de crédit reconnue.

Quelques conseils

Permis de conduire : en règle générale, les permis de conduire européens sont valables. Les visiteurs canadiens et québécois n'ont pas besoin de permis international, et leur permis de conduire est tout à fait valable aux États-Unis. Soyez averti que plusieurs États sont reliés par système informatique aux services de police du Québec en ce qui atrait aux contrôle des infractions routières. Une contravention émise aux États-Unis est ainsi automatiquement reportée á votre dossier au Québec.

Code de la route : attention, il n'y a pas de priorité à droite. Ce sont les panneaux de signalisation qui indiquent la priorité à chaque intersection. Ces panneaux marqués «Stop» sur fond rouge sont à respecter scrupuleusement! Vous verrez fréquemment un genre de stop au bas duquel figure un petit rectangle rouge dans lequel il est inscrit «4-Way». Cela signifie, bien entendu, que tout le monde doit marquer l'arrêt et qu'aucune voie n'est prioritaire. Il faut que vous marquiez l'arrêt complet, même s'il vous semble n'y avoir aucun danger apparent. Si deux voitures arrivent en même temps à l'un de ces arrêts, la règle de la priorité à droite prédomine. Dans les autres cas, la voiture arrivée la première passe.

Les feux de circulation se trouvent le plus souvent de l'autre côté de l'intersection. Faites attention où vous marquez l'arrêt.

Lorsqu'un autobus scolaire (de couleur jaune) est à l'arrêt (feux clignotants allumés), il est obligatoire de vous arrêter quelle que soit votre direction. Le manquement à cette règle est considéré comme une faute grave!

Le port de la ceinture de sécurité est obligatoire.

Les autoroutes sont gratuites, sauf en ce qui concerne la plupart des Interstate Highways, désignées par la lettre «I», suivie d'un numéro. Les panneaux indicateurs se reconnaissent à leur forme presque arrondie (le haut du panneau est découpé de telle sorte qu'il fait deux vagues) et à leur couleur bleue. Sur ce fond bleu, le numéro de l'Interstate ainsi que le nom de l'État que vous parcourez sont inscrits en blanc. Au haut du panneau figure la mention «Interstate» sur fond rouge.

La vitesse est limitée à 55 mph (88 km/h) sur la plupart des grandes routes. Le panneau de signalisation de ces grandes routes se reconnaît à sa forme carrée, bordée de noir et dans lequel le numéro de la route est largement inscrit en noir sur fond blanc.

Sur les Interstates, la limite de vitesse monte à 65 mph (104 km/h).

Le panneau triangulaire rouge et blanc où vous pouvez lire la mention «Yield» signifie que vous devez ralentir et céder le passage aux véhicules qui croisent votre chemin.

La limite de vitesse vous sera indiquée par un panneau routier de forme carrée et de couleurs blanche et noire sur lequel est inscrit «Speed Limit», suivi de la vitesse limite autorisée.

Le panneau rond et jaune, barré d'une croix noire et de deux lettres «R», indique un passage à niveau.

Postes d'essence : les États-Unis étant un pays producteur de pétrole, l'essence est nettement moins chère qu'en Europe, et même qu'au Québec et au Canada, en raison des taxes moins élevées.

Tableau des distances (km/mi.)

Par le chemin le plus court

1 mille = 1,62 kilomètre
1 kilomètre = 0,62 mille

	Augusta (ME)	Boston (MA)	Bridgeport (CT)	Burlington (VT)	Concord (MA)	Hartford (CT)	Montréal (QC)	New York (NY)	Ogunquit (ME)	Portland (ME)	Portsmouth (NH)	Providence (RI)
Augusta (ME)												
Boston (MA)	266/165											
Bridgeport (CT)	511/317	257/159										
Burlington (VT)	362/224	366/227	481/298									
Concord (MA)	275/171	30/19	250/155	355/220								
Hartford (CT)	417/259	168/104	95/59	388/241	160/99							
Montréal (QC)	488/303	509/316	583/361	151/94	500/310	542/336						
New York (NY)	609/378	354/219	99/61	508/315	347/215	193/120	619/384					
Ogunquit (ME)	151/94	121/75	365/226	347/215	133/82	273/169	494/306	463/287				
Portland (ME)	90/56	176/109	419/260	405/251	190/118	328/203	474/294	519/322	57/35			
Portsmouth (NH)	175/109	93/58	341/211	345/214	109/68	247/153	493/306	438/272	25/16	84/52		
Providence (RI)	348/216	79/49	204/126	437/271	93/58	142/88	582/361	300/186	201/125	256/159	174/108	
Provincetown (MA)	454/281	192/119	403/250	554/343	220/136	336/208	698/433	497/308	310/192	364/226	285/177	196/122

Exemple : la distance entre Hartford (CT) et Portland (ME) est de 328 km / 203 mi.

En autocar

Après la voiture, l'autocar constitue le meilleur moyen de locomotion. Nombreux et peu chers, les autocars couvrent la majeure partie de la Nouvelle-Angleterre.

Pour obtenir les horaires et les destinations desservies, appelez la succursale locale de la firme Greyhound.

Les Canadiens et les Québécois peuvent faire leur réservation directement auprès de la firme Voyageur, laquelle, à Toronto *(☎416-393-7911)* et à Montréal *(☎514-842-2281)*, représente la firme Greyhound.

Sur presque toutes les lignes, il est interdit de fumer. En général, les enfants de cinq ans et moins sont transportés gratuitement. Les personnes de 60 ans et plus ont droit à d'importantes réductions. Les animaux ne sont pas admis.

En train

Aux États-Unis, le train ne constitue pas toujours le moyen de transport le moins cher, et il n'est sûrement pas le plus rapide. Cependant, il peut être intéressant pour les grandes distances, car il procure un bon confort (essayez d'obtenir une place dans les voitures panoramiques pour profiter au maximum du paysage). Pour obtenir les horaires et les destinations desservies, communiquez avec la société AMTRAK *(sans frais en Amérique du Nord, ☎800-872-7245)*, la propriétaire actuelle du réseau ferroviaire américain.

Notez que le Maine n'est pas relié au réseau Amtrak; par conséquent, il ne vous est pas possible de vous y rendre en train. Cependant, des ententes ont été convenues entre Amtrak et les entreprises d'autocars locales de façon à assurer le transport des usagers vers les destinations non couvertes par le train.

En avion

Il s'agit bien sûr d'un moyen de transport coûteux; cependant, certaines compagnies aériennes (surtout régionales) proposent régulièrement des tarifs spéciaux (hors saison, courts séjours). Encore une fois, soyez un consommateur averti, et comparez les offres. Pour connaître avec précision les diverses destinations desservies par les compagnies régionales, adressez-vous aux chambres de commerce ou aux offices de tourisme.

À vélo

Au royaume de l'automobile, il vaut mieux, pour le cycliste, s'en tenir aux routes secondaires : la campagne de la Nouvelle-Angleterre recèle suffisamment de jolis coins à l'écart des grands axes routiers.

ASSURANCES

Assurance-annulation

L'assurance-annulation est normalement offerte par l'agent de voyages au moment de l'achat du billet d'avion ou du forfait. Elle permet le remboursement du billet ou du forfait dans le cas où le voyage devrait être annulé, en raison d'une maladie grave ou d'un décès. Les gens en santé n'ont pas réellement besoin d'une telle protection. Elle demeure par conséquent d'une utilité relative.

Assurance contre le vol

La plupart des assurances-habitation au Canada protègent une partie des biens contre le vol, même si celui-ci a lieu à l'extérieur de la maison. Si une telle malchance survenait, n'oubliez toutefois pas d'obtenir un rapport de police, car sans lui vous ne pourrez pas réclamer votre dû. Les personnes disposant d'une telle protection n'ont donc pas besoin d'en prendre une supplémentaire, mais, avant de partir, assurez-vous d'en avoir bel et bien une.

Assurance-maladie

L'assurance-maladie est sans nul doute la plus importante à se procurer avant de partir en voyage, et il est prudent de bien savoir la choisir, car la police d'assurance doit être la plus complète possible. Au moment de l'achat de la police d'assurance, il faudrait veiller à ce qu'elle couvre bien les frais médicaux de tout ordre comme l'hospitalisation, les services infirmiers et les honoraires des médecins (jusqu'à concurrence d'un montant assez élevé) ainsi qu'une clause de rapatriement, pour le cas où les soins requis ne pourraient être administrés sur place. En outre, il peut arriver que vous ayez à défrayer le coût des soins en quittant la clinique; il faut donc vérifier ce que prévoit la police dans ce cas. S'il vous arrivait un accident durant votre séjour, vous devriez toujours garder sur vous la preuve que vous avez contracté une assurance-maladie, ce qui vous évitera bien des ennuis.

SANTÉ

Pour les personnes en provenance d'Europe, du Québec et du Canada, aucun vaccin n'est nécessaire. D'autre part, il est vivement recommandé, en raison du prix élevé des soins, de souscrire une bonne assurance maladie-accident. Il existe différentes formules, et nous vous conseillons de les comparer. Emportez vos médicaments, surtout ceux qui exigent une ordonnance. Sauf indication contraire, l'eau est potable partout en Nouvelle-Angleterre.

Méfiez-vous des fameux coups de soleil. Lorsque souffle le vent, il arrive fréquemment qu'on ne ressente pas les brûlures causées par le soleil. Comme la Nouvelle-Angleterre attire beaucoup de voyageurs pour la beauté de ses plages, n'oubliez pas votre crème solaire!

Sécurité

Malheureusement, la société américaine est relativement violente, mais rien ne sert de paniquer et de rester cloîtré dans sa chambre d'hôtel!

Un petit conseil : il est souvent préférable de s'enquérir, dès son arrivée, des quartiers qu'il vaut mieux s'abstenir de visiter à n'importe quelle heure du jour et de la nuit. En prenant les précautions courantes, il n'y a pas lieu d'être inquiet outre mesure pour sa sécurité. Si toutefois la malchance était avec vous, n'oubliez pas que le numéro de secours est le 911, ou le 0 en passant par le téléphoniste.

CLIMAT

Les températures varient plus qu'on ne le croirait du nord au sud. Le climat du sud-est de la Nouvelle-Angleterre, tempéré par les courants marins, est le plus chaud. Mais alors qu'au Connecticut les températures moyennes peuvent varier entre - 3°C en janvier à 23°C en juillet, celles du Vermont s'étendent de - 9°C en janvier à 21°C en juillet. Cependant, au sommet du mont Washington, dans le New Hampshire, aussi bien parler de l'Antarctique!

Hiver

Peu importe la manière dont on s'y prend pour départager les saisons, les hivers sont toujours longs et froids. Le Vermont et le Maine connaissent invariablement les hivers les plus rigoureux, avec des températures de - 12°C à - 23°C, et parfois même des pointes pouvant atteindre - 34°C. Dans le sud de la Nouvelle-Angleterre toutefois, les températures hivernales se maintiennent plutôt entre 0°C et - 5°C.

Dans le Nord, la neige fait son apparition dès le Thanksgiving Day (le quatrième jeudi de novembre) et recouvre encore le sol à la mi-avril. Mais, en bordure de la côte sud-est, elle serait malvenue avant Noël, et le mercure ne descend pour ainsi dire jamais sous zéro. Il n'y a cependant pas lieu de se laisser effrayer par ces longs hivers; après tout, ce sont eux qui couvrent les pentes de ski des régions du Nord de leur épais manteau blanc.

Printemps et été

Avec le printemps survient inévitablement le dégel, qu'on se plaît à qualifier de «*saison de la boue*» dans les régions du Nord. Lorsque le sol gelé commence à fondre, il en résulte en effet un véritable pétrin de boue. Le printemps est toutefois un peu moins malpropre dans le Sud, où les oiseaux chanteurs gazouillent dès la mi-mars, suivis quelques semaines plus tard par les premières pousses de verdure.

L'été s'installe vers la mi-juin. Les journées se réchauffent alors considérablement, avec des températures variant entre 20°C et 30°C; mais les soirées sont un peu plus fraîches, surtout le long du littoral et dans les régions montagneuses. Bien que les brises océaniques tempèrent le climat, les étés peuvent être humides, et même brumeux ou pluvieux. Les températures les plus élevées se retrouvent au centre du Massachusetts, dans la vallée aride du fleuve Connecticut.

Automne

L'automne est sans doute la plus belle et la plus populaire des saisons pour les visiteurs de la Nouvelle-Angleterre. Les feuillages y revêtent leurs plus vives couleurs, et la récolte des canneberges, des citrouilles et des pommes, dont on fait du cidre, bat son plein. Pendant les jours ensoleillés, les températures peuvent atteindre des maxima qui nous rappelent l'été, d'où le nom d'«été des Indiens» qu'on attribue à une certaine période de l'automne; les nuits plus froides nous stimulent, quant à elles, de leur air frais et revigorant. Dans le Sud-Est, la saison se poursuit jusqu'en novembre.

L'automne et l'hiver sont beaucoup plus secs en Nouvelle-Angleterre qu'en d'autres régions. Mais il n'en pleut ou neige pas moins environ un jour sur trois, ce qui donne des précipitations de 107 cm par année, en plus d'une accumulation de neige de 229 à 254 cm dans les montagnes.

Quand visiter la Nouvelle-Angleterre?

Les touristes envahissent littéralement la Nouvelle-Angleterre à l'époque des «couleurs d'automne» (de la mi-septembre à la mi-octobre) et, en cette période, il peut s'avérer difficile de réserver une place dans un lieu d'hébergement. Le cœur de l'été (de juillet à la fête du Travail, célébrée le premier lundi de septembre) est également très populaire, surtout le long de la côte. Vous auriez peut-être intérêt à visiter les stations balnéaires au printemps ou en automne, lorsque les prix sont moins élevés. La période de Noël et du Nouvel An ainsi que la saison de ski (de la fin décembre à la fin avril) sont également fort appréciées par les touristes. Il est à retenir que vos vacances seront plus paisibles et que vous aurez moins de mal à réserver une place dans un hôtel si vous voyagez hors saison, en avril et mai ou de la fin octobre à la fin décembre.

CALENDRIER DES ÉVÉNEMENTS

Chaque année, la Nouvelle-Angleterre fête son passé colonial en reconstituant certains événements historiques qui se sont déroulés sur le sol de ses six États. D'autres réjouissances s'inspirant des bienfaits dont la nature l'a comblée (pommes, sucre d'érable, bleuets, pétoncles, palourdes...) célèbrent l'opulence exceptionnelle de cette région. Des festivals d'art, de musique et de danse, ainsi que plusieurs événements commémorant les traditions de la Nouvelle-Angleterre, comme la construction navale, la fabrication des courtepointes (*quilts*), la tonte des moutons et l'artisanat shaker, viennent par ailleurs gonfler la liste des festivités.

Janvier

Vermont

Le carnaval d'hiver de Stowe (Stowe Winter Carnival) présente des courses de traîneaux à chiens, des défilés et des compétitions de ski de fond et alpin.

Boston

Trois semaines de réjouissances marquent la célébration du Nouvel An chinois (Chinese New Year) en janvier et février.

Février

New Hampshire

Le carnaval d'hiver du Dartmouth College (Dartmouth College Winter Carnival) est une manifestation exubérante au cours de laquelle la mélancolie hivernale fait place à la fête.

Boston

Le salon nautique de Boston (Boston Boat Show), l'un des plus importants de toute la Côte Est, présente au public les plus récents modèles de voiliers et d'embarcations à moteur, alliant puissance et fantaisie. Quatre des plus importantes équipes collégiales de hockey sur glace (Harvard, Northeastern, Boston University et Boston College) s'affrontent, par ailleurs, dans le cadre du Beanpot Hockey Tournament.

Mars

Maine

C'est fort à propos que les courses de traîneaux à chiens (Sled Dog Races) se déroulent dans la ville frontière de Rangeley. Les cabanes à sucre de l'État tout entier ouvrent leurs portes au public à l'occasion du Maine Maple Sunday.

Boston

La ville organise une exposition florale annuelle (New England Spring Flower Show) depuis plus de 100 ans, qui redonne vie à ses habitants quelque peu las des rigueurs de l'hiver. Le défilé de la Saint-Patrick (St. Patrick's Day Parade), présenté par les Irlandais de South Boston, est l'un des plus importants et des plus colorés des États-Unis.

Avril

Vermont

La fabrication artisanale des courtepointes est à l'honneur lors du Festival of Quilts de Rutland. Le Vermont Maple Festival de St. Albans, quant à lui, vous permet de déguster les produits de l'érable, d'assister à différents concours et démonstrations, ou simplement de jouir des divertissements qui vous sont présentés.

Boston

Le marathon de Boston (Boston Marathon), la plus importante course à pied des États-Unis, n'est qu'un des nombreux événements marquant les fêtes du Patriot's Day. Parmi les autres activités au programme, qui commémore la guerre d'Indépendance, on notera le défilé traditionnel et la reconstitution de la chevauchée historique de Paul Revere ainsi que de la bataille de Lexington et Concord.

Côte du Massachusetts

À l'occasion du festival de la jonquille (Daffodil Festival) de Nantucket, c'est par centaines que ces fleurs pimpantes ornent les vitrines.

Mai

Vermont

Le Shelburne Museum fait étalage de son impressionnante collection de lilas à l'occasion du Lilac Sunday.

Maine

Le championnat de rallye pour véhicules mus à l'énergie électrique et à l'énergie solaire a lieu dans le cadre de l'Annual American Tour de Sol de Portland.

Boston

L'Arnold Arboretum expose 400 variétés de lilas en fleurs pour le Lilac Sunday, et le jardin zoologique du parc Franklin devient chaque année le théâtre du festival annuel des cerfs-volants (Annual Kite Festival).

Cape Cod et les îles

Le festival du rhododendron de la plantation Heritage (Heritage Plantation Rhododendron Festival), qui se tient à Sandwich, vous en fera voir de toutes les couleurs à perte de vue, le tout complété de conférences et d'une vente de plantes.

Côte du Massachusetts

Le Salem Seaport Festival propose des repas, des œuvres d'art, de l'artisanat, des antiquités, des formations musicales et des activités pour les enfants.

Centre et ouest du Massachusetts

Le salon de l'antiquité de Brimfield (Brimfield Antique Shows), qui se répète en juillet et en septembre, à raison d'une semaine chaque fois, attire des centaines d'amateurs.

Connecticut

Vous pouvez contempler 30 000 cornouillers en fleurs au Dogwood Festival de Fairfield. Les plats de homard, servis à l'occasion de joyeux pique-niques, sont naturellement le cœur même du Lobster Festival de Mystic Seaport.

Rhode Island

Les Gaspee Days de Warwick, qui se poursuivent jusqu'en juin, commémorent la mise à feu par les coloniaux du vaisseau britannique *H.M.S. Gaspee* en 1772 (l'un des premiers gestes d'hostilité qui menèrent à la Révolution). Reconstitutions historiques, défilé, artisanat local, bombance et divertissements sont de la fête.

Juin

Vermont

Les ballons à air chaud égayent le paysage au Balloon Festival and Crafts Fair de Quechee.

Maine

L'Old Port Festival fait revivre le quartier historique de Portland en organisant dans les rues de la ville une fête populaire où l'artisanat, la musique, les jongleurs, les activités pour enfants, la chanson et divers mets ethniques sont à l'honneur. Les Windjammer Days de Boothbay Harbor voient pour leur part défiler en grande pompe de majestueuses goélettes, toutes voiles dehors.

New Hampshire

Des artistes réputés à l'échelle locale et nationale égayent l'été au Portsmouth Jazz Festival.

Boston

Le Bunker Hill Day Reenactment and Parade met en vedette des patriotes contemporains qui, vêtus des uniformes de la Révolution, recréent, chaque année, la fameuse bataille de Bunker Hill.

Le Dragonboat Festival permet d'assister à une course d'embarcations chinoises traditionnelles en bois de teck, à des événements culturels sur scène et à diverses démonstrations.

Cape Cod et les îles

Lors du Cape Cod Chowder Festival, qui se tient à Hyannis, vous aurez l'occasion de voter pour la meilleure chaudrée et de profiter de divers spectacles.

Côte du Massachusetts

Au festival annuel de la fraise (Annual Strawberry Festival) d'Ipswich, vous aurez la possibilité de goûter à tout ce qu'on peut préparer avec des fraises fraîches. Le marché aux puces des amateurs et collectionneurs de trains et wagons de chemin de fer (Railfan's Day & Railroad Collector's Flea Market) de South Carver s'impose comme le plus important événement du genre en Nouvelle-Angleterre.

Centre et ouest du Massachusetts

Le Tanglewood Music Festival vous permet de déguster vins et fromages sur l'herbe tout en écoutant le Boston Symphony Orchestra. L'un des plus célèbres festivals de danse du Nord-Est, le Jacob's Pillow, se déroule quant à lui dans les Berkshires. La foire artisanale (A.C.C. Craft Fair) de West Springfield est la plus vaste et la plus prestigieuse de toute l'Amérique.

Connecticut

Les outriggers (avironniers) de Yale et de Harvard disputent une course sur la Thames River aux Yale-Harvard Regatta. Le Wildflower Festival expose, pour sa part, 150 variétés de fleurs sauvages de la Nouvelle-Angleterre, aussi bien communes que rares ou en voie de disparition, sur le campus de l'Université du Connecticut, à Storrs.

Rhode Island

L'est de Providence, au riche passé historique, est mis en valeur au cours du Festival of Historic Houses.

Juillet

Vermont

Le Vermont Mozart Festival présente plus de deux semaines complètes de musique classique et une véritable odyssée (Mozart Odyssey) au fameux Trapp Family Lodge (voir p 80), incluant repas et spectacle.

Maine

La Great Kennebec River Whatever Week and Race porte bien son nom puisqu'elle désigne un événement de 10 jours qui commence par des vaudevilles et des spectacles de rue, pour atteindre son apogée dans une course de 13 km où s'affrontent les objets flottants les plus inusités. Le Maine Potato Festival, quant à lui, rend hommage à la pomme de terre, qui, malgré son humble condition, est un pilier de l'économie locale.

Boston

Le U.S. Pro Tennis Championship attire des milliers d'amateurs de tennis au Longwood Cricket Club. Chaque fin de semaine de juillet et d'août, les Italiens honorent l'un de leurs saints patrons dans le cadre des Italian Street Festivals, agrémentés de défilés très colorés et de nombreuses festivités. La diversité culturelle qui prévaut à Cambridge est également mise en évidence lors du Cambridge River Festival par des spectacles publics, des expositions d'artisanat et des dégustations de mets ethniques. Quant au Boston Harborfest, qui célèbre le port de la ville, il offre une centaine d'activités sur 30 sites différents et se termine par un somptueux festin de palourdes. Dans le cadre du Chowderfest, qui a lieu sur la place de l'Hôtel de Ville (City Hall Plaza), les restaurants locaux servent de la chaudrée de palourdes à grandes louches pour se mériter le titre du meilleur bol de *chowder* en ville, attribué par vote populaire. Le concert du 4 Juillet des Boston Pops (Boston Pops Fourth of July Concert), présenté sur la scène de l'Esplanade's Hatch Shell, vous promet une soirée de délices musicaux couronnée par un splendide feu d'artifice, et ce, sans que vous ayez à débourser un sou.

Cape Cod et les îles

Au début de juillet, le Mashpee Pow-Wow du People of the First Light se tient au Heritage Ballfield de Mashpee. Cet événement attire des Amérindiens de tout le pays, et même du Canada, du Mexique et de certains pays d'Amérique centrale et d'Amérique du Sud. À Sandwich, les amateurs de bouquins ne voudront pas manquer la foire du livre ancien de Cape Cod (Cape Cod Antiquarian Book Fair), où se retrouvent plus de 40 marchands proposant toutes sortes de livres rares ou hors d'impression, de manuscrits et d'objets de collection. Les régates d'Edgartown (Edgartown Regatta), à Martha's Vineyard, comptent parmi les meilleures et les plus sérieuses courses de yachts de la Nouvelle-Angleterre. Le marché des antiquaires de Cape Cod (Cape Cod Antique Market), un vaste rassemblement de marchands d'antiquités et d'objets de collection, se déroule au Firts Congregational Church Village Green.

Côte du Massachusetts

À Gloucester, le festival médiéval annuel du Hammond Castle (Hammond Castle Annual Medieval Festival) présente des spectacles de magiciens, de la musique et des réjouissances variées. La Race Week de Marblehead est l'occasion de courses de voiliers, de défilés et de concerts.

Connecticut

Des solistes américains de renom participent aux concerts d'été (Summer Music) du Waterford's Harkness Memorial Park, présentés au bord de la mer, dans un décor absolument enchanteur.

New Hampshire

Certaines des plus belles pièces d'artisanat sont mises en vente à Newbury, lors de la Craftsmen's Fair of the League of New Hampshire Craftsmen Foundation.C'est par milliers qu'on se rend à Louden à l'occasion du New England 200, une course de formule Indy qui se déroule au New Hampshire International Speedway.

Maine

Des centaines d'artistes venus du monde entier animent le Maine Festival of the Arts, sous le signe de la musique, de la danse, des arts populaires, de manifestations variées et, bien sûr, de la bonne chère. À Union, un petit déjeuner de crêpes aux bleuets «à volonté» donne son coup d'envol au festival du bleuet (State of Maine Blueberry Festival).

Cape Cod et les îles

La course automobile de Falmouth (Falmouth Road Race), à Martha's Vineyard, constitue l'événement de l'année dans le bas du cap; la course a lieu sur le Shining Sea Path, sur un tronçon de 11 km. La Peter Rabbit's Animal Fair de Sandwich s'avère être une pure merveille pour les enfants avec ses concours de lapins domestiques, ses jeux, sa musique et ses conteurs d'histoires. À Nantucket, l'Annual Antique Show permet d'admirer et même d'acquérir des antiquités de qualité. L'imagination se fait débordante au concours de châteaux de sable (Sandcastle Contest) de la Jetties Beach, à Nantucket. L'Illumination Night d'Oak Bluffs est tout à fait féerique, alors que des centaines de lanternes en papier sont suspendues entre les résidences gothiques de la ville.

Côte du Massachusetts

L'Annual Feast of the Blessed Sacrament de New Bedford, le plus grand festin portugais en Amérique, propose d'incroyables mets ethniques aux plus bas prix. Grands voiliers, régates, courses, concerts, défilés et feux d'artifice marquent le festival à la gloire de l'Amérique de Fall River (Fall River Celebrates America Festival).

Connecticut

Pendant le Mystic Outdoor Art Festival, les rues étroites du village de Mystic se tapissent de tableaux. Une course de sculptures cinétiques marque l'ouverture de la SoNo Arts Celebration, une fin de semaine de spectacles, d'expositions d'art et de danse dans les rues, sans oublier un défilé de marionnettes colorées.

Rhode Island

À l'occasion du JVC Jazz Festival de Newport, certains des plus grands jazzmen de la scène internationale délectent les milliers de personnes venues les entendre, allongées sur les pelouses verdoyantes du Fort Adams State Park. Parmi les têtes d'affiche qui ont déjà participé à cet autre festival de Newport qu'est le Ben & Jerry's Newport Folk Festival, mentionnons B.B. King, Randy Newman et Leon Redbone.

Septembre

Maine

Prenez des vacances sous le signe de la santé holistique au Maine Healing Arts Festival de Freedom. À Windsor, la Common Ground Country Fair (foire agricole) célèbre la vie rurale dans le Maine à travers des aliments de culture domestique et des réalisations artisanales locales.

New Hampshire

Les Scottish Highland Games attirent des milliers de personnes à Lincoln, dont certaines vêtues de kilts écossais, pour assister à des jeux et à des prestations musicales traditionnels des Highlands.

Boston

Le festival du film de Boston (Boston Film Festival) a lieu chaque année à la fin du mois. Il porte sur des longs métrages de grands studios, de même que sur des films moins usités de producteurs indépendants, d'étudiants et de cinéastes étrangers.

Cape Cod et les îles

Au festival annuel de la pétoncle de Bourne (Annual Bourne Scallop Festival), de délicieux crustacés prennent la vedette. À Sandwich, le Farmer Market and Fall Festival propose des fruits et légumes frais, des fleurs, des herbes aromatiques, des pains et pâtisseries maison, des spectacles, des promenades en poney, sans oublier les apparitions de Peter Rabbit. Le festival de la canneberge de Harwich (Harwich Cranberry Festival) offre 10 jours de défilés, de concours, de feux d'artifice et d'expositions. Wellfleet célèbre les jours d'antan (Bygone Days) lors d'une fin de semaine nostalgique au cours de laquelle on propose un défilé d'enfants, un dîner sur la côte du Cape Cod, des défilés de mode, des repas paroissiaux, des balades dans la nature, des tombolas de courtepointes et une grande danse, la Saturday Harvest Moon Dance. Le jour de Tivoli (Tivoli Day) est généralement célébré le deuxième samedi du mois à Oak Bluffs, sur Martha's Vineyard; foire de rue et course cycliste de 100 km.

Côte du Massachusetts

Arts, artisanat, fruits de mer, kayak, canot et courses de doris ne sont que quelques-uns des éléments caractéristiques du festival du bord de mer de Newburyport (Newburyport Waterfront Festival). À l'occasion du festival des goélettes de Gloucester (Gloucester Schooner Festival), vous pourrez assister à des courses, à un défilé de bateaux et à différentes autres activités maritimes. Le Plimoth Plantation Muster Day de Plymouth comprend des expositions portant sur les armes et les techniques de défense d'anciennes milices, des manœuvres tactiques, des festins et des divertissements de toute sorte.

Centre et ouest du Massachusetts

La foire annuelle de West Springfield (The Big E, ou Eastern States Exposition) est la plus importante de tout l'est des États-Unis. L'accent est mis sur l'agriculture et le bétail; mais on peut aussi monter à cheval et assister à des compétitions équestres, et la nourriture est plus qu'abondante. King Kielbasa, «la plus grosse saucisse *kielbasa* du monde», donne, en outre, le ton au World Kielbasa Festival de Chicopee.

Connecticut

L'Oyster Festival de South Norwalk en a pour tous les goûts : des huîtres en abondance, naturellement, mais aussi d'autres fruits de mer, des mets ethniques, des chanteurs et des groupes d'envergure nationale, de l'artisanat, de grands navires et des démonstrations d'adresse de la marine. La foire agricole de Durham (Durham Country Fair) se distingue par des expositions de bétail, des épreuves de force disputées par des chevaux et des bœufs, des spectacles ambulants et beaucoup de nourriture.

Rhode Island

Du *bluegrass* et de la musique cajun en Nouvelle-Angleterre? Bien sûr, et à profusion, au Cajun & Bluegrass Music & Dance Festival d'Escoheag, qui ne propose d'ailleurs pas seulement de la musique, mais aussi de la danse et des repas mémorables.

Octobre

Maine

La foire de Fryeburg (Fryeburg Fair), célébrée depuis 135 ans, respecte scrupuleusement ses origines agricoles et engendre des festivités qui durent toute une semaine.

Boston

Plus de 3 000 rameurs s'affrontent au cours des Head of the Charles Regatta, la plus importante compétition du genre au monde à se dérouler en une seule journée. Dans le cadre d'un événement connu sous le nom de «Lowell célèbre Kerouac», vous pourrez assister à des lectures de poésies et prendre part à des visites *beat* organisées en mémoire du géant littéraire des années cinquante qu'était Jack Kerouac, lequel vivait et écrivait à Lowell.

Cape Cod et les îles

Les arts et l'artisanat de l'île, de même que des ateliers et des expositions, caractérisent les Nantucket Heritage Days.

Côte du Massachusetts

Jamais endroit n'a eu l'air plus hanté que le Hammond Castle de Gloucester et, dans le cadre des Freaky Fridays, fantômes et vampires s'évertuent à vous effrayer et à vous amuser pendant que vous visitez ce château romantique. Si vous réservez suffisamment à l'avance et que vous avez un costume d'Halloween à nul autre pareil, ne manquez surtout pas le bal de l'Halloween du Hammond Castle (Hammond Castle Halloween Ball), une soirée costumée tenue dans le grand hall du château, et qu'on dirait sortie tout droit d'un roman d'horreur. Les Haunted Happenings, ainsi qu'on a baptisé le festival de l'Halloween à Salem, ont cours dans toute la ville et sont l'occasion de visites de maisons hantées, de défilés costumés, de fêtes de toutes sortes, de promenades à la chandelle accompagnées de sorcières, il va sans dire, et de spectacles de magiciens et de médiums.

Centre et ouest du Massachusetts

La foire de Topsfield (Topsfield Fair) est un événement très ancien, avec concours de chiens de berger, randonnées en charrette et mets ethniques.

Novembre

Côte du Massachusetts

A Sea Captain Celebrates Thanksgiving, un banquet à la mode du XVIIIe siècle tenu dans la célèbre maison aux sept pignons de Salem (voir p 220), comprend entre autres des échanges sur la préparation des repas, sur les usages à table et sur la musique de l'époque (réservations requises). Le repas de l'Action de grâces (Thanksgiving Dinner) de Plymouth, le berceau des États-Unis, est l'occasion rêvée de vous offrir un plat de dinde avec la garniture traditionnelle (quatrième jeudi de novembre).

Centre et ouest du Massachusetts

Le salon du chrysanthème (Chrysanthemum Show) du Smith College, qui dure une semaine, vous permet d'admirer différentes variétés connues de l'espèce ainsi que de nouveaux hybrides.

Décembre

New Hampshire

La marche au flambeau (Candlelight Stroll) de Strawberry Banke éclaire de mille feux des maisons trois fois centenaires.

Boston

Le Cambridge Christmas Revels célèbre le solstice d'hiver par des chants et des danses d'époque auxquels le public a l'habitude de participer. La pièce de Langston Hughes intitulée *Black Nativity*, et mise en scène par le Center of Afro-American Artists, est désormais une tradition spirituelle de la période des Fêtes. Des centaines de manifestations marquent également la First Night, une fête célébrée aussi bien à l'intérieur qu'à l'extérieur la veille du Nouvel An. On y propose un spectacle somptueux, des chœurs, des sculptures sur glace, des conteurs, des acrobates, des marionnettistes ainsi que des représentations théâtrales et artistiques. La reconstitution du Boston Tea Party est par ailleurs l'occasion pour les patriotes de se déguiser en Amérindiens et de rappeler à la foule les événements qui ont conduit au largage des cargaisons de thé dans le port de Boston.

Côte du Massachusetts

Les célébrations de Christmas as Imagined (un Noël imaginaire), à Newburyport, vous font vivre entre autres l'arrivée du Père Noël en bateau, un défilé de circonstance et l'inauguration de l'arbre de Noël municipal. La rue principale ressemble à un décor tiré d'un conte de Dickens à l'époque du Nantucket Christmas Stroll, une fin de semaine ponctuée de chants de Noël à la mode d'autrefois et de nombreuses autres festivités.

Connecticut

Le Mystic Seaport Museum souligne la fête de Noël en vous offrant une visite à la lueur des lanternes et au son des chants traditionnels (Carol Sing).

SERVICES FINANCIERS

La monnaie

L'unité monétaire est le dollar ($US), lui-même divisé en cents. Un dollar = 100 cents.

Il existe des billets de banque de 1, 5, 10, 20, 50 et 100 dollars, de même que des pièces de

1 (*penny*), 5 (*nickel*), 10 (*dime*) et 25 (*quarter*) cents.

Les pièces d'un demi-dollar et le dollar solide sont très rarement utilisés. Sachez qu'aucun achat ou service ne peut être payé en devises étrangères aux États-Unis. Songez donc à vous procurer des chèques de voyage en dollars américains. Vous pouvez également utiliser toute carte de crédit affiliée à une institution américaine, comme Visa, Master Card, American Express, la Carte Bleue, Interbank et Barcley Card. Il est à noter que tous les prix mentionnés dans le présent ouvrage le sont en dollars américains.

Banques

Elles sont ouvertes du lundi au vendredi, de 9h à 15h.

Il existe de nombreuses banques, et la plupart des services courants sont rendus aux touristes. Pour ceux qui ont choisi un long séjour, notez qu'un non-résident ne peut ouvrir un compte bancaire courant. Pour avoir de l'argent liquide, la meilleure solution demeure encore d'être en possession de chèques de voyage. Le retrait de votre compte à l'étranger constitue une solution coûteuse, car les frais de commission sont élevés. Par contre, plusieurs guichets automatiques accepteront votre carte de banque européenne, canadienne ou québécoise, et vous pourrez alors faire un retrait de votre compte directement. Les mandats-poste ont l'avantage de ne pas comporter de commission, mais l'inconvénient de prendre plus de temps à transiger. Les personnes qui ont obtenu le statut de résident, permanent ou non (immigrants, étudiants), peuvent ouvrir un compte de banque. Il leur suffira, pour ce faire, de montrer leur passeport ainsi qu'une preuve de leur statut de résident.

Change

La plupart des banques changent facilement les devises européennes et canadiennes, mais presque toutes demandent des frais de change. En outre, vous pouvez vous adresser à des bureaux ou comptoirs de change qui, en général, n'exigent aucune commission. Ces bureaux ont souvent des heures d'ouverture plus longues. La règle à retenir : se renseigner et comparer.

HORAIRES ET JOURS FÉRIÉS

Horaires

Bureaux de poste

Ils sont ouverts du lundi au vendredi, de 8h à 17h30 (parfois jusqu'à 18h), et le samedi, de 8h à 12h.

Magasins

Ils sont généralement ouverts du lundi au samedi, de 9h30 à 17h30 (parfois jusqu'à 18h). Les supermarchés ferment en revanche plus tard ou restent même, dans certains cas, ouverts 24 heures sur 24 et sept jours sur sept.

Jours fériés

Voici la liste des jours fériés aux États-Unis. À noter, la plupart des magasins, services administratifs et banques sont fermés pendant ces jours.

Jour de l'An : 1er janvier

Journée de Martin Luther King : troisième lundi de janvier

Anniversaire de Lincoln : 12 février
Anniversaire de Washington (President's Day) : troisième lundi de février

Saint-Patrick : 17 mars
Journée du souvenir (Memorial Day) : dernier lundi de mai

Jour de l'Indépendance : 4 juillet (fête nationale des États-Unis)

Fête du Travail (Labor Day) : premier lundi de septembre

Journée de Colomb (Columbus Day) : deuxième lundi d'octobre

Journée des vétérans et de l'armistice : 11 novembre

Action de grâces (Thanksgiving Day) : quatrième jeudi de novembre

Noël : 25 décembre

HÉBERGEMENT

En visitant la Nouvelle-Angleterre, vous aurez l'occasion de loger dans certains des établissements les plus historiques des États-Unis. Plusieurs d'entre eux datent du XVIIIe siècle, comme le Longfellow's Wayside Inn de Sudbury, dans le Massachusetts; le Randall's Ordinary, à North Stonington, dans le Connecticut, date même du XVIIe siècle.

C'est à partir de la Nouvelle-Angleterre que la formule d'hébergement chez l'habitant *bdc* s'est développée aux États-Unis, et la région est remplie de maisons de ferme historiques et de maisons de capitaines au long cours converties en *bdc*. Il s'agit souvent de résidences sans architecture particulière mais douillettes et confortables, avec foyer, bibliothèque et parfois même un chat. Les agences spécialisées dans ce type d'hébergement, surtout en région urbaine, vous fourniront également la liste des «maisons-hôtes» disposant d'une chambre supplémentaire, ce qui revient à peu près à la même chose qu'un *bdc*. Si vous avez l'intention de loger dans un *bdc*, soyez sûr de demander s'il s'agit d'une véritable auberge ou non.

Parmi les autres types d'hébergement disponibles, vous avez le choix entre les motels familiaux (*mom-and-pop*), les chaînes d'hôtels et les cottages rustiques en bordure de mer, où vous vous réveillerez au son des vagues et aux cris des mouettes. Vous trouverez naturellement dans les villes les hôtels les plus luxueux et les plus chers; à l'extérieur des centres urbains, les établissements sont généralement moins formels et moins coûteux.

Quels que soient vos préférences et votre budget, vous devriez pouvoir trouver ce qui vous convient dans chacun des chapitres de ce guide. Rappelez-vous néanmoins que les chambres sont rares et que les prix grimpent en haute saison, c'est-à-dire en été, à l'époque des feuillages d'automne et autour de Noël pour l'ensemble de la Nouvelle-Angleterre, mais aussi pendant la saison de ski dans les régions plus au nord.

Les grands hôtels proposent par ailleurs de nombreux forfaits de vacances et de fin de semaine, et les prix chutent considérablement hors saison, où un séjour d'une semaine ou d'un mois devient une affaire en or.

Dans ce guide, les lieux d'hébergement sont répertoriés par État ou par région, et classés à partir du moins cher jusqu'au plus coûteux. Les prix donnés correspondent à ceux de la haute saison.

Le prix d'une nuitée dans un hôtel petit budget (***$***) est généralement inférieur à 50$ pour deux personnes; vous y trouverez une chambre tout à fait respectable et propre, mais modeste. Le prix des hôtels de catégorie moyenne (***$$***) varie entre 50$ et 90$; leur niveau de confort dépend de leur emplacement, mais les chambres sont généralement plus grandes que dans la catégorie précédente, et les environs de l'hôtel plus attrayants. Dans les hôtels et stations de catégorie moyenne-élevée (***$$$***), attendez-vous à payer entre 90$ et 130$, toujours pour deux personnes; comme vous pouvez l'imaginer, vous y trouverez des chambres spacieuses, un hall meublé avec élégance, un ou deux restaurants et bien souvent quelques boutiques. Quant aux hôtels de catégorie supérieure (***$$$$***), dont les prix dépassent 130$, ce sont les plus prestigieux de la région; en plus de tous les services et installations offerts par les établissements de grand luxe, vous y jouirez de nombreux avantages particuliers tels que baignoire à remous, salle d'exercices, service aux chambres 24heures par jour et repas gastronomiques.

Si vous rêvez d'une chambre avec vue sur la mer, assurez-vous d'en faire la demande expresse. Sachez, par ailleurs, que la mention *oceanside* (en bordure de la mer) ne signifie pas toujours «directement sur la plage». Si vous désirez faire des économies, essayez de trouver un établissement situé à une ou deux rues de l'océan; les prix y sont presque toujours inférieurs à ceux des chambres donnant directement sur l'eau, et les économies ainsi réalisées valent bien souvent la courte distance que vous aurez à parcourir pour vous rendre à la mer.

RESTAURANTS

De succulents plats de fruits de mer locaux sont en vedette dans mille et un restaurants de la Nouvelle-Angleterre, du homard entier bouilli à l'onctueuse *Clam chowder* (soupe de palourdes), en passant par les tendres pétoncles, la morue, les moules et les étuvées.

Outre les fruits de mer et la traditionnelle cuisine yankee, les restaurants de la Nouvelle-Angleterre servent également des mets ethniques de tous les horizons, mais aussi des repas gastronomiques et des repas minute. Quels que soient vos goûts et votre budget, vous trouverez donc le restaurant qu'il vous faut.

À l'intérieur de chaque chapitre, les restaurants sont répertoriés selon leur emplacement géographique et classés à partir du moins cher jusqu'au plus coûteux. Chaque inscription est suivie d'une description de la cuisine proposée et de l'ambiance des lieux, ainsi que d'une cote relative aux quatre catégories de prix utilisées dans ce guide. Au dîner, les plats principaux coûtent généralement 8$ ou moins dans les restaurants petit budget (***$***); où l'ambiance est informelle et le service expéditif, et les clients sont souvent de l'endroit. Les établissements de catégorie moyenne (***$$***) propose des repas variant entre 8$ et 16$; l'atmosphère y est désinvolte mais agréable, le menu plus varié et le service habituellement moins rapide. Dans les restaurants de catégorie moyenne-élevée (***$$$***), le plat principal s'élève à plus de 16$; la cuisine peut aussi bien y être simple qu'élaborée, mais le décor y est toujours plus somptueux et le service plus personnalisé. Les établissements de catégorie supérieure (***$$$$***) ne proposent, quant à eux, aucun plat principal en-deçà de 24$, et les gourmets s'y retrouvent volontiers; la cuisine y est (il faut l'espérer) un art raffiné, et le service devrait s'avérer irréprochable.

Certains restaurants, particulièrement ceux qui vivent du tourisme estival dans les régions côtières, ferment leurs portes en hiver.

En ce qui concerne le petit déjeuner et le déjeuner, les prix varient moins d'un restaurant à l'autre. Même les établissements de catégorie moyenne-élevée servent généralement des repas légers le matin et le midi à un prix d'à peine quelques dollars plus élevé que celui de leurs concurrents attentifs au budget de leurs clients. Ces repas plus modestes peuvent d'ailleurs très bien vous fournir l'occasion de faire l'essai des restaurants plus luxueux.

Pourboire

Selon le restaurant, on calcule de 10% à 15% (avant taxes) pour le service; celui-ci n'est pas, comme en France, inclus dans l'addition, et le client doit le calculer lui-même et le remettre à la serveuse ou au serveur; service et pourboire sont une même et seule chose en Amérique du Nord.

ENFANTS

La Nouvelle-Angleterre est un excellent endroit pour voyager avec des enfants. En plus de nombreux musées adaptés pour les enfants, la région offre des centaines de plages et de parcs d'amusement, et plusieurs réserves naturelles organisent des activités pour enfants tout au long de l'année.

Un bon nombre de *Bed and Breakfasts* refusent cependant les enfants; il vaut donc mieux s'informer avant de faire des réservations. De plus, si vous avez besoin d'un berceau ou d'un petit lit, soyez sûr d'en faire la demande à l'avance.

Si vous vous déplacez en voiture, prévoyez certaines nécessités essentielles, comme de l'eau et des jus, quelques collations et des jouets. En outre, donnez-vous toujours un peu plus de temps pour atteindre votre destination, surtout si vous devez emprunter des routes secondaires.

Les commerces ouverts la nuit sont plutôt rares en milieu rural et, dans les petites localités, on ferme souvent tôt. Il se peut donc que vous ayez à couvrir de grandes distances entre les magasins susceptibles de répondre à vos besoins essentiels; c'est pourquoi, lors de vos déplacements, vous devez toujours avoir des provisions suffisantes de couches et d'aliments pour bébé, ou de tout autre article de consommation courante. En milieu urbain, cependant, vous trouverez plusieurs commerces ouverts 24 heures sur 24 tels que Store 24 et 7-11 (Seven-Eleven).

Pour connaître les activités d'enfants offertes dans une région, consultez les journaux locaux. Le *Boston Globe* publie par ailleurs, tous les jeudis, un cahier spécial particulièrement complet sur les événements d'une bonne partie de la Nouvelle-Angleterre.

La **Travelers Aid Society of Boston** *(17 East Street, angle de Atlantic Avenue, Boston, MA 02111, ☎617-542-7286)*, qui a des comptoirs dans toutes les gares routières et aérogares importantes, représente une ressource inestimable pour tout voyageur dans le besoin. Des volontaires peuvent même accueillir vos enfants lorsqu'ils voyagent seuls.

PERSONNES HANDICAPÉES

La Nouvelle-Angleterre a fait des efforts considérables pour rendre ses nombreux services et installations touristiques accessibles aux personnes handicapées. La plupart des sites offrent ainsi des espaces de stationnement spécialement aménagés, bien que peu d'autobus soient à ce jour équipés de plates-formes élévatrices à l'intention des fauteuils roulants.

The Guided Tour *(7900 Old York Road, bureau 114B, Elkins Park, PA 19027, ☎215-782-1370 ou 800-783-5841)* organise également des visites guidées pour handicapés, alors que, chez **Access Tours** *(P.O. Box 356, Malverne, NY 11565, ☎516-568-2715)*, on se spécialise dans les voyages pour handicapés de toute nature. Le personnel serviable de l'agence produira des plans de voyage qui correspondent à vos besoins, en prenant soin d'indiquer en détail les installations disponibles dans chaque établissement. Plus de 175 000 entreprises du monde entier sont inscrites dans leurs banques de données.

Pour obtenir des renseignements plus complets, adressez-vous aux organismes suivants : **Society for the Advancement of Travel for the Handicapped** *(26 Court Street, Brooklyn, NY 11242, ☎718-858-5483)*, **Travel Information Center** *(Philadelphia, ☎215-329-5715)* **Mobility International USA** *(P.O. Box 10767, Eugene, OR 90440, ☎503-343-1284)* et **Flying Wheels Travel** *(P.O. Box 382, Owatonna, MN 55060, ☎800-535-6790)*.

Vous pouvez également obtenir des renseignements concernant les services aux voyageurs handicapés auprès d'une organisation de réseau du nom de **Travelin' Talk** *(P.O. Box 3534, Clarksville, TN 37043, ☎615-552-6670)*.

L'**Information Center for Individuals with Disabilities** *(27-43 Wormwood Street, Boston, MA 02210, ☎617-727-5540)* oriente les personnes handicapées vers les sources de renseignements pertinentes et leur offre un service destiné à résoudre les problèmes particuliers qu'elles sont susceptibles de rencontrer dans l'État du Massachusetts. Une liste d'hôtels, de restaurants et de sites historiques accessibles aux handicapés peut aussi être obtenue auprès de cet organisme.

La **Spaulding Community Access Ligne** *(☎617-720-6659)* aide les gens à identifier les activités familiales, les restaurants et les événements culturels accessibles aux handicapés dans le Boston métropolitain.

La **Travelers Aid Society of Boston** *(17 East Street, à l'angle d'Atlantic Avenue, Boston, MA 02111, ☎617-542-7286)* dispose de volontaires pour accueillir les voyageurs handicapés, et elle publie deux brochures gratuites, respectivement intitulées *Cambridge Access* et *Boston Access*, conçues pour diriger les handicapés vers les sites et services qui leur sont accessibles à Boston et à Cambridge.

DIVERS

Bars et discothèques

Certains établissements exigent des droits d'entrée, particulièrement lorsqu'il y a un spectacle. Le pourboire n'y est pas obligatoire et est laissé à la discrétion de chacun; le cas échéant, on appréciera votre geste. Pour les consommations, par contre, un pourboire entre 10% et 15% est de rigueur.

Décalage horaire

Lorsqu'il est 12h à Montréal, il est 12h à Boston. Le décalage horaire pour la France, la Belgique et la Suisse est de six heures. Attention cependant aux changements d'horaire, lesquels ne se font pas aux mêmes dates : aux États-Unis et au Canada, l'heure d'hiver entre en vigueur le dernier dimanche d'octobre et prend fin le premier dimanche d'avril. N'oubliez pas qu'il existe plusieurs fuseaux horaires aux États-Unis : Los Angeles, sur la côte du Pacifique, a trois heures de retard sur Boston, et Hawaii en a cinq.

Drogues

Elles sont absolument interdites (même les drogues dites «douces»). Aussi bien les consommateurs que les distributeurs risquent de très gros ennuis s'ils sont arrêtés en possession de drogues.

Électricité

Partout aux États-Unis et en Amérique du Nord, la tension électrique est de 110 volts et de 60 cycles; aussi, pour utiliser des appareils électriques européens, devrez-vous vous munir d'un transformateur de courant adéquat.

Les fiches d'électricité sont plates, et vous pourrez trouver des adaptateurs sur place ou, avant de partir, vous en procurer dans une boutique d'accessoires de voyage ou une librairie de voyage.

Poids et mesures

Le système impérial est en vigueur aux États-Unis :

Mesures de poids
1 livre (lb) = 454 grammes

Mesures de distance
1 pouce (po) = 2,54 centimètres
1 pied (pi) = 30 centimètres
1 mille (mi) = 1,6 kilomètre

Mesures de superficie
1 acre = 0,4 hectare
10 pieds carrés (pi^2) = 1 mètre carré (m^2)

Mesures de volume
1 gallon américain (gal) = 3,79 litres

Mesures de température
Pour convertir °F en °C : soustraire 32, puis diviser par 9 et multiplier par 5.
Pour convertir °C en °F : multiplier par 9, puis diviser par 5 et ajouter 32.

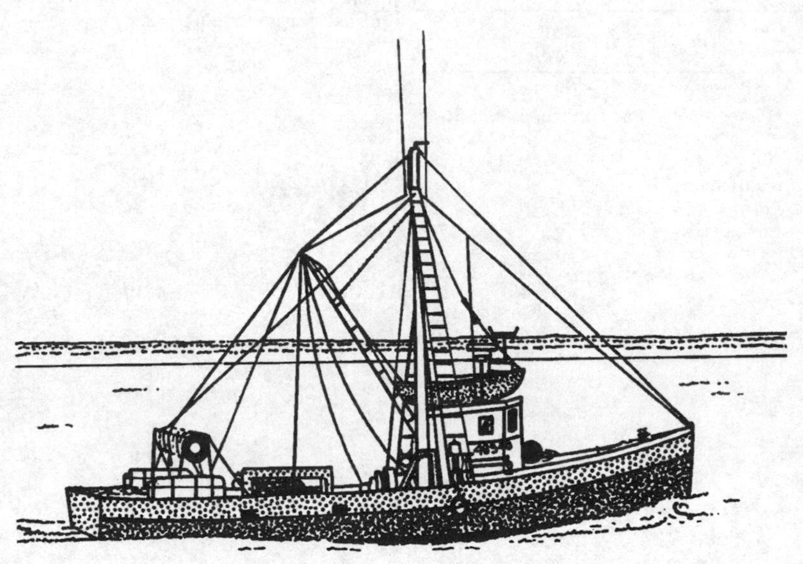

PLEIN AIR

La Nouvelle-Angleterre est une région idyllique pour quiconque veut partir à la conquête de grands espaces, que ce soit à vélo, à pied ou à skis. Bordée par l'océan Atlantique, elle s'avère également idéale pour les amateurs d'activités nautiques. Voici quelques renseignements pour vous aider à mieux planifier vos expéditions.

ACTIVITÉS DE PLEIN AIR

Camping

La Nouvelle-Angleterre offre un large éventail d'expériences de camping, depuis les sites complètement sauvages des White Mountains et des Green Mountains jusqu'aux parcs aménagés pour les véhicules récréatifs, aux forêts gardées et aux emplacements paisibles en bordure des lacs.

Pour en savoir plus long sur le camping dans la Green Mountain National Forest, adressez-vous à l'**U.S. Forest Service** *(RR#1, Box 1940, Manchester Center, VT 05255, ☎802-362-2307*). Des brochures sur le camping dans les White Mountains sont également disponibles auprès des bureaux de la **White Mountain National Forest** *(719 Main Street, Laconia, NH 03246, ☎603-528-8721).*

Dans le Vermont, **The Vermont Department of Forests, Parks and Recreation** *(Agency of Natural Resources, 103 South Main Street, Waterbury, VT 05676, ☎802-241-3655)* administre 35 terrains de camping totalisant 2 200 emplacements. L'État compte aussi 90 terrains privés. Pour obtenir une brochure gratuite, faites-en la demande écrite à la **Vermont Association of Private Campground Owners and Operators** *(c/o Marguerite, 400 Woodstock Road, White River Junction, VT 05001, ☎ 802-296-6711).*

Dans le New Hampshire, la **New Hampshire Campground Owners Association** *(P.O. Box 320, Twin Mountain, NH 03595, ☎603-846-5511 ou 800-822-6764)* publie *New Hampshire Loves Campers*, un guide gratuit des terrains de camping de la région, incluant les terrains privés, les terrains administrés par l'État et le parc de la White Mountain National Forest.

Dans le Maine, le camping est permis dans le magnifique Acadia State Park de même que dans près de la moitié des autres parcs d'État. Concernant Acadia, adressez-vous à l'**Acadia State Park** *(P.O. Box 177, Bar Harbor, ME 04609, ☎207-288-3338)*. Pour les autres parcs d'État, adressez-vous au **Maine Forest Service** *(22 State House Station, Augusta, ME 04333-0022, ☎207-287-2791)* ou au **Bureau of Parks and Recreation** *(même adresse, ☎207-287-3821)*. La **Maine Campground Owners Association** *(655 Main Street, Lewis-*

ton, ME 04240, ☎207-782-5874) met par ailleurs à votre disposition un guide gratuit du camping dans le Maine. Sur les terrains de camping privés, les installations varient considérablement, du strict nécessaire dans les régions sauvages aux *cottages* et villas relativement luxueux des endroits plus fréquentés. Le **Maine Publicity Bureau** *(P.O. Box 2300, Hallowell, ME 04347, ☎207-582-9300)* offre également une liste courante des terrains de camping et des parcs de caravaning de la région.

Dans le Massachusetts, si vous désirez faire du camping sur les terrains forestiers de l'État, adressez-vous à la **State Division of Forests and Parks** *(100 Cambridge Street, 19e étage, Boston, MA 02202, ☎617-727-3180)*. La **Massachusetts Association of Campground Owners** *(P.O. Box 548, Sciutate, MA 02066, ☎617-544-3475)* publie pour sa part un guide gratuit des terrains de camping de la région, le *Massachusetts Campground Directory*, également disponible auprès du **Massachusetts Office of Travel and Tourism** *(100 Cambridge Street, 13th Floor, Boston, MA 02202, ☎617-727-3201 ou 800-227-6277)*. Le camping est aussi permis sur plusieurs des Boston Harbor Islands (voir «Parcs et plages» de Boston, p 280).

Dans le Connecticut, le camping est permis dans bon nombre de forêts et de parcs d'État. Pour connaître les coûts et les règlements en vigueur, adressez-vous au **Bureau of Parks and Forests** *(Department of Environmental Protection, 165 Capitol Avenue, Room 265, Hartford, CT 06106, ☎203-566-2304)*.

Dans le Rhode Island, vous pouvez obtenir tous les renseignements voulus concernant les installations et les permis de camping, ainsi qu'un guide des terrains d'État, municipaux et privés, le *Rhode Island Camping Guide*, en vous adressant à la **Tourism Division** *(Department of Economic Development, 7 Jackson Walkway, Providence, RI 02903, ☎401-277-2601 ou 800-556-2484)*.

Les permis de camping en région sauvage

Des camps primitifs sont mis à la disposition des campeurs dans certains parcs et aires de récréation administrés par les différents États. Il faut noter qu'il est parfois interdit de camper en région sauvage hors des terrains aménagés à cet effet, alors que, dans d'autres cas, il est possible de le faire sans permis spécial.

Aucun permis n'est requis pour faire du camping sauvage dans la Green Mountain National Forest ou dans la White Mountain National Forest. Mais dans l'Acadia National Park, le camping est formellement interdit en dehors des emplacements désignés à cet effet.

Dans le Vermont, les groupes de 10 personnes ou plus qui désirent faire du camping en région sauvage doivent demander un permis spécial. Pour obtenir les coordonnées du bureau de district de la région qui vous intéresse, adressez-vous au **Vermont Department of Forests, Parks and Recreation** *(Agency of Natural Resources, 103 South Main Street, Waterbury, VT 05671, ☎802-241-3655)*. Ce même département d'État vous offre également une brochure gratuite sur le camping sauvage, intitulée *Vermont Guide to Primitive Camping on State Lands*.

Dans le New Hampshire et le Maine, aucun permis n'est exigé pour camper dans les régions sauvages des forêts de l'État.

Le Connecticut permet le camping de randonnée sur les terres de l'État; un permis spécial est toutefois requis en ce qui concerne les régions sauvages (*wilderness permit*). Vous pouvez vous le procurer auprès du **Department of Environmental Protection** *(Eastern District Office, 209 Hebron Road, Marlborough, CT 06447, ☎860-295-9523)* ou auprès du **Western District Office** de ce même département d'État *(230 Plymouth Road, Harwinton, CT 06791, ☎860-485-0226)*.

Le Rhode Island et le Massachusetts n'admettent aucun campement à l'extérieur des terrains spécialement aménagés à cet effet dans leurs forêts.

Navigation de plaisance

La navigation de plaisance est l'une des activités les plus populaires en Nouvelle-Angleterre. Canots, voiliers, goélettes, hors-bord, bateaux de croisière et traversiers sillonnent partout la côte ainsi que les majestueux lacs et rivières de la région. Pour goûter les joies de la navigation en Nouvelle-Angleterre, vous pouvez soit venir avec votre propre bateau, ou alors louer ou même affréter une embarcation sur les lieux. Chacun des chapitres de ce guide vous présente des suggestions sur les démarches à effectuer pour trouver le bateau qui vous convient.

Tous les fournisseurs maritimes et libraires de la Nouvelle-Angleterre vendent des cartes marines destinées aussi bien aux plaisanciers qu'aux plongeurs.

Les règles de la navigation varient quelque peu d'un État à l'autre. Pour le Vermont, adressez-vous aux **Vermont State Police Headquarters** *(103 South Main Street, Waterbury, VT 05671, ☎802-244-8775)*.

Pour le New Hampshire, adressez-vous au **New Hampshire Marine Patrol** *(31 Dock Road, Gilford, NH 03246, ☎603-293-2037)*.

Pour le Maine, adressez-vous au **Department of Inland Fisheries and Wildlife** *(284 State Street, Station 41, Augusta, ME 04333, ☎207-287-2043)*.

Pour le Massachusetts, adressez-vous à la **Division of Law Enforcement** *(175 Portland Street, Boston, MA 02114-1701, ☎617-727-3905)*.

Dans le Connecticut, pour obtenir des renseignements sur les règles locales et la sécurité, adressez-vous au **Department of Environmental Protection** *(Office of Parks and Recreation, Boating Safety Division, P.O. Box 280, Old Lyme, CT 06371, ☎860-434-8638)*.

Pour le Rhode Island, adressez-vous au **Department of Environmental Management** *(Division of Boating Safety and licensing, Office of Boat Registration, Room 111, 22 Hayes Street, Providence, RI 02908, ☎401-277-6647)*.

Au Vermont, vous pourrez vous procurer la réglementation au **Vermont State Police Headquarters** *(103 South Main Street, Waterbury, VT 05671-2101)*

Faire du canot sur les nombreuses rivières de la région est une expérience qui vaut la peine d'être vécue. Toutes vos questions concernant la navigation sur le fleuve Connecticut, qui serpente à travers la plus grande partie de la Nouvelle-Angleterre, trouveront réponse auprès du **Connecticut River Watershed Council** *(1 Ferry Street, Easthampton, MA 01027, ☎413-529-9500)*.

Deux brochures gratuites du **Bureau of Parks and Outdoor Recreation** *(Department of Environmental Protection, 79 Elm Street, Hartford, CT 06106-5127, ☎860-424-3015)* décrivent pour leur part les pistes de canotage de l'État du Connecticut; il s'agit de *Canoe Camping* et *Canoeing in Connecticut*.

Le **Vermont Department of Travel and Tourism** *(134 State Street, Montpelier, VT 05602, ☎802-828-3236)* peut vous envoyer des guides de voyage comprenant des renseignements sur le canot.

La sécurité dans l'eau et sur l'eau

Même en hiver, vous verrez des inconditionnels de la plongée et de la planche à voile affronter les éléments dans leur combinaison étanche. Mais la baignade, le ski nautique, les canots à moteur et les radeaux gonflables se confinent essentiellement à la belle saison.

Bien que des noyades se soient produites dans les eaux de la Nouvelle-Angleterre, elles peuvent facilement être évitées pourvu que vous respectiez les forces de la nature, que vous preniez en considération les consignes d'usage et que vous fassiez preuve de bon sens.

Ne vous baignez jamais seul dans l'océan ou dans les grands lacs, comme le lac Champlain ou le lac Winnipesaukee. Faites toujours face au large de manière à voir venir les vagues; celles-ci peuvent en effet surprendre même les plus aguerris. Lorsque vous surfez, apprenez les techniques qui s'imposent, et laissez une personne compétente vous faire part des dangers qui vous guettent avant de vous lancer à l'eau. Tenez compte des panneaux qui vous préviennent de courants violents ou de lames de fond dangereuses. De plus, si vous êtes emporté par un flot de retour ou tout autre mouvement de la mer qui vous donne l'impression de perdre le contrôle, ne tentez pas de le combattre directement; nagez plutôt en biais selon une trajectoire parallèle à la plage. Faites aussi preuve de prudence lorsque vous utilisez des flotteurs, des chambres à air ou des radeaux, car des courants imprévisibles peuvent rapidement vous entraîner au large.

On trouve en Nouvelle-Angleterre certaines méduses capables de vous infliger une brûlure légère; mais vous pouvez facilement y remédier en vous procurant un antiseptique auprès de n'importe quel comptoir pharmaceutique.

Si vous décidez d'aller à la pêche aux moules ou aux pétoncles, de patauger ou de vous baigner dans les eaux troubles où abondent mollusques et crustacés, songez à porter des espadrilles ou des souliers à semelles caoutchoutées afin de protéger vos pieds.

Les plongeurs autonomes devraient toujours se munir d'une bouée voyante ou d'un drapeau flottant afin de signaler leur présence aux embarcations susceptibles de naviguer dans leurs parages. Aussi, n'oubliez jamais de porter un gilet de sauvetage lorsque vous faites du bateau ou du canot; les courants marins, tout comme ceux des rivières, peuvent parfois s'avérer plus forts que vous ne le croyez.

Enfin, si vous décidez de faire du canot ou d'affronter les moutons d'une rivière déferlante (*rafting*), reconnaissez toujours le cours d'eau depuis la terre ferme avant de vous embarquer, et consultez les publications mises à votre disposition. Les rivières comportent en effet plusieurs dangers, qu'il s'agisse de cascades, de rapides, de rochers à fleur d'eau ou de barrages.

Pêche

Depuis que les puritains ont découvert la morue (cabillaud), les habitants de la Nouvelle-Angleterre ont toujours pêché en mer. Puis, au XIXe siècle, les hommes se lançaient à la poursuite de plus gros spécimens marins : les baleines.

De nos jours, nombreux sont ceux qui pêchent pour le seul plaisir, que ce soit en jetant leur ligne au bout d'une jetée rocailleuse dans l'espoir d'attraper une plie ou un bar rayé, ou en allant au large pour y capturer des poissons vivant en eau plus profonde, comme le thon rouge ou le requin.

Si vous êtes partisan d'activités moins combatives, vous pouvez pratiquer la pêche aux moules, aux pétoncles, aux petites palourdes ou aux *quahogs*. Par ailleurs, qui ne voudra pas jeter à l'eau un ou deux casiers à homards pour ramener à la maison un festin de roi?

La pêche en eau douce, que ce soit dans les rivières, les lacs ou les étangs, permet d'attraper des truites brunes et arc-en-ciel, des ombles de fontaine, des achigans à grande bouche, des brochets et des brochetons, des chabots, des perchaudes, des poissons-lunes et des poissons-chats. Dans les lacs plus froids du Nord, vous trouverez aussi des touladis, des truites arc-en-ciel, des saumons d'eau douce, des éperlans, des sandres, des vairons, des achigans à petite et à grande bouche, des brochets, des maskinongés, des perches et des poissons-chats.

Les plus communs des poissons d'eau salée sont sans contredit la plie rouge et la goberge. Mais vous trouverez également des loups de mer, des morues, des tautogues noirs, des maquereaux, des églefins, des merlans jaunes, des sciænides et des éperlans.

Pour la pêche en eau douce, les six États de la Nouvelle-Angleterre exigent un permis en bonne et due forme; mais à part quelques restrictions, aucun permis spécial n'est requis pour la pêche en mer.

Dans le Vermont, les permis de pêche s'obtiennent auprès des comptoirs municipaux, dans plusieurs parcs nationaux et chez de nombreux marchands spécialisés. Le **Vermont Department of Fish and Wildlife** *(Agency of Natural Resources, 103 South Main Street, Building 10 South, Waterbury, VT 05676, ☎802-241-3700)* vous fournit également de nombreux renseignements et cartes dans deux publications, respectivement intitulées *The Digest of Fish and Wildlife Laws* et *Vermont Guide to Fishing*.

Dans le New Hampshire, adressez-vous au **New Hampshire Department of Fish and Game** *(2 Hazen Drive, Concord, NH 03301, ☎603-271-3211)*.

Dans le Massachusetts, adressez-vous à la **State Division of Fisheries and Wildlife** *(100 Cambridge Street, Room 1902, Boston, MA 02202, ☎617-727-3151)*, et demandez un exemplaire d'*Abstracts of the Fish and Wildlife Laws*, qui contient les règles relatives à la pêche dans cet État. Un permis de pêche en mer est requis pour le homard et le thon; vous pouvez vous le procurer auprès de la **State Division of Marine Fisheries** *(100 Cambridge Street, Room 1901, Boston, MA 02202, ☎617-727-3193)*, qui publie également, sous le nom de *Massachusetts Salt Water Fishing Guide*, un guide des marchands d'appâts, des entreprises de location de bateaux de toutes sortes, des jetées et des quais, ainsi que des sites de mise à l'eau des embarcations, et ce, localité par localité.

Dans le Connecticut, vous pouvez vous procurer un permis de pêche en eau douce auprès des bureaux municipaux ou chez les marchands d'équipement de chasse et pêche. Concernant les règles de la pêche, adressez-vous à la **Fisheries Division** *(Department of Environmental*

Protection, Room 255, 79 Elm Street, Hartford, CT 06106-5127, ☎203-424-3474).

Dans le Rhode Island, les permis sont vendus par les marchands d'appâts et d'accessoires de pêche, ainsi que dans tous les bureaux municipaux et au **Department of Environmental Management** *(22 Hayes Street, Providence, RI 02908, ☎401-277-3576).*

Le Vermont
QUÉBEC
CANADA
ÉTATS-UNIS
NEW YORK
NEW HAMPSHIRE
MASSACHUSETTS
Burlington
Montpelier
Barre
Rutland
Middlebury
Bennington
St. Johnsbury
Newport
Magog
Lac Memphrémagog
Lac Champlain
Green Mountain National Forest
White Mountain National Forest
Hanover
Lebanon
Concord
Manchester
Nashua
Keene
Brattleboro
© ULYSSE

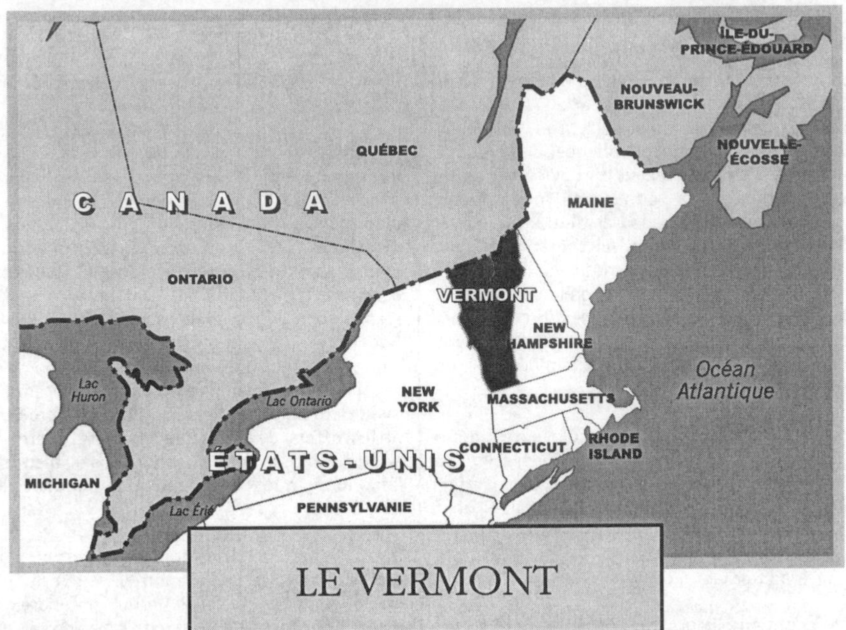

LE VERMONT

Le Vermont, montagneux et profondément authentique, révèle un aspect réconfortant de l'héritage culturel américain. Ici, les rêves deviennent réalité, on cultive encore la terre, et l'on éduque les enfants selon les méthodes ancestrales. Les habitants de cet État sont en paix avec leur territoire, et ils ne s'en cachent pas.

La beauté candide du Vermont, véritable *patchwork* de bâtiments de ferme rouges et paisibles, de chemins ruraux en lacets et de vieux ponts couverts, campés dans un décor de montagnes émeraude qui parcourent le centre de l'État, est sans prétention et tout à fait séduisante. Ces montagnes, les Green Mountains, ni plus ni moins que l'épine dorsale de la région, ont surgi du sol il y a environ cinq milliards d'années, lorsque la croûte terrestre s'est mise à trembler et à se cambrer; elles constituent la plus vieille chaîne montagneuse de la Nouvelle-Angleterre.

Même s'il ne couvre que 24 677 km^2, le Vermont regorge de paysages à couper le souffle, qu'il s'agisse de sommets alpins, de rivières bouillonnantes, de plaines sporadiques ou d'étendues sauvages sans limites. Cette portion de la Nouvelle-Angleterre, évasée au nord et plutôt mince au sud, est longue d'environ 250 km et large de 145 km en bordure du Québec, mais de 66 km seulement à la frontière du Massachusetts.

Plus qu'un simple tableau à contempler, le Vermont est un endroit où il fait bon vivre. Car sa magie ne tient pas seulement à son décor glorieux, mais aussi à son illustre passé, à ses intraitables idéaux yankees et à son mode de vie peu compliqué.

Même si le Vermont est le seul État de la Nouvelle-Angleterre à être privé de l'accès à la mer (un détail auquel plusieurs résidants se montrent sensibles), il suffit de jeter un coup d'œil du côté du majestueux lac Champlain pour découvrir un «littoral» dont la beauté n'a rien à envier à l'Atlantique.

C'est d'ailleurs ce lac fabuleux qui attira les premiers explorateurs européens dans cette région. En 1609, accompagné d'Algonquins lui ayant parlé de vastes eaux mystérieuses, Samuel de Champlain y conduisit en effet une expédition depuis le Canada et proclama aussitôt le lac (humblement baptisé en son nom) et les terres avoisinantes propriétés de la France.

Au cours des deux siècles qui suivirent, les Français, les Anglais et les Hollandais ne cessèrent de se disputer cette voie navigable, le sixième lac d'eau douce en importance des États-Unis. La querelle ne cessa finalement qu'avec la guerre de 1812, alors qu'une flotte américaine remporta une bataille décisive à proximité de Valcour Island.

Mais le Vermont se trouva aussi confronté à un problème d'appartenance territoriale, quoique de nature différente, lorsqu'au milieu du XVIIIe siècle les États de New York et du New Hampshire réclamèrent tous deux son annexion. L'Angleterre finit par se prononcer en faveur de New York, ce qui poussa les colons venus du New Hampshire à former une milice locale connue sous le nom de Green Mountain Boys. Conduits par Ethan Allen, ces soldats ne cessèrent de harceler les propriétaires terriens de l'État de New York établis dans le Vermont, et en vinrent même à repousser les forces britanniques au cours de plusieurs batailles décisives de la guerre d'Indépendance, y compris celle de Bennington.

Patriote haut en couleur, résolu à renverser quiconque tenterait de prendre possession de son précieux territoire, Allen jura de sauvegarder l'indépendance du Vermont, sans quoi lui et ses fiers Green Mountain Boys se retireraient dans les grottes de montagne et feraient la guerre à l'humanité tout entière.

On raconte d'ailleurs que le Vermont tire justement son nom de ces «Montagnes Vertes», ainsi que les baptisa le révérend Samuel Peters après avoir escaladé le mont Killington en 1763.

Le New Hampshire n'eut guère d'autre choix que de renoncer à ce territoire, cependant que l'État de New York n'entendait pas céder aussi facilement. En juillet 1777, toutefois, les représentants du Vermont se réunirent dans la localité de Windsor, où ils rédigèrent une constitution et proclamèrent leur indépendance une fois pour toutes.

Cette constitution, élaborée par 72 délégués rassemblés dans une auberge où ils travaillèrent sans relâche pendant sept jours consécutifs, interdit l'esclavage et fut la première à instituer le droit au suffrage universel. Selon la tradition locale, le document de Windsor aurait presque été abandonné par les délégués, alors qu'ils s'apprêtaient à foncer vers la frontière occidentale de l'État pour y repousser les troupes anglaises en progression; mais un violent orage aurait éclaté à ce moment-là, les empêchant de quitter les lieux.

Malgré de nombreuses requêtes adressées au Congrès continental en vue d'être reconnu comme un État à part entière, le Vermont dut se contenter du statut de république indépendante pendant près de 14 ans, en raison de disputes avec l'État de New York concernant le tracé exact de leur frontière commune. Mais, en 1791, les deux parties finirent par s'entendre, et le Vermont devint le 14e État de l'Union.

Au début du XIXe siècle, le Vermont était un véritable pays de cocagne où les vaches surpassaient les humains en nombre et où les gens s'employaient à ériger de grandioses domaines victoriens ainsi qu'à exercer des pressions contre la pratique de l'esclavage. Ces jours prospères ne tardèrent cependant pas à s'assombrir avec l'avènement de la guerre de Sécession, au cours de laquelle la moitié des jeunes hommes prirent la direction du champ de bataille. Une fois l'orage passé, le Vermont avait perdu plus d'hommes que tout autre État, et les effets dévastateurs de cette guerre de quatre ans se firent sentir aussi bien sur l'économie que sur la population pendant plus de 40 ans.

Le tourisme finit toutefois par contribuer au redressement de la situation au début du XXe siècle, alors qu'on laissait partout entendre que le Vermont était «la Suisse de l'Amérique». De riches New-Yorkais s'y construisirent de luxueuses résidences d'été, des promoteurs multiplièrent les attractions en bordure des routes, et des autoroutes reliant les différents États favorisèrent l'afflux de visiteurs. On assistait soudain à un développement massif du territoire.

Autour des années cinquante, une nouvelle vague de visiteurs déferla en masse sur le Vermont : les skieurs. Au grand désarroi des puristes et des traditionalistes, des douzaines de pistes furent aménagées à flanc de montagne, et les stations de sports d'hiver se multiplièrent là où ne se trouvaient auparavant que d'épaisses forêts.

Aujourd'hui, dans cet État souvent considéré comme le plus rural du pays, les régions de ski demeurent les seules à avoir fait l'objet d'un développement massif. Le conservatisme yankee a en effet donné naissance à une série de lois sur le zonage et contre la pollution, destinées à déjouer toute tentative de croissance à grande échelle. L'ex-gouverneur Thomas P. Salmon a d'ailleurs fort bien traduit l'attitude des habitants du Vermont face à l'exploitation commerciale de leur territoire lorsqu'il a déclaré, en 1973 : «*Le Vermont n'est pas à vendre.*»

C'est ainsi que les forêts occupent encore 78% de la superficie de cet État. En outre, une loi adoptée au cours des années soixante bannissant les panneaux publicitaires en bordure des routes a eu un effet salutaire sur le réseau routier du Vermont, demeuré virginal et exempt de toute souillure commerciale.

De nombreux artisans, artistes et écrivains ont ainsi choisi de s'éloigner des grandes villes américaines pour retrouver une existence plus simple dans les montagnes de la région. Avec les républicains irréductibles, les fermiers patriotiques, les derniers survivants des hippies et une élite de bien nantis, ils forment une population hétéroclite et indépendante, unie par un sens peu commun du laisser-faire et une dévotion inébranlable à la liberté d'être. Mentionnons par ailleurs que le Vermont ne compte que 500 000 âmes et se classe au troisième rang des plus petits États de l'Union.

Le charme du Vermont ne relève pas seulement de ses saisons changeantes et de ses paysages sublimes, mais aussi de ses 242 localités, gardiennes de son essence la plus profonde. Parsemées au fil des montagnes et des cours d'eau qui les sillonnent, ces petites villes pittoresques s'accrochent bien souvent à des valeurs d'une autre époque, témoignent d'un riche héritage historique et révèlent des personnages colorés. Leur structure même est gage de tradition : chacune d'elles possède en effet sa Main Street, son square, son magasin général et un cimetière où il n'est pas rare de découvrir des pierres tombales datant du XVIIIe siècle.

Néanmoins, chaque région de cet État conserve un caractère propre et fascinant. Le sud du Vermont se compose de forêts, de stations de ski et de municipalités fortement influencées par les États avoisinants de New York, du Massachusetts et du New Hampshire. Dans le centre du Vermont, la «Cité de marbre» qu'est Rutland produit des tonnes et des tonnes de pierres lisses depuis plus d'un siècle, et ses édifices revêtus de marbre sont un hommage vibrant à cette industrie vitale pour la région. Non loin de là, Woodstock, un lieu de villégiature émaillé de majestueuses propriétés, de boutiques et de restaurants recherchés, et invariablement fréquenté par la haute bourgeoisie, s'impose comme un monument à la prospérité de cet État.

Dans le Centre-Nord, la région des Northern Mountains (région des montagnes du Nord) se présente comme un paradis alpin constellé de stations de ski, de cabanes à sucre, d'obscurs hameaux de montagne et de champs de fleurs sauvages. Le magnifique lac Champlain longe, pour sa part, la frontière occidentale de l'État; il est flanqué, d'un côté, par la chaîne des Adirondacks, dans l'État de New York, et de l'autre, par la fertile vallée de Champlain, sur le sol même du Vermont. C'est sur son rivage que fleurit la plus importante ville de l'État, Burlington, qui compte à peine 40 000 habitants. Il s'agit d'un port dynamique et d'un centre de culture où il fait bon séjourner, d'autant plus que ses paysages urbains sont particulièrement soignés et que la pollution y brille par son absence.

Le Northeast Kingdom (royaume du Nord-Est), un domaine champêtre incomparable de 5 200 km^2 caché entre le Québec et le New Hampshire, est incontestablement le dernier retranchement du Vermont. Des pics escarpés y surplombent des douzaines de lacs creusés par les glaciers, les conifères pointent leur flèche vers les nuages, et l'homme vit en harmonie avec la nature dans une paisible simplicité.

Mais de tous les joyaux du Vermont, le plus précieux est sans doute son peuple. Aimable, généreux et toujours à l'écoute, il est passé maître dans l'art de vous faire sentir chez vous. De fait, visiter le Vermont, c'est un peu rentrer chez soi : une fois sur les lieux, on a l'impression d'y retrouver ses racines; et, lorsqu'on le quitte, on ne songe qu'à y retourner.

POUR S'Y RETROUVER SANS MAL

L'indicatif régional du Vermont est le 802.

Accès au Vermont

En voiture

Les axes routiers les plus rapides (bien qu'ils ne soient pas très panoramiques) sont les **autoroutes 91** et **89**, qui relient le Vermont aux États avoisinants. La route 91 traverse l'État du nord au sud en longeant sa frontière orientale jusqu'au Massachusetts, alors que la route 89 serpente de la frontière du Québec jusqu'au New Hampshire.

De Montréal, empruntez l'autoroute 10, puis la 35 vers Saint-Jean. Par la suite, poursuivez votre route sur la 133 jusqu'à la frontière. Si votre destination se trouve plus à l'est, continuez sur l'autoroute 10 jusqu'à la 55. Empruntez la 55 vers le sud jusqu'à la frontière. Au-delà de celle-ci débute l'autoroute 91.

Depuis Québec, on optera pour l'autoroute 20 vers l'ouest jusqu'à Drummondville, d'où l'on prendra la 55 jusqu'à la frontière.

En venant de l'État de New York, optez pour la **route 7** ou la **route 4**, en bordure ouest du Vermont. Quant à la **route 100**, qui n'a rien d'une autoroute, il s'agit d'une voie pittoresque qui traverse le centre de l'État dans son axe nord-sud.

En avion

Le **Burlington International Airport**, petit mais facilement accessible, est la principale porte d'entrée du Vermont par la voie des airs. Il est desservi par Continental Airlines, Delta Airlines, Northwest Airlink, United Airlines et USAir.

La **Burlington Airport Ground Transportation** *(☎863-1889)* relie l'aéroport aux différents points de l'État par voie de terre.

En autocar

Vermont Transit Lines offre un service étendu dans l'ensemble de la Nouvelle-Angleterre, et dessert les principales destinations du Vermont. Pour réserver vos places, composez le ☎864-6811. Vous trouverez des gares routières à Brattleboro *(à la jonction des routes 5 et 91, ☎254-6066)*, à Bennington *(126 Washington Ave., ☎442-4808)*, à White River Junction *(Sykes Ave., ☎295-3011)*, à Rutland *(122 Merchants Row, ☎773-2774)*, à Burlington *(135 St. Paul St., ☎864-6811)*, à St. Johnsbury *(Railroad St., ☎748-4000)* et à Newport *(Coventry St., ☎334-2132)*.

En train

Amtrak *(☎800-872-7245)* relie directement Montréal, Washington D.C., Philadelphie, New York et le Connecticut au Vermont. Les principales gares se trouvent à White River Junction *(Railroad Row)*, Montpelier *(Montpelier Junction Rd)*, Waterbury *(Park Row)* et Essex Junction Station *(29 Railroad Ave., à proximité de Burlington)*.

La location d'une voiture

De l'aéroport international de Burlington, vous avez le choix entre **Avis Rent A Car** *(☎864-0411 ou 800-331-1212)*, **Budget Rent A Car** *(☎658-1211 ou 800-527-0700)*, **Hertz Rent A Car** *(☎864-7409 ou 800-654-3131)* et **National Interrent** *(☎864-7441 ou 800-227-7368)*. **Thrifty Car Rental** *(☎863-5500 ou 800-367-2277)* se trouve tout près de l'aérogare et offre un service de navette gratuit à sa clientèle.

RENSEIGNEMENTS PRATIQUES

La vallée de Champlain

Burlington

Pour mieux vous orienter dans la région, arrêtez-vous à la **Lake Champlain Regional Chamber of Commerce** *(60 Main St., ☎863-3489)*.

La région des Northern Mountains

Montpelier

Pour vous orienter dans Montpelier, de même qu'à travers l'État tout entier, la **Vermont Travel Division** *(134 State St., ☎828-3236 ou 800-837-6668)* met à votre disposition une foule de publications sur les sites à visiter ainsi que sur l'histoire, la culture et l'économie locales.

Le Northeast Kingdom

Newport

Arrêtez-vous au **kiosque d'information de la chambre de commerce** *(The Causeway, ☎334-7782)*, où vous pourrez faire le plein de renseignements touristiques.

Le centre du Vermont

Rutland

La **Rutland Region Chamber of Commerce** *(7 Court Sq, ☎773-2747)* vous assistera dans la planification de vos visites locales.

Woodstock

Pour de plus amples renseignements sur Woodstock, adressez-vous à la **Woodstock Area Chamber of Commerce** *(18 Central St., ☎457-3555)*.

ATTRAITS TOURISTIQUES

À n'en point douter, son riche passé historique, ses splendides panoramas sans fin et son atmosphère paisible s'unissent pour faire du Vermont l'une des régions touristiques les plus attrayantes de tout le pays. Ses magnifiques musées, ses églises aux blancs clochers et son incomparable héritage n'attendent qu'à être appréciés par les visiteurs, sans compter que certains de ses sites les plus fascinants se trouvent en bordure des routes secondaires, où le décor est parfois si renversant qu'il fera chavirer votre cœur.

N'ayez pas peur de vous aventurer sur les petits chemins de terre battue. Ils sont particulièrement nombreux dans l'État des Green Mountains, et presque tous vous réservent des surprises, qu'il s'agisse d'un verger caché, d'un pont couvert, d'une cabane à sucre ou d'un ruisseau de montagne, sur les bords duquel vous pourrez vous prélasser tout l'après-midi dans la plus complète solitude. Qui sait, vous pourriez même découvrir des endroits où aucun voyageur n'a jamais posé le pied!

Vous pourrez obtenir des renseignements touristiques un peu partout, que ce soit dans les magasins, les restaurants, les auberges ou les bureaux de poste. Notez cependant que les visiteurs se font beaucoup plus rares en hiver et que la majorité des sites ferment leurs portes entre novembre et avril.

La vallée de Champlain ★★★

Gigantesque carrefour de montagnes, de lacs, de rivières et d'îles, la vallée de Champlain est une région stupéfiante et prospère qui s'étend paisiblement en bordure nord-ouest du Vermont. Le lac Champlain, point de référence ultime de la région, resplendit sur 210 km et sépare la frontière lacustre, plane et erratique du Vermont de la chaîne des Adirondacks, dans l'État de New York. Sa découverte par l'explorateur français Samuel de Champlain, qui lui donna son nom et jeta les fondations de sa glorieuse histoire maritime, remonte à 1609. La vallée de Champlain est en outre le siège de la ville la plus populeuse du Vermont, à savoir Burlington, fondée en 1763.

Les **îles de Champlain** (*Champlain Islands*) dessinent le «littoral» du Vermont, sorte d'avant-poste naturel composé de vergers, de fermes laitières, de rustiques retraites lacustres et de rivages en bordure desquels les pêcheurs jettent leurs filets. Bien qu'une chaussée relie aujourd'hui ces îles à Burlington et à la route 78, entre les autoroutes 87 et 89 (à la frontière du Québec), les gens qui y vivaient au XIXe siècle devaient utiliser de petits skifs pour rejoindre le continent, ou alors traverser à pied lorsque le lac était gelé. La route 2 défile maintenant sur une cinquantaine de kilomètres, tantôt sur terre, tantôt sur l'eau, à travers cet archipel paisible et peu développé.

Sur l'**Isle La Motte**, des maisons en pierre du XIXe siècle, en bordure du rivage rocheux, composent un tableau splendide. Le **St. Anne Shrine** *(par la route 129)* marque l'emplacement du fort St. Anne, le tout premier poste du Vermont, construit en 1666 par le capitaine Pierre La Motte.

Un vétéran de la guerre d'Indépendance, Jedediah Hyde, Jr., érigea en 1783 une cabane en rondins sur Grand Isle, la plus étendue des îles. On croit aujourd'hui que la **Hyde Log Cabin** *(Route 2)*, un refuge d'une pièce traversée de poutres grossièrement équarries et assemblées avec de la paille et de l'argile, est la plus ancienne de tous les États-Unis. Comme par miracle, certains meubles d'origine et d'anciens outils de ferme y sont demeurés intacts.

Tout juste au sud des îles, en bordure du lac et dominant la vallée, s'étend **Burlington** ★, la ville-reine du Vermont. Sa population de près de 40 000 habitants en fait la plus grande ville de l'État, ce qui ne l'a cependant pas empêchée de conserver un caractère de franche intimité. Son remarquable paysage de montagnes et de lacs fut encensé par Charles Dickens lui-même, lorsqu'il accosta en ces lieux au milieu du XIXe siècle. Aujourd'hui, des centres d'art, des théâtres d'avant-garde, une université et quatre collèges ajoutent aux richesses culturelles de cette métropole pleine de jeunesse et de vigueur.

Ces dernières années, des terrains situés en bordure de l'eau ont été aménagés. On peut louer des embarcations près des nombreux hangars à bateaux et, à la grande joie des cyclistes, des amateurs de course à pied ou simplement des randonneurs, un petit sentier a été aménagé sur 12 km le long des rives du lac. Restaurants et commerces, qui abondent à cet endroit, concourent à rendre les abords du lac très propice à la flânerie.

De fait, près de la moitié de la population de Burlington se compose d'étudiants, dont plusieurs fréquentent le campus sculptural de l'**University of Vermont** *(en bordure d'University Place et de Colchester Ave., ☎656-3480)*, juché sur une colline. Le **Robert Hull Fleming Museum** ★ *(fermé lun; Colchester Ave., Burlington, ☎656-0750)*, un imposant bâtiment néocolonial, abrite une excellente collection de peintures européennes et américaines, de pièces décoratives, de costumes et d'objets ethnographiques du monde entier.

Le plus beau côté de la ville est naturellement celui qui fait face aux eaux miroitantes du lac Champlain. Promenez-vous le long des **rues Lake et Battery**, et contemplez les Adirondacks, de l'autre côté du lac, dans l'État de New York; puis empruntez le **traversier** *(King St. Dock, à l'angle des rues King et Battery, ☎864-9804)* qui vous emmènera jusqu'à Port Kent (New York), tout en vous permettant d'admirer le resplendissant panorama de la région. La traversée aller-retour se fait en deux heures. N'oubliez pas de garder l'œil ouvert pour *Champ*, le monstre du Loch Ness local dont la silhouette massive et les bosses distinctives furent aperçues pour la première fois par Samuel de Champlain, qui nota ses observations dans son journal de bord.

La plupart des activités diurnes et nocturnes se déroulent sur la **Church Street Marketplace** ★ *(sur Church St., entre les rues Main et Pearl, Burlington)*, un marché piétonnier plein de vie et truffé de cafés-terrasses, de boutiques à la mode, de musiciens et de magiciens ambulants, le tout dans un décor architectural du XIXe siècle. Une atmosphère pour le moins européenne s'en dégage.

La plus populaire attraction de l'État se trouve également dans cette région, juste au sud de Burlington. Il s'agit du **Shelburne Museum** ★★★ *(droit d'entrée, billet valable pour deux jours; Route 7, Shelburne, ☎985-3346)*, qui regroupe en fait une collection de bâtiments (37 au total). Il faut compter deux jours pour parcourir cet espace de 18 ha consacré à l'histoire du Vermont et de la Nouvelle-Angleterre. Il y en a pour tous les goûts, d'un bateau à aubes de 67 m à un atelier de jouets en passant par une grange circulaire, une prison recouverte d'ardoise de 1890 et une scierie de 1786. Les petits aussi bien que les grands adoreront le bâtiment du cirque, avec son carrousel et son défilé de personnages miniatures qui s'étend sur 150 m et dont la réalisation a demandé 30 ans. Le pont couvert de 51 m, construit en 1845 et transporté ici de Cambridge (Vermont), est désormais le seul pont à deux voies des États-Unis à être bordé d'un trottoir. Si vous êtes amateur de bécassines, de huards et de chevaliers à pattes jaunes, faites un saut au musée des appeaux, où plus de 1 000 espèces d'oiseaux sauvages sont présentées. Un autre endroit charmant est la maison des chapeaux et des parfums, qui renferme des boîtes à chapeau, des costumes, des parfums et des dentelles remontant jusqu'au début du XIXe siècle. Vous y trouverez par ailleurs la plus importante collection d'œuvres d'art de tout l'État, répartie à travers plusieurs édifices.

Aux **Shelburne Farms** ★ *(droit d'entrée, fermé mi-oct à fin mai; à l'intersection de Bay Rd et Harbor Rd, par la route 7, Shelburne, ☎985-8686)*, un immense domaine terrien qui redéfinit la notion d'aristocratie champêtre, la visite se fait à bord d'un chariot couvert. Cette propriété qui couvre près de 570 ha en bordure du lac Champlain fut conçue au XIXe siècle pour le compte du docteur William Seward Webb et de son épouse Lila Vanderbilt, dont la résidence néo-Reine-Anne de 45 pièces demeure la plus grande du Vermont. Les environs de la maison, où se succèdent plantes vivaces, statues et fontaines, ont été magnifiquement dessinés par Frederick Law Olmsted, l'architecte paysagiste du Central Park de New York et du parc du Mont-Royal de Montréal. Un vaste réseau de sentiers a été aménagé, ainsi que des aires de pique-nique et une cour de ferme ouverte aux enfants.

À 5 km au sud du musée de Shelburne, découvrez la **Vermont Wildflower Farm** *(début mai à oct; Route 7, Charlotte, ☎425-3500)*, qui produit plus de semences de fleurs sauvages que tout autre ferme florale de l'est des États-Unis. Si vous ne souffrez pas d'allergie au pollen, accordez-vous une heure pour explorer les sentiers qui sillonnent les 2,4 ha de la propriété. D'une incroyable variété, les fleurs qui poussent ici sont toutes accompagnées de plaques indiquant la provenance de chaque plante et soulignant bien souvent les pouvoirs mystérieux qu'on leur attribue à travers des légendes appropriées.

La région des Northern Mountains ★★

Ses interminables forêts d'érables à sucre, théâtre d'une industrie florissante, ont mérité à cette région montagneuse du Nord une réputation enviable. En fait, toute la région est sillonnée de vallées cultivées, de champs de maïs, de chemins ruraux en lacets et d'étangs cachés où il fait bon se baigner, sans oublier la vive rivière Mad, au cœur même de la vie locale.

La plupart des villages sereins qu'on trouve ici retracent leurs origines au début du XIXe siècle et parfois plus loin encore, ce qui rend leur visite et leur exploration particulièrement savoureuses. La minuscule mais non moins attachante Montpelier, capitale de l'État, fut fondée en 1805, alors que les législateurs du Vermont siégeaient dans différentes localités depuis près de 30 ans. Quant à la ville de Stowe, dont les sommets alpins recouverts de verdure rappellent l'Autriche, elle existe depuis 1833; à cette époque, des cavaliers venus de partout y faisaient halte.

Bien que les Vermontois de longue date soient déjà conquis par l'atmosphère idyllique de cette région, ce sont les habitants des plaines, venus de l'État de New York, du Massachusetts ou d'autres horizons, qui, depuis peu, ont fait leur la sérénité de cette destination tout en hauteur. Ces nouveaux «immigrants» sont généralement propriétaires de petits commerces ou de *bed and breakfasts*, et c'est sans regret qu'ils ont renoncé au prétendu confort des grandes villes, pour ce qu'ils appellent une existence meilleure dans les Green Mountains du Vermont.

Sur la route 100, entre Burlington et Montpelier, se trouve la pittoresque petite ville montagnarde de **Stowe** ★★, adossée à un chapelet de montagnes d'un vert profond et doublée d'une station de ski très fréquentée.

Le «centre-ville» en grande activité, situé au croisement de la route 100 et de Mountain Road, se présente comme un heureux amalgame de bâtiments du XIXe siècle, de galeries marchandes et de restaurants contemporains. Les sports d'hiver vous attendent au sommet de la Mountain Road, un chemin d'une douzaine de kilomètres bordé d'hôtels, d'auberges, de magasins, de pubs et de restaurants aux multiples dénominations.

Le plus haut sommet du Vermont, le **mont Mansfield** ★★ *(droit d'entrée; Mountain Rd, ☎253-7311)*, surplombe la ville du haut de ses 1 339 m et lui fait un décor incroyable, sa silhouette escarpée ressemblant à un profil humain. Au cours de l'été, vous pouvez atteindre la cime par une route à péage (*auto toll rd*) ou à bord d'un **téléphérique** (*gondola ride*) *(droit d'entrée; Mountain Rd, ☎253-7311)*, ou encore, l'hiver venu, effectuer une descente enivrante à bord d'un traîneau (*alpine slide*).

Même si le film *La Mélodie du Bonheur* (*The Sound of Music*) date de plusieurs décennies déjà, les visiteurs de Stowe continuent à demander qu'on leur indique la direction du **Trapp Family Lodge** ★ *(42 Trapp Hill Rd, par Mountain Rd, ☎253-8511 ou 800-826-7000, ⇛253-5740)*. L'attrait de la ville tient d'ailleurs en grande partie à l'histoire et au site enchanteur de ce domaine célèbre, établi par Maria Von Trapp et sa famille dans les années quarante pour servir de colonie de vacances vouée à la pratique du chant. La baronne choisit ce lieu pour sa ressemblance avec ses Alpes natales, en Suisse. Les bâtiments de style tyrolien de ce complexe sont juchés sur une montagne et entourés de 800 ha de forêts, d'étangs et de pâturages. Partout autour, les arêtes montagneuses s'étendent à perte de vue. En été, des concerts fort appréciés sont présentés le dimanche dans un pré avoisinant. Maria est décédée en 1987, mais sa famille continue de gérer la propriété.

Bien qu'aucun panneau ne signale la présence des **Bingham Falls** *(par Mountain Rd, à environ 100 m au nord du Trapp Family Lodge)*, vous ne voudrez pas rater cette merveille de la nature. Un conifères, avant de déboucher sur une gorge splendide où les eaux d'une cascade déferlent et tourbillonnent autour de gros rochers. L'endroit est idéal pour la baignade, si vous ne craignez pas l'eau froide.

Le sirop d'érable au Vermont

Tout commence en douceur aux premiers signes du printemps : une minuscule pousse verte, le chant joyeux d'un oiseau et l'eau des érables qui se libère de sa prison de glace pour se laisser couler imperceptiblement vers le sol devenu plus chaud.

Les écureuils, les lapins et les autres habitants de la forêt s'empressent de lécher ce doux élixir, ô combien bienvenu après un long hiver rigoureux. Mais un autre habitant des montagnes ne tarde pas à faire son apparition, le fermier, qui enfonce un robinet relié à un tube en plastique transparent dans l'écorce d'un érable pour mieux recueillir l'eau collante. Des centaines, et même des milliers de fois, il répète ce geste, reliant tous les tubes entre eux pour faire descendre l'eau jusqu'au pied de la montagne.

Ainsi va la vie. Chaque printemps, des millions d'érables vermontois lèguent leur essence gommeuse et sucrée au nom de cette substance recherchée qu'est le sirop d'érable. Désignés du nom d'érablières, ces vastes massifs couvrent les flancs des montagnes de braves troncs que surmonte un dais de délicates feuilles dentelées.

Le Vermont s'impose comme le plus important fournisseur de sirop d'érable des États-Unis, dont il produit en moyenne un demi-million de gallons (2 millions de litres) chaque année. Bien que les techniques de récolte demeurent assez simples, elles ont passablement évolué depuis l'époque où les Amérindiens faisaient bouillir l'eau des érables sur un feu en plein air au cours du XVIe siècle.

De nos jours, la majorité des exploitants utilisent des tubes de plastique pour drainer l'eau, que ce soit en faisant appel à la simple force de gravité ou au moyen d'un système d'aspiration sous vide. Certains s'en tiennent encore toutefois à la bonne vieille méthode, qui consiste à laisser écouler l'eau d'érable dans des seaux métalliques, dont ils transportent ensuite le contenu sur des traîneaux jusqu'au pied des montagnes.

À l'intérieur de la cabane à sucre, on fait bouillir l'eau toute une journée (et parfois même toute une nuit) pour la faire réduire dans d'énormes bacs en métal, et ce, jusqu'à ce qu'on obtienne un sirop onctueux. Il faut ainsi environ 40 gallons d'eau d'érable pour faire un gallon de sirop.

Cette activité se déroule simultanément dans des centaines de cabanes en bois parsemant les montagnes et les vallées verdoyantes. Des ouvertures pratiquées dans leur toit permettent aux vapeurs de cuisson de s'échapper librement.

Vous pouvez certes vous familiariser avec l'ensemble des opérations en visitant les grandes fabriques, mais, pour une expérience beaucoup plus satisfaisante, prenez plutôt la direction d'une petite exploitation familiale. Des gens on ne peut plus accueillants se feront un plaisir de vous y apprendre tout ce qu'il y a à savoir sur le sirop d'érable, et sans doute partageront-ils avec vous mille et une anecdotes sur leur famille et leur mode de vie.

Vous découvrirez de telles propriétés un peu partout à travers l'État et, tandis que certaines n'affichent qu'un petit panneau sur lequel on peut lire «*Maple Syrup*» (sirop d'érable), d'autres ne sont même pas signalées (adressez-vous au magasin général du coin pour vous en faire indiquer l'emplacement).

Plus de 150 entreprises, grandes et petites, sont répertoriées dans une publication intitulée *Maple Sugarhouses*, une élégante brochure diffusée par le Vermont Department of Agriculture *(116 State St, Montpelier, VT 05602, ☎ 828-2416)*. Elles y sont regroupées par localités, et vous y trouverez, pour chacune, divers renseignements tels que le nombre d'entailles pratiquées, les dimensions de la cabane à sucre, la méthode d'exploitation utilisée et le genre de visite proposée le cas échéant.

Le **New England Maple Museum** *(droit d'entrée; Route 7, Pittsford, ☎ 483-9414)* présente «L'histoire la plus sucrée jamais racontée» à tous ceux qui parcourent son exposition d'objets et de souvenirs reliés à l'extraction et à la transformation de l'eau d'érable. Il s'agit d'un bon endroit pour se familiariser avec l'histoire du sirop d'érable, puisque le musée renferme entre autres d'anciens seaux et robinets en bois, de même que de vieux traîneaux tirés par des chevaux qu'on utilisait pour transporter la précieuse eau. La meilleure partie de la visite reste cependant celle où vous pourrez déguster gratuitement les produits de l'érable.

Vous pouvez également vous plonger au cœur de l'activité «sirupeuse» dans le cadre du **Vermont Maple Festival** *(adressez-vous au Vermont Maple Festival Council, P.O. Box 255, St. Albans, VT 05478, ☎ 524-5800)*, qui se tient, chaque année en avril, dans la petite ville de St. Albans, au nord de Burlington. Vous vous y gaverez de crêpes gorgées de sirop, et vous pourrez observer des bûcherons à l'œuvre, de même que goûter différentes variétés de sirops aux goûts plus enivrants les uns que les autres.

Prévoyez visiter le pays de l'érable entre la fin février (dans le sud de l'État) et la mi-avril (dans les régions plus au nord). Le sirop le plus fin, une délicate mixture légèrement ambrée, provient des toutes premières récoltes. Au fur et à mesure que progresse la saison, le sirop foncit peu à peu, jusqu'à devenir une substance sombre et brouillée, et même amère, qui n'est guère propre à la consommation.

Il va sans dire que les meilleures choses de la vie coûtent toujours plus cher, et le sirop d'érable n'échappe pas à la règle. Généralement deux ou trois fois plus cher que les sirops dénaturés couramment en vente, l'authentique sirop d'érable pur coûte de 0,40$ à 0,60$ l'once (environ 30 ml).

Soyez toutefois prévenu. Les gens qui ont l'habitude des sirops commerciaux se laissent brutalement séduire par le goût du sirop d'érable pur, victimes de leurs papilles gustatives soudainement arrachées à leur torpeur. Les inconditionnels prétendent que c'est un peu comme passer du vin de table aux grands crus : après avoir goûté la merveille des merveilles, impossible de faire marche arrière.

Mais sans doute l'ultime rencontre avec la nature se produit-elle à **Smugglers Notch ★** *(Mountain Rd)*, un col étroit entouré de part et d'autre par d'impressionnantes murailles de pierre argentée. Utilisé comme passage clandestin entre le Canada et les États-Unis durant la guerre de 1812, ce défilé recèle des douzaines de formations rocheuses plus fascinantes les unes que les autres (surveillez plus particulièrement l'oiseau chanteur et la tête d'éléphant) et une crevasse où la température oscille autour de 9,5°C en été. Gardez également l'œil ouvert afin d'apercevoir les alpinistes qui évoluent sur les falaises.

La station de ski de Sugarbush est l'une des plus fréquentées de la région, mais les vraies splendeurs locales se trouvent à **Waitsfield** *(par la route 100)* et à **Warren** *(par la route 100, à l'est de Lincoln Gap Rd)*, deux petites localités champêtres caractérisées par leur pont couvert, leur magasin général et leurs habitants simples et chaleureux.

Le cadre alpin et les remarquables courants chauds de la région en font un véritable paradis du **vol à voile** (*gliding* ou *soaring*). Laissez-vous emporter par les courants jusqu'à une altitude de 1 500 m, et jouissez d'une vue à vol d'oiseau des terres cultivées aussi bien que des lacs aux castors se trouvant au sommet des montagnes. Vous trouverez des planeurs au **Warren-Sugarbush Airport** *(Airport Rd, par la route 100, ☎496-2290)*, où un pilote vous emmènera, pour un vol de 15 à 30 min, à raison d'un ou de deux passagers par départ *(mi-mai à fin oct)*.

Un peu plus à l'est, sur l'autoroute 89, s'étend **Montpelier**, dont la population de 8 500 âmes en fait la plus petite capitale d'État des États-Unis. Par contre, ses vieux bâtiments imposants et ses paysages urbains fort soignés en font peut-être également la plus charmante.

Avec son dôme plaqué or, tranchant de façon dramatique sur les conifères du parc Hubbard, le capitole, ou **State House** ★ *(tlj en été, fermé sam-dim le reste de l'année; 115 State St., Montpelier, ☎828-2228)*, s'impose sans mal comme la grande vedette des lieux. Conçu sur le modèle du temple grec de Thésée, cet immeuble de granit datant de 1838 arbore une statue de Cérès, la déesse romaine de l'agriculture. Profitez de la visite gratuite *(mi-juil à mi-oct)*, ou promenez-vous au hasard des murales de la guerre de Sécession, du décor victorien et des nombreuses citations de Theodore Roosevelt, d'Ethan Allen et de plusieurs autres personnages légendaires.

De l'autre côté de la rue, le **State Agriculture Building** *(116 State St., Montpelier, ☎828-2416)* se distingue par sa façade en brique rouge, ses tourelles raffinées et ses fenêtres convexes en arc.

Ne manquez pas l'excellente exposition du **Vermont Museum** ★ *(droit d'entrée; fermé lun; 109 State St., Montpelier, ☎828-2291)*, occupant l'ancien hôtel Pavilion, un bâtiment en brique rouge datant de 1876. Il possède une impressionnante collection de tableaux, d'œuvres décoratives, d'équipement agraire et industriel, ainsi que d'objets retraçant l'histoire de l'État d'une façon très originale.

Barre est la petite sœur de Montpelier, même si deux aussi proches parentes ont rarement aussi peu de traits communs. D'entre les deux, Barre est la plus «dure», en ce sens qu'il s'agit d'une petite ville ouvrière ayant vu le jour grâce à l'industrie du granit. Vers la fin du XIXe siècle, c'est par milliers que les tailleurs de pierres européens et canadiens affluèrent à Barre, y créant une activité intense et souvent même des disputes ouvrières et de fortes flambées de socialisme.

De nos jours, celle qui se proclame «*la capitale mondiale du granit*» possède, de fait, la plus importante carrière de granit à monuments funéraires du monde, connue sous le nom de **The Rock of Ages** *(droit d'entrée pour une visite guidée; mai à fin oct lorsque la température le permet; Main St., par la route 14, Graniteville, ☎476-3115)*. Cette fosse colossale, qui sur plus de 20 ha, plonge à près de 150 m de profondeur, est constamment encombrée de blocs de pierre et d'équipement minier. Il n'est possible de la visiter que lorsque le temps s'y prête.

Une partie du granit arraché à la terre trouve le repos éternel au **Hope Cemetery** ★ *(Merchant St., Barre)*, qui regroupe une collection fascinante de pierres commémoratives. Les fines inscriptions laissées par les artisans du granit (souvent à l'intention de leurs compagnons décédés) ont survécu au temps sur tous les monuments, des pierres tombales les plus simples aux plus riches mausolées. On y retrouve des parchemins, des cœurs, des sculptures à caractère religieux et même un énorme ballon rond de football.

C'est également dans ces parages que vous trouverez Ben & Jerry, ces deux doux dingues qui ont fait fortune grâce à une recette de crème glacée. En plein cœur de la campagne vermontoise, les **Ben & Jerry's Ice Cream Factory Tours** *(droit d'entrée; tlj; Route 100 Nord, Waterbury, ☎244-5641)* vous font visiter leur usine, qui est devenue la première attraction touristique en importance de l'État et qui constitue un véritable monument à la libre entreprise américaine. On peut y observer, sauf les fins de semaine, le processus de fabrication des glaces, obtenir des échantillons gratuits et apprendre à mieux connaître deux individus que le succès n'a pas empêché d'avoir beaucoup de plaisir. Le Vermont tout entier rend hommage à Ben & Jerry, ce qui n'a rien d'étonnant lorsqu'on sait qu'une famille sur 10 y détient des actions dans leur entreprise!

Une autre halte d'intérêt est le **Cold Hollow Cider Mill** *(Route 100, Waterbury, ☎244-8771)*, une ancienne grange qui abrite une petite cidrerie et une immense boutique de cadeaux et souvenirs campagnards. Vous pourrez contempler les pressoirs qui sont en action toute l'année.

Le Northeast Kingdom ★

Cette vaste région rurale un peu perdue renferme peut-être la plus vaste étendue panoramique de tout le Vermont. Il s'agit d'un immense territoire peuplé de bûcherons, d'éleveurs de bétail et de montagnards où se succèdent joyeusement des lacs creusés par les glaciers, des étangs et des rivières paisibles, des forêts de conifères sauvages et des escarpements alpins vertigineux. C'est ici qu'apparaissent dans toute leur splendeur les premiers feuillages d'automne, que tombent les premières neiges et que les vastes étendues d'eau gèlent le plus rapidement.

Le «Royaume du Nord-Est», qui s'étend de la frontière canadienne jusqu'à St. Johnsbury, peut être considéré comme le dernier retranchement du Vermont. Sa population clairsemée et l'absence d'industries majeures y perpétuent une tradition de chômage élevé (selon les normes du Vermont), bien que ses habitants les plus fermement enracinés jurent que leur mode de vie rural vaut mille fois celui des riches stations de ski.

En bordure du Québec, le majestueux **lac Memphremagog ★★** partage ses eaux en parts à peu près égales avec le Vermont. Sur une succession de collines bordant ses rives, **Newport** est une ville pittoresque, couronnée par les flèches de la magnifique **St. Mary's Star of the Sea Church** *(5 Cleremont Terrace, Newport, ☎334-5066)*. Le centre-ville offre une gamme intéressante de magasins et de restaurants, sans oublier le précieux **kiosque d'information de la chambre de commerce** *(The Causeway, Newport, ☎334-7782)*

Trois petits chemins conduisent au hameau de **Brownington**, dans la vallée, bien que les moins aventureux préféreront sans doute celui qui est revêtu. On y trouve un musée enchanteur, l'**Old Stone House** *(droit d'entrée; Brownington Village, près d'Orleans, ☎754-2022)*, un ancien dortoir d'école bâti en 1836 pour le compte du révérend Alexander Twilight, le premier diplômé universitaire et législateur noir des États-Unis. Ses 23 salles sont remplies d'objets inspirants qui constituent de charmants instantanés de la vie américaine du temps jadis. La plupart des pièces exposées ont été fournies par des familles locales, y compris les meubles du XVIIIe siècle, les uniformes de la guerre d'Indépendance (portés par des hommes de Brownington) et une collection unique de journaux du XIXe siècle.

À une rue du musée se dresse le **Prospect Hill Observatory** *(par le chemin de terre qui part de la Brownington Congregational Church)*, une tour en bois juchée sur une colline couverte d'herbe. Il suffit d'escalader quelques marches pour découvrir un panorama circulaire de montagnes ondulantes et de conifères élancés.

La route 105 vous révélera un autre paysage sans faille de montagnes et de lacs. Jetez un coup d'œil aux maisons construites en hauteur, dominant un tableau de cultivateurs mettant leur foin en balles et de vieilles maisons à charpente de bois, sous les porches desquelles sèche la lessive de leurs occupants.

Non loin de là se trouve l'**Island Pond**, où les marchands d'appâts pour la pêche, les cabanes en rondins et la station d'essence vous ramèneront sur terre. Le parc municipal donne sur l'étang et fut autrefois le site du premier chemin de fer international d'Amérique du Nord. On y trouve également un canon de la guerre de Sécession et un monument commémoratif de la Deuxième Guerre mondiale.

Quelques kilomètres plus au sud, en empruntant la route 58 vers l'est, vous découvrirez un spectacle stupéfiant, probablement le plus remarquable de tout le Vermont : le **lac Willoughby ★**, une incroyable étendue d'eau façonnée par les glaciers qui scintille paisiblement sous les crêtes escarpées des monts Pisgah et Hor. Ceinturé de rivages rocailleux, de doux tapis de verdure, d'un agréable bord de lac et de seulement quelques auberges (grâce à la prévoyance des autorités locales), ce lac vous offre autant de beauté que votre œil peut en absorber.

St. Johnsbury, la plus grande ville de la région, est principalement un centre ouvrier situé au confluent des rivières Moose et Sleepers, lesquelles se jettent dans la rivière Passumpsic, à une quinzaine de kilomètres du lac Willoughby, par la route 5A, puis par la route 5. La **Northeast Kingdom Chamber of Commerce** *(30 Western Ave., ☎748-3678)* vous fournira tous les plans de promenade et les renseignements régionaux dont vous pourriez avoir besoin.

Le meilleur endroit pour vous familiariser avec l'histoire locale est le **Fairbanks Museum and Planetarium** *(droit d'entrée; à l'angle des rues Main et Prospect, St. Johnsbury, ☎748-2372)*, dont les expositions sont à la fois imaginatives et instructives. Sa vaste collection d'animaux sauvages empaillés comprend des condors, des hiboux, des pythons, des chamois ainsi que d'énormes kodiaks et ours polaires. Par ailleurs, avec son plafond à voûte en berceau et ses motifs romans en grès rouge, le bâtiment est lui-même une merveille.

Cachée derrière une magnifique librairie de 1871, la **St. Johnsbury Athenæum Art Gallery** *(fermé dim; 30 Main St., St. Johnsbury, ☎748-8291)* vous fera remonter dans le temps. L'endroit se proclame «*la plus ancienne galerie d'art inaltérée des États-Unis*» et, de fait, sa collection est restée la même depuis le milieu des années vingt. Les 100 peintures et plus qu'elle présente illustrent un grand nombre de paysages américains d'Albert Bierstadt et d'autres artistes reconnus de la Hudson River School. Quant à la librairie elle-même, un chef-d'œuvre d'architecture victorienne, elle n'a subi que quelques modifications depuis un siècle.

Maple Grove Farms of Vermont *(droit d'entrée; 167 Portland St., ☎748-5141)* est la plus grande et la plus ancienne confiserie au monde. Fondée en 1915 par deux femmes originaires de la région, la petite ferme fut transformée en confiserie en 1929. Des visites guidées permettront aux visiteurs d'observer les anciennes installations, qui sont toujours en service depuis les années trente. On y fabrique notamment encore à la main une importante quantité de sirop d'érable. La vieille confiserie abrite aujourd'hui un petit musée consacré à l'érable.

Le centre du Vermont ★

En descendant vers le sud, dans la partie où l'État devient plus étroit, on trouve une grande diversité, des villes minières aux pittoresques hameaux de montagne, en passant par les stations de ski et de riches villes fluviales. Cette région fertile regroupe également plusieurs styles de vie et de population, qu'il s'agisse de cultivateurs établis depuis cinq générations, de descendants d'immigrés européens, de petits marchands d'occasion ou d'aristocrates bien nantis.

À l'ouest de cette région, Rutland et les villages avoisinants sont entourés de carrières de marbre qui ont fait tourner la roue de l'industrie locale depuis maintenant deux siècles. À l'est, Woodstock voit alterner les rues bordées d'arbres et les gracieuses architectures du XIXe siècle, qui doivent leur richesse et leur élégance à une lignée de partisans florissants, parmi lesquels Laurance S. Rockefeller et le magnat du chemin de fer Frederick Billings. Au-delà de Woodstock coule paresseusement le fleuve Connecticut, frontière naturelle entre le Vermont et le New Hampshire.

En partant de Burlington, la route 7 vous entraînera jusqu'à Middlebury, puis **Brandon ★**, où vous trouverez certains des plus beaux témoignages de l'architecture du XIXe siècle de tout l'État. Cette prospère petite ville agricole, sillonnée de rues sereines et ombragées, fut officiellement reconnue en 1761 et vit naître Stephen A. Douglas, le célèbre porte-parole de l'Illinois qui perdit les élections présidentielles de 1860 au profit d'Abraham Lincoln. La **Brandon Area Chamber of Commerce** *(Central Sqre, Brandon, ☎247-6401)* propose d'excellents plans de promenade et de visite de la région.

Tout près de la ville, sur la route 73, le **Brandon Gap**, un tronçon qui franchit des montagnes vertigineuses et des kilomètres de forêts et de ruisseaux aux doux murmures, vous promet une randonnée sensationnelle. Tandis que vous y êtes, pourquoi ne pas prévoir une excursion d'une journée à pied ou à vélo dans les environs? Pour ce faire, réservez au **Churchill House Inn** *(Route 73 East, ☎247-3300)*, qui propose en outre des promenades d'observation des fleurs sauvages et des oiseaux de la région.

Rutland, sur la route 7, s'est mérité le surnom de *Marble City* (la cité du marbre) vers le milieu du XIXe siècle, à l'époque où les carrières locales étaient en pleine effervescence, mais où la ville représentait également le plus important carrefour ferroviaire de l'État. Cette ville commerciale, que ses 20 000 habitants placent au second rang des municipalités du Vermont, possède bien quelques immeubles plaqués de marbre, mais il faut savoir que la plus grande partie de sa production a servi à la fabrication de quelque 250 000 pierres tombales destinées au cimetière national d'Arlington, en Virginie, ainsi qu'à la construction du Lincoln Memorial, à Washington D.C., et de l'édifice qui abrite la Cour suprême des États-Unis.

Le pont, les trottoirs et l'école secondaire en marbre de **Proctor**, à proximité de Rutland, témoignent de l'intense activité minière de la région depuis plus de 100 ans. Vous pouvez y visiter la **Vermont Marble Company Exhibit** *(droit d'entrée; 61 Main St., Proctor, ☎459-2300)*, où sont exposées de fascinantes pièces de marbre, histoire à l'appui.

Tout juste au sud de Rutland, par la route 7, vous vous devez de faire un détour pour voir **Shrewsbury** *(North Shrewsbury Rd, à environ 13 km à l'est de la route 7)*, un paisible village de 800 âmes qui semble perdu aux confins du monde et que quelques chemins de terre battue relient à la civilisation.

La **Meadowsweet Herb Farm** *(mai à oct; 729 Mount Holly Rd, Shrewsbury, ☎492-3565)*, un dédale de serres et de jardins luxuriants regorgeant de fleurs rayonnantes et d'herbes aromatiques, est un véritable festin pour les sens. Outre de petits échantillons gratuits de vos herbes favorites, vous y trouverez une boutique de rêve remplie de fleurs séchées et d'épices. Si vous avez prévu un

Petite église du Vermont

pique-nique, installez-vous sous les pommiers près de l'étang.

À l'est de Rutland, **Killington** et **Pico** constituent les plus importantes, et sans doute les plus populaires stations de ski alpin du Vermont, même si l'atmosphère a quelque chose d'artificiel à côté des villages réellement pittoresques des environs, un point que les natifs du Vermont s'empressent de soulever à quiconque veut l'entendre.

On dit que c'est du sommet du **Killington Peak**, en 1763, que le Vermont (vert mont) a été baptisé par le révérend Samuel Peters, du haut de son cheval. Il s'agit du deuxième sommet de l'État en ordre d'importance.

De Killington, empruntez la route 4 vers l'est jusqu'à la route 100 Sud. Vous n'êtes alors qu'à quelques kilomètres de **Plymouth Notch**. Ce glorieux hameau de montagne isolé abrite la **Calvin Coolidge Homestead** *(droit d'entrée; mi-mai à mi-oct; Route 100A, ☎672-3773)*, où le 30e président des États-Unis a vu le jour et passé la plus grande partie de sa vie. Le tableau est assez frappant; il se compose d'une rangée de bâtiments en pierre et de maisons blanches à clins, d'ailleurs fort bien conservés, ainsi que d'allées de gravier, le tout dans un décor d'arbres majestueux et de pics imposants. Parmi les édifices, il y a un restaurant, une école à salle unique jadis fréquentée par Coolidge, un magasin général ayant appartenu à son père et la maison où, à la suite de la mort subite du président Harding, il prononça son serment d'allégeance à 2h47 précises.

Un peu plus à l'est, sur la route 4, le charme bucolique des routes secondaires fait place aux siècles de prospérité et à la richesse évidente de **Woodstock ★**. De superbes constructions en brique rouge aux revêtements de clins blancs entourent le magnifique *green* ovale de cette municipalité; des boutiques et restaurants raffinés bordent ses rues transversales; et un tableau noir surnommé le «crieur de Woodstock» ***(Woodstock Town Crier,** à l'angle des rues Central et Elm)* informe les passants des principaux événements locaux.

Même si certains Vermontois reprochent à Woodstock d'être trop pompeuse, les efforts de cette communauté pour préserver son environnement naturel brillent bien au-dessus des prétentions dont on l'accuse. Ainsi, grâce aux contributions d'un de ses habitants, Laurance Rockefeller, les lignes à haute tension sont cachées des regards, et le **Billings Farm and Museum** *(droit d'entrée; Route 12, Woodstock, ☎457-2355)* s'est donné pour mission de sauvegarder la beauté champêtre des lieux.

À la fois magnat du chemin de fer et grand-père de la femme de Rockefeller, Frederick Billings fonda cette ferme en 1890, planta 10 000 arbres et lutta pour la protection du milieu agraire. Aujourd'hui, une exposition *(tlj mai à oct, sam-dim nov à déc)* fait revivre cette époque des labours à flanc de colline, des planteurs de maïs et des déjeuners dans les champs (*nooning*), offrant une réflexion intéressante sur la vie agricole au XIXe siècle. Chaque après-midi, vous pourrez même voir les fermiers traire leurs vaches.

La beauté pittoresque et le charme discret de la ville voisine, **Quechee**, se répandent sur les rives de la rivière Ottauquechee, où sont regroupées plusieurs grandes propriétés à vocation de repos. Ces manoirs grandioses et ces vastes villas servent en effet de résidences d'été aux membres les plus fortunés de la société; mais il va sans dire que les visiteurs ne manquent pas d'en profiter et de se rincer l'œil au passage.

Plus inspirante encore que ces richissimes propriétés, la **Quechee Gorge** *(Route 4, à 16 km au nord des autoroutes 89 et 91)* se présente comme un gigantesque gouffre rocheux, ciselé par la rivière Ottauquechee. Des érables et des sapins dévalent les murailles de cette gorge profonde de 50 m, creusée par les glaciers au cours de l'époque glaciaire. Il faut marcher 1,5 km pour en atteindre le fond, mais le parcours est panoramique, rafraîchissant et très satisfaisant.

Le sud du Vermont ★

Manchester, sur la route 7A, était connue au siècle dernier comme une station de villégiature florissante, alors que, de nos jours, elle est devenue un important centre d'écoulement des productions des grands couturiers. Mais sa renommée lui vient surtout d'un de ses anciens résidants, Robert Todd Lincoln, le fils aîné d'Abraham Lincoln, qui construisit ici en 1905 un manoir néogéorgien qu'il baptisa **Hildene** *(droit d'entrée; fermé nov à mi-mai; Route 7A, Manchester Village, ☎362-1788)*. Peut-être un des plus beaux sites historiques de la Nouvelle-Angleterre, Hildene reflète l'existence à la fois luxueuse et passionnante de Robert Lincoln, avocat, ministre de la Grande-Bretagne et membre du Conseil des ministres américain. Reposant sur un domaine de 167 ha garni de somptueux jardins à la française, de majestueux conifères et de sentiers pédestres, le manoir de 24 pièces est extrêmement bien conservé et rempli de meubles d'origine et de biens personnels, incluant un grand orgue Æolian de 1908, sur lequel jouaient autrefois les dames de la famille Lincoln.

Arrêtez-vous au **Southern Vermont Art Center** *(droit d'entrée; fermé lun mai à fin oct et dim déc à fin avr; West Rd, Manchester, ☎362-1405)* pour un rendez-vous avec la culture et la nature. Un magnifique manoir géorgien de la fin du XVIIIe siècle abrite ici 10 galeries et plus de 700 œuvres d'art (principalement des toiles contemporaines, des œuvres graphiques et des photos). Établi sur 150 ha de forêts et de pâturages, le centre dispose également d'un pavillon de musique pour les concerts en plein air, d'un long sentier consacré à la botanique et d'un jardin de sculptures émaillé de fleurs sauvages.

Les mordus de la pêche seront gâtés par l'**American Museum of Fly Fishing** *(droit d'entrée; fermé nov à mi-mai; Route 7A, Manchester Village, ☎362-3300)*, où l'on peut admirer 30 000 mouches et 1 000 cannes et moulinets retraçant l'histoire de ce sport fascinant. Vous y verrez les appâts utilisés par Dwight Eisenhower, Daniel Webster et Ernest Hemingway, de même que des articles issus des ateliers de fabricants d'accessoires de pêche aussi renommés que Thomas et Orvis. Un pur délice pour quiconque pratique la pêche d'agrément.

À Sunderland, dans les environs de Manchester, bifurquez vers l'ouest, sur la route à péage de **Skyline Drive** ★, pour une ascension de 8 km à vous faire dresser les cheveux sur la tête, jusqu'au sommet du **mont Equinox**. À 1 163 m d'altitude, vous serez récompensé par un panorama inspirant, un air vif et un sentiment de grande paix.

L'intimité champêtre et les personnages songeurs d'**Arlington**, au sud de Manchester, par la route 7A, sont immortalisés sur les pages couvertures du *Saturday Evening Post*, dessinées par Norman Rockwell alors qu'il vivait en ces lieux au cours des années quarante et cinquante. Sa ferme et son studio sont devenus **The Inn on Covered Bridge Green** *(River Rd, à 7,25 km à l'ouest de la route 7A, West Arlington, ☎375-9489 ou 800-726-9480, ⇌375-1208;* *voir p 85**)*, un lieu de repos enchanteur entouré de vergers et de fermes laitières.

Vous pourrez même converser avec certains des personnages dépeints par Rockwell en visitant la **Norman Rockwell Exhibition** *(droit d'entrée; Route 7A, Arlington, ☎375-6423)*, une église du XIXe siècle à l'intérieur de laquelle on a réuni plusieurs centaines de couvertures du *Saturday Evening Post* ainsi que des illustrations et des gravures de cet artiste célèbre.

Avant même d'arriver à Bennington, vous ne manquerez pas d'apercevoir l'impressionnant obélisque de calcaire qui domine la ville, tel un personnage céleste. Ce véritable point de repère géographique haut de 93 m, le **Bennington Battle Monument** *(droit d'entrée; fermé nov à mi-avr; 15 Monument Circle, Old Bennington, ☎447-0550)*, commémore la bataille de Bennington de 1777, qui joua un rôle déterminant dans la guerre d'Indépendance. Il faut toutefois noter que, même si c'est à Bennington que le général américain John Stark a préparé ses troupes et établi son camp de ravitaillement, la bataille comme telle s'est déroulée à environ 8 km de la ville, sur une colline de l'État de New York.

Bennington ★ est à la fois la ville la plus au sud-ouest du Vermont et la première à s'être vu attribuer une charte, bien qu'en réalité ses habitants n'aient pu s'y établir que 12 ans plus tard, en 1761, du fait des affrontements violents qui opposaient Français et Amérindiens à cette époque. Imprégnée de culture et de l'histoire de la guerre d'Indépendance, la municipalité est flanquée des Green Mountains et du Taconic Range, un décor pour le moins spectaculaire.

Le centre-ville est joli mais plutôt commercial, de sorte que vous préférerez sûrement consacrer la plus grande partie de votre visite à l'**Old Bennington** ★★. Déployé à flanc de colline dans le secteur ouest de la ville, ce quartier conservé intact recèle d'extraordinaires vestiges des premiers jours de l'histoire américaine. On y trouve par ailleurs plus de 80 bâtiments des XVIIIe et XIXe siècles en excellent état, formant dès lors une sorte de musée en plein air.

Avant d'entreprendre votre exploration, nous vous suggérons cependant de vous procurer un plan de promenade auprès de la **Bennington Chamber of Commerce** *(Route 7, Bennington, ☎447-3311)*.

L'histoire américaine devient particulièrement captivante au **Bennington Museum** ★ *(droit d'entrée; West Main St., Bennington, ☎447-1571)*. La construction de ce bâtiment, couvert de lierre, remonte à 1855; il abrite un des plus beaux musées de la Nouvelle-Angleterre. Il évoque le passé des États-Unis au moyen d'objets datant de la guerre d'Indépendance et de la guerre de Sécession, entre autres le fameux drapeau de Bennington (une des versions les plus anciennes qui soient de la bannière étoilée), la plus importante collection publique de peintures de Grandma Moses, de la poterie, de la verrerie, des meubles du Vermont et une bibliothèque généalogique. À côté du musée s'étend le massif boisé de Hadwen, où vous attendent un sentier pédestre et un pavillon.

Sur le tronçon ouest de Main Street s'élève le sanctuaire colonial du Vermont qu'est l'**Old First Church** ★ *(Monument Ave., Bennington, ☎447-1223)*, érigée en 1806 et aujourd'hui un site fréquemment photographié. Niché sur le *green* d'Old Bennington, ce bâtiment blanc d'allure simple arbore des colonnes formées respectivement d'un seul tronc de pin, des fenêtres romanes en arc et des bancs en bois de pin fort bien conservés. Au royaume de la tradition, certains des membres de la communauté qui fréquente cette église descendent directement de ses premiers fondateurs.

À côté de l'église, juché sur une butte ombragée, s'étend l'**Old Burying Ground** (cimetière), avec ses allées symétriques de granit, où vous pouvez paisiblement vous promener parmi des pierres tombales remontant jusqu'au XVIIIe siècle. Plusieurs épitaphes revêtent un caractère fascinant, révélant la pensée des premiers colons et soldats qui peinèrent sur ce sol à une époque pour le moins difficile; mais sans doute la plus révélatrice est-elle celle qu'on retrouve sur la tombe du poète Robert Frost, où l'on peut lire : «*J'ai eu une querelle d'amoureux avec le monde.*»

À partir d'Old Bennington, prenez Fairview Street vers le nord, puis traversez l'un ou l'autre des trois ponts couverts tout à fait pittoresques qui se trouvent dans ce secteur, et vous déboucherez sur le **Bennington College** *(Route 67A, Bennington, ☎442-5401)*. Son campus de près de 225 ha, qui réunit un assortiment de styles coloniaux, s'étend sereinement sur une jolie colline entourée de montagnes et de vallées.

Depuis sa fondation, en 1929, cette minuscule école d'art libérale a institué certaines techniques d'enseignement considérées parmi les plus progressistes du pays, faisant appel à des musiciens, écrivains et artistes accomplis (et souvent réputés), qui remplissent à la fois le rôle de maîtres et de compagnons de travail auprès des étudiants. Parmi les plus célèbres, mentionnons la danseuse et chorégraphe Martha Graham, ainsi que l'auteur Bernard De

Voto. Les exercices académiques et artistiques rigoureux auxquels les étudiants doivent se soumettre constituent ce qu'on en est venu à appeler «l'expérience de Bennington».

Sans doute le site le plus intéressant du campus est-il le **Jennings Hall**, une imposante construction de trois étages en granit. Érigé au milieu du XIXe siècle, ce bâtiment a abrité la famille de Frederic B. Jennings, qui céda sa propriété au collège.

En déroulant son ruban jusqu'à Brattleboro, la route 9 traverse la vaste et verdoyante **Green Mountain National Forest** (voir p 70). Ce chemin sinueux et étourdissant explose de mille feux à l'époque des feuillages d'automne, bien que le paysage soit pratiquement aussi renversant le reste de l'année. Gardez l'œil ouvert, car il n'est pas rare de voir des ours, des coyotes et des orignaux traverser la région.

Poursuivez votre périple vers l'est, toujours sur la route 9, et vous descendrez bientôt vers **Wilmington**. Longtemps un point de rencontre entre Bennington et Brattleboro, cette petite ville bucolique des années 1800 attire jusqu'à 15 000 skieurs au cours de l'hiver, pratiquant leur sport favori aussi bien à **la Haystack Mountain** qu'au **Mount Snow**. Mais les activités estivales sont également nombreuses, et vous obtiendrez tous les renseignements voulus sur cette région auprès de la **Mount Snow/Haystack Region Chamber of Commerce** *(à la jonction de la route 9 et de Main St., Wilmington, ☎464-8092)*.

Des paysages savoureux vous attendent plus à l'est encore avant d'atteindre Brattleboro, où le chemin grimpe jusqu'au sommet du **mont Hogback**, à 715 m d'altitude. Cet imposant plateau, entouré de sapins et d'épinettes aux flèches élancées, révèle un panorama de 150 km qui s'étend jusqu'aux confins du New Hampshire et jusqu'aux Berkshires du Massachusetts.

Le **Southern Vermont Natural History Museum** *(fermé lun-ven nov à mai; Hogback Mountain, Route 9, Marlboro, ☎464-0048)* renferme une vaste collection d'oiseaux et d'animaux peu communs empaillés par le taxidermiste et naturaliste Luman Nelson. La collection de spécimens ailés, qui porte sur plus de 1 000 espèces différentes, est à elle seule ahurissante, et vous permettra notamment d'admirer de nombreux aigles et hiboux, mais aussi des cerfs et des mouffettes albinos de même que la tourte et le tétras lyre, deux espèces aujourd'hui éteintes.

Bennington et Brattleboro occupent respectivement les coins sud-ouest et sud-est du Vermont. Deux des plus grandes villes du Vermont, elles constituent les sièges culturels, politiques et industriels du sud de l'État. Nichée entre le fleuve Connecticut et une succession de saillies montagneuses, **Brattleboro**, fondée en 1724, fut la première colonie permanente du Vermont, même si, à l'origine, sa population était plutôt clairsemée. Aujourd'hui, la ville tire à la fois son importance de ses centres médicaux et d'enseignement, ainsi que de ses commerces de vente en gros.

Le **Visitors Information Booth** *(Putney Rd, Brattleboro, ☎257-1112)* et la **Brattleboro Chamber of Commerce** *(180 Main St., Brattleboro, ☎254-4565)* disposent d'une quantité de cartes et de plans de la région, et peuvent vous aider à tracer votre itinéraire.

Au XIXe siècle, toute maison respectable de Brattleboro se devait de posséder un orgue de salon, et il est encore possible de voir certaines de ces reliques au **Brattleboro Museum and Art Center** *(droit d'entrée; fermé lun et mi-mai à fin oct; à l'angle des rues Main et Vernon, Brattleboro, ☎257-0124)*. Situé dans une ancienne gare ferroviaire en pierre datant de 1915, ce musée renferme en effet huit magnifiques orgues en bois de marque Estey, une firme locale qui en produisait par milliers jusqu'à la fermeture de l'usine, au cours des années soixante. On y présente également des expositions temporaires sur les arts visuels, de même que diverses activités à caractère historique.

En 1892, Rudyard Kipling s'installa juste au nord de Brattleboro, dans le village de Dummerston. C'est à cet endroit, dans une curieuse maison en forme de bateau baptisée **Naulakha** *(Kipling Rd, à environ 3 km au nord de Black Mountain Rd)*, qu'il vécut pendant quatre ans avec son épouse, une Vermontoise du nom de Carrie Balestier, et qu'il écrivit *Captains Courageous* (Capitaines courageux) et deux tomes de *Jungle Books* (Le livre de la jungle). Désormais une résidence privée, la maison se trouve en retrait de la route et est cachée des regards par de hauts arbres.

Pour découvrir les tonalités rurales de cet État, empruntez la route 30 vers le nord jusqu'à **Newfane**. Fondé en 1774, ce village attachant est un modèle vivant de la culture du Vermont; il présente 40 bâtiments exquis dont les origines remontent jusqu'au XVIIIe siècle. Ses maisons blanches aux revêtements de clins reposent dans un décor d'ormes et d'érables gracieux, plantés sur une vaste étendue de verdure. La grandiose **Windham County Courthouse** *(Palais de justice, lun-ven; ☎365-4257)*, le point de mire du village, en bordure du parc municipal (*green*), révèle une architecture néoclassique rehaussée d'énormes colonnes. De l'autre côté du parc se trouve également l'**Old Newfane Inn** *(☎365-4427 ou 800-789-4427)*, un vénérable bâtiment colonial de 1787 aux porches et aux cheminées entourés de treillis blancs.

En remontant la route 30, puis la route 35, vous vous retrouverez en plein cœur du Vermont sauvage, un territoire sillonné de ruisseaux de montagne, parsemé de prés et ponctué ici et là d'une ferme ou d'une école à salle unique.

Si vous êtes comme Ulysses S. Grant et Oliver Wendell Holmes, vous ne manquerez pas de faire une halte à **Grafton**, à **The Old Tavern** *(angle Main St. et route 121, près de la jonction de la route 35, Grafton, ☎843-2231; voir p 86, 92)*, une auberge coloniale de 1801 remplie d'antiquités exquises et empreinte de l'atmosphère du Vieux Continent. Jadis une station populaire auprès des usagers de la diligence, cette taverne eut également le privilège d'accueillir des hôtes de marque, comme Ralph Waldo Emerson et Rudyard Kipling.

Certains prétendent que **Grafton** tire son nom d'un pari tenu en 1791 dont l'enjeu était de 5$US et d'un flacon de rhum. Quoi qu'il en soit, le village doit son existence à l'élevage des moutons (ils étaient 15 000 à paître ici au XIXe siècle). Aujourd'hui, on y trouve deux ponts couverts, 650 habitants et une collection de bâtiments à charpente de bois blanc très bien conservés.

PARCS ET PLAGES

Rien ne capture mieux l'âme de cet État que ses parcs et forêts. Dispersés à travers monts et vallées, souvent en bordure de paisibles cours d'eau, ces fertiles espaces publics sont fréquemment le théâtre de rencontres intimes avec la faune et la flore, aussi bien que d'aventures mémorables ou de simples instants de solitude.

La plupart des parcs ouvrent leurs portes au public à compter du Memorial Day (quatrième lundi de mai) jusqu'à la fête du Travail (premier lundi de septembre) ou au Columbus Day (deuxième lundi d'octobre).

La vallée de Champlain

North Hero State Park ★

Du haut de son perchoir, sur une péninsule densément boisée, ce parc de 162 ha offre une vue imprenable sur le lac Champlain, d'un côté, et sur la North Hero Island, de l'autre. Bien qu'il longe le lac sur plus de 3 km, le rivage n'est, à toutes fins utiles, accessible qu'en un endroit restreint, situé sur la pointe de la péninsule; on y trouve une petite plage de schiste argileux, un coin retiré grandement apprécié par les visiteurs québécois et les amateurs de voile locaux. On y accède depuis Alburg par la route 2, à 16 km au sud. Traversez le pont en direction de North Hero Islands, et tournez tout de suite à gauche sur Bridge Rd. Suivez cette route sur 3,2 km vers Lakeview Drive, que vous prendrezà gauche. L'entrée se trouvera à moins de 2 km sur votre gauche.

Installations et services : aires de pique-nique, toilettes, terrain de jeu, location de canots et rampe de mise à l'eau; magasins à 5 km plus au sud, sur la route 2 *(minimum de 2$ par jour; fin mai à début sept; ☎372-8727)*. **Baignade** : bonne, mais vous devrez d'abord franchir une lisière de galets glissants. **Camping** : autorisé sur les 117 emplacements aménagés à cet effet; douches à l'eau chaude *(payantes)* et foyers, mais pas de raccordement; 12$ par nuitée pour les tentes et les véhicules récréatifs, 16$ par nuitée pour les appentis. **Pêche** : l'immense lac Champlain fournit d'excellentes occasions de pêche, que ce soit au brochet, à la perche commune, au brocheton, à la perchaude ou au vairon.

VERMONT

Sand Bar State Park

Cet endroit toujours populaire, l'un des plus plats du Vermont, longe le lac Champlain et certaines de ses zones marécageuses. Des familles et des étudiants envahissent sa plage de sable rugueux ainsi que les étendues d'herbe qui bordent le lac, alors que les véliplanchistes et les amateurs de voile s'en donnent à cœur joie à proximité du rivage. La vue sur les Adirondacks, de l'autre côté du lac, est tout simplement exceptionnelle. On l'atteint par la route 2, à 6,5 km au nord de la route 89, près de Milton.

Installations et services : tout ce qu'il faut pour pique-niquer, cabines de douche, terrains de volley-ball, location de voiliers et de planches à voile, casse-croûte *(minimum de 2$ par jour; fin mai à début sept; ☎372-8240)*. **Baignade** : très bonne; eau à hauteur de taille jusqu'à au moins 100 m du bord.

Mount Philo State Park

Juché sur le mont Philo, ce parc récompense par un panorama fantastique ceux qui prennent la peine de gravir le chemin très à pic, quoique revêtu, qui y conduit. D'ici, on peut voir de l'autre côté du lac Champlain, jusqu'aux Adirondacks et même au-delà. Couvrant une superficie totale de 68 ha, ce parc est, en grande partie, boisé et à la verticale. On y trouve un très bel endroit pour pique-niquer et plusieurs sentiers pédestres de toute beauté. On y accède par la route 7, à 10 km au nord de la route 22A, près de North Ferrisburg.

Installations et services : aires de pique-nique; magasins à 1,5 km plus au sud, sur la route 7 *(minimum de 2$ par jour; mi-mai à mi-oct; ☎425-2390)*. **Camping** : 13 emplacements pour tentes *(11$ par nuitée)* et trois appentis *(15$ par nuitée)*; douches à l'eau chaude et foyers. Le bois est en vente sur place.

Underhill State Park

Retiré et rustique, ce joli parc se trouve en plein cœur des régions sauvages, couvertes d'érables et de bouleaux, et peuplées par une multitude de cerfs, de lièvres et de ratons laveurs. Son relief montagneux couvre 60 ha, et trois sentiers de randonnée très prisés permettent de gravir la face occidentale du mont Mansfield. Pour s'y rendre, il faut d'abord franchir 6,5 km de route en gravier passablement inclinée, mais le déplacement en vaut la peine. En partant de la localité d'Essex Junction, suivez la route 15 vers l'est, sur 14,5 km, puis la Pleasant Valley Road sur 6,5 km, toujours vers l'est, et enfin le fameux chemin de gravier (Mountain Road) sur environ 5 km de plus (il y a un panneau indicateur à cet endroit).

Installations et services : abri pour pique-niquer et toilettes *(2$ par jour; fin mai à mi-oct; ☎899-3022)*. **Camping** : espace restreint et primitif pouvant accueillir 12 tentes *(12$ par nuitée)*, de même que six appentis *(16$ par nuitée)*.

Smugglers Notch State Park ★

Le col de Smugglers, qui se profile entre deux sommets abrupts, offre un environnement fabuleux de corniches, de formations rocheuses diverses, de grottes à fougère et de cavernes humides que vous pouvez explorer. Le parc luimême couvre 10 ha d'aires de pique-nique en bordure d'un ruisseau, mais vous pouvez atteindre à pied plusieurs autres sites des environs, comme le bassin glacial de Big Springs et le King Rock, une masse rocheuse de 5 500 tonnes métriques qui s'est détachée de la montagne en 1910. Juste au-dessus du King Rock, surveillez également la formation rocheuse rappelant la tête d'un éléphant. On y accède par la route 108 (Mountain Road), à Stowe, à environ 13 km au nord de l'embranchement de la route 100.

Installations et services : aires de pique-nique, toilettes et sentiers de randonnée *(mi-mai à mi-oct; ☎253-4014)*. **Camping** : petit terrain pouvant accueillir 21 tentes ou véhicules récréatifs *(12$ par nuitée)*, de même que 14 appentis *(16$ par nuitée)*; douches à l'eau chaude et foyers, mais aucun raccordement.

Groton State Forest ★★

Ce jardin des merveilles de 10 370 ha recèle de nombreux joyaux, dont la pittoresque **Boulder Beach**, où d'imposants rochers parsèment une bande de sable rugueux aux tons de crème en bordure du lac Groton. De petites embarcations voguent paisiblement sur les eaux, entourées de conifères élancés. Dans plusieurs sections distinctes, le **Groton Nature Center** présente d'intéressantes expositions sur la faune et la flore, tandis que le terrain de camping **New Discover Osmore Pond** offre une éclaircie panoramique, idéale pour les pique-niques.

L'une des activités les plus populaires en forêt consiste à suivre le sentier qui mène au sommet de l'**Owl's Head Mountain**, où une vue incroyable jusqu'aux confins de la Camel's Hump Forest s'offre à vous.

Stillwater : suivez la route 302, à l'ouest de Groton, sur 3,2 km, puis la route 232, en direction nord-ouest, sur 9,7 km, et enfin la Boulder Beach Road, sur un peu plus de 1 km.

Boulder Beach : empruntez le même chemin que pour vous rendre à Stillwater, et suivez la Boulder Beach Road à l'est sur 3,2 km. Groton Nature Center : par la Boulder Beach Road, à 1,5 km à l'ouest de Boulder Beach. New Discovery : par la route 232, à 15 km au nord-ouest de la route 302. Owl's Head Mountain : par la route 232, à 13,7 km au nord-ouest de la route 302. Ricker (sur Ricker Pond) : par la route 232, à 5 km au nord-ouest de la route 302. Seyon Fly Fishing Area : par la route 302, à environ 5 km à l'ouest de Groton.

Installations et services : à Boulder Beach, aires de pique-nique, toilettes, location de bateaux, casse-croûte et pavillon *(2$ par jour; mi-mai à début sept; ☎584-3823)*. Au Stillwater, vous trouverez des tables pour pique-niquer, des emplacements pour faire du feu, des bateaux de location, une aire de jeux et des douches *(mi-mai à mi-oct; ☎584-3822)*. Au Groton Nature Center : toilettes, promenades en nature et projections de films *(mi-mai à début sept; ☎584-3827)*. Au New Discover : aires de pique-nique, toilettes et pavillons; magasins à proximité, à Groton *(mi-mai à début sept; ☎584-3820)*. À l'Owl's Head Mountain : aires de pique-nique et toilettes primitives *(mi-mai à début sept; ☎584-3820)*. À Ricker : emplacements pour faire du feu, tables de pique-niques, location de bateaux, aire de jeux et douches *(mi-mai à début sept; ☎584-3821)*. **Baignade** : excellente sur la plate-forme continentale, calme et peu profonde de Boulder Beach. **Camping** : la forêt de Groton compte cinq terrains de camping, des plus sauvages aux mieux équipés, y compris un terrain aux installations collectives; 13$ pour les tentes, 17$ pour les appentis; les véhicules récréatifs sont aussi les bienvenus, quoiqu'il n'y ait aucun raccordement. Boulder Beach n'accueille pas les campeurs. **Pêche** : bonne près des terrains de camping, bien que le meilleur endroit de la forêt soit la **Seyon Fly Fishing Area** *(☎584-3829)*, où vous trouverez un grand étang à truites, des canots de location et un lieu d'hébergement.

Little River State Park

Ce parc, une vaste étendue d'épais fourrés située à l'intérieur même de la Mount Mansfield State Forest, offre 4 857 ha de forêts d'érables, de bouleaux et de sapins, et abrite un vaste lac artificiel, connu sous le nom de Waterbury Reservoir. On y trouve trois plages limoneuses au sable argenté : deux adjacentes à un terrain de camping boisé et une dans une vaste clairière où l'on a aménagé une aire de pique-nique. Les amants de la nature s'en donneront à cœur joie sur son excellent réseau de sentiers pédestres. De la jonction des routes 100 et 2, prenez la route 2 vers l'ouest, sur 2,5 km, jusqu'à la Little River Road, que vous suivrez en direction du nord sur environ 5,5 km.

Installations et services : aires de pique-nique, toilettes, terrain de jeu, location d'embarcations et rampe de mise à l'eau *(2$ par jour; mi-mai à mi-oct; ☎244-7103)*. **Baignade** : bonne tout autour du réservoir. **Camping** : autorisé sur les 101 emplacements prévus à cet effet; douches à l'eau chaude, foyers et 20 appentis, mais pas de raccordement; 13$ par nuitée pour les tentes et les véhicules récréatifs, 17$ par nuitée pour les appentis. **Pêche** : excellente pour la perchaude, la truite arc-en-ciel et l'achigan à petite comme à grande bouche.

Le Northeast Kingdom

Brighton State Park ★★★

Malgré les qualités exceptionnelles de ses concurrents, ce parc est sans conteste le plus beau du Vermont. Le décor est absolument enchanteur et l'atmosphère, incroyablement sereine. Situé en bordure du saisissant Spectacle Pond, il offre une étroite plage de sable fauve et cristallin, et 62 ha hérissés de pins, d'épinettes, de sapins et de plusieurs autres arbres, tous très verts et très imposants. On y trouve également un musée de la nature et plusieurs sentiers forestiers épousant les ondulations du terrain. On l'atteint par la route 105, à 3,2 km à l'est de l'Island Pond.

Installations et services : aires de pique-nique, toilettes, douches, casse-croûte et foyers *(1,50$ par jour; mi-mai à mi-oct; ☎723-4360)*. **Baignade** : bonne. **Camping** : 63 emplacements pour tentes et véhicules récréatifs *(13$ par nuitée)* et 21 appentis *(17$ par nuitée)*, mais sans raccordement. **Pêche** : excellente pour la truite dans l'Island Pond et pour l'achigan dans le Spectacle Pond.

Maidstone State Park ★

Entourée de majestueux pics de montagnes et perdue au beau milieu de nulle part, cette fastueuse réserve possède un atout unique en les eaux cristallines et peu profondes du Maidstone Lake. Il suffit de s'asseoir et de contempler le reflet des arbres dans l'eau, bien que les plus aventureux préféreront peut-être se faire dorer au soleil sur sa généreuse plage de sable crème. Ne vous laissez pas rebuter par l'isolement de ce parc; lorsque vous y serez, vous vous féliciterez de l'avoir découvert. De Bloomfield, roulez vers le sud, sur la route 102, le long du fleuve Connecticut, sur environ 8 km, puis prenez la direction du sud-ouest à l'endroit marqué *State Forest Highway*, une route de gravier d'une dizaine de kilomètres qui mène jusqu'au parc.

Installations et services : aires de pique-nique et sentiers de randonnée *(2$ par jour; fermé sept au Memorial Day; ☎676-3930)*. Location de canots et de bateaux *(mar-mer; ☎479-4250)*. **Baignade** : bonne, bien que l'eau soit quelque peu froide, même en été. **Camping :** 47 emplacements pour tentes et véhicules récréatifs *(13$ par nuitée)* et 35 appentis *(17$ par nuitée)*; douches à l'eau chaude et foyers, mais aucun raccordement. **Pêche** : excellente pour la truite brune et arc-en-ciel, de même que pour le saumon.

Prouty Park ★★

Ce populaire parc municipal remporte la palme des panoramas de la région. Situé en bordure du paisible lac Memphremagog, il offre une vue qui s'étend jusqu'à Newport, sur la rive opposée, avec son pittoresque centre-ville et ses clochers historiques. Protégée par une rangée de saules pleureurs, une étroite plage de sable fauve borde le lac sur une trentaine de mètres. Ajoutez des terrains de tennis et de basket-ball, un golf miniature et des champs de soccer(football), et vous comprendrez qu'on ne s'y ennuie pas. On y accède par Veterans Avenue, à Newport.

Installations et services : pavillons pour pique-niquer et toilettes *(3$ par jour; mi-mai à mi-oct; ☎334-7951)*. **Camping** : quatre emplacements pour tentes *(14$ par nuitée)* et 49 emplacements pour véhicules récréatifs *(18$ par nuitée)* avec eau courante et électricité, dont 16 bénéficient d'un raccordement à un collecteur d'égout *(19$ par nuitée)*. Parmi les commodités proposées, retenons les douches, les laveuses et les sécheuses, sans oublier un site de déversement des eaux usées pour les véhicules récréatifs. **Baignade** : bonne; eau peu profonde. **Pêche** : taquinez la truite, le saumon, le brochet et l'achigan à partir du rivage ou à bord d'une embarcation.

Le centre du Vermont

Quechee Gorge State Park ★★

Il s'agit d'un des parcs les plus visités du Vermont, et pour cause, puisqu'il permet d'observer le phénomène géologique de la Quechee Gorge. Sculptée par les glaciers au cours de l'époque glaciaire, cette gorge de 50 m de profondeur offre un milieu frais et panoramique le long de la rivière Ottauquechee. Assez vaste, le parc de 248 ha borde essentiellement des sections plus calmes et plus planes de la rivière, abritant un grand nombre de chevreuils. On l'atteint par la route 4, à 5 km à l'ouest de la sortie 189, soit à Quechee, qui se trouve à 10 km de White River Junction.

Installations et services : aires de pique-nique, toilettes et sentiers de randonnée de toute première qualité; magasins à profusion un peu plus à l'ouest, sur la route 4 *(fin mai à mi-oct; ☎295-2990)*. **Camping** : 48 emplacements pour tentes et véhicules récréatifs *(12$ par nuitée)* et six appentis *(16$ par nuitée)*, avec douches à l'eau chaude et foyers, mais sans raccordement. **Pêche** : vous êtes au royaume de la truite.

Wilgus State Park

Ce parc de 40 ha puise son essence vitale dans le très large et très fertile fleuve Connecticut. La plus grande partie en est boisée, mais une petite clairière fournit un endroit frais où pique-niquer et contempler la vue qui s'étend jusqu'au New Hampshire, de l'autre côté du fleuve. Il n'y a pas de plage, mais une ouverture sur la rive abrupte du cours d'eau permet la mise à l'eau des canots. On y accède par la route 5, au sud d'Ascutney.

Installations et services : aires de pique-nique, toilettes, terrain de jeu, location de canots et sentiers d'exploration de la nature *(2$ par jour; mi-mai à mi-oct; ☎674-5422)*. **Baignade** : médiocre; courants de fond très puissants. **Camping :** 29 emplacements dont neuf appentis, avec douches à l'eau chaude et foyers; 12$ par nuitée pour les tentes et les véhicules récréatifs, 16$ par nuitée pour les appentis. **Pêche** : excellente au lancer dans le fleuve Connecticut.

Chevreuil

Camp Plymouth State Park

Les collines de ce parc de 120 ha sont de véritables mines d'or. C'est du moins ce que croient les occasionnels chercheurs d'or qui envahissent les lieux, tamisant avec soin le fond vaseux du Buffalo Brook. Inutile de vous dire que personne n'y a fait fortune ces derniers temps, mais les rêves ne coûtent pas cher! L'autre merveille de ce site est le lac Echo, bordé d'une petite mais fort jolie bande de sable cannelle. Situé dans la ville de Plymouth, il est accessible par la route 100, au nord de Ludlow.

Installations et services : aires de pique-nique, toilettes, terrain de jeu, casse-croûte, terrain de volley-ball, sentiers pédestres et location de bateaux *(2$ par jour; fin mai à début sept; ☎228-2025)*. Deux cabanes à louer. **Baignade** : bonne dans le lac Echo. **Pêche** : excellente dans le lac Echo pour l'éperlan, la truite, l'achigan et la perchaude.

Calvin Coolidge State Park

Le 30e président des États-Unis a passé la plus grande partie de sa vie dans cette forêt retirée d'une splendeur inouïe qui s'étend sur 7 265 ha et accueille désormais une foule d'amateurs de randonnée, de pêche à la ligne et de motoneige, ainsi que de promeneurs en quête de sérénité. La sombre rivière Black et le susurrant Broad Brook, idéal pour patauger tout en collectionnant les cailloux, serpentent à travers de denses et fraîches futaies de pins. Des sentiers conduisent au sommet des monts Shrewsbury et Killington, d'où la vue est splendide. On y accède par la route 100A, à Plymouth, à 3,2 km au nord de l'embranchement de la route 100.

Installations et services : aires de pique-nique, toilettes, sentiers de randonnée et vaste réseau de sentiers pour motoneige; l'historique **Calvin Coolidge Homestead** n'est qu'à 3,2 km de distance *(2$ par jour; mi-mai à mi-oct; ☎672-3612)*. **Camping** : 25 emplacements pour tentes et véhicules récréatifs *(11$ par nuitée)* et 32 appentis *(15$ par nuitée)*, avec douches à l'eau chaude et foyers, mais aucun raccordement. **Pêche** : bonne pour la truite brune et arc-en-ciel, l'omble de fontaine et le crapet.

Bomoseen State Park

Ce vaste parc abrite le plus grand lac du Vermont, le lac Bomoseen (955 ha), ainsi qu'une incroyable forêt parsemée de carrières d'ardoise désaffectées. Le parc lui-même couvre 148 ha et renferme une autre grande étendue d'eau douce, connue sous le nom de Glen Lake. Une longue et ravissante plage fauve longe le lac Bomoseen, et le parc dispose en outre de nombreux sentiers pédestres, de même que d'un naturaliste qui organise à l'occasion diverses activités reliées à la nature, dont des promenades d'observation des oiseaux et des fleurs sauvages. On l'atteint par la route 4, ou

West Shore Road, à environ 6,5 km au nord de Hydeville.

Installations et services : aires de pique-nique, casse-croûte, location de bateaux et de canots *(2$ par jour; ☎265-4242; ☎483-2001 jan à mai)*. **Baignade** : bonne seulement dans le lac Bomoseen. **Camping** : autorisé sur les 66 emplacements spécialement aménagés à cet effet, avec douches à l'eau chaude et foyers, et 10 appentis, mais sans raccordement; 13$ par nuitée pour les tentes et les véhicules récréatifs, 17$ par nuitée pour les appentis. **Pêche** : exceptionnelle dans les deux lacs pour la perchaude, l'achigan et le crapet.

Lake St. Catherine State Park ★

Le lac St. Catherine, avec ses 5 km de rivage, fait partie des plus grands et des plus beaux du Vermont. Le parc de 47 ha ne borde qu'une partie du lac, mais sa plage de 75 m attire une foule de gens, surtout les fins de semaine. S'y trouve également une sentier de randonnée où vous pourriez très bien apercevoir un cerf, un lièvre ou un raton laveur. On y accède par la route 30, à 5 km au sud de Poultney.

Installations et services : aires de pique-nique, terrain de jeu, location de bateaux et rampe de mise à l'eau; commerces à proximité, à Poultney *(2$ par jour; ☎287-9158)*. **Baignade** : exceptionnelle. **Camping** : *(mi-mai à mi-oct)* 51 emplacements pour tentes et véhicules récréatifs, avec douches à l'eau chaude et foyers *(13$ par nuitée)*, et 10 appentis *(17$ par nuitée)*; aucun raccordement. **Pêche** : excellente pour la truite brune et arc-en-ciel, l'éperlan, la perchaude, le brochet du Nord, le chabot et l'achigan à petite comme à grande bouche.

Le sud du Vermont

Green Mountain National Forest ★★★

Cet espace vert absolument colossal, qui couvre 141 650 ha sur une bonne partie du centre et du sud de l'État, constitue l'épine dorsale du Vermont. À toutes fins utiles, il se divise en deux parties, l'une qui s'étend de Bristol à Mendon, et l'autre de Wallingford à la frontière du Massachusetts. Dense, sauvage et verdoyante, la forêt abrite des milliers d'animaux et d'oiseaux, notamment des ours noirs, des coyotes, des orignaux, des cerfs de Virginie, des dindons sauvages, des oiseaux rapaces et des faucons pèlerins, malheureusement en voie de disparition. Vous apercevrez les hôtes de ces bois en explorant les sentiers et les rivières qui sillonnent le parc sur des kilomètres et des kilomètres.

Cependant, les arbres ne sont pas en reste avec d'aussi vastes forêts d'érables, de bouleaux et de hêtres, parsemées de cerisiers noirs, de frênes blancs, de sapins baumiers et, à l'occasion, de sapins-ciguës. Les rivières dévalent des montagnes, formant des cascades d'aspects très variés ainsi que de minuscules ruisseaux jonchés de cailloux dans lesquels il fait bon se promener. Il faudrait plusieurs semaines pour voir tout ce que le parc a à offrir, mais il existe plusieurs sites de choix se prêtant très bien à une escapade d'un après-midi.

La route 7 longe la partie ouest du parc, alors que la route 100 en délimite la frontière est. Entre les deux, les routes 73, 125, 9, 11 et 30 en sillonnent le cœur. Vous trouverez, sur ces routes, 32 points d'accès aux sentiers de randonnée, aux cascades, aux étangs, aux rivières et aux terrains de camping.

Installations et services : aires de pique-nique, toilettes, sentiers pédestres et stations de gardes forestiers. Avant de vous y aventurer, procurez-vous des plans et tous les renseignements utiles sur le vaste réseau forestier auprès de la Green Mountain National Forest *(231 North Main St., Rutland, VT 05701-2417, ☎747-6700)*. **Baignade** : excellente en plusieurs endroits, dont le Hapgood Pond et le Grout Pond, un site développé quoique rustique qui se trouve à Stratton *(par Kelley Stand Rd, à 9,7 km à l'ouest de la route 100)*. **Camping** : il existe plusieurs bons emplacements, répartis à travers cinq terrains de camping, dont quatre accueillent les véhicules récréatifs (aucun raccordement). Pour la plupart des emplacements, les premiers arrivés sont les premiers servis, 5$ par nuitée. Tentez votre chance au Hapgood Pond, 10$ par nuitée avec réservation *(sur Hapgood Rd, à Peru, à 8 km de l'intersection des routes 11 et 30)* ou au terrain mieux équipé de Moosalmoo *(sur Ripton-Goshen Rd)*, à 5,2 km de la route 125, à 1,5 km à l'est de Ripton. Seuls quelques-uns de ces campings sont ouverts toute l'année, bien qu'il n'y ait plus de service d'eau durant les mois d'hiver. **Pêche** : excellente dans les 708 km de rivières et de cours d'eau secondaires; omble de fontaine dans l'Otter Creek; truite brune et arc-en-ciel dans les rivières Battenkill, West, White et Deerfield.

Emerald Lake State Park

Fidèle à son nom, ce lac projette des reflets d'émeraude, et ses eaux sont si claires qu'on peut voir une bonne partie de son fond sablonneux. Une plage fauve particulièrement attrayante attire de nombreux visiteurs, et des sentiers d'exploration quadrillent le terrain à flanc de colline. C'est également ici que vous trouverez certains des plus grands érables du Vermont, dont certains dépassent les 30 m. L'accès du parc se trouve sur la route 7, à Dorset.

Installations et services : toilettes, terrain de jeu, location de bateaux et de canots *(1,50$ par jour; fin mai à mi-oct; ☎362-1655)*. **Camping** : autorisé sur les 105 emplacements aménagés à cet effet; 36 appentis, douches à l'eau chaude et foyers, mais aucun raccordement; 16$ par nuitée pour les appentis, 12$ par nuitée pour tous les autres emplacements. **Baignade** : excellente. **Pêche** : bonne pour le brochet du Nord, l'achigan à petite bouche et le crapet.

Lake Shaftsbury State Park

Ce parc situé en bordure d'un beau lac clair abrite 41 ha d'érables et de conifères, des sentiers de randonnée et des castors industrieux. Les gens du coin apprécient tout particulièrement sa plage de sable fin et roux, longue de 183 m, et idéale pour les bains de soleil. L'accès du parc se trouve sur la route 7A, à Shaftsbury.

Installations et services : aires de pique-nique, location de bateaux et de canots; magasins à proximité, à Arlington *(3$ par jour; mi-mai à début sept; ☎375-9978)*. **Baignade** : excellente. **Pêche** : bonne pour l'achigan et la truite arc-en-ciel, que ce soit à partir du rivage ou à bord d'une embarcation.

Woodford State Park

Sans doute l'un des coins les plus pittoresques de l'État, cet espace montagneux et boisé de 162 ha foisonne de fleurs sauvages et d'animaux de toutes sortes, qu'il s'agisse d'orignaux (élans d'Amérique), de cerfs, d'ours ou de castors. L'activité se concentre surtout autour de l'Adams Reservoir, un bassin tacheté de canots et de petits bateaux, et ceinturé d'une étroite plage de sable gris et rugueux. Cet endroit étant situé à 732 m d'altitude, l'atmosphère y est fraîche et sereine. L'accès du parc se trouve sur la route 9, à 16 km à l'est de Bennington.

Installations et services : aires de pique-nique, sentiers d'exploration, location de canots et de bateaux; ravitaillement à moins de 1 km vers l'est, sur la route 9 *(3$ par jour; mi-mai à début oct; ☎447-7169)*. **Baignade** : bonne, quoique l'eau soit parfois trouble. **Camping** : parmi les plus vastes du Vermont avec ses 103 emplacements (dont 20 appentis); douches à l'eau chaude et foyers; un tiers des emplacements peut accueillir les véhicules récréatifs (aucun raccordement); 12$ par nuitée pour les tentes, 16$ par nuitée pour les appentis. **Pêche** : bonne pour la truite lorsque le réservoir a été ensemencé.

Jamaica State Park ★

La rivière West, rocailleuse, large et aussi droite que si elle avait été tracée au cordeau, traverse ce magnifique parc de 279 ha et en fait un terrain de jeu rafraîchissant pour les amoureux du grand air. Un court cordon de gravier sert, pour ainsi dire, de plage en bordure de la rivière. Le meilleur sentier longe une ancienne voie ferrée qui conduit au Ball Mountain Dam, un gigantesque barrage dont on ouvre les vannes deux fois par année à l'occasion de populaires courses de canots et de kayaks. Il existe par ailleurs un sentier à travers bois qui mène aux Hamilton Falls, où le déferlement des eaux, au fil des siècles, a creusé d'étranges petits bassins parmi les rochers glissants. On y accède par la route 30, à Jamaica.

Installations et services : aires de pique-nique, toilettes et terrain de jeu; magasins à moins de 1 km vers le sud, sur la route 30, ou vers le nord, sur la route 100 *(2$ par jour; fin avr à début oct; ☎874-4600)*. **Baignade** : bonne dans la rivière. **Camping** : excellent; 46 emplacements pour tentes *(13$ par nuitée)* et 18 appentis *(17$ par nuitée)*; douches et foyers, mais aucun raccordement; certains emplacements peuvent accueillir les véhicules récréatifs. **Pêche** : excellente pour le vairon, l'omble de fontaine, la truite arc-en-ciel et le crapet.

Molly Stark State Park

De splendides futaies d'érables et de bouleaux recouvrent ce parc relativement vierge, habité par un grand nombre de castors, de cerfs et de lièvres. Une large clairière ombragée se prête merveilleusement bien aux pique-niques, et un sentier donne accès au sommet du mont Olga (une boucle d'une heure et demie). Une fois arrivé en haut, escaladez la tour d'incendie abandonnée, et découvrez un panorama saisissant qui s'étend jusqu'au New Hampshire. On l'atteint par la route 9, à environ 6,5 km à l'est de Wilmington.

Installations et services : aires de pique-nique et abris; magasins sur la route 9, à Wilmington, 3 km plus à l'ouest *(2$ par jour; fin mai à début oct; ☎464-5460)*. **Camping** : autorisé sur les 34 emplacements prévus à cet effet (dont neuf appentis), avec douches et foyers, mais aucun raccordement; 11$ par nuitée pour les tentes, 15$ par nuitée pour les appentis.

Living Memorial Park ★

En fait de parc municipal, on ne trouve pas mieux. Répartie sur 21 ha de collines peu élevées, cette réserve ombragée regorge d'installations récréatives, y compris une piscine, une patinoire, une pente de ski avec télésiège, des courts de tennis extérieurs, un centre sportif pour la pratique du patin et du hockey à roues alignées, ainsi qu'un vaste terrain de jeu tout ce qu'il y a de plus moderne. Les familles adorent cet endroit, qui est l'un des rares parcs à être envahi (ou même ouvert) toute l'année. On y accède par la route 9, à 500 m à l'ouest de la route 91, près de Brattleboro.

Installations et services : pavillons pour pique-niquer, surveillants de piscine, terrains de balle molle, courts de tennis et de basket-ball, sentiers de traîneau et deux casse-croûte *(☎254-6700)*. **Baignade** : bonne dans la piscine (3$).

Townshend State Park

Ce beau parc de 346 ha, en bordure de la ravissante rivière West, repose parmi plusieurs montagnes vertes et escarpées. Pour une vue particulièrement charmante, attaquez le sentier de 0,5 km qui conduit au sommet de la Bald Mountain. Pour vous baigner et vous faire dorer au soleil, marchez 3 km jusqu'à la **Townshend Dam Recreation Area**, où une plage de sable fauve s'étend paisiblement sur près de 550 m en bordure de la rivière. De beaux sentiers de randonnée se trouvent également à proximité du barrage. On l'atteint par Town Road, à 5 km vers le sud, sur la route 30, près de Townshend.

Installations et services : aires de pique-nique et toilettes *(fin mai à mi-oct; ☎365-7500)*. **Camping** : autorisé sur les 34 emplacements réservés à cet effet (dont huit pour véhicules récréatifs); douches et foyers, mais pas d'eau courante ni de tout-à-l'égout; 11$ par nuitée pour les tentes, 15$ par nuitée pour les appentis. **Pêche** : à partir du barrage, vous pouvez tenter d'attraper des ombles de fontaine, des vairons et des achigans à petite bouche.

Fort Drummer State Park

Isolé parmi de petits chemins forestiers, ce parc densément boisé de 88 ha porte le nom de la toute première colonie du Vermont, établie en 1724. Une petite clairière permet de pique-niquer, et un sentier de 1,6 km serpente à travers les conifères jusqu'au fleuve Connecticut, d'où la vue est ravissante, ou jusqu'à la centrale hydroélectrique connue sous le nom de Vermont Yankee Power Plant.

Vous êtes prêt? De l'embranchement des routes 91 et 5 à Brattleboro, prenez la route 5 vers le sud, sur 150 m, jusqu'à Fairground Rd., que vous suivrez sur 0,8 km jusqu'à Main Street. Direction sud sur Main Street (qui devient Old Guilford Rd.) pour 1,6 km. Le parc se trouve à proximité du cul-de-sac.

Installations et services : aires de pique-nique, toilettes et terrain de jeu *(☎254-2610)*. **Camping** : autorisé sur les 61 emplacements boisés spécialement aménagés à cet effet; 10 appentis, douches et foyers, mais aucun raccordement; 11$ par nuitée pour les tentes et les véhicules récréatifs, 15$ par nuitée pour les appentis *(☎254-2610)*.

ACTIVITÉS DE PLEIN AIR

Ski alpin et ski de fond

Les plaisirs du ski alpin et du ski de fond attirent, chaque année, des milliers de fervents au

Vermont. Les villages et les stations de ski foisonnent dans toute la région, offrant une vaste gamme de défis et de décors qui conviennent aussi bien aux familles qu'aux jeunes célibataires ou aux gens plus âgés.

Avant de vous lancer à l'assaut des pistes, nous vous suggérons cependant de vous procurer la brochure intitulée *Ski Vermont : Vermont Ski Areas, Resort and Travel Guide* auprès de la **Vermont Ski Areas Association** *(P.O. Box 368, Montpelier, VT 05601, ☎223-2439)*.

Le relief versatile de la région, avec ses champs et ses collines de peu d'élévation, ses anciens chemins carrossables et ses étangs gelés, sans parler de son excellent réseau de sentiers reliés les uns aux autres, attire un grand nombre d'amateurs de ski de fond.

Pour obtenir la liste des centres accessibles, procurez-vous, au coût de 3$ de frais d'envoi, le *Best of Cross Country Skiing Guide* auprès de Country Ski Areas of America *(259 Bolton Rd, Hinsdale, NH 03451, ☎603-239-4341)*.

Stowe *(Route 108, ☎253-7311)* peut se vanter de posséder le plus haut sommet du Vermont, le mont Mansfield (1 339 m), de même qu'un environnement alpin absolument unique, avec 47 pistes et 11 remonte-pentes, auxquels s'ajoutent quatre parcs de jeux pourvus de deux demi-lunes et d'un quart de lune. Stowe offre aussi 35 km de sentiers de fond damés et 40 km de sentiers de randonnée nordique.

Le secret le mieux gardé du Vermont, en ce qui concerne le ski, se trouve à **Burke Mountain** *(par la route 114, East Burke, ☎626-3305)*, dans les avant-postes du Northeast Kingdom. Les conditions sont excellentes, et les pistes peu encombrées (pas de file d'attente aux remonte-pentes!); on y dénombre 30 pistes, cinq remonte-pentes et une impressionnante descente verticale de 600 m. Notez que le remonte-pentes de la piste réservée aux débutants est gratuit; il s'agit là d'un choix qui vise à attirer le plus grand nombre de novices.

Sugarbush *(Sugarbush Access Rd, par la route 100, Warren, ☎583-2381)*, une station étalée sur six montagnes adjacentes, réunit 112 pistes. Ses boutiques pittoresques ainsi que ses restaurants et lieux d'hébergement de qualité lui confèrent une atmosphère sympathique. Son Family Adventureland comporte 22 pistes pour débutants et skieurs de niveau intermédiaire, de même qu'un parc de jeux. Le Mount Rage, au pied duquel on a aménagé une demi-lune, n'offre pour sa part qu'une piste exclusivement réservée aux néviplanchistes. Notez que plusieurs sentiers de fond relient différentes auberges autour de **Waitsfield** et de **Warren**, dans la région de Sugarbush.

Dans le centre du Vermont, le point de mire est décidément **Killington** *(à la jonction des routes 4 et 100, ☎773-1330)*, un vaste réseau qui regroupe sept montagnes, 33 remonte-pentes et une descente verticale de 960 m. Killington propose par ailleurs le mont Rams Head, consacré aux activités de famille, dix parcs de ski alpin et de planche à neige, de même qu'une nouvelle télécabine. Les 212 pistes de la région se répartissent comme suit : un tiers pour débutants, un tiers pour skieurs de niveau intermédiaire et un tiers pour experts.

Dans le sud du Vermont, le **mont Snow** *(Route 100, Wilmington, ☎464-3333 ou 800-245-7669)* s'élève à une altitude de 1 100 m et s'enorgueillit d'un grand nombre de villas, de condominiums (appartements) et de restaurants. Les amateurs y trouveront 132 pistes (dont certaines assez difficiles), 26 remonte-pentes et une descente verticale de plus de 500 m; 20% des pistes s'adressent aux débutants, 60% aux skieurs de niveau intermédiaire et les autres aux experts. Le Gut est une demi-lune de 140 m adaptée au surf des neiges nocturne. Vous pouvez vous procurer un laissez-passer vous permettant de skier aussi bien au mont Snow qu'à la Haystack Mountain.

Haystack Mountain *(Coldbrook Rd, par la route 100, Wilmington, ☎464-3333 ou 800-245-7669)* constitue la station de ski la plus au sud du Vermont. Ses 44 pistes et ses six remonte-pentes accueillent surtout une clientèle familiale avec enfants du fait que la Haystack est moins haute que le mont Snow; 17% des pistes s'adressent aux débutants, 68% aux skieurs de niveau intermédiaire et 15% aux experts. Les néviplanchistes peuvent en outre profiter du parc spécialement conçu à leur intention.

Le **Catamount Trail**, connue comme «*le plus long sentier de ski de fond en Amérique du Nord*», couvrira 480 km sur toute la longueur du Vermont lorsqu'elle sera complétée (plus de 440 km ont déjà été dégagés). Le sentier présente de douces pentes ondulantes pour les débutants et des reliefs plus exigeants pour les skieurs chevronnés, sans oublier des sentiers de relais entre auberges qui empruntent d'anciens chemins de bûcherons. Pour de plus amples renseignements ou pour obtenir une brochure sur ce sentier, téléphonez au ☎864-5794.

Un autre sentier panoramique traverse les terres cultivées et les forêts qui séparent le **Craftsbury Nordic Center** *(☎586-7767)*, près de Craftsbury Common, du **Highland Lodge** de Greensboro.

Puisque **Jay Peak** *(Route 242, Jay, ☎988-2611 ou 800-451-4449)* reçoit bon an mal an plus de neige naturelle que toute autre station de ski du nord-est des États-Unis, vous êtes en droit de croire que ses pistes sont toujours bondées, mais tel n'est pourtant pas le cas. Ce sommet se trouve loin de toutes les grandes villes, et le climat peut parfois s'avérer assez vilain, de sorte que peu de skieurs de la Nouvelle-Angleterre s'y rendent, et les files d'attente aux remonte-pentes demeurent un phénomène d'exception. Les skieurs d'expérience à la recherche de nouveaux défis devraient s'attaquer aux pistes de glisse de la région de Jay lorsque la couverture neigeuse est suffisamment importante. Sinon, sachez que les descentes de la plus petite des deux montagnes se révèlent plus difficiles que les pistes en zigzag du plus haut sommet.

Promenades en calèche

Les promenades en calèche représentent un excellent moyen de rencontrer les gens du coin et de découvrir les magnifiques campagnes de la région. Parmi les endroits qui proposent ce genre de service, retenons le **Trapp Family Lodge** *(42 Trapp Hill Rd, Stowe, ☎253-8511)*, le **Pond Hill Ranch** *(Pond Hill Rd, Castleton, ☎468-2449)*, le **Hawk Inn and Mountain Resort** *(Route 100, Plymouth, ☎672-3811)*, le **Vermont Horse Park** *(Mountain Rd, Smuggler's Notch, ☎644-5347)* et l'**Adam's Farm** *(Higley Hill, Wilmington, ☎464-3762)*.

Pêche

Du saumon à la truite, en passant par l'alose et le vairon, les nombreux ruisseaux, rivières et lacs du Vermont offrent d'innombrables occasions de taquiner le poisson. La pêche sous la glace a considérablement gagné en popularité au cours des années, plus particulièrement dans le Northeast Kingdom, dont les lacs foisonnent de brochets du Nord, de perchaudes et d'éperlans. Cela dit, la saison de la pêche s'étend le plus souvent d'avril à la fin d'octobre.

Pour savoir où le poisson mord, entrez en contact avec le **Vermont Fish and Wildlife Department** *(Information and Education Division, 103 South Main St., Waterbury, VT 05676, ☎241-3700)*.

Dans le nord du Vermont, **The Fly Rod Shop** *(Route 100, Stowe, ☎253-7346)* organise des excursions de pêche à la truite et à l'achigan d'une durée de quatre heures, le plus souvent sur les rivières Winooski et Lamoille. Sur le lac Champlain, **Yankee Charters** *(Route 7, ☎877-3318)* vous emmènera pêcher la truite ou le saumon lors d'excursions d'une demi-journée ou d'une journée complète. Le **Charlie's Northland Lodge** *(Route 2, North Hero, ☎372-8822)* loue des bateaux de pêche de 4 m destinés à être utilisés sur la baie qui s'étend en face de la ville.

Plusieurs entreprises sont à même de vous louer embarcations et attirail de pêche dans le centre du Vermont. **The Vermont Fly Fishing School** *(The Quechee Inn, Clubhouse Rd, Quechee, ☎295-7620)* met à votre disposition, tôt le matin et en fin de soirée, des guides de pêche à la mouche (truite et achigan) sur le fleuve Connecticut. **Duda's Water Sports** *(Creek Rd, Hydeville, ☎265-3432)* loue de petites embarcations de pêche et des bateaux à moteur. **Sailing Winds** *(Route 30, Wells, ☎287-9411)* loue des cannes à pêche, des bateaux à voiles et des chaloupes, et tient par ailleurs divers articles de pêche.

Dans le sud du Vermont, des excursions de pêche à la mouche nolisées d'une demi-journée et d'une journée complète sur le fleuve Connecticut sont organisées par **Strictly Trout** *(en bordure de la route 121, immédiatement au sud de Saxton River Village, ☎869-3116)*.

Canot

Que ce soit simplement pour admirer le paysage ou pour une aventure riche en émotions, le canot vous promet une expérience idyllique dans le Vermont. La saison s'étend en général de mai à la fin d'octobre.

À Wells, **Sailing Winds** *(Route 30, ☎287-9411)* loue des canots et des kayaks. **Wilderness Trails** *(The Quechee Inn, Clubhouse Rd, Quechee, ☎295-7620)* offre pour sa part un service de transport de canots à la journée ou à la demi-journée le long de la White River, et ce, jusqu'à son point de rencontre avec le fleuve Connecticut.

Clearwatersports Sports *(Route 100, Waitsfield, ☎496-2708)* loue des canots et des kayaks à utiliser sur les rivières Mad, Winooski et White; cette firme propose en outre des excursions guidées et un service de navette. **South Burlington Rent All** *(340 Dorset St., ☎862-5793)* met à votre disposition des canots en aluminium de 17 pieds. À North Hero, le **Charlie's Northland Lodge** *(Route 2, ☎372-8822)* n'a qu'un canot à louer, mais vous pouvez aussi vous adresser au **The Village Sport Shop** *(Route 5, Lyndonville, ☎626-8448)* pour louer canots et kayaks.

Dans le sud du Vermont, **River Connecticut Safari** *(Putney Rd, Brattleboro, ☎257-5008)* loue des canots, des kayaks et un bateau à rames. Vous pouvez aussi vous adresser à **Battenkill Canoe Ltd**. *(Route 7A entre Arlington et Manchester, ☎362-2800)* pour louer un canot ou profiter du service de navette le long de la rivière Battenkill.

Golf

Vous pouvez prendre le départ sur plusieurs terrains publics, un peu partout à travers l'État.

Dans le Northeast Kingdom, le tracé du **St. Johnsbury Country Club** *(Route 5, St. Johnsbury, ☎748-9894)* se caractérise par des allées luxuriantes flanquées de marais. Dans la vallée de Champlain, prenez garde de ne pas vous retrouver dans l'eau au cinquième trou du **Kwiniaska Golf Club** *(Spear St., ☎985-3672)*. Le **Marble Island Resort** *(150 Marble Island Rd, Mallets Bay, ☎864-6800)* exploite par ailleurs un parcours de neuf trous. Dans les Northern Mountains, le **Resort Sugarbush** *(Sugarbush Golf Course, Warren, ☎583-2301)* s'enorgueillit d'un parcours montagneux signé Robert Trent Jones, Sr. Quant au tracé du **Stowe Country Club** *(Cottage Club Rd, par Cape Cod Rd, Stowe, ☎253-4893)*, il offre une vue, sur le mont Mansfield.

Dans le centre du Vermont, le **Killington Golf Course** *(Killington Access Rd, Killington, ☎422-6700)*, entouré d'arbres et de ruisseaux, présente un tracé difficile dessiné par Jeffrey Cornish. Le **Neshobe Golf Club** *(Town Farm Rd, Brandon, ☎247-3611)* exploite pour sa part un parcours aux allées ondulantes.

Dans le sud du Vermont, le **Sitzmark Golf Course** *(East Dover Rd, par la route 100, Wilmington, ☎464-3384)* est un parcours réduit à normale 3 entouré de massifs boisés. Il y a en outre un parcours semi-privé au **Mount Anthony Country Club** *(Bank St., Bennington, ☎447-7079)*.

Tennis

Les mordus de tennis trouveront des courts extérieurs et intérieurs un peu partout à travers l'État.

Dans le nord du Vermont, le **Prouty Park** *(Veterans Ave., ☎334-7951)* propose quatre courts éclairés à Newport. Quatre courts éclairés sont ouverts au public au **Leddy Park** *(North Ave., Burlington, ☎864-0123)*. **The Bridges Resort and Racquet Club** *(droit de jeu; Sugarbush Access Rd, Warren, ☎583-2922)* possède pour sa part deux courts intérieurs en terre battue, huit courts extérieurs en terre battue et deux courts extérieurs à surface dure.

Dans le centre du Vermont, deux courts sont ouverts au public à **Vail Field** *(Route 106, derrière le Woodstock Inn, Woodstock)*, tandis que dans le sud de l'État, le **Mount Anthony Country Club** *(droit de jeu; Bank St., Bennington, ☎442-2617)* dispose de trois courts en terre battue. La **Manchester Recreation Area** *(droit de jeu; par la route 30, Manchester, ☎362-1439)* propose quant à elle trois courts.

Équitation

Quoi de plus passionnant que de faire de l'équitation dans la campagne virginale du Vermont? Une pléthore d'écuries mettront des chevaux à votre disposition et se feront un plaisir de vous indiquer les meilleurs sentiers.

Dans le Northeast Kingdom, le **Vermont Horse Park** *(Mountain Rd, Jeffersonville, ☎644-5347)* offre des excursions guidées d'une heure en montagne. À Chittenden, les **Mountain Top Inn Stables** *(Mountain Top Rd, ☎483-2311)* proposent des excursions guidées d'une heure dans la Green Mountain National Forest. La **Navajo Farm** *(Route 100, Moretown, ☎496-3656)* organise enfin des randonnées guidées sur les sentiers.

Dans le centre du Vermont, essayez les **Kedron Valley Stables** *(Route 106, South Woodstock, ☎457-1480)*, qui offre des leçons d'équitation et des excursions guidées sur des sentiers boisés. Le **Pond Hill Ranch** *(Pond Hill Rd, Castleton, ☎468-2449)* organise également des excursions guidées, mais sur des sentiers de montagne. Quant à la **Vermont Icelandic Horse Farm** *(The Commons Rd, ☎496-7141)*, elle propose des randonnées sur des routes secondaires et des sentiers de montagne particulièrement panoramiques.

Vélo

Les montagnes et les multiples routes secondaires du Vermont créent un environnement idéal pour le vélo de randonnée. Pour vous aider à partir du bon pied, **Vermont Bicycle Touring** *(P.O. Box 711, Bristol, VT 05443, ☎453-4811)* organise des excursions de tous les niveaux de difficulté et peut aider les groupes de 12 personnes au moins à se tracer un itinéraire. De plus, l'ouvrage intitulé *25 Bicycle Tours in Vermont (publié par The Countryman Press and Backcountry Publications, P.O. Box 175, Woodstock, VT 05091)* renferme une mine de renseignements utiles, y compris les endroits proposant un service de réparations d'urgence.

La fertile **vallée de Champlain** offre un circuit plutôt long (82 km) mais facile, qui serpente à travers des vergers et des champs de maïs en bordure du magnifique lac Champlain. Suivez les routes 125, 17 et 23, et longez Lake Street, sur le bord du lac.

Dans la région de **Sugarbush,** il existe un itinéraire de 26 km qui emprunte la route 100 et East Warren Rd., parcourant la splendide vallée de la rivière Mad et croisant au passage les pittoresques petites villes de Waitsfield et de Warren.

La location d'une bicyclette

Dans la région des Northern Mountains, **Clearwater Sports** *(Route 100, Waitsfield, ☎496-2708)* loue et répare des vélos tout-terrains. Pour ceux qui désirent explorer les environs de la Champlain Valley, **Bicycle Holidays** *(RD 3, Box 2394, Middlebury, ☎388-2453)* loue des vélos tout-terrains à utiliser dans le cadre de ses excursions autoguidées sur mesure. **The Ski Rack Bike Shop** *(85 Main St., Burlington, ☎658-3313)* tient des vélos de route, des tout-terrains, des tandems et des montures hybrides, mais aussi des plans des sentiers. Dans le Northeast Kingdom, le **Village Sport Shop** *(74 BRd. St., Lyndonville, ☎626-8448)* assure la location et la réparation des vélos de route et des tout-terrains. Dans le sud du Vermont, le **Brattleboro Bike Shop** *(178 Main St., ☎254-8644)* offre un service de location, de vente et de réparations. **Green Mountain Rental** *(158 North Main St., Manchester, ☎775-0101)* met à votre disposition des vélos tout-terrains et des accessoires variés.

Randonnée pédestre

Avec plus de 1 100 km de sentiers de randonnée tout à fait splendides, dont 824 km de sentiers forestiers sur des terres d'État ou fédérales, le Vermont promet le nirvana à tous les randonneurs. La meilleure période de l'année pour en profiter pleinement s'étend naturellement du début de l'été à la fin de l'automne, en prenant soin d'éviter la saison boueuse qu'est le printemps, de la mi-avril à la fin mai.

La grande autorité vermontoise en matière de randonnée, **The Green Mountain Club** *(Route 100, RR 1, P.O. Box 650, Waterbury Center, VT 05677, ☎244-7037)*, peut vous fournir livres, brochures et renseignements de toutes sortes sur la question, de même que des précisions sur la randonnée à vélo. Notez que, sauf indication contraire, toutes les distances indiquées le sont pour l'aller seulement.

Le plus long circuit ininterrompu est **The Long Trail** (426 km), un sentier primitif qui suit la crête des Green Mountains, du Canada au Massachusetts. Les puristes affectionnent particulièrement l'abondance de verdure et de vie sauvage de ce parcours, qui permet de traverser des forêts de conifères et des vallées ombragées en bordure de paisibles étangs et rivières. Source d'inspiration pour la conception de l'Appalachian Trail, qui relie les montagnes, de la Géorgie au Maine, le Long Trail offre 282 km de sentiers secondaires et grimpe jusqu'à 1 339 m d'altitude. Les lieux sont accessibles en hiver pour les amateurs de ski de fond et de raquettes.

La vallée de Champlain

Le **Knight Point State Park Trail** (1,6 km) longe le lac Champlain à travers une épaisse forêt de feuillus. Vous la trouverez sur la route 2, à North Hero.

Le **Grand Isle State Park Trail** (0,5 km) est certainement court, mais la vue qu'il offre porte très loin. Le sentier coupe un fourré luxuriant avant de former une boucle sur un promontoire peu élevé qui donne accès à une tour d'observation. Le lac Champlain est visible au loin. L'accès du parc se trouve sur la route 2, à 1,6 km au sud de Grand Isle.

Prenez la direction du lac Champlain sur les **Red Rocks Park Trails** (4 km), une série de courts sentiers traversant de rafraîchissantes forêts de pins jusqu'à divers points d'observation sur la rive du lac. Le parc longe Queen City Park Drive, à l'ouest de la route 189, à South Burlington.

La région des Northern Mountains

L'une des sections les plus charmantes et les plus retirées du Long Trail est le **Devil's Gulch Trail** (13,2 km), qui sillonne un intéressant défilé rocheux et un massif de fougères. Le parcours débute sur la route 118, à 5 km à l'ouest d'Eden.

Le **mont Mansfield** (1 339 m) est le plus haut sommet du Vermont, et aussi le plus fréquenté. Le parcours le plus accessible suit le **Long Trail** (7,4 km), alors que le plus redoutable appartient au **Hell Brook Trail** (5,8 km), une ascension on ne peut plus abrupte que seuls les randonneurs d'expérience devraient envisager. Les deux sentiers commencent sur la route 108, à Stowe.

Pour une vue semi-circulaire sur la vallée de Champlain et les Adirondacks (New York), optez pour le **Battell Trail** (3,2 km), qui permet d'accéder au Long Trail par le versant ouest. Les fervents de la randonnée peuvent aussi poursuivre 4,7 km plus au nord, jusqu'au sommet du mont Abraham, pour en admirer la végétation alpestre. L'entrée se trouve en bordure de la route 100 dans le panoramique Lincoln Gap.

Le Stowe Land Trust a été créé au cours des années quatre-vingt par un groupe de citoyens de Stowe qui s'efforce de préserver la qualité de la vie rurale à l'intérieur même de ce pittoresque village de montagne et dans ses environs immédiats. L'un des projets de conservation du Trust, les **Wiessner Woods**, englobe 32 ha de forêts, de cours d'eau et de prés dominant la vallée de Stowe du haut de l'Edson Hill. En gardant l'œil ouvert et en ne parlant qu'à voix basse, vous risquez d'apercevoir des perdrix, des grives, des faucons et peut-être même une chouette. De Mountain Rd., prenez à droite sur Edson Hill Rd., à 5,6 km du village, puis passez l'entrée du Stowehof Inn. Engagez-vous ensuite sur la prochaine route à votre droite, et garez-vous sur la gauche dans l'espace de stationnement identifié comme tel. Il ne vous reste plus qu'à suivre les indications jusqu'au début du sentier des Weissner Woods.

Le Northeast Kingdom

Cette région sauvage offre de glorieuses randonnées, dont le **Wheeler Mountain Trail** (8,7 km), qui rampe à travers prés et bois, puis entre les rochers nus, jusqu'à un sommet de 723 m. Le long du parcours, vous découvrirez d'exceptionnelles vues sur le mont Mansfield et le lac Willoughby. Le sentier est accessible par la route 5, à l'est de Barton.

Le **Mount Pisgah Trail** (11,1 km) franchit cette montagne de 839 m en passant par de denses forêts et des passerelles de bois qui enjambent des étangs peuplés de castors. Le sentier offre plusieurs vues splendides, y compris un panorama de 97 km qui s'étend du lac Memphremagog et de Jay Peak jusqu'au-delà du Camel's Hump. Le sentier part de la route 5A, à l'extérieur de West Burke.

Le centre du Vermont

Le **Battell Mountain and Skylight Pond Trail** (8 km) débute au Steam Mill Clearing, un joli pré où se trouve un ancien camp de bûcherons, et remonte doucement la Battell Mountain avant d'aboutir au pittoresque Skylight Pond. Vous trouverez le début du sentier sur la route 125, à 11,25 km à l'est d'East Middlebury.

L'**Abbey Pond Trail** (9,3 km) permet d'admirer de près de magnifiques régions sauvages regorgeant de plantes des marais, de cerfs, de lièvres, d'ours et d'autres animaux. Suivez le sentier depuis la route 53, près de Forest Dale, passez une série de cascades, et débouchez sur un panorama saisissant du double pic de la Robert Frost Mountain.

Pour une leçon d'histoire dans un décor féerique, empruntez un des trois sentiers du **mont Independence**, qui serpente à travers les vestiges de fortifications bien conservées de la guerre d'Indépendance remontant jusqu'à 1775. En prime : une vue splendide sur le lac Champlain, le fort Ticonderoga et les vallées avoisinantes. Ce sentier est accessible par la route 73A, à l'ouest d'Orwell Village.

Le **Clarendon Gorge and Airport Trail** (2,6 km), qui débute sur la route 103, à l'est de la route 7, près de Clarendon, permet d'observer une imposante crevasse. Le sentier mène à un pont suspendu qui enjambe la rivière Mill, puis grimpe de façon continue jusqu'à un promontoire d'où vous aurez une vue privilégiée sur l'Otter Creek Valley ainsi que sur les monts Bird et Herrick.

Le sud du Vermont

Le **Baker Peak Trail** et le **Griffith Lake Trail** (14,3 km), par la route 7, près de Danby, serpentent à travers ruisseaux et rivières avant d'escalader la Baker Mountain, jusqu'à un magnifique panorama de l'Otter Creek Valley et des carrières de marbre du Dorset Peak. Il s'agit là d'une randonnée exigeante de 5 heures.

Une jolie petite boucle vous attend quelques kilomètres plus au sud, par la route 9, à l'est de Bennington : le **Harmon Hill Trail** (2,9 km). Une ascension d'abord raide, puis plus clémente, donne accès au sommet de la colline, d'où la vue sur Bennington et le mont Antone est absolument fabuleuse.

Le **Bald Mountain Trail** (5 km), accessible par la route 9 à Bennington, forme une boucle au-delà d'un marais d'aulnes, d'un ruisseau en cascade et d'une forêt de sapins-ciguës. De jolis panoramas montagneux ponctuent le parcours.

HÉBERGEMENT

Séjourner dans le Vermont, c'est un peu comme passer la nuit chez grand-maman. Il y a en effet de fortes chances pour que vous vous retrouviez parmi une foule de souvenirs de famille et pour que vos hôtes vous gâtent à n'en plus finir. Surtout dans les *bed and breakfasts*, vous aurez vraiment l'impression de partager la vie de ceux qui vous hébergent : le chien des lieux viendra à votre rencontre, vous pourrez cueillir des baies derrière la maison, et vous vous réveillerez à l'odeur enivrante du bacon qu'on fait cuire dans la cuisine.

L'État compte plus de 250 auberges, *bed and breakfasts* et chambres d'hôte offrant tous une parcelle d'ambiance locale et, par-dessus tout, un petit déjeuner à faire rêver. Ici et là, on trouve également des motels, des hôtels-motels et une poignée d'hôtels à proprement parler. Le printemps et l'été constituent la basse saison (sauf autour des lacs), et vous n'aurez aucun mal à vous loger à bon prix. Au cours de la spectaculaire saison d'automne, avec ses feuillages resplendissants (généralement de la fin septembre à la mi-octobre), les chambres sont onéreuses et plus rares que les plages de sable; prenez donc la précaution de faire des réservations plusieurs mois à l'avance. Quant à l'hiver, le ski est roi, et même s'il est assez facile de trouver une chambre, les prix sont plutôt élevés.

La vallée de Champlain

Burlington

La plus grande ville du Vermont n'offre que peu de *bed and breakfasts* et d'auberges pittoresques, mais elle regorge en revanche d'auberges routières, d'hôtels et de motels.

Si vous préférez loger dans un *bed and breakfast*, sachez que le **Howden Cottage***($-$$; bc/bp; 32 North Champlain St., ☎864-7198, ⇌658-1556)* se trouve en plein centre-ville et accueille aussi bien les gays que les hétéros. Vous ne trouverez que trois chambres d'hôte à l'intérieur de cette maison de style Cape Cod datant de 1825. Toutes sont décorées de façon individuelle, mais une seule bénéficie de sa propre entrée et d'une salle de bain privée. Chaque matin, un petit déjeuner continental est servi dans le solarium.

À l'extrémité nord-est de la ville, le **Days Inn** *($$$; 23 College Parkway, ☎655-0900 ou 800-329-7466, ⇌655-6851)* se présente comme un endroit sans fioriture où vous pouvez trouver une chambre propre et moderne à prix raisonnable. La construction de trois étages est celle d'un motel typique, mais son aménagement le place cependant un cran plus haut grâce à ses divans moelleux, à ses draperies haute couture et à ses lambris de cèdre.

D'accès facile depuis le centre-ville de Burlington et plusieurs stations de ski, l'**Inn at Essex** *($$$-$$$$; 70 Essex Way, Essex, ☎878-1100 ou 800-727-4295, ⇌878-0063)* loue 97 chambres décorées de façon individuelle et rehaussées de meubles reproduisant le style propre au XVIIIe siècle. Certaines renferment un foyer, et les suites sont équipées de baignoires à remous. Les dîners y sont en outre des plus raffinés puisque l'auberge est aussi le siège du New England Culinary Institute, les cuisines et les salles de classe de l'institut se trouvant directement sous l'auberge.

Au **Sheraton Burlington Inn** *($$$$; ⊘, ≈; 870 Williston Rd, ☎865-6600 ou 800-677-6576, ⇌865-6670)*, vous trouverez 309 chambres modernes et spacieuses, équipées de meubles-lavabos en marbre. Les montagnes sont visibles au loin, et les installations comprennent une grande cour intérieure, un centre de conditionnement physique et une piscine recouverte d'un dôme en verre escamotable.

Shelburne

Le lieu d'hébergement sans doute le plus distingué de la vallée est l'**Inn at Shelburne Farms** *($$$-$$$$; fermé mi-oct à mi-mai; à l'intersection de Harbor Rd et de Bay Rd, par la route 7, ☎985-8498)*. Jadis la demeure de Lila Vanderbilt Webb, ce manoir en brique au toit de bardeaux date de 1899 et s'entoure de toutes les splendeurs dignes de cette grande dame : une incroyable vue sur le lac Champlain et les montagnes environnantes, 24 chambres d'hôte néo-Reine-Anne richement meublées et décorées, et plus de 560 ha de terres cultivables absolument fabuleuses, ponctuées de bâtiments du XIXe siècle. Installez-vous bien, pénétrez-vous de l'histoire fascinante de cet endroit, et laissez-vous croire que vous n'aurez jamais à repartir.

Vergennes

Le **Basin Harbor Club** *($$$$; mi-mai à mi-oct; ≈, ℜ; Basin Harbor Rd, par la route 22A, ☎475-2311 ou 800-622-4000, ⇌475-6545)*, qui occupe 283 ha de choix en bordure du lac Champlain, figure parmi les principales stations lacustres de la région depuis 1886. On y trouve 38 chambres et 77 cottages simplement meublés, répartis le long de la rive et donnant sur les Adirondacks, de l'autre côté du lac. Cette retraite complètement autonome dispose d'un parcours de golf de 18 trous, d'une piscine, de courts de tennis, d'un restaurant de toute première qualité et même d'une piste d'atterrissage.

Middlebury

Près de l'extrémité sud-est de la vallée de Champlain s'étend la vibrante ville universitaire de Middlebury. Ici, le **Swift House Inn** *($$-$$$$; ⊛; à l'intersection de la route 7 et de Stewart Lane, ☎388-9925, ⇌388-9927)* repose parmi de gigantesques ormes et érables, et reflète l'histoire de la Nouvelle-Angleterre. Le pavillon principal, une construction fédérale de 1814, servit autrefois de résidence à l'ancien gouverneur du Vermont John W. Stewart. Il compte 10 chambres décorées dans les tons de pêche et de prune, et garnies de lits à colonnes ainsi que de cheminées en marbre dans certains cas. La remise à calèches victorienne de 1876 a pour sa part été transformée et dispose de six autres chambres confortables avec foyers et baignoires à remous, tandis que la maison de gardien renferme cinq chambres garnies d'un mélange d'antiquités véritables et de reproductions.

La région des Northern Mountains

Stowe

Ne vous laissez pas induire en erreur par le toit en forme de proue de bateau du **Stowehof Inn and Resort** *($$-$$$$ pdj; 434 Edson Hill Rd, ☎253-9722 ou 800-932-7136, ⇌253-7513)*, car ce grand hôtel luxueux n'a vraiment rien de maritime. Perché à flanc de colline au-dessus des dépressions et des élévations successives de la vallée de Stowe, le Stowehof présente des espaces généreux et soigneusement aménagés. Vous trouverez de confortables fauteuils au salon et des tentures bien épaisses aux fenêtres des chambres de manière à mieux masquer la vive lumière du matin. Le décor varie d'une chambre à l'autre; au moment de réserver, informez-vous du choix offert lors de votre séjour (et à moins d'y tenir vraiment, demandez une chambre sans mur en miroir). Bien que la majorité des visiteurs associe la région de Stowe aux sports d'hiver, le Stowehof est bel et bien un complexe d'hébergement quatre saisons. Ainsi, outre les kilomètres de sentiers de ski de fond et de promenade en carriole qui vous attendent au pied même de l'hôtel pendant la saison hivernale, des jours plus cléments vous permettront de profiter de la piscine, des quatre courts de tennis, des écuries et des cours d'équitation proposés par l'établissement.

L'une des meilleures aubaines de la région se trouve au **Siebeness** *($$$; ≈; Mountain Rd, ☎253-8942 ou 800-426-9001, ⇗253-9232)*, une franche auberge campagnarde aux chambres simples mais confortables et aménagées avec goût, incluant antiquités en bois, courtepointes duveteuses tissées à la main et papier peint au pochoir. En prime : une grande piscine, un ruisseau de montagne camouflé à l'arrière du bâtiment et des petits déjeuners plantureux absolument incomparables.

Butternut *($$$-$$$$ pdj; ≈; Mountain Rd, ☎253-4277 ou 800-328-8837)* est l'une de ces auberges qui s'efforcent d'être à la fois chaleureuses et élégantes, et elle s'en tire à merveille. Plein à craquer de douzaines d'antiquités rustiques, ce gîte de trois étages est presque un musée. Le raffinement devient plus évident à l'extérieur, où de petites ampoules scintillent dans les conifères et où un belvédère domine une piscine et des jardins de plantes vivaces. Plus de 6 km de sentiers de ski de fond éclairées ont été aménagées. Quoi qu'il en soit, les petits déjeuners au coin du feu et les chambres douillettes contribuent à créer une atmosphère de doux confort.

D'interminables vagues de montagnes et de vallées de conifères campent le **Trapp Family Lodge** *($$$$ ½p; ≈; 42 Trapp Hill Rd, ☎253-8511)* dans un décor pour le moins sensationnel. Ce domaine édénique de plus de 800 ha fut créé en 1940 par Maria Von Trapp pour accueillir de jeunes vacanciers désireux de se vouer au chant. Les bâtiments enchanteurs de style tyrolien sont couverts de bacs à fleurs aux couleurs les plus variées, et les 93 chambres sont simplement décorées (bois foncé et couleurs sourdes) mais pourvues de tout le confort moderne. Vous ne sauriez rater le magnifique étang, les deux piscines bordées de pelouse, la serre et les jardins, non plus d'ailleurs que la foule des visiteurs, beaucoup plus nombreux que les hôtes de l'auberge.

L'**Edson Hill Manor** *($$$$; ≈; Edson Hill Rd, par Mountain Rd, ☎253-7371 ou 800-621-0284, ⇗253-4036)* se présente comme un paisible manoir georgien, perdu au bout d'une route de montagne sinueuse et offrant 120 ha de solitude au cœur d'une région majestueuse. La maison principale, caractérisée par des murs en brique, des plafonds à poutres apparentes et des tapis orientaux, compte neuf chambres spacieuses, dont cinq disposent d'une ravissante cheminée, alors qu'une ancienne remise à calèches renferme désormais 16 chambres. Piscine en terrasse, sentiers d'exploration et plusieurs sentiers de ski de fond.

Montpelier

Dans la capitale, l'endroit le plus expressif où passer la nuit est **The Inn at Montpelier** *($$$-$$$$; 147 Main St., ☎223-2727, ⇗800-223-0722)*, composé de deux imposants bâtiments d'avant la guerre de Sécession dont les moindres recoins respirent l'histoire. Outre de hauts plafonds et de magnifiques meubles victoriens, on y trouve 10 foyers et un énorme porche agrémenté de plantes suspendues et de fauteuils à dossier en éventail répartis tout autour de la maison. Les 19 chambres sont somptueusement décorées et garnies d'armoires à miroir, de lits à colonnes Reine-Anne en teck et de lavabos sur pied poli. Les prix en sont tout à fait justifiables.

Waitsfield

En séjournant à la **Lareau Farm** *($$-$$$; Route 100, ☎496-4949 ou 800-833-0766, ⇗496-7979)*, qui épouse les contours de la rivière Mad, vous connaîtrez mieux les Vermontois et leur style de vie. Les propriétaires sont de bons vivants francs et sincères, et c'est avec plaisir qu'ils partageront avec vous leurs méthodes de culture, leurs coutumes locales et les particularités du coin. La maison de ferme de 1832, avec ses vastes pièces charmantes, ses sols recouverts de larges planches, ses cheminées, son fabuleux porche entouré de treillis, sa vue sur les montagnes et ses 13 chambres on ne peut plus confortables, garnies de lits antiques et de courtepointes moelleuses fabriquées par les propriétaires, est tout à fait typique de la Nouvelle-Angleterre. Ne manquez surtout pas les promenades en traîneau au cours de l'hiver.

Qu'on le qualifie de luxe pastoral ou de fantaisie rurale, le **1824 House Inn** *($$$; Route 100, ☎496-7555 ou 800-426-3986)* se veut l'endroit rêvé pour se la couler douce tout en profitant du décor champêtre. Entourée de plus de 9 ha de vue panoramique au cœur de la vallée de la rivière Mad, cette maison de ferme à pignons de deux étages est remplie d'antiquités magnifiques et de tapis orientaux; ses portes vitrées lui confèrent par ailleurs un air de distinction et une élégance recherchée. Ses sept chambres, claires et aérées, sont fastueuses, agrémentées de lits de plumes et décorées respectivement selon différents thèmes. La salle à manger se révèle gracieuse, et les invités peuvent y déguster des petits déjeuners composés d'omelettes, de *huevos rancheros*, de fruits et de crêpes fourrées.

Warren

Juché sur une charmante colline et entouré de pelouses en terrasse, de trottoirs pavés et de ruisseaux sinueux, le **Sugarbush Inn** *($$$-$$$$; ℜ, ⊙; Sugarbush Access Rd, ☎583-2301 ou 800-537-8427, ⇌583-3209)* constitue la plus luxueuse auberge à proximité des pentes de ski. À l'intérieur de cette construction de couleur vanille aux revêtements de clins, vous découvrirez un hall de bois foncé et poli, entouré de riches nuances de bleu, ainsi que 46 chambres garnies de papier peint rustique, de carpettes tissées à la main et de reproductions d'antiquités. Avec son sol de briques, ses portes-fenêtres et sa vue sur la montagne, le restaurant-solarium est tout indiqué pour le petit déjeuner. Ajoutez un centre de conditionnement physique complet, un terrain de golf et 11 courts de tennis, et vous obtenez le meilleur lieu d'hébergement de Sugarbush.

Sugarbush Village

Vous ne trouverez pas d'établissement plus près des pentes de ski que les **Sugarbush Village Condominiums** *($$$$; Sugarbush Access Rd, ☎583-3000 ou 800-451-4326, ⇌583-2373)*, où vous aurez le choix entre 200 studios et appartements répartis au pied du mont Ellen, dont plusieurs sont directement accessibles en skis. La plupart des appartements sont modernes, mais leur aménagement varie considérablement entre les petits studios, les chambres de luxe, les maisons en rangée et les appartements comptant jusqu'à quatre chambres à coucher.

Le Northeast Kingdom

Coventry Village

Le simple fait de se rendre à la **Heermansmith Farm** *($$; bc/bp; à moins de 1 km de Coventry Village, ☎754-8866)* représente déjà une aventure en soi. Après 3 km de route poussiéreuse et cahoteuse, ponctuée de vaches en train de brouter et de chiens bruyants, passez le pittoresque pont couvert qui se dresse devant vous, et vous déboucherez sur cette maison de ferme blanchie à la chaux. Ce coquet joyau campagnard, ceinturé de champs et baignant dans une solitude absolue, appartient à la même famille depuis 1807. Les aubergistes sont de vraies perles, l'atmosphère se révèle sympathique, et les chambres s'avèrent très invitantes avec leur lit à l'ancienne, leur pichet et leur cuvette de toilette, de même que leur grand placard bourré de livres de poche tout écornés. Certaines chambres doivent partager une salle de bain commune.

Westmore

Sur le lac Willoughby, le **Willow Vale Inn** *($$$; Route 5A, ☎525-4123 ou 800-594-9102, ⇌525-4514)* dispose d'un site splendide dans un décor rustique soigné. Cette auberge de style colonial s'accroche au passé, avec ses sols de bois teint, ses antiquités et ses tapis orientaux. La plupart des huit chambres, ornées de simples meubles en chêne ou en merisier et de gravures champêtres, offrent une vue sur le lac.

Craftsbury Common

The Inn on the Common *($$$-$$$$ ½p; ☎586-9619 ou 800-521-2233, ⇌586-2249)* se présente comme une auberge impeccable, dans la petite ville non moins impeccable de Craftsbury Common. On y dénombre au total 16 chambres réparties dans trois bâtiments différents, dont un sur le *green* du village. Les autres ne s'en trouvent qu'à quelques pas. Plusieurs des chambres sont meublées d'antiquités et rehaussées d'attrayants tissus à motifs floraux. Derrière le bâtiment principal s'étend un jardin classique offrant une vue imprenable sur la campagne du Northeast Kingdom.

West Glover

Tout au bout d'un long chemin de terre parcourant le Northeast Kingdom, la **Rodgers Country Inn** *($ pc; bc; fermé déc; Route 3, ☎525-6677)* ne loge que quelques visiteurs à la fois. C'est avec joie qu'on vous laissera prendre part aux travaux de la ferme, particulièrement en ce qui a trait au soin des chevaux et des vaches. Mais si cette perspective ne vous sourit guère, profitez-en pour faire une balade dans la campagne environnante, un havre sans pareil pour les petites fermes familiales comme celle des Rodgers. On dénombre ici cinq chambres, qui se partagent trois grandes salles de bain. Équitation.

Montgomery Center

À Montgomery Center, au pied du Jay Peak, vous attend le **Phineas Swann Bed and Breakfast** *($$; bc/bp; Route 118, ☎326-4306)*, tenu par des gays et aménagé dans une splendide maison victorienne à dentelle de bois âgée de 115 ans. Ce sont partout de magnifiques planchers de bois, des lits à baldaquin, des antiquités du Vermont et des meubles façonnés à la main, et on y trouve quatre chambres, dont deux avec salle de bain privée. Le petit déjeuner, entièrement composé de plats maison, est en outre un événement en soi, et comprend aussi bien des saucisses et des conserves que des bleuets et des fraises cultivées sur la propriété, sans compter qu'il est servi à la chandelle au son d'enregistrements de grands orchestres. Le prix de la chambre comprend par ailleurs le thé en après-midi, accompagné de scones fraîchement sortis du four et servi sur le porche frontal.

The Inn on Trout River *($$-$$$ pdj; Main St., ☎326-4391 ou 800-338-7049)* est tout indiqué pour les voyageurs qui se trouvent dans la région de Jay, au nord du Vermont. Les skieurs apprécieront particulièrement les grands lits garnis de draps de flanelle, les immenses salles de bain dotées de baignoires à pattes zoomorphes, le bar aux allures de pub et les rabais importants consentis sur les billets de remonte-pentes de Jay Peak. Au cours de la saison estivale, vous pourrez en outre profiter des excellents sites de pêche qu'offrent les nombreux cours d'eau et rivières de la région.

East Harwick

La **Greenhope Farm** *($$; Route 1, ☎533-7772)* repose dans un cadre champêtre au milieu des montagnes. Vous ne trouverez ni dentelle ni antiquités à l'intérieur de cette maison de ferme contemporaine qui dispose de six chambres, mais des chèvres et des chevaux agrémentent ses alentours. Vous pourrez d'ailleurs prendre des leçons d'équitation sur place si vous le désirez, de même que pratiquer la baignade et le canot ou, en hiver, le ski de fond. Réservation requise.

St. Johnsbury

Le moins qu'on puisse dire du **Moonstruck Inn** *($$; à la jonction des routes 93 et 18, ☎748-3052 ou 800-579-3644)*, c'est qu'on ne s'attend pas à découvrir un établissement victorien aussi distingué à la rencontre de deux routes principales. Mais prenez la peine d'entrer, et découvrez une véritable oasis agrémentée de hauts plafonds, de portes-fenêtres, de rampes en bois de cerisier et de tapis orientaux. Autrefois une halte pleine de vie sur la route des diligences au début du XIXe siècle (à preuve la piste de danse qui se trouve encore au-dessus du garage), le Looking Glass dispose aujourd'hui de quatre chambres garnies de lits avec courtepointe tissée à la main et tête de lit antique, ainsi que de lavabos anciens et de tapis modernes; on y trouve également deux suites avec salle de bain privée.

Lyndonville

Enfants, animaux et décors à couper le souffle abondent au **Wildflower Inn** *($$$-$$$$ ½p; bp; Darling Hill Rd, ☎626-8310 ou 800-627-8310, ⇌626-3039)*, établi sur une propriété de plus de 200 ha où il fait bon passer plus d'une nuit. L'hébergement revêt ici plusieurs formes : les 15 chambres arborent un mélange d'antiquités et de copies de meubles anciens, mais il y a aussi huit suites et un cottage «lune de miel» équipé d'une baignoire à remous pouvant accueillir deux personnes. Les enfants apprécieront la salle de jeu et son coffre rempli de vêtements avec lesquels ils pourront se déguiser, tandis qu'à l'extérieur une grange peuplée de petits animaux, de nombreux chevaux, de poneys et de vaches les comblera de bonheur.

Le centre du Vermont

Brandon

À environ 26 km au nord de Rutland, la charmante petite ville de Brandon foisonne de magnifiques bâtiments historiques, d'érables au feuillage rafraîchissant et de pelouses soigneusement entretenues. Dans la montagne qui surplombe Brandon, vous trouverez le **Churchill House Inn** *($$$ ½p; fermé avr et fin oct à mi-déc; Route 73 Est, ☎247-3078, ⇌247-6851)*, une attrayante maison de ferme de 1871, surtout connue des amateurs de ski alpin et de ski de fond. Cette auberge de style fédéral bâtie sur trois étages dispose de chaleureux petits salons garnis de meubles américains d'époque et de poêles ventrus, ainsi que de chambres confortables au plancher de pin agrémentées de fauteuils berçants. Petit déjeuner maison et dîner gastronomique.

Rutland

Ce n'est pas l'espace qui manque dans les suites du **Best Western Hogge Penny Inn** *($$-$$$$; ≈; Route 4, ☎773-3200, ⇄800-828-3334)*, une auberge moderne située en bordure du centre-ville. Planté au pied des montagnes, l'assortiment de constructions à deux étages qui forment ce complexe est rehaussé d'un généreux aménagement paysager et d'une vaste piscine. Les suites, semblables à des appartements, comptent une ou deux chambres à coucher, en plus d'un plafond à poutres apparentes, d'un canapé modulaire, de fenêtres importantes et d'une cuisine parfaitement équipée. Certaines chambres de motel sont également disponibles.

Mendon

Perché à flanc de colline entre Killington et Rutland, **The Vermont Inn** *($$$-$$$$ ½p; Route 4, ☎775-0708 ou 800-541-7795, ⇄773-2440)* se présente comme une sympathique maison de ferme de 1840 ornée de cheminées et d'auvents rouge et blanc. L'endroit tout entier regorge de charme : planchers de bois de pin cirés, mobilier en bois de cerisier et papiers peints à motifs de fleurs des champs. Les chambres elles-mêmes emboîtent le pas, avec leurs courtepointes à œillets, leurs rideaux de dentelle et leurs lits en cuivre ou à colonnes.

North Killington

Le **Grey Bonnet Inn** *($$$; fermé mi-oct à fin nov et avr à juil; ≈, ⊙; Route 100 North, ☎775-2537, ou 800-342-2086, ⇄775-3371)* allie l'ancien et le nouveau dans ses 40 chambres modernes, décorées selon le style campagnard du XIXe siècle, alors que ses installations comprennent une piscine intérieure et une autre extérieure, des courts de tennis et une salle d'exercice. À l'extérieur du bâtiment de deux étages, des bardeaux de bois tapissent les murs et les balcons. Quant au hall de l'établissement, il s'agit d'un endroit on ne peut plus chaleureux, garni de poutres sculptées, de rouets antiques et d'une majestueuse horloge de parquet. Vous pourrez faire du ski de fond sur les 10 ha de la propriété ou encore vous attaquer aux pentes de Killington, à seulement 3 km de l'auberge. En hiver, les tarifs comprennent le petit déjeuner.

Killington

En dépit de son nom, le grand établissement de style campagnard qu'est le **Cortina Inn** *($$-$$$$; ≈, ℜ; Route 4, Killington, ☎773-3333 ou 800-451-6108, ⇄775-6948)* est en réalité un complexe hôtelier à service complet, quoique ses 97 chambres soient décorées de façon individuelle par les aubergistes eux-mêmes. Vous y trouverez toutes les commodités voulue, y compris une piscine intérieure chauffée et un centre de conditionnement physique équipé d'une cuve à remous et de saunas. Certaines des chambres bénéficient d'un foyer tandis que d'autres vous offrent une terrasse. Il y a par ailleurs deux restaurants sur les lieux, et la station de ski de Killington se trouve à 10 km.

Daniel Boone se serait senti tout à fait chez lui à l'**Inn at Long Trail** *($$$-$$$; fermé mai; ®; Route 4, entre Killington et Pico, ☎775-7181 ou 800-325-2540, ⇄747-7034)*, une sorte de refuge des bois caractérisé par d'épais tapis campagnards, des trophées de chasse, des lampes faites à partir de pommes de pin et des chaises fabriquées avec des branches d'arbres recourbées. Les six suites disposent d'un foyer et de toutes sortes de meubles en bois grossièrement équarri, tandis que les 16 chambres régulières bénéficient de salles de bain privées et d'un décor intimiste. Mais ce que Daniel Boone aurait sans doute le plus apprécié, c'est la «salle de relaxation», équipée d'une énorme cuve à remous en cèdre rouge.

Les fanatiques du ski n'hésiteront pas à s'installer au **Mountain Green Ski and Golf Resort** *($$$$; ≈, ®, ⊙; Killington Rd, Killington Village, ☎422-3000 ou 800-336-7754, ⇄422-2328)*, un labyrinthe de 216 condominiums (appartements) de style alpin, au pied du Killington Peak. Ici, tout est axé sur les services et le confort : les remonte-pentes sont à distance de marche, alors que la piscine extérieure chauffée, la cuve à remous et le centre de conditionnement physique sont sur les lieux mêmes. Des plus simples studios aux suites comptant quatre chambres à coucher, tous disposent d'un foyer et bénéficient d'un aménagement moderne, incluant moquette et plafond à poutres apparentes.

Woodstock

Vous retrouverez la quintessence même du luxe propre au Vieux Continent à la **Canterbury House** *($$$-$$$$; 43 Pleasant St., ☎457-3077 ou 800-390-3077)*, une élégante maison en rangée de style victorien datant de 1880 et située à distance de marche des principaux sites et activités. Huit chambres portent le nom d'un des *Contes de Canterbury* et révèlent une décoration raffinée : lits antiques en laiton, lavabos sur pied et baignoires anciennes à pattes zoomorphes.

Aucun lieu d'hébergement du Vermont ne semble avoir reçu autant d'éloges que le **Woodstock Inn & Resort** *($$$$; Route 4, ☎457-1100 ou 800-448-7900, ≠457-6699)*; non seulement parce qu'il est fréquenté par de nombreuses personnalités de marque, mais aussi parce qu'il est tout simplement splendide et qu'il fait bon y séjourner. Situé en bordure du jardin municipal de Woodstock, l'imposant édifice colonial arbore fièrement un foyer de 3 m dans son hall, des carpettes tressées à motifs campagnards variés, des poutres et piliers grossièrement équarris, de même que des œuvres d'art de la collection Rockefeller. La plupart des 143 chambres sont aménagées en toute simplicité, mais les installations adjacentes sont impressionnantes, incluant un immense centre sportif, un parcours de golf et un centre de ski de fond.

South Woodstock

Tenu par un couple qui a réalisé son rêve de fuir la vie écrasante de New York, le **Kedron Valley Inn** *($$$$; fermé avr et pendant les 10 jours qui précèdent le Thanksgiving Day; Route 106, ☎457-1473 ou 800-836-1193, ≠457-4469)*, une auberge de 26 chambres, constitue un havre de paix pour les bien nantis en quête d'un répit douillet à la campagne. Des courtepointes anciennes ornent les chambres et les salles communes, et plusieurs chambres s'enorgueillissent de meubles légués de génération en génération par des membres des familles des propriétaires. Selon la saison, vous pourriez vous balader tranquillement à travers les 6 ha de la propriété, faire une courte promenade jusqu'à Woodstock, faire du ski dans l'une des nombreuses stations de la région, vous baigner dans l'immense étang de l'auberge ou simplement vous relaxer pendant quelques heures sous le porche.

Quechee

Le **Parker House Inn** *($$$ pdj; bp, ℜ; 16 Main St., ☎295-6077, ≠296-6696)* se présente comme une auberge victorienne soigneusement rénovée à l'intérieur de laquelle vous trouverez sept chambres aux dimensions généreuses garnies d'antiquités de la même époque. L'une des chambres dispose d'un foyer en marbre et d'un impressionnant lit en fer et en laiton, tandis qu'une autre domine la rivière Ottauquechee. Autrefois la résidence du sénateur Joseph Parker, cette maison de 1857 figure aujourd'hui au registre des monuments historiques nationaux. Assurez-vous de jeter un coup d'œil attentif aux motifs au pochoir d'origine qui ornent les murs de plâtre du hall d'entrée et qu'on a préservés avec un grand soin. Le restaurant de l'établissement sert du gibier et des fruits et légumes frais de la région, et vous aurez l'occasion de dîner sous le porche par temps chaud.

The Quechee Inn *($$$$ ½p; Clubhouse Rd, ☎295-3133 ou 800-235-3133, ≠295-6587)*, une vaste maison de ferme de 1793 qui servit de résidence au premier lieutenant-gouverneur du Vermont, irradie une aura de pur romantisme. Dans le salon, des oursons en peluche se blottissent dans des fauteuils berçants près d'un âtre en brique, alors que les 24 chambres sont embellies d'édredons en satin et en dentelle, ainsi que d'odorants bouquets de fleurs séchées. À l'extérieur, une pelouse ondulante, ponctuée de massifs de tulipes et de saules pleureurs, encercle un lac ravissant.

Le sud du Vermont

Manchester

Pour vous loger près des magasins d'usine de Manchester, essayez le **Barnstead Innstead** *($$-$$$; ≈; Route 30, ☎362-1619 ou 800-331-1619)*. Construite en 1830, cette ancienne grange à foin aux colonnes et aux poutres apparentes a été transformée en une jolie auberge sans rien perdre de son cachet. Les 14 chambres sont très propres et décorées de façon éclectique, avec moquette et meubles anciens. À l'arrière se trouve une piscine chauffée.

Ethan Allen et ses Green Mountain Boys se sont autrefois arrêtés à **The Equinox** *($$$$; ℜ, ≈; Route 7A, Manchester Village, ☎362-4700 ou 800-362-4747, ≠362-4861)*, pour s'y reposer un peu. C'était à la fin du XVIIIe siècle, et l'hôtel était reconnu comme le lieu de séjour par excellence dans la région. Deux siècles plus tard, l'endroit continue d'attirer les artisans de l'histoire, de même que tous ceux qui recherchent un environnement clément. Le bâtiment principal, une construction de quatre étages arborant des colonnes néoclassiques, compte 183 chambres au sol et aux meubles en bois de pin du Vermont rehaussées de touches victoriennes. Un bâtiment adjacent, au décor campagnard élégant, dispose de suites à un ou deux lits avec cuisine tout équipés. Piscines intérieure et extérieure, club de loisirs, parcours de golf de compétition (18 trous), centre de détente, courts de tennis et plusieurs restaurants, le tout sur 140 ha sillonnés de sentiers de ski de fond. Que demander de plus?

Arlington

Entouré de montagnes en bordure de la rivière Battenkill, le **Hill Farm Inn** *($$-$$$; bc/bp; RR 2, Arlington, ☎375-2269 ou 800-882-2545, ⇌375-9918)* est un *bed and breakfast* où les gays sont bienvenus mais où se rendent tout aussi bien les hétéros. Ses deux maisons de ferme à l'ancienne renferment au total 13 chambres feutrées garnies de courtepointes et de papier peint fleuri, auxquelles s'ajoutent, pendant la saison estivale, quatre petits chalets. Non loin de là, vous aurez la possibilité de pratiquer la randonnée pédestre, le vélo de randonnée, le canot, le kayak et la pêche, de même que, l'hiver venu, le ski et le patin.

«*Y a-t-il quelqu'un, je vous le demande, qui ne désire pas échapper au rythme infernal de la vie d'aujourd'hui...?*» Lorsque Norman Rockwell a écrit ces mots, il songeait probablement à sa maison de ferme isolée de West Arlington. De nos jours, cette maison de bois de 1792 est devenue **The Inn on Covered Bridge Green** *($$$; River Rd, à 7,5 km à l'ouest de la Route 7A, ☎375-9489 ou 800-726-9480, ⇌375-1208)*, un attrayant *bed and breakfast* donnant un aperçu de la jovialité rurale que les peintures de Rockwell ont si brillamment illustrée. La splendide rivière Battenkill coule en bordure des 2 ha de la propriété, entourée de vergers, de paisibles fermes laitières et d'écuries. Les quatre chambres, au sol recouvert de larges planches de bois de pin, et dont l'une est une suite à deux lits, sont meublées d'antiquités provinciales, et l'on trouve également sur les lieux un court de tennis aménagé par Rockwell.

Mount Snow

Les skieurs cherchant à se loger tout près des pentes peuvent se diriger vers le **Mount Snow Resort** *($$$; ≈; 89 Mountain Rd, ☎464-7788 ou 800-951-0311, ⇌264-4192)*, un chalet et complexe de condominiums (appartements) situés au pied même du mont Snow. Au total, on dénombre 240 chambres, studios et appartements modernes. Plusieurs chambres donnent directement accès aux pistes, et des piscines intérieures aussi bien que des courts de tennis couverts complètent les installations.

Bennington

Pour une atmosphère chaleureuse à proximité de tout, considérez le **Molly Stark Inn** *($$ pdj; ⊛; 1067 East Main St., ☎442-9631 ou 800-356-3076, ⇌442-5224)*, une maison victorienne de 1860 soigneusement restaurée par un jeune aubergiste enthousiaste et talentueux. Les six chambres sont petites mais charmantes, agrémentées de planchers de bois dur, de baignoires à pattes zoomorphes, de rideaux en dentelle et de papier peint au pochoir. Le porche longe la façade, et le salon dispose d'un vieux poêle à bois on ne peut plus chic. Une petite maison privée, construite sur le modèle d'architecture typique des demeures de la Nouvelle-Angleterre, soit avec deux étages à l'avant et un étage à l'arrière, une mezzanine, un puits de lumière et une baignoire à remous.

Le **South Shire Inn** *($$$-$$$$ pdj; bp, ⊛; 124 Elm St., ☎447-3839, ⇌442-3547)*, un somptueux manoir victorien perdu dans une mer d'arbres, est absolument éblouissant. Le rez-de-chaussée se présente comme une succession de boudoirs et de petits salons rehaussés de boiseries d'acajou, de portes en verre gravé à l'eau forte, de hauts plafonds sculptés et d'un escalier à couper le souffle. Une des chambres, pourvue de lits doubles antiques, se trouve au rez-de-chaussée; quatre autres, des plus confortables, vous attendent à l'étage et se parent de cheminées d'origine, de lits Reine-Anne, de courtepointes à œillets, de canapés sous fenêtres et de baignoires à remous. Les quatre dernières, plus contemporaines, ont été aménagées dans l'ancienne remise à calèches.

Woodford

À 19 km à l'ouest de Wilmington, le **Greenwood Lodge American Youth Hostel** *($; mai à fin oct; Route 9, à côté de la Prospect Ski*

Mountain, ☎442-2547) repose paisiblement dans un pittoresque vallon boisé. Rustique mais propre, ce chalet montagnard dispose de 20 lits répartis entre quatre pièces, dont certaines peuvent être louées à titre privé. Foyer, cuisine communautaire, étangs de pêche, canot et excellent ski de fond. Se trouve également sur place une vingtaine d'emplacements pour camper, à l'abri des arbres.

Wilmington

Si vous cherchez vraiment à vous éloigner de tout, songez à **The Hermitage Inn** *($$$$ ½p; ℜ; Coldbrook Rd, ☎464-3511, ⇒464-2688)*. Cette maison de ferme du XVIIIe siècle se veut un véritable trésor caché au bout d'une route pavée en bordure d'un ruisseau tumultueux. L'amour du propriétaire pour la chasse est rendu évident par les nombreux setters anglais qui sillonnent les 16 ha du domaine, de même que par les appeaux antiques qui occupent tous les coins de l'auberge. Vous trouverez même, sur place, un terrain de tir aux pigeons d'argile. Les 29 chambres, dont plusieurs disposent d'un foyer, sont rehaussées de motifs de chasse.

Brattleboro

De l'Art déco dans le Vermont? Jetez un coup d'œil du côté du **Latchis Hotel** *($$-$$$; 50 Main St., ☎254-6300, ⇒254-6304)*, un petit bijou de 1938 au cœur du centre-ville. Cet immeuble de quatre étages, qui abrite également un cinéma, scintille sous l'éclat de ses sols de mosaïque et de ses courbes chromées. Ses chambres aux doux tons pastel sont rehaussées de meubles en laque noire et de mobilier des années trente entièrement remis à neuf. Le plus beau, c'est que plusieurs des chambres donnent sur le fleuve Connecticut.

Newfane

À l'**Old Newfane Inn** *($$$-$$$$; fermé lun; Route 30, ☎365-4427 ou 800-789-4427)*, il y a un je ne sais quoi qui vous fait aussitôt sentir chez vous. Peut-être est-ce le large balcon désinvolte qui entoure le bâtiment, parsemé de chaises berçantes, les salons accueillants, avec leur cheminée en brique, ou le vieux magasin général, absolument charmant, qui se trouve de l'autre côté de la rue? Peut-être sont-ce les huit chambres décorées sans prétention, avec leurs riches boiseries et leur papier peint rustique, ou encore les érables majestueux qui se dressent sur la pelouse? Quoi qu'il en soit, une certaine magie flotte dans l'air, une magie qui remonte aussi loin que l'auberge elle-même, établie en 1787.

La sérénité recherchée du **Four Columns Inn** *($$$$; ≈; 230 West St., ☎365-7713 ou 800-787-6633, ⇒365-0022)* a depuis longtemps attiré nombre de célébrités en quête de paix, loin du rythme effréné de leur carrière, comme, par exemple, Mick Jagger, Tom Cruise et Nicole Kidman. Ceinte de 60 ha de forêt, cette auberge néoclassique du XIXe siècle dispose d'une piscine entourée de fleurs et d'un sentier pavé qui serpente à travers prés et ruisseaux. Elle se distingue par quatre colonnes imposantes encadrant une loggia où il fait bon se relaxer tout en écoutant le gazouillis des oiseaux. Les 15 chambres offrent des sols à larges planches, des rideaux en dentelle et une variété de lits à colonnes et à baldaquin. Deux suites sont également proposées.

Andover

Retiré de tout, à 11 km au nord-ouest de Chester, **The Inn at High View** *($$$-$$$$; bp, ≈; East Hill Rd, ☎875-2724, ⇒875-4021)* se présente comme un établissement qui fait bon accueil aux gays mais n'en attire pas moins une clientèle mixte. Il s'agit d'une jolie maison de ferme de 1789, agrandie au fil des ans et complètement rénovée en 1987. Les huit chambres en sont décorées à la Laura Ashley, et certaines arborent même des lits à baldaquin. L'endroit se veut paisible et se prête fort bien à la détente, quoique vous puissiez également vous baigner dans la piscine de l'auberge ou faire de la randonnée sur les sentiers voisins de la propriété. En hiver, vous pourrez par ailleurs faire du ski de randonnée directement sur la propriété, ou encore du ski alpin tout près à Okemo.

Grafton

The Old Tavern *($$$-$$$$; à l'intersection des routes 35 et 121, ☎843-2231 ou 800-843-1801)* s'impose sans doute comme le centre d'hébergement le plus réputé de Grafton, et à juste titre, puisque ses chambres sont réparties à travers 10 bâtiments historiques, situés en différents points de la petite ville. La maison principale, une construction coloniale de 1801, regorge d'antiquités remarquables, d'étain et de laiton, et révèle encore ses sols en bois de pin originaux. Jadis une halte populaire sur la route des diligences, la taverne a compté parmi ses hôtes des personnages aussi prestigieux qu'Ulysses S. Grant et Ralph Waldo Emerson. Chambres et cottages peuvent offrir, selon le cas, des tapis tressés, des meubles victoriens ou même une cuisine complète.

RESTAURANTS

Manger dans le Vermont, c'est tomber en amour avec l'héritage culinaire américain, caractérisé par une cuisine sentimentale qui fera vibrer vos cordes sensibles : crêpes moelleuses arrosées de sirop d'érable chaud, pommes de la région, baies cueillies sur place, faisans et perdrix des Green Mountains... Les plats du Vermont sont simples et rassurants, et vous les découvrirez aussi bien dans les chaleureux *bed and breakfasts* que dans les pittoresques restaurants qui bordent les routes et les chic bistros perchés à flanc de montagne.

La vallée de Champlain

Burlington

Burlington est la plus grande ville du Vermont, mais aussi sa capitale gastronomique. Il n'est donc pas étonnant qu'on y trouve une grande variété d'établissements de qualité, dont certains des meilleurs ont élu domicile sur Church St., plus particulièrement en bordure du Marketplace, une section piétonnière de quatre rues truffée de cafés-terrasses et bondée d'étudiants.

Pour des produits de la mer frais de la Nouvelle-Angleterre, c'est à l'**Ice House** *($$-$$$; 171 Battery St., ☎864-1800)* qu'il faut manger, occupant un bâtiment portuaire entièrement rénové et imprégné d'une vénérable atmosphère maritime. Parmi les spécialités de la maison, mentionnons l'espadon grillé, le saumon, le homard du Maine et une assiette de crevettes, calmars et pétoncles. Le bois et la pierre sont à l'honneur, et l'on y trouve également un comptoir d'huîtres et une terrasse extérieure.

Tout près, à Essex, le **Butler's** *($$-$$$; Inn at Essex, 70 Essex Way, Essex, ☎878-1100)* propose une nouvelle cuisine américaine préparée et servie par des étudiants du prestigieux New England Culinary Institute. Le menu change tous les soirs et comprend généralement un assortiment de plats de poisson et de viande révélant diverses influences ethniques. De plus, il comporte toujours un plat végétarien.

L'un des rares comptoirs de sushis du Vermont fait partie du **Marketplace at Sakura** *($$-$$$; 2 Church St., ☎863-1988)*, un restaurant simple mais gai, avec une salle *tatami* et de petites tables en bois donnant sur la rue. Les sushis et les sashimis sont frais à souhait, et habilement servis sur des plateaux de bois joliment dessinés. Si vous préférez un repas japonais chaud, optez pour le *yakitori* (brochettes de poulet grillé) ou le *gyoza* (boulettes de porc), ou encore choisissez parmi une vaste sélection de plats *teriyaki* et *tempura*.

Winooski

Le **Waterworks** *($$-$$$; The Champlain Mill, ☎655-2044)* est un bistro typiquement yuppie, avec un attrait particulièrement dominant : l'eau. La terrasse extérieure offre en effet une vue incomparable sur la rivière Winooski, dont les vagues se précipitent en tourbillonnant sur d'énormes rochers, créant ainsi un spectacle unique pour accompagner votre repas. Le menu affiche tout un assortiment de plats de poulet, de poisson et de fruits de mer, ainsi que de biftecks et de sandwichs. À l'intérieur, le décor est caractérisé par des murs de briques rouges, de hauts plafonds et de grandes fenêtres donnant sur l'eau.

Middlebury

Le **Woody's** *($$; fermé mar nov à avr; 5 Bakery Lane, ☎802-388-4182)* repose sur la berge de l'Otter Creek, en plein centre de la jolie Middlebury. Ce restaurant de trois étages arbore des fenêtres s'étendant du sol au plafond, de sorte que même les jours les plus gris semblent lumineux aux yeux de ceux qui prennent place dans sa salle à manger. Par temps chaud, essayez toutefois d'obtenir une table sur la terrasse extérieure. Les ingrédients frais sont à l'honneur dans la majorité des plats, et les potages se révèlent particulièrement délicieux. Parmi nos favoris, citons les *fajitas*, la salade César au poulet grillé et la soupe au fromage cheddar.

La région des Northern Mountains

Vous êtes ici au royaume du ski, et la majorité des restaurants sert une clientèle de sportifs courbatus et affamés. Aussi aurez-vous, plus d'une fois, la chance de trouver une marmite de soupe fumante suspendue dans l'âtre, de même que de confortables fauteuils où vous laisser choir.

Stowe

Pour vraiment connaître l'ambiance propre au **McCarthy's** *($; Mountain Rd, ☎253-8626)*, allez-y à l'aube, lorsque les fermiers du coin s'y présentent en salopette et en chapeau de paille. Ce sympathique bistro sert des petits déjeuners et des déjeuners copieux à la bonne franquette. Au menu : crêpes aux pommes et aux bleuets arrosées de sirop d'érable, œufs Bénédictine à la mode campagnarde, brioches glacées et pain à la citrouille (potiron). Les lieux sont modernes et aérés, avec une touche rustique à l'irlandaise.

Les amateurs de gastronomie ne voudront pas manquer l'**Isle de France** *($$-$$$; dîner seulement; fermé lun; Mountain Rd, ☎253-7751)*, un restaurant français classique, avec tout ce que cela implique. Le décor est terriblement parisien, rehaussé de meubles provinciaux, de toiles impressionnistes, d'immenses miroirs ornementés et de tables bien espacées, dressées dans la plus pure tradition romantique. Poissons et fruits de mer frais, biftecks, volailles, ris de veau et cuisses de grenouille sont à l'honneur, tous agrémentés de sauces capiteuses et magnifiquement bien servis. Voici la trouvaille : si, au lieu de vous attabler dans la grande salle à manger, vous vous installez dans le petit salon intime, vous aurez droit au même traitement pour environ la moitié du prix!

Le magnifique **Trapp Family Lodge** *($$$$; Luce Hill Rd, ☎253-8511)* possède l'une des salles à manger les plus réputées de la région. Encadré par de fabuleuses montagnes, le restaurant est simple quoique élégant, avec de grandes baies vitrées, des plantes suspendues et des tables en bois de chêne clair. Le menu est gastronomique, avec une tangente autrichienne. Essayez le *Zwiebelrostbraten* (recette viennoise de filet de boeuf aux oignons). Le menu est à prix fixe et propose une sélection de cinq plats.

Montpelier

Pour des mets mexicains de tout premier choix, faites un saut chez **Julio's** *($; 44 Main St., ☎229-9348)*. Cette paisible salle à manger du centre-ville, au sommet d'un escalier branlant, sert les principaux plats de ce pays du Sud, de même que certaines trouvailles intéressantes, comme la pizza mexicaine et les rouleaux impériaux mexicains! Le décor se compose d'un comptoir en bois de chêne brillant, d'arches en brique ainsi que de gravures et de couvertures artisanales suspendues aux murs.

Pour un environnement moins formel, visitez le **Culinary Institute's Main Street Grill & Bar** *($$; 118 Main St., ☎223-3188)*, situé au sous-sol du bâtiment. Entouré d'un décor campagnard éclectique, vous pourrez faire bonne chère dans ce bistro à l'ambiance désinvolte. Le poulet rôti aux herbes, accompagné de purée de pommes de terre, est particulièrement conseillé. En été, le restaurant est agrémenté d'un patio extérieur.

Vous pourrez savourer à **La Brioche Bakery and Café** *($$; 89 Main St., ☎229-0443)* des croissants légers, de petits gâteaux fins, des mille-feuilles et d'autres pâtisseries délectables.

Le dôme plaqué or du capitole se reflète dans les fenêtres du **Horn of the Moon Café** *($$; fermé lun; 8 Langdon St., ☎223-2895)*, un refuge bohème aux stores de bambou et au plancher de bois éraflé. Les fonctionnaires honorent volontiers l'éventail de plats végétariens créatifs qu'il propose, incluant soupes, salades, et desserts. Essayez les *chapatis* garnis de salade avec sauce *tahini*.

À Montpelier, l'institut culinaire de la Nouvelle-Angleterre (New England Culinary Institute) exploite trois restaurants proposant une cuisine très recherchée. Le plus prestigieux, le **Chef's Table** *($$$; fermé dim; 118 Main St., ☎229-9202)*, propose une cuisine traditionnelle américaine, ainsi que des recettes plus apparentées à la cuisine moderne. Les murs de couleur rouge, les peintures anciennes et la lumière tamisée concourent à créer une ambiance baroque, intime et romantique. Le menu saisonnier varie chaque jour et affiche une véritable cuisine de gourmet telle que petits chèvres chauds Napoléon et canard fumé au bois de noyer.

Barre

Le **Jack's Backyard** *($; fermé dim; 9 Maple Ave., ☎479-9134)* s'impose comme un populaire rendez-vous local plein d'atmosphère. Ce restaurant de deux étages aux allures de ranch est flanqué de roues de chariot, alors que ses murs sont tapissés d'anciennes plaques d'immatriculation et d'outils agricoles. Ceux qui s'attablent pour un verre ont droit à un seau en fer blanc rempli de maïs soufflé, mais la plupart des clients se laissent tenter par la grande variété de sandwichs, de crêpes et de salades, ou par le bœuf haché aux haricots rouges et au piment.

Waitsfield

Une charmante auberge des années 1850 doublée d'un restaurant, le **Millbrook Inn and Restaurant** *($$; tlj en hiver, mer-lun en été, fermé avr, mai et nov; Route 17, ☎496-2405)* capture véritablement l'essence même du Vermont. Le décor est à la fois chaleureux et invitant, avec ses sols revêtus de larges planches, ses antiquités rustiques et ses tableaux dépeignant des scènes de la vie locale. Un couple sympathique dirige l'établissement et en assure par ailleurs la cuisine, proposant des pâtes roulées à la main et des tartes vraiment spéciales. Parmi les plats au menu, retenons les deux spéciaux de poissons frais proposés chaque jour, la viande rôtie que suggère le chef, le *badami rogan josh* (agneau) et les crevettes au cari.

Plusieurs restaurateurs du Vermont cultivent leurs propres fruits, légumes et fines herbes, comme c'est le cas au **Tucker Hill Lodge** *($$; dîner seulement; fermé fin oct à fin nov et avr à fin mai; Route 17, ☎496-3983)*. La cuisine, comme la vaisselle dans laquelle elle vous sera servie, a un doux accent d'Italie. Pourquoi ne pas commencer par une assiette d'*antipasta* avant de déguster une bonne pizza cuite dans un four à bois, un plat de pâtes fraîches ou l'un des plats de veau ou de poisson?

Warren

Après 2 km de chemin de terre, vous débouchez sur le **Heidi's Dinersoar Deli** *($; fermé nov au Memorial Day; aéroport de Sugarbush, Airport Rd, ☎496-8831)*, un endroit de choix d'où l'on peut observer les avions évoluant à proximité. Perché au sommet d'un tout petit édifice servant d'aérogare aux localités de la région de Warren et de Sugarbush, le Dinersoar offre une vue enivrante sur les Green Mountains et les vallées avoisinantes. Son propriétaire, un jeune homme dévoué, vous propose petits déjeuners, soupes et plats cuisinés, de même que de délicieux desserts. Un excellent endroit pour se détendre en toute liberté.

Le raffinement et l'élégance discrète du **Common Man** *($$-$$$; dîner seulement; fermé lun; German Flats Rd, ☎583-2800)* lui ont mérité une solide réputation culinaire dans tout le Vermont. Occupant une grange du XIXe siècle, l'endroit est on ne peut plus romantique. De jolis chandeliers sont suspendus aux poutres des hauts plafonds, alors que des tables bien espacées entourent une grande cheminée en pierre. La cuisine est hautement gastronomique, avec une touche régionale : faisan rôti du Vermont, ris de veau du Vermont et caneton Normandie (glacé aux pommes).

Le Northeast Kingdom

La cuisine d'ici reflète la dureté du relief et, bien que les restaurants soient distants les uns des autres, ils méritent incontestablement les trajets panoramiques qu'il faut effectuer pour s'y rendre.

Newport

Le **Miss Newport Diner** *($; East Main St., ☎334-7742)* se définit comme un de ces adorables restaurants familiers où l'on sert d'excellents petits déjeuners et des déjeuners sans façon, comme à la maison. Cet établissement de 1947 compte cinq banquettes et une rangée de tabourets bleu et argent devant un comptoir où l'on échange les derniers potins. Le menu du petit déjeuner affiche œufs, omelette et crêpes variées, et ce, généralement pour moins de 5$. Au déjeuner, vous trouverez du pain de viande, du poulet frit, du jambon, du bifteck et des hamburgers au fromage.

Coventry Village

Les gens du coin ne sont pas sans savoir que, pour dîner au **Heermansmith Farm Inn** *($$; fermé lun-mar l'hiver; ☎754-8866)*, il faut réserver une table plusieurs jours à l'avance. Car cette maison de ferme de 1807, recluse au bout d'un chemin de terre raboteux de 3 km, est une véritable trouvaille, l'un de ces endroits qui vous réchauffent instantanément le cœur. Le dîner est servi dans un salon gracieusement orné d'anciennes lanternes, de bibliothèques en bois de pin, d'un âtre en pierre et de grandes baies vitrées donnant sur des champs de fraises ondulants. Le menu témoigne d'un grand raffinement, avec des délices comme le canard rôti enveloppé d'une sauce Chambord aux fraises, les crevettes sauce dijonnaise et le poulet aux pacanes nappé d'un beurre en sauce aux framboises. Ouvert le soir seulement.

Westmore

Sereinement campé près d'un lac creusé par un glacier, le **Willough Vale Inn** *($$-$$$; Route 5A, ☎525-4123 ou 800-541-0588)* offre un des panoramas les plus scintillants du Vermont. Les tables en bois de merisier cirées, les tapis orientaux et les tons de mauve et de vert apportent une touche d'élégance rustique à la salle à manger qui surplombe le merveilleux lac Willoghby. Au menu figurent entre autres le carré d'agneau et les moules cuites à la vapeur.

Montgomery Center

Le **Lemoine** *($$-$$$; Main St., ☎326-4391 ou 800-338-7049)*, situé dans l'enceinte de l'Inn on Trout River, propose un menu varié à même de satisfaire tous les goûts, comportant entre autres du poisson frais, du gigot d'agneau et de bonnes soupes maison, mais aussi, pour ceux qui doivent restreindre leur absorption de graisses, un choix innovateur de plats santé. Essayez d'obtenir une table près de la cheminée, dont le manteau présente des surfaces sculptées d'une grande finesse qui méritent d'être examinées de plus près, tout comme d'ailleurs les moulures et les lambris qui garnissent l'ensemble de l'auberge.

Le centre du Vermont

Pittsford

Tout juste au nord de Rutland, le **Swadi's Steak and Seafood** *($$; Route 7, ☎773-8124)* bénéficie d'une réputation de longue date pour son bœuf faisandé, épais et juteux, de même que pour ses poissons et fruits de mer frais et sans fantaisie. Mais le menu affiche également des plats cajuns, sans compter les plats du jour inscrits chaque soir sur le tableau noir. Des tables et des chaises en bois, un éclairage tamisé et un bon feu de foyer confèrent aux lieux un air régional parfaitement respectable.

Mendon

Les Green Mountains offrent un environnement de choix au restaurant de style autrichien qu'est le **Countryman's Pleasure** *($$; fermé dim; Town Line Rd, par la route 4 East, ☎773-7141)*. Ses délicates chaises en bois de pin, ses tentures roses et ses tresses de paille contribuent à créer une ambiance apaisante, non sans rappeler les majestueuses Alpes. Le menu, tout aussi impressionnant, affiche du canard rôti arrosé d'une sauce aux framboises et des médaillons de veau garnis de cèpes et de têtes de violon (une spécialité du Vermont) agrémentés de fromage Jarlsberg.

Killington

Pour une touche d'originalité montagnarde, allez faire un tour au **Mother Shapiro's** *($-$$; Killington Access Rd, ☎422-9933)*, un petit restaurant qui vous garantit des «*repas chauds jusqu'à la fermeture*». Les portions sont généreuses, et vous avez le choix entre les petits déjeuners traditionnels, le pain de viande, les salades aux fruits de mer et une délicieuse soupe au poulet. L'endroit est particulièrement apprécié par les skieurs.

Sa cuisine innovatrice, présentée avec art, a mérité une réputation enviable au **Hemingway's** *($$$; fermé lun-mar; Route 4, ☎422-3886)*. Tout est frais et apprêté avec le plus grand soins, dans ce décor de cristal et de nappes blanches, qu'il s'agisse du potage au homard et au maïs parfumé à la vanille, du faisan sauté aux champignons sauvages ou du bar rayé grillé, accompagné de légumes printaniers. Quant aux desserts, ce sont de véritables chefs-d'œuvre.

Woodstock

Le **Spooner's** *($$-$$$; Route 4, ☎457-4022)* se présente comme un endroit sans détour où l'on sert le steak à la mode new-yorkaise et la traditionnelle *mud pie*. Établi dans une ancienne grange, ce restaurant se caractérise par un long bar en laiton, de nombreuses arches et des fenêtres panoramiques encadrant un joli jardin. Mets américains de base, des hamburgers à la sole grillée.

Le **Bentley's** *($$-$$$; 3 Elm St., ☎457-3232)*, qui a fait ses débuts comme une modeste serre avant d'être transformée en buvette, fait désormais partie des restaurants les plus recherchés de la région. C'est un véritable rendez-vous gourmand rehaussé de tapis orientaux, de rideaux en dentelle et d'abat-jour à frange. Présentez-vous en tenue de sport ou de soirée, et régalez-vous de crevettes *pescatore*, de chili gastronomique ou de pâtes fraîches.

Quechee

Le **Simon Pearce Restaurant** *($$$; Main St., ☎295-1470)* réussit un alliage rare de fine cuisine et de haut talent artistique. Le souffleur de verre Simon Pearce, réputé dans toute la Nouvelle-Angleterre, a confectionné les magnifiques globes et vases à fleurs qui reposent sur les nappes irréprochables de cet établissement. Son menu continental créatif couronne le tout, avec entre autres son canard rôti rehaussé d'un chutney à la mangue et son thon en croûte au sésame, accompagné de petits gâteaux aux nouilles. Le bâtiment de briques qui l'abrite, un monument en soi, fut autrefois, au cours des années 1830, la plus importante usine de flanelle des États-Unis.

Le sud du Vermont

Manchester

Vers le milieu des années quarante, Norman Rockwell se prit d'affection pour le **Quality Restaurant** *($$; Route 7A, ☎362-9839)*, et il y a fort à parier qu'il en sera de même pour vous. Cette légende locale, qui a longtemps servi de lieu de rencontre par excellence aux gens du coin, déborde en effet de charme. Ses planchers de bois poli s'allongent au pied d'un bar fatigué où Rockwell avait l'habitude de lire son quotidien. L'un des murs arbore une inspirante reproduction de *War News*, dans laquelle l'artiste a immortalisé l'atmosphère du bistro à l'époque de la Deuxième Guerre mondiale. Petit déjeuner, déjeuner et dîner regorgent de spécialités typiquement américaines, du bœuf haché aux crêpes de bleuets, en passant par le saumon fumé sauce Alfredo.

Bennington

Pour ce qui est des panoramas, il est bien difficile de surpasser le **Publyk House Restaurant** *($$-$$$$; dîner seulement; Route 7A, ☎442-8301)*. Cette grange reconvertie qui date des années quarante offre une vue fabuleuse sur le monument érigé en mémoire de la bataille de Bennington, avec, pour toile de fond, le splendide mont Anthony. Des portes en bois sculpté, des fenêtres à vitraux et de nombreuses plantes vertes contribuent au décor. Quant au menu, il se compose essentiellement d'alléchants mets américains, incluant des volailles, des fruits de mer et des biftecks.

Wilmington

Le **Poncho's Wreck** *($$-$$$; South Main St., ☎464-9320)*, un restaurant de style pub au décor maritime et aux fenêtres ornées de vitraux, regorge de couleurs locales. Le menu est fiable et affiche un peu de tout, des mets mexicains à la pizza, en passant par les viandes fumées et les fruits de mer. L'ambiance est décontractée et pleine de gaieté, surtout au cours de la saison du ski.

Caché au bout d'un chemin cahoteux à flanc de montagne, **The Hermitage** *($$$-$$$$; Coldbrook Rd, ☎464-3511)* constitue un hommage vibrant au charme des dîners champêtres. Peintes dans les tons de bleu et de crème, ses trois salles à manger sont agrémentées de fenêtres panoramiques et de larges foyers, sans parler des centaines d'appeaux antiques collectionnés au fil des ans par un propriétaire fervent de la chasse aux oiseaux sauvages. De plus, le menu ne fait que réitérer cette passion, mettant en vedette la perdrix, les cailles, le faisan, le canard et les venaisons. On peut venir y déguster un dîner chaque soir de la semaine ainsi qu'un brunch le dimanche. Le propriétaire s'est par ailleurs mérité une réputation enviable à l'échelle des États-Unis pour sa collection de vins, qui réunit plus de 40 000 bouteilles. Bref, un endroit vraiment exceptionnel.

West Dover

L'**Inn at Sawmill Farm** *($$$$; Crosstown Rd, à la jonction de la route 100, ☎464-8131)* a été aménagé dans une grange de 1797. Son menu continental, qui change régulièrement, comprend généralement une variété de plats de poisson frais et un assortiment de plats de viande, de volaille et de gibier. Il propose par ailleurs une des plus impressionnantes cartes des vins de tout le Nord-Est des États-Unis, sa cave renfermant quelque 36 000 bouteilles!

Marlboro

Le **Skyline Restaurant** *($$; Route 9, ☎464-5535)*, un restaurant à la bonne franquette avec vue spectaculaire, s'impose comme un endroit idéal où flâner en matinée. Juché sur la Hogback Mountain, à 600 m d'altitude, le Skyline offre un décor simple et un panorama qui s'étend sur plus de 150 km. C'est le petit déjeuner qui représente la plus grande sensation ici, avec ses gaufres aux bananes et à la noix de coco arrosées (vous l'aurez deviné) de sirop d'érable du Vermont, ses copieuses omelettes et sa bouillie d'avoine fumante. Au dîner, essayez la truite au poêlon ou le jambon traité au sucre.

Brattleboro

Vous devez escalader un escalier délabré pour vous rendre au **Common Ground** *($; fermé mar; 25 Elliot St., ☎257-0855)*, qui propose un large éventail de créations ethniques et de plats préparés à partir de produits biologiques. Jadis une caserne de pompiers, au milieu du XIXe siècle, ce restaurant aux sols de briques et de planches usées dispose d'un solarium dominant le brouhaha du centre-ville. Sa cuisine ouverte, où voltigent chefs et ustensiles, est le creuset des nombreux délices végétariens qu'on sert ici. Nous vous recommandons le burger aux noix d'acajou, la salade aux algues et la bière de gingembre maison.

Le **Peter Havens** *($$-$$$; mar-sam; 32 Elliot St., ☎257-3333)* est minuscule mais raffiné, et ses auvents en bordure de rue lui confèrent une certaine discrétion. Sa cuisine continentale porte essentiellement sur les poissons et fruits de mer frais, comme le curry de crevettes, les pétoncles à la provençale et l'espadon grillé au beurre noir. Ses nappes en tissu, ses œuvres d'art originales et ses 10 tables en font un parfait rendez-vous amoureux.

Le minuscule **T.J. Buckley's** *($$$-$$$$; fermé lun; 132 Elliot St., ☎257-4922)* est bien le dernier endroit où vous vous attendriez à trouver certains des meilleurs plats gastronomiques de cette ville. Et pourtant, c'est bien le cas. Cet adorable restaurant au décor éclectique ne compte que huit tables et propose, chaque soir, quatre plats différents qui ne cessent de se renouveler. À titre d'exemple, vous pourriez aussi bien y déguster du bar rayé accompagné de raifort et des poitrines de poulet aux jeunes pousses de moutarde que des crevettes géantes et des palourdes servies dans un consommé de champignons, préparé avec des oignons caramélisés et du vinaigre de framboises.

Newfane

L'**Old Newfane Inn** *($$$; Route 30, en bordure du square, ☎365-4427)*, un majestueux bâtiment provincial datant de 1787, renferme un restaurant hors du commun. Le décor est typiquement vermontois : planchers en bois de pin foncés, hauts plafonds traversés de poutres et murs de brique parsemés de splendides antiquités. Le menu affiche une vaste gamme de délices à vous faire écarquiller les yeux, comme le confit d'oie fumée et les cuisses de grenouille à la provençale. Dîner seulement.

Son charme et son élégance ont fait la réputation du restaurant du **Four Columns Inn** *($$$-$$$$; fermé mar; 230 West St., ☎365-7713)*, réputé dans toute la région pour sa remarquable cuisine traditionnelle. Construite en 1839, cette auberge coloniale en bois équarri à la main arbore quatre colonnes grandioses devant sa loggia. À l'intérieur, les tables éclairées à la chandelle sont soigneusement disposées autour d'un âtre en brique rehaussé de fenêtres drapées de fines dentelles. Nous vous suggérons la poitrine de canard grillée dans une sauce aux petits fruits, le curry de crevettes servi avec des légumes verts chauds ainsi que la salade à l'ananas et au yogourt, sans oublier la fumante bouillabaisse de la Nouvelle-Angleterre.

Grafton

The Old Tavern *($$$; fermé avr; Main St. à la jonction de la route 121, ☎843-2231)* révèle une chaleur cérémonieuse qui trahit son riche héritage. De fait, les jolis planchers en bois de pin et les plafonds traversés de poutres de cette auberge ont accueilli des personnages de la trempe d'Oliver Wendell Holmes et de Henry David Thoreau. Les deux vastes salles à manger sont ornées d'antiquités et de portraits américains, alors qu'un solarium baigné de lumière donne sur des jardins pittoresques. Le menu affiche essentiellement des spécialités locales, comme l'agneau des Green Mountains, la longe de porc fumé et le saumon de la Nouvelle-Angleterre.

SORTIES

Même si le Vermont n'est pas spécialement réputé pour ses boîtes de nuit, il n'en possède pas moins d'excellents pubs et pianos-bars, surtout dans les stations de ski, et offre en outre un vaste choix de spectacles. C'est à Burlington, où 16 000 étudiants emplissent une multitude de discothèques, de bars avant-gardistes et de cafés dansants, que la vie nocturne est la plus animée.

La vallée de Champlain

Burlington

Le **Flynn Theater for the Performing Arts** *(153 Main St., ☎863-5966)*, un auditorium Art déco de 1 400 places où l'on présentait jadis des vaudevilles, propose une gamme remarquable de pièces d'envergure nationale et internationale, de même que des concerts de musique symphonique ou de danse.

Le **Nectar's** *(188 Main St., ☎658-4771)*, un réduit sombre et enfumé, essentiellement fréquenté par une clientèle dans la trentaine, présente des formations de blues et de rock de tout premier ordre. À l'étage, au **Club Metronome** *(droit d'entrée selon les formations; ☎865-4563)*, le blues, le funk, le *ska* et le *hip-hop* sont à l'honneur, et sur scène s'il-vous-plaît!

Pour danser à perdre haleine, rendez-vous au **Sh-na-na's** *(droit d'entrée ven-sam; 101 North Main St., ☎865-2596)*, dont la vaste piste en damier est ponctuée de souvenirs d'Elvis et d'autres légendes des années cinquante. Diffusant des enregistrements des années cinquante aux années quatre-vingt-dix, l'endroit est souvent bondé.

Le seul bar gay à des kilomètres à la ronde est le **135 Pearl** *(droit d'entrée; 135 Pearl St., ☎863-2343)*, où l'on danse du jeudi au dimanche. Bar à jus pour les 18 ans et plus le mercredi, et spectacles de cabaret le dimanche. Clientèle essentiellement gay.

Le **Sweetwaters** *(à l'angle des rues Church et College, ☎864-9800)* s'impose comme sans contredit la boîte la plus huppée de la région, où les clients s'installent autour d'un bar rutilant pour observer tout ce qui se passe dans la rue à travers de grandes baies vitrées.

Les oiseaux de nuit se retrouvent volontiers au **Vermont Pub and Brewery** *(144 College St., ☎865-0500)*, une brasserie à la fois spacieuse et chaleureuse, agrémentée de murs de brique, d'arches, de miroirs et de plantes suspendues. Des groupes de musiciens viennent d'ordinaire y jouer de la musique acoustique les jeudis, vendredis et samedis.

La région des Northern Mountains

Stowe

The Matterhorn, Bamboo Bar and Oasis Grill *(droit d'entrée; fermé en été; Mountain Rd, ☎253-8198)*, une boîte d'envergure située près du mont Mansfield, accueille des groupes rock connus au cours de la saison du ski.

Un des boîtes de nuit les plus branchées en ville est **The Rusty Nail** *(Mountain Rd, Stowe, ☎253-6245)*, où la foule danse au rythme des formations musicales qui se produisent sur scène la fin de semaine. L'endroit devient complètement bondé durant la saison de ski.

Montpelier

Les fonctionnaires se coudoient au **Thrush** *(107 State St., ☎223-2030)*, un bar minuscule décoré de photos anciennes où l'on présente parfois des chanteurs folks.

Au **Charlie O's** *(Main St., ☎223-6820)*, une salle de billard dont les tapis élimés s'étendent au pied d'un bar en bois de pin usé, des groupes jouent du blues, durant les fins de semaine, à travers des haut-parleurs qui peinent à la tâche.

Les amateurs du jazz se rendront les fins de semaine au **Main Street Grill & Bar** *(118 Main St., ☎223-3188)*. Ce bar confortable, situé dans un sous-sol, propose la plus grande variété de vins, bières et alcools. Aux murs, vous pourrez admirer les magnifiques mosaïques et les oeuvres d'art qui y sont exposées.

Waitsfield

Les théâtres locaux sont généralement de qualité dans le Vermont, ce qui est précisément le cas au **Valley Players Community Theater** *(Route 100; ☎496-9612)*, qui présente surtout des drames et des comédies dans un théâtre en brique de deux étages et de 200 places.

Warren

The Blue Tooth *(droit d'entrée; Mountain Access Rd, ☎583-2656)* se définit comme un de ces endroits où il fait bon se détendre après une journée sur les pentes de ski, tout en écoutant des formations de musique contemporaine.

Sugarbush Village

Le **Backroom Saloon** *(☎583-2600)*, une discothèque dotée d'une piste de danse plutôt réduite et de seulement quelques tables, est sans doute la boîte la plus fréquentée du coin pendant la saison du ski. On y présente, de temps à autre, des formations musicales le mercredi soir.

Le Northeast Kingdom

À part quelques bars de motel et salles de billard, cette région de montagne plutôt isolée n'offre qu'une vie nocturne restreinte.

Le Canada et les États-Unis se partagent la **Haskell Opera House** *(Casswell Ave., Derby Line, ☎819-876-2471)*, un splendide bâtiment historique richement décoré qui présente aussi bien des pièces de théâtre, des comédies musicales et des humoristes de renom que des ballets et des concerts de jazz ou de musique symphonique. Un trait à la craie marque la frontière entre les deux pays, les sièges de bois se trouvant dans le Vermont et la scène au Québec.

Newport

Prenez tranquillement un verre sur le bord du lac à la terrasse de l'**Eastside** *(Lake St., ☎334-2340)*, ou encore, durant les mois d'hiver, relaxez-vous devant la cheminée du bar aux décorations nautiques.

The Nickelodeon Café *(droit d'entrée sam-dim; 41 Main St., ☎334-8055)*, un pub distingué au décor irlandais, se prête parfaitement bien à la dégustation d'une bonne bière froide. L'endroit accueille des groupes musicaux les fins de semaines.

Le centre du Vermont

Killington

Le **Mother Shapiro's Restaurant** *(Killington Access Rd, ☎422-9933)* abrite un bar local qui a beaucoup de charme. Chanteuse de jazz accompagnée d'un pianiste le samedi soir.

Les skieurs s'amassent en foule au **Pickle Barrel** *(Killington Access Rd, ☎422-3035)*, qui propose des soirées de rock-and-roll dans un décor de grange. Piste de danse gigantesque.

Woodstock

Le **Bentley's** *(3 Elm St., ☎457-3232)*, dans le vent au possible, est et a toujours été l'endroit par excellence où manger à Woodstock. Rideaux de dentelle, lampes anciennes, tapis orientaux et un long bar poli composent le décor. On y danse le vendredi et le samedi sur des airs présentés par un disc-jockey.

Le sud du Vermont

Mount Snow

En plein cœur des activités alpines, **The Snow Barn** *(droit d'entrée; South Access Rd, ☎464-3333)* attire une foule nombreuse, en hiver, grâce à ses concerts de rock-and-roll.

Bennington

L'une des troupes théâtrales les plus prestigieuses du Vermont, l'**Oldcastle Theater Company** *(qui se produit au Bennington Center for the Arts, situé à l'intersection de la route 9 et de Gypsy Lane, ☎447-0564)*, présente, de mai à la fin d'octobre, des tragédies, des pièces comiques et des comédies musicales dans son nouveau centre des arts.

Le **Lilly's** *(droit d'entrée; jeu-sam; 135 Depot St., ☎447-2139)*, un bar sportif quelque peu délabré aux planchers de bois usés, adjacent à un terrain de volley-ball, propose, toutes les fins de semaine, des formations musicales et des airs préenregistrés en tout genre, du country au contemporain.

West Dover

Le **Deacon's Den** *(droit d'entrée; Route 100, ☎464-9361)*, tout près de Wilmington, se présente comme une brasserie de verre et de bois où les skieurs aiment bien s'arrêter pour prendre une bière fraîche. En hiver, des formations de blues et de rock-and-roll se produisent sur sa scène la fin de semaine.

Brattleboro

La **McNeill's Brewery** *(90 Elliot St., ☎257-2553)* s'impose comme un merveilleux bar de quartier proposant un vaste choix de bières pression, incluant une variété brassée sur les lieux mêmes. Enregistrements de jazz et de musique contemporaine.

Les résidants en mal d'*underground* se rendent au **Mole's Eye Café** *(droit d'entrée sam; fermé dim; à l'angle des rues Main et High, ☎257-0771)*, un refuge bruyant et bondé, garni de banquettes et présentant à l'occasion des formations de blues ou de rock.

ACHATS

Dans l'ensemble, qu'il s'agisse de boutiques de cadeaux rustiques, de magasins d'usine, d'antiquaires ou de commerces épicuriens proposant sirop d'érable et fromages locaux, les magasins du Vermont sont terre-à-terre et sans prétention. Pour vous assister dans vos excursions de magasinage, la **Vermont Travel Division** *(134 State St., Montpelier, VT 05602, ☎828-3236)* met à votre disposition d'excellentes brochures qui vous indiqueront où trouver ce que vous cherchez.

La vallée de Champlain

Burlington

Parcourez la **Church Street Marketplace** *(Church St., entre les rues Main et Pearl)*, et découvrez une mine d'excellentes boutiques à la mode. En guise d'exemple, **The Symmetree Company** *(89 Church St., ☎658-1441)* propose toutes sortes d'objets inspirés du thème de la forêt, qu'il s'agisse d'horloges, de jouets, de meubles ou d'encadrements pour miroirs.

Charlotte

Il faut presque un miracle pour trouver **Authentica African Imports** *(Greenbush Rd, à environ 1,5 km au nord de Ferry Rd, ☎425-3137)*, mais, une fois sur place, vous ne le regretterez pas. Plus qu'un simple magasin, cet endroit permet de se familiariser avec les styles et les coutumes du continent africain, en proposant des bijoux du Kenya et du Sénégal, des tapis en poil de chameau et en peau de chèvre, des couvertures du Mali, des tapis éthiopiens, des poteries zoulous, des statues de fertilité du Malawi et bien d'autres merveilles encore.

La région des Northern Mountains

Stowe

Ces dames n'auront pas à tergiverser longtemps chez **Decisions, Decisions** *(1813 Mountain Rd, Unit 2, ☎253-4183)*, où un choix de lingerie de nuit et d'articles confortables pour l'hiver les attend.

Au **Silver Den** *(Main St., ☎253-8787)*, un commerce en sous-sol, de magnifiques bijoux ouvrés par plus de 30 artisans du coin retiendront votre attention.

Everything Cows *(Main St., ☎253-8779)* recèle toutes sortes d'objets à saveur bovine tels que des t-shirts et des cravates à motifs de vaches, des lampes et des horloges «à cornes», de même qu'une foule d'autres articles dans la même veine.

Montpelier

The Mystic Trader *(23 Langdon St., ☎229-9220)* se présente comme un bazar éclectique où s'entassent bougies, encens, bijoux martelés et ouvrages ésotériques.

Plus de 50 000 livres de poche encombrent les étagères du **Yankee Paperback Exchange** *(11 Langdon St., ☎223-3239)*, où vous trouverez aussi bien de vieux classiques que des perles rares hors d'impression ou des ouvrages spécialisés sur la religion, la cuisine et l'art de vivre.

Waitsfield

Même si vous en ressortez les mains vides, n'hésitez pas à visiter **The Store** *(Route 100, ☎496-4465)*, un magasin de deux étages qui constitue un véritable paradis pour les amateurs de cuisine; il est truffé d'objets relatifs à la gastronomie. On y trouve également des articles d'ameublement, ainsi que quelques antiquités américaines, anglaises et irlandaises.

Le propriétaire du **Blue Toad** *(Route 100, ☎496-2567)* est un fleuriste pas comme les autres, puisqu'il vend aussi des bougies, des savonnettes et des boîtes de poupées de Russie, de Pologne et d'autres contrées.

Warren

Cependant, ne manquez surtout pas **The Warren Store** *(Main St., ☎496-3864)*, un ancien poste de relais pour les diligences devenu magasin général à la mode du bon vieux temps. Découvrez d'abord les étalages de fruits et légumes frais de la ferme, de miel et de confitures maison, et de paniers fabriqués à la main; puis une boulangerie enchanteresse; et enfin, à l'étage supérieur, un assortiment de vêtements, de bijoux et d'articles en cuir.

Le Northeast Kingdom

Newport

Vous partez à la pêche? **The Great Outdoors Trading Co.** *(73 Main St., ☎334-2831)* regorge d'accessoires de pêche, mais vend aussi des vélos de montagne et des skis.

The Landing Clothing Company *(60 Main St., ☎334-2953)* ne tient pas que des tenues habillées pour hommes, mais aussi des jeans et des vêtements sport pour les représentants des deux sexes.

Le centre du Vermont

Rutland

Pour des objets artisanaux hors de l'ordinaire, faites un saut au **Truly Unique Gift Shop** *(Route 4 East, ☎773-7742)*, où l'on vend également divers produits du Vermont.

North Clarendon

C'est Noël toute l'année à la **Christmas Tree Barn** *(48-B Cold River Rd, ☎775-4585)*, une imposante grange du XIXe siècle bourrée de décorations de Noël de toutes sortes, de pots-pourris, d'arrangements de fleurs séchées, de peintures à l'huile et d'antiquités.

Shrewsbury

À la **Meadowsweet Herb Farm** *(729 Mount Holly Rd, ☎492-3565)*, plusieurs serres et jardins créent un environnement fort agréable, pénétré de goûts et d'odeurs exceptionnels, comme la menthe poivrée au chocolat, la sauge à l'ananas et le souci au citron. Des couronnes de fleurs, des condiments ainsi que des sacs de semences sont également en vente.

Woodstock

La riche Woodstock se prête bien au magasinage de luxe, surtout au centre-ville, qui réunit la plupart des boutiques et où il est très agréable de se promener. **The Vermont Workshop** *(73 Central St., ☎457-1400)*, situé dans une maison construite en 1826, propose des cadeaux en tout genre ainsi que des articles en dentelle.

De grands trésors culinaires vous attendent chez **F.H. Gillingham & Sons** *(16 Elm St., ☎457-2100)*, qui vend même des vins coûteux, des paniers à pique-nique et des articles de cuisine extravagants.

Réjouissez tout ensemble vos yeux et votre nez au **Primrose Garden** *(26 Central St., ☎457-4049)*, où vous trouverez un assortiment respectable de pots-pourris odorants et de fleurs en soie, des candélabres et des articles en verre soufflé.

Quechee

Le vaste **Quechee Gorge Village** *(Route 4 West, ☎295-1550)* regroupe sous son toit rouge toutes les spécialités du Vermont, du sirop d'érable aux fromages locaux, en passant par les paniers en osier et les livres de cuisine campagnarde.

Le sud du Vermont

Bennington

Now and Then Books *(439 Main St., ☎447-1470)* possède une incomparable collection de livres d'occasion ou hors d'impression.

Le remarquable **Bennington Museum Shop** *(West Main St., ☎447-1571)* propose des gravures de Grandma Moses, des livres historiques, des poteries émaillées au sel, de l'artisanat local et des ouvrages sur l'art de collectionner de tels objets.

Un tantinet futuriste, **Panache** *(434 Main St., ☎442-8859)* garnit ses étalages de vêtements pour dames, de cadeaux et d'accessoires tels que bijoux d'Indonésie et du Pacifique Sud, sans oublier ses papiers à lettres au cachet artistique peu commun.

Wilmington

Le choix original et amusant de livres et d'enregistrements sonores de **Bartleby's Books & Music** *(North Main St., ☎464-5425)* reflète l'amour de son propriétaire pour les œuvres de fiction, l'histoire, l'État du Vermont, la cuisine, le rock-and-roll et la musique classique.

Mountain Jeanery *(South Main St., ☎464-5818)*, logé à l'enseigne d'une ancienne forge, est un magasin qui propose aux mordus un assortiment d'articles de seconde main provenant de l'armée ou de la marine américaine ainsi que des vêtements de femmes neufs ou d'une autre époque.

Après une visite au **The Next Store** *(South Main St., ☎464-5818)*, vous pourrez vous vêtir à la Marilyn Monroe (à moins que vous ne préfériez Madonna). On y vend en effet des vêtements d'une autre époque tels que gants en dentelle aux coudes, lunettes de soleil serties de faux diamants et bijoux de style victorien ou Art-déco.

Brattleboro

Procurez-vous des vêtements griffés à prix réduits au **Sam's Army and Navy Department-Store** *(74 Main St., ☎254-2933)*, une institution du centre-ville de Brattleboro occupant un bâtiment de briques rouges.

Townshend

Les tout-petits et les jeunes enfants adoreront **Jeannie Mac** *(Route 30, ☎365-7040)*, qui vend des vêtements de coton fabriqués exclusivement au Vermont.

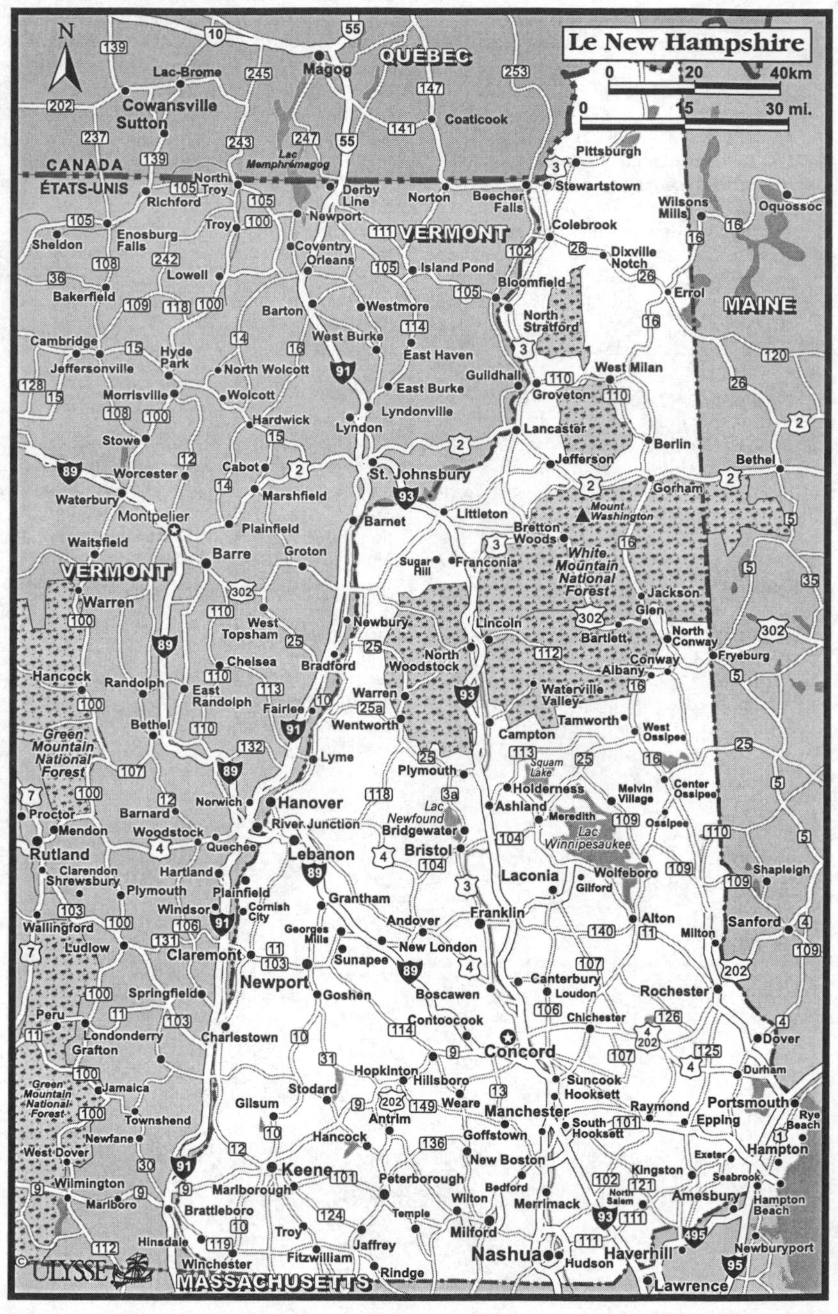

Le New Hampshire
QUÉBEC
CANADA
ÉTATS-UNIS
VERMONT
MAINE
MASSACHUSETTS
White Mountain National Forest
Green Mountain National Forest
Mount Washington
Lac Memphrémagog
Lac Newfound
Lac Winnipesaukee
Squam Lake
Concord
Manchester
Nashua
Portsmouth
Keene
Lebanon
Hanover
Laconia
Montpelier
St. Johnsbury
Rutland
ULYSSE

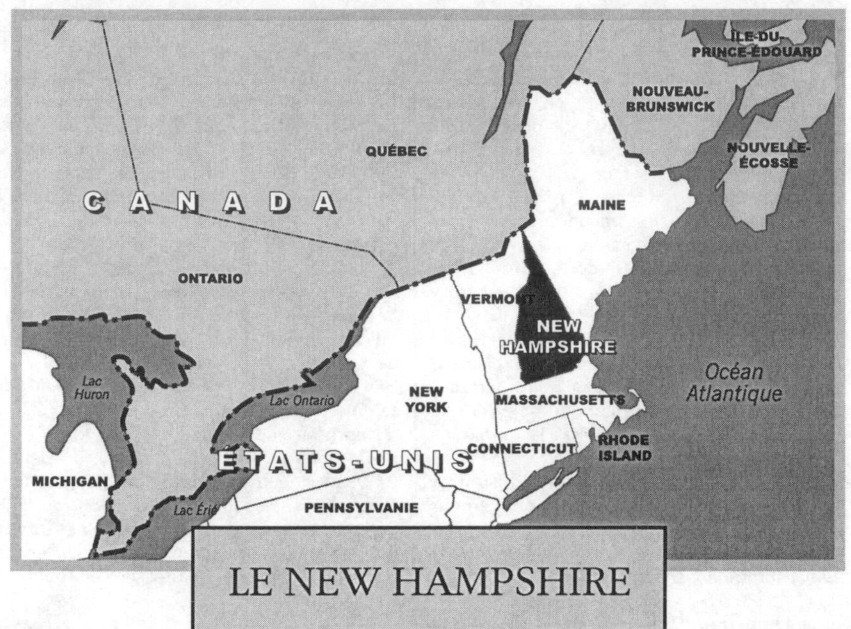

LE NEW HAMPSHIRE

Née sous l'action du granit en fusion et des mouvements de glaciers géants, la surface géologique du New Hampshire n'était, il y a environ 300 millions d'années, qu'une masse confuse de terre et de glace recouverte de fumée. En se dilatant, la roche brûlante exerça de fortes poussées qui firent se cambrer le sol jusqu'à ce qu'il subisse de nombreuses ruptures, alors qu'en se déplaçant la calotte glaciaire polissait les collines et les montagnes ainsi formées pour ensuite fondre rapidement et enfanter lacs et rivières.

Dans leur course folle, ces torrents glacés déposèrent ici et là des milliers de morceaux de granit, ceux-là même qui donnent aujourd'hui au New Hampshire son relief accidenté, et qui lui valent d'ailleurs d'être surnommé «l'État du granit». C'est ainsi que de massifs blocs de pierre jonchent les champs cultivés, s'accrochent au sommet des montagnes et avancent jusque dans l'océan, évoquant fréquemment par leur silhouette surnaturelle quelque objet ou visage vaguement familier.

Les traces d'activité humaine dans la région remontent à plus de 8 000 ans, époque à laquelle les tribus des Indiens Abenakis et Pennacooks sillonnaient déjà le territoire. Appartenant à la nation algonquine, elles pêchaient dans les rivières d'eau vive, parcouraient les forêts à la recherche de gibier et de fruits sauvages, et recueillaient même l'eau sucrée des érables. Le premier visiteur européen des lieux fut le capitaine anglais Martin Pring, qui, en 1603, remonta la rivière Piscataqua; mais il fallut attendre jusqu'en 1623 pour qu'une première colonie s'y établisse à Odiorne Point, qui fait désormais partie de Rye.

Plusieurs bourgades firent alors leur apparition sur la côte et en bordure des rivières. Strawberry Banke, aujourd'hui devenue Portsmouth, devint bientôt la capitale et le nerf commercial de la région, attirant pêcheurs, tonneliers et constructeurs navals. En 1643 cependant, un Massachusetts un peu trop avide décida d'annexer les nouveaux hameaux à sa Bay Colony, les gardant ainsi captifs pendant 36 ans, c'est-à-dire jusqu'à ce que l'Angleterre déclare officiellement le New Hampshire province de la Couronne.

Les épaisses forêts, les hivers rigoureux et le sol impitoyable ne facilitèrent pas la tâche de ceux qui tentèrent d'apprivoiser l'intérieur du New Hampshire. Qui plus est, les Amérindiens autrefois amicaux appréciaient de moins en moins ces intrusions et l'exploitation qui en résultait, ce qui donna lieu à une succession d'affrontements violents. Lors d'un incident devenu célèbre pour son caractère particulièrement odieux, les Amérindiens capturèrent une dénommée Hannah Dustin, âgée de 39 ans et mère de 12 enfants, et l'emmenèrent à River Islet, près de l'actuelle Concord. Dans un excès de zèle patriotique, cette femme de colon profita de l'obscurité de la nuit pour tuer et scalper ses 10 ravisseurs endormis avant de prendre la fuite.

Au milieu du XVIIIe siècle, les colons s'acharnaient sans relâche à cultiver le sol rocailleux et ingrat, tandis que des conflits sanglants opposaient Français et Amérindiens, de plus en plus amers face à l'intrusion des Blancs sur leur territoire. La guérilla qui s'ensuivit en 1763 finit par mettre un terme aux affrontements, mais la guerre d'Indépendance ne devait pas tarder à entraîner de nouvelles luttes sur ce sol déjà durement frappé.

C'est la vengeance au cœur que le New Hampshire s'engagea dans la Révolution. En décembre 1774, lorsque les patriotes apprirent de Paul Revere que les soldats britanniques s'apprêtaient à marcher sur Portsmouth, ils prirent aussitôt d'assaut les forts William et Mary. Puis, six mois plus tard, le gouverneur anglais était chassé de la colonie. Enfin, en janvier 1776, le New Hampshire devint le premier État indépendant américain.

Après la guerre d'Indépendance, les résidants renoncèrent à l'agriculture au profit de l'industrie textile. Mais une source de revenus encore plus fabuleuse pointait à l'horizon : la foule des touristes avides de plaisir qui, attirés par ses paysages ensorcelants et ses innombrables ressources naturelles, commençaient à affluer vers le New Hampshire. Pour reprendre les propos d'un visiteur ayant beaucoup voyagé : «*Il ne fait aucun doute que les paysages du New Hampshire sont plus variés et plus magnifiques que ceux de tout autre État américain.*»

Des milliers de nouveaux venus, les estivants, convergèrent ainsi vers cette terre prometteuse. Les plus riches érigèrent d'imposants domaines ou des hôtels de grand luxe, tandis que la majorité se contentait de maisons à charpente de bois entourées de clôtures blanches, passant l'été sur leur large balcon. Une nouvelle industrie avait soudainement vu le jour.

Vers la fin du XIXe siècle, un raz-de-marée d'une autre espèce devait à son tour déferler sur la région. Sans crier gare, l'industrie du bois s'empara des White Mountains et rasa des milliers d'hectares afin de répondre aux besoins insatiables des scieries. Si bien qu'en moins de 20 ans de vastes étendues stériles jonchaient le flanc des montagnes et menaçaient dangereusement la faune locale.

N'eût été du cri de révolte de la population, forçant le Congrès à mettre un terme à cette destruction massive, le New Hampshire aurait sans doute vu disparaître à jamais une grande partie de ses précieuses ressources forestières en régions montagneuses. Heureusement, le Weeks Act de 1911 amena le gouvernement fédéral à faire l'acquisition de la plupart des forêts de l'État, pour former ce qui est aujourd'hui devenu la White Mountain National Forest, vaste de quelque 310 000 ha.

Les terres boisées couvrent désormais 84% de la superficie totale de cet État et sont parsemées d'environ 1 300 lacs, de véritables oasis de beauté et de mystères sauvages. Le New Hampshire, qui forme un mince triangle pointant vers le Canada, ne s'étend que sur 270 km du nord au sud, et que sur 145 km d'est en ouest dans sa portion la plus large. Mais ses 24 097 km^2 couvrent six régions géographiques à ce point disparates qu'on pourrait croire qu'elles appartiennent à différents États; quoi qu'il en soit, leur juxtaposition sur ce territoire offre un spectacle naturel on ne peut plus saisissant.

Tout au nord du New Hampshire se dressent les stupéfiantes White Mountains, majestueuses et magnifiques. Ici, la vie ralentit : on exploite de petites fermes ou de modestes commerces, et l'on élève tranquillement ses enfants. On dénombre néanmoins quelques niches touristiques, le plus souvent des stations de ski, entre les cimes des conifères et de petites routes isolées.

Au pied des White Mountains, la région des lacs, riche amalgame de nappes azurées où se reflètent des sommets peu élevés, est à la fois captivante et apaisante. Au total, 273 étendues d'eau sont ainsi réunies au cœur du New Hampshire. Leurs noms, dont plusieurs leur ont été donnés par les Amérindiens, débordent de romantisme et d'exotisme. D'entre tous les lacs situés sur le territoire même des États-Unis, le lac Winnipesaukee, avec ses 455 km de rivages et ses 274 îles habitables, est le sixième en importance.

L'extrémité centre-ouest de l'État, que longe le fleuve Connecticut, révèle des champs de maïs, de subtiles montagnes et les terres cultivées du Dartmouth College. Tout près, le lac Sunapee et son fidèle gardien, le mont Sunapee, servent de terrains de jeu aux amateurs de plein air toute l'année durant.

Le long du couloir sud-ouest se profilent les montagnes désolées de la région du Monadnock, un exemple typique de la scène rurale si caractéristique de la Nouvelle-Angleterre. Ponts couverts, granges ravagées par les intempéries et charmants villages de campagne semblent tous accrochés à jamais au XVIIIe siècle.

La vallée de la Merrimack s'étend sur la portion inférieure du New Hampshire, où d'anciennes usines textiles ponctuent les rives du fleuve. C'est dans cette région que se trouve Manchester, la plus grande ville du New Hampshire, de même que Concord, le siège du gouvernement de l'État.

La côte, fouettée par les vents, ne se déploie que sur 29 km entre le Maine et le Massachusetts, mais ses impressionnantes jetées, ses bassins de marée tourbillonnants et ses généreuses plages de sable recèlent des trésors de beauté dignes des plus grands États. De plus, Portsmouth, sans contredit l'un des plus beaux ports de la Nouvelle-Angleterre, rayonne de culture, de commerces et de vestiges historiques attachants.

Outre ses indéniables attraits naturels, le New Hampshire devient un point de mire politique national tous les quatre ans, puisque, depuis 1915, c'est ici que se tiennent chaque fois les premières élections primaires en vue de la course à la présidence des États-Unis.

Cette revendication de primauté a valu à ce petit État d'exercer une influence majeure sur les destinées politiques de la nation, car les candidats à la présidence déterminent souvent l'allure de leur campagne électorale selon les résultats obtenus dans le New Hampshire. Pas plus loin qu'en 1988, George Bush prenait les devants dans la course après avoir battu Robert Dole dans cet État baromètre. En 1976, c'est un Jimmy Carter peu connu qui gagnait en crédibilité après avoir été chaleureusement accueilli ici. Il faut d'ailleurs reconnaître que, depuis 1952, les états d'âme du New Hampshire ont toujours donné l'heure juste quant au résultat final des élections présidentielles, sauf dans le cas de Bill Clinton en 1992.

Il est évident que le New Hampshire tient à conserver cette primauté sur la scène politique. Ainsi, lorsque le Vermont annonça un jour son intention de tenir ses primaires plus tôt que son voisin, le New Hampshire s'empressa de voter une loi stipulant que ses élections se tiendraient toujours le mardi précédant celles de tout autre État de la Nouvelle-Angleterre. D'ailleurs quand le Massachusetts, croyant jouer au plus fin, commit l'erreur d'annoncer ses primaires pour le même jour que le New Hampshire, celui-ci, indigné, avança la date de ses élections d'une semaine entière.

On prend donc la politique très au sérieux dans le New Hampshire. À preuve, ses 424 législateurs en font le troisième corps gouvernant en importance de tout le monde anglophone, tout juste derrière le Parlement britannique et le Congrès américain! Notons enfin que cet État a plutôt tendance à voter pour les républicains que pour les démocrates.

Comme tous les résidants s'évertuent à vous le rappeler, la devise de l'État est «Vivez libres ou mourez». Vous la trouverez en effet gravée en relief sur toutes les plaques d'immatriculation, sur plus de maisons que vous n'oseriez le croire et même sur la façade de certains commerces. Néanmoins, même avec l'affirmation constante de son autonomie, cet État s'impose lui-même certaines restrictions.

C'est ainsi qu'aucun bar ni boîte de nuit ne peut exister de façon isolée; ces établissements doivent obligatoirement être juxtaposés à un restaurant, à un centre sportif, à un bowling ou à un autre commerce public. On ne peut par ailleurs se procurer de spiritueux que dans des magasins administrés par l'État, dont plusieurs se trouvent en bordure des routes principales et des grandes autoroutes. Ces lois existent depuis la Prohibition, et rien ne laisse entrevoir qu'elles puissent être amendées dans un futur proche.

Pour l'essentiel, les habitants du New Hampshire perçoivent la liberté comme le fait de n'être soumis à aucune taxe de vente ni à aucun impôt sur le revenu. Avec une telle latitude, il n'est guère étonnant qu'une foule de gens soient venus s'installer ici, même s'ils travaillent dans les États avoisinants. Révolté par cette politique, le Maine a même institué une loi selon laquelle les résidants du New Hampshire qui travaillent sur son territoire sont tenus d'y payer une taxe spéciale, tout comme leur épouse vivant et travaillant au New Hampshire! Il va sans dire que les deux États sont de fait en proie à une rivalité tout ce qu'il y a de plus yankee.

L'individualisme à toute épreuve et le décor bucolique de cet État ont attiré certains des esprits les plus créatifs de la nation. C'est ainsi que Robert Frost, Nathaniel Hawthorne, Ralph Waldo Emerson, Thornton Wilder, le sculpteur Saint-Gaudens et de nombreux autres talents ont par le passé établi leur atelier ou leur studio dans les villages les plus reculés du New Hampshire.

De nos jours, l'État accueille une nouvelle vague d'artistes, mais aussi des ouvriers d'usines, des banquiers, des aubergistes et de petits commerçants exploitant des magasins généraux. Dans l'ensemble, son taux de chômage peu élevé, son tourisme florissant et son décor esthétique à souhait font du New Hampshire un petit paradis fort attrayant pour ses 1,1 million d'habitants.

En dépit de certains efforts de modernisation, le New Hampshire continue d'adhérer aux principes qui l'ont guidé depuis sa fondation. En somme, on peut en résumer le profil en disant qu'il s'agit d'une terre caractérisée par ses maisons à clins de bois et ses clochers élancés, son ingéniosité typiquement yankee et son attachement à la mémoire des Pères Pèlerins, ses mairies et sa liberté aussi bien de culte qu'électorale.

Au fil des années, le New Hampshire se transforme tout en demeurant fidèle à lui-même sous bien des aspects. Les us et coutumes s'y transmettent en effet de génération en génération, comme s'ils étaient fermement ancrés dans son sol granitique. Son littoral, ses montagnes et ses lacs restent par ailleurs saisissants et suspendus hors du temps, ce qui en fait une glorieuse terre d'élection.

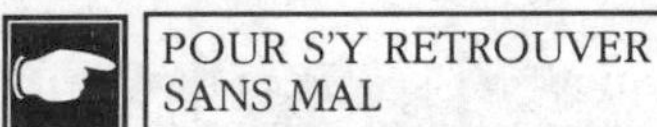
POUR S'Y RETROUVER
SANS MAL

L'indicatif régional du New Hampshire est le 603.

En voiture

À partir de Montréal, empruntez les autoroutes 10 et 55 jusqu'à la frontière américaine. Puis, prenez la 91 et la 93 vers Boston.

À partir de Québec, on empruntera la route 20 vers l'ouest, puis la 55 jusqu'à la frontière. La **route 95**, qui relie le Maine au Massachusetts, est la principale voie de communication en bordure de la côte, reliée à Manchester par la **route 101**.

Il n'existe pas de moyen rapide pour atteindre les régions sauvages du nord de l'État, mais les **routes 16 et 3** permettent toutefois de les explorer et offrent par ailleurs certains paysages renversants.

En avion

Le principal aéroport local est celui de **Manchester**, petit mais pratique. Plusieurs transporteurs d'envergure le desservent régulièrement, y compris Continental Airlines, Delta Airlines, United Airlines et USAir.

Par ailleurs, nombreux sont les voyageurs qui accèdent à cet État par l'aéroport **Logan** de Boston, situé à une cinquantaine de kilomètres de la côte du New Hampshire (voir le chapitre sur Boston, p 248). La firme **Hudson Limousine Service** *(☎883-4807)* relie pour sa part l'aéroport à la plupart des destinations du sud de l'État, dont Nashua, Merrimack et Manchester.

En autocar

Concord Trailways *(☎228-3300 ou 800-639-3317)* exploite un vaste réseau sur l'ensemble du territoire. Les cars partent de l'aéroport Logan et desservent aussi bien Manchester et Concord que les localités secondaires de la région, fussent-elles aussi septentrionales que Littleton.

En train

On ne voyage pas beaucoup en train par ici. **Amtrak** *(☎800-872-7245)* dessert toutefois White River Junction et Bellows Falls, deux localités vermontoises situées à la frontière occidentale du New Hampshire. Le train relie directement Montréal, New York et Washington, D.C. à Springfield (Massachusetts).

La location d'une voiture

En arrivant à l'aéroport de Manchester, vous trouverez les entreprises de location suivantes : **National Interrent** *(☎800-227-7368)*, **Hertz Rent A Car** *(☎800-654-3131)*, **Budget Rent A Car** *(☎800-527-0700)* et **Avis Rent A Car** *(☎800-331-1212)*. Près de l'aérogare se trouve également **Thrifty Car Rental** *(☎800-367-2277)*, qui offre un service de navette gratuit.

RENSEIGNEMENTS PRATIQUES

La région des White Mountains

North Conway

Pour organiser votre séjour, adressez-vous à la **Mount Washington Valley Chamber of Commerce** *(Main St., ☎356-3171)*.

La région des lacs

Meredith

La **Meredith Chamber of Commerce** *(au sud des routes 3 et 25, en face des quais, ☎279-6121)* vous fournira tous les renseignements touristiques nécessaires sur la région, quoique **The Lakes Region Association** *(Glidden Rd., Center Harbor, ☎253-8555)* constitue également une excellente source d'information locale et régionale.

La région du lac Sunapee et de Dartmouth

Hanover

Pour de plus amples renseignements, adressez-vous à la **Hanover Chamber of Commerce** *(37 South Main St., ☎643-3115)*.

La vallée de la Merrimack

Manchester

La **Greater Manchester Chamber of Commerce** *(889 Elm St., ☎666-6600)* pourra vous indiquer les sites les plus intéressants.

Carrigan Commons

Pour mieux vous orienter vers les sites de choix des environs de Carrigan Commons, procurez-vous un exemplaire du plan de promenade intitulé *The Historic Downtown Concord Walking Tour* auprès de la **Greater Concord Chamber of Commerce** *(244 North Main St., ☎224-2508)*, qui vous donnera également des informations générales sur la vallée de la Merrimack.

La côte

Portsmouth

Il y a tant à voir dans cette région qu'il vaut mieux s'arrêter d'abord à la **Greater Portsmouth Chamber of Commerce** *(500 Market St., ☎436-1118)* afin de s'organiser un peu. Procurez-vous également un exemplaire de *Harbor Trail*, un livre présentant un aperçu historique ainsi que des visites autoguidés.

Hampton

Pour mieux préparer votre visite de Hampton, faites un saut à la **Hampton Beach Area Chamber of Commerce** *(180 Ocean Boul., Hampton, ☎926-8718)*, à quelques kilomètres à l'ouest de Hampton Beach.

ATTRAITS TOURISTIQUES

La région des White Moutains ★★★

Une vaste étendue de pics irrésistibles plane sur l'horizon nord du New Hampshire. Les White Mountains, qui couvrent plus de 300 000 ha, ont été ainsi nommées par des marins du XIXe siècle en raison de leurs cimes enneigées, tranchant de façon éclatante sur l'azur du ciel. Leur majesté, reproduite depuis des siècles sur des toiles mémorables, s'exprime de façon dramatique à travers leurs cascades déferlantes, leurs gorges rocheuses, leurs cols escarpés, leurs silhouettes granitiques et leurs feuillages variés, parmi les plus bouleversants de toute la Nouvelle-Angleterre.

Dominant la région tout entière, l'imposant mont Washington est découpé de ravins en dents de scie et surmonté de plateaux herbeux parsemés de rochers. Ses 1 917 m d'altitude en font le plus haut sommet à l'est du Mississippi et au nord des Carolines.

Pour le visiteur, les White Mountains sont gage d'exploration à son meilleur. Les routes sont panoramiques, généralement isolées et presque toujours ponctuées de trésors cachés. Soyez toutefois prévenu : il faut souvent plus de temps que prévu pour couvrir ne serait-ce que de faibles distances sur ces routes de montagne; planifiez donc votre itinéraire en conséquence.

Le **Franconia Notch** ★★★ *(par la route 93, Franconia)* doit être l'une des sept merveilles de la Nouvelle-Angleterre. Siège de douzaines de phénomènes naturels et d'activités susceptibles de vous occuper pendant plusieurs jours, l'endroit saura vous conquérir dès l'abord. Creusé par des millénaires d'érosion glaciaire et fluviale, cet imposant défilé se trouve dans le **Franconia Notch State Park** ★★★, qui couvre une superficie de 2 630 ha et attire chaque année plus de deux millions de visiteurs (voir p 118).

La plupart des sites sont accessibles à partir du spectaculaire **Franconia Notch Parkway**, qui est en fait la route 93, ainsi désignée sur les 13 km qui traversent le parc. Votre meilleur point de départ est le bureau principal du parc *(Park Headquarters, à l'extrémité nord du Franconia Notch Parkway, ☎823-5563)*, à même de vous assister dans la planification d'activités, par ailleurs fort nombreuses.

Des bureaux du parc, montez à bord du **Cannon Mountain Aerial Tramway** ★ *(droit d'entrée; ☎823-5563)* pour un trajet de 5 min offrant une vue saisissante sur le Québec, le Vermont, le Maine et l'État de New York. La montagne, dont le profil rocheux rappelle les barils d'un canon, est sillonnée des premières pentes de ski américaines à avoir été conçues par des ingénieurs.

Il y a également un sentier de randonnée qui conduit au joli **lac Profile**, où la rivière Pemigewasset trouve sa source. Cette rivière, dont le nom amérindien signifie «eaux rapides», reflète ici le profil de granit de l'**Old Man of the Mountains** ★★ (le vieil homme des montagnes), dont les sourcils noueux et le menton prononcé veillent sur le défilé d'une hauteur de 366 m (voir p 118).

Plus au sud sur le Parkway, faites un crochet pour contempler **The Basin** ★. Formé il y a 25 000 ans, ce vaste bassin de roc poli aux eaux tourbillonnantes creuse une dépression de près de 5 m dans la rivière Pemigewasset. Il fascine depuis longtemps tous ceux qui l'embrassent du regard, y compris Henry David Thoreau en 1839 et Samuel Eastman en 1858, ce dernier l'ayant défini comme «*un bain suave et somptueux, digne des ablutions d'une déesse*».

Votre prochaine halte est le **Flume Visitors Center** ★ *(fermé fin oct à mi-mai; Franconia Notch State Park, ☎745-8391)*, un complexe ultramoderne qui présente des films historiques et des photographies du parc. Il marque également l'entrée du Flume *(droit d'entrée)*, un gouffre spectaculaire qui plonge d'une hauteur de 244 m au pied du mont Liberty. Sculptée avant la période glaciaire par les eaux fougueuses de la rivière Pemigewasset, cette formation est entourée de fleurs rares et de lichens. Comptez deux heures pour une visite complète des lieux.

En quittant le parc, remontez vers le nord jusqu'à la petite ville de **Franconia**, un charmant bourg de montagne où se trouve **The Frost Place** *(droit d'entrée; fermé mar et oct à fin avr; par la route 116, ☎823-5510)*. Une vieille boîte aux lettres portant l'inscription *Frost* se dresse en bordure d'une allée de terre ombragée, adjacente à la modeste maison à charpente de bois où Robert Frost a vécu pendant plusieurs années. C'est ici qu'il a écrit *Evening in a Sugar Orchard, The Tuft of Flowers, Mending Wall* et plusieurs autres poèmes, puisant son inspiration dans un environnement chargé d'érables sucriers et de fleurs sauvages. Un sentier poétique (Poetry Trail) serpente à travers cet endroit en bordure du Mending Wall.

Sugar Hill, la ville-sœur de Franconia, est tout simplement charmante et bucolique. Les Abenakis avaient l'habitude de chasser dans ces parages, aujourd'hui émaillés de bâtiments coloniaux blanchis à la chaux et de commerces ruraux. Le **Sugar Hill Historical Museum** *(fermé fin oct à mai; Route 117, Sugar Hill, ☎823-8142)* retrace les origines de la population locale jusqu'au XVIIe siècle et possède deux granges remplies d'instruments aratoires, d'anciennes photographies et de plusieurs autres reliques savoureuses.

Bifurquez ensuite vers l'est par la route 302, un pittoresque chemin de montagne qui rampe jusqu'au Crawford Notch. De là, un léger détour vous entraînera jusqu'au village du Père Noël *(**Santa's Village**; droit d'entrée; fin de semaine seulement de la fête du Travail au Columbus Day, fermé Columbus Day à mi-juin; Route 2, Jefferson, ☎586-4445)*, un véritable conte de fées pour les enfants. Ce lieu sorti tout droit d'un rêve révèle des maisons en pain d'épice, des trains miniatures, des promenades

À l'assaut du mont Washington...

en traîneau, un Rudolph-Go-Round (carrousel) et Frosty's Freezer (palais des glaces).

En reprenant votre route, vous atteindrez le **Crawford Notch.** Le chasseur d'orignal Timothy Nash découvrit ce col en 1771 et rapporta sa découverte au gouverneur John Wentworth, qui lui promit une terre alléchante s'il parvenait à faire passer le col à son cheval. Nash et l'un de ses amis s'acquittèrent avec succès de leur mission, même si, pour ce faire, ils durent parfois se servir de câbles pour hisser le cheval au-dessus de certaines saillies. La première route franchissant le col fut construite en 1775.

L'apogée de toute cette aventure géographique est bien entendu le géant lui-même : le **mont Washington ★★★** (voir p 119). Aperçu de l'océan Atlantique en 1605, ce sommet enneigé s'élève à la hauteur vertigineuse de 1 917 m et est reconnu comme la plus dangereuse petite montagne du monde, avec des températures glaciales équivalentes à celles de l'Antarctique. C'est d'ailleurs ici qu'ont été enregistrés les vents les plus violents jamais mesurés par une station météorologique terrestre (372 km/h)!

Sans doute cette réputation ne fait-elle qu'amplifier la fascination exercée par cette montagne qu'escaladent chaque année plusieurs centaines de milliers de personnes. L'une des ascensions les plus populaires prend la forme d'un voyage en train de trois heures à bord du **Mount Washington Cog Railway ★★** *(Route 302, Bretton Woods, ☎846-5404)*, qui offre des points de vue tout à fait uniques.

L'autre moyen facile pour escalader ce mont redoutable consiste à emprunter la route aménagée à cet effet, la **Mount Washington Auto Road** *(droit d'entrée; Route 16, Pinkham Notch, Gorham, ☎466-2222)*, un long parcours d'abord à l'est puis au nord de la voie de chemin de fer. La route zigzague nonchalamment jusqu'à une saillie baptisée en mémoire de Benjamin Chandler, mort de froid sur la montagne en 1856.

Environ 40 km plus au sud, **North Conway** et **Conway** incarnent la modernité au sein des White Mountains. En fait, ce qui jure le plus dans le décor, ce ne sont pas ces deux localités, mais plutôt cette portion de la route 16 qui les sépare, et qu'encombrent une multitude de magasins d'usine, de comptoirs de restauration rapide, de condominiums (appartements) à la chaîne et d'attrape-touristes sans intérêt.

North Conway, dont la population reste dense toute l'année durant, se distingue par ses boutiques pittoresques, ses restaurants chaleureux et ses bâtiments centenaires entourés de montagnes.

Quant à Conway, plus petite, elle marque le début du **Kancamagus Highway ★★★**, l'une des routes les plus inspirantes des White Mountains. La prononciation exacte en est «*Kan-ka-MAW-gus*», mais ne vous en faites pas si vous

vous trompez, car les gens du coin ont entendu toutes les déformations possibles de ce mot amérindien signifiant «le sans-peur». Frais et bordé de conifères, ce ruban asphalté longe des vallons ombragés, de magnifiques panoramas, des étangs, des gorges rocheuses et d'adorables cascades.

La moitié supérieure de la région des White Mountains appartient encore presque exclusivement à la nature sauvage. Il s'agit d'un territoire sans fin rehaussé de collines irrégulières, de lacs translucides et d'arbres aussi verts que des arbres peuvent l'être. À peine une poignée d'êtres humains hantent ces lieux, y compris certains vieux si solidement enracinés ici qu'ils semblent faire partie du sol même de la région.

Entre la portion plus civilisée des White Mountains et la frontière du Québec, certains points géographiques ressortent toutefois. **Dixville**, par exemple, bénéficie d'une double réputation, celle d'être on ne peut plus isolée et celle d'être la première localité des États-Unis à voter lorsqu'il y a des élections présidentielles. Le village se trouve dans le défilé de Dixville, ou **Dixville Notch**, un col étroit et renversant jadis formé par des glaciers. Si vous dites à quiconque que vous vous êtes rendu à Dixville Notch, il y a de fortes chances pour qu'on vous réponde : «*Vous êtes allé jusque-là?*» Car ce coin perdu est vraiment au bout du monde, celui du New Hampshire il va sans dire.

La région des lacs ★

Enfilés autour du cœur de cet État comme un collier d'aigues-marines, quelque 270 lacs parsèment la région, certains semblables à des mers intérieures alors que d'autres ressemblent davantage à des étangs. Bordés de collines olive et d'anses abritées, ces lacs se succèdent à travers 39 villages et trois villes, offrant d'innombrables occasions d'activités de plein air. Plusieurs d'entre eux portent des noms amérindiens, comme Kanasatka, Ossipee, Squam et Winnipesaukee, la reine incontestée de ces nappes aquatiques.

L'un des lacs les plus à l'ouest (en outre un des moins visités) est le **Newfound** *(Route 3A)*, dont les berges de sable fin voisinent des conifères élancés et des cabanes surmontées de cheminées.

La localité de **Hebron**, dans l'angle nord-ouest de la région, recèle un trésor inattendu, connu sous le nom de **Sculptured Rocks** (rochers sculptés) *(par North Shore Rd. sur un chemin de gravier non signalé, au sud-ouest du centre-ville de Hebron)*. Cette merveille géologique regroupe des douzaines de rochers de taille variable aux formes les plus diverses, sculptés par des milliers d'années d'érosion fluviale. Gardez l'œil ouvert pour un visage renfrogné, un phoque, un chameau et plusieurs autres formes inusitées.

À **North Groton**, vous trouverez un adorable cottage au revêtement de clins de bois qui fut autrefois la **résidence historique de Mary Baker Eddy** *(droit d'entrée; fermé fin oct à mai; Hall's Brook Rd., ☎786-9943)*. Cette femme astucieuse, fondatrice de l'Église de la science chrétienne et du *Christian Science Monitor*, vécut ici de 1855 à 1860. La maison a été soigneusement préservée et révèle entre autres un vieux poêle ventru en fonte et un ancien lit de corde. La visite des lieux débute à la maison d'Eddy à Rumney (voir ci-après).

Eddy quitta North Groton en 1860 pour s'installer tout près, à **Rumney**, où subsiste encore aujourd'hui sa **maison coloniale à charpente de bois** *(fermé fin oct à mai; Stinson Lake Rd., Rumney, ☎786-9943)*, campée derrière une palissade blanche. C'est ici qu'en réaction contre la guerre de Sécession et l'esclavage qui sévissait à cette époque elle écrivit le poème intitulé *Le major Anderson et notre pays*. La maison de la fin du XVIIIe siècle est garnie de reliques telles qu'une horloge en forme de banjo, un mélodium (sorte de piano) et d'insolites tiroirs muraux utilisés pour ranger des munitions.

Dirigez-vous ensuite vers l'est à travers les montagnes, et coupez jusqu'au **Squam Lake**, constellé de skifs, de bateaux à voiles et de volées de huards. Antiquaires, boutiques d'appeaux, cabanes rustiques et arbres à perte de vue contribuent à faire de ce lieu un endroit paisible, à tel point que les artisans du film *La Maison sur le Lac* ne purent s'empêcher d'y tourner certaines scènes.

Vous pouvez d'ailleurs voir de plus près ces oiseaux excentriques que sont les huards en visitant le **Science Center of New Hampshire** *(droit d'entrée; fermé nov à fin avr; Route 113, Holderness, ☎968-7194)*, une réserve faunique de 80 ha à proximité de Squam Lake. En parcourant les sentiers, vous risquez d'apercevoir des cerfs de Virginie, des ours noirs et des aigles à tête blanche. Il y a aussi des étangs, une île aux tortues, des loutres et une exposition sur les oiseaux de proie. Les enfants apprécient particulièrement ce contact intime avec la nature, de même que les jeux et les énigmes proposés.

Plus au sud, par la route 25, s'étend la localité on ne peut plus choyée de **Meredith**. Située sur une des ramifications du lac Winnipesaukee, elle touche en effet également les lacs Wicwas, Waukewan, Pemigewasset et Winnisquam. Avec ses petits centres commerciaux, ses galeries d'art et ses nombreux restaurants et motels, cette petite ville sympathique revêt un caractère quelque peu cosmopolite.

L'**Annalee's Doll Museum** *(droit d'entrée; fermé fin oct à mai; à l'angle de Reservoir Rd. et Hemlock Dr., Meredith, ☎279-4144)*, qui présente tous les genres de poupées possibles et imaginables (et même inimaginables), attire à lui seul plus de visiteurs que n'importe quel centre commercial. Les étalages sont créatifs et pleins de couleurs, et les modèles en montre représentent entre autres des animaux, des présidents américains, des Amérindiens, des araignées et des sorcières, sans oublier une section de Noël qui impressionnerait le Père Noël lui-même. Mais plus fascinante encore est l'histoire de cette Annalee, une femme au foyer qui commença à fabriquer des poupées sur sa table de cuisine au cours des années cinquante. S'étant vu refuser un prêt par les banques, qui considéraient son entreprise non viable, Annalee continua de travailler dans sa maison sans eau et sans électricité, livrant ses poupées de porte en porte à l'aide de sa coccinelle Volkswagen. Au bout du compte, elle est aujourd'hui devenue le plus important employeur de la région!

Le **lac Winnipesaukee** ★(se prononce «*Win-a-peh-SAW-ki*»), dont la traduction signifie «le sourire du Grand Esprit» ou «eaux souriantes en lieu élevé», couvre une superficie de 186 km² et possède 455 km de rivages de même que 274 îles habitables, ce qui en fait, et de loin, le plus grand et le plus impressionnant lac du New Hampshire. Si le cœur vous en dit, vous pouvez explorer les environs du lac en train en empruntant le **Winnipesaukee Scenic Railroad** *(droit d'entrée; sam-dim seulement mai à fin juin; Route 3, Meredith, ☎279-5253)*. Le trajet s'effectue en direction du sud jusqu'à Weirs Beach (Lakeside Avenue), d'où vous pouvez par la suite remonter vers votre point de départ.

À **Weirs Beach**, la petite Coney Island du New Hampshire, une promenade largement fréquentée s'étend sur plusieurs rues en bordure du lac Winnipesaukee. Elle est parsemée de salles de jeux électroniques, d'autos tamponneuses, de pizzerias et de boutiques de souvenirs. Il y a également un quai où vous pouvez monter à bord du ***M.S. Mount Washington*** ★★ *(fermé mi-oct au Memorial Day; ☎366-5531)*, un bateau de passagers de 70 m qui effectue des excursions sur le lac.

Les ramifications sud-orientales du lac Winnipesaukee abritent des kilomètres d'estuaires bordés de bois et offrent de vastes panoramas de cette somptueuse nappe d'eau. En sillonnant cette région par les routes 11 et 28, vous arriverez bientôt à **Wolfeboro**, une petite ville en activité coincée entre les lacs Winnipesaukee et Wentworth. Les origines du village remontent à 1763, l'année où le gouverneur John Wentworth y implanta la première station balnéaire connue des États-Unis.

Entre quelques ormes et quelques érables, le **Clark House Historical Exhibit and Museum** *(juil et août, sur rendez-vous sept à juin; South Main St., Wolfeboro, ☎569-4997)* se présente comme trois bâtiments distincts rappelant les premiers jours de la municipalité. Il y a une école à salle unique de 1805, au revêtement de clins de bois, une maison de 1778 du style de celles qu'on trouve au Cape Cod, aux sols de bois peints et aux splendides antiquités, ainsi qu'une caserne de pompiers de la fin du XIXᵉ siècle où se trouve encore une ancienne pompe à incendie d'un rouge éblouissant.

L'un des résidants de Wolfeboro a gracieusement répertorié tout ce qu'on y trouve, et le résultat en est exposé au **Libby Museum** *(droit d'entrée; fermé lun; Route 109, Wolfeboro, ☎569-1035)*, un musée d'histoire naturelle de conception originale. En plus d'oiseaux, de poissons et de mammifères empaillés, il présente des reliques du manoir depuis longtemps détruit du gouverneur Wentworth, une exposition vivante sur les premiers jours de la colonie et d'excellents objets d'origine amérindienne.

Protégée par une forêt non loin de la route, l'**Abenaki Tower** *(Route 109, à environ 8 km au nord de Wolfeboro, Melvin Village)* est un poste d'observation déserté. Cette tour aux piliers et aux poutres entrecroisés, érigée par des gens du coin, vous séduira par les vues saisissantes qu'elle offre sur les lacs avoisinants et plusieurs îles boisées.

Le **Castle in the Clouds** ★★ *(droit d'entrée; fermé oct à mai; par la route 171, Moultonborough, ☎476-2352)* est un endroit incroyable, entouré de mystères et de conception presque magique. Façonné à la manière des châteaux médiévaux et couvert de lierres qui tombent en cascade de ses marquises, il est perché bien haut sur une montagne et donne l'illusion de flotter dans les airs. Son artisan, le baron de la chaussure Thomas Gustave Plant, acheta 2 550 ha (incluant sept montagnes) et paya sept millions de dollars américains pour faire construire cette résidence de rêve entre 1911 et 1914.

Les 16 pièces et les huit salles de bain du château ne font qu'accentuer le mystère avec leurs structures pentagonales et octogonales, des portes garnies de vitraux à l'anglaise, une énorme verrière, des fenêtres en pointe et l'absence pour le moins intrigante de clous! Plant possédait 12 placards et une salle de lecture secrète que personne ne vit jamais avant sa mort. Alors qu'à un certain moment sa fortune s'élevait à 21 millions de dollars américains, à la suite des conseils de son ami Theodore Roosevelt, il investit sans compter dans les obligations russes au cours des années trente et mourut sans le sou en 1946.

La région du lac Sunapee et de Dartmouth

Au sud-ouest des lacs, contre le fleuve Connecticut et la frontière occidentale du Vermont, s'étend paresseusement une longue succession de champs de maïs, de collines et de nappes de fleurs sauvages. Des localités manufacturières bourdonnantes, des écoles privées et plusieurs hameaux coloniaux agrémentent cette paisible région. À l'intérieur des terres, le lac Sunapee constitue un univers en soi, long de 16 km, bordé de villages sylvestres et dominé par une montagne sculpturale sillonnée de pistes de ski. Ici, on vit au ralenti, ce qui conviendra parfaitement aux voyageurs en quête de sérénité profonde.

C'est à **Hanover ★**, sur la route 91, que bat le pouls de la vallée (et aussi de la vie nocturne), attirant des milliers de visiteurs dans la région. Car elle est le siège du **Dartmouth College** *(☎646-1110)*, une université privée dans la plus pure tradition de la Nouvelle-Angleterre, si importante en ces lieux qu'on dit même qu'elle «est» la ville.

Comment décrire ce campus sinon en disant qu'il est tout simplement de toute beauté? L'effet est immédiat sur le visiteur, avec ses vieux bâtiments qui sont de véritables chefs-d'œuvre et qui n'en finissent plus de se succéder. L'austérité de la brique et du style fédéral y côtoie sans sourciller la douce architecture géorgienne et, bien qu'il date de la fin du XVIIIe siècle, il ne semble aucunement avoir souffert des nombreuses guerres et querelles gouvernementales qui ont eu lieu depuis.

Le Collège de Dartmouth a en fait débuté sa vocation à Lebanon (Connecticut) en 1755, lorsqu'il servait d'école aux Amérindiens et portait le nom de Moor's Indian Charity School. Un don de 1 335 ha de terres par la ville de Hanover et une somme considérable accordée par le deuxième comte de Dartmouth (Angleterre) permirent toutefois de reloger l'établissement á son emplacement actuel en 1769. Sa charte, qui date de cette même année, est encore visible dans les honorables salles de la **Baker Library** *(☎646-2560)*, où apparaissent également de célèbres murales du peintre mexicain José Clemente Orozco.

À ne pas manquer sur les lieux : **The Hopkins Center for the Performing Arts** *(Wheelock St., Hanover, ☎646-2422)* et le **Hood Museum of Art** *(Wheelock St., ☎646-2808)*. De l'extérieur, le Hopkins Center ressemble au Lincoln Center de New York, tandis que, à l'intérieur, des plafonds en arceaux, d'imposantes sculptures en forme de plantes et différentes œuvres abstraites s'unissent pour conférer une grande beauté à ce haut lieu des arts dramatiques. Quant à son voisin, le Hood, il s'agit d'un magnifique petit musée qui possède une collection permanente fort variée, mettant en vedette des œuvres d'artistes européens et américains tels que Whistler, Eakins, Paul Revere, Picasso et Dürer. On y trouve aussi d'excellents exemples d'art africain, amérindien et océanique, des bas-reliefs assyriens ainsi que des bronzes et des céramiques chinoises.

L'aura de distinction qui entoure Dartmouth et ses quelque 5 000 étudiants se reflète agréablement sur la municipalité de Hanover. Ses rues bordées d'arbres gracieux, ses pubs en sous-sol et ses commerces raffinés en font un endroit où il fait bon se promener, bien que le stationnement y soit un véritable casse-tête.

En suivant la route 91 vers le sud, puis la route 12A, vous arriverez à **Cornish**, une petite ville discrète où se trouve le plus long pont couvert de tous les États-Unis. En bordure des champs de maïs, le **Windsor-Cornish Covered Bridge**, qui relie le New Hampshire au Vermont, enjambe le fleuve Connecticut sur une distance de 143 m. Le pont actuel, construit en 1866, fut le troisième à voir le jour à cet emplacement, les deux premiers ayant été emportés par des crues dévastatrices. Un ancien écriteau subsiste encore à son entrée, où le voyageur peut lire «*Marchez à côté de votre monture ou payez une amende de deux dollars*».

Cornish devint un carrefour culturel vers la fin du XIXe siècle et le début du XXe siècle, lorsqu'une foule d'artistes peintres, écrivains, poètes, musiciens et sculpteurs s'y établirent et formèrent la Cornish Colony. Parmi eux se trouvaient le romancier Winston Churchill, les poètes Percy MacKaye et Witter Bynner, l'ancien éditeur du *New Republic* Herbert Croly, le paysagiste Willard Metcalfe et l'actrice Ethyl Barrymore.

Ce mouvement de masse prit naissance avec l'arrivée en 1885 d'Augustus Saint-Gaudens, l'un des plus grands sculpteurs que les États-Unis aient connus, et dont les œuvres comprennent la statue de l'amiral David Farragut, au square Madison de New York, ainsi que celle d'Abraham Lincoln, au Lincoln Park de Chicago.

Ces artistes et écrivains ont depuis longtemps disparu de la région, mais le **Saint-Gaudens National Historic Site** ★ *(droit d'entrée; fermé mi-oct au Memorial Day; Route 12A, Cornish, ☎675-2175)* est un merveilleux tribut à cette époque glorieuse. La maison en brique blanche de Saint-Gaudens, ses studios et ses magnifiques jardins à la française fournissent un charmant aperçu de la vie prolifique du grand sculpteur. Les hautes haies de pins et de sapins-ciguës, de même que les sentiers bordés de bouleaux, témoignent de l'affection de l'artiste pour le jardinage, alors que des originaux et des copies de ses œuvres révèlent toute la finesse de son art.

De ce point, un détour par la région du **lac Sunapee** s'impose, offrant un panorama où se succèdent petites villes et villages, rivages rocheux, plages accessibles et phares prestigieux. Il va sans dire que les touristes affluent volontiers vers ce terrain de jeu naturel, mais pas au point d'encombrer les lieux de façon désagréable. Commencez par faire le tour du lac par les routes 11 et 103, et contemplez-en les eaux cristallines, sillonnées par des planches à voile et de petits bateaux avec, en toile de fond, les courbes clémentes et boisées du mont Sunapee.

Le ***M.V. Mount Sunapee II*** *(droit d'entrée; Sunapee Harbor, par la route 11, ☎763-4030)* propose des visites guidées du lac de la mi-mai à la fête du Travail. Pour apprécier cette région au sommet de sa gloire, nous vous recommandons de la visiter à l'époque des feuillages d'automne.

Plus à l'ouest sur la route 11 s'étend la municipalité industrielle de **Claremont**, un véritable labyrinthe d'usines et de fabriques centenaires, d'échoppes de tisserands et de manoirs. La population ouvrière de cette localité est particulièrement sympathique. Arrêtez-vous à la **Claremont Chamber of Commerce** *(Moody Building, Tremont Square, Claremont, ☎543-1296)* pour obtenir un plan de visite du **Historic Mill District** *(délimité par les rues Main, Spring et Central)*.

Au cours de l'été de 1777, le général John Stark, mandaté par le corps législatif du New Hampshire, constitua un régiment à **Charlestown**, la dernière localité que nous visiterons dans cette région. Son détachement de 1 500 hommes marcha alors vers l'ouest, franchissant la frontière du Vermont, pour renverser les troupes britanniques lors de la célèbre bataille de Bennington. Une **plaque historique** *(Route 12)* rend aujourd'hui hommage à ces héros locaux.

Néanmoins, le village même de Charlestown eut sa part de conflits armés, ainsi que nous le rappelle **The Fort at n°4** *(droit d'entrée; fermé mar et mi-oct à début mai; Route 11, Charlestown, ☎826-5700)*, une reconstitution du village-fort en rondins érigé par les pionniers en 1744. Ces fortifications subirent en 1747 l'assaut de forces françaises et amérindiennes qui ne parvinrent cependant pas à percer la défense des lieux, assurée par une garnison de 31 hommes. On peut encore y voir un assortiment de cabanes et de granges en rondins, une forge et une fosse de scieur, ainsi que des outils d'époque conservés intacts. Un agréable retour dans le temps.

La région du Monadnock ★

Enveloppant l'extrémité sud-ouest du New Hampshire, la région du Monadnock réunit toutes les vertus qu'on associe généralement à la Nouvelle-Angleterre. Des églises aux blancs clochers, de vieux ponts couverts, d'interminables routes de campagne flanquées de bois sauvages et de lacs paisibles, sans oublier les adorables hameaux vétustes, s'allient pour conférer charme et couleur à cette région typiquement yankee.

Les chemins les moins fréquentés

Ils sillonnent l'État tel un enchevêtrement de veines et recèlent des trésors dont les secrets ne peuvent être percés qu'en sortant des sentiers battus. Les chemins les moins fréquentés ne sont peut-être pas les plus courts, mais ils sont indubitablement les plus panoramiques.

Il y a partout des routes secondaires au New Hampshire, et pourtant, rares sont ceux qui choisissent de s'y aventurer. Ils relient villes et lacs, gravissent des montagnes, traversent des villages isolés et serpentent sur des kilomètres de forêt sauvage. Il leur arrive aussi de ne mener nulle part, mais ils vous réservent toujours une surprise, que ce soit un cimetière du XVIIIe siècle, un étang miroitant, une plage étincelante, un repaire faunique ou un paysage à faire rêver.

Les gens du coin désignent ces inlassables chemins de campagne du nom de *shunpikes*, en ce qu'ils permettent de fuir ou d'éviter les routes principales et les autoroutes (souvent appelées *turnpikes* aux États-Unis). À l'époque des feuillages d'automne, ces «chemins de l'oubli» éclatent de mille feux sous les explosions de rouge, d'or et de pourpre d'une nature au sommet de sa gloire, livrant un spectacle à couper le souffle. Les amateurs de cette grande prestation végétale y trouveront les meilleurs sièges.

Vous découvrirez ces chemins perdus dans les six régions du New Hampshire.

Lorsque vous en aurez assez de lutter contre la circulation sur la route 1A en bordure de la côte, foncez tout droit vers **Willow Avenue**, qui se détache légèrement au nord de Little Boars Head, et jouissez d'une paisible balade ponctuée de manoirs du XIXe siècle, de jardins et de pelouses jalousement entretenus.

L'image des fermes fruitières et des vieilles granges jaillit rarement à l'esprit lorsqu'on pense à la côte, mais ces joyaux n'en sont pas moins présents sur les **routes 88 et 84**. Celles-ci serpentent en effet parmi des maisons de ferme du XVIIIe siècle entourées de pâturages solitaires, de vergers et de champs de framboises (où vous pouvez vous-même cueillir vos fruits). Toutes deux débutent à Hampton Falls. Prenez la route 88 de la route 1 à la route 101C; quant à la route 84, elle part de la jonction de la route 1 et de Wild Pasture Road.

La région la plus peuplée du New Hampshire, la vallée de la Merrimack, n'en a pas moins la délicatesse d'offrir quelques chemins moins fréquentés. L'un des plus remarquables, **North Pembroke Road**, se faufile à travers 8 km de scènes rurales entre la route 28, près d'Allenstown, et la route 106. Il croise au passage un champ de maïs, une ferme de fleurs sauvages, plusieurs cabanes en rondins, un vieux cimetière et une cabane à sucre où vous pourrez vous procurer du sirop d'érable.

La région du Monadnock abrite des douzaines de *shunpikes*, mais le plus beau est sans doute la **route 119**, qui frôle la frontière du Massachusetts entre les routes 202 et 10. Traversez le village bucolique de Rindge, puis longez le lointain Perly Pond, dont les résidences lacustres jaillissent de la forêt toujours verte pour se mirer dans l'onde. Au coucher du soleil, des faisceaux d'un orangé vif embrasent l'étang et lui confèrent un éclat incendiaire.

Pour une vue incomparable du mont Monadnock, quittez la route 124 à Marlborough, et engagez-vous sur **Webb Depot Road**. De là, vous pourrez épier un vieux pont de pierres et des panoramas d'une clarté exceptionnelle à travers champs en direction de l'imposant sommet.

Perdue derrière les bleds de la région du lac Sunapee et de Dartmouth, **Stage Road** est l'un de ces chemins oubliés qu'il vaut la peine d'explorer. Il sonde l'âme profonde de cette terre fertile en contournant trois ruisseaux, un pont couvert et des kilomètres de forêts et de collines indolentes. Vous trouverez ce joyau entre la route 120, à Meriden, et la route 12A.

Dans la région des lacs, recherchez **West Shore Road** sur la face occidentale du lac Newfound. Ce chemin, qui présente une succession de virages en épingle à travers bois sur une surface au bitume maintes fois réparée, se faufile plus d'une fois entre les montagnes et les plans d'eau en offrant une vue sur l'eau que rien n'obstrue.

Les **routes 113 et 109**, qui permettent d'admirer le lac Squam, vous feront traverser des villages paysagers typiques de la Nouvelle-Angleterre, de même que les fermes et les vieilles propriétés de Sandwich Notch.

Scenic Drive donne l'impression d'être un passage secret sur le rivage occidental du lac Winnipesaukee. Fréquentée par les gens du coin pour la paix et l'isolement dont elle est auréolée, cette route secondaire arborée livre des panoramas à couper le souffle d'un des plus éminents lacs de la Nouvelle-Angleterre. Elle débute tout juste au sud de Weirs Beach.

Dans les White Mountains, **Bear Notch Road** a l'allure d'un doux rendez-vous amoureux avec la nature, frais et brumeux. Laissez-vous enivrer par ses grottes en pierre, ses conifères élancés et sa voûte percée par endroits par le bleu du ciel. De plus, gardez l'œil ouvert, sinon vous manquerez la coquette anse sablonneuse de la rivière Swift, un havre solitaire offrant un répit sans pareil à ceux qui ont la chance de la découvrir. Cette route défile entre le Kancagamus Highway, à Passaconaway, et la route 302.

Entre Jefferson et Franconia, la **route 116** est l'archétype même du calme qui a fait la marque de la Nouvelle-Angleterre. Des vaches paissent sur les monticules herbeux, des moulins à vent agitent leurs ailes au-dessus des champs de foin, et de vieilles maisons de ferme s'adossent aux montagnes. Au cours de la saison des feuillages d'automne, érables et ormes étendent leur dais de jaune et d'orangé au-dessus du chemin : un spectacle à ne pas manquer.

Avant de vous lancer à la découverte des chemins les moins fréquentés, procurez-vous une bonne carte routière et, si vous veniez à douter des indications à suivre, n'hésitez pas à vous adresser au magasin général du coin. L'exploration des routes perdues se pratique surtout en été et en automne, car, le reste de l'année, elles sont souvent encombrées de neige. Ne craignez nullement de vous aventurer sur ces routes inconnues; il est pratiquement impossible de s'y perdre et, si jamais cela devait vous arriver, vous trouverez toujours quelqu'un pour vous remettre sur la bonne voie.

Magasins généraux, cafés et pharmacies à l'ancienne bordent les rues de **Peterborough**, fondée en 1738 et considérée comme le modèle ayant inspiré l'*Our Town* de Thornton Wilder. Il est d'ailleurs facile d'imaginer comment Wilder a pu être conquis par ce hameau de montagne, truffé de vieilles «boîtes à sel» et peuplé de villageois on ne peut plus sympathiques.

L'amical conservateur du **Peterborough Historical Society Museum** *(19 Grove St., Peterborough, ☎924-3235)* se fera un plaisir de vous aider à découvrir l'héritage culturel et commercial de cette localité où l'agriculture et l'industrie ont connu des heures de gloire, quoiqu'elles soient aujourd'hui supplantées par l'édition. Le musée renferme également une cuisine coloniale et un salon victorien reconstitués, de même qu'une exposition de jouets dont certains datent d'aussi loin que le milieu du XIXe siècle.

Au sud, sur la route 202, **Jaffrey** se targue d'être la seule municipalité de ce nom dans le monde. Mais son principal atout réside sans doute dans le **mont Monadnock ★★**, qui surplombe la région du haut de ses 965 m, telle une sentinelle vigilante. Cet imposant promontoire s'est en effet imposé au cours des années comme le sommet le plus escaladé du monde, à l'assaut duquel se lancent chaque année des foules et des foules de randonneurs sillonnant inlassablement ses quelque 50 km de sentiers.

Henry David Thoreau et Ralph Waldo Emerson ont tous deux gravi le Monadnock, qui fait désormais partie du **Monadnock State Park** *(droit d'entrée; par la route 124, Jaffrey, ☎532-8862)*, où vous trouverez par ailleurs un centre environnemental présentant des expositions historiques et géologiques (voir p 121).

Immédiatement à l'est du parc, sur la route 124, s'élève la plus grandiose construction de Jaffrey, la **Colonial Meeting House**. Son énorme tour de l'horloge et son beffroi, datant de 1773, se dressent devant le mont Monadnock, qui ne manque pas d'en rehausser le prestige. Derrière le bâtiment se trouve un cimetière ombragé où sont enterrés les romanciers Willa Cather et Amos Fortune, un esclave de souche africaine qui parvint à racheter sa liberté.

Certains des plus beaux points de vue du Monadnock s'offrent à vous à la **Cathedral of the Pines** ★ *(fermé 1er nov au 30 avr; par la route 119, Rindge, ☎899-3300)*, un sanctuaire de bois et de pierres construit par les parents d'un jeune homme mort au cours de la Deuxième Guerre mondiale. Une visite guidée donne l'occasion d'admirer de précieux objets donnés au «musée» par tous les présidents américains et par des gens de différents pays du monde, comme un morceau du roc de Gibraltar et un fragment de la pierre de Blarney. Vous y verrez également une arche sacrée, sculptée au Portugal. Lorsque les cloches de l'église se font entendre, leur mélodie est renvoyée par la montagne et emplit les vallées sur plusieurs kilomètres.

Il ne fait aucun doute que la nature a tout spécialement béni la région du Monadnock, et la meilleure preuve en est le **Rhododendron State Park** *(Rhododendrum Rd., à l'angle de la route 119, Fitzwilliam, ☎532-8862)*. Si vous y venez à la mi-juillet, vous découvrirez 6,5 ha de champs couverts de rhododendrons sauvages. Un sentier de 1,6 km serpente à travers ce festin de couleurs (voir p 121).

La vallée de la Merrimack

Au cours des deux siècles derniers, les berges de la rivière Merrimack ont vu naître plusieurs localités, son débit rapide se prêtant fort bien à la pêche dans un premier temps, puis à l'alimentation énergétique des usines textiles. De nos jours, une bonne partie des 1,1 million d'habitants du New Hampshire ont établi leur résidence permanente dans cette vallée devenue un important centre de commerce, de même que le siège du gouvernement de l'État.

Cette région industrielle englobe plusieurs villes de taille respectable, y compris Nashua (souvent considérée comme une «*banlieue de Boston*»), la métropole de Manchester et Concord (la capitale de l'État). Plusieurs villes-dortoirs entourent ces municipalités, entrecoupées de secteurs ruraux attachants à souhait.

La pittoresque route 111 serpente en direction du sud-ouest, depuis Exeter jusqu'à un endroit pour le moins étrange : **America's Stonehenge** *(droit d'entrée; Haverhill Rd., en bordure de la route 111, North Salem, ☎893-8300)*. Aussi appelé Mystery Hill, ce site peut vous apparaître comme un simple amas de rochers; mais, pour les archéologues et les astronomes qui en étudient la configuration depuis maintenant 50 ans, il s'agit d'un mystère insoluble ne trahissant absolument rien de ses origines. Répartis sur une douzaine d'hectares, ces murs de pierre erratiques et ces formations rocheuses insolites auraient servi d'observatoire astronomique à une civilisation ancienne que certains font remonter à 4 000 ans. L'endroit n'est pas aussi impressionnant que le véritable Stonehenge, en Angleterre, mais mérite tout de même un détour.

Un peu plus au nord, à faible distance de route, se trouve **Manchester**, la plus importante ville du New Hampshire avec plus de 100 000 âmes. Saisissez l'atmosphère de ce centre essentiellement industriel en vous promenant sur Elm Street, son artère principale, bordée de bâtiments en brique défraîchis ainsi que de petits cafés et envahie par les gens d'affaires.

L'extérieur de la **Currier Gallery of Art** ★ *(droit d'entrée; 192 Orange St., Manchester, ☎669-6144)*, dont la splendide façade de calcaire et les fastueuses mosaïques font penser à un palais de la Renaissance, constitue déjà un spectacle en soi. Mais prenez tout de même la peine d'y entrer, car vos yeux s'y délecteront d'une succession d'arches et de plafonds à moulures sculptées entourant une collection appréciable d'œuvres des époques romane et byzantine jusqu'à l'ère moderne. Vous y trouverez par ailleurs une fascinante collection de vases soufflés à la main et de photographies du milieu du XIXe siècle. Le Currier est reconnu comme l'un des plus beaux petits musées des États-Unis.

La deuxième ville en importance de la vallée de la Merrimack est **Concord**, la capitale de l'État, probablement mieux connue pour son *Concord Coach*, ce modèle de diligence en bois peint qui favorisa les liaisons entre l'Est et l'Ouest américains au cours du XIXe siècle, et dont vous

Concord State Capitol

pouvez encore admirer de nombreux spécimens au **New Hampshire Historical Society Museum** *(30 Park St., Concord, ☎225-3381).*

Les résidants de cette ville on ne peut plus conservatrice sont fiers de dire qu'on y ferme boutique dès le crépuscule, et ils n'ont pas entièrement tort. Les rues se vident en effet vers l'heure du dîner et, à l'exception de quelques bars, vous aurez bien du mal à y trouver quelque activité nocturne que ce soit.

Mais il faut mentionner que même ceux qui viennent ici dans l'espoir d'y trouver un peu d'action se laissent tout de même charmer par le capitole, ou **State House** *(107 North Main St., Concord, ☎271-1110)*, une magnifique construction datant de 1819 revêtue de granit lisse et couronnée d'un dôme plaqué or. Car c'est ici, à l'intérieur de cet imposant édifice d'une autre époque, que bat le cœur de la ville et que se dessinent les destinées politiques, sociales et même culturelles de l'État tout entier. Il s'agit du plus vieux capitole de la nation américaine, et les législateurs en occupent toujours les pièces originelles.

Après avoir parcouru les rues de la capitale, remontez quelque peu vers le nord pour découvrir les environs sauvages du **Canterbury Shaker Village** ★ *(droit d'entrée; ven-dim avr et nov à fin déc; 288 Shaker Rd., par la route 106, Canterbury, ☎783-9511).* Niché loin des regards au cœur d'une réserve agraire, cet endroit révélateur vous captivera pendant des heures. Fondée au milieu du XVIIIe siècle par une femme particulièrement avant-gardiste du nom de Ann Lee, la secte religieuse des shakers vivait dans des villages autonomes et aspirait à la création d'une sorte de paradis terrestre. Chacun des 22 édifices de Canterbury reflète un souci d'économie d'espace, avec, par exemple, des tiroirs aménagés à même les murs et des patères murales.

Diverses expositions présentent des inventions shakers, comme la scie circulaire, l'épingle à linge, le balai plat et la plume à pointe métallique. Il y a également une cloche Paul Revere. Les shakers croyaient à l'égalité des droits, au partage des tâches et au célibat, ce qui a probablement causé leur disparition presque totale au début du XIXe siècle.

La côte ★

Malgré sa taille réduite, puisqu'elle ne court que sur 29 km, la côte du New Hampshire fait partie des possessions les plus chères de cet État. D'ailleurs à juste titre, car son amalgame de vagues déferlantes, de promontoires rocheux, de bassins de marée, de demeures imposantes et de réserves naturelles est un véritable trésor de splendeurs et de mystères permanents.

Il va sans dire que le littoral en lui-même, formidable par sa stature, fait le bonheur de tous ceux qui s'y aventurent par la route, d'où la dense circulation qui l'afflige sans rémission. Le soleil chaud et les douces brises de l'été attirent naturellement les foules les plus importantes, surtout les fins de semaine, quoique les gens du coin prétendent que le spectacle de la neige sur le sable en hiver mérite d'être vu sans la moindre hésitation.

Ancrée à l'extrémité nord de la côte, **Portsmouth ★**, au riche passé maritime, a longtemps joué un rôle déterminant dans l'économie florissante et le développement du New Hampshire. Située à l'embouchure de la rivière Piscataqua, cette ville fait penser à un vieux sage réfléchi, tout à la fois chargé de souvenirs d'une époque révolue et encore capable de progresser et de rayonner.

Des trottoirs en pierre et des bâtiments en brique dont les murs couverts de lierre portent deux siècles d'histoire défilent devant le port, imperturbables. Sur Market Street, au cœur même de la ville, de rutilants gratte-ciel récemment construits partagent la vedette avec des enclaves magnifiquement restaurées des XVIIIe et XIXe siècles. De jeunes artistes et professionnels continuent d'y affluer, venant de Boston, de New York et du Maine, ce qui ajoute à la patine culturelle et à la dynamique vie nocturne de cette ville portuaire.

Construites entre 1716 et 1807, ces maisons révèlent différents styles architecturaux et possèdent chacune leur caractère propre ainsi que leur musée. À titre d'exemple, dans la **John Paul Jones House** *(droit d'entrée; 43 Middle St., Portsmouth, ☎436-8420)*, une géorgienne de 1758, vous trouverez une pièce décorée de somptueuses robes de mariage telles qu'on en portait au XIXe siècle, de même que le plus vieux piano des États-Unis, sans oublier une collection de fusils ayant servi pendant la guerre de Sécession, une coquette baignoire en bois et des pagaies provenant des mers du Sud.

En 1789, dans le cadre d'une réception, George Washington eut l'occasion de visiter la **Governor John Langdon House** *(droit d'entrée; fermé lun-mar et mi-oct à mai; 143 Pleasant St., Portsmouth, ☎436-3205)*. Si l'on en croit les notes qu'il rédigea à la suite de cette soirée, il trouva la maison fort chaleureuse, et son propriétaire, le futur gouverneur du New Hampshire, on ne peut plus hospitalier. Son intérieur est aujourd'hui agrémenté de magnifiques sculptures en bois et de précieux meubles d'époque.

Lorsque vous suivez le Portsmouth Trail, vous avez en prime l'avantage de rencontrer les sympathiques cicérones (dont plusieurs sont nés à de Portsmouth) assignés à chacune des maisons, et à même de vous relater de nombreux faits historiques ainsi que des anecdotes particulièrement intéressantes. Retenez cependant que la plupart des demeures du circuit sont fermées au public durant l'hiver, et qu'elles n'ouvrent leurs portes que certains jours de la semaine le reste de l'année. Il est donc plus prudent de vous informer avant de vous déplacer.

Pour bien prendre le pouls de Portsmouth, longez Market Street en direction du sud-est jusqu'à ce que vous atteigniez les **quais** (*docks*), à cette extrémité de la ville où la rivière Piscataqua forme une boucle. Aux XVIIIe et XIXe siècles, les ébénistes, les potiers, les tonneliers et les constructeurs de navires se retrouvaient tous sur le port pour y exercer leur métier respectif, tandis que les scieries, alors florissantes, fournissaient à la Grande-Bretagne des milliers de mâts pour ses vaisseaux. Aujourd'hui, ces eaux sombres sont sillonnées par des bateaux remorqueurs, des navires de pêche et des voiliers qui filent vers Kittery, dans le Maine.

De cet endroit, vous pouvez vous embarquer pour une courte croisière dans le port ou pour un périple plus conséquent à destination des Isles of Shoals. Plusieurs firmes sont à votre disposition, incluant **Isles of Shoals Steamship Co.** *(juin à fin oct; autres arrêts à Portsmouth Harbor et à Star Island; 315 Market St., Portsmouth, ☎431-5500)* et **Portsmouth Harbor Cruises** *(mai à fin oct; propose aussi des randonnées sur les rivières intérieures; 64 Ceres St., Oar House Dock, Portsmouth, ☎436-8084)*.

Si vous longez l'eau en direction du nord-ouest jusqu'à Marcy Street, vous découvrirez le plus précieux joyau de Portsmouth, **Strawberry Banke ★★** *(droit d'entrée; entrée en bordure de Marcy St., au sud de Court St., Portsmouth, ☎433-1100)*, à l'emplacement même de la première colonie. Ce parc de 4 ha, rempli de vastes jardins et de bâtiments coloniaux, donne une leçon incomparable sur l'architecture de la Nouvelle-Angleterre jusqu'en 1943 ainsi que sur le dur combat et les habitudes de vie des

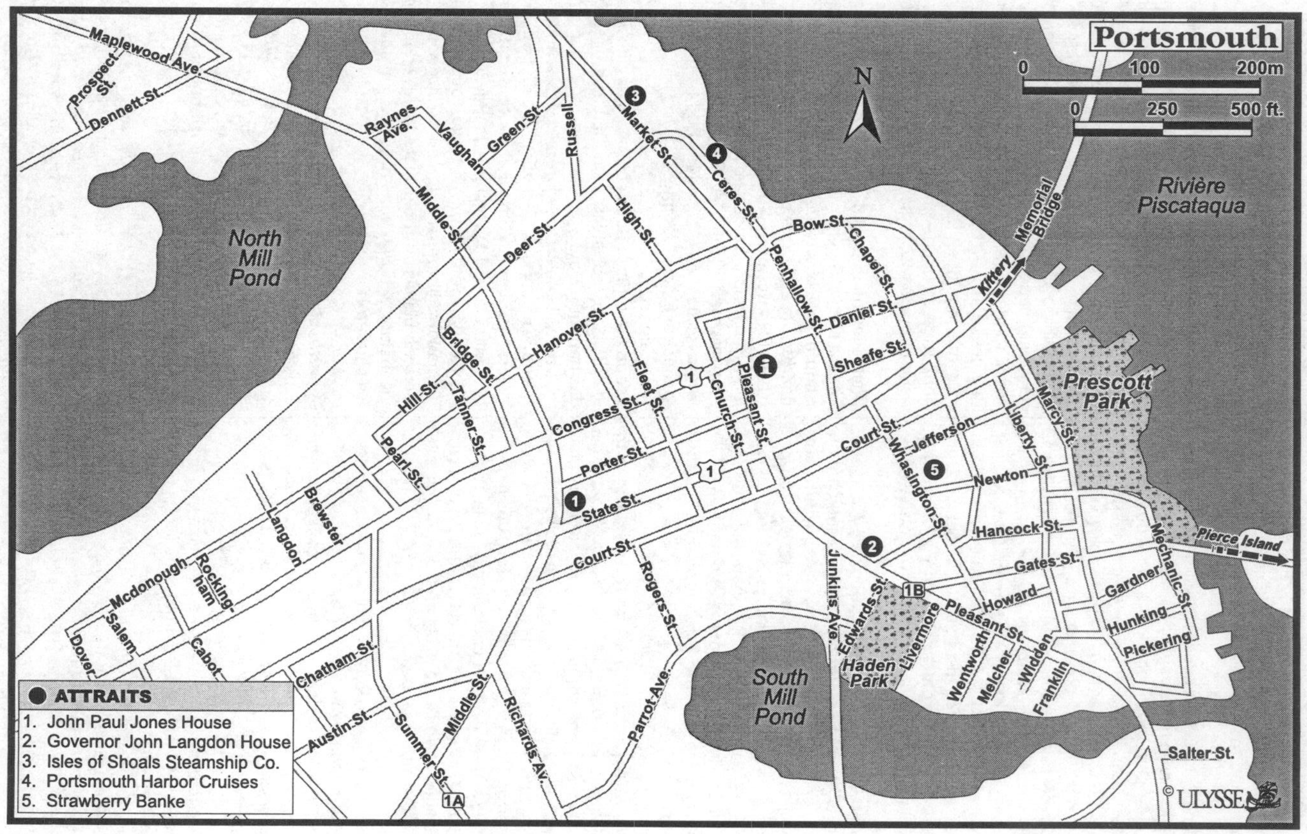
Portsmouth
0 100 200m
0 250 500 ft.
N
Rivière Piscataqua
Memorial Bridge
Kittery
Prescott Park
Pierce Island
Maplewood Ave.
Prospect St.
Dennett St.
Raynes Ave.
Vaughan
Green St.
Russell
Market St.
Ceres St.
North Mill Pond
Middle St.
Deer St.
High St.
Bow St.
Chapel St.
Penhallow St.
Daniel St.
Sheafe St.
Hanover St.
Bridge St.
Fleet St.
Church St.
Pleasant St.
Hill St.
Tanner St.
Congress St.
Porter St.
Court St.
Jefferson
Whasington St.
Liberty St.
Marcy St.
Newton
Pearl St.
Brewster
Langdon
State St.
Hancock St.
Mechanic St.
Gates St.
Gardner
Hunking
Pickering
Junkins Ave.
Edwards St.
Livermore
Howard
Pleasant St.
Wentworth
Melcher
Widden
Franklin
Haden Park
South Mill Pond
Salter St.
Mcdonough
Rocking-ham
Salem
Dover
Cabot
Chatham St.
Austin St.
Summer St.
Middle St.
Richards Av.
Parrot Ave.
Rogers St.
Court St.
1
1A
1B
ATTRAITS
1. John Paul Jones House
2. Governor John Langdon House
3. Isles of Shoals Steamship Co.
4. Portsmouth Harbor Cruises
5. Strawberry Banke
© ULYSSE

fondateurs de l'Amérique. L'endroit tire son nom de la profusion de baies et de fruits sauvages que trouvèrent ici les premiers colons anglais en mettant pied à terre en 1630.

Grâce à la prévoyance des dirigeants locaux, les 42 édifices du *banke*, qui datent de 1695 à 1954, ont tous échappé à une destruction massive au cours des années cinquante. Chacun d'eux révèle des détails historiques fascinants, et il faut compter une journée entière pour en faire le tour. Mentionnons, entre autres, la **Daniel Webster House** *(fermée au public)*, où Webster et son épouse, Grace, vécurent de 1814 à 1816, de même que la maison d'enfance de l'auteur Thomas Bailey Aldrich, dont le roman *The Story of a Bad Boy* a inspiré Mark Twain à écrire *Tom Sawyer*.

La **Pitt Tavern**, une construction de 1766, peut-être le bâtiment historique le plus significatif du site, servit autrefois de lieu de rencontre aux loyalistes, puis aux patriotes. Plusieurs stratégies de la guerre d'Indépendance furent élaborées entre ses murs, et l'on peut aujourd'hui y voir des annonces de journaux datant de 1770 conviant les lecteurs à ces rencontres historiques.

Avant de quitter la ville, arrêtez-vous au **North Cemetery** *(à l'angle de Maplewood Ave. et de Russell St., Portsmouth)*, acquis par la municipalité en 1753 pour la somme de 50 livres. C'est sur ce modeste carré de verdure que sont enterrés John Langdon, autrefois gouverneur du New Hampshire et cosignataire de la Constitution américaine, et le général William Whipple, dont le nom apparaît sur la *Déclaration d'Indépendance*.

Empruntez la route 1A en direction de la côte. Cette région sinueuse est flanquée de l'océan turgide et de résidences royales constituant ce qu'on appelle ici «*l'avenue des millionnaires*», en raison des vieilles fortunes qui s'y sont établies.

La plus vaste étendue de terres vierges sur la côte se trouve à l'**Odiorne State Park** *(droit d'entrée en été; Route 1A, Rye, ☎436-7406)*, qui couvre plus de 3 km sur le littoral et occupe une superficie totale de 132 ha (voir p 123). C'est ici que débarquèrent les premiers colons du New Hampshire en 1623, sur un territoire à la végétation dense où sifflent constamment les vents. Vous y trouverez un ancien cimetière, de vieux murets de pierres, les vestiges d'un jardin à la française et plusieurs bunkers de la Deuxième Guerre mondiale. Le **Seacoast Science Center** *(droit d'entrée distinct)*, érigé dans le parc même, offre un regard sur l'histoire naturelle et sociale de la région.

De ce point, vous pouvez scruter la mer afin d'y détecter la silhouette rocheuse des **Isles of Shoals**, un archipel sur lequel flottent de grands mystères alimentés par de passionnantes histoires de pirates, de trésors et de naufrages. En 1614, le capitaine John Smith qualifiait ces îles de «*tas de pierres stériles parsemés de quelques cèdres nains*», et la situation n'a guère changé depuis. Barbe Noire et le capitaine Kidd auraient caché leurs butins ici parmi les crevasses rocheuses; le premier aurait en outre abandonné sa femme en ces lieux en 1723, et d'aucuns prétendent que son esprit hante toujours la région.

Par la suite, ces îles attirèrent de nombreux artistes et écrivains, incluant Nathaniel Hawthorne et Childe Hassam. Vous pouvez aujourd'hui vous y rendre par l'intermédiaire de **New Hampshire Seacoast Cruises** *(droit d'entrée; fermé mi-oct à début mai; Rye Harbor State Marina, Route 1A, Rye, ☎964-5545)*, qui organise des visites guidées où l'histoire n'est pas laissée pour compte.

L'activité intense de la côte se fait moins sentir dans la région qui s'étend au sud-ouest de Portsmouth. **Dover** par exemple, une charmante petite ville manufacturière peuplée d'ouvriers, fut fondée par des pêcheurs au début du XVIIe siècle et demeura indépendante jusqu'à son annexion à la Massachusetts Bay Colony en 1642. La route 9 traverse carrément la ville, flanquée d'immenses demeures aux nombreuses cheminées dont plusieurs furent érigées par de riches propriétaires d'usines au cours du siècle dernier.

Vous pourrez remonter aux origines de la colonie en visitant le **Woodman Institute** *(droit d'entrée; fermé lun-mar et fév à fin mars; 182 Central Ave., Dover, ☎742-1038)*, qui renferme de nombreux souvenirs du passé, de même que des vitrines d'exposition sur la faune et l'histoire naturelle de la région.

En empruntant la route 108 vers le sud, vous atteindrez la ville universitaire de **Durham**, où l'**University of New Hampshire** *(Route 155A, Durham, ☎862-1234)* offre un cadre des plus paisibles, propice aux promenades d'agrément. Un tiers du campus de 80 ha est en effet constitué en réserve naturelle, sillonnée de sentiers pédestres et de lacs sur lesquels les amateurs de patin à glace s'en donnent à cœur joie au cours de l'hiver.

Un peu plus à l'ouest, toujours sur la route 108, s'étend **Durham Landing**, le site d'une bataille sanglante en 1694, alors que plus de 200 Amérindiens attaquèrent une centaine de colons, détruisant leurs maisons et décimant leur garnison en bordure de la rivière Oyster.

Non loin de là, à **Exeter**, la présence de l'exclusive **Phillips Exeter Academy** *(20 Main St., Exeter, ☎772-4311)* entraîne des va-et-vient constants, doublés d'une circulation bourdonnante. Cette académie, qui fait partie des plus anciennes et des plus réputées de toutes les institutions d'enseignement privées de la nation américaine, a su vieillir en beauté. Fondée en 1781, cette école s'enorgueillit d'élégants bâtiments en brique couverts de lierres enchevêtrés et entourés de vertes pelouses ponctuées d'érables sucriers. Au fil des années, ses halls glorieux ont accueilli des étudiants de la trempe de Daniel Webster, de l'historien George Bancroft et de Booth Tarkington.

Mais revenons aux autres localités de la côte, auxquelles vous accéderez en retournant vers la route 1A.

À partir de Rye s'étend le secteur le plus fréquenté de la côte : **Hampton Beach**. Littéralement assaillie par des centaines de milliers d'estivants chaque année, cette bande développée à outrance se présente comme une gigantesque station de plaisance, dont le nerf central est sa promenade en bordure de mer, où règne un tourbillon d'activités.

Commencez donc par explorer cette promenade, une véritable foire humaine sur près de 5 km le long d'Ocean Boulevard, entre Dumas Avenue et le Hampton Beach State Park. Imprégnez-vous de l'atmosphère ambiante et du fumet des aliments de fête foraine, et laissez-vous envahir par le spectacle des innombrables vendeurs de t-shirts et d'objets futiles ainsi que des motels aux basses silhouettes. Il n'existe pas de meilleur endroit pour observer les gens que cette allée bétonnée vers laquelle convergent à peu près tous les spécimens de l'humanité, des promeneurs indifférents aux intellectuels en passant par les voyous de plage.

Au **New Hampshire Marine War Memorial** *(à l'angle d'Ocean Boul. et de Nudd Ave., Hampton Beach)*, érigé en hommage aux marins morts en mer, le bourdonnement constant des voitures, des joggeurs, des cyclistes et des touristes curieux ne manquera pas de retenir votre attention. Tous s'arrêtent en effet ici pour observer de plus près cette statue de granit représentant une triste jeune fille enveloppée de voiles de pierre et étreignant une couronne de fleurs.

Great Boars Head *(à l'angle d'Ocean Boul. et de Dumas Ave., Hampton Beach)*, une falaise rocheuse qui fait saillie dans l'océan, projette son imposante silhouette tout juste au nord de Hampton Beach. Surmontée de vieux manoirs et d'imposantes maisons de villégiature, elle revêt une apparence particulièrement intrigante à l'aube, lorsque les premiers rayons du jour et la brume matinale lui donnent des airs tout à fait surréalistes.

Si vous bifurquez vers l'ouest, à environ 10 min de route, vous découvrirez le calme champêtre des **Applecrest Farm Orchards** *(Route 88 West par l'Interstate 95, Hampton Falls, ☎926-3721)*, où 20 000 pommiers et deux champs de citrouilles mûrissent à flanc de colline. De la fête du Travail à la mi-octobre, vous pouvez y cueillir vous-même vos fruits; ou alors, jetez un coup d'œil à l'intérieur du «marché aux pommes» (*applemart*), une grange construite en 1812 et remplie de cidre, de tartes aux pommes, de beurre de pomme, de compote de pomme et d'autres délices odorants. En été, ce sont les fraises, les framboises et les bleuets qui prennent la relève.

Le meilleur endroit pour dénicher des framboises resplendissantes et bien charnues reste cependant la **Raspberry Farm** *(fermé fin oct à début juin; Route 84, aussi appelée Kensington Rd., à 5 km à l'ouest de la route 1, Hampton Falls, ☎926-6604)*. Aucun panneau ne signale ce champ de 25 ha, mais vous n'aurez aucun mal à le trouver. Promenez-vous à travers ses plants luxuriants, cueillez vos propres fruits, et laissez le soin aux cultivateurs de vous éclairer sur tout ce qui concerne leurs récoltes. Ne manquez pas non plus le marché, bondé de tartes et de confitures.

En reprenant votre périple le long de la côte, vous noterez que le paysage passe des vastes plages à des terres marécageuses au fur et à mesure que vous approchez de la frontière du Massachusetts et de **Seabrook**.

Les familles affectionnent particulièrement cette localité pour ses centres d'amusement et ses jolies plages, même si la principale attraction en est le **Seabrook Greyhound Park** *(droit d'entrée; Route 107, Seabrook, ☎474-3065)*, où plus de 1 000 chiens de course s'affrontent à longueur d'année pour le plaisir des parieurs.

Depuis 1976, Seabrook a retenu l'attention du pays tout entier en raison de la controverse qui entoure sa centrale nucléaire, le **Seabrook Station Nuclear Power Plant** *(fermé sam-dim; à la jonction des routes 107 et 1, Seabrook, ☎474-9521)*. Malgré la longue et coûteuse bataille rangée livrée par des regroupements de citoyens et l'État du Massachusetts en vue d'empêcher l'ouverture de cette usine, elle fut officiellement inaugurée en mars 1990, trois ans après que sa construction eut été achevée. Le débat se poursuit. Pour observer d'un peu plus près ces installations d'une puissance de 1 150 mégawatts construites au coût de 6,5 milliards de dollars américains, vous pouvez profiter du service de visites guidées offert sur les lieux; on vous fera faire le tour du bâtiment principal après quoi on vous montrera un enregistrement vidéo de 10 min sur le déroulement des opérations à l'intérieur de la bâtisse.

PARCS ET PLAGES

La plupart des parcs du New Hampshire ne sont ouverts qu'en été, généralement du Memorial Day (quatrième lundi de mai) à la fête du Travail (premier lundi de septembre). Pour connaître les exceptions à cette règle, adressez-vous à la New Hampshire Division of Parks and Recreation *(P.O. Box 1856, Concord, NH 03302, ☎271-3556)*.

La région des White Mountains

White Mountain National Forest ★★★

Cette forêt qui couvre un territoire phénoménal dans le nord du New Hampshire constitue la plus vaste étendue de terres publiques de toute la Nouvelle-Angleterre et l'un des refuges boisés les plus fréquentés des États-Unis. En fait, sa superficie est si importante qu'on a tôt fait de constater qu'elle couvre la plus grande partie de l'État. Ses 309 000 ha (dont 18 000 se trouvent dans le Maine) englobent plusieurs parcs nationaux et offrent près de 2 000 km de sentiers de randonnée, 50 lacs et étangs, plus de 1 000 km de cours d'eau propices à la pêche et 22 terrains de camping. La plupart des sommets du Nord-Est appartiennent à cette forêt, comme d'ailleurs nombre de cerfs de Virginie, d'ours noirs, d'orignaux, de castors et une foule d'autres animaux sauvages. Dans le New Hampshire, c'est ici que les couleurs d'automne sont les plus spectaculaires, surtout dans les environs du Kancamagus Highway, un ruban de 55 km reliant la route 302 à la route 3A. Les sentiers de randonnée, y compris une portion de l'Appalachian Trail, sont répartis à travers tout le parc. La forêt s'étend ni plus ni moins de Percy à Rumney dans l'axe nord-sud, et de Benton au Maine dans l'axe est-ouest. Plusieurs routes la traversent, dont la 93, la 302, la 16 et la 2.

Installations et services : aires de pique-nique *(☎528-8721 ou 447-5448)*. **Baignade** : bonne dans plusieurs ruisseaux et étangs. **Camping** : autorisé sur les 23 terrains du parc, dont certains sont plus primitifs, et d'autres, aménagés de façon à accueillir des caravanes (aucun raccordement); les véhicules récréatifs peuvent accéder à la majorité des 824 emplacements, et les prix varient de 12$ à 14$ par nuitée. **Pêche** : possibilités sans fin pour la truite, le saumon, l'achigan, la perchaude et le poisson-lune, que ce soit dans les étangs, les lacs ou les rivières. Parmi les meilleurs endroits, notons le Basin Reservoir et les étangs Russell, Sawyer et Long.

Franconia Notch State Park ★★★

Il s'agit de la grande vedette des parcs du New Hampshire, de celui sur lequel on ne tarit plus d'éloges. Cet endroit absolument incroyable couvre 2 630 ha, accueille plus de deux millions de visiteurs chaque année et présente un éventail époustouflant de merveilles aussi bien naturelles qu'issues de l'ingéniosité de l'homme qui en font une sorte de Disney World des parcs nationaux. Flanqué de pics rocheux et truffé de lacs et de rivières, il regroupe la station de ski de Cannon Mountain et son tramway, un bassin de roc fascinant baptisé le Basin, un mini-canyon connu sous le nom de Flume et le célèbre profil granitique de l'**Old Man of the Mountains**. Puis, il y a les plages sablonneuses, les kilomètres de sentiers de randonnée, les magnifiques grottes envahies par les fougères et certaines des meilleures voies de vélo de tout le New Hampshire. Nous n'avons qu'un conseil à vous donner : prévoyez d'y rester un bon moment. (Pour de plus amples renseignements, voir «Attraits touristiques», p 104.) Le parc se trouve au nord de North Woodstock. Tous les sites sont accessibles par le Franconia Notch Parkway, un autre nom de la route 93 sur les 13 km que couvre le parc.

Installations et services : aires de pique-nique, toilettes, cabines de bain, cafétérias, casse-croûte et New England Ski Museum *(☎823-5563)*. **Baignade** : bonne dans le lac Echo. **Camping** : le Lafayette Campground *(☎823-9513)* compte 98 emplacements avec douches, la plupart pouvant accueillir les véhicules récréatifs (aucun raccordement); 14$ par nuitée. Vous trouverez par contre sept emplacements avec raccordements complets au Cannon Mountain State RV Park *(24$ par nuitée; ☎823-5563)*. **Pêche** : bonne dans plusieurs lacs et cours d'eau; le lac Echo est tout particulièrement populaire.

Crawford Notch State Park★★

Un col de montagne escarpé franchit ici certaines des forêts et des formations rocheuses les plus vierges du New Hampshire. Il creuse une ouverture d'une dizaine de kilomètres à travers la vallée en «U» de la rivière Saco, abritant de nombreux étangs, sentiers et cascades, dont les Arethusa Falls, les plus hautes chutes de l'État. Plusieurs cabanes en rondins honorent la mémoire de la famille Willey, parmi les premiers colons de la région. Ils sont morts en 1826 alors qu'ils cherchaient à fuir un glissement de terrain. On y accède par la route 302, à environ 13 km au nord de Bartlett.

Installations et services : aires de pique-nique, toilettes, boutique de souvenirs et casse-croûte *(fermé mi-oct à mi-mai; ☎374-2272)*. **Camping** : le Dry River Campground dispose de 30 emplacements pour tentes, dont quelques-uns peuvent accueillir les véhicules récréatifs; 12$ par nuitée. **Pêche** : bonne dans les étangs et les cours d'eau.

Mount Washington State Park★★★

Ce parc de 24 ha encercle le sommet du mont Washington, le plus haut pic du nord-est des États-Unis. Sur la cime de ce géant, à 1 917 m d'altitude, des frissons vous parcourent l'épine dorsale alors que vous contemplez un univers de montagnes et de forêts qui semblent se perdre derrière la ligne d'horizon. La montagne elle-même est depuis longtemps un objet de curiosité et d'émerveillement. Le climat y est parfois redoutable, passant de torride à glacial (ou vice-versa) en l'espace de quelques minutes, et sa végétation se compose d'un insolite mélange de mousses, d'arbustes et de rares fleurs sauvages. En 1934, le vent y atteignit une vélocité de 372 km/h, la plus forte jamais enregistrée sur Terre. L'Observatory Museum, perché sur la crête rocheuse et dénudée de la montagne, se chargera de vous en apprendre davantage sur cette mystérieuse éminence. On l'atteint par la route 16 à Pinkham Notch, en retrait de la route 302, au nord de Crawford Notch.

Installations et services : toilettes, casse-croûte, musée, boutique de souvenirs et bureau de poste *(☎466-3347)*.

Coleman State Park

On ne risque guère de se tromper en affirmant que cet endroit se trouve au bout du monde. Les puristes trouveront les parages enivrants avec leurs denses forêts, leurs énormes montagnes et leurs lacs cristallins. Le plus gros de l'activité (ce qui n'est pas peu dire) se déroule autour du Little Diamond Pond, parsemé de petits bateaux de pêche et entouré de collines ondulantes. Pour vous y rendre, à partir de la route 26, à Kidderville, empruntez Diamond Pond Road vers le nord jusqu'au parc.

Installations et services : aire de pique-nique et pavillon récréatif; provisions à Colebrook, 19 km plus à l'ouest *(☎237-4520)*. **Camping** : autorisé sur 25 emplacements pour tentes, dont la majorité peut également accueillir les véhicules récréatifs; 12$ par nuitée. **Pêche** : bonne pour la truite dans le Little Diamond Pond et plusieurs cours d'eau.

La région des lacs

Bristol Town Beach

Bordée de pins et d'érables, cette bande de sable immaculée s'étend comme un lit de cannelle poudreuse en bordure du Newfound Lake et s'ouvre sur une vaste nappe d'eau parfaitement claire. Elle est généralement bondée les fins de semaine. On y accède par West Shore Road, à 400 m à l'ouest de la route 3A, à Bristol.

Installations et services : aire de pique-nique et filets de volley-ball; provisions tout près, à Bristol; stationnement : 5$. **Baignade** : les eaux cristallines et le fond sablonneux en pente douce rendent les conditions idéales.

Wellington State Park and Beach

En cette portion on ne peut plus panoramique du Newfound Lake se succèdent des anses isolées flanquées de pinèdes, des chapelets de granit et une fine bande de sable châtain. Posé sur une péninsule et entouré de petites montagnes et d'îles peuplées de conifères, le parc de Wellington bénéficie d'un décor parfait. Son fond de sable blanc et ses berges en pente douce en font l'un des meilleurs endroits où se baigner dans le New Hampshire. On l'atteint par la route 3A, à 6,5 km au nord de Bristol.

Installations et services : aire de pique-nique, pavillons, cabines de bain, toilettes, terrain de jeu et casse-croûte *(fermé oct au Memorial Day; ☎744-2197)*. Droit à la journée *(2,50$)*. **Baignade** : excellente. **Pêche** : bonne.

Weirs Beach

Voici le modèle même des vacances estivales en famille. Cette page se trouve dans un recoin du lac Winnipesaukee et présente un croissant de sable granuleux et doré qu'entourent des monticules herbeux. Bien que la vue sur le lac soit assez spectaculaire, la plage en elle-même ne mérite aucun hommage particulier. Et pourtant les foules y accourent, attirées par l'atmosphère carnavalesque créée par la promenade adjacente et ses centres d'amusement. On l'atteint par la route 3, accessible par Lakeside Avenue, à Weirs Beach.

Installations et services : aire de pique-nique, toilettes, surveillants de plage et terrain de jeu; magasins, stationnement *(5$)* et restaurants, de l'autre côté de la rue *(fermé fête du Travail à fin juin; ☎524-5046)*. **Baignade** : bonne. **Pêche** : excellente pour le touladi et le saumon.

Ellacoya State Park and Beach

Il s'agit du seul parc national aménagé sur le lac Winnipesaukee, et l'une de ses rares parcelles de terrain public. Ellacoya offre une plage d'environ 180 m bordée de massifs de bouleaux ainsi que des couchers de soleil fabuleux. Le sable moka, parsemé d'aiguilles et de pommes de pin, entoure le lac, d'où l'on a une vue sublime sur les monts Ossipee et Sandwich. On l'atteint par la route 11, à Gilford.

Installations et services : aire de pique-nique, toilettes et cabines de bain *(fermé oct à mai; ☎293-7821)*. Droits à la journée *(2,50$)*. **Baignade** : bonne. **Camping** : vous trouverez sur place 38 emplacements pour véhicules récréatifs avec raccordements complets; 30$ par nuitée. **Pêche** : excellente pour le touladi et le saumon.

La région du lac Sunapee et de Dartmouth

Pillsbury State Park

Ce parc sauvage de 2 000 ha, couvert de forêts, d'étangs et de douces collines, était autrefois un village dynamique de maisons à charpente de bois et de scieries. Aujourd'hui plus rien ne subsiste de cette communauté bourdonnante du XVIIIe siècle, et les épais fourrés comme les sous-bois humides sont envahis par les canards, les cerfs et d'autres animaux sauvages. Les randonnées et les pique-niques y sont particulièrement agréables, et neuf étangs y attendent les mordus de la pêche. En outre, l'endroit est excellent pour faire du canot, et on y trouve 50 km de sentiers de randonnée de même que 80 km de sentiers cyclables. On y accède par la route 31, à 6,5 km au nord de Washington.

Installations et services : nombreuses aires de pique-nique et toilettes sèches; provisions à proximité, à Washington *(☎863-2860)*. Droit à la journée *(2,50$)*. **Camping** : 38 emplacements primitifs entourent les neuf étangs (l'accès peut s'avérer périlleux pour les gros véhicules récréatifs); 12$ par nuitée. **Pêche** : bonne pour l'achigan, le brocheton et la perche.

Mount Sunapee State Park

Ce parc, qui bénéficie toujours d'une grande popularité, ressemble davantage à un centre de vacances toutes saisons (l'hébergement en moins), une sorte de jardin récréatif accueillant aussi bien des baigneurs et des fervents du bronzage que des randonneurs, des skieurs, des amateurs de pêche sous glace et des visiteurs de tous les horizons. Des télésièges donnent accès au sommet du mont Sunapee, à 836 m d'altitude, un régal pour les skieurs comme pour tous ceux qui veulent simplement profiter d'une vue remarquable sur le lac Sunapee et les sommets avoisinants. Il y a une cafétéria tout en haut de même qu'au pied de la montagne, où vous trouverez une terrasse ensoleillée, un auditorium et un bassin d'exposition rempli de truites. Et ce n'est pas tout : ce complexe de 1 100 ha dispose également d'une école de ski, d'une boutique de ski, d'une garderie pour enfants et d'une foule d'activités telles qu'expositions d'artisanat et événements sportifs. De l'autre côté de la rue, la **Sunapee State Beach** déploie un ruban de sable cristallin de 275 m en bordure du lac. On l'atteint par la route 103, à moins de 5 km à l'ouest de Newbury.

Installations et services : aires de pique-nique, toilettes, cabines de bain, surveillants de plage, cafétérias et casse-croûte *(☎763-2356)*. Droit à la journée *(2,50$)*. **Baignade** : bonne. **Pêche** : le lac Sunapee, réalimenté chaque printemps, est réputé pour la pêche à la truite et au saumon.

La région du Monadnock

Monadnock State Park

Il y a longtemps que le pic solitaire et imposant du mont Monadnock inspire les poètes et fascine tous ceux qui y posent leur regard. Souvent désigné comme le sommet le plus escaladé du monde, sa cime de granit désolée a vu défiler Mark Twain, Ralph Waldo Emerson, Henry David Thoreau et des milliers d'autres visiteurs. Aujourd'hui, ce parc de 2 000 ha demeure un carrefour pour les randonneurs, car il est sillonné de 65 km de sentiers offrant un panorama de tous les États de la Nouvelle-Angleterre. On y accède par la route 124, à environ 6,5 km à l'ouest de Jaffrey.

Installations et services : aire de pique-nique, toilettes, comptoirs de rafraîchissements et centre environnemental *(☎532-8862)*. Droit à la journée *(2,50$)*. **Camping** : 21 emplacements pour tentes accessibles à longueur d'année, dont environ la moitié peuvent accueillir les véhicules récréatifs (aucun raccordement); 12$ par nuitée pour deux personnes et 6$ par personne additionnelle.

Contoocook Lake Public Beach

Malgré sa taille réduite, cet endroit de choix est une véritable trouvaille. Située en bordure du magnifique lac Contoocook, la plage argentée se démarque par son sable blanc et aussi fin que de la poudre de talc. Au cours de l'été, la municipalité ferme une partie de la route et la recouvre de sable, en faisant un paradis pour les tout-petits. Pour vous y rendre, à partir de la jonction des routes 124 et 202, à Jaffrey, empruntez Stratton Road en direction du sud-ouest jusqu'à Squantum Road, que vous suivrez vers l'est jusqu'à la plage.

Installations et services : aires de pique-nique et toilettes; magasins à proximité, à Jaffrey *(☎532-7863)*. **Baignade** : bonne. **Pêche** : bonne.

Miller State Park

Il s'agit du plus vieux parc d'État du New Hampshire, créé en 1891 et nommé en l'honneur du général James Miller, un héros de la guerre de 1812. Il se trouve au sommet de la South Pack Monadnock Mountain, à 700 m d'altitude, et on l'atteint par une route semi-verticale de 2,5 km ponctuée de nombreux virages en épingle. Les sentiers Wapack (2,25 km) et Marion Davis (2,25 km) serpentent du pied de la montagne jusqu'à son sommet, et les vues époustouflantes qu'ils offrent s'étendent jusqu'aux gratte-ciel de Boston. Le printemps et l'automne s'avèrent par ailleurs d'excellentes saisons pour assister à la migration des faucons depuis le sommet. On y accède par la route 101, à 5 km à l'est de Peterborough.

Installations et services : aire de pique-nique et toilettes primitives *(2$ par jour; ☎924-3672)*.

Rhododendron State Park★

Il ne fait aucun doute que ce parc sort de l'ordinaire. À la mi-juillet, vous pouvez y assister à une véritable explosion de rhododendrons, couvrant de rose et de blanc une étendue de 6,5 ha. Un sentier de 1,5 km grimpe également le Little Mount Monadnock, procurant un incroyable festin pour les sens et une vue spectaculaire sur le «grand» mont Monadnock. D'autres joyaux floraux agrémentent par ailleurs les lieux, comme le petit prêcheur, le trillium, le laurier des montagnes et le sabot-de-Vénus. En empruntant le sentier Wildflower (640 m), vous pourrez observer une foule de fleurs sauvages clairement identifiées par le Fitzwilliam Garden Club. L'accès du parc se trouve sur Rhododendrom Road, par la route 12, à 4 km au nord de Fitzwilliam.

Installations et services : aire de pique-nique et toilettes; magasins à proximité, à Fitzwilliam *(☎532-8862)*. Droit à la journée *(2,50$)*.

La vallée de la Merrimack

Silver Lake State Park

Les gens du coin envahissent cet endroit les fins de semaine d'été pour une raison bien précise : sa plage unique. Les granules de couleur caramel s'étendent en effet sur plus de 300 m en bordure du lac Silver et donnent lieu à toutes sortes d'activités. Le lac lui-même, d'une superficie de 14 ha, est également très frappant, entouré d'une cascade de monticules herbeux et de pins gracieux. On y accède par la route 122, à 1,5 km au nord de Hollis.

Installations et services : aire de pique-nique, toilettes, cabines de bain, terrain de jeu, surveillants de plage et comptoir de rafraîchissements *(☎465-2342)*. Droit à la journée *(2,50$)*. **Baignade** : bonne. **Pêche** : bonne.

Pawtuckaway State Park

Situé en marge du brouhaha de plusieurs villes majeures, ce parc de 2 225 ha a tout ce qu'il faut pour plaire. S'y trouvent d'abord le lac Pawtuckaway, avec ses îles et ses larges plages de sable moka, mais aussi une vaste forêt de chênes et de noyers blancs, un vallon couvert de sapins-ciguës, 10 ha d'espaces boisés pour pique-niquer et les monts Pawtuckaway, entourés de curieuses formations rocheuses sculptées par les éléments il y a 275 millions d'années. Il s'y trouve également de nombreux sentiers de randonnée, de motoneige et de ski de fond. Pour vraiment apprécier toute la diversité de ce parc, vous devez en explorer les trois sections; prévoyez donc suffisamment de temps à votre horaire. On l'atteint par la route 156, à 5,5 km au nord de la route 101, à Nottingham. Les animaux domestiques ne sont pas admis.

Installations et services : aire de pique-nique, toilettes, pavillon, terrain de jeu, casse-croûte et location de bateaux *(☎895-3031)*. Droit à la journée *(2,50$)*. **Baignade** : excellente. **Camping** : Horse Island, Big Island et Neals Cove disposent ensemble de 192 emplacements pour tentes, dont plusieurs donnent directement sur le lac; la plupart peuvent aussi accueillir les véhicules récréatifs (aucun raccordement); 14$ à 20$ par nuitée. Réservations requises pour Horse Island. **Pêche** : excellente; les lacs sont généralement bien fournis en achigans.

Bear Brook State Park

Ce parc colossal couvre une superficie de 3 900 ha et offre une myriade d'activités. Des six étangs qu'il renferme, le Catamount Pond est le plus fréquenté, sans doute grâce à sa large plage, à ses terrains de ballon et à ses installations pouvant accueillir jusqu'à 1 500 pique-niqueurs. Un ruisseau sombre et frais, le Bear Brook, serpente à travers ce parc densément boisé de pins blancs et rouges. Vous découvrirez par ailleurs 50 km de sentiers pédestres, un circuit d'hébertisme, un musée de la motoneige, le Civilian Conservation Corps Museum, un centre d'interprétation de la nature, un musée voué au camping en famille et deux champs de tir à l'arc. On y accède par la route 28, à 8 km au nord-est de Hookset.

Installations et services : nombreux pavillons et aires de pique-nique, toilettes, cabines de bain, terrains de jeu, surveillants de plage et casse-croûte *(☎485-9874)*. Droit à la journée *(2,50$)*. **Baignade** : excellente dans les étangs Beaver et Catamount (à Beaver Pond, seuls les campeurs ont le droit de se baigner.) **Camping** : le Beaver Pond *(15 mai au Columbus Day; ☎485-9869)* compte 95 emplacements pour tentes et véhicules récréatifs (aucun raccordement); 14$ minimum par nuitée. **Pêche** : excellente pour la truite, la perchaude, l'achigan et le brocheton dans plusieurs lacs et cours d'eau. L'Archery Pond est réservé à la pêche au lancer.

Winslow State Park

Après une ascension (en voiture) de 555 m sur les flancs du mont Kearsarge, vous aurez droit à de splendides panoramas qui s'étendent jusqu'au Vermont. Nommé en l'honneur de l'amiral John Winslow, héros de la guerre de Sécession, il est maintenant largement fréquenté par les fervents du deltaplane, qui se lancent du haut de la montagne pour atterrir (du moins est-ce leur but) sur un terrain de stationnement se trouvant tout en bas. Un sentier de 1,6 km, particulièrement abrupt, permet également d'atteindre le sommet haut de 895 m. On l'atteint par la route 11, à 5 km au sud de New London, à Wilmot Flat. Il est également possible de s'y rendre en prenant la sortie 10 de l'Interstate 89, puis en suivant les indications pour Winslow State Park.

Installations et services : aire de pique-nique et toilettes; magasins à proximité, à Wilmot *(☎526-6168 ou 927-4724)*. Droit à la journée *(2,50$)*.

La côte

Great Island Common

Pittoresque et sereine, cette plage municipale appartient à la petite île de New Castle, près de Portsmouth. À cet endroit, des prés marécageux, des bandes de sable compact et plusieurs plages rocailleuses se partagent le littoral. Une spacieuse étendue recouverte d'herbe convient à merveille aux pique-niques, et une série de jetées donneront l'occasion de taquiner les poissons que contiennent les bassins de marée. Un phare se dresse au loin, dont vous entendrez la corne de brume à l'occasion. On y accède par Wentworth Road, à New Castle.

Installations et services : aires de pique-nique, toilettes, terrain de jeu; magasins à proximité, au village de New Castle *(☎431-6710)*. Droit à la journée *(2,50$)*. **Baignade** : bonne dans les anses protégées. **Pêche** : bonne à partir des jetées.

Odiorne Point State Park

C'est sur le sol marécageux et les promontoires de ce site que débarquèrent les premiers colons du New Hampshire en 1623. Aujourd'hui, il s'agit d'une réserve naturelle de 134 ha couvrant 3,2 km de côte, la plus longue bande vierge du littoral. Vous pouvez facilement passer plusieurs jours à explorer tous les joyaux de ce site, notamment d'anciennes tombes, des murets de pierres historiques, trois bunkers de la Deuxième Guerre mondiale, les vestiges d'un jardin à la française, 8 km de sentiers, deux étangs, des douzaines de bassins de marée et le Sea Coast Science Center, qui renferme une librairie ainsi que des vitrines d'exposition sur la faune et l'histoire locale. Outre les secrets du passé qu'il recèle, le parc dispose d'une plage retirée à **Frost Point**; il n'y a pas de sable, que de l'herbe et des cailloux, et vous y jouirez d'une paix absolue. Les rivages sablonneux qui se trouvent juste au nord de la pointe attirent quant à eux une foule plus nombreuse. On l'atteint par la route 1A, à Rye, où vous trouverez deux entrées. Pour vous rendre à Frost Point, garez-vous à l'entrée nord du parc, et empruntez le sentier rocailleux d'environ 400 m qui traverse le bois.

Installations et services : centre d'accueil, toilettes, cabines de bain et pavillons *(☎436-7406)*. Droits à la journée *(2,50$, gratuit pour les enfants de moins de 12 ans)*. **Pêche** : meilleure au printemps et en automne pour le bar rayé et la plie.

Wallis Sands State Beach

Sauvage et pittoresque, Wallis Sands possède l'une des plus belles bandes de sable cuivré de toute la côte ainsi qu'une imposante jetée. Par temps venteux, les vagues viennent se briser sur les rochers, projetant leur écume jusqu'à 20 m dans les airs. D'une superficie d'à peine 2 ha, le parc présente également quelques nappes de douce verdure, de même qu'un trottoir de béton longeant l'océan. Allez-y de préférence à marée basse, alors que la plage s'étend sur près de 250 m, car, lorsque l'eau monte, elle rétrécit jusqu'à ne plus faire que 45 m; c'est là le seul véritable inconvénient de l'endroit. On y accède par l'embranchement de Marsh Road, sur la route 1A, à Rye.

Installations et services : toilettes, cabines de bain, douches, magasins et surveillants de plage *(☎436-9404)*. Droit à la journée *(minimum 5$)*. **Baignade** : bonne. **Pêche** : bonne depuis la jetée.

Rye Harbor State Park

Situé sur la péninsule du Ragged Neck, ce parc offre une vue imposante sur le port de Rye, de même qu'une jetée de 60 m idéale aussi bien pour la pêche que pour le simple plaisir d'une balade. Il n'y a pas de plage comme telle, mais vous y trouverez une étendue gazonnée, ponctuée d'arbres et agrémentée d'un terrain de jeu. Par temps clair, les historiques Isles of Shoals se profilent à l'horizon. On l'atteint par l'embranchement de Rye Harbor Road, sur la route 1A, à Rye.

Installations et services : aires de pique-nique et toilettes *(fermé Columbus Day au Memorial Day; ☎436-5249 ou 436-1552)*. Droits à la journée *(2,50$)*. **Baignade** : bonne dans les eaux calmes de l'anse. **Pêche** : excellente pour la plie et le lieu jaune depuis la jetée.

South Rye Beach

Cette prétendue plage n'est en fait qu'une bande de 400 m recouverte de millions de cailloux argentés, durs pour le dos mais jolis à regarder. Les inconditionnels du bain de soleil, armés de chaussures robustes, y installent volontiers leur chaise longue, mais l'activité tourne essentiellement autour du surf. Les amateurs de ce sport ont baptisé l'endroit Rye on the Rocks, et c'est en masse qu'ils y affluent à chaque fois que le vent se lève un tant soit peu. On y accède par la route 1A, à Rye, au sud de Causeway Road.

Installations et services : aucun; magasins à Rye, à moins de 1,5 km. **Surf** : vagues de tout premier ordre.

North Hampton State Beach

Longue de 300 m, cette bande de sable fin de couleur moka aux reflets argentés longe quelques rues résidentielles en bordure de la mer. Les familles apprécient sa tranquillité et ses vagues clémentes. Une charmante petite saillie rocheuse, Little Boars Head, se dresse au nord. On l'atteint par Ocean Boulevard, à North Hampton, tout juste au sud de Little Boars Head.

Installations et services : toilettes et surveillants de plage; casse-croûte, de l'autre côté de la rue *(☎436-9404)*. **Baignade** : bonne.

Plaice Cove Beach

Parsemée de cailloux et de rochers grisâtres, cette plage volcanique est couverte d'un sable argenté aussi scintillant que de la poudre à canon. Petite, mais pittoresque, elle s'étend au pied de magnifiques résidences et revêt un caractère privé. Les résidants considèrent l'endroit comme un des plus paisibles de la région et s'y retrouvent à marée basse, lorsque la bande de sable est à son plus large. Des mouettes voltigent sans cesse au-dessus de son extrémité nord, où elles scrutent les brisants et se précipitent sur les touffes d'algues qui remontent à la surface. Pour vous y rendre, empruntez le sentier non identifié qui part de la route 1A, en face du restaurant Ron's Beach House, tout juste au nord de l'embranchement de la route 101 C, à Hampton Beach. Le sentier passe entre deux maisons et descend jusqu'à la plage.

Installations et services : aucun *(☎436-1552)*; magasins à distance de marche. **Baignade** : passable à marée basse au cours de l'été, quoique la mer soit souvent assez rude. **Surf** : bon.

North Beach

Une large digue cache cette plage de la route, bien qu'il arrive à l'occasion qu'une vague plus forte que les autres parvienne à franchir ce «barrage» et à arroser la route. Il s'agit d'un étroit cordon de sable compact, long d'à peine 2,4 km et le plus souvent submergé à marée haute, alors que les gens du coin se rassemblent sur la digue pour contempler les vagues aux premières loges. On y accède par Ocean Boulevard, à Hampton Beach, entre Great Boars Head et 19th Street.

Installations et services : toilettes; magasins à distance de marche *(☎926-2862)*. **Baignade** : bonne. **Surf** : l'endroit le plus populaire du New Hampshire; les conditions sont à leur meilleur près de Great Boars Head, une falaise rocheuse située au nord de la plage.

Hampton Seashell State Park

Cette plage est incontestablement la plus fréquentée du New Hampshire. Six mois par année, c'est bel et bien par milliers qu'on foule ses 5 km de sable aussi fin que de la farine, arrosés par les vagues et aussi animés qu'une voie urbaine. Le plus gros de l'activité se déroule sur sa promenade, qui longe toute la plage et où foisonnent vendeurs ambulants, nourriture de foire et comptoirs de babioles. Malgré l'étendue des lieux, un ordre tacite y règne : les familles se regroupent surtout à l'extrémité nord et les personnes d'un certain âge se réservent la partie sud, tandis que les fêtards peu soucieux des convenances s'approprient volontiers la section centrale, tout près du poste occupé par la patrouille de surveillance de la plage. On l'atteint par Ocean Boulevard, à Hampton Beach, entre M Street et Great Boars Head.

Installations et services : toilettes, terrain de jeu, surveillants de plage, pavillon, amphithéâtre et scène flottante; restaurants, magasins, boîtes de nuit et motels en bordure de la promenade *(fermé nov à avr; ☎926-6705)*. **Baignade** : bonne.

Hampton Beach State Park

Ce parc, l'un des plus populaires de l'État, s'enorgueillit d'une plage de 400 m, large, cuivrée, tachetée de petites pierres polies et adossée à un long chapelet de dunes parmi les rares qui subsistent encore dans le New Hampshire. Une jetée avance également de plusieurs mètres dans l'océan. D'ici, vous aurez une vue grandiose sur la région qui s'étend au nord de Great Boars Head. On y accède par la route 1A, à l'extrémité sud de Hampton Beach.

Installations et services : abri avec tables de pique-nique, toilettes, cabines de bain, surveillants de plage, rampe de mise à l'eau et casse-croûte *(fermé mi-oct à début mai; ☎926-3784)*. Droit à la journée *(minimum 5$)*. **Baignade** : excellente. **Camping** : vous trouverez sur les lieux un terrain pour véhicules récréatifs de 20 emplacements avec raccordements complets; 30$ par nuitée. **Pêche** : bonne pour la plie depuis la jetée.

ACTIVITÉS DE PLEIN AIR

Ski alpin et ski de fond

Le ski alpin et le ski de fond sont tous deux pratiqués avec acharnement dans le New Hampshire. Les principaux centres de sports d'hiver jalonnent les grandes routes et quelques chemins ruraux, alors que les sentiers en forêt se retrouvent un peu partout. La saison de ski s'étend généralement de décembre à la fin d'avril, mais varie selon l'altitude.

Pour de plus amples renseignements sur le ski, adressez-vous au **New Hampshire Office of Travel and Tourism** *(P.O. Box 1856, Concord, NH 03302, ☎271-2343)*. Vous pouvez également obtenir les plus récentes conditions de ski en composant le ☎800-258-3608 (ski alpin) ou le ☎800-262-6660 (ski de fond).

Dans les contrées sauvages du nord de l'État, **BALSAMS Wilderness** *(Route 26, Dixville Notch, ☎255-3951)* offre trois remonte-pentes, 14 pistes et une descente verticale de 305 m dans un cadre éblouissant. Une piste exclusivement réservée aux néviplanchistes y arbore une demi-lune, sans compter plus de 75 km de sentiers de fond.

Il va sans dire que la région des White Mountains possède d'innombrables installations. À vous de choisir, donc. Cinq des plus grands centres de ski alpin s'inscrivent dans l'axe de la route 93. Le **Waterville Valley Ski Area** *(Route 49, Waterville Valley, ☎236-8311)* exploite 52 pistes desservies par 11 remonte-pentes; les néviplanchistes trouveront une demi-lune sur le parcours de l'Upper Valley, tandis que les fondeurs auront le choix entre 70 km de sentiers damés et tracés de type conventionnel et 35 km de sentiers de randonnée nordique. Les huit remonte-pentes de la **Loon Mountain** *(Kancamagus Hwy., Lincoln, ☎745-8111)* desservent 43 sentiers répartis sur plus de 100 ha, dont près des deux tiers sont de niveau intermédiaire; cette montagne s'enorgueillit par ailleurs d'un parc de surf des neiges de 6 ha pourvu d'une demi-lune, et les fondeurs peuvent y sillonner 35 km de sentiers damés. À l'intérieur du Franconia Notch State Park, la **Cannon Mountain** *(Route 3, ☎823-7771)* dispose de six remonte-pentes et de 40 pistes également réparties entre skieurs de niveau débutant, intermédiaire et expert. Le centre de **Bretton Woods** *(Route 302, Bretton Woods, ☎278-5000)* offre pour sa part quelques bonnes descentes, six remonte-pentes y donnant accès à 33 pistes; on y trouve par ailleurs 100 km de sentiers de randonnée nordique, de même qu'un parc de surf des neiges.

Dans la région des lacs, **Gunstock** *(Route 11A, Gilford, ☎293-4341)* vous propose 45 pistes, une descente verticale de 427 m, un parc de descente en chambre à air et 50 km de sentiers de fond. Vous trouverez au **Red Hill Inn** *(Route 25B, Center Harbor, ☎279-7001)* un sentier de fond boisée en bordure d'un lac, et le centre **Nordic Skier** *(19 North Main St., Wolfeboro, ☎569-3151)* offre 20 km de sentiers de même que des leçons pour skieurs de tout calibre.

Dans la région du lac Sunapee et de Dartmouth, le centre de ski **Mount Sunapee** *(Route 103, Newbury, ☎763-2356)* dispose de 38 pistes et d'une descente verticale de 460 m. **Snowhill at Eastman** *(fins de semaine et fêtes seulement de déc à mars; sortie 39 à la jonction des routes 89 et 10, Grantham, ☎863-6772)* possède un double télésiège qui permet d'accéder à huit sentiers de fond et à trois pistes de ski alpin. Et le **Norsk Touring Center** *(Fairway Lane, par la route 11, New London, ☎526-4685 ou 800-426-6775)* offre 16 sentiers de randonnée nordique et des excursions guidées au clair de lune.

Dans la région du Monadnock, six remonte-pentes permettent de gravir les flancs de la **Temple Mountain** *(729 Wilton Rd., Peterborough, ☎924-6949)*, haute de 427 m et riche de 16 pistes (40% pour débutants, 40% de niveau intermédiaire et 20% pour experts). Les six pistes de l'**Inn at East Hill Farm** *(par la route 12, Troy, ☎242-6495)* couvrent quant à elles un total de 10 km.

Le **Pats Peak** *(Route 114, Henniker, ☎428-3245)*, tout juste à l'extérieur de Concord, est le plus grand centre de ski alpin de la vallée; vous y trouverez 20 pistes (dont la moitié pour débutants) et une descente verticale de 216 m. Le **Pine Acres Ski Touring Center** *(74 Freetown Rd., Raymond, ☎895-2519)* offre pour sa part 19 km de sentiers de fond damés sillonnant 81 ha boisés.

Bien que la côte n'offre aucune possibilité de ski alpin, le couloir qui sépare le littoral atlantique des régions plus occidentales du New Hampshire vous fournira de nombreuses occasions de sillonner les sentiers par monts et par vaux. Un des meilleurs centres de ski de fond, également parmi les moins connus, est l'**Applecrest Farm Orchards** *(Route 88, Hampton Falls, ☎926-3721)*, dont les 13 km de sentiers serpentent à travers des vergers vallonnés.

Équitation

Quelle meilleure façon d'explorer les paysages du New Hampshire qu'à dos de cheval? Dans la région des White Mountains, de juin à la mi-octobre, **The Stables at the Farm By the River** *(2555 West Side Rd., North Conway, ☎356-4855)* proposent des excursions guidées d'une heure à travers une propriété de 26 ha située dans la vallée du mont Washington; des tours de poney sont également offerts pour les enfants. Les **Mount Washington Hotel and Resort Stables** *(Route 302, Bretton Woods, ☎278-1300)* vous entraînent (à cheval, il va sans dire) sur les sentiers de ski de fond qui serpentent au pied du mont Washington.

Dans la région des lacs, **Castle in the Clouds** *(Route 171, Moultonboro, ☎476-2352)* offre de superbes randonnées en terrain montagneux au cours desquelles vous pourrez admirer une faune abondante, notamment des oiseaux et des cerfs. Dans la petite ville de Hill, **King's Western Trail Rides** *(Route 3A, ☎934-5740)* vous permet de sillonner des prés et de franchir la Big River; optez pour une randonnée d'une à trois heures, ou prolongez le plaisir en passant également la nuit à la belle étoile.

Dans la panoramique région du Monadnock, la **Honey Lane Farm** *(Gold Mine Rd., Dublin, ☎563-8078)* propose un paradis hivernal, de même que des chevauchées kaléidoscopiques sous les feuillages d'automne aux personnes qui y passent une nuit. Au sud-est du lac Sunapee, profitez des randonnées sur sentiers de la **Morning Mist Farm** *(15 College Hill Rd., Henniker, ☎428-3889)*.

Dans la vallée de la Merrimack, les sentiers de randonnée du **Winged Spur Ranch** *(24 Currier Rd., Candia, ☎483-5960)* empruntent des chemins de campagne d'où vous pourriez apercevoir des cerfs ou des orignaux. Parmi les sites à découvrir, retenons la réserve de Bear Brook.

Pêche

Les amateurs de pêche, aussi bien en mer qu'en eau douce, seront comblés dans le New Hampshire. Le lieu jaune, la morue, le maquereau et la goberge les attendent sur le littoral, alors que les centaines d'étangs, de lacs et de rivières regorgent de truites, de saumons, de poissons-lunes, de perchaudes et de bars. Étant donné que les lacs et les étangs de cette région gèlent en hiver, la meilleure période pour y pratiquer la pêche en eau douce s'étend d'avril à octobre. De nombreux excursionnistes ne proposent d'ailleurs leurs services qu'au cours de ces mois, de sorte qu'il vaut mieux prendre la peine de téléphoner au préalable.

Des excursions nolisées de pêche en haute mer sont offertes par **Eastman's Fishing Parties** *(River Rd., Seabrook Beach, ☎474-3461)*; on se rend à l'Isle of Shoals pour une demi-journée afin d'y attraper, entre autres, maquereau et goberge, ou encore au Jefferey's Ledge pour taquiner la morue et le colin. **Al Gauron Deep Sea Fishing** *(Hampton Beach State Pier, Ocean Boul., Hampton Beach, ☎926-2469 ou 800-905-7820)* organise pour sa part des excursions nolisées d'une demi-journée ou d'une journée complète, tout comme **Smith & Gilmore Fishing Pier's** *(3-A Ocean Boul., Hampton Beach, ☎926-3503)*, cette fois en quête de colin, de morue, de maquereau et de goberge. À Rye Harbor, **Atlantic Fishing Fleet** *(Route 1A, ☎964-5220)* propose également, des excursions d'une demi-journée ou d'une journée complète à bord d'un bateau de 24 m.

Le **Landlocked Fishing Guide Service** *(Lake Winnipesaukee, Center Harbor, ☎253-6119)* prend vos réservations pour une excursion d'une demi-journée ou d'une journée complète sur le lac Winnipesaukee et d'autres sites de pêche de premier choix. Vous pouvez également pêcher le saumon et la truite à l'intérieur des terres sur le magnifique lac Squam en vous

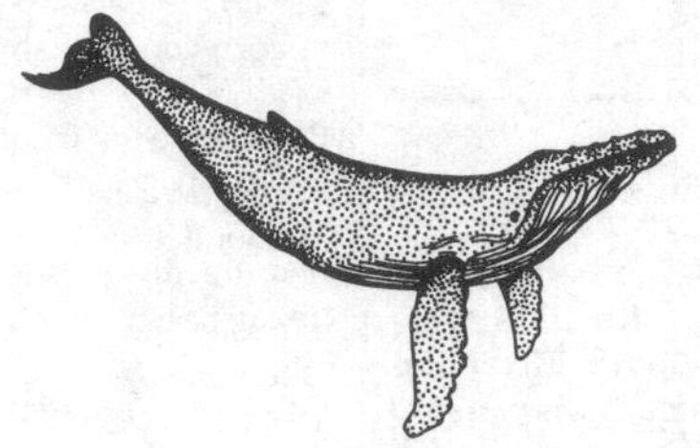

Baleine à bosse

adressant à **Squam Lake Tours** *(Route 3, Holderness, ☎968-7577).*

Pour louer un bateau de pêche dans la région des lacs, rendez-vous à la **Meredith Marina** *(Bay Shore Dr., Meredith, ☎279-7921)* de la mi-mai à la mi-octobre. À Laconia, songez plutôt à la **Winni Sailboarders' School** *(687 Union Ave., ☎528-4110)*, qui loue divers genres d'embarcations. Le service de location du **Fay's Boat Yard** *(71 Varney Point Rd., Gilfords, ☎293-8000)* s'étend de la mi-avril à octobre, tandis qu'à Weirs Beach **Thurston Enterprises** *(Route 3, ☎366-4811)* loue des bateaux de mai à la fin de septembre.

Observation de baleines

Rorquals à bosse, rorquals communs, petits rorquals et autres cétacés de l'Atlantique sont réputés pour offrir tout un spectacle. **Eastman's Fishing Parties** *(tlj juil à la fête du Travail, sam-dim seulement par la suite; River Rd., Seabrook Beach, ☎474-3461)* propose dès lors des excursions d'observation de cinq heures aux endroits les plus propices, notamment au Stellwagon Bank. À Hampton Beach, **Al Gauron Deep Sea Fishing** *(Hampton Beach State Pier, Ocean Boul., ☎926-2469 ou 800-905-7820)* offre pour sa part des excursions d'une demi-journée ou d'une journée complète, tandis qu'à Rye Harbor **New Hampshire Seacoast Cruises** *(Route 1A, ☎964-5545)* vous emmène sur un bateau de 20 m de la fin de juin à la fin de septembre. À Portsmouth, **Oceanic Whale Watch Expeditions** *(315 Market St., ☎431-5505)* organise enfin des croisières de cinq heures, et ce, tous les jours de la mi-juin à la fête du travail.

Golf

Les fervents du golf auront le plaisir de découvrir une variété de parcours panoramiques au New Hampshire.

Sur la côte, profitez du **Sagamore Hampton Golf Club** *(101 North Rd., North Hampton, ☎964-5341)*, un tracé ouvert au public qui se parcourt à pied. Dans la vallée de la Merrimack, le **Deeryfield's Country Club** *(625 Mammoth Rd., Manchester, ☎669-0235)* est un golf semi-privé dont les neuf trous de l'aller sont vallonnés et les neuf trous du retour, plutôt plats. Vous pouvez également prendre le départ au **Passaconaway Country Club** *(12 Midway Ave., Litchfield, ☎424-4653)*, un parcours public plat et très long. Dans la région du Monadnock, faites valoir vos talents au **Bretwood Golf Course** *(East Surry Rd., Keene, ☎352-7626)*, où vous attendent deux parcours publics offrant de somptueuses vues du mont Monadnock. Dans la région de Sunapee et de Dartmouth, le **Claremont Country Club** *(Maple Ave., Claremont, ☎542-9550)*, semi-privé, propose un neuf trous montagneux, tandis que la rivière Sugar serpente à travers le 18 trous semi-privé du **John H. Cain Golf Course** *(Unity Rd., par les routes 11 et 103, Newport, ☎863-7787)*.

Dans la région des lacs, jouissez du panorama des White Mountains et de Red Hill en jouant au **Waukewan** *(Waukewan Rd., West Center Harbor, ☎279-6661)*, un golf semi-privé. Au cœur des White Mountains, le **Waterville Valley Sports Center** *(Route 49, Waterville Valley, ☎236-8371)* ouvre son neuf trous au public. À Bretton Woods, le **Mount Washington Hotel and Resort** *(Route 302, ☎278-1000)* met par ailleurs à votre disposition un 9 trous et un 18 trous qui offrent l'un comme l'autre des vues spectaculaires du mont Washington.

Tennis

Sur la côte, vous trouverez sept courts publics à l'**Exeter Recreation Park** *(Route 108, 32 Court St., Exeter, ☎778-0591)*, où l'on donne aussi des leçons. À Portsmouth, d'autres courts publics vous attendent au **South Mill Pond** *(Junkins Ave.)*. Dans la vallée de la Merrimack, le **Memorial Field** *(South Fruit St., Concord, ☎603-225-8690)* tient à votre disposition cinq courts publics. Dans la région du Monadnock, les deux courts éclairés du **Wheelock Park** *(Park Ave., Keene, ☎357-9829)* sont accessibles au public, et, dans la région du lac Sunapee et de Dartmouth, le **Dartmouth College Athletic Complex** *(angle Wheelock St. et South Park St., Hanover, ☎646-3074)* propose 4 surfaces de terre battue et 18 surfaces dures à l'extérieur; accessible au public et gratuit d'avril à la fin de novembre; 4 courts intérieurs d'octobre à la fin mai (droit de jeu). Au cours des mois où l'on joue à l'intérieur, il vaut mieux téléphoner à l'avance pour réserver.

Dans la région des lacs, ébattez-vous sur un des courts publics éclairés du **Prescott Park** *(Route 3, Meredith, ☎279-8197)*. **Moultonboro Tennis Courts** *(Playground Dr., Moultonboro, ☎253-4160)* possède pour sa part quatre courts accessibles au public. Dans la région des White Mountains, vous trouverez deux courts au **Mountain Club Fitness Center** *(droit de jeu; Route 112, Loon Mountain, Lincoln, ☎745-8111, poste 5280)*, où se donnent également des leçons. Vous pouvez par ailleurs jouer sur un des 18 courts extérieurs en terre battue ou sur un des 2 courts intérieurs à surface dure du **Waterville Valley Sports Center** *(droit de jeu; Route 49, ☎236-8371)*, qui offre lui aussi des leçons; il est recommandé de réserver pour les courts intérieurs.

Vélo

Cet État aux montagnes grandioses, aux vastes lacs et à la côte rocheuse est un véritable paradis pour les cyclistes. L'un des circuits les plus appréciés de tout le New Hampshire est l'**Atlantic Shoreline** (29 km), qui épouse les contours de la côte accidentée le long de la route 1A entre le Massachusetts et Portsmouth. Redoublez toutefois de prudence en été, car la circulation est extrêmement dense.

Les cœurs vaillants n'hésiteront pas à affronter l'ascension très abrupte de la Hurricane Mountain Road, un trajet de 16 km reliant **North Conway** à la **frontière du Maine**. Un sentier moins exigeant, quoique tout aussi panoramique, longe la route 16 et Side Road en bordure de la rivière Androscoggin, couvrant une distance de 47 km entre **Errol** et **Berlin**.

Grâce à ses spectaculaires paysages montagnards et lacustres, le circuit de 100 km autour du **lac Winnipesaukee** s'est mérité la faveur des cyclistes de toutes provenances. Le terrain est tantôt plat tantôt fortement vallonné, et les routes sont parfois congestionnées au cours de la saison estivale. Suivez les routes 28, 109, 25 B et 11.

Pour une odyssée plus solitaire, mais non moins pittoresque, empruntez la route 149 de **South Weare** à **Hillsboro**, dans la région du Monadnock. Cette randonnée de 19 km vous entraînera à travers des villages tout à fait typiques de la Nouvelle-Angleterre et au gré de terres cultivées selon des tracés pour le moins irréguliers.

Dans la vallée de la Merrimack, le long de la route 13, un parcours de 55 km relie **Milford** à **Concord** et est émaillé de vieilles granges rouges, de rivières et de ruisseaux, et ponctué de paysages de toute beauté. De plus sur la route 88, entre **Exeter** et **Hampton Falls**, ce sont 11,25 km de collines ondulantes et de pommeraies qui vous attendent.

La location d'une bicyclette

En raison du coût élevé des assurances responsabilité, les centres de location de vélos sont plutôt rares au New Hampshire. Cela dit, **Piche's** *(318 Gilford Ave., Gilford, ☎524-2068)*, un magasin à service complet, loue des tout-terrains, des vélos de route et des montures hybrides dans la région des Lacs, tandis que **Base Camp** *(Town Square, Waterville Valley, ☎236-4666)* loue, vend et répare les vélos tout en proposant diverses randonnées cyclistes, dont un circuit routier de 6 km. À Lincoln, adressez-vous au **Loon Mountain Bike Center** *(Kancamagus Hwy./Route 112, ☎745-8111)*, qui loue, vend et entretient les vélos, mais offre également un service de navette jusqu'au Franconia Notch, où vous pourrez faire une randonnée autoguidée et admirer des chutes vivifiantes.

Randonnée pédestre

Le large éventail de forêts, de lacs, de montagnes et de ravins qu'on trouve au New Hampshire en font un véritable paradis pour les randonneurs. Les étendues boisées recouvrent 87% de la superficie de l'État, et les White Mountains à elles seules offrent 2 000 km de sentiers! Pour de plus amples renseignements, adressez-vous à la **White Mountain National Forest** *(719 Main St., Laconia, NH 03246, ☎528-8721)*.

Vous pouvez vous procurer le ***White Mountain Guide*** de l'Appalachian Mountain Club, considéré comme la bible des randonneurs, auprès du club même *(P.O. Box 298, Gorham, NH 03581, ☎466-2721)*. Pour les sentiers reliant diverses auberges entre elles, adressez-vous à **New England Hiking Holidays** *(randonnées guidées mars à fin nov; P.O. Box 1648, North Conway, NH 03860, ☎356-9696 ou 800-869-0949)*.

La température peut ici s'avérer très imprévisible, de sorte que vous devriez toujours avoir sur vous une lampe de poche et une provision d'aliments de base. En appelant au préalable au bureau du parc, vous pourrez facilement vérifier l'état des sentiers et les conditions météorologiques de l'heure.

Sauf indication contraire, toutes les distances fournies le sont pour l'aller seulement.

La région des White Mountains

Les sentiers de cette région sont tout simplement spectaculaires.

Le **Welch Dickey Loop Trail** (7 km), qui court dans un paysage splendide, longe des saillies rocheuses et donne l'impression de survoler la ligne des arbres. Le parcours débute en bordure de la rivière Mad, sur Orris Road, près d'Upper Mad River Road, par la route 49.

Le long du magnifique Kancamagus Highway, près de Conway, vous trouverez le **Boulder Loop Trail** (5 km), une ascension graduelle offrant divers panoramas du mont Chocorua et de la vallée de la rivière Swift. Le **Sabbaday Falls Trail** (0,5 km), un sentier secondaire du Sabbaday Brook Trail (7,8 km), serpente, quant à lui, jusqu'à une série de cascades dans un gouffre étroit. Le **Brook Trail** vous permet de profiter de belles vues de chutes et de franchir une foule de ruisseaux.

La région de Franconia Notch est un véritable labyrinthe de sentiers pour les randonneurs de tout calibre. Le **Falling Waters Trail** (5,2 km) franchit d'adorables cascades et ruisseaux, ainsi que des vallons ombragés et des gorges étroites offrant d'impressionnantes vues sur le défilé. Le sentier débute à Lafayette Place.

Le **Whitehouse Trail** (1,3 km) rejoint le **Pemi Trail** (10 km), qui longe la rivière Pemigewasset, et est l'occasion d'une agréable promenade à travers le Franconia Notch State Park. Partez du Flume Visitor Center.

Le **Bald Mountain-Artists Bluff Trail** (1,3 km) forme une boucle panoramique autour du défilé en partant de Peabody Base, sur la route 18. Perchée dans les montagnes, le **Lonesome Lake Trail** (2 km) domine les sommets avoisinants. Elle commence au Lafayette Campground, sur la route 93.

Souvent négligée, le **Kinsman Falls Trail** (8 km) parcourt de verts feuillages le long du Cascade Brook. Le sentier part du White House Bridge, dans le Franconia Notch State Park, et se termine au Kinsman Pond Shelter.

Le **Tuckerman Ravine Trail** (3,7 km) fait partie des sentiers les plus populaires de l'État. De difficulté moyenne, il se présente comme une boucle escarpée, entourée de pentes dénudées et de falaises abruptes sur le mont Washington. Point de départ au Pinkham Notch Camp de l'Appalachian Mountain Club, sur la route 16.

Le **Thompson Falls Trail** (1,3 km) grimpe le long de la rive sud du Wildcat Brook jusqu'à une série de cascades, offrant une vue sur la chaîne de montagnes Presidential. Le sentier débute au Wildcat Ski Area, sur la route 16.

La région des lacs

Avec son somptueux mariage de montagnes et d'eau, la région des lacs offre des randonnées parmi les plus panoramiques du New Hampshire. À l'extrémité nord du Squam Lake, une paire de montagnes peu élevées, les Rattlesnakes, présente des sentiers faciles et des vues sans pareilles.

L'**Old Bridle Path** (2,9 km), sur la route 113, près de Center Sandwich, suit un ancien chemin à carrioles jusqu'au sommet du West

Rattlesnake. Le **Ridge Trail** (3,2 km) relie l'East et le West Rattlesnakes depuis le nord-est des falaises de la plus occidentale des deux montagnes.

Dans la partie de la région de Squam Lake connue sous le nom de Red Hill, l'**Eagle Cliff Trail** (3,7 km) déambule à travers un fourré et une épaisse forêt, gravit une falaise escarpée et prend fin à une tour d'incendie d'où la vue sur Red Hill est magnifique. Le sentier commence sur Bean Road, à 8,4 km de la jonction des routes 25 et 25B, à Center Harbor.

Pour une vue imprenable sur le lac Winnipesaukee, attaquez-vous à la **Mount Shaw Trail** (5,6 km), qui traverse une forêt de sapins-ciguës et plusieurs cours d'eau avant d'atteindre une protubérance dégagée. Le sentier débute sur le chemin de terre qui se trouve du côté nord de la route 171, à l'ouest de Tuftonboro.

L'**East Gilford Trail** (3,4 km), qui part de Bickford Road *(par la route 11A)*, escalade le mont Belknap et fournit plusieurs vues ravissantes sur le lac Winnipesaukee.

La région du lac Sunapee et de Dartmouth

La **Monadnock-Sunapee Greenway** (80 km) franchit plusieurs crêtes entre les monts Monadnock et Sunapee. Vous pouvez également gravir le **mont Sunapee** en empruntant ses pentes de ski (4,8 km), lesquelles coupent à travers d'épaisses forêts jusqu'au splendide lac Solitude, puis jusqu'au sommet de la montagne.

La région du Monadnock

Isolé et souvent surnommé «*le mont le plus fréquenté des randonneurs du monde entier*», le mont Monadnock offre une douzaine de sentiers de difficultés variables. Pour de plus amples renseignements, arrêtez-vous au bureau d'information touristique *(par la route 124, à 6,5 km à l'ouest de Jaffrey)*. La **White Arrow Trail** (1,6 km), l'un des plus vieux sentiers de cette montagne, traverse des ruisseaux, des saillies et des couloirs jusqu'au sommet. Départ au bout de la route à péage qui gravit la montagne.

Le **Pumpelly Trail** (7,2 km) zigzague sur les flancs du Monadnock, longeant une saillie, un énorme bloc de pierre rectangulaire et plusieurs sillons glaciaires. Le sentier commence sur Old Marlboro Road, accessible par la route 101, immédiatement à l'ouest de Dublin.

Le **Marlboro Trail** (3,9 km) fait le bonheur des randonneurs qui, depuis 1850, attaquent les arêtes abruptes du Monadnock jusqu'à de larges saillies. Partez du chemin de terre qui croise la route 124, à l'ouest du Monadnock State Park.

Le populaire **White Dot Trail** (3,1 km), un parcours abrupt et rocailleux, offre le trajet le plus direct vers le sommet.

Le **Wapack Trail** (37 km), un populaire sentier en hauteur le long du Wapack Range, part du mont Watatic, à Ashburnham (Massachusetts), pour rejoindre les Pack Monadnocks, dans le New Hampshire. Truffée de saillies ouvertes et de panoramas à couper le souffle, le sentier ondule à travers une vaste forêt d'épinettes.

La vallée de la Merrimack

Dans la vallée de la Merrimack, l'**Uncanoonuc Mountain Trail** (1 km) franchit un mur en pierre et un massif de sapins-ciguës avant de croiser une petite caverne sur son parcours vers le sommet de la montagne, d'où l'on aperçoit Manchester. Pour trouver le point de départ peu évident de ce sentier, empruntez la route 114 à l'est de Goffstown jusqu'à Mountain Road; dirigez-vous ensuite vers le sud sur 1,6 km, puis tournez à gauche pour encore 2,5 km.

La côte

Même si la côte ne vous offre pas de hauts pics à escalader, vous y trouverez certains sentiers panoramiques fort intéressants. L'un des meilleurs endroits se trouve à l'**Odiorne Point State Park**, où des sentiers serpentent le long du littoral légèrement ourlé en bordure de plages caillouteuses et de massifs de pins, de chênes et de rosiers sauvages.

À quelques kilomètres à l'intérieur des terres, l'**University of New Hampshire's College Woods** propose un labyrinthe de sentiers sillonnant plus de 80 ha densément boisés. Vous y trouverez également le **College Brook Ravine Trail** (1,6 km), qui suit un ruisseau coulant au fond d'un ravin de 6 ha et vous donne l'occasion d'observer 155 espèces végétales différentes.

HÉBERGEMENT

La région des White Mountains

Franconia

Des vents déchaînés balayent une vallée encaissée, deviennent prisonniers d'une étroite ouverture, puis refoulent en tourbillonnant dans ce qu'on appelle une «bonde», d'où le nom du **Bungay Jar** *($$-$$$$ pdj; ⌂; Route 116, tout juste au sud de Sugar Hill Rd., ☎823-7775 ou 800-421-0701, ⇌444-0100)*, une ancienne grange du XVIIIe siècle magnifiquement rénovée et située à l'embouchure d'une telle vallée. Campé dans un nid de montagne boisé, ce chaleureux *bed and breakfast* dispose de sept chambres meublées d'antiquités. Les voyageurs de passage ont accès à une petite bibliothèque, à un sauna et à un salon, et peuvent en outre se promener dans le jardin agrémenté d'un cours d'eau et d'un étang à nénuphars.

Lisbon

Vous aimerez profiter de la vue, confortablement assis dans un fauteuil en osier sous le porche de l'**Ammonoosuc Inn** *($-$$ pdj; bp; Bishop Rd., ☎838-6118)*, du côté ouest des White Mountains. Ce *bed and breakfast* de neuf chambres est couru des touristes depuis près d'un siècle; outre son porche, ils apprécient son salon spacieux, de même que ses chambres grandes et ensoleillées, pourvues de jolis couvre-lits et de baignoires à pattes zoomorphes. Si vous y séjournez en été, vous aurez accès à un golf de neuf trous, tandis qu'en hiver vous serez tout près des stations de ski des White Mountains. Petit déjeuner à la française.

Sugar Hill

Peut-être sont-ce ses douzaines de bibelots nostalgiques, l'atmosphère douillette de ses six chambres et de son cottage, ou encore ses planchers de bois dur dont la patine est si douce aux pieds nus... Quoi qu'il en soit, **The Hilltop Inn** *($$-$$$ pdj; Route 117, ☎823-5695 ou 800-770-5695, ⇌823-5518)* ne manquera pas de vous faire sentir chez vous. Située sur une route secondaire isolée, l'auberge est tenue par un couple aimable qui adore effectuer toutes sortes de petits travaux autour de la maison.

Bethlehem

Tenu et géré par des lesbiennes, **The Highlands Inn** *($$-$$$; ≈, ⊛; Valley View Lane, ☎869-3978)* se compose de quatre bâtiments distincts renfermant un total de 20 chambres. La moitié d'entre elles se trouvent dans l'auberge à proprement parler, tandis que les autres occupent la maison de ferme, une annexe et un cottage. Chaque chambre possède son caractère propre et se voit attentivement rehaussée d'antiquités et d'attentions particulières. Dans l'ensemble, il s'agit d'une magnifique propriété qui s'étend sur 40 ha dans un cadre montagneux. Vous y trouverez une piscine chauffée, une cuve à remous et 24 km de sentiers. Pour femmes seulement.

Bretton Woods

Les conditions d'hébergement y sont sans doute réduites à leur plus simple expression, mais vous aurez beaucoup de mal à trouver un site plus panoramique que celui de la **Crawford Notch Youth Hostel** *($; Route 302, ☎278-7773)*. Cette niche bucolique est en effet entourée de montagnes et de larges vallées qui en font un lieu de prédilection pour les amateurs de randonnée et de ski de fond. L'hébergement est proposé dans trois cabanes rustiques, chacune pouvant accueillir jusqu'à 12 personnes. Des installations culinaires sont en outre mises à votre disposition.

Incontestablement l'une des plus imposantes retraites estivales de la Nouvelle-Angleterre, **The Mount Washington Hotel and Resort** *($$$$ ½p; fermé mi-oct à mi-mai; Route 302, ☎278-1000 ou 800-258-0330, ⇌278-8838)* étale son opulence magique aux yeux de tous depuis 1902. Planté au pied de la chaîne des monts Presidential, cet impressionnant manoir au toit rouge repose sur un domaine de 1 052 ha et domine le paysage sur des kilomètres à la ronde. Des calèches tirées par des chevaux circulent paisiblement sur des collines ondulantes soigneusement entretenues et parsemées de jardins fleuris et de rocailles. À l'intérieur, le vaste hall est chargé d'arches, de colonnes doriques et de lustres richement ornés, alors que le porche arrière semble s'étendre à perte de vue. L'établissement compte 350 employés et 197 chambres, dont le décor est tantôt simple, tantôt extravagant.

Hart's Location

Dans la vallée du mont Washington, **The Notchland Inn** *($$$-$$$$; ℜ; Route 302, ☎374-6131 ou 800-866-6131)* est un ancien manoir victorien transformé en auberge de 12 chambres, toutes pourvues d'un foyer. Outre les 10 chambres de la maison principale, construite de granit dans les années 1860, un bâtiment adjacent qui servait jadis d'école a été aménagé de manière à abriter deux suites. Cette auberge est tenue et gérée par des gays et accueille une clientèle mixte. Sa salle à manger est par ailleurs ouverte au public à l'heure du dîner.

Jackson

L'**Inn at Thorn Hill** *($$$$; ≈, ℜ, bp; Thorn Hill Rd., ☎383-4242 ou 800-289-8990, ⇌383-8062)* a été dessinée par Stanford White en 1895. L'auberge principale et les cottages privés qui l'entourent sont élégamment garnis de meubles d'époque. On y dénombre au total 20 chambres avec salle de bain privée, sans oublier le restaurant, le pub et la piscine.

Le **Christmas Farm Inn** *($$$$ ½p; ®; Route 16 B, ☎383-4313 ou 800-443-5837, ⇌383-6495)*, une auberge paisible perchée dans les montagnes, incarne la quintessence des séjours en Nouvelle-Angleterre. Semblable à un pittoresque village colonial, ce lieu d'hébergement regroupe une maison principale datant de 1786, une cabane en rondins tout à fait chaleureuse, une «boîte à sel» de 1777 et un adorable cottage idéal pour les lunes de miel. Les 34 chambres sont soigneusement rehaussées de lits à baldaquin, de plafonds voûtés, de baignoires à remous et d'exquises douillettes. Les sympathiques aubergistes marquent la période des fêtes de Noël d'une façon tout à fait spéciale en organisant des représentations de chants traditionnels, des pauses «lait de poule» (*eggnog*) et des rendez-vous avec le Père Noël.

North Conway

Vous trouverez constamment des bûches empilées sous le porche de pierre du **1785 Inn** *($$-$$$$; Route 16, à 2 km au nord de North Conway, ☎356-9025 ou 800-421-1785, ⇌356-6081)*, une élégante maison ancienne qui semble murmurer «*Mais entrez donc!*». L'auberge, l'une des plus vieilles propriétés de la vallée du mont Washington, fut construite par Elijah Dinsmore, un vétéran de la guerre d'Indépendance, pour servir de maison d'assemblée. Aujourd'hui, 17 chambres simplement aménagées révèlent des papiers peints à motifs champêtres et des montants de lits antiques, et offrent d'abondants paysages de montagne.

Eaton Center

Si vous voyagez avec des enfants, vous aimerez passer une nuit ou deux au **Rockhouse Mountain Farm Inn** *($$ ½p; mi-juin à oct; ☎447-2880)*, tout juste au sud de Conway. L'attrait qui retiendra ici le plus l'attention des enfants est la vieille grange rouge, à l'intérieur de laquelle des balançoires pendent aux poutres tandis que des chatons courent en tout sens sur le sol. Mais ils peuvent tout aussi bien se lier d'amitié avec les poules, les oies, les paons, les canards, les faisans, les chevaux, les vaches, les cochons et les lamas de la ferme. Les parents apprécieront la maison principale, où sont aménagées 15 chambres, alors que les jeunes pourront, s'ils le désirent, passer la nuit dans le bâtiment-dortoir mis à la disposition de tous les enfants de passage. La ferme de 182 ha englobe des bois, des champs, des étangs et des sentiers de montagne à explorer, sans parler du lac Crystal voisin, que vous pourrez sillonner en canot, où vous pourrez vous baigner et sur les rives duquel vous pourrez vous prélasser au soleil en profitant de la plage privée de l'auberge. Les repas sont préparés à partir, entre autres, de fruits, de légumes et d'œufs frais de la ferme.

North Woodstock

Une atmosphère vieillotte et rustique règne au **Woodstock Inn** *($$-$$$; Route 3, ☎745-3951 ou 800-321-3985, ⇌745-3701)*, une auberge accueillante qui vous ramène à la fin du XIXe siècle. Papiers peints dans les tons de rose, planchers de bois de pin et tentures victoriennes à dentelle caractérisent les 21 chambres de l'établissement, dont plusieurs donnent sur la rivière Pemigewasset.

Dixville Notch

The Balsams Grand Resort Hotel *($$$$ pc; ≈, ℜ; Route 26, ☎255-3400 ou 800-255-0600, ⇌255-4221)* est l'un de ces endroits d'où l'on se demande comment la clientèle peut bien se convaincre de partir. Cette mini-ville autonome, entourée de crêtes montagneuses, d'épaisses forêts ainsi que de lacs et rivières on ne peut plus spectaculaires, occupe un paysage exquis de plus de 6 000 ha. L'évasion totale! Perdue dans le coin le plus reculé du nord du New Hampshire, cette station hétéroclite aux allures de château compte 226 chambres décorées dans le style provincial français. On y trouve par ailleurs un cinéma, un golf de 27 trous, une piscine olympique, des terrains de tennis et de croquet, et un restaurant exceptionnel.

La région des lacs

Bridgewater

En bordure du paisible lac Newfound repose un ancien poste de relais pour diligences, aujourd'hui devenu une majestueuse résidence d'été, **The Inn on Newfound Lake** *($$-$$$; Route 3A, ☎744-9111 ou 800-745-7990)*. Vous trouverez ici de magnifiques vues, des couchers de soleil fabuleux, des aubergistes amicaux et un rythme de vie tout à fait tranquille. Les 31 chambres sont décorées sans grand éclat, mais tout de même caractérisées par des sols de bois peint ou de la moquette, quelques lits à baldaquin et des fauteuils en osier. En été, vous aurez accès à une plage de sable au bord du lac, de l'autre côté de la rue; en hiver, le lac gelé se prête fort bien à la pêche sous la glace, au patin et au ski de fond.

Holderness

Protégé de la route bruyante par une succession de rochers géants, le **Boulders Motel and Cottages** *($$-$$$; fermé nov à avr; Route 3, ☎968-3600 ou 800-968-3601)* ressemble en tous points à un motel comme tant d'autres, si ce n'est que chaque chambre offre une vue splendide sur le lac Squam. Il y a également une petite plage sablonneuse à l'arrière, tout à fait propre, d'où il fait bon s'émerveiller devant les bateaux qui passent. Ce motel propose 12 chambres propres mais plutôt clairsemées, six studios et trois chalets rustiques.

The Inn on Golden Pond *($$$; Route 3, ☎968-7269)* fut baptisé d'après le film du même nom (*La Maison sur le Lac*), et non l'inverse, même si la sérénité qui l'entoure rappelle bel et bien celle des lieux où fut tourné le film. Située dans une vallée encaissée et boisée de 20 ha à proximité du lac Squam, cette gracieuse maison blanche au revêtement de clins de bois dispose de huit chambres confortables bénéficiant d'un décor champêtre rehaussé de touches contemporaines. C'est ainsi que des carpettes tressées et des tables de toilette rustiques datant des premiers jours de la colonie côtoient des rideaux en dentelle et des salles de bain absolument reluisantes. À l'arrière, une pelouse que caressent de douces brises procure d'excellents moments de détente.

Meredith

Que diriez-vous de panoramas lacustres, d'une architecture coloniale de rêve, de boutiques et de restaurants sur le pas de votre porte? C'est ce que vous trouverez à **The Inn at Mill Falls** *($$-$$$$; ≈, △; Route 3, Mill Falls Marketplace, ☎279-7006 ou 800-622-6455, ⇐279-6797)*. Aménagé dans une usine du début du siècle, cet excellent établissement dispose de 55 chambres parées de tentures et volants de chintz rose et de rideaux de douche haute mode. Une route passante représente le seul obstacle à franchir pour atteindre le lac Winnipesaukee, et vous pouvez vous prélasser sur place dans la piscine intérieure, la cuve à remous ou le sauna.

Gilford

Le **Greystone Motel** *($$; 132 Scenic Dr., par la route 11, ☎293-7377 ou 800-470-7377)* possède deux vertus essentielles, en ce qu'il est caché sur une petite route secondaire en gravier, d'ailleurs peu fréquentée, et qu'il est planté en bordure du somptueux lac Winnipesaukee. Les chambres, simples mais propres, se trouvent dans deux bâtiments de type cottage, et les clients ont accès à un solarium vitré, bien que les grandes attractions du coin soient la pêche et les promenades en bateau, sans bien sûr oublier les paysages incomparables.

Wolfeboro

Wolfeboro a la chance unique de se trouver en bordure de trois lacs, dont deux s'offrent à votre vue au **The Lake Motel** *($$; Route 28, ☎569-1100)*. Niché dans l'angle formé par le lac Wentworth et le lac Crystal, ce motel tire pleinement parti de son environnement grâce à une immense pelouse s'étendant jusqu'aux rives de ces deux nappes d'eau. Certaines des chambres et cinq des appartements ont par ailleurs vue sur l'eau et bénéficient d'un décor esthétique enveloppé de moquette et de revêtements muraux texturés.

Le plus remarquable lieu d'hébergement de Wolfeboro est sans contredit le **Wolfeboro Inn** *($$$-$$$$; 90 North Main St., ☎569-3016 ou 800-451-2389, ⇄569-5375)*, un manoir aux nombreux recoins dans le style des maisons du Cape Cod, posé en bordure du lac Winnipesaukee. Le hall réunit poutres de bois, sols de pierre et fauteuils en velours à haut dossier, tandis que les 44 chambres revêtent un caractère plus moderne : meubles en bois de pin et de chêne poli, et lavabos sur pied.

Center Harbor

À faible distance du lac Winnipesaukee, vous aurez le bonheur de découvrir **The Red Hill Inn** *($$$-$$$$; à l'intersection de la route 25B et de College Rd., ☎279-7001 ou 800-573-3445, ⇄279-7003)*, un établissement rural absolument sublime entouré de paysages montagneux et d'un adorable sentier gazonné. Conçue en 1904 pour servir de retraite estivale, l'auberge compte aujourd'hui 21 chambres dans la maison principale, outre deux maisons de ferme et un inhabituel cottage en pierre. Teintes riches et ameublements d'époque s'allient pour conférer aux lieux une élégance purement traditionnelle. Les gays sont les bienvenus.

La région du lac Sunapee et de Dartmouth

Lyme

Jadis un relais pour diligences, **The Alden Country Inn** *($$$ pdj; ℜ; The Common, à l'angle de la route 10, ☎795-4404 ou 800-794-2296, ⇄795-9436)* s'étend à l'ombre des White Mountains, et sa conception vieillotte aussi bien que son atmosphère lente et sereine vous ramènent au début du XIXe siècle. De fait, l'endroit déborde d'antiquités somptueuses, comme d'anciennes horloges, des courtepointes faites à la main, des vaisseliers en érable et même un joli traîneau d'antan. On n'y dénombre pas moins de 10 foyers, et ses 15 chambres et suites sont rehaussées de papiers peints au pochoir, de fauteuils à oreillettes et de tapisseries. Vous prendrez le petit déjeuner dans l'excellent restaurant de l'auberge.

Hanover

À Hanover, il n'y a pas mieux que **The Hanover Inn** *($$$$; ≡, tvc; à l'angle des rues Main et Wheelock, ☎643-4300 ou 800-443-7024, ⇄646-3744)*. D'abord, l'hôtel se trouve juste en face du Dartmouth College (auquel il appartient), de sorte qu'il attire une clientèle tout à fait bon chic bon genre. De plus, le bâtiment est l'une de ces merveilles qui imposent un respect inconditionnel. Drapé de brique rouge et couronné d'un toit de bardeaux pointu, ce vénérable ancêtre accueille les gens riches et prestigieux depuis la fin du XVIIIe siècle. Les chambres, réparties sur quatre étages, trahissent leurs origines coloniales, mais ne se privent pas pour autant du confort moderne, qu'il s'agisse de la télévision par câble ou de l'air conditionné. Un centre de conditionnement physique complète les installations.

West Lebanon

Campé sur le haut Connecticut, **The Sunset** *($$; Route 10, ☎298-8721)*, construit en «L» comme de nombreux motels, propose 18 chambres modestes mais propres, dont certaines offrent une vue splendide sur le fleuve et les montagnes avoisinantes. La moquette est de qualité industrielle, et les meubles sont sans caractère.

Cornish

Son environnement rural sans prétention n'enlève rien au charme historique de la **Chase House** *($$-$$$; bp; fermé nov; Route 12A, à 6,5 km au nord de la route 131, ☎675-5391 ou 800-401-9455, ⇄675-5010)*. C'est entre les murs de cette modeste habitation coloniale du XVIIIe siècle que Salmon P. Chase (pensez à la Chase Manhattan Bank) vit le jour et passa son enfance. Chase fut également, entre autres choses, le fondateur du Parti républicain et le secrétaire-trésorier d'Abraham Lincoln. Aujourd'hui, des piles de bûches sont alignées sous le porche de la maison, et des massifs de fleurs égayent le jardin. Les sept chambres, chacune disposant d'une salle de bain privée, sont décorées dans un style on ne peut plus rustique, avec leur lit à baldaquin et leur plancher de bois mou original.

Claremont

Rien ne signale la présence du **Goddard Mansion** *($$-$$$; 25 Hillstead Rd., à l'intersection de la route 12, ☎543-0603 ou 800-736-0603, ⇄543-0001)*. Dommage pour ceux qui ratent ce trésor caché, une propriété de style européen qui déborde d'élégance et de raffinement. Les vastes salons richement décorés et les boudoirs révèlent de hauts plafonds traversés de poutres apparentes, des manteaux de cheminée sculptés et un petit piano à queue. Le porche aéré domine une pelouse soigneusement entretenue et un terrain de croquet. Les chambres sont quant à elles conçues pour assurer le confort des gens, et plusieurs d'entre elles offrent une vue sur les montagnes qui s'étendent jusqu'au Vermont.

Sunapee

À l'ombre du mont Sunapee, **The Backside Inn** *($$; fermé avr et nov; Brook Rd., par les routes 103 et 10, ☎863-5161)* propose un hébergement de type familial dans une maison de ferme de 1835 transformée en auberge. Établie sur un terrain de 49 ha, l'auberge, entourée de pins, compte 10 chambres confortables, garnies de moquette ou de planchers de bois peints au pochoir, de grands lits, et de jolies antiquités. Un sentier mène à un étang de 20 ha, à moins que vous ne préfériez le vaste lac Sunapee, à 5 min de route.

New London

À moins de 20 km du lac Sunapee, le **New London Inn** *($$-$$$; 140 Main St., ☎526-2791 ou 800-526-2791, ⇗526-2749)* est un endroit qui n'a cessé d'embellir avec les années. Construite en 1792, cette auberge de trois étages au revêtement de clins de bois se dresse au-dessus du jardin municipal et de son kiosque d'harmonie : un parfait exemple de cette grâce qui caractérise les séjours en Nouvelle-Angleterre. De spacieux balcons entourent les deux étages inférieurs, des couloirs ornés de boiseries conduisent aux chambres garnies de tapis, et des poutres sillonnent les plafonds. Les 30 chambres de l'établissement ont du caractère et témoignent d'un goût sûr, révélé par leurs lits en laiton ou en osier, leurs fauteuils et leurs tables de toilette antique.

La région du Monadnock

Hancock

The Hancock Inn *($$$; 33 Main St., ☎525-3318 ou 800-525-1789, ⇗525-9301)* s'entoure d'une aura de vétusté, et pour cause, puisqu'il s'agit de la plus vieille auberge du New Hampshire à n'avoir jamais interrompu ses activités. Des carpettes tressées reposent sur les planchers datant de 1789, des bouquets odorants enjolivent les tables antiques, et les murs arborent des murales de Rufus Porter (début XVIIe siècle) ainsi que des papiers peints au pochoir signés Moses Eaton. À l'étage, des rangées de fenêtres habillées de rideaux à volants inondent les 11 chambres de lumière, alors que des coffres et des lits antiques leur confèrent un charme chaleureux.

Peterborough

Si vous désirez loger dans un motel dernier cri, songez au **Jack Daniel's Motor Inn** *($$$; Route 202, ☎924-7548, ⇗924-7700)*. Il s'agit d'un bâtiment de deux étages recouvert de clins de bois et comptant 17 chambres modernes, garnies de moquettes moelleuses et de fauteuils à haut dossier, et équipées de douches spacieuses de même que de balcons (à l'étage supérieur). Certaines chambres offrent une vue sur la magnifique rivière Contoocook.

Temple

Niché dans un décor charmant, **The Birchwood Inn** *($$ pdj; Route 45, ☎878-3285)* regorge d'histoire et d'enchantement. Habillé de brique d'un rouge sombre, ce bâtiment de style fédéral datant de 1775 est surmonté d'une double cheminée; il fait face à une église au blanc clocher et à une colline couverte d'herbe où s'élèvent des monuments de guerre. Des murales de l'artiste itinérant Rufus Porter tapissent les murs de la salle à manger, tandis que les sept chambres bénéficient d'un décor éclectique reflétant des thèmes variés. L'Editorial Room, par exemple, arbore un papier peint à motif de papier journal, tandis que la Music Room est décorée d'instruments de musique. Il s'en dégage une atmosphère du XVIIIe siècle.

Rindge

Au New Hampshire, la retraite rêvée pourrait très bien être le **Woodbound Inn** *($$-$$$$; ℜ; Woodbound Rd., à l'est de la route 202, ☎532-8341 ou 800-688-7770)*, un refuge fascinant perdu au fond des bois. La tâche la plus difficile qui vous attend en ces lieux est sans doute le choix du genre d'hébergement qui vous convient le mieux : chambre à l'ancienne dans une maison de ferme du XIXe siècle, chambre moderne avec lit en laiton dans une annexe, ou chalet d'amoureux avec foyer en bordure du lac. Quel que soit votre choix, vous pourrez vous reposer à votre aise, à moins que vous ne préfériez explorer le parc de 71 ha peuplé de pins et de sapins qui entoure la propriété. Vous avez également le choix entre un golf de neuf trous, plusieurs sentiers de ski de fond et un court de tennis en terre battue. Le restaurant est extraordinaire.

La vallée de la Merrimack

Cette vallée industrielle du New Hampshire offre surtout de petits motels affiliés à des chaînes reconnues; mais vous y trouverez également quelques auberges et *bed and breakfasts* très spéciaux.

Merrimack

L'un des plus beaux motels est le **Fairfield Inn by Mariott** *($-$$; ≈; 4 Amherst Rd., ☎424-7500 ou 800-228-2800, ⇌424-7500)*, où se mêlent l'ancien et le nouveau, son revêtement de brique rouge de style fédéral et ses nombreuses installations modernes y étant pour beaucoup. Tandis qu'on trouve une piscine à l'arrière, le hall est meublé de copies victoriennes et orné de gravures de chasse. D'autres antiquités agrémentent les 116 chambres de l'établissement, de même que des papiers peints haute mode. Il se dégage de l'ensemble un air d'ordre et de propreté. Excellent rapport qualité/prix.

Bedford

Avec ses chambres équipées de baignoires à remous en marbre italien, de téléviseurs à écran géant et de somptueux lits à colonnes, il est bien difficile de ne pas adorer **The Bedford Village Inn** *($$$-$$$$; ®, tv; Village Inn Lane , ☎472-2001 ou 800-852-1166, ⇌472-2379)*. Ce domaine tout en douceur où se mêlent bâtiments coloniaux, granges et silos à grain est un hymne au farniente, l'un de ces endroits où l'on préfère souvent profiter du confort de sa chambre plutôt que de s'aventurer à l'extérieur. Mini-bar, coffre en pin et grandes baies vitrées font partie de l'aménagement des chambres supérieures; mais vous pouvez aussi choisir un appartement de deux chambres à coucher, équipé d'un foyer et d'une baignoire à remous de près de 2 m de longueur.

Manchester

À Manchester, l'hébergement se limite essentiellement aux motels et aux chaînes d'hôtels. Bien situé dans le centre-ville, le **Center of New Hampshire Holiday Inn** *($$-$$$; ≈, △; 700 Elm St., ☎625-1000 ou 800-465-4329, ⇌625-4595)* accueille surtout une clientèle d'affaires, de sorte que ses installations sont beaucoup plus complètes qu'on ne pourrait s'y attendre, incluant une piscine intérieure et un sauna. Les 250 chambres bénéficient naturellement d'un décor haut de gamme, agrémenté de tapis moelleux et de revêtements en marbre.

Concord

Dans la capitale de l'État, le **Holiday Inn** *($$$; ≈, △; 172 North Main St., ☎224-9534, ⇌224-8266)* vous logera à proximité immédiate de tous les sites du centre-ville. Agencements classiques, apparence extérieure tout à fait ordinaire et 122 chambres confortables, réparties sur quatre étages, avec moquettes, commodes et commodités courantes. Vous y aurez en outre accès à une piscine intérieure chauffée et à un sauna.

Chichester

Lorsque vous séjournez au **Hitching Post** *($$ pdj; bc; 136 Dover Rd., ☎798-4951)*, c'est un peu comme si vous rendiez visite à votre grand-mère. Cet établissement aménagé dans une maison de ferme de 1787 s'avère en effet à la fois rustique et accueillant. Visitez la remise à calèches, où subsistent des douzaines d'outils et instruments poussiéreux, puis gravissez l'escalier dont les marches craquent sous les pas jusqu'aux quatre petites chambres garnies de rideaux en dentelle et de papiers peints du début du siècle (salles de bain communes). Le matin, vous aurez droit à un petit déjeuner gastronomique complet.

Loudon

Nichée parmi des hectares et des hectares de prés et de jardins, et entourée de montagnes, la **Wyman Farm** *($-$$ pdj; 22 Wyman Rd., ☎/⇌783-4467)* est une vraie découverte. Construite en 1783, cette charmante maison de ferme, située au bout d'un labyrinthe de chemins ruraux mal signalisés, est le domaine familial d'un des propriétaires de l'auberge. On y dénombre trois chambres d'hôte chaleureusement aménagées, avec de vieux planchers de bois de pin recouverts de tapis orientaux ou crochetés, des boudoirs et des petits salons. Afin d'augmenter votre plaisir, demandez la chambre équipée d'une baignoire en cuivre. Petit déjeuner et thé en soirée inclus dans le prix de la chambre. (Pour trouver cet endroit, prenez la route 106 jusqu'à la sortie de Clough Pond Road, puis tournez à gauche sur Flagg Road. Wyman Road, un chemin de terre battue, se présente 1,3 km plus loin.)

La côte

Portsmouth

Vers 1800, les capitaines au long cours d'appartenance chrétienne, désireux de se dissocier des capitaines d'armée, s'établirent dans de modestes demeures à l'ouest du centre-ville de Portsmouth. Or, ces jours anciens refont surface à l'**Inn at Christian Shore** *($$-$$$; 335 Maplewood Ave., ☎431-6770)*, au style fédéral dépouillé et à l'atmosphère ensoleillée. Ses six chambres sont joyeusement décorées de papier peint à motifs floraux et de meubles antiques. La salle à manger, avec son plafond bas aux poutres apparentes et son large foyer, est par ailleurs tout à fait accueillante.

Le **Martin Hill Inn** *($$-$$$; 404 Islington St., ☎436-2287)*, qui repose sur une butte ombragée, adjacente à une artère plutôt passante, vous expédiera dans le passé. Les deux élégants bâtiments du XIXe siècle qui le composent, reliés l'un à l'autre par un trottoir en brique bordé de fleurs, sont remplis d'admirables antiquités mises en valeur par des bouquets d'hémérocalles. Le décor des chambres varie du colonial classique au victorien champêtre.

Le **Bow Street Inn** *($$$-$$$$; 121 Bow St., ☎431-7760)* se trouve dans un endroit pour le moins incongru puisqu'il est perché à l'étage supérieur d'un théâtre. Mais n'ayez aucune crainte, car les neuf chambres sont bien isolées contre le bruit et joliment décorées de lits en laiton, de tapis moelleux et de rideaux à volants. Jadis le siège d'une brasserie au XIXe siècle, le bâtiment en brique rouge domine la rivière Piscataqua.

Pour un heureux mariage de charme campagnard et de grand luxe hôtelier, songez au **Sise Inn** *($$$-$$$$; ®; 40 Court St., ☎/⇄433-1200 ou 800-267-0525)*. Établie dans une maison Reine-Anne de 1881 à distance de marche de la plupart des sites d'intérêt du centre-ville, cette hostellerie s'enorgueillit d'un hall d'entrée ouvert sur trois étages et rehaussé de jolies rampes d'escalier en teck, de même que de tapis orientaux. Ses chambres aux dimensions hors du commun sont agrémentées de baies vitrées, de lits à colonnes, de douches *et* de bains (certaines sont même équipées de baignoires à remous), mais aussi d'à-côtés fort agréables tels que des magnétoscopes.

Dover

Au nord-ouest de Portsmouth, l'historique ville manufacturière de Dover propose une poignée de motels et de *bed and breakfasts*.

Le **Silver Street Inn** *($$ pdj; 103 Silver St., ☎743-3000, ⇄749-5673)*. Construit au cours des années 1880 par de riches propriétaires d'usines, ce manoir aux ornements élaborés s'offre des fantaisies victoriennes peu communes : plafonds hauts à moulures, sols revêtus de marbre et d'ardoise, portes espagnoles en acajou et cheminées plaquées de carreaux italiens. Vous y trouverez en outre une bibliothèque et une salle à manger formelle, de même que 10 chambres à coucher tantôt simples, tantôt somptueuses.

Exploité et tenu par un couple de lesbiennes, le **Payne's Hill** *($$; 141 Henry Law Ave., ☎742-4139)* est un petit *bed and breakfast* à distance de marche du village. Chacune des quatre chambres de cette maison Nouvelle-Angleterre qui date de 1888 est judicieusement décorée d'antiquités de la fin du XIXe siècle et de reproductions évocatrices de cette époque. Vous pourrez vous divertir dans la salle de musique (où se trouve un piano droit, quelques guitares et divers autres instruments) ou vous prélasser dans la salle de séjour. Le belvédère aménagé derrière la propriété invite par ailleurs à la détente avec ses nombreux bancs.

Hampton

The Inn at Hampton *($$$-$$$$; ≈, ®, ⊙; 815 Lafayette Rd., ☎926-6771 ou 800-423-4561, ⇄929-2160)* a tout le charme et le raffinement d'un *bed and breakfast* soigné. Ses chambres offrent de grandes armoires à miroir, des têtes de lit capitonnées, des volants et des plafonds en bois de pin voûtés, le tout baignant dans un doux parfum de jasmin. Parmi les autres attraits de cette auberge idéale pour les familles, notons sa piscine intérieure et sa cuve à remous, sa salle d'exercices et, par-dessus tout, son personnel avenant.

Hampton Beach

Un petit commerce quelque peu bruyant occupe l'étage inférieur de la **Sunrise Guest House** *($-$$; ℝ, bp; 65 Ocean Boul., ☎929-0636)*, mais, avec des chambres à prix modiques donnant sur l'océan, qui s'en plaindrait? Cette adorable maison de plage de deux étages à clins de bois arbore fièrement ses deux pilastres et propose deux appartements simples mais modernes, équipés l'un comme l'autre d'une salle de bain privée et d'un petit réfrigérateur. Si possible, demandez celui qui se trouve à l'arrière et qu'éclaire une fenêtre de toit.

Vers l'extrémité nord (et un peu plus paisible) de Hampton Beach, la **Hampton House** *($$$-$$$$; 333 Ocean Boul., ☎926-1033 ou 800-458-7058)* propose un hébergement très confortable dans un décor moderne. Son hall frais donne sur l'artère animée qui longe la plage, et ses fenêtres panoramiques vous livrent un paysage de mer tout à fait apaisant. Ses trois étages de chambres spacieuses se caractérisent par de la moquette, des meubles en bois de style moderne et des balcons privés qui se prêtent fort bien à l'observation de la mer ou des passants.

De l'extérieur, vous seriez prêt à jurer qu'il s'agit d'un autre de ces motels tout à fait ordinaires qui abondent tout au long de la plage. Mais aventurez-vous à l'intérieur de l'**Oceanside Hotel** *($$$; 365 Ocean Boul., ☎926-3542)*, et vous découvrirez un magnifique décor victorien du XIXe siècle. De ravissants planchers de bois de pin y mettent en évidence carpettes tressées et meubles d'époque, et chacune des 10 chambres (dont deux qui font face à l'océan) porte le nom d'un des premiers colons de Hampton Beach, décor à l'appui.

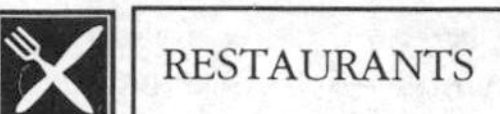

RESTAURANTS

La région des White Mountains

Franconia

Situé en bordure d'une route secondaire sur le flanc d'une montagne boisée, le **Horse and Hound Inn** *($$-$$$; fermé lun-mar l'été; 205 Wells Rd., par la route 18, ☎823-5501)* arbore une distinction toute coloniale. Cette maison de ferme de 1832 comporte de hautes poutres en bois de pin et d'immenses foyers rehaussés de motifs de chasse. Au menu : des plats consistants tels que veau *marsala*, côtelettes d'agneau et canard rôti. Par les chaudes soirées d'été, optez pour la terrasse extérieure donnant sur la forêt.

Sugar Hill

Le **Polly's Pancake Parlor** *($; fin de semaine mi-oct au 1er déc et 1er avr à la fête des Mères, fermé déc à mars; Route 117, ☎823-5575)* n'était guère plus qu'un petit restaurant perdu jusqu'à ce que l'équipe de l'émission télévisée *Good Morning America* y mette les pieds. Depuis ce jour, l'endroit est tout simplement envahi par les touristes, qui font volontiers la queue à l'extérieur de cette ancienne remise à calèches de 1830, couverte de clins de bois rouges, afin de déguster petits déjeuners et déjeuners à la bonne franquette. Le restaurant est toujours au beau milieu de nulle part, mais le décor champêtre est absolument remarquable, tout comme d'ailleurs les crêpes épaisses de la maison, faites de farine de maïs et de blé entier, puis servies avec sirop d'érable, beurre d'érable ou sucre d'érable, selon vos préférences.

Jackson

Au **Christmas Farm Inn** *($$-$$$; Route 16B, ☎383-4313)*, de petites lampes à gaz scintillent au-dessus des nappes en coton blanc, et de magnifiques tentures à lambrequin encadrent les fenêtres. Ce rendez-vous romantique isolé dans la montagne propose de la cuisine française «rurale», avec des plats aussi exceptionnels que des mini-côtelettes d'agneau grillées et glacées au romarin, du filet de porc et des médaillon de veau sautés au vin rouge et nappés d'une sauce tomate. Au petit déjeuner, laissez-vous tenter par les gaufres garnies de bananes en crème ou le hachis de bœuf salé.

North Conway

Le plus fréquenté des restaurants de la vallée du mont Washington est le **Horsefeathers** *($$; Main St., ☎356-2687)*, un pub du centre-ville dont l'auvent ordonne aux passants : «*Entrez Ici!*», mais ceux qui viennent ici désirent d'abord et avant tout voir et être vus. Présentez-vous tôt; les files sont reconnues pour se former en un clin d'œil!

Le **Scottish Lion Inn and Restaurant** *($$-$$$; Route 16, ☎356-6381)* procure un heureux dépaysement en servant des mets dont les recettes proviennent des îles Britanniques. Le midi, on se met en ligne pour savourer ses sandwichs, y compris le *Scottish bridie* (sorte de chausson feuilleté), alors qu'au dîner le menu tourne davantage autour des grillades et des biftecks. Les appétits féroces devraient essayer le pâté en croûte des hautes terres (*highland game pie*), garni de venaisons, de lièvre et de faisan. L'atmosphère est gaie et colorée, avec du papier peint à motifs écossais dans les tons de rouge, des nappes en tissu rouge et des murs en brique sombre.

Le **1785 Inn** *($$$; petit déjeuner et dîner; Route 16, ☎356-9025)* offre une vue splendide et propose une cuisine sublime dans un cadre intime. Le restaurant, aménagé sur une véranda faisant face à une vaste chaîne de montagnes, se trouve dans une honorable demeure du XVIIIe siècle transformée depuis en auberge. Au menu : des plats français apprêtés avec goût et servis avec une élégance discrète, comme le canard aux framboises, avec, en entrée, des crevettes saupoudrées de cannelle.

Conway

Avec un peu de persévérance, vous finirez bien par dénicher **The Cinnamon Tree Restaurant** *($; Pleasant St. Plaza, par Pleasant St., ☎447-5019)*, l'un de ces charmants petits restaurants campagnards à rideaux de dentelle et à papier peint portant des inscriptions comme «*Bienvenue les amis*». Le décor est complété par une rangée de tabourets pivotants disposés autour d'un comptoir en «U». Au menu, pour le petit déjeuner comme pour le déjeuner : omelettes au chili, crêpes aux bleuets et bœuf haché.

North Woodstock

Un restaurant populaire offrant un répit des plus agréables est la **Truants Taverne** *($-$$; Main St., ☎745-2239)*. Des planisphères montées sur rouleaux à ressorts pendent aux murs, plusieurs livres garnissent des étagères, et le menu propose des plats «pré-requis» et «facultatifs» (*electives*), de même que les «délices de la retenue» (*detention delights*). Le décor est celui d'un pub décontracté, rehaussé de boiseries, et la nourriture, incluant poulet au parmesan et *chimichangas*, est simple.

La région des lacs

Holderness

Si l'envie vous prend de faire les choses en grand, songez à retenir une table à **The Manor on Golden Pond** *($$$$; Route 3, ☎968-3348)*. Dans ce manoir dominant le lac Squam, vous pourrez en effet vous régaler de spécialités de la Nouvelle-Angleterre (rehaussées d'un certain nombre d'accents internationaux) dans la très élégante salle à manger ou dans ce qui fut à l'origine la salle de billard de cet établissement. Des repas à prix fixe sont servis du mercredi au dimanche.

Ashland

The Common Man *($$; Main St., ☎968-7030)* a acquis une réputation irréprochable dans ces parages, sans doute à cause de son menu constant, sans fioriture, et de son environnement nostalgique. De vieux outils de ferme et des couvertures classiques de la revue *Life* et du *Saturday Evening Post* tapissent les murs de cet établissement en brique de deux étages logé dans une ancienne maison du début du XIXe siècle. Vous avez le choix entre les biftecks (la côte de bœuf est spécialement grisante), le poisson et les fruits de mer frais, mais aussi le poulet à la Diane, les pâtes *primavera* et les côtes levées, grillées sur charbon de bois.

Meredith

Le **Boathouse Grill** *($$-$$$; Route 25, ☎279-2253)* de l'Inn at Bay Point constitue une alternative décontractée. On y sert une cuisine essentiellement américaine, et la maison est surtout réputée pour ses biftecks et ses fruits de mer. Que vous optiez pour une banquette ou une table conventionnelle, vous bénéficierez du décor de hangar à bateau et de la proximité immédiate de l'eau.

Wolfeboro

Il n'est pas très difficile de comprendre pourquoi le **West Lake Asian Cuisine** *($$; fermé lun de nov à mars; Route 28, ☎569-6700)* est constamment bondé. Confortablement installé dans un coin boisé en bordure du lac Wentworth, ce restaurant annonce plus de 100 plats différents (et délicieux!), ce qui peut considérablement compliquer la vie des indécis. Il y a bien sûr des fruits de mer, de la volaille, du bœuf et du porc, arrosés de sauces fumantes assaisonnées à l'ail, aux piments ou au soja noir, mais aussi des plats spéciaux, comme l'agneau *mala* et le *dragon & phœnix* (homard entier accompagné de poulet et de piments extra-forts).

Center Harbor

The Red Hill Inn *($$-$$$; à l'intersection de la route 25B et de College Rd., ☎279-7001)*, un splendide manoir provincial d'allure majestueuse, vous fera oublier tous vos problèmes. Juchée sur une colline ombragée, cette auberge dispose d'un restaurant exceptionnel garni de meubles d'époque et offrant une vue somptueuse sur les montagnes avoisinantes. La cuisine est indubitablement typique du New Hampshire, à la fois réconfortante et recherchée. Essayez le Stroganoff aux champignons, le poulet *piccata*, les moules *primavera* ou le filet mignon enrobé de bacon.

West Ossipee

Les gens du coin envahissent régulièrement **The Yankee Smokehouse** *($-$$; à la jonction des routes 16 et 25, ☎539-7427)*, un modeste bâtiment en parpaings situé à l'embranchement de deux routes rurales. Le toit fume et un vieux système de climatisation bourdonne, tandis que les clients engloutissent d'énormes portions de côtes «levées» et de poulet qui débordent des assiettes en plastique dans lesquelles elles sont servies. Également reconnu pour ses lamelles de bœuf et de porc arrosées d'une sauce barbecue à tout casser, ce restaurant offre en outre la possibilité de manger à l'extérieur sur des tables de pique-nique au cours de la saison chaude.

Tamworth

The Chequers Villa *($-$$; dîner seulement; Route 113, ☎323-8686)* est réputé dans la région des lacs pour ses mets italiens hors du commun, copieux, frais et inventifs. L'endroit est chaleureux et cordial, décoré de motifs médiévaux et agrémenté d'arches en stuc et de lampes à huile. Les spaghettis sont servis avec des fruits de mer, des tomates et des herbes, ou des montagnes de parmesan et de bacon dans une sauce aux œufs. Il y a également de la lasagne *blanca* (une couche de morceaux de poitrine de poulet, une d'épinards et une de fromage en crème) et des *linguine pollo* à la Don Juan (avec des cœurs d'artichaut et des olives noires).

La région du lac Sunapee et de Dartmouth

Hanover

Les étudiants de Dartmouth adorent se la couler douce au **Patrick Henry's** *($-$$; 39 South Main St., ☎643-2345)*, un établissement en sous-sol qui a beaucoup de caractère et propose des plats à vous réchauffer le cœur. Le ragoût de bœuf (l'un des meilleurs qui se puissent trouver) et le ragoût de poisson font résolument partie des vedettes du menu, mais vous ne vous tromperez pas non plus en essayant le *garden spudley* (pomme de terre farcie) ou le *picnic sandwich* (sandwich au prosciutto grillé et au poivron rouge sur pain *foccacia*). Des poutres de bois sillonnent un plafond bas en stuc, et des banquettes en pin noueux et usé composent le décor des lieux, tout à fait adapté à sa clientèle.

Il est bien difficile de ne pas voir les grandes fenêtres en forme de bulles du **Molly's Balloon** *($$; 43 South Main St., ☎643-2570)*, un élégant petit nid qu'on dirait conçu de toutes pièces pour les yuppies, et au centre duquel se dresse un long bar en chêne. Vous pourrez prendre place sur une banquette intime ou sur la terrasse extérieure. Le menu affiche de tout, des soupes et salades aux sandwichs géants et aux hamburgers, en passant par les *fajitas* mexicains, les mini-côtes de dos et les plats de pâtes.

Plainfield

Lorsque vous serez enfin aux portes du **Home Hill Country Inn** *($$$$; fermé lun-mar; River*

Rd., par la route 12A, ☎675-6165), vous aurez l'impression d'avoir atteint les confins de l'univers. Perdu au bout d'une route de montagne qui serpente à travers bois en grimpant sans arrêt sur environ 8 km, ce manoir restauré cache un restaurant français tout ce qu'il y a de plus sérieux. La salle à manger est intime, revêtue de larges planches et réchauffée par un feu de foyer brûlant. Son menu à prix fixe change quotidiennement, affichant des délices tels que pétoncles et crevettes sauce au safran, ou veau arrosé d'une sauce aux morilles.

Claremont

Pour un repas conventionnel de type familial à l'américaine, rendez-vous au **Dimick's** *($-$$; Lower Main St., ☎542-6701)*. Son menu se compose de sandwichs au poulet grillé, à la salade de thon et au rôti de bœuf, de même que de steaks, de côtelettes de porc, de poulet frit et d'églefin cuit au four. Si possible, choisissez l'une des trois tables qui dominent la rivière Sugar.

New London

Le **Millstone** *($$-$$$; Newport Rd., ☎526-4201)* propose, au gré des saisons, des venaisons, du faisan, de l'espadon ou même du *schnitzel* bavarois. Aménagé à la façon d'une auberge champêtre, ce sympathique restaurant est garni de chaises à dossier arrondi, de nappes en tissu et d'œuvres d'art locales. La fraîcheur est à l'honneur sur son menu varié, ainsi que vous pourrez le constater en dégustant fruits de mer, gibier, légumes, pâtes et fines herbes.

La région du Monadnock

Hancock

The Hancock Inn *($$-$$$; 33 Main St., ☎525-3318)* propose des mets traditionnels parmi les meilleurs qu'on puisse trouver, des valeurs sûres comme le bœuf braisé shaker aux canneberges et les beignets de crabe accompagnés d'une purée de pommes de terre à l'ail. Établi dans la plus vieille auberge du New Hampshire (dont les activités débutèrent autour de 1789), ce restaurant compte trois salles à manger bénéficiant d'un décor rural raffiné et d'une vue splendide sur un immense jardin fleuri.

West Chesterfield

À environ 20 min de route à l'ouest de Keene, le **Chesterfield Inn** *($$$; Route 9, ☎256-3211 ou 800-365-5515, ⇄256-6131)* s'enorgueillit d'une très élégante salle à manger éclairée à chandelle d'où l'on a vue sur les Green Mountains. La nourriture, invariablement succulente, reflète en grande partie les traditions de la Nouvelle-Angleterre, mais se permet tout de même certaines innovations. L'aile qui abrite ce restaurant s'est vu ajoutée à une auberge champêtre datant de 1787.

Peterborough

Les propriétaires du **Latacarta** *($$-$$$; 6 School St., ☎924-6878)* qualifient leur cuisine naturelle inusitée mais savoureuse de «collage épicurien». Soupes, sandwichs et plats chauds des plus inspirants sont apprêtés de façon originale dans un esprit de fraîcheur renouvelée. Ce petit restaurant populaire, qui occupe un ancien cinéma, est agrémenté de chaises en osier, de luminaires sur rails et d'expositions temporaires d'œuvres locales. Essayez le sandwich au tofu grillé ou l'escalope de saumon sauce à l'aneth.

Le **Boiler House** *($$-$$$; fermé lun; Route 202 South, ☎924-9486)*, l'une des adresses les plus recherchées de la région, s'enrobe d'une élégance sentie grâce à ses chaises laquées de noir, à ses nappes en tissu immaculées et à son mur vitré donnant sur la rivière Contoocook. Logé dans une ancienne salle de chaudières, l'endroit a conservé sa tuyauterie d'acier apparente, très à la mode de nos jours. Le cadre est parfait pour une rencontre gastronomique, qu'il s'agisse de canard braisé aux mûres ou de filet de porc au poivre sauce au fromage bleu.

Jaffrey

Pour une bouchée italienne rapide et sans façon, essayez la **Jaffrey Pizza Barn** *($-$$; Blake St., ☎532-8383)*, un modeste casse-croûte du centre-ville comptant seulement quatre rangées de banquettes orangées. Les pizzas à croûte épaisse sont proposées avec un choix intéressant de garnitures (incluant bifteck et aubergines), sans oublier les grands sandwichs mixtes aussi bien chauds que froids.

Campé derrière le profil imposant du mont Monadnock, le **Monadnock Inn** *($$-$$$; Route 124, ☎532-7001)* sert des mets traditionnels de la Nouvelle-Angleterre dans un cadre apaisant aux tonalités parfaitement provinciales. Des planchers de bois de chêne poli caractérisent la chaleureuse salle à manger, tandis que des tables et des chaises en plastique sont disposées sur une terrasse grillagée donnant sur de vastes étendues champêtres. Au dîner, carré d'agneau, saumon grillé et filet mignon sont à l'honneur, alors qu'au déjeuner on propose des crevettes au laurier et du poulet frit, mais aussi des sandwichs, des quiches et des pâtes.

La vallée de la Merrimack

Merrimack

Tout juste au sud de Manchester, la **Hannah Jack Tavern** *($$-$$$; Daniel Webster Hwy., à l'angle d'Everett Turnpike, ☎424-4171)* dispose de salles à manger chaleureuses et invitantes, garnies de foyers en marbre, de vitraux et de murales représentant des scènes de la Nouvelle-Angleterre. Les gens du coin fréquentent surtout l'endroit pour ses pains maison (la brioche aux noix et aux raisins est particulièrement sublime), sa carte des vins (plus de 100 étiquettes) et sa côte de bœuf, coupée chaque jour sur place. On fait ici ce que davantage de restaurants devraient faire : servir de plus petites portions d'un plus grand nombre de plats.

Concord

Dans un monde de restaurants mexicains américanisés, il est rare de trouver de l'authentique cuisine de ce pays du Sud, et c'est précisément ce qui distingue le **Hermanos** *($-$$; 11 Hill's Ave., ☎224-5669)*. Entouré de murales et d'objets aztèques, vous y savourerez de nourrissants *burritos*, des *enchiladas*, des *quesadillas* et des *tostadas*, servis avec verve et panache. Les plats du jour sont également intéressants, comme le *carne estufa* (un ragoût épicé), la pizza mexicaine et le *taco pastor* (composé de tendres *tacos* farcis et enroulés dans des *tortillas* de maïs grillées). Des musiciens de jazz se produisent dans la salle de bar quatre soirs par semaine.

Canterbury

Retiré dans le calme bucolique du Shaker Village, **The Creamery** *($$$$; fermé jan à mars et lun-jeu oct à déc et avr; 288 Shaker Rd., au Canterbury Shaker Village, ☎783-9511)* vous fait faire un saut dans le temps. De fait, le village, avec ses 24 bâtiments, a bien peu changé depuis le début du XIXe siècle. Vous mangerez sur de lourdes tables en bois dans un décor rustique et simple. Fidèle à la tradition shaker, qui exige une fraîcheur absolue, les plats se composent d'ingrédients locaux. Le menu peut donc vous proposer une longe de porc fumée sur bois de pommier et arrosée de cidre brut, du saumon grillé à la poêle et servi sur un lit de haricots blancs en ragoût, du jambon fumé à l'hickory agrémenté d'un ketchup épicé à la cerise ou une tarte aux pêches et à la farine d'avoine. Le prix du dîner comprend la visite du village ou un spectacle musical.

La côte

Portsmouth

L'endroit par excellence pour savourer des sushis est le **Sakura** *($-$$; 40 Pleasant St., ☎431-2721)*, un petit restaurant bien aéré du centre-ville qui propose roulades de *maki* et *sashimis* frais, *tempuras* et *teriyakis*, de même que des hors-d'œuvre intéressants tels que des morceaux de bœuf cru au gingembre (vivement saisis à l'extérieur et crus à l'intérieur). Le décor est plutôt ordinaire, avec un petit comptoir de sushis, de simples tables en bois et des balustrades, mais l'endroit reluit de propreté et bénéficie d'une grande popularité auprès des gens d'affaires.

Le vieux restaurant italien le plus connu de Portsmouth est le **Rosa's** *($-$$; 80 State St., ☎436-9715)*, un extraordinaire établissement familial dont l'ouverture remonte à 1927. Garni de banquettes en bois clair doucement éclairées et de photographies du bon vieux temps, il sert tous ces plats traditionnels à couper le souffle dont la réputation n'est plus à faire : *parmigianas* et *cacciatores*, lasagnes, raviolis, tortellinis et pizzas à croûte mince.

Le **Harbor's Edge Restaurant** *($$-$$$; 250 Market St., dans l'enceinte du Sheraton, ☎431-2300)* capture tout le charme du port dans un décor romantique aux tons de rose et d'émeraude. Ses nappes de coton surmontées de cristal et d'œillets lui confèrent par ailleurs un raffinement indéniable. La nouvelle cuisine y est à l'honneur, incluant des fruits de mer et des grillades variées.

Plutôt en marge des traditions culinaires de la Nouvelle-Angleterre, **Porto Bello** *($$-$$$; fermé lun; 67 Bow St., ☎431-2989)* propose un menu quotidien de spécialités du sud et du nord de l'Italie. Les plats varient selon les saisons, mais vous pourriez très bien y trouver des gourmandises du genre *farfalle* au crabe arrosé d'une légère sauce à la crème ou carré d'agneau rôti au romarin. Le tout est servi à l'étage dans une élégante salle à manger surplombant la rivière.

Dans le voisinage immédiat du Market Square de Portsmouth, le **Metro** *($$-$$$; 20 High St., ☎436-0521)* est un établissement où vous pouvez déguster des pâtes, des fruits de mer et une variété de plats de bifteck, d'agneau et de veau. Il s'agit d'un joli restaurant aux murs lambrissés, rehaussé de vitraux et de nappes blanches. Concerts de jazz les vendredi et samedi soirs.

Rye

Le **Paul Carriage House** *($$-$$$; 2263 Ocean Boul., ☎964-8251)* présente un curieux mélange d'ambiance maritime et de style colonial, mais s'en tire à merveille. Ce petit établissement décontracté de deux étages se trouve en face de la plage de Jenness, mais ressemble davantage à un restaurant de montagne. Au rez-de-chaussée, tables et banquettes de bois au goût des premiers jours de la colonie entourent une énorme cheminée, alors qu'à l'étage une salle plus petite offre une vue splendide sur la mer. Parmi l'assortiment de plats continentaux au menu, on notera certains joyaux, comme le bifteck au poivre, le canard rôti du Long Island glacé aux framboises et à l'oignon, et la sole à l'Oscar accompagnée de homard et d'asperges dans une sauce aux échalotes.

Hampton

On raconte qu'en 1764 un grenadier du nom de Thomas Fletcher, âgé de 26 ans, serait mort de la fièvre après avoir bu une bière chaude. Triste et esseulée, sa veuve aurait alors transformé leur minuscule habitation en taverne. Aujourd'hui encore, la **Widow Fletcher's Tavern** *($-$$; 401 Lafayette Rd., ☎926-8800)* demeure l'un des pubs les plus en vue de la Nouvelle-Angleterre, avec sa charpente de poutres équarries à la main, ses banquettes à l'ancienne et son sol recouvert de larges planches de bois de pin dont la patine reflète parfaitement ses siècles d'usure. Le menu déborde de celui qu'on trouve habituellement dans les tavernes en affichant des linguinis aux fruits de mer, de la côte de bœuf Stroganoff et de l'églefin grillé, sans compter un assortiment complet de salades succulentes, de sandwichs et de hors-d'œuvre.

The Eatery *($$; derrière The Inn at Hampton, 815 Lafayette Rd., ☎926-8639)* est un endroit assez particulier, car les délices de la maison sont servis par un couple accompagné de leurs huit enfants. Avec ses lampes à huile, ses fenêtres de plafond et plusieurs tables donnant sur le bois voisin, à moins que vous ne préfériez dîner à la belle étoile sur la terrasse extérieure, le restaurant est chaleureux et invitant. Au petit déjeuner, on vous servira pain et crêpes maison; au déjeuner, d'épaisses soupes de poisson et des sandwichs abondamment garnis; et au dîner, du poulet sur canapé et du bifteck de pointe de surlonge à la cajun garni de pétoncles.

Hampton Beach

Attendez-vous à trouver au moins une petite file d'attente à la porte de l'**Old Salt Eating and Drinking Place** *($-$$; 83 Ocean Boul., ☎926-8322)*, un excellent bistro sur front de mer aux accents maritimes et au menu économique bien garni. Ici, le petit déjeuner se compose de gaufres aux pommes et aux bleuets, d'omelettes aux trois fromages et de grosses crêpes, alors qu'au dîner on sert de généreuses portions de spaghettis, de pain de viande agrémenté de pommes de terre en purée, de poulet rôti à la sauce aux canneberges et de plusieurs autres plats maison.

Le meilleur restaurant de fruits de mer de la côte du New Hampshire est peut-être le populaire **Ron's Landing** *($$-$$$; 379 Ocean Boul., ☎929-2122)*. À la fois élégante et décontractée, cette fraîche maison coloniale blanche se trouve à une rue de la mer, ce qui n'empêche nullement sa terrasse vitrée, à l'étage supérieur, de vous offrir une vue splendide sur l'Atlantique. De petites tables aux nappes empesées et aux serviettes de table parfaitement pliées y créent par ailleurs une atmosphère intime. Son menu continental affiche un choix complet de plats de poisson et de fruits de mer, mais aussi d'intéressantes préparations de poulet, de bœuf et de pâtes. Par ailleurs, son brunch du dimanche est à essayer.

Pour des fruits de mer incomparables dans une atmosphère de plage animée, rendez-vous chez

Ashworth by the Sea *($$-$$$; 295 Ocean Boul., ☎926-6762)*. Les mordus du homard n'auront que l'embarras du choix devant les 10 plats de homard au menu, dont le homard farci en croûte, le homard à la Newburg et l'irrésistible homard rôti farci de homard! Quant à ceux qui ne raffolent pas des fruits de mer, ils pourront toujours se régaler de veau, de poulet ou encore d'un rôti de dinde du Vermont.

Exeter

À l'est de Hampton Beach se trouve la petite ville d'Exeter, siège de la Phillips Exeter Academy, l'une des plus anciennes et des plus réputées parmi toutes les écoles privées des États-Unis. Les étudiants y exploitent un joyeux éventail de pittoresques petits cafés-terrasses dont l'un des meilleurs est **The Loaf and Ladle** *($; 9 Water St., ☎778-8955)*. Tout y est fait maison à partir d'ingrédients ultra-frais et servi au comptoir de style cafétéria par de jeunes gens fort sympathiques. Vous y trouverez de la soupe aux haricots noirs et du pâté de campagne, des sandwichs géants sur pain frais et des gâteaux au fromage.

SORTIES

En dépit de ses lois contraignantes sur l'alcool, stipulant que les bars doivent faire partie d'un restaurant, d'un établissement sportif ou d'un autre commerce établi, le New Hampshire réussit tout de même à offrir un nombre important de lieux de divertissement.

La région des White Mountains

Glen

Au **Red Parka Pub** *(Route 302, ☎383-4344)*, il vaut mieux arriver avant 21h si vous ne voulez pas attendre en ligne. Ce bar on ne peut plus populaire auprès des «après-skieurs» présente des groupes rock qui enflamment l'atmosphère. Musiciens sur scène le vendredi et le samedi.

North Conway

Si vous vous présentez en kilt, vous boirez aux frais de la maison au **Scottish Lion Pub** *(Scottish Lion Restaurant, Route 16, ☎356-6381)*, un endroit feutré aux murs de briques et aux tables éclairées à la bougie qui fait jouer des enregistrements traditionnels.

Le **Horsefeathers** *(Main St., ☎356-2687)* l'emporte haut la main comme le restaurant-pub de montagne le plus en vogue dans la région. Le menu s'avère très varié et met particulièrement l'accent sur les plats de fruits de mer, comme le saumon et l'espadon noircis à la poêle et accompagnés d'une sauce aux haricots noirs et à la papaye. Mais vous y trouverez tout aussi bien des hamburgers et divers coupe-faim. Il s'agit d'un établissement solidement ancré dans la réalité, avec un décor sportif, des barmans exubérants et un bar en bois de pin naturel autour duquel les clients s'agglutinent sur trois rangées. Formations de rock léger, de blues et de jazz.

L'**Up Country Saloon** *(Route 16, ☎356-3336)*, qui ressemble à une grange à ras de terre, diffuse de la musique rock dans un décor où s'épousent lampes Tiffany, plantes vertes, flippers et un long bar en chêne. Karaoke le jeudi et musiciens sur scène les vendredi et samedi.

Lincoln

Le **North Country Center for the Arts** *(Route 112, ☎745-2141)*, qui occupe les locaux partiellement reconvertis d'un atelier d'usinage du XIXe siècle, présente des pièces musicales et d'excellents drames.

La région des lacs

Ashland

Ne ratez pas l'homme-orchestre (jouant de six instruments) du **Common Man** *(The Common Man Restaurant, Main St., ☎968-7030)*, un endroit plein de vie arborant des canapés du style des années cinquante, des lampes recouvertes d'abat-jour en tissu peluché et des cibles de fléchettes.

Tamworth

The Barnstormers *(Main St., par la route 113, ☎323-8500)*, la plus ancienne troupe de théâtre professionnelle du pays, a été fondée en 1931 et monte divers drames, comédies et mystères en juillet et en août.

Des outils de ferme, des roues de chariot et un drapeau américain campent le décor rustique du **Chequers Villa** *(Route 113, ☎323-8686)*, un nid bondé mais amical où l'on peut entendre des airs rythmés tout en dégustant une excellente cuisine de pub.

La région du lac Sunapee et de Dartmouth

Hanover

La vie nocturne du Collège de Dartmouth appartient au circuit *underground*. Parmi les meilleurs pubs en sous-sol, mentionnons le **Five Olde Nugget Alley** *(Five Olde Nugget Alley, par Wheelock St., ☎643-5081)*, caractérisé par un long bar en bois de pin plutôt fatigué, plusieurs tables également en bois de pin et des enregistrements de musique moderne.

Il vous suffit de descendre quelques marches pour vous retrouver au **Patrick Henry's** *(39 South Main St., ☎643-2345)*, un bar chaleureux équipé de banquettes en bois à haut dossier et constamment animé par une clientèle étudiante bien en vie.

L'étincelant **Hopkins Center for Performing Arts** du Dartmouth College *(Wheelock St., ☎646-2422)* présente des drames, des pièces musicales, des concerts et des projections cinématographiques d'envergure dans deux salles distinctes.

Claremont

L'historique **Claremont Opera House** *(Main St., Tremont Square, ☎542-4433)*, découpé d'arches en vitraux et ponctué de colonnes en volutes, est un endroit somptueux où assister à un opéra, à un concert, à un ballet ou à une pièce musicale d'envergure régionale ou nationale. On y présente aussi des concerts de musique pop et folk.

La région du Monadnock

L'une des troupes de théâtre les plus respectées de la Nouvelle-Angleterre, les Peterborough Players, se produit à la **Hadley Barn** *(mi-juin à début sept; Hadley Rd., par Middle Hancock Rd., ☎924-7585)*, une ravissante grange transformée en salle de spectacle.

Peterborough

Le **Copper Bar** *(Boiler House Restaurant, Route 202 South, ☎924-9486)*, un bar chic où il fait bon prendre un verre, est une véritable institution locale. Selon les humeurs du barman, vous entendrez des enregistrements de jazz, de blues ou de musique moderne.

La vallée de la Merrimack

Manchester

Pour des pièces de théâtre de toute première qualité, d'envergure aussi bien nationale qu'internationale, le **Palace Theatre** *(80 Hanover St., ☎668-5588)* est tout indiqué. Cet amphithéâtre richement orné du centre-ville compte 883 sièges et présente des ballets, des concerts et des pièces musicales.

L'atmosphère est toujours à la fête à la **Stark Mill Brewery** *(entrée libre; 500 Commercial St., ☎626-0088)*, où l'on vous propose en tout temps six bières maison en fût. Du mercredi au samedi soir, vous pourrez y entendre des musiciens sur scène, le plus souvent des formations de blues et de rock. Et, lorsque la faim commencera à vous tenailler, vous aurez la possibilité de commander sur place un hamburger, une pizza, une salade ou un bifteck d'aloyau.

Concord

Le **Thumbs** *(droit d'entrée; Thursday's Rd.house, 6 Pleasant St., ☎224-2626)* est un établissement en sous-sol aux éclairages tamisés où les politiciens autant que les moins de 30 ans aiment se retrouver. On y présente des concerts de blues et de rock alternatif du jeudi au dimanche (le dimanche, on accueille les moins de 21 ans).

La côte

Portsmouth

Vous pourrez entendre un bon pianiste et un bon bassiste de jazz au bar-restaurant **Metro** *(20 High St., ☎436-0521)* les vendredi et samedi soirs.

À la **Portsmouth Brewery** *(56 Market St., ☎431-1115)*, vous pouvez déguster une bière maison tout en observant le processus de fabrication. Offrez-vous une soirée reposante à jouer au billard ou aux fléchettes, à moins que vous ne préfériez tout simplement vous installer en tout confort sur une énorme banquette rembourrée. On exige parfois un droit d'entrée les fins de semaine lorsqu'il y a un spectacle important.

Le **Dolphin Striker** *(15 Bow St., ☎431-5222)*, au style maritime, loge au-dessus d'une taverne en sous-sol, curieusement bâtie autour d'un puits alimenté par une source souterraine. Nourrissez les poissons exotiques qui abondent dans le puits, ou relaxez-vous en écoutant le jazz diffusé par les haut-parleurs et le concert acoustique présenté tous les soirs.

Établi dans une brasserie en brique du XIXe-siècle, le **Seacoast Repertory Theatre** *(125 Bow St., ☎433-4472)* produit des pièces de Shakespeare ainsi que d'autres drames, de grandes pièces musicales et des comédies dans une salle intime comptant moins de 300 fauteuils d'orchestre.

Hampton

Un décor nautique et de la musique contemporaine caractérisent **The Pelican Club** *(dans l'enceinte du Galley Hatch Restaurant, Route 1, ☎926-6152)*. La scène de cette populaire oasis haut de gamme accueille des musiciens chaque vendredi et samedi.

Hampton Beach

Le **Hampton Beach Casino Ballroom** *(169 Ocean Boul., ☎929-4100)*, un établissement de 1 800 places, est l'une de ces fantastiques boîtes de grand orchestre à la mode des années vingt. On y présente des grands noms du rock-and-roll, du jazz, du country-western et de la scène comique.

C'est une foule de plage branchée de 18 ans et plus qui envahit l'**Electric Wave** *(droit d'entrée; 85 Brown Ave., ☎926-8666)*, une discothèque caverneuse de deux étages pourvue d'une énorme piste de danse. Musique alternative et succès du palmarès, mais aussi des prestations sur scène à l'occasion.

ACHATS

La région des White Mountains

Conway et North Conway présentent d'innombrables occasions de magasinage. Des galeries marchandes pittoresques et éclectiques bordent la rue Main à North Conway, alors que le tronçon de la route 16 qui sépare les deux municipalités voit s'aligner en rang d'oignons les magasins d'usines et les boutiques de nouveautés.

Jackson

Si vous trouvez l'air trop piquant à l'extérieur, faites un saut chez **Jack Frost** *(Route 16, ☎383-4391)*, où vous trouverez des cache-oreilles, des chandails colorés, des articles en cuir et des vêtements de ski.

North Conway

Le **North Country Angler** *(Route 16, ☎356-6000)* réunit une galerie d'art axée sur la faune et la flore, ainsi qu'une foule d'articles de pêche à la ligne. C'est également ici que vous trouverez l'expertise nécessaire pour pratiquer votre sport favori dans la région.

La région des lacs

Holderness

Logé dans une grange du XVIIIe siècle, **William F. Dembiec Antiques** *(à la jonction des routes 3 et 25, ☎968-3178)* est une perle rare, le lieu rêvé pour dénicher un vieux miroir encadré de laiton, une porcelaine antique, des cartes de base-ball des années cinquante et soixante, et plusieurs autres objets de collection.

Meredith

Le **Mill Falls Marketplace** *(Route 3)* se présente comme un joli complexe lacustre où boutiques de décorations de Noël et de salles de bain côtoient magasins de sport, comptoirs de friandises et galeries d'art. L'un des plus importants commerces des lieux est le **Country**

Carriage *(☎279-6790)*, un fournisseur d'art folklorique américain, de bougies yankees et d'autres merveilleux cadeaux de la Nouvelle-Angleterre.

La région du lac Sunapee et de Dartmouth

West Lebanon

La **Powerhouse Mill Arcade** *(Glen Rd., par la route 12A, ☎298-5236)* s'impose comme un lieu féerique coiffé de plafonds en berceau et paré de guirlandes de lumières colorées. Les quelque 30 commerces qu'on y trouve sortent de l'ordinaire et affichent volontiers un thème particulier. L'**Artifactory** *(☎298-6010)*, par exemple, se veut original avec ses objets bizarres, comme ses chandelles en forme de magicien, ses chapeaux «noués-liés-teints» et ses lampes de lave durcie. **HomeScapes** *(☎298-6038)* propose, pour sa part, des meubles, de la verrerie, des tapis et divers autres accessoires de maison dont les styles varient du colonial au contemporain et au high-tech.

Si la cuisine est votre passion, arrêtez-vous au **Board & Basket** *(Powerhouse Plaza, ☎298-5813)* pour les plus récents accessoires de cuisine sur le marché, des aliments gastronomiques et une foule de livres de cuisine.

La région du Monadnock

Peterborough

En quête de mieux-être? **Maggie's Marketplace** *(14 Main St., ☎924-7671)* propose toutes sortes d'aliments naturels, comme des croustilles de maïs biologique et de la crème glacée sans cholestérol, mais aussi des accessoires et des livres de cuisine.

Vous trouverez votre prochaine lecture distrayante au **The Toadstool Book Shop** *(12 Depot Square, ☎924-3543)*, une librairie de village garnie de catalogues de navires de guerre, de guides de la radiophonie internationale et de périodiques de la Nouvelle-Angleterre, pour ne mentionner que quelques exemples. Il y a un café sur les lieux.

Keene

Le **Colony Mill Marketplace** *(West St., ☎357-1240)* est un centre commercial où vous pouvez faire vos achats dans un décor du XIXe siècle. Aménagé dans une fabrique recyclée de 1838, ce complexe aux lignes esthétiques abrite une foule de boutiques qui proposent aussi bien des vêtements que des cadeaux, des cartes, des accessoires de décoration et des livres.

La vallée de la Merrimack

Concord

Quant à **Pompanoosuc Mills** *(3 Eagle Square, ☎225-7975)*, il propose des meubles shakers et contemporains tels que somptueux canapés, commodes en bois de pin ou de chêne et accessoires de soie.

Canterbury

N'hésitez pas à faire un peu de route à l'intérieur des terres pour découvrir **Gift Shop** au Shaker Village, Canterbury *(288 Shaker Rd., ☎783-9511)*, une remise à calèches de 1825 truffée de livres de cuisine, de fleurs séchées, de chandails tricotés à la main et de divers objets d'artisanat.

La côte

Newington

Les vrais amateurs de centres commerciaux devraient foncer tout droit vers le **Fox Run Mall** *(Fox Run Rd., par le Spaulding Turnpike, ☎431-5911)*, dont plus de 100 magasins et petits restaurants regorgent d'articles de qualité dans un décor élégant.

Portsmouth

À Portsmouth, vous aurez tellement de plaisir à visiter les boutiques à la mode que vous risquez d'en oublier que vous dépensez votre argent.

Ainsi, **G. Willikers!** *(13 Market St., ☎436-7746)*, spacieux et divertissant, dispose d'un choix de jouets, d'animaux en peluche, de vêtements pour les tout-petits et d'autres babioles pour enfants assez vaste pour vous rendre dingue.

Parmi les œuvres d'art délicieusement farfelues que vous trouverez à la **Gallery 33** *(111 Market St., ☎431-7403)*, mentionnons les tennis en papier, les bijoux «techno-romantiques» et les *butt heads*, des cigarettes sur lesquelles on a peint des visages.

On y trouve également une excellente boutique d'art, la **N. W. Barrett Gallery** *(53 Market St., ☎431-4262)*, qui propose des objets en bois, du verre soufflé et d'autres pièces artisanales réalisées par des artistes locaux. Vous trouverez en outre à l'étage une galerie d'art tout à fait respectable exposant, entre autres joyaux, des modèles réduits de navires dignes des meilleurs musées.

It's Raining Cats and Dogs *(13 Commercial Alley, ☎430-9566)* fera le bonheur de tous ceux et celles qui adorent les animaux. Bornes-fontaines décoratives, imperméables pour chiens et «cartes de vœux d'un chat à un autre» ne sont que quelques-uns des caprices que vous y trouverez.

The Dunaway Shop *(64 Marcy St., ☎433-1114)* du Strawbery Banke Museum recèle toutes sortes de cadeaux, entre autres des reproductions d'œuvres exposées par le musée, des poteries, des livres, des cartes, des jouets et même des sucreries.

North Hampton

Le **North Hampton Factory Outlet Center** *(Route 1, ☎964-9050)* est l'endroit tout désigné pour vous procurer à rabais des articles signés. Le choix s'avère intéressant, qu'il s'agisse de linge de maison, de chaussures, de manteaux, de lingerie fine, d'articles en cuir ou d'accessoires de cuisine ingénieux.

Hampton Beach

À Hampton Beach, vous n'avez pas besoin d'aller plus loin que la promenade pour vous encanailler un peu et marchander bijoux, t-shirts et souvenirs les plus variés auprès des marchands ambulants. Dans l'ensemble, les commerces se situent principalement sur **Ocean Boulevard** entre Nudd Avenue et Haverhill Avenue, où vous trouverez vraiment de tout, des vestes de cuir aux tatouages et des fausses cartes d'identité portant votre photo aux séances de bronzage (en salon, il va sans dire).

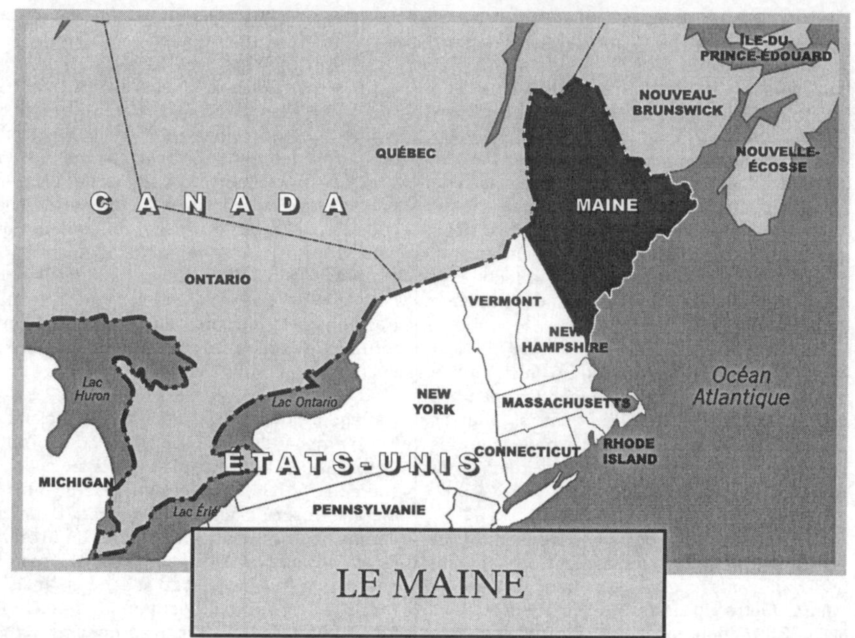

LE MAINE

Il vous suffit d'annoncer que vous allez dans le Maine pour aussitôt vous attirer des regards pleins d'envie. Vos interlocuteurs voient d'emblée défiler devant leurs yeux les paysages d'Andrew Wyeth, les forêts embaumant le pin, les phares striés de rouge et de blanc, les copieuses platées de homard et les paniers débordant de fruits de mer cuits à l'étuvée. Au fil des ans, le nom même de cet État américain est presque devenu synonyme de «vacances». Les plaques d'immatriculation n'y portent-elles pas d'ailleurs la mention «*Vacationland*»? De fait, ce n'est désormais un secret pour personne : les visiteurs de cette région spectaculaire de la Nouvelle-Angleterre savent qu'ils y trouveront d'innombrables occasions de donner un nouveau souffle à leur vie trépidante.

Le Maine doit sa beauté renversante à la période glaciaire. Ce sont en effet les gigantesques glaciers qui, sur leur passage, y ont laissé plus de 6 000 lacs et étangs et 51 500 km de rivières et ruisseaux, sans oublier les sommets étourdissants des monts Cadillac et Katahdin, ce dernier atteignant une hauteur de plus de 1 500 m. Quant à la côte, elle se compose d'une longue série d'indentations profondes et d'étroites péninsules, et elle possède plus d'îles le long de son littoral que vous ne pourrez jamais en compter. En mesurant cette côte à vol d'oiseau, on obtient environ 370 km; mais, si l'on en considère les moindres replis, ce chiffre s'élève rapidement, pour atteindre un incroyable total de 5 597 km!

Le nom du Maine viendrait de l'usage que les marins faisaient du mot *main* pour distinguer le sol continental (*mainland*) des innombrables îles qui bordent la côte. Par la suite, le Maine vint à être surnommé l'«État des pins», du fait que 90% de son territoire est couvert d'odorants conifères.

Il faut néanmoins savoir que la beauté du Maine ne se limite pas à son apparence extérieure. Ce sont de fait ses habitants qui lui confèrent son caractère unique, et ce, même s'ils ne sont que 1,2 million à y vivre en permanence, un nombre incroyablement bas compte tenu du fait que le Maine est aussi grand que tous les autres États de la Nouvelle-Angleterre réunis. Les vrais «Mainers», ou «State-of-Mainers» ainsi que se désignent eux-mêmes les plus fervents patriotes, sont habités d'une fierté peu commune; on peut également dire qu'ils sont très individualistes, sans pour autant se prendre pour d'autres. Ils sont comme ils sont, purs et durs, que cela vous plaise ou non. Puis, tandis que touristes et estivants plient bagage et prennent la direction du sud à la fin de l'été, ils se préparent tout simplement à l'hiver long et rigoureux qui les attend. Plusieurs résidants vouent en outre un véritable culte aux traditions ancestrales de la région. C'est ainsi que, partout à travers cet État, vous découvrirez des vestiges encore bien vivants des coutumes artisanales qu'on identifie généralement à une autre époque, comme la construction de bateaux en bois, la fabrication des courtepointes et le tissage.

La population est surtout concentrée autour de la ville portuaire de Portland, le centre commercial et culturel de l'État. Fondée en 1624, cette ville fut détruite à quatre reprises, deux fois par les Amérindiens au cours du XVIIe siècle, une fois par les Anglais en 1775, et finalement par un incendie dévastateur en 1866. Il n'est donc guère étonnant que le phénix, cet oiseau mythique des Égyptiens qui possède la faculté de renaître de ses cendres, soit devenu l`emblème de Portland.

La population du Maine constitue une véritable mosaïque ethnique, comprenant aussi bien des Abénaquis, ces Amérindiens dont les origines nous ramènent 2 000 ans en arrière, que des Européens, dont les ancêtres ont colonisé la côte au début du XVIIe siècle.

La toute première colonie européenne fut établie en 1604, à l'embouchure de la rivière St. Croix, par les explorateurs français Sieur de Monts, Pierre du Guast et Samuel de Champlain. Cette bourgade n'était cependant pas destinée à faire long feu puisque, dès 1605, Jacques 1er, alors roi d'Angleterre, incluait cette région dans les terres octroyées à la colonie de Plymouth.

Les années qui suivirent furent marquées par de nombreux conflits territoriaux entre Anglais, Français et Amérindiens. Car, malgré ses hivers mordants, le Maine possédait de nombreux atouts naturels qui excitaient la convoitise des uns comme entre autres, incluant des douzaines de ports aux eaux profondes, des forêts pleines d'arbres au bois précieux, des cours d'eau navigables à l'intérieur des terres et des réservoirs gorgées de poissons. Ces conflits dégénérèrent bientôt, au XVIIIe siècle, en guérillas opposant Français et Amérindiens. Les Anglais profitèrent de la situation pour s'emparer du pouvoir, et ce qui était appelé à devenir l'État du Maine fut alors adjoint au Commonwealth du Massachusetts. Il fallut ainsi attendre jusqu'en 1820 pour que le Maine soit reconnu comme un État indépendant au sein de l'Union.

Environ 50 ans plus tard, le bruit se mit à circuler que Mount Desert Island et Bar Harbor, son petit village de pêche alors complètement endormi, étaient d'une beauté exceptionnelle. La rumeur n'avait rien d'ailleurs d'exagéré si l'on considère le spectacle offert par son littoral découpé de rochers et ses montagnes taquinant le firmament. En peu de temps, l'île se transforma en retraite exclusive pour familles riches et influentes s'y rendant par train ou par bateau à vapeur. Les Rockefeller et Vanderbilt y firent construire d'incroyables «chalets» d'été sur des promontoires dominant la mer. Ils embauchèrent alors des gens du coin comme domestiques et organisèrent, à tour de rôle, de somptueuses soirées à bord de yachts parfaitement équipés. Au début du siècle, on comptait déjà plus de 200 manoirs luxueux sur l'île, et d'autres régions de la côte au sud de Bar Harbor devinrent peu à peu des lieux de villégiature très convoités, attirant de plus en plus de gens fortunés désireux de se bâtir en bordure de l'océan.

Cet âge d'or connut néanmoins un déclin avec l'avènement de la Grande Crise et de la Deuxième Guerre mondiale. Puis un incendie survenu en 1947, détruisant plus du tiers de Mount Desert Island, y compris 70 de ses domaines, vint mettre un terme définitif aux jours de gloire de Bar Harbor. On reconstruisit peu à peu les propriétés anéanties, mais de façon plus modeste. Des motels et des hôtels à prix abordables se mirent à pousser comme des champignons après une pluie régénératrice, rendant dès lors la région plus accessible aux touristes.

Ce sont les splendeurs de la côte qui, aujourd'hui encore, continuent d'attirer le plus grand nombre de visiteurs. C'est par douzaines que les petits villages de pêcheurs y rayonnent par leur caractère, même si certains d'entre eux en ont fait un peu trop pour attirer les touristes et affichent dès lors une exubérance quelque peu excessive. Si vous souhaitez retrouver la fraîcheur et l'innocence des lieux demeurés intacts, vous devez être prêt à sortir des sentiers battus. N'hésitez pas à emprunter ces petits chemins tortueux qui ponctuent les principaux axes routiers; ils pourraient fort bien vous conduire à des hameaux aussi minuscules que charmants en bordure de l'océan. Songez, par ailleurs, à vous embarquer sur un bateau à destination d'une île dont vous n'avez jamais entendu parler. On ne sait jamais! Cependant, faites-vous un devoir de remonter vers le nord. La côte est encore peu explorée au-dessus de Mount Desert Island.

Retenez que le Maine est immense et que vous ne pouvez raisonnablement le visiter que morceau par morceau. Dans le but de vous faciliter la tâche, nous l'avons divisé en quatre régions, chacune pouvant être visitée en une semaine environ.

La région des lacs et des montagnes de l'ouest de l'État englobe les White Mountains et les

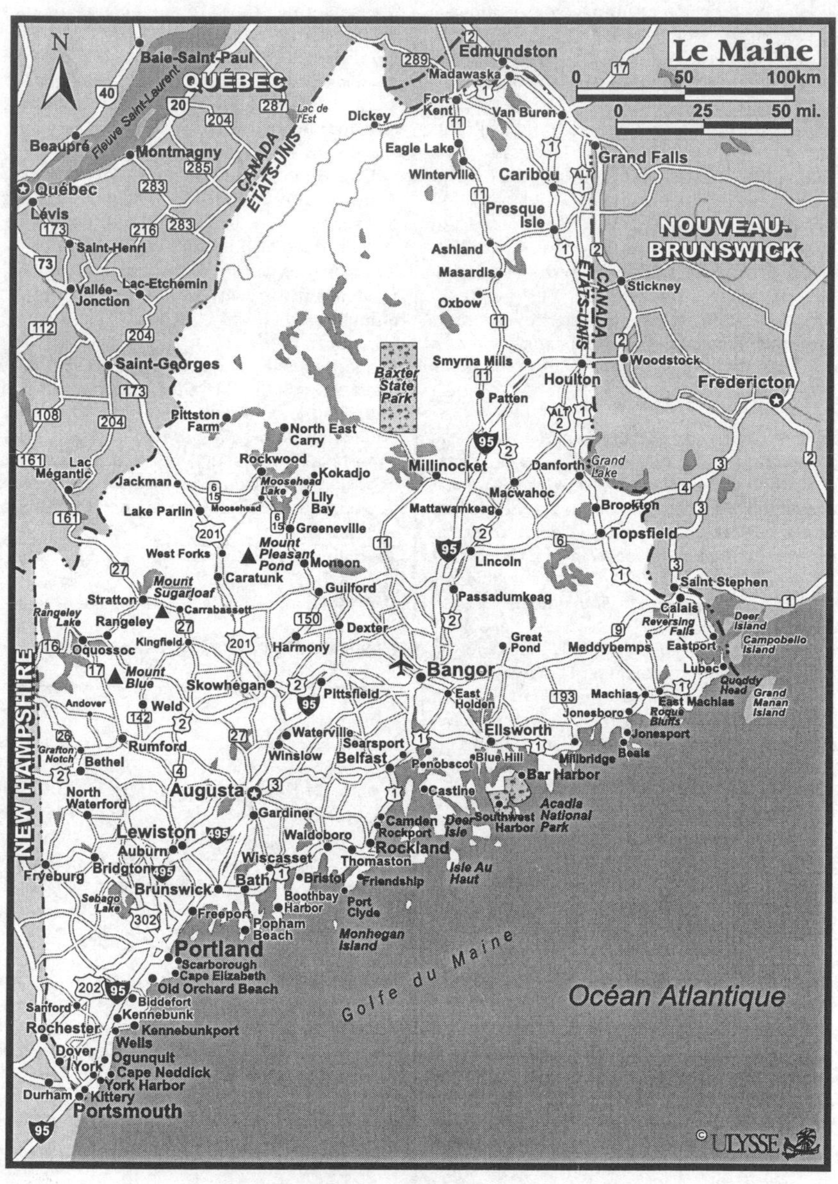
Le Maine
QUÉBEC
NOUVEAU-BRUNSWICK
NEW HAMPSHIRE
CANADA ÉTATS-UNIS
Baxter State Park
Acadia National Park
Golfe du Maine
Océan Atlantique
© ULYSSE

vastes lacs aux noms amérindiens qui reposent dans les collines, telles des pierres précieuses. Les forêts qui les entourent regorgent d'orignaux, de cerfs et de mille oiseaux chanteurs. Vous y trouverez également plusieurs petits villages de carte postale truffés d'antiquaires et de boutiques d'artisanat.

Vient ensuite la région boisée du nord de l'État, sur laquelle Henry Thoreau ne tarit plus d'éloges dans son livre intitulé *The Maine Woods* (Les forêts du Maine). D'une beauté sauvage incomparable, cette région possède en outre le plus haut sommet de l'État (Katahdin), le plus grand parc national (Baxter) et aussi le plus grand lac (Moosehead). Ses habitants permanents incluent de robustes citoyens, mais aussi une forte population d'ours noirs ainsi que des orignaux, des lynx et des myriades d'oiseaux.

Les deux dernières régions appartiennent à la côte. La première, celle de la Downeast Coast, qui s'étend de Calais à Castine, est la moins développée des deux, exception faite de Bar Harbor, qui est un centre de villégiature extrêmement populaire. La section s'y rapportant suit la route 1 et vous fait visiter les principales localités touristiques, de même que des villages et des îles peu connus. La seconde, celle de la Southern Coast, qui s'étend de Bucksport à Kittery, est incontestablement la plus visitée du Maine, de sorte qu'elle est très bien pourvue en hôtels, en restaurants et en installations touristiques de toutes sortes, sans parler, bien sûr, de ses plages légendaires, parmi les plus belles de tout l'État.

Tout comme les autres États de la Nouvelle-Angleterre, le Maine connaît quatre saisons bien distinctes. L'été, particulièrement les mois de juillet et d'août, est celle qu'on choisit généralement pour visiter ce coin de pays. Les baies sont alors sillonnées par des bateaux de plaisance, et les villes et villages s'ouvrent comme roses au soleil. Bien que la température soit imprévisible (le port peut se couvrir de brume une journée, pour redevenir aussi clair qu'une fenêtre parfaitement propre le lendemain), elle demeure toujours agréable. Dans tout l'État, le mercure oscille confortablement autour de 21°C le jour. Les soirées peuvent toutefois se révéler beaucoup plus fraîches, surtout le long des côtes, où les brises marines se font parfois mordantes.

D'aucuns soutiennent que l'automne s'impose comme la saison par excellence pour visiter le Maine. Les estivants ont plié bagage, les fêtards sont de retour au travail ou en classe, et les véritables «Mainers» réintègrent leur domaine. Vous n'êtes plus un touriste parmi tant d'autres, mais un hôte apprécié. Qui plus est, le climat est souvent étonnamment clément, rayonnant de soleil sous un ciel limpide. Puis, bien sûr, vous pouvez alors profiter des couleurs d'automne. Cela dit, le printemps a aussi son charme, puisque tout y renaît.

L'hiver annonce pour sa part toute une gamme d'activités tirant parti de la neige, entre autres dans de merveilleuses stations de ski alpin, surtout dans le nord et l'ouest de l'État. Bref, les blanches saisons du Maine, longues et froides, en font un véritable paradis pour les amateurs de sports d'hiver.

Dans ce chapitre, nous ne vous présentons que quelques-uns des attraits du Maine. Sous plus d'un angle, il s'agit d'un État typiquement américain, bien qu'à y regarder de plus près on a parfois l'impression de se trouver en terre étrangère. Quoi qu'il en soit, une seule visite vous convaincra indubitablement d'y retourner.

POUR S'Y RETROUVER SANS MAL

L'indicatif régional du Maine est le 207.

En voiture

À partir de Montréal, empruntez les autoroutes 10 et 55 jusqu'à la frontière des États-Unis, puis la 91 jusqu'aux environs de St. Johnsbury. De là, vous avez le choix entre la route 2, qui coupe vers le nord du Maine jusqu'au Nouveau-Brunswick, ou l'autoroute 93, puis la route 302, qui vous mènera jusqu'au littoral.

À partir de Québec, vous pouvez suivre la route 173 jusqu'à la frontière, puis emprunter la 201 jusqu'à l'autoroute 95, ou alors prendre la 20 jusqu'à la 55, et de là emprunter le même itinéraire qu'au départ de Montréal.

La principale voie d'accès aux stations balnéaires et aux régions boisées du nord de l'État est la **route 95**, qui est aussi la plus fréquentée et la plus rapide. Vous pouvez également suivre la **route 1**, qui longe l'océan de Calais à Kittery, mais soyez prévenu : elle est notoirement lente, surtout en été, alors que les touristes s'arrêtent à tout bout de champ pour visiter les innombrables magasins d'usines qui la jalonnent. Elle peut en outre s'avérer assez montagneuse par endroits (surtout dans le Nord, où elle remonte jusqu'à Fort Kent).

Toutes les localités de la moitié sud de l'État sont facilement accessibles par un réseau routier bien entretenu. Les choses se corsent un peu plus dans le Nord, où vous devrez parfois zigzaguer du nord au sud à plusieurs reprises pour atteindre une ville directement à l'est de votre point de départ! Vous serez toutefois heureux d'apprendre que les paysages de ces régions compensent largement les détours que vous devrez y faire. Notez également qu'au nord et à l'ouest de Millinocket vous ne circulerez essentiellement que sur des chemins de terre, dont certains sont durs et accidentés, alors que d'autres sont privés et nécessitent un permis spécial.

En avion

Les deux principaux aéroports de la région sont le **Bangor International Airport** et le **Portland International Jetport**. Ce dernier est desservi par quatre grands transporteurs : Continental Airlines, Delta Air Lines, United Airlines et USAir, mais aussi par plusieurs compagnies aériennes régionales; quant à celui de Bangor, il est relié au reste du continent par Delta Air Lines et United Airlines, auxquelles s'ajoutent également des transporteurs régionaux.

Plusieurs compagnies de taxi font la navette entre ces deux aéroports et les villes concernées. De l'aéroport de Portland, la **Metro Bus Company** *(☎774-0351)* assure également la liaison avec le centre.

Vous trouverez par ailleurs de plus petits aéroports à Auburn/Lewiston, Augusta, Bar Harbor, Frenchville, Presque Isle, Rockland et Waterville, tous desservis par Continental Express ou Valley Airlines.

En autocar

Concord Trailways *(100 Sewall St., Portland, ☎828-1151 ou 800-639-3317)* couvre plusieurs destinations le long de la route 1, parmi lesquelles Brunswick, Bath, Wiscasset, New Castle, Waldoboro, Thomaston, Rockland, Camden et Belfast.

En bateau

Plusieurs traversiers de la firme **Prince of Fundy Cruises** *(☎775-5616)* relient la Nouvelle-Écosse (Canada) à Portland. Arrivées et départs se font à partir du 468 Commercial Street, tout près du Million Dollar Bridge.

La location d'une voiture

À moins que vous n'ayez prévu de passer votre séjour dans un hôtel ou dans tout autre endroit fixe, il y a de fortes chances pour que vous ayez besoin d'une voiture dans le Maine.

À l'aéroport de Portland, vous avez le choix entre **Avis Rent A Car** *(☎800-331-1212)*, **Budget Rent A Car** *(☎800-527-0700)*, **Hertz Rent A Car** *(☎800-654-3131)*, **National Interrent** *(☎800-328-4567)* et **Thrifty Car Rental** *(☎800-367-2277)*.

À l'aéroport de Bangor, ce sont **Avis Rent A Car** *(☎800-331-1212)*, **Budget Rent A Car** *(☎800-527-0700)*, **Hertz Rent A Car** *(☎800-654-3131)*, **National Interrent** *(☎800-328-4567)* et **Thrifty Car Rental** *(☎800-367-2277)*.

Les transports publics

Si vous désirez visiter Portland, vous pouvez profiter de son excellent réseau d'autobus, désigné du nom de **Metro** *(☎774-0351)*, dont les lignes régulières sillonnent l'ensemble du grand Portland.

Les taxis

Plusieurs compagnies de taxi desservent le Portland International Jetport, dont **Town Taxi Co.** *(☎773-1711)*. À Bangor, essayez **Barons** *(☎945-5671)* ou **Checker** *(☎942-5581)*.

RENSEIGNEMENTS PRATIQUES

Les forêts du Nord

Greenville

Pour des renseignements sur la région, adressez-vous à la **Moosehead Lake Chamber of Commerce** *(P.O. Box 581, Main St., Greenville, ME 04441, ☎695-2702)*.

La Southern Coast

Portland

Si vous désirez explorer les quartiers historiques de Portland, songez à faire une halte au centre d'information touristique (Portland Convention and Visitors Bureau) du **Visitors Information Center** *(305 Commercial St., ☎772-5800)*.

Kennebunk

Procurez-vous un exemplaire du guide de promenade intitulé *Kennebunkport Walking Guide*, disponible à la **Kennebunk-Kennebunkport Chamber of Commerce** *(à l'intersection des routes 35 et 9, ☎967-0857)*, de même que dans plusieurs restaurants et lieux d'hébergement des environs.

ATTRAITS TOURISTIQUES

La région des lacs et des montagnes

Les lacs et montagnes de l'ouest du Maine, aux paysages exceptionnels, se succèdent jusqu'au Québec, le long de la frontière du New Hampshire. Vous y découvrirez des douzaines de lacs (on en dénombre une quarantaine dans la seule région de Rangeley) et de montagnes (dont le célèbre mont Sugarloaf). Les points méridionaux de Waterford, de Bridgton et des environs du lac Sebago sont facilement accessibles de Portland et d'autres localités côtières, et ils attirent une foule de visiteurs, surtout en été. La partie septentrionale de cette région, où se trouvent Bethel et Rangeley, est pour sa part plus reculée et donne vraiment l'impression d'appartenir à un autre monde. On y rencontre surtout des skieurs en hiver et des amateurs de nature sauvage en été.

La grande vedette de ces lieux est **Sugarloaf/USA**, le deuxième plus haut sommet de l'État, doublé de sa plus importante station de ski (voir «Activités de plein air», p 181). Tout en haut, vous trouverez le plus gros village de ski entièrement autonome de la Nouvelle-Angleterre, avec ses hôtels, ses restaurants, ses boutiques et même son église. À vos pieds s'étend la **vallée de Carrabassett**, qui abrite le Carrabassett Valley Ski Touring Center, un immense réseau de sentiers de ski de fond. La municipalité de **Kingfield**, à l'extrémité sud de la vallée, fut fondée en 1816 et dispose de plusieurs auberges, restaurants et boutiques de qualité. Mais ces terres intérieures deviennent de plus en plus populaires tout au long de l'année, surtout dans la région des **lacs de Rangeley ★**.

Ce territoire, semblable aux forêts du Nord, est presque entièrement sauvage, avec ici et là une petite ville, qui bien souvent ne se compose que d'un bureau de poste, d'une église et d'un magasin général. Les orignaux, les ours, des fleurs sauvages d'apparence aussi curieuse que leurs noms latins, ainsi que des oiseaux vifs et alertes à plonger sur tous les délices qui s'offrent à eux, sont incontestablement les principaux habitants de cette contrée. Certains des plus grands lacs ont des noms pratiquement impossibles à prononcer, mais, si le cœur vous en dit, vous pouvez toujours essayer : il y a, par exemple, le Mooselookmeguntic, le Kennebago, l'Aziscohos, le Cupsuptic et l'Umbagog. Pour ne pas trop vous décourager, en voici deux plus faciles : le Rangeley et le Richardson. Pendant la saison estivale, ils sont tous sillonnés par des bateaux et envahis par des pêcheurs à la ligne, alors que leurs berges sont parsemées de petits campements et de cabanes en rondins rustiques cachées par d'épaisses futaies de pins ou des massifs de bouleaux.

La ville de **Rangeley** se développe très rapidement, trop rapidement au dire de certains. Quoi qu'il en soit, il semble qu'elle se soit transformée en un rien de temps d'une petite localité inerte du fond des bois en un centre touristique florissant. Outre le village d'Oquossoc, un peu plus loin sur la route, il s'agit vraiment du seul endroit où vous trouverez des restaurants, quelques magasins, une station d'essence et, naturellement, des comptoirs de glaces. Il n'en

Le Maine et ses artistes

Comme toutes les régions splendides, le Maine agit tel un aimant sur les artistes. Le long du littoral, vous apercevrez des peintres scrutant les couleurs de la mer devant des chevalets solidement plantés dans le sable. Jusque dans les villages les plus reculés, vous découvrirez des œuvres dignes des régions urbaines les plus raffinées et des plus grandes capitales européennes. Plusieurs artistes locaux jouissent d'ailleurs d'une réputation nationale ou même internationale. Certains d'entre eux ouvrent les portes de leur studio ou de leur atelier au public. Ce qui suit est un survol des principaux centres d'intérêt du Maine sur le plan artistique.

Comme le dit si bien un artiste d'Eastport : «*Tous les endroits exceptionnels sont découverts, ou redécouverts, par des artistes.*» Tel est précisément le cas de sa ville d'origine, autrefois vouée à la mise en conserve des sardines. Dans cette région complètement au nord de la côte du Maine, les peintres et les potiers sont les citoyens les plus en vue, et les œuvres de 20 artistes locaux peuvent être contemplées à l'**Eastport Gallery** *(fermé jan à avr; 69 Water St., Eastport, ☎853-4166)*, dans un bâtiment relativement nouveau de deux étages.

Le **Kennedy's Studio** *(4 Cottage St., Bar Harbor, ☎288-9411)* présente des aquarelles et des encres signées de la main de Robert Kennedy, un artiste de la Nouvelle-Angleterre. Certaines de ses œuvres ont été reproduites sur des t-shirts et des survêtements que vous pouvez d'ailleurs vous procurer à la galerie même.

Plusieurs artistes et artisans vivent et travaillent sur Deer Isle. Vous croiserez tout d'abord le **Ronald Hayes Pearson's Studio/Gallery** *(fermé dim; Old Ferry Rd., Deer Isle, ☎348-2535)*. Sachez que vous entrez dans une zone dangereuse si vous êtes parti avec l'idée de ne rien dépenser, car les bijoux en or et en argent que vous trouverez ici sont à mourir d'envie. La **Turtle Gallery** *(Main St., Deer Isle, ☎348-9977)* propose, quant à elle, des œuvres d'artistes, de photographes et d'artisans de la région. Durant l'été, la galerie propose des expositions sur les différents moyens d'expression artistique tels qu'aquarelle, peinture à l'huile, verrerie, collage, sculpture et poterie.

Cette même petite île paisible possède en outre une école d'artisanat de renommée mondiale : la **Haystack Mountain School of Crafts** *(fermé oct à mai; Route 15, Deer Isle, ☎348-2306)*, située à l'extrémité d'une route en terre battue. Des artistes de partout se retrouvent ici pour produire des objets en métal, en tissu, en bois, en verre, en argile et en papier. Les locaux de l'école renferment une série de studios conçus par le célèbre architecte Edward Larrabee Barnes. Les œuvres créées en ces lieux ne peuvent être achetées à l'école même, mais vous pouvez néanmoins vous les procurer dans les différents studios et galeries de l'île, comme la Blue Heron Gallery and Studio de Deer Isle Village. Une visite guidée de l'école est gracieusement offerte le mercredi. Téléphonez au préalable pour obtenir de plus amples renseignements.

Un artiste autodidacte, Jud Hartman, a créé une série de sculptures en bronze sur le thème des Amérindiens du Nord-Est. Vous pouvez les admirer à souhait à la **Jud Hartman Gallery and Sculpture Studio** *(Main St., Blue Hill, ☎374-9917)*, de même que des expositions temporaires d'aquarelles.

Les œuvres de plus de 30 artistes contemporains du Maine sont exposées à la réputée **Leighton Gallery** *(fermé mi-oct à fin mai; Parker Point Rd., Blue Hill, ☎374-5001)*. L'exposition fait peau neuve chaque mois, et le terrain qui entoure la galerie fait place à un jardin de sculptures.

L'art de construire des bateaux en bois est encore bien vivant dans le Maine, ainsi qu'en témoigne l'**Artisan College** *(fermé juin à août; 9 Elm St., Rockport, ☎236-6071)*, où les visiteurs sont invités à parcourir ateliers, vitrines d'exposition et boutiques.

Maine Coast Artists *(Russell Av., Rockport, ☎236-2875)* exploite dans une caserne de pompiers historique une galerie sans but lucratif vouée à la promotion des artistes contemporains du Maine.

Ce bâtiment qui ressemble à une simple grange derrière le **BRd. Bay Inn and Gallery** *(fin juin à mi-oct; 1014 Main St., Waldoboro Village, ☎832-6668)* est en réalité une galerie à part entière pleine de tableaux et de pièces artisanales.

À Portland, dans l'Old Port District, se trouve le **Maine Potter's Market** *(376 Fore St., Portland, ☎774-1633)*, une galerie exposant les pièces de 15 potiers de la région regroupés en coopérative.

Le **Portland Museum of Art** *(droit d'entrée; fermé lun fin oct à fin juin; 7 Congress Sq., Portland, ☎773-2787)* possède d'importantes collections d'œuvres signées par des artistes du Maine, dont Andrew Wyeth, Edward Hopper et Winslow Homer. Des visites guidées sont organisées chaque jour.

Ne serait-ce qu'avec cette liste en main, vous aurez l'embarras du choix lorsque viendra le temps de vous procurer une œuvre de la région, ou simplement de vous faire une idée du talent des artistes locaux. Mais sachez qu'en cherchant bien vous trouverez, partout dans le Maine, des réalisations artistiques de qualité, parfois dans les endroits les plus inattendus. Il se pourrait bien également que l'artiste qui retouche sa toile sur la plage de rêve que vous visitez soit un futur Andrew Wyeth. Qui sait?

reste pas moins que Rangeley ne fait pas le poids à côté des vrais centres touristiques de la côte. C'est encore une toute petite ville perdue au milieu des bois, quel que soit le nombre de plaques des autres États que vous pourrez y compter.

Mis à part le fait qu'elle constitue l'un des seuls signes de civilisation à des kilomètres à la ronde, Rangeley possède quelques attributs remarquables. Premièrement, elle se trouve à toutes fins utiles sur l'eau, à tel point que les vaguelettes soyeuses du lac Rangeley atteignent presque la rue principale. Elle dispose par ailleurs d'une **bibliothèque** unique (en plein centre de la ville) qui, selon un de ses habitants, «*dégage les mêmes odeurs que dans les années quarante*». Cette bibliothèque partage une maison de 1820 avec la **Phillips Historical Society** *(☎639-2881)*, qui présente une intéressante collection d'images des premiers développements de la région, à l'époque où un chemin de fer étroit reliait les communautés de bûcherons.

La ville de Phillips est située à une trentaine de kilomètres de Rangeley. C'est là que vous trouverez la **Phillips Historical Society** *(☎639-2881)*.

Plus au sud, vous découvrirez la région de **Bethel**, dans les Oxford Hills, non loin de la **White Mountain National Forest** *(sur la frontière du New Hampshire)*. En soi, Bethel est un adorable village du XIXe siècle doté d'un *green* soigneusement entretenu et de vieilles demeures imposantes. Les principaux attraits en sont le **Moses Mason Museum** *(14 BRd. St., Bethel, ☎824-2908)*, une maison de style fédéral entièrement rénovée qui renferme des meubles d'époque et une exposition sur l'histoire locale; la **Gould Academy** *(☎824-2161)*, une école privée hautement respectée; et le **BRd. Street Historic District**, un quartier bordé de maisons historiques. L'hiver venu, Bethel se transforme en un dynamique centre de ski de fond.

La région qui s'étend au sud de Bethel, et qui englobe Waterford, Bridgton et les localités des environs du lac Sebago, est surtout appréciée pour la multitude de ses lacs et rivières (voir «Parcs et plages», p 172). Pour vous en convaincre, montez au sommet de la **Pleasant Mountain**, d'où vous apercevrez environ 50 lacs, parmi lesquels le **Sebago Lake**, aux eaux cristallines, le deuxième en importance du Maine et un plan d'eau fort fréquenté par les pêcheurs et les habitants de la ville voisine, Portland.

En plus de se prêter à une foule de sports nautiques, cette région recèle de nombreux attraits sur la terre ferme, comme le **Sabbathday Lake Shaker Community and Museum** *(droit d'entrée; fermé Columbus Day au Memorial Day; Route 26, New Gloucester,*

☎926-4597), une communauté shaker à part entière (d'ailleurs une des plus anciennes des États-Unis); la **Nathaniel Hawthorne's Boyhood Home** *(Hawthorne Rd., South Casco)*, soit la maison d'enfance du célèbre auteur; et le **Jones Museum of Glass and Ceramics** *(droit d'entrée; fermé mi-nov à mi-mai; par la route 107, Douglas Hill, ☎787-3370)*, qui expose au-delà de 3 000 pièces de verre et de céramique.

Les forêts du Nord ★★

Cette partie du Maine est profondément sauvage, avec de denses forêts qui semblent s'étendre à l'infini, des lacs de montagne d'un bleu aussi riche que celui des pierres précieuses, et des rivières tumultueuses coulant au fond d'impressionnants canyons. L'air est frais et vivifiant, et les activités de plein air abondent, qu'il s'agisse de la randonnée, de la pêche ou du camping. Les vrais dévots de la nature y trouveront le nirvana suprême.

Ce n'est qu'en visitant cette région du Nord que vous réaliserez vraiment à quel point le Maine peut être vaste. Vous pouvez en effet rouler pendant des heures et ne croiser qu'une ferme ou deux. De plus, vous aurez tôt fait de comprendre que les services essentiels tels que stations-service et restaurants sont souvent beaucoup plus espacés que vous ne pourriez l'imaginer. Rien n'est évident ici. Planifiez donc votre voyage en conséquence, et munissez-vous d'une excellente carte des environs, car vous risquez de ne trouver personne pour vous dépanner en cas de besoin. La meilleure suggestion que nous puissions vous donner consiste probablement à choisir des parcours d'une journée à la fois en prévoyant tout le temps voulu pour vous y rendre.

En partant de Calais, à l'extrémité est de l'État, vous pouvez rester sur la route 1, qui, de voie côtière, se transforme ici en route intérieure. Elle vous mènera jusqu'à l'**Aroostook County**, au royaume des lacs et des forêts. **Presque Isle** est le centre nerveux de ce secteur où est par ailleurs basé le commerce de la pomme de terre pour l'État tout entier.

Nous nous dirigerons maintenant vers le Baxter State Park et les lacs du centre-nord de l'État, également accessibles depuis Bangor *(routes 95 et 157)*. Après quelques heures de route où il ne se passe pas grand-chose, vous arriverez à **Millinocket** (prononciation locale : *Mill-e-NORK-it*). Vous quitterez enfin la route 1 à Topsfield pour ensuite emprunter la route 6 et suivre le réseau de chemins menant tôt ou tard au cœur de Millinocket, dont même une des principales rues est en terre battue! Cette ville est essentiellement réputée comme le siège du géant de l'industrie papetière Bowater Inc., qui est l'un des plus grands producteurs de papier journal des États-Unis.

Mais ne vous attendez à rien d'autre. Voyez plutôt l'endroit comme une excellente base de ravitaillement avant de vous aventurer au cœur des régions encore plus sauvages. Puis, tandis que vous y êtes, rendez-vous service en vous arrêtant au **Baxter State Park Headquarters** *(fermé avr et mi-oct à nov; 64 Balsam Dr., Millinocket, ☎723-5140)* pour vous procurer des plans détaillés du parc. Plusieurs expéditions en canot partent également d'ici vers l'**Allagash Wilderness Waterway**, un circuit navigable de 153 km composé d'un réseau de lacs et rivières reliés entre eux et répartis sur une superficie de 80 000 ha entre le lac Telos et la frontière du Québec. Retenez cependant qu'avant de vous attaquer à ce circuit vous devez déjà posséder une certaine expérience du canotage (voir «Parcs et plages», p 173).

L'entrée principale du **Baxter State Park** ★★ se trouve à environ 32 km au nord de Millinocket. Ce parc, le plus vaste du Maine, couvre plus de 80 000 ha et inspire une profonde admiration. Il fut donné à l'État en 1931 par Percival Baxter, qui, alors législateur et gouverneur du Maine, insista pour que soit créé un parc autour du mont Katahdin. Contré dans son projet, le gouverneur fit l'acquisition des terres en question avec sa fortune personnelle pour ensuite les confier à l'État, à condition qu'elles soient à jamais préservées dans leur état sauvage.

La pièce maîtresse de ce parc imposant est incontestablement le **mont Katahdin** ★★, le plus haut sommet du Maine (1 605 m) et le point le plus au nord de l'**Appalachian Trail**. Ouvert de la mi-mai à la mi-octobre, le parc regroupe 45 autres sommets et plus de 280 km de sentiers clairement balisés. Vous pouvez en longer le périmètre en moins de trois heures. (Voir «Parcs et plages», p 172.)

En vous dirigeant vers l'ouest du parc, vous atteindrez le **Ripogenus Dam**, un barrage qui retient les eaux provenant de plusieurs lacs avant de les canaliser en une rivière étroite qui se précipite triomphalement entre les parois d'une gorge profonde. Plusieurs expéditions de *rafting* partent de ce point qui marque, par

Héron

ailleurs, l'embranchement avec la route conduisant à l'Allagash Wilderness Waterway.

Un chemin de terre vous mènera au sud du Ripogenus Dam jusqu'à **Kokadjo**, un adorable minicomplexe de campements disposant d'un magasin général construit au début du siècle pour servir de base d'opération à une scierie.

Continuez vers le sud, et arrêtez-vous à **Lily Bay** (voir «Parcs et plages», p 173), de même qu'à **Greenville**, une importante base d'hydravions de la Nouvelle-Angleterre. Vous pouvez en outre vous familiariser ici avec l'histoire des bateaux à vapeur en visitant le **Moosehead Marine Museum** *(droit d'entrée; fermé mi-oct à fin mai; Greenville, ☎695-2716)*, où vous trouverez divers objets relatifs à l'histoire locale ainsi que le *Katahdin*, un bateau à vapeur entièrement reconstitué et transformé en musée flottant.

De là, longez la côte occidentale du **lac Moosehead** jusqu'aux petites villes lacustres de Moosehead (un poste de ravitaillement pour bûcherons et le point de départ de plusieurs excursions en régions sauvages) et de Rockwood. Ce secteur tout entier est d'une beauté à couper le souffle, avec sa couronne de montagnes et ses conifères se réfléchissant comme dans un miroir sur la surface du lac. Fidèle à son nom, cette région est peuplée d'orignaux, et vous avez de fortes chances d'en croiser quelques-uns au passage.

Le Moosehead Lake, long de 64 km et large de 32 km, est le plus grand des innombrables lacs du Maine. Il sert également de base centrale pour les activités de plein air de la région et joue le rôle de bassin d'alimentation à la source de la rivière Kennebec.

La Downeast Coast ★★★

La Downeast Coast est cette partie de la côte du Maine qui s'étend de Calais (à la frontière du Nouveau-Brunswick) jusqu'à l'est de Penobscot Bay. Sauf en certains endroits isolés, elle n'est pas aussi développée que la Southern Coast, cette autre partie de la côte qui s'étend jusqu'au sud de l'État.

Plus vous vous trouverez au nord de cette région, plus vous serez à même de découvrir des lieux cachés ou des «Downeasterners», encore sincèrement intrigués par les voyageurs qui leur rendent visite. Ne vous attendez pas à trouver une foule de restaurants ni une vie nocturne trépidante; vous êtes ici bien loin des grandes villes!

Calais (prononcez *CAL-ess*), située sur la rivière St. Croix, légèrement à l'intérieur des terres, constitue notre point de départ. Elle est également un tremplin pour de nombreux amateurs d'activités de plein air puisqu'elle se trouve à proximité du **Grand Lake**, l'un des plus beaux lacs du Maine, par ailleurs riche en saumon. Tandis que vous êtes dans les parages, arrêtez-vous au **St. Croix Island Overlook**, à Red Beach; il s'agit d'un observatoire donnant sur l'île où les explorateurs français ont établi la première colonie européenne d'Amérique au nord de la Floride en 1604.

Ne ratez pas non plus le **Moosehead National Wildlife Refuge** *(Calais, ☎454-3521)*, le premier d'une série de refuges pour oiseaux migrateurs qui s'échelonnent tout le long la Côte Est et qu'administre l'U.S. Fish and Wildlife Service. Le parc se divise en deux parties, la plus grande (6 475 ha) se trouvant à Baring, au nord de

Le plus vieux phare du Maine

Calais, et l'autre à une trentaine de kilomètres plus au sud, près d'Edmunds. La région est très sauvage et sillonnée de sentiers de randonnée.

Vient ensuite **Eastport**, une fascinante ville portuaire plantée sur Moose Island, dans la baie de Passamaquoddy, et méritant bien quelques jours de visite. Depuis des années, on dit partout qu'il ne s'y passe rien et qu'il n'y a rien à voir par là. Mais la vérité est que l'endroit est particulièrement charmant, et ceux qui l'ont découvert (ou redécouvert) se sont bien gardés d'en parler. Il fut une époque où Eastport possédait 18 conserveries de sardines et débordait d'activité; la population avait même atteint le chiffre de 5 300 âmes au tournant du siècle. Mais entre 1937 et 1943, tout s'écroula. Les usines fermèrent leurs portes, et les gens quittèrent la ville, laissant derrière eux des maisons vides. Aujourd'hui, ses glorieuses demeures fédérales et victoriennes à l'ancienne continuent de témoigner de ses beaux jours. Quant à sa population rachitique (2 000 habitants tout au plus), elle se compose de «vieux de la vieille» n'ayant pas suivi l'exode et de quelques personnes de l'extérieur en quête d'un bon placement.

La meilleure façon de vous familiariser avec Eastport et ses habitants, les «Eastporters», consiste simplement à déambuler dans ses rues. Water Street en est le nerf central, même si le nombre des espaces commerciaux inoccupés dépasse celui des commerces en activité. La ville se refait tranquillement une beauté et a déjà achevé le ravalement des devantures datant du XIXe siècle qui longent le bord de l'eau. Malheureusement, cet effort n'a guère attiré de nouveaux locataires, même si, au dire de certains, Eastport est appelée à devenir la prochaine terre promise, une sorte de nouvelle Bar Harbor. Le grand pôle d'attraction est ici l'**Eastport Gallery** *(69 Walker St., Eastport, ☎853-4166)*, renfermant une collection d'œuvres locales hautement respectées et soigneusement présentées. L'exposition du rez-de-chaussée revêt un caractère temporaire, alors qu'à l'étage on propose un étalage permanent d'œuvres signées par 20 artistes de la région.

Essayez de mettre la main sur l'édition d'Eastport de la revue du Maine intitulée *Salt* (en vente chez plusieurs commerçants de la ville). Elle contient en effet de magnifiques descriptions des personnages fabuleux de cette localité. Vous voudrez également vous procurer un exemplaire du *Quoddy Tides*, un journal bimensuel soulignant tous les événements organisés dans la région, et même les nouveaux titres de la Lubec Library. Ne riez surtout pas; certains affectionnent tellement cette feuille de chou qu'ils s'y abonnent pour être certains de continuer à la recevoir dans leur appartement de Park Avenue!

Une façon de couvrir une bonne partie de cette région de la côte consiste à suivre la **Quaddy Loop** (ou simplement *The Loop*), soit un réseau de routes et de traversiers reliant le Nouveau-Brunswick à Eastport, Deer Island (à ne pas confondre avec Deer Isle, située plus au sud) et Campobello Island. Ce circuit qui demande facilement une journée de trajet est tracé dans une brochure gratuite que vous pouvez vous procurer dans les magasins et restaurants de la ville *(☎255-4402)*.

Lubec était autrefois très active dans la mise en conserve des sardines. De nos jours, elle fait un peu esseulée, pour ne pas dire perdue, ce qui ne l'empêche pas d'être adorable. Il s'agit de la localité la plus à l'est des États-Unis, et elle sert de tremplin vers **Campobello Island** *(☎506-752-2997)*, célèbre comme lieu de résidence estival de la famille de Franklin Roosevelt, qui se trouve en fait du côté canadien, au Nouveau-Brunswick. Pour traverser le pont qui vous y mène et visiter l'endroit, vous n'avez cependant besoin d'aucun passeport ni visa, ni même de monnaie ou de jetons! Au **Roosevelt Campobello International Park** *(fin mai à oct; ☎506-752-2922)*, vous pourrez faire le tour du «chalet» de 34 pièces où Roosevelt passa ses étés d'enfance entre 1905 et 1921. Visionnez tout d'abord l'excellent film de 15 min qu'on vous propose. Explorez ensuite la maison, conservée intacte, dans l'état même où la famille présidentielle l'a laissée. Enfin, terminez par les environs de la propriété, noblement paysagers de massifs floraux et sillonnés de plus de 13 km de sentiers longeant des pinèdes en bordure de la côte. Ailleurs sur l'île, vous trouverez aussi près de 25 km de routes, de même que le **Quoddy Head Lighthouse**, un phare digne des plus belles cartes postales situé au bout d'un long chemin de terre cahoteux. Des panneaux préviennent les visiteurs de ne pas s'aventurer sur les lieux à marée montante; l'eau monte en effet de 1,5 m par heure et pourrait très bien vous emprisonner pendant huit heures!

De retour à Lubec, empruntez South Lubec Rd. jusqu'au bout de la route pour atteindre le **Quoddy Light State Park**. Il ne fait aucun doute que vous avez déjà vu quelque part ce phare à rayures rouges et blanches qui est pratiquement devenu l'emblème du Maine. Sa principale caractéristique tient du fait qu'il occupe le point le plus à l'est du continent américain.

Quelques sentiers de randonnée serpentent dans les environs, et il y a aussi des bancs pour le cas où vous préféreriez vous asseoir tranquillement en attendant le lever du soleil.

La route 189 vous mène de nouveau à la route 1 près de West Pembroke, où vous voudrez peut-être faire un détour pour voir les **Reversing Falls** (cascades à rebours). (Voir «Parcs et plages», p 175.)

Un autre site méritant un détour par la route 214 est **Meddybemps**. La route y déroule son ruban comme si elle dévalait un toboggan formé par une succession de collines entourées de champs de blé sortis tout droit d'un tableau d'Andrew Wyeth. Une petite ferme à flanc de colline exploite un comptoir de légumes libre-service. Meddybemps en soi est un charmant petit village doté d'une église blanche, de maisons également blanches et d'un magasin général. Un quai avance dans le lac Meddybemps, et il y a une petite plage où vous pourrez vous baigner.

De Lubec, vous pouvez poursuivre votre voyage vers le sud jusqu'à East Machias par la route 1 ou par la 191, qui vous permettra de croiser le petit village de pêcheurs du nom de **Cutler**. Là, vous aurez la possibilité de participer à l'une des excursions organisées par le capitaine Norton *(droit d'accès; ☎497-5933)* ou tout simplement d'observer les macareux sur **Machias Seal Island** *(mai à août)*.

La localité de **Machias** mérite que vous vous y arrêtiez et que vous descendiez de voiture pour vous y promener. Jadis une ville commerciale, elle possède aujourd'hui une poignée de magasins et de restaurants, et sert de base à la **Maine Wild Blueberry Company** *(Elm St., Machias, ☎255-8364)*, qu'on vous fera visiter si vous téléphonez d'avance. Le mot *machias* serait d'origine amérindienne et signifierait littéralement «mauvaises petites chutes» en raison des cascades qui traversent le centre de la municipalité. Vous y trouverez une jolie aire de pique-nique. À moins de 15 min de route s'étend par ailleurs **Machiasport**, un autre village on ne peut plus photogénique.

Ne ratez pas non plus la **Ruggles House** *(droit d'entrée; fermé mi-oct à mai; Route 1, Columbia Falls, ☎483-4637)*. Construite pour un riche marchand de bois du nom de Thomas Ruggles, cette maison de style fédéral d'une grande extravagance révèle un escalier suspendu et des boiseries finement gravées dans les moindres recoins.

Suivez toujours la route 1, et n'hésitez pas à faire un crochet chaque fois qu'une route secondaire vous semble attirante. Quelques détours particulièrement intéressants sont à surveiller, comme **Jonesport** et **Beals Island**, si petits sur la plupart des cartes qu'il vous faudra presque une loupe pour les trouver. Demandez à n'importe quel amoureux du Maine quels sont ses villages côtiers préférés, et il y a de fortes chances pour que ce duo apparaisse sur la liste.

Ces deux villages de pêche au poisson et au homard, situés à l'extrémité de la route 187, sont reliés par un pont, et la plupart des gens les considèrent comme indissociables, si bien qu'on en mentionne rarement un sans parler de l'autre. Le plus pratique sera sans doute de garer votre voiture à Jonesport pour ensuite errer ici et là au gré de vos fantaisies. Vous y trouverez quelques restaurants, des antiquaires et une poignée d'autres commerces d'allure tout à fait maritime.

Au fur et à mesure que vous descendez le long de la côte, la circulation devient plus dense, les édifices commerciaux s'avèrent moins espacés, et les paysages se révèlent moins exceptionnels (terres cultivées, forêts de pins, quelques percées sur la mer). Les touristes se font également plus nombreux, et les gens profondément ancrés dans les traditions agricoles et maritimes du Maine, de plus en plus rares. Alors que les Downeasterners, pourvus d'un merveilleux sens de l'humour, adorent engager la conversation avec les «étrangers», vous découvrirez, en approchant de la Southern Coast, des gens qui ont surtout appris depuis leur plus tendre enfance à bien traiter les voyageurs, de façon à ce qu'ils aient envie de revenir dans la région.

Depuis le milieu du XIXe siècle, **Mount Desert Island** ★★★ a toujours été l'une des destinations les plus populaires du Maine, et vous n'aurez aucun mal à comprendre pourquoi, une fois que vous aurez franchi le pont qui relie le continent à cette île (la deuxième en importance de la Nouvelle-Angleterre). C'est ici que se dresse la **Cadillac Mountain** ★★★, le plus haut sommet (466 m) de la côte atlantique des États-Unis. Le décor est également parsemé de 16 autres montagnes, dont les pieds baignent directement dans l'océan. Fort heureusement, la plus grande partie de l'île (plus de 14 000 ha) est sous la protection de l'**Acadia National Park** ★★★ (voir p 174), sillonné de routes panoramiques, de sentiers pédestres et cyclables.

Peu importe la façon dont vous vous y prendrez pour explorer les lieux, sachez qu'il y a suffisamment à voir et à faire ici pour vous tenir «très» occupé pendant au moins deux jours. Soit dit en passant, l'île fut baptisée par Samuel de Champlain, qui la découvrit en 1604 et la nomma «l'Îsle des monts déserts», du fait de ses pics dénudés.

Dirigez-vous tout d'abord vers le **centre d'information de l'Acadia National Park** *(☎288-4932)*, en bordure de la route 3, à Hulls Cove, et procurez-vous un exemplaire de la brochure intitulée *Official Map and Guide to Acadia*, qui contient le plan officiel des lieux ainsi qu'un guide des différents sites. On y présente en outre un film d'introduction de 15 min, sans compter les étagères remplies de livres sur la nature. Si vous désirez connaître les activités naturalistes de la semaine, demandez une copie du journal publié par le parc, l'*Acadia's Beaver Log*.

En suivant **Park Loop Road** ★★★, vous aurez accès à tous les sites importants du parc, y compris le **Frenchman Bay Overlook** ★★, un poste d'observation en face de la péninsule de Schoodic; la Sieur de Monts Spring, une source doublée d'un centre d'interprétation de la nature; les Wild Gardens of Acadia, un ravissant massif de fleurs, d'arbres et d'arbustes locaux; la Sand Beach, une plage constituée en partie de coquillages émiettés; l'Abbe Museum of Stone Age Antiquities, qui expose des objets préhistoriques fabriqués par les premières tribus amérindiennes de la région; et, bien entendu, le pic même de la Cadillac Mountain. Cette route d'une quarantaine de kilomètres gravit des montagnes, longe la mer, traverse des forêts et contourne des étangs et des lacs en faisant ressortir les points forts du parc (voir «Parcs et plages», p 174). Pour contempler de plus près les multiples attraits du parc, songez à suivre les différents sentiers pédestres qui le sillonnent en tous sens, ou inscrivez-vous à un programme d'exploration guidé par un naturaliste. Il y a aussi des excursions en bateau, des possibilités de pêche et des endroits pour se baigner. En hiver, le ski de fond, la motoneige, la pêche sous la glace et les randonnées dans la neige prennent la relève. Pour de plus amples renseignements, écrivez à l'adresse suivante : Superintendent, Acadia National Park, P.O. Box 177, Bar Harbor, ME 04609.

La principale localité de l'île est **Bar Harbor** ★, qui était une florissante station balnéaire fréquentée par les familles riches et puissantes du pays vers la fin du XIXe siècle. Plus de 200 résidences d'été d'une envergure saisissante y furent alors construites en bordure de la mer, tout aussi luxueuses que les manoirs de Newport. La Grande Crise et les deux guerres mondiales eurent cependant un effet dévastateur sur cette communauté, et le grand incendie de 1947, qui détruisit plusieurs hôtels de luxe et environ 70 propriétés, la rasa presque complètement.

Bar Harbor finit par se remettre de ces fléaux, mais sa population devint plus modeste, appartenant surtout à la petite bourgeoisie. Aujourd'hui, la saison estivale y attire une foule considérable de touristes. La rue principale est un véritable salmigondis de motels, de restaurants et de boutiques de t-shirts, arpenté par des adolescents et de jeunes familles. Nous vous suggérons de visiter les locaux de la **Bar Harbor Historical Society** *(Jesup Memorial Library, Mount Desert St., Bar Harbor, ☎288-4245)*, où est exposée une collection de photographies anciennes représentant la ville avant le grand incendie, ainsi que le **Natural History Museum** *(droit d'entrée en été; College of the Atlantic, Route 3, Bar Harbor, ☎288-5015)*, un petit musée qui présente des oiseaux et des animaux empaillés de la région, mais qui renferme également un squelette de baleine complet et un réservoir de manipulation. Ouvert l'été, et sur rendez-vous ou au petit bonheur la chance le reste de l'année.

Les voyageurs à la recherche d'attraits cachés risquent d'être davantage attirés par un quatuor de villages de pêcheurs typiques du Maine : **Northeast Harbor**, **Southwest Harbor**, **Seal Harbor** et **Somesville**. Deux sites doivent ici retenir votre attention de façon plus particulière, à savoir les **Asticou Azalea Gardens** *(Route 3, près de l'embranchement de la route 198, Northeast Harbor, ☎276-5040)*, entièrement voués aux azalées et aux jardins japonais, et le **Wendell Gilley Museum** *(droit d'entrée; fermé lun en été; fermé sam-dim nov à avr; Route 102, Southwest Harbor, ☎244-7555)*, consacré aux sculptures d'oiseaux. Les familles avec de jeunes enfants voudront également s'arrêter au **Mount Desert Oceanarium** *(droit d'entrée; fermé oct à avr; Clark Point Rd., Southwest Harbor, ☎244-7330)*, rempli d'animaux marins vivants, d'objets qu'on peut toucher et d'un réservoir de manipulation où évoluent des limaces et des étoiles de mer, ainsi que des limules (variété de crabes).

De retour sur le continent, à **Ellsworth**, ne manquez pas le **Colonel Black Mansion** *(droit d'entrée; fermé mi-oct à mai; 81 West Main St., Ellsworth, ☎667-8671)*, un splendide manoir géorgien truffé de meubles et d'objets décoratifs des derniers 100 ans. Vous devriez également visiter le **Stanwood Museum and Birdsacre Sanctuary** *(fermé en hiver; route 3, Ellsworth, ☎667-8460)*, une réserve ornithologique de 53 ha au centre de laquelle se dresse une vieille propriété datant de 1850.

La route 172 vous entraînera ensuite vers **Blue Hill**, une région parsemée de maisons de ferme dignes des livres de contes, de poneys aux crinières ébouriffées, d'anses miroitantes dont les eaux bleues sont bordées de sapins et de prés dorés ondulant en tous sens. Mais Blue Hill n'est pas nécessairement à la portée de tous, et plusieurs localités avoisinantes la tiennent même pour hautaine et prétentieuse. Il est vrai qu'une grande partie de sa population estivale se compose de riches propriétaires, et vous ne manquerez pas d'apercevoir plusieurs BMW, Mercedez et Saab portant des plaques de l'État de New York ou du Massachusetts.

Blue Hill tire son nom des collines auxquelles elle est adossée, apparemment couvertes de bleuets. La ville elle-même compte 75 bâtiments inscrits au registre national des monuments historiques. Prenez le temps de vous promener et de jeter un coup d'œil à l'intérieur des boutiques d'artisanat et de poterie qui ont fait la renommée de ces lieux (voir «Achats», p 207).

Au sud-ouest de Blue Hill, vous franchirez une portion de Little Deer Isle avant de monter sur un pont suspendu en arc qui vous mènera jusqu'à **Deer Isle**, une adorable petite île, presque trop belle pour qu'on en vante les atouts. Heureusement, le fait qu'elle soit hors des sentiers battus contribue à son isolement, et seuls les voyageurs sérieux prennent la peine de s'y rendre. Néanmoins, malgré sa taille réduite, elle est bien pourvue en attraits, aussi bien naturels que réalisés par l'homme.

En tête de liste vient la charmante petite ville de **Stonington**, à l'extrémité sud de l'île. Dans un État où de pittoresques villages de pêcheurs se transforment en mini-Disneylands en moins de temps qu'il ne faut pour le dire, cette localité est une véritable bouffée de fraîcheur. Vous y trouverez tout ce à quoi vous vous attendiez du Maine : des maisons coiffées de bardeaux, des montagnes de cages à homards, des mouettes fendant l'air de leurs cris perçants et un port enveloppé de brumes. Et pourtant, l'endroit n'a pas encore été complètement envahi par les foules de Kennebunkport!

Demandez à un résidant de vous indiquer la direction de l'**Ames Pond**, à environ 2 min de route à l'est de Stonington. En été, cet étang se couvre en effet d'une rare variété de lis roses, un spectacle pour le moins somptueux.

Sur le quai Hardware d'Atlantic Avenue, vous pouvez vous embarquer sur le bateau postal, le ***Miss Lizzie*** *(droit d'entrée; Stonington, ☎367-5193)*, pour une excursion d'une journée sur l'île lilliputienne d'**Isle au Haut**. Puisque vous vous êtes déjà rendu jusqu'ici, aussi bien en profiter, n'est-ce pas? Faisant partie de l'Acadia National Park, cette île offre quelques sentiers d'exploration balisés, de même que des aires de pique-nique. Elle abrite aussi une école à salle unique et un magasin général.

De retour sur Deer Isle, organisez-vous pour attraper la visite de 13h de la **Haystack Mountain School of Crafts** *(en été seulement; au sud de Deer Isle Village, tournez à gauche sur la route 15 et suivez les indications sur environ 11 km, ☎348-2306)*. Des maisons recouvertes de clins de bois, et campées dans un décor féerique d'épaisses forêts de pins tout juste en bordure de l'eau, renferment des studios où vous pouvez observer d'habiles artisans manipulant l'argile, le verre et d'autres matériaux avec une dévotion presque religieuse.

En remontant vers le continent, conduisez lentement pour ne pas rater l'embranchement qui conduit chez **Nervous Nellie's Jams and Jellies** *(fermé oct à mai; Sunshine Rd., Deer Isle, ☎348-6182)*, une fabrique de gelées et confitures entourée de sculptures paysagères, réalisées par un des propriétaires de l'endroit. Vous êtes invité à goûter les produits de la maison et, si vous êtes comme nous, vous ne pourrez y résister. Dieu soit loué, la maison accepte les commandes postales!

L'une des meilleures façons de profiter de Deer Isle consiste à la parcourir à pied ou à longer ses côtes en kayak. Néanmoins, pensez-y deux fois avant de vous aventurer en vélo sur ses routes étroites et sans accotement; non seulement sont-elles dangereuses, mais nous nous sommes laissé dire que les résidants ont horreur des cyclistes, du fait qu'ils ralentissent la circulation.

Enfin, si le Maine devait décerner un prix au village le plus propret de l'État, c'est sans doute **Castine** qui remporterait la palme. L'attraction des lieux est la ville elle-même, soit une collection de maisons géorgiennes et fédérales des XVIIIe et XIXe siècles conservées de façon remarquable. La plupart de ces demeures ont été construites au milieu du XIXe siècle, alors que Castine était un chantier naval prospère. Plusieurs d'entre elles ont été rénovées au fil des ans par des gens d'ailleurs (autrement dit de riches citadins ayant les moyens d'investir dans de tels projets). À tel point que la ville commence à ressembler à un musée en plein air, ce qui ne fait pas le bonheur de certains résidants. Comme la plupart des petits villages côtiers, Castine doit être visité à pied. Contactez le **Town Office** *(Court St., Castine, ☎326-4502)* pour plus de renseignements.

La Southern Coast ★★

Nombreux sont ceux qui, en franchissant la frontière du Maine, s'attendent à trouver d'emblée les images de carte postale qu'on leur a toujours présentées : villages de loups de mer, fermes de rêve et majestueuses forêts de pins. Eh bien, sachez que vous devrez ouvrir l'œil, et le bon, pour découvrir de telles scènes dans le sud du Maine! Sur la Southern Coast, outre une pléiade de magasins d'usine en bordure de la route 1, soyez plutôt prêt à croiser une multitude d'hôtels, de motels, d'auberges ainsi que tous les autres types de lieux d'hébergement que vous pouvez imaginer, sans compter les innombrables restaurants, comptoirs de homards et de palourdes affichant à qui mieux mieux leurs prix imbattables.

Vous êtes ici au royaume des vacances. Que ce soit en venant de Boothbay Harbor et de Mount Desert Island, ou des régions de l'État que parsèment des villages et des hameaux totalement inconnus, rares sont ceux qui ne poussent pas leur périple jusqu'ici. La route 95 vous y mène directement, mais nous suivrons ici la route 1, plus lente quoique plus pittoresque.

Cette région possède par contre une quantité remarquable de plages sablonneuses, suffisamment pour faire l'envie du reste de l'État. De fait, bien que le Maine dispose de plus de 5 600 km de littoral, les plages de sable n'en couvrent que 150 environ, et pour la plus grande part entre Portland et Kittery, la localité la plus au sud de l'État. En longeant la route 1, n'hésitez donc pas à emprunter les petits chemins côtiers de même que la route 1A, qui conduisent directement aux plages.

Vous pouvez vous arrêter quand bon vous semble (pourquoi pas, puisque tout le monde le fait de toute façon; les problèmes de circulation contribuent ici au plaisir du voyage) et contempler à souhait la furie de l'océan ou la foule des baigneurs. Vous verrez sur les plages des gens habillés de toutes les façons, du simple bikini au long parka et aux bas de laine en août, alors que le vent peut carrément vous transir. Pour les bains de mer, vous avez le choix entre les plages de Wells, Ogunquit, Cape Neddick, York, Kittery et d'une foule d'autres endroits (voir «Parcs et plages», p 175). Ces localités regorgent par ailleurs d'attraits intéressants.

Bucksport est le siège du **Fort Knox State Park** ★ *(fermé nov à avr; Route 174, immédiatement en retrait de la route 1 à l'ouest du pont qui relie Waldo à Hancock, Prospect, ☎469-7719)*, un fort très impressionnant utilisé au cours de la guerre de Sécession et de la guerre hispano-américaine.

Avant de poursuivre sur la côte, vous voudrez peut-être faire un léger crochet par la route 15, qui monte jusqu'à **Bangor**, la troisième ville en importance du Maine, surtout axée sur le commerce et l'industrie du bois. Prenez le temps de marcher dans le **West Market Square Historic District** (un secteur de magasins occupant des bâtiments du XIXe siècle) et le **BRd.way Area**, où se succèdent les manoirs des grands magnats de l'industrie du bois, rivalisant de beauté et de prestige. Puis, passant du sublime à l'insolite, vous pourrez contempler la statue de 10 m et de 1 300 kg de **Paul Bunyan** *(Main St., Bangor)*, commémorant le riche passé industriel de la ville.

Sur la côte à proprement parler, notre prochaine halte est **Searsport**, un ancien port de marchandises entouré d'imposantes maisons de capitaine et d'une multitude de boutiques d'antiquités.

Prenez ensuite la peine de visiter les villages de carte postale de **Tenants Harbor** et de **Sprucehead**. Dans cette région de la côte, à **Penobscot Bay**, vous pouvez en effet contempler le littoral du Maine dans toute sa splendeur, celui que tout le monde décrit à coups de superlatifs. En plus des villages côtiers, vous y verrez des îles de toute beauté surgissant des eaux et de magnifiques voiliers voguant avec grâce sur les flots bleus. Les plus fabuleux sont les célèbres goélettes (*windjammers*), à bord desquelles vous pouvez passer de trois à six jours, mangeant de copieux repas maison et sautillant d'une île à l'autre dont chacune semble plus belle encore que la précédente. Les principaux embarcadères se trouvent autour de Rockland et de Camden *(pour de plus amples renseignements, adressez-vous à la **Maine Windjammer Association**, P.O. Box 1144, Blue Hill, ME 04614, ☎800-807-9463)*.

Un attrait on ne peut plus digne d'intérêt de la région est le **William A. Farnsworth Library & Art Museum** *(droit d'entrée; fermé Columbus Day au Memorial Day; angle Elm St. et Main St., Rockland, ☎596-6457)*. Fondé en 1936 grâce à un legs de Lucy Farnsworth, il présente des œuvres d'artistes américains, et plus particulièrement du Maine, signées entres autres par Thomas Eakins, Winslow Homer et Edward Hopper. Depuis 1998, deux nouvelles ailes d'exposition y sont par ailleurs consacrées aux travaux de la famille Wyeth, et renferment ensemble plus de 4 000 pièces d'Andrew Wyeth auxquelles s'ajoute une vaste collection de tableaux réalisés par N.C. Wyeth et Jamie Wyeth. Outre ses galeries muséales, le complexe englobe la propriété adjacente de la famille Farnsworth (une des plus belles résidences victoriennes de la Côte Est des États-Unis) et la toute proche Olson House, où est exposé le chef-d'œuvre d'Andrew Wyeth *Christina's World*.

L'**Owl's Head Transportation Museum** *(droit d'entrée; immédiatement au sud de Rockland, sur la route 73, ☎594-4418)* mérite également d'être visité, car il abrite l'une des plus impressionnantes collections d'avions et de voitures anciennes des États-Unis.

Nous descendons maintenant vers le coquet petit village de **Waldoboro**, sur la péninsule St. George, qui possède plusieurs vieilles demeures et une église luthérienne datant de 1771. Plus loin, sur la même péninsule, se trouve **Friendship**, un pittoresque port de pêche au homard. Il faut ensuite se rendre jusqu'à la pointe pour atteindre **Port Clyde**, le point de départ du bateau postal en direction de Monhegan Island, qui est aussi reliée par bateau à Boothbay Harbor, plus au sud sur la côte.

Monhegan Island ★, longue de 3 km et large de 1 500 m (à peine une tache sur la carte), est depuis nombre d'années connue comme un refuge pour artistes et écrivains. Son paysage est pour le moins frappant : des falaises abruptes fouettées par les vagues de l'Atlantique et embellies par des forêts de pins et des prés dorés. Le phare date de 1824. L'île offre en outre plusieurs sentiers de randonnée permettant au voyageur à pied d'en explorer toutes les merveilles.

De retour sur la route 1, nous prenons la direction de **Wiscasset** ★, un charmant petit village qui mérite vraiment qu'on s'y arrête. Autrefois un port de marchandises très prospère, entre la guerre d'Indépendance et la guerre de 1812, il possède des maisons de capitaine et des bâtiments en brique merveilleusement bien conservés.

La **Musical Wonder House** ★ *(droit d'entrée; fermé fin oct au 25 mai; 18 High St., Wiscasset, ☎882-7163)* expose une collection d'anciennes boîtes à musique, d'automates musicaux, de *victrolas*, de machines parlantes et d'icônes publicitaires, comme le chien de RCA Victor. Le propriétaire des lieux, Danilo Konvalinka, s'assoit à un rare piano Steinway et fait également fonctionner les classiques boîtes à musique et autres instruments présentés au cours de la visite. Occupant une maison de capitaine de 30 pièces, ce musée est l'un des grands trésors de la côte du Maine. Ne le manquez pour rien au monde.

La ville portuaire de **Boothbay Harbor** ★, située sur une autre péninsule, cette fois au sud de Wiscasset, a quelque chose d'absolument adorable. Personne ne niera qu'elle est à peu près aussi surfaite qu'une ville touristique peut l'être (près d'un demi-million de visiteurs la prennent d'assaut chaque année!), mais il n'en reste pas moins qu'elle conserve beaucoup de charme et de caractère, elle qui a fait ses débuts comme un simple petit port de pêche.

Toutefois, si vous ne recherchez dans le Maine que la sérénité de la mer, il vaut probablement mieux éviter Boothbay. Les éléments marins y sont certes présents (mouettes criardes, cages à homards, bouées flottantes, etc.), mais le tableau penche sérieusement du côté des divertissements créés par l'homme. Il suffit que vous vous arrêtiez un instant sur le pont piétonnier qui enjambe le port pour entendre le fracas des quilles sur les allées de bowling, le son électronique des flippers et le choc des baguettes sur les boules de billard. La beauté de Boothbay réside cependant bien au-delà du pont piétonnier : vous pouvez entrer dans n'importe quel restaurant avec l'assurance que vous serez servi par un garçon de table ou une serveuse aux études, sincèrement jovials, et dont vous saurez absolument tout à la fin du repas.

En plus de sautiller de boutiques en galeries, qui abondent sur les petites rues en pente de la municipalité, il existe plusieurs autres façons de vous divertir à Boothbay, en faisant un tour de bateau par exemple. Plusieurs comptoirs répartis le long du quai en proposent pour tous les goûts, qu'il s'agisse d'une croisière d'une heure à l'heure où le soleil se couche ou d'une excursion d'une journée complète jusqu'à l'île de Monhegan. Si le temps vous manque, faites au moins une petite sortie en mer. Vous croiserez des îles minuscules couvertes de sapins et d'épinettes, vous verrez des colonies de phoques se chauffant la panse au soleil, et vous vous émerveillerez devant des oiseaux tels qu'on en voit sur les couvertures de la revue *National Geographic*. Si vous avez de la chance, vous apercevrez peut-être même un grand héron bleu, debout dans l'eau, tel une cariatide!

Pour faire connaissance avec une forme de commerce différant totalement de celle qui a cours à Freeport, un peu plus au sud, arrêtez-vous à **Woolwich** *(sur la route 1 juste avant Bath)*, au **Montsweagg Flea Market**. Il s'agit d'un des plus grands marchés aux puces de l'État du Maine, regroupant des centaines de commerçants vendant absolument de tout, des vieilles cartes postales aux remorques usagées. Même si vous n'avez pas l'intention d'acheter quoi que ce soit, l'atmosphère en vaut largement le déplacement.

Bath ★ possède un riche passé de construction navale; à l'époque des grands navires en bois, près de la moitié des bateaux du monde étaient construits ici! Pour remonter le temps jusqu'à cette époque, visitez le **Maine Maritime Museum** ★★ *(droit d'entrée; 243 Washington St., Bath, ☎443-1316)*. Entre juin et octobre, différents vaisseaux de passage sont amarrés ici et sont accessibles au public. Le musée comporte également trois autres volets : une salle d'exposition d'objets maritimes, un chantier naval en activité et une exposition sur la pêche au homard.

Quelques kilomètres plus au sud, **Brunswick** est le siège de l'honorable **Bowdoin College** *(College St., Brunswick, ☎725-3000)*, fondé en 1794 et fréquenté par des personnages de la trempe de Nathaniel Hawthorne et de Henry Wadsworth Longfellow. Sur le campus même, le **Bowdoin College Museum of Art** ★ *(fermé lun; Walker Art Building, ☎725-3275)* expose des portraits coloniaux et fédéraux, comme le *Thomas Jefferson* de Gilbert Stuart, de même que des toiles de Winslow Homer et quelques œuvres d'Andrew Wyeth. C'est ici encore que Harriet Beecher Stowe a écrit *La case de l'oncle Tom*, après avoir eu une vision, si l'on en croit la légende.

Vient ensuite la célèbre ville de **Freeport**, avec son non moins célèbre **L.L. Bean** *(Route 1, Freeport, ☎865-4761)*. Ce magasin aux allures de centre commercial ressemble en tout point à ses catalogues, tapissé mur à mur d'équipement de camping, de vêtements de sport et d'accessoires de toutes sortes. Mais Bean n'est plus seul; la ville entière semble être devenue un magasin d'usine géant, et tous les grands s'y sont établis, qu'il s'agisse de Polo-Ralph Lauren, de Calvin Klein ou de Laura Ashley. Si vous avez apporté vos listes de Noël avec vous, vous êtes tout simplement au paradis.

À une vingtaine de kilomètres au sud, **Portland ★★**, le plus grand centre urbain du Maine, se présente comme une ville charmante dont les collines entourées d'eau lui ont valu le nom de «*petite San Francisco de la Côte Est*». Plusieurs de ses rues sont bordées de splendides maisons victoriennes. Musées, galeries et restaurants sont légion dans cette ville hautement progressiste.

Comme beaucoup de gens viennent dans le Maine pour échapper au tumulte des grandes villes, on préfère souvent contourner Portland plutôt que de s'y arrêter. Cela présente un avantage certain, puisque vous pouvez y circuler tranquillement sans avoir à affronter des cohortes de touristes. Il est par ailleurs intéressant de noter que la plus grande partie de la ville se visite très bien à pied. Placez au sommet de votre liste de choses à voir le **Portland Museum of Art ★** *(droit d'entrée; 7 Congress Square, Portland, ☎773-2787)*. Occupant un bâtiment postmoderne des plus impressionnants dessiné par Henry N. Cobb de la firme I.M. Pei, il possède une vaste collection d'œuvres signées par des artistes établis dans le Maine tels qu'Andrew Wyeth, Edward Hopper et Winslow Homer. Un peu plus loin sur la même rue, vous découvrirez la **Wadsworth Longfellow House** *(droit d'entrée; fermé lun et nov à fin mai; 485 Congress St., Portland, ☎772-1807)*, où le poète passa son enfance.

L'**Old Port Exchange ★★**, situé au bord de l'eau, entre les rues Exchange et Pearl, se présente comme l'un des quartiers les plus intéressants de la ville. Vous y verrez de vieilles constructions en brique et en granit datant du début du XIXe siècle, alors que Portland était un centre ferroviaire et un port de marchandises de premier plan. Nombre de ces bâtiments abritent aujourd'hui des restaurants, des tavernes et des magasins de toutes sortes.

Si vous désirez explorer les quartiers historiques de Portland, songez à faire une halte au centre d'information touristique (Portland Convention and Visitors Bureau) du **Visitors Information Center** *(305 Commercial St., Portland, ☎772-5800)*, où vous pourrez vous procurer des plans de l'Old Port Exchange, de la **Congress Street** (l'artère commerciale la plus importante de la ville depuis le début du XVIIIe siècle), de **State Street** (un riche quartier résidentiel truffé d'immenses manoirs fédéraux) et de la **Western Promenade** (où se trouve réunie une fascinante collection de styles architecturaux, qu'il s'agisse de maisons recouvertes de bardeaux, de flamboyantes résidences victoriennes gothiques ou de manoirs italianisants).

Pour une vue sans pareille de la ville et de la baie de Casco, émaillée d'îles, gravissez les 102 marches du **Portland Observatory** *(138 Congress St., Portland, ☎774-5561)*, la dernière tour de signalisation maritime du XIXe siècle encore debout sur la Côte Est des États-Unis (elle a été érigée en 1807). Vous pouvez également capturer la scène sous un angle différent vous offrant une excursion guidée sur les eaux de la baie au départ de Commercial Street. Adressez-vous à **Casco Bay Lines** *(embarcadère du traversier de Casco Bay, à l'angle des rues Commercial et Franklin, Portland, ☎774-7871)* ou à **Bay View Cruises** *(mai à fin oct; Fisherman's Wharf, Portland, ☎761-0496)*.

Pour une expérience totalement différente, passez quelques jours sur Great Chebeague Island, l'une des 365 Calendar Islands éparpillées dans la baie de Casco. Il s'agit d'une petite île boisée qui ne compte que quelques centaines de résidants permanents et endurcis. Ceux d'entre eux qui ne vivent pas de la mer empruntent chaque jour le traversier pour se rendre sur le continent, Portland ne se trouvant qu'à environ une demi-heure de route du terrain de stationnement qui avoisine le débarcadère du traversier. Chebeague fera le bonheur de tous ceux et celles qui adorent faire de longues promenades à pied ou à bicyclette sur des routes paisibles. Il est également aisé de visiter l'île dans le cadre d'une excursion d'une journée. À Cumberland, adressez-vous à la **Chebeague Transportation Company** *(☎846-3700)*; à Portland, vous pouvez aussi retenir les services de **Casco Bay Lines** *(☎774-7871)*.

De Portland, vous pouvez poursuivre vers le sud par la route 1 (vers Kennebunk) ou par la plus pittoresque route 9 (vers Kennebunkport), qui vous fera voir plusieurs plages baignées de soleil. En arrivant à Scarborough, prenez la route 207 à gauche pour vous rendre jusqu'à **Prouts Neck**. Cette péninsule de forme curieuse dessine une saillie dans la baie de Saco à environ 13 km au sud de Portland. La plupart de ses paysages, composés de falaises abruptes, de vagues tourbillonnantes et d'arbres

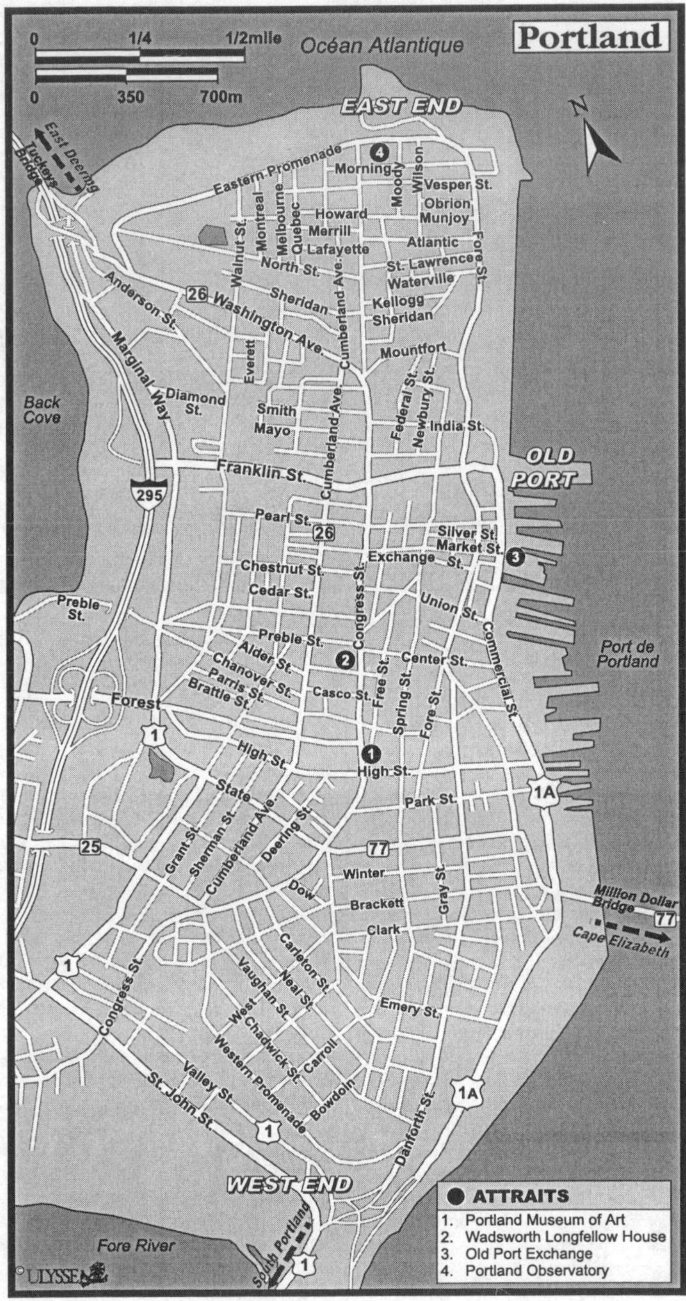

Portland
Océan Atlantique
0 1/4 1/2mile
0 350 700m
EAST END
OLD PORT
WEST END
Back Cove
Port de Portland
Fore River
East Deering
Tuckeys Bridge
Eastern Promenade
Morning
Moody
Wilson
Vesper St.
Obrion
Munjoy
Walnut St.
Montreal
Melbourne
Quebec
Howard
Merrill
Lafayette
Atlantic
North St.
St. Lawrence
Waterville
Fore St.
Anderson St.
Sheridan
Washington Ave.
Cumberland Ave.
Kellogg
Sheridan
Mountfort
Everett
Marginal Way
Diamond St.
Smith
Mayo
Federal St.
Newbury St.
India St.
Franklin St.
Pearl St.
Silver St.
Market St.
Exchange St.
Chestnut St.
Cedar St.
Congress St.
Union St.
Preble St.
Preble St.
Alder St.
Chanover St.
Parris St.
Brattle St.
Center St.
Casco St.
Free St.
Spring St.
Fore St.
Commercial St.
Forest
High St.
High St.
State
Park St.
Grant St.
Sherman St.
Cumberland Ave.
Deering St.
Winter
Dow
Brackett
Gray St.
Clark
Million Dollar Bridge
Cape Elizabeth
Carleton St.
Neal St.
Vaughan St.
West
Chadwick St.
Western Promenade
Carroll
Emery St.
Bowdoin
Congress St.
Valley St.
St. John St.
Danforth St.
South Portland
ATTRAITS
1. Portland Museum of Art
2. Wadsworth Longfellow House
3. Old Port Exchange
4. Portland Observatory
©ULYSSE

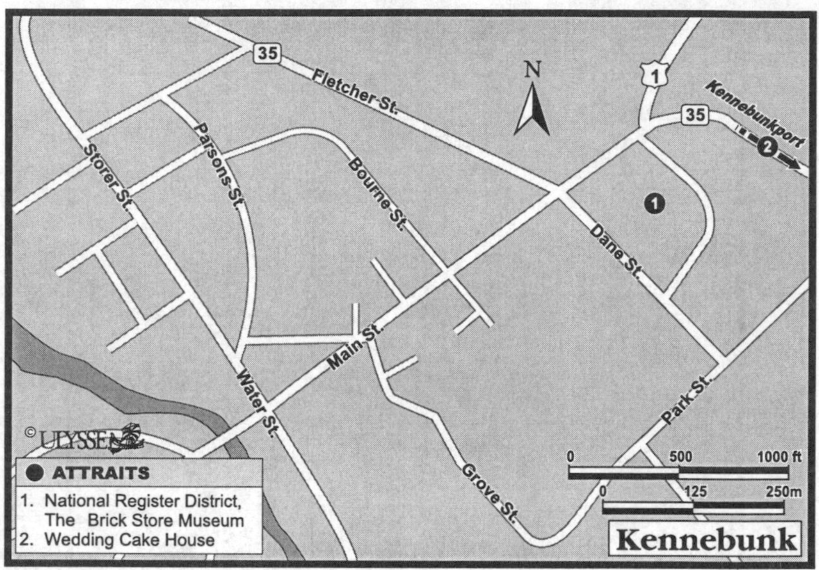

rabougris s'accrochant aux rochers, ont été immortalisés par le peintre américain Winslow Homer, qui a vécu et travaillé sur place. Son studio, une étable convertie qui surplombe l'océan, est accessible au public. À la pointe de la péninsule, vous trouverez également le **Prouts Neck Bird Sanctuary**, où toutes sortes d'oiseaux exotiques ont été aperçus.

Juste avant Wells, vous trouverez **Old Orchard**, avec sa longue plage de sable souvent très animée, et les Kennebunks : le centre commercial de **Kennebunk** et le village portuaire de **Kennebunkport**. Ces deux municipalités étaient autrefois des colonies de pêche et de construction navale. Parce qu'il abrite les anciens quartiers d'été de la Maison Blanche, le village de Kennebunkport est également surnommé **Bush Country**, et l'on admet généralement qu'il est un peu trop collet monté pour les touristes, avec prix à l'appui, ce qui ne vous empêche pas d'y faire une halte. Nous vous suggérons de garer votre voiture dans un stationnement, pour une bonne partie de la journée, et de vous procurer un exemplaire du guide de promenade intitulé *Kennebunkport Walking Guide*, offert à la **Kennebunk-Kennebunkport Chamber of Commerce** *(Yellow House, 17 Western Ave., Kennebunk, ☎967-0857)*, de même que dans plusieurs restaurants et lieux d'hébergement des environs. Pendant la saison estivale, on y organise par ailleurs, tous les mercredis matins et vendredis après-midi, une visite à pied des sites historiques de Kennebunkport; les départs se font de la **Nott House** *(fermé mi-oct à fin mai; Maine St., Kennebunkport, ☎967-2513)*, une imposante structure néoclassique qui date de 1853.

Si vous désirez jeter un coup d'œil à la propriété de l'ex-président Bush, empruntez **Ocean Avenue**, une artère ponctuée de manoirs prestigieux. La propriété porte le nom de **Walker's Point** et occupe un magnifique promontoire entouré par les eaux sans fin de l'Atlantique, que domine la résidence à proprement parler (une maison coiffée de bardeaux bruns).

Tandis que vous êtes dans les parages, pourquoi ne pas faire un saut au **Seashore Trolley Museum** *(droit d'entrée; fermé nov à avr; Log Cabin Rd., Kennebunkport, ☎967-2712)*? Sa vaste collection de tramways électriques à trolley réunit des modèles provenant de tous les coins du monde, notamment le Japon, l'Allemagne et le Canada. Vous pourrez même monter à bord d'un de ces engins d'autrefois pour une promenade de 6,5 km.

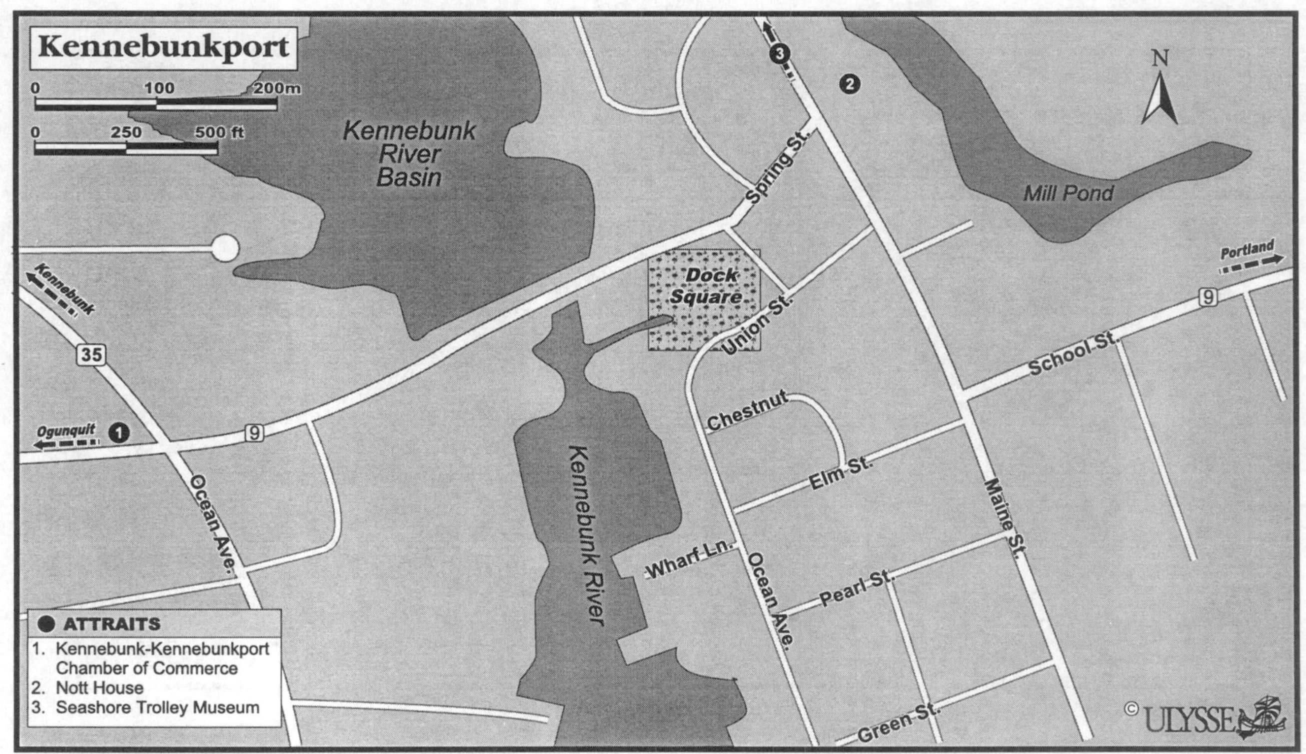
Kennebunkport
0 100 200m
0 250 500 ft
N
Kennebunk River Basin
Mill Pond
Dock Square
Kennebunk River
Spring St.
Union St.
Chestnut
Elm St.
Wharf Ln.
Ocean Ave.
Pearl St.
Green St.
Maine St.
School St.
Ocean Ave.
Portland
Kennebunk
Ogunquit
9
9
35
© ULYSSE
ATTRAITS
1. Kennebunk-Kennebunkport Chamber of Commerce
2. Nott House
3. Seashore Trolley Museum

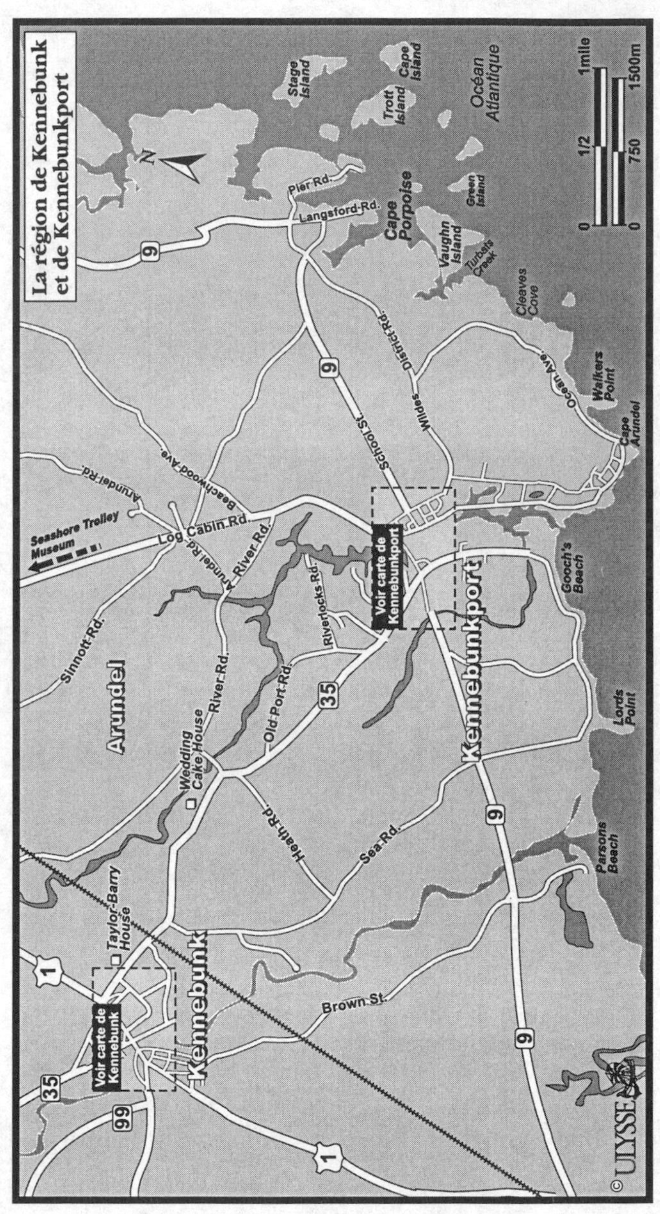

La région de Kennebunk
et de Kennebunkport
Stage Island
Cape Island
Trott Island
Océan Atlantique
Pier Rd.
Langsford Rd.
Cape Porpoise
Green Island
Vaughn Island
Turbats Creek
Cleaves Cove
Walkers Point
Cape Arundel
Ocean Ave.
District Rd.
Wildes
School St.
Beachwood Ave.
Arundel Rd.
Seashore Trolley Museum
Log Cabin Rd.
Arundel Rd.
River Rd.
Riverlocks Rd.
Voir carte de Kennebunkport
Kennebunkport
Gooch's Beach
Lords Point
Parsons Beach
Sinnott Rd.
Arundel
Wedding Cake House
River Rd.
Old Port Rd.
Heath Rd.
Sea Rd.
Taylor-Barry House
Voir carte de Kennebunk
Kennebunk
Brown St.
1/2
1mile
750
1500m
© ULYSSE

The Wedding Cake House

Vous pourriez ensuite visiter à pied les sites architecturaux du **National Register District** de Kennebunk, incluant **The Brick Store Museum** *(droit d'entrée; fermé dim-lun; 117 Main St., Kennebunk, ☎985-4802)*, un quadrilatère d'édifices commerciaux du début du XIXe siècle entièrement restaurés. L'un des attraits les plus connus dans le sud du Maine se trouve également ici; il s'agit de la **Wedding Cake House** *(Summer St., Kennebunk; fermée)*, une maison jaune à treillis blanc dont les riches motifs rappellent, ainsi que son nom l'indique, un gâteau de noces. Un capitaine local fit construire cette maison en s'inspirant du modèle de la cathédrale de Milan (Italie) qu'il était allé visiter. Le public n'est toutefois pas admis à l'intérieur.

Si vous parvenez à vous détacher des plages de **Wells** ★, vous découvrirez que cette ville possède également certains attraits particulièrement intéressants pour les enfants, comme le **Wells Auto Museum** *(droit d'entrée; fermé mi-oct à fin mai; Route 1, Wells, ☎646-9064)*, où plus de 70 voitures anciennes sont exposées. Les ornithologues amateurs pourront en outre faire des observations uniques dans les réserves publiques de cette localité, dont le **Rachel Carson National Wildlife Refuge** *(en bordure de la route 9; voir «Parcs et plages», p 177)* et la **Wells Research Reserve** *(droit d'entrée; 342 Laudholm Farm Rd., en bordure de la route 1, Wells, ☎646-1555)*.

Ogunquit ★, qui, en langue algonquine, signifie «lieu magnifique en bordure de la mer», est reconnue pour sa colonie artistique. Certaines des œuvres les plus appréciées de la région sont exposées à l'**Ogunquit Museum of American Art** *(droit d'entrée; fermé oct à juin; 183 Shore Rd., Ogunquit, ☎646-4909)*; dans la salle des archives qu'abrite l'aile de la Barn Gallery Association, les visiteurs peuvent en outre en apprendre davantage sur la colonie artistique d'Ogunquit.

À **York** ★, plusieurs bâtiments historiques ont été restaurés de façon remarquable; des guides se feront un plaisir de vous les faire visiter. Il s'agit entre autres de l'**Old Schoolhouse**, de l'**Emerson-Wilcox House** (une ancienne taverne familiale plus tard transformée en magasin général, puis en boutique de tailleur) et de la **John Hancock Warehouse and Wharf**, qui date du XVIIIe siècle. L'accueil se fait à la **Jefferds Tavern** *(Route 1A, York Village)*, d'où part également le circuit. Pour de plus amples renseignements, adressez-vous à l'**Old York Historical Society** *(droit d'entrée; fermé fin sept à mi-juin; ☎363-4974)*.

L'un des sites historiques les plus fascinants de York demeure néanmoins l'**Old Gaol** *(Route 1A, York St., York)*, une prison qui ouvrit ses portes en 1720. Aujourd'hui transformée en musée, cette geôle livre au visiteur des souvenirs à donner la chair de poule, comme ses cellules étroites, son «trou» et les quartiers des gardiens. Vous y trouverez aussi une exposition d'objets fabriqués par les Amérindiens et les premiers colons.

À **Kittery**, peut-être voudrez-vous visiter le **Kittery Historical and Naval Museum** *(droit d'entrée; fermé fin oct à mai; Route 1, tout juste au nord de la boucle de la route 236, Kittery, ☎439-3080)*, plein de reliques maritimes provenant du Portsmouth Naval Yard ainsi que de vitrines explicatives sur l'histoire de la Southern Coast.

PARCS ET PLAGES

La région des lacs et des montagnes

Rangeley Lake State Park ★

La nature à son état le plus pur : les pins pointent vers le ciel, les bouleaux blancs se reflètent dans le lac comme dans un miroir, et les orignaux agrémentent fréquemment le paysage. Le parc couvre une superficie de 405 ha, incluant une vaste forêt et le pourtour septentrional du lac Rangeley. Les gens qui connaissent cet endroit ne le crient généralement pas sur les toits, sans doute pour mieux se le réserver. On y accède par la route 17, au sud d'Oquossoc.

Installations et services : aires de pique-nique, cabines de bain, terrain de jeu pour enfants et rampe de mise à l'eau. Droits à la journée *(2$ par personne)*. **Baignade** : petite plage sur la berge du lac. **Camping** : 50 emplacements pour tentes et véhicules récréatifs (aucun raccordement); 13-17$ par nuitée *(☎864-3858)*. **Pêche** : excellente pour la truite et le saumon.

Mount Blue State Park

Cet immense parc de 1 400 ha englobe le mont Blue et le lac Webb, offrant une suite ininterrompue de panoramas à couper le souffle. De nombreux sentiers de randonnée le sillonnent, et vous pouvez faire du bateau sur le lac Webb. Le parc organise en outre des excursions guidées dans la nature. On y accède par la route 156, à Weld.

Installations et services : aires de pique-nique, cabines de bain, rampe de mise à l'eau, amphithéâtre, salle de récréation et centre de location de canots. Droits à la journée *(2$ par personne)*. **Baignade** : petite plage de sable. **Camping** : 136 emplacements pour tentes et véhicules récréatifs (aucun raccordement); 12-16$ par nuitée *(☎585-2347)*. **Pêche** : bonne pour l'achigan, la perchaude, la truite et le saumon dans le lac Webb.

Grafton Notch State Park

Grafton Notch se trouve entre Upton et Newry, à la frontière du New Hampshire. L'Appalachian Trail, ce sentier de randonnée de 3 200 km, traverse le parc avant d'atteindre son extrémité nord, au mont Katahdin. Partout à travers le parc, qui forme la queue du Mahoosuc Range, vous jouirez de magnifiques paysages de montagne, avec des cavernes et des chutes. On l'atteint par la route 26, à environ 26 km au nord de Bethel.

Installations et services : aires de pique-nique, grils, toilettes et pompe à eau; pour information, ☎585-2347. Droits à la journée *(1$ par personne)*. **Camping** : tout près, Stoney Brook *(Route 2, à 10 km de Bethel, ☎824-2836)* propose 30 emplacements pour tentes et véhicules récréatifs (avec raccordements); 14-16$ par nuitée.

Sebago Lake State Park

Certains jours, ce lac brille comme une gigantesque feuille d'aluminium. Ses eaux sont par ailleurs très claires (il constitue la principale source d'approvisionnement en eau potable de Portland). Nombreux sont ceux qui viennent y passer la journée, s'y baigner et s'ébattre sur ses plages sablonneuses ou sur les pelouses avoisinantes. D'autres y séjournent dans les terrains de camping qui ponctuent les rives du lac et les bois de son extrémité nord. On l'atteint par la route 302, entre Naples et South Casco.

Installations et services : aires de pique-nique avec tables et grils, cabines de bain, terrain de jeu, amphithéâtre, surveillants de plage et rampe de mise à l'eau *(☎693-6613)*. Droits à la journée *(2,50$ par personne)*. **Baignade** : vastes plages de sable. **Camping** : il y a 250 emplacements pour tentes et véhicules récréatifs (sans raccordement); 13-17$ par nuitée. **Pêche** : bonne, spécialement pour le saumon et le touladi.

Les forêts du Nord

Baxter State Park ★★

Ce parc de 80 000 ha recèle des trésors de beauté et constitue, sans l'ombre d'un doute, la grande dame des réserves naturelles du Maine. Plus de 120 km de sentiers de randonnée vous entraînent à travers des forêts de pins, des rivières ponctuées de rapides, de magnifiques lacs azurés et de hautes montagnes, dont le mont Katahdin (1 605 m), le plus haut sommet de l'État et la limite nord de l'Appalachian Trail. Animaux et oiseaux sauvages abondent en ces lieux, tout comme, d'ailleurs, d'innombrables variétés d'arbres et de plantes. Vous ne pouvez manquer cet endroit; sur n'importe quelle carte, cet énorme carré de verdure occupe le centre-nord de l'État. La meilleure approche se fait par Millinocket.

Installations et services : à l'intérieur même du parc, vous ne trouverez ni nourriture, ni essence, ni approvisionnement d'aucune sorte; faites le plein de tout ce dont vous pourriez avoir besoin à Millinocket *(fermé mi-oct à nov; ☎723-5140)*. **Baignade** : permise, mais l'eau n'est pas chaude. **Camping** : autorisé sur 10 terrains de camping, dont deux réservés aux randonneurs; ensemble, ils renferment des centaines d'emplacements, dont 72 avec appentis, 80 pour tentes et 21 petits chalets; 6-17$ par nuitée et par personne; réservations et permis requis *(Reservation Clerk, Baxter State Park, 64 Balsam Dr., Millinocket, ME 04462, ☎723-5140)*. **Pêche** : excellente aussi bien dans les cours d'eau que dans les lacs.

Aroostook State Park

Ce parc, le plus au nord des parcs du Maine, couvre 234 ha de forêt dense autour du lac Echo. Il s'agit d'un véritable paradis pour les amants de la nature, avec de nombreux sentiers de randonnée et des anses paisibles où il fait bon se baigner. On y accède par la route 1, tout juste au sud de Presque Isle.

Installations et services : aires de pique-nique, rampe de mise à l'eau, centre de location de bateaux et de canots. Droits à la journée *(1$)*. **Baignade** : bonne. **camping** : 30 emplacements pour tentes ou véhicules récréatifs (aucun raccordement); 9-11$ par nuitée; pour information, ☎768-8341. **Pêche** : bonne, surtout pour la truite dans le lac Echo.

Allagash Wilderness Waterway

Ce célèbre chapelet de lacs et de rivières, qui s'étend sur presque 150 km entre le lac Telos (au nord du Ripogenus Dam) et l'extrême nord de l'État (près de Fort Kent), est surtout connu pour ses randonnées en canot, aussi bien en eaux calmes que dans les nombreux rapides de la région. Surnommé *God's Country* (terre de Dieu), il offre des paysages divins. Ce couloir s'avère en outre excellent pour la pêche et la motoneige. Si vous projetez de pagayer dans le coin, vous devez vous enregistrer auprès des autorités locales *(Maine Department of Conservation, Bureau of Parks and Recreation, State House Station 22, Augusta, ME 04333)*. La plupart des entreprises organisant des excursions dans le parc se trouvent à Millinocket ou au Ripogenus Dam. Si vous visitez la région par vos propres moyens, un excellent point d'entrée est le Chamberlain Thoroughfare, là où se rencontrent les lacs Telos et Chamberlain. Vous trouverez des gardes forestiers au lac Allagash, au Chamberlain Thoroughfare, au lac Eagle, au Churchill Dam, au Long Lake Thoroughfare et à la Michaud Farm.

Installations et services : aucun. Droits à la journée *(5$)*. Pour information, ☎941-4014. **Baignade** : très bonne dans les lacs aux eaux limpides. **Camping** : 100 emplacements pour tentes seulement; 4-5$ par nuitée.

Lily Bay State Park

Ce magnifique secteur sauvage borde le lac Moosehead, long de 65 km. Il s'agit d'une vaste étendue d'eau miroitante, entourée de forêts de conifères et de montagnes qui ressemblent à des vagues figées contre le ciel. On y trouve un sentier de randonnée, mais il faut avouer que la plupart des activités sont de nature aquatique, qu'il s'agisse de baignade, de pêche ou de navigation, alors qu'en hiver la motoneige et le ski prennent la relève. L'accès du parc se trouve à environ 13 km au nord de Greenville, sur la rive est du lac Moosehead.

Installations et services : deux rampes de mise à l'eau et mouillages. Droits à la journée *(2$)*. **Baignade** : bonne. **Camping** : 91 emplacements pour tentes ou véhicules récréatifs (aucun raccordement); 12-16$ par nuitée; pour information, ☎695-2700. **Pêche** : le lac Moosehead est réputé pour l'omble de fontaine, le saumon et le touladi.

La Downeast Coast

Acadia National Park ★★★

Situé dans une des régions les plus panoramiques du Maine, ce parc englobe une grande partie de la Mount Desert Island, la Schoodic Peninsula (sur le continent même) ainsi que la minuscule Isle au Haut. Pour explorer Mount Desert, songez à emprunter Park Loop Rd., qui couvre les principaux sites de l'île : le Frenchman Bay Overlook, un poste d'observa-tion spectaculaire doté de panneaux d'interprétation pointant vers les différentes îles qui s'étendent à vos pieds; le Wild Gardens of Acadia, un jardin de fleurs sauvages multicolores; le Champlain Mountain Overlook, un autre poste d'observation à couper le souffle donnant sur la Frenchman Bay et ses nombreuses îles; Sand Beach, une plage entièrement constituée de coquillages broyés; et le pic de la Cadillac Mountain, un promontoire dominant les nuages et toute la région. La Schoodic Peninsula vous fournira, pour sa part, l'occasion d'une excursion complémentaire d'une journée; une route à sens unique en fait le tour, offrant de vastes panoramas de la Frenchman Bay, de l'océan Atlantique et des montagnes de Mount Desert, alors qu'une autre gravit le sommet de la Schoodic Mountain. Quant à l'Isle au Haut, il faut s'organiser à l'avance pour s'y rendre, mais, une fois rendu sur les lieux, à vous les randonnées, l'observation des oiseaux et le camping à volonté. La meilleure façon d'approcher Mount Desert Island consiste à emprunter l'embranchement de la route 3 sur la route 1, à Ellsworth. Isle au Haut peut être atteinte par le bateau postal *(droit d'entrée; ☎367-5193)* qui fait régulièrement la navette entre l'île et Stonington. La péninsule de Schoodic Point se trouve plus au nord sur la côte par la route 186.

Installations et services : centre d'information, aires de pique-nique, toilettes et boutiques de souvenirs *(☎288-3338)*. **Baignade** : à Sand Beach; la plus grande attraction des lieux est le sable lui-même, constitué de fragments de coquillages; baignade en eau douce dans le lac Echo. **Camping** : il y a deux terrains de camping dans le parc, Blackwoods et Seawall. Blackwoods compte 310 emplacements pour tentes et véhicules récréatifs (aucun raccordement); gratuit en hiver, 16$ par nuitée en été. Seawall, ouvert en été seulement, propose, pour sa part, 212 emplacements pour tentes et véhicules récréatifs (aucun raccordement); 10-14$ par nuitée. Pour de plus amples renseignements, écrivez à Superintendent, Acadia National Park, P.O. Box 177, Bar Harbor, ME 04609.

Pêche : essayez le Jordan Pond pour le saumon et le touladi; le Long Pond pour le saumon; l'Eagle Lake pour l'omble de fontaine, le saumon et le touladi; le lac Echo pour l'omble de fontaine et le saumon; l'Upper Pond et le Lower Hadlock Pond pour l'omble de fontaine.

Lamoine State Park

Situé sur la baie de Frenchman, ce parc offre une vue spectaculaire sur les majestueux sommets de Mount Desert Island. Ses 22 ha boisés sont particulièrement populaires auprès des campeurs et des pique-niqueurs. On l'atteint par la route 184 en partant d'Ellsworth.

Installations et services : aires de pique-nique, toilettes, quai et rampe de mise à l'eau. Droits à la journée *(2$)*. **Baignade** : l'eau est froide, et il n'y a pas de surveillant de plage. **Camping** : 61 emplacements pour tentes et véhicules récréatifs (aucun raccordement); 16$ par nuitée *(☎667-4778)*. **Pêche** : bonne.

Roque Bluffs State Park

Sculptées à même la baie d'Englishman, les falaises de Roque Bluffs forment un parc de 120 ha doté d'une plage en eau salée et d'une autre en eau douce, de même que d'une myriade de sentiers boisés. Il y a une plage de galets qui borde l'Atlantique; il faut alors se rabattre sur l'autre, sablonneuse, qui ceinture un étang protégé. Un très bon endroit pour observer les aigles. L'accès du parc se trouve à environ 10 km de la route 1, tout juste au-delà de Jonesboro.

Installations et services : aires de pique-nique, vestiaires, toilettes et terrain de jeu *(fermé mi-oct au Memorial Day; ☎255-3475)*. Droits à la journée *(1$)*. **Baignade** : bonne, mais l'eau est très froide. **Pêche** : très bonne.

Cobscook Bay State Park

Ce parc on ne peut plus splendide longe la baie de Cobscook (mot amérindien signifiant «marée bouillonnante»), dont les marées peuvent d'ailleurs atteindre plus de 7 m. Ses 360 ha sont couverts d'épinettes et de sapins, et sillonnés de sentiers de randonnée et de ski de fond. L'endroit est aussi indiqué pour observer les aigles à tête blanche. On y accède par la route 1, à Dennysville.

Installations et services : aires de pique-nique et toilettes. Droits à la journée *(2$)*. **Baignade** : bonne. **Camping** : 106 emplacements pour tentes et véhicules récréatifs (aucun raccordement); 16$ par nuitée *(☎726-4412)*. **Pêche** : permise dans la baie; vous pouvez également ramasser des palourdes.

Quoddy Head State Park

Occupant fièrement le point le plus à l'est des États-Unis continentaux, ce parc présente certaines perspectives incomparables de l'océan Atlantique et de l'île Grand Manan. La grande curiosité de l'endroit est son phare à rayures rouges et blanches qui domine la baie de Fundy, réputée pour ses marées exceptionnelles. Des sentiers de randonnée serpentent à travers des massifs d'épinettes, l'une d'elles longeant une haute saillie délimitée par des falaises abruptes qui tombent carrément dans l'océan. Depuis la route 1, empruntez la 189 jusqu'à Lubec, puis suivez les indications.

Installations et services : aires de pique-nique et foyers *(fermé 15 oct au 15 mai; ☎733-0911)*. Droits à la journée *(1$)*.

Reversing Falls Park

Si vous vous demandez ce que peuvent bien être des «cascades à rebours», sachez que vous n'êtes pas le seul à vous gratter le crâne. Il s'agit, en fait, d'un de ces phénomènes indescriptibles qu'il faut tout simplement constater sur place. Si cela peut vous aider, les «cascades» en question sont, en réalité, une succession de rapides galopant au milieu de la voie navigable. Le décor de Baltique qui entoure celle-ci appartient au parc, une étendue de 57 ha dotée de sentiers de randonnée et d'aires de pique-nique. Sur la route 1, à partir de l'embranchement qui conduit au Cobscook Bay State Park, continuez à rouler vers le nord sur 15,25 km, puis tournez à droite au magasin du nom d'Antone's Triangle. Presque tout de suite après, au bâtiment rouge, tournez encore à droite. Après 5,5 km sur ce chemin, nouveau virage à droite. Gardez l'eau à gauche, et roulez encore un peu moins de 5 km. Le trajet est plus facile qu'il n'y paraît à première vue, mais aucun de ces chemins de terre n'a de nom!

Installations et services : aires de pique-nique, grils et appentis.

La Southern Coast

Camden Hills State Park ★★

Formé d'un bouquet de collines aux contours adoucis, ce parc est toujours charmant, qu'il soit enveloppé de brume ou aussi clair qu'une feuille de mica. Il est parcouru de sentiers boisés, enlaçant les collines comme autant de lierres, et offre une vue magnifique sur la baie de Penobscot, des montagnes balayées par les vents et des riches forêts de pins. L'entrée du parc se trouve à environ 3 km au nord de Camden, sur la route 1.

Installations et services : aires de pique-nique *(☎236-3109)*. Droits à la journée *(2$)*. **Camping** : 112 emplacements pour tentes et véhicules récréatifs; 16$ par nuitée.

Rachel Carson Salt Pond Reserve

Nommé en l'honneur de l'auteur de *Silent Spring*, cet adorable refuge de la péninsule de Pemaquid permet d'explorer un large éventail d'habitats naturels. Situé à quelques péninsules au nord de Boothbay Harbor, l'étang d'eau salée de 1 012 m^2 est entouré de rochers et abrite une multitude d'espèces marines, de canards et d'autre gibier d'eau. En partant de New Harbor, suivez la route 32 sur environ 1,5 km, et surveillez le panneau indiquant l'entrée du parc.

Installations et services : aucun.

Reid State Park

La pièce maîtresse de ce parc est une vaste plage de sable longue de presque 2,5 km, adossée aux dunes et aux marais. Vous pouvez vous baigner dans la mer, mais il y a aussi un étang d'eau salée qui convient particulièrement bien aux jeunes enfants. Il est heureux de constater que l'endroit n'est jamais trop bondé. On l'atteint par la route 127, à 22,5 km au sud de Woolwich.

Installations et services : cabines de bain avec douche d'eau douce, foyers et casse-croûte *(☎371-2303)*. Droits à la journée *(2,50$)*. **Baignade** : bonne.

Popham Beach State Park

Ce parc qui semble perdu au bout du monde offre tous les plaisirs de la plage. En plus d'une bande de sable spacieuse, on y trouve des bassins de marée, des rochers polis qui se laissent facilement escalader et une avancée de sable que vous pouvez explorer à marée basse. L'endroit se trouve juste à l'embouchure de la rivière Kennebec. On y accède par la route 209, au sud de Phippsburg.

Installations et services : cabines de bain, douches d'eau douce et grils *(☎389-1335)*. Droits à la journée *(2$)*. **Baignade** : bonne. **Camping** : à 800 m au sud de l'entrée du parc se trouve l'**Ocean View Park** *(Route 9, Phippsburg, ☎389-2564)*, qui dispose de 50 emplacements pour tentes ou véhicules récréatifs (dont 43 avec raccordements); 15-18$ par nuitée.

Wolf's Neck Woods State Park

Vous n'aurez pas à aller très loin de L.L. Bean pour essayer vos nouvelles bottes de randonnée ou vos skis de fond. Ce parc de 100 ha se trouve en effet à Freeport, à seulement 8 km du magasin en question. Il est sillonné de sentiers bien entretenus d'où vous aurez une vue renversante sur la baie de Casco, avec ses îles couvertes d'épinettes et de sapins, et son littoral rocheux. Le parc est, en grande partie, formé de forêts peuplées d'oiseaux aux ramages dignes des plus grands chanteurs d'opéra. On l'atteint par Wolf Neck Rd., au sud de Freeport.

Installations et services : aires de pique-nique, toilettes et activités en nature *(☎865-4465)*. Droits à la journée *(2$)*. **Camping** : tout près, le **Recompence Shores** *(Burnett Rd., au sud de Freeport, ☎865-9307)* dispose de 100 emplacements pour tentes ou véhicules récréatifs (dont sept avec raccordements); 12-20$ par nuitée.

Crescent Beach State Park

Situé sur le Cape Elizabeth, ce parc est réputé pour sa plage sablonneuse de 1,6 km largement fréquentée par les gens de Portland, surtout les fins de semaine d'été, où ils s'ébattent dans les vagues écumeuses et absorbent joyeusement les rayons du soleil. Il faut aussi mentionner qu'elle est orientée de telle sorte qu'on s'y trouve protégé des vents du nord et des courants froids de l'Atlantique. Le parc est en outre agrémenté d'un promontoire rocheux, de bassins de marée, d'un marais d'eau douce, d'une forêt de chênes et d'épinettes, et de nombreux oiseaux et animaux sauvages. On y accède par la route 77, à 13 km au sud de Portland.

Installations et services : aires de pique-nique, vestiaires avec douches, terrain de jeu et casse-croûte *(☎767-3625)*. Droits à la journée *(2,50$)*. **Baignade** : bonne.

Scarborough Beach Park

Tout juste avant d'arriver à Prouts Neck (une petite péninsule de forme bizarre), vous pouvez quitter la route 207 pour vous retrouver face à face avec une plage de sable belle à mourir, bordée de dunes et de marais. Elle n'est pas grande, mais elle n'est pas non plus surpeuplée, sans doute grâce au stationnement limité. On l'atteint par la route 207, à 5 km au sud de la route 1 en partant de Scarborough.

Installations et services : vestiaires, eau potable et surveillants de plage *(☎883-2416)*. Droits à la journée *(3$)*. **Baignade** : bonne; courants de fond pratiquement inexistants. Vagues excellentes pour le surf sans planche. **Camping** : vous trouverez deux terrains de camping près de ce parc et du Scarborough Beach State Park. Le **Bayley's Camping Resort** *(Route 9, Scarborough, ☎883-6043)* compte 50 emplacements pour tentes et 350 emplacements pour véhicules récréatifs (avec raccordements); 28-37$ par nuitée. Le **Wild Duck Campground** *(Route 9, au sud de Scarborough, ☎883-4432)* propose, pour sa part, 15 emplacements pour tentes et 45 emplacements pour véhicules récréatifs (avec raccordements); 12-16$ par nuitée. Fermé de la mi-octobre à avril.

Old Orchard Beach

Cette station balnéaire est surpeuplée durant la belle saison. Sa plage d'une dizaine de kilomètres donnant sur la baie de Saco attire tout particulièrement une foule de Québécois venus chercher ici quelques jours au bord de la mer, quelques jours de farniente... par les routes 1 et 98.

«Oui nous irons à Old Orchard c't'été...»
- Sylvain Lelièvre

Old Orchard est, avec certains coins de la Floride, l'un des endroits des USA où l'on entend le plus parler français.

Installations et services : toilettes, parc d'attractions, boutiques de souvenirs, terrains de camping. **Baignade** : l'eau est froide, mais qu'à cela ne tienne!

Ferry Beach State Park

Cette réserve de 47 ha épousant les contours du littoral est un site on ne peut plus enchanteur. Parmi des massifs de pins et d'autres arbres du Nord, vous y découvrirez une futaie de tupélos, particulièrement rares à pareille latitude. Le parc tout entier est strié de sentiers que vous pouvez fouler à votre guise, mais la plus grande attraction est probablement sa plage, une vaste étendue de sable blanc battue par les vagues de l'Atlantique. On l'atteint par l'embranchement de Bayview Rd., sur la route 9, entre Camp Ellis et Old Orchard Beach.

Installations et services : aires de pique-nique, toilettes et vestiaires *(☎283-0067)*. Droits à la journée *(2$)*. **Baignade** : bonne.

Rachel Carson National Wildlife Refuge

Cette réserve de 1 862 ha vous donne accès à la côte depuis 11 localités réparties sur 72 km entre Cape Elizabeth et Kittery. Ses 10 divisions protègent respectivement l'estuaire d'une rivière formant un marais salant, à l'endroit précis où elle rencontre l'Atlantique, et des sentiers de randonnée y facilitent aussi bien l'exploration de la côte que des bois avoisinants. Le quartier général de Wells offre même à ses visiteurs une sentier accessible aux fauteuils roulants sur 1,6 km. Ce centre est par ailleurs adjacent à la Laudholm Farm, un lieu public disposant de 11,25 km de sentiers. Le grand quartier général se trouve sur la route 9 East, tout juste au nord de Kennebunkport.

Installations et services : aires de pique-nique et toilettes *(☎646-9226)*.

Gouche's Beach

Un seul coup d'œil sur cette plage, et vous comprendrez immédiatement pourquoi le président Bush, comme d'ailleurs beaucoup d'autres, a choisi cet endroit comme lieu de villégiature. Longue et large (tantôt recouverte de sable fin et tantôt de galets), cette bande prodigieusement spacieuse est assaillie par des vagues dont le grondement incessant étouffera toute conversation que vous pourriez tenter d'avoir. Ajoutez quelques mouettes au décor et une brise vivifiante, et vous avez un véritable paradis. On y accède par Beach Avenue, à 2,5 km au sud-ouest de Kennebunkport.

Installations et services : toilettes *(☎967-0857)*. Stationnement : 5$; en guise d'alternative, vous pouvez prendre un tramway touristique jusqu'à la plage en vous présentant à un des arrêts spécialement désignés d'Ocean Avenue.

Arundel (Colony Beach)

Malgré le fait qu'elle se trouve en plein Bush Country, cette petite oasis de sable s'entoure d'une remarquable aura d'exclusivité. Elle est adossée à d'énormes rochers que vous aurez plaisir à escalader et s'étend non loin de Walker's Point, l'endroit où se dresse la résidence d'été de l'ancien président des États-Unis George Bush. L'accès de la plage se trouve immédiatement en retrait d'Ocean Avenue, à Kennebunkport.

Installations et services : aucun. Stationnement : 5$; en guise d'alternative, vous pouvez prendre un tramway touristique jusqu'à la plage en vous présentant à un des arrêts spécialement désignés d'Ocean Avenue.

Wells Beach ★

Immédiatement au nord des sables fouettés par les vagues d'Ogunquit Beach, cette plage arbore une beauté naturelle similaire. Elle aussi est large et lisse, et ses vagues se prêtent en outre à merveille au surf sans planche, mais bon sang que l'eau est froide! Elle donne également un peu trop dans le tourisme, si bien que vous y trouverez une myriade de motels, de chalets et d'appartements, ainsi que des comptoirs de homards et des restaurants disposés le long de la plage. On l'atteint par la route 1, dans le village de Wells Beach.

Installations et services : toilettes, terrain de jeu, aire de stationnement et comptoirs de homards.

Ogunquit Beach ★

En circulant sur la route 1, vous resterez bouche bée devant la beauté de cette immense plage et ne pourrez vous empêcher d'y marquer un arrêt. L'endroit est tout simplement magnifique. L'indomptable océan s'y fracasse avec tumulte, alors que les vagues, en se brisant, provoquent une série d'explosions prismatiques. Par beau temps, le ciel y est d'un bleu resplendissant, ponctué de nuages blancs d'une perfection incomparable. Quant à la plage, large et lisse, elle s'étend sur 5 km et se divise en trois zones principales : la plus fréquentée se trouve au pied de Beach Street; la Footbridge Beach, légèrement moins bondée, gît en bordure d'Ocean Street; et la Moody Beach, la moins peuplée des trois, est accessible par Eldridge Street. On y accède par la route 1, tout près d'Ogunquit.

Installations et services : toilettes dans la zone la plus populaire et à Footbridge Beach *(☎646-5533)*. **Baignade** : compte tenu du fait que la température de l'eau dépasse rarement 15°C, même en juillet et en août, il serait faux de prétendre que tout le monde qualifie la baignade d'excellente en ces lieux. Néanmoins, pour les habitants du nord du Maine et les Québécois, l'eau est tout juste tiède.

ACTIVITÉS DE PLEIN AIR

Canot

Dans un État où la mer, les lacs et les rivières brillent comme des diamants, le canot constitue un excellent véhicule d'exploration.

Dans l'ouest du Maine, Songez à **Saco River Canoe & Kayak** *(188 Main St., Fryeburg, ☎935-2369)*. Sur le lac Moosehead, mettez-vous en contact avec **Wilderness Expeditions** *(Rockwood, ☎534-2242)* pour obtenir un kayak de mer, un canot, un bateau à moteur ou un voilier; cette firme n'organise pas d'excursions, mais elle peut tout de même vous conduire jusqu'à un point donné d'une rivière et vous cueillir en aval plusieurs heures plus tard. Les rivières les plus appréciées de la région sont la Penobscot (niveaux I et II) et la Moose (niveaux II et III).

Dans le nord de l'État, à Millinocket, adressez-vous à **Katahdin Outfitters** *(☎723-5700)* pour louer un canot. Vous pouvez également louer ce genre d'embarcation auprès d'**Allagash Wilderness Outfitters** *(☎723-6622 ou 695-2821)*, qui offre un service de navette jusqu'à l'Upper West Branch de la rivière Penobscot ou jusqu'à la rivière Allagash.

Sur la côte, vous pourrez louer canots et bateaux à moteur aux **Sally Mountain Cabins** *(en bordure de la route 201, Jackson, ☎668-5621)* pour explorer le lac Big Woods. **Maine Sport** *(Route 1, Rockport, ☎236-8797)* loue pour sa part canots et kayaks, les plus beaux endroits où naviguer dans la région étant le lac Megunticook et la baie de Penobscot. **Acadia Bike & Canoe/Coastal Kayaking** *(48 Cottage St., Bar Harbor, ☎288-5483)* organise enfin des randonnées en kayak de mer autour de la Mount Desert Island. À Southwest Harbor, louez un bateau à voiles auprès de **Mansell Boat Rental** *(Main St., ☎244-5625)*.

Pêche en haute mer

Les occasions d'excursions au large ne manquent pas dans cette région du Maine. Voici quelques-unes des firmes auxquelles vous pouvez vous adresser pour ce faire : **Seabury Charters** *(York Harbor, ☎363-5675)* organise des excursions de pêche sur un bateau de 8 m de juin à la fin d'octobre (goberge et bar rayé, entre autres prises). De mai à la fin d'août, l'***Ugly Anne*** *(Ogunquit, ☎646-7202)*, un homardier de 13 m, propose des excursions de pêche à la morue et aux poissons de fond. Les croisières en mer du ***Devil's Den*** *(DiMillo's Marina, Portland, ☎761-4466)*, un bateau de 10 m, vous permettent de taquiner le loup de mer rayé, le requin et le thon. **Charger Charters** *(Tugboat Inn, Boothbay Harbor, ☎882-9309)* vous emmène, pour une demi-journée ou une journée complète, pêcher le maquereau, le requin, la morue et toute autre espèce marine des environs; si vous préférez prendre vous-même la barre, sachez qu'on y loue également trois voiliers et un bateau à moteur. Enfin, à Southwest Harbor, embarquez-vous sur le ***Masako Queen*** *(☎667-8493)*, un homardier de 10 m, pour une excursion d'une demi-journée en mer (morue, maquereau et homard, entre autres prises).

Golf

C'est sur la portion centrale de la côte que vous trouverez la plus grande concentration de terrains de golf du Maine. Le **Kebo Valley Golf Club** *(Eagle Lake Rd, Bar Harbor, ☎288-3000)*, dont le parcours panoramique sillonne l'Arcadia National Park, figure sur la liste des 100 meilleurs parcours du pays, et ses 18 trous sauront mettre au défi même les plus habiles golfeurs.

La rivière Jordan traverse le tout aussi panoramique 18 trous de championnat du **Bar Harbor Golf Course** *(à la jonction des routes 3 et 204, Trenton, ☎667-7505)*; prenez tout particulièrement garde au 18e trou, qui a la réputation d'être inatteignable du fait de sa portée de 29 m. Sur Deer Isle, prenez le départ à l'**Island Country Club** *(Route 15A, Sunset, ☎348-2379)*, dont le parcours est de niveau intermédiaire. À Hancock, le neuf trous à normale 34 du **White Birches Golf Course** *(Thorsen Rd., ☎667-3621)* compte deux drapeaux par trou; deux de ses allées sont coupées par l'eau et deux autres sont tracées à travers bois. Le neuf trous à normale 35 du **Castine Golf Club** *(Battle Ave., Castine, ☎326-8844)* a été conçu par Willie Park, Jr., qui a remporté le British Open en 1897, de sorte qu'il est façonné à la mode des anciens parcours écossais de type côtier et vallonné. À Southwest Harbor, le parcours de neuf trous du **Causeway Club** *(Fernald Point Rd., ☎244-3780)* s'étire en bordure du Causeway et offre de belles vues de la mer; prenez garde au quatrième et au septième trous, car ils donnent directement sur l'eau. Le **Northeast Harbor Golf Club** *(Sargent Dr., Northeast Harbor, ☎276-5335)* exploite un parcours de 18 trous offrant des vues somptueuses des montagnes environnantes; il s'agit d'un tracé à normale 69, et le cinquième trou en constitue la pierre d'angle en raison du cours d'eau qui le traverse. Plusieurs des neuf trous du **St. Croix Country Club** *(River St., Calais, ☎454-8875)* longent la rivière St. Croix, et le septième, dont le vert est dominé par un nid d'aigle, est celui qui a fait sa marque. Alex Findlay a conçu, vers le tournant du siècle, le **Grindstone Neck Golf Course** *(Grindstone Ave., Winter Harbor, ☎963-7760)*, un parcours côtier des plus pittoresques; les neuf trous s'en trouvent immédiatement au bord de l'océan, et le deuxième repose directement sur les rochers du rivage.

Voile

Vous trouverez, dans les eaux du Maine, tous les genres de voiliers possibles et imaginables, du plus simple Sunfish aux plus imposantes goélettes. **Saco Bay Sailing** *(Beach Ave., Saco, ☎283-1624)* peut accueillir jusqu'à six personnes sur son voilier de 10 m de type Freedom, grâce auquel vous pourrez explorer les îles de la baie ou prendre part à une croisière coucher de soleil; téléphonez à l'avance pour réserver vos places. Vous pouvez également réserver une excursion nolisée ou prendre des leçons de voile auprès de **Holladay Marine** *(West Boothbay Harbor, ☎633-4767)*. À Rockport, le **Schooner *Timberwind*** *(Rockport Harbor, ☎800-759-9250)*, une goélette de 30 m, effectue des excursions de trois, quatre ou six jours, de même que des croisières déjeuner de quatre heures le dimanche. Si vous vous trouvez près de Belfast, mettez-vous en contact avec le **Chance Along Sailing Center** *(☎338-6003)* pour louer ou noliser un bateau à voiles de moindre envergure (un Sunfish ou un Zuma), à moins que vous ne préfériez un sloop. **Great Harbor Charters** *(Northeast Harbor, ☎276-5352)* vous fera faire un voyage de trois heures à bord d'un sloop de 10 m. Quant au **Camden Yacht Club Sailing Program** *(Bayview St., Camden, ☎236-4575)*, il permet à ceux qui le désirent de prendre des leçons de voile.

Rafting

Les forêts du nord sont parcourues de rivières aux eaux tumultueuses. **Wilderness Rafting Expeditions** *(Rockwood, ☎534-2242)* organise des expéditions d'un et deux jours sur les rivières Kennebec, Dead et Penobscot, les niveaux de difficulté variant de débutant à expérimenté, et vous aurez le choix d'effectuer votre descente de rivière en radeau pneumatique, en canot ou en kayak; cette firme loue en outre des canots, des kayaks, des bateaux à moteur et des voiliers. Les guides d'expérience de **Northern Outdoors, Inc.** *(The Forks, ☎663-4466)* dirigent des descentes d'un ou deux jours dans les rapides de niveau IV et V des rivières Kennebec, Dead et Penobscot. Pour descendre les rivières Kennebec, Dead, Deerfield, Miller ou West, vous pouvez aussi vous adresser à **Crab Apple White Water** *(The Forks, ☎663-2218)*, qui vous offre une randonnée d'une demi-journée en kayak ou d'une journée complète en radeau pneumatique, les rapides à affronter variant du niveau I au niveau V; on s'offre également à vous louer à la demi-journée des kayaks de plaisance.

Excursions en bateau

Des centaines d'agences maritimes établies sur la côte du Maine vous proposent des excursions de toutes sortes, qu'il s'agisse d'un cocktail sur l'eau d'une heure à peine, d'une expédition d'une journée pour observer les baleines en mer ou d'une croisière d'une semaine sur une goélette historique. Vous trouverez la majorité de ces agences à Kennebunkport, Boothbay Harbor, Rockland et Rockport, de même que sur Mount Desert Island. Retenez toutefois que ces excursions ne s'effectuent généralement qu'en période estivale.

Sur Mount Desert Island, plusieurs possibilités s'offrent à vous, comme l'observation des baleines avec **Acadian Whale Watcher** *(Bar Harbor, ☎288-9776)* et les croisières naturalistes avec **Sea Princess Naturalist Cruises** *(Northeast Harbor, ☎276-5352)*.

À Stonington, ***Miss Lizzie***, le bateau postal d'Isle au Haut, sert en même temps de bateau de croisière. L'excursion de 90 min part de l'Atlantic Avenue Dock *(☎367-5193)*. Le ***Palmer Day IV*** part également de Stonington en direction de Penobscot Bay.

C'est précisément à Penobscot Bay que vous découvrirez d'ailleurs les goélettes à grands mâts pour lesquelles le Maine est réputé. Si vous le désirez, vous pouvez passer trois jours ou une semaine complète à bord d'un de ces grands voiliers, logeant dans une cabine confortable et mangeant comme un roi. Pour obtenir une liste complète des différents forfaits disponibles, adressez-vous à la **Maine Windjammer Association** *(P.O. Box 317, Rockport, ME 04856, ☎800-9463)*.

Pour une croisière panoramique jusqu'à la légendaire colonie artistique de Monhegan Island, dirigez-vous vers Port Clyde, au sud de Thomaston, et embarquez-vous sur le ***Laura B.*** ou l'***Elizabeth Ann*** *(☎372-8848)*. En route vers cette île idyllique, vous croiserez plusieurs colonies d'oiseaux et, une fois arrivé sur les lieux, vous apprendrez l'histoire fascinante de cet homme de la Renaissance qu'était Rockwell Kent, sans compter que vous pourrez voir la résidence d'été de l'artiste Jamie Wyeth.

Cap'n Fish Boat Trips *(Pier 1, Boothbay Harbor, ☎633-3244)* n'est qu'une des nombreuses entreprises d'excursions qui cherchent à retenir votre attention sur les quais de Boothbay Harbor. Vous y trouverez de tout, des croisières «cocktail» aux croisières «coucher de soleil», en passant par les randonnées spécialisées dans l'observation des phoques, des oiseaux exotiques et de tout autre espèce ailée ou aquatique.

À Kennebunkport, vous pouvez vous embarquer sur le ***Nautilus*** *(Route 9, ☎967-5595)*, qui part de l'Arundel Shipyard. **Second Chance Cruiseline** *(☎967-5507)* organise des excursions fascinantes au cours desquelles vous pourrez observer des phoques. Le capitaine vous fera également assister à une démonstration de pêche au homard.

Ski de fond

Une excellente façon d'apprécier les splendeurs de l'hiver dans le Maine consiste à parcourir l'État sur des skis, à travers des kilomètres et des kilomètres de sentiers embaumés par les pins. La saison débute en général à la fin de novembre et dure jusqu'à une date avancée d'avril. Sauf indication contraire, les centres de ski énumérés ci-dessous louent l'équipement nécessaire et offrent des leçons.

Dans le nord de l'État, **Currier's Flying Service** *(Greenville, ☎695-2778)* offre le transport aérien vers la région du lac Moosehead. Le **Birches Ski Touring Center** *(Rockwood, ☎534-7305)* dispose pour sa part de 25 km de sentiers damés, mais ne propose ni locations ni leçons. Une des grandes stations des environs est le **Moosehead Nordic Center** *(Route 16 angle Indian Hill, Greenville, ☎695-2870)*, qui offre présentement 15 km de sentiers entretenus et ne cesse de prendre de l'ampleur.

Dans l'ouest du Maine, à Kingfield, songez au **Sugarloaf Touring Center** *(Carrabassett Valley, ☎237-2000)*, qui a largement de quoi occuper toute la famille avec plus de 90 km de sentiers damés, une patinoire et un court tronçon de ski accessible le soir. À Rangeley, surfeurs des neiges, skieurs alpins et fondeurs se partagent les pentes du **Ski Nordic Touring Center at Saddleback** *(☎864-5671)*, où quelque 40 km de sentiers damés attendent les randonneurs. Le **Bethel Inn and Country Club** *(Bethel, ☎824-2175)* dispose quant à lui de 40 km de sentiers entretenus qui serpentent à travers de magnifiques boisés et enjambent des ruisseaux; patin sur glace et balades en traîneau sont aussi offerts. Vous pouvez également emprunter les 40 km de sentiers damés du **Sunday River Cross Country Ski Center** *(Bethel, ☎824-2410)*.

Ski alpin

Le Maine possède un certain nombre de centres de ski à service complet, dont un sur la plus haute montagne de ski de la Nouvelle-

Angleterre, qui ne manqueront pas de faire votre bonheur. Toutes les stations énumérées ci-dessous louent de l'équipement et proposent des leçons.

Dans le Maine, le ski alpin gravite en grande partie autour de **Sugarloaf/USA** *(Carrabassett Valley, Kingfield, ☎237-2000)*, la plus imposante montagne de ski de la Nouvelle-Angleterre. Avec une altitude de base de 427 m et une descente verticale de 860 m, même les skieurs les plus expérimentés trouveront ici des défis à relever, et les néviplanchistes seront emballés par la demi-lune d'une longueur de 150 m ainsi que les tremplins de saut acrobatique, les tonneaux et les crêtes du parc de jeux.

La **Saddleback Mountain** *(Rangeley, ☎864-3380)*, qui offre une altitude de base de 762 m, possède deux remonte-pentes et trois téléskis qui couvrent un total de 40 pistes également réparties entre skieurs débutants, intermédiaires et experts. Un parc de surf des neiges y offre par ailleurs des tremplins de saut et des rampes à l'intention des néviplanchistes.

Les 17 remonte-pentes de **Sunday River Skiway** *(Bethel, ☎824-2187)* desservent des pistes réparties comme suit : 26% pour débutants, 36% de niveau intermédiaire et 38% pour experts. Les surfeurs des neiges pourront par ailleurs exercer leurs talents sur la demi-lune. L'altitude de base de la station est de 957 m, et il y a une descente verticale de 713 m.

Skieurs alpins, adeptes du télémark et surfeurs des neiges se partagent les pistes du **Shawnee Peak at Pleasant Mountain** *(Bridgton, ☎647-8444)*, qui présente une altitude de base de 152 m et une descente verticale de 396 m. Cette station compte quatre remonte-pentes et un téléski à perches pour les 34 pistes qui sillonnent la montagne. On permet le ski de soirée sur 17 des pistes, et un parc de jeux captive les néviplanchistes avec ses sauts, ses tonneaux et ses crêtes. La moitié des pistes s'adressent aux skieurs de niveau intermédiaire, les autres étant également réparties entre débutants et experts.

Sur la côte, dévalez les pentes du **Camden Snow Bowl** *(Barnestown Rd., Camden, ☎236-3438)*, qui s'enorgueillit d'un sommet de 366 m. Surfeurs des neiges et skieurs sont les bienvenus sur chacune des 11 pistes de la station, qui s'intéresse visiblement aux premiers en offrant des leçons aux débutants. Plus de 11 km de pistes damées y sont accessibles grâce à un double remonte-pentes et à deux téléskis, et on peut skier en soirée sur la moitié des pistes. Le parc tend surtout à desservir les skieurs de niveau intermédiaire (seulement 10% des pistes s'adressent aux débutants, et un autre 10% aux experts). La saison s'étend environ de décembre à mars.

Vélo

La bicyclette demeure l'un des meilleurs moyens pour visiter la côte du Maine. Il vous suffit de choisir un point de départ, n'importe lequel, et de commencer à pédaler. L'incessante circulation routière, au cours de l'été, vous dicte toutefois une prudence accrue.

Sur **Mount Desert Island**, il y a plus de 80 km de chemins carrossables sur lesquels vous pouvez circuler á bicyclette. L'un des circuits les plus excitants est l'**Acadia National Park Loop**, qui emprunte la même route que les voitures, exception faite de quelques détours. L'ascension du mont Cadillac n'est toutefois pas à la portée de tous.

Sur **Deer Isle**, il existe plusieurs possibilités de randonnées à vélo. En partant du centre du village même de Deer Isle, vous pouvez traverser des bois silencieux jusqu'à la Haystack Mountain School of Crafts, distante de 11,25 km, ou rejoindre le petit village de pêche au homard qu'est Stonington, à 10,5 km de Deer Isle. Mais vous pouvez également emprunter le bateau postal d'**Isle au Haut**, où vous longerez la côte sur quelques kilomètres.

Dans la région de **Boothbay Harbor**, on est beaucoup mieux sur deux roues que sur quatre. De la ville même, pédalez vers l'est jusqu'à East Boothbay, puis vers le sud jusqu'à Ocean Point (un circuit d'environ 23 km au total). Ou alors empruntez la boucle qui fait le tour de Southport Island en partant de Boothbay Harbor (26 km aller-retour).

Nous vous recommandons tout spécialement le circuit de **Cape Elizabeth**, immédiatement au sud de Portland, une attrayante boucle de 35,5 km qui débute et se termine à la Scarborough Public Library, juste au sud de Portland, sur la route 207. La voie cyclable serpente à travers le Scarborough Marsh, longe plusieurs plages (dont Scarborough Beach et Crescent Beach State Park) et sillonne en outre le Lights State Park et la réserve ornithologique de Prouts Neck.

Il existe également des parcours intéressants à l'intérieur des terres, mais les distances à franchir ont tendance à être considérables, et les voies cyclables peuvent devenir très accidentées, surtout dans l'ouest de l'État. Les cyclistes chevronnés peuvent faire un voyage de rêve dans le **Baxter State Park**, entre le Ripogenus Dam et Spencer Cove (environ 74 km). Vous passerez des chutes, des rapides et des kilomètres de forêts majestueuses que surplombe à l'horizon le mont Katahdin.

Location de bicyclettes

À Kennebunkport, l'établissement à service complet qu'est le **Cape-able Bike Shop** *(Townhouse Corners; ☎967-4382)* loue des vélos tout-terrains, des montures hybrides, des bicyclettes d'enfant et des tandems. À Rockport, vous pourrez louer des vélos tout-terrains, des bicyclettes d'enfant, des montures hybrides et des remorques pour enfants en bas âge chez **Maine Sport** *(Route 1, ☎236-8797)*; il s'agit également d'un commerce à service complet où l'on vend des accessoires de vélo, où l'on répare les bicyclettes et où l'on organise des randonnées estivales. À Boothbay Harbor, vous trouverez des vélos tout-terrains à louer chez **Tidal Transit** *(près du pont piétonnier, ☎633-7140)*, qui propose en outre des randonnées en kayak sur la baie au coucher du soleil. Pour louer des vélos tout-terrains à 21 vitesses à Bar Harbor, adressez-vous à **Acadia Bike & Canoe/Coastal Kayaking** *(48 Cottage St., ☎288-5483)*, qui vend par ailleurs des bicyclettes neuves et d'occasion, et offre un service de réparations. Au lac Moosehead, vous trouverez des vélos tout-terrains à **The Birches** *(Birches Rd., ☎534-7305)*.

Randonnée pédestre

Sauf indication contraire, toutes les distances fournies le sont pour l'aller seulement.

La région des lacs et des montagnes

Dans la région des lacs de Rangeley, une bonne montagne pour se réchauffer est la **Bald Mountain** (1,6 km), dont le sentier gravit progressivement le sommet à travers des forêts de bois dur. Du pic, vous apercevrez des parties du lac Mooselookmeguntic et d'autres lacs des environs. Vous verrez également les Kennebago Mountains, au nord, les Aziscohos et les Deer Mountains, à l'ouest, et le mont Saddleback, à l'est. Pour atteindre le début de le sentier, suivez la route 4 sur 1,5 km, en partant du bureau de poste d'Oquossoc, puis virez à gauche sur Bald Mountain Road.

Le sentier quelque peu difficile qui conduit au sommet de la **Little Jackson Mountain** (10,5 km) s'élève au-dessus de la cime des arbres, après avoir franchi de jolis bosquets et des touffes d'arbustes gorgés de bleuets et de canneberges. Le panorama de la région de Weld, que vous découvrirez au sommet, vaut largement les efforts de l'ascension. Pour vous y rendre, suivez la route non identifiée qui court vers l'ouest en partant de Weld Corner, et restez-y jusqu'à ce que vous croisiez un cimetière; prenez ensuite le chemin de terre cahoteux qui se présente immédiatement à votre droite.

Les **Step Falls** (1,5 km) se présentent comme un long chapelet de cascades et de réservoirs glacés. Au cours des mois d'été (et même à la fin d'août), enfilez votre maillot de bain, et laissez-vous emporter par les toboggans d'eau naturels formés à cet endroit. Les chutes se trouvent sur la route 26, à environ 24 km au nord-ouest de Bethel; l'endroit n'est pas signalé, mais vous verrez plusieurs voitures stationnées au départ du sentier.

Un sentier sans histoire, spécialement recommandé aux jeunes familles, grimpe jusqu'au sommet de la **Sabattus Mountain** (1,2 km) en traversant des bois silencieux sur des coteaux peu inclinés. En haut, un vaste panorama des montagnes avoisinantes vous attend. Pour atteindre le sentier, suivez la route 5 jusqu'à quelques mètres au nord de Center Lovell, puis tournez à droite sur le chemin de terre qui s'ouvre devant vous. Lorsque vous arriverez à une fourche, gardez la droite, et poursuivez votre route jusqu'au terrain de stationnement, une fois passée une maison blanche.

Les forêts du Nord

Dans le Baxter State Park, l'**Owl Trail** (4,8 km) commence doucement, traversant des bois et longeant des cours d'eau. Cependant, elle ne tarde pas à devenir plus raide par endroits, alors qu'elle épouse les contours d'une falaise jonchée de gros blocs de pierre. Si votre condition physique vous permet de vous y attaquer, n'hésitez pas à la suivre jusqu'au bout, car, du sommet fouetté par les vents, vous pourrez contempler les lacs et les rivières qui arrosent cette région paradisiaque du Maine. Pour atteindre l'Owl Trail, empruntez le Hunt Trail, qui part du terrain de camping de Katahdin Stream; des panneaux indicateurs de couleur bleue vous signaleront le parcours de l'Owl Trail.

L'un des circuits les plus spectaculaires jusqu'au pic de Baxter est le **Cathedral Trail** (2,9 km); mais sachez qu'il est très abrupt et truffé de rochers. Son nom lui vient de ces hautes colonnes de roc que vous apercevez, rappelant les tours d'une cathédrale. Au retour, empruntez la **Dudley Trail** ou le **Knife Edge Trail**, moins casse-cou et plus faciles à descendre. Ces trois sentiers débutent et se terminent au terrain de camping de Chimney Pond, dans le parc national de Baxter.

Du lac Umsaskis, qui fait partie de l'Allagash Waterway, part un sentier qui gravit la **Priestly Mountain** (boucle de 5,6 km). De la tour d'incendie qui couronne son pic, à environ 580 m d'altitude, vous découvrirez une vue très étendue sur la région d'Allagash, nappée de lacs et de rivières. Pour atteindre le sentier, laissez votre canot au campement du garde forestier du parc, à mi-chemin environ de la rive occidentale du lac. Un panneau vous indiquera le début du circuit.

Deux sentiers mènent au sommet du **mont Kineo**, qui s'élève de façon majestueuse au beau milieu du lac Moosehead. L'**Indian Trail** (1,6 km) est le plus ardu des deux, longeant une falaise abrupte. Le **Bridle Trail** (1,6 km), bien que plus facile, n'offre vraiment pas autant d'attraits. Néanmoins, quelle que soit celui que vous choisirez, le panorama qui vous attend sur le sommet dénudé vous laissera pantois. Vous ne pouvez atteindre la montagne qu'à bord d'une embarcation; on loue des bateaux à moteur le long de la rivière Moose et à Rockwood, sur la rive occidentale du lac Moosehead, mais vous pouvez également profiter de la navette qui part une heure sur deux de la Kineo House.

Si vous ne devez faire qu'une seule randonnée en Nouvelle-Angleterre, que ce soit au **Gulf Hagas** (boucle de 16 km), aussi connu comme le «Grand Canyon du Maine». Cette région est peut-être la plus panoramique de l'État, englobant les 5 km du canyon, cinq chutes importantes et des falaises verticales de plus de 12 m. Le seul problème consiste à trouver l'endroit, qui se situe quelque part à l'est de Greenville et à l'ouest des Katahdin Iron Works. La meilleure chose à faire est sans doute de consulter *The Maine Atlas*, qui en indique clairement l'emplacement. Si vous voulez tenter le coup sans l'aide de l'atlas, au départ des routes 6 et 15, à Greenville, prenez à droite sur Pleasant Street, et suivez-la sur 3,2 km. Cette route accuse alors un crochet marqué vers la droite pour ensuite se transformer en chemin de terre; suivez ce dernier sur 16 km, et vous atteindrez la barrière du Hedgehog Check Point. Le préposé pourra vous guider à partir de ce point.

Le **Sally Trail** (4,8 km) serpente jusqu'au sommet de la Sally Mountain à travers des forêts de bouleaux et de sapins. De là, vous pourrez contempler l'Attean Pond, constellé d'îles, et les autres pics qui dominent la région. Pour atteindre le sentier, roulez sur 3,2 km au sud de Jackman, sur la route 201, jusqu'à Attean Road. Tournez alors à droite, et suivez le chemin sur environ 3 km jusqu'à l'Attean Lake Resort. Le sentier débute près de l'embarcadère du lac, à côté des rails de chemin de fer.

La Downeast Coast

L'**Acadia National Park** dispose d'un immense réseau de sentiers qui attirent les randonneurs et les alpinistes du monde entier. Son centre d'information touristique vous fournira un feuillet décrivant plusieurs des sentiers, dont le niveau de difficulté varie considérablement. Le guide *Randonnée pédestre dans le Nord-Est des États-Unis*, des Éditions Ulysse, décrit les plus beaux sentiers et indique les niveaux de difficulté et le temps requis pour les parcourir. Nous vous suggérons tout particulièrement le **Beech Cliff Trail**, long de 1 km, qui peut être arpenté aisément en 30 min aller-retour. Il offre des vues extraordinaires sur le lac Echo, Somes Sound, le mont Cadillac et les îles environnantes. Départ du stationnement du Beech Cliff, qu'on atteint par un embranchement au sud de la route 102.

Le **North Ridge de la Cadillac Mountain** (6,1 km), qui se trouve dans le parc Acadia, se présente comme un sentier de difficulté moyenne où les passages plats alternent avec des paliers plus fortement inclinés. Mais, généralement parlant, il s'agit d'une ascension progressive offrant des vues renversantes sur les baies émaillées d'îles, le littoral et les nuages qui s'étendent à vos pieds.

Si vous vous sentez d'attaque, songez à escalader l'**Acadia Mountain** (4 km). Le parcours est plutôt ardu, mais dispose de plusieurs points d'observation fascinants des montagnes, des îles parsemées au large de la côte (du haut des airs, on dirait des croûtons flottant dans une soupe) et du Somes Sound, le seul fjord de la Côte Est des États-Unis.

Un autre excellent sentier à l'intérieur de l'Acadia National Park, quoique lui aussi difficile, est la **Beachcroft Trail** (3,2 km), qui débute près de la route 3, à l'extrémité nord de Tarn. De là, il vous mène (presque à la verticale) le long de la paroi d'une vallée glaciaire où vous pouvez nettement lire tout le passé géologique de la région.

Le sentier de la **Beech Mountain** (1,9 km), à Southwest Harbor, est celui que nous préférons. Au fur et à mesure que vous grimpez, vous avez l'impression que le sol s'effondre partout autour de vous, révélant un panorama de plus en plus saisissant de la mer et des îles qui l'émaillent à cet endroit. Puis, si cela ne vous suffit pas, montez jusqu'au sommet de la tour d'incendie qui surmonte le pic : vous vous régalerez à loisir d'un paysage on ne peut plus féerique.

Du haut de **Blue Hill** (1,6 km), vous ne pourrez détacher vos yeux des splendeurs qui s'offrent à vous, comme si elles sortaient tout droit d'un tableau, composées des pics de Mount Desert Island et des eaux tachetées de voiliers de la baie de Blue Hill. Par temps clair, vous apercevrez même les villages de Penobscot et de Castine, ainsi que les Camden Hills. Le sentier en lui-même traverse d'épais fourrés de sapins et d'épinettes. Pour l'atteindre, prenez la direction de l'ouest sur Mountain Road, qui fait face à l'entrée des Blue Hill Fairgrounds; vous verrez le début du sentier sur votre droite environ 1,5 km plus loin.

Le sentier de la **Duck Harbor Mountain** (1,6 km) est l'occasion d'une délicieuse randonnée sur l'Isle au Haut. Du sommet de la montagne, vous verrez la plus grande partie de l'île, qui est essentiellement couverte d'épaisses futaies de sapins et d'épinettes, de terres marécageuses, de cours d'eau, d'étangs et de falaises spectaculaires.

La Southern Coast

Le circuit qui, dans le Camden Hills State Park, permet d'explorer le sommet de la **Bald Rock Mountain** (0,8 km) récompense les randonneurs d'une vue glorieuse sur la Penobscot Bay, Blue Hill, le pic en dents de scie de Mount Desert Island et les îles ancrées au large de la côte. Le sentier traverse une forêt où explosent mille fleurs sauvages, et l'ascension s'avère assez facile. Pour trouver le début du sentier, empruntez la route 1, au nord de Camden, jusqu'à Lincolnville Beach; tournez à gauche sur la route 173 et à gauche encore sur Young Town Road. Le point de départ du parcours se trouve près de Bald Rock Road, un chemin à l'usage des équipes de lutte contre les incendies.

Toute l'île de Monhegan se prête à merveille aux randonnées, mais, si le temps vous fait défaut, empruntez au moins le **Cliff Trail** (environ 3 km). Il vous entraîne en effet vers la partie la plus richement panoramique de l'île, au-dessus des caps et des anses qui composent le littoral de la Côte Est. Il vous faudra probablement une demi-journée pour terminer le parcours, mais les paysages de falaises à pic, d'anses profondes et d'océan à perte de vue en valent largement la peine.

Le **Fore River Trail** (1,6 km), qui sillonne le Portland's Fore River Sanctuary, est un parcours facile serpentant à travers bois et marais jusqu'à une cascade de 9 m de haut. Plusieurs autres sentiers croisent le circuit principal.

HÉBERGEMENT

L'hébergement revêt mille et un visages dans le Maine, des motels en bord de mer les plus conventionnels jusqu'aux auberges de style européen. La plupart des établissements sont regroupés sur la côte. Nombre d'entre eux sont saisonniers et n'ouvrent leurs portes que pour les mois d'été; il serait donc plus prudent de vous informer au préalable si vous voyagez en automne ou en hiver.

La région des lacs et des montagnes

Kingfield

À environ 27 km au sud de la Sugarloaf Mountain se trouve **The Herbert** *($$ pdj; ⊛, ⌂; ☎265-2000 ou 800-843-4372, ≠265-4594)*, un heureux choix par rapport aux condominiums (appartements) de la populaire station de ski. Il s'agit d'un grand hôtel à l'ancienne disposant de 33 chambres décorées avec goût, aux salles de bain équipées d'une baignoire à remous doublée d'un bain de vapeur. Le hall principal offre un chaleureux refuge dont se prévalent volontiers nombre de skieurs aux pommettes roses n'éprouvant aucun sentiment de culpabilité à passer un après-midi bien au chaud, devant le foyer, en écoutant du piano.

Le **Sugarloafer's Ski Dorm** *($$-$$$ ½p; ☎265-2041)* est exactement ce qu'il dit être : un simple dortoir. Il fut spécialement conçu pour les groupes de skieurs et compte six salles distinctes pouvant accueillir respectivement jusqu'à 40 personnes.

L'**Inn on Winter's Hill** *($$-$$$; ≈, ⊛; Winter Hill Rd., ☎265-5421 ou 800-233-9687, ⇌265-5424)*, baptisé en mémoire d'Amos Winter, le fondateur de la station de ski de Sugarloaf, se présente comme un manoir néogéorgien disposant de 20 chambres remplies d'antiquités, réparties entre la maison principale et la grange adjacente. Les salles communes de l'auberge, qui figure au registre des bâtiments historiques, sont richement décorées, au point qu'on se demande si l'accès ne devrait pas en être interdit par des cordons, comme dans les musées; mais, en réalité, elles sont très confortables. Une piscine, une baignoire à remous et un court de tennis complètent les installations.

Sugarloaf Mountain

La **Sugarloaf Mountain Corporation** *($$$-$$$$; ☎237-2000 ou 800-843-5623, ⇌237-3052)* met à votre disposition plus de 300 condominiums (appartements), dont chacun offre ses avantages propres. Certains sont tout près des remonte-pentes, alors que d'autres côtoient les restaurants et les boutiques. Certains sont ultramodernes, avec toutes sortes d'installations récentes, et d'autres plus anciens mais aussi plus abordables. Quelques-uns prennent l'allure de chambres d'hôtel sans attrait particulier, tandis que d'autres sont de véritables logements parfaitement équipés. Le **Sugarloaf Mountain Hotel** *($$$-$$$$; ☎237-2222 ou 800-527-9879, ⇌237-2874)* se dresse également dans les parages, avec ses six étages de suites d'une, deux ou trois chambres.

Stratton

Non loin de la région de Sugarloaf, vous pouvez loger au **Widow's Walk** *($ pdj; Route 27, ☎246-6901 ou 800-943-6995)*, une auberge exceptionnellement cordiale qui attire une foule de skieurs en hiver et d'amants de la nature en été. Cette maison victorienne, inscrite au registre national des bâtiments historiques, fut construite vers la fin des année 1890. L'établissement propose six chambres meublées en toute simplicité dans un style caractéristique de la Nouvelle-Angleterre.

Les mordus du ski voyageant avec un budget restreint trouveront dans cette région un large éventail de motels sans fantaisie, comme le **White Wolf Inn** *($; Route 27, Main St., ☎246-2922)*, qui, malgré son manque de caractère, est passablement chaleureux. Les 10 chambres ne renferment que le strict essentiel, mais peuvent loger de deux à cinq personnes. Idéal pour les groupes d'amis.

Rangeley

Le **Sunset Point Cottages** *($$; fermé sept à fin mai; sur le lac Mooselookmeguntic, à l'extérieur de Rangeley, ☎864-5387)* pourrait tout aussi bien se trouver en Suède. Ainsi que son nom le suggère, Sunset Point est une pointe de terre s'avançant vers le couchant, dans les eaux du spectaculaire lac Mooselookmeguntic. Cinq cottages économiques (d'une, deux ou trois chambres) se dressent à quelques centimètres à peine de l'eau. Bien qu'assez rustique (poêles à bois et éclairage au gaz), l'endroit met à la disposition de ses clients un pavillon de bain commun, équipé de véritables douches à l'eau chaude! Location à la semaine seulement.

Le **Rangeley Inn and Motor Lodge** *($$-$$$; ⊛; Main St., ☎864-3341 ou 800-666-3687, ⇌864-3634)*, situé juste au bord de l'eau, est l'une des signatures de cette ville. La plus ancienne des deux constructions, datant de l'époque du chemin de fer et du bateau à vapeur, se présente comme un bâtiment de trois étages recouvert de bardeaux et regroupant 36 chambres entièrement rénovées. L'autre, un motel plus récent, dispose de 15 chambres, dont certaines équipées d'un foyer ou d'un poêle à bois, d'un lit d'eau et d'une baignoire à remous.

Magnifiquement juché sur une colline dominant le lac Rangeley et entouré d'un parcours de golf de 18 trous, le **Country Club Inn** *($$$ pdj ou ½p; fermé mi-oct à fin déc; Country Club Rd., ☎864-3831)* est une importante station estivale, construite par un riche sportif au cours des années vingt. Le salon bénéficie de deux immenses cheminées se faisant face, mais les 20 chambres n'offrent vraiment pas de quoi s'exclamer, ce qui paraît assez étonnant pour un endroit aussi extraordinaire.

Oquossoc

Les **Bald Mountain Camps** *($$$$ pc; fermé oct à mi-mai; ☎864-3671)* présentent les forêts du Maine à leur meilleur, soit des centaines de kilomètres de régions densément boisées entourant le magnifique lac Mooselookmeguntic. Les visiteurs logent dans de petites cabanes accueillantes et chaleureuses (15 au total, toutes équipées de foyers). Aucune crainte que les enfants ne tachent quoi que ce soit ici, car les meubles sont réduits à leur plus simple expression. Les repas sont servis dans une salle à manger en rondins, où se retrouvent année après année les mêmes joyeux vacanciers, incapables de se séparer de «leur» cabane.

Weld

Si vous n'avez jamais séjourné dans un vrai chalet du Maine, vous voudrez peut-être réserver une chambre au **Kawanhee Inn** *($$$; ☎585-2243)*. Tout y est : les poutres apparentes, l'immense foyer en pierre et les chambres imprégnées de l'odeur du bois. Vous avez le choix entre les 10 chambres simplement meublées du pavillon principal et les 12 cabanes indépendantes pouvant loger de deux à sept personnes. De plus, celles-ci possèdent leur propre foyer et leur porche grillagé. Le décor est lui-même charmant, avec sa colline dominant le lac Webb, et les visiteurs ont librement accès à la plage et aux embarcations.

Bethel

Perdu dans son propre univers, le **Speckled Mountain Ranch** *($-$$; bc; RR 2, P.O. Box 717, ☎836-2908)*, un *bed and breakfast* qui fait bon accueil aux gays, s'étend sur plus de 50 ha. Il s'agit d'un ranch en activité doublé d'une ferme en bordure de la White Mountain National Forest, et on n'y trouve que trois chambres d'hôte simplement meublées, quoiqu'on permette aux invités de la maison d'utiliser la cuisine et la salle de séjour. Parmi les animaux de la ferme, il convient de retenir les huit chevaux, les quatre chiens et les six chats, et des randonnées à cheval guidées sont offertes sur place.

The Douglass Place *($$ pdj; ☎824-2229)*, une jolie maison victorienne entourée de 2 ha de pins, est fort bien située dans le village de montagne de Bethel. L'établissement propose quatre chambres meublées d'antiquités attrayantes. Ceux qui y séjournent sont également invités à utiliser les espaces communs, qu'il s'agisse de la salle de jeux (piano, table de billard et table de ping-pong), des salons, du boudoir ou du belvédère grillagé.

À distance de marche des magasins et des restaurants de la municipalité, **L'Auberge** *($$-$$$ pdj; fermé nov et mai; Mill Hill Rd., ☎824-2774 ou 800-760-2774, ⇌824-3108)* est un endroit dont vous tomberez immédiatement amoureux, au point que vous hésiterez à en parler, fût-ce à vos meilleurs amis. Cette ancienne grange compte sept chambres simples mais élégantes, et garnies d'antiquités rustiques. Les salles communes sont accessibles à tous; parmi elles, retenons le salon, avec son âtre, son grand piano et ses fauteuils et canapés, dans lesquels il fait bon se laisser choir. En hiver, les sentiers de ski de fond débutent sur le pas même de la porte.

Le **Bethel Inn and Country Club** *($$$$ ½p; ⊘, ⌂, ℜ, bp, tv; sur le Common, ☎824-2175 ou 800-654-0129, ⇌824-2233)* est un vaste centre de villégiature complet en lui-même. Par complet, il faut entendre 137 chambres avec salle de bain privée, télévision et téléphone, un restaurant réputé et un large éventail d'activités sportives dont le golf, le tennis, la pêche, la baignade, le conditionnement physique, un bain sauna et du ski de fond en hiver. Il est impossible de rater ce gigantesque bâtiment jaune, situé directement sur le terrain communal du village. Les chambres sont chic, avec tout le confort moderne. Quant aux salles communes, leur décoration est très formelle et rehaussée de nombreuses antiquités.

Bridgton

The Noble House *($$-$$$; ⊛; fermé nov à mi-mai; 37 Highland Rd., ☎647-3733 ou 800-476-9218)* propose neuf chambres dans un décor Reine-Anne du début du siècle. Juché sur une colline, ce confortable *bed and breakfast* se pare de plusieurs antiquités. Certaines des chambres et des suites bénéficient d'un balcon privé et d'une baignoire à remous. Si le cœur vous en dit, sentez-vous à l'aise de jouer du piano à queue ou de l'orgue à soufflet. Vous pouvez également explorer les berges privées du lac en canot ou en pédalo, à moins que vous ne vous contentiez d'admirer le coucher du soleil, du fond de votre hamac.

Le **Tarry-A-While Resort** *($$$; fermé mi-oct à fin mai; Highland Ridge Rd., lac Highland, ☎647-2522 ou 800-451-9076, ⇌647-5512)* est entouré de 14 ha en bordure d'un lac. Il s'agit d'un grand hôtel à l'ancienne dont le pavillon principal abrite 11 chambres, alors que 17 autres sont réparties à travers quatre cottages entourant la propriété. Les propriétaires des lieux ne sont pas peu fiers de leur hospitalité sans borne, et pour cause : vous vous sentirez chez eux comme chez des amis de longue date. Parmi les distractions disponibles dans les environs, notons le tennis, le golf et les sports nautiques (deux plages, canot, chaloupe, bateau à moteur, voile et planche à voile).

Les forêts du Nord

Millinocket

Avant de vous enfoncer dans les régions sauvages du Baxter State Park, vous pouvez prendre une bonne nuit de repos au **Pamola Lodge** *($-$$; 973 Central St., ☎723-9746)*. Il s'agit d'un établissement fort simple disposant de 30 chambres et studios.

Baxter State Park

Les pêcheurs à la ligne sont les plus fervents inconditionnels des **Frost Pond Camps** *($; fermé déc à avr; à 5 km au nord du Ripogenus Dam, près du Baxter State Park, ☎695-2821; adresse de correspondance : 36-H Minuteman Dr., Millinocket, ME 04462)*. L'endroit regroupe 10 emplacements de camping et huit cabanes meublées de façon rustique sur les bords du Frost Pond, où foisonne la truite. Mais les amateurs de canot, les familles et les chasseurs (en automne) y trouveront également leur bonheur.

Autour des **Katahdin Lake Wilderness Camps** *($$; à 5,5 km de Roaring Brook Rd., ☎723-4050)*, le décor est tout simplement sublime. Un chalet principal et 10 cabanes en rondins (pouvant loger de deux à sept personnes) occupent un promontoire dominant un lac. Chaque cabane est équipée de manière à combler vos besoins essentiels, avec lampes à pétrole et provisions de bois, certaines possèdant même un poêle à gaz. Aucune route ne donne accès au campement; vous devez donc faire en sorte que le propriétaire vienne à votre rencontre avec des chevaux, ou encore faire le trajet en hydravion depuis Millinocket Lake. Durant la saison hivernale, les installations ne sont ouvertes qu'aux skieurs de fond.

Ripogenus Dam

Tel un petit nid caché parmi les arbres, les **Pray's Cottages & General Store** *($; ℂ; ☎723-8880)* révèlent un endroit chaleureux, perdu au fond des bois. De nombreuses expéditions de chasse à l'ours et de descente de rapides partent d'ici, et les campeurs endurcis qui désirent un peu d'eau chaude et d'électricité, pour faire changement, s'y arrêtent volontiers. Un bâtiment de style «ranch» abrite quatre studios à une chambre; deux cottages séparés de trois chambres et deux duplex complètent les installations. Toutes les pièces sont meublées de façon simple et commode, un peu à la manière d'un premier appartement, mais cela ne les empêche pas d'être confortables, sans compter qu'elles disposent de tous les accessoires de cuisine modernes. Le magasin général est au centre des activités en ces lieux retirés, surtout vers 6h du matin, alors que, pendant la saison de la chasse à l'ours, les chasseurs se réunissent ici pour échanger des histoires plus incroyables les unes que les autres avant de repartir pour la journée.

Greenville

Le **Nugent's Chamberlain Lake Camps** *($-$$; ☎944-5991)*, qui compte huit cabanes rustiques, est profondément situé dans la région de l'Allagash Wilderness Waterway (à 80 km au nord de Millinocket). Le meilleur moyen pour vous y rendre consiste à emprunter la voie des airs *(adressez-vous à Folsom's Air Service, ☎695-2821)*. Sinon, vous devrez remonter le lac Chamberlain sur 8 km en bateau (ou en motoneige). Ce campement est ouvert toute l'année et propose diverses activités sportives, comme la pêche, le canot, le ski de fond et la motoneige.

Si des images de luxe et de raffinement défilent dans votre esprit lorsque vous entendez le nom du **Chalet Moosehead** *($$; sur le lac Moosehead, tout juste en bordure des routes 6 et 15, ☎695-2950 ou 800-290-3645)*, détrompez-vous; il s'agit d'un simple motel au nom prestigieux. Mais cela ne l'empêche pas d'être merveilleusement bien situé et d'offrir une vue imposante sur le lac Moosehead. Par ailleurs, le «chalet» vous permet de loger dans la région à peu de frais grâce à ses huit studios, ses sept chambres conventionnelles et ses deux cabanes séparées, sans oublier une foule de divertissements (y compris une plage privée et l'usage gratuit des canots de l'établissement).

L'emplacement de la **Chesuncook Lake House** *($$ pc; P.O. Box 656, Route 76, ☎745-5330)* permet de loger au cœur même de Chesuncook, un village de bûcherons du XIXe siècle qui figure au registre national des sites historiques. Cette maison de ferme de 1864 est soigneusement préservée, et ses six chambres sont encore éclairées au gaz (bien qu'elles soient toutes dotées d'électricité). Il y a également trois cabanes séparées sur la propriété. Pour vous y rendre, vous pouvez prendre l'avion ou demander qu'on vienne vous chercher en bateau à Cushing's Landing.

Au **Greenville Inn** *($$-$$$ pdj; Norris St., ☎695-2206 ou 888-695-6000)*, nous vous suggérons, dans la mesure du possible, de réserver l'une des deux chambres dotées d'un foyer. Sinon, ne vous en faites pas; les 10 chambres de ce *bed and breakfast* ayant jadis appartenu à un magnat du bois d'œuvre sont toutes magnifiques et entièrement meublées d'antiquités. Quant aux salles communes, elles sont chaleureusement rehaussées de panneaux en cerisier et en acajou. De plus, du porche comme de la salle à manger, vous serez ébloui par la vue sur le lac Moosehead et les montagnes environnantes.

Rockwood

The Birches *($$; ℜ, ℂ; à environ 3 km de Rockwood Village, ☎534-7305 ou 800-825-9453)*, situé sur les rives du lac Moosehead, se présente comme une succession de cabanes en rondins (17 en tout), confortablement espacées dans un massif de bouleaux. Toutes sont flanquées d'un porche et équipées d'un foyer ou d'un poêle à bois, et certaines possèdent même une cuisinette. Il y a aussi un pavillon central abritant une salle à manger en bois où l'on sert de bons plats nourrissants. Ici, les principales activités sont la randonnée, la pêche, la baignade, le canot et la navigation. Vous trouverez également des courts de tennis et un terrain de golf à proximité. De plus, en hiver, la région est sillonnée de 40 km de sentiers de ski de fond.

Les **Rockwood Cottages** *($$; ℂ; ☎534-7725)*, huit cottages complètement équipés (cuisinette, salle de bain avec douche, gril et porche grillagé) font face au mont Kineo, sur le lac Moosehead. La liste des activités offertes est très longue, parmi lesquelles la chasse, la pêche, la descente de rapides, les balades en hydravion, le tennis et la randonnée. En hiver, ce sont la pêche sous la glace, la motoneige et le ski, aussi bien de descente que de randonnée.

Il n'y a que six cabanes aux **Sundown Cabins** *($$; ℂ; Route 15, ☎534-7357, ⇌534-2285)*; assurez-vous donc de faire vos réservations suffisamment à l'avance. Situées sur le lac Moosehead, ces cabanes d'une à trois chambres avec cuisinette sont idéales pour les amateurs de pêche et de sports nautiques.

Maynards in Maine *($$$; bp; fermé déc à avr; ☎534-7703)* fait partie des plus anciens campements sportifs du lac Moosehead. La pièce centrale en est un chalet grandiose, rempli de souvenirs de chasse tels que poissons empaillés et têtes d'orignaux, et confortablement garni de fauteuils et de canapés datant du début du siècle. La salle à manger attire constamment une foule d'amants de la nature qui viennent s'y restaurer trois fois par jour. Le campement compte 12 cabanes dotées d'une à trois chambres et d'une salle de bain complète.

La Downeast Coast

Eastport

The Inn at Eastport *($-$$; ⊛; 13 Washington St., ☎/⇌853-4307)*, une ancienne maison de capitaine et un excellent point de chute au cœur de la ville, propose cinq chambres très attrayantes garnies d'antiquités (certaines doivent partager une salle de bain commune). La merveille des lieux est une cuve à remous extérieure donnant directement sur l'océan. De plus, ce qui est très rare par ici, l'auberge offre de changer les draps en soirée.

Nombreux sont ceux qui prévoient ne passer qu'une nuit ou deux à la **Weston House** *($$ pdj; 26 Boynton St., ☎853-2907 ou 800-893-2907)* et qui finissent par prolonger leur séjour. La raison semble en être sa formule *bed and breakfast* à l'européenne et les innombrables attraits de la ville même d'Eastport. On dénombre cinq chambres et deux salles de bain à l'étage de cette imposante maison fédérale de 1810. Toutes les chambres sont soigneusement meublées de lits confortables recouverts de courtepointes faites à la main, décorées d'antiquités choisies avec goût et rehaussées de touches subtiles, comme des fleurs fraîches en saison. L'établissement se trouve en pleine ville, à distance de marche de tout. Les petits déjeuners sont imbattables et révèlent toutes sortes de recettes inspirées.

Bar Harbor

La grande et vieille maison de ferme perchée à flanc de colline de la **Seal Cove Farm** *($$; P.O. Box 140, Mount Desert, Maine 04660, ☎207-244-7781)* renferme un *bed and breakfast* de trois chambres sur une propriété où l'on élève des chèvres. Le troupeau est fort bien soigné et témoigne sa gratitude à ses propriétaires en leur donnant un bon lait utilisé pour la production de plusieurs fromages hautement prisés. Vous pouvez, si vous le désirez, prendre part aux tâches quotidiennes de la ferme, où vivent également des porcs, des poulets, des dindes et un cheval, sans oublier les nombreux jardins maraîchers. Les chambres révèlent un décor simple, rehaussé de rideaux blancs et de coussins à motifs floraux. Tandis que vous y êtes, pourquoi ne pas en profiter pour faire une jolie promenade? La vue sur la mer qu'offrent les collines avoisinantes est tout simplement époustouflante.

Le **Manor House Inn** *($$$-$$$$ pdj; fermé mi-nov à mi-avr; bp; 106 West St., ☎288-3759 ou 800-437-0088, ⇄288-2974)*, une autre résidence d'été restaurée et préservée, figure au registre national des maisons historiques. Il s'agit d'un splendide manoir victorien de 22 pièces construit vers la fin du XIXe siècle et comptant 14 chambres, avec salle de bain privée, meubles victoriens et foyer.

Si vous voulez vous faire une idée de ce que la vie pouvait être au début du siècle dans les résidences d'été de Bar Harbor, songez à faire un séjour au **Ledgelawn Inn** *($$$-$$$$; fermé fin nov à fin mai; ≈, ⊛, △; 66 Mount Desert St., ☎288-4596 ou 800-247-5334, ⇄288-9968)*. Vous pouvez choisir votre chambre dans le pavillon principal, dans la remise à calèches (*carriage house*) ou au Balanced Rock Inn, donnant directement sur l'eau. Il y a 39 chambres en tout, dont certaines disposent d'un foyer et d'une véranda, sans oublier une touche de modernisme assurée par la baignoire à remous et le sauna. Toutes sont joliment garnies d'antiquités de qualité, et les clients ont accès à une piscine chauffée faisant face à la mer, au Balanced Rock Inn.

Au **Clefstone Manor** *($$$-$$$$; fermé nov à avr; 92 Eden St., ☎288-4951 ou 888-288-4951)*, vous pouvez passer des heures, même des jours, à visiter les différentes pièces remplies de toutes sortes d'objets d'origine européenne accumulés au fil des ans. Il s'agit d'un immense manoir de 33 pièces construit en 1894 pour servir de résidence d'été à James Blair, alors secrétaire de la Marine sous le président Lincoln. Ses 16 chambres d'hôte portent respectivement le nom d'un noble anglais ou d'un écrivain. La grandiose *Romeo and Juliet*, avec son lit à baldaquin en laiton rutilant, ses plafonds aux poutres apparentes, ses tapis orientaux et son foyer, mérite résolument une visite s'il se trouve qu'on vous en a assigné une autre, bien qu'à vrai dire elles soient toutes époustouflantes.

Pour obtenir une chambre au **The Tides** *($$$-$$$$; 119 West St., ☎288-4968, ⇄288-2997)*, vous devez réserver longtemps à l'avance. Ce somptueux manoir néoclassique repose sur un tapis de verdure offrant une vue incomparable sur la baie et sa plage privée. De doux filets de musique classique enveloppent le salon, grandiose mais intime et agrémenté d'un âtre ainsi que d'une épaisse moquette champagne. La maison ne dispose que de trois chambres d'hôte, mais elles sont ornées d'objets victoriens et Empire. La suite du maître, avec son foyer, est la plus convoitée, mais les deux autres chambres, avec balcon privé, méritent également une réservation. Les aubergistes sont tout ce qu'il y a de plus cordiaux et hospitaliers, et ils vous serviront des petits déjeuners dignes de la page couverture des meilleures revues gastronomiques.

Southwest Harbor

Il est heureux de constater que certaines choses ne changent pas, comme dans le cas du **Claremont** *($$$-$$$$ ½p; fermé nov à mai; Claremont Rd., ☎244-5036 ou 800-244-5036, ⇄244-3512)*, le plus ancien hôtel estival de Mount Desert Island (il date de 1884). Il va sans dire que cette grande dame (consignée au registre national des monuments historiques) a subi une importante rénovation, mais cela ne l'a pas empêchée de perpétuer les grandes traditions vacancières du vieux Maine, comme de s'habiller pour le dîner (veste) et de fraterniser avec ses congénères. L'imposante construction de clins de bois aux mille et un recoins dispose d'une large véranda abritant des berceuses, et la vue qu'elle offre sur la Cadillac Mountain, au-delà du Somes Sound, est inégalable. Quant à la nourriture (beaucoup de homard et une grande variété de poissons et fruits de mer), elle est toujours irréprochable. Les 31 chambres et les 12 cottages sont accueillants et confortables. Qui plus est, les invités peuvent profiter des nombreuses installations sportives mises à leur disposition, telles que courts de tennis à surface de terre battue, terrain de badminton, sports nautiques, chaloupes et terrains de croquet.

Blue Hill

La **Blue Hill Farm** *($$$;Route 15, ☎374-5126)*, confortablement installée sur une propriété de 19 ha, semble attirer une clientèle de bons vivants bien en santé, y compris les membres du groupe des Vermont Country Cyclers, qui y font halte, à l'occasion, au cours de leur tournée à vélo des auberges de la région. La maison de ferme compte 14 chambres, et sept autres se trouvent dans la grange entièrement rénovée, qui pourraient toutes être photographiées par la revue *Country Living*. Chaque matin, le petit déjeuner est un événement mémorable : pains frais sortis du four, muesli maison, fruits juteux et assortiment de fromages.

Deer Isle

Pour reprendre les paroles d'un client parfaitement comblé, prononcées alors qu'il s'étirait les jambes dans un fauteuil en contemplant une mer embrumée, sillonnée par des vaisseaux faisant entendre leur sifflet : «*Ce n'est peut-être pas le grand luxe, mais que demander de plus dans un environnement pareil?*» L'**Inn on the Harbor** *($$-$$$ pdj; fermé jan à fin avr; Main St., Stonington, ☎367-2420 ou 800-942-2420, ⇄367-5165)* abrite 13 chambres de tailles différentes, situées au bord de l'eau avec vue sur l'océan. Les chambres sont garnies de meubles anciens, et certaines d'entre elles disposent même d'une terrasse privée, d'un salon et d'un foyer. Il suffit de faire quelques pas sur la terrasse surplombant le port pour se retrouver dans une marine grandeur nature.

Deer Isle Village

Le **Pilgrim's Inn** *($$$$; ℜ; fermé mi-oct à mi-mai; ☎348-6615, ⇄348-7769)* occupe une place de choix dans toutes les publications de voyage et de fine cuisine des États-Unis et du Canada, et cela n'a rien de surprenant. Surplombant un étang à moulin scintillant, juste en face de Northwest Harbor, cette maison de 1793 est remarquablement bien préservée et tenue de main experte par Jean et Dud Hendrick. Les 13 chambres, les deux appartements et le cottage adjacent sont aménagés en toute simplicité, et garnis d'antiquités, de tissus Laura Ashley et d'œuvres signées par des artistes et artisans locaux, fort nombreux dans ces parages. Les touristes, et même les habitants du Maine venant d'aussi loin que Bar Harbor, s'y rendent volontiers pour dîner, sa table étant l'une des meilleures de la région.

Robinson's Point

Même si la plupart des voyageurs n'empruntent le bateau postal d'Isle au Haut que pour passer la journée sur l'île, sachez que vous pouvez également y passer la nuit. **The Keeper's House** *($$$$ pc; fermé nov à avr; ☎367-2261)* est une maison de gardien de phare en pierre, transformée en auberge, où l'on s'éclaire encore à la bougie et à la lampe à l'huile. La maison principale renferme quatre grandes chambres aérées et décorées en toute simplicité, de même qu'une salle à manger; il y a également une autre petite maison, l'Oil House, avec sa propre douche extérieure, ainsi qu'un logement dans la remise à bois (*wood shed*).

Castine

Si vous êtes à la recherche d'une auberge typique de la Nouvelle-Angleterre, dans un village typique de la Nouvelle-Angleterre, songez à vous éloigner de la route 1 pour vous rendre au **Castine Inn** *($$-$$$$; Main St., ☎326-4365, ⇄326-4570)*. Cette auberge de 1898 est parfaitement située, à quelques minutes seulement du bord de l'eau. Ses 20 chambres meublées d'antiquités sont grandes, claires et soigneusement entretenues par les propriétaires de l'établissement, Tom et Amy Gurow. La plupart offrent une vue sur la mer.

Le bâtiment principal du **Pentagoet Inn** *($$$ ½p; bp; fermé Columbus Day au Memorial Day; bp; Main St., ☎326-8616 ou 800-845-1701, ⇄326-9382)*, une vieille demeure victorienne, se dresse sur l'imposante artère principale de Castine. Les hôtes peuvent également loger dans une maison voisine, au Ten Perkins Street, un édifice du XVIIIe siècle dont toutes les chambres sont garnies d'antiquités rustiques. Au total, l'établissement compte 16 chambres, avec salle de bain privée.

La Southern Coast

Bangor

Le ravissant **Phenix Inn** *($$; West Market Sq., 20 Broad St., ☎947-0441, ⇒947-0255)*, aménagé sur quatre étages, repose au cœur du Bangor historique. Cette structure en brique de 1873, inscrite au registre national des lieux historiques, a été affectueusement restaurée et rénovée en 1983. Son décor intérieur victorien à l'européenne renferme des reproductions de meubles anciens en bois d'acajou et en cuir.

Tenants Harbor

L'**East Wind Inn** *($$ bc, $$$ bp; Mechanic St., ☎372-6366 ou 800-241-8439, ⇒372-6320)* semble sortir tout droit du *Country of the Pointed Firs* (Au pays des sapins pointus) de Sarah Orne Jewett, qui a d'ailleurs écrit ce roman dans la localité voisine, Martinville. Les 26 chambres sont toutes magnifiquement meublées d'antiquités et offrent une vue sur le port, une vue qui vous livre la côte du Maine telle que vous vous l'êtes toujours imaginée, avec des cages à homards empilées bien haut et des bateaux de bois se balançant sur les flots au gré des marées.

Rockland

Le **Captain Lindsey House Inn** *($$$-$$$$; 5 Lindsey St., ☎596-7950 ou 800-523-2145)*, installé parmi les bâtiments historiques du port maritime de Rockland, est une auberge de neuf chambres dont la construction remonte à 1837. Toutes se voient décorées d'antiquités et d'accessoires provenant de tous les coins du monde. Une grande attention a été apportée aux détails susceptibles d'assurer le confort des hôtes de la maison, qu'il s'agisse des édredons en duvet ou des oreillers à l'européenne posés sur tous les lits. On trouve sur les lieux une grande salle de séjour dotée d'une cheminée et de moelleux canapés rembourrés de duvet, de même qu'une bibliothèque pourvue de confortables fauteuils de lecture et d'un bureau muni d'une prise d'ordinateur.

Camden

La **Blue Harbor House** *($$-$$$$; bp; 67 Elm St., ☎236-3196 ou 800-248-3196, ⇒236-6523)* est une maison de cap (avec remise à calèches) style Nouvelle-Angleterre de 1810 entièrement restaurée et pourvue de 10 chambres. Toutes sont admirablement parées de teintes douces, de tissus champêtres, de confortables meubles anciens et de courtepointes cousues main, et certaines disposent même d'un lit à baldaquin. Quant au petit déjeuner, qui comprend des spécialités telles que la quiche de homard, le soufflé au fromage et les crêpes aux bleuets, il s'agit toujours d'un événement mémorable. L'auberge se trouve à courte distance de marche du front de mer.

Choisir un lieu d'hébergement à Camden, c'est un peu comme choisir un chocolat dans une boîte bien garnie; vous voudrez naturellement en essayer plusieurs. Quoi qu'il en soit, vous ne vous tromperez pas en logeant à l'**Edgecombe-Coles House** *($$$$ pdj; 64 High St., ☎236-2336 ou 800-528-2336, ⇒236-6227)*, une magnifique maison du XIXe siècle cachée derrière une haute haie. L'établissement propose une demi-douzaine de chambres, dont trois offrent une vue privilégiée sur la baie de Penobscot, qui miroite comme une feuille de mica dans le lointain. Toutes les chambres sont attrayantes et garnies de meubles américains anciens, de bibelots antiques et d'œuvres d'art du début du siècle faisant partie de la collection privée de l'aubergiste. Le petit déjeuner est servi sous le porche, avec vue sur la baie. Des bicyclettes sont mises à la disposition de la clientèle.

Waldoboro

Lorsque vous logez au **Broad Bay Inn & Gallery** *($$ pdj; 1014 Main St., ☎832-6668 ou 800-736-6769)*, un *bed and breakfast* établi dans une charmante maison coloniale, vous n'êtes qu'à quelques minutes de marche du centre du village. Avec leurs lits à baldaquin et leurs antiquités soigneusement polies, les cinq chambres font tout à fait Nouvelle-Angleterre. Prenez aussi le temps de visiter la galerie d'art et la bibliothèque *(fin juin à mi-oct)* dirigée par la propriétaire de l'auberge, Libby Hopkins. On y expose des aquarelles, et plusieurs ateliers s'y tiennent au cours de l'été.

Friendship

Plusieurs des plus belles maisons du Maine servaient autrefois de résidences à des capitaines au long cours, et c'est précisément le cas de celle qui abrite le **Cap'n Am's** *($$ pdj; fermé* *mi-oct à fin mai; Flood's Cove, ☎832-5144)*, un *bed and breakfast* donnant directement sur la mer. Cette vaste demeure aux nombreux recoins, semblable à celles qu'on trouve au Cape Cod, fut originellement construite vers la fin du XVIIIe siècle et révèle un magnifique porche. Elle compte trois chambres d'hôte, dont deux qui offrent une vue sans limite sur l'océan.

Monhegan Island

The Trailing Yew *($$$; fermé Columbus Day à mi-mai; bc; ☎596-0440)* est, depuis des années, un lieu de prédilection pour les artistes en visite sur l'île de Monhegan. L'endroit est fort chaleureux, et les clients qui y reviennent plus d'une fois sont reçus comme s'ils faisaient partie de la famille. Les 40 chambres de l'établissement, réparties dans le bâtiment principal et quelques cottages avoisinants, sont très simples (lampes à huile et salles de bain partagées). Les repas sont par contre copieux, faits maison et servis dans «en famille» autour de grandes tables.

Wiscasset

Paisiblement situé sur Westport Island, le **Squire Tarbox Inn** *($$$$ ½p; fermé nov à avr; ☎882-7693)* compte 11 chambres : quatre dans le bâtiment principal, de style fédéral, et les autres... euh... dans la grange. Mais n'ayez crainte, il s'agit d'une très jolie grange datant de 1763 et impeccablement propre. Les repas, servis dans une salle à manger coloniale et généralement accompagnés de chèvre frais (l'établissement élève ses propres chèvres), sont un point marquant de tout séjour au Squire Tarbox Inn. Petit déjeuner et dîner inclus dans le prix de la chambres.

Boothbay Harbor

Le **Boothbay Harbor Inn** *($$-$$$$; fermé nov à avr; 37 Atlantic Ave., ☎/⇌633-6302 ou 800-533-6302)* est en fait un motel et non une auberge, comme son nom pourrait le laisser croire, mais cela ne l'empêche pas d'avoir du caractère. De fait, il se trouve directement au bord de l'eau; en entrant dans votre chambre, il vous suffit de faire coulisser les portes-fenêtres pour avoir l'impression d'être entré dans la carte postale que vous venez d'acheter à la réception : bouées flottantes, bateaux de pêche en bois, mouettes criardes..., tout y est. Mais n'attendez pas trop des chambres elles-mêmes; elles ressemblent à toutes les autres chambres de motel.

Spruce Point

Après avoir vu les petites rues encombrées de Boothbay Harbor, vous vous féliciterez d'avoir choisi le **Spruce Point Inn** *($$$; fermé nov à fin mai; ≈; Atlantic Ave., ☎633-4152 ou 800-553-0289, ⇌633-7138)*. Isolé du carnaval perpétuel qui règne en ville, il repose sur une péninsule de 40 ha, à l'extrémité est du port. Il y a l'auberge comme telle, mais aussi quelques cottages et chalets éparpillés autour de la propriété. Les installations sportives sont à l'honneur ici : piscine, courts de tennis, vert de pratique et jeux de pelouse. Petit déjeuner et dîner compris.

Freeport

Si vous ne voyez pas d'inconvénient à loger près de L.L. Bean et de la multitude de magasins d'usine qui ont bel et bien envahi la ville de Freeport, la transformant de localité typique de la Nouvelle-Angleterre en une sorte de centre commercial géant, réservez une chambre au **Harraseeket Inn** *($$$$ pdj; ⊛, △; 162 Main St., ☎865-9377 ou 800-342-6423, ⇌865-1684)*. Il s'agit d'un adorable *bed and breakfast* aménagé dans une maison néoclassique de 1850 à distance de marche de tous les magasins. L'établissement dispose de 84 chambres équipées de lits à baldaquin et de baignoires à remous ou de bains de vapeur; certaines offrent même un foyer. Le thé est servi l'après-midi.

Portland

Le **West End Inn** *($$; bp, tvc; 146 Pine St., ☎772-1377 ou 800-338-1377)* est un *bed and breakfast* de six chambres aménagé dans une maison de brique en rangée du XIXe siècle (1871). Quatre d'entre elles disposent d'un grand lit et les deux autres, de très grands lits (tous à baldaquin), et toutes bénéficient d'un admirable décor signé Waverly ou Ralph Lauren. La salle de séjour est par ailleurs accessible aux hôtes de l'auberge, qui se dresse sur l'historique Western Prom à quelques minutes seulement du vieux port.

L'**Inn at Park Spring** *($$$; 135 Spring St., ☎774-1059 ou 800-437-8511)* est l'un de ces établissements n'ayant besoin d'aucune publicité, car ses sept chambres sont presque toujours occupées par des gens qui en ont simplement entendu parler par des proches ou des amis. Aménagées avec élégance, certaines d'entre elles offrent même un foyer décoratif et un balcon ou une terrasse. Un petit déjeuner de croissants, de muffins maison et d'autres douceurs couronne le tout.

Si vous préférez le style grand hôtel, le **Radisson Eastland Hotel** *($$$-$$$$; ⊙, ℜ; 157 High St., ☎775-5411 ou 800-333-3333, ⇄775-2872)* vous conviendra parfaitement. Pour être grand, il est grand (203 chambres), et vous y trouverez tous les services et toutes les installations habituelles des établissements métropolitains, tels que centre de conditionnement physique, salles de bal, restaurants et bars de luxe. Les chambres sont meublées de façon conventionnelle, peintes de doux tons pastel et agrémentées de moquette. Plusieurs d'entre elles offrent en outre une vue splendide sur le port. L'édifice lui-même, construit en 1927 pour abriter l'Eastland Hotel, est un véritable monument local.

L'**Inn on Carleton** *($$$-$$$$; 46 Carleton St., ☎775-1910 800-639-1779)* ne se contente pas de porter un nom digne de la capitale britannique : il ressemble carrément à un établissement londonien. Cette maison en rangée, située dans le secteur de Western Promenade, vous propose sept chambres richement parées d'antiquités victoriennes.

Chebeague Island

Si la perspective d'un havre champêtre paisible et silencieux vous sourit, prévoyez passer quelques jours au **Chebeague Orchard Inn** *($$-$$$ pdj; Route 1, P.O. Box 453, Chebeague Island, Maine 04017, ☎/⇄846-9488)*. Cette demeure néoclassique de 120 ans est cachée derrière un impressionnant mur de pierres érigé en bordure d'une pommeraie de 0,8 ha. Ses cinq chambres à coucher et son appartement sont décorés avec goût et respirent le confort. Quant à ses propriétaires on ne peut plus hospitaliers, ils se feront un plaisir de vous proposer des randonnées pédestres ou cyclistes (centre de location de vélos sur place), à moins que vous ne préfériez jouer une partie de croquet ou vous détendre sur la balançoire.

Prouts Neck

C'est vers la fin du XIXe siècle, alors que de riches habitants des autres régions d'Amérique du Nord commencèrent à affluer vers le Maine pour y construire leur résidence d'été, que naquit le **Black Point Inn** *($$$$ pc; fermé déc à avr; ☎883-4126 ou 800-258-0003, ⇄883-9976)*. Comme plusieurs des bâtiments voisins, celui-ci est imposant et recouvert de clins de bois, sans oublier son porche traditionnel et sa vue imprenable sur l'océan. Le bâtiment principal compte 60 chambres, alors que 20 autres sont réparties dans des cottages parsemant la propriété. Les aménagements sont fort simples, incluant couvre-lits blanc à broderie, rideaux d'un blanc immaculé et lits en érable. Les trois repas sont en outre compris dans le prix de la chambre.

Old Orchard

Old Orchard Beach constituant l'une des stations balnéaires les plus populaires de la côte du Maine, ne soyez pas surpris d'y trouver une forêt d'hôtels et de motels de tous prix. Parmi ceux-ci, nous vous suggérons les quelques adresses qui suivent, où le rapport qualité/prix favorise le voyageur : le **Gull Motel** *($$; 89 West Grand Ave., ☎934-4321)*, le **Kebek II** *($$; 3 Brisson St., ☎934-5347)* et le **Kebek III** *($$; 53 Grand Ave. West, ☎934-5253)*. Seront plus honéreux, le **Carolina Motel** *($$$; Roussin St., Old Orchard Beach, ☎934-4476)*, et le **Royal Anchor Motor Lodge** *($$$; Grand Ave., ☎934-4521)*. En général, on aura plaisir à vous servir en français; les chambres de ces hôtels et motels font face à la mer. La **Villa Marion** *($$; ≈, ℂ; 48 Grand Ave. East, ☎934-2286)* est à proximité du centre-ville et dispose de deux bâtiments, dont l'un fait face à la mer.

Old Orchard offre aussi la possibilité de camper, au **Bayley's Camping Resort** *(Route 9, Pine Point, ☎883-6043)* et à l'**Old Orchard Beach Camping** *(Route 5, Ocean Park Rd., ☎934-4477)*. Ces deux terrains de camping sont assez près de la mer.

Kennebunkport

L'un des principaux attraits de la **Captain Lord Mansion** *($$$-$$$$; bp; à l'angle des rues Pleasant et Green, ☎967-3141, ⇄967-3172)* réside dans le fait qu'elle réalise à merveille l'union du raffinement le plus soigné et du confort le plus tangible. Conçue par le capitaine Lord, un riche marchand et constructeur de navires, cette renversante construction fédérale de trois étages date de 1812. On y retrouve, jusque dans les moindres détails, la marque d'un charpentier naval chevronné, des escaliers suspendus en ellipse aux fenêtres en verre soufflé et aux portes d'acajou rehaussées de serrures en laiton. La décoration des 16 chambres témoigne d'un goût sûr et révèle des reproductions de papiers peints d'époque, des antiquités absolument exquises, de même que des lits à colonnes. La plupart d'entre elles bénéficient même d'un foyer, et toutes disposent d'une salle de bain privée.

Le **Cape Arundel Inn** *($$$$; fermé nov à fin avr; Ocean Ave., ☎967-2125)* comblera les admirateurs de la famille présidentielle puisque l'établissement surplombe la propriété des Bush. Et, même si les anciens quartiers d'été de la Maison Blanche vous laissent totalement indifférent, vous serez tout de même ravi d'avoir choisi cette auberge : juchée sur une falaise, elle se présente en effet comme une de ces ravissantes constructions en bardeaux, à vous faire écarquiller les yeux, qui jalonnent Ocean Avenue dans ce secteur. Son porche frontal et certaines de ses 13 chambres vous livrent une vue panoramique sur Walker's Point et l'océan Atlantique, à perte de vue.

Kennebunk

Établi sur une propriété de 1,4 ha à quelque 3 km au nord de Kennebunk, l'**Arundel Meadows Inn** *($$-$$$; bp; P.O. Box 1129, ME 04043, ☎985-3770)* est un *bed and breakfast* où les gays sont bienvenus. Les cinq chambres d'hôte de cette maison de ferme entièrement restaurée de 1827 sont décorées d'antiquités et d'œuvres d'art originales, et trois d'entre elles renferment un foyer. Petit déjeuner complet et thé en après-midi.

Ogunquit

Situé sur une rue tranquille voisine du Marginal Way (un sentier piétonnier aménagé en bordure de l'océan), **The Heritage of Ogunquit** *($$; bc/bp, ⊛; 14 Marginal Ave., ☎646-7787)* reproduit une ancienne demeure victorienne. Tenu et géré par des lesbiennes, sa clientèle est essentiellement féminine. Deux de ses cinq chambres disposent d'une salle de bain privée, et on y trouve une cuve à remous extérieure, une immense terrasse en bois de cèdre de même qu'une salle commune équipée d'un réfrigérateur, d'un four à micro-ondes, d'un magnétoscope et d'un téléviseur.

The Inn at Two Village Square *($-$$$; bc/bp, ≈, ⊛; fermé mi-oct à fin avr; 135 Route 1, ☎646-5779)* est une résidence d'été victorienne perchée à flanc de colline et exclusivement réservée aux gays et aux lesbiennes. Plusieurs de ses 18 chambres disposent d'une salle de bain privée, et beaucoup d'entre elles ont vue sur l'océan. Bien qu'on y jouisse d'une grande intimité (la propriété s'étend sur 2 ha), la plage et les bars gays du secteur ne se trouvent qu'à quelques minutes de marche.

Wells

Établi dans une ancienne église catholique, **The Haven** *($$$ pdj; fermé jan à avr; bp; Church St., ☎646-4194)* se présente comme un charmant *bed and breakfast* exploité avec amour par la famille La Rose. Les neuf chambres ont leur propre salle de bain, alors que, parmi les pièces communes, il faut mentionner le hall d'entrée à toit «cathédrale» haut de trois étages. L'endroit vous offre une vue directe sur l'océan et la plage, distante d'à peine 200 pas.

Cape Neddick

Bien qu'elle se trouve directement sur la route 1, vous trouverez à la **Cape Neddick House** *($$-$$$$ pdj; 1300 Route 1, ☎363-2500, ⇌363-4499)* la même hospitalité et la même chaleur familiale auxquelles vous vous attendriez d'un établissement isolé dans une région densément boisée du Maine. Cette maison de ferme de 110 ans compte cinq chambres meublées d'antiquités, dont chacune porte le nom d'un État de la Nouvelle-Angleterre. Un séjour ici ne peut que vous donner l'impression d'avoir remonté le temps jusqu'au siècle dernier. Le petit déjeuner comprend, entre autres délices, des popovers, des scones aux fraises et des fruits frais. Un menu dégustation composé de cinq plats est également proposé le soir, sauf en été. Il est impératif de réserver à l'avance.

En franchissant le seuil du **Wooden Goose Inn** *($$$; fermé juil; ≡; Route 1, ☎363-5673)*, vous vous sentirez un peu comme si l'on venait de vous lancer une bouée de sauvetage, enfin sauvé des remous créés par les vagues de touristes qui ont «colonisé» cette partie de la côte du Maine. Car cette auberge se présente bel et bien comme un îlot de douceur dans un océan infesté de marchands de souvenirs. Ses six chambres sont exquisément garnies d'antiquités et d'objets des débuts de la colonie, mais sans pour autant sacrifier un certain confort moderne, dont la moquette et l'air conditionné ne sont que des exemples. La nourriture n'a cependant pas l'intention de se laisser damer le pion par le décor, et elle déploie tous ses charmes pour attirer votre attention, depuis les petits déjeuners gourmands jusqu'aux thés de fin d'après-midi, si délectables qu'ils font pâlir d'envie les plus grands crus anglais.

York

Dans cet État truffé de *bed and breakfasts*, **The Wild Rose of York** *($$ pdj; 78 Long Sands Rd., ☎363-2532, ⇄351-3086)* se distingue nettement des autres. La propriété elle-même, une maison de capitaine de 1814 entourée de jardins parfumés, est déjà en soi un festin pour les yeux, alors qu'à l'intérieur vous découvrirez trois chambres remplies d'antiquités et d'œuvres d'art populaire de la Nouvelle-Angleterre. Le petit déjeuner de gaufres et de pain doré (pain perdu) à l'abricot ne manquera pas de vous écarquiller les yeux.

Deux possibilités s'offrent à vous au **Dockside Guest Quarters** *($$-$$$; sam-dim seulement nov à fin mai; bc/bp; Harris Island Rd., ☎363-2868 ou 800-270-1977, ⇄363-1977)* : vous pouvez en effet loger dans le bâtiment principal (une imposante maison du XIXe siècle avec cinq chambres d'hôte) ou dans l'une des 17 maisonnettes aménagées sur le rivage. Si vous recherchez le charme avant tout, choisissez la maison sans hésiter, car chaque chambre bénéficie d'une décoration rehaussée d'antiquités et de tissus à motifs floraux. Deux d'entre elles partagent une même salle de bain, alors que les trois autres disposent de leur propre salle de bain privée. Si, par contre, c'est l'intimité qui vous intéresse, optez pour l'une des *units*, ainsi qu'on les appelle ici. Le charme n'est pas exactement leur point fort, mais elles sont très privées.

RESTAURANTS

La région des lacs et des montagnes

Kingfield

Au **Herbert** *($$-$$$; Main St., ☎265-2000)*, la salle à manger aux tons de bleu et de pêche, et aux mille et une antiquités, est si jolie que vous y passerez volontiers des heures. Le menu est variable, mais porte essentiellement sur des spécialités américaines.

Le plus respecté des restaurants de la région est le **One Stanley Avenue** *($$-$$$; en hiver seulement; 1 Stanley Ave., ☎265-5541)*. Aménagé dans un immeuble victorien, il propose une cuisine régionale classique (poulet au cidre et à l'érable, lapin à la sauge arrosé d'une sauce aux framboises...), et ses desserts ne manqueront pas de vous faire pousser des oh! et des ah!

La riche salle à manger du **Julia's** *($$$; Winter Hill Rd., ☎265-5421)* est aussi romantique et joliment décorée que le reste du bâtiment historique qu'il occupe. Cuisine originale de homard et de crevettes accompagnés de pâtes farcies et arrosées d'une sauce à la crème entre autres délices par exemple; vues imprenables sur la montagne.

Sugarloaf Mountain

Pour un repas rapide et satisfaisant entre deux descentes de ski, essayez le **Gepetto's** *($$; dîner seulement; fermé dim; Village West, ☎237-2192)*. Vous pourrez vous réchauffer devant un bol fumant de ragoût de fruits de mer ou une épaisse pointe de pizza, à moins que vous ne préfériez les plats de poisson frais ou de poulet. Attablé dans la verrière, vous pourrez observer les skieurs en évolution sur les pentes tout en dégustant votre repas.

Rangeley

Si vous n'avez simplement pas envie de cuisiner au chalet, sans pour autant avoir le courage de vous tirer à quatre épingles, songez au **Red Onion** *($-$$; Main St., ☎864-5022)*. Vous serez parfaitement à l'aise dans ce restaurant de pizzas et de sous-marins rempli de résidants

MAINE

et de touristes. Ne soyez pas étonné si vous devez attendre quelques minutes avant qu'une table ne se libère. Il y a également une terrasse pour les beaux mois d'été.

Au **Country Club Inn** *($$-$$$; fermé mi-oct à fin déc; Country Club Rd., ☎864-3831)*, la vue éclipse+ presque la nourriture. De votre table, vous pourrez en effet contempler le magnifique lac Rangeley, souvent aussi plat qu'un miroir, ou alors ponctué d'un canot solitaire. Tout autour, les montagnes semblent changer de couleur au fur et à mesure que vous passez d'un service à l'autre. Fort heureusement, le menu est à la hauteur, avec un bon choix de plats américains traditionnels et quelques spécialités françaises.

Lorsque les habitants de Rangeley veulent célébrer un anniversaire ou une occasion quelconque, ils se rendent généralement au **Rangeley Inn** *($$-$$$; fermé nov à avr; Main St., ☎864-3341 ou 800-666-3687)*. Vous pourrez vous y régaler de spécialités aussi bien américaines que françaises dans un décor formel du début du siècle.

Bethel

Vous ne pourrez que tomber amoureux du **Mother's** *($-$$$; Upper Main St., ☎824-2589)*, une jolie petite maison tout en dentelle dont les cinq salles à manger sont garnies de poêles à bois, d'étagères remplies de livres et de décorations éclectiques. Les déjeuners y sont simples et légers (soupes, salades, sandwichs...), alors que les dîners se font plus consistants, avec un choix de fruits de mer, de pâtes et de plats de poulet.

Même si vous n'avez pas de chambre au **Bethel Inn** *($$-$$$; fermé nov et avr; sur le Common, ☎824-2175)*, faites un effort pour y prendre au moins un dîner. Ce charmant centre de villégiature propose des mets traditionnels de la Nouvelle-Angleterre dans une salle à manger soignée offrant une vue sur le parcours de golf et les collines avoisinantes, dans la Mill Brook Tavern, au sous-sol, ou encore sur la terrasse grillagée pendant la belle saison.

Bridgton

Si, au cours d'une randonnée dans ces régions montagneuses, l'envie vous prend soudain d'un bon *wienerschnitzel*, vous avez de la chance. Le **Tarry-A-While** *($$-$$$$; ☎647-2522, ☎647-5512)* du Tarry-A-While Resort en sert! Tandis que vous attendez votre tour pour plonger votre bout de pain dans la riche fondue, pourquoi ne pas en profiter pour admirer le lac Highland, qui s'étend devant vous?

Fryeburg

Les vrais gourmets se laissent guider par leur palais jusqu'à l'**Oxford House Inn** *($$$; fermé dim-mer; Main St., ☎935-3442)*, logé dans une maison de 1913 faisant face aux White Mountains. Au menu : un adorable répertoire de mets plus appétissants les uns que les autres, comme le saumon Pommery et le filet de porc cuit sur le gril. En été, les cocktails sont servis sur la terrasse.

Les forêts du Nord

Dans ces régions boisées, les repas sont le plus souvent inclus dans le prix des camps et des chalets-hôtels. Ils sont généralement servis à la bonne franquette, selon la tradition familiale, et composés de mets solides et nourrissants. Mais il y a également quelques restaurants dans le coin que vous voudrez peut-être essayer.

Ripogenus Dam

Nous avons été quelque peu répugné en voyant la serveuse-cuisinière-caissière-gérante du **Pray's General Store** *($; ☎723-8880)* vaporiser le gril d'une substance en aérosol et extraire du fromage d'un tube pour préparer nos *grilled cheese*. Mais après tout, qu'y a-t-il à redire d'un repas à moins de 5$? Bonne chance à vous si d'aventure vous songez à trouver un autre restaurant au fond de ces bois!

Greenville

Si vous avez envie d'une assiette de bœuf haché, d'un *lobster roll* ou d'un grand bol de chili, rendez-vous au **Flatlander's Pub** *($-$$; fermé avr; Pritham Ave., ☎695-3373)*. L'endroit est informel et attire aussi bien les randonneurs qu'une clientèle plus conventionnelle.

L'un des restaurants les plus raffinés de cette région est le **Greenville Inn** *($$$ dîner seulement; fermé nov à avr; Norris St., ☎695-2206)*. On y sert un bon choix de plats continentaux, relevés de sauces habilement apprêtées, dans une salle à manger fort joliment décorée. De délicieux popovers maison accompagnent chaque repas.

Greenville Junction

Le **Kelly's Landing** *($; ☎695-4438)* est un petit restaurant tout indiqué pour un bon petit déjeuner. Il ouvre ses portes dès 7h, et son menu est typiquement américain.

Cangiano's *($$; à la jonction des routes 6 et 15, ☎695-3314)*, aménagé dans une ancienne grange, se spécialise dans la cuisine italo-américaine. Le homard y est tout particulièrement à l'honneur, mais la côte de bœuf et les divers plats de poisson au menu ne cèdent pas pour autant leur place.

La Downeast Coast

Calais

Avant de remonter vers les forêts du Nord, faites-vous une faveur, et prenez un bon repas au **Chandler House Restaurant** *($$-$$$$; 20 Chandler St., ☎454-7922)*. Ce populaire et chaleureux restaurant est en effet réputé dans les parages pour sa côte de bœuf et ses plats de fruits de mer. Tous les pains et pâtisseries sont par ailleurs fabriqués sur place.

Eastport

L'homme ne vit pas que de poissons et de fruits de mer. Essayez donc la *salsa*, les *enchiladas*, les *burritos* ou la pizza mexicaine de **La Sardina Loca** *($-$$ dîner seulement; 28 Water St., ☎853-2739)*, le restaurant mexicain le plus à l'est des États-Unis. Son bar à l'intérieur d'une verrière est peut-être, en outre, le meilleur endroit où siroter un margarita par les froides soirées d'hiver qu'on connaît dans ces régions. La cantine est décorée de ballons, d'horloges de parquet et d'antiquités.

Le **Waco Diner** *($-$$; Water St., ☎853-4046)* vous permettra de résoudre en un tour de main l'éternel problème créé par l'empoisonnante recherche des vraies couleurs locales. En mangeant ici, vous rencontrerez les personnages les plus caractéristiques d'Eastport, y compris de vieux loups de mer et d'anciens ouvriers de la sardinerie. La nourriture, comme celle de tous ces petits *diners*, n'a pas de quoi vous faire grimper aux murs, mais là n'est pas le point : vous êtes ici pour vous imprégner de l'atmosphère d'Eastport.

Milbridge

Si la faim vous tenaille sur la route 1, dans la région de Milbridge, arrêtez-vous à la **Red Barn** *($$-$$$; Main St., ☎546-7721)*, un restaurant à la bonne franquette, recouvert de panneaux de bois de pin noueux, qui vous laisse le choix entre un tabouret au comptoir, une banquette ou une place dans l'une des salles à manger adjacentes. Le menu est conventionnel (pâtes, bœuf haché, bifteck et fruits de mer), avec certaines spécialités maison comme le ragoût de fruits de mer, un délicieux mélange de crevettes, de pétoncles, d'églefin et de crabe.

Bar Harbor

Les enfants seront au paradis au **Route 66** *($$-$$$; dîner seulement; fermé mi-oct à mi-mai; 21 Cottage St., ☎288-3708)*. Ses propriétaires, Fred Pooler et Susan Jackson, collectionnent en effet les jouets anciens et, partout où vos yeux se posent, vous pouvez contempler leurs découvertes, qu'il s'agisse de jouets, d'outils d'une autre époque ou de gadgets de toutes sortes, dont chacun a son histoire propre. La nourriture est essentiellement américaine, avec biftecks sur le gril et homard bouilli, mais le menu affiche également des plats plus innovateurs tels que fettucinis aux crevettes et poulet cordon-bleu.

En parcourant Park Loop Road, dans l'Acadia National Park, vous ne pourriez espérer trouver de meilleur endroit pour le déjeuner, le thé ou le dîner que la **Jordan Pond House** *($$-$$$; fermé mi-oct à mi-mai; Park Loop Rd., ☎276-3316)*. En plus du panorama de montagne, on propose des spécialités du Maine telles que du flétan grillé autour d'un feu de foyer, alors que les haut-parleurs diffusent de la musique classique.

Certains restaurants semblent faire l'unanimité, et c'est précisément le cas du **Porcupine Grill** *($$$ dîner seulement; fermé avr; 123 Cottage St., ☎288-3884)*. Ce véritable petit bijou, caché sur une rue résidentielle, sert de la nouvelle cuisine américaine adaptée au goût du Maine. Son chef, ancien instructeur à l'Institut culinaire de la Nouvelle-Angleterre, produit des créations inspirantes du genre salade César couronnée de palourdes frites. Lampes à pétrole vacillantes, touches Art déco et tables en chêne massif (largement espacées) assurent le décor et contribuent à faire de ce restaurant un endroit à ne pas manquer.

Au **Reading Room Restaurant** du Bar Harbor Inn *($$$-$$$$; fermé nov à mars; Newport Dr., ☎288-3351)*, nous avons passé des heures à table près de la fenêtre, sidéré par la vue circulaire de la baie qui s'offrait à nos yeux. Cependant, nous aurions tout aussi bien pu nous installer sur la terrasse extérieure, directement au-dessus de l'eau. Quant à la nourriture, elle est aussi digne de louange, avec des spécialités comme le homard en croûte et les fruits de mer mixtes en grillade.

Southwest Harbor

Le **Beal's Lobster Pier** *($$$-$$$$; fermé mi-oct à mi-mai; Clark Point Rd., ☎244-7178)* est un autre endroit remarquable où se gaver de palourdes et de homard. L'atmosphère est vraiment détendue et, lorsqu'il fait beau, on installe même des tables de pique-nique à l'extérieur. Si vous le désirez, on vous mettra du homard sur la glace pour emporter, ou alors on vous l'expédiera par avion.

Blue Hill

Le **Left Bank Café** *($$; Route 172, à l'extrémité nord de Blue Hill, ☎374-2201)*, avec ses allures de Greenwich Village et sa galerie d'art intégrée, est un peu trop avant-gardiste, mais il occupe de plus en plus une place enviable dans le cœur des habitants de Blue Hill. Son menu affiche des mets exotiques époustouflants, du genre nouilles thaïlandaises, poulet *Kijafa* (poitrines de poulet accompagnées de sauce aux framboises) et soupe japonaise aux fruits de mer appelée *dashi*. Et que dire de ses pâtisseries..., surtout le strudel!

La municipalité de Blue Hill attire une clientèle estivale fort sophistiquée qui passe volontiers ses soirées à écouter de la musique de chambre après avoir pris un repas raffiné. Néanmoins, on n'y trouve encore qu'une poignée de restaurants respectables, dont le **Jonathan's** *($$-$$$; dîner seulement; fermé mars; Main St., ☎374-5226)*. L'établissement dispose de deux jolies salles à manger, l'une de style purement colonial, avec plusieurs objets en bois et des murs aux tons de bleu et de beige antique, et l'autre, en arrière-salle, qui fait plus rustique encore, avec ses poutres apparentes et ses tables en chêne massif. Le menu change constamment, mais vous y trouverez toujours quantité de poissons et de fruits de mer arrosés de sauces géniales dont vous supplierez qu'on vous donne la recette. Le Jonathan's peut par ailleurs se vanter d'afficher l'une des meilleures cartes des vins de la côte.

Deer Isle

Si vous êtes d'humeur à vivre une expérience chaleureuse et quelque peu déconcertante, arrêtez-vous au **Mountainville Cafe** du Nervous Nellie's Jams and Jellies *($; tlj juil et août, sam-dim juin et sept à mi-oct; Sunshine Rd., ☎348-6182 ou 800-777-6845, ⇾800-804-7698)*. Ouvert seulement une partie de l'année, il vous propose café, thé, scones et biscuits maison, plus un assortiment de confitures et de gelées, également maison. Après un casse-croûte propre à vous réchauffer le cœur, songez à faire le tour de la propriété, qui accueille toutes sortes de créatures et bestioles sculptées par le propriétaire des lieux. Toutes ses œuvres sont faites de pin de la région et de rebuts «précieux» tels qu'instruments aratoires d'antan et vieilles pièces de poêle à bois.

Les connaisseurs au portefeuille léger ne trouveront pas mieux que le **Fisherman's Friend Restaurant** *($-$$; fermé nov à mars; School St., Stonington, ☎367-2442)*, surtout s'ils sont affamés. L'endroit est réputé pour ses généreuses portions de poissons et de fruits mer frais à souhait. Le décor pourrait être amélioré, mais qui s'en plaindrait avec une assiette remplie à craquer de palourdes savoureuses?

Même si vous n'avez pas les moyens de faire un séjour au **Pilgrim's Inn** *($$$$; fermé mi-oct à mi-mai; Deer Isle Village, ☎348-6615)*, vous devez absolument y dîner au moins une fois. Son chef propose un menu à prix fixe de cinq services qui pourrait se composer de saumon fondant au beurre blanc, d'un tendre filet de viande au cabernet sauce champignon ou encore d'un canard rôti et glacé. Parmi les autres plats servis dans cette grange transformée aux poutres de bois, vous trouverez de succulentes bisques et chaudrées, des salades provenant pour la plupart du potager de l'établissement, des pains maison et des desserts dont vous voudrez parler à tout le monde.

Castine

Dans une petite ville aussi «amphibie» que Castine, on s'étonne de ne trouver qu'un seul restaurant sur front de mer. Heureusement qu'il y a le **Dennett's Wharf** *($-$$; fermé mi-oct à fin avr; Sea St., ☎326-9045)*, un restaurant de poisson affairé et tendu de filets de pêche tout aussi attrayant que la vue sur le port émaillé de bateaux à voiles. Il dispose par ailleurs, au-delà de sa terrasse, d'un quai flottant de près de 40 m où peuvent s'amarrer les yachts de passage. Son déjeuner d'huîtres fraîchement sorties de leur coquille suivies d'un sandwich au crabe grillé, le tout accompagné d'un choix de 10 bières pression microbrassées dans le Maine, est à s'en lécher les babines. Le Dennett's Wharf est on ne peut plus décontracté, et ses serveuses portent des vêtements kaki. Enfin, n'oubliez pas de jeter un œil au plafond tapissé de dollars américains.

Le **Castine Inn** *($$-$$$; fermé mi-oct à avr; Main St., ☎326-4365)* est élégamment paré de tables bien mises et de murales illustrant des scènes portuaires. Le menu variable annonce des plats innovateurs tels que filet de porc rôti agrémenté d'un chutney aux pêches, raviolis au saumon arrosés d'une sauce à la tomate et au safran, ou pâté au poireau. Assurez-vous d'essayer les beignets de crabe sauce moutarde, de même que l'un ou l'autre des délicieux desserts, que ce soit l'*Indian pudding* au four, la crème brûlée ou le pain d'épices à la citrouille.

La Southern Coast

Bangor

L'un des plus vieux restaurants familiaux du Maine (ouvert en 1940) est le **Pilot's Grill** *($$-$$$; 1528 Hammond St., ☎942-6325)*, qui sert une cuisine américaine traditionnelle : poissons et fruits de mer locaux, mais aussi bifteck, rôti de bœuf et côtelettes d'agneau. Décor de briques, de nappes immaculées et de fleurs fraîches.

Rockland

Le **Waterworks Pub and Restaurant** *($$-$$$$; 5 Lindsey St., ☎596-7950 ou 800-523-2145)* jouit d'une réputation enviable dans la région pour ses fruits de mer on ne peut plus frais et sa cuisine de pub. Son long bar d'acajou (où sont servies des ales du Maine, des bières pur malt, des brandys et des vins) est également fort prisé des résidants de Rockland. Le restaurant occupe un édifice complètement restauré qui a jadis appartenu à une compagnie de distribution d'eau. Son menu comprend toujours les fruits de mer les plus frais qu'on puisse trouver de même que des mets végétariens et de nombreux plats de viande, dont un succulent pain de viande. Au dessert, ne manquez surtout pas la croustade aux pommes garnie de crème glacée à la cannelle. Ce restaurant appartient aux mêmes propriétaires que le Captain Lindsey House Inn.

Camden

Au **Cappy's Chowder House** *($-$$; fermé mer en hiver; Main St., ☎236-2254)*, chaque cuillerée de chaudrée de palourdes que vous portez à vos lèvres relève presque d'une expérience spirituelle. Et vous n'en êtes qu'à la soupe! Cappy's est tout aussi célèbre pour ses fruits de mer, ses pâtes, son bœuf haché et tout ce qui peut vous passer par la tête. L'ambiance est plus ou moins celle d'un pub, le décor maritime, et la clientèle, aussi bien composée de loups de mer locaux que de gens de l'extérieur. Pour les repas minute, durant l'été, vous trouverez une table de crudités à l'étage supérieur, où l'atmosphère est plus détendue.

Même les clients les plus sûrs d'eux-mêmes ne parviennent pas à fixer leur choix sur un plat plutôt que sur un autre au **Waterfront** *($$-$$$; Bayview St., ☎236-3747)*. Le menu du dîner affiche en effet des spécialités plus alléchantes les unes que les autres.

Thomaston

Vous en avez assez des décors discrets? Alors foncez tout droit à la **Harbor View Tavern** *($$-$$$$; 1 Water St., ☎354-8173)*. Des chariots sont suspendus au plafond; des avions fabriqués à partir de boîtes de conserve, des objets nautiques, des violons et des trombones se trouvent dans tous les coins, et il y a suffisamment de miroirs pour qu'un directeur du Caesar's Palace se sente chez lui. Laissez-vous tenter par des amuse-gueules aussi appétissants que la mozzarelle frite, les moules en crème ou les calmars frits. Passez ensuite aux pétoncles gratinés, au filet mignon ou au «bateau» de crevettes. Les fins de semaine, on ajoute de la côte de bœuf au menu. Demandez une place sur l'une des deux terrasses, et vous serez assuré d'une vue splendide.

Waldoboro

Un voyage dans le Maine ne saurait être complet sans un repas dans l'un de ces petits restaurants typiques de la région. C'est en effet là que vous rencontrerez les vrais Mainers. L'un de nos favoris est le **Moody's Diner** *($; Route 1, ☎832-7468)*, exploité par la famille Moody depuis des générations et des générations. Le décor est sans surprise pour ce type d'établissement, et le menu, tout aussi habituel, mais si alléchant que vous voudrez y revenir encore et encore, surtout pour le petit déjeuner!

Wiscasset

Au **Garage** *($-$$$; fermé en jan; Water St., ☎882-5409)*, les propriétaires ont un bon sens de l'humour. De fait, leur établissement est bel et bien un garage des années vingt aujourd'hui transformé en restaurant. Mais il faut presque le savoir pour s'en rendre compte, car ils ont entièrement retapé l'endroit et ajouté une véranda au bâtiment existant. Même si, tout compte fait, les sols sont demeurés de béton, il faut avouer que la nourriture est très bonne et que les prix s'avèrent plus que raisonnables. L'accent porte surtout sur les poissons et fruits de mer, mais on sert également du bifteck et de l'agneau.

Boothbay Harbor

Un seul regard en direction de la petite maison jaune portant l'inscription **No Anchovies** *($-$$; fermé nov à avr; 51 Townsend Ave., ☎633-2130)*, et vous ne pourrez vous empêcher d'y entrer. À l'intérieur, ses simples banquettes de vinyle lui donnent un air on ne peut plus informel. On y sert un vaste choix de fruits de mer, de steaks, de pâtes et de pizzas.

Malgré son emplacement, en plein secteur touristique, l'**Andrew's Harborside Restaurant** *($-$$$; fermé mi-oct à mi-mai; 8 Bridge St., ☎633-4074)* attire bon nombre de gens du coin aux trois repas. Au petit déjeuner, on fait la queue à l'extérieur pour savourer ses grosses brioches à la cannelle, fraîchement sorties du four et généreusement arrosées d'un glaçage encore coulant. Au déjeuner et au dîner, l'accent porte surtout sur les fruits de mer, mais vous pouvez très bien commander un plat de viande ou de volaille. La décoration manque d'imagination, mais la proximité immédiate du bord de l'eau compense largement cette faiblesse.

Le **Black Orchid Restaurant** *($$-$$$; fermé mi-oct à mi-mai; 5 By-Way, ☎633-6659)*, un restaurant de deux étages en plein cœur de l'action, propose un menu rigoureusement italien. Dans ses salles quelque peu exiguës aux éclairages tamisés, vous pourrez vous gaver de toutes les spécialités méditerranéennes traditionnelles telles que fettucinis aux champignons frais, homards sauce Alfredo et spaghetti inondé de sauce tomate, mais aussi de plusieurs plats de poisson régionaux. Gardez-vous un petit coin pour le tiramisu.

Situé sur l'appontement, **J.H. Hawk Restaurant and Pub** *($$$-$$$$; Pier 1, ☎633-5589)* s'est donné un cachet marin, témoignage vibrant de l'engouement du propriétaire pour la voile. Le décor du bar, au rez-de-chaussée, est quelque peu dénudé, tandis que l'ambiance de la salle à manger, située à l'étage, se veut beaucoup plus formelle, avec son pianiste que l'on entend en musique de fond. On y sert un menu varié, allant du gros hamburger avec tout le tralala, au saumon en croûte, dont la pâte a été farcie au homard. Pour le dessert, laissez-vous tenter par la riche mousse au chocolat et aux noisettes. Le piano parvient en outre à créer une atmosphère feutrée parfaite pour la soirée.

Portland

Le **Green Mountain Coffee Roasters** *($; 15 Temple St., ☎773-4475)* sert le meilleur café en ville. Son choix est de toute évidence sans égal et, aussitôt que vous franchirez le seuil de ce bâtiment en brique rouge, les plus sublimes effluves s'empareront de vos narines. Un énorme brûloir y torréfie constamment des grains en provenance de tous les coins du monde, produisant une grande variété de mélanges dont il ne faut même pas rêver d'obtenir la recette. L'endroit ressemble à un bistro parisien, avec de hauts plafonds, un sol carrelé de blanc et de noir, et une sélection de pâtisseries à vous faire oublier n'importe quel régime. On y sert le petit déjeuner et le déjeuner seulement.

Si vous aimez dîner dans une légère ambiance de fête, rendez-vous au **Great Lost Bear** *($-$$; 540 Forest Ave., ☎772-0300)*. Il s'agit d'un des plus populaires bars-restaurants de la ville, et vous pouvez être sûr d'y trouver ces bons vieux plats réconfortants que sont les hamburgers, le bœuf haché aux haricots rouges et au piment, les biftecks et les salades. Vous trouverez cet établissement dans le minuscule district de SoFo *(Southside Forest Ave.)*, à l'intérieur de ce qui fut jadis le Cameo Theater.

Le buffet de salades du David's Restaurant of Oyster Club (*$-$$* á l'étage, *$$-$$$* au rez- de-chaussée; 164 Midle St. ☎773-4340) attire une foule d'habitués qui nepeuventplus s'en passer,dont plusieurs jeumesprofessionnels qui viennent y prendre une bouchée après leur journée de travail. À l'étage inférieur, la scène change complètement; vous pouvez confortablement vous installer pour un dîner aux fruits de mer, dans une ambiance feutrée et un décor de cercle privé.

Le **Baack Bay Grill** *($$-$$$; 65 Portland St., ☎772-8833)* s'est installé dans de nouveaux locaux, à savoir ceux d'une pharmacie restaurée de 1888. Cela dit, exception faite du plafond original en étain pressé, on n'y trouve aucune trace de cet établissements d'une autre époque. Il s'agit désormais d'un très chic restaurant entièrement nappé de blanc dont une des deux salles à manger s'ouvre sur la cuisine. Comme l'indique son nom, il est surtout réputé pour ses grillades, notamment de fruits de mer frais, quoique son menu de nouvelle cuisine américaine offre de nombreux autres choix (entre autres des plats de pâtes) et change au gré des saisons. Le pain est fait sur place, et la crème brûlée mérite d'être essayée.

Lorsqu'il s'agit de mets du nord de l'Italie, vous ne pouvez vous tromper en optant pour **The Roma** *($$-$$$; 769 Congress St., Portland; ☎773-9873)*. Établi dans un manoir victorien datant des environs de 1885, il renferme six salles à manger, dont certaines pourvues d'une cheminée. Les plats de fruits de mer, notamment de homard, s'avèrent particulièrement bons.

Cape Porpoise

Le **Nunan's Lobster Hut** *($$; soir seulement; fermé 15 oct au 1er mai; Mill Rd., ☎967-4362)* est on ne peut plus terre-à-terre, mais ne vous privez pas pour autant d'y aller, surtout si vous êtes amateur de homard ultrafrais ou de plateaux fumants de fruits de mer à l'étuvée, couronnés d'une tarte aux pommes maison. Aménagé dans une cabane basse, ce restaurant décontracté se révèle typique du Maine.

Old Orchard

À Old Orchard, **Joseph's by the sea** *($$-$$$; 57 West Grand Ave., Old Orchard Beach, ☎934-5044)* se détache nettement de la masse par la créativité de sa cuisine et le romantisme de son décor. Au menu : escargots sautés, courgettes, steak au poivre, etc. Une terrasse vous permet aussi de prendre le petit déjeuner au soleil.

Si la cuisson des fruits de mer vous semble une corvée, vous vous réjouirez de découvrir le **Bayley's Lobster Pound** *(East Grand Ave.)*, qui propose du homard, du crabe, des crevettes et d'autres produits de la mer prêts à manger.

Kennebunk Beach

Nous ne vous cacherons pas que c'est le menu qui nous a attiré au **White Barn Inn** *($$$-$$$$; fermé jan à mi-fév; 37 Beach St., ☎967-2321)*, une ancienne grange transformée en restaurant éclairé à la bougie. La cuisine y tranche quelque peu avec les traditions de la région en proposant, dans son menu à prix fixe qui diffère selon les saisons, des plats irrésistibles tels que homard du Maine, ris de veau, filet de boeuf cuit sur le grill, accompagné de petits légumes revenu dans de l'huile aromatisée au basilic et servi avec un coulis de tomates.

Kennebunkport

Le **Windows on the Water** *($$-$$$; 12 Chase Hill Rd., ☎967-3313)* peut sans hésiter réclamer les plus hauts honneurs. Son chef, John, comptait parmi les 52 cuisiniers à qui l'on demanda de préparer le repas d'investiture du président Bush. De plus, il faut reconnaître que la nourriture est ici à son meilleur, avec des plats comme les pétoncles enveloppés de pâte feuilletée et badigeonnés de beurre au piment de l'Arizona, ou encore les crevettes grillées dans du *prosciutto*. La spécialité de la maison est la pomme de terre au four farcie au homard, un heureux mélange de homard frais, de crème et de fromage Jarlsberg garnissant une demi-pomme de terre fumante. Délicieux! En outre, la vue sur le petit port en activité est on ne peut plus digne du repas lui-même, que ce soit depuis la salle à manger aux fenêtres en arc ou à partir de la terrasse, lorsque la saison le permet.

Au **Kennebunkport Inn** *($$$-$$$$; fermé oct à avr; 1 Dock Sq., ☎967-2621)*, ne vous attendez à rien de moins que la perfection. Ce restaurant ultrachic se fait, en effet, un point d'honneur de veiller à ce que tout soit impeccable. Sa salle à manger feutrée, de style colonial, sied en outre parfaitement aux plats qu'on y sert, comme l'espadon local grillé juste à point, la bouillabaisse traditionnelle et le carré d'agneau. Au cours de la saison estivale, vous avez également la possibilité de manger sur la terrasse extérieure. On trouve par ailleurs sur les lieux un pub du tournant du siècle doublé d'un piano-bar.

Ogunquit

Si vous cherchez un bon endroit pour engloutir un sandwich à Ogunquit, pensez au **Einstein's Deli** *($; 2 Shore Rd., ☎646-5262)*. Vous pourrez y prendre place au comptoir ou à une table, selon votre préférence, et commander un sandwich au *pastrami*, un bagel ou n'importe quel autre plat typique de ce genre d'établissement. La seule grande différence entre Einstein's et un authentique *deli* de New York tient à la qualité de la chaudrée de myes, ici gorgée de palourdes et bonne à vous faire tourner de l'œil. Vous pouvez aussi commander pour emporter.

Attendez-vous à trouver une file à la porte du **Barnacle Billy's** *($$-$$$; fermé mi-oct à mi-avr; Perkins Cove, ☎646-5575)*. Il s'agit d'un restaurant de homard comme tant d'autres, où vous devez prendre un numéro et attendre d'être appelé avant de vous attabler pour le festin. Vous avez le choix entre la salle à manger, qui fait penser à une poissonnerie fort fréquentée, et la terrasse, d'où vous pouvez admirer les bateaux tout en mangeant.

Pour un dîner chic et paisible à Ogunquit, essayez la **Tavern at Clay Hill Farm** *($$-$$$; fermé mar-jeu en jan et fév; 220 Clay Hill Rd., ☎646-2272)*. Ce charmant restaurant typique de la Nouvelle-Angleterre occupe une vieille maison de ferme, tout juste à l'ouest du village. Le menu est plutôt raffiné, avec des plats comme le saumon grillé et mariné dans des épices cajuns, et l'agneau braisé aux noisettes; de plus, un pianiste de rêve vous enchante de ses mélodies tout au long de votre repas.

Cape Neddick

Pour un bon casse-croûte, laissez votre odorat vous guider vers la **Pie in the Sky Bakery** *($; fermé jan; à l'intersection de la route 1 et de River Rd., ☎363-2656)*. Ses propriétaires, John et Nancy Stern, qui assurent en outre eux-mêmes la fabrication des pains et pâtisseries servis dans cet établissement, ne cessent d'ajouter de nouveaux délices à leur liste interminable de créations plus savoureuses les unes que les autres, qu'il s'agisse de pains aux formes les plus variées, de muffins ou de tartes inoubliables.

Le **Cape Neddick Lobster Pound** *($$-$$$; fermé oct à avr; à l'intersection de la route 1A et de Shore Rd., ☎363-5471)* ne sert pas que du homard et des palourdes. Plusieurs autres plats sont en effet au menu, telles les brochettes «terre et mer», où se mêlent crevettes, pétoncles, steak de bœuf et légumes. Son aspect n'a rien d'étonnant : construction à clins de bois pure et simple, au bord de la mer.

Le **Cape Neddick Inn and Gallery** *($$-$$$; fermé 18 fév au 15 mars; Route 1, ☎363-2899)*, reconstruit de façon remarquable sur les lieux d'un bâtiment historique ravagé par les flammes, est en quelque sorte une légende locale. La nouvelle salle à manger est gracieusement garnie d'œuvres d'art. Vous êtes donc bel et bien assis dans une galerie d'art, et pourtant l'atmosphère y est tout à fait chaleureuse. Le menu variable propose généralement du poisson à profusion, de l'agneau et du canard, tous accompagnés de sauces divines.

SORTIES

La région des lacs et des montagnes

La vie nocturne est plutôt restreinte dans ce coin de pays. Dans plusieurs localités, vous pourrez même vous compter chanceux s'il y a ne serait-ce qu'un cinéma.

Harrison

Le **Sebago-Long Lake Region Chamber Music Festival** *(Deetrees Theatre, ☎583-6747)* offre une série de concerts en juillet et en août. N'hésitez pas à téléphoner pour vous informer du programme.

Rangeley

Par contre, si vous vous trouvez dans le secteur des lacs de Rangeley, vous pourriez avoir la possibilité d'assister à un spectacle commandité par les **Rangeley Friends of the Arts**, présenté tout au long des mois de juillet et d'août dans les églises, les grands chalets et les collèges de la région. Adressez-vous à la chambre de commerce pour connaître le programme de l'année en cours *(P.O. Box 317, Rangeley, ME 04970, ☎864-5364)*.

La Downeast Coast

Eastport

À Eastport, jetez un coup d'œil du côté de l'**Eastport Arts Center** *(Dana St., ☎853-4133)*, car, en été, on y présente, le vendredi, une série de concerts et de films qui attirent une foule d'intellectuels, d'artistes et de lettrés. Un groupe de théâtre très actif y monte également trois ou quatre pièces chaque saison.

Machias

En juillet et en août, les **Machias Bay Chamber Concerts** *(Centre St. Congregational Church, ☎255-3889)* sont l'occasion d'une série de concerts de musique de chambre.

Au nord d'Ellsworth, de moins en moins d'activités s'offriront à vous après la tombée du jour. Vous pénétrez alors dans le cœur même du Maine, où l'on se fait encore une fête d'aller au cinéma.

À l'instar de plusieurs régions côtières du Maine, Mount Desert Island offre une vie culturelle d'une grande richesse. Consultez les journaux locaux pour connaître les événements présentés au cours de votre séjour sur l'île. L'**Acadia Repertory Theatre** *(Route 102, Somesville, ☎244-7260)* propose près d'une demi-douzaine de pièces par saison à l'intérieur du Somesville Masonic Hall. Le **Deck House Restaurant Cabaret Theatre** *(fermé sept à mai; Swan's Island Ferry Rd., Bass Harbor, ☎244-5044)* présente de fabuleux spectacles de cabaret, avec vue sur la mer. Entre la mi-juillet et la mi-août, le **Bar Harbor Music Festival** *(Rodick Building, 59 Cottage St., Bar Harbor, ☎288-5744)* bat son plein avec des concerts de toutes sortes (musique populaire, thés dansants, orchestres à cordes, nouveaux compositeurs) qui ont lieu en divers points de la ville. Toujours de la mi-juillet à la mi-août, le **Mount Desert Festival of Chamber Music** *(Neighborhood House, Main St., Northeast Harbor, ☎276-5039)* organise une série de concerts de musique de chambre. L'**Arcady Music Festival** *(☎288-3151)* attire pour sa part une foule nombreuse grâce à ses concerts d'été variés, aussi bien donnés par de petits ensembles que par de grands orchestres baroques en divers endroits de Bangor et de Bar Harbor.

L'**Acadia National Park** *(fermé mi-oct à mai; ☎288-3338)* organise toutes sortes d'activités nocturnes telles que promenades guidées mettant l'accent sur l'observation des étoiles au-dessus de Sand Beach ou sur le travail des castors (qui sont actifs la nuit). Des projections de diapositives sont également présentées dans les amphithéâtres des terrains de camping de Seawall et Blackwood. La liste des activités figure dans une publication quotidienne intitulée *Ranger Activity Schedule*.

À Deer Isle et à Isle au Haut, les lumières s'éteignent trop tôt pour qu'on puisse parler de vie nocturne, mais, à Bar Harbor, nous avons réussi à identifier un ou deux endroits où il se passe quelque chose après le coucher du soleil. Le pub le plus animé est le **Geddy's** *(fermé nov à mi-avr; 19 Main St., Bar Harbor, ☎288-5077)*, qui attire comme un aimant les jeunes, les avant-gardistes et les gens à la page. Tout le monde se rassemble pour écouter du rock, du folk, du pop ou de la musique de danse, selon le programme à l'affiche.

Castine

Il vous suffira d'entrevoir Castine pour comprendre qu'il ne s'y trouve aucune discothèque bariolée de néons, ni même un bar miteux. La plupart des visiteurs passent ici leurs soirées autour d'une bonne grosse assiette de fruits de mer. Mais vous pouvez aussi assister à une représentation des **Cold Comfort Productions, Inc.** *(P.O. Box 259, Castine, ME 04421)*, une troupe de théâtre estivale qui présente des pièces telles que *The Glass Menagerie, South Pacific* et *Agnes of God*.

La grande sortie à Blue Hill consiste à assister aux concerts présentés dans le cadre du **Kneisel Hall Chamber Music Festival** *(pour toute information, écrivez à P.O. Box 648, Blue Hill, ME 04614, ou téléphonez au ☎374-2811)*. De la fin de juillet à la fin d'août, des orchestres à cordes et divers ensembles se font entendre le vendredi soir et le dimanche après-midi. Vous pouvez aussi vous offrir une production de la **Surry Opera Company** *(mai à août; Blue Hill, ☎667-9551)*, une jeune troupe de réputation internationale qui propose différentes œuvres.

La Southern Coast

Camden

Du jeudi au samedi, la **Gilbert's Public House** *(droit d'entrée sam-dim; Sharp's Wharf, Bayview St., ☎236-4320)* présente des musiciens de rock, mais aussi de rhythm-and-blues, de jazz et de musique pop, dans un décor de bar maritime. Des concerts de jazz y ont lieu tous les dimanches.

Boothbay Harbor

Le **Carousel Music Theater** *(Route 27, ☎633-5297)* est un café-théâtre où vous pouvez tranquillement dîner tout en assistant à des numéros de cabaret fort vivants.

Freeport

À Freeport, vous pouvez participer aux ateliers et séminaires nocturnes organisés par **L.L. Bean** au Casco Street Conference Center *(Casco St., ☎865-4761, poste 7800)*. On y propose des activités très variées, comme l'apprentissage de la lecture des cartes et de l'usage de la boussole, la pratique de la photographie d'extérieur, la survie en nature, le canot et le kayak. Téléphonez d'avance pour plus de renseignements et pour réserver vos places.

La **Broad Arrow Tavern** *(162 Main St., ☎865-9377)* présente, chaque samedi soir, un guitariste folk. Les meubles d'acajou, le menu varié et l'attrayante cheminée, surmontée d'une tête d'orignal, contribuent également à égayer les lieux.

Portland

Mais c'est sans conteste à Portland que vous trouverez le plus grand nombre de lieux de divertissements de tout le sud du Maine. Les sorties culturelles y sont pour ainsi dire innombrables; en voici d'ailleurs quelques exemples. La **Portland Stage Company** *(Portland Performing Arts Center, 25-A Forest Ave., ☎774-1043)* présente une demi-douzaine de pièces de théâtre par saison. Pour vous écarter un tant soit peu des sentiers battus, mettez-vous en contact avec la **Mad Horse Theatre Company** *(92 Oak St., ☎775-5103)*, qui monte chaque saison (octobre à fin juillet) quatre ou cinq pièces à caractère essentiellement social. Les **Portland Players** *(☎799-7337)* ont la distinction d'incarner le plus vieux théâtre communautaire du Maine; les productions saisonnières (octobre à fin juin), au nombre de quatre ou cinq (généralement des pièces musicales ou des comédies), sont présentées dans un cadre intime. Si les pièces musicales font votre bonheur, sachez que le petit **Lyric Theater** *(☎799-6509 ou 799-1421)* en monte quatre entre septembre et mai.

Le **Portland Symphony Orchestra** *(477 Congress St., ☎773-6128)* présente des concerts de musique classique et populaire d'octobre à juillet. **PCA Great Performances** *(☎773-3150)* propose pour sa part une grande variété de concerts (opéra, jazz, musique de chambre) d'octobre à la fin de mai. Ces deux formations se produisent au **Merrill Auditorium** *(Portland City Hall, 20 Myrtle St., ☎842-0800)*. Pour obtenir des billets, vous n'avez qu'à appeler PorTix.

Il y a toujours quelque chose à voir au **Portland Performing Arts** *(Portland Performing Arts Center, 25-A Forest Ave., ☎761-0591)*, qui monte de nombreux concerts et spectacles de danse de septembre à juillet. Des artistes de renom international se produisent sur invitation au Performing Arts Center et dans d'autres salles de Portland.

La **Ram Island Dance Company** *(Portland Performing Arts Center, 25-A Forest Ave., ☎773-2562)* saura pour sa part combler les amateurs de danse.

Le **Gritty McDuff's Brew Pub** *(396 Fore St., ☎772-2739)* est un endroit où vous pouvez vous amuser tout en dégustant des fritures arrosées de bières brassées sur les lieux. L'atmosphère y est toutefois assez bruyante, surtout le samedi soir, alors que vous devrez le plus souvent hurler votre commande au serveur qui se trouve de l'autre côté du comptoir recouvert de cuivre.

Un autre excellent pub est le **Three Dollar Dewey's** *(241 Commercial St., ☎772-3310)*, une taverne à l'anglaise qui tire une grande fierté de son vaste choix de bières en fût et de ses piments ultraforts. La clientèle se compose en grande partie d'inconditionnels fanatiques de l'endroit, qui s'en donnent visiblement à cœur joie, jetant les hauts cris et frappant avec force sur les longues tables d'auberge.

Rock alternatif, rythmes du monde, reggae et musique africaine ont tous droit de cité au **Bad Habits Live** *($-$$; droit d'entrée sam-dim et pour les spectacles sur scène; 31 Forest Ave., ☎773-8187)*. À la même adresse se trouve le **Zootz**, une boîte qui renferme deux bars complets et où l'on danse les fins de semaine au son de mélodies présentées par des disc-jockeys.

La fin de semaine, **Raoul's Roadside Attraction** *(droit d'entrée; 865 Forest Ave., ☎775-2494)* propose du blues, du folk ou du rock exécutés par des artistes d'envergure locale et nationale.

Avec un peu de chance, vous aurez l'occasion de voir quelque grand nom en spectacle, comme Bonnie Raitt, au **Cumberland County Civic Center** *(1 Civic Center Sq., ☎775-3458)*.

Pour d'autres suggestions de divertissements dans la région de Portland, procurez-vous un exemplaire de l'hebdomadaire intitulé ***Casco Bay Weekly*** *(☎775-6601)*.

Ogunquit

L'**Ogunquit Playhouse** *(Route 1, ☎646-5511)*, fondée il y a plus de 65 ans, continue d'attirer les amateurs de théâtre du pays tout entier. Sa saison estivale dure 10 semaines et se compose généralement de deux pièces musicales et de trois œuvres dramatiques.

ACHATS

La région des lacs et des montagnes

Kingfield

Si par mégarde vous perdez votre chapeau de laine ou vos moufles, dirigez-vous tout droit vers le **Sugarloaf Sports Outlet** *(Main St., ☎265-2011)*, où vous pourrez dénicher toutes sortes d'aubaines.

Les chandails de ski à motifs colorés font la force de **Patricia Buck's** *(Main St., ☎265-2101; succursale à l'Alpine Village de Sugarloaf)*. Mais on vend également ici chapeaux, moufles et toutes sortes d'autres articles, dont des livres et des cartes.

Oquossoc

La **Yarn Barn School** *(fermé nov à fin mai; Bald Mountain Rd., lac Mooselookmeguntic, ☎864-5917)* vend de tout, des matériaux et accessoires de filage, de tissage, de tricot et de vannerie aux magnifiques produits finis créés par les amateurs de ces différentes formes d'artisanat.

Bethel

Bonnema Potters *(Main St., ☎824-2821)* se spécialise dans les lampes, mais possède en outre un magnifique assortiment de pots de grès et des porcelaines pratiques. Demandez aussi à voir les pièces de seconde main.

New Gloucester

L'**United Society of Shakers** *(fermé Columbus Day au Memorial Day; Route 26, ☎926-4597)* propose des reproductions de meubles *shakers*, des fines herbes, du thé et divers objets d'artisanat.

Bridgton

Si vous êtes en quête d'une courtepointe cousue à la main, songez à vous rendre à Bridgton à la mi-juillet, lors du **Quilt Show** *(l'emplacement en varie d'une année à l'autre; pour de plus amples renseignements, adressez-vous à la Bridgton Chamber de Commerce, Portland Rd., ☎647-3472)* qui s'y tient annuellement. Vous y trouverez en effet toutes sortes de courtepointes plus merveilleuses les unes que les autres, aussi bien anciennes que plus récentes, de même que des démonstrations.

Outre des œuvres d'art et de l'artisanat, vous trouverez aussi à Bridgton de très belles antiquités. Ainsi le **Wales & Hamblen Antique Center** *(fermé fin oct au Memorial Day; 134 Main St., ☎647-3840)* présente-t-il les pièces de plus de 30 antiquaires.

Les forêts du Nord

Il n'y a pas grand magasinage à faire dans cette contrée perdue, à moins que vous ne soyez à la recherche d'équipement de chasse ou d'un chapeau de camouflage.

Greenville

The Indian Store *(Main St., ☎695-3348)* est l'endroit tout indiqué pour vous procurer paniers en osier, poteries et autres objets d'inspiration amérindienne.

La Downeast Coast

Eastport

Eastport est la capitale américaine de la salmoniculture. Pour goûter cette spécialité régionale, nous vous recommandons **Jim's Smoked Salmon** *(37 Washington St., ☎853-4831)*.

Si vous êtes plutôt à la recherche d'ouvrages à saveur régionale ou amérindienne, rendez-vous à la librairie **Fountain Books** *(58 Water St., ☎853-4519)*, à l'enseigne d'une ancienne pharmacie. Une vieille fontaine en marbre où l'on sert des boissons gazeuses, attirant une foule nombreuse pendant la belle saison, rappelle ces temps reculés où Eleanor Roosevelt fréquentait les lieux.

Peut-être n'achèterez-vous rien au **Border Crafts** *(Water St.)*, mais vous aurez tout de même du plaisir à en faire le tour. On y trouve toutes sortes de vêtements tricotés et cousus à la main par des femmes vivant dans ces parages depuis de nombreuses décennies, mais aussi des antiquités qui, selon nous, sont plutôt des objets d'occasion. Comme la municipalité elle-même, cette petite boutique déborde de charme.

Machias

The Sow's Ear *(fermé dim; 7 Water St., ☎255-4066)* possède une adorable collection de jouets, certains vêtements fabriqués dans le Maine, des bijoux et plusieurs ouvrages consacrés à cet État.

Si vous aimez la poterie, ne ratez pas **Connie's Clay of Fundy** *(Route 1 Est, ☎255-4574)*, qui propose des poteries contemporaines d'une qualité digne des meilleurs musées. Avec un peu de chance, peut-être même verrez-vous l'artiste à l'œuvre dans son studio, adjacent au magasin.

Bar Harbor

Bar Harbor déborde de magasins. Il va sans dire que nombre d'entre eux se livrent au jeu des touristes en proposant t-shirts imprimés, chaussettes multicolores, cartes postales, calendriers et ouvrages de toutes sortes sur l'État du Maine. Il existe cependant d'excellentes galeries et des boutiques méritant d'être découvertes. En voici quelques-unes : **MDI Workshop** *(Route 3, ☎288-5252)*, un magasin d'artisanat géré par des handicapés du Maine; **Birdnest Gallery** *(fermé nov à avr; 12 Mount Desert St., ☎288-4054)*, proposant des huiles, des aquarelles et des dessins d'artistes contemporains de la Nouvelle-Angleterre; **Island Artisans** *(fermé nov à mi-mai; 99 Main St., ☎288-4214)*, une coopérative proposant des œuvres d'artistes locaux; **The Lone Moose** *(fermé nov à mai; 78 West St., ☎288-4229)*, un excellent fournisseur de vanneries, d'objets en bois, de meubles, de bijoux et de vêtements fabriqués dans le Maine; et **The Woodshop Cupolas, Inc.** *(l'été : Route 3, Trenton, 667-6331; l'hiver : Route 102, Bar Harbor, ☎288-5530)*, où vous pouvez vous procurer des girouettes et des coupoles de toutes sortes.

Blue Hill

Le village de Blue Hill est connu dans la région pour ses innombrables potiers et artisans. Pour des poteries utiles, et plus particulièrement de la vaisselle, faites une halte à **Rowantrees Pottery** *(Union St., ☎374-5535)*. **Rackliffe Pottery** *(Route 172, ☎374-2297)*, qui s'adresse davantage aux familles, produit des articles en terre cuite depuis trois générations. Et la **Handworks Gallery** *(Main St., ☎374-5613)* propose des poteries et divers objets fabriqués dans le Maine, entre autres des bijoux et des meubles.

Deer Isle

Chez **William Mor Stoneware** *(Reach Rd., ☎348-2822)*, vous trouverez de très beaux pots de grès et des porcelaines de cuisine fort pratiques. L'endroit est également tout indiqué pour faire l'acquisition d'un tapis oriental.

Quiconque visite le Maine se doit de faire une halte chez **Nervous Nellie's Jams and Jellies** *(fermé oct à mai; Sunshine Rd., ☎348-6182)*. Bien qu'il s'agisse en fait d'une entreprise de vente par correspondance, ceux qui viennent sur les lieux peuvent goûter les délices de la maison avant d'arrêter leur choix : gelée de tomates piquante, conserve de fraises et de rhubarbe, ou gelée au cidre épicée, pour n'en nommer que quelques-uns.

The Blue Heron Gallery & Studio *(fermé oct à fin avr; Church St., ☎348-2940)* expose les œuvres issues de la Haystack Mountain School of Crafts.

Castine

Vous ne trouverez probablement pas d'aubaines dans les petites boutiques et galeries de Castine, mais vous n'en serez pas moins comblé par les étalages de mode franchement originaux, les articles marins, les œuvres d'art et les pièces d'artisanat régional qui s'offriront à vos yeux. Voici quelques adresses à retenir : **Compass Rose** *(Main St., ☎326-9366)*, une librairie doublée d'une galerie d'art (on y trouve les plus belles cartes postales en ville); **McGrath Dunham Gallery** *(mai à oct; Main St., ☎326-9175)*, qui expose les œuvres d'artistes de la Nouvelle-Angleterre; et **Water Witch** *(Main St., ☎326-4884)*, où les vêtements haute mode prennent des allures d'œuvres d'art.

La Southern Coast

La partie la plus méridionale du Maine, le long de la route 1, semble plus particulièrement souffrir de ces plaies, que d'aucuns qualifieraient plutôt de richesses, que sont les magasins d'usine et les centres commerciaux. Vous êtes ici au royaume des aubaines. Mais, à moins de visiter la région dans le but avoué de dénicher l'occasion rare, vous feriez sans doute mieux de vous en tenir aux petites boutiques, surtout celles qui se spécialisent dans l'artisanat du Maine.

Camden

Nancy Lubin Designs *(13 Trim St., ☎236-4069)* présente un chouette éventail de foulards, d'écharpes et de couvre-lits en mohair, en soie et en coton. Toutes les créations sont réalisées à la main, et la boutique mérite vraiment un détour.

Étienne and Company *(fermé dim; 20 Main St., ☎236-9696 ou 800-426-4367)* se spécialise dans les bijoux haute mode. Bien qu'assez coûteuses, toutes les pièces en vente sont de véritables œuvres d'art.

Au **Maine Gathering** *(13 Elm St., ☎236-9004)*, vous trouverez de l'artisanat, de l'artisanat et encore de l'artisanat. Plus de 80 artisans de l'État du Maine exposent ici leurs travaux.

Boothbay Harbor

On entre chez **Abacus** *(mai à déc; 8 McKown St., ☎633-2166)* histoire d'en faire un tour rapide, mais pour s'apercevoir une heure plus tard qu'on est encore là à fouiner de tous les côtés. C'est que son choix de pièces artisanales signées par une foule d'artisans américains est réellement fascinant. Jetez également un coup d'œil aux berceuses en chêne moulé de Paul Miller.

Peut-être n'avez-vous jamais songé à vous procurer une tasse à chaudrée, mais attendez de voir le choix de céramiques Edgecomb que vous offre **Hand in Hand** *(fermé mi-oct à fin mai; McKown St., ☎633-4199)*; vous découvrirez soudain que vous ne pouvez pas vous en passer. Et ce n'est pas tout! D'autres objets en céramique richement émaillés de couleur baie, de toutes formes et de toutes tailles, vous sont également présentés, qu'il s'agisse d'attrayants ensembles sucrier et pot à crème ou d'énormes bols tout usage. Vous trouverez même ici un vaste choix de bijoux.

Un globe à facettes réfléchissantes comme on en voit dans les discothèques pend au plafond d'**Enchantments** *(16 McKown St., ☎633-4992)*, projetant des confettis de lumière en pivotant sur lui-même. Quant au sol, il est constellé d'étoiles métalliques colorées. Vous êtes ici au royaume des cristaux et des pierres de guérison. Une collection de livres complète le tout, garnie d'ouvrages sur Findhorn, le Nouvel Âge, l'astrologie, la kabbale, les runes et les fées.

Mouette

Freeport

Malgré tous les surnoms dont on l'accable (comme «la mecque du bon chic bon genre»), et que cela vous plaise ou non, ne vous refusez pas le privilège d'une visite au **L.L. Bean** *(tlj, 365 jours par année; Route 1, ☎865-4761)*. Cette institution américaine vit le jour grâce aux efforts d'un inconditionnel des activités de plein air qui commença par monter une entreprise de vente par correspondance destinée à diffuser ses désormais célèbres bottes de chasse du Maine. Aujourd'hui, la qualité de ses vêtements pour tous genres d'activités extérieures est légendaire, et le magasin, qui ressemble davantage à un centre commercial, est ouvert jour et nuit. L.L. Bean doit, en grande partie, sa réussite à l'image qu'il projette, celle d'un Maine en santé et avide de grand air, mais aussi aux habitants même de cet État, travaillants, vigoureux et indépendants.

En plein cœur du royaume des magasins d'usine se dresse le **Harrington House Museum Store** *(45 Main St., ☎865-0477)*, qui occupe une charmante demeure néoclassique. On y trouve d'excellents spécimens d'artisanat régional, des paniers en osier fabriqués à la main aux jouets en bois et aux pièces datant du XVIIIe siècle.

Portland

Si l'artisanat américain vous captive, n'hésitez pas à faire un crochet du côté d'**Abacus** *(44 Exchange St., ☎772-4880)*, où plus de 600 artisans du pays sont représentés. Vous trouverez deux autres succursales à Boothbay Harbor et à Freeport.

The Maine Potters' Market *(376 Fore St., ☎774-1633)* se présente comme un marché de céramiques signées par 15 potiers locaux. On y propose un choix incomparable aussi bien de pièces traditionnelles que de trouvailles avant-gardistes.

Le **Portland Museum of Art** *(droit d'entrée; 7 Congress Sq., ☎773-2787)*, qui se présente comme un étonnant édifice postmoderne conçu par Henry N. Cobb, de la firme I.M. Pei, possède d'importantes collections d'œuvres signées par des artistes du Maine, dont Andrew Wyeth, Edward Hopper et Winslow Homer.

Yarmouth

Vous trouverez un choix étonnant de cartes détaillées à souhait du Maine (et d'autres régions) au **The DeLorme Map Store** *(2 DeLorme Dr., ☎888-227-1656)*.

Chebeague Island

Procurez-vous des sandwichs et d'autres provisions à l'**Island Market** *(South Rd., ☎846-9997)*, le seul et unique commerce de l'île. Vous pouvez être assuré d'y rencontrer le propriétaire en personne, un sympathique natif des lieux nommé Ed Doughty.

Cape Elizabeth

Gerard Craft Woodproducts *(510 Mitchell Rd., ☎799-3526)* vend des sculptures sur bois et divers objets d'usage courant, habilement façonnés par Gerry et Linda Laberge. Certains d'entre eux s'avèrent particulièrement attrayants.

Kennebunkport

Si vous êtes à la recherche de poteries, arrêtez-vous au **The Good Earth** *(fermé 25 déc au 15 mai; Dock Sq., ☎967-4635)*. L'endroit est rempli de grès et d'articles de cuisine fort décoratifs, offerts dans un éventail de styles absolument fabuleux et tous fabriqués par des artisans locaux.

Wells

R. Jorgensen Antiques *(fermé mer; Route 1, ☎646-9444)* mérite décidément un détour, contrairement à certains marchands de fausses antiquités qui ont envahi les secteurs les plus touristiques de la côte. Vous y trouverez un peu de tout, y compris des objets appartenant à l'héritage culturel américain et des pièces des XVIIIe et XIXe siècles.

York

The Old York Historical Society Museum and Gift Shop *(fermé oct à mi-juin; à l'intersection de la route 1A et de Lindsay Rd., ☎363-4974)* dispose d'un remarquable assortiment d'œuvres artisanales traditionnelles du Maine, de même que d'un grand choix de livres sur la région.

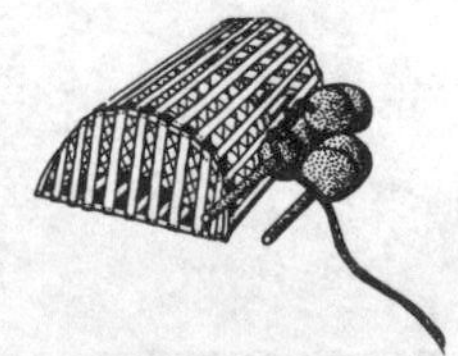

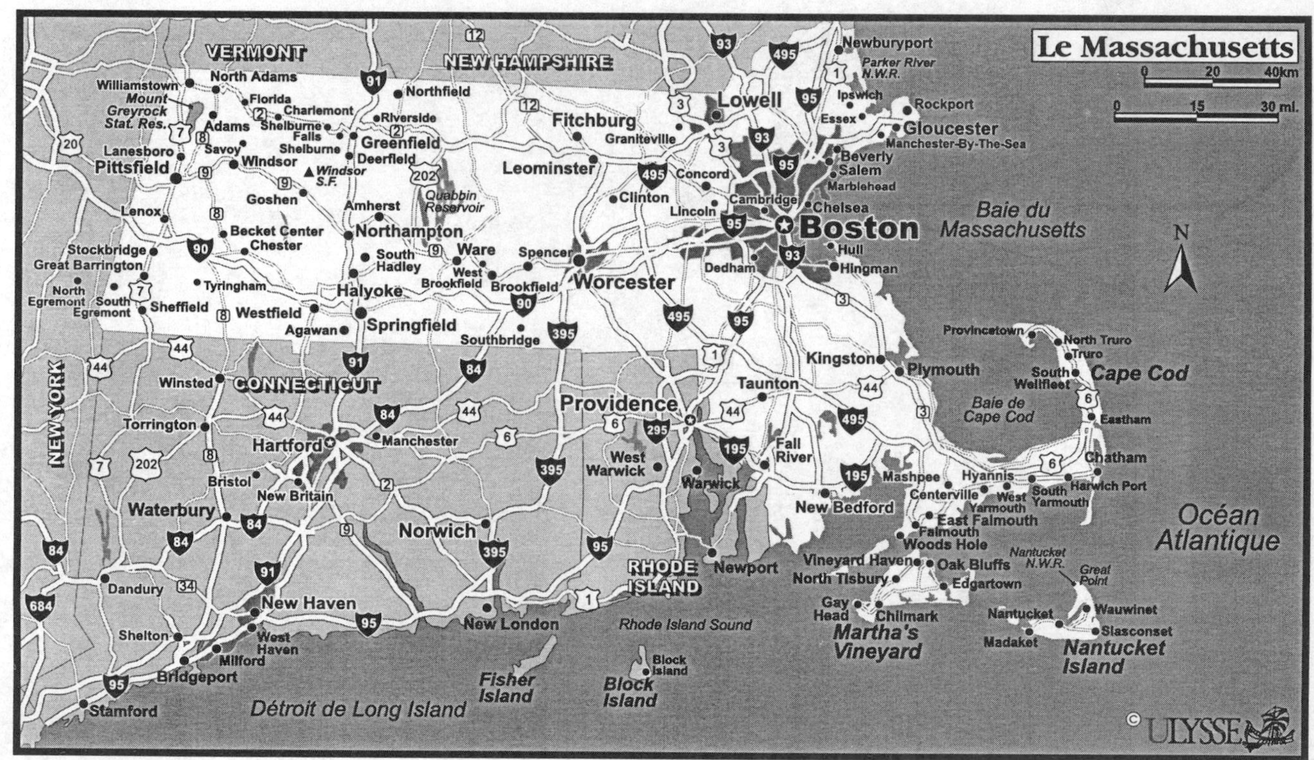

Le Massachusetts
0 20 40km
0 15 30 mi.
N
VERMONT
NEW HAMPSHIRE
NEW YORK
CONNECTICUT
RHODE ISLAND
Baie du Massachusetts
Baie de Cape Cod
Cape Cod
Océan Atlantique
Rhode Island Sound
Détroit de Long Island
Martha's Vineyard
Nantucket Island
Block Island
Fisher Island
Boston
Newburyport
Parker River N.W.R.
Ipswich
Essex
Rockport
Gloucester
Manchester-By-The-Sea
Beverly
Salem
Marblehead
Chelsea
Cambridge
Hull
Hingman
Lowell
Concord
Lincoln
Dedham
Clinton
Graniteville
Fitchburg
Leominster
Worcester
Spencer
Brookfield
West Brookfield
Ware
Southbridge
Quabbin Reservoir
Northfield
Riverside
Greenfield
Deerfield
Amherst
Northampton
South Hadley
Halyoke
Springfield
Agawan
Westfield
Charlemont
Shelburne Falls
Shelburne
Windsor S.F.
Windsor
Goshen
Becket Center
Chester
Tyringham
Florida
North Adams
Adams
Savoy
Williamstown
Mount Greyrock Stat. Res.
Lanesboro
Pittsfield
Lenox
Stockbridge
Great Barrington
North Egremont
South Egremont
Sheffield
Winsted
Torrington
Hartford
Manchester
Bristol
New Britain
Waterbury
Norwich
New London
New Haven
West Haven
Milford
Bridgeport
Shelton
Dandury
Stamford
Providence
West Warwick
Warwick
Newport
Taunton
Fall River
New Bedford
Kingston
Plymouth
Provincetown
North Truro
Truro
South Wellfleet
Eastham
Chatham
Harwich Port
South Yarmouth
West Yarmouth
Hyannis
Centerville
Mashpee
East Falmouth
Falmouth
Woods Hole
Vineyard Haven
Oak Bluffs
North Tisbury
Edgartown
Gay Head
Chilmark
Nantucket N.W.R.
Great Point
Wauwinet
Siasconset
Nantucket
Madaket
Block Island
© ULYSSE

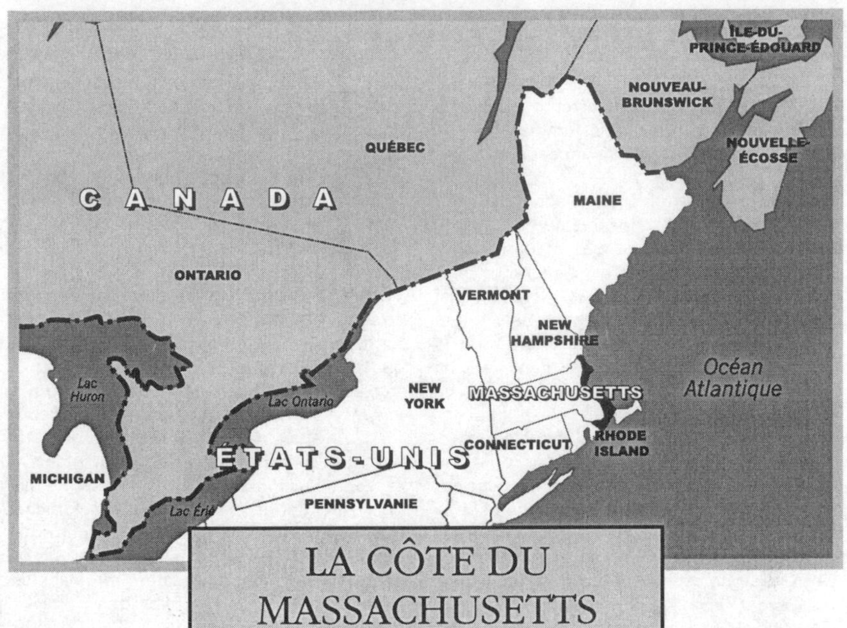

LA CÔTE DU MASSACHUSETTS

Immortalisée par Herman Melville dans *Moby Dick* et par Henry David Thoreau dans *Cape Cod*, la côte du Massachusetts demeure aujourd'hui encore une importante source d'inspiration pour des écrivains de la trempe de Paul Theroux, et il n'y a pas lieu de s'en étonner.

Ce magnifique littoral balayé par les vents est en effet constellé sur toute sa longueur de villages historiques en bord de mer, de phares d'une autre époque et de plages à faire rêver, sans compter son riche passé, gorgé d'aventures où brillent sorcières et pirates, mais aussi des capitaines au long cours, des pèlerins, des aborigènes, des auteurs et des artistes, et bien entendu des personnages comme *Moby Dick*.

Les résidants de la côte, où se mêlent pêcheurs portugais, Yankees de souche pure, vieux loups de mer et Irlandais, sont tous très fiers de leur lieu d'élection; et les loyalistes du North Shore ne songeraient pas davantage à s'installer plus au sud que leurs voisins de la South Coast n'oseraient penser à remonter vers le nord. Tout le monde ici dit «les îles» pour parler de Martha's Vineyard et de Nantucket, tout le monde sauf leurs habitants respectifs, qui refusent catégoriquement d'être mis dans le même panier; et n'allez surtout pas ne serait-ce que suggérer qu'ils sont reliés au Cape Cod de quelque façon que ce soit, à moins que vous n'ayez l'intention de provoquer une dispute.

Qu'est-ce donc qui unit tout ce petit monde? La mer omniprésente. Les riches aussi bien que les pauvres possèdent tous une mini-station météorologique sur leur toit afin de connaître la direction du vent, et les uns comme les autres lisent les tables de marées comme on lit le journal. Même les enfants apprennent à pêcher, à naviguer et à débusquer les palourdes alors qu'ils n'ont à peine que cinq ans.

C'est d'ailleurs cette même mer qui, au départ, a attiré les Européens jusqu'ici. Cent ans avant que les Pères Pèlerins ne posent le pied à Plymouth Rock, des aventuriers anglais pêchaient déjà dans les eaux du Massachusetts. Aussi, entre 1600 et 1610, les explorateurs Samuel de Champlain et Bartholomew Gosnold avaient eux-mêmes reconnu le Cape Cod, Gloucester et d'autres régions de la côte.

Le 11 novembre 1620, ce sont 102 pèlerins qui, à bord du *Mayflower*, accostèrent au Cape Cod, où ils établirent la première colonie permanente de la Nouvelle-Angleterre.

En 1640, 2 500 nouveaux colons vivaient déjà dans huit communautés différentes. Pourtant, malgré le fait qu'ils étaient venus en Amérique pour y pratiquer librement leur religion, ils n'hésitèrent pas à persécuter les quakers et quiconque refusait d'adhérer à leur stricte religion puritaine.

Leur intolérance finit par engendrer l'une des plus ignobles infamies de l'histoire coloniale américaine : la chasse aux sorcières de Salem. Les puritains réussirent en effet à juger et à exécuter 20 personnes, des femmes pour la plupart, au cours de la seule année 1692.

Ces poursuites eurent lieu à une époque où l'on tenait la sorcellerie responsable de tout événement inexplicable. Des procès et des exécutions de ce genre étaient alors monnaie courante dans toute la Nouvelle-Angleterre aussi bien qu'en Europe, mais c'est à Salem que revient le triste honneur d'avoir mis à mort le plus grand nombre de femmes dans le plus court laps de temps.

Heureusement, l'arrivée du XVIIIe siècle détourna quelque peu les esprits des préoccupations religieuses pour mettre davantage l'accent sur le commerce extérieur. Les navires marchands de Salem avaient ouvert la route de l'Orient, et ses fameux échanges avec la Chine méritèrent à cette ville une réputation de port important. Ainsi, en 1775, lorsque éclata la guerre d'Indépendance, l'Amérique n'ayant pas de marine de guerre, ce sont les capitaines de Salem qui armèrent leurs navires marchands pour combattre les Anglais.

Pendant les 150 années qui suivirent, la construction navale, les échanges avec la Chine et la pêche commerciale se développèrent sur toute la côte, surtout dans les villages situés au nord de Boston. Dans le même temps, Nantucket et New Bedford, près du Rhode Island, devenaient des centres majeurs de pêche à la baleine.

Toute cette activité maritime assurait une grande prospérité à la côte. L'aventure et la fortune attendaient tout homme disposé à risquer sa vie sur un baleinier ou un navire en partance pour l'Orient, qui reviendrait chargé d'ivoire, d'épices, d'or et d'argent. C'était une époque exaltante où les fiers étaient rois, une époque de légendes à faire rêver mais aussi de grandes tragédies. Les «promenades de veuve», ces belvédères construits sur le faîte de plusieurs maisons côtières historiques de localités comme Newburyport, nous rappellent d'ailleurs tristement tous ces hommes dont on attendit en vain le retour.

Les richesses amassées par les capitaines au cours de ces années se reflètent dans le nombre incroyable de manoirs des XVIIIe et XIXe siècles qui émaillent le littoral. Merveilleusement bien restaurées par un peuple amoureux de son passé, ces demeures composent un véritable festin architectural où se succèdent les styles les plus variés, du néoclassique au fédéral, du Reine-Anne au gothique victorien, et du colonial aux classiques «boîtes à sel» (*salt box*), ces maisons à deux étages et à toit dissymétriques. Les bâtiments et villages historiques de toute la région permettent ainsi aux visiteurs de constater l'évolution unique du style architectural américain.

Vers le milieu du XIXe siècle, tout s'est mis à changer le long de la côte du Massachusetts. Entre autres, Salem perdit sa primauté en tant que port de mer, les eaux de son port étant trop peu profondes pour accueillir les nouveaux *clippers* rapides, sans compter que le chemin de fer permettait désormais d'effectuer le transport des marchandises de façon moins coûteuse et plus expéditive. Les cétacés se faisant plus rares et le pétrole ayant commencé à remplacer l'huile de baleine, l'industrie baleinière se mit également à dépérir, pour peu à peu s'effondrer complètement et ainsi plonger New Bedford et Nantucket dans une grave dépression.

La révolution industrielle survint heureusement juste à temps pour sauver la situation, et les usines se mirent à pousser comme des champignons partout sur la côte et sur l'ensemble du territoire de la Nouvelle-Angleterre. C'est ainsi que, vers la fin du XIXe siècle, New Bedford et Fall River devinrent des chefs de file dans la production textile; leur prospérité devait cependant s'avérer être de courte durée, car des problèmes syndicaux datant d'avant la Dépression et la main-d'œuvre moins coûteuse des États du Sud eurent tôt fait de démanteler l'industrie manufacturière de cette région.

Alors que l'économie de la côte subissait d'importantes transformations vers le milieu des années 1880, deux autres facteurs vinrent en outre modifier le profil économique de la côte, cette fois de façon permanente : le tourisme naissant dans la région du Cape Cod et la découverte, par les artistes et les écrivains, des charmes incommensurables de ce littoral.

Rudyard Kipling et Winslow Homer s'établirent au nord de Boston, à Rocky Neck, l'une des première colonies artistiques de la nation américaine. Thoreau élut domicile au Cape Cod. Nathaniel Hawthorne fit, dans *The House of Seven Gables*, l'éloge de Salem, où il se considérait comme chez lui. Melville immortalisa la pêche à la baleine telle qu'on la pratiquait à New Bedford et à Nantucket, et Emily Dickinson fit de Martha's Vineyard sa terre d'élection.

Les créateurs en quête d'inspiration ne cessent par ailleurs d'être attirés par la côte du Massachusetts, désormais soutenue par des industries légères, la pêche et le tourisme, qui se développent toujours de plus en plus.

Nous avons décidé de diviser cette côte en deux régions géographiques, le North Shore (tout ce qui se trouve au nord de Boston jusqu'à la frontière du New Hampshire) et la South Coast (Plymouth et la région qui sépare le Cape Cod du Rhode Island).

Le North Shore (portion nord de la côte du Massachussetts) revêt plusieurs visages. Au nord de Boston se trouvent les riches villes de banlieue de Magnolia, Manchester et Marblehead, où les écoles privées, les yachts et les grandes demeures en bordure de mer datant du début du siècle sont inséparables du mode de vie de leurs habitants. Au-delà s'étendent Salem, réputée pour son architecture, ses sorcières et ses musées maritimes; Gloucester, un important port de pêche; Rockport, une station balnéaire transformée en colonie artistique; Essex et Ipswich, deux régions champêtres célèbres pour leurs antiquités et leurs fruits de mer; et Newburyport, une ville du XIXe siècle établie dans un décor panoramique à la frontière du New Hampshire.

Quant à la South Coast (portion sud de la côte du Massachussetts), elle se présente comme un *patchwork* de riches villes de banlieue, de quartiers portugais, de communautés ouvrières et d'exploitations de canneberges. Ses trois principales villes sont Plymouth, le berceau des États-Unis, New Bedford et Fall River. Vous y trouverez de nombreuses traditions remontant aux Pères Pèlerins, des usines, des musées consacrés à la pêche à la baleine, des ports absolument charmants, des rivières sinueuses et des pâturages côtiers.

Le climat de la côte est plus doux que dans le reste du Massachusetts. En été, le mercure peut osciller entre 15°C et 30°C. L'humidité y cause parfois certains problèmes, surtout sur le North Shore, mais les brises océaniques empêchent généralement la situation de devenir insupportable. En automne, la température varie entre 7°C et 18°C. Quant à la pluie, elle est imprévisible et peut survenir à tout moment de l'année.

Depuis toujours, la côte a été une destination estivale de choix, mais de plus en plus de gens la visitent en automne, alors que les prix et les foules s'amenuisent. Mais quelle que soit l'époque à laquelle vous choisissez de visiter cette région, vous ne pourrez qu'être impressionné. Les paysages y sont incomparables et les fruits de mer, abondants; de plus, l'architecture s'y révèle splendide et l'histoire, fascinante.

POUR S'Y RETROUVER SANS MAL

Sauf mention contraire, l'indicatif régional de la côte du Massachusetts est le 978, à l'exception des régions de Plymouth et New Bedford, dont l'indicatif est 508.

Accès à la ville

En voiture

L'artère principale reliant Rockport, Gloucester, Magnolia, Manchester et Salem, dans la région du North Shore, est la **route 128.** Du nord au sud de cette même région, la **route 95** relie pour sa part Newburyport, Ipswich et Essex. Pour ce qui est du Cape Cod, il est traversé dans toute sa partie médiane par la **route 6**, qui se rend jusqu'à Provincetown, à la pointe du cap; la **route 6A** en longe la côte nord, alors que la **route 28** suit le Nantucket Sound, et toutes deux rejoignent la route 6 à Orleans.

Sur la South Coast, la **route 3** relie Boston à Plymouth et se termine au pont de Sagamore, qui permet d'accéder au Cape Cod. D'est en ouest, la **route 195** demeure la principale voie d'accès à Fall River et à New Bedford.

En avion

Six aéroports jalonnent la côte du Massachusetts : l'**aéroport Logan**, à Boston (voir le chapitre sur Boston, p 248), l'aéroport de Barnstable et l'aéroport municipal de Provincetown, au Cape Cod, l'aéroport de Martha's Vineyard, l'aéroport Memorial de Nantucket et l'aéroport de New Bedford.

L'**aéroport de Barnstable**, situé à Hyannis, est desservi par Cape Air, Delta, Island Air, Nantucket Airlines, Northwest Air Link and USAir Express.

Cape Air assure la liaison avec l'**aéroport municipal de Provincetown**.

Continental Express, Cape Air, Northwest Air Link et USAir Express vous permettent d'accéder à l'**aéroport de Martha's Vineyard**.

L'**aéroport de Nantucket** est desservi par Cape Air, Continental Express, Delta, Nantucket Airlines, USAir Express et Northwest Express.

En ce qui concerne l'**aéroport de New Bedford**, le service est assuré par Cape Air.

Pour vos déplacements au sol entre l'aéroport de Barnstable et l'aéroport Logan ou tout autre point du sud du Massachusetts, adressez-vous à **ABC Airport Coach** *(☎747-6622)* ou à **Nauset Taxi** *(☎255-6965)*. Les compagnies de taxi et les centres de location de voitures énumérées plus loin vous permettront de rejoindre par voie de terre tous les autres aéroports, exception faite de Logan.

En bateau ou en traversier

Les bateaux et traversiers reliant Boston, Plymouth, New Bedford, le Cape Cod, Martha's Vineyard et Nantucket nécessitent des réservations préalables au cours de la saison estivale. La **Steamship Authority** *(509 Falmouth Rd, Mashpee, ☎477-8600)* transporte pour sa part voitures et passagers entre Woods Hole, Hyannis, Oak Bluffs, Vineyard Haven et Nantucket, et ce, 12 mois par année.

Les entreprises suivantes opèrent de façon saisonnière et ne transportent pas de voitures : **A.C. Cruise Lines** *(Memorial Day à la fête du Travail; 28 Northern Ave., Boston, ☎617-261-6633 ou 800-422-8419)* relie Boston et Gloucester; **Cape Cod Cruises** *(State Pier, Plymouth, ☎747-2400 ou 800-242-2469)* fait la navette entre Plymouth et Provincetown; **Martha's Vineyard Ferry** *(1494 East Rodney French Blvd, Billy Woods Wharf, New Bedford, ☎508-997-1688)* fait le pont entre New Bedford et Vineyard Haven sur Martha's Vineyard; le **Cuttyhunk Boat Ligne** *(Fisherman's Wharf, Pier 3, New Bedford, ☎508-992-1432)* relie New Bedford et Cuttyhunk Island.

En autocar

Greyhound *(☎617-526-1801 ou 800-231-2222)* vous propose plusieurs départs à destination de Boston et de Newburyport. **Bonanza** *(145 Darmouth St., Boston, ☎617-720-4110; 59 Depot Rd., Falmouth, ☎548-7588 ou 800-556-3815)* dessert l'aéroport Logan, Hyannis, Woods Hole, Falmouth, Bourne, New Bedford, Fall River, le Connecticut, le Rhode Island et l'État de New York. La **Plymouth and Brockton Street Railway Company** *(8 Industrial Park, Plymouth, ☎746-0378)* dispose d'un service rapide et continu entre le Cape Cod et l'aéroport Logan, de même qu'inversement; la firme relie par ailleurs les différentes localités du cap le long de la route 6, entre Sagamore et Provincetown. **Peter Pan Bus Lines** *(555 Atlantic Ave., Boston, ☎800-343-9999)* relie pour sa part Mount Holyoke, Springfield, Newton, Worcester et Albany (dans l'État de New York) à Hyannis.

En train

Amtrak *(South Station, angle Summer St. et Atlantic Ave., ☎800-872-7245)* relie Boston à Hyannis et propose même des liaisons par autobus vers différentes localités du Cape Cod au cours de l'été. Son *Cape Codder* assure, par ailleurs, le service entre New York et Hyannis de mai à septembre.

La location d'une voiture

Vous trouverez un comptoir d'**Avis Rent A Car** *(☎800-331-1212)* à l'aéroport de New Bedford.

Les transports en commun

Plusieurs personnes travaillant à Boston vivent sur le North Shore, de sorte que la **Massachusetts Bay Transit Authority** *(☎617-222-5000)* possède plusieurs lignes d'autobus faisant la navette entre le Haymarket de Boston et Salem, Beverly, Gloucester et Rockport; ces mêmes villes sont également reliées par train de banlieue à la North Station de Boston. Les autobus de la **Cape Ann Transit Authority** *(☎283-7916)* desservent par ailleurs Gloucester et Rockport.

Plymouth ne propose pas de service de transport public. Mais la **Southern Eastern Regional Transit Authority** *(☎997-6767)* couvre entièrement les régions de Fall River et New Bedford.

Les taxis

Les compagnies de taxi desservant les différents aéroports de la côte s'énumèrent comme suit : pour l'aéroport de Barnstable, **All Points Taxi** *(☎778-1400)*, **Hyannis Taxi** *(☎775-0400)*, **Town Taxi of Cape Cod** *(☎771-5555)* et **Yarmouth Taxi** *(☎394-1500)*; et pour l'aéroport de New Bedford, **Checker Standard Taxi** *(☎997-9404)* et **Yellow Cab** *(☎999-5213)*.

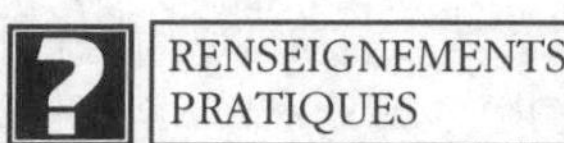

RENSEIGNEMENTS PRATIQUES

Le North Shore

Newburyport

La **Greater Newburyport Chamber of Commerce** *(29 State St., ☎462-6680)* se trouve en plein cœur du centre-ville.

Rockport

À environ 3 km au sud du centre de Rockport se trouve la **Rockport Chamber of Commerce** *(3 Main St., ☎546-6575, www.rockportusa.com)*. Ses préposés pourront vous orienter vers les différents sites locaux.

Gloucester

La **Cape Ann Chamber of Commerce** *(33 Commercial St., ☎283-1601)*, située au centre de la ville, mérite un détour. Il s'agit en effet du plus grand centre d'information touristique du North Shore, relié par ligne directe aux hôtels de la région, un atout de taille pour un hébergement de dernière minute.

Marblehead

La **Marblehead Chamber of Commerce** *(62 Pleasant St., ☎781-631-2868, ⇌639-8582, www.marbleheadchamber.org)* maintient un kiosque d'information touristique à l'angle des rues Pleasant et Spring.

Salem

Pour tout renseignement, adressez-vous à la **Chamber of Commerce** *(Old Town Hall, 32 Derby Square, ☎744-0004)*.

La South Coast

Plymouth

La **Plymouth Area Chamber of Commerce** *(130 Water St., ☎830-1620)* et **Destination Plymouth** *(☎747-7525)* vous fourniront des plans de promenade au besoin.

Bristol

Pour obtenir des renseignements touristiques, adressez-vous au **Bristol County Convention and Visitors Bureau** *(70 North Second St., ☎997-1250 ou 800-288-6263)*.

ATTRAITS TOURISTIQUES

Le North Shore ★★

Le North Shore se présente comme un véritable havre de paix. Pour ainsi dire intact, et relativement peu commercialisé, cet endroit offre auberges, restaurants, plages et parcs cachés ou à peu près inconnus du public. Somme toute une destination d'explorateur, il représente un paradis pour les voyageurs qui chérissent la liberté par-dessus tout.

De Newburyport, sur la frontière du New Hampshire, jusqu'à Marblehead, immédiatement au nord de Boston, cette côte escarpée présente une diversité incomparable : Rockport, la seule station balnéaire de la région, avec ses œuvres d'art et ses magnifiques auberges; le rocailleux littoral de Gloucester et ses vieux loups de mer; Marblehead et ses yachts splendides; Salem et ses sorcières aussi bien que son histoire maritime; Newburyport et son élégance typique du XIXe siècle; Ipswich, royaume par excellence des fruits de mer, et Essex, avec ses antiquités.

Le North Shore est à la fois une terre de vacances et une banlieue résidentielle de Boston, peuplée de banquiers investisseurs, de Yankees pure laine, de pêcheurs, d'artistes et de mordus d'histoire. Aux XVIIIe et XIXe siècles, les plus prestigieux navires des États-Unis étaient construits sur ses rives, ce qui contribua grandement à la prospérité de la région. C'est pourquoi l'on y retrouve, un peu partout, de majestueuses maisons de capitaines au long cours, dont plusieurs ont été transformées en auberges.

Tout près de la frontière du New Hampshire apparaît la jolie petite ville de **Newburyport** ★, dont les origines remontent au XIXe siècle. Lorsque le brouillard s'y infiltre et que l'odeur du poisson et des embruns emplit l'air, vous pouvez y déambuler dans d'étroites rues aux noms évocateurs, comme Neptune, en vous imaginant la vie qu'on y menait il y 100 ans, alors que la ville était un important centre de construction navale.

Vers la fin des années soixante-dix, le centre de la ville, qui domine le port, a été entièrement remis à neuf. Aujourd'hui, ses bâtiments en brique datant du XIXe siècle sont si reluisants de fraîcheur et de propreté qu'on peut dire de Newburyport qu'elle brille littéralement. Comme dans plusieurs villes européennes, on y trouve une place centrale surplombant le port où vous pouvez tranquillement vous asseoir en regardant vivre le monde. Les magasins et les restaurants ont une certaine classe, et les boutiques de t-shirts ou de souvenirs se font plutôt rares.

Pour vous retremper dans l'atmosphère inspirante des belles années du milieu du siècle dernier, promenez-vous sur **High Street** *(route 1A)*, une avenue bordée de manoirs fédéraux immaculés datant des années 1800 et construits par différents capitaines de l'époque. Si vous désirez vous faire une idée des intérieurs, visitez le **Cushing House Museum** *(droit d'entrée; fermé dim-lun et nov à fin avr, 98 High St., Newburyport, ☎462-2681)*, où siège la Historical Society of Old Newbury. Elle est meublée d'antiquités du siècle dernier et abrite une bibliothèque généalogique, de même qu'un jardin à la française et une ancienne remise à calèches.

À environ 30 min de route au sud de Newburyport s'étendent les villages ruraux d'**Ipswich** et d'**Essex**. Le premier est reconnu pour ses palourdes, et le second, pour ses antiquaires (voir «Achats», p 240). Vous pourrez ainsi passer une journée agréable à faire la tournée des boutiques d'antiquités et à déguster des fruits de mer frais et abordables dans les petits restaurants qui jalonnent la route dans cette région.

Cette même route mène jusqu'à la **Whipple House** *(droit d'entrée; 1 South Village Green, Ipswich, ☎356-2811)*, une maison à pignons au toit en pente qui date des environs de 1655 et qu'occupe la famille Whipple depuis plus de 200 ans. La demeure fut construite dans le style élisabéthain, populaire en Angleterre à cette époque.

À environ 10 min de Gloucester sur la route 127, vous trouverez **Rockport** ★★, un village côtier parfaitement typique de la Nouvelle-Angleterre, et par ailleurs la seule station balnéaire du North Shore. Jusqu'au milieu du XIXe siècle, Rockport n'était qu'un paisible village de pêcheurs. Mais les artistes n'ont pas tardé à découvrir le charme de ses paysages, et c'est ici que les désormais légendaires marines (tableaux représentant des paysages maritimes) ont vu le jour. Si bien qu'aujourd'hui ce sont des nuées de touristes qui envahissent la région au cours de la saison estivale. Malgré son caractère commercial, vous pouvez toujours admirer son magnifique port de mer et sa côte rocheuse exposées aux quatre vents, lesquels ont retenu l'attention des premiers artistes à y mettre le pied.

Le **Bearskin Neck**, une étroite péninsule formant saillie dans la mer, constitue le principal attrait touristique de Rockport. L'endroit est constellé de maisons de pêcheurs aux dimensions lilliputiennes qui ont été transformées en restaurants et en galeries vendant un peu de tout, des t-shirts aux marines de tous les styles possibles et imaginables en passant par les modèles réduits de navires découpés dans des cannettes de bière. Dominant le port en marge du Bearskin Neck, le Motif #1, une cabane à homards ainsi baptisée en raison des innombrables artistes qui l'ont représentée en peinture.

À 3 km au sud de Rockport, l'excentrique **Paper House** *(droit d'entrée; fermé Columbus Day à fin mars; 52 Pigeon Hill St., Rockport, ☎546-2629)*, qui, bien qu'elle ait une apparence normale, est entièrement construite de papier journal. Même ses meubles et sa cheminée sont en papier mâché! Il a fallu 20 ans à Elis F. Stedman pour compléter son œuvre, dont la construction a débuté en 1920.

À 10 min de Rockport, par la pittoresque route 127, s'étend **Gloucester** ★, le plus vieux port de mer des États-Unis. Lieu de résidence d'environ 200 pêcheurs, il offre une ambiance

Pélican

de loup de mer qui ne manquera pas de vous ramener à la réalité, après la visite du château de Hammond. La célèbre statue du **pêcheur de Gloucester**, intitulée *Man at the Wheel*, surplombe le port, honorant la mémoire de «*ces braves qui affrontent la mer à bord de leur nef*».

À deux pas de Gloucester, toujours par la route 127, se trouve la **Rocky Neck Art Colony**, l'une des plus anciennes colonies d'artistes d'Amérique, dont l'existence remonte au XVIIIe siècle. Winslow Homer et Rudyard Kipling y ont tous deux vécu. Aujourd'hui, il s'agit d'un village côtier pittoresque à souhait, parsemé de minuscules maisonnettes, restaurants et galeries.

Un peu plus loin vous attend le **Beauport Museum** *(75 Eastern Point Blvd, East Gloucester, ☎283-0800)*, un vaste manoir anglais sur le bord de la mer ayant autrefois appartenu au réputé décorateur Henry Davis Sleeper. De 1907 à 1934, ce dernier a dépensé une petite fortune pour décorer les 40 pièces de sa demeure avec une collection monumentale d'antiquités américaines et européennes, de tapisseries, de lambris provenant de vieilles maisons abandonnées et de mille autres choses encore. Une salle à manger informelle, dans les tons de vert pâle, révèle un sol de briques usées et deux longues tables de bois, sur lesquelles on a disposé une magnifique collection de verreries colorées qui irisent la lumière pénétrant dans la pièce par des baies vitrées donnant sur l'océan. Aussi surprenant que cela puisse paraître, il s'en dégage une impression de cottage anglais tout à fait intime.

Au sud-ouest de Gloucester, en suivant la route qui épouse les contours de la côte, vous découvrirez les villes résidentielles de **Magnolia** et de **Manchester**, connues pour leurs vieilles fortunes, leurs écoles privées et leurs somptueux manoirs.

Immédiatement en bordure de la route 127 se dresse le **Hammond Castle Museum** *(fermé les deux dernières semaines d'oct et lun-mer en sept; ouvert sam-dim seulement nov au Memorial Day; 80 Hesperus Ave., Gloucester, ☎283-7673)*. Perché sur la corniche d'une falaise abrupte balayée par les vents, ce château côtier semble sorti tout droit d'un roman gothique. Construit par John Hays Hammond, Jr., l'inventeur du téléguidage, il arbore une collection pour le moins excentrique d'objets anciens, d'armures et de tapisseries médiévales. Des visites guidées sont proposées.

Du nord de **Marblehead ★**, un petit village aux maisons à clins de bois planté de roses trémières et sillonné de rues pavées, vous pouvez explorer la distance qui vous sépare du tunnel Callahan de Boston en empruntant les routes 1A et 129.

Marblehead est le pays des bateaux à voiles et, tout au long de l'été, son port voit défiler certains des vaisseaux de course les plus perfectionnés d'Amérique. Un excellent endroit où pique-niquer et admirer le port à loisir est le **Crocker Park**, à l'extrémité ouest de Front Street, au sommet d'une haute colline. Quant à l'**Old Town**, qui encercle le port de Marblehead, il s'agit d'un quartier datant d'avant la guerre d'Indépendance, et vous aurez grand plaisir à vous y promener. On y trouve entre autres plusieurs boutiques intéressantes et des restaurants tout à fait sympathiques.

Parmi les sites historiques de l'Old Town, notons l'**Abbot Hall** *(188 Washington St., Marblehead, ☎781-631-0528)*, la mairie victorienne où est exposé le célèbre tableau historique d'Archibald Willard, *The Spirit of '76*. Les visiteurs sont libres d'y circuler à leur guise et de contempler cette impressionnante œuvre d'art.

Sur la même rue, juste un peu plus loin, se trouve la **Jeremiah Lee Mansion** *(droit d'entrée; fermé nov à fin mai; 161 Washington St., Marblehead, ☎781-631-1069)*, une maison géorgienne construite en 1768 pour le colonel Lee, l'un des grands patriotes de la guerre d'Indépendance. La visite guidée est truffée d'amusantes anecdotes, comme le fait, par exemple, que l'escalier très large du hall d'entrée a été conçu par Mme Lee de façon à ce que les dames puissent en descendre les marches dans leur énorme jupe à paniers sans bousculer leur cavalier.

Salem ★★, la plus importante ville du North Shore, ne se trouve qu'à 10 min de Marblehead par la route 114. On y vient pour son architecture, ses musées maritimes, Nathaniel Hawthorne et, naturellement, ses sorcières. Cette ravissante ville historique est si bien tenue et civilisée qu'on a peine à croire que les fameux procès contre la sorcellerie aient pu s'y dérouler en 1692.

Ce macabre chapitre de l'histoire américaine a commencé d'une façon tout à fait naïve. Un groupe d'adolescentes, initiées à la magie noire par une Antillaise du nom de Tituba, vinrent à être tenues pour ensorcelées. C'est alors que la confusion éclata et que tout le monde se mit à accuser tout le monde de sorcellerie, si bien qu'au cours des neuf mois qui suivirent 20 femmes furent pendues et 150 autres emprisonnées. Cette hystérie collective prit fin le jour où les femmes de personnages en vue se virent elles-mêmes accusées d'être des sorcières.

Les trois halls d'exposition consacrés aux sorcières revêtent un caractère somme toute commercial, mais ils font néanmoins le bonheur des enfants. Tous les jours de l'été, on peut ainsi voir des bambins coiffés de chapeaux pointus et revêtus de capes noires, achetées dans les boutiques de sorcellerie du voisinage, former de longues files à l'entrée de ses musées, impatients d'en découvrir le contenu. Heureusement, le fait qu'elles soient montées à l'intérieur de bâtiments historiques plutôt que dans des reconstitutions de maisons hantées contribue largement à redorer le blason de ces expositions.

Le **Salem Witch Museum** *(droit d'entrée; 19½ Washington Sq North, Salem, ☎744-1692)* présente un spectacle son et lumière assisté par ordinateur. La **Witch House** *(droit d'entrée; fermé début déc à fin fév; 310½ Essex St., Salem, ☎744-0180)* n'est autre que la maison restaurée de 1642 où vécut le juge Jonathan Corwin, magistrat aux procès de sorcellerie; elle est en outre la seule structure de Salem encore debout à avoir eu un lien direct avec les procès en question. Le **Witch Dungeon Museum** *(droit d'entrée; 16 Lynde St., Salem, ☎741-3570)* vous fait pour sa part revivre les procès en question.

Un comptoir d'information touristique vous attend à la **Central Wharf Warehouse** *(Derby Wharf)*. Vous pouvez également vous rendre au **National Park Service Visitor Center** *(2 New Liberty St., ☎740-1650)*. Un moyen facile pour visiter les différents sites historiques de la ville consiste à suivre la **Salem's Heritage Trail**, un circuit pour piétons identifié par une ligne rouge continue sur la chaussée.

Pour vraiment comprendre l'histoire de Salem, qui était un port important au cours des XVIIIe et XIXe siècles, visitez le **Peabody and Essex Museum ★★** *(droit d'entrée; East India Sq, Salem, ☎745-9500)*, un musée de tout premier ordre et un véritable coffre aux trésors rempli d'objets datant de l'époque où Salem entretenait des liens commerciaux avec la Chine, comme, par exemple, un lit oriental en bois finement sculpté à la main en forme de lune. Une bibliothèque de recherche généalogique et des documents relatifs aux premiers procès intentés contre des sorcières figurent parmi ses principaux atouts. La portion du site consacrée à l'Essex se révèle être à la fois un musée historique et un musée d'arts décoratifs, et regroupe aussi des jardins de même que quatre maisons datant de 1684 à 1818 et restaurées de façon irréprochable. Le musée comme tel n'est pas aussi impressionnant que le Peabody, mais les maisons sont tout particulièrement fascinantes, surtout si vous les visitez en respectant l'ordre chronologique de leur construction. Leur architecture et le travail des artisans sont tout simplement superbes. Par ailleurs, quiconque a déjà eu l'expérience de rénover une ancienne maison saura apprécier l'exposition consacrée aux efforts laborieux qui caractérisent le travail de restauration du musée. Concernant les maisons elles-mêmes, étant donné que les couleurs vives étaient gage de richesse au XIXe siècle, attendez-vous à quelques surprises en visitant la Gardner-Pingree House, une magnifique construction néoclassique de 1804. La cuisine, par exemple, est peinte de vert et de saumon foncé, et l'une des chambres à coucher arbore un riche bleu paon, alors qu'une autre se pare d'un brillant jaune canari.

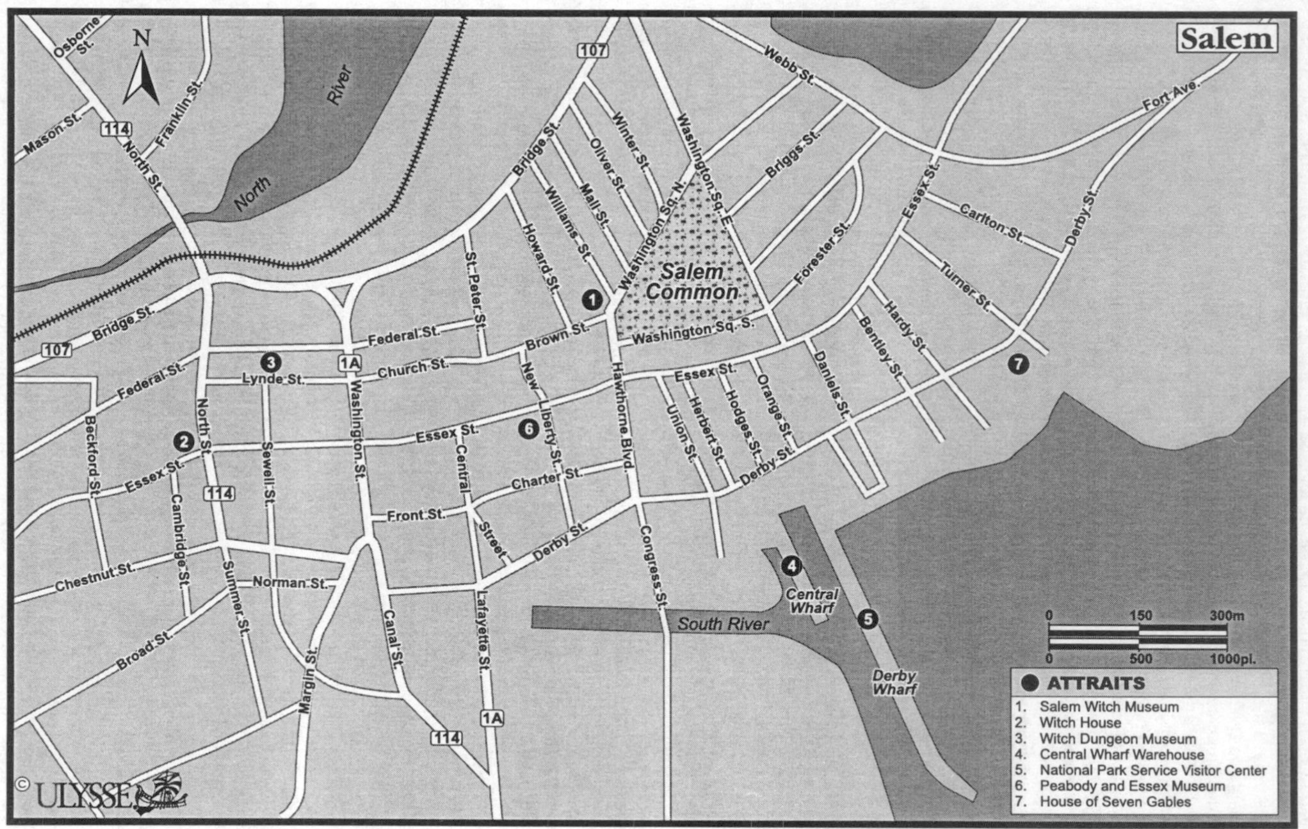

CÔTE DU MASSACHUSETTS

Chestnut Street ★★, l'une des artères les plus révélatrices d'Amérique sur le plan architectural, se trouve à proximité de l'Essex Institute. Plusieurs de ses résidences du XVIIe siècle sont l'œuvre d'un célèbre architecte et sculpteur sur bois de Salem à l'époque fédérale, Samuel McIntire. Ces maisons de bois et de briques sont de conception simple, mais leur apparence globale est gracieuse et élégante.

Le **Pickering Wharf**, à courte distance de marche de Chestnut Street, est une construction relativement récente à laquelle on a voulu donner un air d'ancienneté. Il abrite un complexe commercial où se succèdent magasins touristiques et succursales de grandes chaînes de restaurants. Une centaine de mètres plus à l'est s'étend également le **Derby Wharf**, idéal pour les longues promenades en bordure du port.

La **House of Seven Gables ★** *(droit d'entrée; visites guidées offertes toute l'année; 54 Turner St., Salem, ☎744-0991)*, située tout près du Derby Wharf, est souvent encombrée de touristes, mais il faut avouer qu'elle a quelque chose de romantique et de fascinant. Érigée en 1668, cette maison foncée, presque noire, est encadrée par le ciel et la mer. Ses hauts et majestueux pignons font un peu penser à des chapeaux de sorcière (encore qu'une telle idée ne viendrait sans doute pas à l'esprit dans une autre ville). À l'intérieur, un véritable labyrinthe de pièces douillettes à plafond bas, de couloirs étroits et d'escaliers secrets ne font qu'ajouter au charme ancien de cette demeure. La visite guidée inclut la projection d'un court métrage bien fait sur la façon dont les lieux ont inspiré Nathaniel Hawthorne à écrire le célèbre roman du même nom.

Au nord-est de Salem, sur la panoramique route 127, qui épouse les contours de la côte, se trouvent les petites villes résidentielles de Manchester et de Magnolia, reconnues pour leurs vieilles fortunes, leurs écoles privées et leurs magnifiques résidences.

La South Coast

La South Coast est une courtepointe de canneberges et de pèlerins, d'historiques ports de pêche à la baleine et de boulangeries portugaises, d'usines, de cols bleus et de Yankees pure laine. On y trouve aussi bien de petits villages pittoresques que des fermes champêtres et des villes, dont trois principales : Plymouth, à environ 50 min de route au sud de Boston, New Bedford et Fall River, accollées l'une à l'autre à proximité de la frontière du Rhode Island.

Chacune de ces villes a un caractère et une histoire qui lui sont propres. Plymouth, on s'en souviendra, est celle où les Pères Pèlerins se sont établis. New Bedford, un port de pêche encore en activité, fut autrefois la capitale mondiale de la pêche à la baleine. Fall River, un véritable carrefour d'usines, faisait partie des plus grandes productrices de textiles au tournant du siècle.

Les sites, tout comme les lieux d'hébergement et les restaurants, sont plutôt restreints à Fall River et à New Bedford, car les gens ne s'y arrêtent généralement qu'en passant alors qu'ils font route vers Boston ou le Cape Cod. Plymouth est beaucoup plus importante et attire plus d'un million de touristes chaque année. On y trouve suffisamment de sites historiques pour occuper une fin de semaine entière.

En partant de Boston, vous atteindrez Plymouth en piquant vers le sud, par la route 3, ou encore par la route 3A, plus pittoresque. Celle-ci longe en effet la côte et passe en bordure de riches et magnifiques villages de banlieue, d'anses ravissantes, de ports charmants, de vieux phares, d'imposantes demeures et de rues sinueuses.

À quelques kilomètres au sud-est de Boston, sur la route 3A, s'étend l'une des villes côtières les plus attrayantes de la région, à savoir **Hingham ★**, dont la fondation remonte à 1635. De beaux voiliers sillonnent les eaux de son port pittoresque, et son centre-ville conserve le charme d'un petit village avec ses commerces, restaurants et cinémas à l'ancienne, éparpillés autour du Hingham Square. En arpentant la longue et large **Main Street** de Hingham, vous aurez le bonheur de découvrir d'imposantes demeures des XVIIIe et XIXe siècles, peintes de couleurs pastel et rehaussées de volets noirs soigneusement découpés. Nombre de ces maisons figurent d'ailleurs au registre national des monuments historiques. Toutes sont privées, quoique beaucoup d'entre elles soient ouvertes au public au cour de la visite annuelle organisée en juin par la **Hingham Historical Society** *(Old Derby Ave., Hingham, ☎781-749-7721)*, réputée comme la plus vieille tournée de maisons historiques du pays puisqu'elle a lieu, chaque année, depuis 1924.

Deux de ces demeures qu'il vaut la peine de voir, au moins de l'extérieur, sont la **Hershey House** *(104 South St.)*, un joli manoir gris de style italianisant à toit plat et au porche encadré de colonnes qui date des environs de 1857, et la **Joshua Wilder House** *(605 Main St.)*, une magnifique maison restaurée dont la construction remonte vraisemblablement à 1760. Toutes deux sont accessibles au cours de la visite annuelle.

The Old Ordinary *(droit d'entrée; fermé lun; visites publiques 19 juin au 14 sept, visites privées sur rendez-vous; 21 Lincoln St., Hingham, ☎781-749-0013 ou 747-1851)* a compté, parmi ses nombreux propriétaires, des taverniers ayant coutume d'offrir l'«ordinaire», soit un repas du jour à prix fixe. Situé à mi-chemin du trajet d'une journée qu'effectuait la diligence entre Plymouth et Boston, l'Old Ordinary faisait de très bonnes affaires et avait même Daniel Webster comme client. La maison fut dotée d'ajouts au milieu du XVIIIe siècle; aujourd'hui transformée en musée, elle renferme une salle de bistro du XVIIIe siècle encore pourvue de son gril en bois, d'assiettes en étain et de barils de rhum. Vous y verrez aussi une cuisine de la même époque, équipée d'un grand âtre et d'une baratte à beurre, de même qu'une petite salle de séjour, une salle à manger et un petit salon, à l'entrée. À l'étage, quatre chambres sont décorées dans le style de l'époque. Parmi les objets exposés, plusieurs se révèlent d'une grande rareté, tels ces ouvrages dits «de deuil», dédiés à la mémoire des défunts, un coffret de Bible du XVIIe siècle, un miroir Reine-Anne du XVIIIe siècle, une chinoiserie et des tableaux représentant différents navires de Hingham ayant vogué vers la Chine.

La congrégation puritaine de l'**Old Ship Church** ★ *(90 Main St., Hingham, ☎781-749-1679)* s'est formée en 1635. Cette église de 1681 s'impose comme la plus ancienne construction à vocation liturgique ininterrompue des États-Unis et le plus ancien temple puritain encore en existence de la nation. Contrairement aux églises ultérieures de la Nouvelle-Angleterre, caractérisées par des flancs et des clochers blancs, l'Old Ship arbore des clins de bois gris foncé, fidèles au style gothique élisabéthain qui convenait tout à fait à l'esprit puritain. La structure comporte, au plafond, des pièces de charpente incurvées qui rappellent les articulations de la coque des navires, et le toit lui-même fait penser à une coque de bateau inversée.

Non loin de Hingham, sur une péninsule qui avance dans le port de Boston, apparaît **Hull**, où se dresse le **Boston Light**, le plus vieux phare d'Amérique. Puis, immédiatement au sud sur Jerusalem Road, c'est **Cohasset**, connue pour ses somptueuses résidences dominant une vue imprenable sur l'océan.

Scituate, un village situé directement au sud de Cohasset, a été rendu célèbre par un événement s'étant produit au cours de la guerre de 1812. Abigail et Rebecca Bates, les deux jeunes filles du gardien de phare local, ayant constaté que deux barques de la frégate anglaise *La Hogue* approchaient du rivage, se cachèrent derrière les arbres et firent un tel tintamare avec un fifre et un tambour que les soldats crurent à la présence d'un régiment tout entier sur la côte, tant et si bien qu'ils rebroussèrent chemin à toute vitesse. Scituate possède un certain nombre de maisons historiques, et plusieurs boutiques élégantes bordent Front Street.

En poursuivant vers le sud, vous atteindrez **Marshfield**, la localité où Daniel Webster vécut pendant 20 ans. Son cabinet juridique légale se trouve à l'intérieur de la **Winslow House** *(à l'angle des rues Careswell et Webster, Marshfield, ☎781-837-5753)*, une maison historique bâtie en 1688 où vous verrez également une forge et une ancienne école.

Tout juste avant Plymouth s'étend l'aristocratique zone résidentielle de **Duxbury**, couverte de somptueuses résidences. Faites un arrêt à la **King Cæsar House** *(droit d'entrée; King Cæsar Rd, Duxbury)*, l'une des plus belles maisons historiques du Massachusetts, accessible par un chemin tortueux qui longe la côte à partir de la route 3A. Il s'agit d'un manoir fédéral jaune et blanc garni de volets verts, entouré d'une vaste pelouse et décoré de roses grimpantes, en face d'un quai de pierres massif où l'on gréait jadis les navires. La maison est ornée de corniches de bois finement ciselé, de moulures, d'impostes et de balustrades, sans parler de ses antiquités de valeur et de son papier peint français d'origine, entièrement réalisé à la main.

En continuant vers le sud, vous débouchez sur **Plymouth** ★★, «le berceau de l'Amérique», qui ne semble pas trop savoir si elle désire devenir un attrape-touristes ou conserver ses airs de village historique et pittoresque. Quoi qu'il en soit, le résultat en est un mélange peu savoureux de maisons historiques, de motels des années cinquante, de rues pavées, de boutiques de souvenirs, d'un front de mer plutôt poisseux et d'innombrables autocar bondés de touristes. Par endroits, on a du mal à trouver le pittoresque, mais il n'en reste pas moins qu'elle regorge de sites historiques.

La ville n'est pas grande, et sans faire d'effort particulier, vous verrez nécessairement tout ce qu'il y a à voir. En premier lieu, tout le monde se précipite vers le **rocher de Plymouth**, sur Water Street, dans le port. On dit que c'est à cet endroit que les Pères Pèlerins ont débarqué, et le «monument» se dresse à l'intérieur d'un pavillon grec aux colonnes majestueuses. Ne vous attendez surtout pas à voir un immense rocher; il est en effet à peine assez gros pour supporter deux pèlerins de très petite taille!

Tout juste à côté du rocher est amarré le ***Mayflower II*** ★★ *(droit d'entrée; State Pier, Plymouth, ☎830-6013)*, une réplique du véritable *Mayflower* peinte de couleurs si vives qu'on dirait le bateau de pirates de Disneyland. La visite autoguidée est intéressante, même s'il est parfois nécessaire d'attendre en file avant de monter à bord. Comme le rocher, le navire est incroyablement petit, et l'on a du mal à s'imaginer que 102 personnes aient pu y survivre à une traversée de 66 jours.

Vous voulez en savoir davantage sur les pèlerins? Alors, prenez la direction du **Pilgrim Hall Museum** ★ *(droit d'entrée; fermé jan; 75 Court St., Plymouth, ☎746-1620)*, sur l'artère principale. En exploitation ininterrompue depuis 1824, le musée abrite la plus importante collection de biens ayant appartenu aux pèlerins, y compris des meubles de style riche de l'époque de Jacques Ier et les restes d'un navire qui emmena des colons en Amérique. La coque de ce dernier est faite de troncs d'arbre et de branches naturellement courbées, ce qui donne un résultat assez grossier mais efficace.

À 5 km au sud de Plymouth se trouve la **Plimoth Plantation** ★★ *(droit d'entrée; fermé fin nov à mars; route 3A, 137 Warren Ave., Plymouth, ☎746-1622)*, un musée «vivant» où hommes et femmes en costume d'époque incarnent pour vous les résidants d'un village de pèlerins de 1627. Cela peut vous paraître un peu poussé, mais la mise en scène est bien montée et authentique. Ce village reconstitué sur une route poussiéreuse parsemée de paille en surplomb de l'océan regroupe plusieurs habitations de bois au lourd toit de chaume. Rien de moderne à l'horizon, que le village, l'océan et les colons s'acquittant de leurs tâches quotidiennes, entretenant le jardin potager ou construisant une maison avec des outils du XVIIe siècle. Les villageois s'expriment dans le dialecte de l'époque, et vous pouvez leur poser toutes les questions que vous voulez, même sur la politique ancienne. On peut également y voir un campement amérindien reconstitué, avec des habitations tressées et au toit d'écorce en forme de dôme, caractéristiques des Wampanoags.

En partant de Plymouth, dirigez-vous vers l'ouest sur la route 44, puis vers le sud par la route 58, jusqu'à ce que vous atteigniez **Carver**, la capitale mondiale de la canneberge. En automne, vous pouvez assister à la récolte des fruits, un spectacle de toute beauté, sans avoir à quitter la route. Il existe également un train à l'ancienne à bord duquel vous pouvez prendre place pour visiter les lieux, de même qu'une fabrique où l'on fait du vin de canneberge.

Au sud-est de Carver, à environ 30 min de route, s'étend l'ancien port de pêche à la baleine de **New Bedford** ★, immortalisé par Herman Melville dans *Moby Dick*. Son apparence et l'atmosphère qui y règne, avec ses quais très animés et sa population en grande partie portugaise, vous rappelleront tout à fait l'époque des grands baleiniers du XIXe siècle.

Jusqu'au début des années quatre-vingt, le bord de mer était en décrépitude; mais, désireuse d'attirer les touristes, la ville a alors entrepris de restaurer plus de 100 bâtiments. Il est heureux de constater que, dans ce projet, New Bedford n'a pas succombé à la tentation de multiplier les attractions «chouettes» et surfaites. On y trouve aujourd'hui, en bordure du port, d'excellents musées, de bons restaurants, des boutiques d'antiquités et plusieurs galeries. Il s'en dégage une odeur d'authenticité et de bon goût, tout à l'honneur de cette mini-ville.

The New Bedford National Park Visitors Center *(33 William St., New Bedford, ☎991-6200)* tient à votre disposition brochures et cartes, et organise par ailleurs des excursions.

Le **Rotch-Jones-Duff House and Garden Museum** *(droit d'entrée; fermé lun jan à mai; 396 County St., New Bedford, ☎997-1401)* est aménagé dans un bâtiment néoclassique du XIXe siècle, flanqué d'un pittoresque jardin de roses qui attire beaucoup de monde à l'occasion des fêtes de Noël. Nommé en mémoire de trois familles auxquelles la propriété a jadis appartenu, le musée abrite plusieurs de leurs belles antiquités. Avec ses 28 pièces, ce manoir est l'un des plus beaux de la région.

Parmi les sites que vous ne voudrez pas manquer, mentionnons **The New Bedford Whaling Museum** ★★ *(droit d'entrée; 18 Johnny Cake Hill, New Bedford, ☎997-0046)*, la **Seaman's Bethel**, une église située en face du musée, et **County Street**, sur laquelle de riches capitaines construisirent leur demeure au XIXe siècle.

Commencez par le Whaling Museum, puis visitez la Seaman's Bethel; vous ne verrez jamais plus New Bedford du même œil. Le musée traduit l'impact profond que la pêche à la baleine a pu avoir sur cette ville, et en raconte merveilleusement l'histoire au moyen de grandes toiles saisissantes dépeignant la vie des marins à bord des baleiniers, ainsi que d'une gigantesque murale réalisée en 1848. Vous pourrez même monter à bord d'un modèle réduit de moitié reproduisant fidèlement un baleinier complètement équipé, situé dans une vaste pièce décorée de harpons et de figures de proue. L'endroit est spacieux, aéré et captivant.

De l'autre côté de la rue se dresse la Seaman's Bethel, où les pêcheurs de baleines venaient prier avant de prendre la mer. La chaire de cette église simple et robuste revêt la forme d'une proue renflée, et ses murs sont couverts de plaques à la mémoire des marins décédés en mer.

«*Vous ne trouverez nulle part en Amérique de maisons plus patriciennes*», écrivait Herman Melville en parlant de County Street, à quelques rues du Whaling Museum et sur une colline en pente douce. Les maisons victoriennes raffinées et les manoirs fédéraux remarquablement bien restaurés de cette rue vous donneront une idée de la belle vie qu'on pouvait mener à New Bedford au XIXe siècle.

Pour briser le rythme, vous pouvez toujours visiter **Cuttyhunk**, une île située à 22,5 km au large de New Bedford et accessible par traversier. Elle fait partie des îles Elizabeth, un chapelet de 16 îles minuscules, dont 14 appartiennent aux Forbes, une famille de «brahmanes» de Boston. Cuttyhunk n'est pratiquement que sable et broussailles, et sa plage est rocailleuse. On y trouve cependant un magasin général, deux restaurants et une centaine de maisons. À l'opposé du Cape Cod, très fréquenté et encombré, il n'y a rien à faire ici que se promener et pêcher, et c'est justement ce qui fait le charme de l'endroit.

Directement au sud-ouest de New Bedford, sur la route 6, se trouvent les prospères communautés rurales de **Dartmouth** et de **Westport**, où vous pourrez contempler certaines des plus belles fermes côtières de tout le Massachusetts. Tout comme le Kentucky, royaume de la musique *bluegrass*, cette région est striée d'anciens murets de pierres et ponctuée de vieilles maisons exquises, d'étables à clins de bois, de pâturages ondulants et d'élégantes écuries sur des kilomètres et des kilomètres.

En bordure de Slocums Road, à South Dartmouth, s'étend **Padanaram**, une station de yachting à la mode sur la baie d'Apponagansett. On y trouve en outre le fameux chantier naval Concordia, où d'anciens yachts en bois splendides sont remis à neuf. Le village ne couvre que deux rues, mais il n'en possède pas moins plusieurs restaurants et magasins de qualité.

Non loin de Padanaram siège **The Lloyd Center for Environmental Studies** *(bâtiment fermé lun, sentiers ouverts à l'année; 430 Potomska Rd, South Dartmouth, ☎990-0505)*, un organisme à but non lucratif voué à l'étude de l'environnement des côtes et des estuaires. Son aquarium (dont un bassin interactif), ses cinq sentiers pédestres, sa bibliothèque de référence et ses expositions temporaires, où l'on présente entre autres des collections de photographies naturalistes, sont ouverts au public. Le principal intérêt de l'endroit est la vue renversante qu'il vous offre à partir de sa plate-forme d'observation, dominant la sinueuse rivière Slocums et les terres marécageuses qui s'étendent jusqu'à l'horizon. On propose par ailleurs des randonnées pédestres hebdomadaires, des excursions en canot et un large éventail de programmes éducatifs.

En remontant vers New Bedford, vous pouvez emprunter la route 195 vers l'ouest jusqu'à **Fall River**, qui ne se trouve qu'à 15 min de là. Ses magasins d'usine (voir «Achats», p 242) et son Battleship Cove en sont les pierres angulaires.

Au tournant du siècle, Fall River comptait une centaine d'usines textiles, mais, en 1927, l'industrie périclita, et la ville connut des jours fort pénibles. Aujourd'hui, ces vastes construction de granit abritent des entreprises de métaux et de matériel électronique, ainsi que des magasins d'usine, mais la dépression n'en continue pas moins à se faire sentir.

Le centre de l'agglomération a été rafraîchi, mais on voit tellement d'affiches «À louer» sur ses grandioses bâtiments du XIXe siècle qu'elle semble un peu perdue.

Columbia Street, la zone portugaise du centre-ville, est assez vivante, et vous aurez plaisir à vous y promener, à goûter les délices de ses nombreuses boulangeries-pâtisseries et à contempler les magnifiques mosaïques de ses trottoirs. Le chef Emeril Lagasse, connu pour son émission télévisée, a grandi ici et peut à l'occasion être aperçu au passage dans cette vibrante communauté ethnique.

Il y a également un autre bureau d'information au **Battleship Cove** ★*(droit d'entrée; Fall River; ☎678-1100)*, qui comprend un port et un parc à la sortie 5 de la route 195, dans la ville même. Un cuirassé, un destroyer, un sous-marin d'attaque et un *PT boat* de la Deuxième Guerre mondiale sont amarrés au quai, et vous pouvez les visiter. Il va sans dire que ces vaisseaux, d'ailleurs en excellent état, s'emplissent d'enfants jouant à la guerre. Notons également que des centaines de troupes de scouts se rendent en pèlerinage à ce terrain de jeu à la «John Wayne».

À côté des navires, vous trouverez le **Fall River Heritage State Park Visitors Center** *(200 Davol St, Fall River, ☎675-5759)*, qui dispose d'un attrayant parc en face de l'océan. À l'intérieur du bâtiment, on présente plusieurs vitrines d'exposition sur l'industrie textile d'autrefois. Une projection de diapositives émouvante relate par ailleurs les conditions de travail abominables et les accidents, dont certains mortels, auxquels étaient exposés les immigrants enfants et adultes employés par les usines.

PARCS ET PLAGES

Le North Shore

Parker River National Wildlife Refuge

Cette magnifique réserve en bordure de la mer, sur Plum Island, n'est qu'à environ 10 min de route du centre de Newburyport, et pourtant on dirait qu'elle se trouve à des lieues de la civilisation. Un tiers de l'île est couvert de maisons de plage délabrées, alors que le reste de sa superficie abrite la réserve, soit 1 887 ha de tourbières, de marécages formés par les marées, de dunes et de plages. Plusieurs passerelles mènent à la plage, et un sentier parcourt la réserve. Parmi les nombreuses espèces fauniques protégées en ces lieux, mentionnons le phoque, l'oie, le canard, le cerf et le lapin, de même qu'environ 300 espèces d'oiseaux. L'accès de la réserve se trouve sur Plum Island, à Newburyport.

Installations et services : toilettes; information : ☎465-5753. Du mois d'avril au mois d'août, une bonne partie de la plage est fermée afin de préserver les sites de nidification du pluvier siffleur. **Baignade** : forts courants de fond.

Crane Beach Memorial Reservation

Cette imposante plage de 6,5 km, adossée à une rangée de dunes, est bordée de plus de 400 ha de terres marécageuses, de fourrés et de bois. Hors saison, elle semble s'étendre à l'infini, mais, au cœur de l'été, elle est carrément tapissée d'estivants. Il est cependant remarquable que les amateurs de plage et les amants de la nature y coexistent paisiblement. À certains moments de l'année, différentes sections de la plage sont clôturées afin de protéger les oiseaux en train de nidifier. Une promenade conduisant à la mer protège en outre les dunes et les spartines qui s'y trouvent. On y accède par Argilla Road, à Ipswich.

Installations et services : toilettes, douches, aires de pique-nique, surveillants de plage et casse-croûte; stationnement : 9$ minimum; information : ☎356-4351. **Pêche** : excellente. **Baignade** : bonne.

The Cox Reservation

Jadis le lieu de résidence de la célèbre muraliste Allyn Cox, cette étendue de 12,5 ha de terres marécageuses cultivables est maintenant devenue le centre d'opération de l'Essex County Greenbelt Association. Paisible et pastoral, le domaine est sillonné de sentiers qui traversent des jardins de plantes vivaces et de roses, des marais salants, des bois, des vergers et des terres cultivées en bordure de la sinueuse rivière Essex. Certains artistes s'y rendent en fin d'après-midi, lorsque la rivière et les tiges graciles des spartines sont baignées d'une douce lumière dorée, composant un décor absolument féerique. Il n'est pas difficile de comprendre que la muraliste ait choisi de vivre en un lieu aussi serein et aussi romantique. On l'atteint par la route 133, à Essex.

À la découverte du royaume de la canneberge

Loin des regards, dans la splendide région rurale de Carver, à 10 min de voiture à l'est de Plymouth, vous trouverez l'une des plus spectaculaires et aussi l'une des moins connues des attractions automnales de la côte du Massachusetts : la récolte des canneberges. Si vous croyez que les feuillages d'automne sont éblouissants, attendez seulement de contempler cette vision renversante!

La canneberge représente le plus important produit agricole de l'État, qui en tire environ 100 millions de dollars annuellement. Quelque 458 exploitants se partagent près de 5 000 ha de tourbières à canneberges, et la petite localité de Carver assure, à elle seule, la moitié de la production nationale de cette denrée. Notons par ailleurs que le Cape Cod et Nantucket possèdent leurs propres exploitations.

La canneberge, aussi connue sous le nom d'ataca (ou atoca), et appelée *sassamenesh* par les Amérindiens du Massachusetts, fait partie des rares fruits originaires de l'Amérique du Nord. Les autochtones mangeaient ces fruits rouges et acidulés sans autre forme de préparation, ou alors ils les incorporaient aux venaisons en les additionnant de graisse pour en faire de petits gâteaux appelés *pemmicans*. La fleur élancée et conique de la canneberge lui a par ailleurs mérité son nom anglais de *cranberry*, car les premiers colons européens trouvaient qu'elle ressemblait à un bec de grue (*crane*).

La récolte débute à la mi-septembre et se poursuit jusqu'en octobre. À cette époque, les restaurants et les boulangeries-pâtisseries du sud du Massachusetts utilisent cette baie pour confectionner toutes sortes de mets créatifs, de la soupe aux canneberges au raifort et aux sauces en passant par les pains, les muffins, les sorbets et les tartes.

Pour explorer les tourbières en partant de Plymouth, prenez la route 44 Est jusqu'à la route 58 Sud. Les tourbières longent la route, et il est très facile d'assister aux récoltes de la route même. Plusieurs cultivateurs vous permettront également d'observer les opérations depuis les sentiers en terre battue qui surplombent les tourbières, pourvu que vous ne soyez pas dans leurs jambes.

La canneberge est un petit arbuste miteux de couleur vert foncé qu'on cultive dans des tourbières peu profondes entourées de bois touffus. Lorsque les baies parviennent à maturité, on les récolte à sec ou à flot; dans le premier cas, elles sont vendues fraîches, alors que, dans le second, elles servent généralement à la fabrication de sauce de canneberges congelée ou en conserve.

La récolte à sec se fait tout simplement en égrenant les baies sur les plantes à l'aide d'une machine. Mais la récolte à flot constitue un véritable spectacle. On inonde tout d'abord les tourbières jusqu'à ce que le niveau de l'eau atteigne environ 45 cm, après quoi les fermiers, vêtus d'éclatantes combinaisons jaunes, séparent les fruits de la plante au moyen d'énormes moulinets à eau semblables à des batteurs géants remuant des masses et des masses de baies cramoisies qui s'en échappent en cascade. Les canneberges remontent alors à la surface de l'eau, créant une mer d'écarlate, encerclée d'arbres et brillant des mille feux de l'automne.

Le vent se charge alors de souffler les fruits à flot vers l'une des extrémités de l'étang, où ils sont aussitôt parqués dans des enclos de bois flottants. Des aspirateurs géants acheminent ensuite les baies vers une machine qui en élimine les feuilles et brindilles, et il ne reste plus qu'à les transporter par camion ou par hélicoptère vers les usines où on les trie selon la grosseur, la couleur et la qualité.

Vous pouvez facilement explorer les tourbières par vous-même; mais, si vous désirez de plus amples renseignements, ou encore une visite guidée, de nombreuses options s'offrent à vous. À Plymouth même se trouve le **Cranberry World Visitors Center** *(fermé déc à avr; 225 Water St., ☎747-2350)*; géré par la firme Ocean Spray, il expose diverses pièces d'équipement servant à la récolte des canneberges ainsi que des photographies actuelles et anciennes sur cette culture particulière, et vous y trouverez même une petite tourbière en activité. La visite est instructive, et vous pourrez déguster du jus de canneberge sur les lieux mêmes, gracieuseté de la maison; mais rien ne vaut le spectacle des exploitations en pleine nature.

La **Plymouth Colony Winery** *(tlj avr à déc, sam-dim fév et mars, fermé jan; 56 Pinewood Rd, Plymouth, ☎747-3334)*, en bordure de la route 44, occupe une ancienne maison de tri au beau milieu d'une tourbière à canneberges de 4 ha. On y offre des dégustations gratuites, de même qu'une visite des tourbières et de la fabrique.

Installations et services : aucun; information : ☎768-7241.

Les plages de Rockport

Rockport possède deux petites plages en plein cœur de la ville. La **Front Beach**, chérie des jeunes enfants, offre un trottoir qui la longe sur toute sa longueur, de sorte que tous les passants peuvent la contempler à souhait. La **Back Beach**, de l'autre côté du petit escarpement, est beaucoup plus privée. Les deux plages sont accessibles par la rue Beach, au centre de Rockport.

Installations et services : toilettes, surveillants de plage et casse-croûte; information : ☎546-3525. **Baignade** : eaux calmes.

Halibut Point State Park

Ce parc sauvage et accidenté de 22 ha en bordure de mer, où s'étendait autrefois une carrière de granit, offre l'une des vues les plus splendides de tout le North Shore. Un sentier en pente douce longe l'ancienne carrière jusqu'à une vaste plaine sans arbres qui surplombe l'océan, couverte de fourrés et de fleurs sauvages. Le littoral inégal et escarpé comporte plusieurs bassins de marée et des blocs de granit suffisamment volumineux pour qu'un groupe de personnes puissent y pique-niquer. On y accède par la route 127, à 5 km au nord de Rockport.

Installations et services : toilettes, aires de pique-nique, sentiers pédestres et visites guidées; stationnement : 2$; information : ☎546-2997. **Pêche** : excellente. **Baignade** : permise mais non recommandée, car le rivage est couvert de rochers glissants.

Wingærsheek Beach

Cette douce plage de la baie d'Ipswich, légèrement en pente et couverte de sable fin, est bordée de rochers, de hautes herbes et de charmantes maisons d'été cachées par la forêt. Vous pouvez également y explorer des bassins créés par les marées. Bien qu'elle soit assez près du centre de Gloucester et de Rockport, cette plage semble perdue au milieu de la campagne. Les familles avec de jeunes enfants aiment la fréquenter en raison des rochers peu glissants qu'on peut escalader. On l'atteint par la rue Atlantic, à West Gloucester.

Installations et services : toilettes, douches, surveillants de plage et casse-croûte; stationnement : 10$ minimum; (fermé début sept au Memorial Day); information : ☎281-9790. **Baignade** : eaux calmes.

Good Harbor Beach

Située dans un décor spectaculaire en bordure de Gloucester, cette bande d'un peu moins de 1 km n'est qu'océan, firmament, dunes et marais recouverts de spartines. Une petite île broussailleuse, entourée de deux promontoires rocheux, peut être explorée à marée basse. En été, la plage est ratissée tous les matins et est fermée du début deseptembre jusqu'au Memorial Day. On y accède par Thatcher Road, à East Gloucester.

Installations et services : toilettes, douches, surveillant de plage et casse-croûte; stationnement : 10$ minimum; information : ☎281-9790. **Pêche** : excellente. **Baignade** : généralement bonne, quoique la mer soit un peu agitée.

Singing Beach

Ce bijou de plage, à peine longue d'un demi-kilomètre, est couverte de sable immaculé qui craque littéralement sous vos pieds. Cachée des regards dans un voisinage cossu et charmant, cette plage est bordée de falaises escarpées et de manoirs renversants. Les gens qui la fréquentent, généralement blonds et précieux, cadrent parfaitement bien dans ce décor conservateur. Le stationnement est réservé aux résidants, et il est impossible de garer sa voiture à proximité. Mais cela n'empêche nullement les visiteurs d'y affluer; de fait, les Bostoniens affectionnent tellement cette plage qu'ils prennent le train de banlieue jusqu'à Manchester pour ensuite franchir à pied les quelque 0,8 km qui les séparent alors de la plage, faisant allègrement fi de l'effort et de la chaleur. L'accès de la plage se trouve au bout de la rue Beach, à Manchester.

Installations et services : toilettes, surveillant de plage et casse-croûte; droit d'accès à la journée : 1$ sam-dim; information : ☎526-1242. **Pêche** : excellente. **Baignade** : bonne.

Devereux Beach

Située sur la route qui conduit au panoramique Marblehead Neck, Devereux se présente comme une petite plage très propre où il y a beaucoup à voir. La ville cossue se trouve tout juste derrière la plage, sur une colline, tandis que, de l'autre côté de la rue, s'étend le port très fréquenté de Marblehead ainsi qu'une anse fréquentée par les véliplanchistes. L'endroit est surtout populaire auprès des familles et des adolescents; et pourtant, contrairement à la plupart des autres plages du North Shore, celle-ci n'est pas constamment bondée au cours des fins de semaine estivales. On y accède par Ocean Avenue, au sud du port de Marblehead.

Installations et services : aires de pique-nique, toilettes, terrain de jeu, surveillants de plage et supports à bicyclettes; stationnement 5$ hors des limites de la ville; information : ☎781-631-3551. **Pêche** : excellente. **Baignade** : généralement bonne, quoique la mer soit parfois assez agitée.

Salem Willows

Ne vous laissez pas rebuter par la salle de jeux électroniques et les comptoirs de mets chinois à emporter plutôt criards qui frapperont votre regard en pénétrant dans le stationnement. L'endroit vous réserve en effet d'agréables surprises, y compris un vieux parc d'amusement nostalgique dominant le Salem Sound, ombragé de saules gracieux plantés ici en 1801 afin de créer un refuge pour les victimes de la variole. Juste à côté se trouve également une petite plage, et les gens viennent volontiers en ces lieux pour flâner dans le parc, admirer le paysage, pêcher ou louer une embarcation à rames. Quant aux résidants, ils n'en ont que pour le maïs soufflé et les sandwichs au *chop suey* qu'on vend dans le stationnement. L'accès du parc se trouve au bout de la rue Derby, à Salem.

Installations et services : aires de pique-nique, toilettes, surveillants de plage, casse-croûte et location de barques; information : ☎744-0180. **Pêche** : excellente aussi bien à partir du rivage que du petit quai. **Baignade** : eaux quelque peu agitées.

La South Coast

Duxbury Beach

Cette bande de sable immaculé de 8 km constitue l'une des plus belles plages adossées aux falaises de la côte du Massachusetts. Elle avance dans la Cape Cos Bay et se trouve flanquée, d'un côté, par un petit port et, de l'autre, par l'Atlantique. Certaines sections en sont parsemées de marais salants, alors que d'autres ne sont accessibles qu'au moyen de véhicules à quatre roues motrices. Située dans un voisinage résidentiel fortuné, elle attire un public bien nanti. On y accède par l'embranchement de la route 3, sur la route 139, à Duxbury, au nord de Plymouth.

Installations et services : toilettes, douches, cabines de bain, surveillants de plage, casse-croûte et restaurant; stationnement : 10$; information : ☎781-837-3112. **Baignade** : bonne.

Myles Standish State Forest

Les résidants se plaisent à raconter qu'une fois à l'intérieur de ce parc de 6 000 ha il est impossible d'en trouver la sortie. De fait, le parc est énorme, gigantesque, et les routes qui le sillonnent à travers bois et à travers prés semblent ne jamais aboutir nulle part. Sa superficie fait qu'on s'y sent loin de tout, dans un véritable havre de paix, même au cœur de l'été. Magnifique et merveilleusement bien entretenu, le parc compte 15 étangs et deux plages. Des sentiers pédestres, équestres et cyclistes sont à la disposition des visiteurs. On l'atteint par l'embranchement de la route 3, sur Long Pond Road, à Plymouth.

Installations et services : aires de pique-nique, toilettes et activités d'interprétation; droit d'accès à la journée : 2$; information : ☎866-2526. **Camping** : autorisé sur les 450 emplacements pour tentes et véhicules récréatifs (aucun raccordement) aménagés à cette fin; toilettes, douches à l'eau chaude, foyers et tables de pique-nique; premier arrivé, premier servi; 7$ par nuitée avec accès aux douches, 5$ par nuitée sans accès aux douches. **Pêche** : bonne dans la plupart des étangs. **Baignade** : aux plages College et Fearings.

Plymouth Beach

Située en milieu mi-rural mi-résidentiel, cette plage droite de 5 km, où les étendues dégagées alternent avec les massifs de roseaux des sables, est un lieu de nidification pour oiseaux migrateurs, comme la sterne, le pluvier et la maubèche. La partie où nichent les oiseaux est protégée par une clôture, mais vous pouvez facilement les observer à votre guise. En été, le public se compose de familles et de jeunes du coin. On y accède par la route 3A, à 5 km au sud de Plymouth.

Installations et services : toilettes, surveillants de plage et casse-croûte; stationnement : 10$; information : ☎830-4095. **Pêche** : excellente. **Baignade** : bonne.

Horseneck Beach State Reservation

Cette vaste plage venteuse fait partie des plus spectaculaires et des moins connues de l'État. Bordée de dunes fragiles qui forment une barrière entre la plage comme telle et son immense stationnement, elle est toute de sable qui craque sous les pieds et caressée par de douces vagues. Sur cette même réserve se trouve également la **Gooseberry Island**, une étroite bande de terre sablonneuse et herbeuse de 1,5 km de long qui avance dans la mer et que sillonnent de nombreux sentiers. À son extrémité, vous trouverez une tour de garde datant de la Deuxième Guerre mondiale. Tout juste avant Gooseberry Island, il y a un comptoir de fruits de mer, un petit stationnement et une plage minuscule, surtout fréquentée par les amateurs de planche à voile. L'accès de la plage se trouve au bout de la route 88, à Westport Point.

Installations et services : toilettes, douches et surveillants de plage; droit d'accès à la journée : 2$; information : ☎636-8816. **Camping** : autorisé sur 100 emplacements pour tentes et véhicules récréatifs (aucun raccordement); premier arrivé, premier servi; 6-7$ par nuitée. **Baignade** : généralement bonne, quoique la mer soit parfois assez agitée.

Demarest Lloyd State Park

Ce parc d'État peu connu vous offre de tout : des espaces naturellement gazonnés pour vos pique-niques, des collines irrégulières couvertes de roseaux des sables, des rivières sinueuses, une vie sauvage abondante (cerfs, aigles, aigrettes...) et une plage passablement isolée. À marée basse, une longue bande de sable avance dans les eaux calmes et chaudes. Situé dans la région bucolique de Dartmouth, ce parc constitue une véritable trouvaille. Fermé entre la fête du Travail et le Memorial Day. L'entrée du parc se trouve au bout de la route 88, à South Dartmouth, à l'est de la Horseneck Beach.

Installations et services : aires de pique-nique, toilettes, douches et surveillants de plage; droit d'accès à la journée : 2$; information : ☎636-3298. **Baignade** : eaux calmes.

ACTIVITÉS DE PLEIN AIR

Le North Shore et la South Coast n'attirent pas tellement d'amateurs de sports, de sorte que les loisirs y sont beaucoup plus limités et les terrains de golf et de tennis, pour la plupart privés.

Pêche

La goberge, le bar rayé, le thon, la morue et la plie sont abondants sur la côte du Massachusetts. Aucun permis n'est requis pour pêcher, et vous trouverez partout des marchands d'équipement et accessoires de pêche. Pour de plus amples renseignements sur la façon, les endroits et le meilleur temps pour pêcher différentes espèces de poissons, adressez-vous à la **Massachusetts Division of Marine Fisheries** *(100 Cambridge St., Room 1901, Boston, MA 02202, ☎617-727-3193)*.

Sur le North Shore, vous trouverez tout ce qu'il vous faut au **Hilton's Fishing Dock** *(54-R Merrimac St., Newburyport, ☎465-9885)* et chez **Captain Bill's Deep Sea Fishing** *(33 Harbor Loop, Gloucester, ☎283-6995)*.

Sur la South Coast, aussi bien pour la pêche que pour l'observation des baleines, faites un saut chez **Captain John Boats** *(Town Wharf, Plymouth, ☎746-2643)*; si vous désirez plutôt louer un bateau ou faire une excursion d'agrément en mer, pensez à **Captain Leroy Inc.** *(Route 6, sur le pont de Fairhaven, New Bedford, ☎992-8907)*.

Voile

Sur le North Shore, Marblehead est le royaume du bateau à voiles. **Coastal Sailing School** *(P.O. Box 1001, Marblehead, MA 01945, ☎617-639-0553)*, le seul centre de location de l'endroit, propose des bateaux de 7 m à 9 m ainsi que des cours de voile.

Observation de baleines

La côte du Massachusetts offre d'innombrables excursions en mer pour observer les baleines, dont certaines accompagnées de naturalistes compétents. Sur le North Shore, c'est à partir de Newburyport que l'aventure commence avec **Newburyport Whale Watch** *(Hilton's Dock, 54 Merrimac St., Newburyport, ☎465-7165)* et **Hilton's Fishing Dock** *(54 Merrimac St., Newburyport, ☎465-9885)*.

À Gloucester, **Yankee Fleet** *(75 Essex Ave., Gloucester, ☎283-0313)* représente la plus importante et la plus ancienne entreprise du genre et propose, outre un service de location de bateaux, des excursions de pêche en groupe. Vous pouvez également vous adresser à **Cape Ann Whale Watch** *(415 Main St., Gloucester, ☎283-5110)*.

Sur la South Coast, plusieurs excursions partent du port de Plymouth. Essayez **Captain John Boats** *(Town Wharf, Plymouth, ☎746-2643)* ou **Cape Cod Cruises** *(Town Wharf, Plymouth, ☎747-2400)*, qui effectuent également la traversée jusqu'à Provincetown.

Canot et kayak de mer

L'une des plus belles randonnées en canot de toute la Nouvelle-Angleterre est celle qui longe la rivière Ipswich, sur le North Shore, à travers les 1 200 ha de l'**Ipswich River Wildlife Sanctuary** *(Perkins Row, Topsfield, ☎887-9264)*. Pour louer un canot, adressez-vous à **Foote Brothers Canoes** *(230 Topsfield Rd, Ipswich, ☎356-9771)*.

À Dartmouth, au sud de New Bedford, on trouve plusieurs rivières qui se prêtent merveilleusement bien au canot. Le **Lloyd Center for Environmental Studies** *(430 Potomska Rd, South Dartmouth, ☎990-0505)* organise des excursions en canot d'une journée sur les magnifiques rivières avoisinantes, et **Palmer River Canoe** *(206 Wheeler St., Rehoboth, ☎336-2274)* fait la location d'embarcations.

Plongée sous-marine

À Danvers, ceux et celles qui sont suffisamment braves et hardis affrontent les eaux froides sous les auspices de **Northeast Scuba** *(125 Liberty St., Danvers, ☎777-3483)*, une entreprise qui enseigne la plongée autonome, loue de l'équipement et organise des excursions au large.

Golf

Les golfs publics se font rares sur le North Shore, exception faite du magnifique terrain municipal entouré d'épaisses forêts du **Beverly Golf and Tennis Club** *(134 McKay St., Beverly, ☎927-5200)*. Le **Harwick Port Golf** *(à l'angle de Forest et South St., Harwick Port, ☎432-0250)* est un terrain public de neuf trous.

Au sud de Boston, les occasions de jouer au golf deviennent limitées. Il n'y a pas de terrains privés dans les environs immédiats de Plymouth, mais, à environ 30 min de route, vous trouverez le **Pembroke Country Club** *(West Elm St., Pembroke, ☎617-826-0260)* et le **Bay Point Country Club** *(260 Bay Point Dr, par Onset Avenue, Onset, ☎759-8802)*.

Le **New Bedford Municipal Golf Course** *(581 Hathaway Rd, New Bedford, ☎781-996-9393)*, un parcours accidenté, représente un défi pour les golfeurs.

Tennis

Le meilleur endroit pour jouer au tennis sur le North Shore est le **Beverly Golf and Tennis Club** *(134 McKay St., Beverly, ☎927-5200)*, qui compte huit surfaces en terre battue accessibles au public. Il existe quelques autres terrains publics dans les différentes localités du North Shore.

À New Bedford, des terrains municipaux vous attendent dans le **Buttonwood Park** *(à l'angle des avenues Rockdale et Hawthorne)* et le **Hazelwood Park** *(Brock Ave.)*, un parc ponctué de terrains de jeu et pourvu de cinq courts éclairés. Pour de plus amples renseignements sur les parcs de la ville, adressez-vous au **City of New Bedford Parks Department** *(☎781-991-6175)*.

Équitation

Le coût des assurances responsabilité a tellement grimpé qu'il ne reste plus que quelques écuries disposées à louer des chevaux. Sur la South Coast, les **Chipaway Stables** *(600 Quanapoag Rd, North Dartmouth, ☎781-763-5158)*, à 1,5 km au nord de New Bedford, organisent des randonnées accompagnées et des promenades en charrette à foin à travers les bois des environs.

Voile sur glace

Ce sport est devenu une tradition à Fall River, sur le Watuppa Pond. Gracieux à souhait, il exige cependant des embarcations spécialement conçues ainsi qu'un formidable savoir-faire. Aucune location n'est possible, mais vous aurez toujours le loisir d'admirer ces embarcations plus légères que l'air glisser sur les eaux gelées de l'étang.

Vélo

Le Cape Cod, Martha's Vineyard et Nantucket sont de véritables paradis pour les amateurs de vélo de randonnée. Le paysage plat est sillonné par des kilomètres de pistes revêtues qui serpentent à travers les dunes, les marais salants, les bois et les prés. La liste qui suit ne présente qu'un modeste échantillonnage des meilleures randonnées. L'ouvrage d'Edwin Mullen et Jane Griffith, *Short Bike Rides (Globe Pequot Press)*, fort pratique, décrit par ailleurs 31 itinéraires dans ces trois régions. Le North Shore et la South Coast ne possèdent qu'un nombre limité de voies, mais nous avons néanmoins inclus ci-après certains des circuits de choix qu'on peut y trouver.

Les cyclistes qui se trouvent sur le North Shore peuvent faire une randonnée panoramique le long de la **route 127**, entre Beverly, Manchester et Magnolia, une voie bordée d'arbres qui croise, au passage, plusieurs manoirs côtiers et maisons historiques. Cette région demeure fraîche et paisible, même au cœur de l'été.

Dans la région de Plymouth, certaines des meilleures voies de vélo de randonnée, en outre parmi les moins encombrées du secteur, se trouvent au **Wompatuck State Park** *(Union St., Hingham, ☎781-749-7160)*, où vous pourrez explorer 24 km de tracés sillonnant de vieux massifs boisés.

Sur la South Coast, les régions de **Westport** et de **Dartmouth** ne sont pas très fréquentées par les voitures, et leurs chemins ruraux plutôt plats longent la mer à travers des fermes équestres et des pâturages. En partant de la route 195, empruntez la sortie 12 vers le sud jusqu'à Chase Road ou Tucker Road. De là, peu importe la direction que vous prenez : tous les chemins sont charmants et, pour autant que vous continuiez à faire route vers le sud, vous aboutirez à la plage.

Location de bicyclettes

Sur le North Shore, vous pouvez vous adresser à **Seaside Cycle** *(23 Elm St., Manchester, ☎526-1200)*.

Randonnée pédestre

Le North Shore et le Cape Cod offrent d'excellentes occasions de randonnées à travers des marais salants, des forêts, des dunes et des landes, en bordure aussi bien de l'océan que d'étangs d'eau douce. Plusieurs des sentiers y sont courts et faciles. Pour de plus amples renseignements sur les sentiers du Massachusetts, adressez-vous au **Massachusetts Department of Environmental Management Trails Program** *(100 Cambridge St., Boston, ☎617-727-3160)*.

Le North Shore

L'**Art's Trail** (1,6 km), située dans le Dogtown Common, un parc de 1 200 ha à Gloucester, se fraye un chemin à travers une forêt de chênes écarlates après avoir traversé de hautes terres peuplées de chênes nains, de bouleaux gris, de bleuets et de gueules noires. Plusieurs passages en contrebas sont inondés vers la fin de l'hiver et au printemps, formant alors des mares où abondent les grenouilles. De difficulté moyenne, ce sentier est rocailleux par endroits et exige une vigilance constante.

Le **Whale's Jaw Trail** (7,25 km), un sentier escarpé, rocheux et vallonné, part du Blackburn Industrial Park, accessible par la route 128. Il traverse d'anciens pâturages ainsi que le Babson Reservoir, des massifs de bouleaux et des marécages à quenouilles, avant de s'arrêter au sommet d'une colline où vous pourrez voir un énorme bloc de granit fendu qui ressemble à une gueule de baleine.

La South Coast

L'**East Head Reservoir Trail** (4,8 km aller-retour) débute derrière les bureaux de la Myles Standish State Forest, à Plymouth. L'aspect le plus intéressant de ce sentier est qu'il couvre tous les genres d'habitats que renferme cette forêt de près de 6 000 ha. Relativement plane, le sentier serpente à travers une forêt profonde, un marécage, des futaies de bois mou et dur ainsi qu'un étang cristallin. Une brochure disponible au départ du sentier explique en détail la faune et la flore propres à chaque environnement. Quelques bancs ont été disposés le long du parcours.

Le **Turner Brode Trail** (4 km), dans le Massasoit State Park, à East Taunton, défile à travers une forêt de pins blancs et des massifs de feuillus avant de franchir des marécages et des ruisseaux. Il contourne le lac Rico et débouche enfin sur une large plage de sable isolée. En cours de route, vous pourrez apercevoir des cerfs, des renards, des dindons et des hiboux. Des sentiers informels *(13-14,5 km)* serpentent à travers des terrains de camping et divers autres secteurs du parc. Pour obtenir un plan des lieux, composez le ☎508-824-0687 (été seulement) ou le ☎508-822-7405.

HÉBERGEMENT

Le North Shore

Les deux tiers des lieux d'hébergement du North Shore sont regroupés autour de la station de villégiature de Rockport. Vous trouverez ainsi une foule de motels le long de la route 127, mais le charme leur fait défaut et les prix sont élevés.

Newburyport

Le **Morrill Place** *($-$$ pdj; bc/bp; 209 High St., ☎462-2808 ou 888-594-4667, ⇌462-9966)*, un manoir fédéral de trois étages datant de 1806, se trouve sur l'historique High Street, où vivaient les riches constructeurs de navires du XIXe siècle. Les 12 chambres spacieuses de l'auberge sont magnifiquement décorées. À titre d'exemple, celle qu'on a baptisée du nom de *Henry W. Kinsman* (en l'honneur d'un ancien propriétaire) est peinte d'un riche vert chasseur et honorée d'un énorme lit à baldaquin blanc, alors que la *Daniel Webster* dispose d'un lit à colonnes antique et d'une commode montée sur des patins. Les chambres du deuxième étage sont moins stylées, mais tout de même charmantes à leur façon avec leurs antiquités coloniales. Certaines chambres doivent partager une même salle de bain. Les animaux domestiques sont admis. Petit déjeuner et thé en après-midi compris.

Le **Clark Currier Inn** *($$$-$$$$; bc/bp; 45 Green St., ☎465-8363 ou 800-360-6582)* s'impose comme une magnifique résidence fédérale de 1803, fidèle au style angulaire de l'époque. Les boiseries et les autres détails qui rehaussent les moindres recoins de la maison sont tout simplement splendides, et la majorité des antiquités et copies de meubles d'époque se révèlent conformes au style fédéral. Les huit chambres portent respectivement le nom d'un ancien propriétaire des lieux ou d'un visiteur de marque. La plupart disposent d'un lit à baldaquin, alors que certaines sont pourvues de lits juxtaposés ou peuvent être divisées pour ceux qui préfèrent installer leurs enfants dans une chambre adjacente plutôt que dans la leur. Presque toutes offrent une salle de bain privée. La cour arrière révèle un adorable jardin et un belvédère.

Essex

Les hôtes de la **George Fuller House** *($$-$$$; bp; 148 Main St./Route 133, ☎768-7766 ou 800-477-0148, ⇗768-6178)* ont droit à tous les petits soins qu'Essex sait dispenser. La maison a été construite en 1830 par des charpentiers au talent desquels on devait beaucoup des *schooners* de pêche qui croisaient dans les eaux du Cape Ann à l'époque de la chasse aux baleines. Plusieurs détails originaux de style fédéral en ont été préservés, y compris les persiennes intérieures rabattables, les lambris et les manteaux de cheminée sculptés. Les sept chambres sont garnies d'antiquités et de copies, et toutes disposent d'une salle de bain privée et d'un lit à baldaquin. Quatre d'entre elles renferment par ailleurs un foyer. Les aubergistes vous serviront chaque matin un petit déjeuner complet dans la salle à manger, de même que le thé sous le porche ou au salon en fin d'après-midi.

Rockport

Vous aurez du mal à dénicher un *bed and breakfast* à prix raisonnable dans le centre de Rockport, mais la **Lantana House** *($-$$ pdj; bc/bp; 22 BRd.way, ☎546-3535 ou 800-291-3535)* fait exception à la règle. Cette auberge à clins de bois de trois étages propose sept chambres des plus charmantes, chacune arborant un décor personnalisé, et l'étage supérieur révèle une suite pourvue d'une cuisinette. Vous y trouverez deux terrasses où prendre le petit déjeuner, à moins que vous ne préfériez y passer un après-midi en toute quiétude. Les salles communes se parent d'œuvres signées de la main du propriétaire et de collections de livres. Presque toutes les chambres disposent d'une salle de bain privée. Petit déjeuner à la française.

Le **Peg Leg Inn** *($$ pdj; fermé fin oct à mi-avr; 2 King St., ☎546-2352 ou 800-346-2352)*, un bâtiment de style colonial à clins de bois blancs, se trouve à quelques pas seulement de la plage. L'un des cinq pavillons que compte l'auberge donne directement sur l'océan et se loue, de ce fait, aux prix les plus élevés, justifiables par son panorama spectaculaire, sa vaste pelouse et son belvédère de granit. Les 33 chambres proposées offrent couvre-lits en chenille, carpettes tressés ainsi que meubles et papiers peints d'imitation coloniale. Petit déjeuner à la française.

Situé sur une rue paisible du centre-ville, **The Linden Tree Inn** *($$ pdj; bp; 26 King St., Rockport, ☎546-2494 ou 800-865-2122, ⇗546-2494)* propose 18 chambres avec salle de bain privée. Douze d'entre elles, meublées d'antiquités, se trouvent dans la maison principale; les six autres, semblables à celles qu'on trouve dans les motels, ont été aménagées dans la remise à calèches. L'auberge a ainsi été nommée en raison de l'énorme tilleul qui trône sur la propriété. Petit déjeuner à la française. Non-fumeurs.

The Inn on Cove Hill *($$-$$$ pdj; fermé fin oct à fin avr; bc/bp; 37 Mount Pleasant St., ☎546-2701 ou 888-546-2701)*, à 5 min de marche du Bearskin Neck, la principale attraction touristique de Rockport, est un *bed and breakfast* de style colonial dont la construction remonte à 1791. Ses 11 chambres au sol recouvert de larges planches de bois de pin révèlent des moulures magnifiquement restaurées, des antiquités, des grands lits à baldaquin, des courtepointes rustiques et des papiers peints à la Laura Ashley. En été, le petit déjeuner à la française vous est servi au jardin, alors qu'au printemps et en automne on vous l'apporte au lit. Non-fumeurs.

John F. et Jackie Kennedy ont jadis passé une nuit au **Yankee Clipper Inn** *($$-$$$$; ℜ, ≈; fermé déc à mi-mars; 96 Granite St., ☎546-3407 ou 800-545-3699, ⇗546-9730, www.yankeeclipperinn.com)*, l'une des hostelleries les plus raffinées de Rockport. Le pavillon principal, un imposant manoir blanc faisant face à la mer, renferme de splendides salles communes lambrissées et décorées de modèles réduits de navires, de tapis orientaux, de tableaux et de meubles confortables malgré leur élégance. Quant au Quarterdeck, un bâtiment séparé construit en 1960, il offre une vue panoramique de l'océan et revêt une allure plus traditionnelle. La Bulfinch House, l'édifice néoclassique de 1840 qui se trouve de l'autre côté de la rue et dont la structure extérieure arbore des détails d'époque d'une grande finesse, n'offre par contre qu'une vue limitée sur l'océan. Les 26 chambres du complexe sont dépourvues de caractère, mais le site de l'établissement compense amplement la banalité de ses intérieurs. L'auberge dispose d'un bon restaurant, d'une piscine d'eau salée chauffée et de plusieurs sentiers de randonnée.

L'**Old Farm Inn** *($$$-$$$$; ℂ; fermé déc à mars; 291 Granite St., ☎546-3237 ou 800-233-6828, ⇌546-9308)*, une auberge de couleur rouge brique bâtie en 1779, est ombragée par d'honorables saules pleureurs et ressemble, en tous points, à l'originale Sunny Brook Farm. À 10 min à peine du centre-ville et à distance de marche du Halibut Point State Park, cet établissement s'avère idéal pour s'évader de tout sans pour autant partir au bout du monde. Les quatre chambres du bâtiment principal (dont certaines bénéficient d'un petit salon) sont traversées de poutres de fût, recouvertes de larges planches de bois de pin et agrémentées de foyers et de courtepointes antiques. Une construction plus récente abrite également quatre chambres spacieuses (certaines avec cuisinette) ornées de reproductions campagnardes, mais elles n'ont pas le charme des premières.

Le **Seaward Inn** *($$$-$$$$ pdj; ℂ; 44 Marmion Way, ☎546-3471 ou 800-648-7733)*, une construction hétéroclite à clins de bois bruns, repose sur une majestueuse falaise qui domine la mer. Entourée de jardins fleuris, de pelouses et de murets de pierres, l'auberge dispose d'un étang alimenté par une source ainsi que d'une petite réserve ornithologique sillonnée de sentiers pédestres. Les chalets qui se trouvent derrière le bâtiment principal, équipés d'un foyer et d'une cuisinette, sont particulièrement adaptés pour les familles mais ne peuvent être loués qu'en saison. Les 38 chambres de l'établissement (offertes à l'année), dont certaines possèdent un foyer et offrent une vue sur la mer, sont décorées simplement dans un style colonial accueillant. Des chaises de type Adirondack disposées sur un monticule de verdure qui surplombe le littoral venteux conviennent parfaitement à la lecture et à la détente.

Gloucester

Les amateurs de plages s'en donneront à cœur joie au **Blue Shutter Inn** *($$ pdj; fermé hors saison; 1 Nautilus Rd, ☎283-1198; téléphonez au préalable pour connaître les dates exactes d'ouverture)*, établi dans une adorable maison ancienne en face de la Good Harbor Beach, l'une des plus ravissantes bandes de sable du North Shore. L'auberge se situe en bordure d'un riche quartier résidentiel retiré qui domine la mer ainsi qu'un vaste panorama de marais salants. Tout en alternance de bleu et de blanc, le bâtiment abrite 10 chambres et quatre appartements privés, qui donnent tous sur la mer; la simplicité et la propreté sont à l'honneur dans cet environnement chaleureux aux allures plutôt sportives.

À 10 min de marche de la célèbre statue du pêcheur de Gloucester, le **Manor Inn** *($$-$$$; fermé nov à mars; 141 Essex Ave., ☎283-0614)* propose différentes formules d'hébergement économiques. Le pavillon principal, une splendide maison victorienne datant de 1900, compte 11 chambres de style *bed and breakfast*, dont certaines sont agrémentées d'un plafond à caissons et d'un grand lit. À côté de ce bâtiment se trouve une rangée de motels à étage unique dont certains donnent sur un marais salant et sur l'estuaire de la rivière Annisquam. Le décor est simple et discret.

La **White House** *($$-$$$ pdj; bp, tv; 18 Norman Ave., ☎525-3642)*, un établissement mi-auberge mi-motel, a quelque chose d'incroyablement accrocheur. Entourée d'une pelouse bien entretenue et à quelques pas seulement du cœur de la mignonne Magnolia, elle propose 16 chambres au total, dont 6 s'inscrivent volontiers dans la catégorie des auberges de charme (meubles anciens, toutes sortes d'accents victoriens), les 10 autres étant de simples chambres de motel. Ces dernières n'en sont pas moins passablement confortables, la plupart étant dotées de deux grands lits doubles, d'un téléviseur, d'une entrée privée et d'un espace de stationnement, ce qui vous changera agréablement de ces lieux d'hébergement qui lésinent parfois sur l'intimité.

Manchester by the Sea

The Old Corner Inn *($$-$$$; bc/bp; 2 Harbor St., ☎526-4996)*, établi dans une construction de 1865, tout près de la Singing Beach et du village de Manchester, se présente comme une petite auberge sans prétention où règne une atmosphère très décontractée. Ses neuf chambres (dont six bénéficient d'une salle de bain privée) s'avèrent simples, mais confortablement meublées de quelques antiquités. Deux chambres disposent d'un lit à quatre colonnes et d'un âtre, et la salle de bain de la chambre n° 1 s'enorgueillit d'une baignoire à pattes zoomorphes. Une réservation s'impose en été, car il s'agit du seul lieu d'hébergement de Manchester.

Marblehead

The Nautilus Guest House *($-$$; bc; 68 Front St., ☎781-631-1703)*, qui occupe une maison verte d'apparence plutôt modeste au revêtement de clins de bois, n'est signalée par aucune enseigne. Le propriétaire affirme tout simplement que les gens connaissent l'endroit. À l'étage se trouvent quatre chambres d'hôte tout à fait ordinaires (salle de bain commune) décorées dans un style contemporain. La maison est située sur une rue étroite, en face du port animé et du Driftwood, un restaurant coloré du genre «cabane de marin», populaire auprès des pêcheurs et des gens du coin.

Le **Pleasant Manor Inn** *($$ pdj; 10 Liberty Lane, ☎781-631-5843)*, un manoir victorien de 1872, est situé sur une rue historique et entouré d'autres demeures impressionnantes. Un grand escalier donne accès aux 12 chambres de dimensions respectables. Certains éléments du décor se révèlent quelque peu ternes, mais les larges couloirs, les hauts plafonds et les nombreux âtres produisent un effet indiscutable. Cette auberge offre une atmosphère chaleureuse et détendue, ce qui explique peut-être qu'elle attire tant de marins dans l'âme de tous les coins du monde lorsqu'ils font escale à Marblehead, ce rendez-vous par excellence des navigateurs de plaisance. Vous trouverez un court de tennis derrière la maison. Chaque chambre est en outre dotée d'une cafetière électrique.

Salem

La **Stephen Daniels House** *($$-$$$ pdj; 1 Daniels St., ☎744-5709)* vous fera remonter dans le temps. Construite en 1667 par un capitaine au long cours, cette maison abrite l'un des rares *bed and breakfasts* des environs qui soit entièrement meublé d'antiquités dignes d'un musée. Ses cinq chambres comportent un énorme foyer de plain-pied, des plafonds bas à poutres apparentes et des planchers de bois de pin usés par les années. Située sur une rue historique et paisible, elle se trouve à proximité de tout. Son enseigne est par contre petite, et l'on peut facilement la rater au passage.

Si vous ne pouvez vous passer du téléphone, du téléviseur couleur, de l'air conditionné et du service aux chambres, **The Hawthorne Hotel** *($$-$$$$; ≡, tv, ☎; 18 Washington Square West, ☎744-4080 ou 800-729-7829, ⇌745-9842, www.hawthornehotel.com)*, l'un des seuls vrais hôtels du North Shore, vous conviendra parfaitement. Situé en face du Salem Common, ce bâtiment de style fédéral merveilleusement bien restauré compte 88 chambres décorées avec goût et meublées d'imitations coloniales. Les salles publiques sont revêtues de panneaux de bois et garnies de lustres en laiton et de fauteuils à oreillettes.

La South Coast

Plymouth foisonne de motels tout à fait ordinaires où logent nombre de familles et de groupes organisés, mais on y trouve toutefois ici et là quelques *bed and breakfasts* dignes de mention.

Duxbury

Pour une escapade romantique, essayez le **Windsor House Inn** *($$$; ℜ; 390 Washington St., ☎781-934-0991 ou 800-934-0993, ⇌934-5955)*, à 15 min de route au nord de Plymouth. Cette vieille et gracieuse auberge est située sur une rue bordée de maisons figurant au registre national des monuments historiques, tout juste à côté d'une église classique au blanc clocher. Sur cette même rue, vous trouverez également quelques petits commerces raffinés, une boulangerie-pâtisserie française et un petit quai. La Windsor House dispose de deux chambres d'hôte décorées avec goût, ainsi que d'une suite magnifique agrémentée de panneaux de bois bleu pâle ornés de motifs au pochoir dans les tons de bleu et de blanc. Toutes les pièces sont meublées d'antiquités shakers et coloniales. Le restaurant du rez-de-chaussée, sombre et accueillant, ressemble à une ancienne taverne de marins.

Plymouth

À Plymouth même, la route 3A n'est qu'une succession de motels semblables les uns aux autres dont le **Cold Spring Motel** *($-$$; fermé déc à mars; 188 Court St., ☎746-2222 ou 800-678-8667, ⇌746-2744)* est sans doute l'un des plus attrayants. Cet établissement d'une quarantaine d'années, par ailleurs fort bien entretenu, propose des prix raisonnables et bénéficie d'un remarquable aménagement paysager. En été, d'épaisses plates-bandes de marguerites dorées encadrent les sentiers de briques qui conduisent aux 33 chambres, lesquelles sont simples, spacieuses et meublées de façon conventionnelle.

Le **John Carver Inn** *($$; ℜ, ≈; 25 Summer St., ☎746-7100 ou 800-274-1620, ⇻746-8299)*, un vaste et majestueux hôtel colonial, attire de nombreux groupes organisés et devient très fréquenté au cours de la saison estivale. Mais il se trouve dans la partie la plus pittoresque de Plymouth, en face d'une rangée de maisons historiques datant du XVIIe siècle et d'un magnifique moulin à blé. Les 79 chambres sont peintes de doux beiges et meublées d'imitations coloniales. Il s'agit d'un établissement hôtelier disposant de tous les services habituels, et vous y trouverez un restaurant, un salon et une piscine extérieure.

Établi au cœur du pays de la canneberge, **On Cranberry Pond** *($$$ pdj; 43 Fuller St., Middleboro, ☎508-946-0768, ⇻508-947-8221)* est un endroit tout indiqué où loger si vous désirez vous éloigner des foules de Plymouth (qui ne se trouve tout de même qu'à 25 min de route). La maison est entourée d'étangs, de pâturages à chevaux et de tourbières à canneberges. Ses trois chambres à haut plafond présentent un décor champêtre, et l'immense porche arrière constitue un endroit on ne peut mieux choisi pour passer une matinée ou un après-midi tranquille. Petit déjeuner gastronomique.

Mattapoisett

Hors des sentiers battus, le **Mattapoisett Inn** *($-$$; ℜ; 13 Water St., ☎758-4922)* se trouve au bord de la mer, dans un village panoramique parsemé de «maisons de poupées» aux revêtements de clins de bois rehaussées de petites clôtures blanches et de boîtes à fleurs. Long de trois pâtés de maisons, le village en question se compose d'un petit quai, d'une galerie d'art, d'un café et de l'auberge elle-même. Celle-ci, revêtue de clins de bois blancs et de volets noirs, se dresse directement en face du port et renferme un restaurant ainsi qu'un pub, au rez-de-chaussée. Les trois chambres spacieuses de l'étage sont pourvues d'un balcon donnant sur l'océan; elles ne sont pas «décorées» à proprement parler, mais se révèlent néanmoins propres, bien mises, claires et confortables.

Fairhaven

The Edgewater *($-$$ pdj; 2 Oxford St., ☎997-5512)*, un *bed and breakfast* à clins de bois bruns datant de 1760, se trouve si près de l'eau que vous aurez l'impression d'être à bord d'un bateau lorsque vous regarderez par la fenêtre. On croirait que l'auberge est à des lieues de la civilisation, alors que le quartier historique des quais de New Bedford ne se trouve qu'à 5 min de route. Lieu romantique par excellence, cette charmante maison comporte des murs doucement peints de couleur taupe et découpés de moulures en arc d'un blanc éclatant. La meilleure chambre de l'établissement, soit la «suite du capitaine, tendue de bleu et de blanc, dispose d'un petit salon privé et d'un foyer, et offre une vue exceptionnelle. Les quatre autres chambres sont pour leur part attrayantes et confortables; le mobilier est aussi bien contemporain qu'antique.

South Dartmouth

L'un des grands atouts de **The Little Red House** *($-$$ pdj; 631 Elm St., ☎996-4554)* est son magnifique jardin arrière dominant une ferme équestre ceinturée de murs de pierres. Reposez-vous sur le belvédère, tout en lançant des pommes aux chevaux. Situé dans un agréable quartier essentiellement peuplé de maisons du XXe siècle, ce *bed and breakfast* rouge en forme de grange est de construction relativement récente, mais ne s'en donne pas moins des airs anciens. La maison est immaculée, et, le décor champêtre et mignon avec ses papiers ananas peints au pochoir, ses âtres en bois, ses dentelles, ses lits à baldaquin et autres accessoires. Le village de Padanaram se trouve tout près.

La **Salt Marsh Farm** *($$; 322 Smith Neck Rd, ☎992-0980)*, une maison de ferme âgée de plus de 200 ans, se trouve au cœur du village pastoral de South Dartmouth. Retraite rêvée pour les amants de la nature, elle repose sur un domaine agricole de 36 ha sillonné de sentiers à travers bois, marécages et champs de foin. Des bicyclettes sont mises à la disposition des visiteurs qui désirent explorer les environs. À 15 min seulement de New Bedford, on se croirait ailleurs et à une autre époque. Les sols sont irréguliers, les portes basses et les pièces petites, mais il s'en dégage un charme on ne peut plus confortable et chaleureux. L'après-midi, le thé est servi dans la salle de séjour, près de la cheminée. Les chambres sont ensoleillées, meublées d'antiquités et parées de fleurs fraîchement coupées, et le petit déjeuner complet est servi dans une attrayante salle à manger où trône une très belle cheminée ancienne.

RESTAURANTS

Le North Shore

C'est à Rockport que vous trouverez la majorité des restaurants de cette région, même si peu d'entre eux sortent de l'ordinaire. Les établissements des localités avoisinantes, fréquentés par une clientèle locale assidue, présentent généralement plus d'intérêt.

Rockport est une ville sans alcool, un héritage qu'elle tient de Hannah Jumper, une militante en faveur de la tempérance. En 1856, à la suite d'une célébration notoirement tapageuse des fêtes du 4 Juillet, Hannah réussit en effet à convaincre les Pères de la ville d'y abolir toute vente de boissons alcoolisées, si bien qu'aujourd'hui encore il est impossible de s'en procurer dans les commerces ou même d'en commander dans les restaurants. Vous pouvez cependant acheter vins et spiritueux à Gloucester, à 10 min de route à peine, et les apporter dans n'importe quel restaurant de Rockport.

On trouve sur le North Shore deux comptoirs d'épicerie fine de toute première qualité, proposant tout ce qu'il faut pour composer un pique-nique inoubliable : le **Grange Gourmet** *(457 Washington St., Gloucester, ☎283-2639)* et **Bruni's** *(36 Essex/Route 133, Ipswich, ☎356-4877)*. Vous y trouverez entre autres des viennoiseries, de la soupe aux poireaux, de la soupe aux concombres, de la *salsa* maison avec pommes frites, de la salade de *tortellinis primavera*, de la salade de poulet aux raisins verts et aux amandes, de nourrissants sandwichs, des desserts gastronomiques et divers produits boulangés. On y sert également différentes variétés de cafés et de thés, des boissons gazeuses naturelles et bien d'autres choses encore.

Newburyport

Le **Fowle's Coffeehouse** *($; 17 State St., ☎463-8755)* se présente comme une réminiscence nostalgique des buvettes et comptoirs de tabac des années trente. Vous pourrez y déguster des pâtisseries du jour et du café fraîchement torréfié, mais aussi des soupes servies dans des bols creusés à même des miches de pain. Le kiosque à journaux voisin propose plus de 3 000 magazines différents.

Le **Grog** *($; 13 Middle St., ☎465-8008)* occupe un grand établissement de type bar collégial plutôt sombre dans une ville pourtant dépourvue d'étudiants. Les hamburgers et la salade César se révèlent particulièrement bons, et le personnel enjoué pourrait très bien vous inciter à passer plus de temps ici que vous n'en avez l'intention.

Au **Scandia** *($-$$$; 25 State St., ☎462-6271)*, musique de chambre, éclairage à la bougie, miroirs ornés de dorures et antiquités dépareillées s'unissent pour créer une ambiance romantique. Le menu varie au gré des saisons et selon les caprices du chef. Aussi pourrez-vous y savourer un sauté de veau et de homard au beurre doux ou une «chaudrée» de pétoncles. Les vinaigrettes maison sont excellentes, qu'elles soient au fenouil, au cari et à l'érable, au fromage cheddar et à la tomate ou autre. Une réservation s'impose.

Ipswich

Le **Chipper's River Café** *($$-$$$; 11 South Main St., ☎356-7956)* est l'endroit tout indiqué pour un repas sans façon dans un cadre idyllique en face de la rivière Ipswich. Caché derrière le Choate River Bar, ce restaurant n'est identifié que par une petite enseigne peu voyante. Son créatif menu santé, ses sols carrelés, ses boiseries naturelles, ses gravures et son *juke-box* lui confèrent des allures californiennes. En été, vous pouvez vous attabler à l'extérieur et contempler à votre aise la rivière et le pont pittoresque qui l'enjambe, tout en dégustant une poitrine de poulet grillée garnie d'un pesto à l'ail rôti, un filet mignon noirci avec rémoulade cajun, ou encore des pâtes fraîches apprêtées de diverses façons selon les jours. Juste à côté se trouve la Chipper's Bakery, un excellent comptoir d'approvisionnement pour vos pique-niques.

Essex

D'atmosphère joyeuse et familiale, le **Woodman's** *($-$$; 121 Main St./Route 133, ☎768-6451)* n'a pas changé depuis son ouverture en 1914, si ce n'est que ses prix ont suivi l'évolution du coût de la vie. Cet établissement en bordure de route est une véritable institution qui se targue même d'avoir inventé les palourdes frites. Au menu : des étuvées, du homard, des croquettes de palourdes, des pétoncles et du maïs en épi. Vous pouvez manger à l'intérieur, sur de vieilles banquettes de bois, ou à l'extérieur, sur des tables de pique-nique disposées à l'arrière du bâtiment. Vous trouverez un buffet de salades à l'étage et un bar complet au rez-de-chaussée. Les résidants s'y retrouvent volontiers après une journée à la plage voisine, la Crane's Beach.

Le **Tom Shea's** *($-$$$; 122 Main St./Route 133, ☎768-6931)*, un restaurant de fruits de mer de qualité supérieure, est percé de larges baies vitrées donnant sur la rivière Essex, un endroit sans pareil pour admirer les couchers de soleil. Ses boiseries lui confèrent une allure maritime discrète, et son menu traditionnel affiche quelques touches d'exotisme : homard farci cuit au four, palourdes frites, sole farcie, crevettes *teriyaki* grillées, pâtes, mets cajuns et certains plats de bœuf et de poulet.

Rockport

Le **Potside Chowder House** *($-$$; 1 Doyle's Cove Rd, ☎546-7045)* constitue un excellent endroit pour siroter une tasse de soupe de poisson par une froide journée de bourrasque. Petit et accueillant, ce restaurant aux plafonds bas traversés de poutres apparentes se pare de boiseries foncées, d'une cheminée et de chaises Windsor. Parmi ses spécialités, notons son ragoût de poisson au maïs, sa bouillabaisse «Nouvelle-Angleterre», ses saucisses grillées, son crabe et son poulet. Le déjeuner est servi toute l'année et le dîner, en été seulement.

The Greenery *($$; fermé nov à mars; 15 Dock Sq, ☎546-9593)*, situé près de l'entrée du Bearskin Neck, propose des sandwichs, un buffet de salades, des pains de toutes sortes et des desserts à emporter. La salle à manger de l'arrière-boutique fait face au port et sert les mêmes denrées, auxquelles s'ajoutent la pizza au basilic, le homard, la quiche au crabe et l'espadon grillé. Bois clair, appliques murales en laiton et touches de verdure agrémentent le décor.

Comme plusieurs restaurants de Rockport, le **Cutty's Harbor Café** *($$; lun-ven seulement; fermé nov à fév; 14 South Rd, Bearskin Neck, ☎546-2180)* propose des mets typiquement régionaux, comme les crevettes cajuns, les *linguine* sauce aux palourdes ou le sauté de homard, mais les plats sont apprêtés avec plus de soin que chez la plupart de ses concurrents. Demandez une table à l'étage, dans la salle à manger qui domine le port. Un feu de foyer ajoute à l'ambiance romantique du décor.

Le **Peg Leg Restaurant** *($$; fermé nov à mi-avr; 18 Beach St., Rockport, ☎546-3038)* est un endroit formidable à l'heure du déjeuner ou du dîner. Ouvert seulement pendant la belle saison, on vous y sert votre repas dans une serre-salle à manger ou sur une terrasse extérieure avec une vue sur l'océan. Les spécialités de la maison comprennent les crevettes farcies, le bifteck, le canard et les poissons en saison.

Suivez le Bearskin Neck jusqu'au bout (sans succomber à la tentation de vous arrêter en chemin pour engouffrer un petit pain fourré de homard ou un bol de «chaudrée»), et vous serez récompensé par la découverte de **My Place By-the-Sea** *($$; fermé hiver et début printemps; 68 South Rd, Bearskin Neck, ☎546-9667)*, où la vue sur l'océan dispute la vedette à la nourriture. S'il fait beau, attablez-vous à l'extérieur, car cet endroit est le plus beau de tout le Cape Ann. Aussi bien au déjeuner qu'au dîner, vous aurez le choix entre une foule de spécialités de fruits de mer, y compris du homard apprêté de différentes façons. De plus, le menu du midi affiche toujours un assortiment de salades et de sandwichs.

Gloucester

The Rudder *($$-$$$; 73 Rocky Neck Ave., ☎283-7967)*, un restaurant éclectique en bordure de l'océan, bénéficie d'une telle popularité que les Bostoniens se déplacent volontiers pour y dîner. Son décor se distingue par une foule de souvenirs hétéroclites recueillis ici et là par son propriétaire, Evie Parsons, dont plusieurs centaines de menus de tous les coins du monde agrafés aux poutres apparentes des plafonds bas. Une paire de binocles laissés sur les lieux par Judy Garland y est même conservée dans un coffret à bijoux aux parois de verre. L'ambiance y est incomparabl et le menu, très bon, incluant un peu de tout, des pâtes au bifteck en passant par les palourdes frites et les escargots. Deux plats sont tout spécialement dignes de mention : le succulent gigot d'agneau (pour deux personnes) et la plie sauce hollandaise farcie au soufflé d'épinard. Le soir, l'endroit s'anime au son du piano et, après dîner, c'est avec joie que les convives chantent en chœur sur des airs connus. Le déjeuner est servi seulement la fin de semaine.

Marblehead

Le **King's Rook** *($; 12 State St., ☎781-631-9838)*, un romantique bistro, propose plusieurs variétés de chocolats chauds, de cafés, de thés, d'ales et bières importées, de vins, de sherrys, d'apéritifs et de champagnes. On y sert par ailleurs des repas légers, comme des sandwichs à la dinde et au pistou, des pizzas à croûte mince, des pâtés, des fromages, des saucisses, des soupes et des salades. Les couples d'amoureux apprécient tout particulièrement l'atmosphère intime créée par ses plafonds bas aux poutres apparentes, ses murs aux doux tons de pêche, ses rideaux de café en dentelle, son éclairage à la bougie et sa musique classique.

Le **Driftwood Restaurant** *($; 63 Front St., ☎781-631-1145)* est en quelque sorte une institution locale. Accueillant, chaleureux et sans prétention, il attire les pêcheurs dès les premières lueurs du jour (il ouvre ses portes à 5h30!), de même que de jeunes professionnels les fins de semaine à des heures un peu plus tardives. Les repas sont traditionnels et copieux : œufs au jambon, crêpes, boulettes de pâte frites, «chaudrée» de palourdes, bœuf haché et fritures de fruits de mer. L'intérieur de ce petit établissement modeste est tout à fait simple et ordinaire; ses tables, recouvertes de nappes à carreaux rouges et blancs, sont serrées les unes contres les autres, à moins que vous ne préfériez manger au comptoir. Petits déjeuners et déjeuners seulement.

Salem

Si la nostalgie des *diners* vous hante, rendez-vous au **Red's Sandwich** *($; 15 Central St., ☎745-3527)*, dont les banquettes et le bar en fer à cheval sont toujours bondés d'habitués qui semblent tous se connaître. Au menu : tous les plats que vous aimez retrouver dans ce genre d'établissement, des crêpes matinales aux hamburgers tardifs. Un petit jardin vous accueille à l'extérieur lorsque la température le permet.

La South Coast

Hingham

The British Relief *($; 152 North St., Hingham Square, ☎781-749-7713)*, un établissement des plus accueillants, est aménagé dans la devanture d'un bâtiment en brique rouge sur le modèle d'une soupe populaire britannique. Des écriteaux et des photos anciennes sur le thème de la soupe populaire pendent aux murs. Quant au mobilier tout simple, il comprend une table en chêne massif, autour de laquelle au moins 10 personnes peuvent prendre place, de même que de vieilles banquettes en bois. Dans ce restaurant de style cafétéria, on prépare des soupes maison fort nourrissantes, des salades, des sandwichs et des desserts. Il y a aussi un comptoir gastronomique de commandes à emporter, l'accent portant sur les charcuteries fines. Petits déjeuners et déjeuners seulement.

Kingston

Le **Persy's Place** *($; 117 Main St./Route 3A, ☎781-585-5464)* est un restaurant délabré à clins de bois rouges situé à quelques kilomètres au nord de Plymouth. Il se vante de proposer le plus vaste menu de petits déjeuners qui soit en Nouvelle-Angleterre, et ce n'est pas une blague. De fait, il faut environ une heure pour lire le menu en entier! Parmi les suggestions qu'on y trouve, retenons les croquettes de poisson, les crêpes au babeurre, le pain rôti couvert de lamelles de bœuf, les œufs au poisson-chat, le bacon fumé à l'hickory, les pains au raisin, au maïs, au blé et au seigle noir, les œufs sans cholestérol et les gaufres; et la liste s'allonge sans fin. Le décor tient à la fois du bistro et du magasin général tel qu'on en trouve encore dans les campagnes. Petits déjeuners et déjeuners seulement.

Plymouth

Pour des mets traditionnels de la Nouvelle-Angleterre, rendez-vous à l'**Isaac's** *($$; 114 Water St., Plymouth Harbor, ☎508-830-0001)*. Fritures, plats au four, et même quelques mets italiens tels que le poulet à la milanaise, mais aussi poulet et crevettes, bifteck, veau et fruits de mer.

Bien qu'il agisse comme un véritable aimant sur les touristes, **The Lobster Hut** *($$-$$$; fermé* *jan; sur le Town Wharf, ☎746-2270)* ne devrait pas être évité. Vous pourrez y faire un festin de «chaudrée» de palourdes, de clams frits et de homard sur des tables de pique-nique disposées à l'extérieur, en face du port, à moins que vous ne préfériez manger à l'intérieur malgré le décor de comptoir de restauration rapide un peu trop évident.

South Carver

Bien que caché des regards, le charmant **Crane Brook Restaurant and Tea Room** *($$-$$$; fermé lun-mar l'hiver; 229 Tremont St., ☎866-3235)* s'impose d'office à tous ceux et celles qui visitent le royaume de la canneberge. Occupant une ancienne fonderie, ce chaleureux restaurant rempli d'antiquités surplombe un très bel étang qu'entourent des jardins et des tourbières à canneberges. À l'origine, l'établissement ne servait que du thé et des pâtisseries, mais il est aujourd'hui possible d'y déjeuner et d'y dîner; il s'agit d'ailleurs d'un endroit rêvé pour un déjeuner long et paisible. Son menu variable affiche tantôt un sandwich de poitrine de canard grillée ou des salades plus imaginatives les unes que les autres au déjeuner, tantôt un carré d'agneau ou un rôti de longe de porc épicé au dîner.

New Bedford

Le **Candleworks** *($$; 72 North Water St., ☎997-1294)* loge dans une ancienne fabrique de bougies, un immeuble de granit datant de 1810 situé à moins de 100 m des principaux attraits de New Bedford. À l'avant, une pièce en forme d'atrium, peinte en rose, est meublée de tables en bois et de chaises Windsor, alors que la salle à manger comme telle est rehaussée de riches boiseries et d'un plafond bas aux poutres apparentes. Le menu propose une cuisine italienne et un évantail de mets américains incluant des médaillons de veau sautés accompagnés de homard et d'asperges, des poitrines de poulet fourrées au *prosciutto*, au *provolone* et au poivron rôti, garnies d'une sauce à la crème et au pistou, et de l'espadon grillé au beurre citronné.

On trouve plusieurs restaurants portugais à New Bedford, dont l'un des meilleurs est sans doute le **Café Portugal** *($$; fermé lun-mar; 1280 Acushnet Ave., ☎992-8216)*. Il s'agit d'un vaste établissement très animé, populaire auprès des familles portugaises. Parmi ses spécialités, notons l'énorme plateau de crevettes succulentes et le bifteck mariné servi avec des œufs. Avec son plafond de tuiles acoustiques et ses arrangements de fleurs en plastique, il fait cependant un peu penser à une salle de réception.

South Dartmouth

Le **Bridge Street Café** *($$-$$$; 10-A Bridge St., ☎994-7200)*, au cœur même de Padanaram, attire une clientèle jeune et bien vêtue. Clair et net, ce bistro à sols d'ardoise et à verrières dispose également d'une terrasse extérieure qui domine la ville et le port. Les plats du jour vont de l'espadon grillé à la créole aux pétoncles et aux pâtes sauce au pistou, en passant par le crabe à carapace molle, les brochettes de crevettes et le bifteck d'aloyau grillé. Parmi les plats à essayer, mentionnons la spécialité de la maison, l'agneau grillé au barbecue, ainsi que la truite de ruisseau fumée et le saumon de l'Atlantique fumé, servi avec une sauce moutarde aux câpres. En outre, vous ne devriez pas partir sans avoir goûté ses somptueux desserts.

Westport

Même s'il ressemble à un simple bistro, le **Bayside** *($-$$; 1253 Horseneck Rd., ☎636-5882)* sert toute la variété des mets classiques à base de palourdes, de même que d'autres plats, comme le poulet *burrito* et les aubergines au parmesan. Plus branché qu'il n'y paraît à première vue, l'établissement est aussi bien fréquenté par des ouvriers de la construction que par des personnes âgées, des familles, des yuppies et des artistes tout de noir vêtus. Le Bayside surplombe des murets de pierres, un marais salant et l'océan.

SORTIES

Le North Shore

Newburyport

The Grog *(droit d'entrée; 13 Middle St., ☎465-8008)* se présente comme un attrayant restaurant-cabaret proposant à ses clients des spectacles sur scène allant du reggae aux orchestres de danse en passant par le rock, le rhythm-and-blues et les vieux succès.

Ipswich

Castle Hill *(P.O. Box 563, MA 01938, ☎356-4351)* propose un large éventail de concerts-pique-niques d'été (musique classique, jazz et *ragtime*) à l'intérieur du manoir Castle Hill *(290 Argilla Rd)* ou sur ses pelouses soigneusement entretenues.

Rockport

Le **Rockport Chamber Music Festival** *(☎546-7391)* se tient à la Hibbard Gallery de la Rockport Art Association pendant le mois de juin.

Gloucester

La **Gloucester Stage Company** *(mars à déc; 267 East Main St., ☎281-4099)*, sous la direction du dramaturge Israel Horovitz, met en scène des pièces de tout premier ordre présentées dans un ancien entrepôt de poissons.

Beverly

Tous les dimanches après-midi, Le Grand David et sa Spectacular Magic Company présentent un spectacle de magie des plus impressionnants au **Cabot Street Cinema Theatre** *(286 Cabot St., ☎927-3677)*, ponctué de numéros de lévitation et de disparition, de sketchs comiques et de numéros axées sur le chant et la danse, sans parler des costumes et des décors parfaitement éblouissants. Le reste de la semaine, vous pourrez voir ici des films américains et étrangers de tout premier ordre.

Salem

Symphony by the Sea *(181 Essex St., ☎745-4955)* est un programme de concerts présentés dans le spectaculaire East Indian Marine Hall du Peabody Museum *(161 Essex St.)* et le Peabody City Hall Wiggen Auditorium sur Lowell Street. Les concerts classiques d'hiver s'y terminent par une réception en compagnie des musiciens.

La South Coast

Plymouth

Le **Village Landing Gazebo** *(Water St.)* présente des concerts gratuits, incluant des groupes swing, des chanteurs de ballades irlandais et des virtuoses d'âge tendre.

Vous pourrez voir et entendre des formations musicales les vendredi et samedi au **Sheraton Plymouth Pub** *(Village Landing, 180 Water St., ☎747-4900)*.

New Bedford

Le **Zeiterion Theater** *(684 Purchase St., ☎994-2900)* propose un large éventail de spectacles musicaux et dramatiques, de Guys and Dolls à *Casse-noisette*. Situé dans le centre historique de New Bedford, le Zeiterion, un théâtre de vaudeville datant de 1923, a été restauré de main de maître. Avec ses frises helléniques rehaussées d'or et ses riches appliques murales en cristal, il offre une ambiance fastueuse.

ACHATS

Le North Shore

Newburyport

Si vous n'avez jamais fait un séjour prolongé dans les îles britanniques et que vous avez la nostalgie de ces spécialités culinaires que sont le Bovril, l'Ir'nbru et les Smarties, vous jubilerez au **Best of British** *(22 State St., ☎465-6976)*, qui importe une variété de denrées anglaises, écossaises, irlandaises et galloises à l'intention des anglophiles qui ne peuvent s'en passer.

Essex

Walter Creek *(fermé lun; 57 Eastern Ave. /Route 133, ☎768-7622)*, une vraie trouvaille, propose à prix raisonnables des tables en bois, des vaisseliers, des lits à colonnes, des pièces uniques et des meubles sur commande soigneusement exécutés et vaguement apparentés aux styles shaker et colonial.

Les 25 antiquaires d'Essex couvrent une vaste gamme de produits, du **White Elephant** *(32 Main St., ☎768-6901)*, un paradis d'aubaines en sous-sol, au **A.P.H. Waller & Son** *(fermé lun-jeu; 140 Main St., ☎768-6269)*, qui propose des antiquités européennes de qualité des XVIIIe et XIXe siècles. **The Scrapbook** *(34 Main St., ☎768-7404)* se spécialise dans les gravures anciennes et décoratives, de même que dans les cartes géographiques du XVIe siècle au XIXe siècle. **Main Street Antiques** *(44 Main St., ☎768-7039)* recèle des vanneries à l'ancienne, des accessoires, des bijoux et des tissus de la fin du XVIIIe au milieu du XXe siècle, et **North Hill Antiques** *(155 Main St., ☎768-7365)* tient des meubles des XVIIIe et XIXe siècles. Les commerçants s'attendent à ce que vous marchandiez; n'hésitez donc pas à toujours réclamer un meilleur prix. Mais ne vous attendez pas non plus à réaliser l'affaire du siècle.

Rockport

À la **Hanna Wingate House** *(fermé sam-dim en jan; 11 Main St., ☎546-1008)*, vous pourrez acheter des antiquités en bois de pin de style américain, des meubles rustiques français et de nombreux accessoires décoratifs.

New England Goods *(65 Main St., ☎546-9677)* se spécialise dans les jouets en bois, les poteries émaillées au sel, les carillons éoliens du Maine et d'autres objets artisanaux de qualité fabriqués en Nouvelle-Angleterre.

Rockport possède pratiquement autant de galeries que de *bed and breakfasts*, qui, pour la plupart, vendent des marines (certaines exquises, d'autres beaucoup moins). Pour un excellent choix d'œuvres du Cape Ann, visitez la **Rockport Art Association** *(12 Main St., ☎546-6604)*. Toutes les pièces exposées sont en vente.

Marblehead

Établi dans une ancienne taverne, **Antique Wear** *(82-84 Front St., ☎781-639-0070)* propose de magnifiques pendants d'oreilles, épinglettes, broches, pendentifs et épingles à cravate fabriqués à partir d'anciens boutons, dont certains datent du XVIIIe siècle.

Salem

Le **Peabody Essex Museum Gift Shop** *(161 Essex St., ☎745-1876)* propose un assortiment incomparable de lithographies, de bateaux en kit et de souvenirs maritimes, de même que des affiches et des livres sur l'histoire de la région. Vous y trouverez en outre des ouvrages pour enfants, des bijoux amérindiens et des assiettes en porcelaine.

En face de la Maison aux sept pignons se trouve la **Ye Old Pepper Candy Companie** *(122 Derby St., ☎745-2744)*. Fondée en 1806, cette confiserie prétend être la plus vieille d'Amérique. Parmi les spécialités de la maison, notons les *gibralters*, les *black jacks* et nombre d'autres friandises à l'ancienne fabriquées sur les lieux.

Tout près, sur le Pickering Wharf, vous trouverez la **Pickering Wharf Antique Gallery** *(☎741-3113)*, qui, à première vue, ressemble à l'un de ces antiquaires qui exposent leurs marchandises dans leur jardin. Mais en y regardant de plus près, c'est-à-dire en vous rendant derrière le bâtiment et en tournant à gauche, vous vous surprendrez à découvrir une incroyable enceinte envahie par plusieurs douzaines de marchands d'antiquités. Cet espace titanesque était autrefois un théâtre circulaire.

L'une des plus grandes attractions de Salem est une boutique de sorcellerie tenue par Jody Cabot, la sorcière la plus célèbre de la ville. Le **Crows Haven Corner** *(125 Essex St., ☎745-8763)* regorge de gargouilles, d'unicornes, de boules de cristal, de baguettes magiques et d'un assortiment complet des différentes herbes, poudres et graines nécessaires à la préparation des potions destinées à attirer les bons esprits et à chasser les mauvais.

Ne quittez pas Salem sans vous arrêter au **Harbor Sweets** *(85 Leavitt St., ☎745-7648)*, où vous trouverez des *sweet sloops*, alliant chocolats noir et blanc et croquant au beurre d'amande, à faire mourir! Vous pouvez même visiter la fabrique si vous prenez rendez-vous à l'avance. Fort heureusement, la maison prend les commandes postales; avant de partir, assurez-vous donc de remplir une carte d'adresse pour qu'on vous envoie la documentation nécessaire. À l'occasion de la Saint-Valentin par exemple, vous pourrez commander une douzaine de petites boîtes rouges remplies de *sloops* destinées à tous les amours de votre vie.

La South Coast

Cette région du Massachusetts est le royaume des magasins d'usine. Fall River, à elle seule, en possède plus de 100, et New Bedford et Plymouth ne sont pas laissées pour compte. Jusque vers les années quatre-vingt, ces magasins constituaient une nouveauté, mais on dénombre aujourd'hui tellement d'établissements rivalisant d'aubaines dans tous les coins des États-Unis, qu'ils n'exercent plus autant d'attrait. De plus, les choix restent limités, car on propose partout les mêmes marques de commerce : Bass, Farberware, American Tourister, Jonathan Logan, Van Heusen et Vanity Fair, pour n'en nommer que quelques-unes.

North Plymouth

Cordage Park *(Route 3A, ☎746-7707)*, qui occupe la construction de brique d'une ancienne usine de cordages, est un attrayant marché comprenant diverses boutiques ainsi qu'un marché aux puces la fin de semaine. Le charmant bâtiment d'une autre époque est en effet entouré d'étangs, de fontaines, de belvédères, de pelouses ondulantes et de jardins fleuris.

South Dartmouth

La **Salt Marsh Pottery** *(1167 Russells Mills Rd, ☎636-4813)* se spécialise dans les poteries peintes à la main et les carreaux à motifs de fleurs sauvages.

New Bedford

La **Howland Place** *(651 Orchard St., ☎999-4496)* est la Rodeo Drive des magasins d'usine. Dans un bâtiment de brique restauré qui pourrait très bien passer pour un centre commercial huppé, on trouve entre autres les Calvin Klein, Harvey Bernard, Jones of New York et Anne Klein. Rabais de 20% à 70%.

Le **Calvin Klein Outlet** *(651 Orchard St., ☎999-1300)* propose d'importants rabais sur les vêtements de sport (chemises sur mesure, t-shirts, jeans, gilets de coton) ainsi que sur des sacs à main et fourre-tout en cuir de qualité. Les rabais sur les articles haut de gamme (jupes de laine, blouses de soie et chandails de cachemire) ne sont toutefois pas très impressionnants. Tout est soigneusement disposé de manière à ce que vous puissiez bien voir la marchandise. Rabais de 20% à 70%.

Fall River

Les **Fall River Outlets.** Le long de l'autoroute qui passe à Fall River, vous ne pouvez pas manquer les gigantesques usines textiles en granit de six étages qu'on a transformées en magasins d'usine. Pour vous y rendre de la route 195, celle-là même qui traverse la ville, empruntez la route 24 Sud jusqu'à la sortie de Brayton, puis suivez les indications. Tous les magasins d'usine se trouvent à proximité les uns des autres, et chacun des bâtiments abrite de 50 à 100 commerçants proposant à qui mieux mieux vêtements, vaisselle, literie, bijoux, sacs à main et mille autres choses encore. Les prix sont au plus bas, et la marchandise est plutôt bas de gamme. Vous aurez du mal à dénicher ici des vêtements en fibres naturelles.

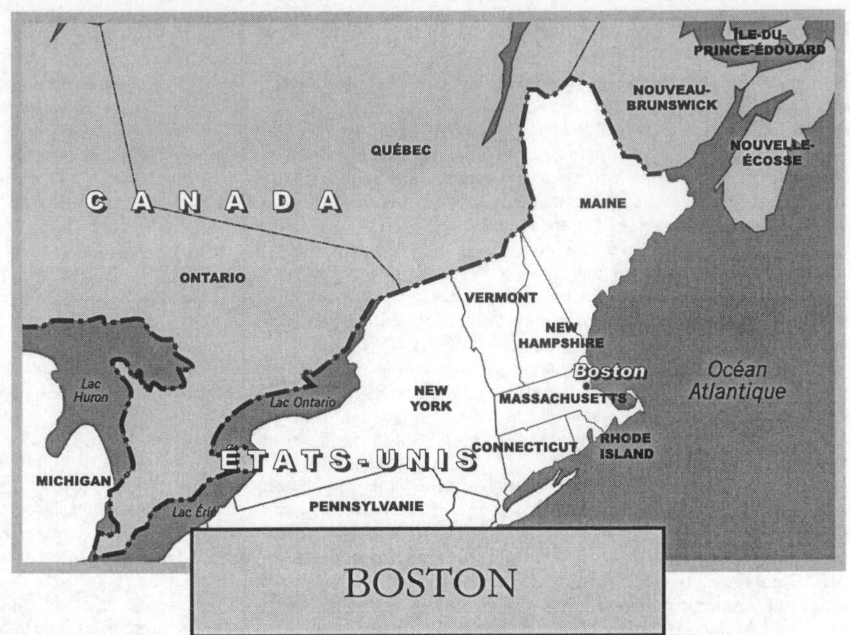

BOSTON

Majestueux empire de briques et de grès bruns, peuplé d'arbres et de jardins, arrosé d'une rivière et bordé d'un port maritime, **Boston★★★** règne en souveraine sur les villes de la Nouvelle-Angleterre depuis plus de 300 ans. D'abord solidement ancrée à la pointe d'une infime péninsule qui avançait dans l'Atlantique, la cité s'est peu à peu développée vers le sud et vers l'ouest au cours des siècles; mais cela ne l'a pas empêchée de demeurer parfaitement compacte, si bien qu'elle se parcourt merveilleusement bien à pied. Malgré sa taille modeste, Boston n'a pourtant pas cessé de jouer un rôle dominant dans l'histoire de la nation, un rôle gravé dans la mémoire de tous les Américains. Car c'est ici que l'Amérique a vu le jour, que Paul Revere a fait sa fougueuse chevauchée nocturne et qu'a été tiré «le coup de feu qui a retenti de par le monde».

Ses fanatiques racines puritaines ont valu à Boston d'être raillée et dénigrée par des esprits plus mondains, qui se sont plu à la rabaisser au rang d'une ville provinciale, dévote et ennuyeuse, en aucun cas de taille à se mesurer aux métropoles sophistiquées, comme New York ou Los Angeles. Pourtant riche en activités artistiques et intellectuelles, Boston a longtemps fait piètre figure au palmarès des grandes villes, principalement à cause de ses hôtels, de ses restaurants et de ses boutiques de peu d'éclat.

Mais la ville se transforme. Tout en restant fidèle à son histoire et à ses traditions, Boston est en quête d'une identité nouvelle, désireuse de faire partie des flamboyantes cités modernes. Au cours des années quatre-vingt, plusieurs chefs cuisiniers de renommée mondiale ont d'ailleurs élu domicile en ses murs et gagné le cœur aussi bien des Bostoniens que des critiques gastronomiques. Un centre commercial aux allures princières y a également ouvert ses portes : Copley Place, dont le pilier-maître est l'ostentatoire Neiman-Marcus, un prestigieux commerce de détail dont le siège social se trouve à Dallas et qui n'aurait jamais osé mettre les pieds ici au cours des années cinquante. Une vague de construction a aussi fait pousser des complexes hôteliers de tout premier ordre, comme le Westin, le Boston Harbor Hotel et le Four Seasons, de même que les rutilantes tours de bureaux du Financial District. En même temps, on ravalait les façades de vieux trésors architecturaux, comme la South Station et le Ritz-Carlton Hotel, qui en avaient grand besoin. Or, ce vent de changement continue de souffler au cours des années quatre-vingt-dix. Aussi la Boston Public Library a-t-elle entamé un projet de restauration en trois volets dont la facture s'élèvera à 50 millions de dollars américains. Au printemps de 1993, on a par ailleurs amorcé la construction du FleetCenter, un complexe sportif moderne destiné à remplacer le vétuste Boston Garden; ce stade, réalisé au coût de 160 millions, a été inauguré à l'automne 1995.

La recherche de la distinction se poursuit avec un méga-projet baptisé le *Big Dig*, qui a débuté vers la fin des années quatre-vingt et qui consiste à creuser un gigantesque tunnel destiné à enfouir sous terre l'affreuse voie rapide surélevée connue sous le nom de Central Artery. On prévoit également, dans le cadre de ce projet, construire un troisième tunnel jusqu'à l'aéroport. Une fois achevés, ces travaux donneront beaucoup plus d'espace et de lumière au centre-ville. Quant à la plus grande plaie de la ville, à savoir le grotesque secteur connu sous le nom de *Combat Zone*, il n'en reste pratiquement plus rien; dans un effort visant à le reléguer aux oubliettes, la Ville a stimulé l'émergence de plusieurs nouveaux restaurants, cafés et boutiques dans ce quartier, et prévoit élargir sous peu les frontières du quartier voisin, celui des spectacles.

Les origines puritaines de la ville remontent à 1630, alors qu'un petit groupe de pèlerins anglais dirigés par le gouverneur John Winthrop vint s'établir sur la péninsule. Tandis que la colonie se développait en même temps que d'autres, contribuant à l'avènement prochain des États-Unis, des tensions économiques grandissantes annonçaient déjà la guerre d'Indépendance, et c'est dans la région de Boston que les premiers signes annonciateurs s'en manifestèrent : l'affrontement de 1770, qu'on devait par la suite appeler le «massacre de Boston» et au cours duquel cinq colons perdirent la vie, et le Boston Tea Party, où des Bostoniens déguisés en Indiens firent savoir à la couronne britannique ce qu'ils pensaient de la taxe sur le thé en jetant dans les eaux du port des cargaisons entières (un événement qu'on fait régulièrement revivre ici).

Mais l'Angleterre ne voyait pas d'un très bon œil le succès de cette jeune colonie, de sorte qu'elle se mit à lui imposer des restrictions commerciales et de lourdes taxes. La cité en pleine expansion résista à ces mesures, et la colère des colons ne tarda pas à se transformer en révolte. En 1768, la Couronne riposta en dépêchant des troupes armées ayant pour mission d'occuper la ville. La tension monta, pour finalement atteindre son apogée en 1770 avec le «massacre de Boston», qui prit la forme d'une échauffourée entre soldats anglais et coloniaux au cours de laquelle cinq Américains perdirent la vie.

Une succession rapide d'événements clés devaient par la suite jalonner la route vers l'indépendance. Ainsi, en guise de protestation contre la taxe britannique sur le thé, 200 hommes déguisés en Indiens larguèrent dans le port de Boston la cargaison de thé de trois navires anglais à l'occasion du désormais célèbre Boston Tea Party. Le roi George ferma alors le port et envoya des troupes fraîches en Amérique.

C'est à Boston même et dans les environs qu'éclata pour de bon la guerre d'Indépendance. Les premiers coups de feu furent échangés tout près, à Lexington et Concord, en 1775. Puis, au cours de la bataille de Bunker Hill, les Américains furent dispersés par les Anglais, beaucoup plus nombreux qu'eux, mais pas avant que ceux-ci n'aient subi de lourdes pertes. C'est au moment où George Washington parvint à fortifier Dorchester Heights en une seule nuit que les Britanniques furent chassés à jamais. Ils évacuèrent la ville le 17 mars 1776 et, depuis, Boston ne fut jamais plus le théâtre d'un affrontement armé.

Une fois séchée l'encre de la déclaration d'Indépendance, les pensées se tournèrent vers le commerce. Mais la perte des marchés britanniques entraîna la ville dans une grave dépression, et Boston commença à chercher de nouveaux partenaires du côté de l'Extrême-Orient, d'où elle se mit à importer soieries, épices et porcelaines.

Au cours des années qui suivirent la Révolution, la ville ne cessa de grandir et de prospérer. D'habiles marchands y firent fortune, et les familles influentes qu'ils formaient vinrent à être connues sous le nom d'«aristocratie morutière», alors qu'ils se consacraient eux-mêmes *Boston Brahmins*, usurpant ainsi le titre pompeux des prêtres de caste hindous. Parmi les membres de ce groupe sélectif figurent les noms de Cabot, Lowell et Hancock, qui régnèrent en maîtres sur la ville en affectant un élitisme outré, proclamant vertement que «*les Lowell n'adressent la parole qu'aux Cabot, et les Cabot n'en réfèrent qu'à Dieu Lui-même*».

Les «brahmanes» érigèrent à leur propre gloire de véritables monuments de briques à Beacon Hill, un quartier résidentiel huppé qui donna son identité sociale à Boston pendant tout le milieu du XIXe siècle. C'est d'ailleurs à Beacon Hill qu'appartenaient les intellectuels de la trempe des Francis Parkman, William James, Henry Wadsworth Longfellow, James Russel Lowell, Bronson Alcott, Julia Ward Howe et Horace Mann.

Vers 1850, Boston devint le plus important centre de construction de voiliers, et ses nefs

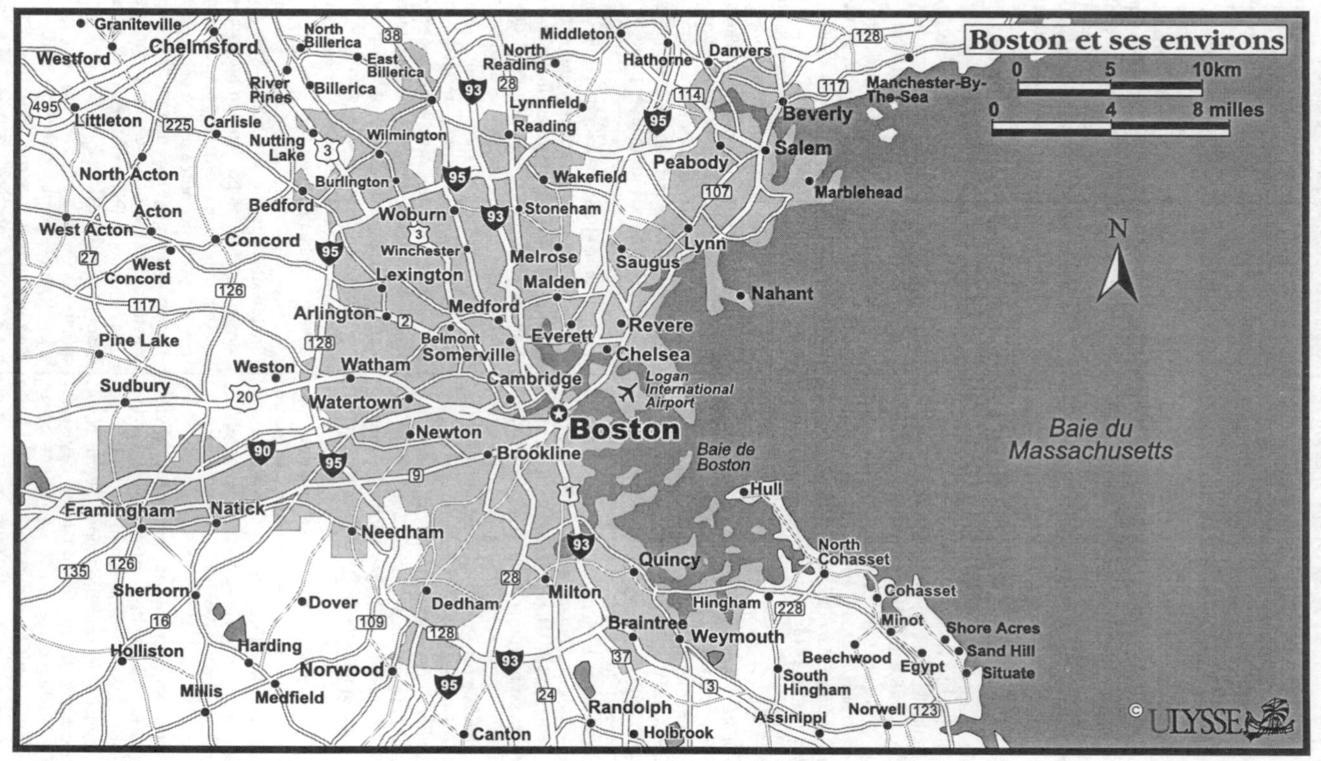
Boston et ses environs
0 5 10km
0 4 8 milles
N
Baie du Massachusetts
Baie de Boston
Logan International Airport
Boston
© ULYSSE
Graniteville
Westford
Chelmsford
North Billerica
East Billerica
Billerica
River Pines
Littleton
Carlisle
Nutting Lake
Wilmington
Burlington
North Acton
Acton
West Acton
West Concord
Concord
Bedford
Woburn
Winchester
Lexington
Arlington
Belmont
Somerville
Medford
Pine Lake
Sudbury
Weston
Watham
Watertown
Cambridge
Newton
Brookline
Middleton
North Reading
Lynnfield
Reading
Wakefield
Stoneham
Melrose
Malden
Everett
Hathorne
Danvers
Peabody
Saugus
Lynn
Revere
Chelsea
Manchester-By-The-Sea
Beverly
Salem
Marblehead
Nahant
Hull
Framingham
Natick
Needham
Sherborn
Dover
Dedham
Milton
Quincy
Holliston
Harding
Millis
Medfield
Norwood
Canton
Randolph
Holbrook
Braintree
Weymouth
Hingham
North Cohasset
Cohasset
Minot
Shore Acres
Sand Hill
Situate
Beechwood
Egypt
South Hingham
Assinippi
Norwell

aux lignes élancées sillonnèrent bientôt le monde en tous sens. Afin de répondre aux besoins grandissants de cette industrie, la Ville aménaga alors de nombreux quais sur son littoral; mais l'avènement des bateaux à vapeur mit rapidement un terme à l'ère des grands voiliers, même si les Bostoniens ne leur faisaient pas confiance et refusaient d'en construire. Les géants de la marine marchande préférèrent dès lors investir leurs capitaux dans les industries manufacturières, de sorte que le port de Boston sera longtemps en proie au marasme.

C'est également vers le milieu du XIXe siècle que plusieurs des institutions les plus renommées de la ville virent le jour, entre autres la Boston Public Library, le Boston Symphony Orchestra, le Massachusetts Institute of Technology et la Boston University, d'ailleurs la première à accueillir les femmes au même titre que les hommes. Sa richesse culturelle lui valut à cette époque le surnom d'«Athènes de l'Amérique».

Des milliers d'émigrants convergèrent vers ce dynamique centre urbain, à commencer par les Irlandais, que la famine provoquée par la maladie de la pomme de terre força à quitter leur pays en 1840. Cet afflux d'étrangers modifia pour toujours le caractère de la cité yankee. D'abord victimes d'une discrimination virulente de la part des Bostoniens traditionalistes (*Irlandais, s'abstenir*), leur nombre finit par s'accroître suffisamment pour leur permettre de s'emparer du pouvoir politique. Le premier maire irlandais fut élu en 1885 et, entre autres chefs de file issus de leurs rangs, nous pouvons mentionner d'ex-présidents de la Chambre des Représentants, comme John McCormack et Tip O'Neill, de même que James Michael Curley et la dynastie des Kennedy.

Au cours des années 1880, Boston se transforma en un véritable creuset ethnique, avec l'arrivée massive d'Italiens, de Polonais et de Russes qui multiplièrent la population locale par 30.

Dès cette époque, le territoire même de la ville s'élargit. Boston avait en effet commencé dès le milieu du XIXe siècle à remblayer la baie entre Beacon Hill et Brookline, aujour-d'hui connu comme le quartier de Back Bay. Des terres marécageuses furent également comblées au sud pour former le South End, si bien qu'au tournant du siècle tous ces travaux avaient fait tripler la superficie de la ville.

Mais peu après, l'économie bostonienne connut un déclin dévastateur qui devait se poursuivre jusque dans les années soixante. La ville perdit alors sa primauté portuaire au profit de New York et de Baltimore; et ses usines de textiles, de chaussures et de verre émigrèrent vers le sud dans l'espoir d'y trouver une main-d'œuvre moins dispendieuse. Sa population accusa même une baisse au cours des années quarante et cinquante, ce qui en fit la seule ville d'importance à voir chuter ses effectifs pendant les années d'explosion démographique qui marquèrent la période de l'après-guerre. Les affres de cette déchéance devaient affliger Boston pendant plusieurs décennies.

Les beaux jours ne revinrent qu'au cours des années soixante, lorsque l'élite protestante et les catholiques romains se décidèrent enfin à unir leurs forces pour administrer les affaires municipales. Les projets d'urbanisme qui en résultèrent donnèrent naissance au nouveau Government Center ainsi qu'aux points de mire que sont devenues les tours Prudential et Hancock. La révolution technologique des années soixante-dix et quatre-vingt contribua également à relever l'économie de Boston, avec la multiplication des sociétés d'informatique et des groupes d'experts dans la région de Cambridge aussi bien que dans le grand Boston.

La prospérité engendra cependant divers problèmes. Au début des années soixante-dix par exemple, une injonction de la Cour visant le transport d'enfants appartenant à des écoles victimes de déséquilibre racial souleva maintes protestations et manifestations, surtout à South Boston et à Charlestown. Cette crise persista pendant plusieurs années. Les tensions raciales se relâchèrent toutefois quelque peu au cours des années quatre-vingt, lorsque les Noirs obtinrent plus de pouvoir au sein des gouvernements locaux et régionaux, de même qu'au sein des entreprises privées.

Boston possède aujourd'hui un corps législatif largement dominé par les démocrates, et elle a su se mériter une réputation libérale, son fer de lance n'étant nul autre que le sénateur Edward Kennedy, descendant ultime de l'illustre dynastie du même nom. Quant à son maire discret, Raymond Flynn, il continue de porter le flambeau irlandais.

La ville ne compte que 650 000 habitants permanents, dont la moitié sont âgés de moins de 30 ans; et nombre d'étudiants l'envahissent chaque année à l'époque de la rentrée scolaire, lui insufflant jeunesse et vitalité.

Le cœur même de Boston repose sur une péninsule en forme de poire. À son extrémité nord se trouve le North End, une petite enclave italienne truffée de boutiques, de cafés et de restaurants. Le centre-ville occupe pour sa part la plus grande partie du territoire et s'étend de façon irrégulière entre le littoral et le Boston Common, du nord au sud; il abrite en outre un minuscule quartier chinois (Chinatown), qui n'en demeure pas moins fidèle à une riche tradition.

Dominant le Boston Common de toute sa splendeur impériale, le quartier de Beacon Hill, orné de résidences victoriennes aux façades de briques qu'embellissent des fenêtres en rotonde, des bacs à fleurs et des jardins dissimulés, est lui-même couronné par le Capitole (State House). À l'ouest de Beacon Hill, le quartier de Back Bay, son cousin germain, est strié de larges boulevards bordés d'imposantes constructions de grès brun. Back Bay comprend également le bijou de Copley Square : Boston Public Library, la Trinity Church et la John Hancock Tower. Puis, plus à l'ouest, encore se trouve le Fenway, avec ses ambitieux jardins marécageux et son fameux stade de base-ball, le Fenway Park.

Un peu plus au sud s'étend le plus vaste quartier de la ville, le South End, un autre secteur résidentiel peuplé de maisons en brique datant du XIXe siècle, et dont les habitants s'ennoblissent peu à peu. Enfin, séparée de la partie est du centre-ville par le Fort Point Channel, South Boston (qu'il ne faut pas confondre avec le South End) est d'abord et avant tout un quartier commercial, où se trouvent par ailleurs les quais de pêche municipaux.

Ses quartiers résidentiels, qui éveillent des souvenirs d'architecture anglaise, ont mérité à Boston le qualificatif de «*la plus européenne de toutes les villes américaines*». Néanmoins, depuis que la courtepointe urbaine tissée par des siècles d'histoire se module d'adjonctions plus modernes témoignant de l'ère spatiale, le visage de la ville adopte un profil plus américain, pour ne pas dire universel. Bien qu'elle ait mis du temps à y parvenir, Boston a fini par transcender ses racines puritaines, et l'époque où les auteurs masculins et féminins se retrouvaient sur des rayons séparés à l'intérieur des bibliothèques est définitivement révolue.

Il n'en reste pas moins que ces origines puritaines ne disparaîtront jamais tout à fait, comme nous le rappellent aujourd'hui encore les lois qui restreignent les activités commerciales le dimanche. Boston ne sera jamais confondue avec New York ou Los Angeles, beaucoup plus fébriles; elle restera simple et modeste, et ne deviendra en aucun cas un repaire de punks aux coiffures extravagantes. Retenons toutefois qu'elle a gagné des places au palmarès des grandes villes, et qu'elle devient graduellement une cité de tout premier ordre dans une catégorie qui lui est propre.

POUR S'Y RETROUVER SANS MAL

Prenez note que l'indicatif régional de Boston est le 617.

Accès à la ville

En voiture

Beaucoup de Québécois choisissent l'automobile comme moyen de transport pour gagner Boston. L'itinéraire classique, et le plus rapide, consiste à emprunter l'autoroute 10 Sud puis la route 35 Sud, qui devient la route 133 jusqu'à la frontière américaine. De là, l'autoroute 89 Sud prend la relève. Prenez la sortie 1S Interstate 93, et continuez sur cette dernière jusqu'à Boston. L'autoroute I-93 vous conduit au centre-ville.

En arrivant par la route, vous devez porter une attention particulière aux panneaux de signalisation, car les routes changent fréquemment de nom et de numéro. Il faut également noter que, jusqu'en 2004, la circulation sera considérablement gênée par la réalisation d'un projet d'envergure visant la construction d'un troisième tunnel sous le port ainsi que l'enfouissement de la Central Artery (pour connaître l'état des travaux et les conditions routières, rendez-vous à www.bigdig. com). Par ailleurs, il vaut mieux ne pas se déplacer en voiture dans le centre-ville, dont les rues étroites et enchevêtrées sont parfois envahies par de véritables casse-cou. Utilisez plutôt votre voiture pour visiter les banlieues du grand Boston ou les régions limitrophes.

La **route 93** traverse directement la ville dans son axe nord-sud; dans la région du centre-ville, elle porte le nom de Central Artery, alors qu'entre Boston et la route 128, à Braintree, elle devient la John Fitzgerald Expressway ou Southeast Expressway.

En avion

À partir de Montréal, Delta et Air Alliance proposent des vols réguliers vers Boston. Pour sa part, Air Canada vole plusieurs fois par jour sur Boston.

La compagnie TransWorld Airlines est la seule à relier Paris et Boston directement. Elle propose plusieurs vols par semaine en haute saison. Les autres compagnies majeures desservent également Boston, mais avec une escale à New York. S'il vous est difficile de trouver une correspondance à partir de l'Europe, vous pouvez prendre un vol direct vers New York (aéroport LaGuardia) puis prendre une navette vers Boston qui part à peu près aux heures (vous n'avez pas besoin de réservation). Le coût du billet (New York-Boston) est d'environ 120$US.

Aéroport de Boston

Le **Logan International Airport** est situé à proximité du centre-ville. Il s'agit d'un aéroport moderne desservi par une très grande quantité de compagnies aériennes.

Plusieurs services de limousine et d'autobus relient l'aéroport à différents points du centre-ville. Adressez-vous à **Carey Limousine** *(☎623-8700)*, à **Commonwealth Limousine Service** *(☎787-5575)* ou à **Peter Pan Bus Lines** *(☎426-7838)*.

Vous pouvez également rejoindre Boston par métro en empruntant gratuitement l'autobus de Massport jusqu'à la station Airport de la ligne Bleue. Un passage pour le métro coûte 0,85$US.

La façon la plus élégante de se rendre au centre-ville consiste cependant à emprunter l'**Airport Water Shuttle** *(☎330-8680)*, qui, par la voie des eaux, vous fait agréablement traverser le port de Boston en 10 min, faisant complètement fi de la circulation routière.

En train

Aux États-Unis, le train ne constitue pas toujours le moyen de transport le moins cher, et il n'est sûrement pas le plus rapide. Pour plus de renseignements, consultez la section «Renseignements généraux».

En autocar

Après la voiture, l'autocar constitue le meilleur moyen de transport pour se déplacer d'une ville à l'autre aux États-Unis. Bien répartis et peu chers, les autocars couvrent la majeure partie du pays.

Greyhound Bus Lines dessert Boston par autobus de tous les coins des États-Unis et à partir de Montréal; le terminus central se trouve à South Station *(2 South Station, ☎800-231-2222)*. Les autres transporteurs incluent **Bonanza Bus Lines** *(700 Atlantic Ave., ☎720-4110)*, qui relie la ville au Cape Cod; **Peter Pan Bus Lines** *(555 Atlantic Ave., ☎426-7838)*, à partir de New York, du New Hampshire et du Cape Cod; et **Concord Trailways** *(555 Atlantic Ave., ☎426-8080)*, au départ de certaines localités du New Hampshire seulement.

Les Québécois et les Canadiens peuvent faire leur réservation directement auprès de la compagnie Orléans, laquelle, à Montréal *(☎514-842-2281)* et à Toronto *(☎416-393-7911)*, représente la compagnie Greyhound.

Sur presque toutes les lignes, il est interdit de fumer. En général, les enfants de cinq ans et moins sont transportés gratuitement. Les personnes de 60 ans et plus ont droit à d'importantes réductions. Les animaux ne sont pas admis.

Location de voitures

Si vous souhaitez louer une voiture, rappelez-vous que plusieurs entreprises exigent que leurs clients soient âgés d'au moins 25 ans et qu'ils soient en possession d'une carte de crédit reconnue. Voici quelques adresses de centres de location de voitures ayant un bureau au cœur de Boston :

Avis
Information et réservation à l'intérieur des États-Unis :
☎800-331-1212
Information et réservation à partir de l'étranger :
☎800-331-1084

41 Westland Avenue : ☎534-1400
54 High Street : ☎534-1400
3 Center Plaza : ☎534-1400
1 Bennet Street, Cambridge : ☎534-1400
Logan International Airport : ☎561-3500

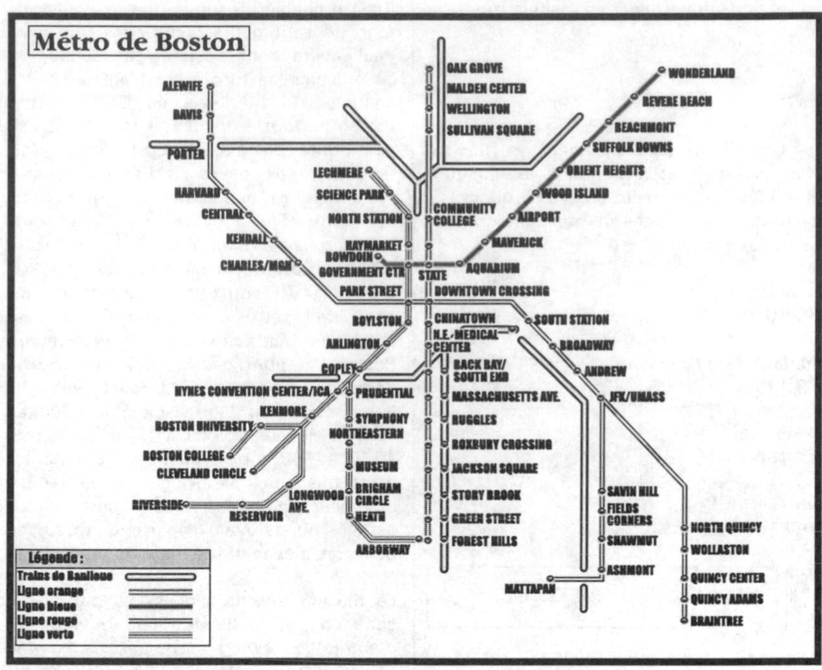

Budget
Information et réservation : ☎800-527-0700

133 Federal Street : ☎787-8200
24 Park Plaza : ☎787-8200
220 Massachusetts Avenue, Cambridge : ☎787-8200
150 Huntington Avenue : ☎787-8200

Hertz
Information et réservation des États-Unis et de l'étranger :
☎800-654-3131

2 Center Plaza : ☎338-1512
13 Holyoke Street, Cambridge : ☎338-1520
Park Square : ☎338-1500
10 Huntington Avenue : ☎338-1510

Transports en commun

Bien organisés et peu chers, les transports en commun sont la solution pour se déplacer en ville. Boston est le paradis des piétons et l'enfer des automobilistes. Le métro, appelé le «T» à cause du signe indiquant les stations, est divisé en quatre lignes de couleur rouge, bleu, orange et vert. Les trains *inbound* se dirigent vers le centre-ville (stations Park Street, Downtown Crossing, State et Government Center), alors que les trains *outbound* s'éloignent du centre-ville.

Le coût d'un passage adulte est de 0,85$US, alors que les enfants de 6 à 11 ans paient 0,30$US, et que c'est gratuit pour les enfants de moins de six ans. Vous pouvez payer à l'aide de jetons, du montant exact ou d'un laissez-passer mensuel. Il est également possible d'acheter un laissez-passer touristique en vigueur pour trois ou sept jours. Notez que certaines stations n'ont pas de changeur et qu'il faut souvent avoir la monnaie exacte. Le métro de Boston est ouvert du lundi au samedi de 5h à 0h45 et le dimanche et les jours fériés de 6h à 0h45.

La Massachusetts Bay Transportation Authority (MBTA) possède également un parc d'autobus qui dessert tous les secteurs de Boston et de Cambridge. Le tarif courant est de 0,60$US par trajet, et vous devez avoir en main la monnaie exacte.

Taxis

De très nombreux taxis sillonnent les rues de Boston. Vous n'aurez, la plupart du temps, qu'à lever le bras pour en héler un. Voici, quoi qu'il en soit, les coordonnées de quelques compagnies de taxis :

Boston Cab
☎536-5010

Cambridge Taxi Company
☎429-1100

Checker Cab
☎497-1500

Town Taxi
☎536-5000

ATTRAITS TOURISTIQUES

North End

Le North End est le plus vieux quartier de Boston, et aussi le plus coloré. Aujourd'hui devenu le siège d'une communauté italienne compacte et homogène, il ne s'est défini comme tel qu'au fil d'une lente évolution dont les origines remontent à la fin du XIXe siècle, alors que les Italiens commencèrent à envahir les secteurs habités par les Irlandais, les Portugais et les Juifs. La plupart de ses rues sont à sens unique et bondées d'épiceries et de restaurants italiens pressés les uns contre les autres. Plusieurs de ses résidants se saluent encore dans leur langue maternelle et étendent leur lessive entre les maisons. Tout au long de l'été, ils honorent par ailleurs leurs saints patrons, ce qui donne lieu, surtout les fins de semaine, à plusieurs festivals de rue et à une succession de défilés pittoresques.

Le North End se présente comme une excroissance de la péninsule arrondie sur laquelle repose Boston, limitée au nord par le Boston Harbor et séparée du centre-ville par la voie élevée de la Southeast Expressway; l'enclave ainsi formée contribue d'ailleurs largement à son identité spécifique, et l'histoire de la ville y est encore bien vivante.

Il est probable qu'aucun nom n'éveille davantage de sentiments historiques que celui de Paul Revere, dont la célèbre chevauchée en vue de prévenir les forces coloniales de l'attaque imminente des Anglais, en 1775, a été rapportée partout à travers le monde. C'est sur une petite place paisible, le North Square, recouverte de pavés et bordée de chaînes d'ancre noires, que vous découvrirez la maison du héros, **The Paul Revere House★** *(droit d'entrée; jan à mars fermé lun; 19 North Sq., ☎523-2338)*. Cette modeste construction de trois étages, recouverte de clins de bois gris et garnie de fenêtres à petits carreaux en losange, semble un peu perdue dans le décor actuel de Boston, et pour cause. Bâtie en 1680, elle demeure aujourd'hui le seul vestige de l'architecture du XVIIe siècle dans le centre de la ville. Revere a vécu ici avec sa famille de 1770 à 1800, bien que ses 16 enfants n'y aient pas tous résidé en même temps. À l'intérieur, on peut voir des meubles d'époque, certains objets ayant appartenu aux Revere et quelques pièces d'orfèvrerie en argent.

La maison voisine, accessible par une cour commune, est la **Pierce-Hichborn House** *(droit d'entrée; jan à mars fermé lun; visites guidées seulement; 29 North Sq., ☎523-2338)*. Érigée vers 1711 par le vitrier Moses Pierce, elle est une des plus anciennes maisons georgiennes de Boston. Elle a par la suite appartenu au cousin de Paul Revere, un constructeur de bateaux du nom de Nathaniel Hichborn. Téléphonez au préalable pour connaître les heures de visite.

Sur cette même place, on trouve également la **Seamen's Bethel** *(12 North Sq.)* et la **Mariner's House** *(11 North Sq.)*. Cette dernière est identifiée par une ancre suspendue au-dessus de sa porte, et depuis 1838 les marins de passage ont toujours pu y obtenir le couvert et le gîte pour trois fois rien. Quant à la Seamen's Bethel, son pasteur, lui-même homme de mer, disait volontiers : «*Si j'ai choisi de construire ma chapelle sur le North Square, c'est que j'ai appris à jeter mes filets là où il y a du poisson*.» Jadis un lieu de culte pour les marins, l'endroit a été depuis transformé en presbytère.

Sur une rue célèbre pour «ses jardins et ses gouverneurs» a vécu John F. "Honey Fitz" Fitzgerald, l'un des «gouverneurs» irlandais de Boston, par ailleurs officier en chef de la marine, membre du Congrès et maire de la ville. Sa fille, **Rose Kennedy**, a vu le jour dans le modeste bâtiment en brique situé au n° 4 de la rue Garden Court.

Bronze Bell

L'**Old North Church** ★★★ *(droit d'entrée; 193 Salem St., ☎523-6676)* est l'une des églises aux clochers desquelles le sacristain accrocha deux lanternes la nuit où Paul Revere fit sa chevauchée héroïque («*... une lanterne s'ils arrivent par voie de terre, deux s'ils arrivent par la mer...*»). Cette église magnifique comporte des fenêtres de style palladien ainsi qu'une chaire blanche aux formes d'inspiration londonienne. Les quatre chérubins à trompette qui surmontent les hauts pilastres du chœur proviennent d'un bateau pirate français, et des répliques de ses lanternes de clocher peuvent être admirées à l'intérieur du musée adjacent.

Tout juste derrière l'église, à l'emplacement du **Paul Revere Mall**, se dresse une statue grandeur nature du héros à cheval sur sa monture, d'ailleurs un des endroits les plus photographiés de la ville.

De l'autre côté du centre commercial se trouve la **Saint Stephen's Church** *(angle Hanover et Clark)*, une église de briques de style fédéral dessinée par Charles Bulfinch, celui à qui l'on doit précisément ce style particulier, et par ailleurs le premier architecte né sur le sol américain. Cette église, la dernière survivante des églises bostoniennes conçues par Bulfinch, présente une cloche et un dôme de cuivre fondus par Paul Revere lui-même. Son intérieur révèle des piliers cannelés, des jubés et des fenêtres palladiennes d'une blancheur immaculée, ainsi qu'un lustre d'étain et de grandes orgues datant de 1830.

Le **Copp's Hill Burying Ground** *(angle Hull et Snow Hill)* servait de cimetière à l'Old North Church au XVIIe siècle. Situé en hauteur, au sommet d'un tertre de verdure, il surplombe le Boston Harbor et Charlestown, d'ailleurs bombardée par les Anglais, qui avaient disposé des canons à cet endroit stratégique au cours de la bataille de Bunker Hill. Ses pierres tombales grises, toutes simples, portent encore la marque des tirs d'entraînement de l'armée britannique. Increase et Cotton Mather, des pasteurs puritains dont les actions politiques ont fait beaucoup de bruit, sont enterrés ici.

La plus large avenue du North End est Hanover Street, où sont concentrés un grand nombre de commerces et de restaurants. En marchant vers le sud, vous arriverez tout droit au **Haymarket-North End Underpass**, qui permet de se rendre au centre-ville en passant sous la Southeast Expressway. Le passage lui-même est tapissé de mosaïques primitives fort colorées, réalisées par des enfants du North End — ni plus ni moins qu'une forme d'art populaire urbain. Ses murs arborent en outre les œuvres de Sidewalk Sam, un artiste de rue réputé pour ses copies colorées des tableaux des grands maîtres italiens.

L'agence de tourisme **Boston By Foot** *(circuits payants; mai à oct tous les samedis; 77 North Washington St., ☎367-2345)* organise régulièrement des visites à pied du North End et de plusieurs autres quartiers. Visites d'une heure et demie tous les samedis, beau temps mauvais temps.

Centre-ville ★★★

Le centre-ville se compose de plusieurs quartiers distincts, répartis autour de la péninsule et encerclant Beacon Hill, de même que le Boston Common. Bien que la nature compacte de la

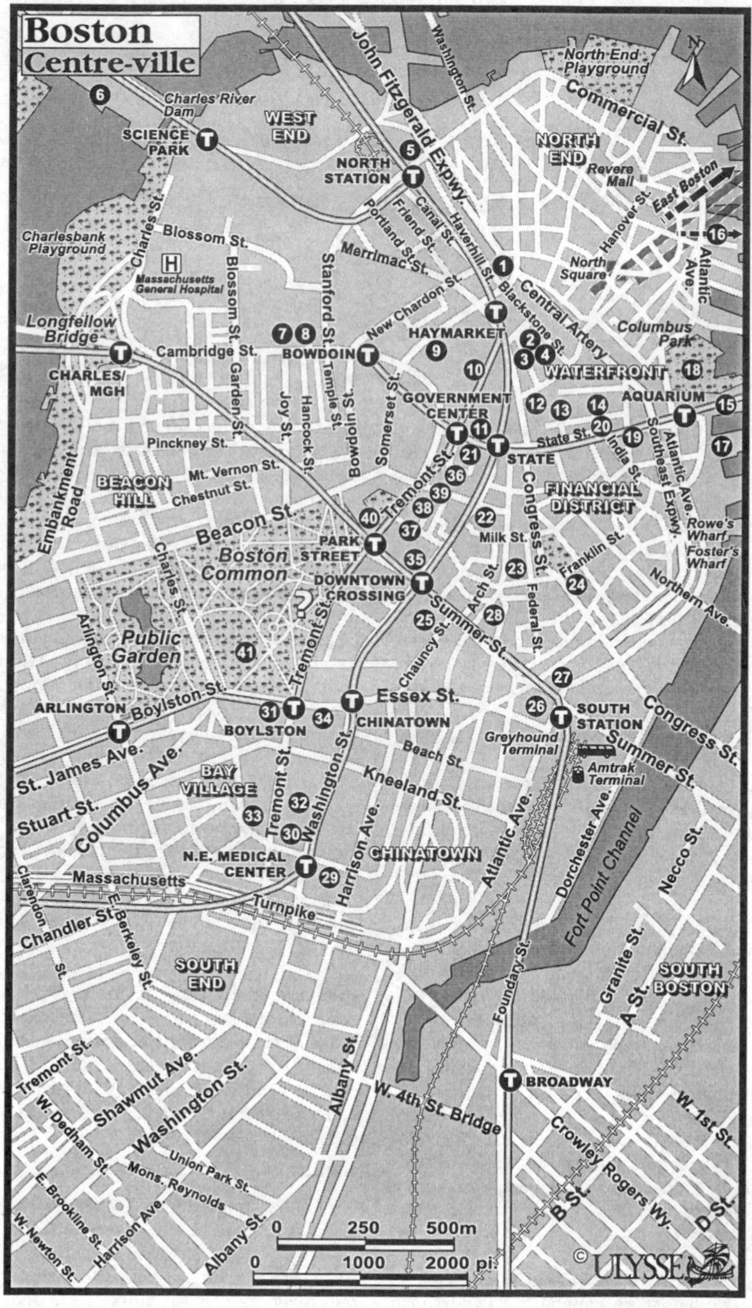
Boston
Centre-ville
Charles River Dam
SCIENCE PARK
WEST END
NORTH STATION
John Fitzgerald Expwy.
Washington St.
North End Playground
Commercial St.
NORTH END
Revere Mall
East Boston
Hanover St.
Atlantic Ave.
North Square
Central Artery
Columbus Park
WATERFRONT
AQUARIUM
HAYMARKET
BOWDOIN
GOVERNMENT CENTER
STATE
State St.
FINANCIAL DISTRICT
Charlesbank Playground
Charles St.
Blossom St.
Massachusetts General Hospital
Longfellow Bridge
CHARLES/ MGH
Cambridge St.
Pinckney St.
Mt. Vernon St.
Chestnut St.
BEACON HILL
Embankment Road
Beacon St.
Boston Common
PARK STREET
DOWNTOWN CROSSING
Public Garden
Arlington St.
ARLINGTON
Boylston St.
BOYLSTON
CHINATOWN
Essex St.
SOUTH STATION
Greyhound Terminal
Amtrak Terminal
Summer St.
Congress St.
Kneeland St.
BAY VILLAGE
Columbus Ave.
St. James Ave.
Stuart St.
N.E. MEDICAL CENTER
Massachusetts Turnpike
Fort Point Channel
SOUTH END
SOUTH BOSTON
BROADWAY
W. 4th St. Bridge
Washington St.
Shawmut Ave.
Tremont St.
Albany St.
0 250 500m
0 1000 2000 pi.
© ULYSSE

● ATTRAITS

1. *Asarotan*
2. Boston Stone
3. Blackstone Block
4. Union Oyster House
5. Fleet Center
6. Museum of Science
7. Harrison Gray Otis House
8. Old West Church
9. Government Center
10. John F. Kennedy Federal Building / City Hall
11. Steaming Teakettle
12. Statues de James Michael Curley
13. Faneuil Hall
14. Quincy Market
15. Long Wharf
16. Lewis Wharf
17. New England Aquarium
18. Waterfront Park
19. Customs House
20. Cunard Building
21. Old State House
22. Old South Meeting House
23. Boston Bank
24. New England Telephone Building
25. *Helion*
26. South Station
27. Federal River Bank
28. Winthrop Lane
29. Unity / Community Chinatown Mural
30. Chinese Culture Institute
31. Colonial
32. Wang Center for the Performing Arts
33. Eliot Norton Park
34. Grand Lodge of Masons
35. Downtown Crossing
36. Old City Hall
37. Bromfield Street
38. Omni Parker House
39. King's Chapel
40. Park Street Church
41. Boston Common

ville facilite la visite à pied, il n'existe pas de circuit optimal pour parcourir ces quartiers, et vous devrez plus d'une fois revenir sur vos pas avant de poursuivre votre route.

Pour le voyageur à la hâte, il y a toujours la **Freedom Trail** ★★, un circuit qui relie 16 sites historiques majeurs du centre-ville à Beacon Hill, au North End et à Charlestown. Vous pouvez vous procurer un plan de promenade au **Boston Common Visitor Information Kiosk** *(147 Tremont St., ☎536-4100, www.bostonnsa.com)*, avantageusement situé à l'entrée de la station Park Street du *T* et à quelques rues seulement des autres stations des quatre lignes du *T*. Vous trouverez également des plans au **Prudential Visitor Center** *(800 Boylston St., Prudential Plaza, ☎536-4100)*.

Par contre, si vous vous limitez au parcours de la Freedom Trail, vous raterez plusieurs des trésors de Boston. Nous vous proposons donc un circuit qui couvre beaucoup plus de sites que ce raccourci : vous décrirez un arc de cercle au nord de la péninsule, du North End à l'ancien West End, puis vous redescendrez vers le Government Center et le Quincy Market avant de prendre la direction du Waterfront (bord de l'eau). Remontant la rue State pour ensuite traverser le Financial District (quartier des affaires) jusqu'au Chinatown (quartier chinois) et au Theater District (quartier du spectacle), vous retournerez finalement vers le Boston Common en passant par la rue Washington. Tous ces quartiers, ou devrions-nous dire secteurs, sont si petits qu'il n'y a pas lieu de les traiter comme des entités géographiques distinctes. Ce qui ne veut pas dire que, lorsqu'un site se trouve dans un de ces secteurs précis, nous ne vous le laisserons pas savoir.

En arrivant du North End, vous croiserez la rue Blackstone, de l'autre côté du passage souterrain. Si vous regardez par terre, vous apercevrez alors une sculpture en relief à même le revêtement, baptisée ***Asarotan***. Faite de moulages de bronze représentant des épis de maïs, des fruits, des poissons et des légumes, cette œuvre sculptée rappelle l'intense activité des jours de marché, même si la surface en est désormais polie et repolie à la suite du passage incessant des piétons. Son nom signifie «sol non balayé», et le concept en remonte au temps des Romains, alors qu'on dépeignait ainsi des aliments sous forme de mosaïques sur le sol des salles de banquet.

Asarotan fut exécutée en l'honneur du **Haymarket**, qui s'étend sur plusieurs pâtés de maisons le long de Blackstone Street; il s'agit en effet du plus vieux marché du pays, en activité depuis plus de 200 ans. Les vendredis et samedis, on dresse les étalages en plein air, et les commerçants vantent leurs marchandises à qui mieux mieux, incluant fruits et légumes, viandes, poissons et crabes frais. On utilise d'antiques balances romaines en métal pour peser les achats des clients, et les prix sont bons; mais ne vous avisez pas de toucher à quoi que ce soit sans la permission du vendeur, si vous ne voulez pas l'entendre hurler!

Vous trouverez la **Boston Stone** (pierre de Boston) à l'arrière de la Boston Stone Gift Shop *(angle Marshall et Hanover)*. Il s'agit d'une pierre ronde et brune encastrée dans un des coins arrière de la maison; elle date de 1737 et fut amenée d'Angleterre afin de servir à broyer des pigments. Un tavernier décida par la suite de lui donner un nom en souvenir de la célèbre London Stone et de l'utiliser comme instrument de réclame.

Derrière la rue Marshall se trouve le **Blackstone Block**, sillonné d'allées étroites constituant tout ce qu'il reste du district commercial de Boston au XVIIe siècle. Les noms de ces allées, tels Marsh Lane, Creek Square et Salt Lane, font référence à la topographie originale de la ville.

L'**Union Oyster House** *(41 Union St., ☎227-2750)*, construite au XVIIIe siècle, devint un restaurant dès 1826, ce qui en fait le plus ancien établissement en activité ininterrompue des États-Unis. C'est ici que Daniel Webster calait un gobelet de brandy à l'eau après chaque douzaine d'huîtres qu'il engloutissait, et il en mangeait rarement moins de six assiettées! Avant que le bâtiment ne soit transformé en restaurant, le roi Louis-Philippe, en exil, y enseignait le français à des femmes riches de la région. C'est également ici, à l'étage, qu'en 1771 Isaiah Thomas entreprit de publier *The Massachusetts Spy*, l'un des premiers journaux des États-Unis.

À l'extrémité ouest de la péninsule de Boston, entre la South-east Expressway et Storrow Drive, s'étend ce qu'on avait l'habitude d'appeler le West End. Autrefois riche de nombreux groupes ethniques de tous les horizons, ce secteur a maintenant une vocation essentiellement commerciale. Les environs de la North Station et du FleetCenter ont depuis peu accueilli de nouveaux restaurants, tandis que quelques vieux bars sportifs sont devenus des rendez-vous à la mode pour une clientèle plus jeune.

Le **FleetCenter** *(1 FleetCenter, ☎624-1000 pour renseignements généraux, ☎931-2000 pour réservations de places)* a remplacé, à l'automne 1995, le vénérable Boston Garden comme demeure des Celtics (équipe de basket-ball) et des Bruins de Boston (équipe de hockey sur glace). On utilise également cette enceinte pour les représentations de cirque, divers spectacles sur glace ainsi que des concerts de musique rock. La saison de basket-ball, comme celle de hockey, s'étend du mois d'octobre au mois d'avril. Puis les séries éliminatoires peuvent s'étirer jusqu'en juin.

Le **Museum of Science** ★★ *(droit d'entrée; Science Park, O'Brien Highway, ☎723-2500)* ne se trouve pas sur la péninsule à proprement parler, mais plutôt au beau milieu de la Charles River, et l'on y accède par le barrage (*dam*) qui enjambe la rivière. La grande attraction du musée est l'ultramoderne théâtre Omni, dont la sonorisation circulaire et l'écran de 23 m en forme de dôme vous donneront vraiment l'impression de dévaler vous-même les pentes de ski aux Jeux olympiques, ou encore d'explorer les fonds marins de la Grande Barrière ou les eaux glacées de l'Antarctique. Le musée abrite aussi des animaux vivants, le **Hayden Planetarium** et des expositions temporaires sur différentes cultures étrangères.

La **Harrison Gray Otis House** ★ *(droit d'entrée; fermé lun-mar; 141 Cambridge St., ☎227-3956)* est la première de trois maisons construites à Boston par Charles Bulfinch pour son ami Otis, un influent avocat et membre du Congrès. Érigé en 1796, ce bâtiment en brique de trois étages présente une symétrie classique, avec des rangées de fenêtres régulières et une grande fenêtre palladienne. À l'intérieur, vous trouverez l'un des plus somptueux décors de la ville, rehaussé de papiers peints importés, d'opulents tapis et rideaux à lambrequins, de miroirs encadrés d'or, de manteaux de cheminée signés par les frères Adam et de chambranles à motifs autour de toutes les portes et fenêtres. Après avoir survécu aux outrages d'une maison de bains, d'une buanderie chinoise et d'une maison de chambres, l'édifice devint en 1916 le quartier général de la Society for the Preservation of New England Antiquities (Société pour la préservation des immeubles anciens de la Nouvelle-Angleterre).

Tout juste à côté se trouve l'**Old West Church** *(131 Cambridge St., ☎227-5088)*, une élégante construction en brique de style fédéral dont l'intérieur comporte des belvédères à colonnes sur trois étages. Les Anglais ont malheureusement détruit son pignon original afin d'empêcher les coloniaux de s'en servir pour envoyer des messages de l'autre côté de la rivière lors du siège de 1776. Mais il fut reconstruit en 1806 et abrite maintenant un orgue Charles Fisk. Concerts d'orgue gratuits les mardis soir.

En remontant la rue Cambridge sur une courte distance, vous arriverez au **Government Center** ★, un vaste square en brique étalé sur plusieurs niveaux et comptant de nombreuses fontaines conçues par I.M. Pei, un architecte qui a contribué à changer l'allure de la ville au cours des années soixante en marquant de son sceau plusieurs bâtiments clés de Boston. Le complexe est en outre le siège de deux des plus importants édifices gouvernementaux, le **John F. Kennedy Federal Building** et le **City Hall** ★★ (hôtel de ville), dont la structure pyramidale inversée revêt un caractère on ne peut plus moderne. Une sculpture abstraite, intitulée *Thermopylæ*, inspirée du *Profiles in Courage* de l'ancien président des États-Unis, se dresse en face du JFK Building; il s'agit d'une masse de formes entortillées les unes autour des autres qui tire son nom d'une bataille grecque au cours de laquelle les Spartiates combattirent les Perses jusqu'au dernier.

D'aucuns prétendent que le **Steaming Teakettle**, une gigantesque bouilloire de cuivre suspendue au-dessus de l'entrée du 65 Court Street, à l'une des extrémités du Government Center, constitue la plus vieille enseigne publicitaire des États-Unis. Elle signalait autrefois les activités de l'Oriental Tea Company, la plus importante maison de commerce du thé à Boston. Fabriquée par les chaudronniers de la ville, la bouilloire a une contenance d'exactement «227 gallons, 2 pintes, 1 chopine et 3 demiards» (861,98 litres), et cela fait chaud au cœur de la voir fumer constamment, surtout par les froides journées d'hiver. Pour plus de réconfort, il y a également un café à l'intérieur.

Lorsqu'il s'agit d'honorer la mémoire d'un personnage aussi haut en couleur que **James Michæl Curley**, une seule statue ne saurait suffire. Cet être original, par ailleurs corrompu, a en effet dominé la politique bostonienne pendant plusieurs années, de 1914 aux années quarante, tantôt comme maire, tantôt comme membre du Congrès et tantôt comme gouverneur; il occupe même une place importante dans le roman *The Last Hurrah* d'Edwin O'Connor. Maire de la ville à quatre reprises, il se plaisait à qualifier les banquiers de Boston de *«naufrageurs de State Street»* et était aimé des pauvres. À l'intersection des rues Union et Congress, c'est donc deux statues de bronze aussi vraies que nature qui immortalisent Curley, l'une d'elles assise sur un banc de parc et l'autre se tenant debout sur le trottoir de briques, sans socle. Cette dernière met particulièrement en évidence la corpulence du personnage, tant et si bien que certains touristes ne peuvent résister à la tentation de lui tapoter le ventre.

En descendant l'escalier qui se trouve derrière le Government Center pour ensuite traverser la rue Congress, vous vous retrouverez au Quincy Market, l'une des principales attractions de Boston logeant à l'enseigne du Faneuil Hall.

Le **Faneuil Hall** ★★★ *(fermé sam-dim; en retrait de Congress St., ☎800-233-2996)* servait de marché central au milieu du XVIIIe siècle. Son premier étage, où James Otis et Samuel Adams déclamaient leurs discours patriotiques au cours des années précédant la Révolution, vint à être connu comme le «Berceau de la liberté». Au second se trouvent le musée et les armoiries de l'**Ancient and Honorable Artillery Company**, l'un des premiers groupes militaires de la nation, créé en 1638. En jetant un coup d'œil vers le haut, vous apercevrez une girouette de cuivre doré mesurant 1,25 m, à l'effigie d'une sauterelle, l'un des symboles et points de repère familiers de la ville.

Le **Quincy Market** ★★★ est un autre marché historique, celui-là construit en 1825 et 1826, sur l'initiative du maire Josiah Quincy, en vue d'agrandir le Faneuil Hall. Selon une formule reprise par la plupart des grandes villes, le Quincy Market et les deux constructions dont il est flanqué, le North Market et le South Market, furent au cours des années soixante-dix transformés en un centre commercial dont les magasins et les restaurants attirent un nombre considérable de visiteurs. Recouvert de pavés, il est un lieu de fête populaire le jour et un secteur particulièrement animé le soir. On le décore, en outre, somptueusement à l'occasion de toutes les grandes fêtes de l'année.

En sortant du Quincy Market par l'arrière, puis en passant sous la Southeast Expressway, vous n'aurez qu'à franchir la trépidante Atlantic Avenue pour vous retrouver au bord de l'eau.

Faneuil Hall

Lorsque l'avenue Atlantic fut construite dans les années 1860, elle longeait plusieurs des vieux quais de Boston, entre autres le **Long Wharf**, l'un des plus anciens de tous. Érigé en 1710, ce dernier fut ainsi nommé en raison de sa longueur, qui est de 550 m. C'est sur ce quai que les Anglais ont débarqué en 1768, lorsqu'ils vinrent occuper la ville; et c'est par la même voie qu'ils ont rebroussé chemin en 1776, lorsqu'ils furent évincés. Ayant par ailleurs servi de point de départ aux premiers missionnaires en partance pour Hawaii, il fut également utile aux milliers d'habitants de la Nouvelle-Angleterre qui s'embarquaient à destination de San Francisco pour la ruée vers l'or de 1849.

Des constructions imitant celles des temples grecs et des *palazzi* de la Renaissance italienne furent bâties, au XIXe siècle, le long des quais Rowes, India, Central, Long, Commercial, Lewis, Sargent's et Union. Le **Lewis Wharf**, autrefois appelé Clarke's Wharf, appartenait jadis à John Hancock, et Nathaniel Hawthorne remplit, pour sa part, les fonctions d'inspecteur des douanes au Long Wharf. Au milieu du XIXe siècle, ces quais constituaient le principal centre d'activité des *clippers*, qui assuraient le commerce avec la Chine, l'Europe, l'Australie et Hawaii.

Certains des vieux bâtiments des quais où les armateurs et les marchands de fournitures pour bateaux exerçaient anciennement leur métier, notamment la **Pilot House**, le **Mercantile Wharf** et la **Chart House**, les seules constructions de la fin du XVIIIe siècle encore en place au bord de l'eau, ont depuis été transformés en boutiques, en bureaux et en restaurants.

Le Central Wharf est le siège du **New England Aquarium** *(droit d'entrée; ☎973-5200)*, qui se trouve à courte distance de marche du Quincy Market. Les Bostoniens s'y rendent volontiers pour observer les phoques qui s'ébattent dans le bassin extérieur. À l'intérieur, le réservoir océanique géant (Giant Ocean Tank) sert d'habitat à 95 espèces marines, parmi lesquelles se trouvent des tortues, des requins, des murènes et d'exotiques poissons de récif. À la clinique de l'aquarium, vous pourrez assister aux examens périodiques des pensionnaires depuis une salle vitrée. Des otaries se donnent également en spectacle à la porte voisine, sur la scène flottante du théâtre Discovery.

Le **Waterfront Park** ★★ *(au nord du Long Wharf, sur Atlantic Ave.)* est un jardin de poche joliment paysagé et agrémenté de trottoirs en brique; vous pouvez vous y reposer sur un banc tout en jouissant d'une vue charmante sur le port. Dédié à la regrettée matriarche du clan Kennedy, le Rose Fitzgerald Kennedy Garden s'avère adorable à toute époque de l'année, mais plus spécialement au début de l'été, lorsqu'il est en fleurs. Il ne se trouve pas loin du lieu de naissance de Mme Kennedy, dans le North End.

Depuis les quais, vous avez la possibilité de faire une croisière autour du Boston Harbor, une excellente façon de passer un après-midi ou une soirée et d'admirer le décor de la ville sur fond de ciel et d'océan. Parmi les entreprises qui proposent ce service, notons **Boston Harbor Cruises** *(1 Long Wharf, ☎227-4320)* et **Massachusetts Bay Lines** *(60 Rowes Wharf, ☎542-8000)*.

Si vous aimez les intrigues mêlées d'humour, embarquez-vous pour une **Boston Harbor Mystery Cruise** *(264 Washington St., Westwood, MA 02090, ☎800-697-2583)*, soit une croisière-dîner de trois heures qui part du Long Wharf et au cours de laquelle on présente une comédie «meurtre et mystère».

En partant du Long Wharf, remontez la rue State jusqu'à la **Customs House** *(McKinley Square, angle State et India)*, une construction de granit de style néoclassique, bâtie entre 1837 et 1847, d'où les inspecteurs maritimes examinaient autrefois les cargaisons de tous les navires accostant aux quais. Aussi absurde que cela puisse paraître, ce bâtiment devint en 1915 le plus haut «gratte-ciel» de Boston, alors qu'on le surmonta d'une grande tour à horloge. Celle-ci, hors d'usage pendant de nombreuses années, fut restaurée au cours des années quatre-vingt, et sa resplendissante aura bleue et or éclaire désormais les nuits de la ville, visible de très loin.

Le **Cunard Building** *(126 State St.)* fut érigé en 1902 pour le compte de la Cunard Steamship Line, à qui appartient le bateau de croisière *Queen Elizabeth II*. Deux ancres d'airain flanquent ses portes festonnées de dauphins et de coquillages.

L'**Old State House** ★★ *(droit d'entrée; 206 Washington St., angle State St., ☎720-3290)*, une jolie petite construction de briques écrasée par les gratte-ciel avoisinants, est le plus vieux bâtiment public de Boston encore debout. Un lion de bronze et une licorne de pierre surmontent ses pignons, symboles de la Couronne britannique, car, jusqu'à la guerre d'Indépendance, c'était là le siège du gouvernement anglais. Un anneau de pavés y marque l'emplacement du massacre de Boston, l'événement déclencheur de la Révolution. Transformée en musée depuis 1882, l'Old State House renferme des galeries courbes où sont présentées diverses expositions sur l'histoire et l'architecture du bâtiment lui-même, ainsi que des premiers jours de Boston et de ses activités maritimes, incluant différents objets antiques tels qu'un modèle réduit de navire, des tableaux et des lithographies.

Tout juste à côté, le **National Park Service Visitor Information** *(15 State St., ☎242-5642)* offre un bon choix de cartes, de plans, de guides et de brochures de voyage, et organise en outre des visites de divers parcs nationaux accompagnées de gardes forestiers, ainsi que de certains sites de la Freedom Trail.

Un marché de fleurs extérieur ajoute au charme du bâtiment de brique de style fédéral devant lequel il se trouve : l'**Old South Meeting House**★★ *(droit d'entrée; 310 Washington St., angle Milk St., ☎482-6439)*. Construit en 1729, cet édifice est percé de hautes fenêtres palladiennes, et son intérieur comporte une tribune blanche ainsi que des lustres à bougies. Plusieurs rencontres cruciales pour la préparation de la guerre d'Indépendance se sont déroulées ici, incluant le débat qui provoqua le Boston Tea Party. D'innombrables notables ont pris la parole en ces lieux, entre autres Samuel Adams, John Hancock et, plus tard, Oliver Wendell Holmes. Bien qu'elle ait subi de nombreux assauts (les Anglais y avaient installé une école d'équitation, avec barre de saut et tout le tralala, et elle dut temporairement servir de bureau de poste à la suite de l'incendie dévastateur de 1872), elle a maintenant retrouvé tous ses atours du XVIIIe siècle. Des enregistrements sonores y recréent l'atmosphère de l'historique débat sur le thé de même que de plusieurs autres harangues. Récemment rénovée, cette institution présente divers programmes à saveur historique et architecturale ainsi que des expositions interactives, tout en conservant sa vocation de tribune publique en ce qui a trait aux événements de nature communautaire.

La rue Milk mène droit au cœur du Financial District, un véritable labyrinthe qui s'étend de la rue State à la rue High vers le sud, et jusqu'à Washington Street à l'est. Dominé par les tours des grandes banques et des immeubles de bureaux, le quartier des affaires a connu un essor prodigieux au cours des années quatre-vingt, alors qu'il a vu naître de nombreux édifices plus audacieux les uns que les autres, suscitant une vive controverse quant au bien-fondé de leur architecture dans une ville aussi conservatrice que Boston. Pour vous en donner un exemple, on affuble gaiement la **Boston Bank** *(100 Federal St.)* du sobriquet de *Pregnant Alice* (la femme enceinte), tellement son aspect fait penser à un ventre gonflé.

Au cours de sa progression dévorante, le **grand incendie de 1872** a rasé près de 25 ha dans le centre de Boston. L'endroit précis où sa course, en direction du sud, put enfin être arrêtée est marqué d'une plaque de bronze posée sur la façade du bureau central des postes américaines au **Post Office Square**, à l'angle des rues Milk et Devonshire.

Deux joyaux vous attendent dans le hall d'entrée du **New England Telephone Building** *(185 Franklin St.)*. La première est une imposante murale intitulée *Telephone Men and Women at Work*, faisant entièrement le tour de la rotonde et représentant plusieurs décennies d'ouvriers et ouvrières des services téléphoniques, des standardistes des années 1880 aux ingénieurs modernes, en passant par les poseurs de câbles et les téléphonistes du service de renseignements. La seconde est la mansarde d'Alexander Graham Bell, un réduit sombre rempli d'objets rappelant la naissance du téléphone à Boston en 1875. À peu de choses près, la mansarde a la même allure que celle où Bell travaillait, si ce n'est qu'elle se trouvait alors au 109 de la rue Court (une **plaque de bronze** posée sur le Government Center, en face du John F. Kennedy Building, marque l'endroit d'où le son fut transmis par fils pour la première fois de cette mansarde du quatrième étage).

Sur Summer Street se dresse un mobile qui ressemble à un gigantesque arbre à sucettes jaunes, une extravagance pour le moins inattendue dans une ville où les œuvres artistiques exposées aux regards des passants sont plutôt rares. Les Bostoniens l'ont familièrement baptisé «les sucettes», mais son vrai titre est ***Helion*** *(100 Summer St.)*, et il fait partie d'un groupe de pièces du sculpteur Robert Amory connues sous le nom de *windflowers* (fleurs au vent).

Suivez ensuite la rue Summer en direction du sud jusqu'à la **South Station ★** *(angle Summer St. et Atlantic Ave.)*, une gare monumentale de très grand style à son époque; de fait, elle était la plus grande gare ferroviaire du monde au tournant du siècle. À la suite d'une restauration complète, achevée en 1989, ce château de granit rose a aujourd'hui retrouvé toute sa prestance. Des colonnes ioniques, une balustrade et une horloge surmontée d'un aigle ornent sa façade incurvée de style Beaux-Arts couvrant deux rues entières. La South Station est aujourd'hui une plaque tournante pour les usagers du métro, du train, de l'autocar et de l'autobus. Son intérieur, conçu de façon à ressembler à une place de marché européenne, resplendit de marbre poli et de rampes cuivrées; on y trouve également une foule de restaurants, de commerces et de vendeurs ambulants.

De l'autre côté de la rue, vous pouvez visiter la **Federal Reserve Bank** *(ouvert lun-ven; visite tous les ven, réservations requises; 600 Atlantic Ave., angle Summer St., ☎973-3464)*, dans les locaux de laquelle passent, chaque jour, des devises totalisant plusieurs millions de dollars. Son architecture inusitée (la façade ressemble à une énorme planche à laver, et il y a un vide là où le quatrième étage devrait normalement se trouver) est destinée à lui permettre de résister à la pression du vent et aux puissants courants escendants auxquels la structure est exposée. La *Fed*, dont l'entrée arbore fièrement quantité de sculptures et de murales, est en outre le théâtre de concerts classiques et de jazz, de même que d'expositions d'art et d'artisanat renouvelées périodiquement. Composez le ☎973-3451 pour connaître le programme.

La **Winthrop Lane ★**, un minuscule passage pavé de briques qui relie les rues Arch et Devonshire, s'enorgueillit d'une des œuvres d'art publiques les plus intéressantes de Boston, intitulée *Boston Bricks : A Celebration of Boston's Past and Present* (Briques de Boston : Un hommage au passé et au présent de Boston). En 1985, les artistes Kate Burke et Gregg Lefevre ont créé des bas-reliefs en bronze représentant divers personnages, scènes et récits de Boston, qu'ils ont ensuite disposés le long de ce petit raccourci de briques rouges emprunté par les gens qui travaillent dans le quartier des affaires. Prenez le temps d'examiner attentivement les détails de l'ensemble, et vous découvrirez entre autres les Red Sox (équipe de baseball) et les bateaux-cygnes du lagon du Public Garden, tandis que d'autres représentations vous laisseront complètement perplexes.

La South Station n'est qu'à deux pas du **Chinatown**, délimité par les rues Essex et Washington et la Southeast Expressway. Si on le compare aux quartiers chinois des autres grandes villes américaines, celui de Boston est plutôt minuscule, couvrant à peine quelques rues. Mais il faut savoir qu'il occupait un territoire beaucoup plus étendu il y quelques dizaines d'années, avant que la construction de la Southeast Expressway ne vienne l'éventrer, et que celle du Tufts New England Medical Center n'en dévore un autre morceau de taille. Désormais pris en étau entre la voie rapide et la Combat Zone, le Chinatown n'a guère plus le loisir d'élargir ses frontières. Mais ne vous laissez pas tromper par ses dimensions restreintes, car sa dense population en fait le troisième quartier chinois en importance aux États-Unis.

À l'origine, les Chinois furent amenés par train de la Côte Ouest afin d'enrayer une grève dans l'industrie de la chaussure au cours des années 1870. Ils choisirent de s'établir à proximité de la South Station de manière à faciliter leurs déplacements. Vivant tout d'abord dans des tentes, ils en vinrent peu à peu à construire leurs propres maisons ou à s'installer dans des endroits précédemment habités par des Syriens, des Irlandais et des Italiens.

State House

En dépit de sa taille restreinte, ou peut-être est-ce précisément à cause de ce facteur, le Chinatown est on ne peut plus authentiquement chinois. Le quartier est truffé de commerces et de restaurants chinois, et leurs enseignes sont toutes en chinois. Même les cabines téléphoniques publiques rappellent les pagodes chinoises. Pour de plus amples renseignements sur ce riche et unique quartier, rendez-vous à l'adresse suivante sur le Web : www.bostonchinatown.com.

Le **portail du quartier chinois**, un présent de Taïwan à l'occasion du bicentenaire du Chinatown, en marque l'entrée, à l'intersection de Beach Street et de Surface Road. De pierres blanches et surmonté d'une imposante pagode verte, il est gardé de l'avant et de l'arrière par des chiens de style Foo de même que par des personnages chinois dorés sur fond de marbre vert. Les noms de ces personnages classiques n'ont pas vraiment de traduction comme telle en chinois moderne, mais ils incarnent des principes moraux, comme la justesse, la droiture, la modestie et l'honneur.

L'**Unity/Community Chinatown Mural** *(angle Harrison Ave. et Oak St.)*, peinte en 1986, représente l'histoire des Chinois de Boston. Parmi ses personnages à nattes, figurent des ouvriers de la construction, un blanchisseur et des femmes assises devant des machines à coudre. D'autres scènes de cette grande murale présentent des Chinois apprenant à lire, protestant pour sauver leur logement ou exerçant diverses carrières professionnelles.

Le **Chinese Culture Institute** *(fermé dim-lun; 276 Tremont St., ☎542-4599)* a ouvert ses portes en 1980. On y trouve une galerie où peintures, sculptures, céramiques et arts populaires chinois font l'objet d'expositions périodiques. L'institut présente également des concerts, des pièces de théâtre, des récitals de danse et des conférences.

Même si vous choisissez de ne pas en ramener à la maison, vous pourrez toujours vous contenter de regarder les poulets vivants d'**Eastern Live Poultry** *(48 Beach St., ☎426-5960)*, caquetant à qui mieux mieux dans des cages de broche empilées les unes sur les autres. Les Bostoniens font la queue pour en acheter, vivants ou plumés.

Rejoignez ensuite Tremont Street, à deux rues de là, et marchez en direction du sud. En un rien de temps, vous vous retrouverez dans le quartier du spectacle (**Theater District**), concentré autour de Tremont Street, de Warrenton Place et de Charles Street South. À Boston, la vie artistique est particulièrement prestigieuse et animée, et plusieurs des pièces qu'on y présente sont des essais destinés à être produits à Broadway. Parmi les six ou sept théâtres de renommée nationale qu'on trouve ici, notons le **Colonial** *(106 Boylston St., ☎426-9366)*, en activité continue sur une plus longue période par rapport aux autres établissements du pays. À l'époque de son érection en 1900, son apparence somptueuse lui valait en outre d'être considéré comme le plus élégant de tous les théâtres de la nation, et pour cause : son vestibule d'une hauteur de plus de 20 m est tapissé de marbre italien, et son foyer, orné de bois sculpté, de Cupidons et d'épais miroirs, est rehaussé d'escaliers de bronze, sans parler des fresques qui garnissent son plafond. George M. Cohan, Noel Coward, Fred Astaire, Katharine Hepburn et les frères Marx ont tous foulé ses planches.

Anciennement le siège du Metropolitan Theater, le splendide **Wang Center for the Performing**

Arts *(270 Tremont St., ☎482-9393)* a été construit en 1925 comme un «palais» où l'on présentait en grande première les films des années folles, et il figure désormais au registre national des monuments historiques. Conçu de façon à rappeler l'Opéra de Paris et le château de Versailles, il a aujourd'hui retrouvé son faste d'antan, richement décoré de feuilles d'or, de cristal, de grandes glaces et de marbre italien. Ses 3 610 places en font l'un des plus grands théâtres du monde, et l'on a vu s'y produire un grand nombre d'artistes célèbres, entre autres Yo-Yo Ma, Luciano Pavarotti, Robin Williams, Lauryn Hill et la troupe de danse de Mark Morris.

L'**Eliot Norton Park** *(angle Tremont St. et Charles St. S.)* s'étend à l'endroit où le quartier chinois et le quartier du spectacle rencontrent le Bay Village. De nouveaux lampadaires ainsi que des pelouses verdoyantes égayent, depuis son réaménagement en 1994, ce lieu autrefois sombre, sinistre et même dangereux. On a, fort à propos, dédié ce parc au doyen des critiques de théâtre américains.

Peu de gens savent qu'**Edgar Allan Poe** a longtemps vécu à Boston. On a donc placé, en 1989, une plaque de bronze à sa mémoire à l'angle de Boylston Street et d'Edgar Allan Poe Way. Né ici même, Poe était le fils d'un couple d'acteurs du Boston Theatre. C'est également à Boston qu'il a publié son premier titre, qu'il s'est enrôlé dans l'armée et qu'il a donné de nombreuses conférences.

La **Grand Lodge of Masons** *(fermé sam-dim; 186 Tremont St., angle de Boylston St., ☎426-6040)* est ornée de mosaïques bleu et or représentant divers symboles maçonniques; dans son grand hall d'entrée, vous pourrez contempler plusieurs objets et photos reliés à la Grande Loge.

La célèbre **Combat Zone** de Boston, située au nord de Washington Street, fait désormais partie des espèces en voie de disparition. Avec l'accélération du développement urbain, à la fin des années soixante-dix, sa pléthore de bars malfamés, de librairies érotiques, de cinémas pour adultes et de salons aux serveuses et danseuses aux seins nus, s'est trouvée réduite de façon substantielle, si bien que le quartier se limite aujourd'hui à quelques pâtés de maisons seulement, ce qui en ferait la risée de tout «habitué» des grandes métropoles dignes de ce nom.

Le **Downtown Crossing** *(angle Washington et Summer)* est le centre névralgique du magasinage au centre-ville, et c'est en foule que les clients du midi s'amassent dans les rues piétonnes pavées de briques de ces artères commerciales, en face du **Jordan Marsh** et du **Filene's**, qui sont deux des plus anciens magasins à rayons de Boston. Avec ses vendeurs ambulants et ses musiciens de rue qui se disputent le peu de place disponible, l'animation y est en outre des plus diversifiées; vous y entendrez tantôt un groupe folklorique du Pérou, tantôt un groupe rock, ou alors le sempiternel homme-orchestre.

L'**Old City Hall** ★ *(45 School St.)*, un bâtiment grandiose de style Second Empire français, a été rénové au cours des années soixante-dix; il abrite maintenant des bureaux et un restaurant français. L'une des premières constructions du XIXe siècle à être recyclée, l'Old City Hall a grandement contribué à l'essor du mouvement de sauvegarde du patrimoine de Boston. Devant sa façade se dresse la **Franklin Statue**, haute de 2,5 m, un hommage à Benjamin Franklin. Des reliefs recouvrent son socle, illustrant divers épisodes de la carrière du grand homme en tant qu'imprimeur, homme de science et signataire de la déclaration d'indépendance.

La **Bromfield Street**, un court passage reliant les rues Washington et Tremont, est bordée de minuscules boutiques d'appareils photo, de bijoutiers et horlogers, de comptoirs philatéliques, de prêteurs sur gage et d'un ou deux petits cafés. Quelques bâtiments historiques intéressants longent cette rue, y compris la résidence du héros de la guerre d'Indépendance, Thomas Cuching, qui organisait ici des rencontres avec les Adamses, Thomas Paine et d'autres de ses copains.

L'**Omni Parker House** *(60 School St., ☎227-8600)*, établie en 1855, est le plus vieil hôtel des États-Unis à n'avoir jamais cessé ses activités. Peu après son érection, il devint le rendez-vous du Saturday Club, un groupe littéraire dont Nathaniel Hawthorne, Ralph Waldo Emerson, Henry Wadsworth Longfellow, James Russell Lowell, Oliver Wendell Holmes et John Greenleaf Whittier faisaient tous partie. C'est d'ailleurs à ce groupe qu'on doit la création du mensuel *Atlantic Monthly*.

La **King's Chapel** ★ *(juin à la fête du Travail lun-sam, nov à fév sam seulement, mars à mai lun et ven-sam; angle Tremont et School, ☎523-1749)* revêt une triste allure de mausolée. En effet, son clocher ne fut jamais achevé, de sorte que c'est un bâtiment de granit nu et écrasé qu'encadrent ses colonnes ioniques. L'intérieur est cependant magnifique, avec ses lustres d'étain et ses colonnes corinthiennes sculptées. D'abord la première église anglicane de la Nouvelle-Angleterre, la King's Chapel devint, par la suite, la première église unitarienne d'Amérique. Elle fut en outre célèbre pour sa musique, car il s'agit de la première église de Boston à avoir abrité un orgue (il faut savoir que les puritains ne favorisaient pas la musique au cours des offices du dimanche).

À côté de l'église se trouve le **King's Chapel Burying Ground**, le plus vieux cimetière de Boston. C'est là que sont enterrés John Winthrop, le premier gouverneur de la colonie, et William Daws, le soldat qui aida Paul Revere à prévenir les forces coloniales de l'arrivée des Anglais.

La **Park Street Church** ★ *(angle Park et Tremont, ☎523-3383)* se présente, pour sa part, comme l'une des plus belles églises de Boston, avec son extérieur de briques et sa flèche signée Christopher Wren. Pendant la guerre de 1812, on l'avait surnommée Brimstone Corner (la soufrière), car on entreposait de la poudre dans son soubassement. Par ailleurs, c'est ici que William Lloyd Garrison prononça son premier discours contre l'esclavage et que l'hymne *America* fut entonné pour la première fois. Le soir, on peut aujourd'hui y entendre des concerts de carillons.

Tout à côté s'étend l'**Old Granary Burying Ground**, un cimetière qui tire son nom d'un vaste entrepôt de céréales qui se dressait autrefois sur le terrain qu'occupe aujourd'hui l'église. Paul Revere, la «Mère l'Oie» de Boston (Elizabeth Ver Goose, célèbre pour ses comptines) et trois des signataires de la déclaration d'indépendance, dont John Hancock, sont enterrés ici. Vous ne pourrez toutefois identifier l'emplacement exact de leur sépulture, car les pierres tombales ont été déplacées afin de faciliter l'entretien de la pelouse. Parmi les motifs populaires qu'on retrouve le plus souvent sur les stèles, mentionnons les têtes de mort, les squelettes et les sabliers.

Le **Boston Common** ★★, une vaste étendue de verdure plantée d'arbres, en outre un des plus vieux jardins publics d'Amérique, n'a pas toujours été ce qu'il est aujourd'hui. En 1634, ses hectares servaient en effet de pâturage, de terrain d'entraînement pour la milice et de scène publique où l'on pendait les adultères, les *quakers*, les pirates et les sorcières. À quelques pas du kiosque d'information se trouve la **fontaine Brewer**, apportée de Paris en 1868 par Gardner Brewer pour sa résidence de Beacon Hill et plus tard donnée à la Ville. Parmi les monuments et statues qui agrémentent le Common, il faut souligner le *Soldiers and Sailors Monument*, situé en hauteur sur une colline et dont les personnages symbolisent l'histoire et la paix.

De nos jours, les employés des bureaux du centre-ville empruntent ses sentiers entrecroisés pour se rendre plus rapidement au travail. Mais l'endroit est aussi très fréquenté par les amateurs de jogging et de *frisbee*, et nombreux sont ceux et celles qui viennent y promener leur chien. Vous pouvez également jeter un coup d'œil à l'intérieur de la **Park Street Station**, la toute première station du tout premier métro de la nation, inaugurée en 1897.

Le Boston Common est le premier joyau du «collier d'émeraudes» (**Emerald Necklace** ★★★) de Boston, un réseau de jardins, de pelouses et de parcs qui sillonnent et entourent la ville jusqu'à Jamaica Plain, Brookline et le Fenway. Le projet en fut conçu au début du siècle par le célèbre architecte paysagiste Frederick Law Olmsted, convaincu que l'addition de jardins à la ville servirait d'antidote au bruit, au stress et au manque de naturel de la vie citadine. L'Emerald Necklace comprend, outre le Boston Common, le Public Garden, le Commonwealth Avenue Mall, le Back Bay Fens, l'Olmsted Park, le Jamaica Pond, le Franklin Park et l'Arnold Arboretum. Le **Boston Parks and Recreation Department** *(☎635-7383)* organise périodiquement des visites à pied et à bicyclette du «collier» tout entier. Ses autres éléments seront décrits à tour de rôle dans les sections se rapportant aux quartiers où ils se trouvent.

À l'extrémité nord-est du Boston Common, vous pouvez emprunter Park Street pour vous rendre à Beacon Hill.

Beacon Hill ★★

Le nom de ce quartier vient de ce qu'en 1634 un feu d'alarme (*beacon*) fut aménagé au sommet de la colline où il se trouve dans le but de prévenir les colons de tout danger. La colline était autrefois beaucoup plus élevée qu'aujourd'hui, ce qui s'explique par le fait qu'on lui a retranché 18 m au XIXe siècle afin d'y permettre le développement d'un secteur résidentiel.

Après une importante vague d'édification, Beacon Hill ne tarda pas à devenir le quartier le plus sélect de la ville, regroupant médecins, avocats, écrivains et intellectuels de toutes sortes. Oliver Wendell Holmes décrivait d'ailleurs l'endroit comme «*l'artère ensoleillée où s'établissent les bien-nantis*». Les premiers résidants officiels du quartier furent John Singleton Copley et John Hancock. Parmi leurs successeurs, notons Daniel Webster, Louisa May Alcott, William Dean Howells, Henry James et Jenny Lind.

Aucune partie de Boston n'est plus élégante que Beacon Hill. Ce charmant secteur ressemble encore à un quartier du XIXe siècle, avec ses lampadaires à gaz, ses trottoirs en brique et ses rues étroites à une seule voie qui ondulent au gré de la colline. Les maisons de brique qui vinrent s'aligner en bordure de ses rues furent conçues dans le plus pur style fédéral, avec des fenêtres symétriques, des baies de porte à imposte, des persiennes noires et des grillages en dentelle de fer forgé noir. Les habitants du quartier adorent les boîtes de fleurs et les jardins, plusieurs résidences s'ouvrant sur de magnifiques jardins dissimulés par des murs, lesquels sont toutefois accessibles au public dans le cadre des visites printanières des «jardins cachés» de Beacon Hill (**Hidden Gardens of Beacon Hill**) qu'organise, chaque année, le Beacon Hill Garden Club *(P.O.Box 302, Charles Street Station, Boston, MA 02114, ☎227-4392)*.

Le diadème de Beacon Hill, posé sur son sommet, est la **Massachusetts State House★** *(☎722-2000)*, qui a avantageusement remplacé l'ancien capitole du centre-ville. Après la guerre d'Indépendance, les dirigeants de l'État désiraient voir le nouveau gouvernement prospère siéger dans un édifice plus prestigieux. C'est ainsi que Charles Bulfinch dessina ce bâtiment pour eux en 1795, toujours dans le style fédéral, avec un dôme doré, une façade de brique, des fenêtres palladiennes ainsi que des colonnes et des moulures corinthiennes. Ne manquez surtout pas de visiter l'intérieur des lieux, avec son impressionnante rotonde, ses sols recouverts de 24 variétés de marbre, ses rampes d'escalier uniques en dentelle de fer forgé noir, ses fenêtres à vitraux et ses plafonds voûtés richement décorés. N'oubliez pas non plus la «morue sacrée» (**Sacred Cod**), un poisson de bois suspendu à l'intérieur de la Chambre des députés en 1784 pour souligner l'importance de l'industrie de la pêche dans le Massachusetts.

L'**Old Court House** *(Pemberton Square)*, qu'occupe aujourd'hui le palais de justice du Suffolk County, comporte une vaste rotonde aux plafonds voûtés et ornés de rosettes d'or, de chérubins, d'urnes, de manuscrits et de sonneurs de trompettes. La rotonde est entourée de cariatides représentant la Justice, la Force, le Châtiment, le Remords, la Récompense, la Sagesse, la Religion et la Vertu.

Nombreux sont ceux et celles qui se rendent au **Louisbourg Square ★★** *(entre Mount Vernon et Pinckney)* à seule fin de jouir de sa beauté. Au centre du square se trouve un paisible jardin de forme ovale, ceinturé d'une haute clôture de fer noir et entouré de maisons en brique aux fenêtres en rotonde. L'ensemble fait tellement penser à Londres qu'une entreprise cinématographique anglaise y a tourné le film *Vanity Fair* dans les années vingt. Louisa May Alcott vivait au n° 20.

La petite rue à une voie qu'est **Acorn Street** *(immédiatement au sud du Louisbourg Square, entre Cedar et Willow)* est l'une des rares rues pavées, d'ailleurs on ne peut plus pittoresque, qui subsiste encore à Beacon Hill. C'est ici que vivaient autrefois les cochers et domestiques des grandes résidences avoisinantes.

Le **Rose Standish Nichols House Museum** *(droit d'entrée; jan fermé, mai à oct fermé lun, fév à avr ouvert lun, mer et sam; 55 Mount Vernon St., ☎227-6993)* n'était pas très chic pour son époque, mais il n'en demeure pas moins un bel exemple des maisons accolées les unes aux autres qu'on construisait ici à la fin du XIXe siècle. Standish Nichols était tout un personnage en son temps; architecte paysagiste renommée et pacifiste notoire, elle avait voyagé partout dans le monde et comptait Woodrow Wilson parmi ses amis. Conçue par Charles Bulfinch, sa maison est remplie d'antiquités rares telles que tapisseries de la Renaissance flamande, statues du célèbre sculpteur américain Augustus Saint-Gaudens et papiers peints pour le moins inusités en imitation de cuir rehaussé d'or.

Au **85 Mount Vernon Street** se trouve la seconde résidence dessinée par Bulfinch pour le compte de Harrison Gray Otis, alors que la troisième, une fantaisie sans précédent, peut être contemplée au **45 Beacon Street**.

Vous auriez beaucoup de mal à trouver une bibliothèque plus grandiose que la **Boston Athenæum** ★ *(10½ Beacon St., ☎227-0270)* : hauts plafonds et passages voûtés encadrés de colonnes, une multitude de bustes en marbre, tables de lecture en bois massif et fauteuils de cuir rouge capitonnés de cuivre jaune. Fondée en 1807 par un groupe incluant le révérend William Emerson, nul autre que le père de Ralph Waldo Emerson, elle figure au nombre des plus vieilles bibliothèques privées du pays. Sa galerie de peintures et sa salle de sculptures ont abrité le premier musée d'art de Boston, et l'établissement possède encore de nos jours une impressionnante collection d'œuvres d'art, y compris des travaux de Gilbert Stuart, John Singer Sargent et Chester Harding. La Boston Athenæum est en outre réputée pour ses collections de lithographies américaines du XIXe siècle, de cachets des États confédérés et d'ouvrages ayant appartenu à George Washington, au général Henry Knox et à Jean-Louis Cardinal Cheverus. Visites guidées des cinq étages du mardi au jeudi sur rendez-vous.

Les **Appleton-Parker Houses** *(39-40 Beacon St.)*, deux maisons jumelles de style néoclassique identiques en tous points, ont originellement été construites pour le compte de deux riches marchands. C'est ici, au n°39, que Fanny Appleton a épousé Henry Wadsworth Longfellow en 1843; et le n°40 est maintenant devenu le siège du Women's City Club.

Au 63-64 Beacon Street, vous pouvez encore voir quelques spécimens du célèbre **«verre pourpre» de Beacon Hill**, dont les reflets caractéristiques sont l'effet d'une réaction à la lumière du soleil. Comme tous les autres vestiges de la tradition propre à ce quartier, ces carreaux uniques en leur genre ont suscité un intérêt grandissant au fil des années.

Aussi surprenant que cela puisse paraître, car la plupart des gens perçoivent Beacon Hill comme un véritable bastion des «brahmanes» de Boston, la face nord de la colline était au XIXe siècle le cœur même de la communauté noire émergente. Les Noirs avaient fait leur entrée à Boston comme esclaves en 1638 et, en 1705, on en dénombrait plus de 400, y compris une poignée de Noirs affranchis qui s'établirent dans le North End. Au cours du XIXe siècle, la plupart des Noirs transportèrent leurs pénates dans le West End et à Beacon Hill, entre les rues Joy et Charles. Les Noirs libres travaillèrent alors d'arrache-pied pour loger convenablement les leurs et leur assurer une bonne éducation, ainsi que pour mettre fin à l'esclavage. Plusieurs de leurs maisons et bâtiments publics s'y trouvent toujours. Vous pouvez d'ailleurs les voir au fil des 14 étapes du circuit de la **Black Heritage Trail** en compagnie d'un guide mis à votre disposition sept jours sur sept suivant un horaire fixe. Des plans de ce circuit, qui se parcourt à pied, s'obtiennent au comptoir d'information touristique du Boston Common (*Boston Common Visitor Information*) ainsi qu'au **Museum of Afro-American History** *(tlj en été, fermé sam-dim le reste de l'année; 46 Joy St., ☎742-1854)*, qui en constitue d'ailleurs une des haltes.

Parmi les bâtiments publics, notons l'**African Meeting House** *(8 Smith Court)*, la plus vieille église noire d'Amérique encore debout, construite en 1806. On la désignait sous le nom de Black Faneuil Hall à l'époque de l'abolitionnisme. C'est ici qu'en 1832 la société antiesclavagiste de la Nouvelle-Angleterre (New England Anti-Slavery Society) fut créée, avec des orateurs comme le dirigeant noir Frederick Douglas et des abolitionnistes comme William Lloyd Garrison et Charles Summer.

À l'angle des rues Beacon et Park est présenté un vibrant hommage au premier régiment noir enrôlé à l'occasion de la guerre de Sécession, qui marque en outre le point de départ de la Black Heritage Trail : le **Robert Gould Shaw and 54th Regiment Memorial**. Il s'agit d'une sculpture en bas-relief d'Augustus Saint-Gaudens dépeignant le régiment en marche précédé de son chef blanc, le Bostonien Robert Gould Shaw, et surmonté d'un ange protecteur. Le film *Glory*, qui raconte précisément l'histoire du 54e régiment, a pour sa part grandement contribué à mettre en valeur l'importance du rôle militaire des Noirs au cours de la guerre de Sécession.

Le sentier vous entraîne également vers une des premières écoles pour enfants noirs et vers des maisons construites par des Noirs libres, notamment la **Lewis and Harriet Hayden House** *(66 Phillips St.)*, qui servit de gare ferroviaire souterraine et qui fut visitée par Harriet Beecher Stowe.

Sur une tout autre note, le petit écran apporte également sa contribution à l'histoire de Beacon Hill. Tels des pigeons voyageurs, les touristes foncent en effet immanquablement sur les lieux d'enregistrement de la série télévisée *Cheers*; alors, aussi bien en parler ici même. L'émission se déroule au **Bull and Finch Pub** *(au sous-sol du 84 Beacon St., ☎227-9605)*, à ne pas confondre avec le Three Cheers *(390 Congress*

St.), qui n'a rien à voir avec la série. Malgré le fait que le Bull and Finch ait considérablement capitalisé sur son succès télévisuel (entre autres en vendant t-shirts, chopes à café et chapeaux *Cheers*, à l'étage supérieur du hall d'entrée du Hampshire House Hotel), le célèbre bar n'en a pas moins conservé une atmosphère tout à fait chaleureuse. Il s'agit d'un authentique *pub* d'origine anglaise qu'on a démantelé et transporté ici par bateau avec tous les éléments de son décor, y compris les antiques panneaux de cuir et de noyer qui en recouvraient les murs.

Un autre point d'intérêt pour les amateurs de séries télévisées se trouve également à Beacon Hill. Il s'agit de la caserne de pompiers au-dessus de laquelle vivait le détective privé du nom de Spenser dans *Spenser for Hire*, et où il pénétrait par une porte rouge vif. La caserne est à côté de la Charles St. Meeting House, sur la rue Mount Vernon, à l'angle de River Street.

Back Bay ★★★

En dépit de ses humbles origines (il ne s'agissait au départ que d'une vulgaire mare de boue), Back Bay ne tarda pas à devenir un quartier chic. Au fur et à mesure qu'elle se développait, la ville, jusqu'alors confinée à la péninsule originale qui entourait le Boston Common, manquait de plus en plus d'espace. Elle entreprit, en 1858, de combler les laisses vaseuses de Back Bay, le plus important projet d'assèchement de l'époque. Quelque 180 ha de marécages furent ainsi transformés en terres utilisables au cours des 20 années qui suivirent.

Pour avoir bénéficié d'autant de latitude dans sa planification, Back Bay est le seul secteur de la ville où l'on peut déceler une logique évidente, avec des artères formant un quadrillage régulier et des rues transversales nommées par ordre alphabétique en s'inspirant de célèbres palais ducaux, comme Arlington, Berkeley, Clarendon, Dartmouth, Exeter, Fairfield, Gloucester et Hereford.

Le nerf central de cette œuvre grandiose est **Avenue Commonwealth** ★★. Dessinée sur le modèle des Champs-Élysées, elle se présente comme un large boulevard rehaussé d'une allée centrale recouverte de pelouse qui traverse tout le quartier. La *Comm Ave*, comme l'appellent les résidants, est bordée de majestueuses demeures de grès brun ainsi que de plusieurs bâtiments historiques. Les rues Beacon et Marlborough lui sont parallèles, de même que la chic rue Newbury, courue pour ses boutiques élégantes, ses magasins de fourrures et de vêtements, ses bijouteries de luxe, ses galeries d'art, ses antiquaires et ses innombrables restaurants. Le quartier s'étend vers l'ouest jusqu'au Kenmore Square, au-delà de Massachusetts Avenue, que les natifs de l'endroit abrègent une fois de plus en *Mass Ave*.

Au nord, le quartier s'arrête à la rivière Charles, dont la large et verte **Charles River Esplanade** est grandement fréquentée par les amateurs de soleil au cours de la saison chaude. C'est également là que se trouve le **Hatch Memorial Shell**, où l'orchestre symphonique des Boston Pops donne des concerts en été.

Si le Boston Common est le Central Park de Boston, le **Public Garden**★★ *(délimité par les rues Beacon, Charles, Arlington et Boylston)*, siège du premier jardin botanique d'Amérique, ne peut qu'être ses Tuileries. Somptueusement paysagé d'arbres et de fleurs, ce jardin renferme un lagon bordé de saules pleureurs où évoluent en saison les fameux **Swan Boats** (bateaux-cygnes), créés en 1877 par Robert Paget, inspiré par une scène de l'opéra *Lohengrin* de Wagner. Ceux-ci sont d'ailleurs toujours exploités par ses descendants. Certaines statues importantes se trouvent également au Public Garden, entre autres celles de **George Washington** à cheval et de l'abolitionniste Wendall Phillips.

Si vous pénétrez dans le jardin public par l'entrée située à l'angle des rues Beacon et Charles, vous ne manquerez pas d'apercevoir **Mrs. Mallard and her brood of eight ducklings** (Mère Cane et ses huit petits), marchant tous à la queue leu leu en direction de l'étang. Ces statues de bronze plus grandes que nature, placées ici en 1987, représentent les célèbres canards du conte pour enfants de Robert McCloskey, *Make Way for Ducklings* (Laissez passer les petits canards). Chaque année, à l'occasion de la fête des Mères, les canetons sont fêtés en grande pompe à l'occasion du Duckling Day (jour des canards), alors que la Historic Neighborhoods Foundation *(99 Bedford St., ☎426-1885)* organise un festival et un défilé en leur honneur.

Depuis son ouverture en 1927, le **Ritz-Carlton** ★ *(15 Arlington St., ☎536-5700)* n'a cessé de servir une clientèle de prestige. L'immeuble en brique de 17 étages qui surplombe le Public Garden n'est peut-être pas particulièrement frappant de l'extérieur, mais son intérieur incarne la quintessence de l'élégance d'autrefois, avec un hall donnant d'emblée sur un large escalier incurvé garni d'exquises rampes de bronze. Son premier propriétaire n'acceptait jamais une réservation sans avoir pris le soin de consulter le registre mondain ou les annuaires d'affaires pour s'assurer de la réputation de son client. Plusieurs personnalités ont par ailleurs vécu au Ritz, incluant Charles Lindbergh et Winston Churchill, sans compter toutes celles qui y ont fait un séjour, comme Rodgers et Hammerstein, Albert Einstein, le duc et la duchesse de Windsor, Tennessee Williams, John F. Kennedy et même Lassie, ainsi que Rin Tin Tin.

Sur la même rue, vous découvrirez l'**Arlington Street Church** *(angle Arlington et Boylston)*, construite dans le style georgien et coiffée d'un gracieuse aiguille façonnée à la manière de Christopher Wren.

Construit en 1905 dans le style Beaux-Arts, le **Berkeley Building** *(420 Boylston St.)* est si richement enrubanné de moulures en bas-reliefs de terre cuite et de fioritures d'un blanc vaporeux qu'on dirait un gâteau de noces. Étage sur étage, il est percé de fenêtres encadrées de vert glauque, et son enseigne de marbre noir est flanquée de dauphins et de serpents de mer. Magnifiquement restauré en 1989, il abritait autrefois le centre de design de Boston.

Il n'existe pas de meilleur poste d'observation de Boston que le sommet du **John Hancock Observatory**★★ *(droit d'entrée; 200 Clarendon St., Copley Sq., ☎572-6429)*, qui compte 60 étages et s'impose comme le plus haut gratte-ciel de la Nouvelle-Angleterre. À partir de son faîte (225 m), vous pourrez contempler le capitole (State House), les White Mountains du New Hampshire et la South Coast. Outre cette vue inégalée, on vous propose des expositions, un film, des photos et un spectacle son et lumière sur l'histoire de la ville. Au sol, les parois de verre de l'édifice, incroyables miroirs, reproduisent les bâtiments avoisinants aussi fidèlement qu'une photographie. Au moment de sa construction, vers la fin des années soixante, les architectes s'opposaient amèrement au projet rhomboïdal d'I.M. Pei, prétendant qu'il défigurerait complètement le Copley Square. Il n'en est pas moins devenu une pierre angulaire de Boston et, depuis que ses fenêtres de verre bleuté se sont fracassées sur la chaussée au début des années soixante-dix, les collectionneurs s'en arrachent les fragments. Pour les remplacer, il a fallu débourser plus de huit millions de dollars!

La **New Old South Church** *(angle Boylston et Dartmouth)* devint le nouveau lieu de culte de la congrégation de l'Old South Meeting House, lorsqu'en 1875 celle-ci estima que le voisinage de la rue Washington était devenu trop bruyant pour qu'on y entende les sermons. Sa façade gothique est dominée par une tour et des rosettes de pierre sculptées; son intérieur compte des mosaïques vénitiennes et des vitraux du XVe siècle représentant les prophètes, les évangélistes, les miracles et les paraboles.

Au cœur même du quartier se trouve le splendide **Copley Square** ★★ *(sur Boylston St., entre Clarendon et Dartmouth)*, nommé en l'honneur de l'artiste John Singleton Copley. Véritable carrefour religieux et intellectuel de Boston à la fin du XIXe siècle, le square est dominé par deux chefs-d'œuvre d'architecture, à savoir la Henry Hobson Richardson's Trinity Church et la Charles McKim's Boston Public Library.

Construite en 1877, la **Trinity Church** ★★★ *(206 Clarendon St., ☎536-0944)*, une église romane de style médiéval français, est tout aussi ahurissante de l'intérieur que de l'extérieur. Considérée comme une des plus brillantes créations de Richardson, elle comporte une énorme tour rappelant les dômes de Venise et de Constantinople. À l'intérieur, des couleurs d'une grande richesse et des détails mauresques absolument exquis recouvrent le plafond voûté, la rotonde et les murs de l'enceinte. On peut également y admirer des fresques de John LaFarge et de magnifiques vitraux.

Beaucoup plus qu'une simple bibliothèque, la **Boston Public Library**★ *(666 Boylston St., ☎536-5400)* est pour sa part une véritable mine de trésors artistiques et architecturaux. Inspirée des grands palais de la Renaissance italienne, elle fut érigée en 1895, et son majestueux hall d'entrée (accessible par la porte latérale) révèle un large escalier de marbre, des colonnes corinthiennes ainsi que des fresques. À l'intérieur même de la construction, vous découvrirez des murales de John Singer Sargent, des toiles de John Singleton Copley, des sculptures d'Augustus et de Louis Saint-Gaudens, et des portes de bronze signées Daniel Chester French. Prenez le temps de faire une pause dans l'agréable cour centrale, où vous trouverez des bancs et une fontaine. Un projet de restauration et de rénovation des lieux, au coût de 50 millions de dollars, est actuellement en cours, mais la bibliothèque n'en demeure pas moins ouverte au public.

La «grande dame» des hôtels d'époque de Boston est le **Fairmont Copley Plaza Hotel** *(138 St James Ave., ☎267-5300)*, construit en 1912 dans le plus grand style victorien. Il se pare d'une large façade de pierres dont le centre incurvé fait écho aux maisons arquées de Back Bay et de Beacon Hill. Des garnitures de marbre et de cristal agrémentent l'élégant hall d'entrée, en outre surmonté d'une représentation du ciel en trompe-l'œil. De renommée internationale, le Fairmont Copley Plaza a vu dormir en ses murs une douzaine de présidents américains et plusieurs membres des familles royales européennes.

Tout comme le Hancock, le **Skywalk Observatory ★★** de la Prudential Tower *(droit d'entrée; 800 Boylston St., Prudential Center, ☎236-3318)* vous donne une vue en plongée sur le centre-ville, mais de 360° cette fois. Communément appelé *The Pru*, le Prudential Center a été érigé au début des années soixante et constitue un autre exemple du renouveau urbain. Siège de nombreux bureaux et magasins, il présente une devanture qui s'agrémente d'une statue de bronze coulé, intitulée *Quest Eternal* (l'éternelle quête), à l'image d'un homme cherchant à atteindre les cieux.

Le bâtiment qui se dresse au **314 Commonwealth Avenue** est un manoir construit en 1899 sur le modèle d'un château de la Loire. Son extérieur d'apparence médiévale est agrémenté de chérubins de pierre sculptés et de gargouilles inclinées à ses créneaux. À l'intérieur, vous vous émerveillerez devant le spectacle qu'offrent les bas-reliefs de ses murs d'acajou, ses plafonds moulés recouverts de feuilles d'or, ses vitraux et son escalier de marbre richement sculpté.

Mais aucune résidence victorienne de Back Bay n'affiche plus d'opulence que la **Gibson House** *(droit d'entrée; visites mai à oct mer-sam, nov à avr sam-dim; 137 Beacon St., ☎267-6338)*, aujourd'hui transformée en musée. Érigée par l'éminente famille Gibson en 1859, cette maison Renaissance italienne est richement décorée de papiers peints gaufrés d'or, de panneaux de noyer noir, de tapis importés et de presque toute la porcelaine des Gibson.

Marlborough Street est la modeste cousine de Commonwealth Avenue, en ce qu'aucune allée piétonnière ne court en son centre. Cette rue résidentielle semble toutefois plus «vivante» que sa doyenne; vous y verrez, entre autres, des voitures d'enfants et des bicyclettes attachées aux clôtures en fer forgé qui bordent les jardins fleuris minuscules et soigneusement tenus dont s'entourent les magnolias. Les deux meilleurs moments pour arpenter Marlborough Street : les soirs d'hiver enneigés et les claires matinées de printemps, lorsque les magnolias sont en fleurs.

L'**Institute of Contemporary Art ★** ou ICA *(droit d'entrée; mer-dim, visites guidées; 955 Boylston St., ☎266-5152)* a acquis une réputation internationale grâce aux événements artistiques très variés qui s'y sont déroulés depuis plus d'un demi-siècle. Aménagé à l'intérieur d'une ancienne caserne de pompiers, l'ICA présente régulièrement des œuvres expérimentales ou controversées, qu'il s'agisse de peintures, de sculptures, de films, d'enregistrements magnétoscopiques, de concerts, de récitals, de conférences ou de lectures à caractère littéraire.

La **Fire Station Number 33** partage un magnifique bâtiment ancien avec l'ICA. En entrant ou en sortant de l'ICA, prenez bien votre temps pour observer à souhait le contraste frappant qui existe entre les sapeurs-pompiers, passant de longues heures à se détendre devant leur moitié de l'édifice, et le personnel très branché qui travaille à l'ICA, sans parler de la foule qui y met les pieds.

Le **John B. Hynes Veteran Memorial Convention Center** *(900 Boylston St., ☎954-2000)*, un important centre de congrès, a été reconstruit en grande partie et rénové à grands frais vers la fin des années quatre-vingt.

Fenway ★★★

La partie occidentale de Massachusetts Avenue bifurque vers le Fenway, c'est-à-dire le quartier des environs du **Back Bay Fens**, une autre pièce de l'Emerald Necklace. Le mot *fens*, du vieil anglais, signifie «terres basses et marécageuses» et décrit très bien le secteur. Tout au long de ce parc informe se trouvent plusieurs étangs et petits cours d'eau, de même qu'un jardin de roses et des potagers privés, vestiges des «jardins de la Victoire» du temps de la guerre.

Qui dit Fenway dit également **Fenway Park ★** *(24 Yawkey Way, ☎267-1700)*, le stade de baseball des Red Sox de Boston, fameux pour son mur du champ gauche, baptisé le «monstre

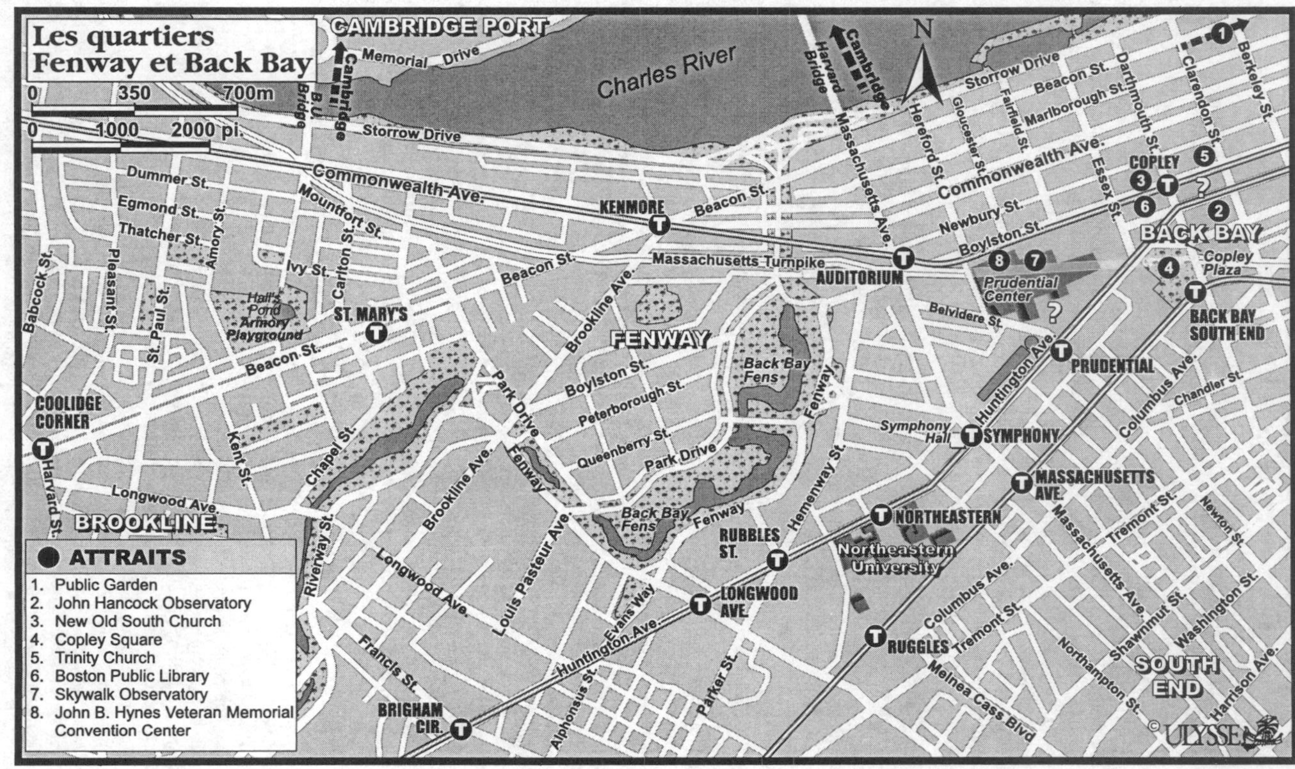
Les quartiers
Fenway et Back Bay
0 350 700m
0 1000 2000 pi.
ATTRAITS
1. Public Garden
2. John Hancock Observatory
3. New Old South Church
4. Copley Square
5. Trinity Church
6. Boston Public Library
7. Skywalk Observatory
8. John B. Hynes Veteran Memorial Convention Center
CAMBRIDGE PORT
Charles River
Cambridge
B.U. Bridge
Harvard Bridge
BACK BAY
FENWAY
SOUTH END
BROOKLINE
Northeastern University
Back Bay Fens
Prudential Center
Copley Plaza
Symphony Hall
Hall's Pond
Armory Playground
KENMORE
AUDITORIUM
COPLEY
PRUDENTIAL
SYMPHONY
MASSACHUSETTS AVE.
NORTHEASTERN
RUGGLES
LONGWOOD AVE.
RUBBLES ST.
BRIGHAM CIR.
ST. MARY'S
COOLIDGE CORNER
BACK BAY SOUTH END
© ULYSSE

vert». Il s'agit d'un des rares stades de baseball des États-Unis où règne encore l'atmosphère chaleureuse du bon vieux temps. Construit en 1912, il abrite en outre un des très rares terrains de baseball encore gazonnés. Pour le cas où vous vous poseriez la question, le «monstre vert» sert à protéger le terrain de jeu du Massachusetts Turnpike et vice versa. Les matchs des Red Sox sont présentés du mois d'avril au mois d'octobre.

Deux campus universitaires bien connus se trouvent également dans le quartier du Fenway : celui de la **Boston University**, sur Commonwealth Avenue, et celui de la **Northeastern University**, au sud de Huntington Avenue.

Du Kenmore Square, vous pouvez en outre apercevoir le panneau publicitaire rouge, blanc et bleu, et abondamment éclairé, de **Citgo**, dernière de six reliques d'une réclame de gazoline des années cinquante.

L'**Isabella Stewart Gardner Museum** ★★★ *(droit d'entrée; fermé lun; 280 The Fenway, ☎566-1401)*, logé dans un palais de style vénitien du XVe siècle, est un véritable petit bijou. Il renferme la collection personnelle de Mme Isabella Stewart Gardner, constituée au cours d'une vie entière de voyages à travers l'Europe. Considérée comme excentrique et outrancière par les Bostoniens de bonne famille, *Mrs. Jack*, ainsi qu'on vint à la surnommer, collectionnait ce qui lui plaisait; et son trésor inclut tout aussi bien des peintures de la Renaissance italienne, du XVIIe siècle hollandais ou du XIXe siècle américain que des sculptures, des étoffes, des meubles, des céramiques, des lithographies et des croquis divers. Construit autour d'une magnifique cour intérieure fleurie, le musée présente aussi des concerts hebdomadaires de musique de chambre.

Non loin de là se trouve le **Museum of Fine Arts** ★★★ ou MFA *(droit d'entrée; 465 Huntington Ave., ☎267-9300)*, reconnu mondialement pour ses collections exceptionnelles d'art asiatique, grec, romain, européen, égyptien et américain. Le MFA possède également des toiles impressionnistes et des œuvres de maîtres américains, comme John Singer Sargent, John Singleton Copley et Winslow Homer. Il accueille en outre, de façon régulière, des expositions itinérantes de grande envergure, comme celles de Monet et de Picasso. Ne ratez pas non plus les jardins japonais et le petit bistro du rez-de-chaussée.

South End

Le plus vaste quartier de Boston, le South End en est aussi le plus méconnu. Tout comme Back Bay, et plus de 10 ans avant lui, il s'est bâti sur des terres d'assèchement. Rue après rue, on y a construit des maisons victoriennes en brique accolées les unes aux autres, destinées à servir de résidences à la classe moyenne et aux familles plus fortunées. De nos jours, le quartier tout entier figure au registre national des monuments historiques comme la plus importante concentration aux États-Unis de maisons victoriennes en brique.

À la suite de la grande panique de 1873, les banques y saisirent de nombreuses propriétés hypothéquées, et ceux qui pouvaient se le permettre s'empressèrent de déménager à Back Bay. Le secteur fut alors morcelé, et l'on vit apparaître de nombreuses usines et maisons de chambres qui en firent un véritable ghetto d'immigrants de plus de 40 nationalités différentes, notamment de Noirs, de Syriens, d'Hispano-Américains et de Libanais.

Le South End se languit alors pendant plusieurs décennies, jusqu'à ce que l'économie de Boston se relève au cours des années soixante. Depuis 1965, un afflux de professionnels de la classe moyenne a en effet permis la réfection d'un grand nombre de maisons de ce quartier, de même qu'un ennoblissement partiel du secteur. Mais il serait faux de dire que l'ensemble du South End s'est relevé avec l'économie, car il existe encore des sections malfamées et peu sûres. Il n'en reste pas moins que le quartier est devenu un centre vital pour l'activité créatrice sous toutes ses formes, et plusieurs artistes y ont élu domicile. Ses principales artères, Columbus Avenue et Tremont Street, sont par ailleurs bordées de magasins, de restaurants et de boîtes de nuit à la mode.

Le South End s'étend littéralement sur des centaines de pâtés de maisons et est limité, à peu de chose près, par la Southeast Expressway, la rue Herald, les voies ferrées de la ligne Orange du MBTA et l'avenue Huntington. Malgré sa superficie relativement vaste pour être explorée à pied, la **South End Historical Society** *(532 Massachusetts Ave., ☎536-4445)* organise, chaque année en octobre, des visites guidées de ses demeures.

Ne soyez pas étonné si le South End vous rappelle Beacon Hill. Les mêmes jardins dissimulés et les mêmes grillages de fer noir ornent en effet de nombreuses façades. Quant à l'**Union Park**, avec sa forme ovale, il ressemble tout à fait au Louisbourg Square de Beacon Hill. Un autre square, celui-là exclusif au South End, est le **West Rutland Square**, petit mais joliment paysagé.

Le **Boston Center for the Arts** *(539 Tremont St., ☎426-5000)* exploite le Cyclorama, au centre des activités artistiques du quartier. Il a été érigé en 1884 dans le but d'exposer une gigantesque peinture sphérique, *La Bataille de Gettysburg* (qui se trouve désormais en Pennsylvanie). C'est en outre à l'intérieur de ses murs qu'Albert Champion a développé la bougie du moteur d'automobile. On utilise sa grande rotonde pour y présenter des expositions d'art, des pièces de théâtre, des festivals et un salon annuel de l'antiquité.

Également associée au Boston Center for the Arts, la **Mills Gallery** *(549 Tremont St., ☎426-5000)* se spécialise dans les œuvres d'artistes locaux, incluant aussi bien des sculptures que des huiles sur toile ou des gouaches, toutes plus intrigantes les unes que les autres.

Deux bâtiments en brique fort élégants se font face de part et d'autre de l'avenue Massachusetts, à l'angle de l'avenue Huntington : le **Symphony Hall** *(visites guidées lun-ven; 301 Massachusetts Ave., ☎266-1492)* et le **Horticultural Hall** *(fermé sam-dim; visites possibles sur rendez-vous; 300 Massachusetts Ave., ☎536-9280)*. Conçu en 1900, le Symphony Hall bénéficie d'une acoustique si parfaite qu'on le qualifie partout dans le monde de «Stradivarius des salles de concerts»; c'est ici que le Boston Symphony Orchestra a célébré son centenaire en 1981. Quant au Horticultural Hall, il est le troisième siège de la Massachusetts Horticultural Society, la plus ancienne société du genre en Amérique, fondée en 1829. On y trouve la plus importante mais aussi la meilleure bibliothèque horticole qui soit. Cette structure de style Beaux-Arts, datant de 1901, se pare de corniches en calcaire et en terre cuite, ainsi que de moulures abondamment ornées de fruits et de guirlandes sculptées.

La **First Church of Christ, Scientist** ★★ *(175 Huntington Ave., ☎450-2000)* est le siège mondial de l'Église de la science chrétienne, fondée en 1879 par Mary Baker Eddy. L'église mère, située sur une place piétonne revêtue de briques, est surmontée d'un dôme imposant qui se reflète dans un bassin dessiné par I.M. Pei. À l'intérieur du pavillon où l'on publie le *Christian Science Monitor*, vous pouvez en outre emprunter la passerelle qui traverse la chambre d'écho du **Mapparium**, un globe terrestre en verre teinté de 9 m de diamètre où le monde vous apparaîtra tel qu'il était en 1935.

Autrefois surpassé par le seul capitole des États-Unis pour ce qui est de sa taille, le bâtiment qui abritait la **Chickering Piano Factory** *(791 Tremont St., ☎536-2622)* et qu'occupe aujourd'hui une guilde d'artisans a été l'un des grands points de mire de Boston depuis 1853. Les pianos qu'on fabriquait ici jusqu'en 1929 n'ont pas fait le bonheur que des salons victoriens, mais aussi celui des salles de concerts européennes et sud-américaines. Quant au fondateur de l'usine, Jonas Chickering, on le disait à l'image de ses pianos, *«droit, franc et magnifique»*. Les artistes et musiciens d'une guilde locale y vivent, y travaillent et y présentent maintenant leurs œuvres.

À l'extrémité nord-est du South End, encadré par les rues Arlington, Tremont et Stuart, de même que par Charles Street South, vous trouverez le **Bay Village**, jadis connu sous le nom de South Cove. Cet enchevêtrement de rues petites et étroites s'imprègne d'un charme vieillot à nul autre comparable dans la région. Des réverbères à gaz en éclairent les trottoirs bordés de maisons victoriennes en rangée, parées de boîtes à fleurs et de persiennes noires, de portes grillagées de fer forgé, et de jardins dissimulés, en contrebas des cours arrière.

South Boston

South Boston se trouve immédiatement à l'est du South End, et il faut se garder de les confondre. Malgré son nom, qui le place au sud de la ville, ce secteur, coupé de Boston proprement dit par la Southeast Expressway et le Fort Point Channel, avance davantage dans l'Atlantique, donc vers l'est, que tout autre point de la région. Tous les résidants lui donnent le nom de *Southie*, et plus particulièrement les Irlandais qui y ont élu domicile.

Les Irlandais ont commencé à affluer vers ce secteur au début du XIXe siècle, attirés par les possibilités d'emploi offertes par les industries du verre et du fer, ainsi que par le commerce maritime. Puis ils sont restés, si bien qu'on y trouve aujourd'hui la plus forte communauté irlandaise de toute la région de Boston, ainsi qu'en témoignent d'ailleurs les festivités tapa-

First Church of Christ

geuses qui entourent le défilé de la Saint-Patrick. Mentionnons également la fierté triomphante qu'ils tirent de leurs L Street Brownies, un club de natation local où l'on se baigne tous les jours, y compris en janvier, ce qui lui a valu une certaine réputation à l'échelle nationale.

Bien que South Boston ait par le passé été un quartier familial plutôt conservateur, beaucoup de jeunes professionnels célibataires sont récemment venus s'y établir. Cette section de la ville se trouvant près du centre et offrant des logements à bon prix, la tendance migratoire ne manquera sûrement pas de se poursuivre.

Bénéficiant d'une position idéale pour la navigation, la péninsule est truffée de quais destinés à la pêche commerciale et à l'industrie maritime. Les **Fish Piers**, à proximité du World Trade Center, et le Jimmy's Harborside, sur Northern Avenue, sont d'ailleurs grouillants d'activité dès les premières lueurs de l'aube, alors que les chalutiers rentrent au port pour y décharger leurs prises. Le poisson frais est immédiatement vendu sur place aux plus offrants parmi les détaillants venus s'approvisionner.

Trois ponts relient South Boston au centre-ville : le Summer Street Bridge, le Northern Avenue Bridge et le Congress Street Bridge, avec ses lampadaires de fer forgé à l'image des lanternes chinoises.

En traversant le pont de la rue Congress, vous n'en croirez probablement pas vos yeux, mais la première chose que vous verrez sera la bouteille de lait géante (10 m) qui sert d'enseigne au **Hood Milk Bottle**, un casse-croûte qui remonte aux années trente et qui continue toujours à servir des repas.

Cet emplacement marque le début du **Museum Wharf** ★, sorte de minicomplexe regroupant différents musées. Le Children's Museum (musée des enfants) et le Computer Museum (musée de l'ordinateur) logent tous deux dans un même bâtiment de brique, un ancien entrepôt de laine dont les larges fenêtres et les travées se prêtaient on ne peut mieux à la création de salles d'exposition.

Vous n'avez pas besoin d'être un enfant pour apprécier le **Children's Museum** ★★ *(droit d'entrée; sept à juin; 300 Congress St., ☎426-6500)*, une gigantesque boîte à jouets remplie de surprises sur quatre étages. Par exemple, vous pourrez tout aussi bien y faire des bulles géantes que jouer dans une pièce de théâtre. Son exposition sur le multiculturalisme fut par ailleurs la toute première du genre.

Seul musée du monde entièrement voué aux ordinateurs, le **Computer Museum** ★ *(droit d'entrée; fermé lun sauf en hiver; 300 Congress St., ☎426-2800)* illustre fort bien l'évolution rapide de la technologie propre à ce domaine. On vous y présente 50 ans d'histoire, à commencer par un ancien ordinateur à lampes des forces de l'armée de l'air qui occupait un bâtiment de quatre étages. Vous y verrez également des robots et des films d'animation, pourrez y vivre une aventure interactive par Internet, et même créer votre propre poisson pour ensuite le voir évoluer dans un bassin virtuel de 200 m². Si vous désirez savoir comment fonctionnent les ordinateurs, offrez-vous une promenade à l'intérieur de l'«ordinateur géant», avec son clavier de 8 m et sa souris de la taille d'un pare-chocs de voiture. L'une des salles d'exposition est consacrée à l'art contemporain et aux artistes qui font appel aux ordinateurs à une étape ou à une autre de leur démarche créative.

La dernière attraction du Museum Wharf est le **Boston Tea Party Museum** *(droit d'entrée; Congress St. Bridge, ☎338-1773)*, un musée flottant où vous pouvez monter à bord d'un deux-mâts et jeter vous-même à la mer une caisse de thé (qui sera ensuite remontée à l'aide d'une corde pour qu'un autre visiteur puisse faire de même). On y explique en effet, de façon vivante et instructive, les événements qui entourèrent le largage de 340 caisses de thé dans le port de Boston en 1773, un geste de protestation anti-taxation qui contribua, avec plusieurs autres mouvements de révolte, à provoquer la guerre d'Indépendance.

Le **World Trade Center** *(164 Northern Ave., ☎385-5000)*, une construction d'un blanc éclatant située au bout d'un boulevard bordé de drapeaux, est venu remplacer l'ancien Commonwealth Exhibition Hall, beaucoup plus terne, au cours des années quatre-vingt. Plusieurs des grands salons annuels de Boston se déroulent ici, y compris le Boston Boat Show (salon nautique).

Quatre variétés de granit et un moulage de la *Cybèle* de Rodin ornent l'extérieur du **Boston Design Center** *(1 Design Center Place, ☎338-5062)*, le plus important centre du genre en Nouvelle-Angleterre. Architectes et décorateurs viennent souvent de très loin pour y étudier les plus récents développements et le tout dernier cri de la mode en matière d'aménagement intérieur.

Une grande partie du Fort Point Channel s'est vu déserter par les industries au cours des années cinquante, par vagues successives. Plusieurs artistes en ont profité pour s'installer dans les vieux entrepôts à plafonds hauts; de nos jours, ils sont plus nombreux à vivre ici que dans tout autre secteur de la ville.

La **Fort Point Artists' Community Gallery** *(fermé dim; 249A St., ☎423-4299)* vous permet d'ailleurs d'admirer les œuvres des peintres, photographes, sculpteurs et autres artistes de la région. Vous avez également la possibilité de visiter les studios individuels des artistes; il vous suffira de prendre rendez-vous avec eux lorsque vous les croiserez au fil des quelque 200 ou 300 immeubles qui longent A Street.

Le **Dorchester Heights National Historic Site** *(456 West 4th St., ☎242-5642)* marque l'endroit où George Washington disposa ses canons dans le but de contraindre les Anglais à évacuer Boston une fois pour toutes en 1776. Les forces britanniques ne manquèrent d'ailleurs pas d'être fortement impressionnées par cet étalage de canons, qui avaient été transportés en chars à bœufs depuis Fort Ticonderoga, à près de 500 km de là! Une tour de marbre de 65 m se dresse aujourd'hui à l'emplacement des fortifications.

À l'extrême pointe de South Boston, **Castle Island** *(End of Day Blvd)* se présente comme une île balayée par les vents dont les vertes pelouses et les hauts remparts de granit en font un excellent endroit pour faire de l'exploration ou pique-niquer. Depuis 1634, huit forteresses se sont succédé ici, ce qui en fait le site continuellement fortifié depuis le plus longtemps en Amérique du Nord. Pendant la guerre d'Indépendance, l'île fut occupée par les Anglais jusqu'à ce que, de son promontoire de Dorchester Heights, George Washington les force à quitter les lieux. Le fort actuel, **Fort Independence**, date de 1851 et a la forme d'une étoile.

Sur une péninsule située tout juste au sud de South Boston se trouve Dorchester, jadis la base du plus ancien fabricant de chocolat des États-Unis, la Walter Baker Chocolate Factory, fondée en 1780. De nos jours, Dorchester est un quartier résidentiel paisible, connu pour ses maisons caractéristiques à trois étages, qu'on appelle ici *triple deckers*.

Ne ratez surtout pas le **John F. Kennedy Library and Museum ★★★** *(droit d'entrée; Columbia Point, Dorchester, ☎929-4523)*, un endroit passionnant à visiter aussi bien de l'extérieur que de l'intérieur. Entouré d'un jardin en bordure de l'océan qu'affectionnait particulièrement le célèbre président des États-Unis, le musée aux impressionnants murs de verre a été conçu par I.M. Pei. Vous y trouverez des papiers, des photographies, des lettres, des discours et plusieurs effets personnels de JFK, y compris sa table de travail et son fauteuil à bascule, de même qu'une importante exposition sur Jacqueline Kennedy. Les papiers d'Ernest Hemingway sont également gardés ici, et vous pouvez les voir sur rendez-vous.

Le **Franklin Park Zoo** *(droit d'entrée; 1 Franklin Park, Dorchester, ☎541-5466)*, jadis sur la liste des 10 plus mauvais zoos des États-Unis selon la revue *Parade*, a depuis amélioré ses installations de façon radicale. La plus impressionnante addition est sans contredit la «forêt tropicale africaine», ouverte en 1989, une sorte de bulle de 23 m de hauteur à l'intérieur de laquelle vivent, entre autres habitants de ce type de région, des oiseaux tropicaux, des antilopes, un hippopotame nain et des gorilles. Vous pourriez même y voir des léopards des neiges, des lions et une nouvelle exposition intitulée «Bongo Congo», sans oublier la tente aux papillons.

Environs de Boston

Charlestown ★

Les origines de Charlestown remontent presque aussi loin que celles de Boston. Fondée en 1629 par un petit groupe de puritains, la bourgade fut par la suite abandonnée au profit de Boston. Pratiquement rasée par les Anglais au cours de la bataille de Bunker Hill, elle a conservé très peu de maisons du XVIIIe siècle.

En traversant la rivière Charles à pied, sur le Charlestown Bridge, vous arrivez au chantier naval (Navy Yard) de Charlestown, le port d'attache de l'***U.S.S. Constitution*** ★★ *(☎242-5670)*, qui est le plus ancien vaisseau commissionné du monde. Son surnom d'*Old Ironsides* (flancs d'acier) date de l'époque où les tirs de canon des forces britanniques se heurtèrent sans succès à sa coque de chêne dur au cours de la guerre de 1812. Il s'agit d'une jolie frégate toute de noir et de blanc vêtue qui devait autrefois embarquer 400 matelots pour manœuvrer ses voiles. Vous pouvez visiter la cale et faire le tour des ponts, mais il y a toujours une longue file d'attente; peut-être aurez-vous plus de chance à l'heure du déjeuner.

De l'autre côté du chantier se trouve le **Constitution Museum** *(Charlestown Navy Yard, Building 22, ☎426-1812)*, qui retrace les nombreux voyages et victoires de l'*Old Ironsides* au moyen de tableaux et d'objets divers. Tout près de là, vous pouvez également voir la **Commandant's House**, un joli manoir de brique de style fédéral où logeaient les officiers de la marine d'État.

Le **Bunker Hill Monument** *(43 Monument Sq., ☎242-5641)* est en fait situé sur Breed's Hill, où la bataille de Bunker Hill a réellement eu lieu. Cet affrontement devint légendaire à la suite des ordres que le colonel William Prescott donna à ses troupes en manque de munitions : «*Ne tirez que lorsque vous pourrez voir le blanc des yeux de votre adversaire.*» La première pierre de l'obélisque de granit de style néo-égyptien, haut de 67 m, fut posée en 1825 par le général Lafayette, alors que le discours inaugural était prononcé par Daniel Webster. Un escalier de 294 marches conduit à l'observatoire, d'où vous aurez une vue magnifique sur la ville et son port.

Le **Bunker Hill Pavilion** *(droit d'entrée; fermé mi-déc à fin mars; 55 Constitution Rd, ☎241-7575)* complète la tournée en reconstituant la bataille par une projection multimédia sur 14 écrans simultanés.

Cambridge ★★★

On associe généralement Cambridge à Boston et vice versa, comme s'il s'agissait des deux faces d'une même pièce. De fait, bien que Cambridge soit en réalité une ville distincte, les destinées des deux cités sont étroitement liées, d'autant plus qu'une série de ponts pour piétons et véhicules de transport favorisent grandement les échanges entre elles.

Fondée en 1630, Cambridge portait à l'origine le nom de New Towne et fut la première capitale de la colonie. Ce n'est qu'en 1638, deux ans après la fondation de l'**université Harvard** ★★★, la plus ancienne université des États-Unis, qu'on décida de rebaptiser le bourg du nom de la ville universitaire anglaise, où plusieurs des premiers habitants de Boston avaient reçu leur éducation. L'autre grand centre d'érudition de la ville, le Massachusetts Institute of Technology (MIT), contraste grandement avec les constructions en brique couvertes de lierre de l'université Harvard et a été déplacé de l'autre côté de la rivière, en face de Boston, en 1916.

Aujourd'hui, Cambridge demeure toujours un important centre intellectuel, et plusieurs Prix Nobel, des hommes de science à l'origine de découvertes importantes et des écrivains célèbres y ont élu domicile, entre autres John Kenneth Galbraith, David Mamet et Anne Bernays. Il s'agit d'un véritable paradis pour les amants de la lecture puisqu'on dénombre 25 librairies dans les seuls environs du Harvard Square (voir l'encadré «Les librairies de Boston», p 194). Cambridge continue par ailleurs d'entretenir sa réputation de centre d'activisme politique progressiste.

Cambridge est en outre le cœur même de ce que l'on appelle la «Silicon Valley de la Côte Est», depuis que plusieurs firmes vouées à la technologie de pointe s'y sont établies au cours des années soixante et soixante-dix, de même que dans plusieurs autres petites villes des environs, éparpillées le long de la route 128.

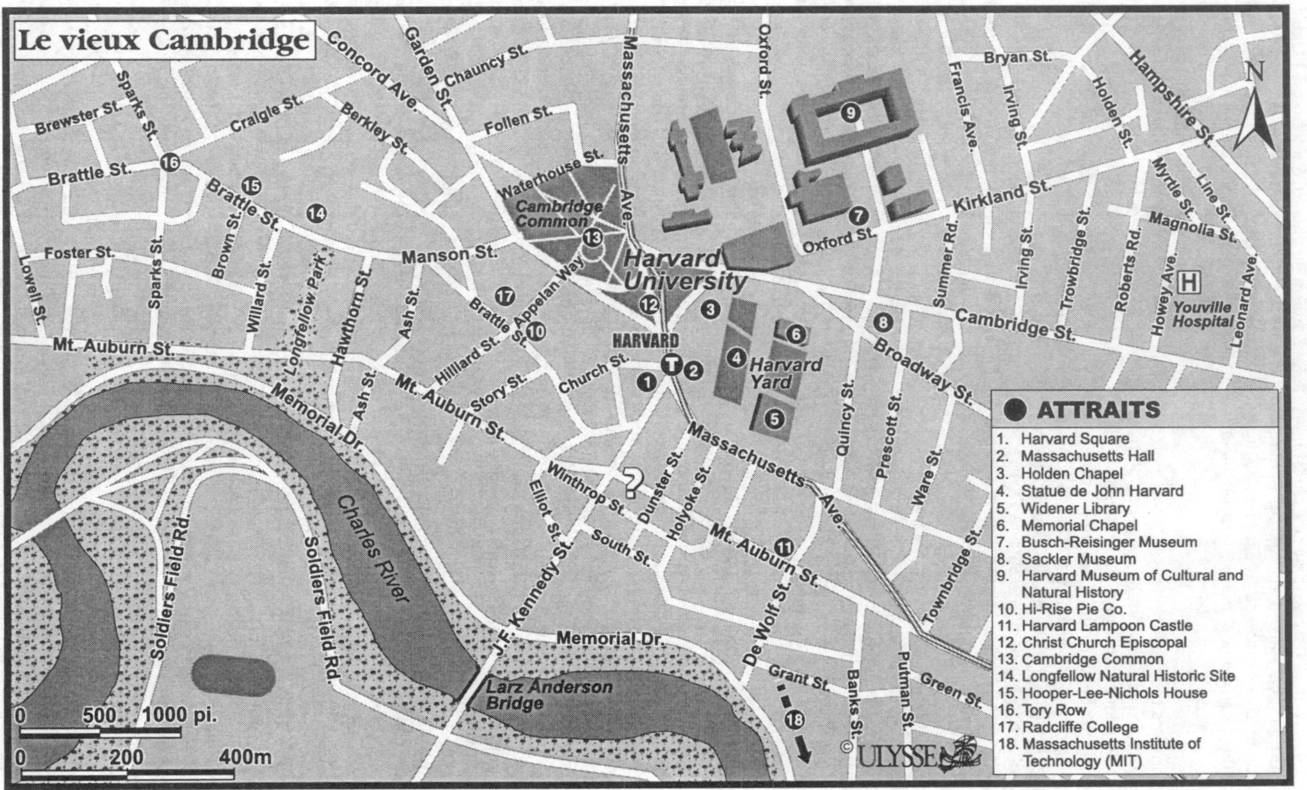
Le vieux Cambridge
ATTRAITS
1. Harvard Square
2. Massachusetts Hall
3. Holden Chapel
4. Statue de John Harvard
5. Widener Library
6. Memorial Chapel
7. Busch-Reisinger Museum
8. Sackler Museum
9. Harvard Museum of Cultural and Natural History
10. Hi-Rise Pie Co.
11. Harvard Lampoon Castle
12. Christ Church Episcopal
13. Cambridge Common
14. Longfellow Natural Historic Site
15. Hooper-Lee-Nichols House
16. Tory Row
17. Radcliffe College
18. Massachusetts Institute of Technology (MIT)
Harvard University
Harvard Yard
HARVARD
Cambridge Common
Youville Hospital
Charles River
Larz Anderson Bridge
Concord Ave.
Garden St.
Chauncy St.
Massachusetts Ave.
Oxford St.
Bryan St.
Hampshire St.
Francis Ave.
Irving St.
Holden St.
Brewster St.
Sparks St.
Craigie St.
Berkley St.
Follen St.
Brattle St.
Waterhouse St.
Kirkland St.
Myrtle St.
Line St.
Magnolia St.
Foster St.
Brown St.
Manson St.
Summer Rd.
Trowbridge St.
Roberts Rd.
Howey Ave.
Leonard Ave.
Lowell St.
Willard St.
Longfellow Park
Hawthorn St.
Ash St.
Appelan Way
Cambridge St.
Mt. Auburn St.
Hilliard St.
Story St.
Church St.
Broadway St.
Memorial Dr.
Quincy St.
Prescott St.
Ware St.
Winthrop St.
Dunster St.
Holyoke St.
Elliot St.
South St.
Townbridge St.
Soldiers Field Rd.
J.F. Kennedy St.
De Wolf St.
Grant St.
Banks St.
Putman St.
Green St.
0 500 1000 pi.
0 200 400m
© ULYSSE

BOSTON

Tous ces groupes d'experts et ces entreprises en informatique ont d'ailleurs grandement contribué à l'essor de l'économie et à l'augmentation de la population du Massachusetts.

Ville universitaire peu après sa fondation en 1630, et site du seul établissement d'enseignement supérieur en Amérique jusqu'au XVIIIe siècle ou presque, Cambridge demeure un siège réputé du savoir à travers le monde. Près de la moitié de ses 95 000 habitants sont reliés d'une façon ou d'une autre à l'université Harvard, au MIT ou aux autres institutions de moindre envergure qui parsèment la ville.

Mais Cambridge n'est pas réservée qu'aux affaires sérieuses ou aux poursuites intellectuelles. Des hordes de jeunes étudiants, de protestataires distribuant des tracts à qui mieux mieux, de membres de diverses sectes religieuses et de musiciens de rue se chargent en effet de l'animer et de la vivifier.

L'action est centralisée au **Harvard Square**, où pullulent les librairies, les bistros, les boutiques et les kiosques à journaux. Au centre même de la place, le comptoir de l'**Out of Town Newspapers** *(☎354-7777)*, reconnu depuis plusieurs années comme un élément clé de ce secteur, propose à ses clients des milliers de périodiques nationaux et internationaux. Tout à côté, le **Cambridge Office for Tourism** *(☎497-1630)* diffuse des renseignements touristiques et des plans conçus pour ceux et celles qui désirent visiter la ville à pied.

Personne ne vient à Cambridge sans visiter le **Harvard Yard ★★**, dont les chemins sinueux, les arbres majestueux, les pelouses et les magnifiques bâtiments de brique rendent tous hommage à un long passé d'enseignement supérieur. Six présidents des États-Unis ont d'ailleurs fait leurs études à Harvard.

L'entrée principale du campus se trouve sur Massachusetts Avenue. À votre droite se dresse le **Massachusetts Hall**, construit en 1718 et constituant le plus ancien pavillon de l'université. Dans la cour du vieux campus historique (Old Yard), vous trouverez à votre gauche, enfoncé entre les pavillons Hollis et Stoughton, un petit bijou : la **Holden Chapel**, érigée en 1742, avec ses pignons bleus, encerclés de corniches baroques aux volutes blanches, et ses ornements d'une richesse peu commune pour son époque.

En bordure du chemin qui traverse l'Old Yard en diagonale, s'élève la **statue de John Harvard**, réalisée par Daniel Chester French et surnommée la statue «des trois mensonges». Car non seulement elle ne donne pas la date exacte de la fondation de l'université Harvard, mais elle ne représente même pas John Harvard! C'est en effet un simple étudiant qui a servi de modèle à l'artiste; et, qui plus est, John Harvard n'est pas le fondateur de l'institution mais son premier grand bienfaiteur.

La **Widener Library** se trouve sur le New Yard. Il s'agit d'une construction massive dotée d'un portique à colonnes et d'un large escalier; elle renferme près de trois millions de livres et se classe au troisième rang des bibliothèques d'Amérique, derrière la Library of Congress de Washington et la New York Public Library. Cette bibliothèque n'est malheureusement pas ouverte au public, mais on s'en console tant bien que mal en prenant quelques photos devant sa façade.

En face de la bibliothèque, vous verrez la **Memorial Chapel**, qui date de 1931 et que surmonte un clocher de style Bulfinch, érigé à la mémoire des étudiants de l'université Harvard morts sur le champ d'honneur au cours de la Première Guerre mondiale. Leurs noms y sont gravés dans l'étain.

L'université Harvard est également le site d'une foule de musées connus à travers le monde pour leurs collections hétéroclites, parmi lesquels se trouvent trois musées d'art *(☎495-9400, un droit d'entrée unique donne accès aux trois; visites guidées lun-ven)*. Le **Busch-Reisinger Museum** *(droit d'entrée; 32 Quincy St.)* est réputé pour ses pièces du centre et du nord de l'Europe datant du Moyen Âge jusqu'à nos jours. Le **Fogg Art Museum ★** *(droit d'entrée; 32 Quincy St.)* abrite des œuvres européennes et américaines, et possède une importante collection de toiles impressionnistes. Quant au **Sackler Museum** *(droit d'entrée; 485 Broadway, angle Quincy St.)*, il se spécialise dans les arts anciens, asiatiques et islamiques.

Le **Harvard Museum of Cultural and Natural History ★** *(droit d'entrée; 26 Oxford St., ☎495-3045)* regroupe, pour sa part, quatre musées d'histoire naturelle en un. Le **Botanical Museum** abrite les fameuses *Glass Flowers* (fleurs de verre), confectionnées à la main et représentant plus de 700 espèces différentes. Au **Museum of Comparative Zoology**, on retrace l'évolution de la vie animale, depuis les fossiles jusqu'à l'homme moderne. Le **Mineralogical and Geological Museum** expose une collection de pierres et minéraux dont une topaze de 3 040 carats. Le **Peabody Museum of Archæology ★** présente des objets archéologiques de toutes provenances, y compris des vestiges des civilisations mayas et amérindiennes.

À l'ombre du grand châtaignier
Se tient le forgeron du village;
Puissant gaillard que cet ouvrier,
Avec ses mains noueuses et larges.

Ces vers tirés du célèbre poème de Longfellow intitulé *The Village Blacksmith* nous parlent d'un véritable forgeron ayant vécu au 56 Brattle Street, dans une maison construite en 1811, qui abrite aujourd'hui la **Hi-Rise Pie Co.** *(56 Brattle St., ☎429-3003)*, avec son café-terrasse par temps chaud et sa salle intérieure (à l'étage) par temps plus frais. Les pâtisseries et gâteaux du Vieux Continent sont ici confectionnés selon les mêmes recettes depuis des décennies. Brunch, déjeuner, thé en après-midi et dîner.

Le **Harvard Lampoon Castle** *(57 Mount Auburn St., angle Bow St.)* est un bâtiment d'allure plutôt singulière, avec une tourelle de briques ronde et une porte jaune, violet et rouge vif, ce qui sied parfaitement bien à ses occupants, en l'occurrence les éditeurs du *Harvard Lampoon*, la revue satirique de l'université Harvard, publiée avec succès depuis nombre d'années.

La **Christ Church Episcopal** *(0 Garden St., ☎876-0200)*, qui se présente comme une simple construction grise et blanche surmontée d'un clocher rabougri, est la plus vieille église de Cambridge. C'est ici que George et Martha Washington ont célébré le Nouvel An en 1775.

Sous un orme du vert **Cambridge Common** *(angle Massachusetts Ave. et Garden St.)*, le général Washington a par ailleurs pris le commandement de l'armée continentale en 1775. Une plaque et un monument en son honneur marquent l'endroit. Tout près se trouvent également trois vieux canons noirs, abandonnés par les Anglais à Fort Independence, au moment d'évacuer les lieux en 1776.

Le **Longfellow National Historic Site** *(droit d'entrée; fermé lun-mar et mi-déc à mi-mars; 105 Brattle St., ☎876-4491)* a servi de résidence au poète Henry Wadsworth Longfellow pendant 45 ans, et c'est ici qu'il a écrit la plupart de ses célèbres œuvres. La maison peinte d'un jaune gai et découpée de volets noirs a été construite en 1759 pour le compte d'un conservateur fortuné et abrita plus tard le quartier général de Washington pendant le siège de Boston. Plusieurs vestiges de l'époque victorienne s'y trouvent encore, entre autres la table de travail, la plume d'oie et l'encrier de Longfellow.

La **Hooper-Lee-Nichols House** *(droit d'entrée; 159 Brattle St., ☎547-4252)*, une magnifique maison georgienne bleu ardoise, fut érigée pour un médecin du nom de Richard Hooper avant d'être habitée plus tard par Joseph Lee, le fondateur de l'Église du Christ (Christ Church), puis par George Nichols.

L'extrémité ouest de la rue Brattle a été baptisée **Tory Row** en raison des charmantes demeures que les riches conservateurs y ont fait construire au XVIIIe siècle. Un excellent exemple s'en trouve au n°175, la **Ruggles Fayerweather House**, d'abord la résidence du conservateur George Ruggles puis du patriote Thomas Fayerweather. La maison servit en outre d'hôpital aux coloniaux après la bataille de Bunker Hill.

Un peu plus loin se trouve le **Radcliffe College**, autrefois une filiale féminine de l'université Harvard, qui fait aujourd'hui partie intégrante de l'institution. L'entrée du campus (**Radcliffe Yard**) se situe sur Brattle Street, entre James Street et Appian Way, et, si vous avancez sur le chemin, les quatre principaux bâtiments de brique de l'établissement, d'ailleurs fort élégants, formeront un demi-cercle à votre droite. Le premier est connu sous le nom de la **Fay House**, un manoir construit en 1807 qui loge les bureaux de l'administration. Puis vient le **Hemenway Gymnasium**, siège d'une société de recherche qui étudie la question féminine au sein de la civilisation. Il y a ensuite l'**Agassiz House**, dont la façade se pare de colonnes classiques blanches et qui abrite un théâtre, une salle de bal et le bureau de la faculté des arts. La dernière construction est celle de la réputée **Schlesinger Library**, qui renferme une collection remarquable d'ouvrages et manuscrits sur l'histoire des femmes en Amérique, y compris des textes de Susan B. Anthony, Julia Ward Howe et Elizabeth Cady Stanton.

À quelques kilomètres du Harvard Square se trouve l'autre grande institution de Cambridge, le **Massachusetts Institute of Technology★** ou MIT. Offrant une éducation de tout premier choix en ingénierie et en sciences physiques depuis 1865, le MIT attire des étudiants du monde entier, incluant la Chine, le Japon et le Vietnam. En contraste flagrant avec les sacro-saintes traditions de l'université Harvard, les étudiants du MIT sont reconnus pour leur verve irrévérencieuse et vont même jusqu'à organiser des concours où ils cherchent à faire valoir publiquement leur supériorité intellectuelle sur leurs congénères. En guise d'exemple, un de leurs «défis» les a un jour conduits à mettre une voiture sur le toit d'un des bâtiments du campus! Fidèles à la vocation de l'établissement, les lieux sont tout ce qu'il y a de plus moderne et *high-tech*, avec des bâtiments géométriques dessinés par Eero Saarinen.

La grande banlieue

Même si la plupart des touristes ne s'aventurent pas au-delà des limites de Boston et de Cambridge, nombre de localités avoisinantes présentent un intérêt marqué, dont plusieurs, outre qu'elles servent de villes-dortoirs à la population active de la région, possèdent également un riche passé colonial.

Complètement à l'est de la ville, en bordure du Fenway, **Brookline** est l'une des agglomérations résidentielles les plus riches et les plus prestigieuses des environs. Frederick Law Olmsted, l'architecte de l'Emerald Necklace de Boston, vivait et travaillait dans une petite maison d'un quartier paisible de cette localité, et il s'installait souvent dans un vallon paysager pour dresser ses plans. Vous pouvez d'ailleurs visiter la maison et le reste de la propriété, de même que voir des photographies, ses effets personnels et plusieurs de ses travaux, au **Frederick Law Olmsted National Historic Site** *(99 Warren St., Brookline, ☎566-1689)*.

C'est également à Brookline, en 1917, qu'est né le président John F. Kennedy, dans une petite maison à laquelle on a aujourd'hui redonné son apparence d'alors, au **John F. Kennedy National Historic Site** *(droit d'entrée; 83 Beals St., Brookline, ☎566-7937)*. Vous y trouverez plusieurs objets ayant entouré JFK, notamment son berceau et quelques-uns de ses jouets.

Au sud de Brookline s'étend Jamaica Plain, qui fait techniquement partie de Boston. La merveille des lieux est l'**Arnold Arboretum de l'université de Harvard** *(dons appréciés; 125 Arborway, Jamaica Plain, ☎524-1718)*, l'une des pièces maîtresses du «collier d'émeraudes» (voir p 261). Cette réserve de 107 ha fut établie en 1872, et l'on y retrouve plus de 15 000 espèces de plantes et d'arbres du monde entier, toutes identifiées par leur nom scientifique. L'arboretum abrite par ailleurs l'une des plus anciennes et aussi l'une des plus importantes collections de lilas en Amérique du Nord, des bonsaïs âgés de 200 ans et des espèces rares qui proviennent de la Chine. Un circuit de 3,25 km entraîne les visiteurs par monts et par vaux à travers prés et bosquets, leur offrant un cadre naturel et serein dans lequel ils peuvent contempler à leur aise ces collections tout à fait particulières. Plan des lieux offert au coût de 10$.

Au sud-est de Dorchester, la ville ouvrière de **Quincy** peut, à première vue, sembler inintéressante, mais il se trouve qu'elle est la «ville des présidents», le deuxième et le sixième président des États-Unis y ayant vu le jour, à savoir John Adams et son fils John Quincy Adams. Vous y verrez plusieurs sites reliés à l'histoire de la famille Adams. Mais avant de plonger dans le passé historique de la région, rendez-vous au **Visitors Center** *(1250 Hancock St., Quincy, ☎770-1175)* ou téléphonez simplement pour vous informer des visites possibles.

Sur l'**Adams National Historic Site** *(droit d'entrée; 135 Adams St., Quincy, au centre de Quincy, ☎773-1177)* se dresse une élégante maison coloniale grise, datant de 1731, qui a logé quatre générations d'Adams. La propriété de plusieurs hectares est rehaussée de splendides jardins à la française et, en été comme en automne, le décor s'y enflamme de mille et une couleurs chatoyantes. La maison renferme encore plusieurs de ses ornements d'origine, y compris des portraits de George et Martha Washington, un candélabre en cristal de Waterford et des meubles Louis XV. Elle abrite également une bibliothèque à plafond aux poutres apparentes, regroupant 14 000 volumes dans leur version originale. Au fur et à mesure que la famille prospérait, John et sa femme Abigail, qui y emménagèrent en 1787, agrandirent peu à peu la maison, ajoutant ainsi 13 pièces aux 7 qu'elle comptait déjà. Le National Park Service organise d'excellentes visites des lieux.

Tout près de cette demeure, toujours sur le même site, vous pouvez aussi voir les **maisons natales de John Adams et de John Quincy Adams** *(droit d'entrée; fermé mi-nov à mi-avr; 133 et 141 Franklin St., ☎773-1177)*, une paire de maisonnettes toutes simples, respectivement construites en 1663 et en 1681, où les deux présidents ont fait leur entrée en ce monde.

À l'est de l'Adams National Historic Site se trouve le **Quincy Homestead** *(droit d'entrée; fermé nov à avr; 1010 Hancock St., ☎472-5117)*, où ont habité quatre générations d'Edmund Quincy, de la famille d'Abigail Adams. La fille du quatrième Edmund Quincy, Dorothy, épousa John Hancock, lui-même né à Quincy. Un jardin d'herbes aromatiques et des meubles de style colonial authentiquement d'époque rehaussent la demeure de 1686, et l'un des carrosses ayant appartenu à Hancock se trouve également sur les lieux.

L'**Adams Academy** *(fermé sam-dim; 8 Adams St., ☎773-1144)*, construite en 1872 dans le style néogothique, a été fondée par John Adams. Elle est aujourd'hui le siège de la **Quincy Historical Society**, et son exposition retrace l'histoire industrielle de la ville.

L'**United First Parish Church** *(1306 Hancock St., Quincy, ☎770-1175)*, conçue par Alexander Parris et construite en 1828, se présente comme une magnifique église de granit dominant le Quincy Square, en plein centre de la ville. Sa crypte renferme les restes de John Adams et de John Quincy Adams, ainsi que de leur épouse respective.

Sur le trottoir d'en face se dresse le **City Hall** (hôtel de ville) de style néoclassique, conçu en 1844 par l'architecte Solomon Willard, de Bunker Hill. Vous trouverez également tout près le **Hancock Cemetery**, qui date des environs de 1640 et où sont enterrés le père de John Hancock de même que les ancêtres des Quincy et des Adams.

Tout au long de la ceinture périphérique formée par la route 128, vous atteindrez plusieurs autres localités d'intérêt. **Framingham**, par exemple, un gros village urbanisé situé à une trentaine de kilomètres à l'ouest de Boston, vous offre un charmant havre de paix dans son «jardin boisé» ou **Garden in the Woods** *(droit d'entrée; 180 Hemenway Rd., ☎508-877-7630)*, où pousse la plus importante collection de plantes du nord-est des États-Unis. Vous pourrez arpenter à votre aise les sentiers forestiers de ses 18 ha, plantés de quelque 1 500 espèces végétales et parsemés d'habitats recréés de toutes pièces pour en favoriser la croissance, comme des bocages sylvestres, un étang à nénuphars, une tourbière, un jardin de calcaire, des landes à pins et des prés.

À quelques kilomètres au nord de Framingham s'étendent les verts hameaux de **Sudbury** et de **Lincoln**, que leur caractère colonial et rural essentiellement préservé rend tout à fait charmants. Le **Longfellow's Wayside Inn** *(Wayside Inn Rd., Sudbury, ☎978-443-1776 ou 800-339-1776)*, tout juste en retrait de l'historique Old Post Road, vaut largement le déplacement, que ce soit pour y loger ou pour une simple visite. Construite autour de 1700, l'auberge a été rendue célèbre par la série de poèmes regroupés par Longfellow sous le titre *Tales of the Wayside Inn* et contenant entre autres le récit de la chevauchée de Paul Revere. Les bâtiments historiques qui se trouvent sur les lieux comprennent un moulin à blé du XVIIIe siècle et une petite école de brique rouge. Entièrement restauré en 1923, l'établissement renferme désormais une auberge et un restaurant en pleine activité.

Walter Gropius, le fondateur allemand de l'école d'art et d'architecture Bauhaus, avait une maison familiale sur les vertes et ondulantes collines de Lincoln, la première qu'il dessina en arrivant aux États-Unis, en 1937. Cette maison, la **Gropius House** *(droit d'entrée; fermé lun-mar, de même que sam-dim mi-oct à fin mai; 68 Baker Bridge Rd., Lincoln, ☎781-259-8098)*, incarne tous les principes de simplicité et de fonctionnalité qui font la marque distinctive du style Bauhaus. Elle est également meublée dans ce style et abrite plusieurs œuvres d'art.

Situé dans un parc de verdure boisé de 12 ha, le **DeCordova and Dana Museum Sculpture Park** *(droit d'entrée; fermé lun; 51 Sandy Pond Rd., Lincoln, ☎781-259-8355)* possède une collection d'œuvres américaines du XXe siècle, incluant peintures, sculptures, exécutions graphiques et photographies. À l'extérieur, sur la pelouse de son amphithéâtre, on présente des concerts chaque été. Possibilité de repas légers au café du musée.

Lexington et Concord ★★

Une forte dose d'histoire et d'enseignement supérieur attend les visiteurs dans les petites localités voisines de Boston. Aussi s'avère-t-il bien difficile d'exagérer l'importance pour les États-Unis des événements qui se déroulèrent à Lexington et à Concord le 19 avril 1775. Bien que personne ne sache qui a vraiment appuyé sur la gachette, «le coup de feu qui a retenti de par le monde» fut bel et bien tiré ce jour-là, marquant le début de la guerre d'Indépendance américaine. Ces deux villes, où résonnent encore les échos des affrontements révolutionnaires dans les champs bucoliques, les places de village et les musées, se trouvent à une demi-heure de route de Boston.

À l'origine, Cambridge regroupait plusieurs villages à l'intérieur de ses frontières, y compris ce qui est aujourd'hui devenu Lexington. Avec Concord, sa voisine, Lexington conserve une bonne partie de l'atmosphère rurale qui pouvait régner à l'époque de la guerre d'Indépendance. Autour de ces villes, des champs de maïs sont parsemés de fermes des XVIIe et XVIIIe siècles encore intactes. Tout près, le Walden Pond, bien qu'envahi par les touristes et les gens de la région par les chaudes journées d'été, reflète l'esprit de Thoreau à ses heures les plus paisibles.

Mais c'est surtout l'histoire de l'indépendance des États-Unis qui attire la plus grande partie des foules à Lexington et à Concord. Vous pouvez aujourd'hui visiter le Lexington Green, où les *Minutemen* se sont réunis avant la bataille et où le capitaine aurait lancé «*S'ils veulent la guerre, eh bien qu'elle commence ici même*», puis suivre le sentier qui borde Battle Road et que les soldats de fortune empruntèrent lors de cette journée décisive. De vieux murets de pierre, derrière lesquels les *Minutemen* s'abritèrent tant bien que mal pour tirer sur les troupes anglaises avec leurs mousquets, se dressent toujours un peu partout dans la campagne.

La courte balade entre Boston et ces banlieues désormais paisibles continue à ramener les visiteurs des siècles en arrière, à l'époque de la naissance de cette nation indépendante que sont les États-Unis. Vous ne regretterez pas d'y consacrer une journée.

Les localités verdoyantes et boisées de Lexington et de Concord, sites de la première bataille de la guerre d'Indépendance, sont à jamais marquées par les événements qui s'y déroulèrent le 19 avril 1775. Les forces britanniques avaient le plan de marcher sur Concord depuis Boston afin de s'emparer des approvisionnements militaires des coloniaux. Mais prévenus par Paul Revere au cours de la nuit précédente, les *Minutemen* (mi-fermiers, mi-soldats) purent se rassembler sur le Lexington Green bien avant l'aube et y attendre de pied ferme l'arrivée des Anglais.

Ce sont environ 77 hommes sur le Lexington Green et des centaines d'autres à Concord, qui affrontèrent les 700 soldats réguliers, et sérieusement entraînés, de l'armée britannique. Les Anglais subirent alors de lourdes pertes et durent rebrousser chemin vers Boston. «Le coup de feu qui retentit de par le monde» s'était fait entendre, et la Révolution était désormais engagée.

Entre les deux villes, vous pouvez passer une journée ou deux à visiter les champs de bataille et les monuments historiques. En arrivant à Lexington, à quelques kilomètres au nord de Lincoln, en retrait de la route 128, arrêtez-vous d'abord au **Lexington Visitors' Center** *(Lexington Green, 1875 Massachusetts Ave., ☎781-862-1450)* pour vous procurer des plans et des brochures, de même que pour voir un diorama de la célèbre bataille.

De l'autre côté du **Lexington Green ★★**, au centre du village, se dresse la **statue du *Minuteman*** *(Battle Green, au croisement de Massachusetts Ave., de Harrington Rd. et des rues Hancock et Bedford)*, qui représente un simple fermier tenant un mousquet, tête nue. Son socle d'aspect grossier est fait de pierres des champs prises aux murets, derrière lesquels la milice *yankee* s'était protégée pour tirer sur les Anglais. Cette statue est devenue le symbole de l'histoire de Lexington.

Sur l'étendue de verdure qui se trouve à côté du Visitors' Center, vous verrez la **Buckman Tavern ★** *(droit d'entrée; fermé nov à mi-avr; 0 Bedford St., ☎781-862-5598)*, une construction jaune à charpente de bois construite en 1709. C'est ici qu'après avoir reçu le message de Paul Revere les *Minutemen* se rassemblèrent pour attendre les forces britanniques. Des dames d'un certain âge, souriantes et vêtues de longues jupes et de bonnets, vous feront visiter la maison, avec ses sols recouverts de larges planches, ses mousquets et ses meubles du XVIIIe siècle.

Environ 400 m plus au nord se dresse la **Hancock-Clarke House** *(droit d'entrée; fermé fin oct à mi-avr; 36 Hancock St., ☎781-861-0928)*, où Samuel Adams et John Hancock se trouvaient au cours de la nuit fatidique. Revere s'arrêta ici pour les prévenir. C'est le père de John Hancock qui, autour de 1700, construisit cette jolie maisonnette à charpente de bois.

La petite **Munroe Tavern** *(droit d'entrée; fermé fin oct à mi-avr; 1332 Massachusetts Ave., ☎781-674-9238)*, datant de 1695 et toute de rouge vêtue, servit de quartier général aux Anglais et abrita leurs soldats blessés après la bataille. La taverne a été conservée dans son

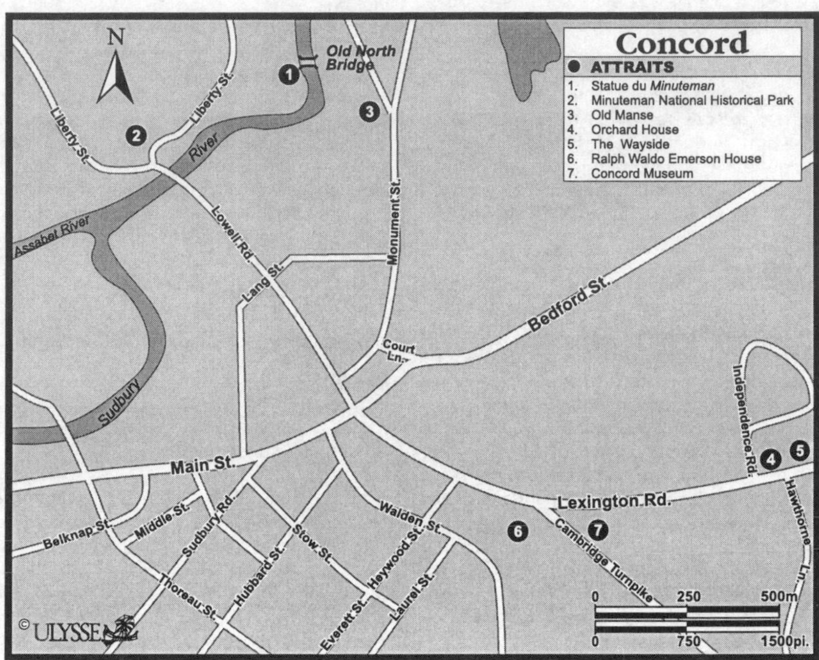

état original, et l'on peut y voir divers souvenirs d'une visite de George Washington en 1789.

La **Jonathan Harrington House** *(Harrington Rd.; résidence privée)* était la maison du fifre colonial Jonathan Harrington, qui rendit son dernier souffle dans les bras de sa femme après avoir été mortellement blessé au cours de la bataille.

Le **Museum of Our National Heritage** *(33 Marrett Rd., ☎781-861-6559)* présente des expositions temporaires sur l'histoire américaine dans quatre galeries différentes. Par le passé, on a pu y assister à des rétrospectives sur Benjamin Franklin, Paul Revere et l'*U.S.S. Constitution*, de même qu'à des expositions d'horloges, de meubles et d'épées de différentes époques.

Les 300 ha du **Minuteman National Historical Park** ★ *(route 2A, Concord, ☎978-369-6993)* regroupent plusieurs autres sites reliés à la bataille de Lexington et de Concord. Dans ce paisible décor sylvestre, il est bien difficile d'imaginer qu'un carnage aussi sanglant ait pu se produire. Un large sentier embaumé de pins mène à l'**Old North Bridge**, une réplique de 1956 du pont où les coloniaux de Concord retinrent les troupes britanniques sur la rivière Concord. Une autre statue en l'honneur des *Minutemen* s'élève de l'autre côté de la rivière; celle-ci, faite d'un canon refondu de 1776, a été conçue par Daniel Chester French et représente un fermier armé d'une faux et d'un fusil. Le **Battle Road Visitor Center** *(174 Liberty St., ☎978-862-7753)* vous présente par ailleurs un film et diverses pièces d'exposition.

Concord est également connue comme le berceau de quatre grandes figures littéraires du XIXe siècle : Nathaniel Hawthorne, Ralph Waldo Emerson, Henry David Thoreau et Louisa May Alcott.

L'**Old Manse** *(droit d'entrée; fermé fin oct à mi-avr; 269 Monument St., près du North Bridge, ☎978-369-3909)* ne servit pas seulement de résidence à Emerson mais aussi à Hawthorne, qui y vécut deux ans avec sa femme, alors qu'il écrivait *Mosses from an Old Manse*. Les lieux regorgent d'objets rappelant l'époque d'Emerson et de Hawthorne.

La famille Alcott habita l'**Orchard House** *(droit d'entrée; 399 Lexington Rd., ☎978-369-4118)* pendant près de 20 ans. C'est ici que Louisa

May Alcott écrivit ses plus célèbres romans, *Little Women* et *Little Men*.

Les Alcott et Hawthorne vécurent également sur une autre propriété, **The Wayside** *(droit d'entrée; 455 Lexington Rd., ☎978-369-6975)*. Les Alcott y demeurèrent plusieurs années, alors que Louisa May était encore une enfant. Quant à Hawthorne, il acheta la maison en 1852 et y écrivit sa biographie de Franklin Pierce.

La **Ralph Waldo Emerson House** *(droit d'entrée; 28 Cambridge Turnpike, ☎978-369-2236)* est la maison où Emerson vécut pendant près de 50 ans, au cours desquels Thoreau, Hawthorne et les Alcott lui rendirent fréquemment visite. Presque tout l'ameublement est d'origine.

Le **Concord Museum** ★ *(droit d'entrée; 200 Lexington Rd., ☎978-369-9609)* renferme des objets de la guerre d'Indépendance, des reliques littéraires et d'autres articles historiques se rapportant à Concord. L'étude d'Emerson a été reconstruite et transportée ici, et la chambre de Thoreau abrite les quelques meubles tout simples que l'écrivain avait fabriqués pour sa cabane sur le Walden Pond.

Peu d'endroits ont été aussi profondément marqués par le passage d'un seul individu que la **Walden Pond State Reservation** *(droit d'entrée; route 126, par la route 2, ☎978-369-3254)*. Dans son fameux récit des deux ans passés dans une petite cabane de bois à compter de 1845, Thoreau écrit : «*Je me suis installé dans les bois parce que je désirais vivre en toute liberté, affronter les vérités essentielles de l'existence, et voir si je ne pouvais pas y apprendre ce que j'avais à enseigner; mais aussi pour ne pas découvrir bêtement, lorsque viendrait la mort, que je n'avais pas su vivre.*» Au cours de ces deux années, Thoreau s'employa à étudier la nature, à pêcher et à sarcler ses haricots. De nos jours, Walden Pond n'offre plus la même solitude; en fait, l'endroit est presque toujours bondé. Mais vous pouvez tout de même vous baigner dans l'étang, y pêcher ou encore y faire un peu de navigation. Des sentiers pédestres serpentent autour de l'étang, et vous y trouverez des tables de pique-nique. Vous pouvez également visiter l'amas de pierres qui marque l'emplacement de la cabane originale.

La ville est aussi reconnue pour ses **raisins de Concord**, cultivés par Ephraim Wales Bull.

PLEIN AIR

Boston n'est certes pas que gratte-ciel et histoire. Même parmi les rues sinueuses et pavées du centre de la ville, vous trouverez des lieux de repos sur les pelouses du Boston Common et du Public Garden (voir «Attraits touristiques» aux sections traitant du centre-ville, p 6, et de Back Bay, p 18). Sans oublier le Franklin Park, l'Arnold Arboretum et Castle Island, Boston possède également d'autres plages et parcs moins connus.

Parcs et plages

Boston Harbor Islands

Une trentaine d'îles parsèment le Boston Harbor, éparpillées le long de la côte, au sud de Boston jusqu'à Quincy, Hingham et Hull, dont huit forment un parc d'État. Les puritains utilisaient ces îles comme pâturage et terre à bois, et la légende veut qu'un trésor de pirate y ait été enfoui et que des fantômes continuent d'y hanter certains vieux forts de la guerre d'Indépendance. Chaque île a un charme et un caractère uniques.

Lovells Island, primitive et paisible, se démarque par de longues plages, une faune diversifiée, des étangs de marée rocheux et des dunes. Y subsiste une batterie de tir, et il s'agit de la seule île dont la plage est surveillée.

Georges Island, plus petite, mais aussi la plus développée des îles du parc et à vrai dire son point de mire, est dominée par le fort Warren, classé monument historique et construit entre 1833 et 1869 sous la supervision de Sylvanus Thayer, le «père de West Point».

Parmi les autres îles qui forment le parc, mentionnons Gallop's, Grape et Bumpkin. Georges Island sert d'entrée au parc et vous offre un service gratuit de bateaux-taxis entre les différentes îles de mai à octobre; pour de plus amples renseignements, composez le ☎727-7676.

Les îles sont également accessibles par les soins de Boston Harbor Cruises *(1 Long Wharf, ☎227-4321)*. **Friends of the Boston Harbor Islands** *(☎740-4290)* organise également des excursions spéciales et des visites guidées.

Installations et services : aires de pique-nique, toilettes, gardes forestiers, sentiers de randonnée, visites guidées du fort, activités à caractère historique, quais d'amarrage et comptoirs à rafraîchissements sont disponibles sur Georges Island.

Camping : autorisé sur l'île Lovells moyennant un permis de la Metropolitan District Commission *(MDC's Harbor Region Office, ☎727-5359)* ainsi que sur les îles Grape et Bumpkin moyennant un permis du Boston Harbor Islands State Park *(☎740-1605)*. Ni eau ni électricité; toilettes extérieures.

Pêche : favorable près des rivages rocheux et des quais publics de toutes les îles.

Belle Isle Marsh

Cette réserve couvre une superficie de près de 98 ha et englobe la majeure partie du plus important marais salé qui subsiste encore dans la région de Boston, caractéristique des nombreux sites marécageux qui bordaient autrefois la côte de la Massachusetts Bay Colony. Il s'agit d'un endroit tout à fait particulier où vous pouvez admirer des animaux de plusieurs espèces sauvages ainsi que des plantes de marais salé, très rares en région urbaine. L'accès se trouve sur Bennington Street, à East Boston.

Installations et services : sentiers de randonnée, tours d'observation et visites guidées *(☎727-5380)*.

Nantasket Beach

Autrefois un centre de villégiature sélect du milieu du XIXe siècle dont les hôtels de luxe rivalisaient avec ceux de Newport, le secteur de Nantasket Beach s'est peu à peu dégradé, jusqu'à ne plus être qu'un ramassis de bars, de friteries et de salles de jeux électroniques. Cette plage péninsulaire de 5,5 km n'en demeure cependant pas moins l'une des plus belles de la région, couverte de sable blanc et propre, et offrant par ailleurs une vue incomparable sur l'océan Atlantique. L'accès se trouve sur Nantasket Avenue, à Hull, à l'extrémité de la route 228.

Installations et services : aires de pique-nique, toilettes, surveillants de plage, abris, promenade, restaurants et casse-croûte *(☎727-8856)*.

Baignade : toujours agréable. Après une tempête, les conditions sont idéales pour surfer avec ou sans planche.

Wollaston Beach

Cette bande de sable de 3 km est si étroite qu'à marée haute la plage disparaît pour ainsi dire complètement. L'arrière-plage est bordée d'un large brise-lames et d'un stationnement qui s'étendent sur toute la longueur de la bande. Les gens aiment s'y faire bronzer sur des chaises de jardin ou sur le capot de leur voiture, alors que d'autres y promènent simplement leur chien, ce qui donne à cette plage une allure tout à fait urbaine. Le sable est caillouteux, et il y a généralement foule, mais vous y aurez une vue splendide sur le ciel de Boston, dans le lointain. L'accès se trouve sur Quincy Shore Drive, en prenant vers le sud sur la route 3A, qui part du Neponset Circle, à Quincy.

Installations et services : aires de pique-nique, toilettes, cabines de bain et terrain de jeu; casse-croûte et restaurants, de l'autre côté de la rue *(☎698-1802)*.

Blue Hills Reservation

Ce parc de 2 600 ha constitue le plus grand espace de plein air dans un rayon de 55 km autour de Boston. Great Blue Hill, le point le plus élevé de la côte du Massachusetts, est le siège de la plus ancienne station météorologique de toute l'Amérique du Nord. On y trouve des douzaines de collines, une forêt, de nombreux lacs et marécages, ainsi que 240 km de sentiers de randonnée, de ski de fond et de promenade à cheval, mais également un musée d'histoire naturelle, le **Trailside Museum** *(1904 Canton Ave., route 138, Milton, ☎333-0690)*, qui présente des animaux vivants, des vitrines et des pièces d'exposition, de même que 16 sites historiques, y compris une maison de ferme qui date de 1795. Les bureaux de la réserve se trouvent à Milton, sur Hillside Street, à côté du poste de police, et vous pourrez vous y procurer des plans des lieux.

Installations et services : aires de pique-nique, toilettes, cabines de bain, surveillants de plage, casse-croûte, courts de tennis, petite piste de ski alpin avec location d'équipement, terrains de baseball, canotage sur le Ponkapoag Pond et activités en relation avec la nature *(☎698-1802)*.

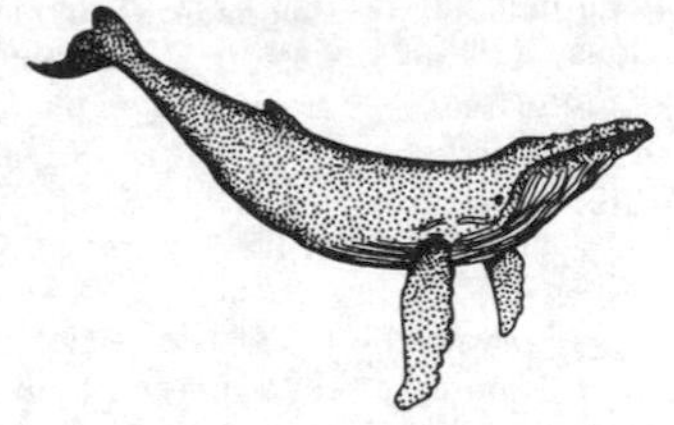

Baleine à bosse

Camping : l'**Appalachian Mountain Club** *(5 Joy St., Boston, ☎523-0636)* dispose de 20 petits chalets sur le Ponkapoag Pond, qu'il est nécessaire de réserver assez longtemps à l'avance. De 10$ à 14$ par nuitée, toilettes extérieures, ni eau ni électricité. Nombre d'emplacements de camping limité pendant l'été.

Baignade : le Houghton Pond, aux eaux calmes et au fond sablonneux, convient particulièrement aux enfants.

Pêche : les étangs regorgent de truites, de bars, de chabots, de perches et de poissons-lunes.

Middlesex Fells Reservation

Le mot *fells*, d'origine écossaise, signifie «contrée sauvage et vallonnée», ce qui décrit très bien cette réserve de plus de 800 ha. Ce territoire accidenté fut d'abord exploré en 1632 par John Winthrop, le premier gouverneur de la colonie de la baie du Massachusetts. Le gouvernement local en fit l'acquisition en 1893 pour le transformer en parc public et construisit une ligne de tramway destinée à y transporter les pique-niqueurs, d'ailleurs fort nombreux. Plus de 80 km de sentiers de randonnée et de vieux chemins forestiers sillonnent les *Fells*. Pour y accéder, empruntez les sorties 32, 33 ou 34 de la route 93, à 10 km de Boston.

Installations et services : aires de pique-nique, sentiers de ski de fond, patinoire et piscine *(☎662-5214)*.

Pêche : les étangs contiennent du poisson-lune, du poisson-chat, de la perche, du «brocheton» et du bar.

Voile

Vous éprouverez une sensation unique en voguant sur les eaux bleues de la rivière Charles par un jour de bonne brise, avec Boston, d'un côté, et Cambridge, de l'autre. En tant que visiteur, vous pouvez louer un bateau auprès de **Community Boating** *(fermé nov à mars; 21 David G. Mugar Way, ☎523-1038)*, moyennant une épreuve d'aptitude à la navigation et l'achat d'une carte de membre valable pour deux jours. Mais vous pouvez tout aussi bien louer une embarcation avec son capitaine au **Boston Sailing Center** *(fermé nov à mi-avr; 54 Lewis Wharf, ☎227-4198)* ou au **Boston Harbor Sailing Club** *(72 East India Row, ☎345-9202)*.

Observation de baleines

De Boston, vous pouvez facilement vous rendre à Stellwagen Bank, l'un des principaux endroits où les baleines viennent chercher leur nourriture. Des excursions au large sont organisées par le **New England Aquarium** *(Central Wharf, ☎973-5277)*, la **Bay State Cruise Company** *(66 Long Wharf et Commonwealth Pier, ☎723-7800)* et **A.C. Cruise Line** *(Commonwealth Pier, World Trade Center, ☎426-8419)*.

Jogging

Le jogging a acquis une telle popularité à Boston qu'on pourrait croire que la moitié de la population s'entraîne en prévision du marathon qui s'y tient chaque année. Les sentiers les plus courus se trouvent le long des bandes de verdure qui bordent chacune des rives de la les River sur plus de 27 km. Pour de plus amples renseignements, adressez-vous à **USA Track and Field** *(2001 Beacon St., Brookline, ☎566-7600)*. Deux autres sentiers sécuritaires, l'une de 3,25 km et l'autre de près de 5 km, sont accessibles à la **Breakheart Reservation** *(177 Forest St., Saugus, ☎233-0834)*.

Bicyclette

La bicyclette est très populaire le long des pittoresques voies d'eau de la région de Boston, y compris de la Charles River, mais nous vous recommandons d'éviter les rues étroites et congestionnées du centre-ville; la Charles River Esplanade, du côté de Boston, dispose néanmoins d'une voie cyclable clairement signalisée d'environ 30 km, la **Dr. Paul Dudley White Bike Path**, qui part du Science Park, traverse Boston puis Cambridge et Newton avant de rejoindre Watertown. La **Stony Brook Reservation Bike Path** *(Turtle Pond Parkway, West Roxbury, Hyde Park, ☎698-1802)* traverse, pour sa part, 6,5 km de forêt et aboutit à Dedham. La **Mystic River Reservation** possède également une belle petite voie de 5,5 km qui longe la rivière du Wellington Bridge, à Sommerville, jusqu'à Everett. Certaines parmi les meilleures et les moins fréquentées de toutes les voies cyclables de la région se trouvent dans le secteur du **Wompatuck State Park** *(Union St., Hingham, ☎749-7160)*, où vous trouverez 20 km de voies faciles à travers bois, parmi quelques-unes des plus anciennes futaies de l'est de la Nouvelle-Angleterre.

Si vous vous sentez prêt à relever un défi de taille, aventurez-vous sur la voie cyclable de quelque 220 km de la **Claire Saltonstall Bikeway**, dont le premier segment relie Boston et Bourne, à l'entrée du Cape Cod. Les autres sections du parcours suivent la Cape Cod Rail Trail jusqu'à Provincetown, à la fine pointe du cap.

Pour tout renseignement sur le vélo de randonnée dans la région, adressez-vous à la **Massachusetts Bicycle Coalition** (MassBike) *(44 Bromfield St., Room 207, ☎542-2453)* ou au **Charles River Wheelmen Bike Club** *(1 Belnap Rd., Hyde Park, ☎325-2453)*.

La location de vélos

Dans la région de Boston, adressez-vous à la **Community Bike Shop** *(496 Tremont St., ☎542-8623)* ou à **Earth Bikes** *(35 Huntington Ave., ☎267-4733)*.

Patin à glace

Les patineurs suivent les contours du lagon du Public Garden et du Frog Pond du Boston Common depuis plus d'un siècle. La rivière Charles ne gèle presque jamais suffisamment pour permettre la pratique de ce sport, mais la **Metropolitan District Commission** (MDC) *(droit d'entrée; fermé mars à oct; 20 Somerset St., ☎727-9547)* gère 21 patinoires publiques intérieures, dont certaines où vous pourrez louer des patins. Le **Skating Club of Boston** *(1240 Soldier's Field Rd., Brighton, ☎782-5900)* accueille également le public et loue des patins sur place.

Ski de fond

Plusieurs options s'offrent ici aux fondeurs. La **Weston Ski Track** *(15 déc au 15 mars; Park Rd., Weston, ☎781-891-6575)* regroupe des sentiers légèrement ondulants aménagés sur un terrain de golf (cours et location d'équipement disponibles sur place). Le **Lincoln Guide Service** *(Conservation Trail, Lincoln, ☎781-259-9204)* propose aussi des cours et de l'équipement de location. La **Middlesex Fells Reservation** *(1 Woodland Rd., Stoneham, ☎781-662-5214)* entretient un sentier gratuit de 10 km qui conviendra aux skieurs de différents calibres (plan de sentier disponible).

Golf

Prenez le départ à l'un ou l'autre des nombreux terrains de golf publics, y compris le **George Wright Golf Course** *(420 West St., Hyde Park, ☎361-8313)*, le **Presidents Golf Course** *(357 West Squantum St., Quincy, ☎328-3444)*, le **Braintree Municipal Golf Course** *(fermé jan-fév; 101 Jefferson St., Braintree, ☎781-843-9781)*, le **Newton Commonwealth Golf Course** *(212 Kenrick St., Newton, ☎630-1971)*, le **Stow Acres** *(58 Randall Rd., Stow, ☎508-568-8690)* et le **Colonial Country Club** *(1 Audubon Rd., Lynnfield, ☎245-9300)*.

Tennis

La **Metropolitan District Commission** (MDC) *(20 Somerset St., ☎727-9547)* exploite 45 courts à travers la ville et dans le Boston métropolitain. Premier arrivé, premier servi. Cambridge possède également des courts publics *(pour information, composez le ☎349-6231)*. Il existe par ailleurs de nombreux clubs privés; l'un d'eux, également ouvert au public, est le **Sportsmen's Tennis Club** *(Franklin Field Tennis Center, 950 Blue Hill Ave., Dorchester, ☎288-9092)*.

Randonnée pédestre

À quelques kilomètres seulement du brouhaha du centre-ville de Boston, le Massachusetts se transforme en une succession de collines ondulantes et verdoyantes, de vallées fluviales et de forêts de pins et de bois dur. Un nombre surprenant de parcs et de réserves fauniques jalonnent les hameaux avoisinants, où vous pouvez emprunter quantité de sentiers panoramiques, aussi bien longs que courts.

Les sentiers de la grande banlieue

Le **Quincy Quarries Foothpath** (4 km) traverse les parois abruptes d'une carrière, le premier chemin de fer commercial des États-Unis et un moulin à tour de 1898, autrefois utilisé pour tailler et polir les blocs et les colonnes de granit de Quincy, qui ont d'ailleurs servi à la construction de plusieurs bâtiments célèbres d'Amérique.

Le plus important sentier du **World's End** (6,5 km) monte puis redescend le long d'une petite péninsule qui, de Hingham, s'étend au nord jusqu'à la baie de Massachusetts. Les routes de ce secteur merveilleusement aménagées aux courbes clémentes, ont été dessinées par le célèbre paysagiste Frederick Law Olmsted (celui qui a conçu entre autres le parc du Mont-Royal, à Montréal) en vue d'un lotissement qui ne vit jamais le jour. Le sentier large et herbeux serpente à travers prés et marécages, longe une série de drumlins rocailleux datant de l'ère glaciaire et parcourt des allées de chênes anglais, de pins et de cèdres rouges avant de gravir un tertre escarpé d'où vous pourrez jouir d'une des plus belles vues sur Boston qu'on puisse trouver depuis la rive sud.

Le **Ponkapoag Trail** (5,6 km), situé sur la réserve de Blue Hills, contourne le Ponkapoag Pond à travers des terres marécageuses et en bordure d'un terrain de golf. De là, le Ponkapoag Log Boardwalk traverse une tourbière flottante, envahie par des bleuets cultivés, des glaïeuls des marais et des cèdres blancs de l'Atlantique.

Le **Bearberry Hill Path** (4,8 km), aménagé sur la réserve peu connue et peu fréquentée de Stony Brook, présente un parcours solitaire dans un bois paisible. Le sentier traverse la forêt jusqu'au Turtle Pond, puis retourne vers son point de départ en longeant la voie cyclable asphaltée qui marque la frontière est du parc, à travers un fourré marécageux et à proximité d'un terrain de golf.

Le **Skyline Trail** (11 km), sillonnant la Middlesex Fells Reservation, est un ruban accidenté qui franchit plusieurs monticules rocheux encadrés par deux tours d'observation. Le paysage varie considérablement le long du parcours, d'un étang couvert de nénuphars et peuplé de grenouilles à des forêts de bois dur, en passant par des collines jonchées de roches volcaniques, un ancien champ de courses aux gradins improvisés, des tapis rosés d'épigées rampantes ainsi que des marais.

Vous pouvez également, comme le font des milliers d'autres, vous promener sur les mêmes rivages que Thoreau parcourait au **Walden Pond**, à Concord. Un circuit de 2,75 km serpente à travers bois en bordure des eaux cristallines de l'étang. À l'emplacement de la cabane habitée par Thoreau pendant deux ans, les voyageurs de toutes les parties du globe ont, au fil des années, déposé des pierres qui forment aujourd'hui un véritable monument à la mémoire du poète.

HÉBERGEMENT

Plusieurs complexes hôteliers, érigés en gratte-ciel modernes et étincelants au cours de la vague d'édification des années quatre-vingt, sont venus rejoindre les «grandes dames d'antan» dans la région du centre-ville et sur le littoral. Nombre d'entre eux sont de tout premier ordre, mais les prix de ces nouveaux palaces ne conviennent malheureusement pas à toutes les bourses.

Les plus vieux hôtels d'époque, comme le Parker House, le Ritz-Carlton et le Lenox, se sont montrés à la hauteur du défi que représentent ces nouveaux venus en ravalant les façades de leurs immeubles, qui en avaient d'ailleurs grandement besoin. Leurs prix sont parfois moins prohibitifs que ceux de leurs ambitieux compétiteurs, à qui ils ravissent d'ailleurs invariablement la palme au niveau du charme.

Si vous voyagez en mai, à l'époque des festivités qui entourent la remise des diplômes universitaires, ou en automne, alors qu'on accourt de partout pour admirer le feuillage multicolore des arbres de la région, soyez sûr de réserver vos chambres longtemps à l'avance.

Ce chapitre présente une vaste sélection d'hôtels, par secteur de la ville et par ordre de prix, du moins cher au plus cher. Les prix mentionnés sont en vigueur durant la haute saison (été); donc, si vous y allez pendant une autre période, il est conseillé de vous informer des rabais consentis. Ces prix s'appliquent à des chambres pour deux personnes. Les hôtels pour petit budget *($)* sont généralement propres, satisfaisants, mais modestes, et sous la barre des 60$US pour deux personnes. Les établissements de prix moyen *($$)* oscillent entre 60$US et 120$US; ce qu'ils offrent en fait de luxe varie selon leur situation, mais leurs chambres sont généralement plus grandes. Les hôtels de catégorie moyenne-élevée *($$$)* coûtent entre 120$US et 175$US pour deux. Les chambres y sont spacieuses, et le hall d'entrée s'avère agréable. S'y trouvent aussi la plupart du temps un restaurant et quelques boutiques. En dernier lieu, les hôtels de grand luxe *($$$$)*, réservés à ceux pour qui le budget importe peu, sont les meilleurs de la ville. Il est à noter qu'une taxe de 9,7% s'ajoute au prix des chambres d'hôtel de Boston.

Greater Boston Hospitality *($-$$ pdj; P.O. Box 1142, Brookline, MA 02146, ☎/⇒277-5430, www.channel1.com.BnB)*, qui regroupe des douzaines de membres, dont plusieurs à Beacon Hil, à Back Bay et à Cambridge, inclut toujours le petit déjeuner dans le prix de ses chambres. Parmi les résidences inscrites à cette agence, notons une maison en brique de style fédéral à Beacon Hill, avec cheminées et lits à colonnes, une serre et un charmant jardin dissimulé, ainsi qu'une maison classique de grès brun à Back Bay, construite en 1890, dont les sols en acajou se parent de tapis orientaux et de meubles du XVIIIe siècle, également en acajou. On y accueille volontiers les gays.

Bed & Breakfast Associates Bay Colony *($$-$$$; P.O. Box 57166, Babson Park Branch, Boston, MA 02157, ☎449-5302 ou 800-347-5088, ⇒449-5958, www.bnbboston.com)* dispose de chambres dans plus de 150 résidences, incluant souvent un petit déjeuner complet et une salle de bain privée, dont plusieurs se trouvent à Waterfront, dans le South End, à Back Bay et à Beacon Hill. Un large éventail d'aménagements s'offre à vous, d'une chambre à fenêtre en rotonde et au plancher en pin avec cheminée et lit antique en laiton dans une maison victorienne du South End aux demeures de Beacon Hill et de Back Bay, à proximité du Public Garden. L'un des meilleurs rapports qualité/prix.

Centre-ville

Il existe au moins une demi-douzaine d'agences de *bed and breakfasts* à Boston, qui peuvent aussi bien vous loger au centre-ville qu'à Cambridge ou en banlieue.

Le **Swissotel Boston** *($$$-$$$$; ≈, ⊙, △, ℜ; 1 Lafayette Ave., ☎451-2600 ou 800-621-9200, ⇒451-0054, www.swissotel.com)* compte 500 chambres. Appartenant à une société suisse, cet hôtel confirme l'efficacité et l'hospitalité qui font la marque du peuple helvète. Situé à proximité de tout, il vous offre tout le confort dont vous pouvez rêver : service aux chambres jour et nuit, salles de bain équipées d'un téléphone, centre de détente, piscine olympique avec terrasse extérieure, sauna, salle d'exercices, un restaurant et un salon où l'on sert du thé et des pâtisseries en après-midi. La décoration réunit les styles colonial et européen, avec des meubles et des tableaux antiques fort impressionnants, des lustres en cristal de Waterford et des revêtements de marbre importé. Les chambres sont judicieusement tapissées de vert, de moka et de rose.

L'Omni Parker House *($$$-$$$$; 60 School St., ☎227-8600 ou 800-843-6664, ⇒743-5729, www.omnihotels.com/bosparsf.htm)* appartient à la légende bostonienne. De nombreuses célébrités y ont séjourné, de Charles Dickens à John Wilkes Booth et Hopalong Cassidy. Le hall de grand style à l'ancienne est orné de panneaux de bois sculptés et de moulures dorées; son plafond, duquel pendent des lustres à bougies, est également de bois sculpté, et les portes d'ascenseur sont en bronze repoussé. Il est en plein cœur du centre-ville, à

BOSTON

quelques pas seulement du Quincy Market. Secrétaires, fauteuils à oreillettes, couvre-lits à motifs floraux et baignoires en marbre font l'orgueil de ses chambres.

L'un des hôtels les mieux cotés de la Nouvelle-Angleterre, le **Four Seasons Hotel** *($$$$; ≈, ⊛, ⊙; 200 Boylston St., ☎338-4400 ou 800-332-3442, ⇄426-7199, www.fshr.com/locations/boston/main.html)*, qui abrite 288 chambres, surplombe le Public Garden. Son décor intérieur reflète le caractère des résidences victoriennes de Beacon Hill, avec un grand escalier montant du hall vers les étages supérieurs, des chambres disposant de secrétaires aux surfaces garnies de cuir et des salles de bain rehaussées de fleurs fraîches et de meubles-lavabos recouverts de marbre. Ses installations incluent un centre de détente, un bassin à remous, une salle d'exercices, un salon de massage et une piscine avec vue sur Beacon Hill. En hiver, on vous fournit même des édredons.

L'**Hôtel Méridien** *($$$$; ≈, ⊛, ⊙, △, ℜ; 250 Franklin St., ☎451-1900 ou 800-543-4300, ⇄423-2844, www.lemeridien. com)* fait partie des établissements les plus réputés des États-Unis. Établi en 1981, il occupe les anciens locaux de la Federal Reserve Bank, dont la construction remonte à 1922, avec son architecture de granit et de calcaire inspirée d'un *palazzo* romain de la Renaissance. À l'intérieur, plusieurs détails du bâtiment original ont été préservés, y compris le raffinement des portes en bronze repoussé, les dorures des plafonds ouvragés et les torchères en bronze sculpté. Le salon Julien est dominé par deux gigantesques murales de N.C. Wyeth, représentant respectivement Abraham Lincoln et George Washington. L'hôtel dispose de 326 chambres, de 2 restaurants, de 2 bars, d'une piscine intérieure et d'un centre de conditionnement physique avec bassin à remous et sauna. Les chambres sont vastes, élégantes et chaleureuses, peintes de couleurs variées; leur ameublement comprend un fauteuil club et un canapé ton sur ton, tous deux brodés d'argent et harmonisés avec les murs, lesquels contrastent par ailleurs avec un secrétaire en laque noir.

En raison de son apparence, le **Boston Harbor Hotel** *($$$$; ≈, ⊙, △, ℜ; 70 Rowes Wharf, ☎439-7000 ou 800-752-7077, ⇄345-6799, www.bhh.com)* est tout simplement l'hôtel le plus ahurissant qui ait été construit à Boston depuis nombre d'années. Donnant directement sur le port, et conçu dans le grand style classique, il présente une construction en brique percée d'une arche de 25 m. Sa façade est bordée de quais de style vénitien, et au sommet se trouve un belvédère en rotonde à dôme cuivré. Une cour intérieure pavée débouche sur le somptueux hall revêtu de dalles de marbre et orné de cristal. Plusieurs de ses 230 chambres offrent une magnifique vue sur la mer; des meubles de bois foncé, des tables de chevet recouvertes de marbre et des tableaux d'oiseaux en complètent le décor aux tons de vert. Parmi ses installations : une salle d'exercices, un centre de détente, un sauna, une piscine, un restaurant primé et un bar.

The Regal Bostonian *($$$$; ⊛, ⊙, ℜ; angle North et Blackstone, ☎523-3600 ou 800-343-0922, ⇄523-2454)*, un petit hôtel de luxe de 152 chambres, se trouve tout à côté du Faneuil Hall et du Quincy Market. Deux vitrines rappelant les premiers jours de la lutte contre l'incendie à Boston agrémentent son hall. En plus d'abriter l'un des meilleurs restaurants de la ville, le Bostonian se caractérise par un atrium entouré de terrasses sur plusieurs étages. Une chambre typique comporte une moquette rose et des meubles contemporains, avec tables de verre et causeuses blanches. Les salles de bain sont spacieuses, équipées d'un double lavabo et d'une grande baignoire ovale. Six des chambres offrent même une baignoire à remous et un foyer. Les clients de l'hôtel sont également admis sans frais au centre de conditionnement physique situé à proximité.

Beacon Hill

L'**Eliot and Pickett Houses** *($$-$$$ pdj; ≡, ℂ; 6 Mount Vernon Place, ☎248-8707, ⇄742-1364, www.uua,org/ep/main.htm)* est une auberge de type *bed and breakfast* aménagée dans deux merveilleuses maisons de ville en brique des années 1830 et regroupant au total 20 chambres (9 dans la maison Eliot et 11 dans la maison Pickett). Moquette mur à mur, climatisation centrale et copies plus ou moins standard de meubles de style Fédéral en font un endroit confortable sans être trop pittoresque. Vous pourrez y préparer vos propres repas dans les cuisines mises à votre disposition, et la maison vous offrira gracieusement le petit déjeuner chaque matin. Certaines chambres sont accessibles aux personnes handicapées.

Une vraie trouvaille, à un prix de loin inférieur aux établissements du centre-ville, est la **John Jeffries House** *($$$-$$$$; ℂ; 14 Embankment* appartements et studios spacieux, tous équipés d'une cuisinette, dans un immeuble rénové du début du siècle qui domine Charles Street. Les pièces sont décorées avec goût dans des tons pastel, sont meublées de copies en bois foncé et comportent de grandes fenêtres et des salles de bain modernes. Le salon est également vaste et confortable.

Le **Beacon Hill Bed & Breakfast** *($$$$; bp; 27 Brimmer St., ☎523-7376)*, une coquette maison de brique de six étages située sur une rue résidentielle, se trouve dans un paisible quartier sur les pentes inférieures de Beacon Hill, seulement deux rues à l'ouest de Charles Street. Chacune des chambres à haut plafond offertes en location dispose d'un foyer décoratif et d'une salle de bain privée. La plupart des chambres ont vue sur la rivière Charles; et les autres, sur la mignonne église adventiste de style néogothique qui se dresse de l'autre côté de la rue.

Back Bay

Une bonne façon d'échapper aux coûts élevés des hôtels de Boston consiste à louer un appartement meublé. **Comma Realty** *($-$$; ℂ; 371 Commonwealth Ave., ☎437-9200)* dispose de 45 studios et appartements dotés d'une cuisine que vous pouvez louer à la journée entre novembre et mars ou à la semaine entre avril et octobre. Les locaux sont simples mais confortables, et les sols sont recouverts de moquette marron facile d'entretien. Les chambres sont équipées de lits jumeaux, et les accessoires de salle de bain sont d'un bleu quelque peu criard.

Aux **Beacon Inn Guest Houses** *($$-$$$; bp, ≡, ℂ; 248 Newbury St., ☎262-1771, ⇏266-7276)*, en plein cœur de Back Bay, vous trouverez 32 chambres pour le moins ordinaires et défraîchies, néanmoins équipées de lits jumeaux, d'une cuisinette et d'une salle de bain privée; en été, l'hôtel compte 30 chambres climatisées.

L'**Eliot Suite Hotel** *($$-$$$; ℂ; 370 Commonwealth Ave., ☎267-1607 ou 443-5468, ⇏536-9114, www.bostbest.com)*, construit en 1925 pour la famille de Charles Eliot, alors président de l'université Harvard, est l'un des plus petits, mais aussi l'un des plus charmants hôtels de la ville. Son atmosphère est accueillante et chaleureuse, et son hall peint d'un vert suave est décoré de fauteuils à oreillettes, de canapés et d'appliques murales en cristal. Quant à ses 10 chambres et 85 suites, dont certaines bénéficient d'une cuisinette, elles sont agrémentées de meubles foncés de style antique.

Le **Copley Square Hotel** *($$$; 47 Huntington Ave., ☎536-9000 ou 800-225-7062, ⇏236-0351, www.copleysquarehotel.com)*, dont la construction de pierre remonte à 1891 et qu'on a entièrement rénové depuis peu, loge plusieurs familles et de nombreux Européens dans ses 141 chambres accueillantes et douillettes. Bien que quelque peu exiguës, celles-ci n'en sont pas moins confortablement meublées dans un style contemporain et agrémentées de tissus aux tons de bleu, de vert et de mauve. Quoi qu'il en soit, il s'agit d'une véritable aubaine pour ce secteur de la ville.

Le classique **Ritz-Carlton** *($$$$; ⊘, △, ℜ; 15 Arlington St., ☎536-5700 ou 800-241-3333, ⇏536-1335, www.ritzcarlton.com)*, construit en 1927, s'est refait une beauté. Les chambres y sont typiquement spacieuses et dégagées, avec de hauts plafonds, des tentures et des couvre-lits aux motifs floraux dans les teintes de marron, ainsi qu'un ameublement de style provincial français. Les murs se parent de reproductions de gravures antiques représentant Boston et Bunker Hill. Les salles de bain sont caractérisées par un sol de marbre blanc poli et des garnitures antiques. Outre un centre de conditionnement physique avec salon de massage à l'intérieur même de ses murs, le Ritz, qui compte 278 chambres, offre gracieusement à ses clients l'accès à un relais de santé parfaitement équipé à proximité de l'hôtel. Ses installations incluent trois restaurants, un bar et un salon de thé ouvert l'après-midi.

La «grande dame» des hôtels de Boston n'est autre que le **Fairmont Copley Plaza** *($$$$; ℜ; 138 St. James Ave., ☎267-5300 ou 800-527-4727, ⇏247-6681, www.fairmont.com)*, établi en 1912. Autrefois célèbre pour ses somptueuses réceptions, comme sa «soirée à Venise», alors que des gondoles voguaient sur le parquet de danse transformé en *Grand Canal* pour l'occasion, tous les présidents américains y ont séjourné depuis Taft, de même que les rois et reines de huit pays. John F. Kennedy en était lui-même un habitué. Avec ses colonnes et ses planchers de marbre, ses lustres en cristal et son ameublement de style provincial français, son hall arbore une élégance peu commune; le plafond est par ailleurs orné de moulures et de dorures, et peint en trompe-l'œil aux couleurs de l'azur. L'hôtel abrite également deux restaurants et un piano-bar plein d'entrain. Ses 379 chambres et 28 suites renferment des meubles d'époque foncés, et les murs sont chaleureusement tapissés de motifs floraux, alors que les salles de bain se prévalent de marbre ancien et d'accessoires chromés.

De véritables foyers ajoutent considérablement au charme antique du **Lenox Hotel** *($$$$; 710 Boylston St., ☎536-5300 ou 800-225-7676, ⇄236-0351, www.lenoxhotel.com)*, qui dispose de 222 chambres. Établi au tournant du siècle, il était jadis fréquenté par des artistes aussi renommés qu'Enrico Caruso, qui s'y rendait à bord de son tramway personnel. Le hall a conservé l'élégance de la Belle Époque, avec ses hautes colonnes blanches, ses moulures habillées de feuilles d'or, sa cheminée en marbre et son distingué décor marine. Les chambres sont typiquement équipées d'un lustre colonial et d'une berceuse; les plafonds sont hauts, et le décor y crée une ambiance tantôt orientale, tantôt coloniale, quoique l'étage supérieur ait été rénové et présente plutôt un style provincial français.

Le **Colonnade** *($$$$; ≈, ℜ; 120 Huntington Ave., ☎424-7000 ou 800-962-3030, ⇄424-1717, www.colonnadehotel.com)*, qui a ouvert ses portes en 1971, fut le premier hôtel indépendant de luxe à voir le jour à Boston en 40 ans; il a d'ailleurs inspiré la vague hôtelière qui devait déferler sur la ville 10 ans plus tard. Fameux pour la hardiesse de son architecture Bauhaus, le Colonnade a entièrement rénové ses 285 chambres dans des teintes pour le moins recherchées, les murs mauves étant rehaussés par le marine et le rose des couvre-lits. On y trouve également un restaurant et la seule «piscine sur le toit» de Boston.

Fenway

Le plus modeste de tous les gîtes de Boston, tant au point de vue du prix qu'au point de vue des installations, est sans contredit l'auberge de jeunesse ou **Boston International American Youth Hostel** *($; ℂ; 12 Hemenway St., ☎536-9455)*. Les chambres de style dortoir comptent chacune six lits, les hommes et les femmes étant séparés. Vous devez louer vos draps sur place, et aucune boisson alcoolisée n'est permise sur les lieux. Les non-membres de l'AYH (American Youth Hostels) doivent en outre acquitter un léger supplément en guise d'adhésion préliminaire à l'organisme qui régit ce type d'établissement. L'auberge peut loger jusqu'à 190 personnes en été, alors que, durant l'année académique, ce nombre tombe à 125. Les clients ont accès à la laverie et à la cuisine, de même qu'au salon, où se trouvent un piano et un distributeur de jus.

Contrairement au YWCA (voir p 289), le **YMCA** *($-$$; ≈; fin juin à début sept; 316 Huntington Ave., ☎536-7800, ⇄267-4653, www.ymcaboston.org)* accueille aussi bien les hommes que les femmes. Vous y serez mieux installé qu'au YWCA. Vous y trouverez un hall spacieux et confortable aux murs recouverts de panneaux de bois, une piscine intérieure, une laverie et une cafétéria. Les chambres y sont toutefois de type «cellule» et garnies de meubles qui pourraient très bien provenir de l'Armée du Salut.

Les voyageurs au budget restreint ne trouveront pas de meilleure affaire à Boston qu'au **Florence Frances'** *($-$$; bc, ℂ; 458 Park Drive, ☎267-2458)*, une construction de grès brun âgée de 140 ans qui compte 4 chambres d'hôte avec salle de bain commune. Mme Frances a voyagé partout à travers le monde, et elle a mis ses souvenirs à profit pour donner un caractère particulier à chacune des chambres. À titre d'exemple, les murs de la «chambre espagnole», relevée de noir, de rouge et de blanc, sont parés d'éventails espagnols. La salle de séjour et le petit salon sont magnifiquement meublés d'antiquités et abritent une collection de figurines Royal Doulton. Une cuisine communautaire est également mise à la disposition des clients.

Le **Buckminster** *($$$ selon les dimension des chambres; ℂ; 645 Beacon St., ☎236-7050 ou 800-727-2825, ⇄262-0068)*, un établissement de 100 chambres, constitue une solution peu coûteuse par rapport aux chics auberges et hôtels des environs de Back Bay. L'hôtel occupe trois étages d'un bel immeuble ancien situé au cœur du vibrant secteur du Kenmore Square. Les chambres et les suites se révèlent plutôt grandes, et toutes sont garnies de copies de meubles d'époque. L'attrait principal du Buckminster réside sans contredit dans l'avantage qu'il représente pour les voyageurs qui y logent plus d'une nuit, chaque étage possédant sa propre cuisine et une laverie. Si seulement il y avait des hôtels comme celui-ci dans toutes les villes du monde!

South End

Greater Boston Hospitality *($-$$$; P.O. Box 1142, Brookline, MA 02146, ☎277-5430,*

≠277-5430, www.channel1.com/bnb) est un service de réservation offrant des douzaines de *bed and breakfasts*. On peut vous y aider à trouver le lieu de séjour parfait à Boston, entre autres à Back Bay, Beacon Hill et Cambridge. Les gays sont les bienvenus.

Le **Berkeley Residence/YWCA** *($-$$; 40 Berkeley St., ☎482-8850)* se présente comme l'hébergement le moins coûteux de la ville pour la clientèle féminine. Aucun homme n'y est admis au-delà des salles publiques. Les chambres sont équipées de lits jumeaux recouverts de chenille dans un décor floral. Les salles de bain se trouvent en bout de palier. Une laverie et une cafétéria complètent les installations.

Malgré ses couloirs sombres et étroits, certaines disparités de couleurs et quelques baignoires écaillées, le **Chandler Inn** *($$; ℜ; 26 Chandler St., ☎482-3450 ou 800-842-3450, ≠542-3428)* dispose de 56 chambres propres, toutes équipées et décemment aménagées avec de nouveaux meubles en chêne et dans un décor aux tons de bleu et de vert. Il y a aussi un restaurant et un bar largement fréquenté par la population gay.

La **463 Beacon Street Guest House** *($$; ℂ, ℝ; 463 Beacon St., ☎536-1302, ≠247-8876, www.idt.net/~the46319)* attire une clientèle mixte et souvent gay. Ses 20 chambres, toutes équipées d'un réfrigérateur et d'un four à micro-ondes, et réparties sur six étages (sans ascenseur), font de cet établissement de grès brun du début du siècle un excellent choix en ce qui concerne le rapport qualité/prix. Des services commerciaux et une laverie sont également accessibles.

L'**Oasis Guest House** *($$; 22 Edgerly Rd., ☎267-2262, ≠267-1920)*, qui date des environs de 1860 et se trouve sur une rue paisible, dessert essentiellement une clientèle gay, bien qu'on y retrouve aussi des gens de tous les milieux. Certaines de ses 16 chambres sont meublées d'antiquités et de grands lits, et certaines d'entre elles sont en mansarde. Le petit déjeuner continental est servi dans la salle à manger.

La **Newbury Guest House** *($$-$$$ pdj; tv, ☎; 261 Newbury St., ☎437-7666, ≠262-4243)* se reconnaît à son imposante façade de grès brun et à sa jolie terrasse en bordure de rue. Campée dans l'élégant décor de Newbury Street, cette auberge rénovée de 1882 propose 15 chambres aux parquets de pin, aux plafonds élevés et meublées de copies victoriennes. Certaines d'entre elles bénéficient de fenêtres en rotonde, et toutes sont équipées d'un téléviseur et d'un téléphone, ce qui est plutôt rare dans les petites auberges. Mieux encore, le prix de la chambre inclut un petit déjeuner continental avec pain maison.

Environs de Boston

Cambridge

À l'époque où Cambridge était une zone agricole, le **Mary Prentiss Inn** *($$-$$$$; bp; 6 Prentiss St., ☎661-2929, ≠661-5989)*, une construction néoclassique de 1843, était une propriété terrienne. Aujourd'hui, il se retrouve au cœur de l'urbaine Cambridge, entre les secteurs commerciaux du Porter Square et du Harvard Square. Les 20 chambres s'avèrent spacieuses, et plusieurs d'entre elles comportent de hauts plafonds, un foyer et un lit à quatre colonnes. Toutes disposent d'une salle de bain privée.

Parmi les gîtes les moins coûteux mais aussi les plus modestes, notons l'**Irving House** *($$$; bp; 24 Irving St., ☎547-4600 ou 800-854-8249, ≠576-2814)*, près du Harvard Square. Cet établissement aux murs recouverts de panneaux de bois, et privé d'ascenseur, propose 44 chambres simples mais propres, les meilleures se trouvant à l'étage supérieur, avec lucarnes, moquette et salle de bain privée.

Bien qu'assez éloigné du Harvard Square, un gîte tout à fait particulier s'offre également à vous : **A Cambridge House Bed and Breakfast** *($$$-$$$$ pdj; 2218 Massachusetts Ave., ☎491-6300 ou 800-232-9989, ≠868-2848)*. Il s'agit d'une résidence privée construite en 1892, avec un large porche encadré de colonnes, et classée monument historique. Magnifiquement restaurés et richement décorés de tissus à motifs floraux, de papiers peints imprimés, d'antiquités et de tapis orientaux, sa salle de séjour, son petit salon et sa salle à manger offrent un décor luxueux à la clientèle. Chacune des 16 chambres pourvues de meubles d'époque revêt un cachet individuel. Celle qu'on nous a fait voir comportait un lit à baldaquin recouvert d'un édredon en dentelle de même qu'un foyer. Les enfants de moins de sept ans ne sont pas admis.

Un lieu d'hébergement fort convenable de Cambridge est le **Harvard Square Hotel** *($$$-$$$$; 110 Mount Auburn St., ☎864-5200 ou 800-458-5886, ≠864-2409)*.

Même si certaines de ses 73 chambres sont assez petites, cet hôtel privé vous propose de jolis «nids» pourvus de meubles contemporains et de couvre-lits à motifs floraux.

La façade en gradins de forme pyramidale du **Hyatt Regency Cambridge** *($$$-$$$$; ≈, ⊛, ⊙, △, ℜ; 575 Memorial Drive, ☎492-1234 ou 800-233-1234, ⇄491-6906, www.hyatt.com)* donne directement sur la Charles River, et plusieurs de ses chambres offrent une vue splendide sur le profil que Boston dessine à l'horizon. Son hall, un atrium ouvert sur 14 étages, prend des allures subtropicales, avec ses roselins d'Australie nichés dans une volière de verre, sa fontaine majestueuse et sa végétation grimpante composée d'arbres et de plantes d'intérieur. Dans ce décor enchanteur, agrémenté d'une murale en trompe-l'œil représentant une villa italienne et d'un mur de verre de 30 m, des ascenseurs illuminés aux cloisons transparentes vous propulsent vers les étages supérieurs. Outre ses 467 chambres, l'hôtel compte 2 restaurants, une piscine et un centre de conditionnement physique équipé d'un sauna, d'un bassin à remous et d'un bain de vapeur. Les chambres, elles-mêmes de dimensions respectables, sont garnies de boiseries naturelles ainsi que de tapis et meubles contemporains, alors que les salles de bain se prévalent de meubles-lavabos recouverts de marbre.

Le **Charles Hotel** *($$$$; bp, tv, ☎, ⊛, ⊙, △, ℜ; 1 Bennett St., angle Eliot St., ☎864-1200 ou 800-637-7200, ⇄864-5715, www.charlesho tel.com)* se trouve dans un complexe réunissant un immeuble de bureaux et un centre commercial à quelques pas seulement du Harvard Square. Les chambres, dont beaucoup ont vue sur l'eau, se parent de tons de gris et de bleu, avec un lit en bois tourné, une causeuse et un fauteuil, de même qu'une armoire neuve en chêne. La salle de bain, carrelée de gris, avec des comptoirs recouverts de marbre rose et gris, est équipée d'un second téléphone et d'un téléviseur. Ses installations comprennent trois restaurants, l'un des meilleurs bars de jazz en ville et un centre de conditionnement physique avec bain de vapeur, sauna et bassin à remous.

The Inn at Harvard *($$$$; 1201 Massachusetts Ave., ☎491-2222 ou 800-222-8733, ⇄491-6520, www.doubletreehotels.com)* est merveilleusement bien situé à quelques rues seulement du Harvard Square. Sa dénomination d'«auberge» semble toutefois quelque peu déplacée, car il s'agit d'un hôtel de calibre supérieur (il fait même partie de la chaîne Doubletree). Qu'à cela ne tienne, il n'en a pas moins du charme, avec son magnifique atrium de quatre étages en guise de hall d'entrée, autour duquel gravitent des chambres et des mezzanines dans un style qui rappelle beaucoup celui des palais de la Renaissance. Ses 113 chambres sont joliment garnies de meubles en cerisier et d'œuvres originales du Harvard Fogg Museum.

Lexington et Concord

Si vous cherchez à vous loger à peu de frais en plein cœur de Lexington, sans doute voudrez-vous vous arrêter au **Battle Green Motor Inn** *($-$$; ≈; 1720 Massachusetts Ave., ☎/⇄781-862-6100 ou 800-343-0235, ⇄861-9485)*. Les 96 chambres de ce motel en forme de *L*, au décor colonial et aux meubles clairs, sont disposées autour de 2 jardins, ornés de plantes tropicales, et d'une piscine chauffée.

Concord présente un visage plus rural et plus verdoyant que Lexington, ce qui la rend plus paisible. De plus, vous ne pouvez y séjourner sans revivre l'histoire de la région.

Le **Hawthorne Inn** *($$$-$$$$ pdj et thé; bp; 462 Lexington Rd., Concord, ☎978-369-5610, ⇄287-4949)*, érigé autour de 1870, occupe des terres ayant jadis appartenu aux Emerson, Alcott et Hawthorne, juste en face des maisons Alcott et Hawthorne. Cette auberge accueillante dispose de sept chambres, dont trois sont équipées de lits antiques à colonnes et à baldaquin, recouverts de courtepointes faites à la main; des tapis orientaux et des papiers peints à motifs coloniaux décorent ces chambres. Les salles de bain, toutes privées, sont grandes et joliment rénovées. Non-fumeurs.

Le **Colonial Inn** *($$$-$$$$; ℜ; 48 Monument Sq., Concord, ☎978-369-2373 ou 800-370-9200, ⇄369-2170)*, qui date de 1716, se situe directement sur le *town green*. Le bâtiment original appartenait au grand-père de Thoreau, mais, des 47 chambres disponibles, quelques-unes seulement sont situées dans l'auberge historique. Trente-deux autres, confortables mais sans caractère, font en effet partie d'une aile plus récente, ajoutée au bâtiment principal en 1961. Les chambres de l'auberge à proprement parler, avec leur parquet à larges planches, leurs poutres équarries à la main et leur lit à colonnes, sont, pour leur part, plus spacieuses et plus empreintes du passé historique de la région. L'auberge abrite également deux tavernes rustiques et un restaurant qui compte cinq salles à manger.

Tout près, à Bedford, le **Renaissance Bedford Hotel** *($$$$; 44 Middlesex Turnpike, Bedford, ☎781-275-5500, ⇌275-8956)*, d'allure tout à fait contemporaine, se dresse au milieu d'une pinède de 8 ha et s'apparente un tant soit peu à un complexe de villégiature. Ses 285 chambres sont toutes décorées de façon moderne, et ses installations comprennent des courts de tennis intérieurs et extérieurs, un centre de conditionnement physique, un bassin à remous et un sauna. Cet hôtel convient aussi bien aux familles en quête d'une atmosphère chaleureuse (les chambres sont conçues en fonction de la sécurité des enfants) qu'aux professionnels en déplacement (il renferme des salles de réunion et un centre de bureautique).

RESTAURANTS

Les établissements de chaque quartier de Boston sont présentés par ordre de prix, du moins cher au plus cher, pour un repas complet pour une personne sans vin. Les moins chers *($)* sont généralement en deçà de 9$US; l'ambiance y est informelle, le service s'avère rapide, et ils sont fréquentés par les gens du coin. La catégorie moyenne *($$)* se situe entre 9$US et 18$US; l'ambiance y est déjà plus détendue, le menu plus varié et le rythme plus lent. La catégorie supérieure *($$$)* oscille entre 18$US et 25$US; la cuisine y est simple ou recherchée, mais le décor se veut plus agréable et le service, plus personnalisé. Puis il y a les restaurants de grand luxe *($$$$)*, où les prix débutent à 25$US; ces endroits sont souvent pour les gourmets, la cuisine y devient un art, et le service se veut toujours impeccable.

North End

Le North End est le quartier italien de Boston. Vous pourrez vous régaler de *pastas* et de plats régionaux dans ses moindres recoins, que ce soit dans un petit bistro, dans un chic restaurant ouaté ou dans un bar nocturne où l'on sert des cafés *espresso*. Quoi qu'il en soit, c'est ici que vous ferez certaines des plus intéressantes découvertes gastronomiques de la ville, et à des prix souvent très modérés.

À **La Famiglia Giorgio's** *($; 112 Salem St., ☎367-6711)*, les portions sont si gargantuesques et les prix si lilliputiens que vous n'en croirez pas vos yeux. Les gens du coin, quant à eux, en sont visiblement convaincus, car c'est en foule qu'ils envahissent chaque soir le tumultueux local pour s'y gaver de spaghetti aux boulettes de viande, de lasagne, de linguinis à la sauce aux palourdes ou d'une assiette de fruits de mer sautés. Ainsi que son nom le suggère en italien, il s'agit d'un petit établissement familial au décor modeste et à l'éclairage peu discret; vous pourrez même emporter vos restes. Réservations requises pour les groupes de six personnes et plus.

Le **Café Paradiso** *($; 255 Hanover St., ☎742-1768)* est le lieu de prédilection des résidants de souche italienne. Vous y trouverez un bar express garni de plantes suspendues, de glaces et de boîtes à gâteau italiennes fort colorées. Le *spumoni* est fait à la main, et *gelati* (crèmes glacées) et *granite* (sorbets) sont toujours fraîchement barattés. On y sert, vous l'aurez compris, des desserts, mais aussi des plats italiens légers tels que pizzas, *calzones* et salades. Bar complet.

Le **Caffe Vittoria** *($$; 269 Hanover St., ☎227-7606)* se présente comme le plus coloré de tous les cafés express. Il fait si Vieux Continent qu'on le dirait importé tout droit d'Italie. Une ancienne et fort imposante cafetière à pression orne la vitrine, et l'atmosphère est rehaussée de treillis, de planchers de marbre et d'une murale dépeignant la côte italienne. C'est l'endroit tout indiqué pour déguster un *espresso*, une liqueur italienne ou un *cappuccino* tardif accompagné de *gelato* ou de *cannoli*. Les amateurs de cigares trouveront par ailleurs un salon à leur intention à l'étage inférieur.

On ne sert que de la pizza à la **Pizzeria Regina** *($$; 11½ Thatcher St., ☎227-0765)*, et cela semble tout à fait convenir à la clientèle fidèle qui se presse à sa porte au déjeuner et au dîner, prête à attendre le temps qu'il faut qu'une table se libère à l'intérieur. Une fois arrivé dans la salle, vous prendrez place sur des bancs à haut dossier autour de longues tables en bois lourd et usé pour déguster, pointe après pointe, une pizza accompagnée d'un pichet de bière, de boisson gazeuse ou de vin blanc maison. Quant au service, il s'avère rapide, sinon parfois un peu brusque, comme d'ailleurs un peu partout dans le North End.

Les habitués du quartier se retrouvent volontiers au **Pat's Pushcart Restaurant** *($$; dîner seulement; 61 Endicott St., ☎523-9616)*, qui se spécialise dans les mets du nord de l'Italie et qui ne lésine pas sur la «sauce rouge». Simple et informel, il offre une atmosphère qui invite à la conversation. Le seul égard pour la décoration s'y traduit par les nappes rouge et blanc qui recouvrent les tables; mais personne n'en fait de cas, dans la mesure où l'on peut y savourer un succulent poulet «angélique», une juteuse poitrine de poulet farcie avec des viandes froides et du fromage, ou un spaghetti marinara à des prix défiant toute concurrence.

Si vous n'avez pas eu l'occasion de visiter la chapelle Sixtine, vous pouvez au moins en contempler les fresques sublimes, reproduites au plafond du **Lucia's** *($$; dîner tlj, déjeuner sam-dim seulement; 415 Hanover St., ☎367-2353)*. Les étudiants en art en restent bouche bée et les critiques ne tarissent plus d'éloges. De plus, d'autres fresques tout aussi impressionnantes illustrent le voyage de Marco Polo en Chine ainsi que La Cène avec les 12 apôtres. Le chef, originaire des Abruzzes, apprête des mets de toutes les régions de l'Italie, des plus légers aux plus consistants; il en a pour tous les goûts. Nous vous recommandons tout particulièrement son *pollo all'Arrabbiata* et son *maccheroni all'Arrabbiata* (poulet et macaroni à la sauce piquante). Réservation requise.

Le **Nicole's Ristorante** *($$-$$$; fermé lun, déjeuner mar-sam; 54 Salem St., ☎742-6999)* est un établissement tout de rose habillé qui abrite une élégante salle à manger aux allures de bistro. On y sert de délicieux plats du nord de l'Italie, et le veau est l'une des spécialités de la maison.

À l'étage du Café Paradiso, la **Trattoria a Scalinatella** *($$-$$$$; dîner seulement; 255 Hanover St., ☎742-8246)* offre une expérience culinaire intime entre ses murs de brique nue, sa cheminée fonctionnelle, ses tables éclairées à la bougie et ses trois grandes baies vitrées. Le menu italien authentique se veut saisonnier et peut comporter des raviolis noirs farcis avec des calmars, du sanglier du Texas, des médaillons de veau ou des pâtes maison. Il est recommandé de réserver.

Le **Mamma Maria's Ristorante** *($$-$$$$; dîner seulement; 3 North Sq., ☎523-0077)* est la reine incontestée des tables de gourmet du North End. Ayant acquis une réputation enviable, ce restaurant a élu domicile dans une luxueuse maison de ville parée de lustres en laiton, de glaces et de revêtements muraux pêche et gris. À l'étage, un atrium surplombe la petite maison de Paul Revere. Le menu du Mamma Maria se distingue par l'absence de sauce rouge, que remplacent des spécialités de la Toscane et du Piedmont, plus légères et davantage agrémentées de sauces coulantes, telle cette dorade grillée posée sur un lit de pistou garni de crevettes et de légumes nains.

Le **Restaurant Pomodoro** *($$-$$$$; 319 Hanover St., ☎367-4348)* ne paie peut-être pas de mine, mais il saura vous combler avec ses délicieux plats servis en portions généreuses, comme la salade aux légumes grillés et le risotto aux saucisses d'agneau.

Centre-ville

Le choix est ici très varié, depuis les bastions de la tradition *yankee* jusqu'aux vivants cafés-terrasses et aux restaurants ethniques peu coûteux.

Vous préférez vous en tirer à bon compte? Alors rendez-vous au **Milk Street Café** *($; fermé sam-dim; 50 Milk St., ☎542-3663)*. Cette confortable cafétéria du Financial District sert des plats maison parmi les meilleurs et les moins chers en ville, qu'il s'agisse de soupes, de sandwichs, de salades, de muffins, de pains ou, bien entendu, de desserts, comme le fameux gâteau sablé aux fraises. Petit déjeuner et déjeuner seulement.

Haymarket Pizza *($; 106 Blackstone St., ☎723-8585)* donne directement sur le Haymarket, un marché public en plein air ouvert toutes les fins de semaine; cependant, la foule qui se presse sur les lieux rend l'accès au restaurant quelque peu difficile. Mais si vous relevez le défi, vous y découvrirez l'une des meilleures pizzas à bas prix de tout Boston.

Le meilleur restaurant de fruits de mer du minuscule quartier chinois est le **Chau Chow** *($; 52 Beach St., ☎426-6266)*. Son décor minimaliste fait davantage songer à une cafétéria, et son personnel, quoique bien intentionné, ne parle pratiquement pas l'anglais, mais les Bostoniens de toute souche font fi de ces désagréments et attendent longtemps en file pour savourer les fabuleuses crevettes, le crabe, le loup de mer et les autres délices qu'on sert ici.

Cinq comptoirs de commandes à emporter avec cuisine à aire ouverte entourent un groupe de tables au **Chinatown Eatery** *($; 11h à 14h; 44 Beach St., au premier étage)*, où règne une atmosphère aussi chaotique que dans une atmosphère aussi chaotique que dans un marché de Hong Kong. Les menus, suspendus au mur, sont rédigés à la main aussi bien en chinois qu'en anglais, et la clientèle y est essentiellement asiatique. Au total, ces comptoirs vous proposent environ 400 plats traditionnels différents, aussi bien du Sichuan que du Hunan, de Pékin ou de Canton.

Le **Blue Diner** *($-$$; 178 Kneeland St., ☎338-4639)*, avec ses fluorescents, ses chromes et son *juke-box*, est un véritable casse-croûte à l'ancienne en plein cœur de Boston. En plus de ses omelettes, de ses épaisses crêpes, de ses œufs à la crème new-yorkaise et de ses *wets* (frites maison baignant dans une sauce abondante), le Blue Diner est l'un des derniers endroits de l'Amérique urbaine où vous pouvez encore faire remplir votre tasse de café à volonté.

À l'**Imperial Seafood** *($-$$; 70 Beach St., ☎426-8439)*, un portique dans le plus pur style chinois accueille les visiteurs. Situé en plein cœur du Chinatown, le restaurant est décoré de lanternes chinoises et de dragons dorés. Réputé pour son *dim sum* (brunch à la chinoise), il sert en outre de la cuisine mandarine appréciée d'une foule de résidants.

Le **Pho Pasteur** *($-$$; 682 Washington St., ☎482-7467)*, un restaurant vietnamien peu coûteux qui sert aussi des mets thaïlandais et chinois, témoigne de la récente implantation d'immigrants du Sud-Est asiatique dans le Chinatown. Plats de nouilles, soupes variées et excellents choix de fruits de mer.

Le **Boston Sail Loft** *($-$$; 80 Atlantic Ave., ☎227-7280)* se profile jusqu'aux quais, offrant à ses clients une vue panoramique fort impressionnante. Vous pouvez y manger des pommes de terre farcies, parmi les meilleures en ville, ainsi que des hamburgers, des sandwichs, des pâtes et des plats de poisson, le tout dans une atmosphère maritime.

Pour des mets italiens gastronomiques à des prix de colporteur, rendez-vous au **Galleria Italiana** *($-$$$$; fermé le soir dim-lun, fermé le midi sam-dim; 177 Tremont St., ☎423-2092)* à l'heure du déjeuner. Le buffet de cafétéria offre alors plusieurs variétés de pâtes, des plats tels que la lasagne aux légumes nappée d'une sauce à la crème ou le poulet au parmesan, et des sandwichs faits de pain italien croustillant et de mozzarelle fraîche. Notez toutefois que, si le déjeuner est offert à petit prix, le restaurant rouvre ses portes le soir pour devenir une intime trattoria de luxe, populaire auprès des amateurs de théâtre.

La **Commonwealth Brewing Co.** *($$; 138 Portland St., ☎523-8383)* brasse sa propre bière dans le sous-sol de l'immeuble qu'il occupe et en sert 10 variétés en fût. La salle à manger, occupant un vaste hall aux murs bordés de cuves en cuivre, de tonneaux de bière, de tables recouvertes de cuivre et d'un bar à rampe de laiton, attire de nombreux amateurs de sport à la sortie du FleetCenter, qui se trouve tout près. Des murs vitrés vous permettent d'observer la fabrication de la bière (visite sur rendez-vous seulement), et vous pouvez y manger des plats copieux tels que bœuf haché aux haricots rouges et aux piments (alerte rouge!), bifteck ou poisson frit avec frites.

La majorité des touristes passent devant la **Marshall House** *($$; 15 Union St., ☎523-9396)* en se rendant à la pittoresque Union Oyster House, la fameuse hostellerie qui se trouve un peu plus loin sur la même rue (voir p 294). Les gens du coin préfèrent toutefois cet établissement moins bondé et moins coûteux dans ce dédale de rues pavées et de trottoirs en brique. Les copieuses portions de soupe épaisse, de poisson-frites, de hamburgers et de bière bien froide y sont toutes excellentes et servies par un personnel amical au fort accent de «Bahston». Déjeuner et dîner seulement.

Le **Bnu** *($$; 123 Stuart St., ☎367-8405)*, avec ses vignes grimpantes, ses ruines en trompe-l'œil et son plafond constellé d'étoiles, vous donnera l'impression de manger en Italie par un beau soir de lune. Situé à proximité du quartier du spectacle, ce petit restaurant est renommé pour sa cuisine italo-californienne, incluant *pastas*, poulet et fruits de mer.

Au **Ho Yuen Ting Seafood Restaurant** *($$; 13-A Hudson St., ☎426-2316; 58 Beach St., ☎426-2341)*, le décor et le service sans façon ne réduisent en rien la qualité exceptionnelle des plats de fruits de mer, qu'il s'agisse de crevettes, de homard, de crabe, de palourdes, de mollusques ou d'escargots.

Bruyant et chaotique, le **Durgin Park** *($$; 340 North Market, Faneuil Hall, ☎227-2038)* est légendaire pour le manque de manières de ses serveuses et ses tables de style réfectoire recouvertes de nappes à carreaux rouges et blancs. Fondé en 1827, il est une véritable institution locale. On y sert des repas costauds et consistants, typiquement *yankees*, comme des côtes de bœuf, du bœuf salé au chou, des saucisses accompagnées de haricots, du pain de maïs et de l'*Indian pudding* (sorte de flan épicé à la farine de maïs, au lait et à la mélasse).

Si vous recherchez une ambiance historique, rien ne vaut l'**Union Oyster House** *($$; 41 Union St., ☎227-2750)*. De magasin de marchandises sèches en 1742, cet endroit devint en 1775 l'un des creusets de la Révolution. Le restaurant est établi depuis 1826, et Daniel Webster lui-même aimait engloutir des huîtres à son bar en *U*, d'ailleurs toujours debout. Les murs lambrissés des nombreuses salles à manger de l'établissement sont bordés d'alcôves garnies de banquettes de bois et de tables en bois nues. Des modèles réduits de navires, un bar en acajou et d'anciennes charrettes à bras complètent le décor de l'établissement, informel et tapageur. Au menu : des fruits de mers, des soupes de poisson et d'autres plats typiques de la côte de la Nouvelle-Angleterre.

Avec ses grandes portes lettrées d'or, le **Tatsukichi** *($$; fermé le midi sam-dim; 189 State St., ☎720-2468)* ressemble à un consulat étranger, et son menu est tout aussi impressionnant : près de 50 variétés de *sushis*, sans compter la célèbre spécialité de la maison, le *kushiage* (brochettes de viande et de fruits de mer panés puis frits). Vous avez le choix d'y manger à la japonaise, dans de petites pièces de bois clair rehaussé de beige et garnies de *tatamis*, ou encore à l'occidentale.

Las Brisas *($$-$$$; 70 East India Row, ☎720-1820)*, éclaboussé de lumière, de verre et de laiton, est sans aucun doute un des plus reluisants restaurants mexicains à la ronde. *Fajitas*, *nachos* et soupe de haricots, ainsi que des spécialités comme le *pollo à la Oscar*, les médaillons de veau et les grillades sur charbons de bois, composent le menu.

Au **Biba** *($$$-$$$$; 272 Boylston St., ☎426-7878)*, un escalier gardé par une balustrade rouge vif vous entraîne vers la plus fascinante aventure culinaire que Boston puisse vous offrir. Son chef, Lydia Shire, ne redoute en effet nullement de composer ses menus en s'inspirant de plusieurs traditions culinaires, qu'elles soient chinoises, françaises, italiennes ou indiennes. Que diriez-vous, par exemple, d'un *satay* de homard garni de papaye verte et de menthe givrée, ou de côtes levées assaisonnées de cumin et de coriandre? Quoi qu'il en soit, il en résulte toujours un savant mariage que vous ne retrouverez probablement nulle part ailleurs. La salle à manger en soi est elle-même un véritable festin pour les yeux, parée de teintes riches et d'ornements méditerranéens à caractère primitif qui donnent du relief à ses murs blonds. Le menu est saisonnier.

Le **Dakota's** *($$$-$$$$; 34 Summer St., au niveau du hall, ☎737-1777)* dispose de tout un éventail de grillades sur charbons de bois, parmi lesquelles figurent du crabe en croûte et du saumon de l'Atlantique. Le menu est truffé de fruits de mer, de gibiers et de viandes communes. Le décor est entièrement rehaussé d'un magnifique granit acajou provenant du Dakota.

Dans une splendeur effacée, bien au-delà du tumulte des foules qui hantent le Quincy Market, se dresse le **Seasons** *($$$-$$$$; 20 North St., Faneuil Hall, dans l'enceinte de l'hôtel The Regal Bostonian, voir p 286, ☎523-4119)*, reconnu comme l'un des meilleurs restaurants de Boston. Ses tables largement espacées, ses nappes d'un blanc immaculé, sa porcelaine cerclée d'or, ses banquettes moka et ses plafonds à miroirs ne font qu'ajouter à son prestige. Son menu néo-américain témoigne d'une grande créativité et varie selon les saisons, vous proposant tantôt des cailles rissolées et accompagnées de saucisse et de polenta, tantôt des anges de mer grillés et servis avec de la laitance de homard.

La salle à manger du **Rowes Wharf Restaurant** *($$$-$$$$; 70 Rowes Wharf, dans l'enceinte du Boston Harbor Hotel, voir p 286, ☎439-3995)* trahit visiblement ses origines. Ses éclairages tamisés révèlent en effet un amalgame de panneaux d'acajou, de tapis bleu nuit à motifs floraux, d'appliques murales aux abat-jour de rose vêtus et de lithographies anciennes illustrant des scènes portuaires anglaises. Ses larges fenêtres dominent le port de Boston, et son menu se compose de spécialités de viandes et de fruits de mer finement apprêtés. Tout indiqué pour faire connaissance avec la cuisine de la Nouvelle-Angleterre.

Le **Chart House** *($$$-$$$$; 60 Long Wharf, ☎227-1576)* fait partie des restaurants les plus historiques de Boston. Établi sur un quai recouvert de pavés, le Long Wharf, il a été construit en 1760 et servit autrefois d'intendance à John Hancock. Son coffre-fort de fer noir est d'ailleurs toujours encastré dans le mur de la salle à manger qui se trouve à l'étage supérieur. Le décor est tout entier voué à la marine, avec des illustrations de navires en noir et blanc encadrées de métal doré et des modèles réduits de bateaux. Célèbre pour son *mud pie* (sorte de pâté rappelant ceux que les enfants font sur la plage, composé de crème glacée au café, aromatisée ou non de brandy ou de sherry, et recouverte de sauce fondante au chocolat et de crème fouettée, généralement sur un fond de tarte au chocolat), le Chart House sert également de copieux biftecks et plats de fruits de mer. Dîner seulement.

Pour une cuisine française sans pareille, réservez à la **Maison Robert** *($$$$; 45 School St., ☎227-3370)*. Il s'agit en fait de deux restaurants en un; le premier, le chic Bonhomme Richard, se trouve à l'étage principal, est magnifiquement décoré dans le style Second Empire et propose une cuisine française tout ce qu'il y a de plus classique; le second, Le Café, sert des plats moins coûteux dans sa salle du rez-de-chaussée. Dîner à la belle étoile au cours de la saison estivale, agrémenté tous les soirs par des musiciens de jazz se produisant de 17h30 à 19h30.

Le **Julien** *($$$$; 250 Franklin St., dans l'enceinte de l'Hôtel Méridien, voir p 286, ☎451-1900)* est à la fois vif et élégant, avec ses plafonds roses d'une hauteur impossible et ses majestueux lustres de cristal. Des fauteuils à oreillettes et de hautes banquettes roses y protègent votre intimité, tandis que des lampes de table tamisées y diffusent une douce et romantique lueur. Lorsque le serveur retirera le couvercle d'argent qui recouvre votre assiette en s'exclamant «Voilà!», vous ne pourrez vous empêcher de constater que c'est une main légère, mais non moins vibrante, qui a assuré la préparation des sauces. Le menu, qui varie selon les saisons, met l'accent sur les spécialités de la région et propose par exemple un canardeau du Long Island, accompagné de *xanthorrhizes* à feuilles de persil, ou un homard grillé du Maine assorti de citron, d'herbes fines, de beurre et d'un soufflé aux champignons.

Si vous optez pour l'**Aujourd'hui** *($$$$; fermé le midi sam-dim; dîner seulement; 200 Boylston St., dans l'enceinte du Four Seasons Hotel, voir p 37, ☎451-1392)*, assurez-vous d'obtenir une table en bordure d'une fenêtre, de façon à pouvoir contempler à votre aise le Public Garden. Des plateaux de service antiques aux motifs exclusifs sont disposés sur les tables, complétant un décor de tableaux anciens et un étalage de porcelaines. Le menu, typiquement régional, foisonne de gibiers, de volailles et de fruits de mer; vous y trouverez même des suggestions à faible teneur en cholestérol. À 100 m du quartier du spectacle, il constitue un excellent choix pour un repas de fin de soirée, quoique vous puissiez également y prendre le petit déjeuner.

Beacon Hill

Le **Café Bella Vita** *($; 30 Charles St., ☎720-4505)* est un excellent café-restaurant où vous pouvez tranquillement siroter un *espresso* ou un *cappuccino* dans une accueillante atmosphère européenne. Ses chaises de bistro sont le plus souvent prises d'assaut par de jeunes étudiants dévorant de plantureux sandwichs italiens et des soupes maison. Au chapitre des desserts, la spécialité de la maison, notons les *gelati* faites sur place et le gâteau au fromage et au chocolat.

Campé sur un îlot ceinturé d'un boulevard circulaire bourdonnant de circulation, le **Buzzy's Fabulous Roast Beef** *($; 24 sur 24; 327 Cambridge St., ☎242-7722)* n'est décidément pas très attrayant de prime abord. Et pourtant ce comptoir de commandes à emporter peut se vanter de servir les meilleures frites de grilladerie de tout Boston, sans compter ses croque-monsieur, ses hot-dogs chili et ses côtes levées. Le menu, rédigé à la main, dénote même un certain sens artistique avec ses caricatures de John Wayne, de Benjamin Franklin et de Rocky Balboa.

Au **The King and I** *($-$$; 145 Charles St., ☎227-3320)*, l'excellent menu thaïlandais, par ailleurs épicé, vole la vedette au décor. Commencez par des rouleaux impériaux et un *satay* pour ensuite passer aux calmars frétillants, aux *panangs* de fruits de mer ou à l'un des nombreux plats de poulet, de canard, de bœuf, de tofu ou de nouilles.

S'il est un endroit où vous ne vous attendez pas à trouver de la haute cuisine à prix modéré, c'est bien à Beacon Hill. Et pourtant il y a le **Rebecca's Restaurant** *($$; 21 Charles St., ☎742-9747)*, un formidable restaurant de quartier au menu néo-américain. Ses petites tables de bois et ses banquettes sont toujours pleines de gens du coin venus délecter leurs papilles de saumon poêlé et glacé à la moutarde, enveloppé d'une feuille de riz et servi sur un lit de légumes printaniers, ou d'une paella au homard, aux crevettes, aux moules et au poulet. L'atmosphère y est tout à fait décontractée, et vous pouvez aussi bien vous présenter en tenue habillée qu'en vêtements sport.

À deux pas du capitole, **The Black Goose** *($$-$$$; 21 Beacon St., ☎720-4500)* se spécialise dans la cuisine provinciale italienne. Résistez à la tentation de vous gaver de *focaccia*, un pain maison léger mais consistant, et de *caprese*, composé d'un monceau de tomates bien juteuses, garnies de mozzarella et de basilic; vous voudrez en effet vous garder de la place pour les plats principaux, couvrant tout un assortiment de *pastas* ainsi que de viandes et de poissons grillés, entre autres les raviolis au homard et au crabe, le poulet sauté à la florentine et le thon grillé sauce gingembre-*wasabi*. Une touche contemporaine rehausse le décor de la salle à manger, qui faisait jadis partie d'un hôtel historique.

Payez-vous le luxe d'une visite dans un village de Toscane au **Ristorante Toscano** *($$-$$$$; 41 Charles St., ☎723-4090)*, dont la salle à manger aux murs de briques apparentes est couverte de tableaux dépeignant la campagne italienne. Vous vous y régalerez de cuisine florentine, y compris des pâtes fraîches et des plats de gibier. Aussi, parmi les desserts, ne ratez surtout pas l'exceptionnel *tiramisu*.

L'**Another Season** *($$$; 97 Mt Vernon St., ☎367-0880)*, un rendez-vous romantique en sous-sol, se pare de murales dépeignant des gentilshommes en haut-de-forme et des dames élégamment vêtues qui font revivre la Belle Époque parisienne. Le menu est peu diversifié mais soigneusement sélectionné, incluant un bœuf Bourbon, un saumon Dana et un poulet au chèvre. Parmi les desserts : un gâteau au fromage à l'abricot et un gâteau au chocolat suisse préparé sans farine.

Plusieurs restaurants ethniques côtoient également les chics boutiques de Charles Street.

Back Bay

Même s'il ne ressemble pas plus à un bistro parisien qu'un vulgaire McDonald, le **Café de Paris** *($; 19 Arlington St., ☎247-7121)* vous offre davantage qu'un McDonald : croissants et omelettes, sans oublier le meilleur sandwich au poulet de toute la ville. Service de style cafétéria.

Si vous ne jurez que par les currys indiens et que la personne qui vous accompagne ne partage pas votre goût de l'aventure, essayez le petit **Bombay Café** *($-$$; 175 Massachusetts Ave., ☎247-0555)*. Vous y trouverez suffisamment de plats épicés pour combler vos papilles gustatives, tandis que votre compagne ou votre compagnon pourra se rabattre sur des choix moins agressifs tels que le *nan* fourré ou le poulet *tikka*.

Le **Kebab n' Kurry** *($$; fermé dim midi; 30 Massachusetts Ave., ☎536-9835)* se présente comme un charmant petit restaurant en sous-sol d'où s'échappent des parfums d'épices indiennes. Les tables sont nappées de rose et recouvertes d'écharpes en soie brodées d'éléphants et de motifs de chasse au lion, protégées par un revêtement de verre. Les plats de poulet, d'agneau, de poisson et de crevettes au cari sont tous préparés selon les plus pures traditions du nord de l'Inde.

Baigné de rose et de crème, et doté d'un plafond à poutres apparentes, le **Small Planet Bar and Grill** *($$; fermé lun midi; 565 Boylston St., ☎536-4477)* affiche une élégante simplicité. Parmi les sélections au menu, notons la paella, les pâtes, les plats sautés et les sandwichs novateurs dont un hamburger aux champignons portabello et au pistou, et un autre aux légumes.

Le **Skipjack's Seafood Emporium** *($$; 199 Clarendon St., ☎536-3500)* se targue d'un des menus de fruits de mer les plus variés de Boston, avec les deux douzaines d'espèces de poissons frais qu'il reçoit tous les jours, parmi lesquels se trouvent le thon, la truite et le saumon, mais aussi des espèces plus rares, comme le brosme et la scare. Son décor de blocs de verre et de fluorescents rouges et bleus, où des artistes locaux exposent en outre à tour de rôle, n'a d'ailleurs lui-même rien d'ordinaire.

Pourvu d'un plafond à poutres apparentes arborant un ciel bleu parcouru d'oiseaux, le **Small Planet Bar and Grill** *($$-$$$; 565 Boylston St., ☎536-4477)* laisse transpirer une élégante simplicité. Menu, entre autres, de paella, de pâtes et de plats sautés. Les chaises et les tables de ce café se déplacent commodément à l'extérieur au cour de la saison estivale.

Le **Pignoli** *($$-$$$; fermé dim midi; 79 Park Plaza, ☎338-7500)*, une autre création fabuleuse de Lydia Shire (la chef cuisinière du Biba, voir p 156), fait davantage songer à un chic restaurant de New York qu'à un modeste établissement de Boston. Si la salle à manger principale n'avait pas été conçue de façon aussi soigneuse, les énormes ballons de papier qui flottent çà et là au plafond auraient pu vous rendre claustrophobes. Mais tel n'est pas le cas, puisque le doux éclairage rose-orangé et le mobilier léger donnent l'illusion d'un espace accru, et les fioritures en tire-bouchon qui parsèment capricieusement le décor ne font qu'ajouter à cette impression de légèreté. Quant au menu, il s'avère tout aussi amusant que finement ficelé. Franchement inspiré du nord de l'Italie, il propose des *antipasti* plus riches en fruits de mer qu'en légumes, et de délectables plats de viande.

Tout le gratin de Boston se retrouve chez **Davio's** *($$-$$$; 269 Newbury St., ☎262-4810)*, un restaurant italien de grand style qui a beaucoup de panache et où le service est impeccable. Ses murs en brique, ses nappes blanches et ses lampes à huile projettent une image d'intimité tout à fait propice à la création de chefs-d'œuvre culinaires tels que le canard grillé laqué au cidre, accompagné de beignets de pomme de terre et d'un chutney pommé, et le poulet mariné à la toscane avec *pepperoncini*, olives *kalamata*, tomates et pommes de terre.

Le **Sonsie** *($$-$$$; 327 Newbury St., ☎351-2500)* est bondé et bruyant à l'heure du déjeuner et du dîner, mais sa chic clientèle fait plaisir à voir, et la nourriture (de la pizza au poisson et au steak) n'est pas mal non plus. Il faut toutefois noter que les prix sont un peu gonflés, et ceux qui surveillent leur budget de près feraient bien de s'en tenir aux entrées, pour ensuite prendre leur plat principal ailleurs, sur Mass Avenue par exemple, au bout de Newbury Street.

Le **Café Promenade** *($$$-$$$$; 120 Huntington Ave., dans l'enceinte du Colonnade Hotel, voir p 288, ☎424-7000)* compte de larges fenêtres qui donnent une impression particulièrement intéressante d'espace et de lumière. Son décor vert, rose et blanc se pare de chaises à dossier canné et de parterres de fleurs fraîches. On propose une cuisine continentale de biftecks, de fruits de mer et de sandwichs. Petit déjeuner, déjeuner et dîner, ainsi que brunch le dimanche.

La **Ritz-Carlton Dining Room** *($$$-$$$$; 15 Arlington St., ☎536-5700)* se présente comme l'un des restaurants les plus paisibles et les plus traditionnels de Boston. Surplombant le Public Garden, ce haut lieu de l'élégance se pare de lustres de cristal hollandais bleu de cobalt, de meubles de style provincial français et de rideaux à frange. Son menu change chaque jour et peut inclure des plats aussi alléchants que le homard sauce Bourbon et la sole de Douvres entière sautée aux pignons de pin et au beurre de citron, ainsi que des venaisons et du faisan. Quant à la carte des desserts, elle vous en propose tout près de 20, du bavarois à l'orange aux crêpes Suzette flambées. Le **Ritz Roof Restaurant**, converti en terrasse sur le toit, propose des dîners dansants à la belle étoile de mai à septembre (menu continental).

Le **Café Budapest** *($$$$; fermé dim midi; 90 Exeter St., ☎266-1979)* est le seul restaurant hongrois de Boston. Avec son pianiste et son violoniste, ses lustres de cristal, ses fenêtres carrelées de plomb et sa cheminée surmontée d'armoiries, il vous plonge aussitôt dans l'atmosphère de la vieille Europe romantique. En guise d'entrée, essayez la soupe aux cerises glacées ou les champignons sauvages sauce paprika; poursuivez avec le *wienerschnitzel* à la Holstein, le *sauerbraten*, le *goulasch* ou le bœuf Stroganoff, et terminez avec un *strudel* aux pommes ou aux cerises.

Fenway

Le **Buteco** *($-$$; 130 Jersey St., ☎247-9508)* est si décontracté et respire tellement le Brésil que vous ne seriez qu'à demi étonné d'y voir surgir la «fille d'Ipanéma». Les murs blancs sont en effet couverts de photographies encadrées du Brésil, et une douce musique de guitare brésilienne accompagne vos pensées, alors que de simples toiles cirées recouvrent les tables ornées de fraîches primevères jaunes. À noter sur le menu : le pittoresque *feijoada*, le mets national du Brésil, une sorte de ragoût de haricots noirs, de porc, de saucisse et de bœuf séché, accompagné de riz (servi les fins de semaine seulement). Nous vous recommandons également les soupes et desserts maison, dont la crème caramel et le beurre de goyave.

Le **Bangkok Cuisine** *($-$$; 177-A Massachusetts Ave., ☎262-5377)* ressemble presque à un musée, tellement ses murs sont tapissés de cadres aux motifs thaïlandais finement ciselés de feuilles d'or représentant tantôt un paon, tantôt des villageois entourés d'éléphants, ou encore des personnages d'appartenance bouddhiste. Un éclairage chaleureux, dans les tons orangés, et des lustres de cristal et de laiton ajoutent également à l'atmosphère exotique des lieux. Au menu : poisson frit entier, plats aigres-doux, currys, riz et nouilles.

Le **Mucho Gusto** *($$; fermé lun-mar, dîner seulement, brunch dim; 1124 Boylston St., ☎236-1020)* élabore de nourrissants mets cubains qui font le bonheur des habitants des quatre coins de Boston. Et, tandis que vous attendrez votre assiette, vous pourrez admirer à loisir les nombreux objets de collection des années cinquante et soixante qui agrémentent les lieux. Orchestre cubain les mercredis et dimanches.

South End

Depuis que les *yuppies* ont commencé à envahir le South End au cours des années soixante-dix et quatre-vingt, les restaurants n'ont cessé de pousser comme des champignons, des plus petits bistros aux plus chics salles à manger.

Le divin parfum des pâtisseries, pains, tartes et gâteaux fraîchement sortis du four en attire plus d'un au **Garden of Eden** *($; 577 Tremont St., ☎247-8377)*. Cette minuscule boulangerie-café a été primée la meilleure sandwicherie de quartier de Boston et sert de succulents sandwichs (entre autres le «Garden of Eden» à l'intention des végétariens) sur des tables de café aux surfaces cuivrées. Elle propose en outre des fromages et des pâtés gastronomiques.

Anchovies *($; 433 Columbus Ave., ☎266-5088)* est un minuscule restaurant italien tendu de murales et pourvu de grandes banquettes de bois de même que d'un bar qui jouit d'une grande popularité auprès des gens du coin. Au menu : d'énormes assiettes de pâtes et de pizzas maison.

L'un des établissements les plus appréciés du South End au petit déjeuner et au déjeuner est la **Charlie's Sandwich Shoppe** *($; 429 Columbus Ave., ☎536-7669)*. Les murs sont tapissés de photographies de clients satisfaits, aussi bien des personnalités politiques que des acteurs célèbres et des grands du jazz des décennies passées. Il ouvre tôt le matin et est tout indiqué pour d'excellents muffins maison, crêpes, sandwichs et hamburgers, sans oublier la convivialité, car on partage ici sa table avec d'autres clients.

La **Tim's Tavern** *($-$$; fermé dim; 329 Columbus Ave., ☎437-6898)*, un bar local sans cérémonie, est réputé pour ses doubles hamburgers délicieusement grillés qui savent satisfaire les appétits les plus voraces sans pour autant vider les bourses. Bifteck, côtes levées, fruits de mer et sandwichs au poulet figurent aussi au menu.

Le **Delux Café and Lounge** *($-$$; fermé dim; 100 Chandler St., ☎338-5258)*, décoré de babioles de Noël, de bustes d'Elvis et d'objets rétro, propose un assortiment varié, économique et savoureux de plats terre-à-terre jusqu'à 23h30 tous les soirs. Essayez le sandwich au poulet grillé et au chutney maison, le hachis Parmentier (pâté chinois) ou le chili épicé.

Le charmant **Claremont Cafe** *($$; 162 Columbus Ave., ☎357-1620)* se présente comme un chaleureux établissement de quartier qui prépare une nourriture exceptionnelle en réalisant le mariage des cuisines sud-américaine et méditerranéenne. Vous pourriez ainsi trouver au menu des côtelettes d'agneau marinées et grillées garnies d'une purée d'aubergines tunisiennes assaisonnée de coriandre, ou encore de la morue braisée accompagnée d'olives kalamata. Notez que le Claremont est aussi réputé pour son brunch du dimanche et que sa boulangerie est séparée de la salle à manger principale.

Le **Grillfish** *($$; 162 Columbus Ave., ☎357-1620)* sert des fruits de mer simples quoique alléchants et vous réserve quelques surprises telles que la lotte marsala et le *mako* grillé. De glorieux plafonds à poutres apparentes, des murales voluptueuses, l'éclairage tamisé des lustres et les bougies suintantes qui brûlent derrière un vigoureux bar en pierre confèrent à ce restaurant une atmosphère décontractée et gothico-urbaine. Il s'agit d'une halte prisée des jeunes professionnels, de sorte que vous devez vous attendre à une expérience plutôt bruyante les soirs d'affluence.

L'**Addis Red Sea Ethiopian Restaurant** *($$; 544 Tremont St., ☎426-8727)* fut le premier restaurant éthiopien authentique d'Amérique. Si vous recherchez l'argenterie, ce n'est pas ici que vous la trouverez. Le décor est typiquement africain, avec de vraies tables en jonc tressé selon des motifs géométriques clairs, des chaises basses en bois gravé et des toiles représentant des scènes de village africain. Les plateaux de nourriture qu'on vous sert occupent toute la table, et vous y retrouverez l'*injera* (pain éthiopien) servi avec du poulet, de l'agneau, du bœuf ou des mets végétariens.

L'un des rendez-vous favoris des gens d'ici, lorsqu'il s'agit de prendre un repas frais et savoureux, est le **Jae's Café & Grill** *($$-$$$; 520 Columbus Ave., ☎421-9405)*, d'ailleurs toujours bondé. Son menu santé emprunte aux cuisines d'Extrême-Orient, plus précisément de la Corée, du Japon et de la Thaïlande. Essayez le *karbi* (petites côtes de bœuf marinées et grillées), les nouilles croustillantes *pad thai* ou les nombreux choix de bouchées proposés au comptoir de *sushis* à l'étage inférieur. Tables à l'intérieur comme à l'extérieur en saison estivale.

L'**Icarus Restaurant** *($$-$$$; dîner seulement; 3 Appleton St., ☎426-1790)*, un petit restaurant huppé très couru, sert une cuisine américaine contemporaine. Vous y trouverez un bar formidable pour vous mouiller le gosier et des amuse-gueule à même de vous mettre en appétit. Commencez par le potage aux panais ou la polenta aux champignons exotiques braisés. Au chapitre des plats de résistance, il faut noter le lapin braisé aux cèpes, les poireaux au vin rouge, le bifteck de venaison en croûte poivrée sauce à la grenade et le filet de flétan accompagné d'une queue de homard farcie.

Le bruyant **Saint Cloud** *($$-$$$$; 557 Tremont St., ☎353-0202)* offre un décor *high-tech* dans les tons de pourpre, de noir et de gris, avec un plafond à treillis noir. Fort heureusement, le cuisinier a la main plus légère que le décorateur et vous propose un menu international composé de faisan, d'espadon grillé, de *ravioli* au potiron et de *minestrone* aux crustacés. On sert également des sandwichs, des *crostini* et divers hors-d'œuvre à prix plus modéré.

Le **Hamersley's Bistro** *($$$; 578 Tremont St., ☎267-6068)*, avec sa chic salle à manger tendue de rouge, de noir et de jaune, ses tables et ses chaises de café, et ses dessins de Randy Stevens, incarne bien Paris. Vous vous y laisserez tenter par des variantes sophistiquées sur le thème des spécialités campagnardes régionales, comme les sandwichs aux champignons grillés et le poulet rôti à l'ail, au citron et au persil. Dîner seulement.

South Boston

En progressant vers l'est sur Northern Avenue, la rue se transforme en une succession de quais et d'usines de transformation de poisson, le Fish Pier. Il n'est donc pas étonnant d'y trouver une foule de restaurants spécialisés dans les produits de la mer, dont certains comptent parmi les meilleurs de la ville.

Encore très peu connu, l'**International Food Pavilion** *($; fermé sam-dim; 164 Northern Ave., au sommet du World Trade Center, ☎385-5000)* est l'un des endroits avec vue panoramique sur la ville parmi les moins chers de Boston. Menus chinois, italien et américain servis style cafétéria sur des tables blanches qui dominent le port. Petit déjeuner et déjeuner.

Le **No-Name Restaurant** *($-$$; 15½ Fish Pier, ☎338-7539)* n'est pas seulement sans nom, mais aussi sans décor. Cet établissement est renommé pour la fraîcheur de son poisson acheté directement aux bateaux; de longues files d'attente se pressent toujours à sa porte.

The Daily Catch *($$-$$$; 261 Northern Ave., ☎338-3093)* s'impose comme l'un des pionniers de la cuisine à aire ouverte. Son menu sicilien propose une douzaine de poissons et crustacés frais de la Nouvelle-Angleterre, de même que des pâtes noires, confectionnées avec du noir de seiche. Les tables de bois nues et les napperons de papier conviennent parfaitement à l'ambiance ouvrière du Fish Pier. Le restaurant compte également deux autres succursales, l'une dans le North End et l'autre à Sommerville.

Deux des plus célèbres restaurants de Boston se trouvent d'ailleurs ici, le **Jimmy's Harborside** *($$-$$$$; fermé dim midi; 242 Northern Ave., ☎423-1000)* et l'**Anthony's Pier 4** *($$-$$$$; 140 Northern Ave., ☎482-6262)*, qui se livrent depuis des décennies une lutte interminable pour le titre de la meilleure table de fruits de mer de la zone portuaire. Tous deux proposent une longue liste de produits de la mer frais, depuis la morue bostonienne jusqu'au homard bouilli, ou encore cuit au four ou à l'étuvée, et tous deux s'enorgueillissent de fenêtres panoramiques qui s'étendent du sol au plafond et vous livrent une vue imprenable sur le port de Boston.

Le propriétaire du Pier 4 est un immigrant albanais du nom d'Anthony Athanas, qui a débuté à Boston comme cireur de chaussures; et c'est à force de travail acharné qu'il a bâti la réputation de son établissement. C'est par contre avec un large sourire qu'il a posé aux côtés d'Elizabeth Taylor, Red Skelton, Gregory Peck et Richard Nixon, dont les photos hantent ses murs. Bien qu'il soit célèbre, Anthony a aussi ses détracteurs, qui prétendent que ses fruits de mer ne sont pas à la hauteur de sa réputation, que l'attente est trop longue, et qu'en dépit du prix élevé que doivent payer ses clients on les traite comme dans une usine. Il n'en reste pas moins qu'Anthony possède la carte de vins la plus complète de Boston, et vous avez toujours le loisir de manger à la terrasse extérieure, couverte d'auvents jaunes et encore plus près de la mer.

En ce qui nous concerne, nous avons préféré le Jimmy's, fondé en 1924 par Jimmy Doulos, un immigrant grec baptisé «le roi de la soupe de poisson», dont les premiers clients furent de simples pêcheurs; l'établissement n'était alors qu'une petite cantine comptant neuf tabourets. Le décor est naturellement maritime : bar en forme de bateau et serveurs habillés de vestes marines garnies de tresses d'or.

Charlestown

La **Warren Tavern** *($-$$; déjeuner, dîner et brunch sam-dim; 2 Pleasant St., ☎241-8142)* date de 1780 et fut autrefois fréquentée par Paul Revere et George Washington. Il s'agit d'une petite construction à clin de bois dont l'intérieur est plutôt sombre, et de style colonial, avec un plafond traversé par des poutres massives, un plancher de bois, des appliques murales et des torchères d'étain perforé. Son menu s'harmo-nise d'ailleurs avec son décor : biftecks, fruits de mer et bœuf haché grillé avec frites. Comme dessert, la maison fabrique son propre *Indian pudding*, sans bien sûr oublier ses chips maison.

Environs de Boston

Cambridge

East Cambridge est une véritable mine d'or en ce qui a trait aux restaurants pittoresques et ethniques, surtout le long de Cambridge Street.

Tenu par un groupe d'immigrants londoniens, **Shay's** *($; 58 John F. Kennedy St., ☎864-9161)* a plus ou moins les prétentions d'un authentique *pub* anglais, et il propose un bon choix de bières pression internationales de même que des repas typiques de ce genre d'établissement, comme la tourte du berger et le déjeuner du laboureur.

En retrait de quelques rues du bourdonnant Harvard Square, le **Café Pamplona** *($; 12 Bow St., pas de téléphone)* se présente comme un minuscule café en sous-sol qui sert des mets espagnols, des pâtisseries et du café fort. En été, on installe quelques tables à l'extérieur sur une terrasse en brique.

L'**Algiers Coffeehouse** *($; 40 Brattle St., ☎492-1557)* est l'un des restaurants les plus bohèmes de Cambridge. Avec son plafond voûté de 15 m, ses murs de stuc blanc et ses ornements de cuivre, il ressemble à un croisement entre un palais marocain et une mosquée. Menu moyen-oriental, incluant *falafels* de lentilles et *baba ganoush*, que complètent 16 variétés de café et autres boissons chaudes, des thés, des breuvages glacés et des pâtisseries arabes.

L'**Asmara** *($-$$; 714 Massachusetts Ave., ☎864-7447)* est un autre restaurant éthiopien du grand Boston, décoré de rouge, de noir et de blanc ainsi que d'objets d'art populaire africains. On y mange du poulet, de l'agneau, du bœuf, du poisson et des mets végétariens à la façon éthiopienne, soit sans fantaisie.

À la **Bertucci's Brick Oven Pizzeria** *($-$$; 799 Main St., ☎661-8356)*, des fours à bois en brique ont été disposés le long des murs, et vous pouvez voir votre pizza, d'ailleurs exceptionnelle, en sortir sur une palette de bois. La pâte est bien épaisse, et un choix de 20 garnitures s'offre à vous, des cœurs d'artichauts au *prosciutto* en passant par la sauce à la crème. Mais vous pouvez également commander une soupe consistante, des pâtes ou des *calzone*.

Un autre restaurant du Sud-Ouest américain digne de mention est le **Border Café** *($-$$; 32 Church St., ☎864-6100)*, surtout apprécié des étudiants de Harvard. Situé au Harvard Square même, son menu recèle des spécialités cajuns, Tex-Mex et antillaises. Toutefois, n'y allez pas si vous êtes à la recherche d'un endroit calme pour bavarder, car l'atmosphère est bruyante et à la fête tous les soirs.

Il serait difficile de trouver un endroit plus sympathique que le **Casa Portugal** *($$; 1200 Cambridge St., ☎491-8880)*, l'un des rares restaurants portugais de Boston. Son décor vous plongera dans une ambiance toute latine, avec ses lanternes de fer forgé, ses serveurs à veste rouge et ses murales populaires à la gloire des combats de taureau et des musiciens de folklore. Au menu, le *chourico*, servi sur un petit gril embrasé, est suivi de plats épicés, comme les croquettes de porc mariné aux pommes de terre ou aux moules, la *linguica* aux oignons et le ragoût de calmars, tous accompagnés de grosses frites portugaises. Une bonne sélection de bières et vins portugais vous est également proposée, et vous pourrez couronner le tout d'un *espresso* ou d'un *cappuccino*.

À la **Magnolia's Southern Cuisine** *($$; fermé dim-lun; dîner seulement; 1193 Cambridge St., ☎576-1971)*, le chef John Silverman, un ancien élève du maître-chef cajun Paul Prudhomme, concocte des créations inspirées du Sud, comme ces fameuses tomates vertes frites et arrosées d'une *salsa tomatillo*, ou encore ces crevettes froides agrémentées d'une vinaigrette chaude aux fines herbes. Vous pourrez également commander du thon noirci, du canard grillé accompagné d'une sauce au *chipotle* et à l'orange, de la tarte aux pacanes et aux patates douces, et un parfait à la praline.

La Groceria Italian Restaurant *($$; 853 Main St., ☎876-4162)* s'impose comme une entreprise familiale aux allures de *trattoria* italienne, avec ses auvents rayés, son plafond à treillis et ses murs de briques apparentes. Renommée pour ses hors-d'œuvre piquants et ses pâtes maison, La Groceria propose un menu à l'ancienne mode du nord de l'Italie, incluant lasagne et aubergines au parmesan, de même qu'une assiette de fruits de mer *marinara* si délicieuse qu'il faut y goûter pour le croire. Parmi ses succulents desserts, notons le *cannoli*, le *tartufo* et le *tiramisu*. Si possible, demandez qu'on vous installe à la table du Parrain, logée dans une alcôve protégée des regards par un rideau de perles.

Le **Cottonwood Café** *($$; 1815 Massachusetts Ave., ☎661-7440)*, avec ses cactus et ses fluorescents verts et mauves, rappelle pour sa part le Sud-Ouest américain. Son menu est d'ailleurs tout à fait dans le ton, puisqu'il affiche, entre autres sélections, des bouchées de serpent, des *jalapeños* farcis de fromage et de crevettes, des *enchiladas*, de l'agneau des Rocheuses, du poulet ou des crevettes grillées dans une sauce piquante, et des grillades mixtes du Hill Country. On peut manger à la terrasse au printemps et en été.

L'**East Coast Grill and Raw Bar** *($$-$$$; dîner seulement, brunch dim; 1271 Cambridge St., ☎491-6568)* présente un décor rétro des années cinquante, avec comptoir et tabourets, fluorescents et carrelage noir et blanc. On y sert du porc, du poulet et des côtes grillées à la mode du Sud, avec de la salade de chou cru, des haricots au four, du pain de maïs et du melon d'eau (pastèque), le tout assorti de *margarita* bleue, verte ou ambrée. De plus, ses amuse-gueule, notamment ses «saucisses de l'enfer», sont tout aussi robustes.

Les propriétaires du **The Harvest** *($$-$$$; 44 Brattle St., ☎492-1115)* ont fait le tour des bistros européens avant d'arrêter leur choix de décor, qui se présente comme un agencement de banquettes rembourrées aux motifs de couleur vive, de volets et de tables en bois, avec bar parisien. La clientèle est tout ce qu'il y a de plus *Cambridge*, et vos voisins de table seront sans doute architectes, psychiatres ou autres professionnels. Adjacente au café, une salle à manger plus formelle, et aussi plus calme, change de couleur selon les saisons. Gibiers américains et fruits de mer composent le menu, qui varie au gré des saisons.

Le café-bar et la salle à manger du **Casablanca** *($$-$$$; 40 Brattle St., ☎876-0999)* se parent de murales de Rick, d'Ilsa et des autres vedettes de *As Time Goes By*. L'ambiance méditerranéenne est rehaussée par un choix de places exotiques à l'intérieur du café, soit des cabines aménagées en «paniers d'amour» et recourbées de manière à former une sorte de toit qui ajoute à l'intimité des lieux. Dans l'ensemble, la cuisine est assez bonne. Au déjeuner et au dîner, le menu affiche beaucoup de plats de pâtes, des fruits de mer, de l'agneau et du bœuf.

L'**Upstairs at the Pudding** *($$$$; fermé sam midi, brunch dim; 10 Holyoke St., ☎864-1933)* se trouve dans l'enceinte d'une institution à Harvard, le Hasty Pudding Club and Theatricals. Les murs de l'escalier qui conduit à l'étage, de même que ceux de la salle à manger comme telle, sont tapissés de vieilles affiches théâtrales des productions du Pudding, qui remontent jusqu'au XIXe siècle. Malgré ses murs vert émeraude et ses nappes roses, le restaurant est aussi désinvolte qu'une cantine universitaire. Le menu à prix fixe n'est pas nécessairement à la portée de toutes les bourses, mais il vous offre une des expériences gastronomiques les plus sublimes du grand Boston, alliant la cuisine du nord de l'Italie et les influences européennes contemporaines. Le menu à la carte propose pour sa part des fruits de mer frais de la région, du carré d'agneau et des venaisons.

La grande banlieue

Comme son nom l'indique, **The British Relief** *($; 152 North St., Hingham Sq., Hingham, ☎749-7713)*, occupant un immeuble de brique rouge, et aménagé sur le modèle d'une soupe populaire anglaise, est un endroit tout à fait accueillant. Des inscriptions et des photographies anciennes sur le thème de la soupe populaire pendent aux murs. L'ameublement sans prétention inclut une table en chêne massif sculpté pouvant asseoir au moins 10 personnes ainsi que d'anciennes banquettes de bois. Le service est de style cafétéria, et le menu se compose de mets copieux incluant soupes maison, salades, sandwichs et desserts. Le restaurant exploite par ailleurs une charcuterie fine avec comptoir de commandes à emporter. Petit déjeuner et déjeuner seulement.

La Paloma *($-$$; 195 Newport Ave., Quincy, ☎773-0512)*. La revue *Boston* a décerné plusieurs prix à La Paloma, notamment six pour le meilleur restaurant mexicain de la région. Les fins de semaine, les gens attendent en ligne pour déguster ses mets de tout premier ordre, incluant ses *fajitas* au bœuf ou au poulet, sa *paella* mexicaine et ses *gorditos* (*tortillas* frites garnies de saucisse maison et de crème sûre).

Vous ne trouverez pas de coin plus charmant en ville que le **Ye Olde Mille Grille** *($$-$$$; 8 North St., Hingham, ☎749-9846)*, établi dans un immeuble datant de 1723 et disposant de salles à manger aux étages aussi bien supérieur qu'inférieur. Les tables et les banquettes de bois foncé reflètent vivement la douce lumière des lampes de table. Quant au menu, il est truffé de vigoureuses spécialités *yankees* : palourdes, pétoncles et crevettes frites, platée de bœuf haché, rôti d'agneau et sandwich chaud à la dinde.

En franchissant le seuil du **Longfellow's Wayside Inn** *($$-$$$; Wayside Inn Rd., Sudbury, ☎978-443-8846)*, vous ne pourrez vous empêcher de songer aussitôt au grand poète qui hante ces lieux. Avant le déjeuner et le dîner, vous avez d'ailleurs la possibilité de visiter les pièces d'époque de l'auberge originale de même que plusieurs autres bâtiments historiques situés sur les lieux. Choisissez une table dans la Tap Room, où règne une ambiance coloniale sans pareille, avec deux foyers, des chaises à barres horizontales et des nappes à carreaux bruns et blancs. Le menu regroupe des spécialités traditionnelles telles que les voyageurs de passage du XVIIIe siècle pouvaient en commander : côte de bœuf, carré d'agneau, canard grillé, quartier d'oie et filet de sole. Au dessert, vous aurez le choix entre l'épaisse tarte aux pommes et l'*Indian pudding*.

Lexington et Concord

Pour une bouchée rapide ou une pause entre deux visites touristiques, prenez une pâtisserie et un excellent café au **One Meriam Street** *($; 1 Meriam St., Lexington, ☎781-862-3006)*, un café-restaurant cordial et décontracté. On y sert également des crêpes, des omelettes, des sandwichs, des hamburgers et des salades. Petit déjeuner et déjeuner sept jours par semaine.

Il se peut que certains n'apprécient pas autant que nous **The Willow Pond Kitchen** *($; 745 Lexington Rd., Concord, ☎978-369-6529)*, un petit restaurant tout ce qu'il y a de plus familial qui n'a pas changé depuis les années trente. Le décor? Des poissons, des chats sauvages et un opossum empaillés, d'ailleurs rongés par les mites, des tables de stratifié démodées et des banquettes de bois plutôt usées. Contrairement à ce qu'on pourrait croire, on y sert, quoique sur des assiettes en carton, de la bonne nourriture, incluant hamburgers au fromage, petits pains à la salade de homard et palourdes à l'étuvée, ainsi qu'un bon choix d'ales et de bières.

Le **Yangtze River Restaurant** *($-$$; 21 Depot Sq., Lexington, ☎781-861-6030)* se spécialise dans la cuisine polynésienne, mais sert également les mets sichuanais et cantonais les plus en demande. La salle à manger aux murs de briques apparentes, par ailleurs envahie par les plantes, est bruyante et sans prétention.

Une agréable surprise à tous points de vue, l'**Aïgo Bistro** *($$; 84 Thoreau St., ☎978-371-1333)* se trouve au cœur d'une jolie communauté de banlieue endormie, c'est-à-dire pas exactement là où vous vous attendriez à déguster une cuisine innovatrice. Le restaurant se trouve à l'étage de l'ancienne gare ferroviaire de Concord, et son menu regorge de délices d'inspiration française et méditerranéenne, apprêtés et servis avec beaucoup de goût. Brunch le dimanche.

Si vous avez plutôt envie de spécialités *yankees* dans un décor historique, essayez le **Colonial Inn** *($$; 48 Monument Sq., Concord, ☎978-369-9200)*. Construite en 1716, la section originale de l'auberge appartenait au grand-père de Thoreau. On y dénombre cinq salles à manger, décorées individuellement dans le style colonial. Le menu comprend des côtes de bœuf, des biftecks, de la morue, des pétoncles et du homard.

SORTIES

La scène artistique de Boston reflète une riche tradition historique de plusieurs siècles et ne cesse d'élargir ses frontières. Or, le **Bostix Booth** du Faneuil Hall *(☎723-5181)* propose des billets à moitié prix pour plusieurs spectacles, le jour même de la représentation; vous devez payer en espèces et retenir que les premiers arrivés sont les premiers servis. Quant à la **Boston Jazzline** *(☎787-9700)*, elle offre un service de renseignements enregistrés jour et nuit sur les événements de jazz locaux.

Centre-ville

Les meilleurs bars

À Boston, il y en a pour tous les goûts, aussi bien pour les jeunes célibataires que pour les briqueleurs, les dockers, les politiciens, les employés du quartier des affaires, les universitaires de Cambridge, les amateurs de sport et les Irlandais.

La **Bell in Hand Tavern** *(45 Union St., ☎227-2098)*, établie depuis 1795, est la plus vieille taverne de Boston; l'ambiance coloniale y est restée très chaleureuse. Musiciens sur scène du jeudi au samedi. Droit d'entrée les fins de semaines.

Au **Black Rose** *(160 State St., ☎742-2286)*, les accents irlandais sont si prononcés qu'on se croirait à Dublin. La maison se spécialise dans les bières et la musique folklorique irlandaises, et l'on s'y amuse toujours follement. Droit d'entrée les fins de semaine.

Le **Duck Soup** *(dans l'enceinte du Faneuil Hall, ☎426-6639)* n'est pas seulement la plus grande scène comique de la Nouvelle-Angleterre, mais aussi l'une des meilleures. Magnifiquement situé, son théâtre de 450 places accueille plusieurs des plus célèbres comédiens de la nation de même que des grands noms de la scène locale.

Le **Last Hurrah** *(60 School St., dans l'enceinte de l'Omni Parker House, ☎227-8600)* accueille un pianiste en début de soirée sur semaine et cède la place à un disque-jockey la fin de semaine (droit d'entrée).

The Littlest Bar *(47 Province St., ☎523-9766)* est bel et bien, tel que son nom l'indique, la plus petite taverne de Boston. Il n'y a ici que cinq tabourets au bar et quatre tables minuscules derrière eux. Le bruit de la télévision est souvent assourdissant, mais quel endroit amusant pour prendre un verre avant le dîner. La majorité des résidants ne le connaissent pas plus que vous.

The Good Life *(28 Kingston St., ☎451-2622)* se spécialise dans les cocktails rétro tels que le Cosmopolitan, le Manhattan et le Sidecar. Le décor terne des années soixante-dix ne semble d'ailleurs nullement décourager une importante clientèle à la sortie des bureaux non plus que les mélomanes sachant apprécier les prestations de jazz proposées à l'étage inférieur du jeudi au dimanche.

Les boîtes de nuit et les cabarets

The Roxy *(droit d'entrée; 279 Tremont St., dans l'enceinte de la Tremont House, ☎227-7699)* se présente comme un établissement on ne peut plus chic de style Art déco où les clients rivalisent d'élégance. Il possède sa propre troupe de danseurs et son présentateur, ainsi qu'un orchestre composé de 14 musiciens. Tenue réglementaire.

Au sous-sol du Wilbur Theatre, l'**Aria** *(droit d'entrée jeu; 246 Tremont St., ☎338-7080)* confie à un disque-jockey le soin de faire entendre à une foule mixte et bien nantie de la musique *house* et les plus grands succès du palmarès les vendredis et samedis soir. Le mercredi donne lieu à une soirée grecque et les jeudis et dimanches, offrent des soirées d'euro-*house*.

La **Bay Tower Room** *(60 State St., ☎723-1666)* procure à ses fortunés clients une vue sur la ville depuis le 33ᵉ étage de l'immeuble. Orchestre de quatre musiciens les vendredis et samedis soir.

Dans un décor de Mardi gras, le **Sugar Shack** *(droit d'entrée; 1 Boylston St., ☎351-2510)* présente un mélange de musique techno, *house*, funk, disco et *rhythm-and-blues* du mercredi au dimanche.

Situé sous le Wilbur Theater, le prestigieux et élégant **Improv Boston** *(droit d'entrée; 246 Tremont St., ☎695-2989)* attire une clientèle mixte. Des comédiens de renommée nationale y prennent l'affiche sept jours sur sept.

L'**Orpheum Theater** *(Hamilton Place, en retrait de la rue Tremont, ☎679-0810)* accueille des musiciens de rock dont la popularité s'étend d'un océan à l'autre.

Les théâtres

Le quartier du spectacle de Boston est étroitement aggloméré sur la partie nord de Tremont Street et sur plusieurs rues à l'ouest de celle-ci.

The Colonial Theatre *(106 Boylston St., ☎426-9366)* propose des pièces mises à l'essai avant d'être présentées à Broadway ainsi que des troupes nationales en tournée.

L'opulent théâtre du **Wang Center for the Performing Arts** *(270 Tremont St., ☎482-9393)*, jadis un cinéma des années folles, commandite d'extravagants événements de danse, d'art dramatique, d'opéra, de musique et de cinéma. Le **Boston Ballet** *(19 Clarendon St., ☎695-6950)* y présente par ailleurs (de même que dans la salle suivante) des classiques comme *Casse-noisette* ainsi que des œuvres contemporaines. Le Wang Center exploite également le **Schubert Theater** *(265 Tremont St., ☎482-9393)*, qui met en scène des pièces de Broadway, des opéras et divers spectacles présentés par des organismes communautaires sans but lucratif.

The Charles Playhouse *(74 Warrenton St., ☎426-6912)* se spécialise dans les comédies musicales, alors qu'à l'étage inférieur son **Stage II** *(☎426-5225)* présente la comédie *Shear Madness*, la pièce non musicale à l'affiche depuis le plus grand nombre d'années aux États-Unis.

Beacon Hill

Les meilleurs bars

Bien qu'il soit devenu célèbre par le biais de la série télévisée *Cheers*, le **Bull and Finch Pub** *(au sous-sol du 84 Beacon St., ☎227-9605)* a su conserver un cachet tout à fait sympathique. Ce vénérable *pub* anglais propose des bières de grand cru, des hamburgers et une ambiance délirante.

The Sevens Ale House *(77 Charles St., ☎523-9074)* se présente comme un meilleur bar de quartier que le Bull and Finch Pub voisin. Paré de bois sombre, avec ses murs tapissés de photos de clients ayant participé au marathon de Boston et à d'autres événements locaux, le Sevens semble petit mais il est animé; on y croise peu de touristes, et son personnel est parmi les plus aimables que nous ayons rencontré.

Back Bay

Les meilleurs bars

Si vous êtes riche, ou à tout le moins au-dessus de vos affaires, faites un tour du côté du **Ritz Bar** *(Ritz Carlton, 15 Arlington St., ☎536-5700)*, dont les panneaux sombres reflètent bien le traditionalisme et la rigueur des «brahmanes» locaux. Ou alors rendez-vous à l'élégante **salle de bal d'époque** du Ritz, où vous trouverez une ambiance romantique propice à la danse.

Des pianistes de renom se produisent à l'**Oak Bar** *(138 St. James Ave., dans l'enceinte du Copley Square Hotel, voir p 287, ☎267-5300)*. Des numéros de cabaret et des concerts de jazz sont aussi régulièrement présentés tout au long de l'année.

Quoiqu'un peu trop touristique, le **Top of The Hub** *(800 Boylston St., ☎536-1775)*, perché au sommet de la Prudential Tower, offre une vue stupéfiante sur Boston. Venez prendre un dernier verre à son piano-bar, où cocktails et amuse-gueule sont servis au son du jazz exécuté chaque soir par des musiciens sur scène.

Le **Diamond Jim's Piano Bar** *(710 Boylston St., à l'intérieur de l'hôtel Lenox, ☎536-5300)* est l'un des meilleurs pianos-bars de Boston et, qui plus est, un endroit où l'on vous encourage à chanter avec l'artiste invité si le cœur vous en dit.

Vous ne trouverez pas d'ambiance plus typiquement bostonienne qu'à la **Poor House** *(907-909 Boylston St., ☎236-1767)*, un tumultueux bar *underground* qui vous présente du blues et de la musique psychédélique.

Les sonorités bourgeoises de la musique disco conviennent tout à fait à la clientèle du **Club Nicole** *(droit d'entrée; fermé dim-mer; 40 Dalton St., ☎267-2582)*, au sous-sol du Back Bay Hilton. Soirées internationales les jeudis et samedis, soirée asiatique le vendredi. Tenue réglementaire de rigueur.

Le **Division 16** *(955 Boylston St., ☎353-0870)*, aménagé dans un poste de police entièrement rénové, propose de la musique enregistrée de style swing et big band, dans un décor de fluorescents roses et d'appliques Art déco posées sur des murs également roses.

Concerts et théâtres

Le **Boston Camerata** *(140 Clarendon St., ☎262-2092)*, constitué en 1954, propose des concerts de musique médiévale, de la Renaissance et du début de l'ère baroque. Ensembles vocaux et instrumentaux.

La **Lyric Stage Company of Boston** *(140 Clarendon St., Copley Sq., ☎437-7172)*, la plus ancienne compagnie théâtrale professionnelle à demeure de la ville, fait revivre d'anciens succès, présente de nouvelles créations et reprend chaque année, à l'époque de Noël, *A Child's Christmas in Wales* de Dylan Thomas.

Les amateurs de théâtre et de divers autres spectacles peuvent obtenir des billets à moitié prix le jour même des représentations au **Bostix** *(à l'angle nord-ouest du Copley Sq.)*. Son kiosque en forme de champignon ligneux et démesuré sert également de billetterie à service complet et de comptoir de distribution Ticketmaster pour tous les arts de la scène à Boston même et dans ses environs.

Fenway

Les meilleurs bars

L'**Avalon** *(droit d'entrée; fermé lun-mar; 15 Lansdowne St., ☎262-2424)*, qui dispose d'une des plus grandes pistes de danse de la ville, vibre au son de la musique progressiste et des 40 plus grands succès du palmarès, dont les danseurs sont toujours friands. À l'affiche : des noms aussi prestigieux que Prince et Eric Clapton. À la porte voisine se trouve le bar dansant le plus à la mode, l'**Axis** *(droit d'entrée; 13 Lansdowne St., ☎262-2437)*, spécialisé dans la musique *house*. Soirée gay le dimanche, bien que la clientèle soit très mixte, aussi bien à l'Avalon qu'à l'Axis, la porte qui sépare les deux établissements étant alors maintenue ouverte. Les gays sont les bienvenus.

Le très huppé **Karma Club** *(droit d'entrée; 7 Landsdowne St., ☎421-9595)* sait satisfaire de nombreux goûts musicaux. La plupart des soirs, une musique de danse effrénée retentit partout dans le bar sur des rythmes tantôt *drum-and-bass* tantôt *acid house*. Soirée de musique internationale le mardi. Presque tous les soirs, vous pouvez également vous trouver un partenaire de danse, martini à la main, tout en goûtant la prestation d'un chanteur de charme à la Sinatra dans le Mambo Lounge. Code vestimentaire de rigueur (veste pour ces messieurs, semi-classique pour ces dames).

Au **The Spot** *(droit d'entrée; 1270 Boylston St., ☎424-7747)*, hommes et femmes énergiques dansent sur deux étages de même que dans une salle de bar et sur le toit-terrasse au son d'une musique présentée par un disque-jockey. Soirées gays les vendredis et lundis.

Quelque peu à l'extérieur du quartier, vous trouverez d'autres boîtes de nuit. **The Paradise** *(droit d'entrée; 967 Commonwealth Ave., ☎562-8800)* attire une clientèle branchée grâce à ses têtes d'affiche du domaine de la danse et du *rock-and-roll*. Places debout seulement la plupart du temps.

The Tam O'Shanter *(299 Harvard St., Brookline, ☎277-0982)* fait régulièrement danser son public au son du blues et du *rhythm-and-blues*, interprété sur scène par diverses formations. Atmosphère terre-à-terre et sans prétention, et cuisine américaine variée (droit d'entrée si vous ne consommez pas de nourriture sur place).

Les salles de concert

Le prestigieux **Boston Symphony Orchestra** *(301 Massachusetts Ave., ☎266-1492)*, sous la direction de Seiji Ozawa, présente, chaque année, plus de 250 concerts classiques. Ses **Boston Pops** s'en tiennent pour leur part à des pièces plus légères, parmi les grandes favorites du public, qu'on peut entendre en juin; ils donnent par ailleurs des concerts en plein air gratuits tout l'été, au Hatch Shell, sur Charles River Esplanade.

La **Hændel and Haydn Society** *(300 Massachusetts Ave., ☎266-3605)*, fondée en 1815, constitue l'ensemble musical en activité depuis le plus grand nombre d'années aux États-Unis. Il propose des représentations de musique instrumentale et chorale, dont le *Messie* de Hændel à l'occasion de Noël.

La **Huntington Theatre Company** *(264 Huntington Ave., ☎266-3913)*, la compagnie théâtrale de l'université de Boston, se spécialise dans les œuvres classiques, les comédies et les pièces musicales.

South End

Les meilleurs bars

La population gay se rend volontiers au **Chaps** *(droit d'entrée; 100 Warrenton St., ☎695-9500)*, dans le quartier des théâtres, pour y entendre de la musique disco préenregistrée. Les femmes sont également les bienvenues dans ce bar débordant d'énergie, où vous avez par ailleurs accès à un bar-salon en retrait de la trépidante piste de danse.

Les fervents du cuir et du jeans moulé déambulent allègrement devant **The Boston Ramrod** du Fenway *(droit d'entrée dim; 1254 Boylston St., ☎266-2986)*, un bar exclusivement gay où vous pouvez également jouer au billard. Soirées spéciales «pas de deux».

Le **Club Café** *(209 Columbus Ave., ☎536-0972)*, un bar d'avant-garde, accueille à l'occasion des musiciens de jazz de renommée nationale dans un décor raffiné de style Art déco, attirant aussi bien les gays que le public conventionnel.

Jacque's *(droit d'entrée; 79 Broadway, Bay Village, ☎426-8902)* en a pour tous les goûts, à condition bien sûr d'apprécier le mélange travestis et rock sur scène. La clientèle s'avère d'ailleurs très variée, composée de couples d'hommes et de femmes gays, et d'hétéros, mais aussi de groupes de curieux.

Le **Wally's Café** *(droit d'entrée; 427 Massachusetts Ave., ☎424-1408)* a tout d'une bonne vieille boîte de jazz. À la fois petit, enfumé et sombre, il accueille une multitude de musiciens talentueux, dont plusieurs étudiants de la Berklee School of Music, qui ne se trouve qu'à quelques rues du café.

La clientèle branchée du **Delux Café and Lounge** *(fermé dim; 100 Chandler St., ☎338-5258)* se compose de rockers et d'artistes aussi bien hétéros que gays. Le décor se veut original, les consommations ne sont pas chères et la musique couvre un éventail varié entre Frank Sinatra et les Sex Pistols.

South Boston

Water Music *(12 Arrow St., Cambridge, ☎876-8742)* propose une croisière-cabaret, communément appelée *blues cruise*, dans le port de Boston entre le Commonwealth Pier et le Long Wharf. Des formations de blues et de jazz de tout premier ordre y sont à l'honneur.

Environs de Boston

Cambridge

Le **Plough and Stars** *(droit d'entrée presque tous les soirs; 912 Massachusetts Ave., ☎492-9653)* est une perle rare, soit l'un de ces bars oubliés de la civilisation où les clients, dignes représentants de la classe ouvrière, portent des casquettes aux couleurs de leur équipe sportive favorite ou d'une marque de commerce quelconque. Ces solides gaillards rient de bon cœur et déplacent beaucoup d'air, créant une ambiance on ne peut plus animée. Des caricatures en noir et blanc des habitués du quartier tapissent un mur entier de l'établissement.

Depuis plusieurs années déjà, le quartier le plus à la mode du Boston métropolitain est celui du Central Square, le cousin maussade du Cambridge-Harvard Square, situé aux deux tiers du chemin entre Harvard et le MIT sur Massachusetts Avenue. La boîte de nuit par excellence de ce secteur on ne peut plus *cool* est le **Middle East** *(droit d'entrée presque tous les soirs; 472 Massachusetts Ave., ☎497-5162; calendrier des spectacles : ☎864-3278)*, qui compte trois salles : l'Upstairs, le Downstairs et le Corner. Clientèle et musique variées, de Michelle Shocked à Morphine, par exemple, au chapitre des artistes d'envergure nationale qui se produisent ici. Vous pouvez tout aussi bien y croiser de jeunes étudiants encore mineurs que des amateurs de rock aux tempes grisonnantes.

Le **Scullers** *(droit d'entrée; 400 Soldiers Field Rd., Brighton, ☎562-4111)* est un endroit insusité aménagé à l'étage du Guest Quarters

Suite Hotel, à l'intérieur d'un des plus atroces bâtiments jamais construits sur la rivière Charles. Ne vous laissez surtout pas décourager par l'emplacement ou l'architecture de cet établissement, car cette boîte de jazz huppée (d'où vous aurez en outre une vue somptueuse sur la rivière) accueille de grands noms de la musique du mercredi au samedi soir. Clientèle d'un certain âge plutôt bien vêtue.

Pat Metheny, originaire de cette ville, vient parfois improviser au **Ryles** *(droit d'entrée; fermé lun; 212 Hampshire St., ☎876-9330)*, qui, chaque soir, propose du jazz, du *rhythm-and-blues*, de la musique latino-américaine et divers rythmes du monde dans une ambiance décontractée.

Le **Grendel's Den** *(89 Winthrop St., ☎491-1160)* se présente comme un *pub* confortable au sous-sol du Grendel's Restaurant. Murs de brique, plancher de bois et un bar sur lequel vous pouvez vraiment vous appuyer composent le décor. On propose, à l'occasion, un 5 à 7 avec une table pleine de fromages, de craquelins et de crudités. Brunch dominical sur la terrasse par beau temps.

À quelques rues seulement de Harvard, l'originale **House of Blues** *(96 Winthrop St., ☎491-2583 ou 497-2229 pour la billetterie)* ressemble davantage à une maison des bayous qu'à un restaurant doublé d'une boîte de nuit qui a su faire sa marque au fil des ans. Bien que plusieurs filiales plus imposantes de cette chaîne aient vu le jour un peu partout au pays, l'adresse de Cambridge a su conserver son âme du Sud, et sa scène intime accueille chaque soir des noms d'envergure nationale. Amenez-y votre famille lors du brunch dominical, axé sur le gospel, et vous vous surprendrez invariablement à chantonner avec les chœurs. Réservation recommandée.

Le **Regattabar** *(droit d'entrée; fermé dim-lun; 1 Bennett St., dans l'enceinte du Charles Hotel, ☎661-5000, calendrier des spectacles et billetterie : ☎876-7777)*, l'un des meilleurs bars de jazz du Grand Boston, offre une expérience intime dans un environnement sophistiqué. Wynton Marsalis, Herbie Hancock et Sonny Rollins y sont régulièrement au programme.

Au **Cantab Lounge** *(droit d'entrée sam-dim; 738 Massachusetts Ave., ☎354-2685)*, vous ne savez jamais ce que vous allez entendre les soirs où le micro est au public, mais, le reste du temps, vous pouvez compter sur une ambiance de défoulement général au son de groupes *rhythm-and-blues* ou *bluegrass* débordant d'émotion.

Le **Man Ray Campus** *(droit d'entrée; mer-sam; 21 Brookline St., ☎864-0400)* est un bar dansant industriel, doté d'un certain sens artistique, où l'on présente de la musique progressiste et alternative. Soirée gay le jeudi. On privilégie les tenues extravagantes quoique, dans le doute, vous pouvez toujours porter du noir.

Le **TT the Bear's Place** *(droit d'entrée; 10 Brookline St., ☎492-2327)* est une autre boîte très *cool* du Central Square où vous pourrez entendre de bons musiciens. Les plafonds bas et les tableaux suspendus aux murs pourpres et mauves contribuent à créer une atmosphère branchée. On ne danse pas beaucoup ici; la plupart des gens habitués à suivre les courants musicaux de Boston se contentent en effet d'écouter. Micro libre le lundi pour ceux et celles désirent faire entendre leur poésie.

Ainsi nommé en raison des batraciens de bois sculptés qui surplombent le bar, le **Toad** *(1920 Massachusetts Ave., ☎497-4950)* pullule d'amants de la musique de tous âges en quête de bons spectacles sept jours sur sept. Cette minuscule boîte à la mode ne demande aucun droit d'entrée.

Depuis 1969, le **Club Passim** *(droit d'entrée; 47 Palmer St., ☎661-1513)*, un café-bistro de sous-sol bon chic bon genre où l'on ne sert pas d'alcool, a toujours mis l'accent sur la musique folk acoustique. Parmi ses têtes d'affiche, mentionnons Tracy Chapman, Jimmy Buffet et David Bromberg.

La compagnie théâtrale professionnelle de l'université Harvard, l'**American Repertory Theater** *(64 Brattle St., ☎547-8300)* produit des premières mondiales et des œuvres classiques avec une approche souvent non traditionnelle.

Quant au **Catch a Rising Star** *(droit d'entrée; 30-B John F. Kennedy St., ☎661-9887)*, il présente de jeunes comiques de la relève sept soirs sur sept dans un sous-sol sombre et chaleureux.

ACHATS

Ce chapitre présente la description d'une foule de jolies boutiques, toutes plus attrayantes les unes que les autres, que vous découvrirez au gré de vos balades à travers les différents quartiers de Boston.

North End

Le North End, gorgé de boulangeries-pâtisseries, de fromageries et de comptoirs à vins, est un véritable paradis pour les amateurs de bonne chère.

Depuis que la **Bova's Bakery** *(76 Prince St., angle Salem St., ☎523-5601)* est ouverte jour et nuit, il n'y a pas meilleur endroit pour assouvir une fringale nocturne, ou simplement pour prêter l'oreille aux potins du quartier. La famille Bova, bien établie, possède des commerces et des appartements dans tout le North End, et sa boulangerie fait aussi office d'«agence immobilière» pour les chasseurs d'appartements avertis.

Pour retrouver les riches arômes du bon vieux temps, faites un saut au **Polcari's Coffee Shop** *(105 Salem St., ☎227-0786)*, un minuscule magasin où s'entassent des poches de farine de blé et de maïs, des bacs en bois remplis de noix et des bocaux de café.

Tony Trio vend des fromages italiens et de délicieuses pâtes et sauces maison dans son **Trio's Ravioli** *(222 Hanover St., ☎523-9636)*, qu'embaument d'enivrants effluves.

À la **Modern Pastry Shop** *(257 Hanover St., ☎523-3783)*, qui date de 1931, ce sont des effluves envahissants, terriblement appétissantes, qui s'empareront de vos narines. Vous aurez du mal à choisir entre les *pizzaiole*, la *zuppa inglese*, les macarons et les biscuits à l'amaretto.

Mike's Pastry *(300 Hanover St., ☎742-3050)* est un endroit populaire auprès des *yuppies* du North End qui s'y rendent volontiers pour acheter une boîte de pâtisseries avant leur petit déjeuner d'affaires en ville. Avertissement : la quantité d'articles proposés ici dépasse largement leur qualité, qui n'est pas toujours égale; prenez donc le temps de bien choisir.

La **Nostalgia Factory** *(336 Newbury St., ☎236-8754)* se présente comme un endroit amusant pour découvrir de vieilles revues, des curiosités et des souvenirs kitsch.

Centre-ville

Le **Downtown Crossing** est au cœur même des magasins du centre-ville. Cette place piétonnière, située à l'angle des rues Washington et Summer, fait face au **Jordan Marsh** *(450 Washington St., ☎357-3000)* et au **Filene's** *(426 Washington St., ☎357-2100)*, deux des plus anciens magasins à rayons de Boston, rivaux incontestés depuis le milieu du XIXe siècle.

Aucune expédition de *shopping* ne saurait être complète sans une visite au **Filene's Basement** *(☎542-2011)*, le premier comptoir d'aubaines des États-Unis, fondé en 1908; c'est en effet ici qu'a débuté la grande épopée des prix réduits. Dans les années quarante, 15 000 femmes s'y ruèrent pour acheter les dernières robes à avoir quitté Paris avant l'occupation allemande. Ses détracteurs prétendent que la qualité de la marchandise s'est détériorée au cours des années quatre-vingt, alors que le Basement a ouvert 22 succursales dans 6 États. Mais l'endroit n'en demeure pas moins constamment fréquenté par une clientèle féminine, qui n'hésitait pas à essayer les vêtements au beau milieu des allées, avant qu'on n'y installe des cabines d'essayage en 1989. Les clientes n'ont que faire non plus de la peinture écaillée ou de la tuyauterie apparente, tant et aussi longtemps qu'elles peuvent se procurer une robe de grand couturier pour moins d'un dixième de sa valeur au détail, après trois réductions préalables; ou, à l'occasion, une zibeline de 80 000$US pour seulement 5 000$US!

Néanmoins, la grande Mecque des touristes friands de *shopping* demeure le **Quincy Market**, à quelques pas seulement du Faneuil Hall. Un marché depuis 1826, le Quincy Market est aujourd'hui au centre de 3 galeries marchandes réunissant plus de 160 magasins et boutiques, sans compter 2 douzaines de restaurants et de comptoirs de restauration rapide. À l'extérieur du marché, vous trouverez une foule d'étals de fleurs rayonnantes et des comptoirs à ballons, alors que, sous les arcades de verre qui le flanquent, plusieurs vendeurs ambulants vous proposeront toutes sortes de nouveautés.

De chaque côté du Quincy Market se trouvent deux autres galeries marchandes, le North Market et le South Market. Parmi les boutiques les plus fascinantes, retenons **Purple Pizzaz** *(☎742-6500)*, où tout est pourpre, aussi bien les t-shirts et les nouveautés que les animaux en peluche.

Voyez pétiller les yeux des Irlandais au **Celtic Weaver** *(Faneuil Hall, North Market, ☎720-0750)*, un importateur de produits irlandais qui propose aussi bien des vêtements que des bijoux et des parfums. Vous y trouverez même de la musique, des poteries et des aliments.

À l'instar des Bostoniens, régalez-vous des spécialités locales, ou découvrez-en à tout le moins les secrets, en vous rendant chez **Boston Cooks** *(Quincy Market, South Canopy, ☎523-0242)*, qui vend des aliments gastronomiques de la Nouvelle-Angleterre, des haricots cuits au four, des «chaudrées» et, bien entendu, des livres de recettes.

Réjouissez (ou torturez) vos papilles gustatives chez **Le Saucier** *(Quincy Market, North Canopy, ☎227-9649)*, le tout premier commerce des États-Unis à avoir proposé plus de 800 condiments provenant de 37 contrées, qu'il s'agisse de moutarde, de chutney ou de sauce barbecue. Laissez-vous d'abord tenter par une douceur (confiture ou sirop) avant de vous enflammer avec une sauce piquante (certaines sont si «fortes» qu'elles ne peuvent être vendues aux mineurs). Et, si vous croyez avoir goûté le *nec plus ultra* en matière de bonbons gélifiés (*jelly beans*), attendez de découvrir «l'assaisonnement de l'enfer» ou «la mort chocolatée».

S'il est une boutique de farces et attrapes à l'ancienne, c'est bien la **Jack's Joke Shop** *(197 Tremont St., ☎426-9640)*. Ouvert depuis 1922, ce magasin étroit est tapissé de douzaines de masques d'Halloween fort élaborés, de perruques, de squelettes gonflables et d'ensembles lunettes-nez-moustache.

Si petit qu'il soit, le quartier chinois possède plus de commerces que vous ne pourriez l'imaginer. Si vous n'avez jamais eu l'occasion de goûter des pâtisseries chinoises, vous saliverez devant l'étalage de la **Hing Shing Pastry** *(67 Beach St., ☎451-1162)*, où vous pourrez d'ailleurs observer les pâtissiers à l'œuvre.

Chin Enterprises *(33 Harrison Ave., ☎423-1725)* vend des articles de cuisine chinois de qualité professionnelle, y compris des passoires en laiton et des *woks* de 60 cm de diamètre.

Si vous adorez la couture, ou si vous connaissez quelqu'un qui ne demanderait pas mieux que de vous confectionner un vêtement, vous aurez plaisir à visiter **North End Fabrics** *(31 Harrison Ave., ☎542-2763)*. Vous y trouverez en effet un choix extraordinaire de tissus de toutes textures et de toutes couleurs, des satins scintillants aux riches brocarts et aux toisons luminescentes, à des prix on ne peut plus raisonnables.

Il y a de cela plusieurs années, on trouvait au bord de l'eau une multitude de fournisseurs nautiques. L'un de ces magasins, présent depuis plus de 50 ans, a su demeurer fidèle à la tradition; il s'agit de la **Boxell's Chandlery** *(28 Constitution Plaza, ☎523-5678)*, qui vend des cartes de navigation de toutes les eaux du monde, des vêtements à l'épreuve du mauvais temps et un assortiment renversant d'ouvrages sur la navigation de plaisance et de compétition ainsi que sur la maîtrise des nœuds.

Beacon Hill

Au pied de Beacon Hill, la rue Charles est encombrée d'antiquaires, de galeries d'art et de boutiques spécialisées.

Des aubaines originales vous attendent à la **Beacon Hill Thrift Shop** *(mar, jeu, sam; 15 Charles St., ☎742-2323)*, où les maîtresses de maison du quartier apportent leurs plus belles pièces d'argenterie mais aussi toutes sortes de babioles.

En faisant une halte chez **Rouvalis Flowers** *(40 West Cedar St., ☎720-2266)*, vous pourrez vous procurer une plante ou une fleur exotique.

Les librairies de Boston

Avec ses librairies riches de l'empreinte du passé, Boston est un véritable paradis pour les bouquineurs. Chacune témoigne d'une personnalité originale avec ses étagères d'occasion, ses écriteaux rédigés à la main, et peut-être même un ou deux vieux fauteuils en cuir.

Les livres rares et les ouvrages de qualité sont la spécialité de **Booksellers at 355 Boylston Street** *(355 Boylston St., ☎421-1880)*. Vous pourrez vous y procurer des éditions originales, des classiques littéraires et des impressions privées des XIXe et XXe siècles. Cette librairie se trouve à Back Bay même, à l'angle des rues Boylston et Arlington.

La **Brattle Book Shop** *(9 West St., ☎542-0210)* réclame, quant à elle, le titre de la plus ancienne bouquinerie d'Amérique, dont l'ouverture remonte au XVIIIe siècle. Des étagères d'acier gris servent de reposoirs à une multitude de romans, de recueils de poésie et de livres de généalogie et d'héraldique. Les marches de l'escalier sont encombrées de vieux numéros de la revue *Life*, dont les couvertures, consacrées à Tallulah Bankhead, Betty Grable ou Hedy Lamar, nous font remonter jusqu'en 1936.

Depuis sa fondation en 1898, la **Goodspeed's Book Shop** *(9 Park St., ☎523-5970)* vend des bouquins d'occasion et des livres rares. Sa nouvelle adresse recèle de nombreux trésors, et un personnel compétent se tient à votre disposition pour vous aider à les dénicher. Vous trouverez également ici un choix de gravures antiques européennes et américaines, des éditions originales et des autographes rares, dont celles de Winston Churchill et d'Ulysses S. Grant.

La bonne bouffe et les bons livres font souvent la paire, mais nulle part mieux qu'au **Trident Booksellers & Café** *(338 Newbury St., ☎267-8688)*. Le Trident remporte décidément la palme au chapitre de la marginalité, avec sa clientèle de jeunes tout de noir vêtus, sa pléthore de publications homosexuelles, alternatives et tiers-mondistes, et son menu de soupes et sandwichs adapté au budget d'un écrivain en mal de réussite. Il vend même des bonsaïs, de l'encens et de la myrrhe, des vidéos de croissance personnelle et des cartes postales cabotines en noir et blanc. On y organise enfin le dimanche des lectures de poésie nouvelle et de romans.

Aussi étonnant que cela puisse paraître, il y a au moins 25 librairies autour du Harvard Square! Par exemple, la **Schœnhof's Foreign Books** *(76-A Mount Auburn St., Cambridge, ☎547-8855)*, qui a fait ses débuts en 1856, est la plus ancienne librairie du pays en ce qui concerne les ouvrages en langues étrangères. Elle renferme des livres dans plus de 250 langues, dont le swahili, l'urdu, le tibétain, le navajo ainsi que le grec et le latin classiques. Et pourtant la pédanterie n'étouffe pas la boutique : *Le Petit Prince* et *Babar* ont eux aussi leur place sur les étagères.

Où ailleurs qu'à Cambridge pourrait-on trouver une librairie consacrée exclusivement à la poésie? La **Grolier Book Shop** *(6 Plympton St., ☎547-4648)*, fondée en 1927, compte plus de 14 000 titres de toutes les périodes et de toutes les cultures. C'est la plus ancienne librairie du genre à avoir maintenu pignon sur rue de façon ininterrompue. Avec le soutien d'amis de Conrad Aiken, qui habitait l'immeuble voisin en 1929, la boutique devint le lieu de rencontre de poètes tels qu'Ezra Pound, Marianne Moore et A.E. Housman. Elle décerne chaque année un prix de poésie et organise des lectures.

Plusieurs librairies du Harvard Square se spécialisent dans les livres rares et hors d'impression, entre autres la **Pangloss Bookshop** *(12 Arrow St., ☎354-4003)* et le **Starr Bookshop** *(29 Plympton St., ☎547-6864)*.

La **Seven Stars** *(58 John F. Kennedy St., Cambridge, ☎547-1317)* vibre, pour sa part, au rythme du nouvel âge, du *channeling* et de l'interprétation des mythes et des rêves.

Outre des titres tels qu'*Everyday Zen* (le zen au quotidien), *Spiritual Emergency* (urgence spirituelle) et *The Dynamics of the Unconscious* (la dynamique de l'inconscient), cette boutique vend des cartes de tarot, de l'encens et de splendides améthystes, de même que des cristaux que certains disent dotés de pouvoirs curatifs. On y organise des conférences sur le kundalini-yoga, le *channeling* et l'interprétation des mythes et des rêves.

À 3 km du Harvard Square, **Kate's Mystery Books** *(2211 Massachusetts Ave., Cambridge, ☎491-2660)* se présente comme un véritable temple pour les amateurs d'œuvres de mystère. La marque de commerce de cette librairie, qui a ouvert ses portes un vendredi 13 de 1983, est un chat noir, et ses murs sont tapissés de centaines de figurines de chats noirs. Environ 10 000 ouvrages, neufs et usagés, se trouvent ici, de Dashiell Hammett à Agatha Christie, Tony Hillerman et Robert Parker. Une section spéciale est même consacrée aux mystères ayant pour théâtre la Nouvelle-Angleterre. Les Mystery Writers of America (auteurs de mystères d'Amérique), section Nouvelle-Angleterre, s'y rencontrent, de même que le Spenser Fan Club.

Il ne s'agit là que d'un bref aperçu des librairies de Boston, petites et grandes. Dans cette région riche en écrivains et en érudits, il y en a pour tous les goûts, et l'on en dénombre près de 300 dans l'annuaire des *Pages Jaunes*, soit une pour 2 500 habitants!

Ce fleuriste tient un choix remarquable d'arbustes taillés et d'orchidées, sans oublier de rares spécimens de gingembre sur pied et d'héliconie. Service de livraison à l'étranger.

Chez **Helen's Leather** *(110 Charles St., ☎742-2077)*, c'est un choix époustouflant de bottes de cuir de style *western* qui vous attend, magnifiquement brodées et colorées, ainsi que des vestes, des manteaux, des porte-documents et des ceintures, tous en cuir naturellement.

La **Rugg Road Paper Co.** *(105 Charles St., ☎742-0002)*, qui écoule au détail la marchandise d'un manufacturier de papier local, propose à peu près tous les produits papetiers dont on puisse rêver, des abat-jour imprimés au bloc de bois aux papiers à lettres et aux livres reliés à la main.

George Gravert Antiques *(122 Charles St., ☎227-1593)*, l'un des plus anciens antiquaires de la rue Charles, et aussi l'un des plus respectés, offre une vaste sélection de meubles et accessoires français du XVIIIe siècle.

À la **Period Furniture Hardware** *(123 Charles St., ☎227-0758)*, qui dispose d'une ligne complète d'accessoires d'imitation, vous ne devriez avoir aucune difficulté à trouver la poignée de tiroir en laiton qu'il vous faut.

Back Bay

Le quartier de Back Bay est un autre point de convergence majeur pour le *shopping*, surtout sur la chic rue Newbury, truffée d'un bout à l'autre de boutiques à la mode.

Shreve, Crump & Lowe *(3330 Boylston St., ☎267-9100)*, joaillier à Boston depuis 1800, a toujours été l'endroit par excellence pour se procurer des bijoux en or et en argent.

Une sculpture dorée, à l'effigie d'un cygne, surplombe la porte de la **Women's Educational and Industrial Union** *(356 Boylston St., ☎536-5651)*, fondée en 1877 par un groupe de femmes engagées, la même année où les bateaux-cygnes ont été mis à l'eau au jardin public. Sa boutique propose des «cadeaux» haut de gamme faits main, des bijoux, des accessoires pour dames, du papier à lettres, des cartes de vœux, des vêtements pour enfants et même des antiquités.

Waterstone's *(26 Exeter St., ☎859-7300)* occupe la place de l'ancien Exeter Theater, autrefois le plus vieux théâtre de Boston. Aujourd'hui devenu la plus grande librairie de la ville, cet établissement constitue un paradis de rêve pour les amateurs de livres.

Alan Bilzerian *(34 Newbury St., ☎536-1001)* est une boutique chic remplie de vêtements et accessoires d'avant-garde pour hommes et femmes.

Lou Lou's *(121 Newbury St., ☎859-8593)* vend du linge de table neuf et ancien provenant d'avions, de bateaux, d'hôtels et de restaurants. Vous aurez plaisir à explorer ce magasin original.

London Lace *(215 Newbury St., ☎267-3506)* se spécialise dans les reproductions de dentelles victoriennes, réalisées en Écosse sur les seuls métiers encore capables d'effectuer ce travail. Choix de rideaux, de chemins de table, de nappes ainsi que de meubles et accessoires anciens.

La perle du quartier est sans conteste **Copley Place** *(sur la partie haute de Huntington Ave.)*, enchassée dans un écrin de laiton et de marbre, et sertie d'arbres de même que d'une cascade à l'intérieur même de ses murs. Ce complexe renferme en outre les hôtels Westin et Marriott, le centre commercial à proprement parler se trouvant entre les deux, relié au hall d'entrée de l'un comme de l'autre. Une passerelle piétonnière vitrée enjambe également l'avenue Huntington et permet d'accéder au Prudential Center. Ouverte au milieu des années quatre-vingt, Copley Place s'enorgueillit de 100 boutiques haut de gamme disposées autour du chic magasin d'importation texan **Neiman-Marcus** *(☎536-3660)*. Vous y trouverez entre autres des succursales de **Polo-Ralph Lauren** *(☎266-4121)*, **Gucci** *(☎247-3000)*, **Enrico Celli** *(☎247-4881)*, **Bally of Switzerland** *(☎437-1910)* et **Louis Vuitton** *(☎437-6519)*.

Qui refuserait d'acheter des vêtements usagés d'hommes et de femmes lorsqu'ils sont aussi chics et aussi peu portés que ceux de **The Closet** *(fermé lun; 175 Newbury St., à l'étage inférieur, ☎536-1919)*? Seuls les vêtements les plus récents, et dans un état irréprochable, sont mis en vente.

La **Society of Arts and Crafts** *(175 Newbury St., ☎266-1810; 101 Arch St., ☎345-0033)*, fondée en 1897, constitue la plus ancienne entreprise artisanale à but non lucratif des États-Unis. Vous trouverez, dans sa salle des ventes, des sculptures d'animaux plutôt hétéroclites, des céramiques, de la verrerie et des meubles ayant beaucoup de caractère, mais aussi des poteries et des bijoux. Expositions d'œuvres d'artistes d'envergure nationale.

Avec ses cartes et ses t-shirts hors du commun, ses caches de pacotille criantes de vérité et autres nouveautés, **In Touch** *(192 Newbury St., ☎262-7676)* vous permettra de découvrir des «cadeaux» inusités.

Faites un saut chez **Selletto** *(244 Newbury St., ☎424-0656)* pour une foule de produits fabriqués à la main par un réseau d'artisans du monde entier, le tout rehaussé d'encens de cèdre et de pins pignons. Vous y trouverez des guirlandes, des arrangements de fleurs séchées et même des pêches en marbre de Toscagne sculptées à la main.

Le cousin de Copley Place, de loin son aîné, est le **Prudential Center**, marqué par la présence de **Saks Fifth Avenue** *(800 Boylston St., ☎262-8500)* et de **Lord & Taylor** *(660 Boylston St., ☎262-6000)*. L'élégant intérieur du *Pru's* comprend de nombreuses allées piétonnières coiffées de verre et bordées de boutiques.

Le **Tower Records Building** *(360 Newbury St., ☎247-5900)* s'impose comme une audacieuse création en pierre de l'architecte révolutionnaire Frank O. Gehry. Il s'agit du plus grand magasin Tower des États-Unis, et vous y trouverez trois étages de musique pour tous les goûts, soit du classique, du country, du folk, du rock, du soul, du jazz, du reggae et du gospel.

Fenway

La musique des groupes psychédéliques des années soixante, des jazzmen des années cinquante et d'autres artistes du passé règne en maître au **Looney Tunes** *(1106 Boylston St., ☎247-2238)*, où vous pouvez vous procurer des disques de seconde main pour une bouchée de pain.

South End

Vous trouverez toutes sortes d'articles pour agrémenter votre nid d'amour chez **Fresh Eggs** *(fermé lun; 58 Clarendon St., ☎247-8150)*, une boutique de décoration qui vend des meubles et des appareils électroménagers, mais aussi des «cadeaux» haut de gamme faits main par des artistes locaux, des cierges mexicains, des cadres en résine «astro», des bouchons de bouteille en aluminium, des accessoires de salle de bain uniques et bien d'autres trouvailles encore.

Pour des «cadeaux» et des luminaires d'allure industrielle, rendez-vous chez **Bang** *(594 Clarendon St., ☎292-9911)*. Presque tous les objets vendus dans ce magasin unique en son genre sont faits de verre ou de métal, y compris les lampes suspendues, les cadres, les porte-journaux et les sculptures confectionnées à la main par des artistes locaux.

M.J. Berries *(562 Tremont St., ☎357-5055)*, qui occupe une *brownstone* de 1880, prodigue sur place de pratiques conseils en décoration, ce qui vous évitera d'avoir à prendre rendez-vous avec un décorateur. Vous y trouverez par ailleurs des savonnettes aux pétales de fleur d'origine française, des gelées et des moutardes, des bacs à glaçons en forme de tour Eiffel et bon nombre d'autres accessoires ménagers plus originaux les uns que les autres.

Chandeliers, cadres, porte-journaux et autres objets familiers s'offrant bien en cadeau revêtent les allures les plus inventives chez **Tommy Tish** *(102 Waltham St., ☎482-1111)*. Même les paquets-cadeaux sont mouchetés de fleurs séchées.

À la porte voisine, **Bibelot** *(106 Waltham St., ☎426-8477)* se présente comme une boutique d'antiquaire pourvue d'accessoires décoratifs, d'objets de collection et de créations artisanales réalisées à la main. Rapportez d'ici l'un des nombreux vases italiens des années vingt et trente.

Arrêtez-vous au **Commerce** *(fermé dim-lun; 18-20 Union Park St., ☎451-9990)* et faites la connaissance du bien-aimé *golden retriever* qui a donné son nom à cet établissement. On y vend des bijoux modernes, des articles en verre soufflé à la main (confectionnés à partir de bouteilles de Coca-Cola recyclées), des produits de bain parfumés et de populaires abat-jour peints à la main. De plus, ce qui ne surprend guère, on propose tient des chiens empaillés.

Environs de Boston

Cambridge

Le kiosque d'**Out of Town News and Ticket Agency** *(0 Harvard Sq., ☎354-7777)* a été classé site historique national. Situé en plein cœur du Harvard Square et entouré par la circulation, il propose plus de 3 000 journaux et revues sur tous les coins du monde.

Le Harvard Square en lui-même, avec ses boutiques éclectiques et ses grands magasins prestigieux, constitue une véritable mine d'or pour les amateurs de *shopping*. Il faut tout particulièrement noter les nombreuses librairies et bouquineries qui entourent ce bastion intellectuel (voir l'encadré «Les librairies de Boston», p 194).

La **Harvard Coop** (se prononce «coupp») *(1400 Massachusetts Ave., ☎499-2000)*, constituée en 1882 par plusieurs étudiants de l'université soucieux de réaliser des économies, compte trois étages de vêtements pour hommes et femmes, de calculatrices, de jeux et de jouets, ainsi qu'une étonnante sélection de logiciels, de reproductions de tableaux, d'affiches et de livres.

La succursale du Harvard Square de la **Globe Corner Bookstore** *(28 Church St., ☎496-6277)* se présente comme un magnifique commerce bien éclairé, niché dans un coin tranquille derrière la Harvard Coop. Vous y trouverez une forte proportion de livres de voyage de même qu'une foule de guides sur les environs immédiats.

Wordsworth Books *(30 Brattle St., ☎354-5201)* est une véritable Mecque dans cette ville on ne peut plus littéraire qu'est Cambridge. La majorité des résidants s'adressent d'abord ici lorsqu'ils sont à la recherche d'un titre en particulier. Mieux encore, les prix sont coupés, et vous pouvez fureter à votre guise.

Colonial Drug *(49 Brattle St., ☎864-2222)* ressemble à une parfumerie européenne avec ses 1 000 fragrances et plus.

Les œuvres résultant de la créativité des artistes de la région de Cambridge sont en vente à la **Cambridge Artists Cooperative** *(59-A Church St., ☎868-4434)*, un coffre aux trésors rempli d'objets aussi bien magnifiques qu'étranges, qu'il s'agisse de papier faits main, d'animaux de paille, de bols à raki, de courtepointes ou d'écharpes peintes à la main. **Sola/Sola Men** *(37 Brattle St., ☎354-6043)* est l'adresse rêvée pour trouver les chaussures les plus à la mode tout en demeurant pratiques. Il y a en outre un grand choix d'accessoires, de mode et de bas pour femmes, de même que de vastes rayons de «cadeaux» et de bijoux.

Urban Outfitters *(11 John F. Kennedy St., ☎864-0070)* compte deux étages d'accessoires de maison dernier cri de même que de vêtements et de bijoux au goût du jour. Vous trouverez, au sous-sol, un grand rayon d'aubaines.

Little Russia *(99 Mount Auburn St., ☎661-4928)* vend d'authentiques boîtes laquées et des poupées emboîtables de Russie, de même que des bijoux, des contes de fées russes illustrés et divers autres objets de ce pays.

Si vous aimez le tricot, vous adorerez **Woolcot & Co.** *(61 John F. Kennedy St., ☎547-2837)*. D'énormes classeurs y regorgent de patrons, et le personnel serviable se montre habile à dissiper les craintes et les amertumes des débutants.

Dans le secteur du Porter Square, vous trouverez **Iris Handmade Arts** *(1782 Massachusetts Ave., ☎661-1192)*, qui vend toutes sortes d'articles fabriqués à la main offerts à des prix raisonnables. Peu communs et pour le moins originales, ce sont principalement des œuvres d'artistes américains.

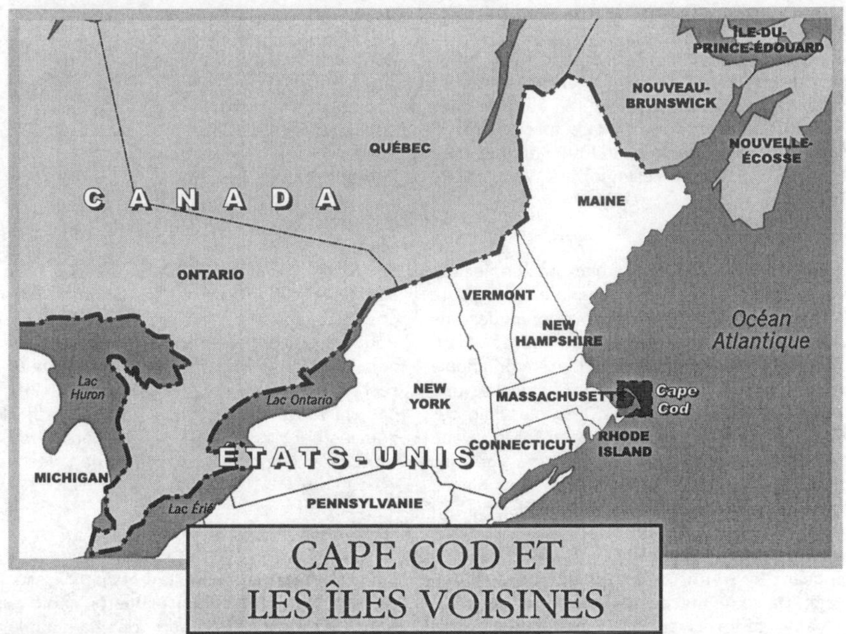

CAPE COD ET LES ÎLES VOISINES

Chaque année, à compter de juin, près de 3,5 millions de personnes envahissent littéralement cette péninsule en forme de pied, bravant une circulation on ne peut plus dense et des plages absolument bondées, à seule fin de retrouver leur bien-aimé Cape Cod, et leur engouement s'explique facilement.

Certains se rendent plutôt à Martha's Vineyard, avec ses villages dignes d'un musée, ses maisons gothiques victoriennes et ses paysages rappelant ceux de la côte irlandaise. Cette île enchanteresse voit alors sa population passer de 12 000 à 80 000 âmes, ce qui n'est guère étonnant.

À environ 50 km au large du Cape Cod, une autre île magique, Nantucket, révèle toute une gamme de contrastes. Avec ses maisons historiques et ses rues pavées, elle évoque une contrée du début du XIXe siècle telle qu'on en trouve dans les livres de contes. Et pourtant, l'on y découvre des restaurants dignes de New York ou de San Francisco, et des boutiques semblables à celles de Madison Avenue. À l'extérieur de la ville, l'île se présente comme un assemblage aigre-doux de landes ondulantes, de rosiers sauvages et de «boîtes à sel» exposées aux vents qui semblent avoir poussé là, à même le sol.

Le cap a tout ce qu'il faut pour plaire : ces petits cottages gris aux reflets argentés qu'on surnomme «boîtes à sel», des villages historiques, des sports variés, des fruits de mer, de l'art, des théâtres de premier ordre et beaucoup plus encore. Mais tous ces attributs n'expriment pas le fond du cœur des inconditionnels du Cape Cod; c'est d'abord et avant tout la terre elle-même qui les attire et qui les touche au plus profond de leur âme avec sa lumière éthérée, ses paisibles forêts et ses 500 km de littoral majestueux et sauvage.

Ses premiers visiteurs furent les Pères Pèlerins, qui mirent pied à terre près de Provincetown, juste le temps nécessaire pour rédiger le pacte du *Mayflower*, avant de reprendre la mer en direction de Plymouth. Vers la fin du XIXe siècle, des artistes et des écrivains, dont Henry David Thoreau, redécouvrirent le cap, après quoi les touristes ne tardèrent pas à y faire leur apparition, si bien que ce territoire de pêche autrefois isolé en fut transformé à tout jamais.

Le tourisme a naturellement marqué le sol de son empreinte, de sorte que personne ne peut ignorer le côté commercial du cap, cousu de galeries marchandes quelque peu défraîchies, de pizzerias, de salles de jeux électroniques, de pavillons et de motels hideux. Mais vous pouvez très bien échapper à ces fléaux, à condition de savoir où chercher.

Le cap, long d'une centaine de kilomètres, avance dans l'océan d'ouest en est, sur la moitié de cette distance, avant de rétrécir et de remonter vers le nord. Pratiquement tout ce qui mérite d'être vu se trouve le long de la côte, de sorte que la meilleure façon d'explorer les lieux consiste à suivre la rive nord, en bordure de la baie du Cape Cod, jusqu'à la pointe de Provincetown, avant de redescendre le long du Nantucket Sound jusqu'à Falmouth et Woods Hole. Tel est d'ailleurs l'itinéraire que nous allons emprunter ici.

Nous avons attribué au premier segment le nom de North Cape, qui suit la panoramique route 6A sur le littoral nord et croise quelques-uns des plus charmants villages historiques du cap. Cette route finit par rejoindre l'artère principale de la région, à savoir la route 6, toujours très passante, qui débouche un peu plus loin sur Eastham. C'est ici que commence l'Outer Cape (la portion est du Cape Cod), réputé pour ses dunes, ses landes vallonnées, ses plages impressionnantes et son enclave à la fois bohème et touristique : Provincetown. Du même point, la route 28 revient vers le continent en longeant le South Cape (portion sud du Cape Cod), parsemé de deux ou trois villages attrayants (dont Hyannis, le berceau du clan Kennedy), et davantage caractérisé par son aspect commercial que par son côté pittoresque. Cette section prend fin avec la communauté scientifique de Woods Hole, réputée pour son institut océanographique.

En visitant cette région, peut-être comprendrez-vous ce qui a inspiré Thoreau à écrire *Cape Cod*. Il y a toutefois un je-ne-sais-quoi par ici qui ne s'exprime pas en mots, une sorte de chimie et de charisme qui fait revenir les gens année après année, génération après génération.

POUR S'Y RETROUVER SANS MAL

À noter : pour tout renseignement de dernière minute sur tous les modes d'accès possibles et imaginables au Cape Cod, à Martha's Vineyard et à Nantucket, adressez-vous au **Massachusetts Office of Travel and Tourism** *(100 Cambridge St., 13th floor, Boston, ☎617-727-3201 ou 800-227-6277, www.mass-vacation.com)*; vous pouvez également demander qu'on vous envoie gratuitement le *Getaway Guide*.

L'indicatif régional du Cape Cod et des îles voisines est le 508.

Accès à la ville

En voiture

L'artère principale reliant Rockport, Gloucester, Magnolia, Manchester et Salem, dans la région du North Shore, est la **route 128**. Du nord au sud de cette même région, la **route 95** relie pour sa part Newburyport, Ipswich et Essex. Pour ce qui est du Cape Cod, il est traversé dans toute sa partie médiane par la **route 6**, qui se rend jusqu'à Provincetown, à la pointe du cap; la **route 6A** en longe la côte nord, alors que la **route 28** suit le Nantucket Sound, et toutes deux rejoignent la route 6 à Orleans.

En avion

Six aéroports jalonnent la côte du Massachusetts : l'**aéroport Logan** à Boston (voir «Boston», p 248), l'aéroport de Barnstable et l'aéroport municipal de Provincetown au Cape Cod, l'aéroport de Martha's Vineyard, l'aéroport Memorial de Nantucket et l'aéroport de New Bedford.

L'**aéroport de Barnstable**, situé à Hyannis, est desservi par Business Express, Cape Air, Colgan Air, Continental Express, Delta, Island Air, Nantucket Airlines, Northwest Air Link and USAir Express.

Cape Air assure la liaison avec l'**aéroport municipal de Provincetown.**

Cape Air, Business Express, United Express, et USAir Express vous permettent d'accéder à l'**aéroport de Martha's Vineyard**.

L'**aéroport de Nantucket** est desservi par Business Express, Cape Air, Colgan Air, Continental Express, Delta, Island Air, Nantucket Airlines, Northwest Express, United Express et USAir Express.

En ce qui concerne l'**aéroport de New Bedford**, le service est assuré par Cape Air.

Pour vos déPl.ments au sol entre l'aéroport de Barnstable et l'aéroport Logan ou tout autre point du sud du Massachusetts, adressez-vous à **ABC Airport Coach** *(☎747-6622)* ou à **Nauset Taxi** *(☎255-6965)*. Les compagnies de taxi et les centres de location de voitures énumérées plus loin vous permettront de rejoindre par voie de terre tous les autres aéroports, exception faite de Logan.

En bateau ou en traversier

Les bateaux et traversiers reliant Boston, Plymouth, New Bedford, le Cape Cod, Martha's Vineyard et Nantucket nécessitent des réservations préalables au cours de la saison estivale. La **Steamship Authority** *(509 Falmouth Rd., Mashpee, ☎477-8600)* transporte pour sa part voitures et passagers entre Woods Hole, Hyannis, Oak Bluffs, Vineyard Haven et Nantucket, et ce, 12 mois par année.

Les entreprises suivantes opèrent de façon saisonnière et ne transportent pas de voitures : **A. C. Cruise Lines** *(28 Northern Ave., Boston, ☎617-261-6633)* relie Boston et Gloucester; **Cape Cod Cruises** *(State Pier, Plymouth, ☎747-2400)* fait la navette entre Plymouth et Provincetown; **Hy-Line Cruises** *(Ocean St. Dock, Hyannis, ☎775-7185)* assure à l'année le service entre Hyannis, Nantucket et Oak Bluffs sur Martha's Vineyard; **Martha's Vineyard Ferry** *(1494 East Rodney French Boul., Billy Woods Wharf, New Bedford, ☎997-1688)* fait le pont entre New Bedford et Vineyard Haven sur Martha's Vineyard; **The Island Queen** *(75 Falmouth Heights Rd., Pier 45, Falmouth, ☎548-4800)* opère entre Falmouth et Oak Bluffs sur Martha's Vineyard.

En autocar

Greyhound Lines *(700 Atlantic Ave., South Station, Boston, ☎617-526-1801 ou 800-231-2222)* propose plusieurs départs à destination de Boston et de Newburyport. **Bonanza** *(Depot Rd., Falmouth, ☎746-0378 ou 888-751-8800)* dessert l'aéroport Logan, Hyannis, Woods Hole, Falmouth, Bourne, New Bedford, Fall River, le Connecticut, le Rhode Island et l'État de New York. La **Plymouth and Brockton Street Railway Company** *(Plymouth : 8 Industrial Park, Plymouth Rd., ☎746-0378; Hyannis : 17 Elm Ave., Hyannis, 775-6502)* dispose d'un service rapide et continu entre le Cape Cod et l'aéroport Logan, de même qu'inversement; la firme relie par ailleurs les différentes localités du cap le long de la route 6, entre Sagamore et Provincetown. **Peter Pan Trailways** *(700 Atlantic Ave., Boston, ☎800-343-9999)* relie pour sa part Mount Holyoke, Springfield, Newton and Worcester à Hyannis.

La location d'une voiture

Parmi les centres de location de voitures de l'aéroport de Barnstable, on retrouve **Avis Rent A Car** *(☎775-2888)*, **Hertz Rent A Car** *(☎775-5825)* et **National Car Rental** *(☎771-4353)*.

Thrifty Car Rental *(☎240-0680)* dessert l'aéroport municipal de Provincetown.

À l'aéroport de Martha's Vineyard, vous avez le choix entre **Thrifty Adventure Car and Moped Rentals** *(☎693-1959 ou 800-367-2277)*, **All-Island Car Rental** *(☎693-6868)*, **Budget Rent A Car** *(☎693-1911)* et **Hertz Rent A Car** *(☎693-2402)*.

Les entreprises de l'aéroport de Nantucket regroupent **Budget Rent A Car** *(☎228-5666)*, **Hertz Rent A Car** *(☎228-9421)* et **Nantucket Windmill Auto Rental** *(☎228-1227)*.

Les transports publics

La **Cape Cod Regional Transit Authority** *(Old Chatham Rd., South Dennis, ☎385-8326)* propose un service de minibus de porte à porte (sur réservation seulement) et fait 6 fois l'aller-retour entre Barnstable et Woods Hole, Hyannis et Orleans, et Hyannis et Barnstable Harbor.

Sur Martha's Vineyard, de la fin mai à la mi-octobre, **Island Transport** *(☎693-1589)* dispose d'autobus faisant la navette entre Vineyard Haven, Oak Bluffs et Edgartown. Les localités du nord de l'île ne sont pas desservies avec la même régularité; composez le numéro donné plus haut pour obtenir les horaires précis. Nantucket ne possède quant à elle aucun service de transport public; la plupart des gens s'y déPl.nt à bicyclette ou dans des voitures de location.

Plymouth ne possède pas non plus de service de transport public. Mais la **Southern Eastern Regional Transit Authority** *(☎997-6767)* couvre entièrement les régions de Fall River et de New Bedford.

Les taxis

Les compagnies de taxi desservant les différents aéroports de la côte s'énumèrent comme suit : pour l'aéroport de Barnstable, **Hyannis Taxi** *(☎775-0400)* et **Yarmouth Taxi** *(☎394-1500)*; pour l'aéroport de Provincetown, **Mercedes Cab** *(☎487-9434)*; pour l'aéroport de Martha's Vineyard, **Adam Cab** *(☎627-4462)*; pour l'aéroport de Nantucket, **All Points Taxi** *(☎228-5779)*.

ATTRAITS TOURISTIQUES

Le Cape Cod ★★★

Le North Cape ★★

Les splendides villages historiques de Sandwich, Barnstable, Yarmouth, Dennis et Brewster épousent les contours de la baie du Cape Cod le long de la route 6A. Celle-ci, autrefois connue sous le nom d'Olde Kings Highway, déroule son ruban bordé d'arbres et croise sur son passage de vieilles et charmantes demeures, de vastes pelouses, des murets de pierres, des mares aux canards, des musées, d'élégants restaurants et des boutiques d'antiquités.

Sandwich ★, la première localité de notre itinéraire, est très verte et boisée, sans parler de ses airs à l'anglaise. Ses origines remontent à 1639, et l'on peut encore y voir un moulin à blé datant du XVIIe siècle. À l'exception de Brewster, Sandwich offre davantage de sites que tout autre village du cap. Vous pouvez vous procurer des plans des lieux à la **Cape Cod Canal Region Chamber of Commerce** *(kiosque d'information fermé mi-sept à mi-mai; 70 Main St., Buzzard's Bay, ☎759-6000, www.capecod.net)*.

Presque au cœur du hameau se dresse la **Hoxie House** *(droit d'entrée; fermé Columbus Day à mi-juin; Water St. (Route 130), Sandwich, ☎888-1173)*, la plus vieille maison de Sandwich. Bâtie autour de 1637, cette modeste «boîte à sel» dispose d'un ameublement impressionnant par sa simplicité et l'ingéniosité dont il témoigne. On y trouve ainsi un coffre de 1701 sur lequel on a appliqué de la suie et des teintures végétales pour créer une illusion de bois veiné; par ailleurs, les chaises se transforment en tables et les bancs, en lits.

À quelques portes de là s'élève le **Thornton W. Burgess Museum** *(droit d'entrée; fermé nov à fin mars; 4 Water St., Sandwich, ☎888-4668)*, qui servit autrefois de résidence à l'auteur d'*Old Mother West Wind* et de *Peter Cotton Tail*. Cette construction aux trois quarts coloniale domine l'idyllique Shawme Pond, où s'ébattent oies blanches et cygnes, et renferme une importante collection d'œuvres de Burgess, ainsi que de magnifiques illustrations tirées de livres anciens et une boutique de cadeaux où l'on vend des livres pour enfants.

La **Heritage Plantation** ★★ *(droit d'entrée; fermé mi-oct à la fête des Mères; à l'angle des rues Pine et Grove, Sandwich, ☎888-3300)* abrite un carrousel de 1912, une collection de voitures anciennes (y compris une renversante *Dusenburg* ayant appartenu à Gary Cooper), un musée militaire et un musée d'art. Si vous nourrissez le moindre intérêt pour les voitures, les arts populaires ou l'histoire militaire, vous ne manquerez pas d'être impressionné par les expositions qu'on y présente. Le musée militaire, par exemple, compte 2 000 miniatures peintes à la main et toutes sortes de répliques de drapeaux et d'armes à feu. Quant au musée d'art, vous y découvrirez une imposante collection de girouettes antiques, d'art primitif américain datant des débuts de la colonie, d'art *western* (dont plusieurs lithographies de Currier et d'Ives) et de figurines sculptées comme on en trouve chez les marchands de cigares. Les 31 ha de jardins de la plantation sont si bien soignés qu'on les dirait artificiels.

Au cœur même du village se trouve le **Sandwich Glass Museum** ★ *(droit d'entrée; fermé lun-mar en nov; 129 Main St., Town Hall Square, Sandwich, ☎888-0251)*. En 1825, Deming Jarves, un Bostonien, choisit Sandwich pour y établir une usine de verre, non seulement en raison de ses étangs (l'eau joue un rôle important dans le soufflage du verre), mais aussi pour éloigner ses employés des tentations propres à la ville, où il les avait vus gaspiller leur argent sans compter. Son plan fonctionna, et c'est ainsi qu'en un rien de temps Sandwich devint réputé pour son verre.

La collection du musée comprend de tout, des simples jarres aux biberons, en passant par la vaisselle, les soucoupes, les vases et les chandeliers. De nombreux articles sont exposés sur des étagères devant de larges vitrines éclairées par le soleil, créant ainsi dans le musée un véritable kaléidoscope de couleurs scintillantes.

À quelques pas seulement du musée, vous découvrirez le **Yesteryears Doll Museum** *(droit d'entrée; fermé dim et mi-oct à mi-mai; à l'angle des rues Main et River, Sandwich, ☎888-1711)*, dont les deux étages sont chargés de toutes les poupées et accessoires antiques dont on peut rêver : princesses, infirmières, Indiens, maisons et meubles de poupées, poupées en papier, landaus, parasols... Il y a aussi sur Pl. une boutique de cadeaux.

Le **Green Briar Nature Center and Jam Kitchen** et l'**Old Briar Patch Conservation Area** *(Discovery Hill Rd., Sandwich, ☎888-6870)* se trouvent un peu à l'est du centre. Ainsi que Thornton W. Burgess l'écrivait à Ida Putnam : «*Quelle merveille que la confiture, cette substance qui rend la vie un peu plus douce et que l'on se doit de préserver.*» Car, au cours de son enfance, Burgess jouait dans les bois autour de la cuisine où Ida préparait ses confitures et, de nos jours encore, la Burgess Society continue de produire confitures, marinades et gelées naturelles selon les recettes d'Ida (on peut en observer la fabrication d'avril à décembre). Profondément retirée dans les bois, en bordure d'un étang, la cuisine à l'ancienne ressemble tout à fait aux illustrations qui ponctuent les livres de Burgess, et *Peter Cotton Tail* et ses amis de la gent animale auraient sûrement beaucoup aimé l'endroit.

À l'est de Sandwich s'étend la populaire station balnéaire de **Barnstable**, où certaines des plus belles auberges et des boutiques et restaurants les plus tentants du cap attirent de nombreux clients. Pour obtenir de l'information sur les attraits et les événements de la région, adressez-vous à la **Hyannis Area Chamber of Commerce** *(1481 Route 132, Hyannis, ☎362-5230 ou 800-449-6647, www.hyannischamber.com)*.

À West Barnstable, la **West Parish Meetinghouse** *(tlj du Memorial Day à la fête du Travail; 2049 Meetinghouse Way, à l'intersection de la route 149, ☎362-4445)*, construite entre 1717 et 1719, s'impose comme le deuxième temple en âge du Cape Cod (son aîné, l'Old Indian Meeting House de Mashpee, datant de 1684, ne se trouve qu'à 20 min de route). L'église actuelle fut achevée en 1719, et le clocher fut dressé quatre ans plus tard. Paul Revere a lui-même fondu la cloche en 1806, et elle continue de sonner à l'heure des offices, des mariages et d'autres événements spéciaux. Avec un peu de chance, un membre de la congrégation se trouvera sur Pl. pour vous faire visiter les lieux, et vous avez toujours la possibilité d'y obtenir un rendez-vous hors saison.

À Barnstable même, vous trouverez le **Donald Trayser Memorial Museum** *(Route 6A, Barnstable, ☎362-2092)*, une construction en brique datant de 1856 qui abrita tour à tour un poste de douane et un bureau de poste. Nommé en l'honneur d'un patriote local, en outre historien, ce musée renferme un amas d'objets liés à la vie et à l'histoire du Cape Cod, comme des outils amérindiens et des navires en bouteille. À côté du musée s'élève la plus vieille prison à charpente de bois des États-Unis (autour de 1690), dont les murs sont couverts de graffitis laissés par des marins.

La portion originale de la **Sturgis Library** *(3090 Main St./Route 6A, Barnstable, ☎362-6636)* est la maison natale du capitaine William Sturgis, qui légua le bâtiment à la municipalité pour qu'elle en fasse une bibliothèque. Construite en 1644, elle est aujourd'hui la plus vieille construction du comté à abriter une bibliothèque et, fort à propos, elle renferme une des meilleures collections de données généalogiques accessibles sur les premiers colons du Cape Cod. On accède gratuitement aux lieux, mais la consultation des archives entraîne des frais.

Même au plus fort de la saison touristique, le North Cape n'est pas de ces endroits animés à l'excès, et de nombreux gens du coin se rendent même aux champêtres **St. Mary's Church Gardens** *(3055 Main St./Route 6A, Barnstable, ☎362-3977)*, pour échapper à la circulation et à l'invasion de touristes dont la route 6A fait l'objet. Au printemps, les jardins se tapissent de crocus, de tulipes, de jonquilles et de lis. Un petit ruisseau, qu'enjambent pêle-mêle de minuscules ponts de bois, coule paisiblement à travers la propriété.

D'anciennes pierres tombales en ardoise parsèment le petit tertre que surmonte le **Lothrop Hill Cemetery** sur la route 6A, immédiatement à l'est du centre de Barnstable Village. C'est ici que John Lothrop et plusieurs autres des fondateurs de Barnstable reposent en paix. Près du mur de pierre qui longe la route 6A, repérez la grande stèle de granit où l'on a inscrit : «*Dans ce cimetière gît la dépouille du capitaine John Percival, communément appelé "Mad Jack", né le 3 avril 1779 et mort le 17 septembre 1862 aux commandes de l'*Old Ironsides*, en voyage autour du monde de 1844 à 1846.*»

Plus loin sur la route 6A, **Yarmouthport** compte deux maisons historiques meublées d'antiquités impressionnantes. La **Captain Bangs Hallet House** *(droit d'entrée; juil et août jeu; juin et sept dim seulement; fermé nov à fin mai; 11 Strawberry Lane, Yarmouthport, ☎362-3021)*, un bâtiment néoclassique tout blanc découpé de volets noirs, renferme d'élégants canapés, tables et chaises, ainsi que plusieurs jouets classiques, comme un cheval à bascule recouvert d'une véritable peau, avec une queue et une crinière tout aussi authentiques.

La **Winslow Crocker House** *(sam-dim seulement, fermé mi-oct à fin mai; 250 route 6A, Yarmouthport, ☎362-4385)*, une maison géorgienne à clins de bois datant de 1780, arbore, pour sa part, de magnifiques lambris et une imposante cheminée de plain-pied, sans compter un rare berceau en bois du XVIIe siècle, un banc-coffre, une chaise de commodité de style Windsor et plusieurs autres antiquités de grande valeur.

Brewster ★ offre de nombreux sites attirants pour les enfants et les mordus d'histoire. Le **New England Fire and History Museum** *(droit d'entrée; lun-ven fin mai à la fête du Travail, sam-dim fête du Travail au Columbus Day; 1439 Main St./Route 6A, Brewster, ☎896-5711)* présente des dispositifs de lutte contre les incendies tirés aussi bien par des hommes que par des chevaux, devant lesquels vous ne pourrez vous empêcher de vous demander comment ils ont jamais pu servir à éteindre des feux. Les enfants raffolent des cloches et des avertisseurs d'incendie qu'ils font sans cesse résonner. Il y a en outre un forgeron et un apothicaire sur les lieux. Le **Cape Cod Museum of Natural History** *(droit d'entrée; Main St./Route 6A, Brewster, ☎896-3867)* dispose d'une ruche en activité et d'une station météorologique, et son conservateur propose à l'occasion une visite guidée des marais salants environnants. Les éléments d'exposition interactifs ne manquent pas d'intéresser jeunes et moins jeunes.

L'Outer Cape ★★

La route 6A prend fin à Orleans, où elle rencontre la route 6 menant à Eastham. À partir de ce point, le paysage change de façon radicale. Les forêts disparaissent, et l'horizon se dégage, révélant d'énormes dunes, des kilomètres de spartines (longues herbes fines) aux reflets d'argent et des landes balayées par les vents. Tout au bout de la péninsule se trouve Provincetown, l'une des plus importantes localités du Cape Cod.

Environ la moitié de l'Outer Cape fait partie du Cape Cod National Seashore, un terrain de jeu naturel, strié sur des kilomètres et des kilomètres de voies cyclables, de sentiers pédestres et de plages à couper le souffle, d'ailleurs les plus impressionnantes de tout le cap (voir «Parcs et plages», p 333).

Fort Hill, en bordure de la route 6, à **Eastham**, offre une vue saisissante sur le Nauset Marsh, à tel point que vous croyez rêver tellement le paysage qui s'offre à vos yeux est féerique. Jadis une terre cultivée, le marais est aujourd'hui sillonné de petits cours d'eau sinueux qui serpentent entre les tiges duveteuses des spartines aux douces teintes d'or vert, à proximité d'anciens bâtiments de ferme, le long de murets de pierres et autour d'étangs peuplés de canards. Des sentiers parcourent cette étendue où les hérons bleus viennent se reposer. Tout près du terrain de stationnement de Fort Hill se trouve l'**Edward Penniman House** *(non accessible au public)*, une vraie maison de conte de fées de style Empire français, rouge et jaune, et dotée d'un énorme portail formé par des mâchoires de baleine. Érigée au XIXe siècle par un pêcheur de baleines excentrique, cette construction contraste de façon évidente avec les modestes et traditionnelles «boîtes à sel» du cap.

Après Eastham vient **Wellfleet**, un hameau sans prétention où il fait bon flâner sur la plage en enfonçant nonchalamment ses orteils dans le sable, mais où l'on trouve également un nombre surprenant de galeries d'art et de restaurants gastronomiques de tout premier choix. Le samedi soir, au cours de la saison estivale, plusieurs galeries organisent des vernissages qui ressemblent à de petites fêtes entre voisins. D'ailleurs, nombreux sont ceux qui vivent ici à longueur d'année, et tous les résidants semblent se connaître.

Mais avant de pénétrer dans le village comme tel, arrêtez-vous à la **Wellfleet Chamber of Commerce** *(fermé lun-ven mi-mai à fin juin et fête du Travail à mi-oct, fermé mi-oct à mi-mai; route 6, Wellfleet, ☎349-2510, www.capecod.net/wellfleetcc)*, et procurez-vous un guide des galeries locales. Sur votre chemin, vous croiserez également l'**Uncle Tim's Bridge**, une promenade en bois peu élevée qui enjambe une étendue de spartines argentées jusqu'à une petite colline boisée. Cet endroit tout à fait

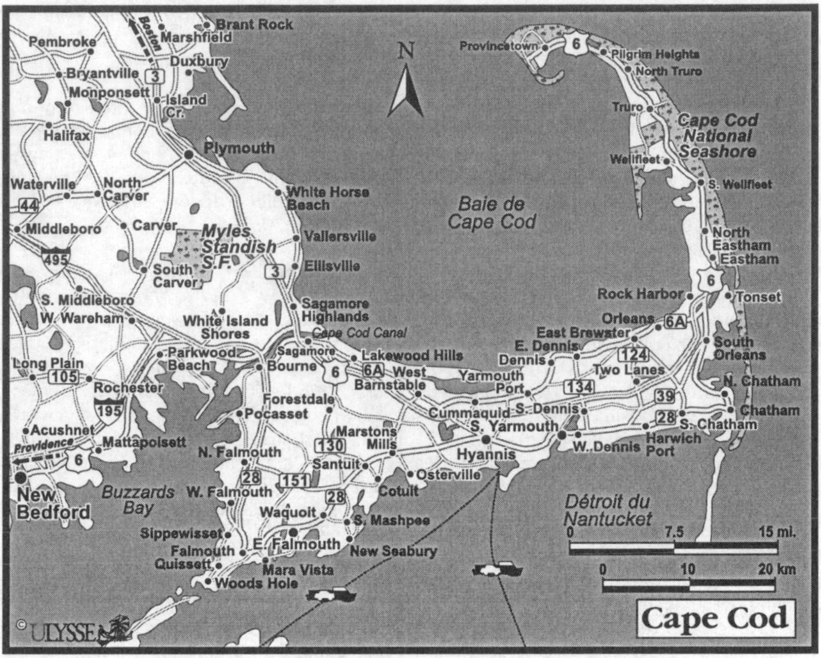

Cape Cod

Brant Rock
Marshfield
Boston
Pembroke
Duxbury
Bryantville
Monponsett
Island Cr.
Halifax
Plymouth
Waterville
North Carver
Middleboro
Carver
Myles Standish S.F.
South Carver
S. Middleboro
W. Wareham
White Island Shores
White Horse Beach
Vallersville
Ellisville
Sagamore Highlands
Cape Cod Canal
Sagamore
Bourne
Parkwood Beach
Long Plain
Rochester
Acushnet
Providence
Mattapoisett
New Bedford
Buzzards Bay
Forestdale
Pocasset
N. Falmouth
W. Falmouth
Sippewisset
Falmouth
Quissett
Woods Hole
E. Falmouth
Mara Vista
Waquoit
S. Mashpee
New Seabury
Santuit
Marstons Mills
Cotuit
Osterville
Lakewood Hills
West Barnstable
Hyannis
Cummaquid
S. Yarmouth
Yarmouth Port
Dennis
E. Dennis
S. Dennis
W. Dennis
East Brewster
Two Lanes
Harwich Port
S. Chatham
Chatham
N. Chatham
South Orleans
Orleans
Rock Harbor
Tonset
North Eastham
Eastham
S. Wellfleet
Wellfleet
Truro
North Truro
Pilgrim Heights
Provincetown
Cape Cod National Seashore
Baie de Cape Cod
Détroit du Nantucket
0 7.5 15 mi.
0 10 20 km
© ULYSSE

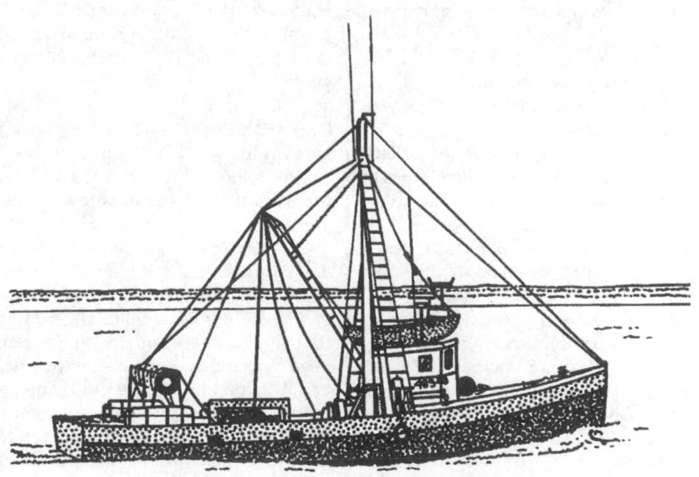

Bateau de pêche

charmant, enveloppé d'une brume délicate le matin et d'une douce lumière jaune l'après-midi, est tout indiqué pour un pique-nique ou une paisible balade.

Au nord de Wellfleet s'étend la région de **Truro**, une vaste plaine dénudée couverte de bruyères ondulantes, entourée d'eau et bordée des plus impressionnantes dunes de tout l'État. Nommée en souvenir d'une région de Cornwall, en Angleterre, qui présente une apparence similaire, Truro est un endroit rêvé pour prendre des photos.

Provincetown ★★, à la pointe ultime du cap, est juchée sur une colline qui surplombe la baie. On trouve ici le meilleur et le pire du Cape Cod : d'élégantes maisons de capitaines, un quai dansant, des plages somptueuses, des musées de premier ordre, des galeries de pacotilles, des comptoirs de hamburgers et des restaurants gastronomiques.

La population est elle-même très diversifiée. Provincetown compte en effet de nombreux homosexuels, des artistes et des écrivains, mais aussi des pêcheurs portugais, des aristocrates et des cohortes de touristes. De toutes les localités du cap, c'est Provincetown qui a l'histoire la plus riche. Les Pères Pèlerins y ont d'abord débarqué en 1620 avant de poursuivre leur route jusqu'à Plymouth et, au cours des XVIIIe et XIXe siècles, elle devint un important port de pêche, dont celle à la baleine, attirant ainsi de nombreux colons portugais qui perpétuent encore aujourd'hui cette tradition maritime.

Vers le tournant du siècle, des artistes et des écrivains, comme Eugene O'Neill, commencèrent à venir s'installer ici, si bien que Provincetown devint une des communautés artistiques les plus connues d'Amérique du Nord. On y assista à une véritable renaissance jusqu'en 1945 environ, époque à laquelle le tourisme prit de l'ampleur, amenant plusieurs artistes à émigrer vers des lieux plus retirés.

Pour mieux plonger dans le passé artistique de cette région, procurez-vous un exemplaire des *Walking Tours nos #2 et #3* auprès du Provincetown Heritage Museum, ou adressez-vous à la **Provincetown Chamber of Commerce** *(fermé jan et fév; 307 Commercial St., MacMillan Wharf, Provincetown, ☎487-3424, www.ptownchamber.com)*. Ces brochures contiennent la liste des noms et adresses de tous les écrivains et artistes célèbres qui ont déjà vécu ici. Leurs anciennes résidences ne sont pas ouvertes au public, mais il est toujours agréable de passer devant le 577 Commercial Street et de s'imaginer l'allure des lieux à l'époque où O'Neill y louait une chambre.

Si vous désirez obtenir un annuaire gratuit des hôtels, restaurants, bars, commerces et établissements de services tenus par des gays, hommes et femmes, arrêtez-vous à la **Provincetown Business Guild** *(115 Bradford St., ☎487-2313 ou 800-637-8696)*.

Le **Provincetown Heritage Museum** ★ *(droit d'entrée; nov à avr sam-dim seulement; 356 Commercial St., Provincetown, ☎487-7098)* propose un survol du passé historique et artistique de la ville. Le *Rose Dorothea*, le plus grand modèle réduit de *schooner* de pêche du monde, occupe entièrement le second étage du musée. Parmi les autres pièces exposées, notons des meubles peints à la main illustrant des paysages marins, des photographies d'artistes du début du siècle et de nombreux tableaux.

En marchant vers l'est sur Commercial Street, l'artère principale de l'agglomération, vous arriverez au **Provincetown Art Association and Museum** *(droit d'entrée; 460 Commercial St., Provincetown, ☎487-1750)*, qui abrite les plus belles œuvres d'art du Cape Cod, dont des toiles du célèbre peintre impressionniste d'ici Charles W. Hawthorne, qui fonda la première école d'art du cap en 1899. La plupart des tableaux sont figuratifs et dépeignent des scènes de la vie quotidienne locale, comme un plombier au travail, un *schooner* mouillant dans la baie du Cape Cod ou une fillette en train de coudre.

Pour avoir une vue de carte postale sur Provincetown et le littoral ponctué de dunes des environs, nous vous invitons à visiter le **Pilgrim Monument** et le **Provincetown Museum** *(droit d'entrée; High Pole Hill, Provincetown, ☎487-1310)*. La tour de granit de 77 m qui s'y dresse fut érigée sur le modèle de la Torre del Mangia de Sienne, en Italie. Le musée abrite une collection hétéroclite où vous trouverez de tout, des porcelaines de Wedgwood aux poupées anciennes en passant par des portraits primitifs, des figures de proue, de petits objets fabriqués par des matelots au cours de leurs longs voyages, une cabine de capitaine provenant d'un baleinier et la plus vieille pompe à incendie de Provincetown.

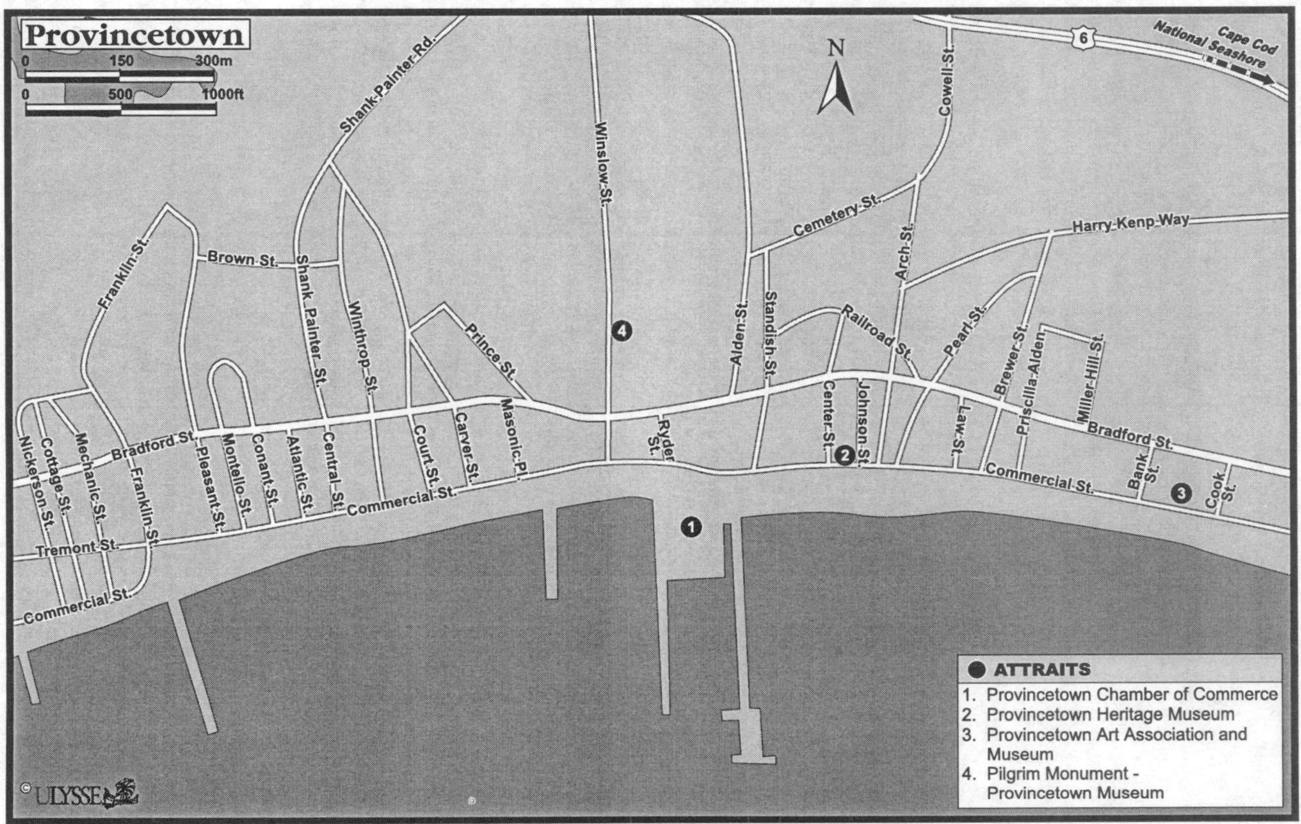
Provincetown
0 150 300m
0 500 1000ft
Cape Cod National Seashore
6
N
Shank-Painter Rd.
Winslow St.
Cowell St.
Cemetery St.
Harry-Kenp-Way
Arch St.
Franklin St.
Brown St.
Shank Painter St.
Winthrop St.
Prince St.
Alden St.
Standish St.
Railroad St.
Pearl St.
Brewer St.
Priscilla-Alden
Miller-Hill St.
Center St.
Johnson St.
Law St.
Bradford St.
Masonic Pl.
Ryder St.
Carver St.
Court St.
Central St.
Atlantic St.
Conant St.
Montello St.
Pleasant St.
Nickerson St.
Cottage St.
Mechanic St.
Commercial St.
Bank St.
Cook St.
Tremont St.
ATTRAITS
1. Provincetown Chamber of Commerce
2. Provincetown Heritage Museum
3. Provincetown Art Association and Museum
4. Pilgrim Monument - Provincetown Museum
© ULYSSE

Le South Cape ★

Cette partie du cap se présente comme un salmigondis de villages pittoresques, de motels à prix modiques, de mini-centres commerciaux et de stations-service. Pour vous y rendre en partant de Provincetown, reprenez la route 6 jusqu'à la route 28, à Orleans, une zone résidentielle modeste mais agréable. À Chatham, la route 28 bifurque soudain vers l'ouest et longe toute la rive sud du cap, en bordure du Nantucket Sound.

Chatham ★, l'une des localités les plus raffinées du Cape Cod, offre d'exquises auberges, d'excellents restaurants et de ravissantes boutiques. L'atmosphère y est très «Ralph Lauren», et tout le monde y donne l'impression de faire partie d'un club de tennis.

L'**Information Booth** *(fermé mi-oct à mi-mai; 533 Main St., Chatham, ☎945-5199, www.virtualcapecod.com/chambers/chatham.html)* de Chatham se trouve au centre du village. Pour obtenir des renseignements à tout moment de l'année, rendez-vous à la **Bassett House** *(à l'intersection de la route 137 et de la route 28)*.

Puis, tout au bout de la rue Main, vous tomberez sur **Shore Road**, bordée de gracieuses demeures faisant face à l'océan et où se dresse un phare classique, en face de la station de la Garde côtière.

Tout près de là s'élève l'**Old Atwood House Museum** *(droit d'entrée; 347 Stage Harbor Rd., Chatham, ☎945-2493)*, un bâtiment à clins de bois sans prétention qui date de 1752 et où l'on expose des antiquités, des coquillages et des objets provenant de la verrerie de Sandwich. Adjacente au musée, une grange déploie d'impressionnantes murales signées par la peintre réaliste Alice Stallknecht. Celles-ci représentent des personnages locaux aux environs des années trente dans des contextes pieux, comme un Christ prêchant depuis un doris en contrebas du phare de Chatham.

À l'ouest de Chatham se trouve **Harwich Port**, un charmant secteur résidentiel, puis **Dennis Port**, **West Dennis**, **West Yarmouth** et **Hyannis**, qui présentent beaucoup moins d'attraits. Cette portion de la route 28 révèle en effet, pour l'essentiel, une succession de stations-service, de cafés et de motels de bas niveau. Par contre, si vous en avez par-dessus la tête de l'histoire et des villages pittoresques, la région est idéale pour s'encanailler à souhait. On dénombre 11 minigolfs dans cette zone, dont un des meilleurs est le **Pirates Cove** *(droit d'entrée; fermé mi-nov à mi-avr; 728 Main St., South Yarmouth, ☎394-6200)*. Dans ce véritable Taj Mahal du minigolf, vous verrez un bateau de pirates tout équipé reposant dans un étang artificiel, entouré de falaises rocheuses en terrasses et de cascades rugissantes.

Solennellement campée en bordure d'un cimetière jadis exclusivement réservé aux habitants de Wampanoag, la minuscule **Old Indian Meetinghouse** *(visite sur rendez-vous seulement l'été; Meetinghouse Way, près de la jonction de la route 28, Mashpee, ☎477-1536)* s'impose comme le plus vieux temple encore debout du Cape Cod. Des courtepointes à gros carreaux colorés, hommage vibrant aux glorieux défunts plutôt qu'aux membres vivants de la tribu qui les ont réalisées, pendent aux murs entre les immenses fenêtres et constituent les seuls éléments de décoration des lieux. Gravissez l'escalier étroit qui permet d'accéder au jubé; vous y verrez des graffitis variés, dont certains chefs-d'œuvre patiemment gravés dans le bois pendant les longs sermons servis à la communauté au siècle dernier.

Sachant que les Kennedy vivent à **Hyannis**, les gens s'attendent généralement à ce que l'endroit soit magnifique et somptueux, mais la plus grande partie du village est strictement commerciale. En fait, les Kennedy vivent dans le seul et unique coin enviable. On vient à Hyannis pour trois raisons : son aéroport (sous le nom d'aéroport de Barnstable), son traversier en direction des îles de Martha's Vineyard et de Nantucket, et bien entendu pour espionner les Kennedy. Bien que la propriété de ces derniers, près d'Ocean Street, soit entourée de hautes haies, des autobus remplis de touristes ne cessent de défiler devant les lieux, espérant apercevoir un bref instant l'un des membres du célèbre clan; mais leurs efforts restent le plus souvent vains.

À l'extrémité ouest du South Cape se trouve **Falmouth ★**, une grande agglomération très fréquentée qui possède un ravissant parc communal entouré de très belles maisons historiques du cap. L'une d'entre elles, qui abrite la **Falmouth Historical Society** *(55 Palmer Ave., accès par le Village Green, Falmouth, ☎548-4857)*, se présente comme un bâtiment colonial de 1790, de couleur jaune crème et au toit en pente surmonté d'une «promenade de veuve». À 10 km au nord de la ville, l'**Ashumet Holly Reservation and Wildlife Sanctuary** *(droit d'entrée; en bordure de l'intersection de la route 151 et de Currier Rd. East, ☎563-6390)* propose des visites guidées, de même que des promenades le long des sentiers pédestres qui sillonnent ses 18 ha. Végétation (houx) et vie sauvage abondantes.

Le reste du centre de Falmouth n'est pas aussi idyllique, mais vous y trouverez de magnifiques magasins de vêtements et d'ameublement de grande qualité. La **Falmouth Chamber of Commerce** *(20 Academy Lane, Falmouth, ☎548-8500, www.falmouth-capecod.com)* se trouve directement en marge de Main Street.

Immédiatement au sud de Falmouth surgit **Woods Hole**, un petit village vallonné et densément boisé, par ailleurs le siège du **Woods Hole Oceanographic Institute.** L'institut n'est cependant pas ouvert au public; il s'agit essentiellement d'un centre de recherche de l'envergure du Scripps Institute of Oceanography de Californie. Néanmoins, tout près de là se trouve le **National Marine Fisheries Service Aquarium** *(fermé lun-ven mi-sept à mi-juin; angle Water St. et Albatros St., Woods Hole, ☎495-2001)*, qui, quant à lui, est accessible au public toute l'année. Sa seule et unique vocation consistant à protéger les espèces régionales, ses 16 réservoirs principaux ne contiennent que ces espèces, comme le homard, la morue et la plie. L'aquarium dispose également d'un bassin à phoques.

Le **Spohr's Garden** *(451 Fells Rd., par Oyster Pond Rd., Woods Hole, ☎548-0623)* est un spectaculaire jardin privé de 1,2 ha ouvert au public. Vous en partagerez les sentiers avec des oies, des canards et quelques écureuils.

Érigé en 1828, le feu de navigation fixe du **Nobska Light** *(Nobska Point, immédiatement à l'est du port de Woods Hole)* reste visible aux 30 000 navires qui passent par ici chaque année. La structure même du phare compte parmi les plus photographiées du Cape Cod, si bien que vous la reconnaîtrez probablement en la voyant. Vues à couper le souffle sur les îles Elizabeth et la côte nord de Martha's Vineyard.

Martha's Vineyard ★★

Découverte en 1602 par l'explorateur anglais Bartholomew Gosnold, elle tire son nom des vignes sauvages dont ce dernier put constater la prolifération en y débarquant. Quant à Martha, les spéculations vont bon train, mais la légende voudrait qu'elle ait été la fille ou la mère de Gosnold.

D'abord un port de pêche à la baleine très fréquenté au cours du XIXe siècle, le Vineyard, ainsi qu'on l'appelle communément, devint au XXe siècle une destination estivale très prisée. De nos jours, un nombre impressionnant de célébrités y séjournent en été, farouchement protégées contre les touristes trop curieux par une fière population locale. John Kennedy Jr., Caroline Kennedy Schlossberg, Carly Simon, James Taylor, Diana Ross, Beverly Sills, Walter Cronkite, Mike Wallace, William Styron et Art Buchwald sont au nombre de celles qui y ont une propriété. Des personnalités telles que le président Bill Clinton, Spike Lee et Michael J. Fox ont aussi passé des vacances sur le Vineyard.

Un bon moyen de faire mauvaise impression auprès des résidants consiste à louer une mobylette. En été, ces bicyclettes motorisées, bruyantes mais amusantes à enfourcher, bourdonnent comme un essaim d'abeilles en colère. Elles sont tenues pour des dangers publics sur la route, et vous verrez partout sur les pare-chocs des voitures des autocollants portant l'inscription «À bas les mobylettes».

Long de 32 km et large de 16 seulement, le Vineyard peut facilement être visité en une journée. Les traversiers accostent à Oak Bluffs ou à Vineyard Haven, bien que vous ayez également la possibilité de vous y rendre en avion. Les trois villages de l'île (Vineyard Haven, Oak Bluffs et Edgartown) se trouvent sur la côte nord-est, alors que la partie occidentale, connue sous le nom d'*up-island*, se compose de bucoliques terres cultivées, de landes et de plages divines.

Au cours des années trente, Lillian Hellman et Dashiell Hammet passèrent leurs étés à **Vineyard Haven**, si bien que, depuis ce temps, nombre d'écrivains ont choisi de séjourner dans ce village amical et sans prétention. Vineyard Haven n'a jamais attiré autant de touristes qu'Edgartown, la principale station balnéaire de l'île, et c'est peut-être là ce qui fait son charme. On y trouve la meilleure librairie (Bunch of Grapes), des magasins attrayants, des restaurants et une poignée d'auberges exquises. C'est également là que vous trouverez la **Martha's Vineyard Chamber of Commerce** *(Beach Rd., ☎693-0085, www.mvy.com)*.

Un site historique digne de mention est le **Martha's Vineyard Seafaring Center** *(110 Main St., Vineyard Haven, ☎693-9317)*, construit en 1893 pour donner une direction spirituelle aux pêcheurs ainsi que pour accueillir les victimes

Un portail de Martha's Vineyard

de naufrages. Aujourd'hui, l'établissement fait partie d'une organisation plus importante, la Boston Seaman's Friend Society, qui continue d'offrir des services sociaux et spirituels aux marins. Un petit musée aménagé sur les lieux renferme une collection d'objets reliés à la navigation.

Oak Bluffs ★ se situe à quelques kilomètres seulement de Vineyard Haven. Il faut absolument y visiter les locaux de la **Martha's Vineyard Camp Meeting Association** (aussi connue sous le nom de **Cottage City**), tout juste en retrait de Circuit Avenue, l'artère principale d'Oak Bluff. En 1835, des groupes appartenant à l'Église méthodiste résolurent de tenir leurs rencontres annuelles à Oak Bluffs, et c'est par centaines que les familles y vivaient alors dans des tentes au cours de l'été. Avec les années, les tentes furent remplacées par de curieux petits cottages dotés de fenêtres gothiques, de tourelles, de pignons et de corniches tarabiscotées et peintes aux couleurs les plus farfelues : rose, vert et blanc, ou encore pêche, jaune et bleu. Ce style architectural, le seul qui soit originaire de l'île, a été baptisé «néogothique de campement». À la mi-août, pendant la Nuit des illuminations, une tradition qui remonte à 1870, on accroche aux maisonnettes des centaines de lanternes orientales de toutes les couleurs, créant ainsi un spectacle éblouissant.

Outre Cottage City et Ocean Park, un quartier distingué, garni de maisons Reine-Anne qui dominent la mer sur la route d'Edgartown, Oak Bluffs n'est ni plus ni moins qu'une succession de casse-croûte et de boutiques de t-shirts et de souvenirs; il s'en dégage toutefois un charme mielleux, une sorte de grâce puérile qui ne manque pas d'attrait. Au centre du village se trouve le **Flying Horses Carousel** *(droit d'entrée; fermé mi-oct à Pâques; Lake St., à l'angle de Circuit Ave., Oak Bluffs, ☎693-9481)*, un ancien carrousel de bois sculpté à la main qui fonctionne toujours. Dans les yeux de verre de chaque monture, vous pourrez apercevoir la réplique d'un petit animal.

Non loin d'Oak Bluffs s'étend l'élégant village d'**Edgartown ★**. Ses rues étroites, ses trottoirs de briques, ses yachts graciles et son architecture tantôt néoclassique tantôt fédérale lui confèrent des airs de musée vivant. Guindé, strict et tout ce qu'il y a de plus comme il faut, il semble parfois trop parfait.

Edgartown a toujours été un lieu de pouvoir et de richesses considérables. Plusieurs capitaines de baleiniers s'y retiraient, construisant de somptueuses demeures le long de **North Water Street** que vous pouvez encore admirer aujourd'hui. Parmi ses résidants actuels, on dénombre plusieurs familles de «brahmanes» de Boston, et la vie y semble entièrement concentrée autour du prestigieux *yacht-club*, où le navigateur chevronné qu'est Walter Cronkite règne en maître incontesté.

Ici, la principale activité consiste à déambuler sur les rues bordées d'arbres en faisant du lèche-vitrines et en contemplant les grandes demeures. La **Martha's Vineyard Historical Society** *(droit d'entrée; à l'angle des rues Cooke et School, Edgartown, ☎627-4441)*, cachée sur une magnifique rue transversale,

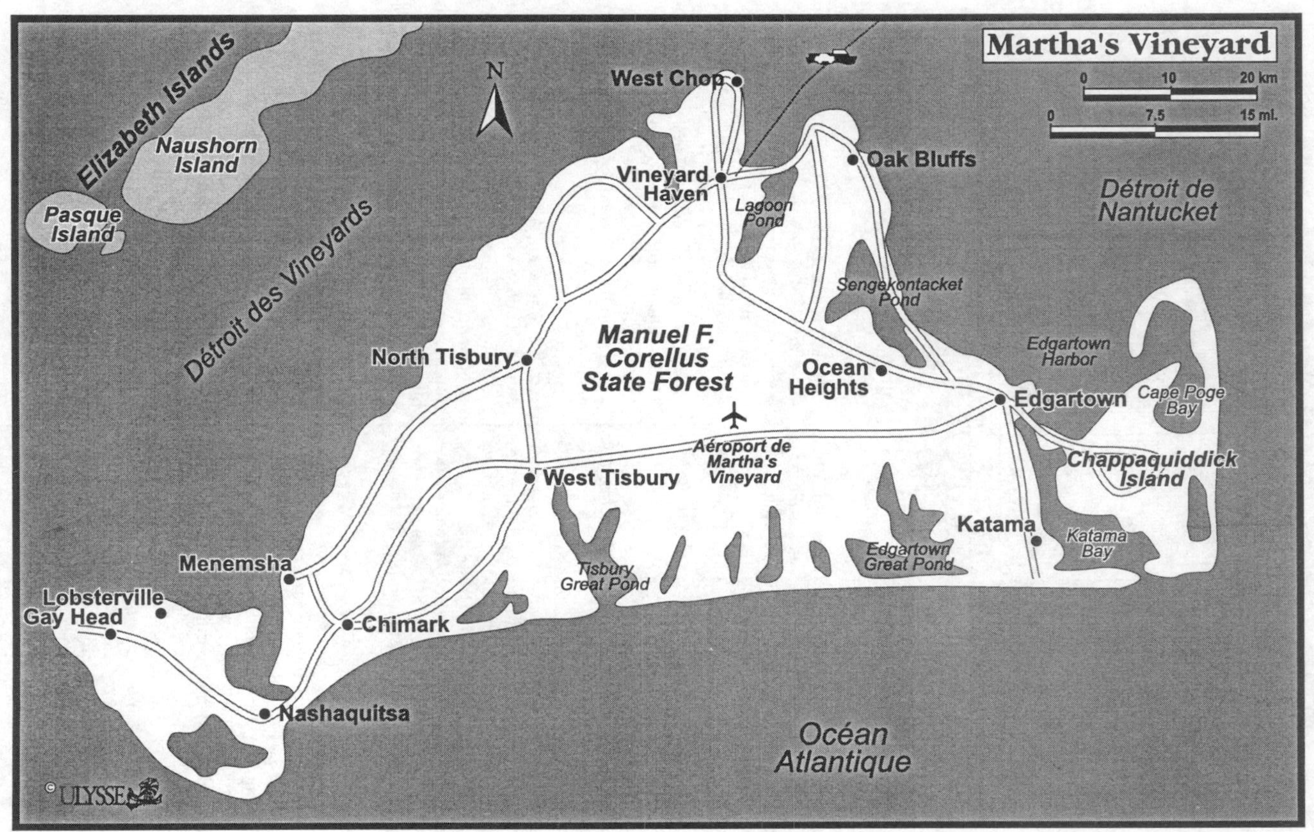
Martha's Vineyard
0 10 20 km
0 7,5 15 ml.
N
Elizabeth Islands
Naushorn Island
Pasque Island
Détroit des Vineyards
West Chop
Vineyard Haven
Lagoon Pond
Oak Bluffs
Détroit de Nantucket
Sengekontacket Pond
Manuel F. Corellus State Forest
North Tisbury
Ocean Heights
Edgartown Harbor
Edgartown
Cape Poge Bay
Aéroport de Martha's Vineyard
West Tisbury
Chappaquiddick Island
Katama
Katama Bay
Edgartown Great Pond
Tisbury Great Pond
Menemsha
Lobsterville
Gay Head
Chimark
Nashaquitsa
Océan Atlantique
© ULYSSE

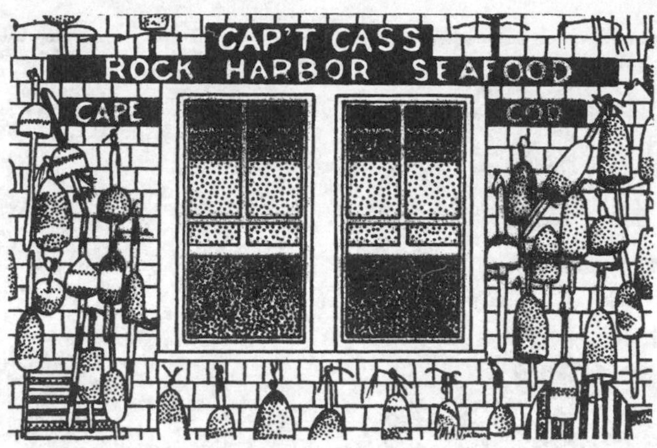

Rock Harbor Seafood

possède un musée où l'on expose de petits objets de fantaisie fabriqués par les matelots au cours de leurs voyages, des modèles réduits de navires, des costumes d'époque et des accessoires ayant servi à la pêche à la baleine (des harpons entre autres).

La **Dr. Daniel Fisher House** *(droit d'entrée; visite tlj mi-juin à mi-oct; 99 Main St., Edgartown)*, une construction de 1840 riche de détails soigneusement préservés, dont une coupole fermée, des balustrades ceinturant le toit et le porche, un toit large à faible pente, de grandes fenêtres et un portique, constitue le plus bel exemple d'architecture fédérale de l'île. Le docteur Fisher était l'homme de la renaissance de Martha's Vineyard au XIXe siècle, à la fois médecin, magnat de l'industrie baleinière, banquier, marchand et minotier. Sa maison sert désormais de siège au Martha's Vineyard Preservation Trust, qui vise à sauver, à restaurer et à rendre autosuffisant tout bâtiment important de l'île qui risque d'être vendu à des fins commerciales ou simplement remodelé de façon importante. Malheureusement, la maison n'est pas accessible au public.

Tenu par la Martha's Vineyard Historical Society, le **Vineyard Museum** *(droit d'entrée; mar-sam mi-juin à mi-oct; 8 Cooke St., Edgartown, ☎627-4441)* se compose de plusieurs bâtiments, y compris la Thomas Cooke House de 1765, un très bel exemple d'architecture prérévolutionnaire qui servit à une certaine époque de poste de douane. Cette maison qui n'a subi que peu de rénovations depuis le milieu du XIXe siècle renferme des reliques de ces jours où l'île se consacrait à la pêche à la baleine, entre autres des ivoires sculptés et gravés, de même que d'autres objets variés. La lunette originale du phare d'Aquinnah repose ici, où elle s'illumine chaque soir pendant quelques heures.

Immédiatement au large d'Edgartown se trouve l'**île de Chappaquiddick**, appelée *Chappy* par les résidants et accessible par traversier. Il n'y a pas grand-chose à y faire, si ce n'est d'aller à la plage et de faire de longues promenades. Il va toutefois sans dire que l'île bénéficie d'une certaine réputation à la suite du tragique accident de voiture impliquant le sénateur Edward Kennedy, dans lequel une jeune femme perdit la vie. Chappaquiddick Road prend d'ailleurs fin au pont Dyke, où se produisit l'accident et qui n'est désormais plus accessible. La seule autre route de l'île, Wasque Road, conduit à Wasque Point, un magnifique site naturel.

La région connue sous le nom d'*up-island* inclut West Tisbury, Chilmark et Aquinnah, de bucoliques zones rurales aux pâturages et aux fermes verdoyantes, en outre ponctuées de ports tout à fait charmants. En partant d'Edgartown, vous pouvez explorer cette région en empruntant Edgartown-West Tisbury Road, qui traverse l'île en son milieu.

À vrai dire, le seul établissement digne de mention à **West Tisbury** est l'**Alley's General Store** *(State Rd., ☎693-0088)*, sous le porche duquel les gens du coin sirotent un café en dévisageant les touristes. Ouvert en 1858, il s'agit du plus vieux commerce en activité de Martha's Vineyard.

La grande sortie de la semaine a lieu le samedi matin au marché de fruits et légumes en plein air, l'**Agricultural Hall**, non loin du marchand général. Ne vous laissez pas tromper par l'apparence négligée des résidants; en y regardant d'un peu plus près, vous apercevrez des montres Rolex, des bottes de cow-boy de 600$US et peut-être même, avec un peu de chance, la silhouette de James Taylor. C'est en effet dans cette partie de l'île que plusieurs écrivains, musiciens et artistes ont élu domicile.

De West Tisbury, suivez la route jusqu'à **Chilmark**. Dans le centre de cette localité, le **Beetlebung Corner** s'impose comme le point de rencontre des principales routes donnant accès à la partie supérieure de l'île : Middle Road, South Rd., State Rd. et Menemsha Cross Rd.. Ce croisement a ainsi été nommé en raison d'un bosquet de tupélos, cet arbre qu'on désigne du nom de *beetlebung* en Nouvelle-Angleterre et qui se fait plutôt rare dans le nord-est des États-Unis. Fournissant un bois très dur, le tupélo se prêtait merveilleusement bien à la fabrication de maillets de bois (*beetle*) et de bouchons (*bung*) servant à obturer les trous des tonneaux de bois dans lesquels on entreposait l'huile de baleine.

Au Beetlebung Corner, tournez à gauche sur South Rd. en direction d'Aquinnah. Environ 1,5 km plus loin, vous passerez un pont. Le Nashaquitsa Pond (ou *Quitsa*, selon votre interlocuteur) se trouvera alors à droite, tandis que le Stonewall Pond reposera du côté gauche. Quelque 150 m plus loin, la route gravit une colline; à mi-pente, garez-vous le long du large espace qui borde le chemin. Vous êtes au **Quitsa Overlook**. Descendez de votre voiture pour mieux contempler les étangs Quitsa et Menemsha. Au-delà des étangs se pointent le petit village de Menemsha, puis le Vineyard Sound (bras de mer), les îles Elizabeth et, sur le continent, Woods Hole et Falmouth.

Environ 800 m plus loin sur la route d'Aquinnah, un autre espace permet à deux ou trois voitures de s'arrêter en toute sécurité de chaque côté de la chaussée. C'est ici que les gens du coin garent leur automobile ou leur bicyclette pour aller s'abreuver à un réservoir d'eau douce qu'on dit pouvoir guérir divers maux, du stress au simple rhume et à la gueule de bois.

La route se termine aux **Aquinnah Cliffs**, d'énormes falaises formées par les glaciers, il y a plus de 10 000 ans. Lacérées de bandes multicolores aux tons de rouille, de lavande, de blé et de charbon, ces falaises ont subi une érosion constante qui, au cours des siècles, a considérablement atténué la plupart de ces teintes vibrantes. Il s'agit d'un site touristique populaire, accessible par un chemin bordé de casse-croûte de poissons et fruits de mer, et de boutiques de cadeaux appartenant aux autochtones de l'endroit, les Indiens Wampanoags.

En quittant Aquinnah par Lighthouse Rd., tournez à gauche sur State Rd.. Lorsque vous arriverez au Beetlebung Corner, prenez à droite sur Menemsha Cross Rd. pour atteindre le **Menemsha Creek** et **Dutcher's Dock**, un charmant village de pêcheurs caractérisé par des maisons à clins de bois gris usés par le temps, de même que par des quais courts et robustes. Le canal semble beaucoup trop étroit pour servir de port, et pourtant les pêcheurs ne cessent de s'y affairer.

De Menemsha, retournez à Vineyard Haven par North Rd. et State Rd., qui croise au passage les **Chicama Vineyards** *(Stoney Hill Rd., West Tisbury, ☎693-0309)*, la première et la seule fabrique de vins du Massachusetts. On propose des visites guidées et des dégustations dans un attrayant magasin qui vend du vin, bien entendu, mais aussi des confitures maison, de la moutarde et du vinaigre aux herbes.

Nantucket ★★★

Nantucket ★★★

Nantucket fut d'abord aperçue en 1602 par le capitaine Bartholomew Gosnold, alors qu'il faisait route vers Martha's Vineyard. Des colons anglais et des quakers y cultivèrent la terre jusqu'au cours des années 1830, alors que l'île devint un des plus importants centres de pêche à la baleine du monde, un fait que note Herman Melville dans son *Moby Dick*. Vers 1870, lorsque le pétrole commença à remPl.r l'huile de baleine comme combustible et que les cétacés se firent de plus en plus rares, l'industrie baleinière accusa un déclin proportionnel, si bien que Nantucket perdit 60% de sa population et connut une grave dépression. Mais au tournant du siècle, avec l'essor du tourisme, l'île ne tarda pas à retrouver sa prospérité.

Nantucket est si petite et si plane, qu'il vous faudra à peine 30 min pour la traverser en voiture, ou environ deux heures à bicyclette. On y dénombre d'ailleurs presque autant de voies cyclables que de routes, et les centres de location de vélos pullulent autour du quai où accostent les traversiers. Tout comme pour Martha's Vineyard, les seuls moyens d'accès à l'île sont le traversier et l'avion. Si vous comptez vous y rendre en été, vous devez réserver à l'avance, car la concurrence est féroce et les lois anti-camping sont rigoureusement appliquées.

Il n'y a ici qu'une seule agglomération digne de ce nom, Nantucket, mais vous pouvez facilement y passer des heures et même des jours si vous vous intéressez aux maisons historiques, aux musées, aux restaurants raffinés, aux boutiques de toutes sortes et aux galeries d'art.

Vous trouverez à la **Nantucket Island Chamber of Commerce** *(fermé sam-dim; 48 Main St., Nantucket, ☎228-1700)* un guide en couleur de 300 pages intitulé *Official Guide to Nantucket*, qui couvre toutes les ressources de la région. Il y a des bancs partout, de sorte que vous pouvez vous asseoir tranquillement pour tracer votre itinéraire, ou simplement pour observer les gens. Le village est coloré et très fréquenté, et vous y croiserez aussi bien des gens d'âge mûr bon chic bon genre, du type de George et Barbara Bush, que des yuppies et des touristes, caméra en bandoulière. Des labradors errent ici et là en balançant leur queue, et les gens du patelin bavardent au coin des rues en sirotant un café.

La **Nantucket Historical Association** *(P.O. Box 1016, Nantucket, MA 02554, ☎228-1894)* entretient un certain nombre de propriétés historiques, notamment le Whaling Museum et l'Old Mill. Pour les visiter, vous pouvez vous procurer un utile laissez-passer auprès de l'association elle-même ou encore sur place.

Le **Whaling Museum** ★ *(droit d'entrée; 5 Broad St., Nantucket, ☎228-1736)* se trouve à quelques rues au nord de la chambre de commerce. Ce vieux bâtiment rustique aux poutres énormes qui abritait jadis une fabrique de bougies est tout aussi fascinant que son contenu, incluant un squelette de baleine, une lentille de phare et une baleinière.

La **Jethro Coffin House** *(droit d'entrée; fermé oct à fin avr; à l'angle des rues Sunset Hill et West Chester, ☎228-1894)* se présente comme la plus ancienne demeure de Nantucket. Bâtie en 1686, cette classique «boîte à sel» est tout à fait représentative des maisons de la fin du XVIIe siècle de la Massachusetts Bay Colony.

Si vous remontez Main Street au-delà des magasins, vous découvrirez d'élégants manoirs érigés aux beaux jours de la pêche à la baleine. Tout près de là s'élève le **Maria Mitchell Science Center** ★ *(à l'angle des rues Vestal et Milk, Nantucket, ☎228-9198)*. Mitchell, originaire de Nantucket, fut la première personne à découvrir une comète au moyen d'un télescope, ainsi que la première femme à faire partie de l'American Academy of Arts and Sciences. Ce centre baptisé en son honneur comprend un musée de sciences naturelles disposant d'une impressionnante collection d'insectes, une bibliothèque (ouverte à l'année), un aquarium, un observatoire, des sentiers d'observation de la faune ailée et marine, de même que la maison où Mitchell est née. On y organise également des excursions sur le terrain au cours de l'été. Téléphonez au préalable pour connaître les heures d'ouverture et l'horaire des activités.

Pour une bonne dose de parfum campagnard, visitez **Siasconset** ★, un petit hameau dont les cabanes de pêcheurs à la morue du XVIIe siècle ont été transformées en séduisantes résidences d'été. Au printemps et au début de l'été, ce village attachant est littéralement envahi par les roses; partout où se pose votre regard, elles grimpent les clôtures, les murs et même les toits pointus des maisons, créant un paysage où se mêlent le vieux rose, le gris et le vert cendré.

Surnommé *Sconset* par presque tout le monde, le hameau se trouve à 12 km de Nantucket par Milestone Road, que longe une voie cyclable tout à fait plane. Après avoir admiré le paysage, vous pourrez prendre la direction de la plage, car il n'y a rien d'autre à voir. Vous y trouverez par contre un ou deux restaurants, dont le réputé Chanticleer (voir p 365), ainsi que la Summer House (voir p 356), l'une des plus jolies auberges de l'île.

Sur le chemin du retour, empruntez la panoramique Polpis Road, qui croise le **phare de Sankaty** et **The Moors**, de magnifiques terres basses balayées par les vents qui, l'automne venu, ressemblent à un tapis de Perse. Vous verrez aussi les **tourbières à canneberges**, dont la récolte se fait en automne également, aussi bien ici que sur la South Coast.

Le reste de l'île n'est que landes couvertes de «gueules noires» (sorte de bleuets) et parsemées de maisons entourées de plages spectaculaires (voir «Parcs et plages», p 338).

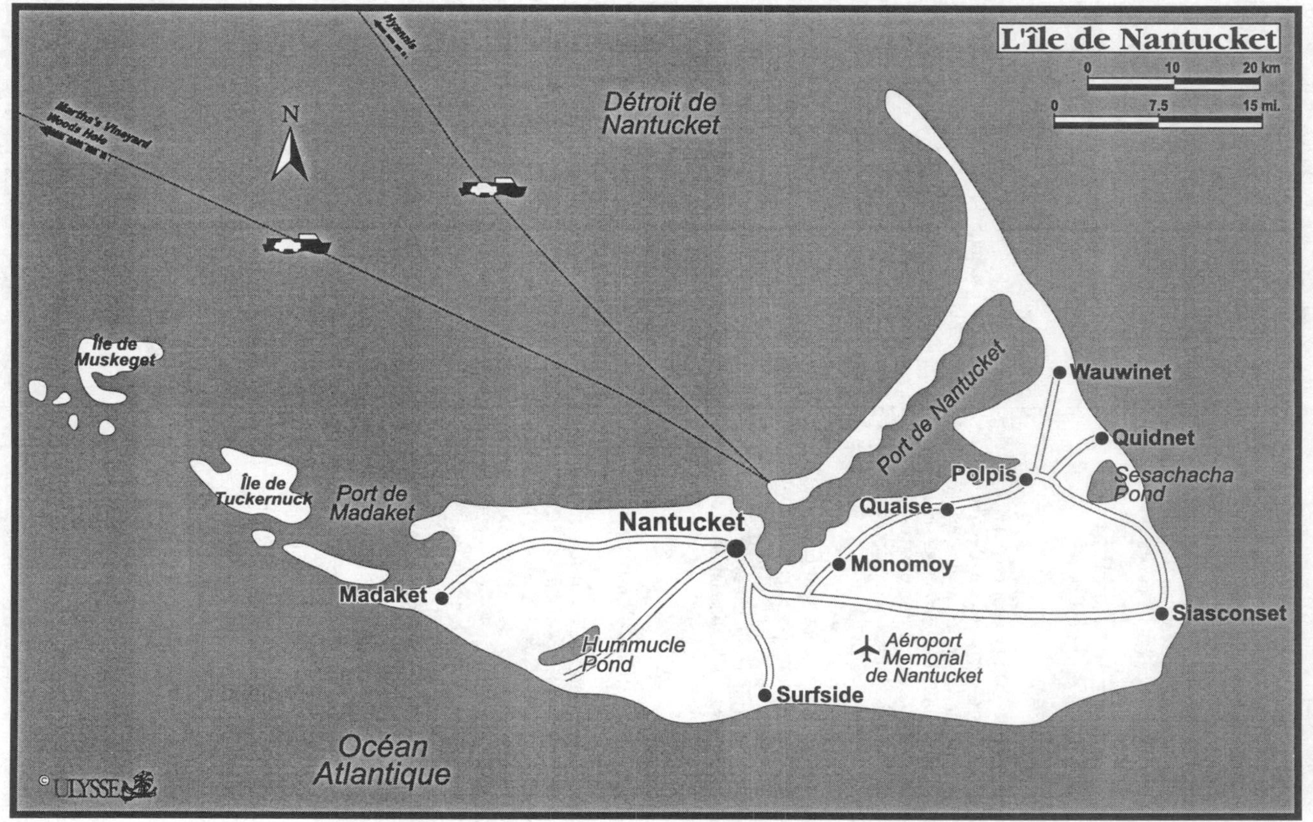
L'île de Nantucket
0 10 20 km
0 7.5 15 ml.
Hyannis
Martha's Vineyard
Woods Hole
N
Détroit de Nantucket
Île de Muskeget
Port de Nantucket
Wauwinet
Quidnet
Polpis
Sesachacha Pond
Quaise
Île de Tuckernuck
Port de Madaket
Nantucket
Monomoy
Madaket
Siasconset
Hummucle Pond
Aéroport Memorial de Nantucket
Surfside
Océan Atlantique
© ULYSSE

PARCS ET PLAGES

Tant le Cape Cod et Martha's Vineyard que Nantucket possèdent d'innombrables parcs et plages où vous pourrez profiter d'une nature exceptionnelle et des bienfaits de la mer.

Le Cape Cod

Formé il y a 12 000 ans par un énorme glacier en mouvement ayant laissé derrière lui un paysage unique, pour ne pas dire magique, de dunes, de landes et de marais salants, le cap, dont le littoral s'étend sur près de 500 km, offre un nombre ahurissant de parcs naturels et de plages sublimes.

Les plages du North Cape sont protégées par la baie du Cape Cod, de sorte qu'elles sont généralement calmes et sereines, caressées par des vagues clémentes et adossées à des dunes au sable doux, sans oublier les sempiternels marais salants.

Sandy Neck Beach et les Great Marshes

Cette région recèle tous les trésors écologiques qui ont contribué au renom du Cape Cod. Incroyablement longue et parfaitement droite, la magnifique plage de Sandy Neck (aussi appelée Horizons Beach) offre un panorama circulaire d'océan et de dunes au sable ridé, délimitées par les Great Marshes : 1 200 ha de terres marécageuses protégées où évoluent de nombreuses espèces marines et aviaires. Le sable se prête merveilleusement bien aux longues promenades, et des sentiers sillonnent dunes et marais. On y accède par l'embranchement de Sandy Neck Road, sur la route 6A, à Sandwich. Stationnement : 4$ *(du Memorial Day à la fête du Travail)*.

Installations et services : toilettes et casse-croûte (l'été seulement). **Baignade** : eaux calmes.

Grey's Beach

Cette petite plage paisible est idéale pour les enfants, même si les gens y viennent principalement pour arpenter la longue passerelle surélevée qui franchit le marais en bordure de la plage. Cette promenade qui, de loin, semble flotter sur des eaux couvertes de végétation permet en effet d'admirer de plus près la faune et la flore du marais. Le paysage y est fort agréable, surtout au coucher du soleil. On l'atteint par l'embranchement de Centre Street, sur la route 6A, à Yarmouth.

Installations et services : aires de pique-nique, terrain de jeu, toilettes et surveillants de plage *(☎775-7910)*. **Baignade** : eaux calmes.

Chapin Beach

La route saupoudrée de sable qui conduit à cette plage longe des dunes et de petites maisons d'été sans prétention. Cette étroite bande légèrement incurvée et adossée aux dunes convient agréablement aux promeneurs, et son doux sable blanc, par ailleurs très propre, invite à se faire dorer confortablement au soleil. En période de nidification, les chiens ne sont pas admis sur la plage, mais il arrive à l'occasion que des casse-cou (armés de permis en bonne et due forme) chevauchent les dunes à bord de leurs autosables à quatre roues. Le Chase Garden Creek, qui se trouve derrière la plage, fait le bonheur des adeptes du canot, et vous pourrez même y pêcher le bar rayé du rivage. On l'atteint par l'embranchement de Chapin Beach Road, sur la route 6A, à Dennis. Information : ☎394-8300. Stationnement : 9$ *(de la mi-juin à la fête du Travail)*.

Installations et services : toilettes portatives. **Baignade** : eaux calmes.

Paine's Creek Beach

Il existe, dans les environs, de meilleures plages en ce qui a trait aux bains de mer et de soleil, mais celle-ci est tout indiquée pour les promenades paisibles dans un décor immortel éclaboussé de rayons d'or. Des *skifs* détériorés par les intempéries gisent sur le rivage, et le Paine's Creek, un charmant petit ruisseau, serpente à travers un pré marécageux jusqu'à l'étroite et douce plage avec ses minuscules anses et baies. Les enfants adorent tout particulièrement les bassins qui se créent à marée basse. On y accède par l'embranchement de Paine's Creek Road, sur la route 6A, à West Brewster. Stationnement : 8$ *(juil et août)*.

Installations et services : aucun. **Baignade** : eaux calmes.

Nickerson State Park

Avec ses épais bosquets de pins, ses prés et ses étangs cristallins bordés de plages où s'ébattent de nombreuses espèces sauvages, comme le renard roux et le cerf de Virginie, ce parc de 800 ha fait plutôt penser aux Berkshires. Les activités y sont si nombreuses (randonnée pédestre, bicyclette, navigation de plaisance, canot...) que l'endroit est littéralement envahi au cours de la saison estivale. Quelques plages et sentiers de randonnée moins fréquentées se trouvent autour des étangs Flax et Little Cliff. En hiver, on y pratique le ski de fond ainsi que le patin à glace sur les étangs gelés. On l'atteint par la route 6A, en retrait de Brewster.

Installations et services : location de canots, aires de pique-nique, toilettes, douches, poste de garde forestier et programmes d'interprétation *(☎896-3491)*. **Camping** : autorisé sur les 418 empl.ments aménagés à cette fin, aussi bien pour tentes que pour véhicules récréatifs (aucun raccordement); premier arrivé, premier servi pour 168 d'entre eux, tandis que les 250 autres requièrent une réservation six mois à l'avance *(pour la période de avr à fin oct ☎877-422-6762)*; 6-7$ par nuitée. **Pêche** : excellente au Higgins Pond, annuellement réensemencé en truites (on remet les poissons à l'eau); vous pouvez également prendre (et garder) du saumon au Cliff Pond. **Baignade** : dans les étangs d'eau douce.

First Encounter Beach

C'est ici que les Pères Pèlerins rencontrèrent pour la première fois les Indiens Wampanoags, qui, il faut bien l'avouer, n'étaient pas spécialement enchantés de leur présence. Et pour cause : six ans plus tôt, un marchand d'esclaves anglais avait capturé certains des leurs pour les vendre à l'Espagne. Ainsi, lorsque les Pères Pèlerins arrivèrent sur les lieux, une légère escarmouche s'ensuivit; mais personne ne fut blessé, et les intrus s'empressèrent de battre en retraite. Des sentiers sablonneux, découpés dans les hautes et denses herbes, conduisent à cette plage remarquable, encadrée par la mer et le ciel resplendissants, d'un côté, et par une prairie marécageuse, de l'autre. Longue et large, elle attire une foule relativement paisible tout au long de l'été. On y accède par l'embranchement de Samoset Road, sur la route 6, à Eastham. Information : ☎240-5972.

Installations et services : toilettes; provisions disponibles à Eastham, à quelques minutes de route. **Baignade** : eaux calmes.

Cape Cod National Seashore ★★★

Ce paradis écologique de 11 000 ha réunit des plages d'une beauté incroyable qui s'étendent à perte de vue, des dunes de près de 20 m de hauteur, des falaises abruptes, des landes assaillies par le vent, des marais salants, des étangs d'eau douce et des forêts. Vierge et intact, ce territoire protégé s'étend de Chatham à Provincetown et est sillonné de certains des meilleurs sentiers de randonnée pédestre et cycliste du cap (voir «La bicyclette», p 342). La pêche s'avère excellente, au large comme dans les étangs. Canots, kayaks et pédalos peuvent être loués à Provincetown et à Eastham. Vous trouverez des maîtres nageurs et des toilettes dans les zones de plage *(été seulement)*. Stationnement : 7$ *(mi-juin à la fête du Travail)*.

Les endroits décrits ci-après font partie des plages et des étangs les plus réputés du National Seashore. Pour de plus amples renseignements, adressez-vous au **Salt Pond Visitors Center** *(Route 6, Eastham, ☎255-3421)* ou aux **Cape Code National Seashore Headquarters** *(99 Marconi Site Rd., South Wellfleet, ☎349-3785)*.

Coast Guard Beach

En parlant de la résidence qu'il fit construire en 1927 sur cette plage extraordinaire, Henry Beston écrivait : «*Sur sa dune solitaire, ma maison fait face aux quatre murs de l'univers.*» Celle-ci fut rasée par une tempête en 1972, mais les observations de Beston sont consignées dans un ouvrage remarquable : *The Outermost House*. Cette plage sauvage et accidentée s'étend aussi loin que porte le regard. Bordée de falaises, de spartines et d'affluents divers, une station côtière rouge et blanche se dresse sur un escarpement qui domine l'étendue sablonneuse, d'ailleurs idéale pour les longues promenades et les bains de mer et de soleil, de même que pour le surf. On l'atteint par l'embranchement de Doane Road, sur la route 6, tout près d'Eastham. Stationnement : 7$ *(mi-juin à la fête du Travail)*. Une navette vous transporte du stationnement à la plage. Information : ☎349-3785.

Installations et services : toilettes et surveillants de plage (été seulement); provisions à proximité, à Eastham. **Baignade** : généralement bonne, quoique la mer soit parfois assez agitée. **Surf** : bon; brisants à marée haute.

Nauset Light Beach et Marconi Beach

Ces impressionnantes plages de sable propre et blanc, bordées de hautes falaises broussailleuses et accessibles par de longs escaliers de bois en pente raide, sont situées l'une à côté de l'autre. Les majestueux escarpements et le panorama sans fin vous émerveilleront et vous rappelleront que nous sommes bien peu de chose. En été, si vous êtes à la recherche d'un coin tranquille, loin des foules qui ne manquent pas d'envahir les lieux, marchez vers le nord en suivant le littoral. Sur la route de Nauset Beach, vous remarquerez en outre le **Nauset Light**, un phare rouge et blanc tout à fait typique, par ailleurs un des endroits les plus photographiés du cap.

La plage du Nauset Light longe Nauset Light Beach Road, au bout de Cable Road, accessible par la route 6, à Eastham. La plage Marconi se trouve sur Marconi Beach Road, accessible par la route 6, à Wellfleet. Droit d'entrée : 7$ par véhicule pour la journée; laissez-passer de saison : 20$. Information : ☎349-3785.

Installations et services : toilettes, douches (sur la plage Marconi seulement) et surveillants de plage *(été seulement)*; provisions à Eastham et à Wellfleet. **Baignade** : excellente dans la zone protégée, mais prenez garde aux courants de fond.

Great Pond et Gull Pond

C'est à Wellfleet que vous trouverez certains des plus beaux étangs d'eau douce du cap. À environ 1 km du littoral sauvage, ces deux étendues d'eau offrent un spectacle entièrement différent. S'étendant dans un environnement densément boisé et embaumé de pins, ils font plutôt penser à des lacs de montagne. Leurs eaux cristallines sont agréablement fraîches et vivifiantes. Le Gull Pond dispose d'un charmant espace ombragé et couvert d'herbe, assorti de tables de pique-nique, d'une petite plage sablonneuse et d'un radeau pour les baigneurs. On y trouve par ailleurs des pédalos à louer *(☎349-9808)*. Quant au Great Pond, vous y accéderez par un escalier de bois qui descend du stationnement aménagé sur les lieux. Il offre une jolie petite plage de sable, et des maisons à demi cachées bordent une partie de son rivage.

Vous atteindrez le Great Pond par l'embranchement de Calhoon Hollow Road, sur la route 6, à Wellfleet. Pour le Gull Pond, empruntez Gull Pond Road par la route 6, toujours à Wellfleet. Information (fin juin à la fête du Travail) : Beach Sticker House *(☎349-9818)* ou Wellfleet Chamber of Commerce *(☎349-2510)*.

Installations et services : aires de pique-nique; provisions disponibles à proximité, à Wellfleet. **Baignade** : eaux calmes.

Race Point Beach et Herring Cove Beach

Dans *Cape Cod*, Thoreau écrit : «*L'homme qui se tient en ces lieux peut mettre derrière lui l'Amérique tout entière.*» Situées au bout du cap, ces deux plages offrent un splendide paysage circulaire de ciel bleu, d'océan, de dunes et de roseaux des sables aux reflets d'argent qui s'étendent à l'infini. Lorsque le soleil brille, tout scintille et miroite; mais, dès que le firmament s'ennuage, le vent tourne, les couleurs changent, et un univers minimaliste prend forme sous vos yeux. Les deux plages forment de longues bandes de sable immaculé, entourées de terres vierges sur plusieurs hectares. Les sentiers de randonnée pédestre et les voies cyclables abondent de toutes parts.

Pour vous rendre à Race Point, empruntez l'embranchement de Race Point Road, sur la route 6, à Provincetown. Vous accéderez à Herring Cove en empruntant la route 6 jusqu'au bout puis en suivant les indications. Droit d'entrée : 7$ par véhicule. Information : Province Lands Visitor Center *(☎487-1256)*.

Installations et services : toilettes, douches, surveillants de plage et casse-croûte *(à la plage de Herring Cove mi-juin à la fête du Travail)*. **Baignade** : bonne.

Dans l'ensemble, les plages du South Cape sont longues et larges, disposant d'immenses terrains de stationnement et de nombreuses installations. À proximité de secteurs résidentiels, elles bénéficient d'une grande popularité auprès des étudiants et des familles. Retenez cependant que vous êtes ici sur la face atlantique du cap, de sorte que la mer est généralement plus houleuse que sur le North Cape.

North Island, South Island et South Beach

Bien qu'il s'agisse là de plages publiques, les îles de North Montgomery et South Monomoy sont le plus souvent désertes pour la bonne raison qu'elles demeurent difficiles d'accès. La South Beach, jadis entièrement coupée du continent, y est désormais reliée et peut être atteinte à pied, ce qui fait qu'elle est naturellement plus fréquentée. Cela dit, ces trois plages vous réservent des paysages d'une beauté inviolée. Et n'oubliez pas vos jumelles, car vous aurez l'occasion d'observer des douzaines d'espèces ailées le long de ces longues plages immaculées, sans parler de l'abondance de poissons, de mollusques et de crustacés.

Pour vous rendre à North Island ou à South Island, il vous faudra prendre un bateau, un service qu'offrent plusieurs agences de Chatham et de Harwich. Adressez-vous à **Stageboard Marine** *(☎945-1860)*, à **Outermost Harbor Marine** *(☎945-2030)* ou à **Monomoy Island Ferry** *(☎945-5450)*. Pour de plus amples renseignements sur l'île de Monomoy, appelez le **Monomoy National Wildlife Refuge** au ☎945-5185 ou, pour South Beach, composez le ☎945-5185.

Installations et services : aucun. **Baignade** : bonne.

Hardings Beach

Immense, longue et droite, cette plage populaire attire une foule de bandes de jeunes. Avoisinant des maisons luxueuses, elle se prête fort bien à la baignade, au bronzage et aux rencontres amicales entre voisins. On y accède par des sentiers qui traversent de petites dunes. Empruntez l'embranchement de Barn Hill Road, sur la route 28, jusqu'à Hardings Beach Road, à Chatham. Stationnement : 8$ *(juil à la fête du Travail)*.

Installations et services : toilettes, douches, surveillants de plage et casse-croûte *(juil à la fête du Travail)*. **Baignade** : bonne. **Pêche** : bonne dans les vagues pour la morue charbonnière et le bar rayé

West Dennis Beach

À l'extrémité de cette vaste plage, où la rivière Bass se jette dans l'Atlantique, la vue est celle de vieilles maisons d'été aux vertes pelouses qui descendent en pente vers des quais ponctués d'embarcations. La plage de West Dennis attire de nombreux estivants, ainsi qu'en témoigne son stationnement de 1 600 Pl.s. Populaire auprès des véliplanchistes, des familles et des jeunes, elle est bordée de marais salants plats, striés de cours d'eau tributaires de la rivière, et accessible aux fauteuils roulants. Empruntez l'embranchement de School Street, sur la route 28, jusqu'à Lighthouse Road, à West Dennis. Droit d'entrée : 9$ pour la journée.

Installations et services : toilettes, douches, surveillants de plage, balançoires et casse-croûte. **Baignade** : bonne.

Ashumet Holly & Wildlife Sanctuary

Un pur bonheur pour les amateurs de botanique et d'ornithologie, cette réserve de 18 ha abrite de nombreuses variétés de houx cultivées ici par le regretté Wilfred Wheeler, qui fit don de ce domaine à la société Audubon. L'endroit se présente comme une véritable jungle, et ne vous attendez à aucune fantaisie ou coquetterie. Un sentier facile à arpenter serpente autour d'un étang, d'une forêt, d'une plantation de cornouillers, d'un massif de rhododendrons et d'un bosquet de *franklinias*, un arbuste à fleurs automnales découvert en Géorgie en 1790. Parmi les représentants de la faune, vous reconnaîtrez le moqueur-chat, ainsi nommé en raison de son cri miauleur, le martin-pêcheur et diverses créatures des étangs, comme les serpents communs, le poisson-chat et les tortues à tête jaune et à carapace sombre. Depuis 1935, des hirondelles nidifient, chaque année, dans une grange qui se trouve sur la propriété; jusqu'à 44 couples s'y installent au printemps, puis repartient à la fin de l'été. L'entrée de la réserve se trouve au 286 Ashumet Road, à East Falmouth.

Installations et services : aucun; information : ☎563-6390.

Old Silver Beach

Populaire auprès des étudiants et des gens du coin, cette plage n'est pas du tout typique du Cape Cod. Une importante station balnéaire tout à fait moderne en occupe l'extrémité nord, et la plupart des maisons de plage du voisinage sont plutôt récentes. Au sud, une anse particulièrement charmante est bordée de falaises boisées qui avancent jusqu'au rivage. On y accède par l'embranchement de Quaker Road, sur la route 28A, à Falmouth. Stationnement : 10$ par jour.

Installations et services : toilettes, douches, surveillants de plage et casse-croûte; information : ☎548-8623. **Baignade** : eaux calmes; cours de natation disponibles.

Martha's Vineyard

Les plages des régions rurales de West Tisbury, Chilmark et Aquinnah sont impressionnantes, sauvages et moins fréquentées que celles des environs des trois villages importants de l'île. Notez cependant que les stationnements sont exclusivement réservés aux résidants et qu'en été des gardiens patrouillent pour s'assurer que toutes les voitures portent bien une vignette en bonne et due forme. Les gens de l'extérieur peuvent néanmoins accéder à ces plages à bicyclette. La pêche côtière est excellente sur toutes les plages du littoral sud.

Felix Neck Wildlife Sanctuary

Cette réserve naturelle, un paradis de 142 ha pour animaux sauvages, oiseaux et plantes, offre 6 km de sentiers pédestres faciles à travers des marais salants, d'épaisses forêts et de grands prés émaillés de fleurs sauvages. La société Audubon du Massachusetts en assure la gestion. On y organise, toute l'année, des activités à l'intention des enfants et des adultes, y compris des promenades guidées dans la nature et des excursions d'observation des oiseaux s'adressant aussi bien aux amateurs qu'aux ornithologues chevronnés. Felix Neck se trouve à 5 km du centre d'Edgartown, sur la route qui relie Edgartown à Vineyard Haven *(par State Road, entre Oak Bluffs et Edgartown)*.

Installations et services : toilettes, centre d'interprétation avec vitrines d'exposition, boutique de cadeaux et bibliothèque; information : ☎627-4850. Droits d'entrée pour tous, sauf pour les membres de la société Audubon du Massachusetts.

Nantucket Sound Beaches

Disposées en chapelet le long du Nantucket Sound se succèdent les Oak Bluffs Town Beach, Joseph A. Sylvia State Beach, Bend-in-the-Road Beach et Lighthouse Beach. C'est ici que le film *Jaws* a été tourné, mais n'ayez crainte car il n'y a pas de requins dans ces eaux. Ce littoral étroit et légèrement courbé se caractérise par une mer calme et du sable propre. Des entreprises de certaines plages proposent des cours de natation, et plusieurs voies cyclables longent le rivage bordé d'étangs, de marais salants et de maisons d'été. Un phare imposant domine la Lighthouse Beach. On y accède par Beach Road, entre Oak Bluffs et Edgartown.

Installations et services : surveillants de plage; information : ☎627-6145. **Baignade** : eaux calmes.

Fuller Street Beach

Cette plage, l'une des favorites des nombreux jeunes gens qui passent l'été à Edgartown, est facilement accessible á vélo et offre un merveilleux répit des autres plages d'Edgartown, beaucoup plus fréquentées. L'entrée de la plage se trouve au bout de Fuller Street, près de la Lighthouse Beach.

Installations et services : aucun; information : ☎627-6165. **Baignade** : bonne.

Cape Pogue Wildlife Refuge et Wasque Reservation

Si vous cherchez un havre de paix loin de la civilisation, n'hésitez pas à monter à bord du traversier qui, en 2 min, transporte voitures et passagers d'Edgartown à Chappaquiddick Island, une île vierge et sauvage couverte de landes et de plages désertes. La réserve naturelle et la réserve faunique, adjacentes l'une à l'autre, forment la pointe nord-est de Martha's Vineyard, et toutes deux présentent un assortiment de basses dunes, d'étangs, de laisses uniformes et de massifs de cèdres. La faune ailée est abondante, incluant sternes, pluviers siffleurs et huîtriers dont les cris se conjuguent pour emplir l'atmosphère. Le meilleur endroit pour se baigner se trouve à East Beach, qui fait partie du Cape Pogue Wildlife Refuge.

Cape Pogue se trouve au bout de Chappaquiddick Road, de l'autre côté du Dyke Bridge; l'accès à Cape Pogue est réservé aux tout-terrains dotés d'un permis spécial. Wasque Point se trouve, pour sa part, au bout de Wasque Road. Stationnement : 3$.

Installations et services : toilettes; visites guidées; information : ☎693-3453. **Pêche** : excellente pour la goberge à East Beach; Wasque Point est une zone de pêche reconnue mondialement qui regorge de bonite, de maquereau, de bar rayé et de bien d'autres espèces encore; les embarcations motorisées y sont interdites. **Baignade** : bonne à East Beach, quoique la mer soit parfois assez agitée.

South Beach

Aussi connue sous le nom de Katama South, cette populaire plage de 1,5 km s'ouvrant sur l'Atlantique débouche sur la Norton Point Beach d'une part et sur une plage privée de l'autre, et est idéale pour la baignade. À la fois vaste, large et plane, elle est bordée de landes parsemées de maisons du XXe siècle, ce qui est plutôt rare sur l'île. En été, grâce aux vents du sud-ouest, l'air est doux et chaud. Vous devriez pouvoir surfer ou faire de la planche à voile pour peu que les vagues ou le vent le permettent. On y accède par Katama Road, au sud d'Edgartown. Vous pouvez prendre une navette à partir du centre-ville.

Installations et services : toilettes, vestiaires et surveillants de plage; information : ☎627-1598. **Baignade** : excellente, mais prenez garde aux courants de fond. **Pêche** : excellente.

Manuel Correleus State Forest

En plein centre de l'île, ce parc de 2 000 ha est couvert de hauts arbres à feuilles persistantes, d'arbustes et de broussailles. Sillonnée de voies cyclables et de sentiers pédestres tapissés d'une couche épaisse et moelleuse d'aiguilles de pin, cette forêt fraîche et calme offre un agréable répit par rapport aux landes constamment balayées par les vents et aux plages nues de Martha's Vineyard. Cependant, gare aux tiques au printemps! On l'atteint par Airport Road, entre West Tisbury et Edgartown.

Installations et services : aucun; information : ☎627-6165.

Long Point Wildlife Refuge

La seule voie d'accès à cette réserve faunique magique et mystique est une route cahoteuse à souhait, qui semble ne jamais vouloir finir. Ne faites pas attention aux fourches occasionnelles que vous croiserez sur votre chemin; en restant sur la partie la plus large de la route, vous finirez par déboucher sur un petit stationnement (saisonnier et payant). Un peu plus loin s'étend une lande à perte de vue, couverte d'herbes et de «gueules noires», qui ressemble à une prairie creusée de deux énormes étangs : le Tisbury Great Pond et le Long Cove, où vivent des canards noirs, des morillons (aussi bien à bec bleuté qu'à dos blanc), des orfraies et des cygnes. Au-delà des étangs, vous découvrirez un océan de roseaux des sables aux reflets d'argent ainsi qu'une plage de sable blanc. On ne tolère ici que les canots de location.

L'endroit, qui se trouve à 1,5 km à l'ouest de l'aéroport de Martha's Vineyard, n'est pas du tout facile à trouver. Sur la route d'Edgartown, à West Tisbury, vous devez emprunter l'embranchement de Waldrons Bottom Road, un chemin non signalé et cousu d'ornières profondes. Surveillez une rangée de boîtes aux lettres et le panneau indiquant la direction de Long Point. Nous vous suggérons de demander des indications plus précises aux gens du coin. Droit d'entrée : 3$ par personne; stationnement : 7$.

Installations et services : toilettes portatives et pompe d'eau douce; information : ☎693-7392. **Pêche** : excellente. **Baignade** : bonne, quoique la mer soit parfois assez agitée.

Land Bank Beach

Adjacente aux multicolores falaises d'argile d'Aquinnah, un site national inaccessible au public, cette longue plage sablonneuse et plane est extrêmement fréquentée au cours de la saison estivale. L'endroit est excellent pour les bains de mer et de soleil, pour la pêche à la goberge et au loup de mer, ainsi que pour les longues promenades à la recherche de coquillages; mais prenez garde au ressac. Bien que ce soit illégal, notez que plusieurs baigneurs préfèrent le costume d'Adam au traditionnel maillot. Il risque de vous en coûter cher pour garer votre voiture derrière les dunes, de sorte que vous préférerez peut-être emprunter la navette (*Up Island Shuttle Bus*) qui dessert cette plage tout l'été. On l'atteint par State Road, aussi appelée South Road à Aquinnah, jusqu'à l'extrémité ouest de l'île. Stationnement : 15$.

Installations et services : toilettes et casse-croûte voisins de la plage; information : ☎627-7141. **Baignade** : bonne, quoique la mer soit parfois légèrement agitée.

Cedar Tree Neck Sanctuary

Les martins-pêcheurs, les sternes, les balbuzards et les roitelets de Caroline sont les premiers à vous accueillir de leurs chants sur cette réserve de 120 ha. Vous êtes dans leur royaume, et quel royaume! L'un de ses sentiers clairement balisés vous entraînera à travers des forêts vallonnées de hêtres, de sassafras, d'érables rouges, de chênes, de noyers blancs et de tupélos noirs. Un peu plus loin, le ciel apparaît soudainement, et un incroyable panorama s'offre alors à vos yeux, sorti d'on ne sait où : des étangs profonds, des chapelets de dunes et l'océan majestueux en toile de fond. Des chemins bordés de fougères, de lichens et de champignons traversent les bois jusqu'à une passerelle surélevée qui donne accès au rivage. Les pique-niques ne sont malheureusement pas autorisés.

À partir de State Road, à West Tisbury, empruntez Indian Hill Road sur environ 3 km, jusqu'à un chemin de terre signalé par un panneau sur lequel est inscrit «*Cedar Tree Neck*». Ce chemin descend une colline jusqu'au stationnement.

Installations et services : aucun; information : ☎693-5207. **Baignade** : interdite. **Pêche** : interdite.

Nantucket

Des voies cyclables donnent accès aux plages de Madaket, Dionis, Surfside et Siasconset, et les plages du sud de l'île sont excellentes pour la pêche.

Nantucket ne possède pas de parcs comme tels; néanmoins, la **Nantucket Conservation Foundation** *(Larsen-Sanford Center, 118 Cliff Rd., ☎228-2884)* administre plus de 3 400 ha de terres vierges, accessibles aux visiteurs désireux d'explorer les lieux. Le territoire est identifié tout au long de la route par des poteaux marron, surmontés d'un emblème stylisé représentant une vague et une mouette. Pour en savoir davantage, adressez-vous aux gens de la fondation, un groupe sympathique qui se fait un plaisir de parler de la faune et de la flore de l'île.

La **Nantucket Park and Recreation Commission** *(2 Bathing Beach Rd., ☎228-7213)* gère les plages de Dionis, Madaket, Cisco et Siasconset.

Les surfeurs doivent savoir qu'on leur interdit l'accès aux zones de baignade surveillées, et que ces zones changent fréquemment. Avant de vous présenter avec votre attirail, il vaut donc mieux téléphoner à l'**Indian Summer Surf Shop** *(☎228-3632)* pour savoir où vous pouvez pratiquer ce sport.

Dionis Beach

Si elle n'était identifiée par un rocher blanc sur lequel on a inscrit le mot «*Dionis*», vous ne trouveriez jamais cette plage, idéale pour la baignade, les pique-niques et la cuisine en plein air (vous pouvez obtenir un permis pour faire un feu auprès du poste d'incendie de Nantucket). Au-delà du vaste stationnement en terre battue, un sentier traverse de hautes dunes jusqu'à la plage, dunes d'ailleurs protégées contre l'érosion et les visiteurs par une clôture. La plage elle-même est parsemée de quelques rocs et algues, et, à marée basse, une longue bande de sable avance dans la mer sur une distance appréciable. On l'atteint par Eel Point Road, à environ 5 km de Dionis.

Installations et services : toilettes et surveillants de plage (l'été). **Baignade** : eaux calmes.

Madaket Beach

L'une des plus belles voies cyclables de Nantucket se termine ici, sur cette longue et large plage qui fait face à l'ouest et où tout est parfait : le sable blanc et propre, les vagues incomparables et les couchers de soleil, incontestablement les plus féeriques de l'île. L'accès de la plage se trouve au bout de Madaket Road, à Madaket.

Installations et services : toilettes portatives, surveillants de plage et service de navette (l'été seulement dans les trois cas). **Pêche** : l'un des meilleurs endroits de la région. **Baignade** : généralement bonne, quoique la mer soit parfois assez agitée.

Cisco Beach

La route qui mène à cette plage retirée traverse la région panoramique du Hummock Pond ainsi que des landes ondulantes. La plage elle-même, ouverte aux quatre vents, est un lieu sans contrainte dont vous pouvez fouler le sable blanc sur des kilomètres et des kilomètres. Surtout fréquentée par de jeunes surfeurs et des garnements de plage endurcis, elle n'attire guère les familles du fait de ses installations réduites. L'accès de la plage se trouve au bout de Hummock Pond Road, à 6,5 km au sud-ouest de Cisco.

Installations et services : aucun. **Pêche** : excellente. **Baignade** : excellente, mais prenez garde aux courants de fond. **Surf** : bon en été et en automne. **Planche à voile** : conditions favorables, quoique la mer soit un peu rude.

Surfside Beach

D'étroits sentiers sablonneux sillonnent les bruyères qui bordent cette imposante plage. Située à moins de 5 km du village, elle devient bondée au cours de la saison estivale; mais il s'agit d'une plage magnifique, longue, large et adossée à de petites dunes ondulantes, et sans contredit le meilleur endroit de l'île pour le surf. Elle est surtout fréquentée par des familles et des étudiants; mais, si vous désirez vous éloigner des foules, marchez en direction de l'est vers Siasconset, et vous ne tarderez pas à découvrir de longues étendues de sable divinement désertes. L'accès de la plage se trouve au bout de Surfside Road, à moins de 5 km de Nantucket.

Installations et services : toilettes, douches, surveillants de plage, casse-croûte, comptoirs de rafraîchissements et service de navette (l'été seulement dans tous les cas). **Baignade** : bonne, mais prenez garde aux courants de fond. **Pêche** : excellente. **Surf** : bon. **Planche à voile** : conditions favorables, quoique la mer soit un peu rude.

Siasconset Beach ★

Cette charmante plage qui fait face à l'est se trouve à 11 km de Nantucket, dans le village de Siasconset. Nombreux sont ceux qui se font un plaisir de venir ici en voiture ou à bicyclette, avec pour seul but de flâner sur la plage et dans le village, mais sachez qu'il y a aussi un service de navette l'été. Une partie de la plage est bordée de dunes et de falaises couvertes d'herbe, mais les escarpements s'affaissent bientôt, et le terrain devient complètement plat. Vers le nord surgissent le phare de Sankaty et la station estivale de Quidnet. Pour plus de calme, marchez un peu en direction du sud. En raison du vent, les algues y posent parfois des problèmes. L'accès de la plage se trouve au bout de Milestone Rd., à Siasconset, à 10 km à l'est de Nantucket.

Installations et services : terrain de jeu et surveillants de plage (l'été). **Baignade** : bonne, quoique les vagues soient parfois assez violentes. Gardez un œil sur les enfants en bas âge, car le fond descend rapidement à quelque 6 ou 7 m de cette plage.

Great Point Beach, Coskata Beach et Coatue Beach

Si vous voulez vraiment vous éloigner de la civilisation, songez sérieusement à explorer cette étroite bande de terre inhabitée qui longe le port de Nantucket. On dirait une immense dune bordée d'eau, et le seul fait de parcourir en voiture ce paysage désertique constitue une aventure en soi. Ceux qui font le voyage ont par ailleurs le loisir de se baigner dans des eaux calmes caressant une plage de sable blanc absolument déserte, ainsi que d'admirer un lieu de nidification pour les pluviers siffleurs, des étangs à huîtres et à palourdes, les restes d'un navire échoué, une forêt de cèdres centenaire et le phare de Great Point. Sachez cependant que, pour vous aventurer dans cette région, vous devez obtenir un permis assez coûteux *(85$US)* et posséder un véhicule à quatre roues motrices parfaitement équipé pour vous sortir des pires ensablements. Les permis s'obtiennent auprès de la Wauwinet Gate House *(Wauwinet Rd., ☎228-0006)*. Les autres activités, comme les excursions de pêche, sont annoncées dans la presse locale. On y accède par Polpis Rd., au bout de Wauwinet Rd., à l'extrémité nord-est de l'île.

Installations et services : aucun. **Pêche** : pêche côtière fabuleuse à Great Point, la pointe de terre la plus au nord du secteur; plie, thazard tacheté, goberge et loup de mer. **Baignade** : eaux calmes du côté du Nantucket Sound; non recommandée du côté de l'Atlantique, où les courants sont plutôt forts.

Sanford Farm

Cette ancienne ferme laitière qui appartient à la Nantucket Reservation Foundation offre 315 ha de paysage rural typique de Nantucket. Lieu magique, s'il en est, pour les promenades paisibles et les pique-niques intimes, elle dispose de 11 km de sentiers serpentant à travers une rare lande maritime qui rappelle tout à fait l'Écosse. Suivez le sentier qui passe en bordure du long et sinueux Hummock Pond jusqu'à la plage déserte. Au printemps et en été, la Sanford Farm se couvre de fleurs sauvages, mais c'est en automne qu'elle déploie toute sa splendeur dans un étalage de bourgogne, de vert cendré, de rose, d'or et d'ivoire. Vous pourrez y apercevoir des cerfs à l'aube et au crépuscule; l'étang sert en outre d'habitat à des tortues. Afin de minimiser leur impact sur l'environnement, les visiteurs sont invités à s'en tenir aux sentiers et aux chemins aménagés à leur intention. On l'atteint par Madaket Rd., près de l'embranchement de Cliff Rd., à l'ouest de Nantucket.

Installations et services : aucun; information : ☎228-2884. **Baignade** : bonne, quoique les courants de fond puissent s'avérer dangereux.

ACTIVITÉS DE PLEIN AIR

Certes, dans la région du Cape Cod, de Martha's Vineyard et de Nantucket, les activités nautiques auxquelles on peut s'adonner, qu'il s'agisse de baignade, de pêche, d'observation de baleines ou de plongée, sont nombreuses. Il est tout de même possible de pratiquer une foule d'autres activités, par exemple le vélo et le golf.

Pêche

Depuis que les puritains ont découvert la morue salée, les habitants de la Nouvelle-Angleterre ont toujours pêché dans ces eaux, sans compter qu'au XIXe siècle les hommes partaient en mer à la recherche de créatures beaucoup plus imposantes, à savoir les baleines.

De nos jours, nombreux sont ceux qui pêchent pour le simple plaisir de la chose, jetant leur ligne dans les vagues à partir d'une jetée rocheuse dans l'espoir de prendre une sole, un bar rayé ou une morue, à moins qu'ils ne s'aventurent au large en quête d'un thon ou d'un requin.

Ceux qui se contentent d'activités moins enlevantes peuvent opter pour la pêche aux moules, aux pétoncles, aux palourdes et aux *quahogs*. Cependant, n'importe qui peut lancer à l'eau une cage à homards pour s'offrir un dîner de roi.

La pêche en eau douce dans les ruisseaux, les lacs et les étangs vous permettra de rapporter de la truite arc-en-ciel, de l'omble de fontaine, de la truite brune, de l'achigan à grande bouche, du brochet, de la barbotte, de la perche, du crapet, du poisson-chat et du doré.

Les poissons d'eau salé les plus communs sont la plie rouge et la rascasse noire. Mais vous trouverez aussi du bar rayé, de la morue, du tautogue, du maquereau, de l'églefin, de la goberge, de la truite de mer et de l'équille.

Vous devez posséder un permis pour pêcher dans les eaux douces du Massachusetts, mais non dans les eaux salées (à quelques exceptions près).

Pour tout renseignement sur la pêche au Massachusetts, adressez-vous à la **State Division of Fisheries and Wildlife** *(100 Cambridge St., Room 1902, Boston, MA 02202, ☎617-727-3151)*, et demandez un exemplaire des *Abstracts of the Fish and Wildlife Laws*. On exige un permis pour la pêche au thon et au homard en eau salée; vous pouvez l'obtenir auprès de la **State Division of Marine Fisheries** *(100 Cambridge St., Room 1901, Boston, MA 02202, ☎617-727-3193)*. Ce même service publie en outre le *Massachusetts Salt Water Fishing Guide*, qui répertorie, par localité, les commerces d'appâts et d'accessoires de pêche, les centres de location de bateaux, les jetées et les quais, les rampes de mise à l'eau et les croisières de fête.

La goberge, le bar rayé, le thon, la morue et la plie sont abondants sur la côte du Massachusetts. Aucun permis n'est requis pour pêcher, et vous trouverez partout des marchands d'équipement et accessoires de pêche.

Le Cape Cod

Parmi les centaines de centres de location de bateaux en tous genres que compte le Cape Cod, certaines des plus réputées sont **The Albatross** *(Sesuit Harbor, East Dennis, ☎385-3244)*, **Naviator** *(quai municipal de Wellfleet, ☎349-6003)* et **Teacher's Pet** *(fermé nov à mi-mai; Hyannis Harbor, ☎362-4925)*.

Martha's Vineyard

À Martha's Vineyard, vous pouvez vous adresser à **Larry's Tackle Shop** *(141 Main St., Edgartown, ☎627-5088)*, alors qu'à Nantucket se trouve **The Albacore** *(Straight Wharf, Nantucket, ☎228-5074)*, qui vous emmènera pêcher la goberge, le loup de mer, le requin ou le thon. Excursions nolisées seulement. **Surf & Fly**

Fishing *(☎228-0529)* vous propose pour sa part des excursions de pêche guidées par Mike Monte.

Voile, surf et planche à voile

La navigation de plaisance fait partie des activités les plus prisées du littoral émaillé de ports du Massachusetts. Petits et grands voiliers, canots, yachts, bateaux de croisière et traversiers sillonnent tous allègrement les eaux de cet État. Vous pouvez explorer les côtes à bord de votre propre embarcation, à moins que vous ne préfériez en louer ou en noliser une sur Pl.. Cartes marines et tables de marées à l'intention des plaisanciers et des plongeurs se trouvent un peu partout dans les commerces nautiques et les librairies de la Nouvelle-Angleterre.

Pour tout renseignement sur la navigation dans les eaux du Massachusetts, adressez-vous à la **Division of Law Enforcement** *(100 Nashua St., Room 910, Boston, MA 02114, ☎617-727-3905)*.

Le Cape Cod

Le Cape Cod regorge de ports et de marinas où vous pouvez louer bateaux, planches à voile, canots et équipements de toutes sortes. Nous vous suggérons les établissements suivants : **Cape Water Sports** *(Route 28, Harwich Port, ☎432-7079)*, **Cape Cod Boat Rentals** *(Route 28, West Dennis, ☎394-9268)*, **Jack's Boat Rental** *(fermé fête du Travail à mi-juin; Route 6, Wellfleet, ☎349-9808; Gull Pond, Wellfleet, ☎349-7553; Nickerson State Park, Brewster, ☎896-8556)* et **Flyer's Boat Rental** *(fermé mi-oct à mi-mai; 131-A Commercial St., Provincetown, ☎487-0898)*.

Martha's Vineyard

À Martha's Vineyard, pour une location de bateau ou des cours de voile, adressez-vous à **Wind's Up** *(95 Beach Rd., Vineyard Haven, ☎693-4252)*. **Ayuthia Charters** *(fermé nov à fin avr; Coastwise Wharf, Vineyard Haven, ☎693-7245)* organise pour sa part des croisières d'une demi-journée, de même que des excursions dans le port, au soleil couchant, sur de magnifiques yachts de bois. Quant au **Harborside Inn** *(3 South Water St., Edgartown, ☎627-4321)*, on y fait la location de petits voiliers de type *Boston Whaler*.

Nantucket

À Nantucket, **Force Five Jetties** *(North Beach St., ☎228-5358)* propose aussi bien des planches de surf que des kayaks, ainsi que tout l'équipement nécessaire pour faire de la planche à voile.

Observation de baleines

Le Cape Cod

La côte du Massachusetts offre d'innombrables excursions en mer pour observer les baleines, dont certaines accompagnées de naturalistes compétents. Au Cape Cod, vous avez le choix entre **Hyannis Whale Watcher Cruises** *(Millway Marina, Barnstable Harbor, Hyannis, ☎362-6088)* et **Dolphin Fleet Whale Watch** *(MacMillan Wharf, Provincetown, ☎255-3857)*.

Plongée sous-marine

Le Cape Cod

Au Cape Cod, locations d'équipement et cours sont offerts par d'**East Coast Divers** *(23-7 Falmouth Rd., Hyannis, ☎775-1185)*.

Golf

Le Cape Cod

Trois des terrains de golf publics offrant les plus beaux paysages du Cape Cod, pour ne mentionner que ceux-là, sont **Ocean Edge** *(832 Villages Dr., Brewster, ☎896-5911)*, le **Highland Golf Links** *(Lighthouse Rd., Truro, ☎487-9201)*, qui se trouve tout près du Cape Cod National Seashore, et le **Harwich Port Golf Club** *(à l'angle des rues Forest et South, Harwich Port, ☎432-0250)*.

Le **Fairgrounds Golf Course** *(1460 route 149, Marstons Mills, ☎420-1142)* se présente comme un splendide parcours de 18 trous doté d'un champ d'entraînement, d'un service de location de voiturettes, de poussettes et de bâtons, d'un atelier de pro d'un restaurant et d'un bar. Un grand panneau installé près du champ d'entraînement porte l'avertissement suivant : «*Cessez de frapper des balles lorsqu'un avion approche*»; ce n'est pas une blague, et vous aurez tôt fait de le comprendre si vous attendez un peu, car le terrain se trouve près d'un aéroport d'où partent des planeurs, et les avions volent parfois si bas que vous pouvez saluer leur pilote au passage.

Martha's Vineyard

Sur Martha's Vineyard, le **Mink Meadows Golf Course** *(Franklin St., Vineyard Haven, ☎693-0600)* et le **Farm Neck Golf Course** *(County Rd., Oak Bluffs, ☎693-2504)* offrent tous deux de magnifiques paysages. Quant à Nantucket, vous y trouverez le **Miacomet Golf Club** *(West Miacomet Rd., ☎228-9764)* et le **Siasconset Golf Club** *(Milestone Rd., Siasconset, ☎257-6596)*.

Tennis

Le Cape Cod

La plupart des municipalités du Cape Cod possèdent plusieurs courts de tennis publics, que ce soit dans les écoles ou dans les complexes hôteliers. Deux des terrains publics en exploitation privée du cap sont le **Mid-Cape Racquet Club** *(193 White's Path, South Yarmouth, ☎394-3511)* et les **Bissell Tennis Courts** *(Bradford St., Provincetown, ☎487-9512)*.

Martha's Vineyard

Le tennis est aussi très populaire sur Martha's Vineyard. Vous trouverez des installations municipales sur Church Street à Vineyard Haven, au Niantic Park d'Oak Bluffs, sur Robinson Rd. à Edgartown, sur Old Country Rd. à West Tisbury, et au Community Center de Chilmark, sur South Rd..

Nantucket

À Nantucket, le **Brant Point Racquet Club** *(fermé mi-oct à mi-mai; 48 North Beach St., ☎228-3700)* dispose de neuf courts extérieurs en terre battue, et les **Jetties Beach Tennis Courts** *(Bathing Beach Rd., ☎325-5334)* se trouvent tout près de la ville.

Équitation

Le Cape Cod

Le coût des assurances responsabilité a tellement grimpé qu'il ne reste plus que quelques écuries disposées à louer des chevaux. Au Cape Cod, adressez-vous à **Deer Meadow Riding Stable** *(Route 137, East Harwich, ☎432-6580)*. À Martha's Vineyard, essayez **Eastover Farm** *(West Tisbury-Edgartown Rd., ☎693-3770)*, qui dispose de sentiers aussi bien le long de la plage qu'en forêt.

Vélo

Le Cape Cod, Martha's Vineyard et Nantucket sont de véritables paradis pour les amateurs de vélo de randonnée. Le paysage plat est sillonné de kilomètres de sentiers revêtus qui serpentent à travers les dunes, les marais salants, les bois et les prés. La liste qui suit ne présente qu'un modeste échantillonnage des meilleures randonnées. L'ouvrage d'Edwin Mullen et de Jane Griffith, *Short Bike Rides* (Globe Pequot Press), fort pratique, décrit par ailleurs 31 itinéraires dans ces trois régions. Le North Shore et la South Coast ne possèdent qu'un nombre limité de voies, mais nous avons néanmoins inclus ci-après certains des circuits de choix qu'on peut y trouver.

Le Cape Cod

Le **Cape Cod Rail Trail**, une voie cyclable large de 2,5 m, longe les anciennes voies ferrées du Penn Central RailRd. depuis la route 134, à South Dennis, jusqu'à Locust Rd., à Eastham (10 km plus loin), dans un décor classique du Cape Cod où se succèdent étangs, forêts, marais d'eaux douce et salée, tourbières à canneberges et ports de mer.

Le **Head of the Meadow**, un circuit moyennement accidenté du Cape Cod National Seashore, à Truro, traverse certaines des régions les plus frappantes du cap, incluant les Highlands, de vastes étendues couvertes de monticules herbeux. Le sentier de 5,3 km débute à Head of the Meadow Rd., accessible par la route 6, et se termine à High Head Rd..

Pour des paysages à couper le souffle, empruntez le **Province Lands Bike Trail**, qui serpente à travers de hautes dunes, des buttes couvertes de roseaux des sables aux reflets argentés qui ondulent au vent, et deux plages splendides, en passant par le Province Lands Visitors Center. La boucle de 8 km part du stationnement de la plage de Herring Cove, au bout de la route 6, et offre plusieurs aires de repos et de pique-nique.

Avec ses pentes prononcées par endroits et ses nombreux panoramas, la voie cyclable **Shining Sea**, qui s'étend de Falmouth à Woods Hole, fait le bonheur des cyclistes chevronnés. Longue de 5,3 km, elle suit tout d'abord Palmer Avenue, à Falmouth, avant de descendre une colline flanquée de forêts et de maisons historiques, pour enfin aboutir au port de Woods Hole.

Martha's Vineyard

Malgré ses 14,5 km, le circuit d'**Oak Bluffs-Edgartown-Katama Beach**, à Martha's Vineyard, est plat et d'accès facile. Partant d'Oak Bluffs, il longe le littoral parsemé de vieilles et charmantes demeures, de plages, d'étangs et de marais salants jusqu'à Edgartown, avant de traverser une lande ponctuée de quelques maisons, pour atteindre la superbe plage de Katama.

Au départ de Vineyard Haven, les cœurs vaillants s'aventurent jusqu'à **Menemsha** et **Aquinnah** en empruntant State Rd. jusqu'à West Tisbury, puis Middle Rd. jusqu'à destination. La voie ne manque pas de pentes raides par endroits, mais le paysage récompense largement les efforts des cyclistes. Les plages de ce secteur ne sont accessibles en voiture qu'aux seuls résidants des lieux, si bien que les visiteurs ne peuvent en profiter que s'ils acceptent de s'y rendre à vélo.

Nantucket

À Nantucket, en dépit de la circulation dense et de l'étroitesse des routes, la bicyclette de randonnée est un vrai plaisir. Ses voies douces et régulières longent les deux principales artères de l'île. Le circuit de **Madaket**, long de 8 km, qui offre par ailleurs les plus beaux panoramas, plonge et papillonne à travers landes et bruyères jusqu'à la plage de Madaket, à l'extrémité ouest de l'île. Quant à celui de **Siasconset**, d'une longueur de 11,25 km, son tracé plat et rectiligne traverse un paysage désolé de sable et de pins de Virginie avant d'atteindre le village de Siasconset, à l'extrémité est de l'île.

Une voie cyclable de 5,6 km donne accès à la très populaire **Surfside Beach** et offre de fort jolis paysages. Quant au **Polpis Bike Path**, long de 16 km, il constitue une alternative à la route de Siasconset et permet d'admirer le port de Nantucket.

Location de bicyclettes

Au Cape Cod, pratiquement toutes les localités possèdent un ou deux centres de location, dont la plupart ferment cependant leurs portes de novembre à la fin d'avril. Pour n'en nommer que quelques-unes, tentez votre chance auprès des firmes suivantes : **The Little Capistrano Bike Shop** *(fermé fin nov à fin mars; Salt Pond Rd., Route 6, Eastham, ☎255-6515)*, **Arnold's** *(fermé mi-oct à mi-avr; 329 Commercial St., Provincetown, ☎487-0844)* ou **Holiday Cycles** *(fermé mi-oct à fin avr; 465 Grand Ave., Falmouth Heights, ☎540-3549)*.

À Martha's Vineyard, vous avez le choix entre **Anderson's Bike Rentals** *(fermé nov à fin avr; 14 Saco Ave., Oak Bluffs, ☎693-9346)* et **R.W. Cutler Bike** *(fermé nov à fin avr; 1 Main St., Edgartown, ☎627-4052)*.

À Nantucket, vous trouverez plusieurs entreprises sur le quai, l'une des plus importantes étant **Young's Bicycle Shop** *(6 BRd. St., Steamboat Wharf, ☎228-1151)*.

Randonnée pédestre

Le Cape Cod offre d'excellentes occasions de randonnées à travers des marais salants, des forêts, des dunes et des landes, en bordure aussi bien de l'océan que d'étangs d'eau douce. Plusieurs des sentiers y sont courtes et faciles. Pour de plus amples renseignements sur les sentiers du Massachusetts, adressez-vous au **Massachusetts Department of Environmental Management Trails Program** *(100 Cambridge St., Boston, ☎617-727-3180)*.

Le Cape Cod

Le **Talbot's Point Salt Marsh Trail** (2,4 km), en retrait de l'Old Country Rd., à Sandwich, offre une vue saisissante sur le Great Marsh. Le sentier serpente à travers une forêt de pins rouges, le long d'un marais envahi de fougères et au-delà de tourbières à canneberges et d'une ferme d'État où l'on élève des milliers de cailles et de faisans.

Le **Nauset Marsh Trail** (1,6 km) présente certains des plus riches paysages du cap. Le sentier part du Salt Pond Visitors Center, à North Eastham, et longe les rivages du Salt Pond et du Nauset Marsh avant de monter vers des terres arables où foisonnent les pruniers des grèves, les ciriers de Pennsylvanie et les cèdres, créant un décor on ne peut plus pastoral.

Le **Goose Ponds Trail** (2,3 km) du Wellfleet Bay Wildlife Sanctuary s'impose par un décor fascinant de marais salants sur fond d'océan. Le sentier traverse une forêt, puis descend une légère pente, en bordure du Spring Brook, jusqu'à des terres marécageuses couvertes de lupins sauvages. Une promenade en bois donne alors accès à des bassins de marée retirés. Parmi les nombreuses espèces d'oiseaux qu'on y trouve, retenons plus spécialement l'hirondelle bicolore, qui niche dans des maisons d'oiseaux disposées sur toute l'étendue de la réserve faunique.

Le **Great Island Trail** (13,5 km), sauvage et exposée aux vents, est surtout agréable le matin, alors que le soleil n'est pas encore trop haut. Située au bout de Kendrick Rd., à Wellfleet, ce sentier longe des laisses, des dunes recouvertes d'herbes, une forêt de pins durs et l'océan, mais aussi des prés où abondent les pois pourpres des marais et les crabes appelants. Idéale pour la recherche solitaire de coquillages, elle offre en outre plusieurs panoramas d'une grande beauté.

Le **Beach Forest Trail** (1,6 km) serpente jusqu'aux dunes les plus monumentales du cap. La plus grande partie du trajet, qui part de Race Point Rd., à Provincetown, s'effectue à l'ombre de futaies de hêtres et en bordure d'étangs d'eau douce; mais à un point donné, le chemin s'élargit soudain pour dévoiler les dunes désertiques.

Martha's Vineyard

Le **Felix Tree Neck Wildlife Sanctuary Trail** (2,4 km), accessible par Edgartown-West Tisbury Rd., offre de nombreuses occasions de contempler canards, cygnes, loutres, rats musqués, aigrettes, busards et autres animaux sauvages. Le sentier facile serpente autour d'étangs foisonnant de gibier d'eau, puis de marais salants, avant de contourner la pointe d'une péninsule et de traverser un fourré de végétation marécageuse et une forêt de chênes. Elle prend fin au centre d'exposition de la réserve faunique, qui renferme des aquariums, des vitrines sur la faune locale, une bibliothèque et une boutique de cadeaux et de souvenirs à vocation naturaliste. Droit d'accès.

Nantucket

La **Sanford Farm-Ram Pasture Walking Trail** (2,4 km), qui parcourt une vaste étendue sauvage, est le seul sentier de randonnée pédestre balisé de l'île. La Nantucket Conservation Foundation possède également d'autres parcelles de terrain vierges que le public peut explorer à loisir. Pour de plus amples renseignements, voir «Parcs et plages», p 339. Les deux endroits décrits ci-après présentent certains des plus beaux paysages.

Tupancy Links, accessible par Cliff Rd., immédiatement à l'ouest de Nantucket, est un lieu sillonné de sentiers qui surplombent le Nantucket Sound. Jadis un terrain de golf, l'endroit est désormais redevenu un immense champ aux vues saisissantes.

Alter Rock, en bordure de Polpis Rd., sur les landes du centre de l'île, est sillonné, en tous sens, de sentiers non balisés et de chemins de terre truffés d'ornières. Le spectacle est celui de bruyères typiques, émaillées de mares peu profondes, de rochers et de bosquets de chênes nains. Nous vous recommandons de vous y rendre en véhicule tout-terrain.

Camping

Le camping est plutôt restreint dans cette région, mais vous n'en trouverez pas moins quelques terrains dans les parcs du Cape Cod et des environs de New Bedford. Pour de plus amples renseignements sur le camping au Massachusetts, adressez-vous à la **State Division of Forests and Parks** *(100 Cambridge St., Boston, MA 02202, ☎617-727-3180)*. Un guide gratuit, le *Massachusetts Campground Directory*, est en outre publié par la **Massachusetts Association of Campground Owners** *(P.O. Box 548, Scituate, MA 02066, ☎617-544-3475)* et peut aussi être obtenu auprès du **Massachusetts Office of Tourism** *(Department of Commerce, 100 Cambridge St., 13th floor, Boston, MA 02202,*

☎617-727-3201). Prenez note que l'État du Massachusetts interdit le camping dans ses forêts, hors des terrains prévus à cet effet.

HÉBERGEMENT

Dans ce chapitre, les lieux d'hébergement sont répertoriés par région et classés en fonction des coûts, du moins cher au plus coûteux. Les prix donnés correspondent à ceux de la haute saison; si vous désirez connaître les rabais applicables hors saison, vous devrez en faire la demande aux établissements concernés.

Le Cape Cod

Le cap peut se vanter de posséder certaines des plus belles auberges des États-Unis, sans compter plusieurs centaines de lieux d'hébergement couvrant toutes les variétés de prix, de styles et d'emPl.ments. Si vous vous proposez d'y séjourner une semaine ou plus, envisagez la possibilité de louer une maison ou un appartement, ce qui revient généralement moins cher qu'une chambre d'hôtel. Pour obtenir les coordonnées des agents immobiliers desservant les différentes régions du cap, adressez-vous à la **Cape Cod Chamber of Commerce** *(à l'intersection des routes 6 et 132, Hyannis, MA 02601, ☎362-3225, www.capecodchamber.org)*.

Sandwich

La **Seth Pope House 1699 B&B** *($$ pdj; bp; 110 Tupper Rd., ☎888-5916 ou 800-996-7384, www.sunsol.com/sethpope)* est un minuscule *bed and breakfast* de trois chambres soigneusement tenu par Beverly et John Dobel, un couple originaire du Midwest américain. Contrairement à de nombreux autres *bed and breakfasts*, il règne ici une atmosphère d'intimité, puisque chacune des chambres dispose de sa propre salle de bain, sans parler de leur décoration individuelle rehaussée de magnifiques antiquités, tel ce lit à fines colonnes de la chambre *Colonial* (jetez-y un coup d'œil, si vous en avez l'occasion). Le confort a également son importance : les lits sont grands, et il y a amplement de coussins. Un petit déjeuner complet à la chandelle vous est servi tous les matins dans la salle familiale.

Situé au cœur du village de Sandwich, **The Village Inn** *($$ pdj; 4 Jarves St., ☎833-0363 ou 800-922-9989, ⇛833-2063, www.capecodinn.com)* se présente comme une maison fédérale des années 1830 que ses propriétaires ont su rafraîchir et rénover sans sacrifier le moindre détail historique. Ses huit chambres, dégagées et apaisantes, sont parées de rideaux à bouillons de dentelle, d'armoires coloniales et de lits à colonnes décapées. Tous les meubles de bois sont fabriqués par le propriétaire, et vous pouvez vous en procurer de semblables au magasin de l'auberge. La véranda qui longe la façade constitue un excellent poste d'observation pour ceux qui aiment regarder les passants.

Le **Daniel Webster Inn** *($$$-$$$$; ≈, ℜ; 149 Main St., ☎888-3622 ou 800-444-3566, ⇛888-5156; dwi@capecod.net)* est un hôtel à service complet. Cette imposante construction de style fédéral, qui compte 47 chambres, est si peu proportionnée aux autres bâtiments de Sandwich qu'on se demande un peu ce qu'elle fait dans le décor. Mais l'intérieur en est chaleureux et accueillant. Ses chambres aux teintes de gris fumé et de rose,sont agrémentées d'imitations coloniales et de fauteuils à oreillettes; quelques lits sont en outre surmontés de baldaquins. Des sentiers en brique longent de gracieux jardins de fleurs jusqu'au belvédère et à la piscine. On y trouve par ailleurs quatre salles à manger, une boutique de cadeaux, un bar et trois salles à manger. Les prix peuvent ou non inclure le petit déjeuner et le dîner, au choix du client.

Barnstable

Le **Beechwood** *($$$; bp; 2839 Main St., ☎362-6618 ou 800-609-6618, ⇛362-0298, www.virtualcapecod.com/market/beechwood)* se présente comme une des plus coquettes auberges de la route 6A. Un vieil hêtre pleureur ombrage une bonne partie de cette maison victorienne jaune beurre ainsi que de sa ravissante marquise, et la demeure est entièrement meublée de belles antiquités. La chambre *Cottage* révèle un rare mobilier de chambre à coucher peint à la main qui date de 1860, alors que la chambre *Marble* est ornée d'un élégant foyer de marbre et d'un lit en laiton du XIXe siècle. Quant à la *Garret*, au deuxième étage, ses murs accusent une pente prononcée, et sa fenêtre en demi-lune s'ouvre sur la baie du Cape Cod. Les six chambres sont magnifiques et se valent les unes les autres, si ce n'est que certaines sont climatisées. On vous y sert un petit déjeuner complet dans une salle à manger aux murs lambrissés, ainsi que le thé sur la marquise.

La **Charles Hinckley House** *($$$-$$$$; fermé la semaine de Noël; bp; 8 Scudder Lane, Barnstable Village, ☎362-9924, ⇌362-8861, www.innbook.com)*, un bel exemple d'architecture fédérale des premiers jours, a été construite en 1809 par Charles Hinckley, constructeur de navires et arrière-arrière-petit-fils du dernier gouverneur de la colonie de Plymouth. Les hôtes s'attardent dans la salle de séjour accueillante, garnie de canapés moelleux et profonds ainsi que de confortables fauteuils à oreillettes. Chacune des quatre chambres offre un lit à colonnes, des meubles antiques choisis avec soin, une salle de bain privée, un foyer fonctionnel et une vue sur les jardins de fleurs sauvages, et les détails artistiques y abondent : deux murs de la «Library» sont tapissés de livres, et la «Summer Kitchen» est un délicieux havre au plafond cathédrale, aux murs blanchis à la chaux et aux rehauts d'or discrets. L'aubergiste sert des petits déjeuners exquis dans la ravissante salle à manger de style colonial.

Yarmouthport

Situé dans le quartier historique de Yarmouthport, le **Gull Cottage** *($; bc; fermé jan à mars; 10 Old Church St., Yarmouthport, ☎362-8747)* est une pension à clientèle essentiellement gay (mâle). Les trois chambres s'en trouvent à l'étage inférieur d'une maison bicentenaire et sont décorées de nombreuses antiquités. Le cottage repose à 1,5 km de la plage et à 8 km des quais.

Le **Strawberry Lane** *($$; fermé nov à mars; bp; 1 Strawberry Lane, Yarmouthport, ☎362-8631, ⇌362-5043)*, qui ne renferme qu'une suite et une chambre régulière, ressemble davantage à une maison privée que la plupart des *bed and breakfasts* que nous avons vus. Sise au cœur du charmant quartier historique de Yarmouthport, cette maison construite en 1809 pour l'épouse d'un capitaine de la marine marchande s'enorgueillit de sols à larges planches de pin-potiron, de magnifiques moulures façonnées à la main et d'une adorable salle familiale où vos hôtes vous servent un petit déjeuner continental maison. Les deux chambres de cet établissement possèdent une salle de bain privée et un grand lit.

Érigé en 1812, le **Wedgewood Inn** *($$$-$$$$ pdj; bp, ≡; 83 Main St./Route 6A, ☎362-5157, ⇌362-5851, www.virtualcapecod.com/market/wedgewoodinn)* est juché sur une petite colline dominant l'historique route 6A. Entourée d'ormes imposants et de hauts murs de pierres, cette auberge coloniale vous laissera une impression durable. Ses neuf chambres se parent de lits à fines colonnes en bois de cerisier travaillé à la main, d'édredons antiques et de sols à larges planches, et certaines d'entre elles bénéficient d'une terrasse ainsi que d'un foyer fonctionnel. Dans l'ensemble, le décor se veut à la fois champêtre et distingué. Thé en après-midi et fruits dans toutes les chambres.

Dennis

Établi dans une blanche résidence victorienne aux mille et un recoins datant de 1881, et situé à proximité de la plage, le **Four Chimneys Inn** *($$ pdj; fermé mi-déc à mi-fév; bp; 946 Main St./Route 6A, ☎385-6317 ou 800-874-5502, ⇌385-6285, www.virtualcapecod.com/fourchimneys)* est le genre d'endroit où vous pouvez vous vautrer sur le canapé de la salle de séjour, devant un bon feu de cheminée, pour y lire à votre aise un ouvrage choisi sur les rayons de la bibliothèque. Accueillantes et sans prétention, les huit chambres (dont trois rehaussées d'une cheminée décorative) sont grandes, aérées et dotées de hauts plafonds. Une vaste cour ponctuée de jardins entoure la maison, située bien en retrait de la route. Petit déjeuner complet.

Brewster

Jadis une école pour jeunes filles, l'**Old Sea Pines Inn** *($$-$$$ pdj; fermé déc à avr; 2553 Main St., ☎896-6114 ou 896-8322, ⇌896-7387, www.oldseapines.com)* se présente comme un grand bâtiment gris et blanc du début du siècle. Son vaste hall d'entrée et ses 23 chambres, dont certaines avec salle de bain privée, sont confortablement meublées de fauteuils et de canapés en osier marron recouverts de housses. Deux suites peuvent en outre chacune y accueillir une famille de quatre personnes. Sa véranda, agrémentée de berceuses et idéale pour lire en paix ou faire une petite sieste, surplombe une cour ombragée de pins et de chênes. Le petit déjeuner est servi dans un solarium baigné de la lumière que diffusent ses nombreuses lucarnes.

L'**Isaiah Clark House** *($$-$$$; 1187 Main St., ☎896-2223 ou 800-822-4001, ≠896-7054, www.isaiahclark.com)*, une maison de capitaine du XVIIIe siècle, siège au milieu de 2 ha de jardins, d'arbres fruitiers et d'arbustes à baies sauvages. Les sept chambres sont décorées de façon irréprochable avec des antiquités shakers et coloniales, et plusieurs d'entre elles comportent des murs peints au pochoir, des planchers en bois de pin inclinés, un lit à baldaquin et un foyer. Le petit déjeuner complet est servi dans une pièce attrayante dominée par une énorme cheminée, si bien que plusieurs invités s'y attardent toute la matinée durant. Le thé en après-midi est inclus dans le prix de la chambre.

The Inn at the Egg *($$-$$$; bp; 1944 Main St., ☎896-3123 ou 800-259-8235, ≠896-6821, www.innattheegg.com)*, qui occupe l'ancien presbytère de l'historique église unitarienne de Brewster, est une auberge de cinq chambres (y compris une suite pouvant accueillir des enfants) où les gays sont bienvenus. Elle se trouve en plein centre du village de Brewster, à environ cinq minutes de marche de la plage de Cape Cod Bay. Chaque chambre est décorée de façon individuelle dans un style éclectique, et possède une salle de bain privée. Tous les matins, un petit déjeuner complet vous est servi à la chandelle, avec verrerie de cristal, dans la salle à manger de l'établissement.

Le **High Brewster Inn** *($$-$$$$; ♯; fermé déc à mars; 964 Satucket Rd., Brewster, ☎896-3636 ou 800-203-2634, ≠896-3734)* porte fort bien son nom puisqu'il perche au sommet d'un haut promontoire dans le quartier historique de Brewster. Les deux chambres de la maison principale (construite en 1738) sont en grande partie décorées d'antiquités, alors que dans les trois cottages adjacents se mêlent plus volontiers l'ancien et le traditionnel de facture plus récente. Le Pond Cottage, un chalet d'été où domine l'osier, ne renferme qu'une chambre flanquée d'un porche grillagé et d'une terrasse, tandis que les deux autres cottages abritent chacun deux chambres à coucher, une cuisine et une salle de séjour pourvue d'un foyer. L'auberge surplombe un étang digne d'une carte postale et s'enorgueillit d'un des meilleurs restaurants du coin.

Wellfleet

Si vous désirez capturer l'essence même de Wellfleet, faites un séjour au **Holden Inn** *($$; fermé Thanksgiving à début mai; 140 Commercial St., ☎349-3450)*, une auberge longiligne ressemblant à une maison de ferme. Cet endroit n'a rien d'extraordinaire, si ce n'est qu'à l'image de Wellfleet il s'en dégage une atmosphère de simplicité désinvolte. Situé sur une allée campagnarde ombragée, à 5 min du quai, l'établissement compte 27 chambres bien tenues (dont certaines avec salle de bain commune), décorées de lambris, de papier peint à motifs floraux et de rideaux en dentelle.

Provincetown

The Outermost Hostel *($; fermé mi-oct à mi-mai; bc; 28 Winslow St., ☎487-4378)* dispose de cinq cottages offrant un hébergement de type dortoir. Les installations sont celles des auberges de jeunesse conventionnelles : salles de bain communes, cuisine commune et salle de séjour. Une particularité de cette auberge tient toutefois à ce qu'on vous y remet une clé vous permettant d'accéder à votre chambre pendant la journée. Les gays sont les bienvenus.

Construit en 1820, le **Watership Inn** *($-$$ pdj; 7 Winthrop St., ☎487-0094)* s'avère populaire auprès des gays, hommes et femmes. Située sur une rue tranquille à proximité de tout, cette auberge abrite 14 chambres meublées d'antiquités au plafond à poutres en arc apparentes et dont certaines disposent d'une terrasse privée. Le petit déjeuner à la française est servi à l'extérieur ou dans une attrayante salle à manger voûtée et entourée de portes-fenêtres donnant sur un terrain où l'on joue au volleyball en été. Aubaines incroyables hors saison.

Une courte promenade à travers l'East End vous conduit à la **Windamar House** *($$ pdj; fermé jan à mi-fév; bc/bp; 568 Commercial St., ☎487-0599, ≠487-7505, www.provincetown.com/windamar)*, une paisible pension revêtue de clins de bois blancs qui accueille surtout les femmes. Ses six chambres et ses deux studios, aménagés tout juste en face de la baie du Cape Cod (de l'autre côté de la route) se révèlent tantôt attrayants tantôt franchement élégants, mais les plus beaux attraits de ce lieu d'hébergement sont sans contredit ses jardins spectaculaires. Le petit déjeuner à la française est servi dans la salle commune, où vous pourrez en outre regarder la télévision, visionner des bandes vidéo et utiliser le four à micro-ondes pour vous préparer un casse-croûte. Stationnement.

Tout juste en retrait de Commercial Street se dresse le **Grand View Inn** *($$; bc/bp; 4 Conant*

St., ☎487-9193 ou 888-268-9169, ⇌487-2894, www.ptownguide.com/grandview inn), qui propose 12 chambres à prix raisonnable avec salles de bain partagées ou privées. Mêlez-vous aux autres estivants et profitez des panoramas que vous offrent les deux terrasses extérieures, où le petit déjeuner à la française est d'ailleurs servi. Séjour d'au moins quatre nuitées de la mi-juin à la mi-septembre.

La **Heritage House** *($$ pdj; 7 Center St., ☎487-3692, www.heritage.com)*, tenue par des gays, offre un point de vue privilégié sur l'animation de la rue, de même que sur le port, grâce à sa grande véranda à l'étage. Cette maison de style Cape Cod datant de 1856 renferme 13 chambres d'hôte meublées d'une variété d'antiquités. Et, si le cœur vous en dit, pourquoi ne pas faire valoir vos talents musicaux sur le petit piano à queue qui se trouve au rez-de-chaussée? Les gays sont les bienvenus. Copieux petit déjeuner continental.

À courte distance de tous les attraits de P-Town, et pourtant quelque peu en retrait, l'**Ampersand Guesthouse** *($$; 6 Cottage St., ☎487-0959 ou 800-574-9645, www.capecod.net/ampersand)* dessert surtout une clientèle gay (mâle). Il s'agit d'une demeure néo-classique dont les 11 chambres et le studio présentent un mélange d'antiquités et d'éléments contemporains; la plupart disposent d'une salle de bain privée, et certaines ont vue sur l'eau. Il y a par ailleurs un magnifique solarium avec vue sur la baie.

Lorsque vous apercevrez la maison de capitaine soigneusement restaurée du **Fairbanks Inn** *($$-$$$; bc/bp ≡; 90 Bradford St., ☎487-0386 ou 800-324-7265, ⇌484-3540, www.capecod.net/fairbank)*, vous croirez sans doute qu'il s'agit d'un établissement coûteux, et vous vous tromperez. Bien que cette construction soit charmante et que les commodités soient assez étendues (foyers et air conditionné dans toutes les chambres, entre autres), les 13 chambres sont louées à des prix passablement raisonnables, et ce, toute l'année. Des sols à larges planches, des lambris de bois, des chambres spacieuses et aérées, des lits à quatre colonnes... voilà le tableau. On accueille surtout les gays, mais tout le monde est bienvenu. Les prix varient selon que vous désirez une chambre avec ou sans foyer et avec salle de bain privée ou commune, et selon la période de l'année où vous y séjournez. Un copieux petit déjeuner continental est servi dans la salle à manger.

Si vous avez envie de faire une dépense folle lors de votre passage à l'Outer Cape, n'hésitez pas à vous rendre au magnifique **Red Inn** *($$$; ℜ; 15 Commercial St., ☎487-0050 ou 888-473-2466, ⇌487-6253)*, de style fédéral. Cette auberge propose deux chambres et deux studios décorés avec goût d'adorables antiquités et d'œuvres d'art originales, sans parler de la vue spectaculaire sur le port de Provincetown et la baie du Cape Cod. Son fabuleux restaurant vous laissera également bouche bée.

Avec ses clins de bois foncé, ses persiennes bleu ciel et son jardin digne d'un conte de fées, le **Bradford Gardens Inn** *($$$-$$$$ pdj; bp; 178 Bradford St., ☎487-1616 ou 800-432-2334, ⇌487-5596, www.ptownlib.com/bradford)* fait penser à une illustration sortie tout droit d'un conte de *Ma Mère l'Oie*. Sans conteste une des maisons les plus invitantes de Provincetown, le Bradford propose 11 chambres et suites, dont plusieurs bénéficient d'un foyer. L'une des suites, située à l'une des extrémités du bâtiment, dispose d'une entrée privée, d'un petit salon et d'un poêle Franklin, et offre une vue sur le jardin. Un petit déjeuner complet vous y est servi au coin du feu. Les gays sont les bienvenus.

La **Brass Key Guesthouse** *($$$$; fermé nov à avr sauf la fin de semaine du Nouvel An; ⊛; 67 Bradford St., ☎487-9005 ou 800-842-9858, ⇌487-9020)* fait partie des établissements qui accueillent le mieux les gays dans toute la région. L'expérience de la grande hôtellerie de son propriétaire se reflète dans le soin apporté aux détails importants, qu'il s'agisse du mobilier à la fois élégant et confortable, des salles de bain immaculées, du paysagement soigné ou du personnel avenant. Le Brass Key vous réserve 33 chambres réparties dans une maison de capitaine et deux autres bâtiments victoriens, de même que trois cottages. Le vaste jardin est par ailleurs doté d'une piscine et d'une cuve à remous, et toutes les chambres bénéficient d'une salle de bain privée et de la climatisation; beaucoup d'entre elles disposent par ailleurs d'une baignoire à remous et d'un foyer.

East Orleans

Établi dans une romantique maison de ferme marron foncé de 1807, le **Nauset House Inn** *($$$$ pdj; bc/bp; fermé nov à fin mars; 143 Beach Rd. East ☎255-2195, ⇌896-2524, www.nausethouseinn.com)* se trouve à distance de marche de plages magnifiques. L'un des atouts les plus remarquables de l'auberge est une splendide véranda datant de 1907, agrémentée de meubles en osier, de plantes exotiques et de lierres grimpants. Chacunes des 14 chambres bénéficie d'une décoration caractéristique, et vous y trouverez aussi bien des papiers peints à motifs floraux que des peintures au pochoir et des antiquités, comme par exemple un lit de campagne de style victorien peint à la main. La majorité des chambres du pavillon principal et de la remise à calèches disposent d'une salle de bain privée.

Chatham

La plupart des hôtels de Chatham sont coûteux, mais tel n'est pas le cas de la **Bow Roof House** *($$; ouvert à l'année; 59 Queen Anne Rd., ☎945-1346)*, qui constitue une véritable aubaine. Située en plein cœur du quartier riche, à 5 min de route de la plage, cette charmante maison de capitaine de la fin du XVIIIe siècle est tout à fait accueillante et chaleureuse. Une terrasse dominant une route sinueuse convient parfaitement au thé ou aux cocktails en après-midi. Les six chambres sont meublées de façon quelconque, avec des couvre-lits coloniaux, mais elles sont espacées l'une de l'autre et tout à fait privées.

L'un des meilleurs établissements de Chatham pour un séjour en famille est le **Ridgevale Beach Inn Resort Motel** *($$-$$$; fermé nov à fin mars; ≈; 2045 Main St., ☎432-1169 ou 800-244-1169, ≠432-1877)*, qui compte 24 chambres et offre beaucoup d'espace tant aux parents qu'aux enfants, sans oublier la piscine extérieure, les grils au vent et les tables de pique-nique éparses sur le terrain. On y loue de plus cinq cottages à la semaine

Le **Port Fortune Inn** *($$$; 201 Main St.; ☎/≠945-0792 ou 800-750-0792; www.capecod.net/portfortune)* a élu domicile à deux rues seulement du phare historique de Chatham. Cette attrayante petite auberge sans fumée se trouve dans un quartier résidentiel huppé, sillonné de rues irrégulières et ponctué de résidences parfaitement restaurées qui font face à l'océan. Le village de Chatham se trouve à environ cinq minutes de marche. Les 13 chambres sont rehaussées d'accents traditionnels tels que lits à colonnes et mobilier antique. Toutes bénéficient d'une salle de bain privée et de la climatisation, et certaines ont vue sur l'océan. Un buffet continental est dressé tous les matins dans la salle à manger de la maison.

Par rapport aux plus chic *bed and breakfasts* et auberges de Chatham, le **Bradford Inn** *($$$-$$$$ pdj; bp, ≈; 26 Cross St., Chatham, ☎945-1030 ou 800-562-4667, ≠945-9652, www.bradfordinn.com)* n'incarne sans doute pas le summum de l'élégance, mais il n'en constitue pas moins une alternative confortable. Ses 29 chambres et suites présentent un décor gai, et la maison possède une piscine extérieure chauffée.

Les remarquables aménagements paysagers du **Pleasant Bay Village Resort** *($$$-$$$$; fermé nov à fin mars; 1191 Orleans Rd., route 28, ☎945-1133 ou 800-547-1011, ≠945-9701)* vous réservent une agréable surprise. Cet établissement peut en effet se vanter de posséder des jardins de pierres et de fleurs si merveilleusement soignés et fastueux, que vous en oublierez le peu de caractère de ses 58 chambres et appartements, d'autant plus qu'il ne se trouve qu'à 200 m d'une plage aux eaux relativement chaudes sur une baie.

Le **Chatham Bars Inn** *($$$$; ≈, ℜ; 297 Shore Rd., ☎945-0096 ou 800-527-4884, ≠945-5491, www.chathambarsinn.com)*, l'un des lieux d'hébergement les plus luxueux du Cape Cod, ressemble à l'un de ces endroits où l'on ne s'attend à rencontrer que des gens vêtus de toile blanche et jouant au croquet. Construite en 1914 pour servir de pavillon de chasse, l'auberge à clins de bois gris en forme de fer à cheval trône au sommet d'une colline qui surplombe la Pleasant Bay. Une large véranda en brique longe toute la façade du bâtiment. Son invitant hall d'entrée est baigné de mauve, de bleu et de gris, alors que la salle adjacente se pare de fauteuils en osier blanc aux coussins de chintz, de palmiers en pot et d'éclatants planchers de bois dur. Les 44 chambres de l'auberge ainsi que les 26 chalets attenants sont tous décorés selon la tradition du Cape Cod, qui favorise l'osier et le pin antique à l'anglaise. Ce complexe de 32 ha dispose d'une plage privée, d'une piscine chauffée, de trois restaurants et de courts de tennis, et propose de la pêche, de la voile et de la planche à voile, ainsi que du golf.

Harwich Port

À Harwich Port, l'hébergement est limité et coûteux, sauf au **Harbor Walk Guest House** *($$ pdj; fermé nov à fin mars; bc/bc; 6 Freeman St., ☎432-1675)*. Ce *bed and breakfast* occupe une maison blanche de 1880, à la finition d'un goût somme toute douteux, et se trouve à distance de marche des plages exclusives de la localité. Les six chambres (dont deux partagent la même salle de bain) renferment aussi bien des antiquités que des meubles plus récents, et une véranda longe toute la façade, surplombant la cour de la maison.

Sur une rue très tranquille en bordure du détroit de Nantucket, où il exploite sa propre plage de 2,5 km, le **Dunscroft By The Sea** *($$$-$$$$ pdj; bp; 24 Pilgrim Rd., ☎432-0810 ou 800-432-4345, ⇌432-5134, www.obs-us.com/chesler/dunscroftbythesea)*, une auberge de style colonial néerlandais de 1920, propose huit chambres et un cottage. Décor romantique à souhait rehaussé de tissus signés. Chaque chambre possède en outre sa propre salle de bain, et quelques-unes d'entre elles bénéficient d'une cheminée et d'une baignoire à remous, sans parler du petit salon et du porche, accessibles à tous. Seuls les enfants de plus de 12 ans sont admis. Petit déjeuner complet.

L'**Augustus Snow House** *($$$$ pdj; bp; 528 Main St., ☎430-0528 ou 800-320-0528, www.augustussnow.com)* s'avère être une des plus belles auberges de toute la Nouvelle-Angleterre. Cette magnifique résidence de style Reine-Anne est irréprochable jusque dans les moindres détails. Ses fabuleux papiers peints ont eux-mêmes contribué à sa renommée, dont certains sont rehaussées par des bordures supérieures aux motifs de roses antiques ou des grappes de fleurs automnales qu'on dirait peintes à la main. Mais il y a également d'incroyables salles de bain, dont l'une est parée d'un ancien lavabo victorien en acajou, alors qu'une autre, carrelée de losanges noirs et blancs, offre une baignoire à pattes zoomorphes. Puis il y a d'éblouissantes salles communes, ornées d'épais panneaux de chêne et d'acajou, de draperies de *moreen*, de portes fenêtres aux carreaux gravés à l'eau forte et d'antiquités d'époque. Située dans une localité riche et paisible, l'auberge dispose de cinq chambres pourvues de foyers et de ventilateurs de plafond. Petit déjeuner complet.

West Dennis

Entre Dennis Port et Hyannis, la route 28 longe une suite interminable de motels semblables les uns aux autres. Si par contre vous descendez un peu plus au sud en direction de la plage, vous ferez de surprenantes découvertes, comme par exemple **The Lighthouse Inn** *($$$$ pdj; fermé oct à fin avr; ≈; 1 Lighthouse Rd., ☎398-2244, ⇌398-5658, www.lighthouseinn.com)*. Ce complexe tentaculaire digne du Vieux Continent compte 61 chambres et s'avère particulièrement abordable pour la région. Située en bordure de mer, l'auberge encercle un phare qui se dressait tout près de là, à Bass River, au XIXe siècle. L'ambiance est amicale et sans prétention. Parmi les divertissements proposés, notons le jeu de galets (*shuffleboard*), le jeu du fer à cheval, le minigolf, les randonnées équestres dans les bois avoisinants, la baignade en piscine ou en mer et les activités nocturnes. Un service spécialisé assure la garde des enfants aussi bien le jour que le soir. Les chambres du pavillon principal sont meublées en toute simplicité, et des chalets sont également offerts en location. Petit déjeuner complet.

Hyannis Port

Le **Simmons Homestead Inn** *($$$$ pdj; 288 Scudder Ave., ☎778-4999 ou 800-637-1649, ⇌790-1342, www.capecodtravel.com/simmonsinn)*, situé dans l'élégant Hyannis Port, servait autrefois de maison de campagne. Construite en 1820, cette auberge gracieuse est meublée d'antiquités de valeur et de lits à baldaquin, et est rehaussée d'osier blanc et de laiton. Ses vastes vérandas dominent des jardins qui s'étendent jusqu'au Simmons Pond, où vous pourrez emprunter une canne à pêche et un moulinet. L'auberge tient également à la disposition de ses hôtes des vélos à dix vitesses et une table de billard. À la différence de celles qu'on retrouve dans la plupart des vieilles auberges, les 12 chambres et la suite de deux chambres à coucher de cet établissement se révèlent passablement spacieuses. Petit déjeuner complet et vin en soirée sont compris dans le tarif, qui diminue considérablement en semaine.

Centerville

Le **Centerville Corners** *($$ pdj; fermé nov à mi-avr; bp, ≈; 369 South Main St., ☎775-7223 ou 800-242-1137, ⇌775-4147, www.capecod.com/centervillecorners)* est un agréable motel de 48 chambres spacieuses et équipées de deux lits doubles. Le décor et le mobilier n'ont rien d'exceptionnel, mais l'endroit se veut propre, confortable et tranquille. En plus d'être abordable, cet établissement a l'avantage de se trouver au cœur de Centerville, à seulement 800 m de la plage de Craigville et directement en face de Four Seas Ice Cream. Le petit déjeuner continental est servi dans la grande salle à manger (juil et août seulement), et la pelouse se prête on ne peut mieux au croquet et au badminton. Piscine intérieure.

Falmouth

Le **Shore Haven Inn** *($$-$$$; 321 Shore St., ☎548-1765 ou 800-828-3255)* se trouve à quelques pas de la Surf Dr. Beach et à 10 min de marche du centre de Falmouth, sur une de ses plus jolies rues résidentielles. Les chambres et studios en sont relaxants, confortables, sans prétention et, qui plus est, directement au bord de la mer.

Le **Village Green Inn** *($$$ pdj; bp, ≡, tvc; 40 West Main St., ☎548-5621 ou 800-237-1119, ⇌457-5051, www.villagegreeninn.com)*, une maison blanche au revêtement de clins de bois, découpée de volets verts et entourée d'une clôture à piquets, ressemble à plusieurs autres demeures typiques de ce secteur historique. Les cinq chambres sont décorées d'antiquités, et deux d'entre elles disposent d'un foyer. L'une des chambres arbore en outre un plancher de marqueterie fort impressionnant, alors qu'une autre bénéficie d'un petit salon. Petit déjeuner gastronomique.

C'est en 1849 que le capitaine Albert Nye construisit le **Mostly Hall Bed and Breakfast Inn** *($$$ pdj; fermé jan à mi-fév; 27 Main St., ☎548-3786 ou 800-682-0565, ⇌457-1572, www.sunsol.com/mostlyhall)* pour sa promise de New Orleans, laquelle refusait de vivre dans une maison traditionnelle du Cape Cod. Construit sur le modèle des demeures du quartier des jardins de New Orleans, ce monumental manoir néoclassique comporte des fenêtres à persiennes de 3 m de hauteur, une véranda, une grille en fer forgé et un hall central de 10 m (d'où son nom de *Mostly Hall*). À quelques pas à peine de l'historique parc communal (*village green*) de Falmouth, cette somptueuse auberge est largement en retrait de la route et cachée des regards par des arbres et des arbustes. Les six chambres sont spacieuses, aérées et décorées d'antiquités, dont des lits à colonnes. Des bicyclettes sont mises à la disposition des hôtes. Non-fumeur.

The Inn at West Falmouth *($$$$; 66 Frazar Rd., ☎540-7696 ou 800-397-7696, ⇌548-6974)* compte parmi les plus précieux joyaux du littoral de la Nouvelle-Angleterre. Cette auberge du tournant du siècle, à l'origine une des plus grandes résidences privées de la Nouvelle-Angleterre, regorge de détails somptueux, notamment d'épous-touflants arrangements floraux et un gargantuesque buffet à l'heure du petit déjeuner. Ses six chambres sont toutes décorées avec un goût exquis, et arborent à qui mieux mieux antiquités, œuvres d'art et revêtements muraux, sans compter que chacune possède sa propre baignoire à remous.

Martha's Vineyard

Vineyard Haven

Lorsque vous pénétrez à l'intérieur de la **Captain Dexter House** *($$$-$$$$; ≡; 100 Main St., ☎693-6564, ⇌693-8448, www.captdexter.com)*, vous êtes accueilli par les arômes invitants de la cannelle, du clou de girofle et du pain chaud. Cette maison blanche de 1843, recouverte de clins de bois, a été soigneusement restaurée et se caractérise par des planchers de bois inclinés, des tapis orientaux, des cheminées et de nombreuses antiquités. L'ambiance est luxueuse mais sans prétention. Les huit chambres sont agrémentées de meubles contemporains, d'antiquités coloniales et de papiers peints imitation d'époque. Certaines chambres disposent d'un foyer et d'un lit à colonnes et à ciel de dentelle. Cet établissement se révèle tout à fait confortable et accueillant. Les gays sont les bienvenus.

Le **Thorncroft Inn** *($$$$; 460 Main St., ☎693-3333 ou 800-332-1236, ⇌693-5419, www.thorncroft.com)*, un pavillon classique de style rustique datant de 1918 flanqué d'un cottage privé, se trouve sur une rue résidentielle paisible et bordée d'arbres. Son décor penche cependant davantage vers le style campagnard colonial que vers le rustique. La plupart des 14 chambres disposent d'un foyer, de même que d'un lit à colonnes et à ciel de dentelle. L'un des grands atouts du Thorncroft est sans contredit son plantureux petit déjeuner de crêpes au babeurre, de bacon, de pain doré (pain perdu), de quiches, de pâtés en croûte à la saucisse et au fromage, et de mille autres délices que vous pouvez même vous faire servir au lit.

Le **Crocker House Inn** *($$$$; bp, ≡; 12 Crocker Ave., ☎693-1151 ou 800-772-0206, ⇌693-1123, crockerinn@aol.com)* niche sur une paisible rue secondaire à distance de marche de Vineyard Haven et de son port. Les huit chambres de cette maison victorienne à clins de bois sont décorées dans le plus grand art et possèdent chacune leur entrée privée et leur terrasse.

Pour vous retirer de tout, optez pour une chambre avec balcon et vue sur le port.

La pelouse arrière de la **Lothrop Merry House** *($$$$; Owen Park, ☎693-1646, www.tiac.net/users/lothmer)* s'étire jusqu'à une petite plage dominant le port très fréquenté de Vineyard Haven. Vous y prendrez un petit déjeuner à la française sur la terrasse dominant les superbes environs de la propriété. Les sept chambres ne disposent pas toutes des mêmes commodités, certaines offrant une salle de bain privée, d'autres un foyer et d'autres encore, une belle vue sur le port.

Oak Bluffs

Tout juste en marge du centre-ville d'Oak Bluffs, l'**Admiral Benbow Inn** *($$$-$$$$; fermé jan à fin mars; bp; 81 New York Ave., ☎693-6825, ⇌693-1131)* se distingue de beaucoup d'autres auberges par le fait qu'il possède tous les attraits de la Nouvelle-Angleterre, sans pour autant vous donner l'impression que vous allez vous faire taper sur les doigts si vous posez votre verre sur la table qui se trouve à votre portée. Cette maison des années 1870 est de toute beauté, et les six chambres se révèlent agréablement dotées d'antiquités, de grands lits confortables et de salles de bain privées.

Tout juste en face du pittoresque port très fréquenté d'Oak Bluffs, le **Wesley Hotel** *($$$$; fermé oct à fin mai; 70 Lake Ave., ☎693-6611 ou 800-638-9027, ⇌693-5389)* est le dernier survivant des sept grands hôtels qui faisaient la fierté d'Oak Bluffs au début du siècle. Ce bâtiment en bordure de mer de style «gothique-charpentier», reprenant les thèmes du gothique traditionnel en y adjoignant de nombreux éléments en bois fort recherchés, est entouré d'une large véranda accueillante. Les 82 chambres plutôt grandes de l'hôtel offrent un décor confortable rehaussé de copies de meubles du début du siècle.

Tout en haut de Circuit Avenue, vous ne pouvez manquer l'**Oak Bluffs Inn** *($$$$; bp, ≡; fermé nov à fin avr; à l'angle des avenues Circuit et Pequot, ☎693-7171 ou 800-955-6235, www.oakbluffsinn.com)*, une construction rose, du côté gauche, dont une énorme coupole couronne le second étage. Vous êtes d'ailleurs invité à monter dans la coupole pour mieux contempler la vue sur les toits d'Oak Bluffs et l'océan, au loin. Les chambres et les salles communes regorgent de beaux spécimens de meubles, de gravures et de papiers peints de style cottage. Les neuf chambres disposent toutes d'une salle de bain privée, d'ailleurs bien éclairée, et offrent toutes une vue charmante sur Oak Bluffs. Petit déjeuner à la française.

The Oak House *($$$$; bp, ≡; fermé mi-oct à mi-mai; à l'angle des avenues Seaview et Pequot, ☎693-4187, ⇌696-7385, www.vineyard.net/inns)*, une maison à clins de bois au style tarabiscoté construite en 1872, porte bien son nom puisque le chêne (*oak*) y est omniprésent sur les murs, au plafond et dans les beaux meubles anciens. La grande véranda qui ceinture la demeure offre des berceuses et des balançoires invitantes, où nombre de clients passent beaucoup de temps à se détendre tout en admirant l'océan, de l'autre côté de Seaview Avenue. Plusieurs chambres disposent en outre d'un balcon privé. Les huit chambres et les deux suites ont toutes leur propre salle de bain. Petit déjeuner à la française et thé en après-midi.

Edgartown

The Arbor Inn *($$-$$$; fermé nov à fin avr; 222 Upper Main St., ☎627-8137)* se présente comme un cottage typique de la Nouvelle-Angleterre, tout frais et blanc, avec une tonnelle admirablement tressée de lierre, un sentier de briques et un jardin à l'anglaise. Située à quelques rues seulement des boutiques d'Edgartown, l'auberge propose 10 chambres simples mais attrayantes, décorées d'antiquités et de fleurs fraîchement coupées. Une maisonnette d'une chambre à coucher se loue également à la semaine. Le petit déjeuner à la française est servi au jardin ou dans le petit salon à l'ancienne.

Pour une auberge établie à une aussi prestigieuse enseigne, le **Shiretown Inn** *($$-$$$ pdj; ℜ, bp, ≡; fermé oct à mi-mai; 40 North Water St., ☎627-3353 ou 800-541-0090, ⇌627-8478)* pratique des prix pour le moins raisonnables. Certaines chambres sont meublées d'antiquités et ont même leur propre entrée, tandis que d'autres, particulièrement celles de la remise à calèches qui se trouve derrière l'auberge comme telle, se révèlent en fait plus ordinaires que pittoresques. Toutes disposent toutefois d'une salle de bain privée. Un cottage pourvu d'une cuisine complète se loue également à la semaine. Le petit déjeuner est servi dans le restaurant de l'auberge.

Construit en 1840 pour l'éminent médecin d'Edgartown qu'était le docteur Clement Frances Shiverick, le **Shiverick Inn** *($$$$; bp, ≡; fermé jan; 5 Pease's Point Way, ☎627-3797 ou 800-723-4292, ⇗627-8441)* est un exemple remarquable de grande architecture néoclassique. À l'intérieur, les salles communes et les 10 chambres sont garnies de belles antiquités et d'œuvres d'art assorties. Six des chambres disposent d'un foyer et la plupart bénéficient d'un grand lit. Celles qui se trouvent à l'étage sont attenantes à un balcon privé, et la bibliothèque, elle-même à l'étage, donne sur une terrasse qui offre une vue dominée par l'Old Whaling Church. Dans la cour arrière, vous trouverez une petite terrasse dallée ainsi qu'un jardin fleuri. Le petit déjeuner à la française, version améliorée, est servi dans la Garden Room, bien aérée.

L'**Edgartown Commons** *($$$$; ≈; 20 Pease's Point Way, ☎627-4671, ⇗627-4271)* propose 35 appartements confortablement meublés, du simple studio aux appartements d 'une ou deux chambres à coucher. À l'extérieur, vous trouverez des grils au vent et des tables de pique-nique, un terrain de jeu pour les enfants et une piscine.

Le **Harbor View Resort** *($$$$; bp, tv, ☎; 131 North Water St., ☎627-7000 ou 800-225-6005, ⇗627-7845)* se présente comme le seul complexe d'hébergement d'Edgartown à disposer de salles de conférences. Les 124 chambres, suites et cottages disposent tous d'une salle de bain privée, du téléphone et d'une télévision. Les chambres sont de dimensions généreuses et offrent un décor où s'allient chaises en osier, tables à dessus de verre, armoires, gravures anciennes et paysages à l'aquarelle réalisés par des artistes locaux. Le belvédère de l'hôtel fait partie des bâtiments les plus photographiés du front de mer d'Edgartown. Fidèle à son nom, le Harbor View bénéficie enfin d'une des plus belles vues sur le port.

Avec ses fenêtres et ses lucarnes raffinées, **The Victorian Inn** *($$$$ pdj; 24 South Water St., ☎627-4784, www.thevic.com)*, situé à une rue du port, revêt une apparence extérieure plutôt stricte, alors qu'il s'agit en fait d'un endroit tout ce qu'il y a de plus informel. En été, c'est avec joie que la clientèle profite du frais jardin privé, et les 14 chambres sont toutes coquettes et proprettes, agrémentées de lits à baldaquin, de papiers peints à motifs floraux, d'antiquités et de quelques copies de meubles d'époque. Petit déjeuner complet.

Le **Tuscany Inn at the Captain Fisher House** *($$$$ pdj; bp, ⊛; fermé jan à fin mars; 22 North Water St., ☎627-5999, ⇗627-6605)* témoigne bien du flair des propriétaires en ce qui a trait à l'agencement des couleurs, à l'aménagement des espaces et au choix de meubles somptueux. Il en résulte une auberge à la fois élégante et aérée. Les huit chambres peuvent toutes accueillir deux personnes et disposent toutes d'une salle de bain privée, plusieurs étant même dotées d'une baignoire à remous. Le petit déjeuner complet est servi dans la salle à manger carrelée ou, lorsque la température le permet, sur la terrasse dallée qu'agrémentent une fontaine, des bancs en fer et un petit bois, tout près.

Le **Charlotte Inn** *($$$$; South Summer St., ☎627-4751, ⇗627-4652)* est reconnu comme une des auberges les plus chic et les plus luxueuses d'Amérique du Nord. Il s'agit d'une maison de capitaine d'un blanc éclatant qui date de 1860, nichée parmi une abondance de fleurs, de pelouses, de glycines et de treillis. Les clients se présentent dès leur arrivée à un rutilant bureau d'avocat anglais, et les 25 chambres, tenues avec grand soin, sont toutes agrémentées d'antiquités anglaises de qualité, de gravures équestres et de faïences peintes à la main. Les suites, qui occupent des bâtiments distincts, se révèlent pour le moins extravagantes : l'une d'elles avoisine même son propre jardin à l'anglaise, alors qu'une autre bénéficie d'une fenêtre palladienne et d'un balcon attenant à la chambre à coucher. Le petit déjeuner à la française est servi dans la salle à manger de l'auberge.

La **Summer House** *($$$$ pdj; fermé oct à mi-mai; 96 South Summer St., ☎627-4857)*, chaleureuse et sans prétention, fera le bonheur de ces vacanciers qui aiment loger dans un *bed and breakfast* où vivent les gens qui le tiennent. Il y a ici un grand et magnifique jardin très privé adossé à un mur couvert de lierre. Les deux chambres spacieuses renferment de très grands lits. Petit déjeuner à la française.

Si vous désirez loger dans une véritable institution du Vineyard, optez pour la **Daggett House** *($$$$; 59 North Water St., ☎627-4600 ou 800-946-3400, ⇗627-4611)*, qui regroupe trois bâtiments du XVIIe siècle. Campée sur front de mer, cette auberge loue 31 chambres garnies de nombreuses antiquités; certaines d'entre elles jouissent d'une vue somptueuse sur l'eau tandis que d'autres renferment une cuisinette. La maison principale a son propre quai, et sa Chimney Room (qui date des environs de 1660) aurait abrité la toute première taverne d'Edgartown, quoiqu'elle ait depuis été transformée en salle à manger où l'on sert petits déjeuners et dîners (ouvert au public).

West Tisbury

Hostelling International–Martha's Vineyard *($; fermé mi-nov à fin mars; Edgartown-West Tisbury Rd., ☎693-2665, ⇌693-2699)* est l'endroit tout indiqué pour ceux et celles qui désirent passer beaucoup de temps à explorer l'île à bicyclette. Il se trouve, en effet, en bordure de la Correleus State Forest, sillonnée de sentiers cyclables. Cette auberge de jeunesse fut la première à être construite à cette fin précise sur l'ensemble du territoire américain; c'était en 1955. Les salles de repos, de style dortoir, sont pourvues de lits superposés, certains étant réservés aux hommes et d'autres aux femmes. Emportez vos draps, ou louez-en sur Pl.; oreillers et couvertures sont fournis. Les salles de bain sont vastes et complètement équipées (installations distinctes pour les hommes et pour les femmes). Il y a de plus une cuisine complète et une salle commune avec foyer. Les auberges de jeunesse ne sont pas pour tout le monde, mais si vous savez à quoi vous attendre, vous pouvez compter celle-ci parmi les très bonnes. Prix vraiment très bas. Réservations recommandées.

Si vous cherchez un endroit vraiment loin des sentiers battus, songez au **Lambert's Cove Country Inn** *($$$$ pdj; Lambert's Cove Rd., ☎693-2298, ⇌693-7890)*, situé en plein bois, au bout d'une longue route de campagne. Entourée de murs envahis par le lierre, de vastes pelouses et de vergers, cette auberge à clins de bois blancs est meublée d'antiquités shakers et coloniales. Quelques-unes de ses 15 chambres disposent d'un petit salon privé, et l'une d'entre elles offre même un solarium. Les clients ont accès à la plage de Lambert's Cove, qui fait partie des plus belles plages privées de Martha's Vineyard. Le dimanche, on y sert un brunch élaboré, digne des jours de fête. Petit déjeuner complet. Séjour d'au moins trois nuitées en saison estivale.

Chilmark

Les gentils responsables d'**Up-Island Real Estate** *($$-$$$$; State Rd., ☎645-2632, ⇌645-3346)* gèrent et louent des maisons à la quinzaine, au mois ou à la saison pour le compte de propriétaires de tous les coins d'Aquinnah, Menemsha, Chilmark et West Tisbury, et ce, d'avril à la fin d'octobre. Vous y trouverez des logis pour tous les goûts et toutes les bourses.

Un seul regard à la **Captain R. Flander's House** *($$-$$$$; fermé nov à fin mai; bc/bp North Rd., ☎645-3123)* vous suffira pour comprendre pourquoi Martha Stewart en a fait état dans son *Wedding Book*. Cette maison du XVIIIe siècle, aux nombreux recoins, siège sur un monticule de verdure surplombant d'anciens murets de pierres, des prés ondulants, des chevaux en train de brouter, un étang cristallin, des canards et des terres boisées. Chilmark est si paisible et bucolique, qu'il n'est pas étonnant que les gens riches et célèbres aient choisi d'y élire domicile. L'auberge est décorée en toute simplicité; mais, avec un environnement pareil, qui s'en plaindrait? Les chambres (dont certaines partagent une salle de bain commune) sont confortables et parsemées d'antiquités et d'ornements rustiques. Deux cottages sont également offerts en location. Petit déjeuner à la française.

Aquinnah

Le **Duck Inn** *($$$-$$$$ pdj; bc/bp, ®; par State Rd., ☎645-9018)* est un *bed and breakfast* «santé» qui propose une variété de services appréciables, y compris des massages, des séances de ralaxation après massage dans la cuve à remous extérieure de l'auberge, des lits confortables garnis de tissus entièrement naturels et des petits déjeuners qui feront aussi bien le bonheur des végétariens que des quasi végétariens et des carnivores. Certaines des plages les plus spectaculaires de l'île ne se trouvent qu'à quelques minutes de marche, à travers de hautes herbes ondulant au gré de la brise. Quant aux cinq chambres, elles offrent un décor éclectique rehaussé de gravures orientales, de vieux calendriers et affiches originaux, et de motifs prenant le canard pour thème. La suite du sous-sol dispose d'un grand foyer et d'une salle de bain privée; les quatre autres chambres se partagent deux salles de bain. Notez également la présence de la mascotte de l'auberge, à savoir *Oralee*, un cochon vietnamien noir et ventru qui a élu domicile en ces lieux.

The Outermost Inn *($$$$; bp, ®; fermé oct à fin avr; Lighthouse Rd., ☎645-3511, ⇌645-3514)* repose sur une propriété de 8 ha d'où vous pourrez jouir de la deuxième plus belle vue sur l'océan à partir de l'île (pour découvrir la plus belle, marchez quelques centaines de mètres à flanc de colline jusqu'au phare d'Aquinnah). Cette auberge propose six chambres et une suite, toutes dotées d'une salle de bain privée et d'une baignoire à remous. Les tapis bleu et sarcelle des couloirs, les meubles non peints, les teintes feutrées et les tissus naturels qui composent le décor conviennent fort bien à l'emPl.ment de cet établissement, puisque aucun élément ne vous distrait de la vue somptueuse sur les environs. Il s'agit là d'une des auberges les plus romantiques de toute la côte de la Nouvelle-Angleterre, et n'hésitez pas à y séjourner si vous en avez les moyens.

Menemsha

Au **Menemsha Inn and Cottages** *($$$$; bp, ℂ; fermé oct à fin avr; North Rd., entre Menemsha Cross Rd. et Menemsha Harbor, ☎645-2521)*, reposant sur 4,25 ha de forêt paisible dans la très belle localité de Menemsha, l'accent porte sur le faste d'une décoration minimale dans un environnement où règne la plus grande sérénité. On dénombre six suites luxueuses dans la remise à calèches, neuf chambres plus petites, quoique claires et adorables, dans le pavillon principal de l'auberge, et 12 cottages au confort plutôt spartiate. Toutes les chambres et cottages disposent d'une salle de bain privée, et chacun des cottages bénéficie d'un porche grillagé, d'une cuisine complète, d'une douche extérieure, d'un gril et d'un foyer au bois.

Nantucket

Nantucket

Si vous n'avez pas logé dans une auberge de jeunesse depuis que vous avez renoncé à votre sac à dos, vous risquez d'être tenté de renouveler l'expérience en voyant celle de Nantucket, **Hostelling International–Nantucket** *($; fermé mi-oct à fin avr; 31 Western Ave., ☎228-0433)*. Situé en face de la Surfside Beach, ce bâtiment historique en bois et en forme de «A» fait penser à un croisement entre un chalet suisse et une église. À l'origine un poste de sauvetage, l'auberge attire aujourd'hui des foules de jeunes gens, d'Européens et d'aînés, ainsi que des groupes cyclistes. On y joue au volley-ball dans une grande cour entourée de dunes, à l'arrière du bâtiment. Les rangées de lits superposés de ses dortoirs rappellent à la plupart des gens l'époque où ils allaient en colonie de vacances. Dortoirs et salles de bain respectent la séparation des sexes, et une cuisine de bonnes dimensions de même qu'une salle à manger et une salle commune complètent les installations. Comme presque toutes les auberges de jeunesse, celle-ci n'est pas accessible à ses hôtes au cours de la journée.

L'une des rares aubaines de l'île, **The Nesbitt Inn** *($$; fermé jan et fév; bc; 21 BRd. St., ☎228-0156, ⇒228-2446)*, est une blanche maison victorienne qui a servi d'auberge dès sa construction en 1872. Certains des meubles d'origine s'y trouvent encore, et l'une des salles de bain dispose même d'une baignoire pour deux à rebords de bois. Elle compte un total de 12 chambres, toutes équipées d'un lavabo et partageant des salles de bain communes. Son porche d'entrée est tout indiqué pour ceux qui aiment observer les passants.

L'**Anchor Inn** *($$ pdj; fermé jan et fév; ≡; 66 Centre St., ☎228-0072, www.nantucket.net/lodging/anchorinn)*, une étroite construction au revêtement de clins de bois gris, rehaussée de volets noirs et de jardinières, caractérise bien les nombreux *bed and breakfasts* de Nantucket. Vieillotte et pittoresque, avec des couloirs étroits et des planchers de bois inclinés, cette auberge dispose de 11 chambres accueillantes avec douche privée, dont certaines sont aménagées sous les combles dans des réduits irréguliers et inattendus. Ayant autrefois servi de résidence à la famille Gilbreth du *Cheaper by the Dozen* de Frank Gilbreth, l'Anchor est meublé d'antiquités shakers et coloniales. Le petit déjeuner à la française est servi dans une joyeuse salle bleue et blanche réservée à cette fin ou sur une terrasse en brique.

Non loin du quartier historique, le **Martin House Inn** *($$-$$$$ pdj; bc/bp; 61 Centre St., ☎228-0678, ⇒325-4798, www.nantucket.net/lodging/martinn)*, propose 13 chambres fort différentes les unes des autres, de la charmante petite chambrette avec salle de bain partagée pour personne seule à la plus spacieuse chambre pourvue d'un grand lit à baldaquin, d'un foyer et d'un porche privé. Une vaste salle de séjour est mise à la disposition des hôtes, qui s'y rendent entre autres à l'heure du petit déjeuner. Il est également possible de dîner à la belle étoile sur la véranda.

Du nombre époustouflant d'auberges et de *bed and breakfasts* qui ont pignon sur rue à Nantucket, sans doute l'établissement le plus connu est-il la **Jared Coffin House** *($$$$ pdj; bp; 29 BRd. St., ☎228-2400 ou 800-248-2405, ⇒325-7752, www.jaredcoffinhouse.com)*.

Construite en 1845 pour le riche armateur Jared Coffin, elle renferme, outre des salles communes, 60 chambres réparties dans quatre bâtiments et parées d'antiquités, de tapis d'Orient, de lustres en cristal, de papier peint d'époque, de foyers en marbre et de lits à baldaquin. Toutes les chambres disposent d'une salle de bain privée, et certaines d'entre elles sont climatisées. Il s'agit là d'un endroit animé où règne en permanence une atmosphère de fête, comparable à celle des grands hôtels urbains au XIXe siècle.

À la porte voisine s'élève la **Centerboard Guest House** *($$$$ pdj; 8 Chester St., ☎228-9696)*, une résidence victorienne de 1885 entièrement restaurée qui renferme sept chambres décorées selon la tradition de l'époque. Compte tenu de la nature de cette auberge, il est pour le moins étonnant d'y trouver des commodités modernes telles que la climatisation et un réfrigérateur dans chaque chambre.

The House of Orange *($$$$; fermé oct à fév; bp; 25 Orange St., ☎228-9287)*, également située dans le quartier historique de Nantucket, est une petite pension où les gays sont bienvenus. Chacune de ses quatre chambres meublées d'antiquités possède sa propre salle de bain de même qu'un lit double et des lits jumeaux. Deux d'entre elles disposent même d'un porche vitré. Il s'agit d'une ancienne maison de capitaine.

Le **Woodbox Inn** *($$$$; fermé jan à fin mai; bp, ℜ; 29 Fair St., ☎228-0587)* est certainement l'une des plus vieilles, mais aussi l'une des plus ravissantes auberges de Nantucket. Érigée en 1709, elle témoigne de tout le charme de la Nouvelle-Angleterre, avec ses plafonds bas aux poutres apparentes, ses murs recouverts de panneaux de bois et ses cheminées de plain-pied. Les six chambres et les trois suites sont entièrement meublées d'antiquités d'époque. Située dans une partie tranquille de la petite ville, loin du brouhaha, elle renferme un excellent restaurant qui peut devenir assez animé les fins de semaine.

The Wauwinet *($$$$; fermé nov à début mai; ℜ; 120 Wauwinet Rd., ☎228-0145 ou 800-426-8718, ⇄228-6712, www.wauwinet.com)*, un imposant complexe en bordure de la ville, regorge d'anciens meubles rustiques en bois de pin, d'art populaire primitif, d'osier vert, de couloirs victoriens, de lambris blancs et de planchers décapés. Outre 5 cottages pouvant chacun accueillir jusqu'à six personnes, ses 25 chambres se parent de douces teintes marines, comme le gris fumée pâle, le vert cendré et le crème, et des articles de toilette de chez Crabtree & Evelyn sont gracieusement mis à la disposition des hôtes. Des meubles de jardin en fer forgé très convenables agrémentent une vaste pelouse dominant la baie de Nantucket, alors que des fauteuils coussinés en osier s'alignent sur la véranda qui entoure le bâtiment. Une navette transporte les clients de la ville à l'hôtel, et inversement; on y propose par ailleurs un tour de ville dans une ancienne charrette en bois merveilleusement bien restaurée. Le Wauwinet se présente comme un des établissements les plus coûteux de l'île et attire une clientèle jeune et fortunée. On trouve également un restaurant à service complet sur les lieux.

Siasconset

The Summer House *($$$$; fermé fin oct à fin avr; ℜ, ⊛, ≈; South Bluff, ☎257-4577, ⇄257-4590)*, une construction garnie de roses qui surplombe l'océan, représente Nantucket à son meilleur et constitue un endroit de rêve comme on en trouve peu, à tel point qu'elle a même honoré la couverture de la revue *New York*. Les petits cottages pittoresques, envahis par le lierre, qui entourent la maison principale semblent avoir été conçus par des elfes et pour des elfes. Mais ne vous y trompez pas, car ils sont beaucoup plus spacieux et éclairés qu'ils en ont l'air, et leur décor intérieur révèle juste ce qu'il faut de charme rustique : plancher de bois peint, poutres grossièrement équarries, bandes décoratives peintes à la main, cheminée et baignoire à remous. Sa piscine fait face à la mer et son restaurant est très animé.

RESTAURANTS

De succulents plats de fruits de mer locaux sont en vedette dans mille et un restaurants du Cape Cod et des îles voisines, du homard entier bouilli à l'onctueuse chaudrée de palourdes, en passant par les tendres pétoncles, la morue, les moules et les étuvées.

Outre les fruits de mer et la traditionnelle cuisine yankee, les restaurants du Cape Cod servent également des mets ethniques de tous les horizons, mais aussi des repas gastronomiques et des repas minute. Quels que soient vos goûts et votre budget, vous trouverez donc le restaurant qu'il vous faut.

Le Cape Cod

Les restaurants du Cape Cod sont répartis en trois catégories distinctes : cuisine française ou nouvelle cuisine (plutôt coûteux), «pré et marée» (*surf and turf*) et casse-croûte. S'il vous faut absolument de la variété, prenez la direction de l'Outer Cape. Wellfleet offre un nombre surprenant d'excellents restaurants, tous plus imaginatifs les uns que les autres, tandis que ceux de Provincetown en ont pour tous les goûts, qu'il s'agisse de cuisine nouvelle, française ou italienne, continentale ou végétarienne.

Sandwich

L'endroit par excellence où prendre le petit déjeuner à Sandwich est le **Marshland** *($; fermé le soir dim-lun; 109 route 6A, ☎888-9824)*, un *diner* doublé d'une boulangerie localement reconnu pour sa bonne cuisine constante et nourrissante à prix raisonnable. Vous y trouverez toutes les options généralement proposées au petit déjeuner, mais aussi de nombreux plats du jour, qu'il s'agisse de crêpes, d'omelettes ou de hachis. N'oubliez pas de commander un muffin maison, car vous ne le regretterez pas.

Le **Daniel Webster Inn** *($$-$$$; 149 Main St., ☎888-3622)* revêt une apparence si coloniale, que vous vous attendez à ce qu'on vous y serve les spécialités les plus traditionnelles de la Nouvelle-Angleterre, mais son menu est en fait très varié. Au déjeuner, on propose timbale de poulet, pizza, croquettes de homard, sandwichs et salades, alors qu'au dîner il s'agira de veau à l'Oscar, de petits gades cuits au four et de filet mignon, sans compter les plats du jour, comme l'espadon au four roulé aux crevettes et farci au basilic, le saumon grillé au beurre de romarin et de sherry, et les cailles rôties sur canapé de riz. Les repas sont servis dans la classique Webster Room aux murs pêche, aux chaises d'acajou et aux lustres de laiton, dans l'intime Heritage Room rehaussée d'une cheminée, dans la Music Room pourvue d'un piano à queue dont on joue les fins de semaine, ou dans le Conservatory donnant sur le jardin et son belvédère. La taverne de l'auberge propose des repas sans façon composés de pizzas sur feu de bois, de sandwichs, de hamburgers et de salades. Petits déjeuners également servis.

Barnstable

La **Barnstable Tavern** *($$-$$$; 3176 Main St., ☎362-2355)* prépare des déjeuners et des dîners traditionnels, incluant moules *marinara*, langoustines, pâtes et salade d'épinards. Situé dans un petit complexe commercial, ce restaurant offre une agréable atmosphère campagnarde, soulignée par des chaises Windsor, des œuvres d'art populaire, des appliques murales en laiton et des planchers de bois clair. Son bar amical est également très accueillant, et l'on y sert différents vins au verre.

Le **Mattakese Wharf** *($$-$$$; fermé nov à avr; 271 Mill Way, ☎362-4511)*, un petit restaurant typique de station balnéaire planté directement sur le quai de Barnstable Harbor, est sans doute un peu trop cher, mais la vue incomparable qu'il offre vaut amplement le coût d'un repas. Essayez de vous y rendre avant le coucher du soleil et sirotez-y un cocktail tout en observant les allées et venues des pêcheurs et des familles qui s'adonnent au ski nautique dans ce charmant et paisible port. Au menu, d'épaisses darnes d'espadon, des hamburgers, de généreuses portions de moules et, bien entendu, du homard bouilli.

Yarmouthport

L'**Abbicci** *($$$-$$$$; 43 Main St./Route 6A, ☎362-3501)* sert de la nouvelle cuisine américaine dans un cottage typique du XVIIIe siècle situé sur une des plus belles portions de l'historique route 6A. Convenant tout à fait pour un déjeuner ou un dîner destiné à célébrer une occasion spéciale, ce restaurant propose un menu innovateur et saisonnier. Parmi les délices offerts, mentionnons les côtelettes de veau grillées sauce madère aux *porcinis*, le carré d'agneau en croûte pistachée et le flétan grésillé sauce aux câpres et aux anchois. À la fois intime et raffiné, l'établissement renferme plusieurs petites salles à manger à plafond bas nappées de blanc et assorties de chaises Windsor.

Dennis

Le **Gina's By The Sea** *($$-$$$; dîner seulement; fermé déc à avr; 134 Taunton Ave., ☎385-3213)*, un mignon petit restaurant à clins de bois blancs, à distance de marche de Chapin Beach, est beaucoup plus raffiné qu'il en a l'air. Le menu essentiellement italien propose quotidiennement des plats du jour aussi bien qu'à la carte, tels que langoustines, moules marinières, poulet, veau et pâtes. Rideaux de dentelle, nappes blanches et chaises de bois toutes simples contribuent à donner un air à peine formel à cet établissement sans prétention.

East Dennis

Au **Marshside Restaurant** *($$; 28 Bridge St., ☎385-4010)*, un café pompeux très populaire auprès des résidants, les repas sont copieux et sans surprise, et le service est rapide mais cordial. Parmi les suggestions de petits déjeuners, vous trouverez des omelettes, des baguels, des crêpes et du pain doré (pain perdu). Au déjeuner, il s'agit de salade de homard, de *quesadillas* et de palourdes frites, alors qu'au dîner on propose des crevettes farcies, du bifteck, du poulet *picatta*, des palourdes frites et les plats du jour. Le décor rappelle une cuisine coquette, avec de fausses lampes Tiffany, des chaises de bistro et des rideaux en dentelle. L'arrière-salle offre une vue spectaculaire sur une prairie inondée par un marais salant.

Brewster

Avec ses planchers de bois clair, ses nappes vertes, sa petite bibliothèque et sa musique Nouvel Âge, le **Brewster Fish House Restaurant** *($$-$$$; fermé fin nov à avr; 2208 Main St./Route 6A, ☎896-7867)* ressemble plus à un café qu'à un restaurant spécialisé dans les poissons et fruits de mer. Son menu, restreint mais inventif, affiche entre autres des calmars à l'aïoli et aux tomates ainsi que du saumon de l'Atlantique garni de prosciutto et nappé d'une légère sauce dijonnaise.

Si vous êtes en quête d'un dîner exceptionnel en tête à tête, prenez une réservation au **High Brewster Inn** *($$$-$$$$; dîner seulement; fermé déc à mars; 964 Satucket Rd., ☎896-3636)*. Cette charmante auberge à l'ancienne (le bâtiment date de 1738) renferme trois salles à manger à plafond bas, aux poutres apparentes et aux sols à larges planches. La cuisine se veut américaine contemporaine, et le menu de quatre services à prix fixe comprend des plats tels que le carré d'agneau, le filet de bœuf et des fruits de mer locaux parmi les meilleurs qu'on puisse trouver. La prise du jour varie au gré des saisons.

Chic et cher, le **Chillingsworth** *($$$$; fermé lun-mar fête du Travail à fin nov et Thanksgiving au Memorial Day; 2449 Main St., route 6A, ☎896-3640)* a reçu plus d'une fois les honneurs du *New York Times* et de la revue *Esquire*. Son menu change de façon quotidienne, mettant l'accent sur les produits saisonniers et les ingrédients les plus frais. Il s'agit exclusivement de nouvelle cuisine, par exemple une longe de veau accompagnée de tomates séchées au soleil, de risotto et de sauge, ou un poulet fermier agrémenté de légumes verts, d'une sauce brune au piment et de patates douces frites. Occupant une maison coloniale de 300 ans ombragée par des arbres, ce restaurant abrite différentes salles à manger où s'épousent le traditionnel et le moderne, avec des œuvres d'art contemporaines, des miroirs antiques et des nappes blanches. Déjeuners et brunchs sont servis dans le solarium. Après le déjeuner, laissez-vous charmer par la boutique de pâtisseries et d'antiquités de l'établissement. Le dîner de sept services est proposé en deux tablées, et vous devez absolument avoir une réservation.

Le **Bramble Inn** *($$$$; dîner seulement; fermé lun nov à mi-mai; 2019 Main St./Route 6A, ☎896-7644)* est un de ces restaurants sur lesquels les gens ne tarissent plus d'éloges. Aménagé dans deux maisons de ferme néoclassiques sur la route panoramique qu'est la 6A, il propose un menu à prix fixe qui change toutes les trois semaines. Le dîner est servi dans cinq petites salles à manger somptueusement décorées de chaises Reine-Anne, de fleurs fraîches et d'antiquités. Son menu innovateur affiche entre autres des fruits de mer grillés à la sauce au cari, du pâté de goberge fumée et du carré d'agneau à l'ail et au romarin.

Wellfleet

Campé directement sur le joli port de Wellfleet, **Zack's** *($; déjeuner seulement; 15 Kendrick Ave., ☎349-7343)* sert de délicieux sandwichs gastronomiques tels que le Turkev Paradise (dinde sur petit pain français garni d'oignon rouge, de pomme verte et de cheddar fondu) ou le Dude (rôti de bœuf et raifort).

The Lighthouse *($$; Main St., ☎349-3681)* est une institution locale. Si vous désirez côtoyer les résidants, venez-y le matin pour le petit déjeuner. L'ambiance est celle d'un café typique, comme d'ailleurs la nourriture, incluant pain doré (pain perdu), œufs au bacon, fritures de fruits de mer, sandwichs, hamburgers et autres plats courants. Situé au centre de la ville, il se distingue par le mini-phare kitsch qui surmonte sa toiture et qu'il est impossible de ne pas remarquer au passage. Petit déjeuner, déjeuner et dîner.

Le **Sweet Seasons** *($$$; dîner seulement; fermé mi-sept à fin mai; The Inn at Ducke Creeke, Main St., ☎349-6535)* se présente comme un restaurant exceptionnellement ravissant qui domine une mare aux canards tout à fait idyllique, entourée de joncs, de sentiers en pierre, de caroubiers et de bois. Dans un décor de gris clair et d'abricot, on sert entre autres de l'espadon grillé, des crevettes au fromage feta, des tomates à l'ouzo, du filet de porc des îles et du homard marsala.

Le **Bayside Lobster Hutt** *($$-$$$$; dîner seulement; fermé mi-sept au Memorial Day; Commercial St., ☎349-6333)* est un rendez-vous bruyant et amical, idéal après une journée à la plage. Situé sur un chemin rural menant aux galeries et au quai de Wellfleet, il ressemble à une ancienne école toute de blanc vêtue. Sur le toit se dresse une statue de pêcheur tirant un énorme homard rouge dans sa barque. On s'y assoit à de longues tables recouvertes de toiles cirées à damiers rouges et blancs, et les murs sont tendus de filets de pêche et de bouées. Le menu propose du homard, de la plie, des palourdes à l'étuvée, de même que des pétoncles et des crevettes, mais aussi des plats n'ayant rien à voir avec les fruits de mer, notamment des sandwichs au poulet. On y trouve également un buffet de salades et un comptoir de commandes à emporter où vous pouvez vous procurer tout ce dont vous avez besoin pour vos *clambakes*.

Provincetown

Le **Café Heaven** *($$; dîner sam-dim seulement mi-oct à jan, fermé jan à fin mars; 199 Commercial St., ☎487-9639)* occupe une section en retrait de la rue Commercial, loin du brouhaha et des touristes. Aménagé dans un ancien magasin dont les larges vitrines donnent sur la rue, ce restaurant est clair, dégagé et agrémenté de tables blanches en bois et de planchers de bois. Des tableaux très colorés de l'artiste de renom John Grillo ornent un des murs de la salle. Les repas y sont copieux et typiquement américains : œufs au bacon, pain doré à la portugaise, omelettes, savoureux petits pains au lait, plantureux sandwichs sur d'épaisses tranches de pain et salades au poulet et à l'estragon, entre autres. L'endroit est largement fréquenté par les gays, hommes et femmes, et sert aussi bien des petits déjeuners que des déjeuners et des dîners.

Le **Sal's Pl.** *($$; dîner seulement; 99 Commercial St., ☎487-1279)* est intime, chaleureux, sombre et bohème. Il s'agit d'une maison en bordure de mer imprégnée d'une ambiance on ne peut plus italienne, avec des bouteilles de chianti suspendues aux poutres qui traversent le plafond de la salle à manger, des baies vitrées drapées de rideaux en dentelle et un mur orné d'une reproduction de Modigliani. Le menu nord-italien affiche 12 variétés de pâtes, des plats de veau et des fruits de mer apprêtés de façon innovatrice, notamment un *brodetto* (pot-pourri de fruits de mer) et du saumon grillé au vinaigre balsamique et aux câpres. Et, au dessert, laissez-vous tenter par le tiramisu maison ou la mousse au chocolat.

Le **Ciro & Sal's** *($$-$$$; dîner seulement; fermé lun-ven nov à fin mai; 4 Kiley Court, ☎487-0049)* fait partie des établissements les plus légendaires de cette ville. D'abord un simple café d'artistes au moment de sa création en 1951, il devint peu à peu un restaurant à part entière, spécialisé dans la cuisine typiquement italienne, alors qu'en 1959 l'un des deux propriétaires originaux (Sal) se dissociait de l'entreprise pour ouvrir son propre restaurant (voir p 359). Une atmosphère incroyable se dégage de la salle à manger en sous-sol, à laquelle les plafonds bas, le sol d'ardoise et les tables éclairées à la chandelle confèrent une allure de cave à vins italienne. Une autre salle à manger, celle-là à l'étage supérieure, surplombe un jardin. Parmi les mets les plus populaires, notons les linguinis aux fruits de mer agrémentés d'une sauce aux tomates et aux prunes, le bar poché garni de palourdes et le filet de veau à la mozzarelle et au *prosciutto*.

Le **Gallerani's Café** *($$-$$$; dîner seulement; fermé lun-mar fin sept à mi-mai; 133 Commercial St., ☎487-4433)*, avec ses nappes enrubannées de bleu, de lavande et de bordeaux, ses murs pêche et ses ventilateurs à la Casablanca, attire aussi bien les gens du coin que les visiteurs de passage. Tout comme la clientèle, la nourriture, d'ailleurs à prix d'aubaine, est très terre-à-terre. La pièce se révèle claire et aérée, et le long bar situé à l'arrière est un endroit agréable pour prendre un verre. Ouvert du petit déjeuner au dîner, le restaurant sert des crêpes fourrées aux fruits ou à la saucisse, du muesli maison, des timbales au poulet et des crevettes marinées et grillées.

Le **Mews Restaurant & Café** *($$-$$$$; 429 Commercial St., ☎487-1500)* s'étend sur deux étages directement face à la mer. On y sert des dîners et des brunchs chic à l'étage inférieur, et des repas moins formels à l'étage supérieur. La cuisine se veut intercontinentale, et les fruits de mer frais s'avèrent particulièrement bons. Des divertissements sont offerts certains soirs, sans compter les lundis micro libre dans une ambiance de café (d'octobre à la mi-mai).

Situé au bord de l'eau, percé de nombreuses fenêtres panoramiques et gorgé d'une ambiance on ne peut plus maritime, **The Dancing Lobster** *($$-$$$$; dîner seulement; fermé lun et fin nov à fin mars; 463 Commercial St., ☎487-0900)* attire aussi bien les touristes que les gens du coin et les célébrités de passage en quête de homard et d'autres fruits de mer.

Orleans

Le **Land Ho** *($; à la jonction de la route 6A et de Cove Rd., ☎255-5165)*, un rendez-vous populaire auprès des gens de la région, surtout le samedi soir, est un des ces petits restaurants où l'on se régale de poisson-frites. Cet établissement revêtu de clins de bois blancs arbore des nappes à carreaux rouges et blancs, des murs de bois sombre et un décor rehaussé d'éléments nautiques. Au menu, les classiques du Cape Cod : fruits de mer frits ou bouillis, salades nourrissantes, frites et hamburgers. Son bar est tout à fait cordial.

Le **Kadee's Lobster and Clam Bar** *($$-$$$; 212 Main St. East, ☎255-6184)* se présente comme une cantine de marins fort colorée et peu coûteuse, décorée de cages à homards et de bouées. Au menu : des étuvées, du homard, du maïs en épi, de la soupe au chou frisé et des ragoûts de poisson. La terrasse extérieure, ombragée par des parasols, est tout indiquée pour prendre une bière avec des palourdes frites après une journée à la plage.

The Arbor *($$-$$$; dîner seulement; tlj Memorial Day au Columbus Day, informez-vous de l'horaire le reste de l'année; à l'intersection des routes 28 et 6A, ☎255-4847)* se définit comme un endroit un peu fou; fantaisiste et éclectique, le terrain de sa façade est jonché d'objets farfelus et hétéroclites, comme un ours à bicyclette et une grande roue de chariot. À l'intérieur, vous trouverez également toutes sortes de vieilleries entassées pêle-mêle : d'anciennes bouteilles, des photos d'époque, des ustensiles en fer-blanc et des cruches peintes. Les couverts se composent en outre de porcelaines dépareillées, mais, d'une façon ou d'une autre, comme par magie, tout se tient. Quant au menu, il est aussi diversifié que le décor, et plusieurs plats sont aussi élaborés que riches, comme le *saltimbocca*, le veau marsala et le homard à la Kendall (avec pétoncles et sauce à la crème et au porto). Derrière le restaurant se trouve la **Binnacle Tavern** *(☎255-7901)*, un coin tranquille pour prendre un verre ou un repas léger (pâtes maison, pizzas, salades).

East Orleans

Lorsque vient leur journée de congé, les chefs cuisiniers des restaurants les plus réputés du cap vont souvent dîner au **Nauset Beach Club** *($$; dîner seulement; fermé dim-lun mi-sept à fin mai; 222 East Main St., ☎255-8547)*, sur la route qui conduit à la magnifique plage de Nauset. Ce petit établissement à clins de bois gris, avec salles à manger intérieure et extérieure, est reconnu pour toujours servir de bons mets du nord de l'Italie à prix raisonnables, incluant *saltimbocca*, salade César, escalopes de veau et plusieurs plats de fruits de mer, comme les gnocchis aux pétoncles, les langoustines grillées et une foule de créations à base de pâtes.

Chatham

En plein village historique, le **Christian's** *($-$$$; 443 Main St., ☎945-3362)* attire une foule d'amateurs de tennis et de yachting. Le bar est par ailleurs aussi fréquenté que les deux restaurants de l'endroit. Dans la salle à manger formelle et sans fumée du rez-de-chaussée *(fermé mi-oct à fin avr)*, parée de tapis orientaux, de planchers de bois foncé et de nappes en dentelle, on sert de la morue au champagne arrosée de sauce hollandaise, des sautés de fruits de mer, des côtelettes de veau et un demi-canard désossé. Outre ces mêmes plats, le restaurant et le bar à la bonne franquette qui se trouvent à l'étage et qui restent ouverts toute l'année proposent des hamburgers et des pizzas.

L'**Impudent Oyster** *($$-$$$; 15 Chatham Bars Ave., ☎945-3545)* n'est à nul autre comparable pour déguster des fruits de mers traditionnels ou exotiques dans un décor informel en bordure d'un jardin public. Le menu du déjeuner et du dîner varie selon les saisons, mais notons que plusieurs plats se composent d'ingrédients chinois, mexicains ou vietnamiens. À titre d'exemple, mentionnons les moules au saké, au gingembre et au poivron sichuanais, ou les crevettes garnies de légumes et de nouilles chinoises dans une sauce du Hunan. Mais vous y trouverez tout aussi bien des suggestions n'ayant rien à voir avec les fruits de mer, comme les poitrines de canard grillées, les tortellinis aux tomates séchées et les champignons sauvages arrosés d'une sauce au beurre aromatisée à l'orange et au cognac. Cet attrayant restaurant est agrémenté de verrières, d'un toit pyramidal et de pans de vitraux.

Le **Chatham Bars Inn** *($$$-$$$$; petit déjeuner et dîner mi-juin à mi-oct, petit déjeuner seulement le reste de l'année; 297 Shore Rd., ☎945-0096)*, l'un des complexes hôteliers les plus luxueux du cap, renferme un excellent restaurant. La nourriture, le service et l'empl.ment sont à rêver, et la clientèle s'avère fidèle aux traditions d'élégance des vieilles fortunes locales. La vaste salle à manger surplombe l'océan et se pare de douces nuances de beige, de crème et de vert. En été, le menu affiche, au dîner, des plats santé à faible teneur en calories tels que le flétan à l'étuvée, le gibier *carpaccio* et la tarte aux framboises, en plus du choix régulier d'espadon grillé, de faisan rôti à la poêle et de tournedos. Une réservation s'impose si vous ne logez pas à l'hôtel.

West Yarmouth

The Lobster Boat Restaurant *($$-$$$; dîner seulement; 681 Main St., ☎775-0486)* semble sorti tout droit d'un dessin animé de *Popeye*. Une moitié du restaurant se trouve dans un cottage à clins de bois gris typique du Cape Cod, joyeusement orné de jardinières rouge vif, alors que l'autre moitié se présente sous la forme d'un gigantesque bateau à homard rouge, blanc et bleu qu'on dirait issu du flanc du bâtiment. La salle à manger surplombe un petit port, et son décor de chaises capitaine, de boiseries foncées et de cordages est on ne peut plus «Oh! Hisse! Oh! Hisse!». L'atmosphère est simple et décontractée, et le prix du homard défie toute concurrence. Mais on y sert également un assortiment traditionnel de fruits de mer frits, sautés ou grillés.

Hyannis

À la **Mildred's Chowder House** *($-$$; 290 Iyanough Rd./Route 28, ☎775-1045)*, vous côtoierez une foule d'inconditionnels de l'endroit. Leur fidélité s'explique sans doute par le fait qu'on y trouve tous les plats favoris de la côte, des chaudrées aux étuvées et aux irrésistibles petits pains fourrés au homard. Le restaurant a plutôt des allures de café, mais personne n'en fait de cas.

Une autre trouvaille digne de mention à Hyannis est le **Rd.house Café** *($-$$$; dîner seulement; 488 South St., Hyannis, ☎775-2386)*. Pourvu de quatre salles à manger, toutes équipées d'un foyer, cet établissement peut accueillir jusqu'à 200 personnes, ce qui ne l'empêche pas de conserver une allure chaleureuse et intime, grâce entre autres à ses nombreuses antiquités, à ses planchers de bois et à ses tapis d'Orient. Le menu présente des fruits de mer locaux (variant au gré des saisons), mais aussi du bœuf, des médaillons de veau, des côtelettes et des pâtes. Les dîneurs peuvent opter pour le menu régulier du soir ou pour le menu bistro, plus léger (salades, sandwichs et pizzas à croûte mince). La carte des vins se veut par ailleurs impressionnante, sans oublier les quelques trois douzaines de bières proposées et les desserts maison.

Le **Penguins Sea Grill** *($$$; dîner seulement; fermé jan à début fév et dim tout l'hiver; 331 Main St., ☎775-2023)* sert des classiques de la Nouvelle-Angleterre, comme le homard farci au four et le traditionnel *clambake*, mais aussi de la paella et du steak de surlonge à la new-yorkaise. Les murs de briques, des palmes en pot, les nappes bourgogne et les serveurs à cravate noire créent une ambiance raffinée.

Cotuit

The Regatta of Cotuit *($$$; dîner seulement; route 28, ☎428-5715)* est tenu pour un des meilleurs restaurants du cap. Établi dans une grande demeure de style fédéral qui date de 1790, ce restaurant se spécialise dans la nouvelle cuisine américaine, rehaussée d'accents européens et asiatiques. Mentionnons entre autres le strudel aux cinq champignons sauvages, le filet mignon flambé au fromage Stilton et le saumon de l'Atlantique fumé maison servi avec une vinaigrette au citron et à la ciboulette, sans parler des merveilles qu'on réalise ici avec le bar rayé, le homard et les crevettes. Un dessert à ne pas manquer : le gâteau «séduction» au chocolat sauce aux framboises et crème anglaise. Vous aurez le choix entre huit salles à manger intimes, éclairées à la chandelle et réchauffées par un feu de cheminée lors des soirées fraîches.

Mashpee

Le **Gone Tomatoes** *($$; 11-A Steeple St., ☎477-8100)*, situé dans le Mashpee Commons, un centre commercial plutôt huppé qui ressemble à un village à l'ancienne, se présente comme un attrayant restaurant de nouvelle cuisine italienne à prix abordable. Le bâtiment à clins de bois arbore de hauts plafonds, des murs peints de crème, des boiseries chaudes aux tons de miel et des sols de terre cuite. On y sert de la pizza *focaccia* à pâte mince, des pâtes, de l'espadon grillé arrosé de beurre au basilic et des côtelettes de veau marsala aromatisées au thym. Vous y trouverez également un comptoir de commandes à emporter proposant desserts, pâtes, salades, sandwichs et café express.

D'excellents fruits de mer vous sont servis au bord de la mer sous l'agréable porche du **Popponessett Inn** *($$$$; dîner seulement; fermé lun-mar mi-sept à fin avr; Shore Dr., New Seabury)*, qui se trouve dans le plus grand centre de villégiature du Cape Cod. Si le poisson n'est pas votre fort, vous pouvez toujours opter pour le poulet Nantucket, à savoir une poitrine sautée, arrosée d'une sauce marsala aux champignons sauvages, puis garnie de pois en cosses et de crevettes. Veste et cravate sont de mise.

Woods Hole

Si vous êtes à la recherche d'un buffet de salades à Woods Hole, foncez tout droit au **Shuckers Raw Bar** *($-$$; fermé mi-oct à mi-mai et lun-ven mi-sept à mi-oct; 91A Water St., ☎540-3850)*, un petit établissement animé sur front de mer où le service est assuré par des étudiants. Outre les crudités, vous pourrez choisir parmi une sélection appétissante de plats de fruits de mer et de petits pains fourrés de homard qui ne manqueront pas de vous combler. Le Shuckers sert par ailleurs sa propre bière maison, la Nobska Light.

Les résidants de Woods Hole aiment bien manger au **Fishmonger's Café** *($$; ouvert matin, midi et soir; fermé début déc à fin fév et mar fête du Travail au Memorial Day; 56 Water St., ☎548-9148)*, moins fréquenté par les touristes que certains autres restaurants de l'endroit. La cuisine californienne y est à l'honneur, comme les avocats *tostada*, le taboulé et les salades jardinières, mais aussi les mets typiques de la région, comme les palourdes frites, le poisson grillé et les soupes de poisson. L'atmosphère est décontractée, et le décors à l'image des loups de mer du Cape Cod. Ses baies vitrées donnent sur le port, et il y a même un comptoir où vous pouvez prendre une collation ou une bière en attendant le traversier.

Falmouth

The Clam Shack *($; fermé mi-sept à mi-mai; 227 Clinton Ave., ☎540-7758)* se trouve tout à côté du distingué Regatta de Falmouth. L'un comme l'autre servent des fruits de mer excellents, mais le Clam Shack remporte bien haut la palme au chapitre de l'ambiance typiquement marine. Malheureusement, il n'y a pas suffisamment de Pl. pour s'asseoir à l'intérieur, tout l'espace étant occupé par les marmites. Qu'à cela ne tienne, faites le tour du bâtiment, et rendez-vous sur la terrasse aménagée à l'arrière; installez-vous sur un banc, et observez les voiliers et les bateaux de pêche circulant dans l'Inner Harbor (port intérieur) de Falmouth. Les prix méritent amplement le déPl.ment.

Situé sur un chemin de campagne sinueux, le **Peach Tree Circle** *($; 881 Old Palmer Ave., ☎548-2354)* est tout indiqué pour un déjeuner paisible par une de ces chaudes journées d'été qui vous laissent indolent. Tout à la fois restaurant, boulangerie, comptoir de produits de la ferme et boutique d'alimentation naturelle gastronomique, l'établissement est ombragé par des arbres gracieux. C'est ainsi que, devant le petit bâtiment gris aux murs recouverts de capucines grimpantes, on vend aussi bien des fleurs que des légumes, alors qu'à l'intérieur on propose d'énormes sandwichs santé, des quiches, des chaudrées, des salades du chef, des fruits et des fromages.

Le **Pat's Pushcart** *($-$$; dîner seulement; fermé jan à début avr; 339 Main St., East Falmouth, ☎548-5090)*, une filiale du Pat's de Boston, propose une cuisine italienne maison. La sauce tomatée en est fabuleuse, les portions sont gargantuesques et le personnel, enjoué, divertissant et enthousiaste.

Occupant une auberge rouge et blanche du XVIIIe siècle en bordure d'une mare aux canards, le **Coonamesset Inn** *($$-$$$; à l'intersection de Jones Rd. et de Gifford St., ☎548-2300)* propose des fruits de mer Newburg, des huîtres en écaille, de la soupe épaisse de *quahog*, de l'*Indian pudding* et d'autres mets typiques de la Nouvelle-Angleterre. La salle Cahoon, l'une des trois salles à manger de l'établissement, s'enorgueillit de toiles primitives de l'artiste Ralph Cahoon qui dépeignent des scènes de la vie quotidienne au Cape Cod. L'auberge et le restaurant sont décorés avec goût et meublés dans les styles shaker et colonial.

The Regatta of Falmouth By-The-Sea *($$$-$$$$; dîner seulement; fermé fin sept à fin avr; 217 Clinton Ave., ☎548-5400)* fait partie de la même famille que le Regatta de Cotuit. Au bord de l'eau, ses deux grandes salles à manger offrent des vues remarquables sur le port de Falmouth et sur le Vineyard Sound. On y propose une cuisine française mettant l'accent sur les produits de la mer. Le menu change tous les mois, mais pourrait comporter un filet de sole d'été flambé ou un filet de bison. Quant au gigantesque gâteau aux épices et à la farine d'avoine, baptisé «Nantucket» et nappé d'une sauce au rhum et au caramel fondant, il est tout simplement divin. Des repas plus légers se retrouvent sur un menu auxiliaire.

Martha's Vineyard

On ne sert de l'alcool qu'à Edgartown et à Oak Bluffs, mais rien ne vous empêche d'emporter vos boissons lorsque vous mangez dans d'autres localités.

Vineyard Haven

Le **Café at the Tisbury Inn** *($$-$$$; fermé nov à fin avr; Main St., ☎693-3416)*, un établissement à la mode aux murs peints de crème, avec des appliques murales Art déco, de la moquette grise de type industriel et une murale représentant un paysage montagnard du Sud-Ouest américain, attire une clientèle jeune et élégante. Son menu affiche viandes, volailles et fruits de mer grillés et arrosés de sauce créole, rémoulade ou autre, de même que des pâtes au poulet et à la lime dans une sauce au pistou et des *enchiladas* aux fruits de mer. En façade, la terrasse couverte d'un auvent se prête merveilleusement bien à l'observation des passants.

Au **Le Grenier** *($$$-$$$$; dîner seulement; 82 Main St., ☎693-4906)*, le chef et propriétaire Jean Dupont élabore un choix splendide de mets français dans un cadre des plus raffinés, de la vichyssoise aux escargots et aux cuisses de grenouille à la provençale.

La **Black Dog Tavern** *($$$$; ouvert matin, midi et soir; Beach St. Extension, ☎693-9223)*, une boîte à sel en bardeaux gris qui surplombe le port, est une véritable institution locale auprès des plaisanciers. L'été, on s'assoit de préférence sur le porche vitré pour mieux profiter de la vue sur l'océan. Menu variable de palourdes, de morue et de canard grillé, l'emphase portant bien sûr sur les fruits de mer frais.

Oak Bluffs

Le **Papa's Pizza** *($; 158 Circuit Ave., ☎693-1400)* n'est pas vraiment une pizzeria comme les autres. Sa façade rouge vif, blanche et verte donne sur la rue, et vous y trouverez une énorme salle à manger au plafond et aux murs de métal étamé, des appliques murales de laiton à l'ancienne et de longues tables de bois : l'endroit a de la classe! Le comptoir qui se trouve à l'arrière est tout en granit, ce qui ajoute au charme raffiné de l'établissement. On y sert de la lasagne, de la pizza, des pâtes et des sous-marins. Les portions sont généreuses et nourrissantes.

Le **Jimmy Sea's Pan Pasta** *($$-$$$; dîner seulement; 32 Kennebec Ave., ☎696-8550)*, petit et sans façon, sert d'énormes portions de délicieuses pâtes, des raviolis aux tortellinis en passant par les fettucinis, toujours cuites selon le désir du client et présentées à même la casserole. Le *frutti di mare* fera le bonheur de ceux et celles qui ne se lassent pas des mollusques et des crustacés (en tous genres, servis sur un lit de linguinis et arrosés de sauce rouge). Si vous n'avez que moyennement faim, un seul repas pourrait très bien faire l'affaire de deux personnes, car nombreux sont ceux qui repartent avec leurs restes.

Edgartown

Le **David Ryan's Restaurant** *($$-$$$; fermé jan; 11 North Water St., ☎627-4100)* est un de ces endroits où l'on s'arrête pour prendre un verre et où l'on finit par passer des heures. Il s'agit d'un restaurant-bar où vous pouvez aussi bien commander un hamburger que des clams ou un grand bol de pâtes arrosées d'une sauce délectable. De hauts tabourets encerclent de hautes tables au rez-de-chaussée, où règne une atmosphère détendue, tandis qu'à l'étage vous trouverez des banquettes et des tables conventionnelles.

L'atmosphère tamisée et on ne peut plus intime du **CJ's on Main Street** *($$-$$$$; dîner seule-*

ment; 71 Main St., Edgartown, ☎627-8446) convient parfaitement aux chic dîners continentaux qu'on y sert. Sa chaudrée, d'ailleurs primée, est absolument divine, tout comme l'espadon à la Stromberg (flambé à la poêle et nappé d'une sauce à l'orange). À l'étage, **The Sandbar** accueille les dîneurs désireux de prendre un verre entre amis et de manger en toute simplicité sandwichs, salades et pâtes. Il y a aussi un balcon pour ceux qui veulent prendre une bouffée d'air.

Intime et éclairé à la bougie, le **Savoir Fare** *($$$-$$$$; dîner seulement; fermé nov à mars; Post Office Square, Edgartown, ☎627-9864)* est un endroit tout indiqué à l'heure du dîner. Les plats sont préparés dans la cuisine à aire ouverte, et les pâtes comme les pains sont faits sur Pl.. Le menu américain contemporain, ponctué d'influences italiennes, change régulièrement mais pourrait comporter un *tonnato de vitello* (côtelette grillée) ou un flétan en croûte à l'orange garni d'un pesto à la roquette.

L'Étoile *($$$$; dîner seulement; horaire restreint hors saison; 27 South Summer St., ☎627-5187)*, dans l'enceinte du Charlotte Inn, compte parmi les meilleurs restaurants de la Nouvelle-Angleterre et est tout indiqué pour célébrer une occasion spéciale. Il s'agit en effet d'un magnifique restaurant logé dans un conservatoire du XIXe siècle et caractérisé par des verrières, des fenêtres en rotonde, un plancher en brique et des plantes luxuriantes, parsemées de petites lumières italiennes scintillantes. Dans ce décor romantique et féerique, la cuisine française contemporaine est à l'honneur, et le menu à prix fixe porte essentiellement sur le gibier frais et les plats de fruits de mer. Quant aux sauces, elles sont légères et odorantes, aromatisées aux herbes fraîches, aux fruits exotiques, aux champignons *shiitake* et aux échalotes.

Chilmark

Sur la route d'Aquinnah, le **Feast of Chilmark** *($$$; fermé mi-oct à mi-mai; Beetlebung Corner, ☎645-3553)* sert des mets américains tels que carré d'agneau rôti et glacé au cognac, ou champignons portobello grillés et couronnés de poivrons rouges rôtis et de fromage *fiorentino*. Ce restaurant aménagé sur deux étages n'ouvre que le soir et fait également office de galerie d'art.

Aquinnah

Juché sur les falaises d'Aquinnah, l'**Outermost Inn Restaurant** *($$$$; dîner seulement; fermé mi-oct à fin avr; Lighthouse Rd., ☎645-3511)* ne sert des dîners que la fin de semaine, et il est très couru, de sorte qu'il est essentiel de réserver. La vue du coucher de soleil est à la fois divertissante et mémorable. Mais n'oubliez pas de vous restaurer pour autant, car le menu à prix fixe affiche une variété de somptueux mets familiaux et gastronomiques d'inspiration aussi bien américaine que française.

Menemsha

Même si vous n'êtes pas emballé par son menu «pré et marée» (biftecks, salades, homard, etc.) à prix fixe, vous ne voudrez pas manquer la vue renversante qu'offre le **Home Port** *($$$-$$$$; dîner seulement; fermé mi-oct à fin avr; Basin Rd., ☎645-2679)*. Ce restaurant rustique à clins de bois bruns domine en effet des dunes, des prés ondulants et l'idyllique port de Menemsha. En été, vous pouvez en outre y dîner sur la terrasse extérieure.

Le **Beach Plum Inn** *($$$$; petit déjeuner et dîner; fermé fin oct au Memorial Day; North Rd., ☎645-9454)*, petit et retiré, peut facilement vous échapper. Seul un minuscule panneau pointe en direction d'un chemin de terre débouchant sur ce bâtiment sans enseigne, qui ressemble plutôt à une maison privée avec son jardin à rocaille en terrasses. Mais une fois que vous l'aurez déniché, vous ne regretterez pas d'y être venu. La salle à manger intime dispose de grandes baies vitrées donnant sur le port de Menemsha et de subtiles touches de mauve et de vert en rehaussent le décor. Les clients ont le choix de cinq dîners à prix fixe et doivent indiquer leurs préférences au moment de faire leur réservation, quoique les mêmes plats puissent aussi être commandés à la carte. On y sert entre autres du homard à l'étuvée, du canard arrosé d'une sauce au cari et au miel, et du carré d'agneau.

Nantucket

Nantucket

The Atlantic Café *($-$$$; fermé mi-déc à début jan; 15 South Water St., ☎228-0570)* se trouve sur une rue qu'on aurait dû baptiser «l'avenue Hamburger», car tous les restaurants y servent la même chose : des hamburgers, de la bière et du rock-and-roll. Vous pouvez d'ailleurs sentir l'odeur de la friture avant même de vous y aventurer. Le jour, cet établissement attire les familles avec des enfants en bas âge, mais, le soir, ce sont les étudiants qui prennent la relève. Avec ses murs blancs, ses poutres de bois et son bar central entouré de tables et de chaises en bois, il s'en dégage un air de propreté. L'ardoise affiche par ailleurs quotidiennement des plats de steak et de fruits de mer.

L'**Espresso Café** *($$; petit déjeuner, déjeuner et dîner; 40 Main St., ☎228-6930)* est l'endroit tout indiqué pour prendre un cappucino et un *brownie* (petit gâteau au chocolat et aux noix), un déjeuner ou un dîner sans façon, ou encore pour vous procurer les denrées nécessaires à un bon pique-nique. Avec ses ventilateurs à larges pales, son sol carrelé de noir et de blanc, son plafond étamé et, à l'arrière, sa terrasse ombragée, cet établissement ressemble à un salon de dégustation de glaces à l'ancienne. La nourriture y est au goût du jour, et les portions sont généreuses, qu'il s'agisse du cassoulet, des soupes, du bœuf haché aux haricots rouges et aux piments ou de l'épaisse pizza, garnie d'une montagne d'ingrédients typiquement yuppies, comme les tomates séchées au soleil et le chèvre.

Le **Boarding House** *($$-$$$; dîner tlj, mai à oct déjeuner mar-dim, fermé nov à fin avr; 12 Federal St., ☎228-9622)* se présente comme un des restaurants les plus attrayants et les plus versatiles de l'île. Il dispose d'une terrasse en brique, idéale pour observer les passants, ainsi que d'un café-bar tapissé de fenêtres qui s'étendent du sol au plafond. Une femme peut s'y présenter seule et s'y sentir tout à fait à l'aise. Un dîner formel est servi dans le cellier, sorte de grotte aux murs crème voûtée et éclairée à la chandelle. Le menu varie selon les saisons, mais certains plats particulièrement appréciés, et servis aussi bien au café que dans la salle à manger, comprennent l'albacore à l'aïoli wasabi glacé au soja et au gingembre, et la paire de queues de homard grillées au champagne et au beurre blanc servie avec purée de pommes de terre. Carte des vins complète.

L'**American Seasons** *($$$$; dîner seulement; fermé mi-déc à mi-avr et mar mi-avr à mi-mai; 80 Centre St., ☎228-0397)* sert une cuisine régionale américaine, notamment des ris de veau fumés sur bois de prosopis et accompagnés d'une salade de pissenlits, et un thon en croûte aux fines herbes agrémenté de légumes-racines gratinés. Ce restaurant occupe un bâtiment blanc de deux étages aux fenêtres garnies de jardinières débordantes de fleurs saisonnières. Quant à l'intérieur, il présente un décor romantique ponctué de lanternes-tempête et bercé de douces mélodies de jazz, tandis que la terrasse extérieure s'enorgueillit de tables en cuivre. Clientèle jeune, joyeuse et décontractée.

Parmi les restaurants raffinés étonnamment nombreux de Nantucket, un des meilleurs est **Le Languedoc** *($$-$$$$; fermé mi-déc à mi-mai et dim mi-mai à fin juin; 24 BRd. St., ☎228-2552)*. Élégant et feutré, l'étage inférieur propose des dîners de type bistro dans un décor tout à fait urbain de murs jaunes, de tableaux contemporains et de moquette sombre, quoique ses nappes marines et blanches et ses chaises Windsor lui confèrent des airs champêtres dignes de la province française, tandis que l'étage supérieur ressemble à un confortable pied-à-terre. Fricassée de homard, crevettes géantes glacées à la bostonnaise et risotto jambalaya vous attendent au menu du bistro, alors que celui de la chic salle qui se trouve à l'étage pourrait vous réserver un homard rôti à la poêle et garni de pommes de terre à l'ail et au thym, du crabe à carapace molle ou un filet d'agneau saupoudré de cèpes. Un soin peu commun est accordé à la présentation. Il est recommandé de réserver à l'avance pour manger à l'étage, mais aucune réservation n'est acceptée au rez-de-chaussée. Le déjeuner est servi dans le bistro de septembre à décembre, tandis que le dîner est servi toute l'année.

Siasconset

Le minuscule **Sconset Café** *($$$-$$$$; fermé mi-oct à fin avr; Post Office Square, ☎257-4008)* propose un menu alléchant à toute heure du jour, et les clients de la maison ont le bonheur de goûter des créations de toute pièce aussi bien que des adaptations de classiques de ce qu'il convient d'appeler la nouvelle cuisine américaine. Essayez l'agneau dijonnais ou le risotto aux légumes nains.

Le Chanticleer *($$$$; fermé lun et nov à mi-mai; 9 New St., ☎257-6231)* fait partie des restaurants les plus romantiques de la Nouvelle-Angleterre. Au printemps, la maison à clins de bois gris et percée de nombreuses fenêtres se couvre de rosiers grimpants, et son jardin fleuri se colore de rose, de blanc et de lavande. La cuisine française est à l'honneur : foie gras, soufflé de homard, figues fraîches aux fines herbes dans une sauce au vin blanc, truite et mousse de saumon, et homard sauce au gingembre. Son dîner à prix fixe est un véritable chef-d'œuvre, même si plusieurs résidants préfèrent y venir pour le déjeuner.

SORTIES

La région compte une foule d'établissements où vous pourrez terminer agréablement vos journées.

Le Cape Cod

Sandwich

Les **Heritage Plantation Concerts** *(fermé mi-oct à la fête des Mères; à l'angle des rues Pine et Grove, ☎888-3300)* propose un programme varié les samedi soir et dimanche après-midi, composé de jazz, de musiques ethnique et populaire, de banjo, de groupes de cornemuse écossaise, de chœurs et de grands orchestres.

Barnstable

Le **Barnstable Comedy Club Community Theater** *(Route 6A, ☎362-6333)*, fondé en 1922, est la plus ancienne troupe de théâtre amateur du cap. Tout au long de l'année, elle monte des productions d'envergure et organise des ateliers. Kurt Vonnegut, un ancien du Club, a autrefois joué dans plusieurs de ses pièces.

Dennis

The Cape Playhouse *(Route 6A, ☎385-3911)*, le plus vieux théâtre d'été en Amérique du Nord, fondé en 1926, monte des pièces et des comédies musicales très connues, comme *The Sound of Music*, *Ain't Misbehavin'* et *Noises Off*, interprétées par des vedettes de Hollywood et de BRd.way. À titre d'exemple, Lana Turner, Gregory Peck et Henry Fonda se sont tous produits ici. Nostalgique et romantique, le théâtre occupe un temple de 1838 entouré d'élégantes pelouses et de jardins, et agrémenté d'un guichet gothique victorien.

Le **Reel Art Cinema** du Cape Museum of Fine Arts *(oct à fin mai; Route 6A, ☎385-4477)*, situé sur le terrain du Cape Playhouse, présente des films de qualité aussi bien récents qu'anciens, comme *Henry V*, avec Laurence Olivier, *Ginger and Fred* et *House of Games*.

Provincetown

Provincetown propose des divertissements de tout premier ordre aux gays, hommes et femmes, qu'il s'agisse de thés dansants en après-midi, de spectacles de cabaret, de cafés-théâtres, de pianos-bars ou de discothèques. Tout y est, et c'est ici qu'on trouve certains des endroits les plus branchés, dont plusieurs sont aussi bien fréquentés par les hétérosexuels que par les gays.

The Post Office Cabaret *(droit d'entrée; 303 Commercial St., ☎487-3892)* est le rendez-vous des lesbiennes au cours de l'été, alors qu'il met en vedette des artistes de la trempe de Teresa Trull. Le café du rez-de-chaussée est ouvert toute l'année et est un endroit où il fait bon se retrouver. Quant au cabaret, il ferme de la fête du Travail au Memorial Day

Au **Crown and Anchor Bar** *(droit d'entrée; 247 Commercial St., ☎487-1430)*, aménagé dans un bâtiment historique en bordure de mer, les spectacles de travestis présentés l'été font un vrai malheur. L'endroit est fréquenté par une clientèle tout public. Réservation impérative.

Le disco-bar gay le plus à la mode en ville est l'**Atlantic House** *(droit d'entrée; 4-6 Masonic Pl., ☎487-3821)*. Joignez-vous à la «chasse à l'homme» du mercredi ou prenez part à la soirée thématique du vendredi.

Le **Pied Piper** *(droit d'entrée juil et août de même que sam-dim en mai; fermé nov à fin mars; 193-A Commercial St., ☎487-1527)* a été cité par la revue *Time* comme le meilleur bar pour femmes de tous les États-Unis. Les résidants prétendent que le meilleur moment pour s'y rendre est à l'heure dansante de l'après-thé, après 18h30.

Durant l'été, nombreux sont ceux qui, tous les après-midis, se rendent au thé dansant du **Boatslip Beach Club** *(droit d'entrée; 161 Commercial St., ☎487-1669)*, un établissement de plage disposant d'une gamme complète de services.

Orleans

L'**Academy Playhouse** *(120 Main St., ☎255-1963)*, qui occupe une ancienne mairie datant de 1837, propose des numéros comiques et musicaux, ainsi que des pièces de théâtre.

Hyannis

La **Duval Street Station** *(droit d'entrée ven-sam; 477 Yarmouth Rd., ☎775-9835)* attire les gays, hommes et femmes, qui veulent se laisser entraîner à la danse par un disc-jockey du jeudi au samedi. En été, vous pourrez vous assembler autour du petit piano à queue et entonner en chœur vos airs favoris.

Le **Cape Cod Melody Tent** *(21 West Main St. Rotary, ☎775-9100)*, un immense chapiteau, donne l'occasion d'entendre des artistes aussi connus que Willie Nelson, Tony Bennett, Kenny Rogers, Bob Newhart et Ray Charles.

Martha's Vineyard

Vineyard Haven

Tout au long de l'année, le **Vineyard Playhouse** *(Church St., ☎693-6450 ou 696-5300)*, le seul théâtre professionnel de l'île, présente des classiques et des créations récentes.

L'**Island Theatre Workshop** *(P.O. Box 1893, MA 02568, ☎693-5290)* s'impose comme la plus vieille troupe théâtrale de l'île. Tout au long de l'année, on y présente un large éventail de pièces, d'œuvres musicales et de spectacles pour enfants interprétés par des comédiens d'ici. Sans domicile fixe, elle monte ses productions en divers endroits de l'île.

Oak Bluffs

L'**Atlantic Connection** *(Circuit Ave., ☎693-7129)*, un bar dansant très animé, présente toute l'année des formations musicales et divers autres spectacles. Soirées dansantes animées par un disc-jockey les vendredi et samedi.

The Island House *(fermé l'hiver; 120 Circuit Ave., ☎693-4516)* est un restaurant qui accueille des musiciens sur scène plusieurs soirs par semaine. On y couvre à peu près tous les genres, du blues au rock.

Edgartown

L'**Old Whaling Church Performing Arts Center** *(Old Whaling Church, Main St., ☎627-4442)*, qui occupe une église néoclassique de 1843, propose des conférences culturelles, des films classiques, des concerts et des pièces de théâtre, 12 mois par année. Des vedettes de la musique folk tel qu'Arlo Guthrie ont également honoré sa scène.

Nantucket

Nantucket

Le **Nantucket Arts Council** *(P.O. Box 554, MA 02554 ☎257-4270)* organise des concerts de musique classique dans l'ancienne Coffin School de septembre à juin. Quant à la **Nantucket Musical Arts Society** *(P.O. Box 897, MA 02554, ☎228-1287)*, elle tient ses concerts d'été à l'intérieur de la First Congregational Church de la rue Centre.

The Theater Workshop of Nantucket *(Bennett Hall, 62 Centre St., ☎228-4305)* présente, toute l'année, des pièces de théâtre telles qu'*Amadeus*, *The Boys Next Door* et *On Golden Pond*.

L'**Actors Theater of Nantucket** *(Memorial Day au Columbus Day; 2 Centre St., ☎228-6325)* en a pour tous les goûts : des pièces dramatiques, des comédies légères, des comédies musicales, des productions pour enfants, des numéros comiques, etc. Informez-vous des concerts de charité qu'on y présente l'été, et auxquels ont déjà pris part des artistes de la trempe de Judy Collins et Joan Baez.

Pour prendre un cocktail tout en assistant à un concert (l'été seulement) dans une vieille taverne chaleureuse et confortable, essayez le **Tap Room at Jared Coffin House** *(29 Brd. St., ☎228-2400)*.

The Chicken Box *(droit d'entrée pour les spectacles; 6 Daves St., ☎228-9717)*, un bar marginal, très animé et tout à fait décontracté, présente des groupes de rock-and-roll, de reggae, de rhythm-and-blues et autres. Tous les soirs d'été; sam-dim seulement l'hiver.

ACHATS

Vous trouverez, tant au Cape Cod et à Martha's Vineyard qu'à Nantucket, de jolies boutiques toutes plus attirantes les unes que les autres où vous aurez tout le loisir de fouiner, et peut-être le plaisir de vous acheter un petit souvenir.

Le Cape Cod

Certains des meilleurs achats se font le long de la route 6A, bordée de magasins d'antiquités et d'ateliers d'artisans proposant poteries, étoffes, meubles artisanaux et nombre d'autres articles.

Sandwich

The Brown Jug *(fermé jan et fév; 155 Main St./Route 6A, ☎833-1088)*, avec ses lambris et ses planchers de bois en pente, ressemble à un ancien magasin général. Mais on y vend, outre des antiquités des XVIIIe, XIXe et XXe siècles, des objets en verre façonnés à la main d'excellente qualité. Plusieurs des pièces qu'on y trouve ont été fabriquées à Sandwich au XIXe siècle.

West Barnstable

Le **Black's Handweaving Shop** *(597 Main St./Route 6A, ☎362-3955)* propose de magnifiques couvre-lits tissés à la main ainsi que des descentes de lit, des napperons, des chapeaux, des gants et des tentures murales aux riches couleurs. Le magasin occupe une large pièce en forme de grange où vous pouvez observer le travail au métier des propriétaires et concepteurs Bob et Gabrielle Black.

Même si vous n'avez nullement l'intention d'acheter une girouette, arrêtez-vous au **Salt and Chestnut** *(651 Main St./Route 6A, ☎362-6085)*, qui se présente comme un véritable musée de la girouette. On y vend aussi bien d'anciennes que de nouvelles girouettes de cuivre martelé à la main dans une pléiade de styles, qu'il s'agisse d'une sorcière sur son balai, d'une sirène, d'un homard, d'un voilier, de chiens, d'éléphants, de cerfs ou autres.

Yarmouthport

Design Works *(159 Main St., ☎362-9698)* se spécialise dans les antiquités scandinaves, incluant armoires en bois de pin, miroirs, chaises, canapés, literie et serviettes de table, nappes et accessoires de lit en dentelle.

À l'origine une église, plus tard un magasin général et aujourd'hui une librairie, le **Parnassus Book Service** *(220 Old King's Highway/Route 6A, ☎362-6420)* tient une foule d'ouvrages sur le Cape Cod.

Dennis

L'un des plus beaux spectacles de la route 6A est le rayonnant étalage de fleurs, fruits et légumes frais du **Tobey Farm Country Store** *(fermé jan à mi-avr; 352 Main St./Route 6A, ☎385-2930)*. Faites-y un saut en été pour acheter pêches et prunes, ou en automne, à l'époque des pommes et des citrouilles. Cette ferme à clins de bois blancs vend également à bons prix des couronnes séchées de statice allemand pourpre, de gratte-culs, de lavande, d'achillée mille-feuilles, de boutons de rose séchés et d'eucalyptus.

West Brewster

Même si vous n'avez pas les moyens de vous offrir quoi que ce soit au **Kingsland Manor** *(440 Main St./Route 6A, ☎385-9741)*, venez tout de même arpenter son labyrinthe de pièces et de jardins somptueux, remplis d'incroyables antiquités américaines et européennes.

Provincetown

Remembrance of Things Past *(fermé lun-ven nov à fin mars; 376 Commercial St., ☎487-9443)* mérite d'être exploré pour le plaisir, même si vous n'avez pas envie d'acheter quoi que ce soit. L'endroit regorge de souvenirs nostalgiques des années vingt à cinquante, qu'il s'agisse d'appareils téléphoniques, de bijoux, d'objets sportifs ou d'anciennes photos d'Elvis, Marilyn et Lucy.

Avec un nom pareil, **Marine Specialties** *(sam-dim seulement jan et fév; 235 Commercial St., ☎487-1730)* peut vous sembler officiel et rigoureux, mais il n'en est rien. Établi dans une pièce qui ressemble plutôt à une grange, ce magasin éclectique est rempli d'innombrables objets nautiques et militaires disparates, et vendus à prix raisonnables. Vous y trouverez ainsi d'anciens boutons en laiton, des avirons démodés, des cloches, des paniers, de l'équipement de plongée désuet, des cornes de brume, d'anciennes brouettes à chaussures, des vêtements de l'armée et de la marine, des drapeaux, des réflecteurs de bicyclette, des coquillages et des filets de pêche. Même les gens qui détestent magasiner adorent cet endroit.

Orleans

Le **Bird Watcher's General Store** *(36 Route 6A, ☎255-6974)* ne pourrait mieux porter son nom. On y vend en effet tout ce qui se rapporte aux oiseaux : des guides d'observation sur le terrain, des lunettes d'approche, 25 variétés de bains d'oiseaux, des chauffe-eau pour bains d'oiseaux, des mangeoires et des ensembles de découpages. Vous y trouverez même des chopes à café, des t-shirts, des timbres, des carpettes et des porte-pots décorés d'oiseaux.

Chatham

The Odells *(fermé dim; 423 Main St., ☎945-3239)*. Tom et Carol, respectivement orfèvre et artiste peintre, exploitent une galerie à l'intérieur même de la maison où ils vivent et travaillent. Les toiles abstraites et colorées de Carol complètent avantageusement les bijoux, petites sculptures et vases que Tom façonne à partir de métaux et alliages précieux.

Pour vous procurer de magnifiques ustensiles de cuisine et de la vaisselle peinte à la main, rendez-vous au **Chatham Cookware** *(524 Main St., ☎945-1550)*, aménagé dans une boutique blanche, rose et bleue de style cottage. Frais et charmant, cet établissement vend également d'excellents pains, de la charcuterie fine et du café.

On ne compte plus les magasins du Cape Cod proposant des objets décoratifs sur le thème de la mer, mais peu d'entre eux ont autant de classe que le **Regatta Shop** *(fermé lun-ven jan et fév; 483 Main St., ☎945-4999)*, où vous trouverez des bijoux en argent d'inspiration maritime, d'élégantes enseignes de maison sculptées à la main, des aimants en forme de poissons multicolores, des meubles peints et une vaste collection d'affiches maritimes dignes des meilleurs musées.

The Spyglass *(fermé dim l'hiver; 618 Main St., ☎945-9686)* se présente comme une de ces merveilleuses boutiques de loups de mer remplies à craquer d'anciens télescopes, microscopes, lorgnettes, baromètres et antiquités, tableaux et outils maritimes.

Cotuit

Isaiah Thomas Books *(4632 Falmouth Rd., ☎428-2752; informez-vous des heures d'ouverture)* dispose d'un choix incommensurable d'éditions originales et de livres d'occasion, rassemblés dans une maison victorienne rose bonbon. Entre autres catégories d'articles : œuvres humoristiques, thésaurus, ouvrages sur la marine militaire et livres d'enfants classés par groupe d'âge et par sujet.

Woods Hole

Woods Hole Handwork *(fermé fin déc à fin avr et sam-dim le printemps et l'automne; 68 Water St., ☎540-5291)* est une minuscule boutique d'artisanat qui s'avance sur l'eau à côté du pont mobile d'Eel Pond. La qualité exceptionnelle des articles qu'on y trouve (bijoux, vêtements et accessoires de maison), leur habile présentation et l'éclairage tamisé des lieux font davantage songer à une galerie d'art qu'à une simple boutique.

Martha's Vineyard

Vineyard Haven

Le **Bunch of Grapes Bookstore** *(44 Main St., ☎693-2291)* attire de nombreux écrivains. Il s'agit de la meilleure librairie de l'île, et ses rayons débordent de recueils de poésie ainsi que de romans et nouvelles de qualité. Des lancements s'y tiennent régulièrement.

Timeless Treasures *(angle Main St. et Spring St., ☎696-7637)* est une minuscule boutique remplie d'antiquités, de meubles en pin, de chandails d'Irlande tricotés à la main, d'argenterie victorienne et édouardienne, et de bien d'autres choses encore.

Literie, meubles antiques en bois de pin anglais, gros chandails de laines tricotés à la main et chopes à café peintes à la main peuvent être obtenus chez **Bramhall & Dunn** *(19 Main St., ☎693-6437)*.

Établi dans une vieille grange, **Bowl & Board** *(35 Main St., ☎693-9441)* déborde d'accessoires utiles pour la maison tels que cadres, ustensiles de cuisine, carpettes et bougies.

Oak Bluffs

Take it Easy Baby *(fermé fin déc à fin mars; 35 Circuit Ave., ☎693-2864)*, un magasin de vêtements d'occasion très à la mode, propose des vestes d'aviateur en cuir, des chemises hawaïennes, des robes de grands couturiers et de magnifiques vêtements canadiens contre le mauvais temps, comme des suroîts doublés de flanelle.

Edgartown

In The Woods *(fermé mi-jan à fin mars; 55 Main St., ☎627-8989)*, une boutique caverneuse aux murs de brique rouge, vend divers objets en bois façonnés à la main : cuillères, assiettes, bols, plateaux à pain, planches à découper, décorations de Noël, tables et bancs. Les prix sont raisonnables et les articles proposés, d'une superbe facture.

The Great Put-On *(Mayhew Lane, ☎627-5495)* tient la plus belle ligne de vêtements pour hommes et femmes de l'île.

Penumbra Photographs *(fermé lun-mar; 33 North Summer St., ☎627-9002)* recèle une fascinante collection de photographies anciennes d'une qualité irréprochable (des années 1850 aux années 1940) qui ne manquera pas d'intéresser amateurs et collectionneurs.

Nantucket

Nantucket

La **Hoorn Ashby Gallery** *(fermé lun-ven oct à fin déc ; 10 Federal St., ☎228-9314)*, l'une des plus belles galeries d'art de l'île, propose des toiles contemporaines américaines et européennes, mais aussi des pièces artisanales d'époque, comme des bancs-coffres peints à la main et des poteries bleu et blanc, le tout dans une pièce baignée de soleil et agrémentée de revêtements muraux en bois, de hautes colonnes et de fenêtres panoramiques.

Plusieurs boutiques de Nantucket proposent des produits tissés à la main, mais les couvertures, les carpettes et les châles de **Nantucket Looms** *(fermé dim fin déc à fin mars; 16 Main St., ☎228-1908)* se détachent du peloton. Parmi les articles les plus en demande, retenons le volumineux couvre-lit blanc écume à fines rayures marines et les couvertures offertes dans toutes les couleurs de l'arc-en-ciel.

La **Four Winds Craft Guild** *(6 Ray's Court, ☎228-9623)* se spécialise dans les deux plus vieilles formes d'artisanat de l'île : les paniers de bateaux-phares de style ancien et nouveau, et les petits objets de fantaisie fabriqués par les matelots au cours de leurs voyages. Quant aux petits objets de fantaisie, ils sont finement sculptés dans des os ou des dents de baleine. Ces deux formes d'artisanat datent du XVIIIe siècle et nous viennent des gardiens de phare et des marins qui occupaient ainsi leurs longues heures de vigile.

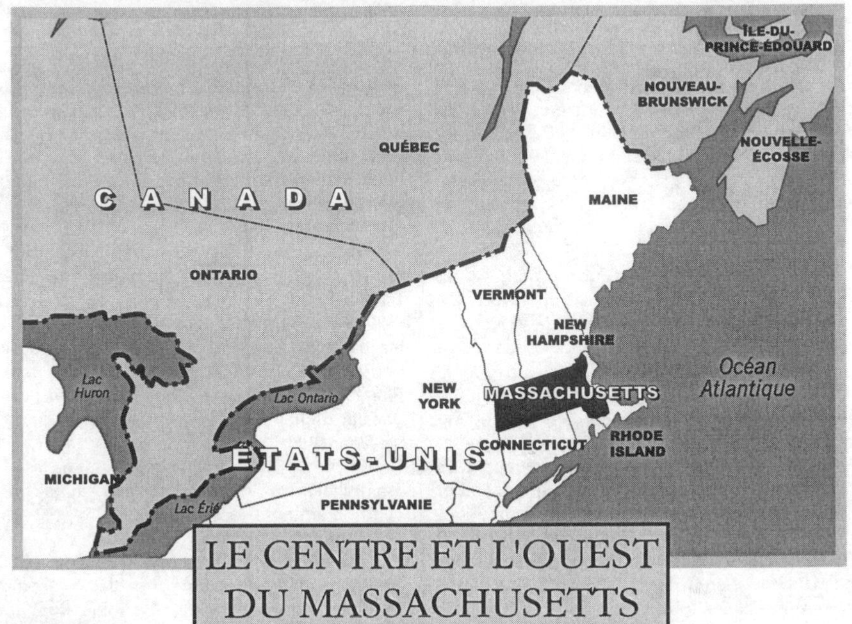

LE CENTRE ET L'OUEST DU MASSACHUSETTS

En arrivant dans cette région, prenez une grande respiration, et préparez-vous à découvrir un mélange apaisant de scènes rurales et urbaines, ponctuées de collines ondulantes, d'hectares de maïs, de routes campagnardes en lacet qui épousent les contours des rivières et des cours d'eau, de petits musées, de vieilles maisons, de villages historiques et de villes collégiales aux rues bordées d'érables.

Ne prenez pas la peine d'apporter vos talons hauts ou votre smoking dans le centre et l'ouest du Massachusetts, à moins que vous ne comptiez passer une fin de semaine dans un luxueux complexe d'hébergement des Berkshires. L'atmosphère et les tenues vestimentaires sont en effet décontractées dans ce coin de pays.

Le sort culturel, économique et social de cette région a toujours été tributaire de sa géographie. Les forêts, les champs et les paysages des collines des Berkshires ont attiré des auteurs et des poètes d'inspiration naturaliste au cours du XIXe siècle, qui ont à leur tour séduit plusieurs personnes riches et célèbres dans la région, créant un véritable âge d'or pendant lequel d'immenses propriétés ont vu le jour. Le majestueux fleuve Connecticut fournissait pour sa part une voie de transport, de même que toute l'eau nécessaire au fonctionnement des usines et des moulins du siècle dernier. Ces mêmes usines, ainsi que le sol fertile des rives du Connecticut, virent affluer les immigrants, ouvriers et fermiers, qui firent de cette région le gagne-pain de la Nouvelle-Angleterre pendant plusieurs décennies.

Les premiers Européens à poser le pied sur ce sol trouvèrent des forêts absolument vierges côtoyant de vastes étendues dénudées, colonisées par les Mohawks, les Mohegans et des chasseurs venus des environs du fleuve Hudson.

Les premiers efforts de développement dans le centre et l'ouest du Massachusetts remontent au XVIIe siècle, alors que de petits forts comme Deerfield furent construits et que des postes de traite comme Springfield commencèrent à se multiplier sur les rives du fleuve Connecticut. Ces colonies jouèrent d'ailleurs un rôle important dans l'histoire des États-Unis, marquant les premiers mouvements des colons vers l'intérieur des terres et servant de jalons pour une exploration plus poussée des territoires plus à l'ouest.

Au XIXe siècle, des canaux et des moulins furent construits dans la partie la plus au sud de la Pioneer Valley et des South Hadley Falls. Moins de 30 ans après sa fondation, en 1850, la ville de Holyoke, la première ville construite d'après un plan d'urbanisme aux États-Unis, allait devenir la «reine des villes industrielles», puis, peu de temps après, la «première ville papetière du monde».

Des milliers d'immigrants canadiens et européens s'établirent dans le centre et l'ouest du Massachusetts vers la fin du XIXe siècle pour travailler dans les usines qui y fleurissaient, alors que, plus à l'est, Worcester connaissait ses heures de gloire grâce à ses innovations industrielles et son esprit avant-gardiste.

En raison du déclin de l'économie manufacturière en Nouvelle-Angleterre au cours du XXe siècle, les fortunes de Holyoke et de Worcester se dissipèrent peu à peu, de même que celles des villages ruraux dépendant des usines locales. D'autres régions de l'État connurent un regain d'énergie avec l'avènement des techniques de pointe, mais le centre et l'ouest du Massachusetts n'ont pas réussi à échapper au marasme. L'économie y repose essentiellement sur des industries secondaires, sur l'éducation, l'agriculture et les entreprises de service, si bien que le niveau de vie y diffère sensiblement de celui dont bénéficient les régions plus riches qui entourent Boston.

De nos jours, les trois divisions de cette région dont traite le présent chapitre possèdent respectivement leur caractère propre, même si elles ne sont pas séparées par de grandes distances. Le centre du Massachusetts, entourant les villes de Worcester et de Sturbridge, se compose de villages ruraux et industriels. La Pioneer Valley, qui s'étend en bordure du fleuve Connecticut, se transforme peu à peu de région agricole en banlieue-dortoir de Springfield et de Hartford. Les Berkshires semblent davantage influencées par New York que par Boston, alors que d'importants changements s'y opèrent aussi avec la disparition des emplois manufacturiers qui soutenaient autrefois l'économie locale.

Nombreux sont les habitants de l'est du Massachusetts qui ignorent à quel point cette partie de l'État peut être rurale, et ceux de l'Ouest prétendent volontiers que le Massachusetts ne s'étend pas au-delà de l'autoroute 495, qui décrit un grand arc de cercle autour de Boston. Il arrive même à l'occasion qu'un politicien local soulève la question d'une séparation éventuelle entre ces deux chasses gardées, surtout à cause du fait que les villes moins importantes de la région n'obtiendraient pas leur juste part des subsides accordés par l'État.

Mais il y a aussi le fait que les gens d'ici ont une mentalité bien différente de ceux du reste de l'État. Il y règne en effet un esprit fier et indépendant qui ressortait déjà de façon évidente en 1787, lorsque Daniel Shays, un fermier de Hatfield, lança la première insurrection «anti-taxes» des États-Unis. Et pourtant la lutte se poursuit; près d'une centaine de citoyens de la région refusent encore de payer leurs impôts en guise de protestation contre la politique militaire américaine.

Au cours des siècles, cette région a attiré de nombreux écrivains, de Nathaniel Hawthorne (un natif de Salem qui n'aimait pas les Berkshires) à Herman Melville (un natif de Pittsfield qui les adorait). Le comédien Bill Cosby possède une maison dans les collines qui entourent la Pioneer Valley, et le lauréat d'un grand prix de poésie, Richard Wilbur, réside à Cummington, marchant sur les traces des poètes William Cullen Bryant (qui vivait dans la même ville) et Emily Dickinson, qui écrivait dans sa maison du centre d'Amherst au XIXe siècle.

Ce que tous ces gens ont trouvé, c'est un endroit raisonnablement près des ressources citadines (New York est à moins de quatre heures de route et Boston à moins de deux), mais en même temps suffisamment éloigné pour ne pas être incommodé par le smog, la criminalité et le coût de la vie excessif.

Plusieurs habitants actuels de cette région y sont d'abord venus alors qu'ils étaient encore étudiants. Au cours des années soixante, l'ouest du Massachusetts représentait en effet un véritable paradis pour ceux et celles qui prônaient le retour à la terre, car ils y trouvaient des terres bon marché en même temps que l'animation politique qui régnait alors sur le campus de l'université du Massachusetts, à Amherst. Comme partout ailleurs, les esprits se sont calmés, ce qui n'empêche pas toutefois l'activisme politique de continuer à jouer un rôle important dans la vie de plusieurs. C'est ainsi que la plupart des décisions prises à l'échelle municipale (sauf dans les grandes villes) le sont lors d'assemblées comme il s'en tient depuis toujours en Nouvelle-Angleterre. De plus, c'est ici, à Northampton, que des radicaux comme Abbie Hoffman, Amy Carter (la fille de l'ancien président des États-Unis) et un groupe d'étudiants de l'université du Massachusetts intentèrent un procès à la CIA et obtinrent gain de cause! La région compte par ailleurs une foule d'artistes et d'artisans fascinés par la solitude et la beauté naturelle de cette contrée, et leurs œuvres emplissent des studios et des galeries sans nombre, même dans les plus petites localités.

L'éducation est en outre une entreprise d'envergure dans ces parages : Worcester est le siège de la Holy Cross, de la Clark University et de l'Assumption College, alors que la Pioneer Valley regroupe ce qu'on appelle «les cinq grandes écoles», à savoir l'université du Massachusetts et les collèges Smith, Mount Holyoke, Hampshire et Amherst, de même qu'un nombre important d'écoles privées hautement prestigieuses, comme la Deerfield Academy et Northfield Mount Hermon. Quant au Williams College, il se trouve dans le village de Williamstown, dans les Berkshires.

Vous êtes ici dans une région un peu particulière qu'il convient de visiter sans se presser. Prenez le temps de flâner dans un café-terrasse de Northampton ou de vous perdre dans un des excellents musées de Springfield, Worcester ou Williamstown. Bien que l'été soit la saison rêvée dans cette contrée, les autres saisons recèlent néanmoins des charmes indéniables. Profitez par exemple d'une journée d'automne pour escalader une montagne afin de mieux contempler les feuillages colorés qui caractérisent cette période de l'année, ou passez une fin de semaine d'hiver à faire du ski de fond dans un centre accueillant des Berkshires.

L'adage de Mark Twain selon lequel «*Si vous n'aimez pas le climat de la Nouvelle-Angleterre, patientez un instant*» s'applique fort bien ici, puisque, dans les Berkshires, la température peut varier entre deux endroits distants d'à peine 35 km l'un de l'autre. En hiver, attendez-vous à tout, des journées ensoleillées à 10°C qui font suite à une chute de neige aux semaines où le mercure refuse de passer la marque de - 7°C. Le début du printemps, soit la saison des sucres, se caractérise par des journées plus chaudes, alors que les nuits restent glaciales. Quant à l'été, il y fait couramment de 20 à 27°C, et l'on a souvent droit à un orage en début de soirée. L'été des Indiens (vers la deuxième ou la troisième semaine d'octobre) s'impose incontestablement comme une des plus belles périodes de l'année dans ces parages, alors que le ciel est d'un bleu limpide, que les feuillages se révèlent éblouissants et que les températures s'avèrent encore confortables autour de 10 à 16°C.

Une visite dans cette région vous mettra en contact avec des réalités d'un tout autre ordre, beaucoup plus simples. Pensez au plaisir de jouir des grands espaces dans un silence complet, à l'enivrement que peut procurer une randonnée en forêt ou au bonheur de vous engager sur une petite route secondaire sans savoir où elle vous conduira.

Bref, si vous cherchez un endroit alliant les joies sereines de la vie à la campagne et l'abondance des occasions récréatives et culturelles, vous ne songerez qu'à retourner encore et encore vers ce havre de beauté.

POUR S'Y RETROUVER SANS MAL

En voiture

Cette région est facilement accessible par la **route 90**, c'est-à-dire le **Massachusetts Turnpike**, qui traverse toute la moitié inférieure de l'État en vous permettant de sortir à Worcester, Sturbridge, Springfield et Stockbridge.

En partant de Boston, la **route 2** offre un parcours panoramique vers le célèbre Mohawk Trail et les régions septentrionales du centre et de l'ouest du Massachusetts.

Location de voitures

À l'aéroport de Worcester, vous pouvez louer une voiture auprès de **Avis Rent A Car** *(☎800-331-1212)* **Hertz Rent A Car** *(☎800-654-3131)* ou **National Interrent** *(☎800-328-4567)*.

En avion

Nombreux sont ceux qui arrivent à l'**aéroport international Logan** de Boston (voir p248). Cette région est en outre desservie par l'**aéroport international Bradley** de Windsor Locks, près de Hartford, au Connecticut (voir p 405) et par l'**aéroport municipal de Worcester**, de plus en plus populaire par rapport à l'aéroport Logan de Boston malgré la taille réduite de ses installations (Continental Express et USAir Express). Ceux et celles qui comptent conjointement se rendre dans les Berkshires et visiter le Vermont peuvent aussi opter pour l'**Albany County Airport** d'Albany (New York).

Peter Pan Bus Lines *(☎413-781-3320)* fait régulièrement la navette entre l'aéroport Bradley et la gare routière de Springfield *(1780 Main St.)*.

Aucun service de transport public ne dessert l'aéroport. **Worcester Airport Limousine**

(☎508-756-4834) propose cependant un service de navette «à la porte» en minibus ou en fourgonnette entre l'aéroport et les destinations du comté de Worcester, y compris Sturbridge.

Parmi les compagnies de taxi qui desservent l'aéroport de Worcester, retenons **Yellow Cab** *(☎508-754-3211)*, **Arrow Cab** *(☎508-756-5184)* et **Red Cab** *(☎508-752-5601)*.

En autocar

Toutes les lignes d'autocars à destination ou en provenance des autres grandes villes convergent vers les gares routières de Worcester *(75 Madison St.)* et de Springfield *(1780 Main St.)*.

Greyhound Bus Lines *(☎800-231-2222)* relie Worcester et Springfield aux Berkshires, à Boston et à New York.

Peter Pan Bus Lines *(☎800-343-9999)* dessert Boston, certaines localités de l'Ouest (Springfield, Amherst, Northampton, les Berkshires et Albany) et d'autres du Sud (Hartford et New York).

Bonanza Bus Lines, Inc. *(☎800-556-3815)* relie Springfield aux Berkshires, à Albany et à Providence (Rhode Island).

Vermont Transit Lines *(☎800-451-3292)* relie Springfield aux points géographiques situés plus au nord : Northampton, le Vermont, le New Hampshire et le Canada.

En train

Amtrak *(45 Shrewsbury St., Worcester; 66 Lyman St., Springfield; ☎800-872-7245)* dessert la région de Worcester depuis New York et Albany. Le *Montrealer* part, quant à lui, de Montréal une fois par jour pour atteindre New York, puis Amherst, sans compter les nombreux trains qui circulent quotidiennement entre Springfield et la Pennsylvania Station de New York.

Les transports publics

Dans le centre du Massachusetts, la **Worcester Regional Transit Authority** *(☎508-791-2389)* assure la liaison par autobus entre les divers points du Worcester County.

Dans la Pioneer Valley, la **Pioneer Valley Transit Authority** *(☎413-781-7882)* propose un service régulier dans toute la région du grand Springfield, de Holyoke, de Northampton et d'Amherst.

Durant l'année scolaire, le **Five-College Bus Service** *(gratuit; ☎413-545-0056)* relie les campus de l'université du Massachusetts, du Smith College, du Mount Holyoke College, de l'Amherst College et du Hampshire College.

Greenfield Montague Transportation Area *(☎413-773-9478)* dessert le grand Springfield, Amherst, Montague et Turner Falls.

Dans les Berkshires, la **Berkshire Regional Transit Authority** *(☎413-499-2782)* assure la liaison entre Pittsfield et Williamstown, North Adams, Lenox, Lee, Stockbridge et Great Barrington.

RENSEIGNEMENTS PRATIQUES

Le centre du Massachusetts

Worcester

Pour des renseignements sur les régions de Worcester et de Sturbridge, adressez-vous au **Worcester County Convention and Visitors Bureau** *(33 Waldo St., MA 01608, ☎508-753-2920)*.

Le Pioneer Valley

Northampton

La **Greater Northampton Chamber of Commerce** *(99 Pleasant St., ☎413-584-1900)*, vous fournira des renseignements sur la région.

Amherst

Pour des renseignements sur la région d'Amherst, adressez-vous à l'**Amherst Chamber of Commerce** *(11 Spring St., ☎413-253-0700)*.

Springfield

Pour de plus amples renseignements sur Springfield, adressez-vous au **Greater Springfield Convention and Visitors Bureau** *(34 Boland Way, MA 01103, ☎413-787-1548)*.

Les Berkshires

Pittsfield

Si vous désirez d'autres renseignements sur les Berkshires, adressez-vous au **Berkshire Hills Conference Visitors Bureau** *(fermé du Columbus Day au Memorial Day; Berkshire Common, West St., ☎413-443-9186)*.

ATTRAITS TOURISTIQUES

Le centre du Massachusetts 

Il arrive trop souvent que les voyageurs traversent en vitesse le centre du Massachusetts sur le Mass Pike (route 90), inconscients de tous les trésors que recèle cette région. Et c'est bien dommage, car cette partie de l'État possède plusieurs attraits vraiment remarquables, dont les musées de la ville de Worcester (prononcez *WOUS-teur*), l'Old Sturbridge Village (un musée historique vivant) et la minuscule localité de Brimfield, surnommée «la capitale mondiale du marché aux puces».

Grâce à la route 90, le centre du Massachusetts s'atteint on ne peut plus facilement. De fait, Worcester ne se trouve qu'à une heure de route à l'ouest de Boston. Cette ville se distingue d'ailleurs par son importante contribution à l'éducation et au commerce. Elle accueille des douzaines de collèges et fut le berceau des machines ingénieuses qui, les premières, tissèrent des tapis et plièrent des enveloppes.

Worcester est la deuxième ville en importance de la Nouvelle-Angleterre, et elle a donné au monde certains hommes et femmes remarquables, de même que des inventions intéressantes. Par exemple, c'est ici que les cartes de la Saint-Valentin furent inventées, tout comme la machine à égrener le coton et la pilule anticonceptionnelle. Abbie Hoffman, le père des *yippies*, et Clara Barton, la fondatrice de la Croix-Rouge, sont nés dans cette ville. Isaiah Thomas, l'éditeur du *Massachusetts Spy*, le premier journal des États-Unis, offrit aux habitants de la Nouvelle-Angleterre la toute première lecture de la Déclaration d'Indépendance ici même, à Worcester, et la société historique qu'il fonda, l'American Antiquarian Society, devint la première du genre aux États-Unis.

Le fait qu'elle se trouve à proximité de Boston n'a guère servi l'image culturelle de Worcester, et son évolution économique au cours des dernières décennies n'a pas été aussi spectaculaire que celle de sa voisine. Comme Springfield, plus à l'ouest, les destinées de la ville se sont enténébrées avec le déclin de l'industrie manufacturière, et elle cherche encore tant bien que mal à se redéfinir. Il n'y a pas grand-chose à faire ici, mais le centre-ville est en cours de restauration et de revitalisation, et quelques sites et musées intéressants font peu à peu leur apparition à travers la ville.

Le **Worcester Historical Museum** *(fermé lun; 30 Elm St., Worcester, ☎508-753-8278)*, qui occupe un bâtiment néogéorgien, possède une collection d'œuvres retraçant la colonisation de la région de Worcester. Sa bibliothèque met à la disposition des chercheurs divers documents et ouvrages sur l'histoire locale.

Fondée en 1812 par Isaiah Thomas, l'**American Antiquarian Society** *(fermé sam-dim; 185 Salisbury St., Worcester, ☎508-755-5221)* fut la première société historique américaine. Sa remarquable collection d'imprimés réunit des livres, des manuscrits, des journaux et diverses publications éphémères produits aux États-Unis avant 1877. Elle conserve également la presse typographique jadis utilisée par Thomas lui-même. L'accès à la bibliothèque est restreint, mais on propose chaque mercredi une visite guidée de la collection permanente et du laboratoire de conservation.

Le **Worcester Art Museum** ★★ *(droit d'entrée; fermé lun-mar; 55 Salisbury St., Worcester, ☎508-799-4406)* a acquis la réputation d'être un des meilleurs musées d'art de la Nouvelle-Angleterre. Il présente des œuvres européennes, moyen-orientales, asiatiques et américaines anciennes.

À la périphérie, le **Higgins Armory Museum** ★ *(droit d'entrée; fermé lun; 100 Barber Ave., Worcester, ☎508-853-6015)* se présente comme un bâtiment de verre et de métal de style Art déco; mais, en pénétrant à l'intérieur de ses murs, vous découvrirez un château rempli de douzaines d'armures collectionnées au fil des ans par John Woodman Higgins, qui était un magnat d'une aciérie locale. Le musée retrace en outre l'histoire de l'armurerie de l'an 2000 av. J.-C. jusqu'à nos jours, et il y a une salle où les enfants peuvent essayer des casques et des costumes médiévaux.

Au nord de Worcester, le paysage s'ouvre sur la large vallée de Nashoba. Franchissez sans hésiter les 32 km qui vous séparent des **Fruitlands Museums** *(droit d'entrée; 102 Prospect Hill Rd., Harvard, ☎978-456-3924)*. Les quatre petits musées qui vous y attendent à flanc de colline, dominant la vallée à perte de vue, sont des joyaux trop souvent négligés. L'endroit servit jadis de demeure à Bronson Alcott, le père de Louisa May et le fondateur du mouvement transcendantaliste des années 1840, qui préconisait entre autres choses l'individualisme et l'indépendance (Ralph Waldo Emerson et Henry David Thoreau en firent partie). La **Fruitlands Farmhouse** expose des pièces relatives à ce mouvement, alors que la **Shaker House** jette un regard sur la vie shaker au XIXe siècle. La **Picture Gallery**, construite par la fondatrice du musée, à savoir la «brahmine de Boston» Clara Endicott Sears, abrite sa collection personnelle de paysages signés par plusieurs artistes de la Hudson River School. L'**American Indian Museum** *(fermé lun et mi-oct à mi-mai)* présente, pour sa part, des dioramas et des objets relatifs aux Amérindiens de la Nouvelle-Angleterre, y compris la collection de pointes de flèche de Thoreau. La propriété, dans son ensemble, est vraiment spectaculaire; apportez donc un pique-nique, et passez-y la journée si vous le pouvez.

À l'ouest de Worcester, le territoire devient de moins en moins développé; vous vous enfoncez dans la campagne, la vraie. L'**Old Sturbridge Village** ★ *(droit d'entrée; fermé lun nov-avr; 1 Old Sturbridge Village Road, ☎508-347-3362 ou 800-733-1830)* représente une bonne introduction à l'histoire de cette région. Imaginez un petit village de la Nouvelle-Angleterre où le temps se serait tout simplement arrêté autour des années 1830, et vous aurez une bonne idée de ce que peut être l'Old Sturbridge Village. Il s'agit d'un musée d'histoire vivant qui recrée la vie qu'on menait en Nouvelle-Angleterre à cette époque, depuis les chaussures du guide-interprète costumé qui vous accompagne jusqu'au sommet des toits des quelque 40 bâtiments restaurés qu'on y trouve.

En parcourant les sentiers qui serpentent à travers le petit village, ses jardins, ses fermes et ses champs couvrant une superficie de 80 ha, vous apprendrez comment les potiers, les forgerons, les vanniers et les autres artisans du XIXe siècle exerçaient leur métier. Toutes les activités organisées sur les lieux sont destinées à vous ramener 150 ans en arrière, sans oublier une foule d'événements spéciaux, dont certains saisonniers, comme la fabrication du cidre, la récolte et la préparation des légumes, ou des repas spéciaux à l'occasion de la fête d'Action de grâces (Thanksgiving), mais aussi des conférences et séminaires sur l'artisanat et les antiquités. L'endroit convient parfaitement aux familles et doit faire partie de tout itinéraire touristique de la région.

En roulant vers l'ouest sur la route 20 depuis Sturbridge, vous traverserez des forêts et des étangs jusqu'à la petite ville de **Brimfield**. C'est là que se tient trois fois l'an (en mai, juillet et septembre) le fameux **Brimfield Outdoor Antique Show**, un invraisemblable marché aux puces d'une semaine réunissant plus de 4 000 revendeurs d'antiquités et d'objets de collection sur une distance de 1,5 km en plein centre de la ville. Vous y trouverez de tout, des anciennes cartes postales aux antiquités européennes les plus raffinées. Vous pouvez vous procurer un guide des différents exposants, *The Brimfielder*, dans n'importe quel café ou kiosque à journaux de la ville. Pour obtenir un horaire complet des événements et une liste détaillée des exposants, faites parvenir 5$US à la Quaboag Valley Chamber of Commerce *(P.O. Box 269, Palmer, MA 01069, ☎413-283-6149)*.

La Pioneer Valley ★★

La Pioneer Valley, qui est en fait une partie de la vallée du Connecticut, s'étend de Springfield, dans le sud du Massachusetts, jusqu'à Brattleboro, au Vermont, et même au-delà. Vous y trouverez un mélange hétéroclite d'anciennes villes industrielles, de villes collégiales plus ou moins chic et de villages ruraux entrecoupés de champs de tabac, de foin et de maïs. Plus vous vous éloignerez de Springfield en direction du nord, plus vous vous enfoncerez dans la campagne. Northampton et Amherst possèdent de bons restaurants et boutiques, alors que les localités des collines avoisinantes sont beau-

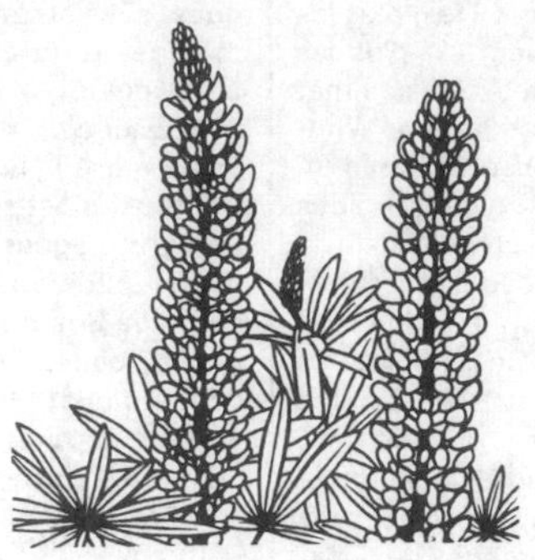

Lupins

coup plus rurales et détendues; certaines se distinguent par leur terrain communal et leur église au blanc clocher, alors que d'autres se signalent par de vieux ponts en fer et des bâtiments d'usines en brique, vestiges d'une époque où diverses industries alimentaient l'économie de la région.

Aujourd'hui, les développements résidentiels commencent à empiéter sur les terres cultivées, mais la région demeure toutefois profondément rurale par endroits. On surnomme souvent cette partie de l'État «la vallée joyeuse» (Happy Valley) en raison du joyeux mélange d'entêtement yankee, d'influences ethniques et de libéralisme politique à la mode des années soixante qu'on y retrouve encore. Elle est également reconnue pour ses artisans, qui perpétuent des traditions issues des ébénistes et des architectes des XVIIe et XVIIIe siècles, et pour tous ceux et celles qui ont rendu célèbre la vallée du Connecticut pour la finesse de ses réalisations.

La haute vallée

La route 5 Nord est une artère à deux voies très passante qui mène jusqu'à Greenfield et au début d'une section de la route 2 connue sous le nom de **Mohawk Trail** ★★. Cette route hautement panoramique emprunte le tracé d'un des plus anciens sentiers de la Nouvelle-Angleterre; elle serpente sur une centaine de kilomètres à travers des villages agricoles, des forêts et certains des plus beaux paysages de toute cette portion des États-Unis. Vous trouverez partout des vestiges de la grande époque des randonnées en voiture autour des années cinquante : petites cabanes (précurseurs de nos motels), vieilles boutiques de souvenirs amérindiens et plusieurs plateaux d'observation d'où la vue englobe plusieurs États.

La *Trail* est surtout populaire en automne, lorsque les collines avoisinantes explosent de mille feux. Par contre, si vous voyagez au printemps, vous pourrez vous sucrer le bec à la **Gould's Sugar House** *(fermé nov à fév; Mohawk Trail, Shelburne, ☎413-625-6170)*. Vous trouverez probablement Edgar Gould dans sa cabane à sucre en train de faire bouillir de l'eau d'érable pour en faire du sirop, alors que sa femme et ses petits enfants s'emploient à le servir sur des gaufres ou des crêpes à l'intérieur du restaurant familial. (Des cornichons à l'aneth sont offerts comme à-côtés pour couper le goût sucré du sirop!)

Il y a plusieurs endroits pour pique-niquer le long de la Deerfield River, et vous voudrez sans doute vous arrêter à **Shelburne Falls** pour acheter des provisions. Le **McCusker's Market** *(State St., ☎413-625-9411)* possède un bon comptoir de viandes fines et tout un assortiment d'aliments santé, sans oublier les glaces Bart, fort appréciées dans la région.

Prenez le temps d'explorer l'adorable **Bridge of Flowers** (pont de fleurs), un ancien pont pour tramways au-dessus de la rivière Deerfield qui a été transformé en un incroyable jardin en fleurs trois saisons sur quatre. De l'autre côté du pont, sur une rue transversale, vous trouverez les **Glacial Potholes** (fondrières glaciaires), creusées il y a des millions d'années par des chutes déferlantes. Pour de plus amples renseignements sur la géologie de la région, procurez-vous un exemplaire d'*Exploring Franklin County, A Geology Guide* chez les libraires locaux.

Plus vous avancez sur la Mohawk Trail, plus les courbes de la route s'accentuent, et plus les montagnes deviennent abruptes. Au sommet des crêtes, vous atteindrez **Florida** et le **Whitcomb Summit**, dont la tour d'observation fit un jour la couverture du *New Yorker*. Jadis un des points touristiques les plus recherchés de la Mohawk Trail, ce secteur s'est depuis passablement dégradé, mais le panorama demeure toujours aussi spectaculaire. Contemplez les montagnes que vous venez de traverser; jetez un coup d'œil vers l'est, en direction de l'immense réservoir qui alimente la centrale hydroélectrique de Bear Swamp, à Rowe; puis vers l'ouest, où se dresse le mont Greylock, dominant les Berkshires.

Pour de plus amples renseignements, adressez-vous à la **Mohawk Trail Association** *(P.O Box 722, Charlemont, MA 01339)*.

En roulant vers le nord sur la route 116, vous laisserez les villes collégiales derrière vous. Le paysage est ici ponctué de longues granges à tabac d'un rouge effacé et de champs de maïs dont les grains nourriront les vaches laitières des environs. Tout juste en bordure des routes 5 et 10, vous découvrirez le village historique de **Deerfield** ★★ *(☎413-774-5581)*. On a du mal à croire qu'il soit possible de quitter une autoroute aussi animée pour se retrouver subitement sur la paisible rue principale bordée d'arbres d'un village comme Deerfield, mais c'est pourtant bien ce qui se produit ici. La rue en question, tout simplement appelée *The Street*, est longue de 1,5 km et témoigne de 300 ans d'histoire; elle est flanquée d'une douzaine de maisons coloniales et fédérales soigneusement préservées, et toutes peintes dans les tons de rouge, de bleu et de gris feutrés d'autrefois. Vous êtes aux premières loges de l'architecture naissante de la vallée du Connecticut, différente des styles purement anglais, mais aussi des lignes adoptées sur toute la côte de la Nouvelle-Angleterre. De plus, les intérieurs de Deerfield l'historique s'avèrent aussi fidèles au passé que ses façades; ses collections décoratives et architecturales ont d'ailleurs été comparées à celles de Williamsburg et du Winterthur Museum (Delaware).

Entourée de prés et de terres cultivées, Deerfield fit ses débuts comme un minuscule poste-frontière au XVIIe siècle. En 1675, le village fut l'objet d'un massacre aux mains des envahisseurs français et amérindiens au cours du Bloody Brook Massacre, et il fut presque entièrement détruit lors d'une attaque subséquente en 1704. Certains vestiges de ces jours tragiques subsistent encore, comme cette porte marquée d'un coup de hachette qu'on trouve au **Memorial Hall Museum** *(droit d'entrée; Memorial St., ☎413-774-7476)*, l'un des plus vieux musées historiques des États-Unis. Mais Deerfield s'est relevée pour peu à peu devenir un centre agricole et commercial prospère, de même qu'un poste de relais pour les voyageurs partis de Boston en route vers des destinations plus à l'ouest. En 1952, M. et Mme Henry Flynt constituèrent Historic Deerfield, Inc. pour assurer la restauration du village, l'une des premières entreprises à avoir une telle initiative aux États-Unis.

La **Sheldon-Hawks House** est le bâtiment du XVIIIe siècle le mieux conservé de Deerfield; sa construction remonte à 1740, ce qui en fait par ailleurs, avec son revêtement à clins de bois foncés, l'une des plus vieilles maisons du village. La charpente et les boiseries sont demeurées intactes, et la plupart des pièces d'ameublement sont d'origine. Vous y trouverez des meubles Nouvelle-Angleterre, du laiton européen et des céramiques anglaises. La **Wells-Thorn House** renferme, pour sa part, une série de pièces illustrant l'influence de l'économie locale changeante sur le style des maisons de Deerfield entre 1725 et 1850. L'entrée au village est libre, mais un tarif unique s'applique à la visite de toutes les maisons individuelles.

Le fleuve Connecticut est l'épine dorsale de cette région et, de juin à la mi-octobre, le ***Quinnetukut II Riverboat*** *(droit d'entrée; fermé lun-mar; Northfield Mountain Recreation and Environmental Center, Route 63, Northfield, ☎413-659-3714)* propose de naviguer sur une portion du fleuve longue d'une vingtaine de kilomètres, de manière à mieux apprécier l'environnement géologique et la beauté naturelle de la région.

Si vous avez la chance de visiter les lieux vers la fin de l'été ou le début de l'automne, informez-vous des nombreuses foires agricoles organisées dans la région. L'**Eastern States Exposition** présente les six États de la Nouvelle-Angleterre et est agrémentée de musique, de nourriture, de concours agricoles, d'expositions d'animaux et de nombreuses autres activités. Cet événement a lieu à **West Springfield** la troisième semaine de septembre. La **Cummington Fair** *(dernière semaine d'août)* est une autre réussite d'envergure pour une toute petite ville. Les points forts en sont les vieilles locomotives qu'on peut y admirer, ses quadrilles et son feu d'artifice. La **Northhampton Fair** *(première* *semaine de septembre)* a lieu au Tri-County Fairground, sur la rue Bridge, à Northampton. La **Franklin County Fair** se tient, quant à elle, à **Greenfield** la première semaine de septembre, aux Franklin County Fairgrounds, sur Wisdom Way.

Pour obtenir la liste complète des foires agricoles du Massachusetts, adressez-vous au **Massachusetts Department of Food and Agriculture** *(100 Cambridge St., Boston, MA 02202, ☎617-727-3018)*.

Parmi ses anciens habitants, **Northampton ★** compte le pasteur calviniste Jonathan Edwards et le président Calvin Coolidge, qui en fut également le maire à une certaine époque. C'est ici que Sylvester Graham a inventé le biscuit de farine complète et, au début du XIXe siècle, la ville était un centre industriel florissant pour la laine, les boutons, le papier et, plus tard, la coutellerie.

Aujourd'hui, il s'agit peut-être de la ville la plus cosmopolite de l'ouest du Massachusetts (et même trop cosmopolite au goût de certains habitants de la région), avec son éventail de vieux bâtiments remis à neuf, de galeries d'art, de restaurants et de boutiques à la mode. Siège du Smith College, cette petite ville est vivante et agréable tout au long de l'année, mais plus spécialement en été, alors que les étudiants ont regagné leur domicile respectif.

Le **Smith College** se trouve juste en bordure du centre-ville. Faisant partie, comme Mount Holyoke, de ce qu'on appelle les «sept sœurs» (Seven Sisters), le campus de cette institution est l'expression même des vieilles fortunes de la Nouvelle-Angleterre, ainsi qu'en témoignent ses bâtiments gothiques et ses jardins impeccablement entretenus. Parmi les attractions des lieux, notons la **Lyman Plant House**, une immense serre à l'ancienne où croissent des centaines de variétés de fleurs, de plantes et d'arbres, et que le public est libre de visiter à son gré. Le festival des plantes à bulbe qui se tient ici chaque printemps attire d'ailleurs invariablement une foule d'amateurs. Un autre endroit particulièrement idyllique est le **Paradise Pond**, qu'encadrent des saules pleureurs et des ormes, créant un environnement rêvé pour un déjeuner sur l'herbe. Le **Smith College Museum of Art** *(fermé lun; 76 Elm St., Bedford Terrace, Northampton, ☎413-584-2700)* renferme, pour sa part, des œuvres de Picasso, Degas, Monet et Winslow Homer, de même que du sculpteur Leonard Baskin et du portraitiste local du XIXe siècle Romanzo Elmer.

Après avoir fréquenté l'Amherst College, **Calvin Coolidge**, le 30e président des États-Unis, s'établit à Northampton pour y pratiquer le droit et y entamer sa carrière politique. Coolidge et sa femme vivaient au 21 Massasoit Street et, à la suite de son mandat présidentiel, le couple se retira à The Beeches, une imposante demeure située sur Hampton Terrace. Les deux maisons sont fermées au public.

D'autres constructions gothiques anciennes et ravissantes peuvent être visitées autour de la ville, comme la **Forbes Library** *(201 West St., Northampton, ☎413-586-0489)*, qui renferme plusieurs des papiers personnels de Coolidge, et l'**Academy of Music** *(274 Main St., Northampton, ☎413-584-8435)*, un ancien opéra (1891) transformé en cinéma où l'on présente encore à l'occasion certains spectacles.

La société historique de Northampton possède trois demeures qui font ressortir l'histoire locale et la vie quotidienne de cette localité au cours des trois derniers siècles. L'**Isaac Damon House** *(droit d'entrée; 46 Bridge St., Northampton, ☎413-584-6011)* fut construite aux environs de 1813 par Damon, un important architecte de l'époque à l'échelle de la Nouvelle-Angleterre. Vous y trouverez entre autres un petit salon de 1820 entièrement reconstitué, des expositions temporaires et une boutique de souvenirs. La **Shepherd House** *(66 Bridge St., Northampton, ☎413-584-6011)* est décorée d'objets provenant de la collection familiale des Sheperd, qui comprend entre autres des souvenirs de voyages effectués autour du monde. Quant à la **Parsons House** *(droit d'entrée; 58 Bridge St., Northampton, ☎413-584-6011)*, qui date du début du XVIIIe siècle, elle propose une visite architecturale; vous pourrez ainsi regarder à l'intérieur des murs pour identifier les différentes couches de papier peint et de peinture dont ils ont été revêtus depuis le XIXe siècle. Des visites guidées sont organisées du mercredi au dimanche après-midi, entre mars et décembre.

Traversez le Coolidge Bridge, suivez la route 9 vers l'est, et vous atteindrez **Hadley**, un village agricole autrefois connu pour ses asperges et son tabac, mais rapidement en voie de devenir une banlieue de Northampton. Le **Hadley Farm Museum** *(fermé lun et oct à avr; Route 9)* occupe une grange de plus de 200 ans transportée sur les lieux en 1929. On y trouve une magnifique collection d'instruments aratoires, une diligence du XVIIIe siècle, des charrettes et des articles ménagers utilisés aux XVIIIe et XIXe siècles.

Amherst est une jolie petite ville collégiale aux restaurants et aux boutiques répartis autour d'un jardin communal bordé d'érables. Malgré l'influence dévastatrice d'une petite noblesse envahissante, on note encore ici et là quelques foyers d'action politique, surtout au centre-ville, où quelques étudiants vêtus de t-shirts recueillent des signatures pour des pétitions contre la politique militaire américaine ou en faveur des droits des animaux.

Fondé en 1821, l'**Amherst College** *(Converse Hall, Amherst, ☎413-542-2000)* se dresse gracieusement sur la face sud du *common* de l'Amherst. Avec ses 1 600 étudiants, cette institution fait partie des plus petits collèges privés, ce qui n'empêche pas son campus de bénéficier d'une richesse architecturale peu commune, alliant de vieux bâtiments couverts de lierre et des constructions plus récentes, comme la **Robert Frost Library** *(lun-ven en été; tlj durant l'année scolaire; ☎413-542-2373)*, baptisée en l'honneur d'un des étudiants les plus célèbres de l'établissement d'enseignement. Le **Pratt Museum** *(fin de semaine seulement en été; tlj durant l'année scolaire; ☎413-542-2165)* abrite une collection de spécimens géologiques locaux ainsi que le plus grand squelette de mastodonte du monde. Quant au **Mead Art Museum** *(fermé lun; ☎413-542-2335)*, il présente une impressionnante palette d'œuvres américaines en mettant l'accent sur le XIXe siècle et le début du XXe siècle.

L'**University of Massachusetts** *(☎413-545-0111)* se situe à l'autre extrémité d'Amherst, et ses 23 000 étudiants en font une des plus importantes universités de la Nouvelle-Angleterre. L'*UMass* a fait beaucoup de chemin depuis ses humbles débuts en tant qu'établissement d'enseignement supérieur issu, en 1863, d'une donation foncière gouvernementale. Les divers bâtiments du campus reflètent d'ailleurs cette évolution, comme par exemple l'**Old Chapel**, de style classique, côtoyant l'édifice de 26 étages qui abrite la **W.E.B. Du Bois Library**. Soit dit en passant, cette bibliothèque, de même que le restaurant **Top of the Campus** du **Murray D. Lincoln Campus Center**, offrent une vue impressionnante sur le mont Holyoke et les montagnes avoisinantes. L'étang du campus est le centre des activités de plein air, et le **Fine Arts Center** *(☎413-545-2511)* présente divers spectacles et renferme une galerie d'art.

La basse vallée

Fondée par le pelletier William Pynchon en 1636, **Springfield** ★ est la plus vieille colonie, le nerf commercial et la ville la plus importante de l'ouest du Massachusetts. Bien que la ville ait bénéficié d'une certaine expansion, sa gloire semble toutefois appartenir davantage au passé qu'au présent. Elle possède néanmoins quelques bons musées qui méritent que vous y consacriez une journée de pluie.

Le **Naismith Memorial Basketball Hall of Fame** ★ *(droit d'entrée; 1150 West Columbus Ave., Springfield, ☎413-781-6500)* domine le fleuve Connecticut. C'est à Springfield, en 1891, que le basket-ball a été inventé, et cet endroit saura vous intéresser même si vous n'êtes pas particulièrement amateur de sport. Il y a des projections vidéo, une exposition interactive et un dispositif grâce auquel les visiteurs peuvent lancer des ballons dans des paniers placés à différentes hauteurs alors qu'ils se déplacent sur un trottoir roulant (Spalding Shoot Out).

Le **Court Square** *(Main St., entre les rues Court et Elm, Springfield)* est un agréable espace vert situé en plein cœur de la ville et entouré par le **Hampden County Courthouse** (palais de justice), l'**Old First Church** (église) et le **Symphony Hall** (salle de concerts). D'ici, nous n'avez qu'à gravir une petite colline pour atteindre le **Quadrangle** *(Springfield Library and Museums Association, 220 State St., ☎413-739-3871)*, qui regroupe la Springfield Library (bibliothèque) et quatre musées (un seul billet d'entrée pour les quatre). Le **George Walter Vincent Smith Museum** *(fermé lun-mar; sur le Quadrangle, ☎413-733-4214)* possède une collection d'art oriental et des tableaux européens et américains du XIXe siècle.

De l'autre côté du Quadrangle se dresse le **Museum of Fine Arts** *(fermé lun-mar; ☎413-732-6092)*, dont la collection réunit aussi bien des œuvres chinoises que des pièces datant du début de la Renaissance aux XVIIIe et XIXe siècles. L'une de ses galeries est entièrement consacrée aux impressionnistes et aux expressionnistes, de même qu'aux œuvres européennes prémodernes. Une attention particulière doit être accordée aux travaux du portraitiste du XIXe siècle Erastus Salisbury, dont le gigantesque *Rise of the American Republic* est absolument ahurissant.

Le Massachusetts rural au son de la musique

On dit souvent qu'il n'y a que deux saisons en Nouvelle-Angleterre : le mois de juillet et l'hiver. Il va sans dire que cela n'est pas tout à fait vrai, mais ce qui l'est par contre, c'est le fait que, malgré sa courte durée, les habitants de la région s'efforcent de profiter au maximum de la belle saison. À preuve, les nombreux concerts et festivals de musique qui ponctuent l'été et l'automne, et dont plusieurs se déroulent en plein air. Dans le centre et l'ouest du Massachusetts, les visiteurs sont particulièrement gâtés à ce chapitre, qu'il s'agisse de jazz cubain à la belle étoile ou de musique de chambre à l'intérieur d'une église.

Le roi des festivals musicaux de la région, et peut-être même de tous les États-Unis, est sans contredit celui de **Tanglewood** *(Lenox)*, un domaine de 243 ha où s'établit l'orchestre symphonique de Boston pendant la saison estivale. *(Avant la mi-juin, adressez-vous au Symphony Hall, Boston, MA 02115, ☎617-266-1492. Après la mi-juin, rendez-vous sur West St., Lenox, MA 01240, ☎413-637-1600.)*

Le nom de Tanglewood provient d'un récit de Nathaniel Hawthorne; grâce à ses hauts pins majestueux, à ses pelouses ondulantes et aux montagnes qui se dressent non loin de là, l'endroit est autant réputé pour sa beauté que pour la qualité des compositeurs et des musiciens qui s'y produisent. Pour n'en nommer que quelques-uns, mentionnons Leonard Bernstein, John Williams, Yo-Yo Ma, Itzhak Perlman et des artistes de jazz de la trempe de Ray Charles.

Les concerts symphoniques de fin de semaine se succèdent du vendredi au dimanche, en juillet et en août, alors que les concerts de musique de chambre ont lieu la plupart des jeudis et certains autres soirs de semaine. Les répétitions du samedi matin sont souvent ouvertes au public *(droit d'entrée)*, offrant l'occasion aux auditeurs d'apprécier la musique dans un cadre moins formel. Des sièges sont disponibles au Shed, un théâtre en plein air, mais il est plus probable que vous vous retrouviez sur l'herbe. Les gens ont donc l'habitude d'y apporter une couverture ou des chaises de jardin ainsi qu'un pique-nique complet, avec chandelier, champagne et tout le tralala.

Mais Tanglewood n'est qu'un des nombreux événements musicaux et festivals de cette région; il en existe plusieurs autres honorant les genres musicaux les plus variés dans un cadre parfois spectaculaire. En voici quelques-uns :

Les **South Mountain Concerts** *(P.O. Box 23, Pittsfield, ☎413-442-2106)*, une série de concerts de musique de chambre qui s'étend d'août à octobre, ont lieu dans un théâtre de 400 places à l'acoustique remarquable, le South Mountain Concert Hall, construit en 1918 et inscrit au registre national des monuments historiques.

La **Stockbridge Summer Music Series** *(148 Summer St., Lanesboro, MA 01237, ☎413-443-1138)* présente un programme d'opérette, de musique populaire, de musique de cabaret et de jazz dans un manoir du début du siècle *(Seven Hills Country Inn)*. Une brochette d'artistes reconnus d'envergure régionale et internationale se produit les lundis et mardis de juillet et août.

Mohawk Trail Concerts *(P.O. Box 75, Shelburne Falls, MA 01370, ☎413-625-9511 ou 888-682-6873)* organise des concerts de musique de chambre au fil de l'été et de l'automne dans un décor intime, celui d'une charmante église au revêtement à clins de bois blancs située sur la Mohawk Trail, à Charlemont.

Le **Bright Moments Jazz Festival** *(University of Massachusetts, ☎413-545-2511)* est un des principaux événements estivaux d'Amherst. Il regroupe des musiciens de jazz, d'«afro-pop» et des Caraïbes sur la pelouse qui entoure l'étang du campus universitaire tous les jeudis soirs de juillet.

Bien qu'il soit toujours préférable de réserver des billets à l'avance pour la plupart de ces événements, il est généralement possible d'obtenir une place de dernière minute. Consultez les journaux locaux pour le lieu et la date précise de chaque concert, et n'oubliez pas d'emporter un chandail, car les soirées d'été peuvent parfois se rafraîchir considérablement une fois que le soleil se couche.

Le **Springfield Science Museum** *(fermé lun-mar; angle State et Chestnut Ave.; ☎413-733-1194)* présente, pour sa part, des pièces et des vitrines portant sur les sciences naturelles et physiques, auxquelles s'ajoutent un centre d'exploration pour enfants (avec manipulations) et le Seymour Planetarium. Enfin, le **Connecticut Valley Historical Museum** *(fermé lun-mar; ☎413-732-3080)* propose un aperçu de l'histoire sociale et économique de la vallée du fleuve Connecticut.

Un peu plus haut sur la colline, sur le campus du Springfield Technical Community College, se trouve le **Springfield Armory National Historic Site** *(fermé lun-mar; 1 Armory Sq., Springfield, ☎413-734-8551)*, établi sur le lieu même qu'avait choisi George Washington en 1794 pour produire la première arme à feu destinée à l'armée américaine, le fusil *Springfield*. L'armurerie ainsi fondée attira de nombreux ouvriers spécialisés dans la région et prépara dès lors le terrain pour le développement industriel de la vallée.

Juste au nord de Springfield, vous trouverez deux grands parcs d'attractions. **Mount Tom** *(droit d'entrée; Route 5, Holyoke, ☎413-536-0416)* est en fait une station de ski, dotée de deux descentes verticales de 1 200 m à vous faire dresser les cheveux sur la tête, qui se transforme en parc aquatique pendant l'été, avec des installations pour les enfants de tout âge, incluant une piscine à vagues de 790 m^2 et deux toboggans nautiques. Le **Riverside Park** *(droit d'entrée; tlj en été; fin de semaine seulement sept, oct, avr et mai; fermé nov à mars; 1623 Main St., Route 159, Agawam, ☎413-786-9300)* est, pour sa part, le plus grand parc d'attractions de toute la Nouvelle-Angleterre, l'un de ces parcs du bon vieux temps où la grande vedette est le *Cyclone*, qui fait partie des plus hautes montagnes russes des États-Unis.

Au nord de Holyoke commence la région des fermes et des collèges. Peu à peu, les moulins et les immeubles s'estompent pour faire place à des étendues plus ouvertes. La petite ville de **South Hadley** est le siège du **Mount Holyoke College** *(50 College St.; ☎413-538-2000)*. Fondé en 1837 par Mary Lyon, cet établissement d'enseignement est un des premiers collèges pour jeunes filles des États-Unis. L'aménagement paysager du campus fut conçu par Frederick Law Olmsted (celui-là même qui a dessiné le Central Park de New York et le parc du Mont-Royal de Montréal), qui eut recours à des espèces d'arbres rares pour conférer aux lieux style, beauté et harmonie. Une route bordée d'érables parcourt les 325 ha du campus, croisant deux étangs et gravissant la Prospect Hill, une colline boisée elle-même sillonnée de sentiers équestres et agrémentée d'une pelouse se prêtant fort bien aux piqueniques.

Aux limites de Granby, plus au nord sur la route 116, vous trouverez un endroit inattendu et pour le moins fascinant : **Nash Dinosaur Land** *(droit d'entrée; fermé lun-mer Columbus Day au Memorial Day; Route 116, South Hadley, ☎413-467-9566)*, où des empreintes de pas de dinosaures vieilles de 200 millions d'années ont été découvertes en 1933. Le géologue Carleton Nash et son fils Cornell en ont fait une entreprise depuis maintenant plus de 50 ans, mettant les empreintes à jour et exploitant un petit musée ainsi qu'une boutique consacrés à cette découverte (certaines empreintes ne sont pas plus grosses que celles d'une patte de poulet). Les Nash se vantent de posséder le plus important site d'extraction d'empreintes du monde, de même que les plus impressionnantes empreintes de la période triasique. Les enfants adorent cet endroit, et plusieurs souvenirs sont à vendre.

Les Berkshires ★★★

L'atmosphère des Berkshires a quelque chose de différent. Premièrement, la région est plus rurale que le centre du Massachusetts et la Pioneer Valley, avec davantage de vallées larges et ouvertes, de forêts et de terres cultivées. On trouve ici trois sortes d'agglomérations : d'anciennes villes usinières comme Dalton et Great Barrington, qui ont un certain charme utilitaire, souligné par la brique rouge de leurs bâtiments; des villages campagnards comme New Ashford et Monterey, avec leurs *greens* bordés d'arbres, leurs magasins généraux et leurs églises immaculées; et des villes touristiques comme Lenox et Stockbridge, dont l'identité est étroitement liée à la myriade d'activités culturelles qu'on y organise. Mais même avec le tourisme et la multiplication sans précédent des résidences secondaires au cours des années quatre-vingt, la région dans son ensemble demeure étonnamment rurale. Ainsi, vous pouvez très bien subir un embouteillage à Lenox, puis vous retrouver quelques minutes plus tard sur une route parfaitement dégagée, sans rien d'autre qu'une verdure luxuriante partout autour de vous.

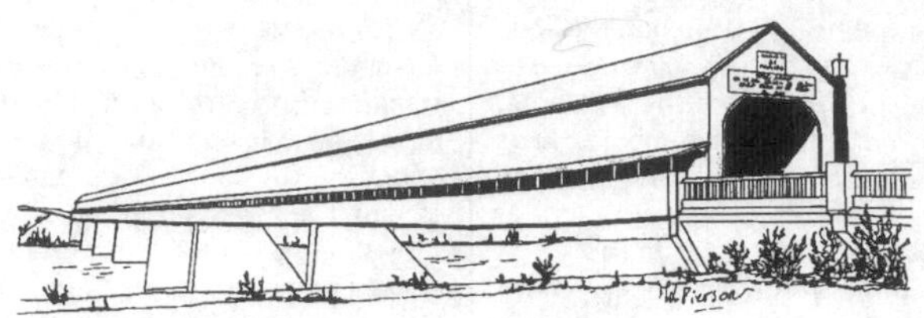

Pont couvert

Les Berkshires bénéficient en outre d'un riche héritage culturel. Pendant des années, ces montagnes ont attiré auteurs, poètes et artistes fascinés par leur beauté naturelle et leur isolement. Puis les familles riches leur ont emboîté le pas, y faisant construire de coquets «chalets» d'été (il s'agissait en réalité de manoirs d'une vingtaine de pièces!); de fait, elles vinrent en si grand nombre, qu'au début du siècle, on surnommait la région «la Newport des terres intérieures».

Servant de porte d'entrée aux Berkshires du Nord, la ville de **North Adams** était autrefois un centre florissant dont l'industrie portait surtout sur le textile et les pièces d'équipement électrique. Aujourd'hui, les anciennes usines sont vides, et North Adams est quelque peu défraîchie. Mais il se pourrait fort bien qu'elle soit en passe de remonter la pente grâce à la construction du **Massachusetts Museum of Contemporary Art** *(droit d'entrée; ouvert depuis mai 1999; fermé lun nov au Memorial Day; 87 Marshall St., North Adams, ☎413-664-4481)*. La ville a en effet entrepris de transformer un complexe industriel de 28 bâtiments à l'abandon de manière à en faire le plus grand musée d'art contemporain du monde. Le complexe en question est en outre inscrit au registre des monuments nationaux.

Le **Natural Bridge State Park** *(droit d'entrée; Memorial Day au Columbus Day; Route 8, North Adams, ☎413-663-6392)* marque l'emplacement du seul pont naturel en marbre de toute l'Amérique du Nord, un phénomène causé par le déferlement des eaux lors de la fonte des glaciers, il y a de cela des millions d'années. Les nombreux motifs gravés dans la pierre par les carriers et les visiteurs, dont certains remontent au XIXe siècle, présentent également un intérêt indéniable.

En parcourant le centre-ville de North Adams, vous croiserez d'énormes bâtiments d'usine, sortes de monuments au passé. Le **Western Gateway Heritage State Park** *(9 Furnace St. Bypass, par la route 8, North Adams, ☎413-663-8059)* présente une exposition consacrée à la construction du Hoosac Tunnel, entre North Adams et Rowe, sur une distance de 7,6 km. Ce tunnel permit d'établir une liaison ferroviaire entre Boston et Albany, et, au moment de sa construction, vers le milieu du XIXe siècle, il était considéré comme un chef-d'œuvre d'ingénierie.

Plus à l'ouest, sur la route 2, s'étend la ville collégiale et culturelle de **Williamstown** ★★. Originellement baptisée *West Hoosuck* par Ephraim Williams en 1750, cette municipalité est devenue le siège du **Williams College**, dont le campus classique aux lignes irrégulières comprend plusieurs édifices raffinés.

Le **Williams College Museum of Art** *(fermé lun; Route 2, Williamstown; ☎413-597-2429)* occupe un bâtiment octogonal inspiré par Monticello ainsi qu'une nouvelle aile conçue par Charles Moore. Ce musée d'art est un des meilleurs qu'on puisse trouver parmi ceux de tous les collèges et universités des États-Unis. Il présente des expositions temporaires, mais possède également une impressionnante collection d'aquarelles, d'huiles, de photographies, d'œuvres textiles et de sculptures aussi bien contemporaines que plus anciennes. À titre d'exemple, mentionnons une série d'aquarelles de Charles et Maurice Prendergast sur le thème de la côte de la Nouvelle-Angleterre au XIXe siècle.

En été, le **Williamstown Theatre Festival** *(P.O. Box 517, Williamstown, MA 01267, ☎413-597-3400)* attire des foules venues de tous les coins des États-Unis. Proposant l'une des meilleures sélections de pièces estivales qui soient, le festival présente des productions plus solides que ce qu'on a généralement l'habitude de voir dans les théâtres d'été, comme *The Legend of Oedipus* ainsi que des œuvres d'Anton Chekhov et de Tennessee Williams. Parmi les acteurs, certains des habitués ne vous sont certes pas inconnus, comme Joanne Woodward, Paul Newman, Dianne Wiest et Olympia Dukakis, pour n'en nommer que quelques-uns. Le programme est généralement publié vers la mi-mai, et nous vous recommandons de réserver vos billets le plus tôt possible.

Immédiatement à l'ouest du centre-ville, vous trouverez un autre excellent musée d'art, le **Sterling and Francine Clark Art Institute ★★** *(fermé lun; 225 South St., Williamstown, ☎413-458-9545)*, qui occupe un édifice classique en marbre blanc et qui possède une imposante collection de toiles impressionnistes du XIXe siècle. Outre les Renoir, Monet, Degas, Pisarro et Sisley, vous y trouverez des œuvres de maîtres plus anciens ainsi que des sculptures, des gravures et des croquis du XVIIe siècle.

Pour un bain frais dans des eaux aux propriétés naturellement curatives, roulez vers le nord sur la route 7, puis tournez à droite sur Sand Springs Road, où vous découvrirez le **Sand Springs Pool and Spa** *(droit d'entrée; Memorial Day à la fête du Travail; Sand Spring Rd., Williamstown, ☎413-458-5205)*, une station thermale où règne une atmosphère familiale. Les gens y affluent depuis 1762 et profitent de ces eaux dont la température se maintient à 23°C. Il y a également sur les lieux deux bassins à remous, une piscine olympique et une piscine pour enfants.

En partant du centre de Williamstown, empruntez la route 43 vers le sud, en direction de Hancock, pour une agréable promenade dans un paysage rural ponctué de collines ondulantes et de granges en ruines. La **Caretaker Farm** *(fermé sam après-midi, dim et nov à avr; Route 43, Williamstown, ☎413-458-4309)* est une ferme de produits biologiques subventionnée par la communauté locale, l'une des plus belles réussites du genre dans la région. Ses propriétaires, Sam et Elizabeth Smith, invitent les visiteurs à se promener dans leurs champs pour mieux admirer leurs différentes récoltes. Vous êtes prié de téléphoner à l'avance pour prévenir de votre arrivée.

Si vous aimez l'artisanat et les meubles shakers, peut-être serez-vous intéressé à en savoir plus long sur la façon de vivre de cette communauté et à visiter le **Hancock Shaker Village ★★★** *(droit d'entrée; avr à nov; Route 20, à 8 km à l'ouest de Pittsfield, ☎413-443-0188)*. Entièrement remise en état au cours des années soixante, la colonie de Hancock fut la troisième des 18 communautés fondées par les disciples de Mother Ann Lee au début du XIXe siècle. La population de Hancock atteignit son sommet au cours des années 1840, alors qu'elle comptait 250 membres divisés en six groupes, ou «familles». L'économie shaker reposait sur l'agriculture, notamment la culture, le traitement et la vente de graines et d'herbes médicinales, ainsi que sur la fabrication de meubles qui firent la renommée de la communauté. Les guides assignés aux bâtiments du village sont une excellente source de renseignements sur le mode de vie des shakers. Des démonstrations d'artisanat ont lieu à intervalles réguliers dans plusieurs bâtiments, et la grange ronde en pierre, construite en 1826, est tout à fait étonnante. Pour les fervents du jardinage et des herbes médicinales, des ateliers et des dîners thématiques sont organisés tout au long de l'année. (Note : les visiteurs venant du nord par la route 7 doivent savoir qu'il n'est pas possible d'atteindre le Hancock Shaker Village en passant par le village de Hancock. Continuez donc vers le sud en direction de Pittsfield, puis prenez la route 20 Ouest.)

Avec ses 50 000 habitants, **Pittsfield** est la plus grande ville du Berkshire County, mais certes pas la plus attrayante, exception faite de son **Berkshire Museum** *(droit d'entrée; tlj juil et août; fermé lun sept à juin; Route 7, Pittsfield, ☎413-443-7171)*. Créé en 1903 par Zenas Crane, l'un des membres de la famille exploitant les papeteries Crane, ce musée dispose de 18 salles abritant des expositions permanentes et temporaires, y compris des œuvres de plusieurs peintres de la Hudson River School et des portraits américains anciens signés par Bierstadt, Copley et Peale. Il y a aussi des sculptures classiques et modernes, de même qu'un aquarium.

Pittsfield recèle en outre **Arrowhead** *(tlj juin à la fête du Travail, sam-dim en oct, sur rendez-vous le reste de l'année; 780 Holmes Rd., Pittsfield, ☎413-442-1793)*, la maison où Herman Melville a écrit *Moby Dick* alors qu'il vivait ici entre 1850 et 1863. Aujourd'hui devenue le siège social de la Berkshire County Historical Society, on y présente des expositions historiques, des meubles et des costumes anciens, de même qu'une projection vidéographique. Il y a aussi une boutique de cadeaux sur les lieux.

Ainsi que l'écrivaient les auteurs d'un ouvrage collectif sur les Berkshires en 1939 (dans le cadre des Federal Writers Projects) : «*La région de* ***Lenox*** *et de* ***Stockbridge*** *révèle les Berkshires dans leur plus belle tenue d'apparat.*» Il va sans dire que ces écrivains faisaient allusion aux derniers jours de l'âge d'or qu'a connus cette région avant l'avènement de l'impôt sur le revenu, alors que les Vanderbilt, les Carnegie, les Roosevelt et autres riches célébrités s'ébattaient dans leurs fameux «chalets» des Berkshires.

Ces propriétés, avec leur architecture soignée, leur ameublement luxueux et leurs somptueux jardins, font l'envie même des socialistes les plus endurcis. Ce sont de 20 à 25 résidences d'été datant de l'époque où Lenox était connue sous le nom de «*Newport des terres intérieures*». Explorons maintenant quelques-unes de ces propriétés :

The Mount *(droit d'entrée; tlj juin à oct; Plunkett St., Lenox, ☎413-637-1899)* fut construite en 1902 pour servir de résidence secondaire à Edith Wharton, lauréate d'un prix Pulitzer. Ce manoir néogéorgien tendu de blanc offre des sols et des foyers en marbre, des plafonds à moulures et un terrain à faire rêver.

Chesterwood *(droit d'entrée; fermé nov à fin avr; en bordure de la route 183, Stockbridge, ☎413-298-3579)* est un manoir néocolonial construit pour Daniel Chester French, le sculpteur de *The Minuteman* et du Lincoln Memorial. French a beaucoup voyagé, et sa résidence d'été est garnie d'une impressionnante collection de meubles, d'antiquités et de sculptures européennes et américaines ramenés de ses nombreux voyages. Le terrain de la propriété est agrémenté de jardins à l'italienne et d'allées boisées, et son studio renferme des pièces d'exposition inusitées, de même qu'un système de rails utilisé par le sculpteur pour déplacer ses œuvres au gré de la lumière du jour. C'est ici que furent réalisés les moules en plâtre de la statue de Lincoln, qui dominent d'ailleurs encore les lieux.

Naumkeag *(droit d'entrée; fermé lun et Columbus Day au Memorial Day; Prospect Hill Rd., Stockbridge, ☎413-298-3239)*, un manoir conçu par Stanford White, fut construit en 1885 pour le compte de Joseph Choate, alors ambassadeur de l'Angleterre. L'imposante demeure brille comme un remarquable exemple de l'architecture, de l'ameublement et des aménagements paysagers en vogue au début du siècle. Bien qu'elle ne figure pas au nombre des plus vastes propriétés de la région, Naumkeag abrite une collection d'antiquités et de porcelaines d'Extrême-Orient qui justifie à elle seule une visite des lieux. De plus, comme les autres «chalets» de cet ordre, les jardins et les environs de la maison sont absolument magnifiques.

Au sud de Lenox, la route 7 vous entraîne à travers une autre étendue de terres cultivées tout à fait remarquables, vous permettant de constater à quel point cette région peut être rurale. Vous atteindrez bientôt **Stockbridge ★★**, une ravissante quoique de plus en plus rutilante petite ville dont la rue principale bordée d'arbres est ponctuée de petits magasins et d'une auberge en bois aux lignes irrégulières, le Red Lion Inn. Stockbridge a été immortalisée dans la culture populaire pour deux raisons bien distinctes : en tant que source d'inspiration de la chanson d'Arlo Guthrie intitulée *Alice's Restaurant* (aujourd'hui devenu «La Fête Chez Vous»), et en tant que toile de fond de plusieurs œuvres signées par son plus illustre résidant, Norman Rockwell. Bien qu'il existe des «musées Norman Rockwell» dans d'autres localités de la Nouvelle-Angleterre, celui de Stockbridge, le **Norman Rockwell Museum ★★** *(droit d'entrée; Main St., Stockbridge, ☎413-298-4100)* présente la seule collection de peintures originales approuvée par la famille Rockwell, y compris diverses couvertures du *Saturday Evening Post*, certains de ses premiers dessins, réalisés pour la revue *St. Nicholas*, des portraits et des œuvres publicitaires, sans oublier ses célèbres *Four Freedoms* et *Main Street at Christmas*.

Le **centre de Stockbridge**, avec ses nombreuses boutiques et ses petites galeries, mérite bien une promenade. Parmi ces dernières, l'une des plus intéressantes est l'**Image Gallery** *(fermé dim-lun; Main St., Stockbridge, ☎413-298-5500)*, dirigée par son propriétaire, le reporter photographe Clemens Kalischer.

La ville natale du poète William Cullen Bryant, **Great Barrington**, se distingue des villages campagnards de Stockbridge et de Lenox. Son centre-ville plutôt original semble en effet sorti tout droit d'un vieux film de Jimmy Stewart.

Pour une charmante randonnée en voiture, prenez la route 23 Est à partir de Great Barrington jusqu'à Monterey, puis dirigez-vous vers le nord jusqu'au village de **Tyringham**.

La **Santarella Gallery** *(droit d'entrée; fermé oct à fin mai; 75 Main Rd., Tyringham,*

☎413-243-3260), qui expose des peintures, des sculptures et des céramiques contemporaines, se trouve dans un cottage de conte de fées construit dans les années trente par le sculpteur Sir Henry Kitson. Le mot «magique» est le seul qui vient à l'esprit pour décrire cet endroit au toit de chaume onduleux, aux murs sertis de grosses pierres protubérantes et au jardin de sculptures agrémenté d'un étang à nénuphars et d'un sentier pédestre.

PARCS ET PLAGES

Le centre du Massachusetts

Purgatory Chasm State Reservation

Ce parc de 389 ha est couvert de forêts entourant un gouffre imposant et inusité, le Purgatory Chasm. Cette fissure granitique de 800 m est une vallée escarpée remplie de gros rochers s'étant détachés des parois au fil des ans. Les géologues ne parviennent pas à s'entendre sur l'origine exacte de sa formation, et le mystère qui l'entoure ne fait qu'ajouter au charme de l'endroit. Vous y trouverez des sentiers de randonnée, dont un particulièrement difficile à travers le gouffre lui-même. On y accède par Purgatory Road, à l'angle de la route 146, à Sutton.

Installations et services : aires de pique-nique et toilettes *(☎508-234-3733)*.

Quinsigamond State Park

Cette réserve de 23 ha est en fait un parc urbain offrant un lieu de repos herbeux aux visiteurs de la région de Worcester. Vous y trouverez plusieurs plages dont celles de Regatta Point et de Lake Park. Des équipes d'*outriggers* venues des collèges avoisinants s'entraînent souvent à Regatta Point, alors qu'à Lake Park vous découvrirez des courts de tennis et une piste d'athlétisme. On l'atteint par la route 290, à la sortie de Plantation Street, sur Lake Avenue.

Installations et services : aires de pique-nique et toilettes *(☎508-755-6880)*. **Baignade** : très bonne. **Camping** : tout près, Sutton Falls Camping Area *(90 Manchang Rd., West Sutton, ☎508-865-3898)*, vous trouverez 21 emplacements pour tentes et 35 autres pour véhicules récréatifs (raccordements disponibles); 15-18$ par nuitée.

La Pioneer Valley

Skinner State Park

Situé au sommet du Holyoke Range, ce parc offre une vue sur le fleuve Connecticut rappelant un tableau de Thomas Cole intitulé *The Oxbow* et représentant le fleuve sous un angle qui s'est modifié avec son cours. Le Summit House, un hôtel de style victorien construit en 1851, se dresse toujours sur les lieux, mais a depuis été transformé en centre touristique. D'ici, les ornithologues amateurs peuvent observer la migration des aigles à la mi-avril et à la mi-septembre. On y accède par la route 47, à Hadley.

Installations et services : aire de pique-nique et toilettes *(☎413-586-0350)*. Droit d'accès à la journée les fins de semaine et les jours fériés *(2$)*. **Camping** : tout près, dans la Daughters of the American Revolution State Forest *(Route 12, Goshen, ☎413-268-7098)*, vous trouverez 50 emplacements pour tentes et véhicules récréatifs (aucun raccordement); 16$ par nuitée. (Réservations possibles; deux nuits minimum.)

Mount Sugarloaf Reservation

Jaillissant des terres cultivées de la vallée du Connecticut, tel un immense monument à la gloire de la nature, le mont Sugarloaf arbore une façade de grès rouge et une faune variée. Cette réserve boisée de 264 ha surplombe le majestueux fleuve de très haut et attire de nombreux fervents des feuillages d'automne. Fermé en hiver. On l'atteint par la route 116, à Deerfield.

Installations et services : aires de pique-nique, toilettes et tour d'observation *(☎413-665-2928)*.

Mohawk Trail State Forest ★★

Cette forêt qui couvre plus de 2 400 ha le long des rivières Cold et Deerfield est un des secrets les mieux gardés du Massachusetts. L'ancien sentier emprunté par les Mohawks pour se rendre du nord de l'État de New York jusqu'à la Pioneer Valley serpente à travers les bois de cette région, alors que des champs et des prés descendent jusqu'à la rivière. Le parc est fréquenté par une clientèle assidue de campeurs, attirés par son immensité et la variété des activités qu'on y offre. On y accède par la route 2, à 5 km à l'ouest de Charlemont.

Installations et services : aires de pique-nique et toilettes; magasins à proximité, à Greenfield, Shelburne Falls et Charlemont *(☎413-339-5504)*. **Baignade** : bonne dans un bassin en bordure de la rivière Cold; un peu plus excitante aux *whirlies*, de petites cascades situées non loin de là en descendant le courant. **Camping** : 56 emplacements recommandés pour tentes et roulottes (aucun raccordement); 6$ par nuitée. **Pêche** : bonne pour la truite dans la rivière Deerfield.

Les Berkshires

Savoy Mountain State Forest

Ce havre de verdure fort populaire auprès des familles couvre une superficie de presque 4 500 ha en bordure des sommets qui composent les Berkshires. Le North Pond et le South Pond se prêtent à la pêche et à la baignade, tandis qu'un ancien verger abrite des emplacements de camping. Plusieurs kilomètres de sentiers de randonnée sillonnent le parc, y compris un parcours qui conduit aux Tannery Falls. La série de chutes en cascades qui alimentaient autrefois les usines locales en énergie en font aujourd'hui l'un des endroits les plus ravissants de l'ouest du Massachusetts. On l'atteint par la route 2 ou la route 116, à Savoy.

Installations et services : aires de pique-nique, toilettes et centre d'interprétation de la nature, stationnement *(2$)*; magasins à proximité, à North Adams *(fermé mi-oct à mi-mai; ☎413-663-8469)*. **Baignade** : bonne aux plages du North Pond et du South Pond. **Camping** : 45 emplacements pour tentes et pour véhicules récréatifs (aucun raccordement); 6$ par nuitée *(☎413-664-9567)*. De petites cabanes *(8$)* pouvant accueillir quatre personnes sont également disponibles; réservations nécessaires jusqu'à six mois à l'avance. **Pêche** : bonne pour la truite dans le North Pond, ainsi que pour la truite et l'achigan dans les étangs Burnett et Bogg.

Windsor State Forest

Cet endroit est surtout connu pour ses spectaculaires Windsor Jambs, une série de chutes qui se succèdent sur 0,8 km en franchissant des gorges aux parois verticales de granit atteignant jusqu'à 30 m de hauteur. On y trouve plusieurs chemins désaffectés et sentiers de randonnée, de même qu'une plage de sable d'une trentaine de mètres sur une section endiguée de la rivière Westfield. Les familles avec de jeunes enfants fréquentent volontiers ces lieux. On y accède par la route 9 jusqu'à River Road, à Windsor.

Installations et services : aires de pique-nique et toilettes; magasins à proximité, à Adams *(Memorial Day à la fête du Travail; ☎413-684-0948 en été, ☎413-442-8928 en hiver)*. Droit à la journée *(2$)*. **Camping** : 25 emplacements recommandés pour tentes seulement; 4$ par nuitée. **Pêche** : bonne pour la truite dans la West Branch de la rivière Westfield.

Mount Greylock State Reservation ★★★

Si vous n'avez le temps de visiter qu'un seul parc dans la région, que ce soit celui-ci. Cette réserve de 4 250 ha est située au sommet de la plus haute montagne du Massachusetts. Immortalisé par Thoreau, Hawthorne et Melville, le mont Greylock est réputé pour le nombre impressionnant d'espèces rares, aussi bien d'oiseaux que de plantes, qu'on y trouve, de même que pour les panoramas à couper le souffle qu'il offre dans toutes les directions. Les sentiers de randonnée, dont une section de l'Appalachian Trail, et les sentiers de ski de fond y sont plus que nombreux. On l'atteint par la route 7, à Lanesboro, ou par la route 2, à North Adams.

Installations et services : aires de pique-nique et toilettes; le Bascom Lodge *(☎413-743-1591)* exploite un casse-croûte et propose le dîner aux campeurs sur réservation *(☎413-499-4262)*. **Camping** : 35 emplacements pour tentes; 4$ par nuitée.

Mount Washington State Forest ★★

Cette vaste étendue de verdure couvrant 2 024 ha chevauche les frontières de l'État de New York, du Connecticut et du Massachusetts. La dense forêt épouse les contours d'un territoire montagneux, et il s'en dégage une impression de profonde solitude et d'isolement.

Même en plein jour, surveillez les cerfs qui risquent de traverser la route devant vous : ils sont littéralement partout! Le **Bash Bish Falls State Park**, au cœur de la vaste forêt, marque l'emplacement des chutes Bash Bish, qui se jettent d'une hauteur de 24 m dans des bassins s'écoulant en cascades. C'est une excellente occasion d'échapper aux foules parfois étourdissantes de Stockbridge et de Lenox. On y accède par la route 41, à Mount Washington.

Installations et services : aires de pique-nique et toilettes; magasins à proximité, à Great Barrington et à Egremont *(☎413-528-0330)*. **Camping** : 15 emplacements primitifs pour randonneurs. **Pêche** : bonne pour la truite dans les plus petits cours d'eau.

ACTIVITÉS DE PLEIN AIR

Canot et kayak de mer

Les innombrables lacs, étangs et rivières de cette région procurent d'immenses plaisirs aux amateurs de canot et de kayak. Dans le centre du Massachusetts, vous pouvez louer des canots, des kayaks et des barques auprès de **Fin and Feather Sports** *(Route 140, Upton, ☎508-529-3901)*. Dans la Pioneer Valley, **Zoar Outdoors** *(Mohawk Trail, Charlemont, ☎413-339-4010)* organise des descentes en rivière, loue des canots et propose des leçon de canotage et de kayak sur la rivière Deerfield. Vous pouvez également louer canots, kayaks et barques à la **Barton Cove Nature and Camping Area** *(Route 2, Gill, ☎413-863-9300)*, qui offre par ailleurs régulièrement un service de navette jusqu'au fleuve Connecticut. Dans les Berkshires, adressez-vous à **Berkshire Outfitters** *(Route 8, Adams, ☎413-743-5900)* pour louer un canot ou prendre part à une excursion guidée d'une demi-journée.

Pêche

Un permis de pêche est exigé pour taquiner le poisson en eau douce, et ce, dans l'ensemble du Massachusetts. Truite et achigan vous attendent dans les nombreux lacs et cours d'eau, et les rivières Deerfield, Connecticut et Westfield comptent parmi les plus fréquentées.

À Northampton, rendez-vous au **Pioneer Sporting Center** *(104 Dalun Rd. ad, ☎413-584-9944)* pour tous vos besoins en matière d'attirail de pêche; des excursions de pêche y sont par ailleurs proposées. Dans les Bershires, tout le nécessaire de pêche en eau douce vous attend chez **Dave's Sporting Goods** *(1164 North St., Pittsfield, ☎413-442-2960)*. **All About Sports** *(Brushwood Farm, 36 Pittsfield Rd., Lenox, ☎413-637-0206)* loue pour sa part des cannes, des moulinets et des coffres à pêche.

Ski alpin et ski de fond

Les centres de ski alpin de cette région sont plutôt modestes en comparaison de leurs homologues du nord, mais les files d'attente aux remonte-pentes y sont souvent plus courtes, les billets coûtent moins cher et l'atmosphère se veut moins prétentieuse. Leçons et service de location sont offerts à peu près partout, et ces sites conviennent fort bien aux familles. Ceux qui préfèrent le ski de fond trouveront également quelques endroits de choix dans la région, des champs ouverts aux parcs d'État boisés. Certains sentiers des parcs d'État sont même damés par le passage (malheureusement bruyant) des omniprésentes motoneiges.

À Princeton, dévalez les pentes de la **Wachusett Mountain** *(499 Mountain Rd., par la route 140, ☎464-5101)*, qui offre une descente verticale de 305 m. Ski alpin, ski de fond et surf des neiges y sont tous possibles, l'accès aux pistes se faisant grâce à 18 télésièges. À Holyoke, rendez-vous au **mont Tom** *(Route 5, ☎413-536-0516)*, où quatre télésièges doubles mènent les skieurs à une altitude de 360 m pour une descente de 207 m; 60% des pistes s'adressent aux skieurs de niveau intermédiaire, les autres étant également réparties entre débutants et experts. Un parc de planche à neige y offre en outre des surfaces planes, des crêtes et un quart de lune. À Charlernont, il y a **Berkshire East** *(Mohawk Trail, ☎413-339-6617)*, dont la descente verticale est de 360 m; les pistes s'y répartissent comme suit : 20%pour débutants, 40% pour skieurs de niveau intermédiaire et 40% pour experts. Les néviplanchistes partagent les pistes avec les skieurs alpins, mais bénéficient tout de même d'une demi-lune sur une des pentes. Démonstrations de ski acrobatique. Vingt-six kilomètres de pistes de randonnée nordique à la fois larges et bien entretenues vous attendent également à la **Northfield Mountain** *(Route 63, Northfield,*

☎413-659-3714). Et, pour un ski plus rustique sur des sentiers de ski de fond plus étroits à travers bois, rendez-vous au **Stump Sprouts Ski Touring Center and Guest Lodge** *(West Hill Rd. Hawley, ☎413-339-4265),* qui dispose de 25 km de sentiers.

À New Ashford, essayez les pistes du **Brodie Mountain Ski Area** *(Route 7, ☎413-443-4752),* qui accueille volontiers les familles et offre le sommet de ski le plus élevé du Massachusetts (823 m). Quatre télésièges doubles y desservent 30% de pistes pour débutants, 45% de pistes pour skieurs de niveau intermédiaire et 25% de pistes pour experts, et un parc de surf des neiges y fait le bonheur des néviplanchistes. À Hancock, affrontez les pentes du **Jiminy Peak, the Mountain Resort** *(Corey Rd., ☎413-738-5500),* qui présente une altitude de 442 m et une descente verticale de 347 m; huit remonte-pentes y desservent plus de 18 km de pistes (24% pour débutants, 43% de niveau intermédiaire et 33% pour experts). Trois parcs de planche à neige honorent le **Butternut Basin** *(Route 23, Great Barrington, ☎413-528-2000),* qui offre une altitude de 549 m et une descente verticale de 305 m. Six télésièges emmènent les skieurs au sommet des pentes (20% pour débutants, 60% de niveau intermédiaire et 20% pour experts). La saison s'étend de la mi-novembre à la mi-mai.

Golf

Les grands espaces du Massachusetts ont permis l'aménagement de plusieurs bons terrains de golf dans la région, et tous ces 18 trous louent aussi bien bâtons que poussettes ou voiturettes.

Dans le centre du Massachusetts, prenez le départ au **Crumpin-Fox Club** *(Parmenter Rd., Bernardston, ☎413-648-9101),* un parcours semi-privé. L'exigeant **Green Hill Golf Course** *(Marsh Ave., Worcester, ☎508-852-0913)* a été aménagé sur le deuxième sommet en importance de Worcester, et les golfeurs y jouissent d'une vue spectaculaire sur la ville en contrebas.

Dans les Berkshires, **The Waubeeka Golf Links** *(à la jonction des routes 7 et 43, South Williamstown, ☎413-458-5869)* est un golf public alliant terrains plats et vallonnés. Le **Skyline Country Club** *(405 South Main St., Route 7, Lanesboro, ☎413-445-5584)* possède pour sa part un parcours public offrant des beaux panoramas.

Vélo

Les montagnes abruptes de l'ouest du Massachusetts rendent bien difficiles les randonnées interrégionales, mais cela ne vous empêche en rien de vous faire la main (ou le pied!) et d'explorer à votre aise les petits chemins de campagne pleins de surprises.

Dans la Pioneer Valley, la région d'Amherst-Northampton offre des randonnées faciles sur le plat. Le **Northampton Bicycle Path**, par exemple, commence au bout de State Street pour aboutir au Look Park, 3,7 km plus loin. Plusieurs groupes cyclistes locaux, comme les **Franklin Hampshire Freewheelers** *(☎413-527-4877)* de l'ouest du Massachusetts et du Connecticut, organisent en outre des excursions de fin semaine, et parfois même des randonnées de deux jours avec nuitée en camping. Le programme de leurs activités et le calendrier de leurs randonnées sont diffusés par les marchands de vélos de la région.

Brooks Country Cycling and Hiking Tours *(140 West 83rd St., New York, NY 10024, ☎212-874-5151)* organise aussi des excursions de fin de semaine comprenant l'hébergement aux environs de Lenox-Stockbridge. Les excursions d'une journée dans les Berkshires permettent d'admirer de splendides panoramas de campagne et de collines ondulantes. Il est possible de louer des montures sur demande.

La location d'une bicyclette

Vélos, service de réparation et vente d'accessoires vous attendent à chacun des endroits qui suivent. Aucune randonnée cycliste n'est offerte, mais vous pourrez obtenir des renseignements sur les possibilités d'excursion dans la région.

Valley Bicycles *(319 Main St., Amherst, ☎413-256-0880)* loue des vélos de montagne et hybrides. **The Spoke** *(618 Main St., Williamstown, ☎413-458-3456)* propose des vélos à une, trois ou 10 vitesses pour une journée, une fin de semaine, une semaine ou un mois. **Plaine's Ski and Cycling Center** *(55 West Housatonic St., Pittsfield, ☎413-499-0294)* loue, pour sa part, toutes sortes de bicyclettes à la journée, à la semaine ou au mois.

Randonnée pédestre

Il n'y a pas de meilleure façon d'apprécier la beauté naturelle des collines et des montagnes de cette région que de les parcourir à pied, surtout en automne, à l'époque des feuillages aux couleurs changeantes, alors que les routes sont tellement encombrées qu'on dirait des stationnements. Les sentiers de randonnée pédestre abondent dans tous les parcs d'État et dans toutes les réserves naturelles de la région.

Quelques entreprises privées préparent des excursions spécialisées s'adressant tout particulièrement aux randonneurs. **New England Hiking Holidays** *(P.O. Box 1648, North Conway, NH 03860, ☎603-356-9696)* propose ainsi des randonnées de deux à huit jours dans les Berkshires (hébergement et repas compris), tandis que le traqueur et photographe de la nature **Paul Rezendes** *(Bearsden Rd., Star Route, South Royalston, MA 01331, ☎978-249-8810)* organise des randonnées avec ateliers portant sur l'art de traquer le gibier et de photographier la nature.

Sauf indication contraire, toutes les distances fournies le sont pour l'aller seulement.

Le centre du Massachusetts

La **Mid State Trail** (146 km) part du mont Watatic, à la frontière du New Hampshire, et traverse le Worcester County jusqu'à la frontière du Rhode Island. Ce sentier offre un éventail varié de paysages typiques du centre du Massachusetts, chevauchant d'anciennes routes de chariots ou coupant à travers bois et champs. Plusieurs points d'accès vous donnent la possibilité de ne parcourir que certaines sections du sentier, comme par exemple la Douglas State Forest ou le Rutland State Park.

La **Wachusett Mountain State Reservation** *(☎508-464-2987)* dispose d'un réseau étendu de 18 sentiers totalisant 27 km sur plus de 800 ha. Ces sentiers, dont certains présentent des portions assez abruptes, traversent des forêts de chênes et d'érables, des massifs de lauriers des montagnes (kalmie à larges feuilles), des champs de fleurs sauvages, des étangs et des prés. Il se peut que vous aperceviez des animaux sauvages dans la montagne, sans compter que certains sentiers sont tout indiqués pour contempler le kaléidoscope des feuillages d'automne.

La Pioneer Valley

Le Laughing Brook Education Center and Wildlife Sanctuary *(Hampden, ☎413-566-8034)* organise nombre de courtes randonnées autour du Laughing Brook (le «ruisseau rieur», ainsi baptisé par l'auteur Thornton Burgess, un ancien résidant de la région), d'un étang et de la forêt avoisinante. La maison de Burgess, la plus ancienne résidence de Hampden, peut être visitée durant la saison estivale.

Le **Fern Trail** (1,6 km) de l'Arcadia Wildlife Sanctuary *(☎413-584-3009)*, à Easthampton, vous fait voir toutes sortes de fougères et croise une tour d'observation utilisée par les ornithologues amateurs. Il s'agit d'un des nombreux sentiers autoguidés qui sillonnent les 283 ha d'un ancien méandre du fleuve Connecticut.

L'**Enfield Lookout Trail** (4,8 km) du Quabbin Park mène à l'Enfield Overlook, un poste d'observation permettant d'admirer les aigles au cours des mois d'hiver. Le sentier fait partie d'un réseau de 35 km qui couvre la plus vaste étendue sauvage de tout l'État.

Le **Hidden Quarry Nature Trail** (1,6 km), situé au **Northfield Mountain Recreation and Environmental Center** *(☎413-659-3714)*, propose un mini-cours sur la géologie, l'histoire naturelle et la faune et la flore de la partie supérieure de la Pioneer Valley. Le sentier serpente aux environs de l'ancien lit du lac Hitchcock, de tanières à porcs-épics, de bosquets de fleurs sauvages et de futaies de pins blancs.

Les Berkshires

Le **Pike's Pond Trail** (0,8 km) du Pleasant Valley Wildlife Sanctuary *(☎413-637-0320)*, à Lenox, parcourt champs et forêts avant d'aboutir à l'étang et au ruisseau voisin, le Yokun Brook, où vivent des castors. D'autres sentiers de la réserve franchissent des prés, une gorge envahie de sapins-ciguës et un jardin peuplé d'oiseaux-mouches.

L'un des lieux de randonnée les mieux connus des Berkshires est le Bartholomew's Cobble, une colline au sommet rocheux portant le nom d'un fermier du XVIIIe siècle, George Bartholomew. E**Bailey Trail** (1,6 km) est une large boucle qui débouche sur le **Sparrow Trail** (1,6 km), une promenade sans encombre sur la plaine inondable de la rivière Housatonic à travers des massifs d'érables argentés et d'arbres à feuilles caduques, puis un ancien méandre de la rivière. Le Cobble offre une vue incomparable sur la Housatonic Valley et, vers la fin d'avril et le début de mai, une palette radieuse de fleurs sauvages.

HÉBERGEMENT

La **Country Bed and Breakfast Association** *($-$$$; 181 School St., Northfield, MA 01360, ☎413-498-2692)* fournit des renseignements sur 13 petits *bed and breakfasts* situés sur des fermes ou dans des villages montagneux de la Pioneer Valley.

La **Berkshire and Greater Springfield Bed and Breakfast** *($-$$$$; P.O. Box 211, Williamsburg, MA 01096, ☎413-268-7244, ⇌268-7243)* offre un service de réservation de maisons privées et petites auberges de campagne situées dans les régions de Sturbridge, de la Pioneer Valley et des Berkshires.

Le centre du Massachusetts

Worcester a bien sa part de motels représentant plusieurs grandes chaînes, mais Sturbridge, à 29 km au sud-ouest de cette ville, offre une plus grande variété de lieux d'hébergement.

Worcester

Le **Beechwood Hold** *($$$$; ℜ; 363 Plantation St., ☎508-754-5789 ou 800-344-2589, ⇌508-752-2060)*, situé à proximité de l'University of Massachusetts Medical Center, est un des hôtels les plus récents de la ville. Ce grand établissement de forme circulaire renferme un hall au sol dallé, aux boiseries de chêne clair et aux garnitures dans les tons de lavande. Les 58 chambres, dont quelques suites équipées de foyers, sont spacieuses, garnies de moquette et décorées d'accessoires pastel. Le restaurant a récolté les plus hauts éloges des critiques locaux pour sa cuisine américaine classique.

Sturbridge

Le **Sturbridge Coach Motor Lodge** *($$; ≈; 408 Main St., Route 20, ☎508-347-7327, ⇌347-2954)* dispose de chambres de motel simples mais modernes. Le terrain est bien entretenu et agrémenté d'une piscine. L'endroit est bien situé pour les gens désireux de visiter Sturbridge, Worcester et Brimfield.

Les **Old Sturbridge Village Lodges and Oliver Wight House** *($$-$$$; Route 20 West, ☎508-347-3327 ou 800-733-1830, ⇌508-347-3018)*, un complexe situé à l'entrée de l'Old Sturbridge Village, propose plusieurs formules d'hébergement, dont les chambres de l'Oliver Wight House, vieille de 200 ans, les suites du Dennison Cottage et les appartements du Village. L'Oliver Wight House, construite en 1789, fut jadis une taverne procurant le couvert et le gîte aux fermiers et aux voyageurs de passage. Aujourd'hui entièrement remise à neuf, l'auberge compte 10 grandes chambres joliment décorées d'objets et de meubles de style fédéral, y compris de grands lits à colonnes. Le Dennison Cottage renferme également deux suites de luxe campées dans un décor campagnard du XIXe siècle et présentant des murs peints au pochoir. Quant aux chambres du Village, elles sont agrémentées de motifs et de meubles rappelant les débuts de la colonie. Bien que le service soit cordial, l'atmosphère des lieux est plutôt aseptisée, sans ces interactions personnelles qu'on a l'habitude de retrouver dans les auberges champêtres.

La **Publick House on the Common** *($$$; ℜ; Route 131, sur la place, ☎508-347-3313 ou 800-782-5425, ⇌347-1246)*, une institution locale, a été fondée en 1771 par le colonel Ebenezer Crafts. Le bâtiment original, qui figure au registre des monuments historiques nationaux, renferme 16 chambres, plusieurs restaurants et des boutiques. Il est entouré d'autres établissements, y compris son voisin immédiat, la Chamberlain House (qui abrite quatre suites), et une auberge de 100 chambres. À environ 1,5 km de là, vous trouverez le **Colonel Ebenezer Crafts Inn** *($$$-$$$$; Fiske Hill Rd., ☎508-347-3313 ou 800-782-5425)*, qui occupe une maison de ferme datant de 1786. Les chambres de cet établissement (les plus charmantes de toutes celles qui s'offrent à vous) disposent de lits à colonnes ou à baldaquin et de quelques meubles anciens, sans parler de l'atmosphère paisible qui y règne toute l'année.

Ware

Le **Wildwood Inn** *($-$$ pdj; 121 Church St., ☎413-967-7798 ou 800-860-8098)* est une maison victorienne centenaire posée sur un terrain de 0,8 ha adjacent à un parc de 40 ha. Ses neuf chambres sont équipées de lits jumeaux, de grands lits ou de lits à colonnes (sept d'entre elles disposent d'une salle de bain privée). Aux courtepointes viennent s'ajouter des couvertures électriques pour mieux affronter les nuits froides. En été, vous vous laisserez attirer par les fauteuils en osier disposés sous le porche qui entoure la maison. Le salon rustique est par ailleurs orné d'antiquités, dont un rouet, et abrite une excellente bibliothèque. Les petits déjeuners complets et le thé en après-midi sont de purs délices.

La Pioneer Valley

La région de Springfield offre un vaste choix de motels et de grands hôtels, alors que vous trouverez dans la haute vallée davantage de motels, mais aussi des auberges champêtres et des *bed and breakfasts*. Il est fortement recommandé de réserver vos chambres à l'avance si vous voyagez en juin, à l'époque des remises de diplômes universitaires et de l'American Crafts Council Crafts Fair, ou en septembre, alors que l'Eastern States Exposition et les couleurs d'automne attirent une foule de visiteurs.

Deerfield

L'une des rares auberges champêtres de la Pioneer Valley à avoir tout le charme et l'élégance d'antan est le **Deerfield Inn** *($$$$ pdj; ℜ; 81 Old Main St., ☎413-774-5587, ⇄773-8712)*, un établissement centenaire situé sur une attrayante rue bordée d'arbres du village historique de Deerfield. Les 23 chambres sont garnies d'antiquités et de tentures Græff. On y trouve un bon restaurant ainsi qu'un salon confortable avec foyer où il fait bon prendre un verre avant le dîner. Ses clients réguliers de Boston et de New York apprécient son ambiance, de même que les attentions de ses tenanciers Karl et Jane Sabo, eux-mêmes d'origine citadine. Le petit déjeuner et le thé en après-midi sont inclus dans le prix de la chambre.

Northampton

L'**Hotel Northampton** *($$$; ⊛; 36 King St., ☎413-584-3100 ou 800-547-3529, ⇄584-9455)*, qui n'était autrefois qu'un vulgaire hôtel de centre-ville aux allures moyenâgeuses, s'est refait une beauté de fond en comble et a par le fait même rehaussé son prestige. L'établissement compte 77 chambres, dont certaines équipées de lits à baldaquin et de baignoires à remous. Son hall est joliment décoré dans un style colonial, et les parents des élèves du Smith College l'ont adopté pour la qualité de son hébergement et sa proximité du campus. Réservation recommandée.

Près du centre-ville de Northampton et tout juste à côté du campus du Smith College, l'**Autumn Inn** *($$$; ≈; 259 Elm St., ☎413-584-7660, ⇄586-4808)* se présente comme une hostellerie de 30 chambres simples et confortables. Celles-ci sont grandes, propres et décorées de moquette, de copies de meubles coloniaux, de lampes en laiton, de berceuses Hitchcock et de gravures tirées de la collection personnelle du propriétaire des lieux. Une piscine et un café orné d'un large foyer complètent les installations de cet établissement qui attire une clientèle d'habitués en raison de son emplacement et de son souci du détail.

Amherst

Le **Campus Center Hotel** *($$; University of Massachusetts, ☎413-549-6000, ⇄545-1210)* propose 116 chambres d'allure simple dans un gratte-ciel en béton situé sur le campus même de l'université du Massachusetts. L'ambiance n'a rien d'exceptionnel, mais l'hôtel répond aux besoins des visiteurs de l'université, et la vue sur le campus ainsi que sur les monts Holyoke est splendide.

The Allen House *($$-$$$ pdj; bp; 599 Main St., ☎413-253-5000)*, une magnifique auberge victorienne de cinq chambres avec salle de bain privée, a ouvert ses portes en 1991. Ses propriétaires se sont appliqués à lui redonner tout son éclat d'origine, ce qui leur a mérité le Historic Preservation Award (prix de la conservation des monuments historiques) de l'Amherst Historical Commission. La construction repose sur 1,2 ha boisé à distance de marche de la ville. Le petit déjeuner campagnard plantureux et le thé en après-midi sont inclus dans le prix de la chambre.

En plein centre d'Amherst, le **Lord Jeffrey Inn** *($$-$$$; 30 Boltwood Ave., ☎413-253-2576 ou 800-742-0358, ⇄256-6192)* fait partie intégrante de cette ville collégiale depuis des décennies. Beaucoup de ses 48 chambres sont garnies d'antiquités, et certaines d'entre elles offrent une vue sur le jardin communautaire de la municipalité. Il flotte dans cette auberge une atmosphère de calme recherché, comparable à celle des clubs exclusifs qui caractérisent les collèges privés de la région. La salle à manger et le pub sont élégants, et les nombreux salons, fort chaleureux avec leurs fauteuils confortables et leurs cheminées. L'auberge se trouve à distance de marche des commerces et de l'Amherst College.

Springfield

L'hôtel le plus élégant de la Pioneer Valley est le **Sheraton Springfield Monarch Place** *($$-$$$; ≈, ®, ⊘, △, ℜ; Monarch Pl., ☎413-781-1010 ou 800-426-9004, ⇒734-3249)*, avec un hall rehaussé de marbre et un atrium ouvert sur 12 étages et des installations luxueuses, dont une piscine intérieure avec solarium. Les 304 chambres sont spacieuses et décorées dans des tons pastel. On y trouve en outre deux restaurants, un salon et un centre de conditionnement physique équipé d'une baignoire à remous, d'une salle de poids et haltères et d'un sauna. Essayez d'obtenir une chambre avec vue sur le fleuve Connecticut.

Holyoke

Le **Yankee Pedlar Inn** *($$-$$$; ℜ; 1866 Northampton St., ☎413-532-9494, ⇒536-8877)* dispose de 30 chambres réparties à travers cinq bâtiments situés sur une rue passante de Holyoke. Chaque chambre bénéficie d'une décoration particulière de style colonial, avec antiquités, objets d'époque et lit à colonnes ou à baldaquin. Le Pedlar exploite par ailleurs une taverne à l'ancienne, un bar d'huîtres et un restaurant. Même s'il ne s'agit pas d'une auberge de campagne, les gens d'affaires y logent volontiers, et la proximité de la route 91 en fait un tremplin pratique vers tous les coins de la Pioneer Valley.

Les Berkshires

Cette région offre un vaste choix de lieux d'hébergement haut de gamme et de *bed and breakfasts* plus modestes. Plusieurs particularités, restrictions et exceptions s'appliquent toutefois ici, si bien que les listes de tarifs semblent parfois aussi complexes que certaines polices d'assurance. En résumé, les prix sont au plus haut (et ils peuvent de fait devenir très élevés!) les fins de semaine d'été et d'automne, et la plupart des établissements situés à proximité de Lenox imposent un séjour d'au moins deux nuits au cours des fins de semaine de la mi-juin au début de septembre pendant le festival de Tanglewood.

Il est pratiquement impossible de trouver des lieux d'hébergement à prix modique dans les Berkshires. Une bonne façon de contourner ce problème consiste à s'établir dans une petite localité en marge de la région populeuse et dispendieuse de Lenox-Stockbridge. Plus au nord, Williamstown offre un plus large éventail de motels et d'auberges à prix variables et aux pratiques moins restrictives. Tout juste au sud de Stockbridge, les petites villes de South Egremont, Sheffield et Great Barrington comptent également plusieurs auberges et *bed and breakfasts* historiques et pittoresques.

Berkshire and Greater Springfield Bed & Breakfast *(P.O. Box 211, Williamsburg, MA 01096, ☎413-268-7244, ⇒268-7243)* peut vous aider à vous loger chez un particulier ou dans une petite auberge de la Pioneer Valley, de la région de Sturbridge, des Berkshires et de l'est de l'État de New York.

Williamstown

Le **Maple Terrace Motel** *($$; ≈; 555 Main St., Route 2, ☎413-458-8101)* est une trouvaille pour les voyageurs soucieux de leur budget. Ses 16 chambres sont propres et entièrement rénovées sur le modèle des motels modernes. Mais le Maple Terrace, en retrait de la rue, est un peu plus tranquille que les autres établissements jalonnant la voie publique. Derrière le bâtiment se trouve un espace ouvert avec une grande piscine, des tables de pique-nique, des balançoires et plusieurs saules pleureurs de taille imposante. À distance de marche du site du Williamstown Theater Festival, des magasins et des restaurants, l'endroit est idéal pour les familles. Petit déjeuner continental.

Le **River Bend Farm** *($$ pdj; bc; 643 Simonds Rd. ☎413-458-3121 ou 800-418-2057)* est un *bed and breakfast* historique logé dans une taverne de 1770 érigée par le colonel Benjamin Simonds, l'un des fondateurs de Williamstown. On a méticuleusement restauré les lieux, dont les cinq chambres meublées d'antiquités coloniales partagent des salles de bain communes. Son emplacement permet à ses hôtes d'accéder facilement au Williams College. Petit déjeuner continental copieux.

The Orchards *($$$$; ≈, △, ℝ, ℜ; Route 2, ☎413-458-9611 ou 800-225-1517,*

⇌458-3273), un lieu d'hébergement aux allures d'auberge champêtre, propose 47 chambres décorées de façon particulière et comprenant des antiquités anglaises, des couvre-lits d'une grande finesse et parfois même un foyer, un réfrigérateur ou une salle de bain en marbre. L'ambiance est sereine et élégante malgré la proximité des abords commerciaux de la route 2. Le thé est servi chaque après-midi dans un hall gracieux, et les clients de la maison se voient chaque soir offrir des biscuits aux brisures de chocolat et un lit fraîchement refait. Une piscine, un sauna, un service de concierge et un restaurant complètent les installations de l'établissement.

Lenox

Directement dans le village de Lenox, quoique sur une propriété très privée de 1,2 ha, le **Walker House Inn** *($$-$$$; bp; 64 Walker St., ☎413-637-1271 ou 800-235-3098)* se présente comme une hostellerie de huit chambres qui fait bon accueil aux gays. Il s'agit d'une charmante maison bâtie en 1804 qui s'est dotée d'une nouvelle aile en 1906, et ses chambres, qui bénéficient toutes d'un décor individuel, portent les noms de compositeurs célèbres. Les antiquités abondent partout, et plusieurs des chambres s'enorgueillissent d'une cheminée. Le salon renferme un piano à queue de même que sa propre cheminée, et on projette des films sur un écran de 4 m à l'intérieur de la bibliothèque.

À environ 6 km au nord de Lenox vous attend la **Summer Hill Farm** *($$-$$$$ pdj; bp; 950 East St., ☎413-442-2057 ou 800-442-2059)*, une maison de ferme séculaire installée sur un ranch équestre de 8 ha. Les chambres se parent d'antiquités, et trois d'entre elles possèdent un foyer. La clientèle s'en veut essentiellement hétéro quoiqu'on qu'on accueille aussi volontiers les gays. Petit déjeuner complet.

Le **Village Inn** *($$$-$$$$; bp; 16 Church St., ☎413-637-0020 ou 800-253-0917, ⇌637-9756)* est une hostellerie du XVIIIe siècle qui compte 32 chambres avec salle de bain privée, et toutes garnies d'antiquités rustiques, certaines disposant même d'un foyer et d'un lit à colonnes. Ce bâtiment d'architecture fédérale a servi d'auberge depuis 1777, et ses propriétaires ont réussi à rafraîchir et à moderniser les lieux sans lui enlever son caractère. La taverne à plafond bas du sous-sol offre un service de bar complet. Malgré sa taille, l'endroit est confortable et accueillant, sans compter qu'il est bien situé par rapport au centre de Lenox.

Le **Garden Gables Inn** *($$$-$$$$ pdj; ≈, ⊛, bp; 141 Main St., ☎413-637-0193, ⇌637-45554)*, un chaleureux cottage des Berkshires, se présente comme une maison à clins de bois blancs datant de 1780. Bien que située à distance de marche du centre de Lenox, l'auberge est paisible et sereine, entourée de magnifiques jardins et d'une piscine. Ses 18 chambres personnalisées réunissent différents styles, et chacune possède sa propre salle de bain; certaines bénéficient d'une baignoire à remous, alors que d'autres disposent d'un balcon donnant sur la piscine. Plusieurs clients de l'établissement sont des habitués de longue date. Le petit déjeuner complet est servi dans une salle à manger intime.

The Canyon Ranch in the Berkshires *($$$$; ≈, ⊖, ℜ; Bellefontaine, Kemble St., ☎413-637-4100 ou 800-326-7080, ⇌637-0057)* est la version locale d'une célèbre station de santé de Tucson, en Arizona. Il occupe une propriété de 49 ha du nom de Bellefontaine, dont le bâtiment principal, une réplique du Petit Trianon construit par Louis XV, est un des plus somptueux cottages originaux des Berkshires. Ce complexe de 120 chambres s'adresse aux citadins affairés en quête de repos loin du brouhaha quotidien. Notons par ailleurs qu'il dispose d'un programme de conditionnement physique complet, d'une cuisine gastronomique de santé, de piscines intérieures et extérieures, de sentiers pédestres et d'agréables jardins.

Stockbridge

Si vous êtes à la recherche d'un *bed and breakfast* mettant l'accent sur l'hospitalité sans façon dans l'angle sud-ouest du Massachusetts, passez une nuit ou deux au **Race Brook Lodge** *($$-$$$; bp; 864 Under Mountain Rd./Route 41, Sheffield, ☎413-229-2916 ou 800-725-6343, ⇌229-6629)*, que ses propriétaires qualifient de «*zone libre de chintz*». Il s'agit d'une grange restaurée qui renferme différentes chambres et suites, ces dernières étant tout indiquées pour les groupes restreints. Le décor campagnard (courtepointes, papiers discrètement peints au pochoir, tapis suspendus et sol recouvert de planches) donne toute son importance à la beauté naturelle du bâtiment. Faites une balade jusqu'aux chutes du Race Brook, puis remontez l'Appalachian Trail, à moins que vous ne préfériez reluquer la marchandise des antiquaires des environs, Sheffield s'imposant comme un rendez-vous incontournable des chasseurs d'antiquités de toute la Nouvelle-Angleterre.

Le **Red Lion Inn** *($$$$; ≈; Main St., ☎413-298-5545, ⇛298-5130)* est un des établissements classiques de la Nouvelle-Angleterre. Originellement construite en 1773 pour servir de relais aux diligences, l'auberge fut détruite par le feu, puis reconstruite en 1897. Aujourd'hui, cette construction aux mille et un recoins demeure un des rares hôtels en bois des États-Unis. Le Red Lion, qui figure parmi les symboles des Berkshires, est la pièce maîtresse du Stockbridge Center. Le hall-salon, avec cheminée, vieux canapés moelleux et riches tapis orientaux, est toujours plein de visiteurs et de dîneurs. Et sans doute n'y a-t-il pas de meilleur endroit pour prendre un verre par un bel après-midi d'été que dans une berceuse sous le porche frontal. L'établissement compte 109 chambres, y compris quelques suites avec petits salons attenants, toutes garnies d'antiquités ou de copies d'époque. En dépit des commodités modernes qu'il offre, comme sa piscine extérieure, le Red Lion demeure un de ces lieux élégants qui font naître à l'esprit des images d'une autre ère.

Le **Historic Merrell Inn** *($$$$; 1565 Pleasant St., South Lee, ☎413-243-1794 ou 800-243-1794)* porte très bien son âge puisqu'il accueille des visiteurs depuis 1794, époque à laquelle il constituait l'avant-dernière halte sur la route passante des diligences qui reliaient le nord-ouest du Connecticut aux Berkshires. Des meubles et accessoires d'origine honorent l'auberge, tel le bar-volière en bois de la salle à manger, seul et dernier du genre aux États-Unis à être intact et à n'avoir subi aucune altération. Les neufs chambres se veulent d'un grand luxe et, pour la plupart, assez spacieuses, quoique certaines salles de bain soient petites mais néanmoins convenables. Tous les lits sont coiffés d'un baldaquin, et plusieurs des chambres disposent d'un foyer. Les propriétaires sont constamment à la recherche d'antiquités susceptibles de contribuer à recréer le passé de cette auberge historique. Jetez aussi un coup d'œil au grand livre de la salle à manger, où sont inscrits les noms des visiteurs et de leurs chevaux qui ont séjourné ici à la même date que vous au début du XIXe siècle.

Great Barrington

Le **Berkshire Motor Inn** *($$-$$$; ≈, △, ☎, tv; 372 Main St., ☎413-528-3150)* vous permet de vous loger à proximité des attraits touristiques des Berkshires dans un décor typique de motel, avec piscine intérieure et sauna. Pour ceux et celles qui préfèrent une chambre avec téléphone et téléviseur, sans aubergiste à qui parler, cet endroit se présente comme une des rares oasis de la région.

The Turning Point *($$-$$$$ pdj; Route 23, ☎413-528-4777)* propose un environnement non-fumeurs dans une sympathique auberge en brique de 200 ans qui servit de relais aux diligences du siècle dernier. Votre hôte, Irving Yost, insiste pour préserver un cadre champêtre aussi sain que possible en offrant des petits déjeuners végétariens composés de céréales complètes, de fruits et de tisanes. L'établissement dispose de sept chambres et d'un cottage de deux chambres; le terrain est fort joli, et des sentiers de randonnée sillonnent les bois et les champs avoisinants.

South Egremont

L'**Egremont Inn** *($$-$$$$ pdj; ≈; Old Sheffield Rd., ☎413-528-2111 ou 800-859-1780, ⇛528-3284)* est une charmante auberge de campagne de 20 chambres décorées à la mode du XIX[e] siècle. Le long porche blanc, sous lequel les clients dégustent le café ou le brunch pendant l'été, lui confère une élégance discrète, alors que la taverne coloniale au plafond bas et aux poutres apparentes ajoute à son charme. L'Egremont dispose en outre d'une salle à manger complète, d'une piscine et de quelques courts de tennis. Demi-pension les fins de semaine *($$$$)* et *bed and breakfast* du dimanche au jeudi *($$)*.

Le **Weathervane Inn** *($$$-$$$$; ≈, bp; Route 23, ☎413-528-9580, ⇛528-1713)*, qui occupe une vieille demeure Nouvelle-Angleterre de 200 ans, propose 12 chambres avec salle de bain privée, une piscine et une excellente salle à manger. Cet endroit confortable et détendu attire une clientèle assidue.

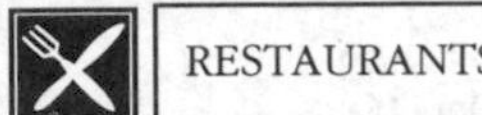

RESTAURANTS

Le centre du Massachusetts

Sturbridge

The Sunburst *($; 484 Main St., ☎508-347-3097)* propose des mets naturels au petit déjeuner et au déjeuner dans une atmosphère de café. Les muffins sont excellents, de même que la quiche et le muesli. On y sert également des bols de fruits frais, des sandwichs et du lait de poule, soit des fruits de saison battus avec du lait et des œufs.

West Brookfield

Le **Salem Cross Inn** *($$-$$$; fermé lun; Route 9, ☎508-867-2345)*, une institution locale, occupe une maison de ferme Nouvelle-Angleterre de 1705 qu'on a entièrement rénovée et qui renferme une foule d'antiquités et de photographies. La famille Salem se spécialise dans l'organisation d'événements culinaires spéciaux, comme des soirées «à boire» dans sa taverne à l'ancienne, au sous-sol de l'établissement, et des promenades en charrette ou en traîneau à travers les 243 ha de la propriété. En été, au cours de ses Drover's Roasts, elle sert des quartiers de bœuf cuits à feu lent au-dessus d'un gril en pierre des champs, comme on le faisait au XVIIIe siècle. En hiver, les Hearthside Dinners (dîners au coin du feu) organisés les fins de semaine sont l'occasion de déguster des côtes de bœuf rôties sur des brochettes anciennes à l'intérieur d'un âtre en pierres des champs, ainsi que des tartes aux pommes cuites dans un four en brique datant de 1699. Tous ces repas méritent que vous modifiez vos plans au besoin. Il est recommandé de réserver à l'avance.

La Pioneer Valley

La Pioneer Valley compense son manque de grands restaurants luxueux par une brochette substantielle de bons restaurants à prix modérés, parmi lesquels un bon nombre d'établissements ethniques et végétariens.

Northampton

Le **Paul and Elizabeth's** *($-$$; Thorne's Market, 150 Main St., ☎413-584-4832)* attire une clientèle régulière avec ses déjeuners et ses dîners santé. Au menu : des salades (*hoummos*, taboulé, d'épinards et aux œufs), de bonnes soupes, du poisson grillé au *tamari*, des *tempuras* aux légumes et aux fruits de mer, des sandwichs et des pâtes. Le décor est clair et aéré. Certains soirs, l'endroit est plein de *baby boomers* végétariens accompagnés de leurs bébés, mais le personnel ne perd pas pour autant son sang-froid.

Le **Joe's Café** *($-$$; 33 Market St., ☎413-584-3168)* est un café comme il ne s'en fait plus, où la peinture s'écaille et où l'on sert d'excellents mets italiens : aubergines au parmesan, spaghetti et une sensationnelle pizza *primavera* végétarienne. Mêlez-vous aux gens du coin et aux étudiants autour des pichets de bière, et essayez d'imaginer ce que la murale décorant les lieux peut bien représenter. L'endroit est une véritable oasis dans cette région succombant rapidement à l'embourgeoisement culinaire.

Le **Spoleto** *($$; 50 Main St., ☎413-584-3168)*, l'un des restaurants favoris des habitants de Northampton, est une vraie trouvaille, avec des plats italiens inventifs à prix raisonnables. Essayez le sublime poulet *rollatini*, les pâtes maison garnies de crevettes, de pétoncles, de moules et de calmars, la lasagne végétarienne et les escalopes de veau. Les desserts sont également maison, et l'express est bien corsé.

Amherst

Le **Classe Café** *($; 168 North Pleasant St., ☎413-253-2291)* ressemble à un café comme tant d'autres, avec de grandes baies vitrées et des tables accollées les unes aux autres, mais son menu comprend plusieurs plats végétariens apprêtés avec soin, qu'il s'agisse d'*hoummos* ou de soupes maison, en plus des habituels hamburgers, des laits fouettés et des salades. Populaire auprès de la population étudiante, il offre une atmosphère toujours animée.

Le **Judie's** *($$; 51 North Pleasant St., ☎413-253-3491)* est une véritable institution locale, connue pour son solarium d'où l'on peut observer l'activité incessante du centre-ville, sa clientèle à la page et ses merveilleux desserts. La cuisine y est «nouvelle à la Judie» et regroupe certains plats inusités tels que la paella et un énorme chausson fourré d'une salade de poitrine de poulet. Parmi les desserts, retenons le gâteau fondant aux truffes et au chocolat, ainsi que les bananes frites couronnées de glace.

La salle à manger du **Lord Jeffrey Inn** *($$-$$$; 30 Boltwood Ave., ☎413-253-2576)* constitue un bon choix pour un repas plus formel (quoique à Amherst, une ville collégiale, «formel» signifie simplement que le port du jeans n'est pas toléré). Cette grande salle de style colonial dispose d'une cheminée, et les tables sont éclairées par des lampes à l'huile. Quant au menu, il propose des plats tels que la surlonge grillée à la new-yorkaise et du poulet à toutes les sauces, sans oublier certaines spécialités du chef, comme le saumon fumé au citron et à l'aneth, et les pâtes méditerranéennes aux légumes, un plat de résistance. Un pianiste agrémente votre repas les vendredis et les samedis soirs, de même que le brunch du dimanche.

Springfield

Dans le centre-ville de Springfield, le **Tilly's** *($; fermé dim; 1390 Main St., ☎413-732-3613)*, qui dispose d'un assortiment varié de sandwichs, de hamburgers, de salades, de quiches et de pâtes, est un bon choix pour le déjeuner ou le dîner. Cet endroit douillet, pourvu d'un intérieur en brique et d'un joli bar, fut autrefois un hôtel.

Holyoke

Le **Yankee Pedlar Inn** *($-$$$; 1866 Northampton St., ☎413-532-9494)* propose petit déjeuner, déjeuner et dîner. Les mets traditionnels de la Nouvelle-Angleterre y sont à l'honneur, tels que la chaudrées de palourdes, les timbales au poulet, le bœuf salé au chou, plusieurs plats de poisson ainsi que certaines spécialités, comme les fruits de mer Alfredo et le poulet grillé sauce *teriyaki*. La salle à manger bénéficie d'un agréable décor colonial, avec foyers et panneaux muraux à larges planches.

Les Berkshires

Les Berkshires offrent un vaste choix de restaurants, plus ou moins divisés en deux catégories : les établissements raffinés et dispendieux qui attirent les touristes et les visiteurs de fin de semaine, et ceux où mangent les gens du coin, généralement moins coûteux, sans façon et fortement axés sur la viande et les pommes de terre.

Adams

Les inconditionnels de petits restaurants à comptoir, à tabourets et à banquettes adoreront le **Miss Adams Diner** *($; fermé lun; 53 Park St., ☎413-743-5300)*, une sorte de voiture-restaurant de 1949 entièrement remise en état où l'on sert des petits déjeuners et des déjeuners traditionnels. Ses propriétaires ont toutefois ajouté quelques touches bien particulières, comme les salades à l'*hoummos*, la soupe froide aux bleuets et les grosses crêpes de sarrasin. Les tartes maison sont sensationnelles.

Williamstown

The Cobble Café *($$; 27 Spring St., ☎413-458-5930)* nourrit un grand nombre de résidants de cette ville, y compris les célébrités qui s'y retrouvent chaque été pour le Williamstown Theater Festival. Des œuvres d'artistes locaux ornent les murs, et le menu affiche des petits déjeuners et des déjeuners traditionnels de *quesadillas* au poulet avec salade méditerranéenne, entre autres. Le dîner se révèle plus élaboré, alors qu'on propose une cuisine américaine créative dont le menu varie au gré des saisons.

Lenox

Le **Church Street Cafe** *($$-$$$; fermé dim-lun Columbus Day au Memorial Day; 65 Church St., ☎413-637-2745)* propose un menu de déjeuner et de dîner assez éclectique sur l'agréable terrasse extérieure ou dans une charmante salle à manger en plein cœur du quartier des magasins de Lenox. Au déjeuner, sandwichs et hamburgers sont à l'honneur, mais aussi des plats plus exotiques, comme la soupe au gombo de Louisiane, le taboulé et les *quesadillas* aux haricots. Au dîner, la salade de bœuf thaïlandaise, le poulet à la jamaïcaine et les pâtes aux piments rouges, servies avec du maïs, des poivrons, de la coriandre et des *jalapeños*, prennent la relève.

Le **Gateways Restaurant** *($$-$$$; 51 Walker St., ☎413-637-2532)*, à l'étage du petit mais chic Gateways Inn, construit en 1912 pour servir de résidence d'été à Harley Procter de Procter & Gamble, est un des restaurants les plus louangés de cette ville. L'entrée se distingue par un large escalier en acajou, de riches tapisseries et de magnifiques arrangements floraux. Le menu propose des spécialités du sud de l'Italie, comme la côtelette de veau à la milanaise, coupée bien mince, légèrement saupoudrée de chapelure et sautée jusqu'à ce qu'elle soit dorée à souhait, et les raviolis farcis de homard frais et arrosés d'une sauce légère à la crème et à la tomate.

Le **Wheatleigh** *($$$$; tlj l'été, horaire plus restreint le reste de l'année; Hawthorne Rd., ☎413-637-0610)*, situé à distance de marche de Tanglewood dans un *palazzo* italien érigé pour une comtesse au XIXe siècle, bénéficie d'un certain renom. Il s'agit d'un endroit particulier, réputé pour son excellente nourriture et son service formel. Le décor, rehaussé d'une cheminée et de lustres en cristal, rappelle les splendeurs de l'âge d'or. Le menu de cinq services à prix fixe met en vedette la cuisine française contemporaine, avec des suggestions aussi créatives que le vivaneau rouge sauce genevoise et le faisan rôti aux truffes blanches, mais aussi d'autres plats de poisson, de bœuf et de gibier. Réservation requise; les hommes doivent porter une veste.

Stockbridge

Le **Red Lion Inn** *($$$-$$$$; Main St., ☎413-298-5545)* propose un menu réunissant des mets traditionnels de la Nouvelle-Angleterre, comme la dinde rôtie et la côte de bœuf, et des spécialités continentales telles que les langoustines. Installez-vous dans la salle à manger conventionnelle, décorée selon le style colonial, tendue de papier peint rose et blanc, agrémentée de gravures de Norman Rockwell et rehaussée de fleurs fraîches sur les tables; ou, pour moins de formalisme, dirigez-vous vers le bistro au sol à larges planches et au plafond aux poutres apparentes, où règne davantage une atmosphère de pub. Lorsque la température le permet, déjeuner et dîner sont aussi servis dans la cour extérieure.

Great Barrington

Cheesecake Charlie's *($$-$$$; 271 Main St., ☎413-528-7790)* est un café à double personnalité dans la mesure où il se spécialise tout aussi bien dans les aliments biologiques que dans les desserts décadents. Vous pourrez ainsi y déguster un chili végétarien en même temps qu'un gâteau au fromage riche et crémeux. Parmi les autres choix sains au menu, retenons les salades de tofu et les sandwichs à la dinde organique et au pâté végétal. La boulangerie-pâtisserie offre pour sa part toutes sortes de délices riches en beurre ainsi qu'une vaste sélection de gâteaux au fromage.

Un excellent endroit où savourer un bon repas sans vous ruiner est **Jodi's** *($$-$$$; 327 Stockbridge Rd., ☎413-528-6064)*. Vous y aurez le choix entre plusieurs plats de pâtes, mais aussi de fruits de mer, de poulet, de veau et d'agneau. Ce restaurant loge dans un bâtiment vieux de 250 ans aux planchers de bois et renferme beaucoup d'antiquités.

Le **Castle Street Café** *($$-$$$; fermé mar; 10 Castle St., ☎413-528-5244)* est un petit bistro animé, réputé pour ses pâtes inventives et ses plats de poisson grillé. L'endroit est charmant avec son mur de brique, et vous trouverez un petit bar à l'arrière.

South Egremont

The Old Mill *($$$; fermé lun nov à mai; Route 23, ☎413-528-1421)*, une ancienne forge et aussi un vieux moulin, fait désormais partie des bons restaurants du sud des Berkshires. Au menu : filet de saumon grillé rehaussé de *salsa* aux agrumes et côtelettes de veau sauce aux morilles, sans parler des nombreux plats de poulet, des biftecks et des côtelettes. Le bâtiment lui-même ne manque pas d'intérêt, posé sur une rivière, traversé de larges poutres, garni de panneaux de bois grossier et décoré de vieux outils.

SORTIES

Le centre du Massachusetts

Worcester

The Centrum *(50 Foster St., ☎508-798-8888)* est un centre sportif de 13 500 places où l'on présente des concerts rock et pop, mais aussi des matchs de hockey et de basket-ball, de même que des conférences.

Le **Mechanics Hall** *(321 Main St., ☎508-752-5608)*, l'une des meilleures salles de concerts d'avant la guerre de Sécession, et ce, à l'échelle des États-Unis, offre une acoustique remarquable. Elle accueille aujourd'hui des artistes de jazz, de musique folk et de musique classique, et sert même parfois à des enregistrements de haute qualité.

Vienne la belle saison, le **Worcester Forum Theatre Ensemble** *(6 Chatham St., ☎508-799-9166)* présente des spectacles en marge de Broadway et des productions variées dans un amphithéâtre extérieur.

Le **Sh'boom's** *(droit d'entrée jeu-sam; 215 Main St., ☎508-752-4214)* est une boîte de nuit au goût des années cinquante. Présentateurs de disques et danse du mercredi au samedi. En outre, vous pourrez vous joindre au club de danse Polyester, accessible via le Sh'boom's.

Sturbridge

Le **VIP's Lounge** *(entrée libre; Sturbridge Host Hotel, Route 20, ☎508-347-7393)* propose musiciens sur scène et danse les vendredi et samedi soirs.

Si vous cherchez une ambiance plus discrète, essayez le populaire **Ugly Duckling Loft** *(502 Main St., ☎508-347-2321)*, dans le loft du Whistling Swan. L'endroit est chaleureux et détendu, le décor, de bois et de laiton, et la musique passe du piano les mardis, mercredis, samedis et dimanches à la guitare acoustique et au chant les jeudis et vendredis.

Spencer

Le **Spencer Country Inn** *(droit d'entrée pour les concerts; 500 Main St., ☎508-885-9036)* attire surtout des résidants dans la vingtaine et la trentaine avec ses artistes invités qui, chaque fin de semaine, interprètent pour eux une sélection des 40 plus grands succès de l'heure. Il y règne une atmosphère de pub, avec des banquettes intimes et une foule d'antiquités, dont une ancienne calèche; la piste de danse est assez vaste, et les amateurs de sport sont comblés par l'écran géant qui complète le décor.

La Pioneer Valley

Northampton

L'**Iron Horse Music Hall** *(droit d'entrée; 20 Center St., ☎413-584-0610)* présente, chaque soir, un large éventail de blues et de musiques folk, africaine, antillaise et celtique dans une atmosphère de café-bar. Outre une atmosphère intimiste, on y trouve une bonne piste de danse et une vaste sélection de bières importées.

Northampton accueille aussi l'**Academy of Music** *(274 Main St., ☎413-584-8435)*, le plus vieux théâtre en activité continue du pays.

Amherst

The Fine Arts Center de l'université du Massachusetts *(☎413-545-2511)* organise des concerts, des représentations théâtrales, des conférences et des soirées dansantes tout au long de l'année.

Springfield

Le **Springfield Civic Center** et le **Symphony Hall** *(1277 Main St., ☎413-787-6610)* présentent régulièrement des concerts, des expositions et des spectacles.

Le **Stagewest** *(1 Columbus Center, ☎413-781-2340)*, la troupe de théâtre locale de Springfield, propose des comédies et des tragédies de septembre à juin.

Les Berkshires

Williamstown

The Orchards *(Route 2, ☎413-458-9611)* propose du *soft rock* au son du piano et de la guitare à l'intérieur de son bar au cours de la saison estivale.

Lenox

C'est à Lenox que vous trouverez le **Tanglewood** *(Route 183, ☎413-637-1940)*, où l'orchestre symphonique de Boston se produit tout l'été. Pour tout renseignement sur le programme et les billets disponibles, composez le ☎617-266-1492 *(oct à juin)* ou le ☎413-637-1600 *(juin à sept)*.

Le **Berkshire Performing Arts Theatre** *(en été seulement; 70 Kemble St., ☎413-637-4718)* est une salle de concerts de 1 200 places où l'on présente des artistes de jazz, de rock, de folk et de country, mais également des humoristes.

Shakespeare and Company *(The Mount, ☎413-637-3353)* propose des représentations théâtrales de mai à octobre.

Stockbridge

Le **Lion's Den** *(Red Lion's Inn, Main St., ☎413-298-5545)* présente régulièrement de la musique folk, entrecoupée à l'occasion de *bluegrass*, de blues et de jazz.

Becket

Le **Jacob's Pillow Dance Festival** *(fin juin à août; George Carter Rd., ☎413-243-0745)* met en vedette, des mois de juin à août, des troupes de danseurs provenant de diverses contrées dont le Cambodge, l'Indonésie et l'Inde.

ACHATS

Le centre du Massachusetts

Worcester

Spag's *(Route 9)* est une véritable institution à Worcester. Il se compose de trois grands bâtiments et d'un assortiment de tentes remplis d'articles pour le moins hétéroclites, des petits appareils ménagers aux vêtements et aux denrées alimentaires. Il s'agit d'une exploitation de type «entrepôt» où les clients, croyez-le ou non, font la queue pour pénétrer à l'intérieur des lieux. Si vous envisagez faire plusieurs emplettes, munissez-vous de sacs car, ici, on n'en donne pas.

La boutique de cadeaux du **Worcester Art Museum** *(55 Salisbury St., ☎508-799-4406)* est un endroit formidable où trouver de petits articles de qualité, notamment des reproductions de bijoux précieux, de beaux livres, des calendriers et des jouets.

Sturbridge

Le **Museum Gift Shop** et le **New England Bookstore at Old Sturbridge Village** *(1 Old Sturbridge Village Rd., ☎508-347-3362)* sont deux boutiques exceptionnelles proposant des objets artisanaux fabriqués au Sturbridge Village, de même que des meubles d'imitation coloniale pour la maison. La librairie dispose d'une vaste sélection d'ouvrages sur l'histoire et les coutumes de la Nouvelle-Angleterre, y compris le jardinage et les arts ménagers.

Pour un bon choix de copies de meubles, de paniers, de coffres et de pochoirs découpés à la main de fabrication shaker, visitez le **Shaker Shop** *(454 Main St., ☎508-347-7564)*. Vous pourrez également vous y procurer l'authentique peinture au lait des shakers, réellement à base de lait et additionnée de pigments et de chaux. Ce produit ne s'écaille pas comme la peinture moderne.

La Pioneer Valley

La Pioneer Valley est particulièrement réputée pour le nombre impressionnant d'artisans qui y ont élu domicile, et dont la présence se reflète dans plusieurs boutiques raffinées de Northampton et des autres localités de cette région.

À Northampton, visitez la **Pinch Pottery and the Ferrin Gallery** *(179 Main St., Northampton, ☎413-586-4509)*, qui tient une grande variété de poteries et de céramiques fabriquées à la main en diverses régions du pays, de même que des théières contemporaines de collection.

Jetez un coup d'œil à la **Salmon Falls Artisans Showroom** *(1 Ashfield St., Shelburne Falls, ☎413-625-9833)*, installée dans un grenier séculaire à poteaux et poutres apparents en surplomb du célèbre pont de Fleurs. Les œuvres de près de 200 artisans y sont exposées.

La petite ville de Leverett est le siège de **Leverett Crafts and Arts** *(Montague Rd., Leverett, ☎413-548-9070)*, où se trouvent environ 10 studios d'artistes locaux. Une galerie y présente par ailleurs les travaux d'autres artistes.

Vous pouvez vous procurer une liste des membres de la **Pioneer Valley Antique Dealers Association** (regroupement d'antiquaires), qui garantit l'authenticité des pièces de ses membres, en écrivant à l'association concernée *(c/o Donald*

Schimke, Secretary, 7 Hadley Pl., Hadley, MA 01035).

South Deerfield

Les gens du coin passent volontiers leur dimanche après-midi au **Yankee Candle** *(à l'intersection des routes 5 et 10, ☎413-665-8306)*, avec ses centaines de bougies coulées à la main, ses cadeaux et sa remarquable boutique de Noël, qui renferme des ornements et des jouets de tous les pays du monde. Un café-boulangerie sert également des repas légers, et il est possible de visiter la fabrique de bougies.

Northampton

Le **Thorne's Market** *(150 Main St., ☎413-584-5582)* est un vieux magasin à rayons rénové qui compte cinq étages de magasins et boutiques, y compris un marchand de disques, une boutique de perles colorées, des magasins de vêtements et de jouets, ainsi qu'un restaurant d'aliments naturels.

Springfield

Les **Shops at Baystate West** *(1500 Main St., ☎413-733-2171)* regroupent plus de 50 magasins et boutiques spécialisées, qu'il s'agisse d'ingrédients culinaires, de vêtements ou de cadeaux et souvenirs.

Holyoke

Le **Holyoke Mall at Ingleside** (sortie 15 de l'autoroute 91, *☎413-536-1441)* renferme plus de 185 boutiques spécialisées et magasins à rayons, y compris un **JC Penney** (☎413-536-3963), un **Filene's Basement** (☎413-536-2777) et un **Lord & Taylor's** (☎413-534-5800).

Les Berkshires

CLes collectionneurs sérieux se dirigent plutôt vers le sud des Berkshires, où se trouvent Egremont, South Egremont et Sheffield. On dénombre en effet des douzaines d'antiquaires dans ce coin de l'État, vendant vraiment de tout, des pièces coloniales aux objets européens, en passant par les articles Art déco et le bric-à-brac habituel. Parmi les meilleures adresses, retenez **Darr Antiques and Interiors** *(28 South Main St., Sheffield, ☎413-229-7773)* pour les antiquités classiques des XVIIIe et XIXe siècles ainsi que pour les accessoires de décoration, et la **Centuryhurst Berkshire Antique Gallery** *(Main St., Sheffield, ☎413-229-8131)* pour les vieilles horloges américaines, les porcelaines de Wedgwood et une impressionnante collection de photographies de Wallace Nutting. Mais ne rêvez surtout pas d'occasions dans les parages, car la proximité de New York a fait grimper les prix des antiquités de façon notable.

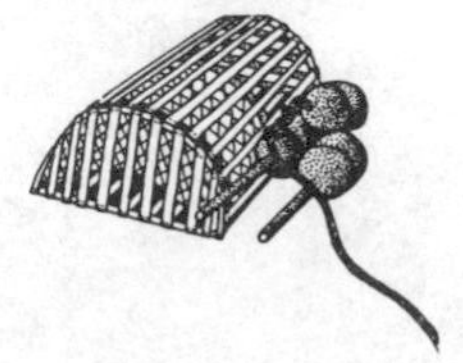

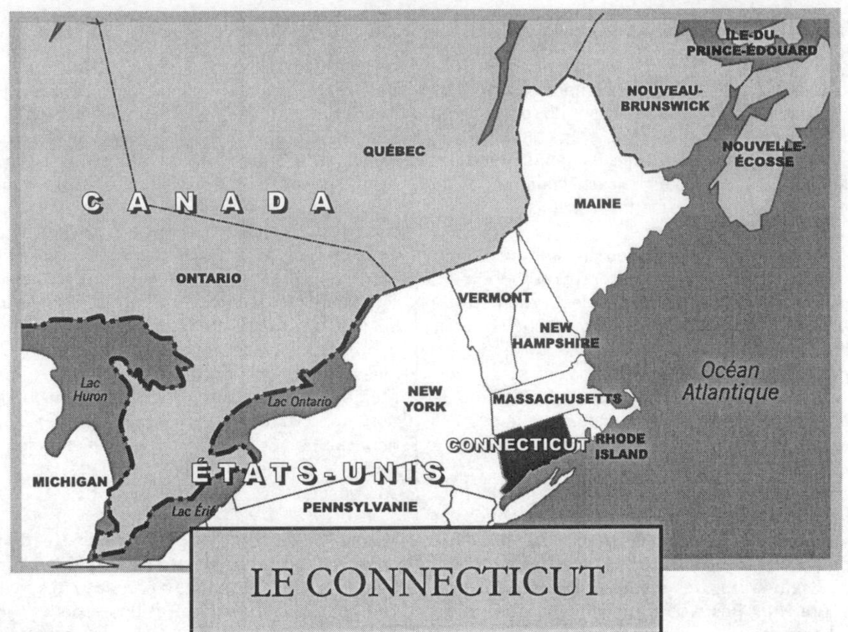

LE CONNECTICUT

Le Connecticut, porte méridionale de la Nouvelle-Angleterre, offre, malgré son territoire limité, un échantillon de tout ce qui caractérise cette grande région. Bien qu'il ne faille que deux heures et demie pour traverser l'État en voiture, ses 12 950 km^2 présentent une variété surprenante de richesses : 402 km de littoral, des fermes, des forêts, des montagnes et des collines; des villages autour oú se blottissent des maisons à clins de bois blancs; et des villes riches en atouts culturels. Trois cent cinquante ans d'histoire se reflètent dans l'architecture variée et les nombreux sites historiques (maisons anciennes, musées ou sociétés historiques) qui célèbrent les femmes et les hommes de courage qui se sont établis dans ce coin de pays.

Le Connecticut, qui forme un rectangle mesurant 145 km d'ouest en est et 89 km du nord au sud, partage les frontières de l'État de New York à l'ouest, du Massachusetts au nord et du Rhode Island à l'est. L'extrémité sud est délimitée par le Long Island Sound, un bras de l'océan Atlantique qui était autrefois une importante voie de commerce et de transport, et qui est aujourd'hui devenu un lieu de récréation très fréquenté. L'autre cours d'eau majeur du Connecticut, en outre le plus long de la Nouvelle-Angleterre, est celui-là même qui lui a donné son nom : le fleuve Connecticut; il sépare l'État en deux, et sur ses rives se sont implantées les premières colonies à voir le jour au XVIIe siècle. Avant même que ces villages n'existent, les Amérindiens nommaient déjà la région *Quinnehtukqut* (long fleuve aux marées).

Plusieurs rivières portent d'ailleurs des noms amérindiens, comme la Housatonic, la Quinnipiac et la Naugatuck, ainsi que de nombreux villages tels que Cos Cob, Niantic, Saugatuck et Wequetequock. Mais la plupart des noms de ville ont leurs racines en Grande-Bretagne ou dans la *Bible* : Windsor, Bristol, New Britain, Greenwich, Norwich, Bethel, Goshen...

L'Angleterre, la nation mère, et la croyance puritaine ont eu une influence marquante sur les premiers colons. Ces derniers ont quitté la colonie naissante du Massachusetts en 1633 pour fonder les communautés de Hartford, Windsor et Wethersfield sur les côtes fertiles du Connecticut. Quelques années plus tard, trois colonies se jumelèrent pour créer la Hartford Colony, qui allait bientôt devenir la Colony of Connecticut, et adoptèrent les *Fundamental Orders* de 1639. Ce document, qui devait servir de cadre de référence pour gouverner la colonie, est perçu par plusieurs comme la première constitution écrite. C'est pourquoi les mots «*Constitution State*» sont inscrits sur les plaques des automobiles.

Le Connecticut porte également d'autres surnoms moins glorieux, comme «*The Nutmeg State*» (l'État de la muscade). Ce nom rappelle l'époque des vendeurs itinérants qui allaient de porte en porte le long de la côte de l'Atlantique pour vendre aux ménagères tout ce dont elles pouvaient avoir besoin, y compris des noix de muscade importées promettant de rehausser la saveur des mets qu'elles préparaient. Mais, selon la légende, les malins vendeurs quittaient leurs clientes en leur laissant une «noix de muscade en bois», une fausse!

Quoi qu'il en soit, bien peu de ces foyers pouvaient faire pousser leurs propres végétaux, puisque le sol de l'État est essentiellement de nature glaciaire, donc trop rocheux pour l'agriculture. Dès le début de la colonie, bon nombre de résidants durent ainsi se tourner vers d'autres activités, comme le commerce, le transport, l'assurance et, plus tard, le secteur manufacturier, qui ont toutes contribué à «mettre l'État sur la carte».

Parmi les produits inventés ou perfectionnés par les Yankees du Connecticut, il y eut des chapeaux, des peignes, des épingles, des horloges, des semences, des meubles, des machines à écrire, des haches, de l'équipement lourd de toutes sortes, le caoutchouc vulcanisé, des bicyclettes, des tissus (de soie et de coton), des pièces d'argenterie et des armes à feu. Samuel Colt conçut le Colt 45, «le pistolet qui conquit l'Ouest», dans son armurerie de Hartford. Aussi, dans son usine d'armes à feu des environs de New Haven, Eli Whitney, qui avait préalablement inventé l'égreneuse de coton, introduisit la notion de pièces de rechange, qui à son tour permit la floraison de la révolution industrielle.

Les villes et les villages se sont développés autour des usines (on peut admirer de beaux moulins en brique ou en pierre le long des vallées de plusieurs rivières, comme la Naugatuck et la Quinebaug), et chaque localité s'est fait connaître par le produit qu'elle fabriquait. Waterbury était la ville du laiton; New Britain était la capitale mondiale des outils; Danbury tenait sa reconnaissance des chapeaux; et Bristol pouvait vanter ses horloges.

Avec le développement des moulins et des usines, le besoin d'un nombre croissant de travailleurs se fit sentir. C'est ainsi qu'au cours des XIXe et XXe siècles le Connecticut connut d'importantes vagues d'immigration en provenance de l'Irlande, de l'Italie, de l'Allemagne, de la Pologne... et des autres pays d'Europe. La composition de la population se transforma alors considérablement : le noyau homogène de protestants anglais des origines de la colonie devint une mosaïque ethnique qui continue de caractériser les 3,3 millions d'habitants du Connecticut d'aujourd'hui.

Les manufactures ont encore une certaine importance : on fabrique des pièces d'avions à East Hartford et des hélicoptères à Stratford, tandis qu'à Groton la firme Electric Boat construit des sous-marins. Mais les besoins changeants des États-Unis ont conduit à la fermeture de plusieurs entreprises à travers l'État, causant de graves problèmes à de vieilles villes industrielles. Au même moment, plusieurs firmes d'envergure nationale ont déménagé leur siège social au Connecticut, créant de nouveaux horizons et apportant du travail à des villes comme Greenwich, Danbury et Stamford. Même si d'importantes tranches de la population ne sont pas parvenues à profiter de la richesse de cet État, il continue néanmoins de figurer parmi les plus prospères de la nation américaine.

Malgré l'importance du secteur manufacturier, une grande partie des terres demeure rurale. L'État possède de vastes étendues réservées aux activités récréatives, et des espaces verts dans plus de 50 parcs et forêts, de même que des parcs municipaux et des réserves naturelles. Ces oasis de paix se retrouvent un peu partout au Connecticut : le long du littoral, dans les pâturages du Nord et même dans les vallées plus populeuses à proximité des grandes villes. Bridgeport a la plus forte population, avec 146 000 habitants, suivie de près par Hartford et New Haven, qui pourtant conservent toutes trois une dimension parfaitement humaine.

Le paysage varie d'un littoral plat, parsemé de petites plages et de baies, aux vallées et aux montagnes Vertes de l'extrémité nord-ouest de l'État, en passant par les douces collines du Nord-Est. Au centre s'étend la vallée du fleuve Connecticut, autrefois terre fertile dont les cultures traditionnelles, le tabac et le maïs, ont cédé la place à des banlieues au cours des dernières décennies.

La région centrale de l'État accueille plusieurs grandes universités : Yale à New Haven, Wesleyan à Middletown, et Trinity College à Hartford. New London, sur la côte sud-est, est le siège du Connecticut College et de la Coast Guard Academy; le campus principal de l'Université du Connecticut est pour sa part établi à Storrs.

Bien que l'État soit petit, la température varie de plusieurs degrés du nord au sud; le Litchfield County, au nord-ouest, est l'endroit où la neige et la glace persistent le plus longtemps. En hiver, le mercure descend parfois sous zéro, quoiqu'il n'y reste habituellement pas très longtemps; les étés peuvent à l'opposé se révéler chauds et humides. Dans chaque région, les saisons revêtent un cachet particulier, manifeste à travers les activités qu'on y propose. L'hiver apporte ainsi aux régions montagneuses des scènes de patinage et de pêche sous la glace des lacs et des étangs, pendant que les skieurs dévalent les pentes d'une demi-douzaine de centres bien équipés et que les fondeurs sillonnent d'innombrables sentiers. Au printemps, les cornouillers en fleurs illuminent les routes, et le laurier des montagnes, l'emblème du Connecticut, colore les collines d'un rose clair. L'été est la saison idéale pour les vacanciers, un temps propice aux festivals et aux foires, à la natation, à la pêche, à la navigation de plaisance et à l'exploration des plages et des parcs. L'automne, au dire de certains, montre l'État sous son meilleur jour alors que les érables, les chênes, les cornouillers, les fougères, et même la redoutable «herbe à puces», transforment le paysage en une symphonie d'orange, de rouge et d'or.

On peut aborder le Connecticut à partir de différents points d'entrée, mais nombre de visiteurs y accéderont probablement par l'État de New York. C'est pourquoi ce chapitre suit un itinéraire en forme de «S» allongé, du sud-ouest au nord-ouest. Vient ensuite la région de Hartford, plus ou moins au centre de l'État, puis New Haven, plus au sud; nous longeons ensuite la Côte Est, avec une petite promenade en bordure de la basse vallée du fleuve Connecticut, pour finalement terminer à l'extrémité nord-est de l'État, pittoresque et peu connue. Il s'agit d'un voyage qui peut prendre quelques jours seulement, une semaine ou même une vie entière, passée à découvrir les trésors de cet État compact.

POUR S'Y RETROUVER SANS MAL

Sauf indication contraire, l'indicatif régional du Connecticut est le 860.

En voiture

Le Connecticut est sillonné de quatre grandes autoroutes. La **route 95**, le Connecticut Turnpike, longe le littoral de l'État de New York jusqu'à la frontière du Rhode Island. À New Haven, elle croise la **route 91**, qui se dirige au nord vers le Massachusetts en passant par Hartford. La **route 84** pénètre dans l'État à Danbury et se dirige vers le nord, puis traverse Hartford pour finalement rejoindre le Massachusetts Turnpike à Sturbridge. La **route 15**, le célèbre Merritt Parkway, déroule son paysage pittoresque à quelques kilomètres à l'ouest de la route 95, puis met le cap vers le nord à New Haven pour rejoindre la route 91. Les grandes autoroutes sont toutes reliées par des routes nord-sud disposées à intervalles réguliers.

La **route 1**, la vieille Boston Post Rd., traverse toutes les communautés de la côte parallèlement à la route 95. La route 1 est malheureusement devenue une artère commerciale, seules quelques constructions anciennes rappelant ici et là la route historique qu'elle était autrefois.

La location d'une voiture

Les entreprises suivantes ont des bureaux à l'aéroport Bradley : **Avis Rent A Car** *(☎627-3500 ou 800-331-1212)*, **Budget Rent A Car** *(☎627-3660 ou 800-724-6203)*, **Dollar Rent A Car** *(☎627-9048 ou 800-800-4000)*, **Hertz Rent A Car** *(☎627-3850 ou 800-654-3131)* et **National Interrent** *(☎627-3470 ou 800-227-7368)*.

En avion

L'aéroport le plus important de l'État est le **Bradley International Airport**, à Windsor Locks, soit à 19 km au nord de Hartford. Les lignes aériennes desservant l'aéroport de Bradley comprennent American Airlines, Business Express, Continental Airlines, Delta Airlines, Northwest Airlines, Trans World Airlines, United Airlines et USAir.

Plusieurs sociétés de transport font la navette à partir de l'aéroport Bradley. Pour plus de détails, adressez-vous à Bradley Airport Information *(☎292-2000)*.

Un service de taxi est proposé jour et nuit par la **Yellow Cab Company** *(☎666-6666)*.

Trois aéroports de moindre envergure offrent un service limité. Le **Groton-New London Airport**, sur la côte sud-est, est desservi par USAir. À Bridgeport, à l'**Igor Sikorsky Memorial Airport**, les vols sont assurés par Business Express, Continental Express et USAir Express. Le **Tweed-New Haven Airport** est, quant à lui, desservi par Continental Express, United Airlines et USAir Express.

Les résidants de la région du Sud-Ouest utilisent habituellement les deux aéroports de la ville de New York, **La Guardia** et **John F. Kennedy**. Ces aéroports sont bondés et frénétiques, mais toutes les grandes lignes aériennes y ont accès; ils se trouvent à moins d'une heure de voiture de la frontière du Connecticut (il faut compter plus de temps durant les heures de circulation dense), et l'on y propose un service de limousine : **Connecticut Limousine Service** *(☎800-472-5466, de la région seulement, ☎203-874-2416)*.

En autocar

Greyhound *(☎800-231-2222)* et **Bonanza** *(☎800-556-3815, de la région seulement)* desservent plusieurs États à partir du Connecticut. Greyhound offre un service à partir des gares routières suivantes : Bridgeport *(☎203-335-1123)*, New Haven *(☎203-772-2470)*, Hartford *(☎522-9267)* et New London *(☎447-3841)*.

En train

La société ferroviaire **Metro North** (New Haven Line) *(☎800-638-7646, de la région seulement)* propose un service à toutes les heures (plus fréquemment aux heures de grande affluence, le matin et le soir) de la Grand Central Station de New York à New Haven. Un service de correspondance est également offert de Stamford à New Canaan, de South Norwalk à Danbury et de Bridgeport à Waterbury. À New Haven, la Metro North croise la ligne principale d'**Amtrak** *(☎800-872-7245)* en direction de Boston et s'arrête le long du littoral à Old Saybrook, New London et Mystic. Toujours à New Haven, Amtrak propose un service à destination de Hartford. La ligne régulière d'Amtrak entre Washington et Boston effectue des arrêts à Stamford, Bridgeport et New Haven.

En traversier

Deux lignes de traversier font quotidiennement la navette sur le Long Island Sound entre différents points de Long Island (New York) et de la côte du Connecticut. Le voyage de Port Jefferson (New York) à Bridgeport (Connecticut) dure environ 1 heure 20 min *(☎888-443-3779 du Connecticut, 516-473-0286 d'ailleurs)*, et le trajet d'Orient Point (New York) à New London (Connecticut) prend à peu près le même temps *(☎443-5281)*. Vous devez réserver à l'avance si vous désirez traverser avec votre voiture.

Les transports en commun

Le **Norwalk Transit District** *(☎203-853-3338)* exploite un service d'autobus dont certains assurent la correspondance avec les trains de la Metro North, à la gare de Norwalk.

La **Connecticut Transit Company** *(☎525-9181 ou 727-8196)* propose un service régulier d'autobus sur le territoire de la ville de Hartford et dessert certaines banlieues comme Windsor, New Britain, Middletown et Manchester, ainsi que les communautés de Canton, Avon, Farmington et Simsbury, dans la vallée de Farmington.

La Connecticut Transit Company dessert aussi la région de New Haven *(☎203-624-0151)*; certains de ses autobus sillonnent la ville alors que d'autres vont à East Haven, West Haven, Milford, Cheshire, Waterbury et Wallingford; d'autres encore font régulièrement la navette entre les villages côtiers de Guilford, Madison et Clinton. La **Dattco Bus Company** *(☎203-772-2072 ou 800-229-4879)* propose un service de transports en commun du centre-ville de New Haven vers l'est, le long de la route 1, avec plusieurs arrêts jusqu'à Old Saybrook.

Le **Southeast Area Transit District** *(☎886-2631)* propose pour sa part un service de transports en commun entre New London, Norwich, Groton, East Lyme, Jewett City, Montville et certaines localités de la région de Mystic.

Les visites guidées

À New Haven, les touristes peuvent découvrir le **campus de l'Université Yale** *(Visitor Information Office, 149 Elm St., ☎203-432-2300)* dans le cadre de visites guidées à pied organisées deux fois par jour.

Une entreprise privée, **Heritage Trails** *(P.O. Box 138, Farmington, CT 06034, ☎677-8867)* organise des visites quotidiennes de Hartford et des environs, de même que des visites régulières des autres parties de l'État des excursions gastronomiques, des sites historiques de Farmington. Réservations requises.

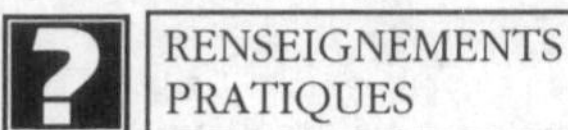

RENSEIGNEMENTS PRATIQUES

Le nord-ouest du Connecticut

Waterbury

Pour des renseignements sur la région, adressez-vous au **Waterbury Regional Convention and Tourism Bureau** *(fermé sam-dim; 21 Church St., ☎203-597-9527)*, qui propose aussi des balades autoguidées à travers neuf autres localités historiques de la région.

La région de Hartford

Hartford

Pour obtenir des renseignements au sujet des villages de la vallée de Farmington, arrêtez-vous au **Greater Hartford Tourism District** *(1 Civic Center Plaza, 2e étage, ☎520-4480 ou 800-793-4480)*.

Procurez-vous un plan spécialement conçu pour visiter la ville à pied, préparé par le **Greater Hartford Convention and Visitors Bureau** *(1 Civic Center Plaza, ☎728-6789 ou 800-446-7811)*.

La région de New Haven

New Haven

Le **Greater New Haven Convention and Visitors Bureau** *(1 Long Wharf Dr., ☎203-777-8550 ou 800-332-7829)* propose des plans ainsi qu'un circuit de visite à pied du campus de l'Université Yale et des monuments de la ville.

La basse vallée du Connecticut

Middletown

Adressez-vous au **Connecticut River Valley and Shoreline Visitors Council** *(393 Main St., CT 06457, ☎347-0028 ou 800-486-3346)* pour tout renseignement.

La région de Mystic

New London

Communiquez avec le **Southeastern Connecticut Tourism District** *(P.O. Box 89, 27 Masonic St., New London, CT 06230, ☎800-863-6569)* pour vous procurer des cartes de la côte et des plans d'eau.

Le nord-est du Connecticut

Putnam

Le **Northeast Connecticut Visitors District** *(P.O. Box 598, Putnam, CT 06260, ☎928-1228)* distribue des brochures contenant une liste d'endroits où vous loger, et vous indique tous les points d'intérêt de la région.

ATTRAITS TOURISTIQUES

Le sud-ouest du Connecticut

Les guides touristiques ont tendance à considérer le sud-ouest du Connecticut, qui correspond plus ou moins au Fairfield County, comme une simple banlieue-dortoir de New York où les visiteurs ne devraient pas perdre leur temps. En fait, cette région est beaucoup plus complexe qu'il n'y paraît à première vue; il s'agit d'un mélange de jolis villages résidentiels dont les racines remontent aux XVIIe et XVIIIe siècles, de villes jadis industrielles qui tentent aujourd'hui de se donner une nouvelle mission, et d'agglomérations commerciales tout en hauteur abritant le siège social d'importantes entreprises qui ont désormais transformé le mode de vie du comté. De plus, même si la région est loin d'être rurale, on y retrouve un nombre surprenant d'espaces verts dans les parcs d'État et les réserves naturelles qui ponctuent son territoire.

Une visite de cette région se doit de commencer par **Greenwich**, la première ville qu'on traverse lorsqu'on pénètre dans l'État par le sud-ouest. Surtout connue comme une enclave résidentielle pour banlieusards travaillant à New York, cette communauté de 60 000 habitants a également acquis un autre rôle, celui de centre d'affaires. Hôte du siège social de plusieurs entreprises, cette banlieue attire quelque 20 000 travailleurs d'autres villes, de même que des centaines de gens d'affaires du monde entier. Car même ici, les temps changent!

La ville a conservé toute sa beauté et sa tranquillité. Les touristes qui désirent admirer les **grandes propriétés** qui donnent à Greenwich son caractère si particulier devraient emprunter les routes de l'«arrière-pays», au nord et au sud immédiat du Merritt Parkway, ainsi que Lake Avenue, North Street, Round Hill Rd. et les plus petites routes et allées, à condition bien sûr qu'elles ne soient pas gardées par des portails en pierre portant une inscription qui indique qu'il est défendu d'entrer! C'est un monde d'églises immaculées, de clubs huppés, d'arbres ancestraux et de terrains somptueusement aménagés, avec des domaines de style néo-Tudor ou néocolonial, à peine perceptibles derrière leurs grilles en fer, leurs murs de pierre et leurs omniprésentes clôtures. Nombre de ces propriétés appartiennent d'ailleurs à des célébrités, dont Ivan Lendl, Leona Helmsley et Ivana Trump, pour n'en nommer que quelques-unes.

Le **Bruce Museum** *(droit d'entrée; fermé lun; 1 Museum Dr., Greenwich, ☎203-869-0376)* est un de ces anciens domaines qui, par chance, est ouvert au public. Il abrite des tableaux américains, des poteries et des tissus amérindiens, des animaux sauvages, des minéraux et de nombreuses expositions qui reflètent la nature éclectique des lieux. On trouve également d'autres sites intéressants dans les environs, comme la **Bush-Holley House** *(droit d'entrée; fermé sam; 39 Strickland Rd., Cos Cob, ☎203-869-6899)*, consacrée à l'histoire de la communauté, longue et colorée, et le **Putnam Cottage** *(droit d'entrée; fermé lun, mar, jeu et sam; 243 East Putnam Ave., Greenwich, ☎203-869-9697)*, une taverne de la fin du XVIIe siècle, témoin d'un événement gravé dans la mémoire des gens d'ici : la courageuse évasion, en 1779, du général Israel Putnam, retenu prisonnier par les Tuniques Rouges.

Les **Cavalier Galleries & Sculpture Garden** *(405 Greenwich Ave., Stamford, ☎203-869-3664)* dévoilent une collection variée de peintures contemporaines et plus de 30 sculptures figuratives modernes de grandes dimensions.

De Greenwich, en suivant la route 95 vers l'est, on aperçoit **Stamford** à l'horizon, apparaissant comme une forêt de gratte-ciel discordants; il s'agit d'immenses édifices construits depuis les années soixante pour abriter le siège social de nombreuses entreprises, projetant leur ombre menaçante sur les quelques anciennes constructions qui restent en place. Un géant illuminé, la Champion International Corporation, abrite ainsi une filiale du prestigieux **Whitney Museum of American Art** de New York *(fermé dim-lun; 1 Champion Plaza, angle Atlantic St. et Treser Boul., Stamford, ☎203-358-7630)*. Ses attrayantes salles aux lignes pures présentent des œuvres d'art américaines du XXe - siècle.

Un site à visiter à Stamford est celui de la **First Presbyterian Church** *(1101 Bedford St., Stamford, ☎203-324-9522)*, une église unique en forme de poisson dessinée par Wallace K. Harrison.

À quelques kilomètres au nord du centre-ville se trouve le **Stamford Museum and Nature Center** *(droit d'entrée; 39 Scofieldtown Rd., Stamford, ☎203-322-1646)*, peut-être l'institution la plus éclectique de l'État. Ce centre situé sur un terrain de plus de 48 ha offre, réparties dans neuf bâtiments différents, des galeries consacrées à l'art et à l'histoire, mais aussi un auditorium, un planétarium, un observatoire et une ferme laitière en exploitation, de même que des sentiers d'interprétation de la nature, des aires de pique-nique et de petits lacs peuplés d'oies, de canards et de cygnes. Ce centre saura vraiment plaire à tous les membres de la famille. On y organise des activités propres à chacune des saisons.

Immédiatement à l'est de Samford s'étend **Darien**, l'un des lieux de résidence les plus convoités du Connecticut. Prenez le temps de visiter le **Bates-Scofield Homestead** *(ouvert seulement jeu et dim; 45 Old Kings Highway North, ☎203-655-9233)*, une «boîte à sel» de 1736 tout à fait typique de cet État qui abrite aujourd'hui un musée. Toutes les pièces, y compris la cuisine et la dépense, ont été entièrement restaurées et garnies de meubles et d'œuvres d'art du XVIIIe siècle.

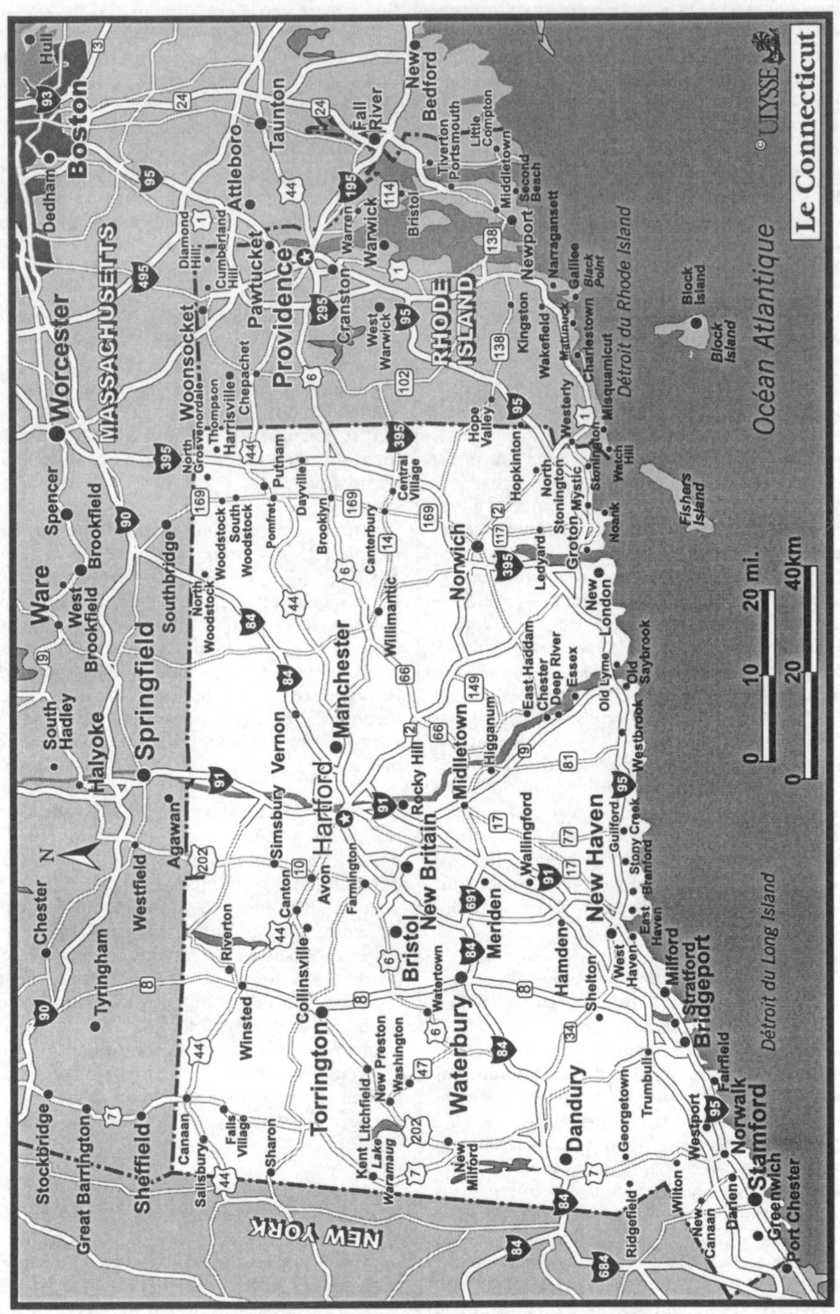
Le Connecticut
© ULYSSE
MASSACHUSETTS
RHODE ISLAND
NEW YORK
Océan Atlantique
Détroit du Long Island
Détroit du Rhode Island
N
0 10 20 mi.
0 20 40km
Boston
Worcester
Springfield
Providence
Hartford
New Haven
Bridgeport
Stamford
Waterbury
Torrington
Dandury
Norwich
New London
Middletown
Manchester
New Britain
Bristol
Meriden
Woonsocket
Pawtucket
Attleboro
Taunton
Fall River
New Bedford
Newport
Warwick
West Warwick
Cranston
Ware
Spencer
Brookfield
West Brookfield
Southbridge
Westfield
Agawam
Chester
Tyringham
Stockbridge
Great Barrington
Sheffield
Salisbury
Canaan
Falls Village
Sharon
Kent
Lake Waramaug
Litchfield
New Preston
Washington
Watertown
New Milford
Georgetown
Trumbull
Ridgefield
Wilton
Westport
Norwalk
Fairfield
Stratford
Milford
West Haven
East Haven
Shelton
Hamden
Wallingford
Guilford
Stony Creek
East Branford
Westbrook
Old Saybrook
Old Lyme
Essex
Deep River
Chester
East Haddam
Higganum
Rocky Hill
Farmington
Avon
Canton
Simsbury
Collinsville
Riverton
Winsted
Vernon
Willimantic
Canterbury
Brooklyn
Pomfret
Putnam
Dayville
Central Village
South Woodstock
Woodstock
North Woodstock
North Grosvenordale
Thompson
Harrisville
Chepachet
Cumberland Hill
Diamond Hill
Hope Valley
Hopkinton
North Stonington
Ledyard
Groton
Mystic
Stonington
Noank
Watch Hill
Westerly
Misquamicut
Charlestown
Wakefield
Kingston
Matunuck
Galilee
Black Point
Narragansett
Second Beach
Middletown
Portsmouth
Tiverton
Little Compton
Bristol
Warren
Fishers Island
Block Island
Dedham
Hull
Halyoke
South Hadley
Greenwich
Port Chester
Darien
New Canaan

Le prochain arrêt le long de la côte est **Norwalk**, une ville de 80 000 habitants qui a été colonisée en 1645 et qui a prospéré grâce aux commerces et aux industries du littoral avant de connaître le déclin. Après des années de négligence, le quartier le plus près du port, **South Norwalk** (aussi appelé «*SoNo*»), a été restauré, a récupéré ses lettres de noblesse et fait maintenant partie des sites historiques inscrits au registre national. Son artère majeure, **Washington Street**, est aujourd'hui le paradis des promeneurs avec ses douzaines de magasins et de boutiques, ses galeries d'art et d'artisanat, ses restaurants et ses bars, tous installés dans de jolis bâtiments commerciaux datant du XIXe siècle.

Non loin de là, sur un terrain côtier de 2 ha, on retrouve un paysage touristique plus moderne, avec le **Maritime Center at Norwalk★** *(droit d'entrée; 10 North Water St., ☎203-852-0700)*. Ce centre renferme un aquarium de 20 réservoirs recréant divers habitats, des marais salants au grand large, avec requins, phoques et tout; un musée maritime où l'on expose des bateaux classiques; des jeux électroniques facilitant le développement d'aptitudes maritimes, comme l'art de concevoir le bateau de ses rêves; et, dans un bâtiment distinct, un cinéma IMAX de 337 places avec un écran d'une hauteur de six étages et d'une largeur de 24 m. D'un quai adjacent, on peut monter à bord du ***Seaport Island Girl*** *(droit d'entrée; service saisonnier; ☎203-838-9444 ou 800-220-9991)*, un traversier qui navigue jusqu'au phare de Sheffield Island, qui date de 1868 et fait partie des 20 phares qui parsèment les côtes de la région. D'autres bateaux font des croisières plus longues autour des différentes îles.

On peut se procurer de la documentation sur ces attraits et bien d'autres auprès du **Yankee Heritage Tourism District** *(297 West Ave., Norwalk, ☎203-854-7825)*, un organisme établi dans la maison de garde du **Lockwood-Mathews Mansion Museum** *(droit d'entrée; fermé lun; 295 West Ave., Norwalk, ☎203-838-1434)*. Cette somptueuse résidence des années 1860, construite dans le style Second Empire français, abrite des œuvres des meilleurs ébénistes et artisans de cette époque. Sauvée de la démolition par des défenseurs du patrimoine local, elle a été restaurée pièce par pièce; on a porté une attention particulière aux fresques des plafonds, aux marqueteries et à la serre attenante; elle est aujourd'hui devenue un véritable musée consacré à l'époque victorienne.

Poursuivez vers l'est, et vous arriverez bientôt à **Westport**, un lieu de villégiature fort populaire mais aussi une communauté prospère le reste de l'année. Ses plages attirent les visiteurs de l'intérieur des terres et d'autres régions de la côte comme de véritables aimants.

Empruntez la deuxième sortie de Westport en roulant vers le nord sur la route 95 pour vous rendre sur **Sherwood Island**, une plage publique pourvue de tables de pique-nique, de vestiaires et de comptoirs de rafraîchissements.

Une plus belle plage encore, la **Compo Beach**, est réservée aux habitants de Wetsport et à quiconque n'a pas d'objection à payer 12$ (25$ les fins de semaine et les jours fériés) de stationnement pour la journée. Ce prix est sans doute ridiculement élevé, mais c'est précisément lui qui empêche la foule de devenir trop nombreuse.

Westport accueille **The Nature Center for Environmental Activities** *(10 Woodside Lane, ☎203-227-7253)*, une réserve faunique de 25 ha qui sert d'habitat aux écureuils, aux oiseaux, aux cerfs et à d'autres animaux de la région. Son musée propose une variété de programmes éducatifs et renferme en outre des réservoirs de manipulation peuplés d'espèces vivantes. Le centre a enfin mis sur pied un programme de réadaptation pour les animaux blessés.

En partant de Westport, suivez Greens Farms Rd. jusqu'à Beachside Avenue, qui devient ensuite Pequot Avenue avant de vous conduire directement à **Southport**, l'un des villages les plus enchanteurs du Connecticut. Vous y trouverez une collection renversante de maisons, d'églises et de bâtiments publics, tous pressés les uns contre les autres autour du minuscule port de Southport. Une lente promenade le long de Pequot Avenue permet d'admirer des maisons de style fédéral et néoclassique ainsi que d'autres styles d'une époque plus rapprochée que nous avons tendance à regrouper sous le vocable de «victorien».

Après avoir passé un petit groupe de magasins et de boutiques d'antiquités, tournez à droite vers le port, source même de la richesse de toutes ces jolies demeures. Les bateaux qui faisaient du commerce avec Boston et New York, à partir de ce petit port abrité ont maintenant cédé la place aux grands et petits voiliers amarrés au club nautique; mais on préserve et l'on occupe encore les maisons construites par les anciens propriétaires et capitaines de navire. Garez votre voiture (bonne chance!), et remontez Harbor Rd.; vous y découvrirez une vue imprenable sur le paysage côtier.

Bridgeport, la prochaine ville que vous croiserez sur la route 95, est la plus grande de l'État et ne correspond en rien aux rêves du touriste; néanmoins, le **Barnum Museum** *(droit d'entrée; fermé lun sept à juin; 820 Main St., ☎203-331-1104)* fera la joie des enfants comme des adultes. Pour Bridgeport, P.T. Barnum était plus que le roi des clowns, plus encore que le simple fondateur du légendaire cirque Barnum and Bailey; il était un philanthrope et un promoteur immobilier, le maire de la ville et, par-dessus tout, son fils adoré. Le musée construit d'après son testament de 1891 est aussi flamboyant que pouvait l'être le personnage : un bâtiment rouge rehaussé de gargouilles, de tours et d'un dôme en plein cœur de la ville, reflet des intérêts éclectiques de Barnum. Les amateurs de cirque monteront aussitôt au deuxième étage, où l'on retrouve des souvenirs du général Tom Thumb (Tom Pouce), ce nain talentueux qui a connu une gloire mondiale; des rappels de l'époque des grands chapiteaux; et tout particulièrement la maquette de 93 m² de *The Greatest Show on Earth*, comprenant plus de 3 000 répliques miniatures d'acrobates, de clowns, d'éléphants, de tentes et de trains, tous minutieusement sculptés par des artisans des environs.

Bridgeport est aussi la ville du **The Discovery Museum** *(droit d'entrée; fermé lun; 4450 Park Ave., ☎203-372-3521)*, un musée consacré aux arts et aux sciences dont les éléments d'exposition sont interactifs, et ce, pour les deux disciplines. Dans la section des sciences, explorez la lumière, le son, les ordinateurs, l'électronique et l'énergie nucléaire; dans la section des arts, jouez avec la couleur, la ligne et la perspective. Le centre d'apprentissage *Challenger* vous fournira en outre l'occasion de participer à une mission spatiale simulée, tandis que le planétarium propose des représentations quotidiennes sur les planètes et les étoiles. Le musée dispose enfin de deux galeries d'art où l'on présente des expositions temporaires. Les enfants comme les adultes adoreront cet endroit.

En plus des localités qui jalonnent le littoral sud du Connecticut, vous trouverez quelques villages dignes d'une visite légèrement à l'intérieur des terres, dont New Canaan et Ridgefield.

New Canaan s'impose comme une paisible communauté résidentielle fondée en 1731. Dans les moindres recoins du village et sur les routes en lacet qui l'enrubannent, apparaissent de magnifiques maisons et églises de la Nouvelle-Angleterre fort bien entretenues. Prévoyez deux arrêts majeurs, l'un au **Silvermine Guild Arts Center** *(fermé lun; 1037 Silvermine Rd., ☎203-966-5617)*, une école d'art doublée de galeries où sont exposées les œuvres d'artistes et artisans membres depuis maintenant trois quarts de siècle, et l'autre au **New Canaan Nature Center** *(fermé dim-lun et les deux derinères semaines d'août; 144 Oenoke Ridge Rd., ☎203-966-9577)*, une réserve de 16 ha qui regroupe plusieurs habitats différents, y compris un bois, des marais et des champs. Son Discovery Center présente des expositions éducatives aux éléments interactifs sur le comportement des animaux qui ne manquera pas de fasciner les enfants.

Peut-être la ville la plus idyllique de cette partie frénétique de l'État, **Ridgefield** est une enclave typique de la Nouvelle-Angleterre, ponctuée de riches demeures, de vieux arbres et de souvenirs des batailles du passé. Pour atteindre Ridgefield, prenez la route 123 un peu plus loin à l'intérieur des terres que Bridgeport, et franchissez un angle de l'État de New York jusqu'à la route 35. Les hôtels de la ville accueillaient autrefois les passagers fourbus qui se rendaient à New York ou à Boston, et la tradition se poursuit avec plusieurs d'entre eux, maintenant vieux mais bien entretenus; l'un d'eux a depuis été transformé en musée : la **Keeler Tavern** *(droit d'entrée; fermé jan; 132 Main St., ☎203-438-5485)*, réputée pour le boulet de canon qui s'est logé dans un de ses murs au cours de la bataille de Ridgefield, le 27 avril 1777. C'est ce jour-là que Benedict Arnold est devenu un héros.

Non loin de l'ancienne taverne, un autre bâtiment datant du XVIIIe siècle a été transformé en musée; il s'agit de l'**Aldrich Museum of Contemporary Art** *(droit d'entrée; fermé lun; 258 Main St., ☎203-438-4519)*. Un jardin de sculptures représentant les plus grands artistes de notre époque y entoure la structure historique du bâtiment principal.

Le nord-ouest du Connecticut ★

Le nord-ouest du Connecticut incarne la Nouvelle-Angleterre telle que vous l'imaginez, avec de grandes et vieilles églises blanches, des maisons coloniales, des ponts couverts, des murets de pierres, des routes en lacet et, tout autour, la forêt. Qui plus est, vous trouverez dans cette région bon nombre de restaurants raffinés et d'auberges historiques, sans parler d'une foule de petits commerces et galeries. Le comté de Litchfield englobe la plus grande partie de ce coin de pays et compte des douzaines de petits villages, dont un qui porte son nom.

En venant du sud, vous pouvez atteindre la région de Litchfield (souvent désignée sous le nom de Litchfield Hills, ou collines de Litchfield) en suivant la route 684 jusqu'à la route 84 Est, puis en empruntant la route 7 Nord jusqu'à New Milford (sortie 7), ou encore en prenant la route 684 Nord jusqu'à la route 22 avant de franchir la frontière de l'État sur la route 55 en direction de Gaylordsville.

Tout juste au nord de New Milford, la route se transforme, sillonnant un paysage dont les scènes semblent sorties tout droit d'un rêve : des champs, des cours d'eau et des maisons d'époque. Juste avant d'arriver à Kent, arrêtez-vous au **Bull's Bridge**, l'un des deux ponts couverts de l'État qu'on peut encore traverser en voiture; il s'agit d'un endroit des plus pittoresques. Washington a traversé ce pont en mars 1781, et l'on dit qu'un de ses chevaux est alors tombé dans l'eau glacée de la rivière Housatonic.

Le **Sloane-Stanley Museum** *(droit d'entrée; fermé lun-mar et nov à mi-mai; Route 7, ☎927-3849)* fait la fierté de la ville de **Kent**. Il renferme des outils de ferme et d'ébénisterie du début de la colonie faisant partie de la collection d'Eric Sloane, artiste et écrivain, de même que certaines de ses propres peintures à l'huile. On y retrouve également les ruines de la Kent Iron Furnace, l'une des nombreuses fonderies utilisées pour le minerai de fer; ces fonderies constituaient la principale activité industrielle du Nord-Ouest au milieu du XVIIIe siècle, un rôle qui se poursuivit jusqu'à la fin du siècle suivant. Quelques kilomètres plus loin, à droite de la route, les chutes de 76 m que sont les **Kent Falls** dominent un parc d'État très attrayant (voir «Parcs et plages», p 426).

Puis la route se sépare : la route 45 se dirige vers **lac Waramaug**, une étendue d'eau en zigzag de 5 km de longueur qui attire des touristes depuis le milieu du XIXe siècle (ils arrivaient par train à cette époque). Faites-en le tour : ses berges abritent plusieurs auberges, un parc d'État et (surprise!) le **Hopkins Vineyard** *(25 Hopkins Rd., New Preston, ☎868-7954)*, un établissement vinicole à même une étable du XIXe siècle qu'on a restaurée. On peut y déguster et y acheter des vins et différents mets gastronomiques. Depuis la fin des années soixante-dix, alors que les fermes laitières s'effacent lentement du paysage, les vignobles se sont multipliés; on en compte maintenant au moins une demi-douzaine, et d'autres viendront bientôt s'y ajouter. Tout près du lac Waramaug, vous découvrirez **Washington**, un joli village résidentiel adossé à une colline et construit autour d'une église. À moins de 3 km de là, sur la route 199, se trouve l'**Institute for American Indian Studies** *(droit d'entrée; fermé lun-mar jan à mars; 38 Curtis Rd., ☎868-0518)*, qui propose d'excellentes expositions ainsi qu'un sentier pédestre en pleine nature; on peut y voir une reconstitution de site archéologique et un village autochtone (à l'extérieur), une bonne façon de faire connaissance avec les premiers habitants de la région.

Litchfield ★★ est l'endroit le plus visité du nord-ouest du Connecticut. Sa gracieuse **Congregational Church** *(à la jonction des routes 202 et 118)*, construite en 1828, est considérée comme une des plus belles églises de la Nouvelle-Angleterre, et aussi l'une des plus photographiées. Aujourd'hui très prospère, cette ville était jadis un avant-poste et un centre de commerce; heureusement, elle demeure concentrée autour de son magnifique *green*, dont l'aménagement remonte aux années 1770. Les larges rues sont bordées d'érables et de maisons d'une distinction peu commune se vantant d'avoir logé des résidants de la trempe d'Aaron Burr, Ethan Allen et Harriet Beecher Stowe. Burr vivait avec son beau-frère, Tapping Reeve (voir ci-après). Allen est né sur Old South Rd., dans une petite maison privée. Quant à l'endroit où Mme Stowe a vu le jour sur North Street, il porte une inscription. La maison elle-même a été déplacée il y a quelques années.

Le **Litchfield Historical Society Museum** *(droit d'entrée; fermé lun et nov à fin avr; à l'angle des rues East et South, ☎567-4501)*. Ce dernier renferme une excellente collection de portraits du XVIIIe siècle et des articles ménagers appartenant aussi bien au passé qu'au présent de cette ville.

Litchfield est également le siège de la première école de droit d'Amérique, soit la **Tapping Reeve House and Law School** *(droit d'entrée; 82 South St., Litchfield, Route 63 South, ☎567-4501)*, dont la fondation remonte à

First Congregational Church

1784. Elle a été rénovée et transformée en musée interactif visant à recréer l'environnement des étudiants en droit du XVIIIe siècle.

Durant l'été, on peut se procurer un plan de promenade et obtenir des renseignements sur les activités de tout le comté en s'adressant au **Litchfield Hills Travel Council** *(☎567-4506)*.

Malgré l'importance évidente qu'elle attache au passé, Litchfield demeure très vivante et offre une variété d'activités. Le **Haight Vineyard and Winery** *(29 Chestnut Hill Rd., par la route 118, à environ 1,5 km à l'est de la ville, ☎567-4045)* organise des visites et des promenades de son vignoble ainsi que des dégustations; la **White Flower Farm** *(Route 63, à 5 km au sud de la ville, ☎567-8789)*, une pépinière de réputation nationale, compte 2 ha de jardins de démonstration et 12 ha de champs cultivés; et la **White Memorial Foundation** ★ *(80 White Hall Rd., ☎567-0857)*, le plus grand centre d'interprétation et refuge d'animaux sauvages de l'État, est un endroit idéal pour les amants de la nature.

À Bristol, au sud-est de Litchfield, l'**American Clock & Watch Museum** *(droit d'entrée; 100 Maple St., par la route 6, Bristol, ☎583-6070)* expose plus de 3 000 montres dans une maison de 1801. Vous trouverez en outre sur les lieux une boutique de cadeaux et un jardin pourvu d'un cadran solaire.

Tout près, à **Waterbury**, le **Mattatuck Museum** *(fermé dim juil et août et lun toute l'année; 144 West Main St., Waterbury, ☎203-753-0381)* présente des objets tels que des horloges, des montres, des articles de table Art déco et quelques-uns des boutons fabriqués localement dans cette ancienne «capitale mondiale du laiton». On peut également y visiter un refuge pour immigrants datant du XIXe siècle et une usine de laiton historique, ou encore parcourir les galeries spécialisées dans l'ameublement du XVIIIe siècle et présentant les maîtres américains qui ont marqué l'histoire du Connecticut.

Après avoir visité le musée, vous pourrez faire une visite à pied du quartier historique du centre-ville. Bon nombre de bâtiments ont été rénovés grâce aux efforts combinés des promoteurs et des défenseurs du patrimoine.

Il est impossible de visiter toutes les adorables petites villes de cette région, mais vous devriez résolument visiter celles qui se trouvent le plus au nord-ouest, comme Norfolk, entourée de montagnes et de parcs d'État. En empruntant la route 7, vous croiserez le pont couvert tant photographié de **West Cornwall** et les groupes de maisons et de boutiques si attrayants qui l'entourent. Cette portion de la rivière Housatonic est très fréquentée par les amateurs de kayak et de canot, qu'on peut louer ici ou à **Falls Village**, quelques kilomètres plus au nord. Les chutes de cette ville sont aménagées de façon à fournir de l'électricité pendant une partie de l'année. Au printemps, juste de l'autre côté du pont qui se trouve au milieu de la ville, on peut admirer une cascade d'eau qui pourrait rivaliser avec les chutes les plus célèbres.

Vous pouvez aussi faire route vers le nord en passant par les villes pittoresques de **Sharon**, **Lakeville** et **Salisbury**, où vous trouverez certaines des fermes les plus riches et les plus belles de l'État. D'un côté comme de l'autre, en arrivant à **Canaan**, juste au sud de la frontière du Massachusetts, arrêtez-vous pour admirer l'unique **Union Station and Depot** *(Route 44, centre de Canaan)*, une gare construite en 1872 et composée de deux ailes à angle droit qui desservait les deux lignes de chemin de fer qui passaient jadis par là. De nos jours, alors que les trains ont pratiquement disparu, le bâtiment abrite des bureaux et un restaurant.

En direction de l'est, le long de la rapide rivière Blackberry, la route 44 vous conduit jusqu'à **Norfolk**, une petite ville sereine. De riches familles y ont construit des chalets depuis les années 1880, attirées par l'air frais de la montagne et un événement particulièrement prisé, le **Chamber Music Festival** *(à la jonction des routes 44 et 272, ☎542-3000)*, qui se tient chaque année, de juin à août. D'ici, vous pourrez prendre la direction de plusieurs montagnes aux vues imprenables. Il faut être à pied pour apprécier le splendide ***green*** de Norfolk *(Route 44)*, rehaussé d'une fontaine dessinée par Stanford White, un éminent architecte de l'âge d'or, et entouré de gracieuses maisons, sans oublier son église congrégationaliste construite en 1813.

La région de Hartford ★★

Hartford, la capitale du Connecticut, se trouve à toutes fins utiles en plein centre de l'État. Nombreux sont ceux qui ne la connaissent que parce qu'ils y envoient leurs paiements d'assurances. De fait, Hartford accueille des douzaines de compagnies d'assurances, tant et si bien qu'elle est la capitale mondiale de l'assurance. Mais tout n'est pas que paperasse à Hartford : la ville et les villages qui l'entourent présentent toute une gamme d'attraits historiques et culturels.

La route 44 quitte Norfolk pour se diriger vers le sud-est, menant, 56 km plus loin, à Hartford. Cette route, qui rejoint la capitale de l'État, est plus attrayante que les autoroutes, car elle donne la chance de traverser de jolis villages de la **vallée de Farmington** ★. En fait, si vous préférez les petits villages à la frénésie de la grande ville, vous pouvez très bien y loger et effectuer quotidiennement l'aller-retour vers Hartford.

Il vaut la peine de faire un bref détour sur la route 179 vers la localité de **Collinsville** pour visiter un authentique village du XIXe siècle construit autour d'un moulin; il s'agit d'un village parmi des centaines d'autres à avoir été construits par des entreprises qui leur donnèrent leur nom. La société Collins était un fournisseur mondial de scies et de machettes; le **Canton Historical Museum** ★ *(droit d'entrée; déc à mars fermé sam-dim, fermé lun-mar le reste de l'année; 11 Front St., ☎693-2793)* présente une belle collection d'objets victoriens et un charmant diorama datant des années 1900.

En quittant la route 179 pour vous engager sur la route 4, le long de la rivière Farmington, vous vous retrouverez dans le village de **Farmington**, dont la rue principale renferme un véritable trésor de constructions coloniales. Quelques rues plus loin, vous découvrirez un joyau peu connu : le **Hill-Stead Museum** *(droit d'entrée; 35 Mountain Rd., ☎677-9064 ou 677-4787)*. Unique sous plusieurs aspects, le Hill-Stead est un manoir du début du siècle construit par l'industriel Alfred A. Pope, qui était également un grand amateur d'art. Le manoir est resté tel que Pope l'a laissé. Les murs sont ornés d'une collection de toiles impressionnistes à couper le souffle : des œuvres de Monet, Degas et Manet, ainsi que de leurs contemporains américains, Cassatt et Whistler. La résidence a été dessinée par la fille de Pope, Theodate Pope Riddle, en collaboration avec un cabinet d'architectes. La personnalité de cette pionnière, qui est devenue architecte à une époque où aucune femme n'exerçait encore dans ce domaine, devient manifeste lors de la visite guidée de la maison. On y présente également un bon petit documentaire destiné à instruire davantage les visiteurs. L'aménagement extérieur est aussi digne de mention, avec des sentiers dans les bois et un jardin en contrebas conçu par l'architecte paysagiste Beatrix Farrand.

Si vous êtes intrigué par cette femme unique et par son œuvre, rendez-vous au nord de Farmington en empruntant la route 10, et tournez à gauche sur Avon Farms Rd.. À quelques minutes de là, vous arriverez au campus de l'**Avon Old Farms School**, une école préparatoire pour garçons fondée dans les années vingt par Theodate Pope Riddle. Elle a elle-même dessiné cette école d'inspiration Tudor-Cotswold, avec des bâtiments de style cottage en grès rougeâtre et en bois d'œuvre foncé. Il s'agit d'une propriété privée, mais personne ne semble s'offenser d'une rapide visite des lieux. L'Avon Old Farms Rd. poursuit sa route vers le nord pour aboutir en plein cœur d'**Avon**, une banlieue débordante d'activité qui abritait jadis une communauté agricole.

Il n'y a pas si longtemps, de grands **champs de tabac** couvraient plusieurs sections de cette vallée et de celle du fleuve Connecticut, quelques kilomètres plus à l'ouest. L'urbanisation des banlieues, la construction d'autoroutes et, bien sûr, la perception que l'on a aujourd'hui du tabac, ont fait chuter les bénéfices de cette entreprise de façon marquée. Mais l'État compte encore 728 ha de terres consacrées à la culture de cette plante. En été, les champs couverts de milliers de mètres carrés de filets créent un paysage unique et impressionnant, rehaussé par de longues et minces granges rouges servant au séchage des feuilles de tabac. Au nord, sur la route 10, vous pourrez observer bon nombre de bâtiments des XVIIIe et XIXe siècles en passant par **Simsbury**, une communauté prospère. À 3 km au nord du centre-ville, sur Hoskins Rd., admirez enfin un paysage qui semble sorti tout droit d'un tableau surréaliste.

De la route 10, en regardant vers l'ouest, vous apercevrez des collines surmontées d'une tour de pierre qui marque le centre du **Talcott Mountain State Park**, accessible par la route 185. Hartford se trouve de l'autre côté (voir p 427).

Hartford ★★ souffre des mêmes problèmes d'image que les autres grandes villes américaines, à tel point que plusieurs résidants de l'État ayant beaucoup voyagé n'ont jamais mis les pieds à Hartford. Ils ne savent pas ce qu'ils manquent! Son histoire, longue et honorable (d'une colonie nouvellement établie en 1635 à la capitale moderne de l'assurance, après avoir été un centre de transport important tout au long du XVIIIe siècle et un chef de file sur le plan industriel au cours du XIXe siècle), se reflète dans son architecture variée et ses activités culturelles. Pour rendre la visite plus facile, on peut diviser la ville en trois parties : le centre-ville, le quartier du capitole (en face du magnifique Bushnell Park) et l'Asylum Hill, où Mark Twain a construit son fameux manoir.

Vous pouvez commencer par la digne **Old State House ★** *(800 Main St., ☎203-522-6766)*, dessinée en 1796 par Charles Bulfinch; elle a servi de siège au gouvernement de l'État jusqu'en 1878, à une époque où Hartford et New Haven se partageaient à tour de rôle le titre de capitale du Connecticut. Certaines sections du bâtiment sont aujourd'hui utilisées comme musée et centre de tourisme. Après avoir visité les chambres du Parlement et du Sénat, procurez-vous un plan spécialement conçu pour visiter la ville à pied, préparé par le **Greater Hartford Convention and Visitors Bureau** *(1 Civic Center Plaza, Hartford, ☎728-6789 ou 800-446-7811)*. Ce plan vous mènera à 12 sites majeurs, anciens et nouveaux. (Comme vous vous en doutez sûrement, les anciens sont étouffés par les nouveaux; en fait, il a même été question de détruire le vénérable capitole lui-même, jusqu'au jour où un groupe de défenseurs du patrimoine s'est porté à sa rescousse.)

Si l'itinéraire proposé vous semble épuisant, voici un parcours réduit : promenez-vous autour du **Richardson**, ainsi qu'on appelle aujourd'hui ce massif bâtiment de grès brun dessiné en 1876 par Henry Hobson Richardson dans le style roman. Cet édifice se dresse juste au nord du capitole sur Main Street. Quelques rues plus au sud, de l'autre côté de la rue, se trouve la **Center Church** *(675 Main St., Hartford)*, qui date de 1807 et dont le portique et les ornements blancs contrastent avec la brique rouge de la façade. Juste à côté, l'**Ancient Burying Ground** (l'ancien cimetière) renferme des pierres tombales dont certaines datent de 1640.

De l'autre côté de la rue se trouve le **Wadsworth Atheneum ★★** *(droit d'entrée; fermé lun; 600 Main St., Hartford, ☎278-2670)*, le plus ancien musée d'art public des États-Unis; inauguré en 1844, il a ensuite été agrandi de façon harmonieuse. Juste au tournant de l'escalier de ce bâtiment aux tours rappelant celles d'un château, vous pourrez jouir d'une vue imprenable sur le Bushnell Park et le dôme doré du State Capitol, de l'autre côté du parc. À l'intérieur, découvrez une collection raffinée, des peintures de la Hudson River School, des meubles de style colonial américain, des pièces afro-américaines ainsi que des œuvres d'art du XXe siècle. Et pourtant, le musée ne s'impose pas de façon arrogante et pompeuse au visiteur; d'une manière ou d'une autre, l'atmosphère y est cordiale.

Le **Burr Mall** est situé entre l'Atheneum et le **Municipal Building** de 1915; il s'agit d'un sympathique petit espace ouvert construit autour d'une sculpture géante d'Alexander Calder, *Stegosaurus*. Les deux édifices classiques et la sculpture abstraite d'acier rouge vif forment un merveilleux contraste.

Prochain arrêt : le **State Capitol** ★, une construction gothique monumentale que vous pouvez visiter en même temps que les nouveaux bureaux de la législature *(Capitol Information Desk and Tour Guide Service, 210 Capitol Ave., ☎240-0222)* en vous joignant aux groupes dirigés par la League of Women Voters. Le capitole, datant de 1878, est quelque chose à voir avec son dôme doré, ses tourelles, ses mansardes et ses statues des grands du Connecticut (incluant Ella Grasso, feue gouverneure et la première femme à être élue démocratiquement à ce poste). L'intérieur et l'extérieur ont été superbement restaurés, un travail qui a duré 10 ans. L'intérieur imposant, au décor luxueux, est aussi exubérant que la façade; décidément, Hartford s'est fait un point d'honneur de célébrer lorsqu'en 1875 elle a été désignée seule capitale de l'État au détriment de New Haven.

Le majestueux édifice qui se trouve de l'autre côté de Capitol Avenue abrite la bibliothèque de l'État, la Cour suprême et le **Museum of Connecticut History** *(fermé sam-dim; 231 Capitol Ave., Hartford, ☎566-3056)*, consacré à l'histoire militaire, politique et industrielle. Ce musée renferme, entre autres, une collection de fusils Colt d'époque et une mine de documents, y compris la Charte royale de 1662.

Mark Twain a construit sa résidence de Hartford sur l'Asylum Hill; plusieurs citoyens éminents ont fait de même au cours des années 1870 afin de fuir le centre-ville et de s'installer dans ce qu'on considérait à l'époque comme la banlieue. Son manoir faisait partie de la **Nook Farm** *(droit d'entrée; 351 Farmington Ave., Hartford, ☎525-9317)*, un regroupement d'écrivains et d'intellectuels incluant Harriet Beecher Stowe. Dans la même journée, vous pouvez visiter la **Mark Twain House** ★ *(droit d'entrée; fermé mar en hiver; 351 Farmington Rd., ☎493-6411)*, une extravagante demeure avec de multiples ornements, dans laquelle il a écrit *Huckleberry Finn* et *Tom Sawyer*, et le **Harriet Beecher Stowe Home Visitor Center** *(fermé lun en hiver; 73 Forest St., ☎525-9317)*, un cottage victorien discret.

À quelques rues de là se trouve le **Connecticut Historical Society Museum** *(droit d'entrée; 1 Elizabeth St., Hartford, ☎236-5621)*, où une variété d'expositions intéressantes aide le voyageur à replacer les sites qu'il a visités dans leur contexte historique.

Les environs de Hartford recèlent plusieurs autres sites qu'on peut visiter en une seule journée. Les amateurs d'art ne manqueront pas de passer par le **New Britain Museum of American Art** *(56 Lexington St., New Britain, ☎229-0257)*, qui met en vedette une collection étalée sur 250 ans présentant un grand nombre de peintres et d'artistes contemporains de la Hudson River School. Au nord de la capitale, le **New England Air Museum** *(droit d'entrée; Route 75, Bradley International Airport, Windsor Locks, ☎623-3305)* expose 75 avions en présentant l'histoire de l'aviation.

À quelque 5 km de Hartford, sur la route 91, la petite ville de **Wethersfield** ★, l'une des trois colonies originales à s'établir sur les rives du fleuve Connecticut, tire sa renommée de son vaste quartier historique; celui-ci regroupe en effet 150 bâtiments construits avant le milieu du XIXe siècle. Plusieurs des vieilles maisons sont ouvertes au public, ayant été transformées en musées.

Le **Webb-Deane-Stevens Museum** *(droit d'entrée; 211 Main St., Wethersfield, ☎529-0612)* se compose de trois maisons respectivement construites pour un riche marchand, un diplomate et un artisan; chacune représente un aspect différent de la vie au XVIIIe siècle. La maison Webb a été le site d'une réunion entre le général George Washington et son homologue français, Jean de Rochambeau, qui a entraîné la défaite des Britanniques à Yorktown en 1781.

De l'autre côté de la rue, la **Hurlbut-Dunham House** *(droit d'entrée; fermé lun-mer et jan et fév; 212 Main St., Wethersfield, ☎529-7656)* est une élégante construction en brique de style géorgien qui compte deux étages, des porches victoriens et un belvédère. Elle renferme les collections du début du siècle de la famille Dunham, entre autres des tableaux, de la verrerie, de la porcelaine et des céramiques. La maison se pare encore de ses papiers peints d'origine.

La **Buttolph-Williams House** *(droit d'entrée; 249 BRd. St., Wethersfield, ☎203-529-0460)*, un manoir de la fin du XVIIe siècle, abrite une collection de meubles de cette époque. Ses fenêtres en saillie et à battants reflètent le caractère médiéval de ce siècle de pèlerinages.

L'**Old Academy Museum** *(150 Main St., Wethersfield)* est un bel édifice fédéral de 1 804 briques qui renferme une bibliothèque et plusieurs bureaux. Près de là se trouve le **Wethers-**

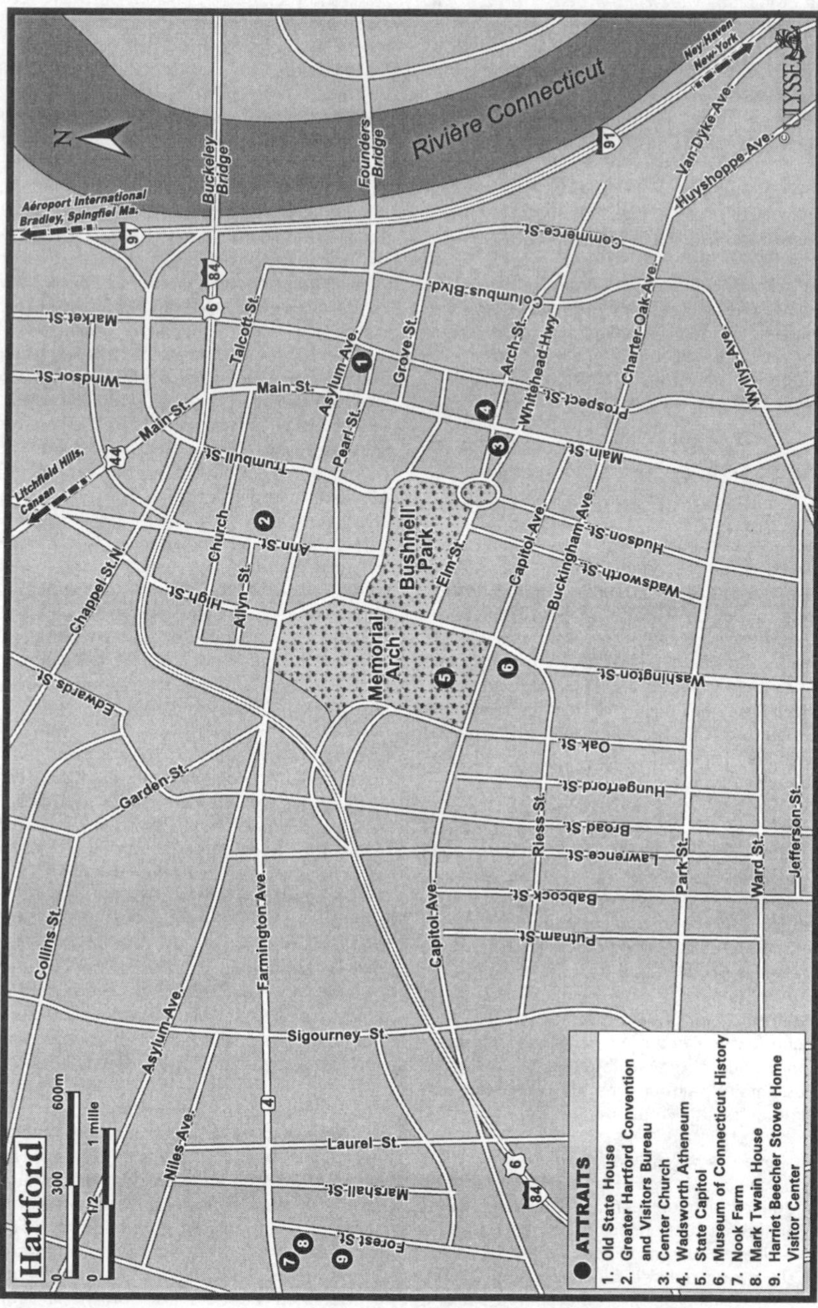
Hartford
0 300 600m
0 1/2 1 mille
ATTRAITS
1. Old State House
2. Greater Hartford Convention and Visitors Bureau
3. Center Church
4. Wadsworth Atheneum
5. State Capitol
6. Museum of Connecticut History
7. Nook Farm
8. Mark Twain House
9. Harriet Beecher Stowe Home Visitor Center
Rivière Connecticut
Aéroport International Bradley, Spingfiel Ma.
New Haven New-York
Litchfield Hills, Canaan
Buckeley Bridge
Founders Bridge
Bushnell Park
Memorial Arch
Main St.
Asylum Ave.
Pearl St.
Grove St.
Arch St.
Whitehead Hwy
Charter-Oak Ave.
Columbus Blvd.
Commerce St.
Van Dyke Ave.
Huyshoppe Ave.
Talcott St.
Market St.
Windsor St.
Prospect St.
Trumbull St.
Church
Ann St.
Allyn St.
High St.
Chappel St.N.
Elm St.
Capitol Ave.
Buckingham Ave.
Hudson St.
Wadsworth St.
Wyllys Ave.
Washington St.
Edwards St.
Garden St.
Oak St.
Hungerford St.
Broad St.
Lawrence St.
Riess St.
Park St.
Ward St.
Jefferson St.
Babcock St.
Putnam St.
Farmington Ave.
Collins St.
Sigourney St.
Laurel St.
Marshall St.
Forest St.
Niles Ave.
© ULYSSE

field Museum *(droit d'entrée; fermé lun; 200 Main St., Wethersfield)*, qui expose la collection d'objets historiques locaux de la Wethersfield Historical Society. Pour de plus amples renseignements sur les deux sites, adressez-vous à la Wethersfield Historical Society *(☎529-7656)*.

À l'extrémité nord de la rue principale de Wethersfield, directement sur la crique, **The Cove Warehouse** *(sam-dim mi-mai à mi-oct; Main St., Wethersfield, ☎529-7656)* est un vestige du XVIIe siècle depuis lors devenu un symbole du prospère passé maritime de Wethersfield. Ultime survivant d'un ensemble de six entrepôts bâtis en 1661, ses murs se parent aujourd'hui de panneaux d'interprétation qui en relatent l'histoire complète.

La région de New Haven ★★★

À peu près à mi-chemin entre les frontières des États de New York et du Rhode Island, New Haven est la dernière agglomération d'importance que vous croiserez en roulant vers le nord sur la route 95. Une visite s'en impose d'ailleurs. Immédiatement à l'est surgit une poignée de plus petites localités, dont Branford, Guilford et Clinton, qui recèlent des maisons historiques et des musées. Puis, au large, se trouvent les Thimble Islands, une myriade d'îles minuscules.

Aujourd'hui, la ville de New Haven est un fascinant mélange d'ancien et de moderne, à la fois un centre urbain et un campus universitaire. Fondée en tant que colonie indépendante en 1638, New Haven s'est rapidement jumelée à Hartford et est devenue co-capitale de l'État en 1784 et 1875. Cette ville s'est distinguée en tant qu'important centre industriel au cours du XIXe siècle et au début du XXe siècle. Mais le cachet particulier qui la caractérise désormais est en grande partie attribuable à la présence de l'université Yale, une institution qui partage la destinée de la ville depuis 1718.

New Haven ★★ est construite autour d'un jardin municipal, et ce square de 7 ha, avec ses trois églises en plein centre, a heureusement été conservé et est encore le point de mire du centre-ville. L'extrémité ouest de la place centrale a pour toile de fond l'université Yale, située sur College Street et s'étendant sur une douzaine de rues à l'ouest et au nord. On peut facilement admirer la plupart des monuments architecturaux qui définissent cette ville unique en se promenant dans ce secteur.

L'**Université Yale** ★★★ *(Visitor Information Center, 149 Elm St., New Haven, ☎203-432-2300)* organise des visites gratuites de son campus.

Vous pourrez retracer 300 ans d'histoire et d'architecture au cours de ces excursions. Dans le cas des constructions les plus anciennes, il faut commencer par les gracieuses maisons à clins de bois construites pour des nobles à la fin du XVIIIe siècle aux **149**, **155** et **175 Elm Street**. Les trois façades, au milieu des bâtiments plus imposants qui ont été érigés plus tard, donnent une idée de l'apparence que la ville pouvait avoir il y a quelque 200 ans. Les seules constructions sur la place elle-même sont les églises **Trinity**, **Center** et **United**, construites entre 1812 et 1815 dans les styles gothique, géorgien et fédéral.

Le plus ancien édifice de Yale, le **Connecticut Hall**, fait partie de ce qu'on appelle le vieux campus, accessible par la **Phelps Gateway**, la gigantesque porte avant de l'école au 344 College Street. Il s'agit d'une volumineuse construction en brique et au toit à deux pentes faisant face à la statue de Nathan Hale, qui y vivait lorsqu'il était étudiant.

Une grande partie de l'architecture néogothique qui a rendu Yale célèbre date du XIXe siècle et du début du XXe. En traversant le vieux campus vers High Street, les visiteurs peuvent admirer la **Dwight Chapel** (1842), la première chapelle de style gothique; la **Harkness Tower** (1917), dont les tourelles et les pinacles sont un symbole de Yale en eux-mêmes; et la **Sterling Memorial Library** (1927), une bibliothèque de style gothique moderne. York Street, à une rue à l'ouest de High Street, est aussi bordée de bâtiments reliés à Yale, y compris le légendaire **Mory's** *(306 York St.)*, un club privé immortalisé dans la chanson *The Whiffenpoof Song*.

L'un des plus beaux complexes contemporains du campus s'élève juste à l'ouest de York Street : les **Morse and Stiles Colleges** ★, dessinés en 1960 par Eero Saarinen; ces bâtiments, tout en faisant contraste avec les vieux monuments, s'y harmonisent parfaitement. Il ne faut pas manquer l'impressionnante sculpture de Claes Oldenburg, *Lipstick*, un monument contre la guerre du Vietnam qui domine la cour du Morse College.

La **Beinecke Rare Book and Manuscript Library** *(fermé dim; 121 Wall St., New Haven, ☎203-432-2977)*, conçue par Gordon Bunshaft, s'impose comme une autre construction célèbre des années soixante. Il s'agit d'un monument de granit et de marbre translucide qui semble flotter au-dessus d'une cour en contrebas mettant en vedette des sculptures d'Isamu Noguchi. Vous pouvez pénétrer à l'intérieur pour admirer une *Bible* de Gutenberg, des gravures originales de la société Audubon ainsi que d'autres pièces exposées.

Sur Chapel Street se trouvent la **Yale University Art Gallery** ★★ *(fermé lun; 1111 Chapel St., New Haven, ☎203-432-0600)* et, de l'autre côté de la rue, le **Yale Center for British Art**★★ *(fermé lun; 1080 Chapel St., New Haven, ☎203-432-2800)*. L'architecte Louis I. Kahn a dessiné ces deux bâtiments, dont l'utilisation de l'espace intérieur, la luminosité et la qualité des collections sont exceptionnelles. Le British Art Center se vante de posséder des toiles de Turner, Gainsborough et Constable, entre autres artistes connus. La Yale Art Gallery est reconnue pour ses œuvres américaines, européennes, africaines, asiatiques et précolombiennes, ainsi que pour sa galerie spécialement consacrée aux peintures historiques de John Trumbull, un artiste patriote du temps de la guerre d'Indépendance. L'un des principaux attraits de la galerie reste cependant son extraordinaire **jardin de sculptures extérieur**.

New Haven a connu sa part de maux urbains, et les efforts mis en œuvre pour rehausser son image ont parfois été mal avisés. Deux des projets qui ont connu plus de succès que les autres consistent en la récente création d'un quartier de divertissement sur College Street, construit autour des théâtres **Shubert** et **Palace**, entièrement remis à neuf (voir l'encadré «Le théâtre au Connecticut», p 453). Un autre secteur qui a été restauré avec succès est le **Wooster Square**, entre les rues Chapel et Greene, à six rues à l'est du jardin municipal. Cette enclave du XIXe siècle, abritant de gracieuses maisons, est redevenue un quartier à la mode après des années de négligence.

On retrouve parmi les nombreux sites culturels et récréatifs de New Haven le **Peabody Museum of Natural History** *(droit d'entrée; 170 Whitney Ave., New Haven, ☎203-432-5050)*, avec sa fameuse collection de dinosaures et une murale intitulée *The Age of Reptiles*, œuvre d'un récipiendaire d'un prix Pulitzer. Non loin de là, la **New Haven Colony Historical Society** *(droit d'entrée; fermé lun; 114 Whitney Ave., New Haven, ☎203-562-4183)* renferme des meubles et des objets d'art décoratif des premières maisons de New Haven, mais aussi une galerie d'art, une collection maritime et des vitrines présentant des objets industriels. Plus bas sur Whitney Avenue, vous trouverez l'**Eli Whitney Museum** *(fermé lun-mar; 915 Whitney Ave., Hamden, ☎203-777-1833)*, consacré à l'industriel de New Haven qui a inventé l'égreneuse à coton et mis au point le concept des pièces de rechange, ce qui a mené aux méthodes modernes de production en série. L'exposition retrace 200 ans de croissance industrielle dans cette région.

Par beau temps, vous pouvez envisager une excursion au **Lighthouse Point Park** *(2 Lighthouse Rd., ☎203-946-8005)*, dont les installations permettent de pique-niquer et de se baigner, sans oublier son carrousel antique; vous pouvez également vous rendre au **Shoreline Trolley Museum** *(droit d'entrée; 17 River St., East Haven, ☎203-467-6927)* et monter à bord de tramways à l'ancienne pour une promenade pittoresque de 5 km.

À l'est de New Haven, le littoral est parsemé d'attrayantes villes résidentielles qui ont fait leurs débuts comme villages d'agriculteurs ou de pêcheurs. **Branford** se trouve à environ 10 km à l'est de la ville sur la route 1. Vous y verrez la **Harrison House** *(fermé dim-mer et oct à mai; 124 Main St., Branford, ☎203-488-4828)*, une construction de 1774 qui abrite désormais un musée rempli de meubles des XVIIIe et XIXe siècles. Tout près se trouve la Bittersweet Farm, siège du **Branford Craft Village** *(779 East Main St., Branford, ☎203-488-4689)*, à la fois une ferme en activité et une foire d'artisanat permanente qui s'étend sur 35 ha (voir p 459). Vous trouverez sur les lieux plus de deux douzaines de boutiques et ateliers, un café et un terrain de jeu pour les enfants.

Légèrement au sud et immédiatement à l'est de Branford, le village de **Stony Creek** marque le point de départ des croisières à destination des îles Thimble. **The Timbles**, dont certaines des îles ne sont pas plus grosses qu'un rocher disparaissant à marée haute alors que d'autres sont couronnées d'une ou deux maisons victoriennes, forment un archipel enchanteur. On raconte que c'est dans une de ces îles rocheuses que le capitaine Kidd a caché les trésors qu'il a dérobés. C'est là une des nombreuses légendes qu'on entend sur les petits **bateaux d'excursion** qui lèvent l'ancre à Stony Creek pour faire une croisière dans cet archipel minuscule (Volsunga III, *Town Dock, Stony Creek,* ☎*203-481-3345; ou* Sea Mist, *Thimble Islands Cruise, 34 Sachem Rd., Stony Creek,* ☎*203-481-4841; excursions saisonnières dans les deux cas).*

La route 146 mène de Stony Creek à **Guilford**, une ville qui a préservé un grand nombre de maisons datant d'avant la guerre d'Indépendance, comme le **Henry Whitfield State Museum** *(droit d'entrée; fermé lun-mar, 15 déc au 31, jan visite sur rendez-vous seulement; Old Whitfield St., Stony Creek,* ☎*203-453-2457).* Construite en 1639, cette maison qui a servi de résidence au premier pasteur de la ville serait la plus ancienne maison en pierre de la Nouvelle-Angleterre. Le jardin municipal, qui évoque le bon vieux temps, est aussi très intéressant, de dimensions plus que respectables pour une ville de cette taille. Quelques kilomètres plus à l'est, vous pourrez en outre vous baigner au **Hammonasset Beach State Park** (voir p 428); il s'agit de la plus grande plage publique du Connecticut, longue de plus de 3 km.

À **Clinton**, un pittoresque petit village côtier planté de maisons coloniales de style Cape Cod, prenez la peine de vous arrêter à la **Stanton House** *(fermé lun et oct à mai; 63 East Main St.,* ☎*669-2132),* construite vers 1790. Jadis un magasin général, cette maison renferme désormais des articles qui devaient se vendre à l'époque, tels que quincaillerie, tissus au mètre, épices et vaisselle.

La basse vallée du Connecticut

La basse vallée du fleuve Connecticut, qui s'étend sur environ 48 km au nord d'Old Saybrook, où le fleuve se déverse dans le Long Island Sound, est une destination des plus populaires auprès des voyageurs des environs et d'ailleurs. La région est jalonnée de petites villes pittoresques, autant de communautés dont les principales occupations étaient jadis la construction de bateaux et la pêche. En plus d'offrir plusieurs parcs d'État, restaurants et gîtes raffinés, la Lower Valley permet de se rapprocher du cours d'eau le plus long de la Nouvelle-Angleterre, ce fleuve qui a été au cœur même du développement de ce jeune peuple.

Vous trouverez un centre d'information touristique sur la route 95 Nord à **Westbrook**. Il est bon d'entreprendre cette étape du voyage en faisant un arrêt ici pour obtenir des renseignements ou se procurer des cartes détaillées, à moins que vous ne préfériez vous adresser au **Connecticut River Valley and Shoreline Visitors Council** *(fermé sam-dim; 393 Main St., Middletown, CT 06457,* ☎*347-0028 ou 800-486-3346).* En fait, Westbrook, en bordure du Long Island Sound, est un bon endroit pour commencer l'exploration de la vallée. Prenez la route 1 jusqu'à la jonction de la **route 154**, puis promenez-vous au hasard. En passant par Old Saybrook, un village donnant aussi bien sur le fleuve que sur le bras de mer, vous verrez des marais salants, des digues et des marinas entourés de nombreux paysages marins ravissants. La route 154 (les gens de la région la nomment «*Shore Route*») mène à **Essex** et pointe vers le nord, comme le fait d'ailleurs la route 9; celle-ci est sans doute plus rapide, et elle a son propre charme, mais la vieille route se prête mieux au magasinage d'antiquités et au furetage; elle donne en outre un meilleur aperçu de la région. Essex est une des localités les plus visitées de l'État, et pour cause : il s'agit d'une péninsule compacte où les rues bordées d'arbres s'arrêtent au bord du fleuve. Ici, les maisons blanches accollées les unes aux autres datent des beaux jours de la construction navale au XVIIIe siècle. Mais méfiez-vous des fins de semaine d'été : les charmes d'Essex n'ont déjà que trop voyagé!

Au pied de Main Street, dans un paysage à couper le souffle, se découpe le **Connecticut River Museum** *(droit d'entrée; fermé lun; Steam Boat Dock, 67 Main St., Essex,* ☎*767-8269),* qui occupe un entrepôt de 1878 entièrement rénové; autrefois, les bateaux à vapeur s'arrêtaient à cet entrepôt pour prendre des marchandises et des passagers en route vers Hartford ou New York. Certaines expositions vous aideront à comprendre l'important rôle du fleuve dans la région. Aussi, vous devez absolument voir la réplique du malheureux *American Turtle* (le premier sous-marin), construit juste avant la guerre d'Indépendance par David Bushnell, né dans ce coin de pays.

Le ***Valley RailRoad*** *(droit d'entrée; 1 RailRd. Ave., Essex,* ☎*767-0103),* un train à vapeur authentique, suit une route nostalgique à travers la campagne jusqu'à Deep River, le prochain village sur la ligne; le voyage dure environ une demi-heure. Vous avez alors le choix de poursuivre en train, ou encore en bateau à aubes par le fleuve Connecticut avant de reprendre le train vers Essex. La combinaison train-bateau demande environ 2 heures 30 min.

En quittant Essex pour vous diriger vers le nord, tournez à droite au rond-point qui se trouve au bout de Main Street, et suivez River Rd. jusqu'à Deep River (gardez toujours la droite aux fourches). Il s'agit d'une petite route de campagne sinueuse ayant pour toile de fond les eaux calmes et les berges boisées du fleuve. Puis, de retour sur la route 154, continuez vers **Chester**, un village digne d'une carte postale. Sa petite rue principale est bordée de charmants bâtiments éclectiques : quelques magasins, des galeries et des restaurants, tous très bien rénovés. Si vous y passez en juin, ne manquez surtout pas les **Sunday Afternoon Storytellings** (contes du dimanche après-midi), avec narrations et pantomimes sur la place du village. Ces après-midi sont un cadeau à la communauté de la part du **National Theatre of the Deaf** *(5 West Main St., Chester)*, une compagnie théâtrale qui fait des tournées à travers le monde et qui a élu domicile dans cette ville *(pour information, ☎526-4971 ou 526-4974)*.

Depuis 1769, Chester propose un service de traversier qui permet de franchir le fleuve pour rejoindre la Côte Est. Pour en profiter, il suffit de rouler quelques minutes sur la route 148 en direction est. La traversée de 5 min se fait sans interruption de 7h à 18h45 entre avril et novembre, moyennant un prix minime. Dominant le paysage alors que vous êtes sur le pont du bateau, vous apercevrez un château médiéval au sommet d'une élévation abrupte. Il s'agit du **Gillette Castle**, le «château-sur-le-Rhin» du Connecticut, création d'un acteur et dramaturge du début du siècle qui se spécialisait dans l'interprétation du rôle de Sherlock Holmes. Il a fallu cinq ans à William Gillette pour bâtir ce château excentrique dont il a dessiné les moindres détails, jusqu'aux serrures ingénieuses des 47 portes et aux boiseries de chêne sculpté de l'énorme salon. À la mort de Gillette, l'État racheta la propriété et en fit la pièce de résistance d'un parc d'État populaire qui offre des panoramas incroyables : le **Gillette Castle State Park★** *(droit d'entrée pour le château seulement; tlj Memorial Day au Columbus Day, sam-dim Columbus Day à fin déc, fermé jan au Memorial Day; 67 River Rd., East Haddam, ☎526-2336)* (voir p 428).

East Haddam, quelques kilomètres plus au sud sur la route 82, abrite ce que bon nombre de personnes considèrent comme le joyau de la vallée : la **Goodspeed Opera House** *(droit d'entrée; Route 82, East Haddam, ☎873-8668)*. Construite sur le bord du fleuve dans un style élégant de 1876 et caractérisé par des toits en mansarde, cette perle victorienne a été rouverte en 1963 et est désormais consacrée à la promotion des pièces musicales américaines d'autrefois. Vous pouvez visiter l'intérieur des lieux superbement restaurés les lundis et samedis de juillet, d'août et de septembre. (En ce qui concerne les représentations, voir l'encadré «Le théâtre au Connecticut», p 453.) La petite ville compte encore bon nombre d'édifices bien conservés, rappels de l'époque où les bateaux à vapeur, et même les voiliers avant eux, y faisaient souvent halte. Juchée sur un monticule, se dresse la petite école rouge où Nathan Hale a enseigné en 1773 et 1774, deux ans avant d'être pendu par les Britanniques pour espionnage.

Un bref voyage sur le fleuve Connecticut permet d'en voir les berges pittoresques sous un autre angle. **Camelot Cruises** *(1 Marine Park, Haddam, ☎345-8591 ou 800-522-7463)* organise des excursions incluant le déjeuner ou le dîner, un brunch le dimanche, des soirées «meurtre-mystère» et des croisières «feuillages d'automne» le long du cours d'eau enchanteur. La firme propose également des voyages d'une journée sur le Long Island Sound.

Old Lyme se trouve au sud d'East Haddam, à l'extrémité est du pont qui traverse le fleuve, là où il se déverse dans la mer. La richesse de la ville, qui se reflète dans ses maisons magnifiques et spacieuses, s'est bâtie à l'époque des *clippers* et du commerce avec la Chine. Au début du XXe siècle, les artistes ont commencé à s'y installer, attirés par sa beauté et sa tranquillité; ils s'appelaient eux-mêmes les impressionnistes américains : Childe Hassam, Willard Metcalf, Henry Ranger et d'autres, qui logeaient dans la résidence de Miss Florence Griswold, la fille d'un capitaine de bateau et une très grande amateur d'art. Sa maison, érigée en 1817, a été transformée en musée, le **Florence Griswold Museum** *(droit d'entrée; fermé lun; 96 Lyme St., ☎434-5542)*, où vous pourrez contempler des meubles d'époque et des expositions temporaires. La pièce la plus intéressante est la salle à manger, où les artistes ont peint des scènes locales sur le mur de bois et les panneaux de la porte. Une longue vignette humoristique placée au-dessus du foyer représente le groupe lors d'une chasse au renard imaginaire, où chaque membre prend une pose caractéristique.

L'imposante **Congregational Church**, qui apparaît souvent dans les toiles des impressionnistes, se dresse à l'extrémité sud de Lyme Street. Tout à fait admirable, cette église n'est en fait qu'une réplique exacte (1910) de la construction originale datant de 1816, détruite par le feu. La **Lyme Academy of Fine Arts** *(fermé lun; 84 Lyme St., ☎434-5232)* perpétue la tradition de la ville en présentant une variété d'expositions tout au long de l'été, comme le font d'ailleurs plusieurs galeries de Lyme Street.

La région de Mystic ★★★

La portion la plus orientale de la côte du Connecticut se borde de villes et villages aux profondes racines maritimes. Il s'agit, entre autres, de New London, le siège de l'U.S. Coast Guard Academy; de Groton, la «capitale mondiale du sous-marin»; de Mystic, célèbre pour son port de mer; et de Stonington, où vous découvrirez une impressionnante collection de maisons des XVIIIe et XIXe siècles érigées pour des capitaines au long cours et d'autres navigateurs. Plusieurs des localités de la Côte Est étaient d'importants centres de pêche à la baleine au début du XIXe siècle, ce qui permit à la région de connaître une grande prospérité.

La pièce de résistance de cette partie de la côte est l'historique port de mer de Mystic, qui peut à lui seul vous divertir agréablement pendant des heures, mais ne négligez pas pour autant les communautés avoisinantes, car elles ont aussi beaucoup à offrir.

Prenez la peine de vous arrêter au bureau de renseignements qui se trouve sur la route 95 à North Stonington (direction sud), ou de communiquer avec le **Southeastern Connecticut Tourism District** *(P.O. Box 89, 470 Bank St., New London, CT 06230, ☎800-863-6569)* pour vous procurer des cartes de la côte et des plans d'eau. **New London, Groton, Mystic** et **Stonington** sont des ports prospères et, de nos jours, l'usage récréatif qu'on fait de la côte ajoute au charme de ces communautés. De plus, New London et Groton sont le site d'installations militaires navales dont certaines ouvertes au public. À l'**United States Coast Guard Academy** *(Mohegan Ave./Route 32, New London, ☎444-8270)*, vous pourrez parcourir les pelouses et les jardins, le centre de tourisme, le musée, la chapelle, quelques-uns des bâtiments et, lorsqu'il est à quai, le grand voilier *Eagle*, utilisé pour l'entraînement des cadets. Quel spectacle que de voir ce vaisseau quitter la Thames River pour gagner l'océan!

Un autre spectacle fluvial auquel il vaut la peine d'assister est le remorquage des sous-marins qui cherchent à quitter ou à regagner la base navale (United States Naval Submarine) par le Thames, du côté de Groton (les gens d'ici prononcent «*Thaymes*»). Puis, à Groton, pourquoi ne pas visiter l'***U.S.S. Nautilus*** *(Route 95, sortie 86, Groton, ☎449-3174)*, le premier sous-marin nucléaire, aujourd'hui devenu un monument historique national, amarré et entretenu pour accueillir les visiteurs? Juste à côté se trouve l'étonnant **Submarine Force Library and Museum** *(Route 95, sortie 86, Groton, ☎449-3174)*, tout en acier et en verre, avec des expositions modernes et interactives qui retracent l'histoire des sous-marins depuis le *Turtle* de notre ami Bushnell jusqu'aux plus récents modèles de pointe.

Les visites en bateau de la région de Groton-New London proposent aux touristes de nombreux choix; par exemple, la croisière instructive de deux heures et demie sur le navire de recherche ***Enviro-Lab*** *(droit d'entrée; mi-juin à la fête du Travail; Project Oceanology, 1084 Shennescossett Rd., Avery Point, Groton, ☎445-9007 ou 800-364-8472)*, où les passagers se familiarisent avec la vie marine directement sur les lieux.

Même si New London tient principalement sa renommée des jours de gloire de la pêche à la baleine (-il faut absolument passer devant les quatre manoirs dont les façades rappellent celle d'un temple de 1832, et qui sont réunis sur ce qu'on appelle **Whale Oil Row** *(105-119 Huntington St., New London)*-, la ville possède plusieurs cordes à son arc : le quai animé, des bateaux de marchandises de toutes sortes, des traversiers naviguant sur le Sound à destination de plusieurs îles et d'agréables maisons et musées historiques.

Ceux et celles qui ont un penchant pour la littérature voudront faire un arrêt au **Monte Cristo Cottage** *(droit d'entrée; fermé lun, de même qu'en hiver; 325 Pequot Ave., ☎443-0051)*, où Eugene O'Neill a passé son enfance. Cette région lui a inspiré ses deux pièces autobiographiques, *Ah! Wilderness* et *Long Day's Journey Into the Night*. Le cottage qui se trouve sur le bord de l'eau fait partie de l'**Eugene O'Neill Theater Center** *(quelques kilomètres plus loin, 305 Great Neck Rd., Waterford, ☎443-5378)*, un organisme qui se consacre à la mise sur pied de nouvelles pièces. Certaines des lectures, des représentations et des répétitions sont ouvertes au public (voir l'encadré «Le théâtre au Connecticut», p 453). Tout près de là s'étend l'**Ocean Beach Park** de New London *(droit d'entrée; Ocean Ave.,*

☎447-3031 ou 800-510-7263), avec une vaste bande de sable fin, une promenade au bord de l'eau et une vue magnifique sur les bateaux qui passent, les traversiers et le phare (voir p 429).

Sur la route 95, en direction de Mystic, vous arriverez à un endroit où vous aurez une vue d'ensemble sur le **Mystic Seaport Museum ★★** *(droit d'entrée; 75 Greenmanville Ave., ☎572-0711)*. Pendant quelques secondes, alors que vous apercevrez les mâts des grands navires et les plus petits bateaux qui se bercent sur la Mystic River, vous pourriez vraiment croire que vous pénétrez dans un port de la Nouvelle-Angleterre au XIXe siècle. En entrant dans le port, une partie de la magie disparaît; mais il reste que ce musée intérieur et extérieur, s'étendant sur 7 ha en bordure du fleuve, est unique en son genre. Inauguré en 1929, le port de Mystic a rapidement crû, jusqu'à inclure un village côtier (avec son église, sa chapelle, son école, sa pharmacie, sa banque et son marchand de fournitures pour bateaux), plusieurs bâtiments présentant des expositions de figurines, de peintures marines et de modèles réduits de bateaux; un musée pour enfants très vivant; un chantier naval qui assure la préservation des bateaux, où l'on peut d'ailleurs admirer les artisans à l'œuvre; et une collection de quelque 300 bateaux et navires, avec en tête le *Charles W. Morgan* (1841), le dernier baleinier en bois des États-Unis. Qu'il y ait foule ou non, il ne faut pas manquer sa chance d'explorer les ponts de ce baleinier et de visiter les quartiers exigus où l'équipage passait des années entières; on peut aussi observer les membres de l'équipage en train de monter les voiles et de grimper au bastingage en chantant des airs traditionnels. Les jours de pluie sont tout désignés pour s'y rendre, car les visiteurs sont peu nombreux et l'atmosphère est encore plus évocatrice.

Pour continuer cette épopée dans le passé, il faut prendre le temps de se promener dans la ville même de **Mystic ★★★**, où l'on construit depuis le XVIIe siècle des navires en tout genre, des baleiniers aux *clippers* en passant par les embarcations de plaisance. Visitez aussi certaines rues (Gravel, Clift et High) bordées de maisons du début et du milieu du XIXe siècle ayant appartenu à des capitaines et à des armateurs. Le petit centre-ville est rempli de touristes, tous occupés à regarder défiler les bateaux qui passent sous un rare pont à bascule; pendant l'été, celui-ci leur cède le passage à toutes les heures, arrêtant net la circulation. Vous pouvez également faire une croisière d'une heure, d'une journée ou d'une semaine sur de grands voiliers et sur toutes sortes d'autres bateaux (participez même à la navigation si le cœur vous en dit!). Pour de plus amples renseignements, adressez-vous au Southeastern Connecticut Tourism District *(fermé sam-dim; 470 Bank St., P.O. Box 89, New London, CT 06320, ☎800-863-6569)*.

Vous vous devez cependant de visiter l'attraction la plus populaire de l'État, le **Mystic Marinelife Aquarium ★★** *(droit d'entrée; Coogan Boul., Mystic, ☎536-3323)*. Vous y découvrirez 48 expositions intérieures des plus intéressantes, les habitats extérieurs des otaries, des phoques et des pingouins, un théâtre marin offrant des représentations toutes les heures, mettant en vedette baleines et dauphins, et en été des cours pour enfants qui ne nécessitent aucune réservation.

Stonington, la ville côtière la plus à l'est de l'État, est aussi considérée par bon nombre de gens comme la plus attrayante. On y retrouve une bande de terre étroite à population dense connue sous le nom de Stonington Borough. Ce quartier est le port d'attache de la dernière flotte de pêche commerciale du Connecticut. Ses rues compactes sont un trésor de styles architecturaux qui remontent aux XVIIIe et XIXe siècles; à cette époque, des générations de marins naviguaient sur des vaisseaux fabriqués dans la région pour faire du commerce avec la Chine et aller pêcher la baleine et le phoque jusque dans l'Antarctique. Vous pouvez également visiter à pied les rues Main et Water, ainsi que de petites rues diagonales, en partant de l'**Old Lighthouse Museum** *(droit d'entrée; fermé nov à fin avr, de même que lun en mai, juin, sep et oct; 7 Water St., Stonington, ☎535-1440)*. Ce phare de granit, construit en 1823, présente des expositions marines et des souvenirs de l'époque du commerce avec les Orientaux et de la pêche à la baleine et en haute mer. Il faut absolument gravir les marches qui conduisent au sommet de la tour, où une magnifique vue de trois États et du Long Island Sound vous attend.

Le nord-est du Connecticut

Au nord du littoral fréquenté et parfois bondé s'étend la région qui s'est donné le surnom de «coin tranquille» : le nord-est du Connecticut, peu connu, inviolé, riche en paysages et en attraits historiques (même si le revenu *per capita* n'y est pas très élevé). Ici, pas de gratte-ciel, pas de cohortes de touristes, mais une abondance de petites villes intéressantes dont la fondation de certaines remonte au XVIIIe siècle. On peut aussi y admirer de grands pâturages verts, des collines à perte de vue, des rivières et des forêts.

Le chemin le plus rapide pour vous rendre de la côte au «coin tranquille» consiste à emprunter la route 395, qui part de la route 95 à l'ouest de New London. Par contre, si vous êtes à Stonington et que vous ne voulez pas revenir sur vos pas, vous pouvez aussi prendre la route 2, qui serpente à travers la région rurale de Norwich, une ville historique située à l'embouchure du Thames. À la jonction des routes 2 et 169, à **Norwich**, se trouve le vieux **Leffingwell Inn** *(droit d'entrée; fermé lun et mi-oct à mi-mai; 348 Washington St., Norwich, ☎889-9440)*, une ancienne maison d'assemblée de l'époque coloniale aujourd'hui transformée en musée. Cet endroit servait de lieu de rencontre aux patriotes durant la guerre d'Indépendance.

De là, la route 169 se dirige vers le nord, traverse le village de **Taftville** et passe devant une immense construction à tourelles toute en brique, assez imposante pour servir de château à un roi. Il s'agit du **Ponemah Mill**, une ancienne fabrique de coton qu'on croit avoir été la plus grande des États-Unis, ainsi que la plus belle aux yeux de plusieurs. On n'y organise pas de visites touristiques, car elle est maintenant devenue une propriété privée qui abrite une entreprise de fabrication de meubles raffinés. Mais cette construction s'impose néanmoins comme une introduction appropriée à une région où l'industrie textile a modelé le style de vie du XIXe siècle jusqu'au milieu du XXe siècle. Lorsque l'industrie s'est déplacée vers le sud, elle a laissé ses empreintes derrière elle, à savoir des usines imposantes, chacune avec son village où vivaient les travailleurs. Plusieurs de ces complexes, quelques-uns fermés ou en déclin, d'autres servant de nouvelles fonctions, caressent ainsi les berges de la rivière Quinebaug, qui coule près de la route 169.

La route passe par de nobles villes coloniales comme **Canterbury**, avec son joli *green*, où le **Prudence Crandall Museum** *(droit d'entrée; fermé lun-mar et 15 déc à jan; à la jonction des routes 14 et 169, ☎546-9916)*, un monument historique national, rend hommage à la jeune enseignante résolue qui, en 1833, osa fonder une école pour «jeunes demoiselles de couleur». La controverse qui s'ensuivit mena à l'emprisonnement, heureusement bref, de l'enseignante et à la fermeture de l'école. Cinquante ans plus tard, pour se faire pardonner, la législature de l'État accorda à Crandall un dédommagement de 400$ par année. En 1995, Prudence Candall devint officiellement la première héroïne du Connecticut.

Le tribunal où eut lieu le procès de Crandall est à quelques kilomètres plus au nord, à **Brooklyn**; il sert maintenant de mairie. Non loin de là, sur la place de Brooklyn, se dresse la première **église unitarienne** de l'État, un bâtiment blanc, simple et élégant construit en 1771, dont l'ample beffroi abrite un cloche de Paul Revere. La ville est réputée pour sa foire agricole qui se tient à la fin du mois d'août et pour son joyau caché, l'**Old Trinity Church** (1771). Épargnée par le temps, celle-ci n'est maintenant ouverte qu'une seule fois par année à l'occasion de la fête de la Toussaint. Du centre de la ville, suivez la route 6 Est sur 1,5 km, tournez à gauche sur Church Street, et vous trouverez cette construction sereine aux revêtements de clins de bois blancs, avec ses fenêtres en arc et sa porte à fronton; elle se dresse juste à côté d'un ancien cimetière dans un bosquet touffu et est entourée de champs de maïs.

Pomfret, le site d'une école privée très prisée, a longtemps attiré de nombreuses familles citadines qui y ont construit des chalets imposants et aménagé des jardins paysagers. Aujourd'hui encore, il s'agit d'une enclave résidentielle, et ses larges rues ombragées se prêtent merveilleusement bien à une brève visite à pied.

Woodstock est juchée sur une colline surplombant une riche vallée agricole. Les visiteurs viennent de loin pour admirer le **Roseland Cottage** *(droit d'entrée; fermé lun-mar et mi-oct à fin mai; 556 Route 169, Woodstock, ☎928-4074)*, un manoir rose vif d'inspiration gothique. Ce bâtiment a été construit en 1846 par Henry Bowen, qui est né dans la région et a fait fortune à New York, puis a mis toute son énergie dans la publication d'un hebdomadaire antiesclavagiste et républicain à l'extrême, *The Independent*. La maison et les jardins luxueux, qui ont appartenu à la famille pendant plus de 100 ans, sont intacts, comme l'est également la tradition qui consiste à célébrer le 4 Juillet, la fête nationale américaine, sur la propriété même.

De l'autre côté de la Quinebaug, à quelques kilomètres des frontières du Rhode Island et du Massachusetts, la ville de **Thompson** arbore avec fierté un magnifique moulin du XIXe siècle situé sur le bord de la rivière ainsi qu'un quartier résidentiel classique, l'un des plus beaux qui soient. Aujourd'hui, ce secteur est aussi calme et posé que n'importe quel autre, avec son jardin municipal traditionnel (qu'on qualifie ici de *common*), son temple et ses maisons blanches ou jaune clair alignées le long de rues ombragées. Cette ville était autrefois un carrefour important où deux grandes autoroutes se croisent en effet : la route qui mène de Boston à Hartford et celle qui relie Providence à Springfield.

La taverne de deux étages construite en 1814 est toujours en exploitation, aujourd'hui sous le nom de **The White Horse Inn at Vernon Stiles** *($$-$$$; fermé mar; à la jonction des routes 193 et 200, Thompson, ☎923-9571)*. À ses débuts, il s'agissait d'une halte de diligence grouillante de voyageurs, sans parler des jeunes amoureux qui venaient nombreux s'y marier pour échapper aux lois intransigeantes des États voisins; l'aubergiste de l'époque, le capitaine Stiles, présidait alors lui-même la cérémonie. Les propriétaires d'aujourd'hui se contentent pour leur part d'offrir aliments et boissons dans un décor évocateur et charmant.

Après ce voyage à travers le temps, vous serez fin prêt pour l'agitation d'un campus universitaire moderne à souhait. La route 44 mène à **Storrs**, un quartier de la ville de Mansfield, où se trouve le siège du campus principal de l'**University of Connecticut** *(bureau de renseignements, Storrs Rd., ☎486-2000)*. Maintenant devenue une université prestigieuse, la *UConn* (prononcer *Yukonne*) a été fondée en 1881 comme simple école d'agriculture. Les verts pâturages tachetés de vaches bien grasses qui s'étendent juste en face des édifices modernes de cette institution créent un contraste pour le moins fascinant. Mais, grâce à elles, vous pourrez également y déguster d'excellentes glaces fraîches du jour, vendues au Dairy Bar du campus. Après ces rafraîchissements, arrêtez-vous au **William Benton Museum of Art** *(fermé lun et entre les expositions; 245 Glenbrook Rd., Storrs, ☎486-4520)*, qui présente une variété d'expositions dans une attrayante galerie à toit «cathédrale». Le Benton a l'honneur de porter le titre de musée national du Connecticut, un bon endroit pour terminer une tournée.

PARCS ET PLAGES

Le sud-ouest du Connecticut

Sherwood Island State Park

Deux kilomètres et demi de plage bordent les eaux calmes du Long Island Sound; par temps clair, vous apercevrez d'ici la côte de Long Island. De l'autre côté de la plage s'étendent d'immenses champs ainsi que des massifs d'érables et de chênes qui déploient leurs branches au-dessus des tables de pique-nique. Deux brise-lames permettent de pêcher en eau salée. On y accède par la sortie 18 de la route 95, à Westport.

Installations et services : toilettes, cabines de douche, surveillants de plage et pavillon avec casse-croûte *(7-12$ par jour; ☎203-226-6983)*. **Baignade** : excellente. **Pêche** : bonne pour la goberge, le bar rayé et le poisson noir en saison.

Putnam Memorial Historic Park

Ce parc de 74 ha a été le site du campement d'hiver de l'armée continentale en 1779 sous le commandement du général Israel Putnam. Vous y verrez les restes du campement, de même que des bâtiments en rondins recréés de toutes pièces. Des sentiers de randonnée se perdent dans les bois, et vous pouvez pêcher ou patiner sur l'étang selon la saison. On l'atteint par la route 58, à 5 km au sud de Bethel.

Installations et services : aire de pique-nique, toilettes et site historique; pour information ☎203-938-2285. **Pêche** : bonne dans l'étang.

Le nord-ouest du Connecticut

Macedonia Brook State Park

De nombreux cours d'eau serpentent à travers les 931 ha boisés de ce parc, et plusieurs sentiers de randonnée le sillonnent en tous sens. L'un d'entre eux gravit la crête de la Cobble Mountain, qui s'élève à près de 427 m, offrant une vue splendide sur les monts Taconic et les Catskill, qui appartiennent aux États voisins. On y accède par la route 341, à 6,5 km au nord-est de Kent.

Installations et services : aire de pique-nique et toilettes extérieures *(☎927-4100)*. **Camping** : 80 emplacements boisés pour tentes et véhicules récréatifs (aucun raccordement); 9$ par nuitée. Animaux domestiques interdits. **Pêche** : bonne pour l'omble de fontaine et la truite arc-en-ciel.

Kent Falls State Park

La chute écumeuse qui descend ici en cascade sur plus de 76 m est à son meilleur au printemps. Cependant, l'endroit est également populaire en été, lorsque ses vapeurs soulagent de la chaleur, de même qu'en automne, alors que les 111 ha de forêt qui l'entourent se parent de rouge et d'or. Certains aiment même la chute en hiver, quand les glaçons transforment le flanc de la montagne en une sculpture abstraite éblouissante. On peut l'admirer d'une plaine de verdure, au niveau de la route, ou de divers points d'observation s'offrant à ceux et celles qui gravissent le chemin large et abrupt conduisant jusqu'au sommet des cascades. On l'atteint par la route 7, à 6,5 km au nord de Kent. Stationnement payant les fins de semaine.

Installations et services : aires de pique-nique et toilettes *(5$ par jour; ☎927-4100)*.

Lake Waramaug State Park

Trente-huit hectares boisés entourent cette étendue d'eau pittoresque qu'est le lac Waramaug. Les visiteurs peuvent se baigner ou encore visiter les innombrables criques à bord de chaloupes ou de canots qu'il est possible de louer sur place. Les paisibles randonnées à vélo autour du lac sont aussi très populaires, comme d'ailleurs la visite en automobile des villages environnants. On y accède par Lake Waramaug Rd. (route 45).

Installations et services : abris de pique-nique, toilettes, comptoirs de rafraîchissements, location de bateaux et de canots *(5$ par jour; ☎868-0220)*. **Baignade** : excellente. **Camping** : 26 emplacements pour tentes et 52 emplacements pour véhicules récréatifs (aucun raccordement), dont certains avec vue sur le lac; 10$ par nuitée. **Pêche** : bonne pour le bar, le poisson-lune et la perchaude.

Burr Pond State Park

À 8 km au nord de Torrington sur la route 8, Burr Pond marque l'emplacement de la première usine de lait condensé de la société Borden. L'étang de 36 ha en est très limpide, et convient aussi bien à la baignade l'été qu'au patin l'hiver. Le sentier de randonnée panoramique qui en fait le tour se prête par ailleurs on ne peut mieux à la pratique du ski de fond. Le parc se trouve sur Burr Mountain Rd., à 8 km au nord de Torrington.

Installations et services : toilettes et casse-croûte. On n'admet aucun animal de compagnie. Droit à la journée : 8$. **Camping** : 40 emplacements primitifs; 10$ par nuitée.

Topsmead State Forest

Léguée au peuple du Connecticut par Edith Morton Chase au moment de sa mort en 1972, cette forêt de 207 ha s'étend à environ 3 km à l'est de Litchfield au sommet d'un tertre haut de 375 m. Sa principale attraction est la maison d'été de madame Chase, à savoir un cottage anglais de style Tudor conçu par Richard Henry Dana, Jr. en 1924. Ouverte au public la deuxième et la quatrième fins de semaine de chaque mois entre juin et la fin d'octobre, la maison en question renferme toujours la majeure partie de son mobilier d'origine. Les terres environnantes révèlent des pelouses, des vergers, des murets de pierre et des vues étendues. Le secteur est tout indiqué pour les balades dans la nature, et un sentier de 3,2 km décrit une boucle autour du cottage. L'entrée se trouve sur Buell Rd., à Litchfield.

Installations et services : tables de pique-nique, mais il est interdit de faire du feu. Pour information, ☎567-5694.

White Memorial Foundation

Cette réserve naturelle de 1 619 ha en bordure du Bantam Lake est sillonnée de 56 km de sentiers boisés, conçus pour la randonnée, l'observation des oiseaux, l'équitation ou le ski de fond. Héritage de deux résidants qui voyaient loin, cette extraordinaire réserve est consacrée à la protection, à l'éducation, à la recherche et à la récréation. Un centre d'interprétation de la nature et un musée sont ouverts au public sur le terrain même. On l'atteint par la route 202, à Litchfield.

Installations et services : aires de pique-nique, toilettes, magasin et centre d'interprétation de la nature *(☎567-0857)*. **Camping** : autorisé sur 68 emplacements répartis en plusieurs endroits, dont certains au bord de l'eau, au populaire Point Folly. Comptez 10,50$ pour une tente et 12$ pour une roulotte par nuitée.

Haystack Mountain State Park

De la tour de pierre qui se dresse au sommet de la Haystack Mountain (à 520 m au-dessus du niveau de la mer), les visiteurs peuvent voir aussi loin que le Long Island Sound (au sud) et les Berkshires du Massachusetts (au nord). Vous avez la possibilité d'effectuer la moitié du trajet en voiture pour ensuite escalader un terrain escarpé sur 800 m jusqu'au sommet. Les feuillages d'automne sont splendides par ici, tout comme le laurier des montagnes en fleurs au mois de juin. On y accède par la route 272, à 1,5 km au nord de Norfolk.

Installations et services : aires de pique-nique et toilettes extérieures *(☎482-1817)*. **Camping** : vous pouvez camper tout près, au Taylor Brook Campground (Mountain Rd., par la route 8); 40 emplacements pour tentes et véhicules récréatifs (aucun raccordement); 10$ par nuitée.

Housatonic Meadows State Park

D'une superficie de 183 ha, ce parc d'État occupe une ancienne plaine alluviale et présente des occasions de pêche à la mouche (truite et achigan) dans la rivière Housatonic. Les visiteurs découvriront ici des kilomètres de sentiers pédestres, dont la Pine Knob Trail Loop, qui offre une vue sur la verte vallée. Le camping s'avère particulièrement agréable en ces lieux, et les feuillages d'automne vous laisseront pantois. Le parc se trouve à Sharon, sur la route 7.

Installations et services : aires de pique-nique et toilettes; pour information, ☎927-3238. **Camping** : 95 emplacements; 10$ par nuitée.

La région de Hartford

Stratton Brook State Park

L'une des attractions inusitées de ce parc de 60 ha de la vallée de la Farmington est une voie cyclable ombragée, aménagée sur le tracé d'un ancien chemin de fer. Elle traverse les bois et se promène le long de plusieurs ruisseaux pittoresques, puis serpente à travers une forêt. Vous y trouverez également des sentiers de randonnée et un étang fort plaisant. On l'atteint par la route 309, à 3 km à l'ouest de Simsbury.

Installations et services : aire de pique-nique, toilettes et vestiaires *(☎658-1388)*. **Baignade** : bonne. **Pêche** : bonne.

Talcott Mountain State Park

La vue sur Hartford et les vallées de la Farmington et du Connecticut dont vous jouirez du haut de cette montagne offre un des paysages favoris des peintres depuis plus de 100 ans. Au sommet se dresse la jolie Heublein Tower, faisant partie d'une résidence léguée à l'État par une importante famille de Hartford. Une randonnée de 2,5 km mène du stationnement à la tour, haute de 50 m; son rez-de-chaussée abrite un musée d'histoire locale *(fin avr à oct, fermé lun-mer avr à la fête du Travail; ☎677-0662)*. Le long du sentier, vous apercevrez peut-être des fervents du deltaplane : la montagne est en effet considérée comme un bon endroit pour s'initier à ce sport. On y accède par la route 185, à 5 km au sud de Simsbury.

Installations et services : aires de pique-nique, toilettes, musée et tour d'observation. **Camping** : vous pouvez camper tout près, dans l'American Region State Forest *(West River Rd., Pleasant Valley, ☎379-0922)*, qui compte 30 emplacements pour tentes et véhicules récréatifs; 10$ par nuitée.

Dinosaur State Park ★

Ce parc de 28 ha, situé entre Hartford et New Haven, est fier de son dôme géodésique, érigé autour d'un rocher en coupe et présentant diverses expositions. Le roc en question porte quelque 500 empreintes de dinosaures fossilisées datant de l'ère jurassique (il y a 185 millions d'années). Les visiteurs peuvent prélever des moules en plâtre de certaines empreintes entre mai et octobre, mais aucun matériel n'est fourni. Pour information sur les droits d'entrée, composez le ☎529-5816. De très longs sentiers de randonnée traversent en outre le parc. On l'atteint par la route 91, à 1,5 km à l'est de la sortie 23, sur West Street, à Rocky Hill.

Installations et services : aires de pique-nique, toilettes et centre d'interprétation *(☎529-8423)*.

La région de New Haven

Hammonasset Beach State Park

Le plus grand parc de la côte du Connecticut, d'une superficie de 372 ha, offre une plage de sable longue de 3 km, idéale pour la baignade, la plongée et la pêche. On peut lancer de petits voiliers depuis sa rampe de mise à l'eau, se promener le long de plusieurs sentiers de vélo et de randonnée pédestre, ainsi que visiter le centre d'interprétation de la nature qui propose diverses activités. L'emplacement du parc en fait par ailleurs un excellent point de départ vers les charmants villages côtiers de la région. On y accède par la route 95, à 1,5 km au sud de la sortie 62, à Madison.

Installations et services : aires de pique-nique avec abris, toilettes, casse-croûte, pavillon avec vestiaires, centre d'interprétation de la nature et rampe de mise à l'eau *(7-12$ par jour; ☎203-245-2785)*. **Baignade** : excellente. **Camping** : 550 emplacements pour tentes et véhicules récréatifs (aucun raccordement), la plupart dans des champs à 5 ou 10 min de marche de la plage; 12$ par nuitée; pour de plus amples renseignements, ☎203-245-1817. **Pêche** : les pêcheurs patients arrivent souvent à prendre des goberges, des bars rayés ou des poissons noirs de bonne taille.

La basse vallée du Connecticut

Selden Neck State Park

Ce parc est très spécial; il s'agit d'une île de 214 ha reposant sur le fleuve Connecticut et accessible seulement par bateau. C'est vraiment un endroit rêvé pour s'évader. Vous pouvez vous y promener le long de sentiers boisés qui mènent à de vieilles carrières de pierres, explorer les berges du fleuve à bord d'un kayak ou d'un canot, ou encore vous contenter d'admirer le majestueux cours d'eau, large et calme.

L'île est située à 3 km au sud du Gillette Castle State Park, à East Haddam, qui offre des renseignements et distribue les permis relatifs aux deux parcs *(☎526-2336)*. Canots et kayaks peuvent être mis à l'eau depuis le débarcadère du traversier, au pied du château, et n'importe où le long du fleuve Connecticut.

Installations et services : tables de pique-nique, toilettes extérieures et foyers *(information, ☎526-2336)*. **Camping** : quatre emplacements primitifs sont réservés aux plaisanciers qui désirent passer la nuit sur place; 4$ par personne.

Gillette Castle State Park ★

L'une des destinations les plus populaires du Connecticut, ce parc à flanc de montagne est surmonté d'une magnifique construction en pierre du début du siècle érigée par William Gillette, un acteur très connu (voir «Attraits touristiques», p 421). La vue sur le fleuve Connecticut y est spectaculaire, et vous pourrez vous promener le long de sentiers ombragés en bordure de l'eau tout en regardant le traversier qui navigue entre Chester et Hadlyme. On l'atteint par la route 82, à 6,5 km au sud d'East Haddam. De la rive ouest du fleuve, il faut prendre le traversier de Chester à Hadlyme et suivre les indications jusqu'au sommet de la montagne.

Installations et services : aires de pique-nique, toilettes, casse-croûte, boutique de souvenirs et tours de calèche *(☎526-2336)*. **Camping** : quelques emplacements primitifs accommodent pour une nuit ceux et celles qui visitent les lieux en canot et en kayak seulement; 4$ par personne. **Pêche** : bonne dans le fleuve Connecticut.

La région de Mystic

Rocky Neck State Park

L'attraction principale des lieux est une plage sablonneuse de 1,5 km de longueur permettant de se baigner et de pêcher dans d'excellentes eaux; la vue sur les cottages qui se trouvent de l'autre côté de la baie est magnifique. Ce parc de 283 ha abrite de vastes étangs peuplés de nombreuses espèces d'oiseaux qu'on peut apercevoir à partir des sentiers et des passerelles surélevées. On y accède par la route 156, à 5 km à l'ouest de Niantic.

Installations et services : aires de pique-nique, toilettes et casse-croûte *(8-12$ par jour; ☎739-5471)*. **Baignade** : excellente. **Camping** :

169 emplacements, dont 149 pour tentes ou véhicules récréatifs, et 20 pour tentes seulement (aucun raccordement); 12$ par nuitée. **Pêche** : populaire à partir du brise-lames.

Ocean Beach Park

Ce parc municipal offre 1,5 km de plage de sable blanc en forme de croissant, rehaussé d'une promenade à l'ancienne idéale pour la course à pied ou la simple marche. Plusieurs des manèges du parc d'attractions ne sont pas ouverts, mais les trois toboggans aquatiques sont toujours très populaires. On y trouve aussi un minigolf, des boutiques, des casse-croûte, une salle de jeux électroniques et des divertissements nocturnes à la belle étoile. Le parc est situé à New London. De la route 95, il faut prendre la sortie 82A vers le nord ou la sortie 83 vers le sud, puis suivre les indications.

Installations et services : tous ceux nommés ci-dessus, plus : piscine olympique, volley-ball de plage, pavillon pour pique-niques, toilettes, vestiaires, stationnement *(minimum 2$; ☎447-3031)*. **Baignade** : excellente et bien surveillée.

Le nord-est du Connecticut

Mashamoquet Brook State Park

Deux importants sentiers de randonnée mènent à l'attraction la plus connue du parc : une tanière où, en 1742, Israel Putnam a tué un loup qui terrorisait la population. Putnam devint un héros local et gagna bientôt la faveur de la nation américaine tout entière en tant que général de la guerre d'Indépendance. Le parc renferme également un petit étang aux eaux cristallines et un ruisseau. À son entrée se trouve le Brayton Grist Mill, le dernier moulin à grains de la région, avec son mécanisme d'origine demeuré intact, ainsi qu'une exposition d'outils ayant appartenu à trois générations de forgerons de la même famille. On l'atteint par la route 44, à 8 km au sud-ouest de Putnam.

Installations et services : aires de pique-nique, toilettes, casse-croûte et sentier d'exploration *(8$ par jour sam-dim et fériés; ☎928-6121)*. **Camping** : 55 emplacements pour tentes et véhicules récréatifs (aucun raccordement); 9$ par nuitée. **Pêche** : le ruisseau est approvisionné en truites. **Baignade** : bonne dans le petit étang.

ACTIVITÉS DE PLEIN AIR

Pêche en haute mer

Le long du littoral du Long Island Sound, des bateaux de pêche prennent quotidiennement à leur bord des passagers désireux de taquiner le poisson. Parmi les sites de pêche les plus appréciés, il convient de retenir les environs de Block Island et d'Alligator Ledge. Les prises les plus communes à moins de 15 km du rivage (pêche côtière) sont la goberge, le bar noir, le bar rayé, la morue et le thon. De 80 à 160 km du rivage (pêche en haute mer), ce seront plutôt le thon, le marlin et le mako. Tout le nécessaire peut être loué à bord. Les entreprises qui suivent offrent des excursions de pêche d'agrément à jours et heures fixes, et s'en tiennent à la règle du premier arrivé, premier-servi.

À New London, le *Wanderer* et le *Seacure (Thamesport Landing, ☎739-2801)* prennent la mer de la mi-mai à la mi-novembre; embarquez-vous pour une excursion de pêche côtière ou en haute mer, ou optez pour une croisière panoramique à Block Island, à Greenport ou à Montauk Point. À Niantic, le ***Black Hawk 11*** *(Niantic Beach Marina, ☎443-3662 ou 800-382-2824)*, un bateau de 20 m, effectue des sorties de six heures dans le détroit de Long Island. Le ***Mijoy/Mijoy 747*** *(Mijoy Dock, Waterford; ☎443-0663)*, un bateau de 27 m, vous emmène pour une demi-journée. Excursions de pêche d'une demi-journée et croisières panoramiques, aux phares ou aux baleines sont également offertes par **Sunbeam Fleet** *(Captain John's Dock, Waterford, ☎443-7259)*. À Groton, embarquez-vous sur le ***Hel-Cat II*** *(Hel-Cat Dock, ☎535-2066)*, un bateau de 35 m (le plus gros bateau d'excursion de la Nouvelle-Angleterre) qui peut accueillir jusqu'à 150 passagers; outre les sorties d'une demi-journée ou d'une journée complète, il effectue de plus longs trajets avec nuitée à bord, de même que des excursions de groupe nolisées.

Les bateaux de pêche pouvant être affrétés par de petits groupes organisés sont plus nombreux. Vous pouvez, entre autres, prendre le ***Reelin*** *(Noank, ☎449-1980)*, un bateau de type Hatteras de 13 m qui accueille jusqu'à six personnes. Quant au ***Trophy Hunter*** *(Noank, ☎536-4460)*, il sert à des excursions côtières ou en haute mer d'avril à la fin de novembre. ***The Provider*** *(fermé déc à avr; Saybrook Marine Service, Old Saybrook, ☎399-2268)* sert aux excursions de pêche nolisées; cet Hatteras de 11 m peut accueillir des groupes de six personnes, que ce soit pour la pêche côtière ou en haute mer.

Voile et planche à voile

La voile est un mode de vie en soi sur la côte du Connecticut. Chaque port, petit ou grand, abrite une flottille toujours prête à prendre le large, mais il reste tout de même difficile de trouver des voiliers à louer.

La navigation de plaisance s'avère agréable dans le détroit de Long Island, et les vagues clémentes de Cockenoe Island et de Compo Beach font le plus grand bonheur des véliplanchistes débutants ou intermédiaires. Si vous souhaitez acquérir quelques notions de navigation, sachez que la **John Kantor's Longshore Sailing School** *(260 Compo Rd. South, Westport, ☎203-226-4646)* offre des cours de voile et de planche à voile. Il est également possible de louer à l'heure de petits bateaux à voiles, des catamarans, des canots, des kayaks et des planches à voile. **Colvin Yachts** *(57 Hammock Dock Rd., Westbrook, ☎399-6251)* dispense des cours de voile et possède une flotte de six voiliers à louer. Pour une excursion d'une journée, optez pour un sloop de 7 m; pour un plus long voyage, choisissez plutôt un bateau atteignant jusqu'à 11 m. Les excursions de voile avec capitaine constituent une autre option.

Le **Mystic Seaport** *(75 Grenmanville, Mystic, ☎572-0711)* propose une expérience maritime différente, soit un programme d'initiation à la voile pour les jeunes gens âgés de 15 à 19 ans sur la goélette de 19 m baptisée ***Brilliant***. Les jeunes peuvent ainsi être membres d'équipage pendant six jours sous la supervision de maîtres instructeurs. Une version adulte de ce projet est aussi proposée sous la forme d'une excursion de quatre jours au printemps et en automne.

Canot et kayak de mer

Le fleuve Connecticut se prête à une variété d'excursions en canot qui vont des expéditions guidées d'une nuit aux excursions en solo. L'été, vous pouvez louer un canot ou un pédalo dans cinq parcs d'État différents du Connecticut par l'entremise de **North American Canoe Tours, Inc** *(Niantic, ☎739-0791)*. Vous pouvez également obtenir des renseignements à propos du canot-camping dans trois parcs d'État en écrivant au **Department of Environmental Protection** *(Office of State Parks and Recreation, 165 Capitol Ave., Hartford, CT 06106, ☎424-3200)*. En ce qui a trait aux excursions en canot ou en kayak sur la Housatonic River, communiquez avec **Clarke Outdoors** *(Route 7, P.O. Box 163, West Cornwall, CT 06796, ☎672-6365)*. Vous sillonnerez également les eaux de la rivière Farmington le jour ou les nuits de lune grâce aux services de la **Main Stream Canoe Corp.** *(Route 44, P.O. Box 448, New Hartford, CT 06057, ☎693-6791)*. **The Mountain Workshop** *(P.O. Box 625, Ridgefield, CT 06880, ☎203-438-3640)* organise des excursions en canot et en kayak sur les rivières, les lacs et le Long Island Sound; la durée des activités proposées varie d'une journée à deux semaines.

Golf

Les terrains de golf sont aussi nombreux dans le paysage du Connecticut que les pissenlits peuvent l'être sur une pelouse au printemps. Tous ces parcours ont une boutique de pro où vous pourrez louer bâtons et poussettes. Voici une sélection de parcours de 18 trous ouverts au public.

À Stamford, l'**E. Gaynor Brennan Golf Course** *(451 Stillwater Rd., ☎203-324-4185)* est ouvert à l'année. Quant au **Ridgefield Golf Club** *(545 Ridgebury Rd., Ridgefield; ☎203-748-7008)*, dont le tracé est dû à Tom Fazio, il offre un premier neuf pour le moins sportif et un second neuf particulièrement exigeant. Le neuf trous du **Stonybrook Golf Club** *(263 Milton Rd., Litchfield, ☎567-9977)* est un parcours panoramique ponctué de murets de pierre et de ruisseaux, et le **New Milford's Candlewood Valley Country Club** *(Danbury Rd. par la route 7, ☎354-9359)* est réputé avoir le second neuf le plus ardu de l'État.

Parmi les nombreux terrains de golf de la région de Hartford, on dit que le **Blue Fox Run Golf Club** *(65 Nod Rd., Avon, ☎678-1679)* possède le plus beau. Le **Farmington's Westwoods Golf Course** *(Route 177, Farmington, ☎677-9192)* met en outre à votre disposition un champ d'entraînement et un vert d'exercice, et **The Goodwin Park Golf Club** *(1130 Maple Ave., Hartford, ☎956-3601)* ajoute à son parcours de 18 trous un neuf trous à surface plane pour débutants.

The Alling Memorial Golf Course *(35 Eastern St., New Haven, ☎203-946-8014)* a été conçu sur le modèle classique des parcours côtiers. À Old Saybrook, vous pouvez prendre le départ près de la mer au neuf trous du **Fenwick Golf Club** *(580 Maple Ave., ☎388-2516)*; vous devrez toutefois vous servir de votre propre équipement et être en bonne condition physique, car on ne loue ici ni bâtons ni voiturettes. Plus en amont de la rivière vous attend le tracé du **Leisure Resort at Banner** *(10 Banner Rd., Moodus, ☎873-9075)*, dont le premier neuf est en terrain découvert et le second, pourvu d'étroites allées en zone boisée; il y a aussi un champ d'entraînement sur place. Le **Stonington's Pequot Golf Club** *(127 Wheeler Rd., ☎535-1898)* se distingue par ses allées étroites et ses verts exigus. Dans la région panoramique de Woodstock, le neuf trous du **Harrisville Golf Course** *(Harrisville Rd., ☎928-6098)* arbore de larges allées qui pardonnent bien des erreurs.

Ski alpin

Les centres de ski de l'État donnent un coup de pouce à la nature en fabriquant de la neige artificielle. Services de location et leçons sont proposés par toutes les stations énumérées ci-dessous.

Skieurs alpins et néviplanchistes peuvent dévaler les pentes le jour comme le soir à la **Mohawk Mountain** *(Great Hollow Rd., par la route 4, Cornwall, ☎672-6100 ou 800-895-5222)*, qui possède une descente verticale de 195 m. On y dénombre cinq remonte-pentes pour un total de 24 pistes (20% pour débutants, 60% de niveau intermédiaire et 20% pour experts).

Dans la région de Hartford, vous trouverez de belles pistes de ski alpin (80% pour débutants et de niveau intermédiaire) et une descente verticale de 191 m à **Ski Sundown** *(126 Ratlum Rd., par la route 219, New Hartford, ☎379-9851)*, une station ouverte de jour comme de nuit, aussi bien pour le ski que pour le surf des neiges.

Les aficionados du ski de fond peuvent prendre la direction du **Winding Trails Crosscountry Ski Center** *(50 Winding Trails Dr., Farmington, ☎678-9582)*, où 20 km de sentiers damés sillonnent les installations de Massacre; randonnées de ski au clair de lune et descente en traîneau pour les enfants (qui devront toutefois apporter leur propre traîneau). À une altitude de 91 m, le **Powder Ridge** *(99 Powder Hill Rd., Middlefield, ☎349-3454)*, qui accueille volontiers les familles, possède des pistes de ski alpin, un parc distinct de surf des neiges, et même une zone réservée aux descentes en chambre à air. Quatre remonte-pentes et un câble de surface desservent les 15 pistes de la station (40% pour débutants, 35% de niveau intermédiaire et 25% pour experts). Vous trouverez en outre sur place une école de ski spéciale pour les enfants de quatre à cinq ans.

La location de skis

Vous pourrez louer skis alpins, skis de fond et planches à neige auprès d'**Action Sports** *(1385 Boston Post Rd., Old Saybrook, ☎388-1291)*.

Tennis

Le Connecticut ne manque pas de courts de tennis, les écoles, les universités, les clubs privés, les hôtels et les municipalités en étant généreusement dotés, mais nombre d'entre eux demeurent inaccessibles aux visiteurs. Le service des parcs et des installations récréatives de chaque localité possède ses propres règlements à cet égard; prenez donc la peine de vous informer par téléphone auprès du service en question lorsque vous vous trouvez dans une ville quelconque, ou obtenez les renseignements voulus auprès du personnel de votre lieu d'hébergement s'il n'y a pas de court sur les lieux mêmes de l'établissement où vous logez.

Des courts non éclairés le soir sont accessibles au public dans trois parcs de Hartford. L'**Elizabeth Park West** *(angle Prospect St. et Asylum St.)* offre quatre courts; vous en trouverez deux autres au **Goodwin Park** *(angle South St. et Maple Ave.)* et encore quatre au **Keney Park**. *(angle Woodland St. et Greenfield St.)*. Le Service des parcs et loisirs de la ville peut être joint au ☎543-8876. À l'extérieur de la ville, vous pouvez jouer au **Sycamore Hills Park** ou à l'**Avon Middle School** *(West Avon Rd., Avon, ☎409-4332)*, qui possèdent chacun quatre courts non éclairés le soir. Songez également au **Simsbury Farms Recreation Complex** *(droit de jeu; 100 Old Farms Rd., Simsbury, ☎658-3836)*, dont les quatre courts éclairés sont ouverts au public.

À New Haven, vous pouvez jouer sur les sept courts de l'**Edgewood Park** *(Whalley Ave.)*, sur les huit courts de l'**East Shore Park** *(Woodward Ave.)* ou sur les huit courts de la **Cross High School** *(Mitchell Dr.)*. Pour de plus amples renseignements, téléphonez au Service des loisirs de la ville *(☎203-946-8022)*.

Dans la basse vallée du Connecticut, l'**Old Saybrook Racquet Club** *(droit de jeu; 299 Spring Brook Rd., Old Saybrook, ☎388-5115)*, un club privé ouvert aux non-membres, dispose de huit courts en terre battue (quatre intérieurs et quatre extérieurs, tous non éclairés); vous pouvez prendre des leçons sur place en compagnie du professionnel à demeure. Le **Lyme Shores Racquet Club** *(droit de jeu; 22 Colton Rd., East Lyme, ☎739-6281)* exploite pour sa part deux courts extérieurs non éclairés et six courts intérieurs; professionnel disponible sur place pour ceux et celles qui désirent prendre des leçons.

Plus à l'est, vous pouvez jouer au **Toby May Field** *(Ocean Ave., New London; pour de plus amples renseignements, adressez-vous au Service des loisirs : ☎447-5230)*, qui a quatre courts éclairés. Dans la région de Mystic, le **Mitchell College** *(☎443-2811)* possède six courts éclairés, et deux autres vous sont accessibles au **Farquhar Park** *(Route 117, Groton)*. Le **Washington Park** *(Park Ave., Groton)* dispose de six courts éclairés, tout comme la **Fitch Senior High** *(Groton Long Point Rd.)*. Pour plus d'information, composez le ☎446-4128. Songez enfin aux deux courts éclairés du **Wilfirnantic Recreation Park** *(à l'intersection de la route 6 et Main St., Willimantic, ☎465-3046)*, et aux 20 courts de **l'Université du Connecticut** *(Storrs, ☎486-2837)*, dont plusieurs sont éclairés.

Vélo

Presque tout le Connecticut se prête bien aux randonnées à vélo. Le terrain relativement plat et les routes de l'arrière-pays sont idéales pour cette forme relaxante d'exploration, sauf peut-être dans le nord-ouest de l'État, qui est plus montagneux et exige quelquefois d'énormes efforts de la part des cyclistes. Le **Connecticut Department of Transportation** *(2800 Berlin Turnpike, Newington, CT 06111, ☎594-2000)* offre gratuitement une carte routière pour les cyclistes, identifiant clairement les routes touristiques, les voies d'évitement et la section de la voie cyclable de la Côte Est qui passe par le Connecticut. Elle donne également une liste des endroits où l'on vend et répare les vélos au Connecticut. Les parcours suggérés couvrent presque tout l'État et évitent la circulation urbaine, de même que les autoroutes.

De plus, deux des parcs régionaux offrent des sentiers réservés aux cyclistes. Au **Stratton Brook State Park** de Simsbury, non loin de Hartford, d'anciennes voies de chemin de fer ont été remplacées par de longues voies cyclables longeant des ruisseaux pittoresques. Au **Haley Farms State Park** de Groton, un sentier de 13 km chemine à travers une vieille ferme coquette le long de la côte.

La location d'une bicyclette

Quelques auberges et hôtels mettent des bicyclettes à la disposition de leurs clients. Mais, à part cela, on ne trouve pas de vélos de location au Connecticut. Il vaut donc mieux emporter votre propre bicyclette si vous avez l'intention de pédaler dans la région.

Randonnée pédestre

Bien que la population du Connecticut soit dense, on a su préserver un nombre surprenant d'espaces verts dans lesquels ont été aménagées d'excellents sentiers de randonnée. Le Connecticut Blue Trails System, mis sur pied et administré par la **Connecticut Forest and Park Association** *(16 Meriden Rd., Rockfall, CT 06481, ☎346-2372)*, compte plus de 1 127 km de sentiers boisés et balisé qui sillonnent presque tous les comtés. Adressez-vous à cet organisme pour obtenir une brochure décrivant les différents sentiers. Par ailleurs, une partie de l'Appalachian Trail, balisée en blanc, traverse le nord-ouest du Connecticut; de plus, bon nombre de parcs d'État, de forêts et de réserves ont également aménagé leurs propres sentiers de randonnée. Vous pouvez aussi contacter le **Department of Environmental Protection, State Parks Division** *(79 Elm St., Hartford, CT 06106-5127, ☎424-3200)* pour de l'information ou des cartes.

Le sud-ouest du Connecticut

À la **Devil's Den Preserve**, 32 km de sentiers reliés entre eux serpentent à travers divers paysages, des marécages aux cours d'eau et aux étangs, en passant par des forêts et des monticules rocheux offrant une vue magnifique. Prenez la sortie 42 du Merritt Parkway, empruntez la route 57 Nord sur une distance de 8 km, puis bifurquez vers l'est sur Godfrey Rd., que vous suivrez sur 1,5 km avant de tourner à gauche sur Pent Rd. jusqu'au bout. Pique-nique interdit. Pour information, ☎203-226-4991.

Le nord-ouest du Connecticut

Du **Kent Falls State Park**, un sentier abrupt (0,4 km) escalade la face sud d'une chute, passe un pont et redescend plus doucement par le côté nord à travers des bois touffus en longeant d'énormes sapins. Le sentier suit la cascade en permettant aux promeneurs d'admirer la chute sous plusieurs angles. Pour information, ☎927-3029 ou 927-3238.

Le **Housatonic Range Trail** (10 km), balisé en bleu, suit le même itinéraire qu'un ancien sentier amérindien dans les collines qui surplombent la rivière Housatonic. Sur le chemin, vous trouverez plusieurs grottes à explorer (on prétend que la Tories' Cave a abrité des loyalistes durant la guerre d'Indépendance); vous découvrirez également de belles vues sur le lac Candlewood, la rivière Housatonic et sa vallée verdoyante. Certaines sections sont plus abruptes, et il faut parfois franchir des rochers. Le sentier commence à 0,8 km au nord de New Milford, sur la route 7. Pour information, ☎672-6139.

Le **Macedonia Ridge Trail** (11 km) forme une boucle dans le Macedonia Brook State Park. Ce sentier qui commence et se termine près du stationnement à l'extrémité sud du parc traverse des ponts et des ruisseaux, longe de vieux amas de charbon, puis escalade la Pine Hill et la Cobble Mountain; les paysages sont magnifiques et les ascensions exigeantes. Pour information, ☎927-3238.

L'**Undermountain Trail** (4,2 km) est une montée abrupte et accidentée; au sommet, à 706 m d'altitude, vous jouirez d'un panorama de montagnes, de lacs et de forêts appartenant à trois États, sans parler des vautours à tête rouge qui survolent le plateau. Vous pouvez suivre ce sentier jusqu'à l'Appalachian Trail, qui vous conduira au sommet de la montagne 1,2 km plus loin. Le sentier débute sur la route 41, dans un petit stationnement situé à 0,5 km au nord de l'embranchement de la route 44, à Salisbury. Pour information, ☎482-1817.

La région de Hartford

Le **Heublein Tower Trail** (11 km) offre une promenade tranquille le long d'une section bleue de la Metacomet Trail, qui entoure un réservoir pittoresque et monte abruptement vers la Heublein Tower, dans le Talcott Mountain State Park. De la tour, vous apercevrez la ligne des gratte-ciel de Hartford et, par temps très clair, le Long Island Sound, ainsi que les montagnes du Massachusetts et du New Hampshire. Avant de vous lancer, nous vous recommandons cependant de vous informer auprès d'un garde forestier quant à la route exacte à suivre. L'entrée du parc se trouve sur la route 185, à Simsbury.

Le **Windsor Locks Canal Trail** (7,2 km) suit un canal historique construit en 1829 pour contourner les rapides Enfield du fleuve Connecticut. Le sentier commence sur Canal Rd., en bordure de la route 159.

La région de New Haven

Westwoods, un espace vert de 809 ha à Guilford, est sillonné de sentiers de randonnée. En suivant le sentier blanc à l'aller et l'orangé au retour, vous couvrirez au total une distance de 10 km. Le terrain essentiellement plat longe des promenades enjambant des marais, des étendues de sapins et de lauriers, des rochers, des saillies, une carrière abandonnée et le Lost Lake, un point situé à mi-parcours où vous pourrez pique-niquer.

Sleeping Giant, à 3 km de Hamden, est une série de sommets montagneux ressemblant à un géant courbé. Un vaste réseau de sentiers traverse le corps du géant (sa tête, son menton, sa poitrine...), offrant plusieurs vues sur les collines et les villes qui s'étendent au loin. Pour un itinéraire plus exigeant qui vous oblige à monter et à descendre les plus importants sommets (10 km aller-retour), il vous suffit de suivre le sentier bleu depuis le stationnement jusqu'au pied droit du géant, puis de revenir par le sentier blanc, avec un crochet par la tour de pierre pour un panorama inoubliable.

La basse vallée du Connecticut

Le **Devil's Hopyard Trail** (7,25 km) serpente dans le parc national du même nom. Il passe sous de vieux bosquets de sapins-ciguës avant de traverser de magnifiques ponts piétonniers et de longer les chutes de Chapman Falls, qui tombent en cascade d'une hauteur de 19 m. Ce sentier débute près du stationnement du parc. Pour information, ☎873-8566.

La région de Mystic

La **Bluff Point Trail** (7,25 km), sur la Bluff Point Coastal Reserve, mène du stationnement aux promontoires. Promenez-vous le long d'une plage rocailleuse immaculée, puis revenez par un sentier différent à travers les bois et les marais salants qui couvrent cette péninsule non exploitée du Long Island Sound. Pour information, ☎445-1729.

Le nord-est du Connecticut

Le **Wolf Den Trail** (boucle de 8 km) serpente à travers le Mashamoquet Brook State Park et mène le long d'un terrain accidenté jusqu'à la célèbre grotte d'Israel Putnam. Le sentier contourne un rocher appelé «*Indian Chair*» et poursuit sa route à travers différents environnements : un marécage, des champs, des bois, des ruisseaux et des saillies offrant de beaux paysages. Ce sentier bleu commence près du stationnement en bordure de Wolf Den Drive. Pour information, ☎928-6121.

Le **Mansfield Hollow Trail** (6 km) fait partie d'un circuit beaucoup plus long, la Nipmuck Trail. Débutant dans le stationnement du Mansfield Hollow Dam Recreation Area, le sentier longe la rivière Fenton, puis monte abruptement pour aboutir sur une falaise baptisée «*50 Foot*», un endroit agréable d'où contempler l'est du Connecticut. Pour information, ☎928-6121.

HÉBERGEMENT

Le sud-ouest du Connecticut

Greenwich

Entouré de maisons imposantes et luxueuses dans un quartier exclusif de Greenwich connu sous le nom de «Belle Haven», **The Homestead Inn** *($$$-$$$$; ℜ; 420 Field Point Rd., ☎/≠869-7500)* a été construit en 1799 et n'était alors qu'une simple maison de ferme. On l'a transformé en auberge 50 ans plus tard, y ajoutant graduellement un belvédère coquet, un porche victorien faisant le tour du bâtiment et deux constructions additionnelles qui renferment également des chambres. Une rénovation au coût d'un million de dollars américains, supervisée par le désigner John Saladino, a en outre permis de moderniser toutes les installations. Il en résulte une auberge champêtre gracieuse et raffinée, comptant désormais 23 chambres, de vastes salles communes et un restaurant trois étoiles, le tout rehaussé d'antiquités soigneusement choisies.

Stamford

Fièrement situé parmi les hauts gratte-ciel du centre-ville de Stamford, le **Stamford Marriott** *($$$$; ≈, ℜ; 2 Stamford Forum, ☎203-357-9555 ou 800-228-9290, ≠324-6897)* peut se vanter de proposer plus de 500 chambres élégantes et de nombreuses installations : piscines intérieure et extérieure, courts de racquet-ball, sentier de course à pied sur le toit et restaurant tournant avec vue sur le Long Island Sound. Cet hôtel ne constitue peut-être pas le site idéal pour des vacances loin de tout, mais sa proximité de la route 95, de la gare, des événements culturels et d'un important centre commercial le rend néanmoins attrayant.

Norwalk

De nombreux motels bordent la route 1, qui était jadis la Boston Post Rd. et qui est aujourd'hui devenue l'artère commerciale la plus fréquentée de la région. Si vous cherchez un endroit propre, tranquille et géré par la même famille depuis plus de 30 ans (la famille en question vit sur les lieux), vous devez essayer le **Garden Park Motel** *($; ≡, bp; 351 Westport Ave., ☎203-847-7303)*. Vous y trouverez 21 chambres climatisées, de bonnes salles de bain et des matelas fermes; vous pourrez même utiliser une table de pique-nique installée à l'ombre d'un arbre. Ce n'est pas un endroit luxueux, mais les prix sont très raisonnables, ce qui est plutôt rare dans cette région.

La **Silvermine Tavern** *($$$; ℜ; 194 Perry Ave., ☎203-847-4558)*, qui ne se trouve pourtant qu'à un bond de la frontière séparant le

Connecticut de l'État de New York, revêt un charme particulier, tout à fait caractéristique de la Nouvelle-Angleterre. Bien connu pour son restaurant, cet établissement, qui regroupe plusieurs constructions attrayantes à charpente de bois datant de 1785, propose 10 chambres confortables meublées d'antiquités. Outre son étang à moulin et sa chute en contrebas, le complexe se trouve à la croisée des chemins d'une agglomération résidentielle plantée d'arbres. Petit déjeuner à la française.

Westport

The Inn at Longshore *($$$$ pdj; bp, ℜ; 260 Compo Rd. South, ☎203-226-3316)* est un endroit inhabituel, soit une auberge de 11 chambres avec restaurant, salon et salles de réception au beau milieu d'un terrain de golf municipal assorti d'un parc, et entourée d'une pelouse qui s'étend jusqu'au Long Island Sound. Les chambres (dont trois sont des suites pouvant accueillir jusqu'à quatre personnes) sont presque décevantes, mais elles n'en sont pas moins décorées avec goût et dotées de salles de bain modernes; elles offrent par ailleurs une belle vue sur les blanches voiles qui dansent sur les eaux bleues. Moyennant certains frais, les visiteurs peuvent avoir accès aux installations municipales. Petit déjeuner à la française.

Posé sur les berges de la rivière Saugatuck à Westport, **The Inn at National Hall** *($$$$; ℜ; 2 Post Rd., ☎203-221-1351 ou 800-628-4255, ⇌203-221-0276)* occupe un bâtiment historique habillé de brique et entièrement restauré. Ses 15 chambres sont luxueusement décorées et arborent de nombreux éléments en trompe-l'œil, des murs peints au pochoir ainsi que des plafonds voûtés. De fait, ce petit hôtel se révèle si exquis, qu'il a fait l'objet d'un article à la une dans l'*Architectural Digest*. Vous trouverez même sur les lieux un restaurant haut de gamme où ont mangé le vice-président des États-Unis Al Gore et son entourage lors d'une visite à Westport en novembre 1997.

Ridgefield

The Elms *($$$-$$$$ pdj; ℜ; 500 Main St., ☎/⇌203-438-2541)*, transformé en auberge en 1799, n'a été géré que par quatre familles pendant toutes ces années. Aujourd'hui, le bâtiment principal abrite en grande partie le restaurant très réputé de l'établissement, auquel s'ajoutent deux chambres et deux suites (en haut d'un escalier étroit et abrupt). Une annexe renferme 16 autres chambres, dont trois suites, décorées de tapis élégants, de lits à colonnes, de papiers peints attrayants et de meubles d'époque. Quelques-unes offrent un lit à baldaquin. Les chambres situées au-dessus du restaurant sont moins luxueuses, avec leurs tapis ras, leurs bordures de plafond au pochoir et leurs salles de bain de style rustique.

Dans la ville sereine de Ridgefield, au bout d'une grande pelouse plantée de vieux arbres, se trouve le **West Lane Inn** *($$$$; 22 West Lane, Ridgefield, ☎203-438-7323, ⇌438-7325)*. Cet endroit charmant a été construit pour servir de résidence au début du XIXe siècle, redécoré à l'époque victorienne, puis transformé en auberge à la fin des années soixante-dix. Un large porche entoure le bâtiment sur deux côtés, avec des paniers de fleurs suspendus et des meubles en rotin pour les chaudes journées d'été. Un grand escalier de chêne sculpté mène aux 20 chambres de dimensions généreuses. Toutes présentent une élégance retenue, et chacune est décorée de façon individuelle avec de la moquette épaisse et des meubles d'époque. Petit déjeuner à la française.

Le nord-ouest du Connecticut

Les auberges entourant le lac Waramaug ont chacune un caractère distinct, de même que des inconditionnels avoués. Nous vous en présentons ici quelques-unes.

Les voyageurs qui préfèrent séjourner à Litchfield, la ville la plus visitée de la région, ont le choix entre deux auberges, une vieille et une autre plus moderne, bien que d'atmosphère coloniale.

Kent

Les voyageurs soucieux de leur budget qui désirent loger près du lac Waramaug sans pour autant faire du camping trouveront quatre chambres de type *bed and breakfast* environ 1,5 km plus haut, à la **Constitution Oak Farm** *($$ pdj; Beardsley Rd., ☎354-6495)*. Il s'agit d'une maison de ferme aux lignes irrégulières construite vers 1830 et surplombant 4 ha de maïs. Elle tire son nom d'un chêne majestueux qu'on dit être un descendant du chêne légendaire avec lequel on a fabriqué le papier sur lequel fut consignée la Charte coloniale du

Connecticut. Les deux chambres du rez-de-chaussée ont leur propre salle de bain; celles du premier étage partagent des installations communes. Le petit déjeuner est servi dans les chambres. Le propriétaire collectionne toutes sortes d'objets, ce qui fait le bonheur de certains mais en irrite d'autres, allergiques au désordre.

New Preston

Le **Hopkins Inn** *($$; ℜ; fermé jan à mars; 22 Hopkins Rd., ☎203-868-7295)* a été nommé en l'honneur de la famille qui a colonisé la côte nord du lac Waramaug en 1847, y construisant une énorme maison revêtue de clins de bois pour ensuite héberger des locataires venus de la ville pour un séjour estival. Aujourd'hui, la jolie maison jaune est reconnue pour son restaurant, mais on y loue encore 11 chambres ainsi que 2 appartements au premier et au second étages. Les chambres sont claires et confortables, garnies de papiers peints coloniaux et d'antiquités rustiques. Deux des chambres partagent une même salle de bain, les autres ayant la leur propose avec un bain de style antique ou une cabine de douche. À l'étage du bas, une terrasse ombragée surplombant le lac offre une vue spectaculaire sur les environs. Les collines voisines sont la propriété de Hopkins Vineyards, où les touristes peuvent goûter et acheter des vins locaux.

L'**Atha House** *($$ pdj; Wheaton Rd., ☎355-7387)*, une auberge confortable du style de celle qu'on retrouve au Cape Cod, est située près des galeries d'art et des boutiques d'antiquités de New Preston. Ce *bed and breakfast* comprend trois chambres avec vue sur un grand jardin ceinturé d'un muret de pierres et planté de conifères, de bouleaux argentés et de cornouillers. Il y a également un foyer et un piano au salon. Les animaux sont admis.

Le **Boulders Inn** *($$$$ dp; Route 45, ☎868-0541 ou 800-552-6853, ⇨868-1925)* propose 17 chambres, six dans la magnifique maison principale du début du siècle, trois dans la remise à calèches et les autres dans des cottages contemporains situés sur la colline à laquelle est adossée la maison. Les chambres ont été décorées avec goût; celles qui se trouvent dans la maison de pierre et à clins de bois renferment des meubles et des courtepointes antiques, celles de la remise à calèches, des antiquités et des âtres en pierre, tandis que celles des cottages sont rehaussées de foyers. Vous pourrez jouer au tennis, vous promener sur les sentiers pédestres boisés, de même que profiter de la plage privée et des bateaux qui sont mis à la disposition de la clientèle.

The Inn on Lake Waramaug *($$$$ dp; ℜ, ≈, △; 107 North Shore Rd., ☎868-0563 ou 800-525-3466, ⇨868-9173)* est fière de proposer 23 chambres réparties dans trois bâtiments : la maison principale, construite en 1780, et deux maisons d'invités d'un cru plus récent. Cette auberge est un peu plus formelle que les autres de la région grâce à des chambres décorées par des professionnels, une salle à manger imposante et des installations comprenant une piscine intérieure et un sauna. Vous pouvez également y jouer au tennis et profiter d'une plage sablonneuse où l'on sert des rafraîchissements et des mets cuits sur le gril les fins de semaine d'été.

Washington

Le petit village de Washington accueille une des auberges les plus exquises de l'État. Rouvert après avoir subi une rénovation au coût de plusieurs millions de dollars, **The Mayflower Inn** *($$$$; Route 47, ☎868-9466, ⇨868-1497)* propose 25 chambres richement décorées et remplies d'antiquités anglaises et américaines des XVIIIe et XIXe siècles, la plupart disposant d'un très grand lit à colonnes et à baldaquin. Toutes les chambres donnent sur les collines et les jardins avoisinants. Cette auberge fait partie des Relais et Châteaux, et occupe une propriété de 11 ha rehaussée de pelouses et de massifs boisés, le tout ponctué de sentiers de randonnée, d'une piscine extérieure chauffée, d'un court de tennis et d'un centre de conditionnement physique. Service on ne peut plus attentionné.

Litchfield

Le **Litchfield Inn** *($$$ pdj; bp; Route 202, ☎567-4503 ou 800-499-3444, ⇨567-5358)*, construit autour de 1980, se révèle fidèle aux traditions de la Nouvelle-Angleterre, jusque dans ses salles de conférences et de réception. Ses 31 chambres sont spacieuses et bien aménagées, avec d'élégantes salles de bain. Deux d'entre elles disposent même d'un bar sans alcool. Il y a également un ascenseur, un luxe rare dans ce genre d'établissement.

Le **Tollgate Hill Inn** *($$$-$$$$; ℜ; Route 202, ☎567-4545 ou 800-445-3903, ⇨567-8397)*, construit en 1745, figure au registre national des sites historiques sous le nom de The Captain William Bull Tavern. Comme dans toutes les tavernes à l'ancienne, dès qu'on entre par le bar, on peut percevoir toute la fierté des lieux à travers leurs fines boiseries et leurs foyers restaurés. On y trouve en outre un restaurant des mieux cotés. Les 20 chambres sont décorées avec style et pourvues de lits à baldaquin et à colonnes, de papiers peints authentiques, ainsi que de tables et bureaux anciens. Petit déjeuner à la française.

Salisbury

À Salisbury, qui se trouve à l'ouest de Falls Village, tout près de la frontière de l'État de New York, surgit **The White Hart Inn** *($$-$$$; place du village, à la jonction des routes 41 et 44, ☎435-0030, ⇌435-0040)*. Cette auberge de trois étages soigneusement rénovée a ouvert ses portes au début du XIXe siècle, et son mobilier comporte aussi bien des antiquités que des copies de Chippendale. Les 26 chambres arborent un décor américain des premiers temps de la colonie, et certaines disposent d'un lit à colonnes. En hiver, vous pourrez vous réchauffer devant le foyer de la Hunt Room (salle de chasse), lambrissée de bois sombre et garnie fauteuils de cuir fortement rembourrés. En été, laissez-vous séduire sur le large porche frontal par les meubles en rotin disposés.

The Under Mountain Inn *($$$$ dp; 482 Under Mountain Rd., ☎435-0242, ⇌435-2379)* occupe une maison de ferme du XVIIIe siècle. Comme dans toute auberge digne de ce nom, on y sert le petit déjeuner et le dîner sans supplément. Ses sept chambres portent les noms d'endroits célèbres de l'Angleterre, le pays d'origine du propriétaire. La *Covent Garden* dispose d'un lit à baldaquin shaker et d'une baignoire en fonte; quant à la Buckingham Gate, elle se révèle spacieuse et ensoleillée, sans compter ses deux lits à baldaquin. La bibliothèque regorge d'ouvrages sur l'Angleterre, et le pub sert des ales anglaises. Au petit déjeuner, on alterne entre les mets anglais et américains, alors qu'au dîner ce sont des plats tels que pâté en croûte de bifteck et de rognons, et pouding au pain et au beurre.

Norfolk

Le **Blackberry River Inn** *($$-$$$ pdj; ≈, bp; Route 44, ☎542-5100, ⇌542-1763)*, construit en 1763, figure aussi au registre national des sites historiques. Reposant sur 7 ha de collines boisées au pied des Berkshires, cette auberge dispose d'une piscine, de courts de tennis et de sentiers de ski de fond. Elle compte 20 chambres : quelques-unes sont situées dans le joli bâtiment principal de deux étages, peint d'un gris clair, et les autres, dans une maison attenante. La plupart des chambres ont leur propre salle de bain, dont quelques-unes avec baignoire à pattes zoomorphes. Les salles communes sont imprégnées d'une atmosphère détendue. Le petit déjeuner est servi dans d'attrayantes salles à manger.

Le **Manor House** *($$$-$$$$ pdj; bp; 69 Maple Ave., ☎542-5690)* est un somptueux *bed and breakfast*, un manoir victorien de 1898 d'inspiration Tudor avec des fenêtres dessinées par Tiffany, qui était un ami de la famille. En haut du magnifique escalier en cerisier sculpté se trouvent neuf chambres, toutes avec salle de bain privée, quelques-unes avec balcon et foyer. Elles ont toutes été décorées dans un élégant style d'époque. On a même suspendu des vêtements anciens ici et là en guise de décoration. Une touche classique : le petit déjeuner, très complet, peut sur demande vous être servi dans votre chambre, et même au lit!

Le **Greenwood's Gate** *($$$$ pdj; bp; 105 Greenwoods Rd. East, ☎542-5439)*, une maison coloniale de 1797 magnifiquement restaurée, se présente comme un *bed and breakfast* garni d'antiquités. Chacune des quatre suites dispose d'une salle de bain luxueuse, d'une chambre à coucher et d'un petit salon. Détendez-vous dans la salle de séjour commune devant la cheminée, à moins que vous ne préfériez flâner dans la bibliothèque avec un bon bouquin.

Un peu plus loin surgit l'**Angel Hill Bed & Breakfast** *($$$$; 54 Greenwoods Rd. East, ☎542-5920)*, une auberge victorienne de quatre chambres dont la construction date de 1880. Posée sur une propriété de près de 5 ha, elle se trouve à 5 min de marche du village et de ses restaurants, de ses boutiques d'antiquaires et de son musée. Chaque chambre est admirablement parée d'antiquités et équipée de peignoirs, de bougies et de paniers de pique-nique.

La région de Hartford

Avon

L'**Avon Old Farms Hotel** *($$-$$$; ℜ, ≈; à la jonction des routes 10 et 44, ☎677-1651 ou*

800-836-4000, ≠677-0364), autrefois un petit motel, a été graduellement transformé en un important hôtel de campagne de 164 chambres. Cet établissement aux ailes multiples dispose d'une salle à manger, d'une piscine extérieure et d'un terrain bien aménagé, et offre une vue superbe sur les bois et le cours d'eau qui passe ici. Les prix les moins élevés s'appliquent à la plus ancienne construction (repeinte et confortable), alors que les plus élevés appartiennent aux chambres de l'aile principale de trois étages, décorées avec toute l'élégance de la Nouvelle-Angleterre; l'escalier recouvert de tapis du somptueux hall conviendrait parfaitement à Scarlett O'Hara (l'héroïne d'*Autant en emporte le vent*)!

Canton

Pour se loger à petit prix dans la vallée de la Farmington, il n'y a pas mieux que le **Hillside Motel** *($; bp, ≡, ℂ; 671 Albany Turnpike, Route 44, ☎693-4951)*, à 27 km à l'ouest de Hartford. L'établissement appartient à une famille qui en assure en outre l'exploitation. Les 15 chambres simples, toutes avec salle de bain (quatre avec cuisine), sont propres, bien tenues et climatisées, mais sans fantaisie. Qui plus est, il se trouve à proximité d'une portion de la rivière Farmington connue sous le nom de Satan's Kingdom, idéale pour faire du canot ou descendre le courant sur des chambres à air.

Simsbury

Si la seule pensée d'une hostellerie exquise vous fait trépigner de joie, vous vous devez de séjourner á la **Simsbury 1820 House** *($$$; ℜ; 731 Hopmeadow St., Route 10, ☎658-7658, ≠651-0724)*. Juché sur un monticule au centre de la petite ville historique de Simsbury, ce bâtiment en brique de trois étages coiffé de quatre cheminées a servi de demeure à plusieurs générations d'Américains distingués, tel Gifford Pinchot, considéré comme le père du mouvement pour la défense du patrimoine. Aucun effort n'a été épargné pour transformer ce noble manoir gris et sa remise à calèches en une auberge de 32 chambres dotée d'un excellent restaurant. Dans chaque chambre, on retrouve du tapis et des meubles antiques; les moindres coins et recoins, ainsi que les fenêtres en arc, ont en outre été utilisés de façon ingénieuse.

Hartford

On peut également se loger à bon prix aux abords de Hartford, à la sortie 27 de la route 91. Des nombreuses chaînes de motels qui sont représentées ici, le **Suisse Chalet** *($; ≈; 185 Brainard Rd., ☎525-9306 ou 800-524-2538, ≠525-2990)* nous est apparu comme le plus attrayant, avec une vaste entrée, une piscine extérieure de bonnes dimensions et des chambres normalisées : propres et petites mais convenables.

Le **Sheraton Hartford** *($$; ≈, ℜ; Trumbull St., Civic Center Plaza, ☎728-5151, ≠240-7247)*, un hôtel de luxe du centre-ville, propose des tarifs alléchants les fins de semaine. Une passerelle relie par ailleurs l'hôtel au Civic Center et à ses nombreuses activités. Les quelque 400 chambres du Sheraton, toutes de grandes dimensions, offrent un décor à tendance Art déco. On y trouve une piscine intérieure qui donne l'impression d'être à l'extérieur ainsi qu'un restaurant et, à la porte voisine, la célèbre Hartford Stage Company, une compagnie théâtrale qui a décroché de nombreux prix : de quoi nourrir à la fois son corps et son esprit.

Derrière la riche façade en brique du XIXe siècle du **Goodwin Hotel** *($$$$; 1 Haynes St., ☎246-7500, ≠247-4576)*, au cœur du centre-ville, on découvre un hôtel entièrement refait. Jadis un immeuble d'habitation distingué, un véritable monument local, ce bâtiment a été entièrement rénové et décoré dans un style qui aurait plu au financier de Hartford qu'évoque le nom de l'hôtel. D'attrayantes reproductions de tableaux ornent les murs des 124 chambres et suites; le service est personnalisé, et l'ambiance, à la fois élégante et discrète. Les salles communes sont agrémentées d'œuvres empruntées au Wadsworth Atheneum, l'un des plus beaux musées des États-Unis. Ses prix sont certes élevés, mais ils baissent les fins de semaine; ils en valent d'ailleurs la peine si une touche de raffinement urbain ne vous déplaît pas.

La région de New Haven

New Haven

L'historique **Hotel Duncan** *($-$$; bp, ⊗; 1151 Chapel St., ☎203-787-1273)*, une institution locale depuis 1894, a probablement connu de meilleurs jours, mais il n'en reste pas moins la meilleure affaire en ville. Derrière sa belle façade romane se dressent cinq étages de chambres bien meublées, un peu fanées peut-être, mais propres et équipées de salles de bain décorées à l'ancienne. Il n'y a pas d'air conditionné ici, que des ventilateurs pour rafraîchir l'air les jours de canicule. Mais en y logeant, vous aurez le plaisir d'entrer dans la tradition.

Le **Colony Inn** *($$$; ℜ; 1157 Chapel St., ☎203-776-1234 ou 800-458-8810, ⇛772-3929)*, un hôtel moderne de cinq étages, propose 86 chambres attrayantes décorées dans un style contemporain. Son emplacement pratique en fait un endroit populaire auprès de ceux et celles qui visitent Yale et qui veulent profiter des théâtres et des musées de la ville. Le Colony possède son propre garage intérieur (une bénédiction dans ce secteur fréquenté du centre-ville), de même qu'un restaurant et un bar animé au cours de la saison estivale.

À une rue seulement du campus de Yale, le **Three Chimneys Inn** *($$$-$$$$; 1201 Chapel St., ☎203-789-1201, ⇛203-776-7363)* est un adorable manoir victorien datant des environs de 1870. Abondamment garnie d'antiquités et d'accents du XIXe siècle, cette auberge n'en révèle pas moins des éléments tout à fait propres au XXe siècle, tels que prises d'ordinateur et salles de conférence. Ses 10 chambres se parent de lits à baldaquin, de tapis orientaux et de meubles d'époque, et certaines possèdent même une cheminée.

East Haven

À l'est de New Haven, les villes de la côte accueillent de plusieurs motels aux tarifs peu élevés en bordure de la route 95. Le **Holiday Inn Express** *($$-$$$ pdj; ≈; 30 Frontage Rd., sortie 51, ☎203-469-5321 ou 800-465-4329, ⇛469-2544)*, un établissement familial, se trouve à seulement 11 km de New Haven, près de l'aéroport de Tweed-New Haven et du populaire Trolley Museum. Il dispose de 82 chambres et d'une piscine.

La basse vallée du Connecticut

Westbrook

Pour un hébergement à bon prix, il est difficile de battre le **Maples Motel** *($$; ≈, ℂ; 1935 Boston Post Rd., ☎399-9345)*. Quarante ans de bons soins de la part de la même famille en ont fait un attrayant complexe de 18 chambres attenantes à un terrain boisé et à une piscine. Quelques chambres comprennent une cuisinette; sept «maisonnettes» sont louées à la semaine. On peut profiter d'une aire de pique-nique et d'une plage sablonneuse privée à quelques minutes de là.

Westbrook abrite la perle des perles, un *bed and breakfast* au bord de la mer. À la **Talcott House** *($$$-$$$$ pdj; 161 Seaside Ave., ☎399-5020)*, une maison à lucarnes recouverte de clins de bois qui date de 1890, les clients n'ont qu'à traverser une rue tranquille pour aller se baigner, à moins qu'ils ne préfèrent tout simplement s'asseoir dans le vaste salon pour contempler la vue. Les quatre chambres ont vue sur la mer et disposent d'une salle de bain privée. Toutes les chambres sont toutefois bien décorées et rehaussées d'antiquités rustiques. Petit déjeuner complet plutôt copieux.

Essex

Pour plusieurs voyageurs, les mots «Connecticut Valley» sont synonymes de **Griswold Inn** *($$-$$$ pdj; ℜ; 36 Main St., ☎767-1812, ⇛767-0481). The Gris* est en effet une véritable légende, un monument blanc aux nombreux recoins digne d'une carte postale qui a pignon sur la rue principale depuis 1776. Jadis un lieu de rencontre pour les villageois, cette institution est «vieille Nouvelle-Angleterre» jusqu'à la moelle avec son bistro, son restaurant, sa galerie d'art maritime et ses soirées musicales. L'établissement compte au total 29 chambres et suites réparties dans quatre bâtiments d'époque. Quelques-unes ont été refaites; dans d'autres, les planchers penchent à bâbord ou à tribord, comme pour rappeler le passé marin de la ville, à moins que ce ne soit son présent nautique. Petit déjeuner continental.

Chester

À courte distance de la Goodspeed Opera House et du Gillette's Castle, **The Inn at Chester** *($$$-$$$$; 318 West Main St., ☎203-526-9541 ou 800-949-7829, ⇛526-4387)* se présente comme une maison de ferme bicentenaire dotée de toutes les commodités modernes. Ses 42 chambres sont meublées d'antiquités; certaines disposent de lits à baldaquin et d'autres, de foyers. Un court de tennis, une salle d'exercice, un sauna, une bibliothèque et une salle de jeux avec table de billard, fléchettes et jeux de table en abondance complètent les installations, sans oublier les sentiers de randonnée et les vélos qu'on prête gratuitement aux hôtes de la maison.

Ivoryton

Le **Copper Beech Inn** *($$$-$$$$; ℜ, bp, ®; 46 Main St., ☎767-0330)* est un classique : une auberge de campagne gracieuse et paisible, doublée d'un restaurant français primé et occupant ce qui fut autrefois la demeure d'un riche marchand d'ivoire, le commerce qui a mis la ville sur la carte. Quatre des 13 chambres se trouvent dans le bâtiment principal, toutes entretenues méticuleusement, avec des salles de bain de style ancien et des lits antiques. Derrière, dans les bois, le bâtiment qui abritait autrefois les calèches a été décoré à neuf avec un goût exquis et un romantisme peu commun. Les neuf chambres disposent de baignoires à remous et de portes-fenêtres donnant sur une galerie entourée de bosquets. Petit déjeuner à la française.

Deep River

Les amateurs d'antiquités en auront plein la vue au **Riverwind Country Inn** *($$$ pdj; bp; 209 Main St., ☎526-2014)*. Ce *bed and breakfast*, situé au centre d'un des villages les plus sereins de la vallée, regorge en effet d'antiquités rustiques et d'art folklorique; quelques objets ont été fabriqués par des membres de la famille du propriétaire, alors que d'autres sont des trophées ramenés de différentes régions des États-Unis. Les huit chambres sont meublées avec goût, agrémentées de peintures au pochoir, et toutes équipées d'une salle de bain privée. Le prodigieux petit déjeuner reflète volontiers les origines méridionales de l'aubergiste.

East Haddam

Après avoir assisté avec nostalgie à une pièce musicale d'autrefois au Goodspeed Opera House, quoi de plus agréable que de traverser la rue en valsant pour se rendre au **Bishopsgate Inn** *($$$-$$$$; bp; Goodspeed Landing, ☎873-1677, ⇌873-3898)*? Cette maison qui a appartenu à un armateur du début du XIXe siècle se dresse sur un monticule paysager. Les six chambres portent toutes des noms relatifs au théâtre et sont décorées avec goût; leurs salles de bain ont été aménagées dans les endroits les plus invraisemblables (l'une d'elle, le croiriez-vous, occupe même un ancien placard). Le petit déjeuner est servi à la mode familiale dans une vaste cuisine rustique.

Old Lyme

Le **Bee and Thistle Inn** *($$-$$$$; bp, ℜ; fermé trois semaine en jan; 100 Lyme St., ☎434-1667 ou 800-622-4946, ⇌434-3402)* est sur toutes les listes des auberges les plus recherchées. Cette vieille maison au toit à double pente du milieu du XVIIIe siècle est voisine du Florence Griswold Museum, sur la rue principale du village. Et pourtant, elle est située sur un vaste terrain paysager qui s'étend jusqu'à la rivière Lieutenant, un affluent du Connecticut. Une grande partie du rez-de-chaussée abrite son populaire restaurant, alors que 11 chambres aménagées avec goût se partagent les deux étages supérieurs, chacune avec sa décoration particulière; toutes sauf deux disposent d'une salle de bain privée. On peut aussi louer l'Innkeeper's Cottage, comprenant une chambre, une bibliothèque avec foyer, une cuisine et une véranda.

L'**Old Lyme Inn** *($$$-$$$$; 85 Lyme St., ☎434-2600 ou 800-434-5352, ⇌434-5352)* occupe une maison de ferme qui date des années 1850. Les 13 chambres, dont cinq dans la maison originale, sont parées d'antiquités victoriennes et Empire. Les suites «lune de miel» disposent, quant à elles, de lits à colonnes, de causeuses victoriennes et de tables de toilette à dessus de marbre. Les clients peuvent flâner dans la bibliothèque, devant la cheminée, et faire leur choix parmi un assortiment de casse-tête et de jeux. Un petit déjeuner campagnard complet est servi chaque matin. Quatre des chambres du rez-de-chaussée sont accessibles aux fauteuils roulants. Les gays sont les bienvenus.

La région de Mystic

Ne vous laissez pas induire en erreur par l'abondance des lieux d'hébergement autour de New London et de Mystic; en haute saison, il reste difficile de trouver une bonne chambre. Outre un grand nombre de motels situés à la sortie 90 de la route 95, de catégorie moyenne ou moyenne-élevée (les prix baissent en hiver et au printemps), vous trouverez d'autres gîtes à quelques kilomètres seulement des principales activités de la région; en voici quelques-uns :

New London

Le **Lighthouse Inn** *($$$-$$$$; ℜ; 6 Guthrie Place, ☎443-8411, ≠437-7027)* fut le chalet d'été d'un magnat de l'acier qui, en 1902, décida de construire un cottage en stuc de style espagnol dans les prés surplombant la mer. Les prés en question sont maintenant devenus zone résidentielle, mais le manoir n'en demeure pas moins une somptueuse auberge de 51 chambres doublée d'un restaurant. Les chambres, décorées de façon individuelle, sont vastes et donnent sur l'eau; leur ameublement est antique, et une attention particulière a été accordée à une foule de détails inhabituels; quelques-unes offrent même une vue sur la mer.

Groton

Le confortable **Shore Inne** *($$ pdj; fermé l'hiver; 54 East Shore Ave., Groton Long Point, ☎536-1180)* est un *bed and breakfast* de cinq chambres entouré de maisonnettes sur le bord de l'eau. «*On s'y sent comme dans la vieille maison de campagne de sa grand-mère*», affirme le propriétaire. Peut-être, mais il est temps que grand-mère change ses matelas! Par contre, l'endroit est très agréable et la vue magnifique. Certaines chambres partagent une salle de bain commune. Trois plages privées se trouvant à proximité sont accessibles à la clientèle des lieux.

Mystic

Au **Whaler's Inn** *($$$-$$$$; ℜ; 20 East Main St., ☎536-1506 ou 800-243-2588, ≠572-1250)*, vous trouverez plusieurs types de chambres réparties entre l'auberge même et deux rangées de motels. Vous ne sauriez être plus près du «centre-ville» : le fameux pont de Mystic est à quelques mètres seulement de la propriété. Deux restaurants communiquent avec l'auberge, et quelques chambres bénéficient de magnifiques vues sur la Mystic River et le Seaport, à seulement 800 m de là.

The Inn at Mystic *($$$-$$$$; ℜ, ≈, bp; à la jonction des routes 1 et 27, ☎536-9604 ou 800-237-2415, ≠572-1635)* propose plusieurs lieux d'hébergement au sommet d'une colline : un bon motel et deux bâtiments historiques comptant au total 68 chambres. Le complexe, aménagé de façon exquise, comprend également un restaurant, des courts de tennis, une piscine et un quai où sont amarrés des barques et des canots. Les chambres sont toutes différentes et imprégnées d'une atmosphère de «bon vieux temps» qui se retrouve aussi dans le motel. Ce qui n'empêche pas les salles de bain luxueuses d'être tout à fait modernes. De plus, malgré l'élégance feutrée des lieux, vous n'êtes qu'à 1,5 km du port de mer de Mystic!

Noank

Le **Palmer Inn** *($$$$ pdj; 25 Church St., ☎572-9000)*, avec son portique à colonnes, est un manoir d'inspiration méridionale qui a été érigé dans cette fascinante petite localité en 1907. On peut y admirer toute l'élégance victorienne, avec ses panneaux d'acajou sculpté, ses vitraux et ses tapis orientaux déroulés sur des planchers de bois poli. Tous ces charmes se retrouvent dans l'entrée principale, le salon et le petit salon, ainsi que dans les six chambres spacieuses en haut du large escalier recourbé. Les prix sont aussi très dodus, mais consolez-vous en vous disant qu'ils incluent le petit déjeuner.

Ledyard

L'**Applewood Farms Inn** *($$$-$$$$ pdj; 528 Colonel Ledyard Hwy., ☎536-2022, ≠536-6015)*, une maison de ferme du début du XIXe siècle flanquée d'une grange et d'un silo à maïs, se trouve pour sa part à quelques kilomètres plus au nord sur la route 95, loin des cohortes de touristes. Occupant un espace de 13 ha entouré de fermes, ce *bed and breakfast* accueille avec plaisir les enfants, qui seront enchantés par le poney, les moutons et les chèvres qui déambulent sur la propriété, de même que par les 50 chevaux arabes du voisin. La maison comme telle, un monument inscrit au registre des bâtiments historiques, arbore de magnifiques cheminées; les trois salles communes et les six chambres ont chacune leur caractère distinct, rehaussé par un large éventail de meubles d'époque. Les petits déjeuners sont gargantuesques et se composent d'authentiques mets campagnards.

Le nord-est du Connecticut

Depuis quelques années, plusieurs *bed and breakfasts*, petits pour la plupart, sont apparus dans cette région peu connue où l'hébergement était autrefois rare. Le **Northeast Connecticut Visitors District** *(P.O. Box 598, Putnam,*

CT 06206, ☎928-1228) aide les visiteurs à trouver l'établissement qui répond le mieux à leurs besoins. L'un de ceux qui possèdent une clientèle assidue est l'**Altanaveigh Inn** *($$; ℜ; Route 195, Storrs, ☎429-4490, ⇒429-0371)*, une ferme de 1734 située à 3 km de l'université du Connecticut. Ses cinq chambres, meublées simplement mais bien entretenues, se trouvent au-dessus d'un restaurant fort apprécié.

Putnam

Le **King's Inn** *($$-$$$; ℜ, ≈; 5 Heritage Rd., ☎928-7961 ou 800-541-7304, ⇒963-2463)* est un endroit idéal pour explorer le «coin tranquille» de l'État. Dans sa décoration, on a essayé de recréer la Nouvelle-Angleterre des temps anciens, mais sa plus grande réussite est sûrement de proposer 40 chambres de motel plaisantes avec piscine et restaurant.

South Woodstock

L'**Inn at Woodstock Hill** *($$-$$$$; 94 Plaine Hill Rd., ☎928-0528, ⇒928-3236)*, une construction de 1825 à la façon de Christopher Wren, est toute de blanc vêtue sur trois étages et découpée de persiennes noires. Les 22 chambres sont décorées de chintz Waverly et meublées d'un assortiment de pièces antiques en bois d'érable et de cerisier. Six d'entre elles disposent d'un foyer et d'un lit à colonnes. Vous pourrez vous attarder autour du piano de la salle de séjour ou vous détendre avec un bon bouquin devant l'âtre de la bibliothèque.

Plusieurs services de réservation de *bed and breakfasts* fournissent d'autres suggestions d'hébergement dans tout l'État. En voici deux : **Nutmeg Bed and Breakfast Agency** *(P.O. - Box 1117, West Hartford, CT 06127, ☎236-6698 ou 800-727-7592)* et **Covered Bridge Bed and Breakfast Reservation Service** *(P.O. Box 447, Norfolk, CT 06058, ☎542-5944)*.

RESTAURANTS

Le sud-ouest du Connecticut

Greenwich

Pour un échantillon de la cuisine du Connecticut dans sa forme la plus classique, il faut commencer par le **Homestead Inn** *($$$$; 420 Field Point Rd., ☎203-869-7500)*. Cette maison de ferme de 1799, d'abord transformée en hostellerie puis restaurée de façon exquise, domine aujourd'hui un monticule dans un secteur résidentiel de choix, ce qui en fait un délice pour les yeux aussi bien que pour le palais. Dans le restaurant flotte une ambiance française feutrée; la cuisine y est d'ailleurs française, raffinée et à la toute dernière mode. Les tables étincellent de verrerie fine Wedgwood; le service est approprié, et les prix, vous l'aurez deviné, sont très élevés. Durant l'été, il est possible de déjeuner sur la terrasse.

Le **Restaurant Jean-Louis** *($$$$; fermé dim; 61 Lewis St., ☎203-622-8450)* est un restaurant français haut de gamme. Son chef et propriétaire Jean-Louis jouit d'une réputation enviable dans le monde culinaire pour ses créations de maître. Le menu à prix fixe change tous les jours et peut aussi bien comprendre de la salade de homard cuit à la vapeur que des escalopes de saumon arrosées d'un coulis au persil, des cailles désossées farcies de riz et de truffes ou des médaillons d'autruche. Mais, quel que soit le menu, tous les plats se composent d'ingrédients frais et de saison. Le décor se veut romantique, rehaussé de miroirs et de tableaux français originaux. Ce restaurant étant plutôt exigu, une réservation s'impose.

Stamford

Le **Bull's Head Diner** *($-$$; 43 High Ridge Rd., ☎203-961-1400)*, qui sert des vedettes de toujours tels que sandwichs, fruits de mer sautés et poulet rôti, est un de ces petits restaurants qui ne vous décevra pas. On peut en outre y savourer des spécialités grecques, comme le chausson aux épinards, la *moussaka* et l'assiette de dégustation garnie de mets salés.

Le **Siena Ristorante** *($$-$$$; 519 Summer St., ☎203-351-0898, ⇒203-351-0899)* s'impose comme un remarquable restaurant toscan. Sous la direction du chef Eugene Jerome, la cuisine élabore un risotto et des pâtes (toutes maison) parmi les meilleurs du comté. Quant aux desserts, tout aussi dignes d'éloges, ils comprennent un merveilleux *pannacotta* (une crème renversée au lait condensé et à la vanille fraîche) servi avec une purée de fruits frais, et un authentique gâteau toscan à la farine de châtaigne. Admirablement rehaussé de murs en stuc et d'un plafond entièrement peint de nuages, le Siena n'accueille que 50 convives à la fois et possède déjà une clientèle fidèle; assurez-vous donc de réserver à l'avance.

Parmi la myriade de restaurants italiens qu'on trouve dans cette partie de l'État, **Il Falco** *($$$; fermé dim et la semaine du 4 Juillet; 59 BRd. St., ☎203-327-0002)* s'impose comme le meilleur. Situé au cœur de la ville, cet endroit plaisant, sans éclat ni prétention, sert des spécialités régionales qui n'apparaissent pas sur tous les menus, comme les gnocchis, le *vitello tonnato* et le poisson apprêté selon les traditions de différentes villes d'Italie, toutes préparées avec soin et imagination.

Norwalk

South Norwalk, ou *SoNo*, un quartier restauré du XIXe siècle, est l'endroit rêvé pour chercher un restaurant en vue du déjeuner ou du dîner. Sur Washington Street, entièrement rajeunie, et Main Street, vous pourrez lire les menus placardés sur les vitrines des restaurants et décider si vous avez plutôt envie de cuisine italienne, française, mexicaine ou chinoise, à moins que vous ne préfériez les fruits de mer ou les sandwichs, tantôt exotiques, tantôt chic. Il y a eu plusieurs changements de propriétaires dans ce quartier historique, mais le **Jeremiah Donovan's** *($; 138 Washington St., ☎203-838-3430)* a pignon sur rue depuis plus d'un siècle! Il s'agit d'un dynamique saloon victorien à lambris de bois servant des plats sans prétention (d'excellents hamburgers, des salades, des sandwichs, une chaudrée de poisson spéciale et de bons bols de bœuf haché aux haricots rouges), sans parler d'une prodigieuse sélection de bières. Une collection de photos de boxeurs professionnels tapisse les murs; elle a été léguée par un champion régional à qui l'établissement a appartenu il y a plusieurs décennies.

Norwalk accueille un autre restaurant espagnol, le **Meson Galicia** *($$-$$$$; 19 Wall St., ☎203-866-8800)*. Vous pourrez y commander des tapas ou opter pour une paella et d'autres spécialités du nord de l'Espagne, comme le caneton rôti aux figues séchées, les ris de veau sautés aux pistaches et aux airelles, ou les cailles farcies de ris, de crevettes et de champignons. La salle à manger s'auréole d'une atmosphère d'auberge espagnole champêtre avec ses carreaux de céramique, ses boiseries et ses éclairages tamisés.

La **Silvermine Tavern** *($$$; fermé mar nov à sept; 194 Perry Ave., ☎203-847-4558)* s'impose comme un véritable monument. Il s'agit d'une auberge champêtre populaire depuis des décennies, avec plusieurs salles à manger remplies d'antiquités et une terrasse romantique pour les repas d'été en surplomb une chute et, un étang. Le menu s'harmonise à l'atmosphère coloniale : rôti de bœuf, fruits de mer, volailles et le traditionnel pâté de homard en croûte à l'ancienne. Le spécial du jour, l'Innkeeper's dinner, est une aubaine, tout comme le brunch du dimanche et le buffet du jeudi soir.

South Norwalk

Le **Barcelona** *($$-$$$$; 63 North Main St., ☎203-899-0088)*, un restaurant espagnol spécialisé dans les tapas, attire chaque soir une foule assidue. En pénétrant dans sa salle de bar aux murs enduits de stuc, vous aurez vraiment l'impression de vous trouver à Madrid. C'est une clientèle chic qui envahit les lieux et prend place sur les tables élevées entourées de tabourets. Une cour extérieure vitrée permet par ailleurs de mieux profiter des soirées froides. Les tapas offerts comprennent notamment une salade de pieuvres naines grillées aux oignons marinés, une trempette aux haricots noirs avec croustilles de pita, et un sandwich au portobello, aux épinards et à la mozzarelle. Quant aux plats principaux, ils se composent de pâtes, de lotte poêlée et d'une variété de grillades sur feu de bois.

Westport

Les beignes n'attirent pas souvent les louanges, mais, au **Coffee An' Donut Shop** *($; 341 North Main St., ☎203-227-3808)*, le propriétaire les fabrique à la main avec beaucoup d'amour chaque matin avant 7h. Les résultats (glacés, sucrés, tournés la cannelle, roulés dans du chocolat ou fourrés avec de la gelée de framboises) ont fait des habitués à des kilomètres à la ronde et ont été déclarés les meilleurs des

États-Unis par plusieurs critiques culinaires de renom.

Tout près, dans l'ancienne bibliothèque de Westport, se trouve le **Café Christina** *($$$; 1 Main St., ☎203-221-7950)*, un établissement particulièrement indiqué pour un brunch et dont le chef est aussi le propriétaire. Les mets qui figurent au menu sont en grande partie d'inspiration italienne, qu'il s'agisse des pâtes fraîches ou du jarret d'agneau braisé, servi avec purée de pommes de terre au safran et courgettes grillées. Si vous y venez pour le brunch, essayez les crêpes aux fruits frais. Au déjeuner, vous aurez le choix entre les salades, les sandwichs et les pizzas. Les prix varient de moyen (brunch) à moyen-élevé (dîner).

Près de la Compo Beach, vous découvrirez l'**Allen's Clam & Lobster House** *($$$; fermé lun et jan; 191 Hillspoint Rd., ☎203-226-4411)*. Bien qu'il ressemble à un établissement touristique comme tant d'autres, la nourriture y est invariablement excellente : choix de biftecks, de poulet, de homard (la spécialité de la maison) et de divers autres plats de fruits de mer. Situé tout juste au bord de l'eau, ce restaurant se donne des airs de station balnéaire au cours de la saison estivale.

Le **Bridge Cafe** *($$$$; 5 Riverside Ave., ☎203-226-4800)*, qui surplombe la rivière Saugatuck à Westport, sert une cuisine italo-méditerranéenne du nord. Le menu change tous les jours, et comporte habituellement une variété de plats de poisson, de poulet et d'agneau. C'est là un restaurant au décor festif, pourvu d'une terrasse permettant de dîner à la belle étoile par temps chaud.

Bridgeport

Le **Parc 1070** *($$; The Bridgeport Hilton, 1070 Main St., ☎203-334-1234)* et l'hôtel qui l'abrite sont les précurseurs de la renaissance tant attendue du centre-ville de Bridgeport. L'emphase y est mise sur les steaks, le poulet et la lasagne. Les plats sont préparés par d'habiles cuisiniers, et les portions sont généreuses, autant de bonnes raisons pour manger dans une région qui n'était auparavant pas reconnue pour sa cuisine.

Fairfield

À Fairfield, vous trouverez le **Centro** *($$-$$$; 1435 Post Rd., ☎203-255-1210)*, un établissement apprécié pour ses plats du nord de l'Italie. Le menu comprend un choix de pâtes du jour, de pizzas maison, de poissons et de plats de poulet. La salade César est très bien apprêtée, tout comme d'ailleurs la crème brûlée. En plus des deux salles à manger principales, il y a un minuscule bar à l'arrière, et on peut dîner à la belle étoile au cours de la saison estivale. Le Centro est un de ces endroits qui respirent la fête; les tables y sont recouvertes de nappes en papier, et garnies d'un gobelet de crayons de couleur pour vous permettre de donner libre cours à votre créativité entre les services. Préparez-vous à faire la queue les soirs de fin de semaine, car ce restaurant ne prend pas de réservations et possède déjà une clientèle plutôt assidue.

New Canaan

Une trouvaille des plus décontractées est le **Tequila Mockingbird** *(6 Forest St., ☎203-966-2222)*, un restaurant d'allure mexicaine aux sols carrelés de terre cuite rehaussés par une murale haute en couleur. Au menu, une variété de classiques du Mexique et du Sud-Ouest américain.

Le **Gates Restaurant** *($$; 10 Forest St., ☎203-966-8666)* s'emplit généralement de «dames qui déjeunent» en semaine et de fêtards bon chic bon genre le soir. Cuisine américaine comportant un choix de salades et de plats de poulet, de poisson et de pâtes. Décor très léger et bien aéré rehaussé d'une abondance de verdure.

The Maples *($$$; 179 Oenoke Ridge, ☎203-966-2927, ⇥203-966-5003)* est une auberge de 25 chambres dont la construction remonte à 1908. Il s'agit d'un grand hôtel à la mode d'autrefois, entièrement ceinturé d'un porche, et ses chambres spacieuses, toutes pourvues de lits à colonnes coiffés de baldaquins, se parent d'antiquités et de reproductions.

L'un des grands établissements du comté de Fairfield, le **Roger Sherman Inn** *($$$$; fermé lun et jan à fin mars; 195 Oenoke Ridge, ☎203-966-4541)*, est situé au cœur d'une communauté résidentielle attrayante. Autrefois une auberge rustique des plus classiques abritant un restaurant réputé pour son menu américain, le Roger Sherman a été entièrement rénové et transformé en restaurant français de la plus haute élégance. Le menu tend vers la cuisine continentale, avec viandes grillées en tête du palmarès.

Danbury

Tenu par un couple énergique de la région, le **Ciao Café** *($$; 2-B Ives St., ☎203-791-0404)* est un établissement fréquenté, perdu dans un coin inattendu derrière la rue principale de Danbury, non loin de la gare de chemin de fer. Le décor de ce petit restaurant révèle en toute simplicité des chaises et des tables noires recouvertes de nappes blanches en tissu. Quant au menu, il porte essentiellement sur la cuisine italienne, et le veau ainsi que les sauces inventives y occupent une place déterminante. Essayez tout de même de vous garder un peu de place pour le gâteau au chocolat, préparé sans farine.

Le **Two Steps Downtown Grille** *($$; 5 Ives St., ☎203-794-0032)*, tenu et exploité par le couple qui a donné naissance au Ciao Café, ne s'en trouve qu'à deux pas, mais présente néanmoins un décor et un menu tout à fait différents, l'accent portant ici sur la bière et ces aliments qu'on aime manger avec les doigts. Tout en sirotant une bière pression et en dégustant des ailes de poulet *buffalo*, essayez de compter les bottes savamment peintes qui pendent au plafond; elles sont l'œuvre du propriétaire, de ses employés et de leurs amis.

Ridgefield

À Ridgefield, le **Hay Day Café** *($; 21 Governor St., ☎203-431-4400)*, aménagé à même une épicerie fine du Country Market, s'impose comme un bon choix. Vous y trouverez un merveilleux choix de salades, de pâtes et de soupes. Tout est cuisiné à partir d'ingrédients frais.

Pour un brunch à Ridgefield, optez pour la **Gail's Station House** *($-$$; petit déjeuner et déjeuner tlj, dîner mar-dim; 378 Main St., ☎203-438-9775)*, un petit restaurant original où les plats sont copieux, nourrissants et délicieux, une rare combinaison. On y fait une cuisine contemporaine aux accents étrangers et régionaux des États-Unis. Au dîner, essayez le sauté des forêts pluviales (noix d'acajou rôties et riz brun dans une sauce au gingembre) ou le saumon pâte phyllo et duxelles (hachis de champignons de Paris), agrémenté d'une mayonnaise au citron et aux câpres. Le brunch «petit budget» comprend des crêpes au maïs et au cheddar, de même que des spécialités à la poêle.

Le **Thirty Three and a Third** *($$-$$$; 125 Danbury Rd., ☎203-438-3904)* constitue un autre excellent choix à l'heure du dîner. Retiré de tout à l'intérieur d'un complexe commercial, ce petit restaurant italien (spécialités du nord) s'enorgueillit d'un risotto sans pareil, et pour cause; en toute honnêteté, il vous suffira de le goûter pour l'ériger en modèle pendant des années à venir. Mais il va sans dire qu'on vous propose aussi d'autres options, entre autres une variété de plats de pâtes, de poisson et de poulet. Le Thirty Three and a Third (33 1/3) tend à s'emplir de bonne heure, surtout les soirs de fin de semaine; assurez-vous donc de réserver à l'avance.

Pour une occasion spéciale, essayez **The Elms Restaurant and Tavern** *($$$-$$$$; fermé lun-mar; 500 Main St., ☎203-438-2541)*, qui accueille les voyageurs depuis 1799. Il va sans dire que cette ravissante auberge toute de blanc vêtue a subi de nombreux changements au fil des ans. Ses salles à manger sont maintenant luxueuses et sereines, décorées de chandelles, de vaisselle fleurie et de linge de table immaculé. On y sert une cuisine américaine préparée de façon impeccable où fruits de mer, volailles et bifteck sont à l'honneur.

Le nord-ouest du Connecticut

Plusieurs restaurants de la région proposent aussi bien des déjeuners que des plats à emporter, parfaits pour les pique-niques. **The Pantry** *($$; fermé dim-lun; Titus Sq., Washington Depot, ☎868-0258)*, qui réunit une boutique d'articles de cuisine et un petit restaurant, propose des plats cuisinés bien apprêtés tels que la quiche jambon-poireaux ou la pizza aux crevettes et au chèvre, de même que des soupes, des salades et des desserts, tous maison. **Spinell's** *($; West St., On-the-Green, Litchfield, ☎567-3113)* se spécialise davantage dans les sandwichs «exclusifs» tomates séchées, dont un aux poivrons rouges et au fromage de chèvre. Les produits de boulange sont frais du jour, et vous trouverez même sur place une pièce claire et gaie agrémentée de quelques tables, de même qu'un comptoir pour les commandes à emporter.

New Preston

Le Bon Coin *($$$; fermé mar-mer; Route 202, ☎868-7763)* sert des mets français tels que la sole de Douvres Riviera, les ris de veau apprêtés de diverses façons, le chateaubriand, le gibier et les spécialités saisonnières. Situées dans un cottage rappelant le sud de la France, les deux petites salles à manger sont décorées de toiles impressionnistes à la Toulouse-Lautrec.

L'**Inn on Lake Waramaug** *(107 North Shore Rd., ☎868-0563)* constitue un excellent choix pour le brunch du dimanche (servi seulement en hiver) ou à l'heure du dîner. La salle à manger, admirablement meublée d'antiquités, donne sur le lac, et, au cours de la saison estivale, vous pourrez dîner à l'extérieur sur la terrasse. Quant à la nouvelle cuisine américaine qu'on y sert, elle se compose de plats de poulet, d'agneau, de canard et de pâtes qui varient régulièrement, et comprend toujours un choix végétarien.

Chacune des auberges entourant le lac Waramaug a ses inconditionnels. Le **Hopkins Inn** *($$$; fermé lun et jan à mars; 22 Hopkins Rd., ☎868-7295, ≠868-7464)*, une maison à recoins du milieu du XIXe siècle percée de nombreuses fenêtres, se dresse fièrement sur une colline unique surplombant les eaux d'un bleu étincelant. Par beau temps, il suffit de s'asseoir sous les vieux arbres ombrageant la terrasse pour être comblé; mais les mets continentaux variés de cet établissement sont eux-mêmes envoûtants. Les traditions suisse et autrichienne sont à l'honneur, et le *wienerschnitzel* est un plat des plus en demande, tout comme d'ailleurs la truite, pêchée à même le réservoir de l'auberge et préparée à la meunière ou au bleu, soit à la mode suisse.

Woodbury

Régalez-vous de plats succulents tout en admirant de très belles œuvres d'art au **Carole Peck's Good News Cafe & Gallery** *(694 Main St., ☎203-266-4663)*. Les créations d'artistes de renom national et international sont en effet exposées dans l'ensemble du restaurant (les expositions changent tous les deux mois). Tenu par Carole Peck, qui est considéré comme un des meilleurs chefs des États-Unis, son menu variable comporte des plats inventifs tels qu'un pavé de risotto croquant servi sur un plateau de légumes saisonniers rôtis, mais aussi, et ce, en tout temps, des crevettes grésillées au wok et garnies de haricots verts, de petits pois, d'olives, de pommes de terre et d'un aïoli à l'ail, et un bifteck new-yorkais grillé accompagné d'une purée de pommes de terre et d'oignons croustillants.

Washington

The Mayflower Inn *($$$-$$$$; Route 47, ☎868-9466)* invite aussi bien sa clientèle que les voyageurs de passage à son restaurant hautement respecté. La cuisine y est continentale, rehaussée d'accents du Nord-Est. Le saumon est fumé à la main, et le bacon, fait maison. Dînez dans le solarium, enrichi de verdure et de tapisseries, ou dans la salle de club, garnie de laiton, et régalez-vous de spécialités comme le veau grillé sauce aux champignons sauvages. Bien que le décor et le menu soient prestigieux, les tenues sport sont à l'honneur.

Litchfield

The Bistro East *($$-$$$; Litchfield Inn, 432 Bantam Rd., ☎567-9040 ou 800-499-3444)* sert une nouvelle cuisine américaine dans une atmosphère d'auberge champêtre. Le bifteck new-yorkais grillé et gratiné au gorgonzola, la morue de l'Atlantique rôtie au four et les médaillons de filet de bœuf poêlés ne sont que quelques-unes des spécialités de la maison, et il y a toujours au menu un plat de pâtes et une variété de poissons fraîs.

Le **Tollgate Hill Inn** *($$$; fermé mar; Route 202, ☎567-4545)*, une taverne datant de 1745, a été transformée en auberge d'un style on ne peut plus authentique. Les deux salles à manger intimes, situées au rez-de-chaussée, sont fort attrayantes avec leurs sols revêtus de carreaux foncés, leurs murs lambrissés et juste ce qu'il faut de jolies antiquités. En haut, la salle de bal, avec un foyer en pierres des champs et le balcon des musiciens, est utilisée pour le dîner du samedi et le brunch du dimanche. Le menu met en vedette la cuisine américaine avec une touche européenne, incluant plusieurs plats principaux de fruits de mer exclusifs.

Le **West Street Grill** *($$$; 43 West St., ☎567-3885)* est un bon endroit pour observer les gens tout en se régalant de mets américains contemporains. Commencez par la spécialité de la maison (le pain de campagne au parmesan et à l'aïoli), puis passez au saumon enveloppé de *nori* et accompagné de radis marinés du Japon et d'une salade d'algues, ou au gigot d'agneau garni d'aubergines marinées, de galettes de pomme de terre et de compote de tomate et d'olive. Le décor est à la fois simple et recherché; le noir et le blanc y prédominent, et les éclairages sont tamisés.

West Cornwall

Le **Brookside Bistro** *($$; fermé mar-mer; Route 128, ☎672-6601)* fleurit au cœur d'un bouquet d'anciennes demeures pittoresques plantées juste à côté d'un pont couvert qui traverse la Housatonic River et qu'on photographie à qui mieux mieux. Les jours d'été, on peut manger sur la terrasse surplombant un petit cours d'eau aux berges d'émeraude. L'intérieur est également attrayant avec ses tables en planches à découper, ses fleurs et ses rideaux de dentelle. Fidèle à son nom, l'endroit propose des plats typiques des bistros français, comme le coq au vin. Produits saisonniers et fruits de mer y sont livrés plusieurs fois la semaine.

Salisbury

Dans la petite ville historique de Salisbury, vous trouverez le **Ragamont Inn** *($$$; fermé lun-mar et fin oct à début mai; 10 Main St., ☎435-2372)*, où vous pourrez manger sur la terrasse couverte ou dans une des deux salles à manger meublées d'antiquités. La cuisine, d'inspiration suisse, comprend des plats de veau, et le *wienerschnitzel* est naturellement fort populaire. Les pâtes maison sont aussi une spécialité : les *fettucine* au poivre noir, l'une des créations du chef, sont servis avec pétoncles ou crevettes.

Canaan

Le **Cannery Café** *($$; fermé mar; 85 Main St., ☎824-7333)* vient s'ajouter à la liste des bonnes tables de la région la plus au nord de l'État. Les pots à marinades, anciens et nouveaux, et de toutes les couleurs, font partie de la décoration attrayante et sans prétention des lieux. Ici, la cuisine champêtre est préparée avec imagination et talent, et apprêtée à la mode cajun. Au dîner, essayez le *jambalaya*, le poisson frais ou les crevettes grillées et les pâtes.

La région de Hartford

Hartford possède plusieurs facettes : «vieille» Nouvelle-Angleterre, chic corporatif et exubérance ethnique, mais aussi capitale de l'assurance et capitale de l'État. Un choix judicieux de restaurants vous donnera un aperçu de ces différents univers.

Farmington

L'**Apricots** *($-$$$$; 1593 Farmington Ave., ☎673-5405)* fait face à un secteur animé de la rivière Farmington. On peut s'asseoir à la terrasse au bord de l'eau, le verre ou le sandwich à la main, et presque sentir l'eau qui vient lécher les rochers. Le rez-de-chaussée de ce vieux bâtiment, une ancienne gare de tramway, renferme un pub populaire où, à «l'heure joyeuse», on offre une panoplie de hors-d'oeuvre gratuits. À l'étage se trouve le restaurant lui-même, une oasis de fine cuisine américaine, les plats principaux les plus en demande étant le carré d'agneau et l'espadon. Le restaurant est vraiment de catégorie supérieure, alors que le pub propose un menu à prix beaucoup plus modeste.

Avon

L'**Avon Old Farms Inn** *($$$-$$$$; 1 Nod Rd., ☎677-2818)* correspond tout à fait à l'image que vous vous faites de l'auberge champêtre rêvée où prendre un dîner en tête-à-tête. Aménagée dans les locaux d'une halte de diligence du XVIIIe siècle, elle sert de copieuses portions de mets américains traditionnels (entre autres du saumon, de l'espadon, du poulet, de l'agneau, du homard et des plats de pâtes). Toute la cuisson se fait sur les lieux mêmes.

Simsbury

Le **Simsbury 1820 House** *($$$; 731 Hopmeadow St., Route 10, ☎658-7658)* est situé dans ce qui était autrefois le cellier d'un charmant manoir. Les divisions des pièces donnent l'illusion de salles à manger intimes, agrémentées de plusieurs styles décoratifs distincts : murs en brique avec arches dans un coin, papier peint texturé dans un autre et reproductions de scènes de chasse traditionnelles dans une troisième pièce. L'atmosphère en est une d'élégance et de sérénité, et la cuisine continentale. Ajoutez au plaisir en sirotant un verre sous le vaste porche garni de meubles en rotin qui surplombe les jardins.

Hartford

Essayez le **Pavilion at State House Sq.** *(☎241-0100)*, un complexe de bureaux et de magasins dont le premier étage abrite une douzaine de casse-croûte. **The Natural** *($; galerie de restauration du Pavilion, State House Sq., ☎247-1627)* propose des potages santé, des salades et des mets méditerranéens, comme le *falafel*, le taboulé et l'*hoummos*.

Si vous prévoyez une visite au Wadsworth Atheneum, sachez que vous pouvez déjeuner au restaurant **The Museum Café** *($-$$; fermé lun; 600 Main St., ☎278-5989)*. Ce restaurant attrayant et calme en retrait de la rotonde du rez-de-chaussée est rehaussé d'une sélection changeante de gravures ou de peintures. Ouvert seulement le midi, il propose une douzaine de plats principaux, y compris des légumes sautés, du poisson frais, du poulet et des sandwichs avec une touche gastronomique. On y sert également un brunch le dimanche.

Le **Bandstand Bar & Grill** *($-$$; droit d'entrée ven-sam; 1 Union Place, ☎525-5191)* se veut un bar-restaurant dansant des plus décontractés où tous les plats au menu sont proposés à moins de 10$, entre autres beaucoup de fruits de mer frais en friture (crevettes, pétoncles, queues de homard), des salades et des sandwichs bien garnis. La salle de bar comme telle dispose de téléviseurs pour ceux qui désirent suivre les événements sportifs de la fin de semaine, mais on peut aussi y danser au rythme des groupes rock qui se produisent sur scène.

Le **Max Downtown** *($$$; 185 Asylum St., ☎522-2530)*, prisé d'une jeune clientèle huppée, propose des plats américains et continentaux des plus variés. Le menu, qui est récrit tous les jours, pourrait comporter de l'espadon grillé sauce au poivre ou un gigot d'agneau accompagné de champignons portobello marinés.

La région de New Haven

New Haven

Le **Louis Lunch** *($; fermé dim-lun l'été et août à mi-sept; 261 Crown St., ☎203-562-5507)* est un des endroits qui fait la renommée de New Haven; il semble en effet que Louis Lassen soit le premier, en 1903, à avoir placé une galette de bœuf haché dans un petit pain coupé en deux. Le petit bâtiment en brique qui abrite le restaurant est considéré comme un monument; en fait, on l'a déménagé, il y a quelques années, pour lui éviter une fin horrible sous les bulldozers. L'ambiance y est «vieille New Haven» : les gens engagent volontiers la conversation avec les étrangers, et le hamburger, excellent, est roi.

Tout le monde s'entend sur une chose : les pizzas de Wooster Street sont un *must* à New Haven; mais, lorsqu'il s'agit de déterminer laquelle est la meilleure, celle de Pepe ou celle de Sally, c'est une tout autre affaire! La ville, considérée comme la capitale de la pizza au Connecticut, est en effet divisée sur ce point. La **Frank Pepe Pizzeria** *($-$$; 157 Wooster St., ☎203-865-5762)* et **Sally's Pizza** *($-$$; 237 Wooster St., ☎203-624-5271)* sont en outre séparés par plusieurs autres restaurants italiens. Les files y sont longues mais amicales; pourquoi ne pas simplement les essayer tous les deux et ainsi former votre propre opinion?

Le **Scoozzi's** *($$; 1104 Chapel St., ☎203-776-8268)* se trouve au pied d'un escalier en pierre entre le British Art Center et le Yale Repertory Theater. On dit que ce qui importe, c'est l'emplacement; mais, ici, le décor *high-tech* est aussi attrayant et le menu à la mode, d'inspiration italienne, plaît aux clients.

Chapel Street est si riche en théâtres, en musées et en scènes pittoresques de Yale qu'elle a naturellement vu surgir de nombreux restaurants. Le **Barkie's Grill and Rotisserie** *($$-$$$; 220 College St., ☎203-752-1000)* est un bistro décontracté que fréquentent volontiers les amateurs de théâtre. Les spécialités en sont les brochettes de crevettes géantes à la mangue, le bifteck de haut de surlonge mariné et la lasagne aux champignons.

Si l'envie vous prend d'un bon repas français, assurez-vous de réserver une table à l'**Union League Cafe** *($$-$$$; 1032 Chapel St., ☎203-562-4299)*. Tenu par le chef Jean-Pierre Vuillermet, il s'agit en effet d'un des rares endroits où l'on peut savourer une authentique cuisine française en ville. Son menu constamment renouvelé intègre des spécialités provençales telles que le saumon grillé aux lentilles françaises et la cuisse de canard confite. La salle à manger s'avère par ailleurs vaste, dégagée et entourée de fenêtres à la Tiffany.

Westville

Aménagé dans le style du début du siècle, le **500 Blake Street** *($$-$$$$; 500 Blake St., ☎203-387-0500)* est un des favoris des gens du coin. Il se spécialise dans la cuisine italienne maison, et tout un chacun y trouvera son compte, qu'il s'agisse de poisson, de pâtes, de poulet, de canard ou de bœuf. Il y a aussi un piano-bar sur les lieux.

Stony Creek

Le **Stony Creek Market** *($-$$; fermé lun soir; 8 Thimble Island Rd., ☎203-488-0145)* attire autant d'enthousiastes que les îles qu'il représente. Les résidants et les touristes entrent et commandent leur plat favori (des soupes, des salades exotiques, des pains, des scones, des muffins et des biscuits sortant du four), puis choisissent leur table à l'intérieur ou sur la terrasse. On propose également de la pizza et des pâtes au dîner du mardi au dimanche. Les mets, le paysage et l'atmosphère amicale en font un endroit de choix.

La basse vallée du Connecticut

Westbrook

Les amateurs de fruits de mer se rappellent Westbrook comme site du **Bill's Seafood Restaurant** *($$; Boston Post Rd., Singing Bridge, ☎399-7224)*. Dans cet endroit informel, les mordus de clams frits se rassemblent à l'intérieur ou sur la terrasse surplombant le marais salant. Le menu comprend du poisson, des crevettes et du crabe, de même que des hot-dogs et des hamburgers pour les difficiles aux pieds bien sur terre; mais les clams légèrement frits, juteux et savoureux, sont vraiment l'attraction principale des lieux.

Essex

À en croire les gens de la région, tout est historique par ici. Mais ce qualificatif s'applique particulièrement bien au **Griswold Inn** *($$$-$$$$; 36 Main St., ☎767-1812)*, qui date de 1776. Allez-y pour le déjeuner ou le dîner, à moins que vous ne préfériez le fameux Hunt Breakfast (petit déjeuner du chasseur) du dimanche. Même si ce n'est que pour prendre un verre, venez admirer son labyrinthe de pièces évocatrices à lambris de bois qui communiquent les unes avec les autres. On peut y savourer les spécialités de la Nouvelle-Angleterre et les autres plats américains sur lesquels *The Gris* a bâti sa réputation : une expérience à ne pas manquer.

Ivoryton

Le **Copper Beech Inn** *($$$$; fermé lun toute l'année, lun-mar jan à fin mars; 46 Main St., ☎767-0330)* s'impose comme un monument, un favori de longue date auprès des amateurs de haute cuisine française. Occupant une maison ombragée de 1890, il respire l'élégance et le charme du Vieux Continent. Les tables des trois salles à manger sont décorées d'argenterie, de fleurs fraîches et de vaisselle fine; des antiquités européennes et des tapis orientaux complètent le tableau. Derrière une verrière se trouvent des tables et des chaises en rotin, et l'on y sert l'apéritif le samedi soir; tout bien considéré, l'endroit est très chic. Malgré les prix élevés, il faut réserver longtemps à l'avance, du moins les fins de semaine.

Chester

The Wheat Market *($; fermé dim; 4 Water St., ☎526-9347)* crée des sandwichs gastronomiques, des salades, des soupes et une fameuse pizza à croûte épaisse que les clients peuvent déguster sur place ou en pique-nique. Étant donné que le Gillette Castle State Park ne se trouve qu'à 5 min par traversier, ce choix peut s'avérer très heureux par une belle journée d'été.

Le **Fiddlers** *($$-$$$; fermé lun; 4 Water St., ☎526-3210)* se présente comme un endroit agréablement décoré et sans prétention, vers lequel les résidants de la région se tournent lorsqu'ils veulent déguster des fruits de mer très frais et préparés avec soin (on y sert aussi du poulet et des viandes). Les plats de poisson varient selon l'assortiment proposé au marché et peuvent être apprêtés au goût du client : sautés, pochés ou grillés sur bois de prosopis.

Old Lyme

Depuis de nombreuses années, **The Bee and Thistle Inn** *($$$-$$$$; fermé mar et trois semaines en jan; 100 Lyme St., ☎434-1667)* est tenu pour le restaurant le plus romantique de l'État par les lecteurs de la revue *Connecticut*. Il est vrai que les pièces à recoins et les porches débordent d'intimité et de chaleur, ce qui plaît toujours aux amoureux et autres mortels. Les plats proposés sont servis avec élégance, et fort savoureux : volailles, gibier, viandes et fruits de mer, tous rehaussés de fines herbes fraîches directement livrées ici ou encore cueillies dans le jardin aménagé sous les fenêtres de l'établissement.

La région de Mystic

New London

Une vue fascinante sur Long Island Sound s'offre à vous entre deux rangées de maisons alors que vous dînez au **Lighthouse Inn** *($$$-$$$$; 6 Guthrie Place, ☎443-8411)*. Ces vastes maisons du XXe siècle ressemblent à des maisons de poupées par rapport aux dimensions seigneuriales de la salle à manger de l'hôtel. D'énormes poutres de bois sombre, des lambris, d'immenses cheminées et des lustres imposants, presque grotesques, complètent le décor. Mais, bien que les différentes salles à manger puissent accueillir au-delà de 200 personnes, les affaires vont bon train. Ce qui n'a rien de surprenant, compte tenu du fait que les mets sont bien préparés et comprennent beaucoup de fruits de mer : une véritable rage dans cette région.

Groton

Le **G. Williker's!** *($-$$; 156 Kings Hwy., sortie 86 de la route 95, ☎446-0660 ou 800-443-0611)* est l'endroit tout indiqué pour un repas ou une collation à toute heure du jour. Ce bistro populaire au personnel amical offre un décor simili-victorien et sert d'excellents hamburgers et de grands favoris de tous, comme les *tacos* et la pizza.

Mystic

Le **Restaurant Bravo Bravo** *($$-$$$; fermé lun; à l'intérieur du Whaler's Inn, 20 East Main St., ☎536-3228)* sert une cuisine aux accents italiens et français. Pendant l'été, on peut profiter du café extérieur et y admirer le plus beau spectacle en ville : le vieux pont-levis qui laisse passer les bateaux toutes les heures. Les repas de la salle à manger sont naturellement les plus chers, alors que ceux du café sont proposés à petits prix ou à prix moyens.

Si vous passez la journée au port de Mystic, vous serez heureux d'entendre parler du **Seamen's Inn** *($$$; 105 Greenmanville Ave., ☎536-9649)*, situé près de l'entrée du musée. Il s'agit d'un endroit vaste et fréquenté, construit pour s'harmoniser aux bâtiments de style Nouvelle-Angleterre des alentours. Ce restaurant se spécialise dans les mets de circonstance, à savoir les fruits de mer. Les portions sont généreuses.

Juché sur un monticule surplombant le port, le **Flood Tide Restaurant** *($$$-$$$$; à l'intersection des routes 1 et 27, ☎536-8140)* attire de nombreux visiteurs. Faisant partie de l'auberge The Inn at Mystic, mais situé sur un terrain distinct des plus charmants, ce restaurant clair et aéré propose un menu continental ambitieux, sûr de plaire à tous les goûts.

Noank

Il y a également l'**Abbott's Lobster in the Rough** *($$-$$$$; tlj mai à la fête du Travail, sam-dim seulement fête du Travail au Columbus Day; 117 Pearl St., ☎536-7719)*, une légende vivante. C'est un endroit où dîner sans façon signifie s'asseoir aux tables de pique-nique du bord de l'eau ou dans la salle à manger toute simple, et utiliser ses doigts à bon escient! On y sert de la chaudrée, des palourdes à la vapeur, des moules et des crevettes; mais ce qui fait la renommée de l'Abbott depuis 40 ans, c'est son homard. Pêché dans les eaux locales, il est ensuite bouilli juste à point. Les jours d'été, il faut s'attendre à patienter, quelquefois longtemps; mais qui s'en plaindrait devant un port rempli de bateaux et un petit village aussi pittoresque?

Stonington

Juste derrière le Harborview, érigé sur un quai, se dresse le **Skipper's Dock** *($$-$$$; fermé lun-mar; 66 Water St., ☎535-2000)*, son petit frère. Dans cet endroit moins chic, on peut se gaver de fruits de mer sur la terrasse surplombant l'eau ou derrière une verrière, dans un décor de bouées de toutes sortes. Ceux et celles qui arrivent par bateau peuvent s'amarrer sans frais.

Dans la captivante Stonington, le **Water Street Cafe** *($$-$$$; 142 Water St., ☎535-2122)* s'impose comme un endroit merveilleusement décontracté qui affiche pourtant une élégance confirmée. Sa cuisine classique trahit des influences orientales, entre autres dans ce saumon rôti au sésame et au gingembre, ou dans ce thon grillé servi avec une trempette wasabi. Quant aux végétariens, ils pourront toujours se rabattre en toute confiance sur le très savoureux feuilleté de légumes. Il s'agit là d'un petit restaurant dont les nappes immaculées tranchent sur les murs rouges de la salle à manger, laquelle n'accueille qu'environ 30 convives à la fois.

Le **Randall's Ordinary** *($$$$; Route 2 North, ☎599-4540)* est vraiment unique. Tous les plats au menu de ce restaurant-auberge (ce qu'on appelait jadis «l'ordinaire») sont cuits sur le feu selon la plus pure tradition des débuts de la colonie. On invite les clients à s'approcher des trois énormes foyers pour regarder cuire leur plat; puis des serveurs en costume d'époque apportent les assiettes aux tables. Cette aventure gastronomique a pour toile de fond une maison du XVIIe siècle inscrite au registre national des bâtiments historiques. Chaque repas comprend une soupe, le plat principal de volaille, de viande ou de poisson, ainsi que le dessert.

Le nord-est du Connecticut

Si vous errez du côté du «coin tranquille» et que vous avez tout à coup une folle envie d'un repas à l'ancienne, le **Zip's Diner** *($-$$; à l'intersection des routes 12 et 101, Dayville-Killingly, ☎774-6335)* est la réponse à vos prières. Ce véritable vestige des années cinquante, avec un juke-box à toutes les tables, s'impose comme un monument classique au stratifié et à l'acier inoxydable où l'on sert des rôtis braisés, de la dinde rôtie, des œufs comme vous les aimez, des tartes avec crème glacée et beaucoup de café bien fumant.

À Thompson, **The White Horse Inn at Vernon Stiles** *(fermé mar; à la jonction des routes 193 et 200, Thompson, ☎923-9571)* est la plus récente incarnation d'un bâtiment qui, en 1814, abritait une taverne sur la route des diligences. Après d'importantes rénovations terminées il y peu de temps, le restaurant a une fois de plus rouvert ses portes pour offrir, sur deux étages aux multiples recoins, plusieurs salles à manger remplies d'antiquités rustiques. Plats fidèles aux traditions de la Nouvelle-Angleterre, tels que bifteck, caneton et fruits de mer.

À quelques minutes du campus de l'université du Connecticut se trouve le **Depot Restaurant** *($$-$$$; 57 Middle Turnpike, Route 44, Mansfield, ☎429-3663)*, l'un des favoris des universitaires. La construction simple datant des années vingt a été restaurée avec goût et retenue, préservant ses origines de petit relais de campagne. L'atmosphère est chaleureuse et confortable, et le menu attire des clients fidèles. On y sert une cuisine américaine régionale mettant l'accent sur le poisson frais, un vaste choix de plats végétariens ainsi que divers plats du jour.

D'aucuns projettent de visiter cette partie de l'État à seule fin de pouvoir prendre un repas au **Golden Kamb Buttery** *($$$$; fermé dim et lun, mai à la veille du Nouvel An; Bush Hill Rd., Brooklyn, ☎774-4423)*. Aménagé dans une ancienne grange, ce restaurant propose un repas campagnard comme vous n'en avez jamais vu. Le menu comprend généralement des mets américains classiques, de même que tout ce qu'on peut cueillir au jardin. Vous commencerez le plus souvent par un merveilleux potage, suivi d'un choix de plats principaux (canard, agneau, poisson et fruits de mer divers) apprêtés d'une façon différente au jour le jour. Un guitariste ambulant agrémentera en outre votre repas de douces mélodies.

SORTIES

Le sud-ouest du Connecticut

Stamford

Le **Stamford Center for the Arts** *(Rich Forum, 307 Atlantic St., ☎203-325-4466)*, qui loge le Palace Theater et le Rich Forum, présente une variété étonnante de spectacles : musique classique, jazz, folklore, comédies musicales et danse, tous donnés par des artistes reconnus à l'échelle nationale qui y viennent en tournée.

Un établissement nocturne des plus accueillants du nom de **Brennan's Restaurant** *(82 Iroquois Rd., ☎203-323-1787)* renferme un pub et possède une terrasse extérieure. Rhythm-and-blues sur scène le vendredi soir.

Danse et autres divertissements vous attendent au **Fusion** *(droit d'entrée ven-sam; 220 Atlantic St., ☎203-357-0300)*, un bar-pub sportif pourvu de tables de billard et de deux pistes de danse. Au rez-de-chaussée explosent les grands succès du palmarès tandis qu'on privilégie la musique des années soixante-dix et quatre-vingt à l'étage inférieur. Formations de folk-rock le vendredi.

Westport

La **John Harvard's Brew House** *(540 Riverside Ave., ☎203-454-2337)* est un restaurant-pub qui attire chaque soir des fêtards bien nantis en quête d'une bonne bière. Les bières pression y varient au gré des saisons, et un pianiste égaye l'atmosphère le mercredi soir.

Tout près se trouve **The Black Duck Cafe** *(605 Riverside Ave., ☎203-227-7978)*, qui agit tel un aimant sur les amateurs de bière et de hamburgers depuis maintenant deux décennies. Établi sur une barge amarrée sur la rivière Saugatuck, ce bar quelque peu à l'étroit est réputé pour ses soirées de karaoké, tenues les lundis et mardis.

Le **Brook Cafe** *(919 Post Rd. East, ☎203-222-2233)* se veut un populaire établissement gay où l'on présente périodiquement des spectacles de cabaret. À l'étage inférieur vous attend une discothèque avec piste de danse et musique forte présentée par un disc-jockey, tandis que l'étage supérieur révèle une salle qui convient davantage aux échanges paisibles et aux rencontres.

Norwalk

Pour de la musique et de la danse, il faut se rendre au **Shenanigan's** *(droit d'entrée mer-dim; 80 Washington St., ☎203-853-0142)*. On y présente des spectacles tous les soirs sauf le lundi. Cette discothèque rustique en brique et en bois, aménagée dans un bâtiment historique, présente du rock-and-roll classique, du rhythm-and-blues et parfois des vedettes comme Bo Diddley et Bonnie Raitt.

Bridgeport

Le **Downtown Cabaret Theater** *(263 Golden Hill St., ☎203-576-1636)* varie la formule en demandant aux clients d'emporter leur propre pique-nique. Spectacles pour enfants les fins de semaine.

Georgetown

Dans la petite ville de Georgetown, le modeste **Georgetown Saloon** *(droit d'entrée ven-sam; 8 Main St., ☎203-544-8003)* propose du rock et du blues le jeudi et le vendredi, de la musique country le samedi et de la musique «familiale» le dimanche, les mercredis d'été étant réservés à un barbecue de porc à la mode du Sud.

Danbury

L'**Ives Concert Park** *(West Side Campus, Western Connecticut State University, ☎203-837-9226)* présente un festival de musique classique en plein air au cours de la saison estivale; cet événement plaît à tous, car on y retrouve du classique, du pop, du jazz, du country et du rock.

Le nord-ouest du Connecticut

Le comté de Litchfield attire les fervents de la musique classique grâce à ses festivals d'été établis depuis longtemps. Le **Music Mountain** *(225 Music Mountain Rd., par la route 7, Falls Village, ☎824-7126)* propose de la musique de chambre de juin à septembre. Le **Norfolk Chamber Music Festival** *(Battell Stoeckel state, à la jonction des routes 44 et 272, Norfolk, ☎542-3000)* se tient pour sa part de juin à août. Ces deux festivals mettent en vedette des musiciens de renommée nationale et internationale.

Marble Dale

Le **Marbledale Pub** *(Route 202, ☎868-1496)* se trouve à 16 km au nord de New Milford, et il est toujours animé, été comme hiver. Les habitants de la région, jeunes et à la mode, s'y rendent avant ou après le dîner pour y rencontrer des amis, jouer une partie de fléchettes ou de billard, et tenter leur chance aux jeux électroniques.

Litchfield

Dans la noble Litchfield, le **Litchfield Inn** *(Route 202, ☎567-4503)* est l'endroit où se rendre si l'on a envie d'écouter un peu de musique. Du jeudi au dimanche, diverses formations musicales s'y produisent, et le public peut danser.

Le théâtre au Connecticut

Au cours des deux dernières décennies, ce petit État s'est bâti la réputation de présenter du théâtre de qualité. En effet, le Connecticut n'est plus, à ce chapitre, synonyme de simples productions estivales ni de représentations des grandes pièces de BRd.way en tournée. De nombreuses troupes professionnelles régionales y ont vu le jour, montant leurs propres productions de classiques ainsi que de nouvelles pièces, les jouant partout aux États-Unis et décrochant plusieurs prix prestigieux.

New Haven, autrefois connue comme le lieu où les producteurs de New York venaient «tester» les pièces destinées à BRd.way, se vante maintenant d'être la patrie de deux compagnies théâtrales prestigieuses : le **Long Wharf Theater** *(222 Sargent Dr., ☎203-787-4282)* et le **Yale Repertory Theater** *(1120 Chapel St., ☎203-432-1234)*. Le dynamique théâtre de la compagnie Long Wharf, d'une capacité de 448 spectateurs, est situé au cœur du marché de gros de la ville, adjacent à la route 95, un emplacement idéal sans problème de stationnement. Les pièces présentées pendant sa saison, de septembre à mai, explorent les drames et les comédies aussi bien américains qu'européens, avec à l'occasion une comédie musicale ou une opérette. Il s'agit de productions remarquables qui ont mérité à la compagnie la reconnaissance de toute la nation américaine.

Le prestigieux Yale Rep *(oct à mai)* est la compagnie professionnelle affiliée à l'école de théâtre de l'Université Yale, et son directeur artistique, Stan Wojewodski Jr., remplit également les fonctions de directeur général de ladite école. Des œuvres comme *A Walk in the Woods* de Lee Blessing, *Master Harold... and the Boys* d'Athol Fugard, et *Fences* d'August Wilson, gagnante d'un prix Pulitzer, ont toutes eu leur première dans cette charmante église transformée en salle de théâtre avant de gagner la faveur nationale et de devenir de grands succès.

La capitale de l'État est le siège de la **Hartford Stage Company** *(sept à juin; 50 Church St., ☎527-5151)*, gagnante du Tony Award 1989 pour l'excellence de son œuvre dans la catégorie «Théâtre régional». Établie dans une salle moderne de 489 places en plein centre-ville, la compagnie se consacre à des interprétations innovatrices, et parfois controversées, des classiques et des pièces récentes de dramaturges contemporains.

La **Goodspeed Opera House** *(avr à déc; fermé lun-mar; Route 82, East Haddam, ☎873-8668)* s'est donné pour mission de faire revivre les vieilles comédies musicales américaines et de faire valoir les nouvelles. Les légendaires *Annie* et *Man of La Mancha* ont toutes deux été vues pour la première fois dans ce petit bijou victorien de la Connecticut River, tout comme l'ont été plusieurs excellentes productions du passé qui ont ensuite pris la route de BRd.way. Une seconde scène, la **Norma Terris Theater/Goodspeed-at-Chester** *(North Main St., Chester, ☎873-8668)*, a été inaugurée en 1984 et sert à des ateliers de répétition pour les comédies musicales en cours.

Le **National Theatre of the Deaf** (NTD) *(5 West Main St., Chester, ☎526-4971, ou 526-4974 pour malentendants)* a fait du Connecticut sa terre d'adoption, bien que la compagnie voyage une bonne partie de l'année. Ensemble professionnel d'acteurs entendants et malentendants, le NTD combine les voix au langage signé dans des performances uniques qui ont touché les spectateurs dans les 50 États de l'Union et dans plus de 24 pays depuis 25 ans. Les dimanches d'été, la compagnie organise gratuitement des séances de narration sur le *green* de Chester.

L'**Eugene O'Neill Theater Center** *(305 Great Neck Rd., Waterford, ☎443-5378)* est un atelier de dramaturges de réputation nationale situé sur un domaine de 36 ha surplombant le Long Island Sound. Les lectures sur scène et les répétitions de pièces sont ouvertes au public, moyennant certains frais en juillet et en août.

On retrouve de gros canons sur les scènes d'ici, comme les récipiendaires de divers prix dont les noms sont familiers auprès des amateurs de théâtre de partout aux États-Unis. Chaque année voit également apparaître de nouvelles compagnies de théâtre professionnelles, comme le **Music Theatre of Connecticut** *(fermé lun-mer; 246 Post Rd. East, Westport, ☎203-454-3883)*.

D'autres théâtres présentent des tournées nationales de drames et de comédies musicales populaires. Le plus important d'entre eux est le **Shubert Theater**, un théâtre historique de New Haven *(247 College St., New Haven, ☎203-562-5666 ou 800-228-6622)* dont on a fait revivre l'éclat original de 1914. Ce théâtre propose des pièces variées durant les saisons d'automne, d'hiver et du printemps.

Le *Straw-Hat Circuit* (le circuit des chapeaux de paille) du Connecticut, un nom pour le moins pittoresque de nos jours, regroupe de nombreux théâtres, certains vieux, d'autres neufs, qui présentent généralement des pièces légères pendant tout l'été. On trouve parmi eux la **Gateway's Candlewood Playhouse** *(à la jonction des routes 37 et 39, New Fairfield, ☎203-746-4441)*, l'**Ivoryton Playhouse** *(Main St., Ivoryton, ☎767-8348)*, le **Connecticut Repertory Theater** *(Jorgensen Auditorium, University of Connecticut, Storrs, ☎486-3969)*, l'**Oakdale Theater** *(95 South Turnpike Rd., Wallingford, ☎203-265-1501)* et la **Westport Country Playhouse** *(fermé dim; 25 Powers Court, Westport, ☎203-227-4177)*, l'un des plus vieux théâtres d'été des États-Unis.

Face à une telle variété, les touristes ne manqueront sûrement pas de trouver le style de théâtre qu'ils préfèrent au Connecticut!

La région de Hartford

Hartford

Le **Bushnell Memorial Hall** *(166 Capitol Ave., ☎246-6807)* est un important centre d'arts scéniques depuis maintenant un demi-siècle. Les spectateurs s'entassent dans le vaste auditorium Art déco pour écouter les concerts de l'orchestre symphonique de Hartford et d'autres ensembles, ou pour assister à un ballet ou à un opéra, ou encore à des drames et à des comédies musicales en tournée.

Le **Hartford Civic Center** *(1 Civic Center Plaza, ☎727-8080)* présente fréquemment des spectacles de niveau international.

Un tout nouveau pub-restaurant du nom de **Brew Ha Ha** *(droit d'entrée pour les spectacles d'humour seulement; 942 Main St., ☎525-1600)* présente des comédiens new-yorkais les vendredi et samedi soirs. La bière joue également ici un rôle de premier plan, puisqu'on sert chaque soir de huit à dix bières maison en fût, sans parler du décor fortement axé sur l'écumeux élixir.

Le **Bourbon Street North** *(droit d'entrée; 70 Union Place, ☎525-1014)* s'anime au rythme du rock, du rythm-and-blues et de la musique alternative les jeudi et samedi soirs, tandis qu'un disc-jockey prend la relève le vendredi.

L'un des endroits favoris des amoureux du jazz est le **880 Cafe** *(880 Maple Ave., ☎525-2428)*, où différents groupes se produisent du mardi au samedi.

La région de New Haven

New Haven a la chance de posséder d'excellentes troupes de théâtre (voir l'encadré «Le théâtre au Connecticut», p 453). Elle bénéficie en outre des fréquents concerts du New Haven Symphony et des spectacles de nombreux artistes invités. On y trouve également plusieurs boîtes de nuit de qualité.

Le **Toad's Place** *(droit d'entrée; 300 York St., ☎203-624-8623)* met en vedette des formations locales et nationales.

The Bash Cafe *(droit d'entrée sam-dim; 239 Crown St., New Haven, ☎203-562-1957)* diffuse une musique de danse énergique six soirs par semaine.

La basse vallée du Connecticut

Westbrook

L'élégant **Water's Edge Inn and Resort** *(1525 Boston Post Rd., ☎399-5901 ou 800-222-5901)* présente des formations musicales dans son salon les fins de semaine et des spectacles à l'extérieur au cours de la saison estivale.

Essex

Le **Griswold Inn** *(36 Main St., ☎767-1812)* est un lieu de rencontre des plus populaires après le coucher du soleil. Une institution de cette ville côtière depuis 1776, *The Gris* renferme un vieux bistro, sans doute un des plus raffinés de l'État. Dixieland, chansons de marins, ballades traditionnelles et airs classiques sont tous présentés dans une atmosphère chaleureuse et amicale.

La région de Mystic

New London

L'**Ocean Beach Park** *(l'été seulement; stationnement 2-4$; Ocean Ave., ☎447-3031 ou 800-510-7263)* propose tous les soirs des prestations de haut niveau sous une vaste tente plantée en bordure de la mer.

Mystic

Après une longue journée de visites autour de Mystic, pourquoi ne pas vous rendre au **Captain Daniel Packer Inn** *(32 Water St., ☎536-3555)*? Sa salle confortable et rustique, avec son vieux foyer, est un rendez-vous fort fréquenté par les résidants de tout âge. On peut y écouter de la musique du mardi au jeudi et bénéficier d'une atmosphère relaxante sept soirs par semaine.

Ledyard

Le **Foxwoods High Stakes Bingo and Casino** *(jour et nuit, toute l'année; Route 2, ☎885-3000 ou 800-752-9244)*, situé dans la réserve des Indiens Mashantuckets, constitue le premier établissement de jeu de l'État et s'impose comme le plus grand de la Nouvelle-Angleterre. On y dénombre plus de 200 tables de jeu, plusieurs restaurants et quantité d'autres divertissements.

Le nord-est du Connecticut

Putnam

J.D. Cooper's Fine Food and Spirits *(146 Park Rd., ☎928-0501)* vient s'ajouter, pour le bonheur de tous, aux établissements nocturnes de la région. Il comprend à la fois un restaurant, un bar et le Cooper Stadium Sports Bar, où toute la famille peut profiter de jeux de fléchettes, d'un écran de télévision géant et de plusieurs jeux électroniques interactifs.

Coventry

La **Bidwell Tavern** *(1260 Main St., ☎742-6978)* date du XIXe siècle, mais la musique acoustique contemporaine qui emplit cette boîte rustique est à la toute dernière mode.

Storrs

Le **Jorgensen Auditorium** *(fermé juin à fin août; University of Connecticut, 2132 Hillside Rd., ☎486-4226)* se définit comme le plus important centre artistique de l'université du Connecticut; on y présente tout au long de l'année des spectacles de musique et de danse, ainsi que des pièces de théâtre mettant en vedette des artistes de réputation internationale.

ACHATS

Le sud-ouest du Connecticut

Le comté de Fairfield est un rêve devenu réalité pour les amateurs de magasinage. La majorité des villages du littoral et nombre de villes importantes proposent en effet aux consommateurs une telle variété d'expériences qu'on vient de partout se laisser tenter par une foule d'articles.

Stamford

À Stamford, aujourd'hui devenue une mini-métropole, le choix s'étend des chic magasins à rayons établis de longue date, tel **Lord and Taylor** *(110 High Ridge Rd., ☎203-327-6600)*, au *nec plus ultra* des centres commerciaux urbains, le **Stamford Town Center** *(100 Greyrock Place, ☎203-356-9700)*, un complexe de sept étages dont l'achalandage est assuré, entre autres, par **Macy's** *(☎203-964-1500)*, **Saks Fifth Avenue** *(☎203-323-3100)* et **Filene's** *(☎203-357-7373)*. Que demander de plus? Pourquoi pas d'élégantes boutiques européennes comme **Burberry's** *(☎203-325-1450)*, de prestigieuses enseignes américaines telles qu'**Abercrombie and Fitch** *(☎203-327-4840)*, **F.A.O. Schwarz** *(☎203-324-1643)* pour des jouets de la plus haute qualité, ou même une succursale du **New York's Metropolitan Museum Shop** *(☎203-978-0554)*, tous accessibles par des escaliers mécaniques ultramodernes et des ascenseurs vitrés, sans parler du gigantesque stationnement intérieur?

Stamford accueille par ailleurs un établissement unique en son genre, l'**United House Wrecking** *(535 Hope St., ☎203-348-5371)*, un immense magasin qui vend les restes d'immeubles détruits et de liquidations de propriétés, qu'il s'agisse d'antiquités, d'éléments architecturaux, d'appareillage électrique d'occasion ou d'articles de plomberie.

Norwalk

Pour voir un centre commercial à nul autre pareil, rendez-vous au **The Factory Outlet at Norwalk** *(230 East Ave., ☎203-838-1349)*, une ancienne fabrique de chapeaux qui abrite aujourd'hui 26 magasins d'usine remplis de vêtements signés, de chaussures et d'accessoires pour hommes, femmes et enfants, sans parler de la literie, des valises et des cadeaux. Puis, si vous êtes à la recherche de vêtements de sport ou d'articles en cuir, jetez un coup d'œil du côté de **The Company Store** *(☎203-838-9921)*.

Vous trouverez d'autres commerces à prix réduits tout au long de West Avenue, y compris **Loehmann's** *(467 West Ave., ☎203-866-2548)*, l'ancêtre de tous les magasins de vêtements griffés à rabais.

Washington Street, le cœur du quartier historique de South Norwalk, est l'endroit idéal pour explorer une variété de petits magasins et boutiques; on peut y acheter des articles de maison, d'hier et d'aujourd'hui, des vêtements originaux, des bijoux, des luminaires *high-tech* et des poteries françaises. Si vous avez toujours rêvé de confectionner vos propres colliers en perles, **Beadworks** *(139 Washington St., South Norwalk, ☎203-852-9194)* vous enseignera la technique et vous fournira tous les matériaux nécessaires. Des cours sont aussi proposés.

Si l'on en croit les inconditionnels, vous ne devez pas quitter Norwalk sans faire un saut chez **Stew Leonard's** *(100 Westport Ave., ☎203-847-7213 ou 800-729-7839)*, «le plus grand marché laitier du monde». Il s'agit presque d'un supermarché aux allures de Disneyland, où des objets animés plus grands que nature (vaches, chiens, litres de lait géants) chantent pour le plus grand plaisir des enfants, sinon du vôtre. Le succès de ce magasin est maintenant légendaire, en grande partie grâce à ses prix exceptionnels et à la fraîcheur de ses produits laitiers, viandes, poissons, fruits et légumes, pains et pâtisseries, et plats cuisinés.

De retour au magasinage conventionnel, avec une promenade dans le centre-ville de Greenwich ou de Westport, où l'on trouve plusieurs boutiques et magasins charmants.

Westport

À Westport, sur Main Street, courte mais animée, ce sont des noms branchés comme **Laura Ashley**, **Ann Taylor, Banana Republic** et **Eddie Bauer** que vous trouverez; on a d'ailleurs surnommé cette artère «le centre commercial sans murs». Vous pouvez aussi faire une visite dans plusieurs librairies aux rayons bien garnis, comme **Klein's** *(44 Main St., ☎203-226-4261)*, un grand magasin qui dispose d'un vaste choix de livres, certes, mais aussi de fournitures de bureau, d'appareils photo et de chaînes stéréo.

En quittant Klein's par la porte de derrière, vous apercevrez la boutique **Uproar** *(36 Elm St., ☎203-221-9210)*, un des commerces de détail les plus récents et les plus branchés de Westport. Vous y trouverez un choix fabuleux d'articles de décoration pour la maison, des petits accessoires (tels que bougies et coussins) aux canapés surdimensionnés, aux fauteuils profonds et à divers autres meubles.

Westport accueille en outre **Save the Children** *(54 Wilton Rd., ☎203-221-4000)*, où vous trouverez toutes sortes de cadeaux, qu'il s'agisse de poteries, d'instruments de musique, de bijoux ou de cravates, tous dessinés par des enfants de différentes parties du globe. Westport recèle par ailleurs nombre de magasins de vêtements pour enfants, entre autres **Gymboree** *(51 Main St.; ☎203-226-8337)*, **Blessings** *(1864 Post Rd. East; ☎203-255-1122)* et **Kidswear** *(1045 Post Rd. East; ☎203-454-1818)*, où les gens du coin font l'acquisition des plus récents et des plus chic ensembles pour leurs petits adorés.

Greenwich

Greenwich Avenue, la rue principale de Greenwich, et les rues adjacentes en bordure de **Putnam Avenue** *(Route 1)* présentent une variété de boutiques raffinées de toutes sortes, proposant entre autres des ensembles de ski et des robes de bal tout à fait bon chic bon genre. On y trouve de fins bijoux, des articles de cuisine pour gourmets, des meubles et des articles ménagers. Jetez également un coup d'œil aux céramiques importées de **Hoagland's of Greenwich** *(175 Greenwich Ave., ☎203-869-2127)*.

Les boutiques d'antiquités sont omniprésentes dans le comté de Fairfield, tout comme dans le reste du Connecticut d'ailleurs. (On peut se procurer une liste complète des antiquaires de l'État auprès du Connecticut Department of Economic Development, 505 Hudson Street, Hartford, CT 06106, ☎270-8080.) **Cannon Crossing** *(30 Cannon Rd., aux abords de la route 7, Wilton, ☎203-762-3432)*, un village agricole d'avant la guerre de Sécession, est un des plus beaux endroits où admirer les trésors d'antan. Dans ses charmants petits bâtiments, on peut trouver une galerie d'art, des cadeaux, des arrangements de fleurs séchées, des verreries, des antiquités et un minuscule restaurant aménagé dans une vieille école. De l'autre côté de la rue se trouve le **St. Benedict Guild** *(Cannondale Depot, 22 Cannon Rd., ☎203-762-3633)*, un magasin multiculturel où l'on vend des vêtements, des bijoux et des objets de partout.

Il y également bon nombre de dépôts-vente dans le comté de Fairfield, surtout sur Post Rd., entre Greenwich et Southport.

Danbury

Un autre magasin géant de cet État est le **Danbury Fair Mall** *(5 Backus Ave., ☎203-743-3247)*. Cet endroit est vaste et brille de mille feux grâce à des magasins comme **Macy's** *(☎203-731-3500)* et **Filene's** *(☎203-790-4000)*, à divers restaurants et à un merveilleux carrousel, en souvenir des jours où cet énorme site servait à la foire de Danbury.

Le nord-ouest du Connecticut

Chaque petite ville de cette région rurale bon chic bon genre accueille une variété de boutiques et de magasins fascinants, sans oublier des galeries d'art, des ateliers d'artisanat et des antiquaires en tout genre.

Outre les boutiques, il y a dans la région des vignobles et des fabriques de vin où vous pourrez goûter et acheter des vins locaux. Trois établissements dignes de mention, pour ne nommer que ceux-là, sont **DiGrazia Vineyards** *(131 Tower Rd., Brookfield; ☎203-775-1616)*, **Haight Vineyard** *(29 Chestnut Hill Rd., Litchfield; ☎567-4045)* et **Hopkins Vineyard** *(25 Hopkins Rd., New Preston; ☎868-7954)*.

Litchfield

La ville historique de Litchfield s'impose comme un véritable paradis pour les amateurs d'antiquités, qui pourraient fort bien dénicher une affaire en or au centre même de la ville, entre autres chez **Thomas McBride Antiques** *(62 West St., ☎567-5476)*. On peut aussi trouver des trésors quelques rues plus à l'ouest, sur la route 202, chez **D. W. Linsley** *(499 Bantan Rd., ☎567-4245)*, qui se spécialise dans les richesses de la campagne anglaise. (Pour obtenir une liste complète des antiquaires de la région, adressez-vous au **Litchfield Hills Travel Council**, P.O. Box 1776, Marble Dale, CT 06777, ☎567-4506.)

Vous pouvez faire du lèche-vitrines à la recherche de vêtements champêtres élégants et d'articles ménagers raffinés en vous promenant autour du *green* de la ville ou, 0,8 km plus à l'ouest sur la route 202, au **Litchfield Common**, une enclave qui regroupe plusieurs magasins attrayants. Ceux et celles qui aiment les fleurs voudront en outre visiter la **White Flower Farm** *(Route 63, ☎567-8789)*, une pépinière réputée à l'échelle de la nation américaine pour ses annuelles, sa boutique de jardinage et ses 2 ha de jardins exquis ouverts au public.

West Cornwall

À côté du pont couvert de West Cornwall, vous pouvez visiter le **Cornwall Bridge Pottery Store** *(Route 7, ☎672-6545)* et acheter de jolis carreaux, lampes et vases fabriqués par Todd Piker; il est en outre particulièrement intéressant d'observer ce grand artiste à l'œuvre au **Cornwall Bridge Pottery** *(Route 7, à 800 m au sud de l'embranchement de la route 4, ☎672-6545)*. **Brass Bugle Antiques** *(Route 45, Cornwall Bridge, ☎672-6535)* propose, quant à lui, des meubles, des courtepointes, des porcelaines et des outils; l'une des meilleures boutiques d'antiquités de la région, elle occupe une grange du XVIIIe siècle.

Salisbury

Main Street, l'une des jolies rues de Salisbury, est l'endroit tout indiqué pour admirer des maisons du XIXe siècle et inspecter les vitrines de charmantes petites boutiques proposant vêtements, antiquités, souvenirs et livres. Des thés exotiques peu usuels peuvent également être achetés ou dégustés autour des minuscules tables du **Chaiwalla** *(1 Main St., ☎435-9758)*.

New Milford

The Silo *(Upland Rd., ☎355-0300)*, une entreprise peu commune, occupe une ancienne grange à silo réunissant une jolie galerie d'art proposant diverses expositions, une école de cuisine et un magasin qui renferme tout ce dont un chef cuisinier peut avoir besoin, disposé dans un dédale de petites pièces pittoresques.

New Preston

À New Preston, plus d'une douzaine d'antiquaires ont pignon sur rue sur Main Street, East Shore Rd., Church Street et la route 202. **The New Preston Antiques Center** *(angle Church St. et Route 47, ☎868-9651)* tient une grande variété d'accessoires et de meubles anciens du XVIIe au XIXe siècles et de nombreux pays différents (entre autres l'Angleterre, la France et l'Italie).

Sharon

Si vous aimez les fruits et légumes très frais, arrêtez à l'**Ellsworth Hill Farm** *(Route 4, ☎364-0249)*. En juin et en juillet, vous pourrez y cueillir autant de fraises que vous le permettent votre horaire et votre dos. Il en va de même pour les framboises et les pommes en saison.

Riverton

À Riverton, contrée d'origine de la fameuse chaise de Hitchcock, vous pouvez vous procurer des copies récentes au **Hitchcock Chair Factory Store** *(Route 20, ☎379-4826)*.

La région de Hartford

Avon

Le **Farmington Valley Arts Center** *(fermé lunmar; 25-27 Arts Center Lane, Avon Park North, ☎678-1867)* comprend 20 studios d'artistes, une galerie dont les expositions sont périodiquement renouvelées et une boutique vendant de l'artisanat américain contemporain de tous les coins des États-Unis. Il s'agit d'un singulier complexe de bâtiments de grès brun disposés ici et là dans un parc paysager.

Les **Riverdale Farms** *(Simsbury Rd., ☎677-6437)* pourvoyaient autrefois le comté de Hartford en lait frais. Aujourd'hui, le complexe abrite 35 magasins et comptoirs de service variés à l'intérieur de 18 bâtiments, dont certains sont anciens et d'autres plus modernes, quoique tout de même attrayants. Articles de mode, cadeaux, bijoux, vêtements, produits de boulangerie et accessoires de tricot et de couture y sont proposés.

Canton

Canton abonde en boutiques d'antiquités, et l'on y organise un encan tous les samedis soir à 19h30 au **Canton Barn Auctions** *(75 Old Canton Rd., par la route 44, ☎693-0601)*.

Hartford

Dans le centre de Hartford, vous trouverez trois grands centres commerciaux : le **Civic Center Mall** *(1 Civic Center Plaza, ☎275-6100)*, le

Richardson Mall *(942 Main St., ☎525-9711)*, qui occupe un monument historique de 1863, et l'épatant nouveau venu qu'est **The Pavilion at State House Sq.** *(30 State House Sq., ☎241-0100)*.

Pour des souvenirs qui sortent de l'ordinaire, il faut rendre visite au **Museum Shop** du Wadsworth Atheneum *(600 Main St., ☎278-2670)*, qui dispose d'un bel assortiment de livres sur l'art, de reproductions, de gravures, de cartes, d'élégants papiers d'emballage, de même que de jeux et de livres pour les jeunes esprits curieux. Le magasin de l'**Old State House** *(800 Main St., ☎522-6766)* tend plutôt vers les objets historiques, comme le laisse d'ailleurs entendre le nom de cette ancienne institution toujours vivante.

La région de New Haven

New Haven

Lorsque vous serez à New Haven, faites comme tous les *Yalies* (défenseurs et partisans de l'Université Yale), et encouragez la **Yale Co-op** *(77 BRd.way, ☎203-772-2200)*, deux étages gigantesques remplis de tout ce dont les étudiants (et le commun des mortels) peuvent avoir besoin. Mais, avant de vous laisser tenter par tout ce qu'il y a à l'intérieur, jetez un coup d'œil à la façade géométrique tout à fait remarquable de l'édifice, une création d'Eero Saarinen datant de 1960. Les livres constituent la principale attraction des lieux, avec une extraordinaire sélection de titres, mais vous y trouverez également des vêtements pour hommes et femmes, classiques ou décontractés, des disques et des postes radio, des ordinateurs et même une agence de voyage.

Parmi les nombreuses librairies de cette ville instruite, vous trouverez l'**Atticus Bookstore Café** *(1082 Chapel St., ☎203-776-4040)*, un endroit idéal pour entamer le livre que vous venez d'acheter en savourant un cappuccino ou un sandwich.

Le secteur des environs des rues Chapel et College, qui regroupe des théâtres, des musées et de nombreux restaurants, est l'endroit tout indiqué pour magasiner. Certains commerces appartiennent à de grandes chaînes, comme Laura Ashley et The Gap, tandis que d'autres sont uniques à New Haven.

L'**Endleman Gallery** *(1014 Chapel St., ☎203-776-2517)* présente des bijoux uniques fabriqués par plus de 100 désigners américains. Son pendant, l'**Endleman Two** *(1044 Chapel St., ☎203-782-2280)*, propose des accessoires et des vêtements hors du commun.

Branford

Le **Branford Craft Village at Bittersweet Farm** *(779 East Main St., près de la sortie 56 de la route 95, ☎203-488-4689)*, un pur délice, regroupe quelque 20 ateliers d'artisanat dans des bâtiments qui appartenaient autrefois à une ferme d'élevage de poulets. Vous pourrez voir les artisans à l'œuvre (sculpture, poterie, verre soufflé, vitraux) et leur commander des pièces selon vos goûts ou choisir parmi la grande sélection proposée.

La basse vallée du Connecticut

La plupart des gens cherchent des antiquités dans cette région, et chaque ville répond à cet engouement en proposant une spécialité ou une autre. On y trouve même l'**Essex Saybrook Antiques Village** *(345 Middlesex Turnpike, Old Saybrook, ☎388-0689)*, où pas moins de 100 détaillants tiennent boutique dans un groupe de bâtiments d'allure coloniale. Le **Connecticut River Valley and Shoreline Visitors Council** *(393 Main St., Middletown, ☎347-0028)* a dressé une liste complète des boutiques d'antiquités de la région.

Essex

Le lèche-vitrines le long de Main Street, à Essex, est un passe-temps populaire, trop populaire parfois (nous pensons aux fins de semaine d'été). Plusieurs enseignes sont familières, d'autres plus originales, comme **Swanton Jewelery** *(1 Griswold Sq., ☎767-1271)*, spécialiste en bijoux anciens et nouveaux.

Higganum

Si les fines herbes vous fascinent, rendez-vous dans la minuscule ville de Higganum au **Sundial Herb Garden** *(droit d'entrée; Brault Hill Rd., par la route 81, ☎345-4290)*, où vous pourrez vous promener dans un jardin du XVIIIe siècle, puis faire un tour dans une adorable grange transformée en magasin et remplie d'articles gastronomiques, de plantes, de livres, d'une myriade de fines herbes et de thés rares. Songez à réserver pour le thé du dimanche, suivi d'une visite exceptionnelle du jardin.

La région de Mystic

L'**Olde Mistik Village** *(sortie 90 de la route 95, ☎536-4941)* est un regroupement complet de constructions coloniales datant du début des années soixante-dix, à l'intérieur desquelles on a aménagé tous les magasins et boutiques auxquels les voyageurs sont habitués, soit 60 commerces au total répartis sur 8 ha paysagers. Quoiqu'un peu artificiel, ce complexe est agréable à parcourir grâce aux allées sinueuses, au cours d'eau, aux bancs de parc, aux magnifiques plates-bandes et au temple d'allure authentique avec son clocher élancé et sa cloche au tintement reposant.

Mystic

À l'intérieur même des installations du port de Mystic, les vastes **Mystic Seaport Museum Stores** *(47 Greenmanville Ave., ☎572-0711)* mettent l'emphase sur les articles nautiques et typiquement Nouvelle-Angleterre : cadeaux, vêtements, nourriture, livres, gravures et reproductions de la collection du musée. Une section distincte abrite la prestigieuse Mystic Maritime Gallery.

Stonington

Water Street, à Stonington, offre un trésor de bâtiments immaculés à admirer, de bonnes boutiques d'antiquités et un assortiment d'autres magasins tout aussi intéressants. À la **Hungry Palette** *(105 Water St., ☎535-2021)*, vous trouverez des tissus et des vêtements exclusifs de conception locale. **Quimper Faience** *(141 Water St., ☎535-1712)* importe directement de France sa vaisselle traditionnelle peinte à la main.

Le nord-est du Connecticut

Le «coin tranquille» offre son propre assortiment de boutiques d'antiquités sur les routes de campagne ou les rues principales paisibles de ses villages. Le **Northeast Connecticut Visitors District** *(P.O. Box 598, Putnam, CT 06260, ☎928-1228, ⇗928-4720)* tient une liste complète des antiquaires.

Coventry

Chaque ville a son lot de boutiques et de magasins, mais les visiteurs qui cherchent un endroit inhabituel pour magasiner se rendent souvent dans un des vignobles de la région, tel le **Nutmeg Vineyard** *(sam-dim; 800 Bunker Hill Rd., ☎742-8402)*, qui se trouve à une trentaine de kilomètres au sud de Storrs; chardonnays et cépages français mixtes.

Une autre destination populaire est la **Caprilands Herb Farm** *(534 Silver St., ☎742-7244)*, reconnue pour ses fines herbes. Sur le vaste terrain, vous trouverez une librairie, une boutique de fleurs et de paniers, une écurie du XVIIIe siècle entièrement restaurée où sont vendues les fines herbes, une serre proposant des semences et des plantes, et une vieille maison de ferme où l'on sert des repas le midi *(tlj, sur réservation seulement)*, sans oublier les 31 jardins différents de légumes, de fines herbes et de fleurs.

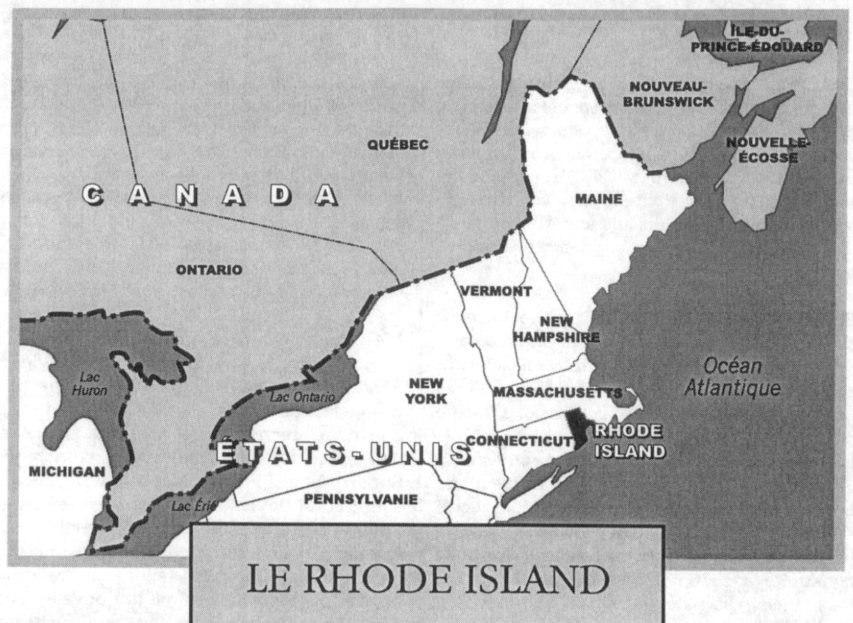

LE RHODE ISLAND

Les habitants du Rhode Island ne considèrent pas leur État comme petit; ils préfèrent le qualifier de compact, de facile à parcourir, et c'est avec une grande fierté qu'ils vous font remarquer qu'aucun point de leur territoire ne se trouve à plus de 45 min de route de n'importe quel autre. D'ailleurs, un de leurs traits caractéristiques, qui les distingue du reste des Américains, est précisément leur réticence à franchir de «longues» distances en voiture. Ainsi, le fait d'avoir à effectuer un trajet régulier de plus de 10 min devient pour eux un motif suffisant pour songer à changer d'emploi ou de lieu de résidence.

Or, les habitants du Rhode Island ne sont pas les seuls à profiter d'une telle proximité de tout. Les destinations rapprochées de cet État en font un coin de pays idéal pour les visiteurs. À l'intérieur d'une même journée par exemple, vous pourrez vous baigner dans la baie de Narragansett, déjeuner à Newport, visiter un manoir ou deux et, malgré tout, être à Providence à temps pour le dîner.

Ainsi que l'apprennent tous les enfants américains en classe, le Rhode Island est le plus petit État de l'Union. Pour être plus précis, il ne couvre qu'une superficie de 3 144 km^2, ce qui ne l'empêche pas d'être choyé à souhait. Les données chiffrées de ce coin de pays parlent d'ailleurs d'elles-mêmes : 644 km de littoral (pas mal pour un État qui ne mesure que 77 km du nord au sud!), plus de 100 plages publiques, quelque 7 300 ha de parcs et réserves, 12 établissements d'enseignement supérieur et une quantité incroyable de sites historiques importants répartis à travers tout l'État (ce «nain» possède à lui seul plus de 20% des sites inscrits au registre national des lieux historiques!).

Maintenant que vous connaissez certains des attributs les plus flagrants du Rhode Island, jetons un coup d'œil à quelques-unes de ses vertus cachées. L'un de ses secrets les mieux gardés relève sans doute de l'incroyable diversité qui règne à l'intérieur de ses modestes frontières, certains de ses sites ayant même une réputation internationale. Qui n'a pas en effet entendu parler des rutilants manoirs de Newport? Mais en revanche, combien de touristes savent qu'ils peuvent faire de la randonnée pédestre dans une véritable «forêt cathédrale» près du village historique de Hopkinton? Et, même si tous les plaisanciers coutumiers de la Côte Est ont probablement déjà découvert le port de mer idyllique de Block Island, combien se sont aventurés plus au nord jusqu'à la baie de Narragansett pour sillonner les eaux splendides et solitaires de Prudence ou des îles Patience?

Les voyageurs en quête d'individualité ne pourront qu'être comblés par cet État fondé par un homme avide de liberté religieuse. En 1636, Roger Williams colonisa en effet cette portion du territoire lorsqu'il ne fut plus capable de supporter l'intolérance des puritains de Boston. Émigrant vers le sud avec sa femme et ses filles, il s'installa donc ici en compagnie des Indiens Narragansetts, avec lesquels il s'était lié d'amitié. En 1663, après des années de négociations et de refus répétés, Williams parvint à obtenir une charte royale de l'Angleterre lui reconnaissant l'attribution de ce nouveau territoire, une charte qui lui permettait en outre d'affilier Providence à plusieurs autres colonies avoisinantes.

En ecclésiastique véritablement éclairé, Williams faisait preuve d'une tolérance universelle à l'égard des différentes croyances religieuses : son nouvel État accueillait à bras ouverts les représentants de toutes les confessions. Même s'il érigea sa propre église baptiste en 1639 (le bâtiment original peut encore être visité à Providence), les quakers, les juifs et les membres de tout autre groupe assoiffé de liberté religieuse se savaient les bienvenus dans le Rhode Island (la synagogue Touro de Newport, construite en 1763, représente aujourd'hui le plus ancien lieu de culte juif du continent américain).

Cette tolérance persista. Bien que le Rhode Island ait participé à l'infâme *triangle trade* (une forme d'échange commercial à trois voies par laquelle on troquait des esclaves contre de la mélasse, dont on se servait ensuite pour obtenir du rhum), il fut également la première colonie à bannir l'esclavage. Le Rhode Island fut par ailleurs le premier État à se déclarer indépendant de la couronne britannique. De plus, à la fin de la guerre d'Indépendance, le Rhode Island fut la dernière des 13 colonies originales à ratifier la nouvelle constitution, insistant pour qu'une charte garantissant les droits et libertés de tout individu y soit incorporée.

La révolution industrielle américaine débuta dans le Rhode Island vers 1790, lorsque Samuel Slater commença à exploiter la première filature actionnée par l'énergie hydraulique. Cette énergie était produite par la puissante rivière Blackstone; le reste appartient à l'histoire des États-Unis. Parmi les autres réussites industrielles de cet État, il faut mentionner la fabrication de bijoux et le raffinage de l'argent, qui attirèrent des émigrants du monde entier. Tous ces nouveaux venus apportèrent d'ailleurs avec eux une extraordinaire richesse ethnique qu'on retrouve encore aujourd'hui dans les traditions culinaires, architecturales et même orales du Rhode Island.

Au cours de la Belle Époque, à la toute fin du siècle dernier, la petite ville côtière de Newport devint la chérie des Américains nouvellement riches et célèbres, un groupe fort attaché à son statut social qui n'hésita pas à utiliser ses millions non imposables pour y construire de somptueux «chalets» d'été. C'est ainsi que les Vanderbilt, les Astor et les Belmont cherchèrent à se surpasser les uns les autres par l'opulence architecturale de leurs palais incomparables et la richesse incalculable de leurs intérieurs. Il s'agissait bel et bien d'un âge d'or dont les vestiges nous éblouissent encore aujourd'hui.

Mais ces palais du passé ne représentent qu'une parcelle des splendeurs actuelles du Rhode Island, dont la plus grande partie se trouve loin des villes. Un simple coup d'œil sur une carte géographique révèle de façon évidente la raison pour laquelle on a surnommé le Rhode Island «l'État de l'océan» (*Ocean State*) : son littoral fabuleux ne peut en effet être l'œuvre que d'une mer créative. Tandis que ses frontières intérieures ont été incontestablement façonnées par l'homme (elles sont carrément tracées au cordeau, comme la Nouvelle-Angleterre elle-même), il en va tout autrement de la côte : les vagues incessantes lui ont dessiné un profil on ne peut plus irrégulier, et exotique à souhait, creusant d'extravagantes baies et plages en barrière sur des kilomètres et des kilomètres, et parsemant capricieusement le tout d'une infinité d'îles.

Les villages côtiers du South County reflètent très bien ces caprices de l'océan. Des confins de Watch Hill, à l'ouest, jusqu'à Greenwich, à l'est, chaque localité possède sa petite histoire et conserve son caractère unique; mais toutes sont simultanément liées entre elles par des points communs indéniables : leurs plages soyeuses et leur dépendance de la mer. À 21 km de la côte se trouve Block Island, qui, même si elle est au large, fait partie intégrante du South County. Farouchement sous-développée (et ses habitants entendent bien la conserver ainsi), cette île est un «paradis» dans le plein sens du mot, sans feux de circulation, sans comptoirs de restauration rapide et sans fluorescents. Ce sont le calme, la paix et la nature elle-même qui attirent les touristes sur cette terre édénique, sans bien sûr oublier la pêche et la voile à leur meilleur.

Le comté de Newport, formé d'îles que les autochtones ont baptisées Conanicut et Aquidneck, est quant à lui relié au South County par des ponts qui enjambent la vaste baie de Narragansett. Les visiteurs se rendent aujourd'hui à Jamestown, sur la petite île de Conanicut, et bien entendu à Newport, sur Aquidneck, la grande attraction des lieux.

Bien que Newport soit surtout réputée pour ses manoirs et ses plages époustouflantes, elle bénéficie d'un autre atout, moins connu celui-là, à savoir sa proximité des paisibles régions champêtres de cet État. À 10 min de route à peine des splendeurs et des foules qui envahissent l'avenue Bellevue s'étendent des kilomètres de terres bucoliques, de régions sauvages et de plages désertes, sans oublier un vignoble à part entière! Un court déplacement jusqu'aux villages de carte postale que sont Tiverton et Little Compton révèle un mode de vie pastoral que des siècles séparent de toutes les passions qui attirent les touristes à Newport.

Au nord-ouest de Newport, dans le centre de l'État, le grand Providence constitue le cœur métaphysique du Rhode Island. Une visite de reconnaissance de cette ville permet au voyageur parcourant la région pour la première fois de se faire une idée globale des lieux. C'est là que se trouve le Capitole, l'Université Brown et la Rhode Island School of Design, mais aussi un grand nombre de bâtiments historiques dont certains datent de deux ou trois cents ans, à l'époque de la première colonie locale.

Providence réunit les meilleurs attributs de deux mondes : elle est suffisamment petite pour que tous ses habitants se connaissent (le maire Paolino répond personnellement aux lettres de ses concitoyens), et en même temps assez grande pour faire vivre des restaurants de premier ordre et l'un des petits musées les plus remarquables des États-Unis.

Au-dessus de Providence, le long du couloir septentrional de l'État, à travers le vaste rectangle désigné sous le nom de «vallée de la Blackstone», les gens se préparent à dévoiler au monde leurs trésors uniques; mais pour l'instant, il n'en tient qu'à vous d'explorer cette vallée fluviale densément boisée dont les merveilles demeurent encore pour la plupart cachées.

La rivière Blackstone représente vraiment la clé de cette région. Son histoire révèle entre autres un rôle de premier plan dans la révolution industrielle américaine, et son avenir lui promet un statut privilégié de réserve récréative vouée à la protection du patrimoine, subventionnée par le gouvernement fédéral. Mais pour l'instant, comme nous le disions plus haut, la région vous appartient : à vous d'en découvrir les plaisirs.

C'est précisément cette combinaison attrayante de raffinement urbain et d'hospitalité champêtre qui rend tout le Rhode Island si fascinant à visiter. De plus, vous retrouverez ces mêmes qualités chez les gens que vous rencontrerez! Mais n'oubliez pas leur sens inné de l'indépendance, cette force légendaire qui surpasse même le caractère intraitable généralement attribué à l'ensemble des Yankees. Cet individualisme «chronique», l'un des principes sur lesquels le Rhode Island fut fondé, refait naturellement surface chez tous les habitants de «l'État de l'océan».

La réputation du Rhode Island concernant le triomphe des libertés individuelles est d'ailleurs de nouveau mise en évidence avec l'avènement d'une nouvelle minorité : les aînés. Seule la Floride compte aujourd'hui davantage de citoyens de 65 ans et plus que le Rhode Island, et il est intéressant de noter que plusieurs d'entre eux sont venus d'autres États et ont délibérément choisi de s'installer loin des États du Sud. Quelles que soient les raisons de cet afflux mystérieux (les statisticiens continuent à se gratter le crâne), il est assez évident que les hivers d'ici ne sont pas considérés comme un facteur négatif.

Parlant de température, le mot «tempéré» décrit très bien le climat de la région. Une grande partie de l'État se trouve en bordure de l'Atlantique ou de la baie de Narragansett, qui remonte vers le nord dans le centre du Rhode Island. Cette influence maritime produit de faibles précipitations de neige en hiver, avec des températures n'atteignant le point de congélation qu'en janvier seulement, alors qu'en été le mercure oscille autour de 22°C.

Le Rhode Island possède un autre surnom, celui de «première villégiature des États-Unis», et nous croyons sincèrement que vous aurez plaisir à découvrir cet État par vous-même. La seule question qui se pose est de savoir si vous voudrez ou non partager avec d'autres le récit de vos aventures sur ce nouveau terrain de jeu. Car vous pourriez très bien décider de garder pour vous tous ces trésors cachés afin de les protéger un peu plus longtemps, jusqu'au jour où la nouvelle se répandra malgré vous et où le Rhode Island deviendra la destination favorite de tout un chacun en Nouvelle-Angleterre.

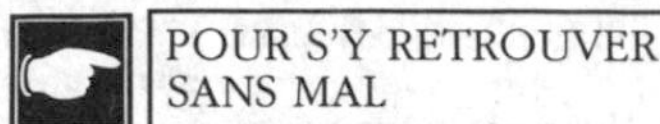

POUR S'Y RETROUVER SANS MAL

L'indicatif régional du Rhode Island est le 401.

En voiture

La **route 95** traverse l'État du nord au sud, reliant le Rhode Island au Connecticut et au reste de la Nouvelle-Angleterre. Sur la côte, la **route 1A**, plus panoramique mais aussi plus lente, épouse les contours du littoral.

En avion

Le **T. F. Green Airport** de Warwick est le seul aéroport commercial de l'État. Les vols réguliers sont assurés par America West, American Airlines, American Eagle, Business Express, Continental Express, Delta Airlines, Northwest Airlines, TWA Express, USAir Express et United Airlines.

New England Airlines *(☎596-2460)* effectue chaque jour plusieurs vols de liaison entre Block Island et Westerly (durée : 12 min).

Plusieurs compagnies de limousines et de minibus relient l'aéroport aux différentes villes de l'État : **Airport Taxi** *(☎737-2868)* dessert Warwick; **Cozy Cab** *(☎846-2500 ou 800-846-1502)* fait quotidiennement la navette entre Newport et l'aéroport T.F. Green.

En autocar

Parmi les lignes régulières et les compagnies de charters reliant les différents points de l'État, retenons **Bonanza Bus Lines** *(1 Bonanza Way, Providence, ☎751-8800)*, **Pawtuxet Bus Valley Lines** *(76 Industrial Lane, West Warwick, ☎828-4100)* et la **Rhode Island Public Transit Authority** *(265 Melrose St., Providence, ☎781-9400)*, qui propose en outre des lignes directes de l'aéroport au traversier de Block Island (Galilee), de Providence à Newport et de Westerly aux plages du South County.

En train

La ligne d'**Amtrak** *(☎800-872-7245)* qui dessert le corridor nord-est des États-Unis relie Boston et New York au Rhode Island. Les départs et les arrivées sont fréquents à l'**Union Station de Providence** *(100 Gaspee St., Providence, ☎727-7389)* et moins fréquents à la **Kingston Station** *(RailRd. Ave., West Kingston, ☎783-2913)*.

En bateau

Le service de traversier entre Block Island et Galilee est assuré par **The Interstate Navigation Company** *(Galilee, ☎783-4613)*. Voitures et passagers peuvent effectuer le trajet 12 mois par année, bien que l'horaire soit plus léger hors saison. En ce qui concerne les voitures, il est impératif de réserver votre place même si vous voyagez hors saison.

La location d'une voiture

Les principaux centres de location représentés à l'aéroport de Warwick sont **Avis Rent A Car** *(☎800-331-1212)*, **Budget Rent A Car** *(☎800-527-0700) et* **Hertz Rent A Car** *(☎800-654-3131)*.

En face de l'aéroport, vous trouverez également **Dollar Rent A Car** *(☎800-800-4000)*, **National Interrent** *(2053 Post Rd., ☎800-328-4567)* et **Thrifty Car Rental** *(2329 Post Rd., ☎800-367-2277)*.

Les transports publics

La **Rhode Island Public Transportation Authority** *(RIPTA, ☎781-9400)* relie les différents points de l'État par autocar.

RENSEIGNEMENTS PRATIQUES

La région de Newport

Newport

Le **Newport County Convention & Visitors Bureau** *(23 America's Cup Ave., ☎849-8048)* est le pivot central de l'information touristique dans la région : personnel qualifié, brochures, cartes et plans, guides, présentations multimédias et terminus des autobus, du tramway et du train touristique.

La région de Providence

Providence

Pour de plus amples renseignements sur la région de Providence, adressez-vous au **Greater Providence Convention & Visitors Bureau** *(1 West Exchange St., ☎274-1636).*

Warren

À la **Bristol County Chamber of Commerce** *(645 Metacom Ave., ☎245-0750)*, vous pourrez vous procurer des renseignements sur la région.

La vallée de la Blackstone

Pawtucket

En faisant une halte au **Blackstone Valley Tourism Council** *(171 Main St., Pawtucket, ☎724-2200)*, vous pourrez vous procurer cartes et plans, brochures et renseignements divers sur la vallée de la Blackstone et les activités qu'elle offre.

Block Island

Pour des renseignements sur Block Island, prenez contact avec la **Block Island Chamber of Commerce** *(Water St., Block Island, RI 02807, ☎466-2982).*

ATTRAITS TOURISTIQUES

Le South County

Cette région qui longe la partie sud de l'État, entre le Connecticut et la baie de Narragansett en passant par le Block Island Sound, est officiellement désignée par le nom de Washington County, mais vous aurez du mal à trouver un seul habitant du Rhode Island qui l'appelle ainsi. Pour tout le monde, il s'agit du South County, et vous avez intérêt à vous y faire si vous voulez être compris.

Le South County est la région par excellence des centres de villégiature, et c'est ici que se retrouvent chaque été les amateurs de plage de partout. Les habitants du Rhode Island possèdent eux-mêmes des résidences d'été dans cette région, ce qui leur permet d'échapper aux pressions des villes dans un cadre idéal.

Les noms parfois difficiles à prononcer de plusieurs villages et cours d'eau du South County, comme Misquamicut, Cocumscussoc et Pettaquamscutt, reflètent bien l'héritage autochtone de cette région. Roger Williams s'est en effet lié d'amitié avec plusieurs Amérindiens lorsqu'il a colonisé le Rhode Island, partageant son temps entre Providence et North Kingston (South County), où il vécut avec sa femme et ses deux enfants entre 1644 et 1650. Les terres ondulantes et les plages de sable blanc du South County que nous connaissons aujourd'hui, formant un paysage gracieusement dépourvu de complexes résidentiels et de comptoirs de restauration rapide, traduisent d'ailleurs fort bien les origines archaïques de cette région.

Parmi les résidants plus huppés des villages du South County, il y a ceux de **Watch Hill**, un groupe plutôt exclusif en mal d'isolement et d'anonymat, quoique leurs somptueuses demeures ne cessent de piquer la curiosité des visiteurs. Il n'existe pas de circuit touristique à proprement parler dans ces parages, mais nombreux sont ceux et celles qui empruntent volontiers les paisibles allées rurales de Watch Hill pour admirer de plus près les splendeurs de ses riches résidences secondaires. De plus, chaque nouveau détour de la route semble révéler un palais encore plus imposant que le précédent. La plupart datent de plusieurs décennies, mais il y a toujours un ou deux nouveaux venus au «club des millionnaires».

Au cœur même de la municipalité, à l'extrémité de Bay Street, le plus vieux **carrousel** des États-Unis continue à faire rêver les enfants. Les gens du coin l'ont surnommé «le carrousel aux chevaux volants», du fait que ses montures colorées sont suspendues à des chaînes qui les entraînent vers l'extérieur lorsque le manège est en marche, donnant effectivement une impression de vol plané. Un «décret» local stipule qu'aussitôt qu'un enfant peut toucher le sol du haut de son cheval, il est trop vieux pour le carrousel. Entre-temps, les tout-petits continuent de s'agripper aux anneaux de laiton du manège et de clamer leur triomphe, tandis qu'ils accrochent des anneaux moins précieux aux oreilles pointues de leur monture, confiants que ces dernières les garderont jalousement pour eux.

Dans la petite ville voisine, **Westerly**, le **Wilcox Park** *(Tower St., Westerly, ☎596-8590)*, un havre de verdure de 7 ha au beau milieu de la municipalité, est une oasis de fraîcheur aussi bien pour les résidants que pour les visiteurs depuis 1898. Dessiné par un élève de Frederick Law Olmsted, ce parc figure en outre au registre national des lieux historiques et, en plus d'y faire du vélo, de vous y promener ou simplement d'y jouir de la nature, vous pouvez chaque semaine de l'été y assister à des concerts en plein air.

En marge de la ligne côtière du South County, le long de la route 138, se dresse le bâtiment centenaire du **Kenyon Grist Mill** *(village d'Usquepaugh, Glen Rock Rd., West Kingston, ☎783-4054)*. Exploité par la même famille depuis des années, le Kenyon moud la farine de maïs, l'ingrédient principal des traditionnels *johnnycakes* du Rhode Island. En prenant rendez-vous, il est possible de visiter les installations, avec leurs meules en pierre d'origine et la roue à aubes que la rivière Queens faisait autrefois tourner pour alimenter le moulin en énergie. Paul Drumm père et fils adorent parler de leur moulin et de son histoire; faites-y donc un saut pour un brin de causette, un simple coup d'œil, quelques trucs et recettes, ou un peu de farine de maïs, en vente au magasin du moulin.

L'histoire des autochtones de la région remonte à quelque 12 000 ans, de sorte que tout le South County regorge d'anciens sentiers et d'objets fabriqués par les Amérindiens. Un guide de quatre pages contenant des itinéraires des plus beaux sites touristiques de la région, des plans détaillés et des commentaires historiques a été publié par le **Museum of Primitive Art and Culture** *(mar-jeu fête du Travail au Memorial Day, mer seulement le reste de l'année; 1058 Kingstown Rd., Peace Dale, ☎783-5711)*. Il est également possible de faire une promenade autoguidée autour du Mill Village.

De retour sur la côte, vous voudrez sans doute faire un arrêt au **South County Tourism Council** *(fermé dim; 4808 Tower Hill Rd., Wakefield, ☎789-4422)* pour vous procurer cartes et plans, brochures touristiques et renseignements de toutes sortes sur l'ensemble de la région.

À partir d'ici, la route qui longe le littoral commence à remonter vers le nord en suivant le contour de la Narragansett Bay. En arrivant dans le village de **Cocumscussoc**, au nord de Wickford, vous découvrirez un bâtiment connu sous le nom de **Smith's Castle** *(droit d'entrée; fermé mar-mer; 55 Richard Smith Dr., Cocumscussoc, ☎294-3521)*. Bien qu'il ne s'agisse pas d'un château de conte de fées, cette maison à charpente de bois de 300 ans est particulièrement riche en histoire. Roger Williams y a en effet vécu et prêché aux autochtones au milieu des années 1630, à l'époque où l'endroit était un simple poste de traite. Reconstruite en 1678 à la suite d'un incendie, la propriété acquit une indéniable notoriété en tant que siège de l'Updike Plantation, accueillant des hôtes de marque aussi célèbres que Benjamin Franklin et le général Lafayette. Aujourd'hui, cette époque mémorable nous est rappelée par les nombreux meubles et accessoires des XVIIe et XVIIIe siècles qui emplissent les lieux.

Il est intéressant de noter que des spécialistes de la Brown University estiment que la plus vieille fosse commune des États-Unis pourrait bien se trouver derrière le Smith's Castle. En 1675, lors des affrontements qui marquèrent la bataille de Great Swamp contre les tribus locales, de nombreux colons, hommes, femmes et enfants, perdirent la vie; des archéologues ont d'ailleurs effectué des fouilles sur le site où plusieurs colons furent enterrés.

Également près de Wickford s'élève le **Gilbert Stuart Birthplace and Snuff Mill** *(droit d'entrée; fermé mar-mer; Gilbert Stuart Rd., Saunderstown, ☎294-3001)*. On peut se demander ce que ces deux constructions peuvent bien avoir en commun, mais tout s'éclaire lorsqu'on apprend que c'est dans cette maison au toit à double pente qu'est né, en 1700, Gilbert Stuart, le célèbre portraitiste de George Washington, juste à côté de la première fabrique de tabac à priser des États-Unis, laquelle appartenait à son père.

Même si **Block Island** ★ est considérée comme faisant partie du South County, cette île située à 21 km au large de la côte est notoirement indépendante et n'en fait qu'à sa tête. Cet esprit prévaut depuis les temps les plus reculés, alors que les Indiens Narragansetts appelaient ce morceau de terre *Manisses*, ce qui signifie «la petite île de Dieu». L'explorateur hollandais Adriæn Block devait par la suite lui donner son propre nom au cours d'un voyage effectué en 1614. Nombreux sont ceux et celles qui en ont comparé le paysage à celui de l'Irlande ou de

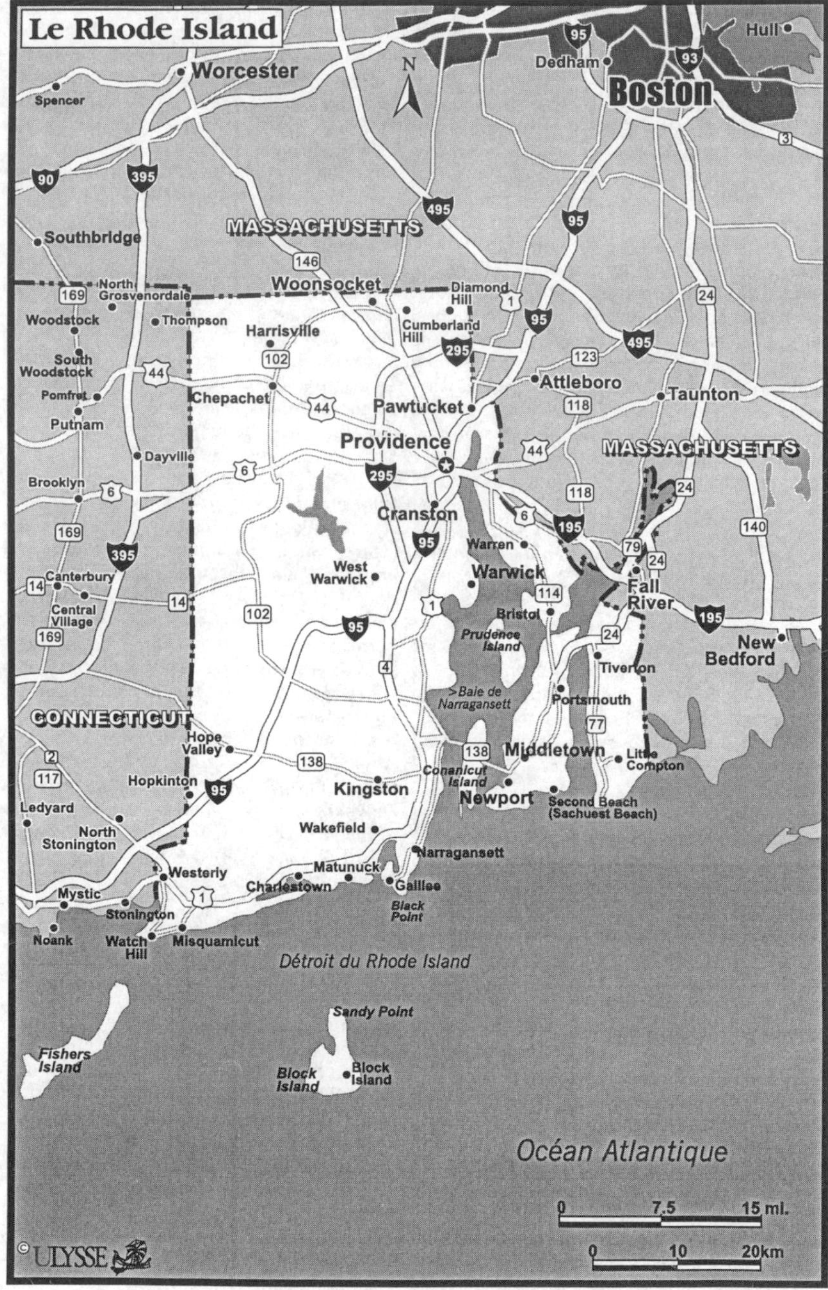
Le Rhode Island
Worcester
Spencer
Boston
Dedham
Hull
MASSACHUSETTS
Southbridge
Woonsocket
Diamond Hill
North Grosvenordale
Woodstock
Thompson
Harrisville
Cumberland Hill
South Woodstock
Pomfret
Putnam
Chepachet
Pawtucket
Attleboro
Taunton
Providence
Dayville
Brooklyn
Cranston
Warren
West Warwick
Warwick
Fall River
Canterbury
Central Village
Bristol
Prudence Island
New Bedford
Tiverton
Baie de Narragansett
Portsmouth
CONNECTICUT
Hope Valley
Middletown
Little Compton
Hopkinton
Kingston
Conanicut Island
Newport
Second Beach (Sachuest Beach)
Ledyard
North Stonington
Wakefield
Narragansett
Westerly
Matunuck
Charlestown
Galilee
Mystic
Black Point
Stonington
Noank
Watch Hill
Misquamicut
Détroit du Rhode Island
Sandy Point
Fishers Island
Block Island
Océan Atlantique
0 7,5 15 ml.
0 10 20km
© ULYSSE
RHODE ISLAND

l'Écosse, et l'on y vient surtout pour en admirer les beautés naturelles, loin des circuits normalement fréquentés. (Voir l'encadré «L'île chérie du Rhode Island», p 476.)

La région de Newport ★★★

Newport ★★★

Vous commencerez à apprécier la diversité des richesses que le Rhode Island peut receler à l'intérieur de ses minuscules frontières aussitôt que vous quitterez le suave South County pour traverser la baie de Narragansett et atteindre Newport, avec ses innombrables yachts de millionnaires et ses manoirs extravagants. Ces deux éléments constituent d'ailleurs précisément la marque distinctive de Newport et lui confèrent un statut unique parmi tous les centres de villégiature de la Nouvelle-Angleterre.

Mais cette Newport moderne n'a pas pour autant perdu les traces de son histoire coloniale. Fondée en 1639 par des colons de Providence, elle devint par la suite un important centre de construction navale et un port de mer de premier plan, plaque tournante du *triangle trade* (la ronde infernale de la mélasse, du rhum et des esclaves). Si bien qu'à l'époque de la guerre d'Indépendance, Newport était déjà une ville prospère.

Cette prospérité n'en a pas moins continué de croître jusqu'à atteindre des sommets inégalés au cours du siècle suivant, lorsque de riches familles de New York et de Philadelphie choisirent ce coin de paradis pour y établir leurs résidences secondaires. Et pourtant ce sont précisément les vestiges de ces incroyables palais qu'on vient voir ici, comme si l'on devait se rendre compte par soi-même de l'opulence indescriptible de cet âge d'or.

The Preservation Society of Newport County *(424 Bellevue Ave., Newport, ☎847-1000)* présente huit musées à l'intérieur même de maisons représentatives de cette époque, dont cinq peuvent être considérées comme les plus éblouissantes de l'exclusive avenue Bellevue. Chacun de ces musées propose une visite guidée des lieux d'environ une heure, visite d'ailleurs bien structurée, passablement approfondie et chaque fois menée par un guide qui adore visiblement son travail. Vous aurez l'occasion de voir des exemples renversants de richesse et d'extravagance, encore possibles à cette époque de non-imposition où d'énormes fortunes pouvaient être consacrées à la construction de somptueuses résidences d'été dans le seul but de faire valoir le nom de sa famille, ce qui n'était pas peu dire dans le cas des Vanderbilt, des Astor et de leurs semblables. La Preservation Society fait également la vente de billets valables pour plusieurs visites. Toutes ces demeures sont ouvertes au public tous les jours, de mai à septembre; le reste de l'année, l'horaire varie. Voici quelques-unes des propriétés accessibles au public :

Château-Sur-Mer *(droit d'entrée; Bellevue Ave., Newport)*, construit en 1852, demeure un des plus beaux exemples d'architecture victorienne en Amérique du Nord. Cette résidence fut érigée pour le compte de William Wetmore, qui fit fortune dans le commerce avec la Chine, d'où le «portail de lune» du mur sud.

En 1895, Cornelius Vanderbilt commanda **The Breakers** ★★★ *(droit d'entrée; Ochre Point Ave., Newport)* à l'architecte américain Richard Morris Hunt. Sa conception s'inspire d'un imposant palais italien de quatre étages datant du XVIIe siècle. Après la visite du salon XVIIIe siècle, de la grandiose salle à manger et des autres splendeurs de son intérieur, les touristes peuvent se promener à leur guise sur le vaste terrain de la propriété qui surplombe l'océan. Si vous n'avez le temps de visiter qu'un seul manoir à Newport, que ce soit celui-ci.

Rosecliff ★★ *(droit d'entrée; Bellevue Ave., Newport)* est une réplique du Grand Trianon à la façon de l'architecte Stanford White. Érigé en 1902 pour Mme Hermann Œlrichs, il fut le théâtre de plusieurs soirées extravagantes.

Marble House ★★★ *(droit d'entrée; fermé oct à déc; Bellevue Ave., Newport)* est le plus souvent qualifié de «fastueux». Il fut érigé en 1892 pour William K. Vanderbilt, et son intérieur ne révèle pratiquement aucune surface non recouverte de marbre, de dorures ou de riches ornements. Comme The Breakers, il est signé Richard Morris Hunt, qui a emprunté des éléments du Grand et du Petit Trianon de Versailles pour le réaliser. À l'extrémité de l'immense pelouse, au bord de la mer, se dresse un authentique et ravissant pavillon de thé chinois.

The Elms ★★ (droit d'entrée; fermé oct et nov; Bellevue Ave., Newport), aussi réputé pour ses jardins paysagers que pour son intérieur somptueux, gorgé d'antiquités, date de 1901. Il fut construit pour le millionnaire du charbon Ed-

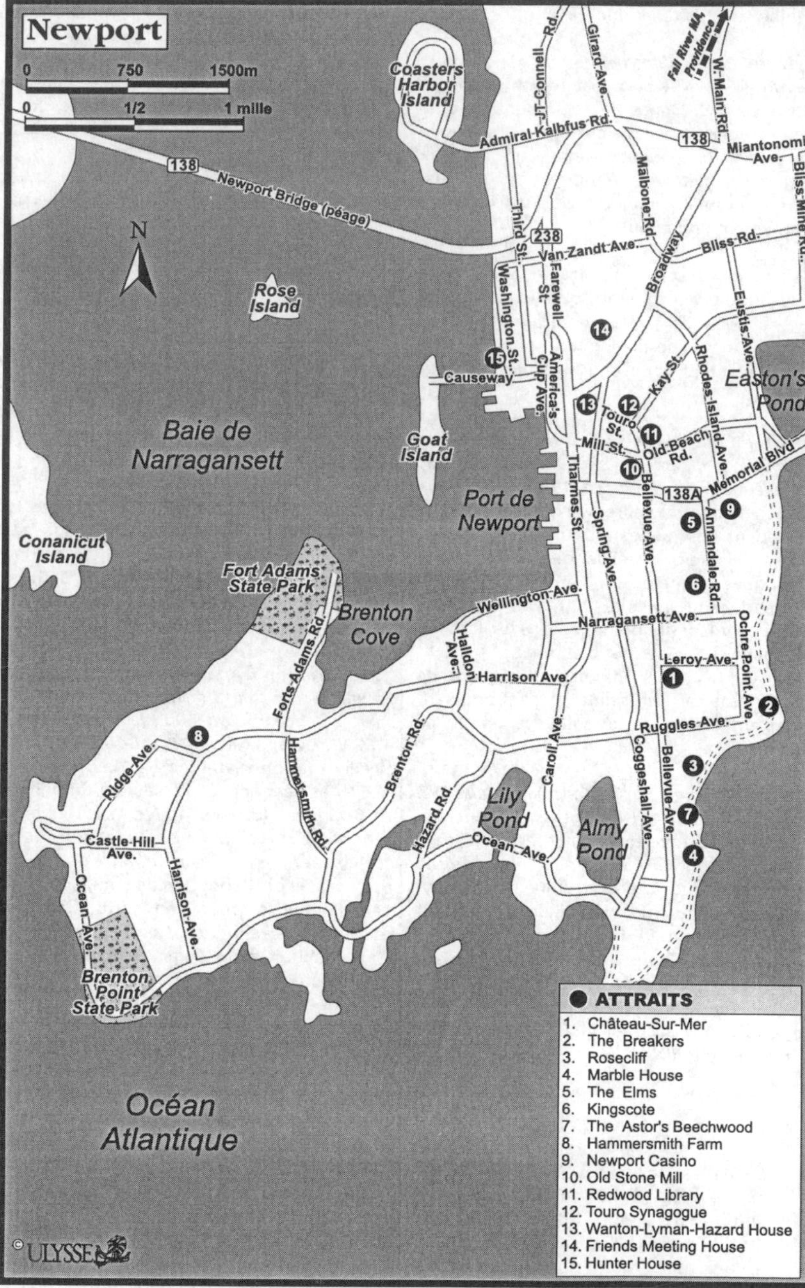
Newport
0 750 1500m
0 1/2 1 mille
Coasters Harbor Island
Rose Island
Goat Island
Baie de Narragansett
Port de Newport
Conanicut Island
Fort Adams State Park
Brenton Cove
Lily Pond
Almy Pond
Easton's Pond
Brenton Point State Park
Océan Atlantique
Newport Bridge (péage)
138
238
138A
Fall River MA, Providence
Admiral Kalbfus Rd.
JT Connell Rd.
Girard Ave.
W. Main Rd.
Miantonomi Ave.
Bliss Mine Rd.
Malbone Rd.
Broadway
Bliss Rd.
Third St.
Van Zandt Ave.
Farewell St.
Washington St.
Eustis Ave.
Causeway
America's Cup Ave.
Kay St.
Rhodes Island Ave.
Touro St.
Mill St.
Old Beach Rd.
Memorial Blvd
Thames St.
Spring Ave.
Bellevue Ave.
Annandale Rd.
Wellington Ave.
Narragansett Ave.
Ochre Point Ave.
Halidon Ave.
Harrison Ave.
Leroy Ave.
Forts Adams Rd.
Ruggles Ave.
Ridge Ave.
Hammersmith Rd.
Brenton Rd.
Caroll Ave.
Coggeshall Ave.
Hazard Rd.
Ocean Ave.
Castle Hill Ave.
Harrison Ave.
Ocean Ave.
ATTRAITS
1. Château-Sur-Mer
2. The Breakers
3. Rosecliff
4. Marble House
5. The Elms
6. Kingscote
7. The Astor's Beechwood
8. Hammersmith Farm
9. Newport Casino
10. Old Stone Mill
11. Redwood Library
12. Touro Synagogue
13. Wanton-Lyman-Hazard House
14. Friends Meeting House
15. Hunter House
© ULYSSE

ward Berwind sur le modèle du château d'Asnières, à l'extérieur de Paris.

Kingscote *(droit d'entrée; fermé oct à mars; Bellevue Ave., Newport)* est moins imposant que ses voisins. Conçu en 1839 dans un chaleureux style victorien, ce cottage au toit rouge se présente cependant comme un heureux amalgame de lucarnes, de tours et de tourelles. Il est aussi fameux pour ses vitraux Tiffany et ses ornements orientaux.

Contrairement aux manoirs traditionnels, dont la visite formelle inspire presque davantage de déférence que de pur émerveillement, deux autres propriétés se distinguent agréablement par le caractère moins révérenciel de leur visite :

The Astor's Beechwood *(droit d'entrée; fermé mi-déc à fin jan, sam-dim seulement fév et avr; 580 Bellevue Ave., Newport, ☎846-3772)* vous est présenté dans le cadre d'une mise en scène où évoluent des guides costumés, des serviteurs à la langue bien déliée, des invités plutôt excentriques et même un Astor ou deux qui entraînent volontiers leurs «hôtes» d'une pièce à l'autre pour leur donner un aperçu de la façon dont pouvaient vivre les bien-nantis au XIXe siècle. Tout en étant instructif, ce genre de visite est très rafraîchissant, et plus amusant pour les enfants que la formule retenue par les autres manoirs.

Hammersmith Farm *(droit d'entrée; Ocean Dr., Newport, ☎846-7346)* déroge également aux traditions à sa propre façon en jetant un regard dépouillé de tout artifice sur le mode de vie contemporain des vieilles fortunes de la dynastie Kennedy-Auchincloss. Hammersmith fut effectivement une ferme au cours du XVIIe siècle, mais sa maison et ses 20 ha en bordure de mer (paysagés par Frederick Law Olmsted) servirent plus récemment de résidence secondaire à la jeune Jacqueline Bouvier, puis de «Maison-Blanche d'été» à son époux, John F. Kennedy.

Le **Newport Casino** *(droit d'entrée; fermé mi-nov à mi-mars; 194 Bellevue Ave., Newport, ☎849-3990)* n'est pas un établissement de jeu, mais bien un élégant centre de villégiature datant de 1880, qui abrite désormais l'International Tennis Hall of Fame (temple de la renommée du tennis international) et le Tennis Museum, mais aussi un célèbre court en gazon, des courts de championnat et un jeu de paume (le sport des rois).

Mais il n'y a pas à Newport que des monuments dorés à la gloire des grandes fortunes; cette ville est aussi l'une des plus vieilles de l'Union, et son histoire de trois siècles est absolument fascinante. L'un des endroits qui demeurent un mystère malgré toutes les théories formulées à son sujet est l'**Old Stone Mill** *(à l'angle de Bellevue Ave. et de Mill St., Touro Park, Newport)*. D'aucuns prétendent que cette vieille structure en pierre fut construite par des Norvégiens à l'époque de Leif Ericsson, alors que d'autres la datent du XVIIe siècle ou avancent qu'il s'agit des restes d'un moulin du XVIIe siècle.

La **Redwood Library** *(50 Bellevue Ave., Newport, ☎847-0292)*, la plus ancienne bibliothèque des États-Unis, fut érigée en 1748 et 1749, et renferme aujourd'hui une importante collection de livres et de tableaux dont plusieurs signés de la main de Gilbert Stuart.

La **Touro Synagogue** *(85 Touro St., Newport, ☎847-4794)*, construite en 1763 sous la tutelle de Roger Williams, est la plus ancienne de toute l'Amérique du Nord. Ce bâtiment d'architecture georgienne est aujourd'hui préservé à titre de site historique national.

La **Wanton-Lyman-Hazard House** *(droit d'entrée; 15 juin à la fête du Travail; jeu-sam juil et août; ven-sam le reste de l'été; 17 BRd.way, Newport, ☎846-0813)*, la plus vieille maison restaurée de Newport, date de 1675 et bénéficie à elle seule d'un riche passé historique. Plusieurs gouverneurs coloniaux y ont en effet résidé; mais elle fut surtout rendue célèbre en tant que le théâtre d'une émeute provoquée par l'adoption de l'indésirable *Stamp Act* (loi sur le timbre) en 1765. Car il semble que l'officier chargé du prélèvement de cette taxe habitait alors dans cette maison qui fut pratiquement détruite par les Fils de la Liberté à cette occasion. Elle renferme aujourd'hui des meubles d'époque et offre un jardin colonial.

Non loin de là se trouve la **Friends Meeting House** *(droit d'entrée; à l'angle des rues Marlborough et Farewell, Newport, ☎846-0813)*, un lieu de culte quaker depuis son érection en 1699. La construction gothique anglaise originale s'est vu adjoindre deux ailes coloniales, l'une en 1729 et l'autre en 1807. Le temple peut être visité sur rendez-vous.

La **Hunter House** ★ *(droit d'entrée; mai à sept et fin de semaine d'avr et d'oct; 54 Washington St., Newport, ☎847-1000)*, un magnifique manoir colonial de 1748, appartenait à un certain Jonathan Nichols, alors gouverneur adjoint de la communauté. Il s'agit aujourd'hui d'un bâtiment historique abritant une excellente collection de meubles coloniaux du XVIIIe siècle ainsi que des tableaux et d'autres objets décoratifs.

Une bonne façon de relâcher vos tensions consiste à recourir aux services de la **Newport Trolley Transportation** *(droit d'entrée; ☎847-6921)*, un réseau de tramways qui vous permettra d'échapper aux embouteillages qui affligent impitoyablement Newport chaque été. Le tramway part du Convention and Visitors Bureau et arrête à tous les manoirs ainsi qu'aux principaux attraits de la ville.

Les municipalités de **Middletown** et de **Portsmouth** se partagent l'île d'Aquidneck avec Newport. Le **Norman Bird Sanctuary** *(randonnées 4$; fermé lun de la fête du Travail au Memorial Day; 583 Third Beach Rd., Middletown, ☎846-2577)* couvre 215 ha de terres magnifiquement sauvages. Faisans, oiseaux en période de nidification, lapins, renards et autres animaux occupent les 12 ha de champs de foin, sans parler des bois, des marais salants et des escarpements. Les activités y sont nombreuses, incluant des randonnées guidées, des ateliers éducatifs, des activités pour enfants et des excursions à thème.

Green Animals *(droit d'entrée; fermé oct à mars; 380 Cory's Lane, Portsmouth, ☎847-1000)* se présente comme un jardin fantaisiste regroupant plus de 80 arbres et arbustes centenaires taillés à l'européenne pour ressembler à des chiens, des chameaux, des chèvres, des coqs et même des policiers ou des voiliers. Un vrai plaisir pour les enfants, un paradis pour les amateurs d'horticulture. La maison au revêtement de clins de bois blancs, datant du XIXe siècle, abrite par ailleurs un musée de jouets victoriens.

Pour ajouter au plaisir de la visite de Green Animals, montez à bord de l'historique ***Old Colony & Newport Railway*** *(droit d'entrée; fermé lun et ven en haute saison, fermé en hiver; 19 America's Cup Ave., angle Bridge St., Newport, ☎624-6951)*. Un voyage d'une heure en train vous permettra de voir plusieurs des sites maritimes de l'île, et vous aurez amplement le temps de contempler les «animaux verts» avant que le train ne prenne le chemin du retour.

De l'autre côté de la rivière Sakonnet, en partant de Portsmouth, s'étendent les villages bucoliques de **Tiverton** et de **Little Compton**. Un peu à l'image des chic communautés-dortoirs qui entourent les grands centres urbains, ces deux petites villes voient bon nombre de citoyens influents partager l'espace rural avec les *gentlemen-farmers* de la région. Tout est paisible par ici, et les lois strictes sur le zonage ainsi que le prix exorbitant des propriétés semblent faire front commun pour s'assurer qu'il en sera toujours ainsi.

Sakonnet Vineyards *(162 West Main Rd., Little Compton, ☎635-8486 ou 800-919-4637)* est le plus ancien des trois vignobles de l'État. Établi en 1975, Sakonnet produit désormais une sélection de vins du sud de la Nouvelle-Angleterre, incluant de populaires chardonnay et vidal blanc. Visites guidées et dégustation de vins.

Le vignoble de Sakonnet et son vaste panorama s'étendent jusqu'aux berges de la rivière, un emplacement incomparable pour un déjeuner sur l'herbe. Arrêtez-vous au **Provender at Tiverton Four Corners** *(3883 Main Rd., Tiverton, ☎624-8096)*, un marché de bonne chère occupant un ancien magasin général à mansarde, pour vous procurer tout ce dont vous rêvez pour votre pique-nique. Vous pouvez également acheter une bonne bouteille au comptoir de vente du vignoble et en profiter pour demander la permission de manger près de la rivière.

La région de Providence ★★

Providence ★★

À première vue, le Rhode Island semble davantage composé d'eau que de terre, et la raison en est la baie de Narragansett. Ses contours sinueux, au sud de Providence et de la rivière Blackstone, agrémentent le paysage rocheux de l'État avant de s'ouvrir sur l'Atlantique à Newport. Si vous avez l'occasion de longer cette voie maritime, vous verrez à quel point elle marque le caractère du Rhode Island. Les communautés qu'elle croise au passage vivent de la pêche, de la construction navale et de la voile. Du port fréquenté de Providence au chantier naval Herreshoff de Bristol (où l'on a construit le premier torpilleur en 1887), de même qu'aux plages et complexes de villégiature de Warwick, la Narragansett est comme un filet d'eau salé qui préserve l'homogénéité de l'État.

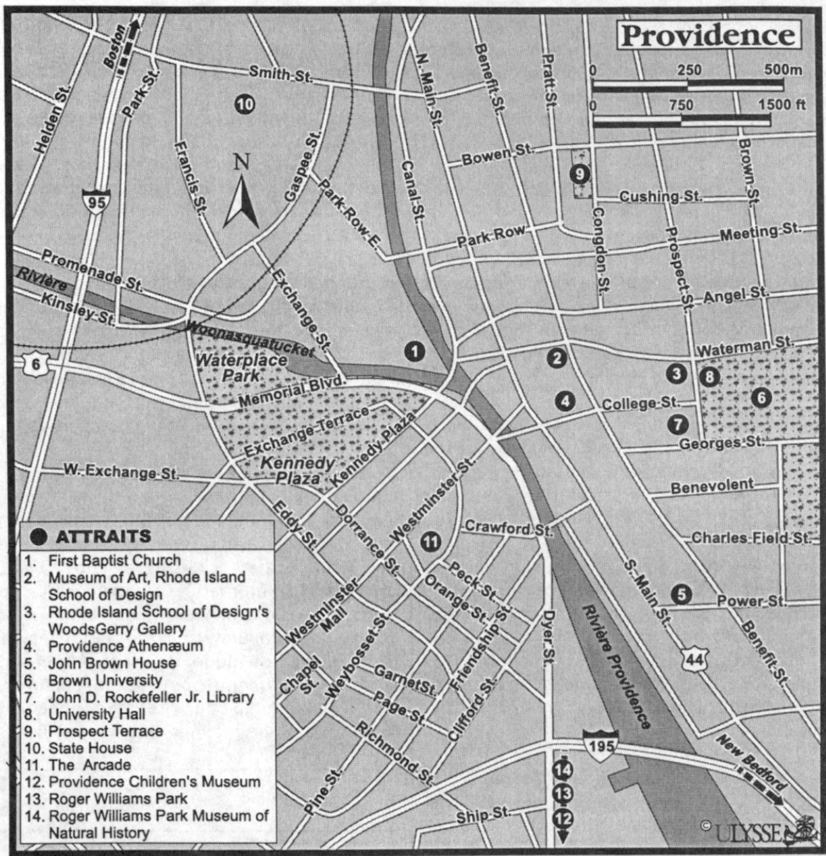

À l'intérieur même des limites de la ville de Providence, il y a suffisamment de trésors historiques pour combler les plus insatiables assoiffés de culture, des richesses architecturales de Benefit Street au dôme de marbre du Capitole, qui resplendit tel un phare au-dessus de l'horizon. Les hautes terres de College Hill sont marquées par la présence de l'université Brown, avec son entourage de librairies, de boutiques et de restaurants avant-gardistes qui n'est pas sans rappeler celui de Cambridge. On y perçoit une harmonie cristalline entre le passé et le futur, un renouveau sensible qui a amené la revue *Newsweek* à qualifier Providence de «ville branchée» dans un répertoire des villes américaines les plus «vivables» publié vers la fin des années quatre-vingt.

La capitale du Rhode Island en fut également la première ville, établie en 1636 par Roger Williams, le fondateur de l'Église baptiste, «*pour célébrer la Providence divine*». L'orientation religieuse de Williams se retrouve même dans les odonymes : Benefit, Church, Benevolent, Hope et Friendship.

La complexité géographique de Providence relève de ses sept collines et de sa rivière. Les adresses les plus respectables se trouvent à l'est de la ville (à ne pas confondre avec la localité voisine, East Providence). Quant à la College Hill, elle présente une inclinaison relativement abrupte, parsemée de nombreux sites historiques et couronnée par le complexe de l'université Brown.

Il convient de commencer votre visite à l'angle des rues Main et Waterman, à l'emplacement de la première église de Williams, la **First Baptist Church** ★ *(75 North Main St., Providence, ☎751-2266)*, qui date de 1775 (bien que la création de la toute première congrégation remonte à 1638). Son clocher de 56 m, visible d'à peu près partout en ville, fut inspiré des dessins de Christopher Wren. Elle est largement fréquentée par ses membres.

Non loin de là se trouve le **Museum of Art — Rhode Island School of Design ★★** *(droit d'entrée; fermé lun; 224 Benefit St., Providence, ☎454-6500)*, sans contredit l'un des plus beaux musées des États-Unis. Aménagé dans un bâtiment de briques fédéral de six étages qui n'a vraiment rien d'impressionnant malgré son âge (1877), le musée offre trois étages de chefs-d'œuvre artistiques échelonnés de l'ancienne Égypte aux temps modernes. En parcourant les salles, vous croiserez plusieurs groupes d'étudiants approfondissant telle ou telle œuvre ou créant leurs propres ouvrages; ce musée est en effet une véritable mine de renseignements pour les étudiants et les membres de la faculté du RISD (se prononce *WRizzdi*). À ne pas manquer : un magnifique bureau en acajou surmonté d'une étagère à livres, un pur chef-d'œuvre signé Goddard-Townsend et datant des années 1760 (il n'en existe que 12 autres semblables, dont un s'est récemment vendu 12 millions de dollars américains lors d'un encan organisé par Christie!); le bas-relief babylonien à l'effigie d'un lion (605 av. J.-C.); les impressionnistes (incluant des Manet et des Monet); et les sculptures de Rodin. Jetez également un coup d'œil à la collection contemporaine de l'aile The Daphne Farago, ou promenez-vous dans le jardin de sculptures intérieur du musée.

Si vous êtes intéressé à voir les œuvres des étudiants de la RISD, rendez-vous directement à la **Rhode Island School of Design's Woods-Gerry Gallery** *(62 Prospect St., Providence, ☎454-6141)*. Les étudiants et le corps enseignant de cette école y présentent en effets leurs travaux dans le cadre d'expositions régulièrement renouvelées. La galerie se trouve à l'intérieur du manoir de trois étages Woods-Gerry, dessiné par Richard Upjohn en 1860. Les heures d'ouverture varient en fonction du programme académique, de sorte qu'il vaut mieux s'en informer au préalable.

Benefit Street ★, une artère qui traverse les hauteurs de College Hill, est réputée pour ses «1 500 m d'histoire», un tronçon considéré par les spécialistes comme regroupant la plus forte concentration de bâtiments historiques de tous les États-Unis. Le long de cette bande miraculeuse se succèdent à n'en plus finir des bâtiments coloniaux, fédéraux et d'architecture propre au XIXe siècle, tous soigneusement préservés. Mais l'histoire demeure bien vivante, car plusieurs d'entre eux sont encore habités par des familles ou des entreprises. Chaque année, la deuxième fin de semaine de juin, une section de Benefit Street et d'autres quartiers historiques sont ouvertes au public à l'occasion du Festival of Historic Houses, une célébration de trois jours incluant des visites et des événements gastronomiques. Pour information ou réservation, adressez-vous à la **Providence Preservation Society** *(21 Meeting St., Providence, ☎831-7440)*.

L'une des beautés de Benefit Street est le **Providence Athenæum** *(251 Benefit St., Providence, ☎421-6970)*. Créée en 1753, cette bibliothèque (l'une des premières des États-Unis) occupe un imposant bâtiment d'architecture grecque. Cette magnifique construction dorique fut achevée en 1838, et elle renferme un véritable trésor de livres rares et d'ouvrages sur l'histoire ainsi que quelques titres romantiques célèbres. C'est ici qu'Edgar Allan Poe rencontra, aima et perdit Sarah Helen Whitman, celle-là même qui lui inspira le personnage d'Annabelle Lee.

Quelques rues plus au sud se dresse la **John Brown House ★★** *(droit d'entrée; fermé lun de mars à déc, lun-ven en jan et fév; 52 Power St., Providence, ☎331-8575)*, érigée en 1786 pour le compte d'un des fameux frères Brown (que les gens du coin appellent affectueusement Nick, Joe, John et Moe). Le nom de Brown fait en effet partie intégrante de l'histoire du Rhode Island, puisque les membres de cette famille de marchands ont vécu à Providence depuis sa fondation. Ce bâtiment georgien en brique de trois étages, que le président John Quincy Adams a un jour décrit comme «*le plus superbe et le plus élégant manoir que j'aie vu sur ce continent*», renferme par ailleurs une extraordinaire collection de meubles du XVIIIe siècle, dont un bureau et une bibliothèque composés de neuf types de coquilles; cette dernière est d'ailleurs tenue pour la plus belle pièce d'ameublement colonial américain subsistant à ce jour.

La **Brown University ★** *(College Hill, au bout de College St., Providence, ☎863-1000)* est bel et bien la reine de ces hauteurs, en plus de figurer au septième rang des plus anciennes universités américaines (elle fut fondée en 1764). Vous décèlerez l'influence des grands collèges privés sur l'ensemble de son campus, où se succèdent des bâtiments de style gothique et Beaux-Arts dominés par la gigantesque **John D. Rockefeller Jr. Library** *(à l'angle des rues Prospect et College, Providence, ☎863-2167)*, qui abrite les collections générales de l'Université. L'**University Hall** *(Prospect St.)*, un monument historique national, a servi de caserne et d'hôpital aux troupes américaines pendant la guerre d'Indépendance.

Avant de quitter College Hill, arrêtez-vous à la **Prospect Terrace** *(Congdon St., à l'angle de Cushing St.)*, un poste d'observation surplombant le centre-ville et marquant l'emplacement du Roger Williams Memorial. Vous y trouverez un petit jardin idéal pour les pique-niques. Profitez du panorama tout en digérant les innombrables données historiques que vous avez ingérées jusqu'à maintenant, et préparez-vous à faire le tour des autres quartiers de la ville.

Le centre-ville de Providence est dominé par le Capitole, ou **State House** ★ *(Smith St., Providence, ☎277-2357)*, considéré par certains comme la plus belle construction du genre aux États-Unis. Son architecture classique aux revêtements extérieurs de marbre resplendit de mille feux à la lumière du soleil. Son dôme de marbre autonome est le quatrième plus grand du monde. Un portrait en pied de George Washington, réalisé par Gilbert Stuart, né au Rhode Island, agrémente la State Reception Room. Visites gratuites tous les jours de la semaine.

À plusieurs rues au sud du Capitole, vous apercevrez **The Arcade** *(65 Weybosset St., Providence)*, un monument historique néoclassique de 1828, aujourd'hui transformé en centre commercial de trois étages.

Tout près se dresse le tout nouveau **Providence Children's Museum** *(droit d'entrée; fermé lun; 100 South St., Providence, ☎273-5437)*, jadis le Children's Museum of Rhode Island de Pawtucket. Après avoir occupé les mêmes locaux pendant 20 ans, le musée a déménagé ses pénates dans cette ancienne (et énorme) usine de bijoux en brique du quartier des joailliers. Sept grandes zones d'exposition y comprennent notamment la salle «Littlewoods», où les enfants de moins de cinq ans peuvent se familiariser avec la forêt et ses animaux; ils peuvent même y grimper aux arbres et se livrer librement à une exploration exhaustive des lieux.

Retenez que la plupart des sites mentionnés figurent au palmarès des *Walkie Talkies*, des enregistrements de 90 min accompagnés de plans qui vous permettent de visiter par vous-même la College Hill et le centre-ville. Vous pouvez vous procurer ces ensembles auprès de la **Providence Preservation Society** *(21 Meeting St., Providence, ☎831-7440)*.

Non loin de là, à quelques minutes en voiture, s'étend le **Roger Williams Park** *(Elmwood Ave., Providence, ☎785-9450)*, le parc le plus apprécié de la ville depuis 1871, alors que Betsy Williams légua sa ferme de 41 ha à la municipalité. Aujourd'hui, ce grand espace de verdure offre aussi bien des zones boisées que des attractions populaires, dont un zoo complet avec entre autres plusieurs pingouins *(droit d'entrée)*, un lac bordé d'un pittoresque hangar à bateaux et d'un kiosque à musique, un carrousel et une serre remplie de fleurs et de plantes exotiques, un terrain de golf miniature (neuf trous), des pédalos, des autos tamponneuses et des tours de poney. Le **Roger Williams Park Museum of Natural History** *(droit d'entrée)* renferme un planétarium, une exposition sur la culture, la faune et la flore de la région, ainsi qu'une salle consacrée aux squelettes. Le tout se trouve sur un terrain joliment paysagé en plein cœur de la ville.

De l'autre côté de la rivière Providence, sur la pointe de la péninsule de **Bristol**, repose le havre serein du **Blithewold Gardens & Arboretum** *(droit d'entrée; fermé lun et jan, fév, mars et nov; 101 Ferry Rd., Bristol, ☎253-2707)*. Formant une avancée spectaculaire dans la baie de Narragansett, Blithewold s'impose par la splendeur de ses vastes étendues verdoyantes et de ses jardins en bordure de l'eau. Un petit manoir du XVIIe siècle, tout en pierre et en tourelles, constitue la pièce centrale de ce décor bucolique. C'est ici que vécut la famille Van Wickle, de 1894 jusqu'à la mort de sa dernière descendante, Marjorie Van Wickle-Lyon, en 1976; la propriété fut alors léguée au Heritage Trust du Rhode Island. Les visiteurs peuvent désormais visiter certains des appartements privés des Van Wickle et se promener à leur aise dans leurs jardins. Vous y découvrirez le plus haut séquoia de la Nouvelle-Angleterre, un arbre de 90 ans qui mesure 25 m de haut et qui doit se trouver bien loin de sa terre d'origine, sur la Côte Ouest. Vous pouvez parcourir par vous-même les 13 ha de jardins de roses, de rocailles et de bosquets, ou encore profiter d'une visite guidée. Même l'hiver est spécial en ces lieux, alors que la demeure se pare de boucles et de colifichets, son arbre victorien s'élèvant sur deux étages.

En traversant l'anse en fer à cheval de Bristol Harbor, vous arriverez au **Coggeshall Farm Museum** *(droit d'entrée; adjacent au Colt State Park, route 114, Bristol, ☎253-9062)*, un musée d'histoire animé qui fait revivre sous vos yeux une ferme saline du XVIIIe siècle. Un guide costumé se tient souvent à votre disposition pour répondre aux questions que vous pourriez avoir sur la ferme elle-même ou sur la forge, également sur les lieux. Vous pourrez aussi assister à la fabrication du sirop d'érable ou à des démonstrations des métiers tel qu'ils existaient au XVIIIe siècle.

Il n'est pas un endroit aux États-Unis où l'on souligne avec plus de ferveur la fête nationale du 4 Juillet qu'à Bristol, où elle est célébrée depuis 1785! Aujourd'hui, ce sont plus de 250 000 visiteurs qui envahissent, chaque année, cette petite ville de 21 625 habitants pour participer à son extravagant **Independance Day**. Le plus ancien défilé des États-Unis y longe la route 114 (marquée d'une bande rouge, blanche et bleue toute l'année durant), et les festivités se poursuivent pendant plusieurs jours.

En face de Bristol, de l'autre côté de la baie de Narragansett, s'étend **Warwick**, la deuxième ville en importance du Rhode Island. C'est ici que se trouve le seul aéroport commercial de l'État, de même que la plus forte concentration d'hôtels et de magasins. Elle s'est elle-même attribué le titre de «ville-hôte du Rhode Island».

Une des attractions familiales les plus appréciées de Warwick est le **John D. Florio Memorial Park** *(ouvert du printemps à l'automne; fermé dim; 575 Centerville Rd., Warwick, ☎823-5566)*. Exploité par une organisation caritative sans but lucratif pour enfants, ce parc est aussi connu sous le nom d'*impossible dream* (le rêve impossible) afin d'en accentuer le caractère positif. Vous y trouverez des carrousels (de ceux que les enfants font tourner à la main), une maison de poupée grandeur nature, un château, un golf miniature, un petit train offrant des tours aux enfants, des balançoires et des toboggans.

La vallée de la Blackstone

Pour bien situer cette région, représentez-vous l'État du Rhode Island comme un gâteau à étages, dont la vallée de la Blackstone constitue l'étage supérieur (et aussi son glaçage, au dire de ses fervents admirateurs!). La rivière Blackstone déferle sur la partie est de cette vallée avec une force telle qu'elle a changé le cours de l'histoire américaine.

C'est en effet dans la vallée de la Blackstone qu'a débuté la révolution industrielle américaine. En 1793, Samuel Slater parvint à libérer la puissance formidable de la rivière pour alimenter la première filature de coton hydromécanique américaine, après quoi cette rivière devint connue comme «*la plus laborieuse des États-Unis*».

Aujourd'hui, la totalité de cet «étage supérieur» du Rhode Island demeure le joyau inexploré de cet État, une région émaillée de villes industrielles historiques, perdues au cœur d'immenses étendues sauvages. Vous y suivrez des routes panoramiques traversant des sites historiques et des villages pittoresques, et longeant des maisons coloniales soigneusement restaurées, des boutiques d'antiquités et des kiosques de fruits et légumes tenus par des fermiers.

La ville de **Pawtucket**, située dans l'extrémité sud-est de la région, sur la côte supérieure de la baie de Narragansett, est le lieu même où M. Slater a établi son usine révolutionnaire. Son nom signifie «chutes d'eau» en amérindien, et elle représente la quatrième plus grande ville de l'État.

Le **Slater Mill Historic Site** ★*(droit d'entrée; fermé lun du 1er juin à la fête du Travail, fermé lun-ven de la fête du Travail à déc et de mars à mai, fermé jan et fév; Roosevelt Ave., Pawtucket, ☎725-8638)* marque l'emplacement original de la célèbre filature de coton, aujourd'hui classée monument historique. Les visiteurs de cette construction en bois jaune à laquelle on a redonné ses vives couleurs d'antan peuvent encore admirer ses gigantesques métiers à tisser conservés intacts. Juste à côté du musée comme tel se trouve le **Wilkinson Building**, un bâtiment en moellons qui abrite la roue à aubes du moulin, d'un poids de 7 250 kg. La galerie aménagée à l'étage supérieur présente des expositions temporaires sur l'industrie textile et des thèmes connexes.

Le **Slater Memorial Park and Zoo** ★ *(Newport Ave., Pawtucket, ☎728-0500, poste 251)* est une autre source de plaisir pour les petits comme pour les grands. Son carrousel à poteaux de bois est le plus vieux du monde, un authentique Charles Looff, et d'ailleurs une des rares créations encore existantes de ce maître artisan. Fabriqué en 1895, il fut installé au Slater Park en 1910 et charme depuis lors tous les visiteurs qui le découvrent. Le parc offre également des terrains de ballon et des voies cyclables, un étang rempli de canards et même des allées réglementaires de bowling sur gazon. Vous y trouverez en outre la **Dagget House** *(droit d'entrée; sam-dim de juin à sept, aussi sur rendez-vous)*, une maison de ferme de

L'île chérie du Rhode Island

Certains comparent Block Island à l'Irlande; nombreux sont ceux et celles qui ne tarissent plus d'éloges sur ses charmes bucoliques, alors que d'autres y voient un retour à l'époque victorienne. Block Island est tout cela, et plus encore. Ce modeste triangle reposant à 21 km au large du Rhode Island ne mesure que 5 km de largeur et 11 km de longueur, et pourtant ses 28 km² recèlent des paysages qui rappellent effectivement l'Irlande à son meilleur : des collines verdoyantes et ondulantes nettement délimitées par des murets de pierres; des prés cousus de fleurs sauvages; des étangs en quantité (plus de 365 au total, une pour chaque journée de l'année!) et, naturellement, l'Atlantique indompté, qui balaie ses rivages. En approchant Block Island par traversier, vous noterez tout d'abord ses falaises crayeuses qui forment une muraille verticale de plus de 60 m au-dessus des vagues rugissantes. C'est du haut de ces falaises que les autochtones de l'île, les Indiens Narragansetts, repoussèrent autrefois un groupe d'agresseurs venus du continent pour s'approprier leur territoire; au cours d'un combat désormais célèbre, ils poussèrent en effet leurs envahisseurs mohegans en bas des promontoires, d'où ils s'écrasèrent sur les rochers qui gisent au pied de la muraille.

Même si les Mohegans sont disparus depuis longtemps, Block Island n'en semble pas moins accrochée à une époque révolue. À leur arrivée au quai d'Old Harbor, les passagers du traversier sont accueillis par une imposante phalange de riches bâtiments victoriens, rangés côte à côte et faisant face à la mer. Par ailleurs, lorsque nous parlons d'accueil, il faut aussi l'entendre au sens propre, car ce sont précisément ces constructions majestueuses qui fournissent le gîte et le couvert aux cohortes de vacanciers qui visitent l'île chaque été. Vous les retrouverez d'ailleurs partout dans les rues d'Old Harbor, se gavant de glaces maison, se procurant suffisamment de t-shirts «*I ❤ Block Island*» pour vêtir la population entière d'une nation naissante et s'imprégnant allègrement de l'atmosphère vivifiante de l'île.

Mais ne vous méprenez pas : les habitants de Block Island ne sont pas prêts de transformer leur paradis en piège à touristes. Vous ne verrez de fluorescents nulle part, pas plus que de comptoirs de restauration rapide. Il n'y a aucun feu de circulation sur l'île et, à proprement parler, aucune circulation comme telle. Les visiteurs peuvent se déplacer en taxi, à moins qu'ils ne préfèrent louer une bicyclette ou un vélomoteur (ce moyen de transport étant toutefois discrètement dénigré).

Cette île s'adresse plus particulièrement aux vrais amoureux de la nature. À quelques minutes à peine de l'activité plus intense de Water Street, à Old Harbor (la seule localité de l'île), s'étend une plage sablonneuse de 5 km connue sous le nom de **Crescent Beach**. Comme il s'agit de l'endroit le plus populaire de Block Island pour se baigner et se faire dorer au soleil, il se peut que les esprits solitaires s'y sentent entourés d'une foule trop nombreuse. Si tel est le cas, ne vous en faites pas; ramassez votre serviette, et faites quelques pas en direction du nord, où vous trouverez une plage isolée.

Les cyclistes sont enchantés de voir que les douces collines de l'île leur présentent un défi tout à fait raisonnable. Les paisibles chemins croisent bien au passage quelques cottages à clins de bois et une ou deux maisons victoriennes, mais, en général, vous êtes en pleine nature : ciriers de Pennsylvanie, pins de Virginie et landes herbeuses ponctuées d'étangs. Un naturaliste averti aura tôt fait de remarquer qu'il n'y a que très peu d'arbres sur cette île. Il fut cependant une époque où il y en avait davantage; c'était au milieu du XVIIe siècle, au moment où les premiers colons blancs vinrent s'y établir. Ils décimèrent alors la forêt pour construire leurs maisons et leurs granges, ainsi que pour se chauffer. Puis, lorsque le bois fut épuisé, ils firent brûler de la tourbe arrachée aux marais. Dans l'ensemble, la vie n'a jamais été facile pour les habitants d'aucune île; cependant, les colons d'ici n'avaient pas seulement à lutter contre le froid mordant des hivers, mais aussi contre les autochtones, qui n'appréciaient guère ces nouveaux venus.

Quoi qu'il en soit, les colons blancs n'ont pas eu la vie aussi dure que les Mohegans qui tentèrent d'envahir l'île, et qui furent repoussés au-delà des falaises se dressant sur la face sud de l'île. Aujourd'hui, ces **Mohegan Bluffs** sont toujours aussi impressionnants, et une foule de visiteurs s'y rendent pour regarder les vagues s'écraser sur le roc 60 m plus bas, ou pour descendre l'escalier de bois jusqu'à la plage à la fois sablonneuse et rocailleuse qui borde l'océan à cet endroit.

Sans doute voudrez-vous également visiter le **Southern Lighthouse** ou le **North Lighthouse.** Le premier de ces phares a récemment été déplacé pour l'éloigner des falaises s'érodant rapidement, et l'on attend sa réouverture sous peu. Quand au North Lighthouse, il a été rénové et présente désormais une exposition didactique sur Block Island.

L'histoire enseigne que plusieurs explorateurs «découvrirent» Block Island, dont l'Italien Giovanni Verrazano, qui baptisa l'île *Claudia* en l'honneur de la mère de son protecteur, Francis 1er de France. Mais ce fut le navigateur hollandais Adriæn Block qui, en 1614, en revendiqua le premier la propriété, lui donnant le nom d'*Adriæn's Eylant*.

De nos jours, Block Island n'est accessible aux visiteurs que de façon restreinte. Nous autres continentaux, nous n'y serons jamais vraiment chez nous; ce privilège n'est réservé qu'aux quelques individus dont les ancêtres étaient du nombre des premiers colons de cette terre. Mais nous sommes néanmoins invité à profiter des bienfaits dont la nature l'a dotée : la vie sauvage qui anime ses étangs marécageux, la campagne paisible, les plages de galets qui encerclent son littoral, et les oiseaux migrateurs qui s'y posent par nuées chaque printemps et chaque automne. À l'entrée du Rodman's Hollow, une ancienne crevasse glaciaire aujourd'hui aménagée en réserve faunique, les habitants de l'île ont accroché un panneau gravé à la main qui s'adresse à tous les visiteurs et qui se lit comme suit : «*Cette terre est destinée à être préservée dans son état naturel... Veuillez la respecter de sorte que tous les humains, animaux et végétaux puissent jouir à jamais de sa beauté et de la paix qui y règne.*» Une pensée tout à fait appropriée qui pourrait très bien s'appliquer à l'ensemble de Block Island.

1685, par ailleurs la plus vieille demeure de Pawtucket.

À quelques minutes de route au nord de Pawtucket s'étend le **Diamond Hill Vineyards** *(fermé mar; 3145 Diamond Hill Rd., Cumberland, ☎333-2751 ou 800-752-2505)*, un vignoble niché dans la magnifique campagne qui entoure **Cumberland**. Au bout du chemin cahoteux qui traverse les vignes, vous déboucherez sur la maison blanche à deux étages des propriétaires des lieux, la famille Berntson, qui se fait un plaisir d'accueillir les visiteurs et de les laisser utiliser leur vaste porche et leur pelouse ondulée pour leurs pique-niques. À l'intérieur se trouvent une salle de dégustation et une boutique de souvenirs. Une exclusivité de Diamond Hill : vous pouvez créer vos propres étiquettes (avec photos, messages personnalisés et tout ce qui vous passe par la tête) afin de les coller sur les bouteilles de vin fruité ou de cidre sans alcool que vous souhaitez offrir en cadeau.

Un peu plus au nord surgit **Woonsocket**, dont le quartier résidentiel du North End recèle un trésor inattendu, la **B'nai Israel Synagogue** *(224 Prospect St., Woonsocket, ☎762-3651)*. Ce lieu de culte arbore toute une série de vitraux splendides, conçus par un disciple de Marc Chagall, de même qu'un lustre en verre soufflé de Milan. L'*Encyclopedia Judaica* mentionne cette synagogue comme une des premières des États-Unis.

PARCS ET PLAGES

Le South County

Il existe dans cette région 19 réserves, plages, forêts et parcs d'État administrés par le gouvernement. Retenez que la portion du littoral qui s'étend de Watch Hill à Narragansett est presque entièrement composée de plages sablonneuses.

Napatree Point Barrier Beach

Cette partie de Watch Hill évoque la nature à son état le plus pur. Aucune voiture ne peut approcher de cette fragile plage semi-circulaire de 800 m, permettant ainsi aux nombreuses espèces d'oiseaux qui fréquentent ce littoral de côtoyer paisiblement les humains qui viennent les visiter. La plage se trouve à l'extrémité ouest de Watch Hill.

Installations et services : aucun. **Baignade** : bonne à l'extrémité sud de la bande de sable.

Misquamicut State Beach ★

Cette plage est une des plus grandes et des plus populaires de la Nouvelle-Angleterre. Les vagues y sont généralement clémentes, et la descente est graduelle, ce qui en fait un endroit tout indiqué pour les familles. Large à souhait, elle se prête aussi bien aux promenades qu'aux bains de soleil, et son sable est très fin, bien qu'il se couvre parfois d'une quantité excessive d'algues en août. On y accède par Atlantic Avenue, à Misquamicut.

Installations et services : tables de pique-nique, toilettes, cabines de douche, vestiaires et casse-croûte *(Memorial Day à la fête du Travail; ☎596-9097)*. Droits d'accès à la journée *(minimum 4$)*.

Ninigret Conservation Area (East Beach)

Cette large plage en barrière de 6,5 km, entre le Ninigret Pond et Block Island, est considérée comme une des plus belles de l'État, du fait des dunes et des nombreux pins de Virginie qui l'entourent. De plus, l'ouragan de 1938 a détruit toutes les maisons avoisinantes, et l'État y interdit désormais toute forme de développement. Aussi, comme le stationnement est sévèrement réglementé dans toute la région de la réserve naturelle, il n'y a généralement pas foule sur le sable. (Pour trouver une place de stationnement les fins de semaine, nous vous suggérons d'arriver tôt le matin.) Elle se trouve au bout d'East Beach Rd. par la route 1, à Charlestown.

Installations et services : toilettes portatives *(fermé nov à avr; information : ☎322-0450)*. Droits d'accès à la journée *(minimum 8$)*. **Baignade** : malgré la présence d'un surveillant de plage, elle peut être dangereuse pour les jeunes enfants. Fond rocailleux à descente très rapide à moins d'un mètre du bord, avec pour effet que les vagues ont tendance à se briser violemment tout près du rivage. **Camping** : accessible aux seuls camping-cars dotés de quatre roues motrices, et que sur la plage en barrière *(résidants, 8$ par nuitée; visiteurs, 12$ par nuitée)*.

Arcadia Management Area

Des milliers d'hectares demeurent intouchés à l'intérieur des terres, dans le coin nord-ouest du South County, formant le plus vaste parc naturel du Rhode Island. Puisqu'il se trouve en bordure de l'Appalachian Trail, il présente d'excellentes occasions de randonnées, alors que pendant les mois d'été on peut également se baigner ou faire du bateau aux plages sablonneuses du Browning Mill Sand Beach Pond. On y accède par la route 165.

Installations et services : aires de pique-nique et surveillants de plage *(☎539-2356)*. **Camping** : possibilité de camping sauvage pour les randonneurs ou de camping sous appentis *(15$ par nuitée)*; vous devez toutefois détenir un permis qui s'obtient sans frais au bureau principal *(260 Arcadia Rd., Arcadia)*. Si vous ne voulez pas camper à l'intérieur du parc, vous pouvez toujours vous rabattre sur Oak Embers *(Escoheag Hill Rd., West Greenwich, ☎397-4042)*, un terrain de camping privé situé tout près. Vous y trouverez 50 emplacements saisonniers avec raccordement à l'égout pour véhicules récréatifs et 30 emplacements à longueur d'année de même type avec raccordements complets *(18$ par nuitée dans les deux cas)*, de même que des emplacements pour tentes *(16$ par nuitée)*. **Pêche** : bonne dans les eaux fraîches de l'étang et excellente dans les rivières et ruisseaux.

East Matunuck State Beach

Dunes, 1,2 km de joli rivage et, par temps clair, une bonne vue sur Block Island sont vôtres sur cette plage populaire auprès des familles (sa descente graduelle convient particulièrement aux enfants). On l'atteint par la route 1, sur Succotash Rd., à South Kingston.

Installations et services : tables de pique-nique, toilettes, cabines de douche, surveillants de plage et concessions *(Memorial Day à la fête du Travail; ☎789-8585)*. Droits d'accès à la journée *(minimum 4$)*.

Roger Wheeler State Beach

Protégé par le brise-lames de Point Judith Harbor, cet endroit dépourvu de vagues, localement connu sous le nom de Sand Hill Cove, est idéal pour la baignade en famille. Le sable est blanc et fin, les eaux sont calmes, et la descente est si progressive qu'il est souvent nécessaire de franchir une distance importante avant d'avoir de l'eau au niveau de la taille. On y accède par Sand Hill Cove Rd., à Narragansett, près de Galilee.

Installations et services : tables de pique-nique, toilettes, cabines de bain et douches *(Memorial Day à la fête du Travail et fins de semaine de mai; ☎782-6286)*. Droits d'accès à la journée *(minimum 4$)*.

Narragansett Town Beach ★

Consacrée «meilleure plage de l'État» par la revue *Rhode Island Monthly*, cette étendue sablonneuse est visible de tous les points de la ville et de chaque courbe que dessine le tronçon local de la route panoramique 1A. Située juste au sud du chic Dunes Club, cette plage incarne l'essence même de la Nouvelle-Angleterre : des kilomètres de sable blanc et fin sur une grande largeur, des dunes et des lames de houle suffisamment hautes pour attirer les *surfers* même par mauvais temps. C'est d'ailleurs ici que se tiennent, chaque année, les Northeast Surfing Championships. Par ailleurs, pour les aspirants, des leçons gratuites sont offertes par les professionnels chaque mercredi d'été à midi précis. On l'atteint par la route 1A, à 3,2 km de la route 1.

Installations et services : cabines de douche, sauveteurs (saisonnier), casse-croûte, de l'autre côté de la rue *(☎783-6430)*. **Surf** : l'un des meilleurs endroits dans tout l'État.

La région de Newport

Même si, à strictement parler, il ne s'agit pas tout à fait d'une île, Aquidneck Island est entourée d'eau sur la presque totalité de sa circonférence, si bien qu'elle possède un nombre enviable de plages donnant sur la mer, mais aussi sur la baie et en bordure de ses rivières.

Fort Adams State Park ★

Construit en 1824 pour protéger l'entrée du port de Newport, le fort Adams fait désormais partie des monuments historiques nationaux. Des tours guidés de cette construction de pierres sont proposés aux visiteurs. Par contre, les 8,5 ha de parc qui l'entourent sont un paradis récréatif pour tous. Le parc se trouve sur la pointe de la «botte» d'Aquidneck Island, en face de la baie de Narragansett. Ce vaste pré gazonné où ont lieu les festivals de jazz et de musique folk de Newport, de même que plusieurs autres concerts d'été, allie de l'excellente musique à un panorama spectaculaire grâce à la baie et aux bateaux qui la sillonnent. L'accès du parc se trouve au bout de Fort Adams Rd., sur Ocean Dr..

Installations et services : bosquets de pique-nique avec grils, toilettes, surveillants de plage *(droit à la journée 4$; ☎847-2400)*. **Pêche** : à partir des quais de bois. **Baignade** : bonne.

Easton's Beach (First Beach)

Cette bande de sable fin et doux est entourée d'une véritable atmosphère de plage publique, la seule du genre dans toute la région (l'endroit est surtout fréquenté par des jeunes). À l'intérieur du grand arc que forme cette plage, les eaux sont assez calmes, alors qu'aux extrémités les vagues sont plutôt de nature à attirer les amateurs de surf. Le sable est fin et très doux, et la plage se révèle large. L'accès de la plage se trouve sur Memorial Boulevard, en direction du sud (Middletown) depuis l'extrémité nord de Cliff Walk.

Installations et services : toilettes, douches, surveillants de plage, restaurants, aquarium, promenade offrant des jeux pour toute la famille (mini-golf, autos tamponneuses, carrousel) *(☎848-6491)*. Stationnement : 8-10$.

Sachuest Beach (Second Beach)

Ses 3 km de dunes ondulantes, de sable fin et de vagues excellentes pour le surf (à l'une de ses extrémités) en font la plage favorite des gens du coin, et surtout des célibataires. La vue est également magnifique (celle sur la St. George's School entre autres, visible dans le lointain). La plage est contiguë aux 8,5 ha qu'occupe le Norman Bird Sanctuary en bordure de la mer. L'accès de la plage se trouve sur la pointe de Sachuest, à Middletown.

Casier à homards

Installations et services : tables de pique-nique, toilettes, douches, surveillants de plage et comptoir de rafraîchissements *(☎849-2822)*. Stationnement : 10-15$. **Camping** : le terrain de camping, ouvert de la mi-mai à la mi-septembre *(☎846-6273)*, compte 44 emplacements avec raccordements complets, dont certains peuvent être réservés alors que d'autres sont attribués selon le principe du «premier arrivé, premier servi»; 25-30$ par nuitée, des tarifs hebdomadaires et mensuels étant aussi disponibles. **Pêche** : dans les vagues, depuis la côte rocheuse.

Peabody Beach (Third Beach)

Cet endroit est idéal pour les familles, car il fait face aux eaux calmes de la rivière Sakonnet, mais il est également fréquenté par les véliplanchistes. Vous y trouverez de hautes dunes et une plage davantage en terre qu'en sable. De l'autre côté de la rivière, on peut apercevoir les douces collines de Little Compton. On y accède par Third Beach Rd., à Middletown.

Installations et services : toilettes et comptoir de rafraîchissements.

La région de Providence

Colt State Park

Autrefois le domaine privé de la famille de Samuel Pomeroy Colt, ce parc d'État met aujourd'hui ses 179 ha de verdure à la disposition de toutes les familles. Une route de 5 km épouse les contours de la baie de Narragansett, et un réseau de voies cyclables (relié à l'East Bay Bike Path) sillonne les bois. En été, le Rhode Island Symphony y donne à l'occasion des concerts au bord de l'eau. On l'atteint par la route 114, à Bristol.

Installations et services : aires de pique-nique et toilettes *(☎253-7482)*. Droits d'accès à la journée *(minimum 4$)*. **Pêche** : excellente en eau salée.

Goddard State Park

Ce parc bordé d'une plage est merveilleusement bien entretenu et offre des divertissements en plein air tout au long de l'année. L'ancien bâtiment à carrousel qui se trouve sur le rivage sert maintenant de salle de spectacle, et des formations de jazz ainsi que des grands orchestres s'y produisent au cours de l'été. Dix-huit sentiers équestres sont répartis à travers les 200 ha boisés du parc (aucune écurie de location dans le parc même), de même qu'un terrain de golf (neuf trous) et un belvédère pour les pique-niques. On y accède par Ives Rd., à environ 1,5 km au sud d'East Greenwich.

Installations et services : aires de pique-nique, cabines de douche, surveillants de plage, comptoirs de rafraîchissements et rampe de mise à l'eau *(☎884-2010)*. Droits d'accès à la journée *(minimum 4$)*. **Baignade** : bonne; eaux calmes.

La vallée de la Blackstone

Lincoln Woods State Park

Ce lieu de récréation populaire au nord de Providence couvre une superficie de plus de 240 ha. Les visiteurs peuvent se baigner dans l'Olney Pond et faire de la randonnée ou de l'équitation sur les sentiers bordés de chênes qui l'entourent. En hiver, on vient y pratiquer le patin à glace, le ski de fond et la motoneige. Les entrées sont situées sur Great Rd. (route 123) à Lincoln et sur Twin River Rd. à l'angle de la route 146.

Installations et services : aires de pique-nique, toilettes, cabines de douche, terrains de jeu, surveillants de plage et comptoir de rafraîchissements *(☎723-7892)*. Droits d'accès à la journée *(minimum 2$)*. **Baignade** : excellente dans les eaux du lac.

Diamond Hill State Park

Cette colline boisée est entourée d'une saillie de quartz, d'où le nom qu'on a attribué au parc. Cet espace de 151 ha, sillonné de sentiers de randonnée, est le site de festivals d'été. On y accède par la route 114, sur Diamond Hill Rd., à Cumberland.

Installations et services : aire de pique-nique, toilettes et parc de balle *(☎728-2400, poste 28)*.

Pulaski Memorial State Park

Trente-deux hectares de pins rouges, de pins blancs et de chênes entourent le Peck's Pond, dont la plage est la principale attraction des lieux. Les visiteurs peuvent en outre y faire de la randonnée en forêt ou jouer au base-ball sur le terrain aménagé à cet effet. On l'atteint par la route 44, sur Pulaski Rd., à 10 km à l'ouest de Chepachet.

Installations et services : aire de pique-nique, toilettes, vestiaire, terrain de jeu et surveillant de plage *(☎568-2013)*. Droits d'accès à la journée *(minimum 4$)*. **Baignade** : excellente. **Pêche** : bonne pour l'achigan, la perchaude et la truite.

ACTIVITÉS DE PLEIN AIR

Pêche sportive

Le Rhode Island, aussi connu sous le nom d'«État de l'océan», s'impose comme un véritable paradis pour les pêcheurs à la ligne. C'est ici qu'a lieu, chaque année, le New England Offshore Sportfish Tournament, une compétition de pêche au terme de laquelle les participants font peser leurs prises à la Ram Point Marina de Port Judith. Les eaux locales regorgent de thons blancs et rouges, de marlins et de requins, et les agences d'affrètement abondent sur toute la côte. Les meilleures saisons pour la pêche sont le printemps et l'automne.

Dans le South County, le **Snug Harbor Marina Booking Service** *(410 Gooseberry Rd., Wakefield, ☎783-7766)* affrète des excursions de pêche dans la baie de Narragansett et dans le détroit de Block Island, mais aussi en haute mer en quête de requins ou de thons. Sur Block Island, **G. Willy Makit Charters** *(☎466-5151)* propose pour sa part des excursions sur un bateau de six passagers (morue, bar rayé et goberge).

Dans la région de Newport, **Fishin' Off** *(Goat Island Causeway, Newport, ☎849-9642)* propose par ailleurs une excursion à bord d'un *Trojan* de 11 m, avec la possibilité de capturer sur bande vidéo vos exploits au large. Aucun permis n'est requis pour la pêche en eau salée. Tout l'équipement nécessaire est fourni pour les excursions à Block Island, dans la baie de Narragansett et dans la région du Washington's Ledge (requin, bar rayé, thon et goberge).

Voile

Même si tous les navigateurs du dimanche n'ont pas l'occasion de participer aux célèbres courses de l'America's Cup organisées à Newport, les baies et les bras de mer du Rhode Island, sans bien sûr oublier l'océan comme tel, attirent nombre d'amateurs de voile de tout niveau. En fait, vous n'avez même pas besoin de savoir naviguer, car vous trouverez ici toutes sortes de bateaux de location venant avec un équipage complet.

À Newport, **Newport Yacht Charters** *(P.O. - Box 1224, Newport, RI 02840, ☎423-2345)* propose des affrètements coque-nue et avec équipage depuis des *schooners* de 9 m jusqu'à des voiliers de 37 m, ainsi que des hors-bord. **Newport Sailing School and Cruises Ltd.** *(5 Beaver Rd., Barrington, ☎683-2738 ou 246-1595)* propose pour sa part des cours de voile, de même que de populaires croisières d'une journée ou moins à bord de *sloops* de 7 à 9 m.

Kayak

La navigation sur les voies d'eau intérieures devient de plus en plus populaire dans le Rhode Island. Un certain nombre d'entreprises louent des embarcations à cette fin et proposent même des leçons, tandis que d'autres se destinent aux excursions de groupe.

Dans le South County, le **Kayak Centre at Wickford Cove** *(9 Phillips St., Wickford, ☎295-4400)* loue et vend des kayaks, donne des leçons et organise des excursions dans le port. La **Snug Harbor Marina** *(410 Gooseberry Rd., Wakefield, ☎783-7766)* loue quant à elle des kayaks et propose divers circuits guidés.

Dans la région de Newport, **Adventure Sports** *(142 Long Wharf, The Inn on Long Wharf, ☎849-4820)* emmène les amateurs d'aviron dans la baie de Narragansett et dans le port de Newport. **Atlantic Outfitters** *(152 Bellevue Ave., ☎848-2920)* propose des excursions guidées le long du littoral de Newport et **Ten Speed Spoke** *(18 Elm St., ☎847-5609)* loue des kayaks et organise des excursions guidées. Et, à Providence, **Baer's River Workshop, Inc.** *(222 South Water St., ☎453-1633)* donne des leçons de kayak de mer à l'année et propose des excursions sur la rivière Providence en passant par le centre-ville.

Planche à voile

Ce sport qui requiert aussi bien des aptitudes pour la navigation que pour le surf est également très agréable à observer. Tout au long des plages du Rhode Island, les voiles colorées de ces frêles esquifs rehaussent la beauté de l'océan. Si le cœur vous en dit, **Island Sports** *(86 Aquidneck Ave., Middletown, ☎846-4421 ou 888-639-7529)* propose des leçons privées ou en groupe en plus de louer et de vendre des planches et des survêtements. Un bon endroit pour la pratique de ce sport dans la région de Newport est la Third Beach.

Ski de fond

L'hiver, lorsque certaines régions de l'État se couvrent d'un blanc manteau, de nombreux adeptes du ski de fond en profitent pour s'adonner à leur sport favori. Bien que la plupart des centres de ski se trouvent dans l'est du Massachusetts, plusieurs parcs d'État disposent de sentiers non entretenus qu'ils mettent à la disposition des skieurs, entre autres le Lincoln Woods State Park et la South County's Arcadia Management Area. La George Washington Management Area *(☎568-2013)* de la Blackstone Valley exploite pour sa part des sentiers damés.

Golf

De nombreux terrains de golf publics accueillent les visiteurs dans tous les coins de l'État.

Dans le South County, le **Winnapaug Golf Course** *(184 Shore Rd., Westerly, ☎596-9164)*, semi-privé, propose un parcours de 18 trous conçu par Donald Ross. Prenez le départ au neuf trous du **Weekapaug Country Club** *(265 Shore Rd., Westerly, ☎322-7870)*, mais prenez garde de ne pas noyer votre balle au fameux 4e trou, où vous devrez franchir un étang artificiel. Dans la Hope Valley, essayez le **Lindhbrook Country Club** *(299 Woodville-Alton Rd., Hope Valley, ☎539-8700)*, qui possède le seul parcours à normale 3 du Rhode Island.

Dans la région de Newport, le **Green Valley Country Club** *(371 Union St., Portsmouth, ☎847-9543)*, semi-privé, exploite un parcours truffé de longs et difficiles tracés à normale 4 ou 5. Le **Montaup Country Club** *(500 Anthony Rd., Portsmouth, ☎683-9882)* possède pour sa part un parcours de 18 trous. Et, à Providence, le **Triggs Memorial Golf Course** *(1533 Chalkstone Ave., ☎521-8460)* est un magnifique 18 trous public dessiné par Donald Ross en surplomb de la rivière Providence.

Tennis

Vous trouverez dans le Rhode Island des terrains de toutes sortes, du simple court de terrain de jeu aux rares et splendides surfaces gazonnées du vénérable Casino de Newport. Mais de quelque ordre qu'ils soient, la majorité d'entre eux exigent des réservations.

Sur Block Island, ébattez-vous à l'**Atlantic Inn** *(droit de jeu; ☎466-5883)* ou au **Champlin's Marine** *(droit de jeu; ☎466-2641)*, qui disposent de deux courts chacun.

À l'**International Tennis Hall of Fame** *(194 Bellevue Ave., Newport, ☎849-3990)*, vous pourrez jouer sur un des 13 courts en gazon de réputation internationale de Newport. Leçons disponibles; réservation requise.

Équitation

Vu la multitude de régions sauvages et de parcs du Rhode Island, on s'attend généralement à trouver un nombre tout aussi impressionnant d'écuries louant des chevaux d'équitation. Mais à la vérité, il n'y en a que peu. Au **Richmond Equestrian Center** *(tlj; 124 Kenyon Hill Train, Wyoming, ☎539-2979)*, vous pouvez prendre des leçons d'équitation et monter à l'anglaise à travers 43 ha de sentiers en pleine campagne. Des excursions guidées sont proposées les fins de semaine au **Stepping Stone Ranch** *(Escoheag Hill Rd., West Greenwich, ☎397-3725)* et aux **Sunset Stables** *(Twin River Rd., par la route 146, Lincoln, ☎722-3033)*.

Vélo

Le Rhode Island est une terre de rêve pour les cyclistes. Vous trouverez partout des voies réservées aux cyclistes et même une voie spéciale de 3 m de large et de 24 km de long, l'East Bay Bicycle Path, qui va de Providence à Riverside en longeant la côte et en traversant plusieurs parcs d'État.

Les cyclistes aguerris, capables d'affronter les élévations, s'en donneront sûrement à cœur joie sur Block Island, aux magnifiques routes secondaires et aux vues exceptionnelles.

À Newport, vous pouvez emprunter la voie de 24 km qui suit Bellevue Avenue puis Ocean Dr. en épousant les contours du littoral. De l'autre côté de la rivière Sakonnet, il existe des circuits de 40 à 55 km qui serpentent à travers les paisibles villages de Tiverton et de Little Compton. Finalement, c'est en parcourant les innombrables chemins ruraux de l'État que vous comprendrez pourquoi tellement d'habitants du Rhode Island sont des mordus de la bicyclette.

La location d'une bicyclette

Il n'y a malheureusement que trop peu d'entreprises de location dans cet État. Parmi les plus fiables, retenez **Narragansett Bikes** *(1153 Boston Neck Rd., route 1A, Narragansett, ☎782-4444)*, **Esta's at Old Harbor** *(Water St., Old Harbor, Block Island, ☎466-2700)*, **Ten Speed Spokes** *(18 Elm St., Newport, ☎847-5609)* et **Adventure Water Sports** *(The Inn at Longwharf, Thames, ☎849-4820)*. Si vous ne voulez pas risquer de ne trouver aucun vélo disponible, sachez que les occasions de randonnée sont à ce point intéressantes dans cet État que vous devriez songer à emporter votre propre bicyclette.

Randonnée pédestre

L'ensemble de cet État réserve de merveilleuses surprises tant aux randonneurs chevronnés qu'à ceux et celles qui désirent simplement parcourir les grands espaces. Au nord du Rhode Island, un projet fédéral unique en son genre couvrant deux États, le Blackstone River Valley National Heritage Corridor, permettra d'aménager des kilomètres de nouveaux sentiers en bordure de la rivière sur les anciens chemins de halage qui flanquent son canal. Bien qu'il ne soit pas encore achevé, ce parc linéaire offre des possibilités infinies à tous ceux et celles qui révèrent les splendeurs de la nature. Sauf indication contraire, toutes les distances fournies le sont pour l'aller seulement.

Le South County

Les basses terres du South County sont parsemées de régions sauvages protégées, idéales pour la randonnée.

La **Long Pond — Ell Pond Trail** (7,25 km), surnommée «la plus belle promenade du Rhode Island», conduit à trois étangs à travers ce qu'on appelle par ici une «forêt cathédrale» de rhododendrons et de sapins-ciguës. Ce site inscrit au registre du patrimoine naturel se trouve à Hopkinton. Les sentiers sont situés près de North Rd. et de Canonchet Rd., à Hopkinton.

La **Yellow Dot Trail** (32 km), un tronçon de l'Appalachian Trail en plein cœur de l'Arcadia Park, est signalée par des points jaunes sur les arbres. Elle traverse une grande partie de la forêt sauvage du parc. Pour obtenir une liste des sentiers, composez le ☎539-2356 ou le 277-1157.

L'**Orange Trail** (2,4 km), qui serpente à travers les 12 ha du Kimball Wildlife Refuge, près de Charlestown, traverse des forêts post-glaciaires de chênes et d'érables avant d'aboutir au Toupoyesett Pond. Il s'agit d'une des six sentiers entretenus par la société Audubon *(☎949-5454)* pour la randonnée pédestre, l'observation des oiseaux et la photographie en pleine nature.

À Rudman's Hollow, sur Block Island, suivez la **Green Way Nature Trail** (5 km), un parcours silencieux au fil duquel vous traverserez la «forêt enchantée», des collines ondulantes et une plaine broussailleuse. En cours de route, vous croiserez les fondations d'un ancien moulin ainsi qu'un cimetière, vestiges d'une ancienne ferme (navets). Les seuls sons que vous entendrez ici seront ceux qu'émettent les oiseaux; ce ravin glaciaire, considéré comme la troisième plus importante étape du couloir migratoire de l'Atlantique, accueille en effet, chaque année, plus de 200 espèces d'oiseaux migrateurs. Le sentier débute à Beacon Hill. Pour de plus amples renseignements, de même que pour vous procurer des plans des sentiers, adressez-vous à The Nature Conservancy *(P.O. Box 1287, Block Island, RI 02807, ☎466-2129)*.

La région de Newport

La fameuse **Cliff Walk** (5,6 km) de Newport doit être considérée comme unique, sinon comme suprême. Partant de l'entrée du Memorial Dr. et se frayant un chemin parfois précaire en bordure ou même au-dessus des brisants, ce sentier révèle des vues «cachées» sur les jardins et les façades des grands manoirs, ainsi qu'un panorama impressionnant du Rhode Island Sound. Restez sur la partie interne du sentier, car l'érosion en a affaibli la bordure externe par endroits.

Il existe une douzaine de sentiers variés à travers les 182 ha du Norman Bird Sanctuary, à Middletown, de la courte **Woodcock Trail** (0,8 km), qui traverse une plaine broussailleuse puis une forêt de caroubiers et de cerisiers noirs, à la **Hanging Rock Trail** (1,6 km), qui suit une corniche haute de 21 m le long d'une formation rocheuse vieille de 300 millions d'années (Paradise Rock) dominant l'océan, le Gardiner's Pond et les marais avoisinants.

La vallée de la Blackstone

Le **Blackstone River Valley National Heritage Corridor** renferme à la fois la rivière elle-même et les chemins de halage dont elle est flanquée. Couvrant près de 73 km, ce corridor devrait éventuellement comprendre une foule de sentiers de randonnée. Bien qu'il ne s'agisse pas encore tout à fait d'un sentier de randonnée à proprement parler, une section d'un des chemins de halage se trouvant à Lincoln, et longue d'environ 2 km, donne déjà une bonne idée de ce que le parc aura à offrir lorsque l'aménagement en sera terminé. Il s'agit d'un couloir plat en bordure d'une forêt; vous y verrez de grands hérons bleus, des marmottes, des lapins et des tortues. Pour vous y rendre, empruntez la sortie 10 de la route 295 vers la route 122 Sud (aussi appelée Mendon Rd.). Continuez jusqu'à Martin Street, environ 2,5 km plus loin, franchissez deux ponts, et laissez votre véhicule dans le stationnement aménagé après le deuxième pont. Longez ensuite le garde-fou orange, puis tournez à droite; après avoir marché 1,5 km, vous apercevrez l'ancienne maison du capitaine Kelly, l'Ashton Mill et le barrage.

À Smithfield, trois sentiers balisés sillonnent les 31 ha du Powder Mill Ledge Refuge. Cette réserve qui appartient à la société Audubon du Rhode Island *(☎949-5454)* abrite plusieurs espèces ailées, des tortues, des canards et quelques serpents dans des forêts de noyers tendres et cendrés, de caryers glabres et de châtaigniers. L'**Orange Trail** (1,6 km) et la **Blue Trail** (2,4 km) sont classées «faciles», alors que la **Yellow Trail** (3,2 km) s'avère un peu plus difficile. En hiver, toutes trois sont aménagées pour le ski de fond.

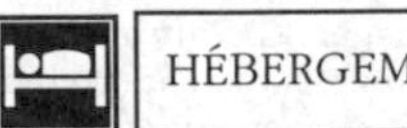

HÉBERGEMENT

Le South County

Même s'il est toujours possible de trouver un ou deux hôtels de grande chaîne à proximité des plus grandes villes, ce sont toujours les maisons victoriennes et les auberges cachées qui s'inscrivent le plus profondément dans la mémoire et qui caractérisent le mieux l'esprit du South County.

Comme c'est le cas pour la plupart des stations de villégiature de la Nouvelle-Angleterre, de nombreux lieux d'hébergement du Rhode Island ferment leurs portes en hiver. Les tarifs sont également saisonniers; ceux que nous vous communiquons ci-après s'appliquent au sommet de la saison estivale. Compte tenu de l'affluence des visiteurs, plusieurs établissements exigent en outre que vous réserviez pour au moins deux ou trois nuitées durant la haute saison et les longues fins de semaine.

Sur Block Island, la plupart des lieux d'hébergement occupent des constructions victoriennes, et nombreux sont les imposants établissements hôteliers au style tarabiscoté qui se détachent sur le fond océanique de cette île. Nous préférons toutefois vous mettre en garde contre certains compromis touristiques qui ne font pas le bonheur de tout le monde. Prenez par exemple le National Hotel, sous le porche duquel se retrouve une foule branchée; l'endroit est peut-être réputé et situé en plein cœur de l'action, mais sa musique amplifiée et la camaraderie plutôt tapageuse qu'on y retrouve ne correspondent pas exactement à l'idée que se font bien des gens d'une vacance de rêve!

Watch Hill

Le **Watch Hill Inn** *($$$$; bp; 38 Bay St., ☎348-8912 ou 800-356-9314, ⇄596-9410)*, un bâtiment à clins de bois blancs des années 1890 qui surplombe la Little Narragansett Bay, incarne toute la réserve distinguée de l'ancienne garde de Watch Hill (à ne pas confondre avec l'Inn at Watch Hill). L'air de la baie rafraîchit les 16 chambres non climatisées de l'auberge, et le décor est simple : lits en laiton, courtepointes moelleuses et quelques meubles d'époque. Certaines chambres disposent d'une salle de bain rénovée, où une cabine de douche remplace l'ancienne baignoire à pattes zoomorphes. Les clients peuvent se bercer sous le porche devant la mer.

L'Inn at Watch Hill *($$$$; fermé oct à fin mai; ℂ, ℝ; 118 Bay St., ☎596-0665, ⇄348-0860)* se présente comme une série de suites de type motel disposées au-dessus des magasins de l'artère principale de la ville. La décoration de chacune des chambres mise sans doute davantage sur l'utilité que sur l'élégance, mais la vue qui s'offre à vous depuis la terrasse respire la Nouvelle-Angleterre dans ce qu'elle a de plus pur, et de votre balcon vous pourrez observer tout ce qui se passe en ville, alors qu'au-delà de la baie le panorama s'étend à l'infini. Spécifiez bien «*Bay View*» (vue sur la baie) au moment de réserver votre chambre, car plusieurs des chambres désignées par l'appellation *Village View* n'ont qu'une vue partielle sur l'eau. Chaque suite dispose d'une cuisine équipée d'un four à micro-ondes, d'un réfrigérateur et d'un évier, mais il n'y a ni vaisselle ni ustensiles.

Westerly

Toutes les auberges du South County ne reflètent pas leur héritage yankee. **The Villa** *($$$-$$$$; ≈; 190 Shore Rd., ☎596-1054, ⇄596-6268)*, avec son décor à l'italienne et sa piscine colorée, fait plutôt méditerranéenne. Les chambres sont littéralement remplies, pour ne pas dire encombrées, de bibelots. Agréablement installé autour de la piscine, vous pourrez prendre un petit déjeuner complet ou une bouchée en après-midi. Les gays sont les bienvenus.

Le **Shelter Harbor Inn** *($$$-$$$$ pdj; bp, ℜ; 10 Wagner Rd., ☎322-8883 ou 800-468-8883, ⇄322-7907)* a exactement l'allure qu'une auberge rustique du bord de mer doit avoir : un bâtiment principal au revêtement à clins de bois d'un blanc immaculé, et découpé de persiennes contrastantes, accueillant à souhait et entouré d'un terrain soigneusement entretenu. Cette maison de ferme du XIXe siècle, avec son terrain paysager que délimitent des murets de pierres, est à la fois une auberge et un restaurant populaire. Il y a neuf chambres dans le bâtiment principal, toutes avec salle de bain privée et certaines avec terrasse d'ensoleillement privée, 10 autres dans la grange et enfin quatre dans l'ancienne remise à calèches. Des antiquités soigneusement polies agrémentent chaque chambre. Parmi les salles communes, notons une chaleureuse bibliothèque, juste à côté du bar-terrasse.

Hopkinton

Le **General Thurston House** *($$-$$$ pdj; Old Route 3, ☎377-9049)* est niché dans une région boisée, et profondément imprégné de l'atmosphère de la vieille Nouvelle-Angleterre. Cette maison coloniale de 1741, amoureusement restaurée par sa propriétaire Doris Silks, est un *bed and breakfast* chaleureux vivant au rythme de la campagne. Chacune des sept chambres est différente des autres : la *Victorian Room*, par exemple, renferme deux grands lits en laiton, alors que la *Primitive Room* se distingue par sa cheminée en pierre d'origine et sa berceuse «grand-mère». Vous trouverez dans chaque coin salon une carafe de sherry et des friandises fraîchement sorties du four. De plus, Doris n'est pas seulement réputée pour ses petits déjeuners campagnards, mais aussi pour sa vaste connaissance de l'histoire, des coutumes et des attraits de la région.

Wakefield

The Larchwood Inn *($$ bc, $$$ bp; 521 Main St., ☎783-5454 ou 800-275-5450, ⇌783-1800)*, un manoir comme on n'en fait plus, repose sur une colline dominant le village rustique de Wakefield. Construite en 1831, cette demeure de trois étages est comme un album de famille : l'une des fenêtres de la salle à manger porte encore la signature d'une de leurs filles, gravée dans le verre à l'aide de la bague à diamant qu'elle avait reçue à l'occasion de ses fiançailles. Il est à noter que vous pouvez demander une chambre avec salle de bain privée, puisque certaines des 12 chambres doivent partager des installations sanitaires communes; six autres chambres occupent par ailleurs une annexe. Les têtes de lit en bois sombre sont égayées par des couvre-lits à motifs floraux ainsi que par la lumière que diffusent de grandes fenêtres.

Block Island

Présidant telle une grande dame sur son domaine, l'**Hotel Manisses** *($$$$; ®; Spring St., ☎466-2421 ou 800-626-4773, ⇌466-2858)* règne dans une splendeur toute victorienne. Construit en 1870 et remis à neuf par la famille Abrams, des aubergistes bien connus de la région, le Manisses semble incarner mieux que tout autre le charme unique et l'individualisme caractéristique de Block Island. On y sert le thé chaque après-midi dans un salon meublé de vanneries dont les fenêtres ornées de vitraux irisent la lumière du soleil. Par ailleurs, attendez-vous à quelques surprises agréables : plusieurs des 17 chambres, comme la *Princess Augusta*, bénéficient de baignoires à remous; la suite *Antoinette* donne directement sur la terrasse frontale, une merveille pour tous ceux et cellees qui redoutent les escaliers; et la *Pocahontas* dispose de sa propre terrasse privée.

Le **1661 Inn and Guest House** *($$$$; ℂ; 1 Spring St., ☎466-2421 ou 800-626-4773, ⇌466-2858)* allie le charme victorien à une vue imprenable sur Old Harbor. Les chambres avec vue sur l'eau bénéficient également de terrasses privées, et la *Ackurs* dispose même de sa propre cuisinette. Les chambres sont ensoleillées et remplies d'antiquités. L'auberge est aussi reconnue pour ses gargantuesques petits déjeuners-buffet servis devant la mer.

Misquamicut

Les clients de la **Pleasant View House** *($$$-$$$$; fermé oct à fin mai; 65 Atlantic Ave., ☎348-8200 ou 800-782-3224, ⇌348-8919)* ont droit au traitement maritime complet. La large plage s'étend comme un tapis jusqu'en bordure de la pelouse soignée de l'hôtel, dont l'extérieur de bois blanc est rehaussé de toiles bleu marine devant chaque balcon privé. L'atmosphère en est une de bord de mer à une époque révolue, et les deux salles à manger, intérieure et extérieure, font face à l'océan, comme d'ailleurs plusieurs des chambres. Mais ne vous attendez pas au grand chic; la décoration est tout à fait élémentaire. Les chambres sont cependant propres et confortables, et la vue en justifie parfaitement les prix. Une cuve à remous et une salle d'exercice complètent les installations.

La région de Newport

En plus des grandes chaînes hôtelières qui y sont représentées, Newport possède une multitude de petits *bed and breakfasts*. Ainsi que nous l'a fait remarquer un habitant de l'île : «*Ici, tout le monde ou presque dispose de une ou de deux chambres à louer.*» Mais ne vous laissez pas induire en erreur par cet exemple frappant d'amoindrissement des faits, typique de la mentalité yankee; nous avons en effet pu constater que dans cette petite ville où les manoirs extravagants sont plus ou moins la norme, les *bed and breakfasts* ont visiblement tendance à emboîter le pas.

Newport

La **Marshall Slocum Guest House** *($$-$$$; 29 Kay St., ☎841-5120 ou 800-372-5120, ⇌846-3787)*, qui date de 1855, repose sur une rue bordée d'arbres, semblable à celles que Norman Rockwell a si bien immortalisées. Un drapeau américain flotte au-dessus des lieux, et sous le porche avant sont alignés des fauteuils berçants qui s'offrent généreusement à vos moments de détente. À l'intérieur, les chambres sont gaies et meublées à l'ancienne. Votre sympathique hôtesse, Joan Wilson, aussi bien douée pour la décoration que pour la cuisine (quiches et muffins frais tous les matins), a choisi des teintes de jaune ensoleillées et de bleu marine pour créer un équilibre avec les sombres boiseries d'origine. Chacune des cinq chambres (à l'étage) dispose d'un foyer, et elles se partagent trois salles de bain. Par beau temps, le petit déjeuner est servi sur la terrasse dominant le jardin arrière.

À courte distance de marche des manoirs, **The Hydrangea House Inn** *($$-$$$$ pdj; 16 Bellevue Ave., Newport, ☎846-4435 ou 800-945-4667, ⇔846-6602)*, ainsi nommé en raison de ces fleurs si abondantes à Newport que sont les hortensias, est une auberge de six chambres qui a été construite en 1876 et qu'on a depuis restaurée avec soin. Les chambres (toutes non-fumeurs) bénéficient d'un décor individuel mais se parent toutes d'antiquités et d'œuvres d'art originales. Le prix de la chambre comprend un petit déjeuner composé de café frais moulu, de jus d'orange fraîchement pressé, de pain maison et de muesli, auxquels s'ajoutent des crêpes ou des œufs brouillés. Il convient de noter que la salle à manger est aussi une petite galerie d'art, et que l'auberge se trouve directement sur Bellevue Avenue, à quelque cinq minutes de marche du bord de mer.

L'**Ivy Lodge** *($$$ pdj; bp/bc; 12 Clay St., ☎849-6865 ou 800-834-6865)* est une auberge de 8 chambres aménagée dans une grande résidence victorienne. Toutes les chambres bénéficient d'un décor individuel de style victorien, six d'entre elles disposent de leur propre salle de bain, ce qui est rare dans la majorité des établissement de ce type, et une suite familiale est aussi mise à votre disposition. Le petit déjeuner se révèle toujours être un pur délice, et vous apprécierez particulièrement les muffins et les autres pains et pâtisseries maison.

The Admiral Inns, trois maisons historiques construites à quelques rues seulement du port de Newport, demeurent un secret bien gardé parmi les visiteurs réguliers de cette ville. Chacune des auberges en question possède une histoire fascinante et arbore des traits tout à fait uniques.

Le gracieux et italianisant **Admiral Benbow Inn** *($$$-$$$$; bp; 93 Pelham St., Newport, ☎848-8000 ou 800-343-2863, ⇔846-8006)* a été érigé en 1855 pour le capitaine Augustus Littlefield. Les 15 chambres révèlent des lits en laiton, et l'auberge tout entière est climatisée, ce qui n'est pas à dédaigner au cours des étés cuisants de Newport.

L'**Admiral Fitzroy Inn** *($$$-$$$$; bp; 398 Thames St., Newport, ☎848-8000 ou 800-343-2863, ⇔846-8006)*, la plus grande des trois auberges, dispose de 17 chambres, d'un ascenseur et d'une terrasse sur le toit offrant une vue sur port. L'amiral Fitzroy commandait le *Beagle* lors du voyage aux îles Galapagos de Charles Darwin, celui qui lui inspira *De l'origine des espèces*.

Durant la guerre d'Indépendance, l'**Admiral Farragut Inn** *($$$-$$$$; 31 Clarke St., Newport, ☎848-8000 ou 800-343-2863, ⇔846-8006)*, construit en 1702, logea deux aides de camp du général Rochambeau, l'officier français qui assista George Washington tout au long de la guerre. Cette auberge de neuf chambres conserve son allure coloniale grâce, entre autres, aux sols recouverts de larges planches, aux fenêtres à carreaux et aux moulures originales de la cave.

The Nautical Nook *($$$-$$$$; bp, ≡; 86 Spring St., ☎846-6810 ou 800-841-6810)* propose trois chambres de type *bed and breakfast* au cœur même de Newport. Une des suites renferme une baignoire à remous pour deux personnes, et une autre, un piano demi-queue de même qu'une salle de séjour pourvue d'un poêle à bois.

Le **Viking Hotel** *($$$$; ≈, ⊙, ℜ; 1 Bellevue Ave., ☎847-3300 ou 800-556-7126, ⇔848-4864)* est la grande dame des lieux, soit un bâtiment historique national des années vingt en brique rouge découpée de blanc. La modestie de son entrée proprette, entourée de quatre colonnes, est pour le moins trompeuse : à l'intérieur, les étages et les chambres se succèdent sans fin. On y dénombre en effet 184 chambres, de nombreuses salles à manger, un centre de conditionnement physique et une piscine. Les chambres sont un peu petites et surchargées de copies de meubles d'époque telles que lits à colonnes. En été, vous pourrez dîner à la belle étoile au Garden Patio Café pour vous distraire de l'atmosphère un peu lourde de l'hôtel.

The Wayside *($$$$; ≈, bp; 406 Bellevue Ave., ☎847-0302 ou 800-653-7678, ⇔848-9374)* est un manoir victorien de briques beiges situé juste en face du célèbre Elms. Les propriétaires de cette vaste demeure de 1896, Dorothy et Al Posts, l'ont entièrement rénovée, créant ainsi 12 chambres grandioses garnies d'antiquités, avec leur propre salle de bain. Il y a même une piscine chauffée dans le jardin arrière.

Le **Newport Marriott** *($$$$; ≈, ⊙; 25 America's Cup Ave., ☎849-1000 ou 800-458-3066, ⇔849-3422)* est grand, moderne et à proximité de l'eau. La plupart des 317 chambres et des sept suites offrent une vue splendide sur Newport Harbor. Les ascenseurs à cloisons transparentes (qu'il faut souvent attendre beaucoup plus longtemps qu'on ne le souhaiterait) semblent également faire office de sculptures cinétiques, en insufflant une sorte de mobilité futuriste au hall ouvert de l'établissement, par ailleurs envahi de plantes. Les chambres sont décorées à la mode des années quatre-vingt et arborent des tons pastel; on y retrouve tous les appareils électroniques habituels. Un centre de conditionnement physique et une piscine intérieure complètent avantageusement les installations de l'hôtel, qui se trouve en face du Gateway Center (centre des congrès et bureau d'information touristique), à distance de marche des magasins et du bord de l'eau.

Le **Castle Hill Inn & Resort** *($$$$; bp; Ocean Dr., ☎849-3800 ou 888-466-1355, ⇐849-3838)* repose sur une péninsule de 13 ha en surplomb de la baie de Narragansett. Construite en 1874 pour le naturaliste international Alexander Agassiz, cette auberge à clins de bois rembrunis par le temps conserve encore tout son charme victorien. La construction aux angles multiples abrite 10 chambres de forme originale et gorgées d'antiquités, qu'il s'agisse de lits à colonnes en acajou, d'authentiques lavabos sur pied ou de fauteuils de chambre rembourrés; chacune dispose de sa propre salle de bain, spacieuse et moderne. Six autres chambres se trouvent dans des maisons en bordure de la falaise, derrière le bâtiment principal; des chalets faisant face à la mer accueillent aussi des visiteurs qui reviennent d'année en année; il sont fermés en hiver. Nombreux sont les clients qui aiment se réunir devant la cheminée de marqueterie unique qui embellit le salon de l'étage inférieur.

Érigé en 1880 pour servir de résidence d'été au gouverneur Thomas Swann du Maryland, le **Cliffside Inn** *($$$$; 2 Seaview Ave., ☎847-1811 ou 800-845-1811, ⇐848-5850)* jouit d'un emplacement rêvé à une rue de la Cliff Walk et à courte distance de la plage et des manoirs de Newport. Mais ce n'est là qu'un de ses atouts, car il s'agit d'une magnifique construction victorienne offrant 13 chambres meublées d'antiquités dont certaines s'enorgueillissent d'une cheminée et d'autres de baignoires à remous. À une époque donnée, cette maison a été la résidence de l'artiste Beatrice Turner, dont les peintures honorent tous les murs de l'établissement. On n'admet que les enfants âgés de 14 ans et plus. Séjour d'au moins deux jours les fins de semaine.

À trois rues seulement du centre-ville de Newport, **The Willows of Newport** *($$$$; 8 et 10 Willow St., Historic Point, ☎846-5486, ⇐849-8215)* se présente comme une petite auberge de cinq chambres aménagée à l'intérieur de deux maisons en rangée historiques. Les deux bâtiments en question ont été construits à 100 ans d'intervalle; le premier, la John Roger House, date des environs de 1740 et arbore un style colonial d'avant la guerre d'Indépendance, tandis que son annexe, connue sous le nom de The Willows, date des environs de 1840 et présente plutôt un style néoclassique. Les époques coloniale et victorienne y sont admirablement recréées, à tel point que l'auberge figure au registre des monuments historiques des États-Unis. Qui plus est, outre ses intérieurs somptueux, cet établissement est réputé pour ses jardins. Quant aux chambres, elles se parent de fleurs fraîchement coupées et de lits à baldaquin en laiton, certaines étant même drapées de soie et rehaussées de lustres, tandis que deux autres bénéficient de baignoires à remous. Le petit déjeuner est servi au lit chaque matin.

Middletown

Tout n'est pas exclusif et exorbitant dans la région de Newport. À preuve, le **Newport Quality Inn** *($$$; ≈, ℜ; 936 West Main Rd., Middletown, ☎846-7600 ou 800-556-6464, ⇐849-6919)* propose un hébergement propre, confortable et abordable. Ses 162 chambres s'avèrent spacieuses et décorées au goût du jour, et ses installations comprennent des chambres non fumeurs, une salle de bar, une piscine intérieure chauffée et un restaurant du nom de Captain's Table.

La région de Providence

Cette ville, la capitale du Rhode Island, compte déjà quelques grands hôtels, et plusieurs autres sont en construction.

Providence

Le dernier né est le **Westin Providence** *($$$-$$$$; ≈; 1 West Exchange St., ☎598-8000 ou 800-228-3000, ⇐598-8200)*, un hôtel de 25 étages et de 364 chambres qu'apprécient tout particulièrement les gens d'affaires et d'autres voyageurs en quête de toutes les commodités offertes par un hôtel à service complet. Les chambres sont de celles qu'on retrouve habituellement dans les hôtels des grandes villes, et arborent des tissus coordonnés légers et clairs. Un centre de conditionnement physique et une petite piscine intérieure complètent les installations.

The Old Court Bed & Breakfast Inn *($$$$ pdj; 144 Benefit St., ☎351-0747, ⇌272-4830)* est un pur délice pour les amateurs d'antiquités. Le bâtiment qui servit à l'origine de presbytère à une église épiscopale, en 1863, fit l'objet d'une réfection complète en 1985. Les 10 chambres recèlent désormais d'authentiques trésors : lits à colonnes, couvre-lits victoriens et lavabos sur pied d'époque. Comme l'endroit est assez populaire, nous vous suggérons de réserver suffisamment à l'avance.

Le **Providence Marriott** *($$$$; ≈; à l'angle des rues Charles et Orms, ☎272-2400 ou 800-228-9290, ⇌421-8006)* est un lieu prisé pour les rencontres d'affaires, mais aussi un havre familier pour les visiteurs de l'extérieur. Dans son ensemble, le décor est celui de tous les hôtels de cette chaîne, si ce n'est que l'étendue des installations oblige les clients à faire pas mal d'exercice avant d'atteindre les ascenseurs qui conduisent aux chambres. Celles-ci sont normalisées, modernes et propres, et sans la moindre surprise, bonne ou mauvaise. Le bar de l'hôtel, le Cahoots Lounge, est particulièrement bondé et bruyant le soir. La piscine intérieure-extérieure est aussi un lieu de rencontre convoité.

Le **Providence Biltmore** *($$$$; Kennedy Plaza, ☎421-0700 ou 800-294-7709, ⇌455-3050)*, depuis longtemps le plus grand et le meilleur de la région, est fraîchement rénové. Les 245 chambres se sont adoucies grâce à des moquettes et à des couvre-lits aux tons pastel. Le grand escalier et l'ascenseur à cage de verre du hall d'entrée continuent par ailleurs d'épater les visiteurs, tout comme la vue qu'offre la grande salle de bal.

Warren

Le **Nathaniel Porter Inn** *($$-$$$; bp, ℜ; 125 Water St., ☎245-6622, ⇌247-0244)* est à la fois une auberge, un restaurant et une grande réussite locale. Littéralement «sauvée» et laborieusement restaurée par la famille Lynch, cette maison coloniale à clins de bois rouges joyeusement rehaussée de jaune dispose maintenant de trois chambres avec salle de bain privée et un salon commun à l'étage. Tout y est charmant et authentique, de la cheminée en pierre aux lits à colonnes et à baldaquin.

Warwick

Le **Master Hosts Inn** *($$ pdj; 2138 Post Rd., ☎737-7400, ⇌739-6483)*, un hôtel économique de 103 chambres, présente un excellent rapport qualité/prix. Un service gratuit de navette pour l'aéroport figure au nombre des services offerts. Chambres non-fumeurs disponibles.

Le **Radisson Airport Hotel** *($$-$$$; ⊚; 2081 Post Rd., ☎739-3000, ⇌732-9309)* est à la fois un hôtel et un centre de formation pour les étudiants de l'institut de cuisine et de tourisme de la Johnson & Wales University. Ouvert en 1989, cet hôtel à la fine pointe du progrès propose une grande variété de services et de commodités, comme une conciergerie, un bassin à remous et une navette gratuite pour l'aéroport. Mieux encore, les clients peuvent s'attendre à ce que le personnel fasse tout ce qui est en son pouvoir pour satisfaire leurs moindres besoins, car les étudiants sont notés sur leur performance.

La vallée de la Blackstone

Pawtucket

Le **Comfort Inn** *($$; 2 George St., ☎723-6700 ou 800-221-2222, ⇌726-6380)* vous réserve d'agréables surprises. Vous y trouverez par exemple un étage pour gens d'affaires (*Executive Section*) où les chambres sont plus spacieuses, plus joliment décorées et mieux équipées que dans la plupart des hôtels courants. Son personnel est si courtois et avenant que vous vous féliciterez de votre choix.

RESTAURANTS

Le South County

Watch Hill

À Watch Hill, tout le monde mange, à un moment ou à un autre, à l'**Olympia Tea Room** *($$-$$$; fermé déc à mi-mai; 74 Bay St., ☎348-8211)*; installez-vous simplement sur les vieilles banquettes d'acajou, et regardez vivre les gens d'ici. Les propriétaires, Jack et Marcia Felber, font une cuisine américaine contemporaine, avec une emphase particulière sur les fruits de mer frais. Le décor fait quelque peu *Retour vers le futur* (les serveuses sont formellement vêtues de noir, avec col et manchettes de dentelle blanche), mais le menu est à la fois varié et rassurant. L'Olympia est surtout réputé pour son vibrant ragoût de palourdes à l'ail et ses fines pâtisseries en forme de cygne.

Westerly

Le **Shelter Harbor Inn** *($$-$$$; 10 Wagner St., ☎322-8883)* propose le dîner campagnard par excellence. Les repas sont servis dans plusieurs petites salles avec foyer en pierre; des chaises en bois poli et des fleurs sauvages sur chaque table complètent le décor. Le menu varie selon les saisons, et les fruits de mer, ainsi que vous devez maintenant vous en douter, sont toujours frais et excellents. Quant aux plats de pâtes, ils sont bien apprêtés et agréablement inventifs. N'hésitez pas à essayer le vin local, l'America's Cup, qui vient de Sakonnet Vineyards, tout près de là. Et comme dessert, pourquoi ne pas opter pour un bon *Indian pudding* chaud et parfumé?

Narragansett

Vous voulez manger de bons mets italiens sans faire de trou dans votre budget? Rendez-vous au **Term's** *($-$$$; 135 Boon St., ☎782-4242)*. Il n'y a pas de fantaisie ici, que de nombreuses familles avec des enfants qui courent dans tous les sens, et apparemment beaucoup de plaisir aussi, à en juger par l'ardeur avec laquelle tout le monde plonge dans son assiette. Fruits de mer *marinara*, plats de veau et pâtes à toutes les sauces.

Manger au **George's of Galilee** *($$-$$$; 250 Sand Hill Cove Rd., ☎783-2306)* fait désormais partie de la tradition au Rhode Island. Les habitués de ce restaurant aux murs lambrissés de bois s'assoient généralement près des immenses fenêtres donnant sur le quai où sont amarrés les bateaux de pêche. Traditionnels plats de croquettes de palourdes, de homard, de poisson et de pâtes, mais aussi du bœuf et de la volaille.

Le **Basil's** *($$$; fermé lun-mar; 22 Kingston Rd., ☎789-3743)* propose de la haute cuisine dans un décor recherché. Avec ses auvents rayés à l'extérieur et ses papiers peints à motifs floraux d'une grande délicatesse à l'intérieur, le Basil's se veut un véritable petit bijou d'inspiration européenne. Le service est classique, et les clients s'habillent volontiers pour l'occasion (plutôt rare, il faut l'avouer, dans les régions côtières). Le menu inclut de nombreux plats populaires, comme le vol-au-vent, le bœuf Stroganoff et les pétoncles à la provençale; le chef et propriétaire de l'établissement, Vasilios Kourakis, a la touche magique avec les herbes et les épices, si bien que de vieux favoris tendent à devenir de nouveaux favoris dès la première bouchée.

Wakefield

Ginger's Café and Bakery *($$-$$$; fermé lun; 333 Main St., ☎789-0914)*. Vous pouvez soit manger sur place, autour de tables recouvertes de nappes immaculées, ou commander pour emporter. Le chef, Ginger Stover, sert aussi bien le petit déjeuner (crêpes allemandes aux pommes cuites au four et pain doré préparé avec du pain de sabbat) que le déjeuner (sandwichs au poulet et au pistou, *frittatas* et quiches) et le dîner (risotto aux fruits de mer, saucisse fumée ou carré d'agneau avec gelée aux pacanes). Au dessert, laissez-vous tenter par le pudding au pain et aux pêches à la Ginger.

Block Island

Les excursionnistes qui se rendent sur Block Island pour quelques heures de randonnée cycliste au début du printemps et à la fin de l'automne sont souvent étonnés de trouver les hôtels et les restaurants fermés pour la saison. Qu'à cela ne tienne. Faites simplement comme les gens du coin, et prenez la direction du **Bethany's Airport Diner** *($; State Airport, ☎466-3100)*, qui sert des petits déjeuners et des déjeuners au comptoir sans fantaisie toute la journée, tous les jours. Parmi les spécialités de la maison, retenons les œufs bénédictine et les hamburgers garnis de légumes.

Que vous soyez amateur de plages sablonneuses ou de promontoires escarpés, votre visite à Block Island sera inévitablement ponctuée de pique-niques. Sachez donc que vous pouvez vous approvisionner au **Rebecca's Take Out** *($; mi-mai à mi-oct; 435 Water St., Old Harbor, ☎466-5411)* ou à l'**Old Harbor Take Out** *($; mi-mai à mi-oct; Water St., Old Harbor, ☎466-2935)*, après quoi il ne vous restera plus qu'à enfourcher votre bicyclette pour explorer le coin de nature qui vous sourit.

La plupart des visiteurs de Block Island ont l'impression d'avoir franchi la barrière du temps pour se retrouver à une époque plus paisible. Or, parmi les nombreux manoirs victoriens de l'île, le plus accueillant en ce qui a trait à l'hébergement, s'avère être aussi le restaurant le plus populaire des lieux. En été, l'**Hotel Manisses** *($$$$; Spring St., ☎466-2421)* sert le plus souvent ses repas sur une terrasse constellée de fleurs; puis, lorsque les vents de l'Atlantique deviennent trop mordants, on s'installe tout simplement à l'intérieur, au coin d'un bon feu réconfortant. Les entrées incluent différentes variétés de poissons fumés sur bois aromatique (la goberge fumée est une éternelle favorite). Les fruits de mer sont naturellement à l'honneur, avec quelques variations intéressantes, comme la bouillabaisse, et plusieurs plats à faible teneur calorique. Amuse-gueule variés d'huîtres et de palourdes. Et le saumon fumé maison ne cesse de faire le régal des inconditionnels.

La région de Newport

Comme vous pouvez sûrement l'imaginer, les restaurants de cette ville chic sont souvent très raffinés et très chers. Mais si vous préférez les établissements moins guindés, sachez qu'il existe de nombreux restaurants au bord de la mer où il est tout à fait possible de savourer d'excellents fruits de mer en contemplant le panorama maritime dans une atmosphère sans prétention.

Newport

Un petit endroit splendide à l'heure du petit déjeuner ou du déjeuner est l'**Annie's** *($; 174 Bellevue Ave., ☎849-6731)*, qui sert de merveilleux muffins maison et de délicieuses omelettes le matin. Le menu du déjeuner comprend pour sa part des sandwichs, des potages, des hamburgers et des salades. Ce restaurant, qui représente une sorte de croisement entre un *diner* et une boulangerie, renferme plusieurs banquettes et un comptoir où il fait bon s'installer devant un repas et un journal.

La Petite Auberge *($$$-$$$$; 19 Charles St., ☎849-6669)*, un restaurant français appartenant à son chef, est située dans un bâtiment colonial qui date de 1714. Vous y découvrirez cinq salles à manger aux tables revêtues de nappes en dentelle. Au cours de la belle saison, il est également possible de manger sur la terrasse extérieure. On trouve ici deux menus, l'un digne des grandes tables *($$$$)* et l'autre plus conforme à celui des bistros *($$$)*. Parmi les plats proposés, on trouve généralement quelques plats de poulet, du canard, de la truite, du homard et du chateaubriand.

Un autre restaurant français digne de mention est **Le Bistro** *($$-$$$$;19 Bowen's Wharf, ☎849-7778)*, qui se spécialise dans la cuisine provençale, et intègre beaucoup d'huile et de fines herbes dans ses préparations. Tout y est fait sur place, y compris les sauces (qui sont plus légères que les sauces françaises traditionnelles) et les produits de boulangerie. Le Bistro se trouve au bord de l'eau, et offre de belles vues sur la mer. Quant à sa carte des vins, elle a été primée par la revue *Wine Spectator*.

Le **Canfield House and Patrick's Pub** *($$$; Memorial Boulevard, ☎847-0416)* ne sont pas vraiment cachés des regards, mais ils n'en demeurent pas moins de véritables trouvailles. Leur élégance est en effet discrète, et leur publicité se fait surtout de bouche à oreille grâce à des clients toujours satisfaits. Il s'agit d'un bâtiment victorien sans prétention, niché dans une minuscule ruelle perpendiculaire à la rue principale où se trouvait jadis un casino allègrement fréquenté par Richard Canfield, un original de la scène du jeu au début du siècle. On sert aujourd'hui des classiques de la cuisine américaine dans la grande salle de l'établissement, sous un plafond voûté orné de riches boiseries de cerisier. Le service est formel et soigné, et les visiteurs aussi bien que les résidants (dont plusieurs y célèbrent des occasions spéciales) prennent plaisir à se parer de leurs plus beaux atours pour mieux cadrer avec le décor.

Le **Christie's** *($$$-$$$$; Christie's Landing, Thames St., ☎847-5400)*, le plus vieux restaurant du front de mer, aujourd'hui devenu une institution locale, est l'endroit où les jeunes ambitieux côtoient les riches propriétaires des yachts amarrés dans le port. Vous avez le choix entre la salle à manger principale, la chic salle victorienne qui se trouve à l'étage et l'une des deux terrasses extérieures, plus décontractées (toutes avec vue sur la mer). Il y a aussi un buffet de salades près du quai, autour de laquelle on s'assemble volontiers pour prendre un cocktail et se laisser envoûter par les airs prodigués par un orchestre. La spécialité de la maison est le homard frais, auquel s'ajoute une variété de fruits de mer, de biftecks et de plats de poulet ou de veau.

À la **White Horse Tavern** *($$$$; 26 Marlborough St., ☎849-3600)*, un trésor colonial de 1673, vous baignerez dans une atmosphère d'élégance. Même s'il s'agit de la plus ancienne taverne des États-Unis, ne vous attendez en effet surtout pas à vous retrouver dans une sorte de pub conventionnel : vous êtes ici dans le plus chic restaurant de Newport! L'intérieur du bâtiment reste toutefois fidèle à ses racines coloniales, avec d'énormes cheminées, des poutres apparentes et de nombreux portraits à l'huile d'ancêtres au regard solennel. Bien que le menu varie selon les saisons, vous y trouverez toujours les grandes spécialités de la maison : le homard à la White Horse Tavern, le bœuf Wellington et la ratatouille aux champignons sauvages. Le service est classique, ce qui ne fait qu'ajouter au panache de la fine cuisine proposée en ces lieux.

Si vous avez toujours rêvé de dîner sur l'*Orient Express*, pourquoi ne pas monter à bord de son homonyme américain, ***The Great Rib Dinner Train*** *($$$$; fermé jan et fév; Newport Depot, 19 America's Cup Ave., ☎841-8700 ou 800-398-7427)*. Deux wagons de train somptueusement remis à neuf longent nonchalamment la baie de Narragansett, dans lesquels on sert un repas de cinq services que vous pourrez savourer en toute tranquillité au cours des trois heures que dure le voyage aller-retour. Menu de bœuf, de volaille et de poisson, et possibilité de participer à un spectacle «meurtre-mystère». L'atmosphère est à la fête, car plusieurs groupes y célèbrent anniversaires et occasions de toutes sortes, ce qui entraîne parfois certains inconvénients, car le bruit des voix et des rires a tôt fait de s'amplifier dans un espace aussi restreint que celui d'un wagon de train. Réservation nécessaire.

Même si vous n'y avez pas de chambre, vous êtes invité à profiter du légendaire brunch du dimanche au **Castle Hill Inn & Resort** *($$$$; fermé nov à avr; Ocean Dr., ☎849-3800)*. Ce bâtiment victorien de trois étages, construit en 1874, revêtu de clins de bois et couronné de tourelles et d'un toit pointu, surplombe la baie depuis sa propre péninsule. À l'intérieur, les panneaux en châtaignier réfléchissent la lumière des lampes Tiffany, et des tapis orientaux rehaussent les planchers de bois dur. Le brunch, servi sur la pelouse ou à l'intérieur d'un pavillon tout de vert et de blanc vêtu, se déroule dans une atmosphère ni trop formelle ni trop décontractée et, tout en dégustant votre repas, vous pouvez sereinement contempler les voiliers qui évoluent dans la baie de Narragansett. L'impressionnant buffet contient de tout, des œufs bénédictine et autres plats généralement appréciés au petit déjeuner aux spécialités plus recherchées, comme le gigot d'agneau et le saumon poché.

Middletown

L'**Andrew's Restaurant** *($$-$$$; 909 East Main Rd., route 138, ☎848-5153)* occupe un espace autrefois consacré à une salle d'exposition pour voitures neuves. Anonyme et angulaire de l'extérieur, l'établissement est spacieux et accueillant à l'intérieur, agrémenté de foyers et de revêtements muraux en bois. Son chef et propriétaire, Andrew Gold, a su créer un menu frais et innovateur, ajoutant parfois un zeste d'originalité à des plats solidement ancrés dans les goûts américains (l'un des grands favoris est le hamburger au fromage cheddar garni de ketchup cajun, une pure merveille!). Vous y trouverez également des salades, des viandes grillées, des sandwichs et un menu pour enfants. Une salle de bar agrémente par ailleurs les lieux.

Portsmouth

Au **Flo's Dr.-in** *($; ven-dim mi-mars à fin sept; Park Ave.)*, la file d'attente en bordure de la plage vous permet déjà de vous faire une idée de ce qui vous attend. Il s'agit d'un authentique *clam shack* (baraque à palourdes), d'ailleurs le meilleur du genre, servant des croquettes de palourdes bien épaisses, des *quahogs* frites et des *stuffies* épicés (palourdes farcies).

Le **Sea Fare Inn** *($$$-$$$$; 3352 East Main Rd., ☎683-0577)* regorge d'opulence comme aux grands jours de fête : les lustres étincellent, et les tables sont tirées à quatre épingles, comme le sont d'ailleurs les clients de ce restaurant. La cuisine est régionale, dans sa forme la plus fine et la plus recherchée, et le service, comme cela s'impose, du plus haut niveau, attentif aux moindres détails. Que vous soyez assis dans la vaste salle à manger à colonnes ou sur la véranda de cet ancien manoir victorien, vous ne manquerez absolument rien des réjouissances.

La région de Providence

Conformément à son rôle de capitale du Rhode Island, de ville universitaire et de centre d'affaires, Providence s'est pourvue de restaurants remarquables. Sa population *yuppie* l'y oblige, et les visiteurs n'ont plus qu'à en profiter. Mais fort heureusement, l'accent mis sur les établissements de prestige n'a en rien diminué la popularité des restaurants plus simples ou à caractère ethnique.

Providence

Federal Hill, la «Petite Italie» de Providence, peut se vanter de compter plusieurs restaurants ethniques, tous plus merveilleux les uns que les autres; la plupart d'entre eux s'adressent aux familles, et leurs prix reflètent bien ce choix. L'**Angelo's Civita Sarnese Restaurant** *($-$$; fermé dim du Memorial Day à la fête du Travail; 141 Atwells Ave., ☎621-8171)* est un des favoris du quartier. Son décor est celui d'un simple casse-croûte (rehaussé d'un montage de photos de clients célèbres), le service à la bonne franquette est cordial, et la cuisine traditionnelle, généreuse et nourrissante, avec entre autres du veau aux poivrons rôtis et une variété de plats de pâtes du jour. Pour un restaurant plus huppé dans le même voisinage, essayez la fine cuisine italienne du **Camille's Roman Garden** *($$-$$$; 71 Bradford St., ☎751-4812)*.

Le **Rue de l'Espoir** *($$; fermé lun; 99 Hope St., ☎751-8890)* propose un menu d'excellente cuisine continentale présentée avec une certaine originalité, comme dans les sauces par exemple. Les plats du jour changent quotidiennement et peuvent comprendre, entre autres, filet de saumon grillé aux pistaches et basilic, de même que du poulet grillé au pesto déposé sur un lit de ravioli aux trois fromages. Les «petites assiettes» *(small plates)*, servies avec pain chaud frais sorti du four, sont très en demande. Boiseries et tables revêtues de nappes à carreaux rouges composent le décor décontracté à la française.

L'**Adesso** *($$-$$$; 161 Cushing St., ☎521-0770)* se définit comme un bistro californien spécialisé dans les grillades sur bois de prosopis. Les meilleures places se trouvent derrière la haute verrière, à l'entrée. Le décor est minimaliste, presque trop angulaire, mais les pizzas au four à bois (garnies de tout ce que vous pouvez désirer, du poulet rôti au gouda fumé) sont très prisées. Tous les plats inscrits sur le menu peuvent également être commandés pour emporter.

L'**Al Forno** *($$-$$$; fermé dim-lun; 577 South Main St., ☎273-9760)* et le **Hot Club** *($; 575 South Water St., ☎861-9007)* sont nés de l'inspiration de deux mordus de la grande cuisine à l'esprit innovateur, George Germon et Johanne Killeen. L'Al Forno est plus spécialement réputé pour ses pizzas au four. Le Hot Club, logé dans la salle des chaudières d'une ancienne usine, a pour sa part contribué à l'embourgeoisement de ce quartier du bord de l'eau, connu sous le nom de Corliss Landing, en faisant l'un des secteurs les plus branchés de la ville. **The Fish Company** *($; 515 South Water St., ☎421-5796)* partage maintenant une promenade commune avec le Hot Club le long de la rivière. L'endroit est détendu, à la mode et romantique, tout indiqué pour ceux et celles qui désirent prendre un verre en observant les bateaux avant le dîner.

Le **Hemenway's** *($$$; 1 Providence Washington Plaza, 121 South Main St., ☎351-8570)*, qui occupe un bâtiment ressemblant à un immense cube de Rubik, sert ce que d'aucuns considèrent comme les meilleurs fruits de mer en ville. Son simple sol carrelé de noir et de blanc et ses hauts plafonds ne sont pas de taille à concurrencer la cuisine, mais la vue spectaculaire sur la rivière ne manquera certainement pas de retenir votre attention.

Warren

Le **Nathaniel Porter Inn** *($$$; 125 Water St., ☎245-6622)* se trouve de l'autre côté de la rivière, dans le comté de Bristol. Dînez à l'intérieur, dans de minuscules salons coloniaux de 1750 entièrement rénovés, avec leurs authentiques peintures au pochoir et leurs cheminées en pierre, ou alors, si la température le permet, dans la cour intérieure. Cette auberge propose un menu de fruits de mer et de gibier variant selon les saisons, bien que ses deux grandes spécialités soient toujours disponibles : le ragoût de fruits de mer (*seafood chowder*), primé à plus d'une reprise, et l'Autumn Harvest, une tarte aux pommes votée la meilleure de toute la Nouvelle-Angleterre par les lecteurs de la revue *Yankee*.

Le petit village de Warren est la «capitale américaine du *clambake*». Les chefs de la région prennent ce titre très au sérieux, de sorte que les **parties de palourdes** organisées ici chaque fin de semaine d'été sont de véritables hymnes à la poésie culinaire. Réservation essentielle : adressez-vous à l'ancien chef de police Robert Perry *(☎245-1977)*. Festin à volonté pour 16$US.

Warwick

Deux types de cuisine, à savoir chinoise et traditionnelle de la Nouvelle-Angleterre, sont offertes à la **Great House** *($$-$$$; 2245 Post Rd., ☎739-8600)*, un manoir du tournant du siècle. Outre les mets que vous désirez manger, vous pourrez aussi choisir la salle à manger dans laquelle vous vous installerez : le porche frontal vitré ou l'Emperor and Empress Room, dotée d'un foyer. La maison est richement décorée d'antiquités et d'objets façonnés d'origine asiatique. Un fourgon de queue y sert à la fois de salle d'attente et de salle de bar, et vous pourrez visiter la gare historique qui se trouve sur la propriété.

Cranston

Le **Twin Oaks** *($$; fermé lun; 100 Sabra St., ☎781-9693)*, qui domine un petit lac du nom de Spectacle Pond, sert des fruits de mer, des biftecks et des mets italiens. Dans ce petit restaurant typique du sud de Providence, choisissez entre les deux salles à manger contemporaines avec vue sur le lac et la terrasse extérieure.

La vallée de la Blackstone

Harrisville

Le **Wright's Farm Restaurant** *($; fermé lun-mer; 84 Inman Rd., ☎769-2856)* s'impose comme le roi incontesté de ces dîners au poulet «à la mode familiale» qui sont exclusifs à la vallée de la Blackstone. Ce type de repas doit toujours inclure des macaronis, du poulet rôti, de la salade, des frites et un dessert, servis sans fin (ou jusqu'à ce que vous soyez repu). La salle à manger peut accueillir 1 500 personnes; ne soyez donc pas surpris de voir des cars entiers se vider ici de leurs passagers, pas plus que d'entendre craquer les planches du sol ou de constater le manque de prétention des prix suggérés.

SORTIES

Le South County

Misquamicut

The Windjammer *(Atlantic Beach Park, 321 Atlantic Ave., ☎322-9298)* présente des artistes réputés des grandes villes pour le plus grand bonheur des moins de 30 ans (et de tout autre mordu du rock assourdissant). Des formations se produisent sur scène tous les vendredis et samedis soirs dans une salle pouvant accueillir quelque 800 personnes.

Westerly

Le **Colonial Theatre** *(3 Granite St., ☎596-0810)* présente des drames, des comédies musicales et, durant l'été, des pièces de Shakespeare *(entrée libre)* dans le Wilcox Park voisin.

Matunuck

Ce qui fut à l'origine, en 1891, une maison de ferme de deux étages dans le village côtier de Matunuck est aujourd'hui devenu le célèbre **Theatre-By-The-Sea** *(364 Card's Pond Rd., ☎782-8587)*. En 1931, Alice Tyler décidait de transformer sa grange en théâtre de 500 places, et la suite appartient à l'histoire du *show-business*, puisque nombre de *stars*, y compris Marlon Brando, ont fait leurs débuts sur ses planches. Plusieurs vacanciers planifient d'ailleurs leurs activités en fonction des productions de ce théâtre qui présentait ces dernières années, à titre d'exemple, *George M!*, *La Cage aux Folles* et *Nunsense*. Le **SeaHorse Grill and Cabaret** *(droit d'entrée pour la représentation; ☎789-3030)*, qui fait désormais avantageusement partie du complexe, prépare un plat de poulet aux noix d'acajou particulièrement apprécié (quoique incongru), de même que des fruits de mer avant le spectacle et, si vous êtes de ceux et celles qui aiment à prolonger leurs soirées, pourquoi ne pas profiter des divertissements et des hors-d'œuvre proposés après la représentation? Le Theatre-By-The-Sea est inscrit au registre d'État ainsi qu'au registre national des lieux historiques.

La région de Newport

Newport

En été, la vie nocturne de Newport revêt des proportions internationales grâce à ses fameux festivals : le **Jazz Festival** *(août; ☎847-3710)*, le **Folk Festival** *(fin juillet; ☎847-3710)* et le **Newport Musical Festival** *(mi-juillet; ☎846-1133)*, dans le cadre duquel des concerts classiques sont présentés dans les plus spectaculaires manoirs de l'avenue Bellevue.

Le **Newport Playhouse & Cabaret Restaurant** *(102-104 Connell Highway, près du Newport Bridge, ☎848-7529)* propose des dîners-théâtre et des spectacles de cabaret les fins de semaine.

L'**Auld Mug Lounge** *(Newport Islander Doubletree Hotel, Goat Island, ☎849-2600)* met en vedette Saucy Sylvia les jeudis, vendredis, samedis et dimanches. Saucy joue du piano et parodie les airs les plus populaires des années quarante, cinquante et soixante.

Le **Red Parrot Restaurant and Bar** *(348 Thames St., ☎847-3140)* invite un musicien de jazz à se produire tous les jeudis, vendredis et dimanches soirs dans la salle à manger qui se trouve à l'étage.

La région de Providence

Providence

Deux troupes de théâtre d'envergure présentent ici un répertoire local, de même que des productions itinérantes. La **Trinity Repertory Company** *(201 Washington St., ☎351-4242)*, qui dépasse maintenant les 30 ans d'existence et qui se porte très bien (récipiendaire d'un prix *Tony*), est une troupe de répertoire qui supporte des artistes talentueux de la région et encourage par ailleurs la participation de l'auditoire.

Le **Providence Performing Arts Center** *(220 Weybosset St., ☎421-2997)* produit, pour sa part, des pièces qui font le tour des États-Unis après avoir connu le succès à BRd.way. Il occupe l'historique salle du Loew's Theater, un magnifique vestige des années vingt aux plafonds à dorures et aux fauteuils revêtus de velours à l'ancienne.

Une clientèle branchée, aussi bien gay qu'hétérosexuelle, fréquente le **Gerardo's** *(droit d'entrée; 1 Franklin Sq., ☎274-5560)*, une boîte caverneuse qui offre quatre bars, une piste de danse, des tables de billard et un jardin extérieur. Avis aux intéressés : on présente chaque jeudi une soirée *strip-tease* au cours de laquelle se dévêtent aussi bien les hommes que les femmes.

Oliver's *(83 Benevolent St., ☎272-8795)* est un endroit populaire auprès des étudiants de la l'université Brown. Formation de rock le mercredi et karaoké le jeudi. Table de billard et nourriture de pub.

Le **Cable Car Cinema and Café** *(204 South Main St., ☎272-3970)* présente des films classiques et étrangers dans une atmosphère de salon familial. La moitié des habituelles rangées de sièges a en effet été remplacée par d'imposants canapés à deux places fortement rembourrés. Il y a aussi un bistro à l'intérieur même du bâtiment où vous pourrez déguster des sandwichs, des *calzones* et des pâtisseries; une terrasse extérieure est accessible durant les beaux jours.

Le **Providence Civic Center** *(1 LaSalle Sq., ☎331-6700)* est un important bâtiment où l'on présente des spectacles, des foires pour la famille et divers événements sportifs.

Warwick

Le **Warwick Musical Theater** *(juin à août; 522 Quaker Lane, ☎821-7300)* est un théâtre circulaire d'un genre nouveau : la scène y tourne en effet sur elle-même!

La vallée de la Blackstone

Pawtucket

Le **City Nights Dinner Theatre** *(27 Exchange St., ☎723-6060)* présente une série de dîners-théâtre, de même que des matinées. Sa saison typique offre surtout des comédies musicales et des comédies, mais aussi un drame.

Woonsocket

Le **Chan's** *(267 Main St., ☎765-1900)*, en plus d'être un populaire restaurant asiatique, a acquis une gloire enviable à l'échelle de la

Nouvelle-Angleterre pour les artistes de jazz de réputation internationale qui s'y produisent. Votre hôte, John Chan, n'invite en effet que les meilleurs d'entre eux.

ACHATS

Le South County

Les amateurs d'antiquités n'ont qu'à bien se tenir, car il y a dans le South County plus de 25 antiquaires reconnus; parmi ceux-ci, retenons **Frink's Collectibles** *(route 1, Dunn's Corner, Westerly, ☎596-2756)*, qui vend des objets en argent, des verres en cristal, de la porcelaine, des lampes et des jouets datant des XVIIIe et XIXe siècles; **The Artists Guild and Gallery** *(5429 Post Rd., route 1, Charlestown, ☎322-0506)*, qui favorise les pièces des XIXe et XXe siècles. Pour obtenir une brochure et un plan indiquant l'emplacement précis de chaque boutique, adressez-vous au **South County Tourism Council** *(4808 Tower Hill Rd., Wakefield, RI 02879, ☎789-4422, ⇨789-4437)*.

Avondale

La **Sun-Up Gallery** *(95 Watch Hill Rd., ☎596-3430)* introduit la population de cette communauté conservatrice aux splendeurs des réalisations américaines de haut niveau en matière d'artisanat, de joaillerie et de vêtements de mode.

Hope Valley

Le **Hack and Livery General Store** *(1006 Main St., ☎539-7033)* a de quoi faire rêver : plus de 50 variétés de bonbons à l'unité disposés de façon alléchante dans des contenants en verre. Gageons que vous ne pourrez pas résister à la tentation d'en remplir plus d'un petit sac en papier! On y vend par ailleurs divers objets de collection.

Block Island

Près du bord de l'eau, **Scarlet Begonia** *(Dodge St., Old Harbor, ☎466-5024)* s'impose comme un établissement de choix pour se procurer courtepointes, coussins, bijoux, carpettes et autres pièces artisanales.

La région de Newport

Newport

À Newport, même les centres commerciaux revêtent une allure maritime et historique. Le **Bowen's Wharf** *(tout juste en bordure d'America's Cup Ave., ☎849-2120)* se présente comme un complexe à ciel ouvert réunissant des restaurants, des boutiques de mode et des magasins d'importations dans un décor de bâtiments du XVIIIe siècle et d'entrepôts en brique du XIXe siècle.

Le **Brick Market Place** *(entre Thames St. et America's Cup Ave.)* se définit comme un complexe de 1,5 ha regroupant plus de 30 magasins et restaurants en bordure, ainsi que son nom l'indique, d'une voie pavée de briques. Le site original, abritant un marché et un entrepôt à grains de 1762, figure désormais au registre national des monuments historiques.

Les amateurs d'antiquités voudront sans doute faire un saut du côté de **The Nautical Nook** *(86 Spring St., ☎846-6810)*, où ils trouveront, entre autres trésors, un choix impressionnant de ces navires «en bouteille» à la voilure entièrement déployée. Bien que la boutique propose surtout des modèles réduits de navires, vous y dénicherez de nombreux autres articles d'inspiration nautique tels que gravures, affiches et équipement de navigation.

Chez **William Vareika Fine Arts** *(212 Bellevue Ave., ☎849-6149)*, vous explorerez 300 ans de peinture, de gravure et de croquis américains, dont plusieurs œuvres ont été réalisées à Newport et autour de la baie de Narragansett. C'est un véritable plaisir que de magasiner dans un tel décor de musée.

Si vous n'en avez que pour la dentelle, ne ratez pas **Rue de France** *(78 Thames St., ☎846-2084)*, où des importations de France revêtent toutes les formes possibles et imaginables, des rideaux aux cache-corsets. Certaines dentelles sont même vendues à la verge (une verge, ou *yard*, équivaut à un peu moins de 1 m).

Portsmouth

L'**Old Almy House** *(1016 East Main Rd., ☎683-3737)*, un complexe occupant les bâtiments à clins de bois d'une ferme historique des années 1750, regroupe plusieurs magasins de campagne au charme irrésistible, dont un Gentlemen's Emporium (grand magasin pour hommes) et une boutique d'articles de Noël ouverte toute l'année.

Tiverton

Les **Tiverton Four Corners** *(Main Rd.)* proposent d'élégantes marchandises dans un charmant décor à l'ancienne. Sur un des quatre coins en question se trouve un établissement datant de 1829, la **Josiah Wilcox House** *(3879 Main Rd.)*, qui abrite le **Peter's Attic** *(☎625-5912)*, une boutique d'antiquités et une galerie d'art, la **Donovan Gallery**. **Provender at Tiverton Four Corners** *(☎624-8096)* propose, pour sa part, des importations de bonne chère, des produits de boulangerie et des plats raffinés à emporter.

La région de Providence

Providence

Bien qu'il existe deux ou trois centres commerciaux à la verticale dans le centre-ville de Providence, vous aurez plus d'agrément à magasiner dans les boutiques indépendantes qui sont réparties un peu partout à travers la ville.

The Opulent Owl *(195 Wayland Ave., ☎521-6698)* est un bon exemple des magasins innovateurs et à la mode de Providence. Dans le cas présent, il s'agit de cadeaux et d'objets de toutes sortes (encadrements originaux, porcelaines fines, tissus brodés...) côtoyant de belles pièces d'artisanat et divers articles ménagers.

The Arcade *(fermé dim; 65 Weybosset St., ☎598-1199)*, qui occupe trois étages d'un monument historique national de 1828 aux majestueuses colonnes de marbre, se targue d'avoir été le premier centre commercial des États-Unis. Soit! Mais il n'est certes pas le meilleur ni le mieux garni. Vous y trouverez en effet nombre de petites boutiques spécialisées à explorer, mais rien d'extraordinaire aux yeux de vrais amateurs de magasinage.

Le **Museum Gift Shop** *(Museum of Art — Rhode Island School of Design, 224 Benefit St., ☎454-6500)* recèle une foule de reproductions, mais aussi des bijoux, des cartes de vœux, des affiches et des livres axés sur les trésors du musée.

La vallée de la Blackstone

Vous êtes ici au cœur même du *mill country*, lieu de naissance du concept des magasins d'usine. Parmi les nombreux établissements de la région, nous avons tout spécialement apprécié le **Slater Fabric Store** *(727 School St., Pawtucket, ☎725-1730)*, où les tissus imprimés de maisons reconnues se vendent de 1,25$ à 5$US la verge. La gérante du magasin, Christine Callahan, possède une mémoire d'éléphant, si bien qu'elle peut retrouver l'exacte réplique d'une pièce que vous avez achetée plusieurs années auparavant. Pour obtenir une brochure de tous les magasins d'usine de la région, adressez-vous au **Blackstone Valley Tourism Council** *(171 Main St., Pawtucket, ☎724-2200)*.

Gloucester

Il existe environ une douzaine de magasins d'autrefois dans le minuscule village de Chepachet, à Gloucester, mais l'étoile incontestée des lieux est le **Brown & Hopkins Country Store** *(fermé lun-mer et deux semaines en août; 1179 Putnam Pike, ☎568-4830)*. Il n'y a en effet pas plus magasins de campagne que celui-ci, une perle d'authenticité; il s'agit d'ailleurs d'un des plus vieux magasin encore en activité des États-Unis! Ouvert en 1809, Brown & Hopkins a conservé son cachet d'antan (le secrétaire «dos d'âne» qui se trouve près de l'entrée y est depuis la guerre de Sécession!), ce qui ne l'empêche pas toutefois de pourvoir aux besoins de sa clientèle contemporaine (bougies décoratives, aliments fins et même des bonbons à l'unité). Les antiquités comme telles sont exposées au premier et au second étage, disposées de façon à reconstituer les pièces d'une maison. Les propriétaires de l'établissement gardent également en inventaire une meule de 18 kg de cheddar du Vermont, toujours fort apprécié.

LEXIQUE

PRÉSENTATIONS

Salut!	*Hi!*
Comment ça va?	*How are you?*
Ça va bien	*I'm fine*
Bonjour (la journée)	*Hello*
Bonsoir	*Good evening/night*
Bonjour, au revoir, à la prochaine	*Goodbye, See you later*
Oui	*Yes*
Non	*No*
Peut-être	*Maybe*
S'il vous plaît	*Please*
Merci	*Thank you*
De rien, bienvenue	*You're welcome*
Excusez-moi	*Excuse me*
Je suis touriste	*I am a tourist*
Je suis américain(e)	*I am American*
Je suis canadien(ne)	*I am Canadian*
Je suis britannique	*I am British*
Je suis allemand(e)	*I am German*
Je suis italien(ne)	*I am Italian*
Je suis belge	*I am Belgian*
Je suis français(e)	*I am French*
Je suis suisse	*I am Swiss*
Je suis désolé(e), je ne parle pas anglais	*I am sorry, I don't speak English*
Parlez-vous français?	*Do you speak French?*
Plus lentement, s'il vous plaît	*Slower, please*
Quel est votre nom?	*What is your name?*
Je m'appelle...	*My name is...*
époux(se)	*spouse*
frère, sœur	*brother, sister*
ami(e)	*friend*
garçon	*son, boy*
fille	*daughter, girl*
père	*father*
mère	*mother*
célibataire	*single*
marié(e)	*married*
divorcé(e)	*divorced*
veuf(ve)	*widower/widow*

DIRECTION

Est-ce qu'il y a un bureau de tourisme près d'ici?	*Is there a tourist office near here?*
Il n'y a pas de..., nous n'avons pas de...	*There is no..., we have no...*
Où est le/la ...?	*Where is...?*

tout droit	*straight ahead*
à droite	*to the right*
à gauche	*to the left*
à côté de	*beside*
près de	*near*
ici	*here*
là, là-bas	*there, over there*
à l'intérieur	*into, inside*
à l'extérieur	*outside*
loin de	*far from*
entre	*between*
devant	*in front of*
derrière	*behind*

POUR S'Y RETROUVER SANS MAL

aéroport	*airport*
à l'heure	*on time*
en retard	*late*
annulé	*cancelled*
l'avion	*plane*
la voiture	*car*
le train	*train*
le bateau	*boat*
la bicyclette, le vélo	*bicycle*
l'autobus	*bus*
la gare	*train station*
un arrêt d'autobus	*bus stop*
L'arrêt, s'il vous plaît	*The bus stop, please*

rue	*street*
avenue	*avenue*
route, chemin	*road*
autoroute	*highway*
rang	*rural route*
sentier	*path, trail*
coin	*corner*
quartier	*neighbourhood*
place	*square*
bureau de tourisme	*tourist office*
pont	*bridge*
immeuble	*building*
sécuritaire	*safe*
rapide	*fast*
bagages	*baggage*
horaire	*schedule*
aller simple	*one way ticket*
aller-retour	*return ticket*
arrivée	*arrival*
retour	*return*
départ	*departure*
nord	*north*
sud	*south*
est	*east*
ouest	*west*

LA VOITURE

à louer	*for rent*
un arrêt	*a stop*
autoroute	*highway*
attention	*danger, be careful*
défense de doubler	*no passing*
stationnement interdit	*no parking*
impasse	*no exit*
arrêtez!	*stop!*
stationnement	*parking*
piétons	*pedestrians*
essence	*gas*
ralentir	*slow down*
feu de circulation	*traffic light*
station-service	*service station*
limite de vitesse	*speed limit*

L'ARGENT

banque	*bank*
caisse populaire	*credit union*
change	*exchange*
argent	*money*
Je n'ai pas d'argent	*I don't have any money*
carte de crédit	*credit card*
chèques de voyage	*traveller's cheques*
L'addition, s'il vous plaît	*The bill please*

L'HÉBERGEMENT

auberge	*inn*
auberge de jeunesse	*youth hostel*
chambre d'hôte, logement chez l'habitant	*bed and breakfast*
eau chaude	*hot water*
climatisation	*air conditioning*
logement, hébergement	*accommodation*
ascenseur	*elevator*
toilettes, salle de bain	*bathroom*
lit	*bed*
déjeuner	*breakfast*
gérant, propriétaire	*manager, owner*
chambre	*bedroom*
piscine	*pool*
étage	*floor (first, second...)*
rez-de-chaussée	*main floor*
haute saison	*high season*
basse saison	*off season*
ventilateur	*fan*

LE MAGASIN

ouvert(e)	*open*
fermé(e)	*closed*
C'est combien?	*How much is this?*
Je voudrais...	*I would like...*
J'ai besoin de...	*I need...*

un magasin	*a store*
un magasin à rayons	*a department store*
le marché	*the market*
vendeur(se)	*salesperson*
le/la client(e)	*the customer*
acheter	*to buy*
vendre	*to sell*
un t-shirt	*T-shirt*
une jupe	*skirt*
une chemise	*shirt*
un jeans	*jeans*
un pantalon	*pants*
un blouson	*jacket*
une blouse	*blouse*
des souliers	*shoes*
des sandales	*sandals*
un chapeau	*hat*
des lunettes	*eyeglasses*
un sac	*handbag*
cadeaux	*gifts*
artisanat local	*local crafts*
crèmes solaires	*sunscreen*
cosmétiques et parfums	*cosmetics and perfumes*
appareil photo	*camera*
pellicule	*film*
disques, cassettes	*records, cassettes*
journaux	*newspapers*
revues, magazines	*magazines*
piles	*batteries*
montres	*watches*
bijouterie	*jewellery*
or	*gold*
argent	*silver*
pierres précieuses	*precious stones*
tissu	*fabric*
laine	*wool*
coton	*cotton*
cuir	*leather*

DIVERS

nouveau	*new*
vieux	*old*
cher, dispendieux	*expensive*
pas cher	*inexpensive*
joli	*pretty*
beau	*beautiful*
laid(e)	*ugly*
grand(e)	*big, tall*
petit(e)	*small, short*
court(e)	*short*
bas(se)	*low*
large	*wide*
étroit(e)	*narrow*
foncé	*dark*
clair	*light*

gros(se)	*fat*
mince	*slim, skinny*
peu	*a little*
beaucoup	*a lot*
quelque chose	*something*
rien	*nothing*
bon	*good*
mauvais	*bad*
plus	*more*
moins	*less*
ne pas toucher	*do not touch*
vite	*quickly*
lentement	*slowly*
grand	*big*
petit	*small*
chaud	*hot*
froid	*cold*
Je suis malade	*I am ill*
pharmacie	*pharmacy, drugstore*
J'ai faim	*I am hungry*
J'ai soif	*I am thirsty*
Qu'est-ce que c'est?	*What is this?*
Où?	*Where?*

LA TEMPÉRATURE

pluie	*rain*
nuages	*clouds*
soleil	*sun*
Il fait chaud	*It is hot out*
Il fait froid	*It is cold out*

LE TEMPS

Quand?	*When?*
Quelle heure est-il?	*What time is it?*
minute	*minute*
heure	*hour*
jour	*day*
semaine	*week*
mois	*month*
année	*year*
hier	*yesterday*
aujourd'hui	*today*
demain	*tomorrow*
le matin	*morning*
l'après-midi	*afternoon*
le soir	*evening*
la nuit	*night*
maintenant	*now*
jamais	*never*
dimanche	*Sunday*
lundi	*Monday*
mardi	*Tuesday*
mercredi	*Wednesday*
jeudi	*Thursday*
vendredi	*Friday*

samedi	*Saturday*
janvier	*January*
février	*February*
mars	*March*
avril	*April*
mai	*May*
juin	*June*
juillet	*July*
août	*August*
septembre	*September*
octobre	*October*
novembre	*November*
décembre	*December*

LES COMMUNICATIONS

bureau de poste	
par avion	*post office*
timbres	*air mail*
enveloppe	*stamps*
bottin téléphonique	*envelope*
appel outre-mer, interurbain	*telephone book*
appel à frais virés (PCV)	*long distance call*
télécopieur, fax	*collect call*
télégramme	*fax*
tarif	*telegram*
composer l'indicatif régional	*rate*
attendre la tonalité	*dial the area code*
	wait for the tone

LES ACTIVITÉS

la baignade	
plage	*swimming*
la plongée sous-marine	*beach*
la plongée-tuba	*scuba diving*
la pêche	*snorkelling*
navigation de plaisance	*fishing*
la planche à voile	*sailing, pleasure-boating*
faire du vélo	*windsurfing*
vélo tout-terrain (VTT)	*bicycling*
équitation	*mountain bike*
la randonnée pédestre	*horseback riding*
se promener	*hiking*
musée	*to walk around*
centre culturel	*museum, gallery*
cinéma	*cultural centre*
	cinema

TOURISME

fleuve, rivière	*river*
chutes	*waterfalls*
belvédère	*lookout point*
colline	*hill*
jardin	*garden*
réserve faunique	*wildlife reserve*
péninsule, presqu'île	*peninsula*
côte sud/nord	*south/north shore*
hôtel de ville	*town or city hall*
palais de justice	*court house*

église	*church*
maison	*house*
manoir	*manor*
pont	*bridge*
bassin	*basin*
barrage	*dam*
atelier	*workshop*
lieu historique	*historic site*
gare	*train station*
écuries	*stables*
couvent	*convent*
porte	*door, archway, gate*
douane	*customs house*
écluses	*locks*
marché	*market*
canal	*canal*
chenal	*channel*
voie maritime	*seaway*
cimetière	*cemetery*
moulin	*mill*
moulin à vent	*windmill*
école secondaire	*high school*
phare	*lighthouse*
grange	*barn*
chute(s)	*waterfall(s)*
batture	*sandbank*
faubourg	*neighbourhood, region*

LES NOMBRES

1	*one*
2	*two*
3	*three*
4	*four*
5	*five*
6	*six*
7	*seven*
8	*eight*
9	*nine*
10	*ten*
11	*eleven*
12	*twelve*
13	*thirteen*
14	*fourteen*
15	*fifteen*
16	*sixteen*
17	*seveteen*
18	*eighteen*
19	*nineteen*
20	*twenty*
21	*twenty-one*
22	*twenty-two*
23	*twenty-three*
24	*twenty-four*
25	*twenty-five*
26	*twenty-six*
27	*twenty-seven*

28	*twenty-eight*
29	*twenty-nine*
30	*thirty*
31	*thirty-one*
32	*thiry-two*
40	*fourty*
50	*fifty*
60	*sixty*
70	*seventy*
80	*eighty*
90	*ninety*
100	*one hundred*
200	*two hundred*
500	*five hundred*
1 000	*one thousand*
10 000	*ten thousand*
1 000 000	*one million*

GASTRONOMIE

Apple	Pomme
Beef	Bœuf
Bread	Pain
Butter	Beurre
Cabbage	Chou
Cheese	Fromage
Chicken	Poulet
Chowder	Chaudrée de fruits de mer à base de lait faite généralement avec des palourdes
Cod	Morue
Corn	Maïs
Clam	Palourde
Crab	Crabe
Egg	Œuf
Fish	Poisson
Fruits	Fruits
Ham	Jambon
Ice-cream	Crème glacée
Lamb	Agneau
Lobster	Homard
Oyster	Huître
Meat	Viande
Milk	Lait
Mushroom	Champignons
Mustard	Moutarde
Nut	Noix
Omelette	Omelette
Pancakes	Petites crèpes épaisses
Pastry	Pâtisserie
Pie	Tarte
Potato	Pomme de terre
Sauce	Sauce
Sausage	Saucisse
Scallop	Pétoncle
Scampi	Langouste
Seefood	Fruits de mer
Shrimp	Crevette

Squid	Calmar
String bean	Haricots
Turkey	Dinde
Vegetables	Légumes
Vinegar	Vinaigre
Water	Eau

INDEX

INDEX

INDEX

INDEX

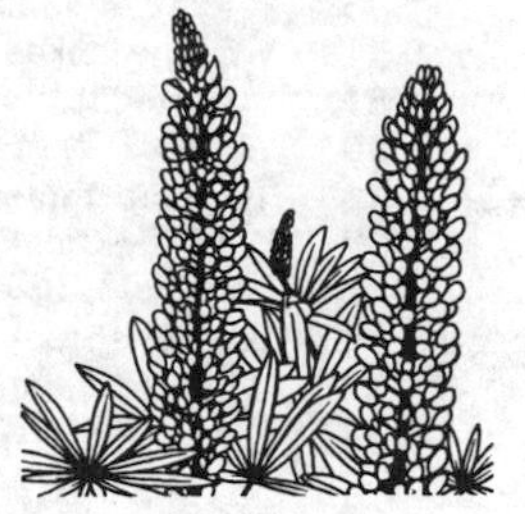

Notes de voyage

Notes de voyage

Notes de voyage

Notes de voyage

BON DE COMMANDE

GUIDES DE VOYAGE ULYSSE

- ☐ Abitibi-Témiscamingue et Grand Nord 22,95 $
- ☐ Arizona et Grand Canyon 24,95 $
- ☐ Bahamas 24,95 $
- ☐ Belize 16,95 $
- ☐ Boston 17,95 $
- ☐ Calgary 16,95 $
- ☐ Californie 29,95 $
- ☐ Canada 29,95 $
- ☐ Charlevoix Saguenay – Lac-Saint-Jean 22,95 $
- ☐ Chicago 19,95 $
- ☐ Chili 27,95 $
- ☐ Colombie 29,95 $
- ☐ Costa Rica 27,95 $
- ☐ Côte-Nord – Duplessis – Manicouagan 22,95 $
- ☐ Cuba 24,95 $
- ☐ Cuisine régionale au Québec 16,95 $
- ☐ Disney World 19,95 $
- ☐ El Salvador 22,95 $
- ☐ Équateur – Îles Galápagos 24,95 $
- ☐ Floride 29,95 $
- ☐ Gaspésie – Bas-Saint-Laurent Îles-de-la-Madeleine 22,95 $
- ☐ Gîtes du Passant au Québec 13,95 $
- ☐ Guadeloupe 24,95 $
- ☐ Guatemala 24,95 $
- ☐ Honduras 24,95 $
- ☐ Hôtels et bonnes tables au Québec 17,95 $
- ☐ Jamaïque 24,95 $
- ☐ La Nouvelle-Orléans 17,95 $
- ☐ Lisbonne 18,95 $
- ☐ Louisiane 29,95 $
- ☐ Martinique 24,95 $
- ☐ Miami 18,95 $
- ☐ Montréal 19,95 $
- ☐ Montréal pour enfants 19,95 $
- ☐ New York 19,95 $
- ☐ Nicaragua 24,95 $
- ☐ Nouvelle-Angleterre 29,95 $
- ☐ Ontario 27,95 $
- ☐ Ottawa 16,95 $
- ☐ Ouest canadien 29,95 $
- ☐ Panamá 24,95 $
- ☐ Pérou 27,95 $
- ☐ Plages du Maine 12,95 $
- ☐ Portugal 24,95 $
- ☐ Provence – Côte-d'Azur 29,95 $
- ☐ Provinces Atlantiques du Canada 24,95 $
- ☐ Puerto Rico 24,95 $
- ☐ Le Québec 29,95 $
- ☐ Le Québec et l'Ontario de VIA 9,95 $
- ☐ République dominicaine 24,95 $
- ☐ San Francisco 17,95 $
- ☐ Toronto 18,95 $
- ☐ Vancouver 17,95 $
- ☐ Venezuela 29,95 $
- ☐ Ville de Québec 17,95 $
- ☐ Washington D.C. 18,95 $

ULYSSE PLEIN SUD

- ☐ Acapulco 14,95 $
- ☐ Cancún – Cozumel 17,95 $
- ☐ Cape Cod – Nantucket 17,95 $
- ☐ Carthagène (Colombie) 12,95 $
- ☐ Puerto Vallarta 14,95 $
- ☐ Saint-Martin – Saint-Barthélemy 16,95 $

ESPACES VERTS

- ☐ Cyclotourisme en France 22,95 $
- ☐ Motoneige au Québec 19,95 $
- ☐ Québec cyclable 19,95 $
- ☐ Randonnée pédestre Montréal et environs 19,95 $
- ☐ Randonnée pédestre Nord-est des États-Unis 19,95 $
- ☐ Randonnée pédestre au Québec 22,95 $
- ☐ Ski de fond au Québec 22,95 $

GUIDES DE CONVERSATION

☐ L'Anglais pour mieux voyager en Amérique 9,95 $

☐ Le Québécois pour mieux voyager 9,95 $

☐ L'Espagnol pour mieux voyager en Amérique latine 9,95 $

JOURNAUX DE VOYAGE ULYSSE

☐ Journal de voyage Ulysse (spirale) bleu – vert – rouge ou jaune 11,95 $

☐ Journal de voyage Ulysse (format de poche) bleu – vert – rouge – jaune ou «sextant» 9,95 $

Budget • zone

☐ •zone Amérique centrale 14,95 $

☐ •zone le Québec 14,95 $

TITRE	QUANTITÉ	PRIX	TOTAL

Nom ____________________

Adresse ____________________

____

____

Paiement : ☐ Comptant ☐ Visa ☐ MasterCard

Numéro de carte ____________________

Signature ____________________

Total partiel	
Poste-Canada*	4,00 $
Total partiel	
T.P.S. 7%	
TOTAL	

ÉDITIONS ULYSSE

4176, rue Saint-Denis, Montréal (Québec)

☎ (514) 843-9447, fax (514) 843-9448, H2W 2M5

Pour l'Europe, s'adresser aux distributeurs, voir liste p 2.

* Pour l'étranger, compter 15 $ de frais d'envoi.

Arizona et Grand Canyon, 2e édition
Seconde édition substantiellement augmentée de cet ouvrage qui vous livre les moindres secrets du célèbre Grand Canyon, mais aussi de tous les autres parcs à la nature sculpturale de cet État du sud-ouest américain, ainsi que des villes jeunes et bouillonnantes de Phoenix et de Tucson. Seul guide en français sur cette destination.
collectif
400 pages, 16 cartes
24,95 $ 145 F
2-89464-076-5

Boston
Seul guide en français consacré à la métropole de la Nouvelle-Angleterre. Revivez les exploits de Paul Revere dans le Boston historique. Découvrez les richesses intellectuelles et artistiques du Boston universitaire.
Collectif
272 pages, 15 cartes
17,95 $ 99 F
2-89464-098-6

Californie
Tous les recoins de cette région américaine culte sont explorés dans cet ouvrage : Los Angeles, San Francisco, San Diego, la Napa Valley, les grands parcs nationaux, les plages infinies du Sud.
Ray Riegert
600 pages, 52 cartes
29,95 $ 129 F
2-89464-152-4

Cape Cod-Nantucket, 2e édition
Des célèbres plages du Cape Cod aux secrets refuges de Nantucket en passant par les douces routes de campagne de Martha's Vineyard. Tout pour découvrir ce lieu de villégiature par excellence de la Côte Est américaine.
Collectif
208 pages, 6 cartes
17,95 $ 99 F
2-89464-115-X
édition courante 2-89464-104-4
avril 1998 (Québec); mai 1998 (Europe)

Chicago
Musée géant à ciel ouvert de l'architecture moderne, creuset où s'est développé le blues électrique qui a inspiré les plus grandes stars du rock, gardienne de collections d'œuvres d'art comptant parmi les plus importantes du globe, Chicago est la ville de la démesure. Ce guide vous conduit à travers ses rues à l'animation incessante, ses parcs qui s'étirent majestueusement le long du lac Michigan et ses quartiers ethniques.
Claude Morneau
432 pages, 20 cartes
8 pages de photos en couleurs
$19,95 $ 117 F
2-89464--052-8

Disney World, 3e édition
Nouvelle édition entièrement revue de ce guide unique en son genre. Tous les trucs pour tirer le meilleur parti de sa visite du célèbre parc thématique de la Floride. Toutes les attractions de Disney World et des autres parcs environnants sont décrites et classées de façon critique afin que chaque visiteur puisse profiter au maximum de son séjour.
Stacy Ritz
400 pages, 12 cartes
19,95 $ 135 F
2-89464-079-x

Floride, 4e édtion
Le guide le plus complet jamais produit en français sur cet État américain. Tout sur les stations balnéaires, sur Miami et son extraordinaire quartier Art déco, sur les parcs nationaux comme celui des Everglades.
Collectif
448 pages, 40 cartes
8 pages de photos en couleurs
29,95 $ 129 F
2-89464-215-6

Louisiane,3e édition
L'Acadie louisianaise; La Nouvelle-Orléans et sa gastronomie; le jazz, le blues et le zarico. Section spéciale sur la Francofête de 1999 et les célébrations du tricentenaire de la présence française en Louisiane.
Richard Bizier, Roch Nadeau
512 pages, 27 cartes
16 pages de photos en couleurs
29,95 $ 139 F
2-89464-197-4

Miami
Avec son fabuleux quartier Art déco, son centre-ville futuriste et ses longues plages, Miami est devenue l'une des grandes villes des États-Unis et la plaque tournante du monde latino-américain. Tout sur les bonnes tables et la vie nocturne.
Alain Legault
352 pages, 20 cartes
8 pages de photos en couleurs
18,95 $ 99 F
2-89464-203-2

New York
Voici enfin un guide complet s'activant autant à décrire le New York culturel, qu'à repérer les adresses pratiques. De nombreux circuits vous font découvrir toutes les dimensions de cette mégalopole insaisissable. Les grandes attractions touristiques et les musées fabuleux de Manhatan, mais aussi les quartiers méconnus, les restos familiaux et les*boroughs* environnants... rien n'échappe à ce Guide Ulysse.
François Rémillard
400 pages, 20 cartes
8 pages de photos en couleurs
19,95 $ 99 F
2-89464-084-6

Les Plages du Maine
Chaque été, les vacanciers accourent vers les plages et les villages de la côte de l'État américain du Maine. Ogunquit, Wells, Old Orchard, Kennebunk, Portland et Freeport n'auront plus aucun secret pour quiconque se munira de ce guide de poche.
Joël Pomerleau
144 pages, 5 cartes
12,95 $ 70 F
2-89464-110-9

Randonnée Pédestre Nord-Est des États-Unis, 3e édition
Grâce à cet ouvrage unique en son genre, le lecteur parcourra les montagnes du Maine, du New Hampshire, du Vermont et de l'État de New York à pied. Cent trente randonnées décrites. Classification selon les niveaux de difficulté.
Yves Séguin
272 pages, 14 cartes
19,95 $ 117 F
2-921444-72-0

San Francisco
Avec ses belles demeures accrochées à ses innombrables collines, ses vues saisissantes sur sa splendide baie et ses ponts grandioses qui l'enjambent, son grouillant quartier chinois, ses excellents restaurants, sa remuante vie nocturne, ses beaux parcs et ses grands musées, San Francisco est l'une des plus séduisantes villes du monde. Ce guide vous en révèle tous les secrets.
Ray Riegert
272 pages, 14 cartes
17,95 $ 99 F
2-89464-048-X

Seattle
Seul guide en français sur l' «émeraude» du Nord-Ouest américain, une cité en pleine croissance menée par ses entreprises vedettes Boeing et Microsoft, mais aussi une ville où il fait bon vivre grâce à sa proximité de la nature.
Karl Lemay
272 pages, 15 cartes
17,95 $ 99 F
2-89464-201-6

Washington D.C.
La capitale américaine méritait bien qu'un Guide Ulysse lui soit un jour consacré. Le voici donc ce guide qui vous révélera tous les secrets des riches musées et des édifices monumentaux de Washington. Bien au-delà de la Maison Blanche, cet ouvrage vous conduira dans les quartiers ethniques de la ville et dans ses coins branchés où la vie nocturne se fait trépidante.
Lorette Pierson
280 pages, 15 cartes
8 pages de photos en couleurs
19,95 $ 117 F
2-89464-169-9

ULYSSE
ÉDITEUR DISTRIBUTEUR LIBRAIRE
Le plaisir... de mieux voyager